Stefan Loose Travel Handbücher

Wir danken dem Team der Rough Guides und allen, die uns mit Informationen versorgt haben.

Schreibt uns!
Wir sind auf Anregungen, Ergänzungen und Korrekturen angewiesen, wenn auch dieses Buch aktuell bleiben soll. Es ist unmöglich, für die nächste Auflage alle Orte erneut zu besuchen. Dieses Buch wurde im Herbst/Winter 2003 fertig gestellt.
Informationen, möglichst per E-Mail, die von den Lesern kommen, sind sicherlich aktueller.
Zuschriften bitte an:
Stefan Loose Travel Handbücher
✉ info@loose-verlag.de
Zossener Str. 55/2, 10961 Berlin

Keine E-Mail, kein Brief bleibt ungelesen, die brauchbarsten Zuschriften belohnen wir mit einem Freiexemplar aus unserem Verlagsprogramm.

Bitte beachten: Informationen sollten so exakt wie möglich sein, v.a. Ortsangaben, Adressen etc. Hotels möglichst in einen Plan einzeichnen. Vielen Dank!

Travel Handbuch

China
Der Osten

1. Auflage

David Leffmann, Simon Lewis & Jeremy Atiyah

Aktuelle Reisetipps auf 664 Seiten!

China Der Osten
Stefan Loose Travel Handbücher

DuMont Reiseverlag

1. Auflage

Das Buch basiert auf der englischsprachigen Originalausgabe **China** von David Leffmann u.a. ISBN 1-84353-019-8,

Gesamtredaktion und -herstellung:
Bintang Buchservice GmbH
Zossener Str. 55/2, 10961Berlin
Projektkoordination: Dorit Aurich (lektorat plus)
Übersetzung: Günter Feigel, Meike Grow, Diethelm Hofstra, Thomas Rach
Lektorat: Jan Haas, Anke Munderloh, Sven Neumann
Fachlektorat: Diethelm Hofstra
Layout: Britta Dieterle
Karten: The Rough Guides, Klaus Schindler, Anja Linda Dicke
Fotos: Bildnachweis s.S. 10
Farbseitengestaltung: Matthias Grimm
Umschlaggestaltung: Gritta Deutschmann, Britta Dieterle

Druck & Weiterverarbeitung:
Westermann Druck Zwickau GmbH

ISBN 3-7701-6151-3

Inhalt

Wissenswertes im Kasten

Von Beijing nach Hongkong – der Osten Chinas

Im Lauf seiner Geschichte entwickelte sich China zumeist eigenständig und abgeschieden von der Welt. Im Süden trennen die Himalajakette, im Norden die sibirischen Steppen das Land von anderen eurasischen Gebieten ab. Während in der restlichen Welt in den vergangenen 3000 Jahren Reiche, Sprachen und Völker erstanden, erblühten und spurlos wieder verschwanden, war China mit seiner eigenen Entwicklung und Erneuerung befasst. Die grimmigen Drachen und Löwen werden schon seit mindestens 25 Jahrhunderten von chinesischen Bildhauern geschaffen, und die bis heute gebräuchliche Schrift erreichte bereits vor 2000 Jahren unter der Han-Dynastie ihre perfekte Ausprägung. Bis zum späten 19. Jahrhundert waren die einzigen Fremden, die nach China kamen – abgesehen von den zeitweise herrschenden Mongolen und Mandschu, die sich rasch assimilierten –, Kaufleute aus fernen Ländern oder Nomaden aus der Steppe: Für Chinas Entwicklung waren sie allesamt unbedeutende Randerscheinungen.

In unseren Tagen spiegeln negativ behaftete Bilder wie Umweltverschmutzung, Unterdrückung politisch Andersdenkender, unnachgiebige Bestrafung von Verdächtigen und imperialistisches Verhalten gegenüber Minderheiten-Gebieten nur einen Bruchteil des Gesamtbildes von China wider. Auch wenn keine Anzeichen zu erkennen sind, dass die Kommunistische Partei mittelfristig ihre Machtposition preisgibt, löst sich die Partei doch allmählich vom harten Kurs und schlägt die Richtung eines wirtschaftlichen Pragmatismus ein. Diese gewaltige kommerzielle Umwälzung setzt kreative Kräfte frei. Ein Land mit der zehnfachen Größe Japans hat den Weltmarkt betreten. Überall in China wachsen Skylines im Stil von Hongkong in den Himmel, und viele Millionen Menschen finden eine Arbeit, die ihnen eine Kaufkraft verleiht, von der ihre Eltern nur träumen konnten. Es ist gleichgültig, aus welchen Motiven man nach China reist: Der bloße Wandel, der in allen Teilen des chinesischen Lebens zu beobachten ist, wird die Reise zu einer einzigartigen Erfahrung machen.

Der erste Eindruck, der China-Besuchern fast den Atem verschlägt, ist die außergewöhnliche Bevölkerungsdichte. In Ostchina scheinen sich Siedlungen, Kleinstädte und Großstädte endlos weit entlang der grauen Verkehrsadern viel befahrener Schnellstraßen zu erstrecken. Es ist das Kerngebiet der Han-Chinesen, eine Welt, die von Ess-Stäbchen, Tee, Pantoffeln, Fahrrädern, Schattenboxen, exotischer Popmusik, wimmelnden Menschenmassen, chaotischen Bahnhöfen, verrauchten Tempeln, roten Flaggen und dem Duft von Ruß und gebratenem Tofu bestimmt wird. Außerhalb der städtischen Ballungsräume aber nimmt die Bevölkerungsdichte schnell ab. In jenen Gebieten dominieren die Landschaften.

Obwohl das individuelle Reisen im Land inzwischen keine großen Probleme mehr bereitet, wäre es falsch zu behaupten, dass die Erkundung des modernen China oder selbst nur der östlichen Provinzen eine einfache Angelegenheit wäre. Die touristischen Höhepunkte – zum Beispiel Beijing, die Große Mauer, die alte Kaiserstadt Nanjing, die modernen Metropolen Shanghai und Hongkong sowie das portugiesisch beeinflusste Macau – liegen angesichts der Größe des Landes weit verstreut. Insbesondere haben die neuzeitlichen Modernisierungsmaßnahmen (vielfach bewusst) große Teile des historischen Erbes zerstört. Ganze Bezirke, die chinesischen Städten einst ein typisches Gepräge verliehen, wurden abgerissen und in neuer Gestalt wieder aufgebaut. Hinzu kommen die zum Teil großen und manchmal auch frustrierenden Anstrengungen einer Reise durch ein Land, in dem nur wenige Menschen Englisch sprechen und ein vollkommen fremdes Schriftsystem verwendet wird – ganz abgesehen von der Tatsache, dass Ausländer immer als exotische Objekte angesehen werden, die unverhohlene Neugierde hervorrufen oder geeignete Opfer für überzogene Preise sind. Es wäre aber falsch, sich davon entmutigen zu lassen. Trotz ihrer urtypischen Schroffheit sind die Chinesen Fremden gegenüber meist freundlich und hilfsbereit.

Provinzen und Verwaltungsregionen

ANHUI	安徽
BEIJING SHI (BJS)	北京市
CHONGQING SHI	重庆市
FUJIAN	福建
GANSU	甘肃
GUANGDONG	广东
GUANGXI	广西
GUIZHOU	贵州
HEBEI	河北
HEILONGJIANG	黑龙江
HENAN	河南
HONGKONG	香港
HUBEI	湖北
HUNAN	湖南
INNERE MONGOLEI	内蒙古
JIANGSU	江苏
JIANGXI	江西
JILIN	吉林
LIAONING	辽宁
MACAU	澳门
NINGXIA	宁夏
QINGHAI	青海
SHAANXI	陕西
SHANDONG	山东
SHANGHAI SHI	上海市
SHANXI	山西
SICHUAN	四川
TAIWAN	台湾
TIANJIN SHI (TJS)	天津市
TIBET	西藏
XINJIANG	新疆
YUNNAN	云南
ZHEJIANG	浙江

Bildnachweis

Umschlag vorne: Sven Neumann
Umschlag hinten: Diethelm Hofstra

S/w-Fotos
Seiten 3, 135, 141, 161 oben, 165, 349, 405, 407, 555, 585, 595: Diethelm Hofstra
Seiten 51, 73, 79, 87, 89, 119, 129, 197, 209, 219, 225, 331, 329, 375 oben, 427 oben und unten: Sven Neumann
Seiten 11, 21, 25, 35, 41, 44, 57, 69, 161 unten, 191, 207, 281, 283, 327, 325, 345, 371, 375 unten, 429: Thomas Rach

Bildteil – 1. Block à 8 Seiten:
Seite 1: Thomas Rach; Seite 2 (2) Sven Neumann; Seite 3 (2) Sven Neumann; Seite 4 (2) Thomas Rach; Seite 5: Sven Neumann; Seite 6: Sven Neumann; Seite 7 (oben): Sven Neumann; Seite 7 (unten): Thomas Rach; Seite 8: Sven Neumann
Bildteil – 2. Block à 8 Seiten:
Seite 1: Thomas Rach; Seite 2 (2): Sven Neumann; Seite 3: Thomas Rach; Seite 4 (oben): Sven Neumann; Seite 4 (unten): Thomas Rach; Seite 5 (2): Thomas Rach; Setein 6 und 7 (4): Sven Neumann; Seite 8: Thomas Rach
Bildteil – 3. Block à 4 Seiten: alle Fotos von Diethelm Hofstra
Alle Hintergrundgrafiken: Matthias Grimm

Reisevorbereitung

Ein- und Ausreise

Alle Ausländer benötigen für die Einreise in die **Volksrepublik China** ein Visum. Visa sind weltweit bei den chinesischen Botschaften und Konsulaten erhältlich. Auch spezialisierte Reiseveranstalter und Visa-Agenturen sind bei der Beschaffung behilflich.

Für die Einreise nach **Hongkong** benötigen Angehörige der meisten Nationen lediglich einen gültigen Reisepass, doch die Aufenthaltsdauer wird unterschiedlich bewilligt. Die Bürger der meisten europäischen Länder, darunter Deutsche, Österreicher und Schweizer, können bis zu 90 Tage bleiben (**Macau** bis zu 20 Tage bzw. Schweizer 90 Tage). Erfolgt die Einreise nach Hongkong vom chinesischen Festland aus, bedeutet dies eine Ausreise aus der VR China; für eine Wiedereinreise benötigt man ein chinesisches Visum für die zwei- bzw. mehrfache Einreise. Wer via Hongkong nach China einreist, sollte sich das Visum in Hongkong beschaffen, da die amtlichen Stellen unkompliziert arbeiten.

Beantragung eines chinesischen Visums in Hongkong In Hongkong bieten zahlreiche Reiseagenturen Visabeschaffungsdienste an, doch man kann sich auch direkt an die Visaabteilung des Außenministeriums wenden, Floor 5, Low Block, China Resources Building, 26 Harbour Road, ✆28271881. Bei der Beschaffung eines 60 oder 90 Tage gültigen Visums, das zu mehreren Einreisen berechtigt, hilft *CTS (China Travel Service),* 78-83 Connaught Road oder 27-33 Nathan Road (weitere Einzelheiten s.S. 14, 26). Es gilt zu beachten, dass die Visa schon mit dem Datum der Ausstellung gültig werden, nicht erst mit dem Datum der Einreise. Ein sechs Monate gültiges Geschäftsvisum, das zur mehrfachen Einreise berechtigt, kostet bei *Shoestring Travel,* 27–33 Nathan Road, HK$600. Ein Einladungsschreiben wird nicht verlangt, eine Visitenkarte reicht aus.

Visa

Touristenvisa für eine einmalige Einreise nach China müssen innerhalb von drei Monaten genutzt werden, sonst verfallen sie. Sie sind ab dem Einreisedatum 30 bis 90 Tage gültig. Die Behörden erhöhen oder vermindern die Gültigkeitsdauer der Visa, um das Touristenaufkommen zu regulieren. Außerhalb der Sommermonate bestehen bessere Chancen auf Ausstellung eines Visums für mehr als 30 Tage. Für einen **Transit-Aufenthalt** in China (sofern man sich länger als 24 Stunden im Land aufhält) ist ein Visum der Kategorie „G" erforderlich.

Für die **Beantragung** eines Transit-Visums oder eines Touristenvisums der Kategorie „L" sind ein ausgefülltes Formular, ein Passfoto und der Reisepass (der zum Zeitpunkt der geplanten Einreise nach China noch mindestens sechs Monate gültig sein muss) sowie die Gebühren erforderlich. Letztere können nicht in Form von persönlichen Schecks beglichen werden. Ein Touristen- oder Geschäftsvisum für die einmalige Einreise kostet 20 €, in Österreich 30 €. Die Papiere müssen persönlich bei der Botschaft oder einem Konsulat eingereicht werden. Die Bearbeitung dauert 4 Werktage.

Das Antragsformular fragt nach diversen Details des Reisevorhabens, beispielsweise nach den Zielorten. Es ist nicht erforderlich, den angegebenen Reiseverlauf dann strikt einzuhalten. Auch nach dem Beruf wird gefragt – es ist unklug, als Antwort „Schriftsteller", „Journalist" oder andere Medienberufe anzugeben, denn dies kann unter Umständen die Chancen auf die Ausstellung eines Visums erheblich vermindern. „Computerfachmann" ist eine stets unverfängliche Alternative; man muss es hier mit der Wahrheit nicht zu genau nehmen, denn die Angabe wird niemals überprüft. In seltenen Fällen werden Kopien von Flug- und Hotelbuchungen verlangt.

Ein **Geschäftsvisum** der Kategorie „F" ist drei Monate gültig und kann für mehrfache Einreisen ausgestellt werden, doch dafür ist die offizielle Einladung einer dazu ermächtigten chinesischen Organisation erforderlich. Ebenfalls eine Einladung sowie ein Gesundheitszeugnis sind bei der Beantragung eines zwölfmonatigen **Arbeitsvisums** der Kategorie „Z" vorzulegen. **Studenten**, die weniger als sechs Monate im Land studieren wollen, benötigen die Einladung einer Hoch- oder Fachschule; wer länger als sechs Monate in China studieren möchte, muss ein spezielles Formular ausfüllen, das bei den Botschaften erhältlich ist, sowie ein Gesundheitszeugnis einreichen.

Visaverlängerungen erteilen die Auslandsabteilungen der Ämter für öffentliche Sicherheit (PSB) in allen größeren Städten des Landes. Die Höhe der Gebühren sowie das Ausmaß der Lauferei hängen vom Antragsort, der Nationalität des Antragstellers und der Tageszeit ab. Der beste Zeitpunkt für die Beantragung ist die Stunde nach dem Mittagessen, wenn sich die Beamten zufrieden in ihren Sesseln zurücklehnen.

Eine erste Verlängerung für einen weiteren Monat Aufenthalt ist leicht zu bekommen. Die meisten Europäer zahlen dafür ¥160. Man ist jedoch auf die Gunst des jeweiligen Amtes angewiesen, denn mitunter lassen sich die Beamten zusätzliche Gebühren einfallen. In Kleinstädten kann es hingegen vorkommen, dass überhaupt keine Gebühren erhoben werden und die gesamte Prozedur nur zehn Minuten in Anspruch nimmt. Beijing und Shanghai sind ungeeignete Städte, die Pässe werden dort bis zu einer Woche einbehalten.

Schwieriger zu bekommen sind eine zweite oder gar dritte Verlängerung – in den Großstädten wird man diesbezüglich wahrscheinlich abgewiesen. Die Ämter für öffentliche Sicherheit in Kleinstädten sind in der Regel kulanter. Nur wer Pech hat, bekommt dort keine Verlängerung. Auf jeden Fall wird nach den Gründen für den Verlängerungsantrag gefragt. Meistens genügt es zu sagen, dass man noch etwas länger in diesem wundervollen Land verweilen möchte; auch Krankheit gehört zu den häufig akzeptierten Gründen. Keinesfalls sollte man eingestehen, dass die eigenen Geldmittel knapp sind. Vierte oder sogar fünfte Verlängerungen sind möglich, doch dazu sind gute Beziehungen zu einem bestimmten Amt für öffentliche Sicherheit erforderlich. Es empfiehlt sich, die Hilfe eines örtlichen unabhängigen Reisebüros in Anspruch zu nehmen, denn diese haben oft die richtigen Kontakte. Alternativ kann man Rechtsanwälte mit der Angelegenheit betrauen – gegen hohe Gebühren.

Auf keinen Fall darf man das Visum **überziehen**, nicht einmal für wenige Stunden. Die Strafe beträgt ¥500 pro Tag. Wer am Flughafen mit einem abgelaufenen Visum erwischt wird, muss damit rechnen, aufgrund der damit verbundenen Unannehmlichkeiten seinen Flug zu verpassen.

Chinesische Botschaften und Konsulate im Ausland

Deutschland: Botschaft der VR China, Märkisches Ufer 54, 10179 Berlin, ✆ 030/275880, ℻ 27588221, 💻 www.china-botschaft.de

Außenstelle der Botschaft der VR China, Kurfürstenallee 12, 53177 Bonn, ✆ 0228/9559715, ℻ 361635

Generalkonsulate Elbchaussee 268, 22605 Hamburg, ✆ 040/8227600, ℻ 82276021, sowie Romanstraße 107, 80639 München, ✆ 089/17301611, ℻ 17301619

Österreich: Botschaft der VR China, Metternichgasse 4, 1030 Wien, ✆ 01/753149, 💻 www.chinaembassy.at

Schweiz: Botschaft der VR China, Kalcheggweg 10, 3006 Bern, ✆ 031/3527333, ℻ 3514573, 💻 www.china-embassy.ch

Kasachstan: ul. Furmanova 137, Almaty (Alma-Ata), ✆ 634966

Kirgisistan: ul. Toktogula 196, Bischkek, ✆ 222423

Laos: Thanon Wat Nak Yai, Vientiane, ✆ 315103

Nepal: Baluwatar, Toran Bhawan, Naxal, Kathmandu, ✆ 412589. Visaerteilung ausschl. an Reiseveranstalter, die Gruppenreisende betreuen.

Russland: ul. Druzhby 6, Moskau, ✆ 095/145-1543

Thailand: 57 Rachadapisake Road, Huay Kwang, Bangkok 10310, ✆ 02/245 7044, sowie 111 Chang Lo Road, Chiang Mai, ✆ 053/272197

Vietnam: Tran Phu, Hanoi (Visaabteilung um die Ecke vom Botschaftshauptgebäude in 46 Hoang Dieu), ✆ 04/823 5517

Diplomatische Vertretungen in China

Deutschland: Botschaft der Bundesrepublik Deutschland, 17 Dongzhimenwai Dajie, Bezirk Chaoyang, Beijing 100600, ✆ 010/65322161, ℻ 65325336, ✉ germassy@public.gb.com.cn, 💻 www.deutschebotschaft-china.org

Generalkonsulate Deutschlands, United Centre, 21st floor, 95 Queensway, Central, Hongkong, ✆ 21058777 und 21058788, ℻ 28652033;
19th floor, Guangdong International Hotel, 339 Huanshi Road, Guangzhou , ✆ 020/83306533, ℻ 83317033;
18th floor, New Century Plaza, 188 Wujiang Road, Shanghai, ✆ 021/62172884, ℻ 62714650

Österreich: Österreichische Botschaft, 5 Xiushui Nanjie, Jianguomenwai, Beijing, ✆ 010/6532 2061, ℻ 65321505, ✉ peking-ob@bmaa.gv.at
Generalkonsulate Österreichs, Room 21, Wang Kee Building, 34 Connaught Road, Central, Hongkong, ✆ 25228086, ℻ 25218773;
3F, Qihua Building, 1375 Huaihai Zhong Lu, Shanghai, ✆ 21/ 64740278, ℻ 64711554
Schweiz: Botschaft der Schweiz, 3 Dongwu Jie, Sanlitun, Beijing, ✆ 10/65322736, ℻ 65324353, ✉ vertretung@bei.rep.admin.ch
Generalkonsulate der Schweiz, Room 3703, Gloucester Tower, The Landmark, 11 Pedder St, Hongkong, ✆ 25227147, ℻ 28452619;
22F Building A, Far East International Plaza, 319 Xianxia Road, Shanghai, ✆ 021/62700519, ℻ 62700522

Zollbestimmungen

Die gestatteten **Importe** nach China belaufen sich auf maximal 400 Zigaretten, 2 l Alkohol, 600 ml Parfüm und bis zu 50 g Gold oder Silber. Es dürfen nicht mehr als ¥6000 eingeführt werden, ausländische Devisen über US$5000 (bzw. dem Gegenwert in anderen Währungen) sind zu deklarieren. Illegal ist der Import von Drucksachen sowie von Ton- und Videokassetten mit landeskritischen Inhalten. Es besteht jedoch kein Anlass zur Unruhe, denn in der Praxis werden nur selten Gegenstände konfisziert. Es gibt **Exportbeschränkungen** für Objekte, die über 100 Jahre alt sind; zur Ausfuhr von Antiquitäten ist ein Exportformular vorzulegen, das in den *Freundschaftsläden* erhältlich ist.

Informationen

Die Maßnahme anderer Länder, zur Förderung des Tourismus kostenlose Touristeninformationen zur Verfügung zu stellen, hat sich in China noch nicht durchgesetzt. Es gibt einige wenige **chinesische Fremdenverkehrsämter** in großen ausländischen Hauptstädten, doch diese staatlichen Einrichtungen sind bürokratisch und nicht besonders hilfreich. Ihre einzige Funktion scheint darin zu bestehen, Reiseveranstalter zu empfehlen und Anrufern nutzlose und teure Bandnachrichten vorzuspielen. Eine bessere Informationsquelle ist das Internet (s.u.).

Auch in der Volksrepublik China selbst gibt es keine Touristenbüros. *CITS (China International Travel Service),* 🖳 www.cits.net, das staatlich akkreditierte Reisebüro mit spezieller Zuständigkeit für Ausländer, sollte ursprünglich in diese Rolle schlüpfen, doch heute ist dieses landesweit präsente Unternehmen nur eine von vielen konkurrierenden Agenturen, die organisierte Touren verkaufen und Tickets besorgen. Es kann sich trotzdem lohnen, bei einer örtlichen Zweigstelle von *CITS* oder einer ähnlich strukturierten Agentur vorbeizuschauen, etwa *CTS (China Travel Service),* 🖳 www.ctsho.com, oder *Access China Tours,* 🖳 www.chinatour.com. Besonders in abgelegenen Orten kann dies nützlich sein, denn dort sitzt manchmal die einzige Person der Stadt, die etwas Englisch spricht. Die meisten zur Verfügung stehenden Faltblätter, Broschüren oder Karten dieser Dienststellen sind kostenpflichtig.

Andere Informationsquellen sind das Personal in Hotels der gehobenen Kategorie sowie Englisch sprechende Einheimische.

In einigen Touristenzentren haben Restaurantbesitzer den Bedarf erkannt und agieren als eine Art örtliches Informationsbüro, das zahlenden Kunden Tipps gibt.

In Beijing, Shanghai und Guangzhou kann man **englischsprachige Magazine** erstehen, die aktuelle Tipps und Adressen von Bars, Restaurants und anderen Einrichtungen benennen. Zielgruppe dieser Magazine, die gewöhnlich kostenlos in Bars und besseren Hotels ausliegen, ist die in der Stadt wohnhafte Ausländergemeinde. Auch die englischsprachige Tageszeitung *China Daily* gibt im knappen Rahmen Hinweise auf aktuelle Treffpunkte und anstehende Kulturereignisse in Beijing sowie einigen anderen Großstädten.

Hingegen wird man in Hongkong und Macau mit Informationen schier zugeschüttet (s.S. 76, Medien – Veranstaltungsmagazine Hongkong bzw. Macau).

Chinesische Fremdenverkehrsämter im Ausland

China National Tourist Office, Genfer Str. 21, 8002 Zürich, ✆ 01/2018877, ℻ 2018878
China Travel & Trading (CTS), Düsseldorfer Str. 14, 60329 Frankfurt/Main, ✆ 069/250515, ℻ 232324

Deutsche China-Gesellschaft e.V., c/o Prof. Gregor Paul, Klauprechtstr. 42, 76137 Karlsruhe, 0721/816802, 9812500, www.dcg.de

Fremdenverkehrsamt der VR China (CITS), Ilkenhanstr. 6, 60433 Frankfurt/Main, 069/520135, 528490, info@china-tourism.de, www.fac.de

Fremdenverkehrsbüro von Macau (zuständig für Deutschland, Österreich und Schweiz), Eifelstr. 14 a, 60529 Frankfurt/Main, 069/35355121, 350040, www.macau99.org.mo

Hong Kong Tourist Association (HKTA), Humboldstr. 94, 60318 Frankfurt/Main, 069/9591290, 5978050, www.hkta.org/germany.de

Informationen im Internet

China im Netz

CCTV 9

www.cctv-9.com

Website des englischsprachigen Kanals des chinesischen Staatsfernsehens, bietet Videoclips und andere Programme auf Abruf an.

China Business World

www.cbw.com

Professionelle Site mit detaillierten Tourangaben und der Möglichkeit zu Flug- und Hotelbuchungen.

China-Club

www.china-club.de

Aktuelle deutschsprachige Informationen zu Reisezielen, Reiseveranstaltern, Nachrichten über China, Vereinen, Kochrezepten und vieles andere.

China News Digest

www.cnd.org

US-amerikanische Website mit gründlicher Berichterstattung über die aktuellen Geschehnisse in China (in Englisch und Chinesisch).

China Tourism

www.cnta.gov.cn

Offizielle staatliche Website für Tourismus und Entwicklung mit Hotelfinder, Reisetipps, Festivals usw. (auch in Englisch).

China Vista

www.chinavista.com

Chinesische Website mit Kurzdarstellungen über chinesische Kultur, Geschichte, Sehenswürdigkeiten und Küche.

ChinaWeb

www.chinaweb.de

Deutschsprachige Website mit aktuellen Informationen über Reiseziele, Kultur, Medien, Clubs, Wirtschaft, Bildung, Politik sowie Foto-Datenbank.

Chinese Food

www.chinesefood.about.com

Alles Wissenswerte über die chinesische Küche mit Rezepten zum Selberkochen.

Chuck@China

www.chake.topcities.com

Schrullig-unterhaltsame Seite eines amerikanischen Lehrers mit Einblicken in alle Aspekte des Lebens eines Ausländers in China.

Hallo China

www.hallo-china.de

Umfangreiche deutsche Link-Sammlung zu diversen Themen.

Sinomania

www.sinomania.com

Website aus den USA mit Links zu aktuellen chinesischen Nachrichten und guter volkstümlicher Musik; als MP3-Dateien erhältlich.

Yesasia

www.yesasia.com

Online-Shopping für chinesische Filme, CDs, Bücher, Sammlerstücke usw.

Zhongwen.com

www.zhongwen.com

Besonders interessant für Chinesisch-Studenten. Die Website erhellt Hintergründe der chinesischen Schrift, führt diverse klassische Texte an (teils mit Links zu englischen Übersetzungen) und gibt Empfehlungen für die Übertragung verbreiteter christlicher Namen ins Chinesische.

Allgemeine Reiseinformationen

Auswärtiges Amt
www.auswaertiges-amt.de
Länderspezifische Informationen zu den Themen Gesundheit, Sicherheit und Einreisebestimmungen.

CIA The World Factbook
www.odci.gov/cia/publications/factbook/
Wesentliche Grunddaten aller Länder der Erde. Ideal für Geografielehrer und potenzielle Auswanderer.

Deutsche Zentrale für Globetrotter
www.dzg.com
Der Verein, in dem bereits seit über 25 Jahren Globetrotter und Traveller ihre Reiseerfahrungen austauschen, nun auch online mit Reiseberichten und Tipps.

DuMont Reiseverlag
www.dumontreise.de
Neben dem bewährten Reiseführerprogramm Zusatzangebote wie Länderlexikon, Reise-Quiz und internationaler Kulturkalender.

Global Online Adventure
www.goals.com
Aktuelle Berichte von Expeditionen und Abenteuerreisen und viele Hintergrundinformationen.

Hotel Discount
www.hoteldiscount.com
www.hotelwiz.com
Weltweite Hotelbuchungen möglich.

Hotels günstig
www.hrs.de
Weltweit werden 30 000 Hotels in 16 Sprachen angeboten und können direkt über den Reservierungsservice unverschlüsselt online gebucht werden. 60 000 Hotels in über 200 Ländern mit Buchungsmöglichkeiten listet:
www.hotelguide.com

IgoUgo
www.igougo.com
Die mit Reisefotos und Reportagen vollgepackte Partner-Site von www.roughguides.com liefert verlässliche Informationen aus erster Hand.

International Student Travel Confederation
www.istc.org
Weltweit Geld sparen mit einem Internationalen Studentenausweis.

Lonely Planet
www.lonelyplanet.com
Hier findet man nicht nur die Lonely-Planet-Reiseführer, Updates der wichtigsten Titel und Erfahrungsberichte von Travellern, sondern auch spezielle Infos, Reisepartner und Ideen für die nächste Reise.

Mail2Web
www.mail2web.com
Ermöglicht das sofortige Senden und Empfangen von POP3-Mail über einen beliebigen Web-Browser. Schneller als Hotmail.

Reiseträume
www.reisetraeume.de
Wer nach dem Lesen der Reiseberichte selbst losfahren möchte, erhält gleich noch die Adressen der Fremdenverkehrsämter dazu.

Rough Guides
www.roughguides.com
Die umfangreichen englischsprachigen Reiseführer zu weltweiten Zielen können komplett im Netz nachgelesen werden.

Schwarz auf Weiss
www.schwarzaufweiss.de
Ein Internet-Reisemagazin, das auf 1000 Seiten über 50 Länder der Erde informiert und aktuelle Reisetipps gibt.

Stefan Loose Travel Handbücher
www.loose-verlag.de
Jede Menge Tipps, die neben den praktischen Travel Handbüchern das Reisen erleichtern: monatliche Updates, ein Reiseplaner, Austausch mit Gleichgesinnten im Globetrotter-Forum, Länderprofile und viele Hintergrundinformationen.

Survival
www.survival.imweb.com
Survival-Training und Profi-Tipps für Naturfreaks und Abenteurer.

Tiefenrausch
www.tiefenrausch.de
Hier kann man nicht nur auf der Oberfläche surfen, sondern auch in die Tiefen der Ozeane abtauchen.

Travel Library
www.travel-library.com
Adressen aus allen Ecken der Welt, Packlisten, Infos über Frachtschiff-Reisen und viele lebensnotwendige Tipps für echte Globetrotter.

Travel Paperwork
www.travelpaperwork.com
Visa-Informationen und erforderliche Papiere für Reisen in alle Welt.

WebFlyer
www.webflyer.com
Damit Meilensammler den Überblick über die Frequent-Flyer-Angebote behalten.

What's Going On
www.whatsgoingon.com
Termine von Festen und Veranstaltungen in aller Welt, ebenso unter:
www.whatsonwhen.com

Wie weit ist es nach ...?
www.indo.com/distance/
Berechnet die Entfernung zwischen zwei beliebigen Städten.

Landkarten und Stadtpläne

Stadtpläne gibt es für nahezu jede große und mittlere Stadt Chinas. Sie sind an Kiosken, in Hotels und in den *Xinhua*-Buchläden erhältlich. An fast allen Bahnhöfen und Busbahnhöfen bieten Straßenhändler Reisenden Stadtpläne an. Leider sind diese größtenteils nur chinesisch beschriftet, was wirklich schade ist, denn sie sind eine wahre Fundgrube für Informationen über Buslinien samt Streckenführung, Hotels, Restaurants und touristische Sehenswürdigkeiten. Die Rückseiten sind meist mit Bus- und Zugfahrplänen sowie Abflugzeiten bedruckt. Dieselben Verkäufer bieten auch chinesischsprachige Provinz-Straßenatlanten im Taschenformat an.

In den Städten, die regelmäßig von ausländischen Touristen besucht werden, stehen Stadtpläne und Landkarten in englischer Sprache zur Verfügung. Diese für Ausländer angefertigten Karten werden in den Hotels der gehobenen Kategorien, an den wichtigsten Sehenswürdigkeiten, in bekannten Museen und in den *CITS*-Büros angeboten. In Beijing und Shanghai liegen in den luxuriöseren Hotels kostenlos Stadtpläne aus. Ähnlich ist die Situation in Hongkong und Macau, wo die örtlichen Touristenbüros Gratis-Stadtpläne ausgeben, die für den Bedarf der meisten Besucher vollkommen ausreichen. Einen sehr detaillierten Überblick über Hongkongs Straßennetz geben die *Hong Kong Island Street Map* und die *Kowloon Street Map,* die in englischsprachigen Buchhandlungen erhältlich sind.

Landkarten – entweder landesweite oder regional begrenzte Karten – sollten nach Möglichkeit bereits in Deutschland beschafft werden. Die Buchhandlungen halten hier eine gewisse Auswahl bereit. Gute Überblicke über das Land und die einzelnen Provinzen (auch topografisch) gab in der Vergangenheit der 1989 von Foreign Languages Press Beijing in englischer Sprache herausgegebene (allerdings recht kompakte) *Atlas of the People's Republic of China*, der in größeren *Freundschaftsläden* erhältlich war. Zu den exzellenten Materialien in englischer Sprache gehören die Karte von GeoCenter im Maßstab 1:4 000 000, die auch angrenzende Gebiete der Nachbarstaaten erfasst, sowie die erst kürzlich erschienene China-Karte von Collins im Maßstab 1:5 000 000.

Karten und Atlanten Die folgenden Internetseiten ermöglichen die Ausgabe von Straßenkarten und Stadtplänen weltweit:
www.maps.expedia.com
www.mapblast.com
www.mapquest.com
www.multimap.com
Weitere Landkarten sowie geografische und GPS-Informationen finden sich unter:
www.geography.about.com
www.dmoz.org/Reference/Maps/

Klima und Reisezeiten

In China herrschen sehr unterschiedliche klimatische Verhältnisse. Der subtropische **Süden** weist nasse bis feuchte Sommer (April bis September) auf, in denen die Temperaturen durchaus 40 °C erreichen können. An der **Südostküste** drohen zwischen Juli und September Taifune. Obwohl es dort zumeist selbst im Dezember warm genug ist, um im Meer zu schwimmen, können kurze Wintereinbrüche zwischen Januar und März überraschend auftreten.

Die Region **Shanghai** und das **untere Yangzi-Becken** erleben kurze kalte Winter, in denen die Temperaturen unter den Gefrierpunkt fallen können, sowie lange, heiße und feuchte Sommer. Nanjing ist eine von drei Städen am Yangzi, die im Volksmund „die drei Backöfen Chinas" genannt werden. Im gesamten Jahresverlauf regnet es in dieser Region häufig. Weiter nördlich sind ab dem **Huanghe-Becken** die Häuser mit Heizung ausgestattet, um die harten Winter der Region erträglicher zu machen. In **Beijing** übersteigen die Temperaturen zwischen Dezember und März nur selten den Gefrierpunkt, und eisige Winde aus den mongolischen Ebenen lassen die Menschen frösteln. Im Sommer aber klettern die Temperaturen im Gebiet der Hauptstadt oft über 30 °C.

Insgesamt betrachtet sind der **Frühling** und der **Herbst** die besten Reisemonate für China. In diesen Jahreszeiten herrschen die moderatesten klimatischen Bedingungen. Im Frühling empfiehlt es sich, die Reise im Süden anzutreten und sich mit dem Näherrücken des Sommers Richtung Norden vorzutasten; im Herbst ist es umgekehrt vernünftiger, die Reise im Norden zu beginnen und Richtung Süden zu reisen.

Reiserouten

Selbstverständlich steht die **Hauptstadt Beijing** auf allen Reiseplänen, denn die Verbotene Stadt und die Große Mauer möchte jeder China-Besucher sehen, doch angesichts der zahllosen Wolkenkratzer kann Beijing erdrückend, seelenlos und einfach nur funktionell wirken. Die besten Eindrücke vom wahren China gewinnt der Besucher, wenn er sich in die persönlichen und privaten Bereiche der Stadt vorwagt, die nicht unbedingt leicht zu finden sind, denn die Zahl der verschlungenen malerischen Gassen (Hutong) schrumpft. Die Hauptstadt hat natürlich einige der besten Adressen für Essen und Nachtleben zu bieten, und sie ist eine ausgezeichnete Ausgangsbasis für etliche Ta-

Temperaturen und Niederschläge (mm)

	Jan	Feb	März	April	Mai	Juni	Juli	Aug	Sept	Okt	Nov	Dez
Beijing												
max °C	1	4	11	21	27	31	31	30	26	20	9	3
min °C	-10	-8	-1	7	13	18	21	20	14	6	-2	-8
Niederschlag	4	5	8	17	35	78	243	141	58	16	11	3
Hongkong												
max °C	18	17	19	24	28	29	31	31	29	27	23	20
min °C	13	13	16	19	23	26	26	26	25	23	18	15
Niederschlag	33	46	74	137	292	394	381	367	257	114	43	31
Shanghai												
max °C	8	8	13	19	25	28	32	32	28	23	17	12
min °C	1	1	4	10	15	19	23	23	19	14	7	2
Niederschlag	48	58	84	94	94	180	147	142	130	71	51	36

gesausflüge. Im nur wenig nördlich von Beijing gelegenen Chengde in der Provinz **Hebei** sind überwältigende Bauwerke zu bewundern, die Kaiser der Vergangenheit in ihrer damaligen Sommerresidenz errichten ließen. Die heutigen Stadtbewohner suchen Erholung in den ruhigeren Küstenstädten Shanhaiguan und Beidaihe, die schöne Landschaften, wundervolle alte Befestigungsanlagen und ein Strandleben zu bieten haben.

Weniger stark besuchte antike Städte wie Qufu, die Geburtsstadt des Konfuzius in **Shandong**, sind architektonische Schätze mit einer heimeligen Atmosphäre, die den Großstädten abhanden gekommen ist.

In der Region gibt es einen der heiligen Berge, die einen nur noch selten zu findenden Bezug zur Vergangenheit aufweisen: Noch immer schlurfen Großmütter den mühsamen Weg hinauf zum Gipfel des Tai Shan, der die vielleicht wichtigste und erhabenste Pilgerstätte des gesamten Landes ist, an der man Gottheiten huldigt, die so alt wie die chinesische Zivilisation selbst sind.

An Chinas Ostküste dominiert in der Nähe der Yangzi-Mündung ins Meer die Stadt **Shanghai**, die das westlichste Gepräge aller chinesischen Städte aufweist. Shanghai ist eine wirtschaftlich explodierende Hafenstadt, in der die Art-déco-Bauwerke am alten, von Europäern gebauten Bund (das Geschäftszentrum am Fluss Huangpu) inmitten einer hypermodernen Metropolis stehen, über die zwei der höchsten Wolkenkratzer der Welt hinausragen. Nicht weit von Shanghai entfernt erstrecken sich Gebiete mit einigen der charakteristischsten Landschaften Chinas, die nahezu auf Meereshöhe liegen, von Kanälen durchzogen sind und mit historischen Städten aufwarten. In der sich nördlich anschließenden Provinz **Jiangsu** liegt die Stadt Suzhou, deren berühmte Gärten von Gelehrtenbeamten der Ming-Dynastie gestaltet wurden, und nicht allzu weit im Westen befindet sich die Stadt Nanjing, in der noch zahlreiche Sehenswürdigkeiten von der turbulenten Geschichte als ehemalige Hauptstadt künden. In der südlich von Shanghai gelegenen Provinz **Zhejiang** liegt am Ende des historischen Kaiserkanals die Stadt Hangzhou, eine der grünsten und landschaftlich schönsten Städte Chinas. Berühmt ist der dortige Westsee (Xi Hu), dessen Uferbereiche und benachbarte Hügelzüge zahllose Wandermöglichkeiten bieten. Mit einer Nachtfahrt ist von Shanghai per Schiff die vorgelagerte buddhistisch geprägte Insel Putuo Shan zu erreichen, die mit ihren Stränden, ländlichen Wanderwegen und Klöstern einen besonderen Zauber ausübt.

Die südöstlichen Küstenprovinzen **Fujian** und **Guangdong** weisen alle Widersprüche einer sich rasch industrialisierenden Nation auf: Überdurchschnittliche Wirtschaftserfolge ruhen auf dem Unterbau eines eisernen Konservativismus und stehen einer chronischen Armut und einer unbändigen Sehnsucht nach Modernität gegenüber. Nur einen kurzen Sprung von Hongkong entfernt liegen die chaotische Stadt Guangzhou und angrenzende industrielle Neubaugebiete im Delta des Perlflusses. Hier sind Wolkenkratzer neben Tempeln, Bettler und Geschäftsleute, Nachtklubs ebenso wie Opernhäuser, Fast-Food-Lokale und erlesenste Restaurants gleichermaßen zu finden. Wie in anderen Städten der Region (das schönste Beispiel ist Fujians Inselhafen Xiamen) sind in Guangzhou zahlreiche Beispiele europäischer Architektur erhalten geblieben, die von den kolonialen Siegermächten nach den Opiumkriegen des 19. Jahrhunderts errichtet wurden. Einzelne Städte wie beispielsweise Chaozhou halten stolz ihre Tradition hoch, und an der Provinzgrenze zwischen Guangdong und Fujian siedeln die ethnischen Hakka, die wie seit Jahrhunderten auch heute noch in riesigen befestigten Wohnburgen leben.

Hongkong – 1997 an Beijing zurückgegeben, doch mit einem in der Geschichte der Volksrepublik China bislang beispiellosen Maß an Autonomie ausgestattet – besitzt eine der überwältigendsten Silhouetten der Welt. Das jüngere koloniale Erbe verleiht der Stadt noch immer eine erfrischend kosmopolitische Atmosphäre, und es gibt eigentlich nichts, was Hongkong unter touristischen Aspekten nicht zu bieten hätte: Es gibt schöne Strände, koloniale Bauwerke, ausgezeichnete Hotels und Restaurants und ein lebendiges Nachtleben. Auch **Macau** ist einen Besuch wert – wenn nicht wegen der Kasinos, dann wegen der barocken Kirchen und der feinen portugiesischen Küche.

Anreise

Mit dem Flugzeug

Die häufigste Art der Anreise von Europa aus ist der Flug mit einer europäischen oder asiatischen Fluggesellschaft. Chinas bedeutendste Tore zur Welt sind die Flughäfen von Beijing, Hongkong und Shanghai, doch auch andere chinesische Städte besitzen internationale Flugverbindungen, die überwiegend von ostasiatischen Gesellschaften betrieben werden.

Von Europa aus fliegen die meisten großen europäischen Airlines Nonstop nach Beijing, Hongkong und Shanghai. Die Flugpreise sind in der Regel am höchsten um die Weihnachtszeit, das chinesische Neujahrsfest sowie von Mitte Juni bis Anfang Oktober. Die günstigsten Flüge bekommt man meist im Februar (nach Chinese New Year), im Mai und November. In Beijing ist im Sommer Hochsaison.

Normalerweise ist die Geltungsdauer von Billigtickets auf 6 Monate begrenzt. Zudem kann man mit ihnen nicht die Fluggesellschaft wechseln und bekommt kein Geld zurückerstattet, wenn der Flug nicht angetreten wird. Bei weniger strikter Handhabung ist zumindest eine Stornierungsgebühr fällig. Für die Umbuchung des Rückflugs müssen ca. 50 € bezahlt werden. Trotzdem sollte man keine *open date tickets* kaufen, da zu manchen Zeiten Flüge von und nach China Monate im Voraus ausgebucht sind.

Gebuchte Flüge müssen bei einigen wenigen Airlines noch spätestens drei Tage vor Abflug rückbestätigt werden, was auch telefonisch geschehen kann. Nicht selten sind die Maschinen überbucht, und die Letzten kommen trotz Rückbestätigung nicht mehr mit. Es empfiehlt sich daher, rechtzeitig am Flughafen zu erscheinen.

Auswahl von Airlines in Deutschland

Air France, ✆ 0180 5/830830,
💻 www.airfrance.de. Tägliche Flüge nach Beijing, Shanghai und Hongkong via Paris.
Austrian Airlines, ✆ 0180/3000520,
💻 www.aua.com
China Airlines, ✆ 069/29705840,
💻 www.china-airlines.com
KLM, 💻 www.klm.com. Fliegt via Amsterdam nach Beijing und Hongkong.
Lufthansa, ✆ 0180/5838426,
💻 www.lufthansa.com. Tägliche Flüge nach Beijing, Shanghai und Hongkong ab Frankfurt.
Swiss, ✆ 0180/3000337, 💻 www.swiss.com. Tägliche Flüge nach Beijing und Hongkong ab Zürich.

Flugbuchung im Internet

Um Flüge online direkt zu buchen, muss man kein Reiseexperte sein. Allerdings werden auf den Seiten der Fluggesellschaften die meisten Tickets nur zum offiziellen IATA-Tarif angeboten. Auch in den endlosen, verwirrenden Listen zahlloser Internet-Reisebüros und Reiseportale (die zum Teil auf dieselbe Datenbank zugreifen) sind günstige Offerten eher selten und der Service lässt mitunter zu wünschen übrig, so dass sich die Seiten vor allem zum Recherchieren eignen. Wer dann weiß, welche Airline zu welchem Preis die günstigste Route fliegt und zudem noch Plätze verfügbar hat, kann immer noch den Preis als Obergrenze nehmen und in Reisebüros nach günstigeren Angeboten fahnden. Zudem hat das Reisebüro den Vorteil, dass es dort einen Ansprechpartner gibt, der bei Problemen kontaktiert werden kann.

Wer flexibel ist oder schon bald losfahren möchte, findet auch Seiten mit Last-Minute-Angeboten oder Sondertarifen für Flüge, Hotelzimmer oder Tickets, die teils nur im Netz von Veranstaltern, Hotels oder Airlines offeriert werden.

1A-FLY.DE 💻 www.1a-fly.de
5 vor 12, Lastminute 💻 www.lastminute.de
Del Mundo 💻 www.delmundo.de
Deutsches Reisebüro 💻 www.der.de
Discount-Flug 💻 www.discount-flug.de
Expedia 💻 www.expedia.de
Flug.de 💻 www.flug.de
Flugbörse 💻 www.flugboerse.de
Mc Flight 💻 www.mcflight.de
Nix wie weg 💻 www.nix-wie-weg.de
Offerto 💻 www.offerto.de
Opodo.de 💻 www.opodo.de
Reiseplanung 💻 www.reiseplanung.de
STA Travel 💻 www.statravel.de
Travel Overland 💻 www.traveloverland.de
TUI 💻 www.tui.de

Ruhe im Fluss – Drachensäule im Metropolenverkehr Shanghais

Auf dem Landweg

China hat inzwischen zahlreiche Landesgrenzen für Ausländer geöffnet. Bei der Routenplanung gilt zu beachten, dass chinesische Visa innerhalb von drei Monaten nach Ausstellungsdatum benutzt werden müssen, um nicht zu verfallen – es ist deshalb wichtig zu überlegen, wo man das Visum beantragen möchte, denn bei einer langen Anreise über Land mit Zwischenaufenthalten in anderen Staaten macht es wenig Sinn, das Visum bereits in Deutschland zu besorgen. Visa für China sind in nahezu allen europäischen und asiatischen Hauptstädten erhältlich, doch in der Regel nimmt das Ausstellungsverfahren mehrere Tage in Anspruch (s.S. 12, Visa).

Zu den umfangreich genutzten Landverbindungen nach China gehören Straßen und Eisenbahntrassen aus den südostasiatischen Nachbarländern sowie die legendenumrankte Transsibirische Eisenbahn aus Moskau.

Aus Moskau

Zu den klassischen Überland-Routen nach China gehört die Fahrt durch Russland mit dem **Transsibirien-Express**. Als einfache Hin- oder Rückfahrt ist diese Reise sehr zu empfehlen, denn sie ist ein denkwürdiger Anfang oder auch Abschluss einer Chinareise. Die Ausblicke auf stattliche Birkenwälder, sanfte Grasebenen, nebelverhangene Seen und aride Hochebenen lassen die Zeit wie im Fluge vergehen. Bei den zahlreichen Bahnhofstopps bleiben immer einige Minuten, um sich auf dem Bahnsteig die Beine zu vertreten und Proviant oder Andenken zu kaufen. Die Zugabteile sind komfortabel und sauber. Abteile der 2. Klasse verfügen über vier Pritschen, die der 1. Klasse über zwei sowie einen eigenen Duschraum. Buchung über *Lernidee Erlebnisreisen*, s.u., Organisierte Reisen.

Es gibt zwei Eisenbahntrassen von Moskau nach Beijing: Die **Trans-Mandschurische**, die fast das Japanische Meer erreicht, bevor sie südwärts durch Dongbei (die Mandschurei) nach Beijing führt, und die **Trans-Mongolische**, die von Sibirien kommend durch die Mongolei verläuft. Die Mandschurische Eisenbahn benötigt für die Strecke ungefähr sechs Tage, die Mongolische Eisenbahn deren fünf. Letztere ist unter Ausländern nicht nur deshalb beliebter, weil sie schneller ist, sondern vor allem weil sie den exotischen Reiz eines Transits durch die Mongolei bietet. Der chinesische Trans-Mongolei-Zug Nr. 4 verzeichnet die meisten Buchungen von Ausländern. Ratternd rollen die Eisenräder an landschaftlichen Höhepunkten vorbei: dem Baikalsee, den Wäldern Sibiriens, dem Grasland der Mongolei, den Wüsten Nordchinas und der Großen Mauer. An der mongolisch-chinesischen Grenze können die Reisenden zuschauen, wie das Fahrgestell auf eine andere Spurbreite umgestellt wird. Einziger Nachteil bei dieser Fahrt ist die notwendige Beschaffung eines zusätzlichen Visums für die Mongolei.

Mahlzeiten im Zug sind nur auf chinesischem Boden im Preis inbegriffen. In der Mongolei akzeptiert das Speisewagenpersonal Zahlungen in chinesischer und mongolischer Währung, in Russland nimmt sie US-Dollar oder Russische Rubel an. Es empfiehlt sich, US-Dollarnoten in kleinen Scheinen mitzunehmen, da diese während der gesamten Reise im Zug gewechselt werden können und auch von den Imbissverkäufern an den Haltebahnhöfen angenommen werden – allerdings sollte man nicht auf das Vergnügen verzichten, im Speisewagen zu dinieren und die bunte Gesellschaft zu beobachten. Natürlich können Bestellungen à la carte aufgegeben werden, doch womöglich lächelt der Kellner nur über die Wünsche nach Kaviar, Ochsenzungensalat und gebratenem Huhn mit Ananas und bietet stattdessen Wodka, Brot und Marlboro an. Ins Gepäck gehören deshalb Fertignudeln und Snacks – daneben genügend Filme sowie der Wälzer, den man längst schon einmal lesen wollte (etwa der vierbändige chinesische Klassiker *Die Reise nach dem Westen*, der in englischer Sprache in Beijings *Freundschaftsladen* zu kaufen ist).

Die **Ticketbuchung** kann problematisch sein. Besonders im Sommer sollten Buchungen zwei bis drei Monate im Voraus erfolgen, um einen Platz sicherzustellen. Auch die Anreisevorbereitungen erfordern eine sorgfältige und längerfristige Planung, denn für Bahnfahrten ab Moskau nach Beijing sind (abgesehen vom Visum für die Volksrepublik China) Transitvisa für Russland und die Mongolei erforderlich – und wer per Eisenbahn via Warschau nach Moskau oder von dort zurück nach Deutschland reist, benötigt zusätzlich noch ein Transitvisum für Weißrussland. Es ist deshalb sehr zu empfehlen, rechtzeitig ein erfahrenes Reisebüro mit der Beschaffung aller Tickets und Visa sowie gegebenenfalls der Buchung von Unterkünften für Zwischenaufenthalte zu betrauen. Mit der Visabeschaffung durch einen Agenten lässt sich angesichts der endlosen Schlangen vor den Schaltern und des Papierkrams für die einzelnen Visa viel Zeit einsparen. Zu den Agenturen, die sowohl Visa beschaffen als auch pauschale Eisenbahnfahrten buchen (zu bestellen auch aus dem Ausland) gehören die Büros von *Monkey Business,* 💻 www.monkeyshrine.com, in Hongkong und Beijing. Informationen für die Fahrt mit der Transsibirischen Eisenbahn ab Beijing s.S. 216.

Aus den zentralasiatischen Republiken

Vor dem Zusammenbruch der Sowjetunion war es eigentlich undenkbar, über Regionen wie **Kasachstan** oder **Kirgisistan** nach China zu reisen. Auch heute sind noch zahlreiche bürokratische Hindernisse zu überwinden, die mitunter durch die wohl bedachte Vergabe einiger kleiner US-Dollarnoten gelindert werden können, doch die alten Landwege zwischen China und dem Westen erleben derzeit eine unverkennbare Renaissance. Die Hauptstädte von Kasachstan und Kirgisistan – Almaty (Alma-Ata) und Bischkek – sind durch täglich verkehrende Züge mit Moskau (Fahrtdauer drei Tage) verbunden, doch von Deutschland aus ist es nicht einfach, das erforderliche russische Transitvisum zu bekommen und Schlafwagenplätze zu buchen. Es kann sich lohnen, bei Reisebüros nachzufragen, die auf Transsibirien-Reisen spezialisiert sind (s.S. 24, Organisierte Reisen). Manche von ihnen bieten auch Pauschalreisen an, die Zentralasien einbeziehen. Inzwischen ist Zentralasien auch ohne eine Passage durch Russland zu erreichen: entweder aus dem Nordosten des **Iran** oder von **Aserbaidschan** über das Kaspische Meer via **Turkmenistan**. Es ist jedoch unerlässlich, auch bei diesen Alternativen zuvor genaueste Informationen über die Visabestimmungen der betreffenden Länder einzuholen.

Recht unkompliziert gestaltet sich die Einreise aus Kasachstan nach China, denn zweimal wöchentlich verkehren komfortable Züge zwischen Almaty und Urumqi. Die Fahrt dauert 35 Stunden. Auch Busse bedienen die Strecke – sie sind zwar weniger komfortabel, dafür billiger und schneller (rund 24 Stunden). Die Fahrt von Bishkek in Kirgisistan nach Kashgar dauert nur neun Stunden. In den Sommermonaten verkehren Busse zwischen beiden Städten. Ausländern aber wurden in der Vergangenheit häufig Plätze in diesen Verkehrsmitteln verweigert; sie müssen gewöhnlich auf die teuren privaten Transportmittel von örtlichen Reiseagenturen zurückgreifen, um über die Grenze zu gelangen.

Vom indischen Subkontinent

Der Landweg aus Europa zum indischen Subkontinent führt durch die **Türkei**, den **Iran** und **Pakistan** und ist ohne weiteres mit lokalen Bussen und Zügen zu bewältigen. Westliche Reisende erhalten routinemäßig ein sieben Tage gültiges Transitvisum für den Iran, die Abwicklung der Visaerteilung kann bis zu zwei Monate in Anspruch nehmen.

Die Strecken vom indischen Subkontinent über die Berge nach China gehören zu den herausforderndsten Routen in ganz Asien. Der **Karakoram Highway** führt von Pakistan in die Provinz Xinjiang und folgt dabei einem Zweig der Seidenstraße. Für diese Route sind keine langen Vorausplanungen erforderlich, allerdings ist die Straße nur von Mai bis Oktober geöffnet und wird häufig wegen Erdrutschen gesperrt. Der Karakoram Highway beginnt in Rawalpindi, der alten Stadt direkt vor den Toren der neuen pakistanischen Hauptstadt Islamabad. Theoretisch ist Kashgar von dort mit öffentlichen Bussen innerhalb von vier Tagen zu erreichen. Zunächst fahren von Rawalpindi täglich Minibusse das Indus-Tal hinauf zur Kleinstadt Gilgit – die anstrengende Fahrt dauert rund 15 Stunden. Nach einer Übernachtung in Gilgit heißt das nächste Tagesziel Sust. Täglich bedienen mehrere Busse die Strecke zu dieser nur fünf Stunden entfernten Grenzstadt. Nach der Ankunft in Sust muss man unverzüglich das Ticket nach Taxkorgan (7 Stunden) in China für die Abfahrt am nächsten Morgen buchen. Einige Reisende haben es geschafft, ein Visum an der Grenze zu erschwatzen, doch es ist unbedingt ratsam, bei der Ankunft am Grenzposten bereits ein Visum in der Tasche zu haben. Die Strecke ist momentan unter Radfahrern sehr beliebt, dennoch besteht keine Garantie für die Erlaubnis, das Niemandsland zwischen den Grenzposten mit dem Rad durchqueren zu dürfen – für diesen Teil der Strecke muss man das Rad wahrscheinlich mit dem Bus befördern lassen.

Die andere Strecke für Touristen, die vom indischen Subkontinent nach China unterwegs sind, führt von **Nepal** nach **Tibet**. Reisebüros in Kathmandu treffen alle nötigen Arrangements, doch das chinesische Visum sollte man sich bereits vorher beschaffen, denn vor Ort ist dies problematisch. In der Regel stellt die chinesische Botschaft in der nepalischen Hauptstadt nur Visa für Gruppenreisende nach Tibet aus.

Die Fahrt dorthin ist teuer: Ausländer dürfen nicht mit den normalen öffentlichen Bussen fahren, sondern müssen einen Jeep mit Fahrer und Führer nach Lhasa mieten. Die Bestimmungen für die Grenzüberquerung ändern sich ständig!

Aus politischen Gründen gibt es keine für Ausländer offene Grenze zwischen Indien und China. Schon seit Jahren diskutieren die Behörden über die Einrichtung einer Buslinie von Sikkim nach Tibet (nördlich von Darjeeling), doch konkret unternommen wurde in dieser Hinsicht bislang nichts.

Aus Vietnam

Vietnam hat drei Grenzübergänge nach China – Dong Dang, 60 km nordöstlich von Hanoi, Lao Cai, 150 km nordwestlich der Hauptstadt, sowie das wenig genutzte Mong Cai, 200 km südlich von Nanning. Alle drei Grenzen sind täglich von 8.30–17 Uhr geöffnet. Die vietnamesischen Grenzbeamten verhalten sich fürchterlich bürokratisch, doch Probleme lassen sich durch einige kleine Dollarnoten aus der Welt schaffen.

Fahrplanmäßig ausgeschrieben ist ein wöchentlich zweimal verkehrender Direktzug von Hanoi bis hinauf nach Beijing (60 Stunden), der auch in Nanning und Guilin hält. In Wirklichkeit aber müssen die Passagiere in Dong Dang aussteigen, zu Fuß über die Grenze gehen und anschließend mit einem Minibus zum chinesischen Kopfbahnhof im 15 km entfernten Pingxiang fahren, wo ein Anschlusszug für die verbleibenden 170 km bis zur nordöstlich gelegenen Provinzhauptstadt von Guangxi, Nanning, wartet. Alternativ gibt es gute Schienen- und Straßenverbindungen von Hanoi nach Lang Son, wo Minibusse den Transport über die letzten 5 km bis nach Dong Dang übernehmen. Dort ist die Grenze wie oben beschrieben zu überqueren, um dann in Pingxiang den Nachmittags- oder Abendzug nach Nanning (¥40) zu erreichen.

Ebenfalls täglich fahren Züge von Hanoi nach Lao Cai, das elf Stunden von der Hauptstadt entfernt in Vietnams gebirgigem und unerschlossenem Nordwesten liegt (in der Nähe des idyllischen Resorts Sa Pa). Der dortige Grenzübergang führt nach Hekou in der Provinz Yunnan, von wo täglich Anschluss mit der Eisenbahn zur Provinzhauptstadt Kunming besteht.

Von Mong Cai fahren regelmäßig Busse nach Nanning.

Aus Laos und Myanmar

Auch die Einreise aus Laos führt in die Provinz Yunnan, diesmal nach Bian Mao Zhan in der Region Xishuangbanna. Die Abfertigung verläuft recht locker und wirft in der Regel keinerlei Probleme auf, doch man sollte einen ausreichenden Betrag in harter Währung mit sich führen, da Travellers Cheques auf chinesischer Seite nicht gewechselt werden. Lokale Busse stellen die Verbindung zur 220 km nördlich gelegenen Distrikthauptstadt Jinghong her, doch womöglich ist unterwegs eine Übernachtung in der Stadt Mengla erforderlich.

Eine spannende Variante ist die Einreise aus Myanmar (Burma). Die alte Burmastraße zieht sich nordöstlich von Rangoon (Yangon) nach Lashio und weiter bis zum Grenzübergang Wanding in der Provinz Yunnan. Zum Zeitpunkt der Drucklegung war diese Grenze für Ausländer offiziell nicht geöffnet, doch angesichts der veränderlichen Tourismuspolitik sollte man vor Beantragung eines burmesischen oder chinesischen Visums Informationen über die aktuelle Situation einholen.

Organisierte Reisen

Wer nur begrenzte Zeit hat, die Mühen einer Reise auf eigene Faust scheut oder gezielte Interessen verfolgt (Radwandern, Vogelbeobachtung o.ä.), sollte eine organisierte Chinareise in Betracht ziehen, bei der bereits alle Flüge, Transporte und Unterkünfte im Preis inbegriffen sind. Diese bequeme Art zu reisen ist allerdings weitaus teurer als eine Individualtour durch das Reich der Mitte.

Chinesische Reisebüros wie *CITS* organisieren im ganzen Land Ausflüge, Städtetouren, Flussfahrten und mehrtägige Rundreisen. Natürlich haben die Leistungen ihren Preis, doch in der Regel sind sie ihr Geld wert, denn Transporte, Unterkünfte so-

Feierabend auf Hangzhous Westsee

wie reichliches und gutes Essen sind ebenso inbegriffen wie Dolmetscher und lokaler Reiseleiter. In vielen Fällen sind organisierte Touren sogar die beste Alternative auch für ansonsten individuell Reisende, um ausgefallene Ziele ohne immensen Aufwand zu besuchen.

Interessante Abenteuerreisen bietet das Beijing-Reisebüro *Wild China*, 010/64039737, www.wildchina.com, das Exkursionen für Individualtouristen und Gruppen in Chinas Randgebiete organisiert. Die Schwerpunkte liegen auf Trekking-, Natur- und kulturellen Erlebnisreisen.

Leider bewegen sich auf dem Markt auch unzuverlässige Betreiber, die überzogene Preise für mittelmäßige Dienste verlangen, unerfahrene Führer ohne Dialektkenntnisse und Allgemeinwissen anstellen und Programme, für die ein halber Tag ausreichen würde, auf drei Tage ausdehnen. Es empfiehlt sich deshalb unbedingt, die angebotenen Leistungen vor Vertragsabschluss genau zu überprüfen (inklusive Abfahrts- und Rückkehrzeiten). Die meisten Städte haben inzwischen eine Hotline für Touristenbeschwerden, deren Nummer an den Sehenswürdigkeiten und in örtlichen Touristenbüros aushängt. In der Praxis aber sollte man keine zu großen Erwartungen an diese Hotline stellen.

Auswahl an Veranstaltern in China und Deutschland

China by bike, Karlsgartenstr. 19, 12049 Berlin, 030/6225645, 62720590, www.china-by-bike.de. Rad- und Trekkingtouren.

China Reisen, Leonrodstr. 77, 80636 München, 089/1270910, 127091199, china-reisen@china-reisen.de, www.china-reisen.de

China Tours Hamburg, Rehkoppel 7, 22119 Hamburg, 040/71899678, 71899888, info@china-tours.de, www.china-tours.de

China Travel Service (CTS), www.ctsho.com. Dieser Veranstalter mit Sitz in diversen chinesischen Städten bietet eine Vielzahl an Reiseprogrammen an.

East Asia Tours, Wichertstr. 16-17, 10439 Berlin, 030/4466890, 4459517, eatw@eatberlin.de, www.eastasiatours.de. Flussfahrten auf dem Yangzi, Rundreisen.

GeBeCo, Holzkoppelweg 19, 24118 Kiel, 0431/54460, 5446111, www.gebeco.de. Studien-, Erlebnis-, Städte- und Individualreisen.

Hauser exkursionen international, Spiegelstr. 9, 81241 München, 089/2350060, 23500699, info@hauser-exkursionen.de, www.hauser-exkursionen.de. Exklusive Touren für Aktive (z.B. Wandern, Rad fahren).

Ikarus Tours, Am Kaltenborn 49-51, 61462 Königstein, 06174/29020, 22952, central@ikarus.com, www.ikarus.com. Exklusive Studienreisen, Expeditionen, klassische Rundreisen.

Lernidee Erlebnisreisen, Dudenstr. 78, 10965 Berlin, 030/7860000, 7865596, www.lernidee-reisen.de. Neben Touren nach China auch Angebote u.a. für Reisen mit der Transsib.

Studiosus Reisen, Riesstr. 25, 80992 München, 089/500600, 50060100, info@studiosus.com, www.studiosus.de. Der Spezialist für Studienreisen hat seinen Preis, auch Reiseangebote für junge Travellergruppen.

Gesundheit

Niedrige öffentliche Hygienestandards, Stress-Situationen und die ständigen Menschenmassen sind die häufigsten Ursachen für gesundheitliche Probleme von Reisenden in China. Zumindest in größeren Städten sind die medizinischen Einrichtungen zufriedenstellend, dort stehen Krankenhäuser mit dem hohen Standard internationaler Kliniken zur Verfügung. Für kleinere Beschwerden hat selbst jede Kleinstadt eine Apotheke, die geeignete Arzneimittel empfehlen kann, und fast überall stehen auch Ärzte bereit, die ihre Patienten nach traditionellen chinesischen oder auch westlichen Methoden behandeln. Wer nicht Chinesisch spricht, sollte unbedingt einen Sprachführer mit Redewendungen oder einen Dolmetscher mit zum Arztbesuch nehmen.

Gesundheitsvorsorge

Es ist ratsam, sich rechtzeitig im Voraus um einen ausreichenden **Impfschutz** zu kümmern, vor allem den Basisimpfschutz gegen Tetanus (Wundstarrkrampf), Polio und Diphterie aufzufrischen, wenn seit der letzten Impfung mehr als 10 Jahre vergangen sind. Für China ist eine Immunisierung gegen Hepatitis A und Tuberkulose empfehlenswert. Manche Ärzte raten auch zum Schutz gegen Hepatitis B, Tollwut (ein ernstes Problem in Tibet und ländlichen Gebieten) und Japanische Enzephalitis. Bei der Einreise nach China ist eine Impfung gegen Gelbfieber nur erforderlich, sofern man aus einem Infektionsgebiet (Westafrika, Zentralafrika oder Südamerika) kommt.

Da die Impfungen bis zu acht Wochen vor Abflug erfolgen müssen, empfiehlt es sich, frühzeitig den Hausarzt oder ein tropenmedizinisches Institut zu konsultieren. Medizinischen Rat für Reisen in die Tropen bietet auch das Internet, z.B. die Websites 💻 www.crm.de/ und 💻 www.die-reisemedizin.de.

Die Prophylaxe gegen Malaria beginnt bereits vor der Einreise in gefährdete Gebiete. Alle Impfungen werden in einen Internationalen Impfausweis eingetragen, der zu den Reiseunterlagen gehört und bei der Einreise auf dem Landweg vorzulegen ist.

Tropenmedizinische Institute in Deutschland

Berlin	Spandauer Damm 130, Haus 10, 14050, ✆ 030/301166
Dresden	Friedrichstr. 39, 01067, ✆ 0351/4803801
Düsseldorf	Moorenstr. 5, 40225, ✆ 0211/8117031
Göttingen	Werner-von-Siemens-Str. 10, 37077, ✆ 0551/307500
Frankfurt	Paul-Ehrlich-Str. 20, 60596, ✆ 069/63015033
Hamburg	Seewartenstr. 10, 20459, ✆ 040/42818800
Heidelberg	Im Neuenheimer Feld 324, 69120, ✆ 06221/562925 Informationen vom Band über Asien: ✆ 06221/565633
München	Leopoldstr. 5, 80802, ✆ 089/218013500 Informationen vom Band über Asien: ✆ 089/218013508 💻 www.fitfortravel.de
Rostock	Ernst-Heidemann-Str. 6-8, 15055, ✆ 0381/4947583
Tübingen	Kepplerstr. 15, 72074, ✆ 07071/2982364

Vorsichtsmaßnahmen

Die Lungenkrankheit **SARS** hat seit November 2002 für Schlagzeilen in den Medien gesorgt und ist heute gößtenteils unter Kontrolle.

Aktuelle Informationen erteilen 💻 www.rki.de, 💻 www.who.int oder das Auswärtige Amt, 💻 www.auswaertiges-amt.de/www/de/laenderinfos/gesundheitsdienst/merkblatt/sars_html.

Als Faustregel sollte gelten: Möglichst bewusst und stressfrei reisen, gelegentlich auf bessere Unterkünfte zurückgreifen und durchaus auch einmal in Restaurants der gehobenen Kategorie speisen.

Die **persönliche Hygiene** kann jeder selbst kontrollieren, und es empfiehlt sich, in dieser Beziehung äußerst penibel zu sein. Zu den Pflichten gehört regelmäßiges Händewaschen. Keinesfalls sollte man aus geteilten Gläsern trinken oder an den Zigaretten anderer Leute ziehen. Beim Duschen Gummischuhe oder Bade-Sandaletten tragen, die in den meisten Hotels kostenlos ausliegen (oft unter dem Bett). Da selbst kleinste Schnittwunden zu üblen Infektionen führen können, müssen sie sorgfältig gereinigt, mit einer antiseptischen Salbe behandelt und anschließend verbunden und trocken gehalten werden.

Die meisten chinesischen Wasserläufe sind hochgradig verunreinigt, **Wasser** ist daher stets ein potenzieller Krankheitserreger. Niemals sollte man unabgekochtes Leitungswasser trinken, sich damit die Zähne putzen, Getränke mit Eiswürfeln zu sich nehmen oder die Eislutscher kaufen, die von Straßenverkäufern angeboten werden. Trinkwasser wird in China gewöhnlich sorgfältig abgekocht. In den meisten Hotelzimmern stehen Thermoskannen mit abgekochtem Wasser bereit, die vom Etagendienst auf Anfrage hin jederzeit nachgefüllt werden. An jeder Ecke und natürlich in den Supermärkten ist in Plastikflaschen abgefülltes Wasser erhältlich, das jedoch teilweise merkwürdig schmeckt.

Wer nur solches Wasser trinkt und in den Restaurants Tee oder kohlensäurehaltige Getränke bestellt, befindet sich (bei den Getränken) auf der sicheren Seite. Wer selbstständig Wasser abkocht, sollte eine Mindestkochdauer von zehn Minuten einhalten, um sämtliche Mikroorganismen abzutöten. In Höhenlagen kocht Wasser bereits bei unter 100 °C.

Vorschlag für eine Reiseapotheke

Basisausstattung

- ❑ Verbandzeug (Heftpflaster, Leukoplast, Blasenpflaster, Mullbinden, elastische Binde, sterile Kompressen, Verbandpäckchen, Dreiecktuch, Pinzette)
- ❑ sterile Einmalspritzen und -kanülen in verschiedenen Größen (besonders dann zu empfehlen, wenn man längere Zeit im Land ist, denn gelegentlich wurde über die Wiederverwendung von Spritzen berichtet)
- ❑ Fieberthermometer
- ❑ Kondome
- ❑ Lärmstopp (gegen Lärmbelästigung)
- ❑ Beipackzettel

Malaria-Prophylaxe

- ❑ Chloroquin (z.B. Resochin*, nur für gefährdete Gebiete)
- ❑ Paludrine* (zusätzlich zu Chloroquin, nur für gefährdete Gebiete)
- ❑ Lariam* oder Halfan*
- ❑ MalaQuick Standby Malaria-Test
- ❑ Mückenschutz (Jaico oder Sketolene-Konzentrat 40%; für Kinder: Zanzarin)

Schmerzen und Fieber

- ❑ keine acetylsalicylsäurehaltigen Medikamente, Benuron, Dolormin
- ❑ Buscopan (gegen krampfartige Schmerzen)
- ❑ Antibiotika* gegen bakterielle Infektionen (in Absprache mit dem Arzt)

Magen- und Darmerkrankungen

- ❑ Imodium akut (gegen Durchfall, v.a. vor längeren Fahrten)
- ❑ Elotrans (zur Rückführung von Mineralien; Kinder: Oralpädon Pulver)
- ❑ Dulcolax Dragees, Laxoberal Tropfen (gegen Verstopfung)
- ❑ Talcid, Riopan (gegen Sodbrennen)

Erkrankungen der Haut

- ❑ Desinfektionsmittel (Betaisodona Lösung, Hansamed Spray, Kodan Tinktur)
- ❑ Tyrosur Gel, Nebacetin Salbe RP (bei infizierten oder infektionsgefährdeten Wunden)
- ❑ Soventol Gel, Azaron Stift, Fenistil Tropfen (bei Juckreiz nach Insektenstichen oder allergischen Erkrankungen)
- ❑ Soventol Hydrocortison Creme, Ebenol Creme (bei starkem Juckreiz oder stärkerer Entzündung)
- ❑ Cortison- und antibiotikahaltige Salbe gegen Bläschenbildung nach Quallenkontakt
- ❑ Wund- & Heilsalbe (Bepanthen)
- ❑ Fungizid ratio, Canesten (bei Pilzinfektionen)
- ❑ Berberil, Yxin (Augentropfen bei Bindehautentzündungen)

Erkältungskrankheiten

- ❑ Olynth Nasenspray, Nasivin
- ❑ Dorithricin, Dolo Dobendan (bei Halsschmerzen)
- ❑ Silomat (Hustenstiller)
- ❑ Acc akut, Mucosolvan, Gelomyrtol (zum Schleimlösen)

Kreislauf

- ❑ Korodin, Effortil (kreislaufanregend)

Reisekrankheit

- ❑ Superpep Kaugummis, Vomex

Sonnenschutz mit UVA- und UVB-Filter

- ❑ Ladival Milch bzw. Gel, Ilrido ultra Milch
- ❑ Sonnenschutzstift für die Lippen

Bitte bei den Medikamenten Gegenanzeigen und Wechselwirkungen beachten und sich vom Arzt oder Apotheker beraten lassen.
(rezeptpflichtig in Deutschland)*

Jodtabletten sind stets effektiv, verleihen dem Wasser jedoch einen schalen Geschmack – und sie sind nicht besonders zuträglich für Personen mit Schilddrüsenkrankheiten. Bei genügend Platz im Gepäck ist ein Wasserfilter, der Erreger eliminiert, die ideale Lösung. In Deutschland sind solche Geräte in Outdoor-Fachgeschäften erhältlich.

Essen sollte man prinzipiell nur in gut besuchten und sauberen Lokalen, die frische Auslagen anbieten und diese unter hoher Hitze zubereiten. Selbst in sehr einfachen Einrichtungen sind dabei kaum Probleme zu erwarten. Vorsicht geboten ist hingegen bei vorgekochten Speisen, die mehrere Stunden lang warm gehalten werden. Schalentiere bilden überall in Asien ein potenzielles Risiko für Hepatitis A und sollten deshalb gemieden werden. Eigenhändig geschältes frisches Obst sollte keine Probleme bereiten, aufgetragene ungekochte Nahrungsmittel könnten dagegen mit unsauberem Wasser gewaschen worden sein. Da auch schmutzige **Ess-Stäbchen** eine Gefahrenquelle sind, liegen in den meisten Restaurants inzwischen Einweg-Stäbchen aus. Wer ganz sicher gehen will, sollte ein eigenes Paar Ess-Stäbchen im Tageshandgepäck mitführen.

Gesundheitsrisiken

Aids

Trotz gegenläufiger amtlicher Propaganda sind starke Zweifel berechtigt, dass China jemals ein Staat ohne Prostitution war und dass sexuell übertragbare Krankheiten lediglich ein Problem anderer Länder sind. Im Zuge der liberaleren Einstellungen, der um sich greifenden sexuellen Revolution und der Weigerung vieler Männer, Kondome zu benutzen, haben sich sexuell übertragbare Krankheiten ausgebreitet, darunter nicht zuletzt auch Aids. Die Behörden haben sich vor kurzem zu dem Problem bekannt und eingeräumt, dass mehrere Millionen Chinesen mit dem HIV-Virus infiziert sind. Die Hysterie über die Krankheit und ihre Verbreitung durch Ausländer ist so weit gediehen, dass jeder fremdartig aussehende Patient, der in einem chinesischen Krankenhaus vorspricht, zunächst einem Test unterzogen wird.

Wie überall auf der Welt sollte man auch in China auf ungeschützten Sex verzichten. **Kondome** chinesischer Produktion sind mitunter von zweifelhafter Qualität, doch in den Großstädten sind auch importierte Marken erhältlich. Bei ernsthafteren Krankheitsbildern, die eine Injektion oder Bluttransfusion erforderlich machen, sollte man Hongkong zu erreichen versuchen, wo relativ verlässliche Blutkonserven zur Verfügung stehen; trotzdem ist darauf zu achten, dass unbenutzte sterile Nadeln verwendet werden – gegebenenfalls auf die Benutzung selbst mitgebrachter Nadeln bestehen. Auch bei Akupunkturbehandlungen ist unbedingt darauf zu achten, dass alle verwendeten Instrumente steril sind.

Cholera

Die Cholera tritt vor allem in übervölkerten Gebieten unter unhygienischen Bedingungen immer wieder auf. Der Impfschutz durch handelsüblichen Impfstoff ist umstritten, Reaktionen sind häufig. Geimpft wird deshalb nur dann, wenn eine entsprechende Einreisebestimmung besteht, was für China nicht zutrifft. Solange man auf eine saubere, hygienische Umgebung achtet und nicht geschwächt ist, wird man kaum gefährdet sein.

Denguefieber

Diese Viruskrankheit wird durch die *Aedes aegypti*-Mücke übertragen, die an ihren schwarz-weiß gebänderten Beinen zu erkennen ist. Sie sticht während des ganzen Tages. Nach der Inkubationszeit von bis zu einer Woche kommt es zu plötzlichen Fieberanfällen, Kopf- und Muskelschmerzen. Nach drei bis fünf Tagen kann sich ein Hautausschlag über den ganzen Körper verbreiten. Bei Stufe 1 klingen nach ein bis zwei Wochen die Krankheitssymptome ab.

Ein zweiter Anfall (Stufe 2) kann zu Komplikationen (inneren und äußeren Blutungen) führen. Wie bei der Malaria ist ein Moskitonetz und der Schutz vor Mückenstichen der beste Weg der Vorsorge. Es gibt keine Impfung oder spezielle Behandlung. Schmerztabletten, Fieber senkende Mittel und kalte Wadenwickel lindern die Symptome. Keinesfalls sollten ASS, Aspirin oder ein anderes acetylsalicylsäurehaltiges Medikament genommen werden, da diese einen lebensgefährlichen hämorrhagischen Verlauf herausfordern.

Ein einfacher Test kann Denguefieber bestätigen: Fünf Minuten den Oberarm abbinden, öffnen und in der Armbeuge nachsehen – falls rote Flecken erscheinen, ist es zu 90% Denguefieber.

Durchfallerkrankungen

Auch Asien-Reisende plagen manchmal Durchfälle (Diarrhöe), die durch Infektionen hervorgerufen werden. Verdorbene Lebensmittel, ungeschältes Obst, Salate, kalte Getränke oder Speiseeis sind häufig die Verursacher. Da auch Mikroorganismen im Wasser durchschlagende Wirkung zeigen können, sollte man nur abgefülltes Wasser trinken (auf den versiegelten Verschluss achten). Wer ganz sicher gehen will, verzichtet zudem auf zerstoßenes Stangeneis.

Eine Elektrolyt-Lösung (Elotrans bzw. für Kinder Oralpädon), die verlorene Flüssigkeit und Salze ergänzt, reicht bei den meist harmlosen Durchfällen völlig aus. Man kann sich selbst eine Lösung herstellen aus 4 gehäuften Teelöffeln Zucker oder Honig, 1/2 Teelöffel Salz und 1 l Orangensaft oder abgekochtem Wasser. Zur Not, z.B. vor langen Fahrten, kann auf Imodium, das die Darmtätigkeit ruhig legt, zurückgegriffen werden (aber nur in geringen Dosen, da die Ausscheidung von Krankheitserregern verzögert wird!). Wer Durchfälle mit Fenchel, Kamille und anderen uns bekannten Kräutertees lindern möchte, sollte sich einen Vorrat mitnehmen. Zudem hilft eine Bananen- oder Reis-und-Tee-Diät und Cola in Maßen, denn sie enthält Zucker, Spurenelemente, Elektrolyte und ersetzt das verloren gegangene Wasser. Generell sollte man viel trinken und die Zufuhr von Salz nicht vergessen. Bei länger anhaltenden Erkrankungen empfiehlt es sich, einen Arzt aufzusuchen – es könnte auch eine bakterielle oder eine Amöben-**Ruhr** (Dysenterie) sein. Bei Durchfällen gilt zu bedenken, dass die Wirksamkeit eingenommener Medikamente, darunter die Anti-Baby-Pille, beeinträchtigt werden kann.

Verstopfungen können durch eine große Portion geschälter Früchte, z.B. Ananas oder eine halbe Papaya (Kerne mitessen), verhindert werden.

Erkältungen

Am weitesten verbreitet – vor allem in Wintermonaten – sind in China die Erkältungskrankheiten. Die Ursachen liegen begründet im engen Zusammenleben der dicht gedrängten Bevölkerung, im Kettenrauchen, in der intensiven Luftverschmutzung und in der weit verbreiteten Angewohnheit des Rotzens, die der Ausbreitung von Infektionen Vorschub leistet. Zu den ersten Symptomen gehören Fieber, Halsentzündung, Schüttelfrost und ein Gefühl allgemeiner Unpässlichkeit, denen anhaltende Bronchitis-Anfälle folgen. Angeraten sind in diesem Fall die Aufnahme von reichlichen Flüssigkeitsmengen und ausreichende Ruhephasen; halten die Symptome dennoch an, sollte ein Arzt aufgesucht werden.

Geschlechtskrankheiten

Gonorrhöe und die gefährlichere **Syphilis** sind in Asien weit verbreitete Infektionskrankheiten, vor allem bei Prostituierten. Bei den ersten Anzeichen einer Erkrankung (Ausfluss/Geschwüre) unbedingt ein Krankenhaus zum Anlegen einer Kultur und zur Blutentnahme aufsuchen.

Giardiasis Lambliasis

Giardiasis ist eine Infektion des Verdauungstraktes, ausgelöst von dem Parasiten *Giardia lamblia*, der über fäkal verunreinigtes Wasser oder Lebensmittel aufgenommen wird. Die Symptome treten ein bis zwei Wochen nach der Infektion auf: Durchfälle, Bauchkrämpfe, Blähungen, Müdigkeit, Gewichtsverlust und Erbrechen. Bei ausbleibender Behandlung (Antibiotika) verschlimmert sich das Krankheitsbild, daher sollte unverzüglich ein Arzt aufgesucht werden. Reisende nach **Tibet** sollten sich dessen bewusst sein, dass diese Krankheit im Hochland weit verbreitet ist; da jedoch die entsprechenden Antibiotika in den tibetischen Städten und Ortschaften meist nicht zur Verfügung stehen, sollte die eigene Reiseapotheke entsprechend ausgerüstet sein (die nötigen Medikamente sind teils nur über ärztliche Rezepte erhältlich).

Hauterkrankungen

Bereits vom Schwitzen kann man sich unangenehm juckende Hautpilze holen. Gegen zu starkes Schwitzen hilft Körperpuder, der angenehm kühlt und in Apotheken oder Supermärkten erhältlich ist. Für andere Erkrankungen sind häufig Kopf-, Kleider-, Filzläuse, Flöhe, Milben oder Wanzen verantwortlich. Die beste Vorbeugung ist eine ausreichende Hygiene. Nicht selten treten an Stellen, an denen die Kleidung eng aufliegt, Hitzepickel auf, die man mit Prickly Heat Powder, Zinkoxyd oder Titanoxyd behandeln kann. Gegen Kopfläuse hilft Organoderm, oder, falls man wieder in Deutschland ist, Goldgeist forte.

Hepatitis

Die schwere Lebererkrankung Hepatitis B wird vor allem durch sexuellen Körperkontakt und durch Blut (ungenügend sterilisierte Injektionsnadeln, Bluttransfusionen, Tätowierung, Piercen, Akupunktur) übertragen. Eine rechtzeitige vorbeugende Impfung, z.B. mit Gen H-B-Vax, ist sehr zu empfehlen.

Die Hepatitis A wird durch infiziertes Wasser und Lebensmittel oral übertragen. Vor einer Ansteckung schützt der Impfstoff Havrix (auch als Kombi-Impfung Twinrix für Hepatitis A und B erhältlich). Während in China die meisten Menschen nach einer harmlosen Hepatitis-A-Infektion im Kindesalter gegen diese Krankheit immun sind, trifft dieses nur auf ein Drittel aller Europäer zu. Ob die Impfung notwendig ist, zeigt ein Antikörpertest.

Hepatitis C und D werden auf demselben Weg übertragen wie Hepatitis B und können ebenfalls zu gefährlichen Langzeitschäden führen.

Japanische Enzephalitis (Hirnentzündung)

Diese Krankheit wird durch Moskitos in Agrarregionen übertragen. Eine Vorbeugung empfiehlt sich nur bei einem langen Aufenthalt in gefährdeten Gebieten. Der Impfstoff der Firma Biken kann allerdings nur über wenige große Impfzentren (z.B. Landesimpfanstalten und Tropeninstitute) direkt aus Japan mit Kühlkette importiert werden, kostet um 40 € pro Injektion und soll nur wenige Nebenwirkungen haben.

Kinderlähmung

Selbst in Europa treten immer noch Epidemien auf. Wer während der letzten zehn Jahre die Impfungen versäumt hat, sollte sich impfen lassen (s.S. 33, Wundstarrkrampf).

Malaria

Da Moskitos in **Südchina** weit verbreitet sind, müssen sich Reisende des potenziellen Risikos einer durch Mücken übertragenen Erkrankung bewusst sein. Mögliche Infektionsgebiete sind im Sommer weite Landstriche von Chinas **Südwesten**.

Die häufigste Form der Malaria ist die *Malaria tropica,* die unbehandelt zum Tod führen kann. Weitere Malaria-Typen sind die *Malaria tertiana* und *Malaria quartana.*

Die weibliche Anopheles-Mücke, die den Erreger *Plasmodium falciparum* überträgt, sticht während der Nacht, also zwischen Beginn der Dämmerung und Sonnenaufgang. Die meisten Tropeninstitute empfehlen eine medikamentöse Malariaprophylaxe. Die Frage, welches Mittel das richtige ist, sollte mit Hilfe eines Tropenarztes individuell auf Reiseart, -dauer und gesundheitliche Verfassung abgestimmt werden.

Die beste Vorbeugung gegen Malaria besteht darin, möglichst nicht gestochen zu werden: Am Abend schützt helle Kleidung (einige Reisende schwören auch auf dunkle Kleidung), wichtig sind lange Hosen, langärmlige Hemden, engmaschige lange Socken und ein Mücken abweisendes Mittel auf der Basis von DEET, das auf die Haut aufgetragen wird und die Geschmacksnerven stechender Insekten lähmt. Einige Apotheken bieten sanftere Mittel an, die auf Zitronella- und Nelkenöl basieren. Als bestes Mückenmittel auf dem deutschen Markt gilt das österreichische No bite, das für tropische Gebiete geeigneter zu sein scheint als Autan. Einige Tropenerfahrene schwören auf die Einnahme von Vitamin B in hohen Dosen, bei anderen ist es wirkungslos.

Viele Hotelzimmer in den betroffenen Gebieten haben Mückengitter an Fenstern und Türen oder ein Moskitonetz über dem Bett. Wer ganz sicher gehen will, sollte ein eigenes, mit Mückenmittel behandeltes Netz mitbringen. Löcher verschließt man am besten mit Klebeband. Bei niedrigen Temperaturen in klimatisierten Räumen sind die Mücken zwar weniger aktiv, aber keineswegs ungefährlich. In Innenräumen sehr wirkungsvolle Moskito-Coils (Räucherspiralen) sowie Insektizide sind in China erhältlich.

Über die beste medikamentöse Malariaprophylaxe ist in den vergangenen Jahren immer wieder heftig debattiert worden. Allen Mitteln gemeinsam ist, dass sie unangenehme Nebenwirkungen hervorrufen können. Zu den am häufigsten verschriebenen Präparaten gehören Resochin/Paludrine, Lariam und seit kurzem Malarone.

Resochin (Wirkstoff Chloroquin) wird einmal wöchentlich sieben Tage vor der Einreise ins Risikogebiet bis vier Wochen nach der Rückkehr eingenommen. Meistens wird es in Verbindung mit Paludrine (Wirkstoff Proguanil) verschrieben. Lästig ist, dass Letzteres zweimal täglich eingenommen wird. Als Nebenwirkungen können unter anderem Übelkeit, Durchfall und Kopfschmerzen auftreten. Allerdings sind immer mehr Erreger der *Malaria tropica* gegen diese beiden Wirkstoffe resistent. Gegen die Erreger der nicht tödlichen *Malaria tertiana* und *Malaria quartana* gilt Resochin jedoch weiterhin als wirksam.

Lariam (Wirkstoff Melfloquin) ist ohne Frage ein sehr effektives Anti-Malariamittel, jedoch wegen der zum Teil erheblichen Nebenwirkungen (darunter Depressionen, psychische Verwirrtheit und Angstzustände) verstärkt ins Gerede gekommen. Hier sollte jeder selbst entscheiden. Lariam wird vorwiegend bei Reisen in Gebiete mit hohem Malaria-Risiko und Chloroquin-Resistenzen verschrieben. Allerdings gibt es mittlerweile auch Resistenzen gegen den Wirkstoff Melfloquin. Lariam wird in der Regel wöchentlich eingenommen (Einnahmedauer wie Resochin). Kontraindikationen bestehen unter anderem bei Epileptikern, Schwangeren, Kindern und Menschen mit Depressionen oder psychischen Problemen. Lariam gilt als ein wirksames Notfallpräparat zur Behandlung im Ernstfall.

Mit der Zulassung von Malarone (Wirkstoff Atovaquon/Proguanil) steht seit Mai 2001 ein neues Mittel zur Malariaprophylaxe in den deutschen Apotheken. Der Hersteller wirbt mit der guten Verträglichkeit und dem wirksamen Schutz vor dem Erreger *Plasmodium falsiparum*. Da durch Malarone die Parasiten bereits in der Leber angegriffen werden, ist die Einnahmedauer relativ kurz: täglich eine Tablette ein bis zwei Tage vor, während und sieben Tage nach dem Aufenthalt im Malariagebiet. Mögliche Nebenwirkungen sind Übelkeit, Kopfschmerzen und Durchfall. Malarone wird vor allem bei Reisen in Gebiete mit hohem Malariarisiko empfohlen, allerdings sollte es nicht länger als vier Wochen eingenommen werden, da Langzeitstudien bislang fehlen. Risiken für Schwangere und Kinder können ebenfalls noch nicht eingeschätzt werden. Ein großer Nachteil von Malarone ist der Preis: Die Packung mit zwölf Tabletten kostet ca. 60 €.

In Deutschland gibt es den Malaria-Schnelltest MalaQuick, mit dem Reisende im Notfall anhand eines Blutstropfens in acht Minuten selbst feststellen können, ob ihre Symptome durch den Malariaerreger *Plasmodium falciparum* ausgelöst wurden (in Apotheken erhältlich). Wer sich in einem Gebiet ohne ärztliche Versorgung infiziert hat, kann zur Überbrückung mit einer **Standby-Therapie** mit Mefloquin (Lariam), Atovaquon/Proguanil (Malarone) oder seit kurzem Artmether/Lamefantrin (Riamet) beginnen. Die Dosierung ist dem Beipackzettel zu entnehmen.

Wer aus China zurückkehrt und an einer nicht geklärten fieberhaften Erkrankung leidet, auch wenn es sich nur um leichtes Fieber und Kopfschmerzen handelt und erst Monate nach der Rückkehr auftritt, sollte dem Arzt unbedingt von dem Asienaufenthalt berichten. Die ersten Symptome einer Malaria können denen eines banalen grippalen Infektes ähneln und werden daher häufig verkannt.

Sonnenbrand und Hitzschlag

Manche Regionen Chinas besitzen ein **tropisches Klima**. Es erfordert mehrere Wochen, bis sich der Organismus an die Temperaturen und die Luftfeuchtigkeit gewöhnt hat. In dieser Zeitspanne kann es vorkommen, dass man sich lustlos fühlt und rasch ermüdet. Auch bei bedecktem Himmel darf die Intensität der Sonneneinstrahlung niemals unterschätzt werden.

Als wichtigste Schutzmaßnahmen empfiehlt es sich, regelmäßig Mittel mit hohem Sonnenschutzfaktor auf die Haut aufzutragen, Hut und Sonnenbrille zu tragen und tagsüber viel zu trinken.

Erschöpfungszustände bei Hitze äußern sich durch Kopfschmerzen, Übelkeit, Benommenheit und erhöhte Temperatur. Um die Symptome zu lindern, sollte man unbedingt schattige Bereiche aufsuchen und genügend Flüssigkeit zu sich nehmen. Erbrechen und Orientierungslosigkeit können auf einen Hitzschlag hinweisen, der potenziell lebensbedrohlich ist – deshalb muss man sich sofort in medizinische Behandlung begeben.

Thrombose

Bei längeren Flugreisen verringert sich durch den Bewegungsmangel der Blutfluss vor allem in den Beinen, wodurch es zur Bildung von Blutgerinnseln kommen kann, die, wenn sich sich von der Gefäßwand lösen und durch den Körper wandern, eine akute Gefahr darstellen (z.B. Lungenembolie). Gefährdet sind vor allem Personen mit Venenerkrankungen oder Übergewicht, aber auch Schwangere, Raucher oder Frauen, die die Pille nehmen.

Das Risiko verhindern Bewegung, viel trinken (aber keinen Alkohol) und notfalls Kompressionsstrümpfe der Klasse 1–2.

Tollwut

Wo streunende oder auch verendete Hunde zu sehen sind, ist Vorsicht geboten. Wer von einem Hund, einer Katze oder einem Affen gekratzt oder gebissen wird, muss sich sofort impfen lassen, da eine Infektion sonst tödlich endet. Eine vorbeugende Impfung ist sehr teuer und nur bei längerem Aufenthalt sinnvoll.

Tuberkulose

Tuberkulose ist eine Erkrankung der Atemwege, die durch Inhalation übertragen und durch Husten und Spucken ausgebreitet wird – es ist also nicht verwunderlich, dass diese Krankheit gerade in China weit verbreitet ist. Obwohl die Lungenerkrankung zum Tode führen kann, sollte man sich keine übergroßen Sorgen machen, denn bei vielen Menschen hat sich aufgrund früher milder Infektionen oder durch Impfungen im Kindesalter bereits eine Immunität aufgebaut. Wer auf seiner Reise häufig in überfüllten Zügen und Bussen unterwegs sein wird, sollte den Hausarzt über den körpereigenen TBC-Immunstatus zu Rate ziehen.

Typhus / Paratyphus

Typische Symptome sind über sieben Tage hohes Fieber einhergehend mit einem eher langsamen Puls und Benommenheit. Empfehlenswert ist die gut verträgliche Schluckimpfung mit Typhoral L für alle Reisende. Drei Jahre lang schützt eine Injektion des neuen Typhus-Impfstoffs Typhim VI, ehe er wieder aufgefrischt werden muss.

Unterkühlung

Viele Regionen Chinas erleben im Winter äußerst tiefe Temperaturen. Eine Gefahr stellt eine etwaige Unterkühlung dar, welche die Körpertemperatur in lebensbedrohlicher Weise sinken lassen kann. Zu den Symptomen gehören schwacher Puls, Orientierungslosigkeit, Betäubungsanzeichen, Sprachstörungen und Erschöpfungszustände. Zum Schutz sollte man mehrschichtige Kleidung und eine Mütze (die meiste Körperwärme entweicht über den Kopf) tragen, genügend Kohlenhydrate zu sich nehmen und sich vor Nässe und Wind schützen. Unterkühlte Personen müssen gegen Wind und Nässe geschützt untergebracht werden und heiße (nichtalkoholische) Getränke sowie leicht verdauliches Essen zu sich nehmen. Wichtig ist eine wärmende Lagerung. In ernsten Fällen ist eine unverzügliche Krankenhausbehandlung erforderlich.

Wurmerkrankungen

Winzige oder größere Exemplare, die überall lauern können, setzen sich an verschiedenen Körperstellen bzw. -organen fest und sind oft erst Wochen nach der Rückkehr festzustellen. Die meisten sind harmlos und durch eine einmalige Wurmkur zu vernichten, andere sind gefährlich, z.B. Hakenwürmer. Sie bahnen sich den Weg durch die Fußsohlen, deshalb sollte man auf feuchten Böden unbedingt Sandalen tragen. Nach einer Reise in abgelegene Gebiete ist es empfehlenswert, den Stuhl auf Würmer untersuchen zu lassen. Notwendig ist das, wenn man über einen längeren Zeitraum auch nur leichte Durchfälle hat.

Wundinfektionen

Unter unhygienischen Bedingungen können sich schon aufgekratzte Moskitostiche zu beträchtlichen Infektionen auswachsen, wenn sie unbehandelt bleiben. Wichtig ist, dass jede noch so kleine Wunde sauber gehalten, desinfiziert und evtl. mit Pflaster geschützt wird. In jeder Apotheke gibt es Antibiotika-Salben, die den Heilprozess unterstützen.

Wundstarrkrampf

Wundstarrkrampf-Erreger findet man überall auf der Erde. Verletzungen kann man nie ausschließen, und wer evtl. noch keine Tetanusimpfung hatte, sollte sich unbedingt zwei Impfungen im 4-Wochen-Abstand geben lassen, die nach einem Jahr aufgefrischt werden müssen. Danach genügt eine Impfung alle zehn Jahre. Am besten ist die Kombiimpfung mit dem Polio-Tetanus-Diphterie-(Td-)Impfstoff für Personen über fünf Jahre, um gleichzeitig einen Schutz vor Diphterie und Polio zu erhalten.

Medizinische Versorgung

In allen größeren Ortschaften gibt es **Apotheken,** die gute Hilfe bei kleineren Verletzungen und Unpässlichkeiten leisten. Größere Apotheken bieten zum Teil auch Diagnosen und Ratschläge an, doch es ist eher unwahrscheinlich, dass das Personal Fremdsprachenkenntnisse besitzt – im Bedarfsfall also unbedingt einen Sprachführer oder Dolmetscher mitnehmen (s.S. 639, Kleiner Sprachführer). Das Angebot an verlässlichen asiatischen und westlichen Arzneimitteln verbessert sich, doch man sollte stets einen Blick auf das Haltbarkeitsdatum der Medikamente werfen, das auf den Verpackungen aufgedruckt ist. Für kleinere Unpässlichkeiten eignen sich gegebenenfalls auf Kräutern basierende Naturheilmittel. Empfängnisverhütende Mittel sind ebenso wie Antibiotika weithin verfügbar.

Größere **Hotels** haben für Hausgäste eine eigene medizinische Abteilung, die Diagnosen trifft, Empfehlungen ausspricht und Rezepte ausstellt. Man sollte jedoch an der Rezeption einen Begleiter erbitten, der übersetzen kann. In Beijing, Shanghai, Guangzhou, Hongkong und Macau gibt es Kliniken mit englischsprachigem Personal, die speziell auf Ausländer eingestellt sind. Bei ernsten Erkrankungen sollte man unbedingt ein **Krankenhaus** aufsuchen – die Unterkunft oder das örtliche *CITS*-Büro werden in Notfällen relevante Adressen weitergeben können. Adressen von örtlichen Krankenhäusern werden in diesem Buch in den jeweiligen Kapiteln auch unter „Sonstiges" genannt. Für jede medizinische Behandlung wird Barzahlung erwartet, die Kosten sind nicht besonders hoch. Bei entsprechender Versicherungslage die Rezepte und Rechnungen aufbewahren.

Die meisten Krankenhäuser führen Abteilungen, die Patienten nach den Richtlinien der **traditionellen chinesischen Medizin** behandeln. Vor allem bei kleineren Beschwerden und chronischen Erkrankungen werden damit gute Erfolge erzielt (s.S. 121). Manche Hotels bieten Massage- und Akupunktur-Dienste an.

Versicherung

Reiserücktrittskostenversicherung

Bei einer pauschal gebuchten Reise ist eine Rücktrittskostenversicherung meist im Preis inbegriffen (zur Sicherheit sollte man nachfragen). Wer individuell plant, muss sich um die Absicherung dieses Risikos selbst kümmern. Reisebüros bieten z.T. Versicherungen an oder vermitteln den Abschluss.

Viele Reiserücktrittskostenversicherungen müssen kurz nach der Buchung abgeschlossen werden (in der Regel bis 14 Tage danach). Bei Krankheit oder Tod eines Familienmitglieds oder Reisepartners ersetzt die Versicherung die Stornokosten der Reise. Eine Reiseunfähigkeit wegen Krankheit muss ärztlich nachgewiesen werden.

Die Kosten der Versicherung richten sich nach dem Preis der Reise und der Höhe der Stornogebühren. Sie liegen in der Regel zwischen 15 und 90 € p.P. Zum Teil gibt es eine Selbstbeteiligung.

Reisegepäckversicherung

Viele Versicherungen bieten die Absicherung des Verlustes von Gepäck an, einige haben sich sogar darauf spezialisiert, z.B. *Elvia*, ✆ 089/624240, 💻 www.elvia.de. Allen Versicherungen ist gemein, dass die Bedingungen, unter denen das Gepäck abhanden kommen „darf", sehr eng gefasst sind. Deshalb ist es wichtig, die Versicherungsbedingungen genau zu studieren und sich entsprechend zu verhalten. Bei vielen Versicherungen ist z.B. das Gepäck in unbewacht abgestellten Kraftfahrzeugen zu keinem Zeitpunkt versichert. Kameras oder Fotoapparate dürfen wegen möglicher Mopedräuber nicht über die Schulter gehängt werden, sondern müssen am Körper befestigt sein, sonst zahlt die Versicherung nicht (so Gerichtsurteile). Ohnehin sind Foto- und Videokameras meist nur bis zu einer bestimmten Höhe oder bis zu einem bestimmten Prozentsatz des Neuwertes versichert, auch Schmuck unterliegt Einschränkungen, ebenso wie Bargeld.

Entscheidet man sich für eine Reisegepäckversicherung, ist darauf zu achten, dass sie weltweit gültig ist, die gesamte Dauer der Reise umfasst und in ausreichender Höhe abgeschlossen ist. Wer eine wertvolle Fotoausrüstung mitnimmt, kann darüber nachdenken, eine Zusatzversicherung abzuschließen (s.u.).

Tritt ein Schadensfall ein, muss der Verlust sofort bei der Polizei gemeldet werden. Eine **Checkliste**, auf der alle Gegenstände und ihr Wert eingetragen sind, ist dabei hilfreich. Ansonsten sollte alles, was nicht ausreichend versichert ist, im Handgepäck transportiert werden.

Eine Reisegepäckversicherung mit einer Deckung von rund 2000 € kostet für 24 Tage ca. 30 €, als Jahresvertrag etwa 60–70 €.

Straßenszene Beijing

Kameraversicherung

Um hochwertige Fotoausrüstungen voll abzusichern, kann es sinnvoll sein, eine zusätzliche Fotoapparate-Versicherung abzuschließen. Diese ist zwar relativ teuer, aber die Geräte sind so gegen alle möglichen Risiken versichert. Die Kosten richten sich nach dem Wert der Ausrüstung bzw. der Versicherungssumme.

Reisekrankenversicherung

Es ist auf alle Fälle ratsam, eine Reise- bzw. Auslandskrankenversicherung abzuschließen. Nur wenige private Krankenkassen schließen den weltweiten Schutz im Krankheitsfall ein. Die meisten Reisebüros und einige Kreditkartenorganisationen bieten aber derartige Versicherungen an. Bei Krankheit – speziell Krankenhausaufenthalten – kann sehr schnell eine erhebliche Summe zusammenkommen, die aus eigener Tasche bezahlt werden müsste. Ist man versichert, kann man die Kosten gegen Vorlage der Rechnungen zu Hause geltend machen. Einschränkungen gibt es natürlich auch hier, besonders bezüglich Zahnbehandlungen (nur Notfallbehandlung) und chronischen Krankheiten (Bedingungen durchlesen).

Die später bei der Versicherung einzureichende **Rechnung** sollte folgende Angaben enthalten:

- ❑ Name, Vorname, Geburtsdatum, Behandlungsort und -datum
- ❑ Diagnose
- ❑ erbrachte Leistungen in detaillierter Aufstellung (Beratung, Untersuchungen, Behandlungen, Medikamente, Injektionen, Laborkosten, Krankenhausaufenthalt)
- ❑ Unterschrift des behandelnden Arztes
- ❑ Stempel

Wer im Ausland schwer erkrankt, wird zu Lasten der Versicherung heimgeholt, aber nur, wenn er plausibel darlegen kann, dass am Urlaubsort keine ausreichende Versorgung gewährleistet ist. Dann geht es mit Linienmaschinen oder auch mit eigens organisierten Ambulanzflugzeugen nach Hause. Die meisten Versicherungen haben inzwischen den Passus „wenn medizinisch notwendig" in das Kleingedruckte aufgenommen. Aber gerade die medizinische Notwendigkeit ist nicht immer leicht zu beweisen. Lautet der Passus „wenn medizinisch sinnvoll und vertretbar", kann man wesentlich besser für eine Rückholung argumentieren.

Die *Universa Krankenversicherung AG* versichert Reisende auf allen Auslandsreisen (auch Geschäftsreisen), die nicht länger als zwei Monate dauern, zu einem Preis von 8 € p.P. bzw. 17,80 € ab Eintrittsalter 60 pro Jahr. Der Auslandsschutzbrief des *ADAC* gilt ein Jahr lang für Reisen von jeweils maximal 45 Tagen und kostet für Mitglieder 11,70 €, Nicht-Mitglieder zahlen 13,50 €. Weitere Anbieter sind u.a. *Debeka, Europa* und *HUK-Coburg.*

Wer länger verreisen möchte, sollte nach Langzeittarifen für bis zu drei Jahre fragen.

Versicherungspakete

Von verschiedenen Unternehmen werden Versicherungspakete angeboten, die neben der Reisekrankenversicherung eine Gepäck-, Reiserücktrittskosten- und Reise-Notruf- (oder Rat&Tat-) Versicherung einschließen. Mit Letzterer erhält man über eine Notrufnummer Soforthilfe während der Reise. Krankenhauskosten werden sofort von der Versicherung beglichen, und bei ernsthaften Erkrankungen übernimmt sie den Rücktransport. Ist der Versicherte nicht transportfähig und muss länger als zehn Tage im Krankenhaus bleiben, kann eine nahe stehende Person auf Kosten der Versicherung einfliegen. Auch bei Verlust der Reisekasse erhält man über den Notruf einen Vorschuss.

Die Pakete sind jedoch, ebenso wie die günstigen Krankenversicherungs-Angebote, auf maximal fünf bis acht Wochen begrenzt. Da bei längeren Reisen bis zu einem Jahr nur Einzelversicherungen möglich sind und der Versicherungsschutz teurer wird, sollte man in diesem Fall die Leistungen verschiedener Unternehmen vergleichen. Wer sich optimal absichern möchte, schließt eine separate Kranken-, Reise-Notruf- (Rat & Tat-), Unfall- und Gepäckversicherung ab. Bei häufigen Auslandsreisen können die Einzelversicherungen oder das Paket auch für ein ganzes Jahr abgeschlossen werden. Dann besteht auf allen Reisen Versicherungsschutz, sofern diese nicht länger als sechs Wochen dauern.

Entsprechende Versicherungspakete lassen sich bequem über Reisebüros abschließen, wobei die Kosten von der Dauer und dem Wert der Reise abhängen.

Die meisten Versicherungen schließen so genannte gefährliche Sportarten aus, sofern keine Sonderprämie gezahlt wird: In China kann diese Einschränkung auf Tauchen, Rafting, Ski fahren, Windsurfen und Trekking angewendet werden, während Kajak fahren und Jeep-Safaris nicht unbedingt davon betroffen sind.

Gepäck

Wer nicht gerade ein großer Fan von Literatur aus dem 19. Jahrhundert ist (nur wenig anderes ist in China in deutschen bzw. überwiegend englischen Übersetzungen erhältlich), sollte einige Bücher für lange Zugfahrten mitnehmen. Münzen und Briefmarken aus der Heimat rufen Neugierde und Aufregung bei Mitreisenden hervor. Sie eignen sich gut als kleine Geschenke. Fotos von Familienangehörigen und Freunden oder Ansichtskarten aus der Heimat stoßen in China stets auf großes Interesse und können Sprachbarrieren überbrücken.

China ist kein leises Reiseland – Ohrenstöpsel sind besonders auf langen Busreisen geeignet, um etwas Ruhe zu finden. Aus Hygienegründen sollte man ein privates Paar Ess-Stäbchen mit sich führen. Wichtig sind auch ein universeller Reise-Adapter für Steckdosen, eine Taschenlampe, ein Vielzweck-Taschenmesser, Nadel und Faden sowie ein Erste-Hilfe-Verbandskasten.

Bei Reisen in den subtropischen Süden gehören Sonnenschutzmittel mit hohem Schutzfaktor und eine gute Sonnenbrille ins Reisegepäck. Die folgende Liste dient auch uns seit vielen Jahren als Hilfe beim Packen. Sie ist jedoch keineswegs vollständig und kann nach individuellen Bedürfnissen ergänzt werden.

Das „gute Stück"

Während einer Reise wird man evtl. von Einheimischen eingeladen. Handelt es sich um eine Hochzeit oder ein anderes Familienfest, wird erwartet, dass Gäste sich dem Anlass entsprechend kleiden. Deshalb sollte auch ein gutes Stück im Gepäck sein, das längere Reisen unbeschadet übersteht. Bei chinesischen Festen (außer bei Begräbnissen) trägt man keine weiße, blaue oder schwarze Kleidung. Bei der Auswahl der Kleidung empfiehlt sich eine Kombination aus lässig-bequemer und gut aussehender, „ordentlicher" Kleidung. In China beurteilt man die Menschen weit mehr als in Europa nach ihrem Äußeren. Ein schmuddeliges Outfit stößt unmerklich auf Ablehnung. Auch allzu weit ausgeschnittene und eng anliegende Kleidung wird vor allem bei Frauen als obszön angesehen. Wäsche wird fast überall innerhalb von 24 Stunden für wenig Geld gewaschen und gebügelt. In vielen Traveller-Hotels gibt es zudem die Möglichkeit, selbst zu waschen.

Ausrüstung für Trekking-Touren

Für Trekking-Touren in der Regenzeit oder durch feuchte Wälder haben sich Dschungel-Boots aus Armeebeständen bewährt, die man in einigen Geschäften in Provinzstädten bekommt. Bei mehrtägigen Touren in der kühlen Jahreszeit empfiehlt sich ein warmer Schlafsack. Daunen sind ungeeignet, da sie bei hoher Luftfeuchtigkeit nicht trocknen. Das Gepäck zusätzlich mit einem Zelt oder einem wetterfesten Schlafsack zu belasten, lohnt sich nur, wenn entsprechende Vorhaben geplant sind. Für laue Tropennächte reicht ein Bettbezug, Betttuch oder Jugendherbergs-Schlafsack aus.

Die notwendige Ausstattung für Globetrotter und Outdoor-Fans bieten Reiseausrüster auch über das Internet an, z.B. *Denart & Lechhart,* 💻 www.globetrotter.de, oder *Lauche und Maas,* 💻 www.lauche-maas.de.

Rucksäcke, Koffer und Taschen

Wer überwiegend mit öffentlichen Verkehrsmitteln unterwegs ist und längere Strecken zu Fuß zurücklegen will, reist am besten mit Rucksack. Beim Kauf probiert man ihn mit etwa 15 kg Inhalt an. Ein Kompromiss zwischen Koffer und Rucksack stellen die Koffer-Rucksäcke dar, die von der Vorderseite bepackt werden und bei denen das Tragegestell eingepackt werden kann. Wer sein Gepäck nicht weit tragen muss, kann auch mit Koffer reisen. Vorteil: Man wird nicht mit dem negativen Image belegt, das Rucksack-Touristen manchmal haben. Zudem sind sie in öffentlichen Verkehrsmitteln leichter zu verstauen als sperrige Rucksäcke. Ein zusätzlicher Tages-Rucksack *(Daypack)* oder eine Falttasche kann unterwegs bei Tagesausflügen oder Kurztrips das Gepäck aufnehmen und auf dem Heimflug für weiteren Stauraum sorgen.

Kleidung

- ❑ **Feste Schuhe** (für Trekking-Touren reichen Turnschuhe meist aus)
- ❑ **Sandalen** (in die man leicht hinein- und herausschlüpfen kann)
- ❑ **Gummi-** oder **Trekkingsandalen** (unter Duschen Pilzgefahr!)
- ❑ **Hosen** bzw. **Röcke**
- ❑ **Hemden** oder **Blusen**
- ❑ **T-Shirts**
- ❑ **Jacke**
- ❑ **Pullover**
- ❑ **Regenschirm**
- ❑ **Sonnenschutz**: Hut/Brille (in unzerbrechlicher Box)/Sonnencreme
- ❑ **Socken**
- ❑ **Unterwäsche** (aus Baumwolle); BH
- ❑ **Badekleidung**, für Frauen außerhalb der Touristenzentren einteiliger Badeanzug

Hygiene und Pflege

- ❑ **Zahnbürste**
- ❑ **Zahnpasta** in stabiler Tube
- ❑ **Shampoo**/Haarpflegemittel (die auf europäische Haare abgestimmt sind)
- ❑ **Nagelschere** und Nagelfeile
- ❑ **Rasierer** (in abgelegenen Gebieten ist ein Nassrasierer zu bevorzugen)
- ❑ **Kosmetika** und Hautpflegemittel
- ❑ **Papiertaschentücher**
- ❑ **Feuchties** (zur Hygiene unterwegs und wo es kein Wasser gibt)
- ❑ **Tampons** (ausreichend mitnehmen, denn sie sind in China nicht immer leicht zu finden; alle Supermärkte und Kaufhäuser bieten aber preiswerte Damenbinden an)
- ❑ **Toilettenpapier** (auf öffentlichen Toiletten selten vorhanden)
- ❑ **Plastiktüten** (für schmutzige Wäsche und als Nässeschutz)
- ❑ **Nähzeug** (Zwirn/Nähseide/Nadeln/Sicherheitsnadeln)

Sonstiges

- ❑ **Reise-Adapter** (es gibt in China unterschiedliche Standards mit zwei oder drei verschiedenen Kontaktstiften)
- ❑ **Reisewecker** (oder Armbanduhr mit eingebautem Wecker)
- ❑ **Taschenlampe**
- ❑ **Taschenmesser** (z.B. Schweizer Messer)
- ❑ **Reiseapotheke** (s.S. 28)
- ❑ **Notizbuch** und Stifte
- ❑ **Reisepass** (evtl. Internationaler Studentenausweis und Personalausweis, der zum Geld abheben reicht, wenn der Pass hinterlegt wurde)
- ❑ **Impfpass** (oder zumindest eine Kopie)
- ❑ **Führerschein**
- ❑ **Geld** (Bargeld/Reiseschecks/Abrechnung über Schecks/Kreditkarte)
- ❑ **Flugtickets**
- ❑ **Kopien der Dokumente** (nach der Einreise wegen Einreisestempel anfertigen)
- ❑ **Reiseführer**, **Landkarten**
- ❑ **Reiselektüre**
- ❑ **Kleine Geschenke** (Postkarten, Briefmarken, Münzen, Fotos von Daheim oder Sofortbildkamera für Fotos von den Gastgebern, Buntstifte, Murmeln oder Haargummis statt Bonbons für Kinder … für weitere Anregungen sind wir dankbar)

Wer in einfachen Unterkünften wohnen wird, braucht zudem

- ❑ **Seife** oder seifenfreie Waschlotion im bruchsicheren Behälter
- ❑ dünne **Handtücher**, die schnell trocknen (meist in den Hotels vorhanden)
- ❑ **Waschmittel** in der Tube (für alle, die selbst Wäsche waschen)
- ❑ **Plastikbürste** (zum Reinigen von Wäsche und Schuhen)
- ❑ **Kordel** (als Wäscheleine oder zum Aufspannen des Moskitonetzes)
- ❑ **Klebeband** (um zu packen und Löcher im Moskitonetz zu verschließen)
- ❑ **kleine Nägel** oder Reißzwecken (zum Befestigen des Moskitonetzes)
- ❑ **60-Watt-Birne** (für alle, die noch spät lesen wollen)
- ❑ **Vorhängeschloss** (und kleine Schlösser fürs Gepäck)
- ❑ **Moskitonetz**
- ❑ **Schlafsack** (Leinenschlafsack, Bettbezug oder 2 dünne Tücher), in billigen Hotels gibt es keine Decken, und Laken werden nicht häufig gewechselt.

Notfalls gibt es überall billige Koffer und Reisetaschen zu kaufen. Für Kameras benötigt man Fototaschen, die möglichst nicht schon von außen auf den wertvollen Inhalt schließen lassen. Sie sollten aus festem Material bestehen (nicht aufschlitzbar!), gut verschließbar sein und Platz für weiteres Handgepäck haben. Wertsachen, wie Geld, Pässe, Schecks und Tickets, lassen sich am besten nah am Körper in einem breiten Hüftgurt aus Baumwollstoff aufbewahren. Unter Hosen und locker fallenden Kleidern kann man ihn um die Hüfte gebunden unauffällig tragen. Alle Papiere – auch das Geld – werden zusätzlich durch eine Plastikhülle geschützt, denn Schweiß ist zerstörerisch, und unleserliche Bankbescheinigungen oder Flugtickets machen Ärger.

Tipp: Alle wichtigen Reisedokumente zu Hause einscannen und an die eigene Web-Mail-Adresse schicken, evtl. auch Geheimzahlen, Telefonnummern, Reisechecknummern, etc. So können diese im Notfall unterwegs abgerufen werden.

Geld

Im Vergleich zu anderen asiatischen Staaten ist China ein teures individuelles Reiseland. Das Essen und die Transporte sind relativ preiswert, doch die Unterkünfte kosten ungefähr so viel wie in Europa. Die erforderlichen täglichen Ausgaben variieren von Region zu Region – und zwar zum Teil drastisch. Hongkong und Macau sind am teuersten, gefolgt von der Ostküste – Schwankungen sind jedoch immer möglich (s.S. 45, Übernachtung). In der Regel wird landeinwärts alles billiger, doch in touristischen Gebieten haben die Preise ein deutlich höheres Niveau.

Die chinesische Währung heißt offiziell **Renminbi** (RMB), also „Volkswährung", wird jedoch Yuan (in diesem Buch ¥) oder umgangssprachlich **Kuai** genannt. Ein Yuan untergliedert sich in zehn **Jiao** (umgangssprachlich Mao), die wiederum aus zehn **Fen** bestehen. Das Papiergeld wurde in China erfunden und ist dort bis heute das gängigste Zahlungsmittel mit den Werten ¥100, ¥50, ¥20, ¥10, ¥5 und ¥1. Auch für die Jiao gibt es Geldscheine. Gelegentlich kursieren noch alte Aluminiummünzen im Wert des Jiao, und auch kleine Yuan-Werte sind mittlerweile als Münzen im Umlauf, doch die Bewohner ländlicher Gebiete haben selbige vielleicht noch niemals gesehen und akzeptieren sie unter Umständen nicht. Regelmäßig sind **falsche Geldscheine** in Umlauf, die täuschend echt aussehen – vor allem bei den ¥50-Scheinen auf das Wasserzeichen und bei den ¥100-Scheinen auf den Silberstreifen achten! In vielen Geschäften werden Geldscheine unter UV-Licht geprüft. In Hotels eingewechselte Scheine sind in der Regel in Ordnung, doch bei der Herausgabe von Geldscheinen auf dem freien Markt ist Vorsicht geboten.

Die Währung Hongkongs ist der **Hongkong-Dollar** (HK$), der sich in 100 Cents unterteilt. **Macaus** Zahlungsmittel heißt **Pataca** (abgekürzt M$ oder ptca) und ist in 100 Avos untergliedert. Beide Währungen entsprechen ungefähr dem aktuellen Wechselkurs des Yuan. Hongkong-Dollar werden in Macau und den Wirtschaftssonderzonen akzeptiert und international eingewechselt, doch weder Yuan noch Pataca haben außerhalb von Macau oder der chinesischen Volksrepublik irgendeinen Wert. Touristenhotels in Beijing, Shanghai und Guangzhou akzeptieren Rechnungsbegleichungen in Hongkong- oder US-Dollar (oder bestehen sogar darauf). Im Gegensatz zu Yuan und Pataca sind Hongkong-Dollar auch im Ausland (und selbstverständlich in Hongkong) erhältlich. Die Währungen können bei Aufbewahrung der Wechselbelege vor der Ausreise zurückgewechselt werden.

Wechselkurse

1 € = 9,26 ¥	1 ¥ = 0,10 €
1 sFr = 5,96 ¥	1 ¥ = 0,16 sFr
1 US$ = 8,28 ¥	1 ¥ = 0,12 US$

Aktuelle Wechselkurse unter
www.oanda.com/convert/classic?lang=de

Reisekosten

Angesichts der extremen **regionalen Preisunterschiede** ist es schwierig, die Höhe der täglichen Ausgaben einzuschätzen. Die Ostküste ist jedoch vergleichsweise teuer, und es ist dort kaum ein Bett unter 35 € aufzutreiben. Auch schnelle und bequeme Transporte haben ihren Preis: Flüge und Schlafwagenbetten der weichen Eisenbahn-Klasse sind mindestens fünfmal so teuer wie Busse. Bei Reisen mit Abstechern in touristisch weniger erschlossene Gebiete und zeitweilig höherem Komfort ist mit einem Tagesbudget von 55 € zu rechnen; die Kosten für stilvolles Reisen und Besuche der Ostküste betragen pro Tag mindestens 95 €. **Preisabstufungen**, nach denen Ausländer mehr für Leistungen bezahlen mussten als Chinesen, waren früher weit verbreitet, sind inzwischen jedoch amtlich verboten, sodass man für Transporte, Unterkünfte, Museen und dergleichen nicht stärker zur Kasse gebeten werden dürfte als Einheimische. In der Praxis aber bekommen Ausländer stets die teuerste Option angeboten, ohne Informationen über preisgünstigere Alternativen zu erhalten – chinesischen Touristen ergeht es nicht anders. Da bei Eintrittsgebühren fast überall **Studentenrabatte** erteilt werden, ist ein chinesischer Studentenausweis hilfreich; dieses amtlich aussehende Dokument ist mit einem Passfoto ausgestattet und wird in einem roten Plastiketui verpackt. Wer (selbst nur für kurze Zeit) in China studiert, erhält ein offizielles Dokument, doch auch auf Ausländer ausgerichtete Agenturen kennen Mittel und Wege, diesen Ausweis für rund ¥40 zu beschaffen. Internationale Studentenausweise werden hier und da anerkannt, vor allem in Beijing und Hongkong.

Auf jeden Fall lohnt es sich zu **handeln**. Hotels der mittleren und gehobenen Kategorie räumen ohne viel Überzeugungsarbeit Rabatte bis zu 30% ein und in der Nebensaison können geschickte Verhandler sogar noch größere Nachlässe herausschlagen. Da Ausländern in touristischen Geschäften oft ein zehnfach überhöhter Preis genannt wird, sollte man zunächst einmal schauen, was andere bezahlen, und hart feilschen.

In **Hongkong** und **Macau** sind besonders die Preise für Unterkünfte höher als im Inland, doch die Verpflegungs- und Transportkosten sind überschaubar. Die billigsten Dorm-Betten kosten rund 8 €, ein ordentliches Doppelzimmer ist kaum unter 100 € aufzutreiben. Eine preiswerte Unterkunft und Mahlzeiten in Garküchen erfordern ein Tagesbudget von etwa 32 €, die sich bei Mahlzeiten in Mittelklasse-Restaurants auf 40 € erhöhen. Höherer Wohnkomfort und gehobene Restaurants steigern den Tagesetat auf 125 €.

Reiseschecks

Sicherheit bieten Reiseschecks (Travellers Cheques), die gegen 1% Provision bei jeder Bank erhältlich sind. US$-, €- oder sFr-Reiseschecks von *AMEXCO (American Express)* oder *Thomas Cook* werden in allen Touristenzentren eingelöst. Schecks erzielen im Allgemeinen bessere Wechselkurse als Bargeld. Da die Gebühr beim Einlösen pro Scheck berechnet wird, sollte man lieber einige wenige Schecks mit einem höheren Wert mitnehmen. Bei Verlust oder Diebstahl werden sie im nächsten Vertragsbüro ersetzt. Wichtig ist, dass für den Nachweis die Kaufabrechnung an einer anderen Stelle aufbewahrt wird als die eigentlichen Schecks. Außerdem hilft eine Aufstellung aller bereits eingelösten Schecks, denn diese werden nicht ersetzt. Es gilt zu beachten, dass nur die Hauptstellen der *Bank of China* und große Touristenhotels (in entlegenen Landesteilen können beide nicht vorhanden sein) Schecks wechseln, was zum Teil mit umfangreichem Papierkram verbunden ist. In **Hongkong** und **Macau** wechseln alle Banken und Wechselbüros gerne feste Währungen ein.

Bargeld

Für Notfälle sollte man stets einige kleine US-Dollarnoten in der Tasche haben, die in der Regel leicht einzuwechseln sind. Es gibt einen verdeckten und offensichtlich aufblühenden Schwarzmarkt für Fremdwährungen, doch die geringfügigen Tauschunterschiede und die potenzielle Gefahr einer Polizeikontrolle machen derartige Manöver unattraktiv. Bargeld birgt gleichzeitig das größte Risiko, da bei Diebstahl alles weg ist.

Kreditkarten

Mit einer Kreditkarte kann man nicht nur Flugtickets, Mietwagen, Einkäufe, Hotel- und Restaurantrechnungen im oberen Preisniveau bargeldlos bezahlen, sondern auch – je nach Aufenthaltsort – am Bankschalter oder an Geldautomaten Bargeld abheben. Visa- und Mastercard werden vielerorts akzeptiert; Amex hat sich hingegen noch nicht durchgesetzt, und andere Karten sind wahrscheinlich nutzlos.

Die **Gebühren** variieren je nach Karte, ausstellender Bank und Abbuchungsmodus. Die *Bank of China* zieht im Gegensatz zu den Banken in Hongkong 3% Bearbeitungsgebühr ein.

Für große und kleine Künstler – Pinsel in Beijing

Für die Barauszahlung am **Geldautomaten** benötigt man die Kreditkarte und die Geheimzahl. In chinesischen Städten stehen Geldautomaten weithin zur Verfügung; theoretisch akzeptieren sie auch ausländische Karten, doch in der Praxis funktioniert dies nicht immer. In Hongkong ist diese Dienstleistung hingegen relativ verlässlich.

Es ist ratsam, eine bestimmte Summe als Guthaben auf dem Kreditkarten-Konto zu deponieren, denn sobald der vorgegebene Kreditrahmen überzogen ist, wird die Karte gesperrt. Auf vielen Kreditkarten-Konten werden sogar Zinsen gezahlt, die gar nicht unattraktiv sind. Hier lohnt es auf jeden Fall, sich vorher zu informieren. Verlust oder Diebstahl sind sofort zu melden, damit die Karte gesperrt werden kann (maximale Haftung ca. 50 €). Bei Mietwagen oder Flügen, die mit der Karte bezahlt werden, ist in der Regel automatisch eine Unfallversicherung inklusive.

Warnung: Die Kreditkarte beim Bezahlen nicht aus den Augen lassen, damit kein zweiter Kaufbeleg erstellt wird, auf dem später die Unterschrift gefälscht wird! Sie darf auch niemals in einem Safe, der anderen zugänglich ist, verwahrt werden. Schon viele Reisende mussten zu Hause den Kontoauszügen entnehmen, dass während ihrer Abwesenheit hemmungslos eingekauft worden war.

Informationen und Notrufnummern

American Express, ✆ 069/97971000 (auch bei Verlust für Ersatzkarten), 💻 www.american-express.com/germany

MasterCard, ✆ 069/79330, Standorte: 💻 www.mastercard.com/atm/, Karte sperren: ✆ +1/314/2756690 (international gebührenfrei)

Visa, ✆ 069/920110, Standorte der Geldautomaten: 💻 www.visa.de/tk/atm, Karte sperren: ✆ +1/410/581/994 (international gebührenfrei)

Geldkarte

Besitzt man eine Geldkarte oder Euroscheckkarte mit Maestro- oder Cirrus-Symbol plus Geheimzahl, kann man auch damit an vielen Geldautomaten mit dem entsprechenden Symbol Bargeld abheben, Standorte der Geldautomaten unter 💻 www.maestrocard.com/wheretouse oder 💻 www.mastercard.com. Umgerechnet wird zum Briefkurs, die Gebühr beträgt pro Transaktion nur knapp 2 €. Der Maximalbetrag kann bei der Hausbank erfragt werden und beträgt meist 500 € pro Tag.

Banken

Die Banken in großen chinesischen Städten haben zum Teil sieben Tage die Woche geöffnet, doch Devisenwechsel ist in der Regel nur Mo–Fr von 9–12 und 14–17 Uhr möglich. Alle Banken haben an den ersten drei Tagen des chinesischen Neujahrs geschlossen und an den folgenden elf Tagen nur eingeschränkte Öffnungszeiten. Geschlossen sind sie auch an den nationalen Feiertagen. Durchschnittliche Öffnungszeiten der Banken in Hongkong: Mo–Fr 9–16.30, Sa bis 12.30 Uhr (Macaus Banken schließen eine halbe Stunde früher).

Überweisungen

Bei Überweisungen von Geld aus Europa schickt die chinesische Bank ein Telex oder Fax (die Telex- bzw. Fax-Nummer notieren) an die Heimatbank und fordert den entsprechenden Betrag an. Dazu muss die Heimatbank die genauen Daten der chinesischen Bank, an der man das Geld in Empfang nehmen will, sowie die Adresse und Telexnummer von deren Hauptbüro in Beijing kennen. Die Transaktion erfolgt üblicherweise binnen zwei Tagen. Eine telegrafische Anweisung kostet etwa 30–40 €. Der überwiesene Betrag wird zum Devisenkurs umgerechnet und bar oder in Travellers Cheques gegen eine Gebühr von etwa 10 € ausgezahlt.

Weniger kompliziert und vor allem schneller erfolgt der Geldtransfer über *Moneygram* oder *Western Union,* da bei diesem Vorgang nicht zwei Unternehmen kooperieren müssen. Unmittelbar nach Einzahlung bei einer heimatlichen Zweigstelle kann der Begünstigte das Geld in China in Empfang nehmen. Die Gebühren richten sich nach der überwiesenen Summe: Für 1000 € fallen etwa 40 € an. Informationen, auch über Zweigstellen:

Moneygram, ✆ 069/6897010, 💻 www.moneygram.com

Western Union, ✆ 0180/3030330, 💻 www.westernunion.com. Wird an allen Zweigstellen der Postbank angeboten.

Reisende mit Behinderungen

In China gibt es nur wenige Einrichtungen für behinderte Menschen. Verursacht durch den rapiden wirtschaftlichen Aufschwung ähneln viele Städte gegenwärtig Baustellen mit unebenen Flächen und zahlreichen Hindernissen auf den Gehwegen; hinzu kommen dichte Menschenmassen, hohes Verkehrsaufkommen und geringe Ausstattung öffentlicher Einrichtungen mit Rampen. Die öffentlichen Verkehrsmittel sind für Rollstuhlfahrer ungeeignet, doch manche Fluggesellschaften und gehobene Hotels in Beijing, Shanghai, Guangzhou haben Erfahrung in der Unterstützung von behinderten Gästen. Besonders die Häuser der Ketten *Holiday Inn* und *Hilton* haben häufig Räume, die speziell für Rollstuhlfahrer ausgestattet sind.

Hongkong ist eigentlich die einzige Stadt Chinas, die einigermaßen auf behinderte Reisende eingestellt ist. Die *Hong Kong Tourist Association* gibt kostenlos eine detaillierte Broschüre mit dem Titel *Hong Kong Access Guide for Disabled Visitors* heraus. Auch **Macau** hat entsprechende Einrichtungen geschaffen, jedoch in geringerem Maße.

Angesichts dieser Umstände ist die Teilnahme an einer **organisierten Reise** wohl eher zu empfehlen. Die im Folgenden genannten Kontaktadressen helfen bei der Planung und Vermittlung sowie recherchieren gegebenenfalls für spezielle Anfragen. Wer größere Unabhängigkeit wünscht, muss unbedingt vorab klären, wo er sich auf sich selbst verlassen muss und wo Hilfe zu erwarten wäre – dies gilt insbesondere für Transporte und Unterkünfte. Ins Gepäck gehören Ersatzgegenstände für benötigte Hilfsmittel, genügende Mengen an wichtigen Medikamenten (diese ins Handgepäck nehmen) sowie eine Auflistung ihrer Handelsnamen (am besten auf Englisch und Chinesisch) für Notfälle. Wenn möglich sollte schon frühzeitig im Planungsprozess der Reise Kontakt zu einer chinesischen Organisation aufgenommen werden, die sich für Menschen mit der betreffenden Behinderungsform einsetzt.

Nähere **Informationen** über Behindertenreisen bekommt man über die unten stehenden Organisationen. Ebenfalls hilfreich ist die US-Datenbank im Internet, 💻 www.access-able.com.

Die *Nationale Koordinationsstelle Tourismus für Alle (NatKo)*, Kötherhofstr. 4, 55116 Mainz, ☎ 06131/ 250410, 📠 214848, ✉ home@natko.de, 💻 www.natko.de, der acht deutsche Behindertenverbände angehören, berät Anbieter bei der Verwirklichung behindertengerechter Unterkünfte, Programme usw. und nennt Behinderten hilfreiche Adressen für die Reiseplanung, die sich auch in einer von der *NatKo* herausgegebenen Broschüre finden.

Dem Verband gehören u.a. die folgenden drei Vereine an:

Behindertenorganisationen

Bundesarbeitsgemeinschaft Hilfe für Behinderte (BagH), Kirchfeld Str. 149, 40215 Düsseldorf, ☎ 0211/310060, 📠 3100648, ✉ info@bagh.de, 💻 www.bagh.de. Gibt eine Liste von Telefonnummern und Adressen spezialisierter Reiseveranstalter heraus.

Bundesarbeitsgemeinschaft der Clubs Behinderter und ihrer Freunde (BAG cbf), Eupener Str. 5, 55131 Mainz, ☎ 06131/225514, 📠 238834, ✉ bagcbfmainz@aol.com, 💻 www.bagcbf.de. Verschickt gegen Rückporto eine Adressenliste aller bekannten Behinderten-Reiseveranstalter.

Bundesverband Selbsthilfe Körperbehinderter e.V. (BSK), Altkrautheimer Str. 17, Postfach 20, 74236 Krautheim an der Jagst, ☎ 06294/68303, 📠 68107, 💻 www.bsk-ev.de. Hilft mit Informationen und Ratschlägen für Reisen mit Behinderung weiter und gibt jährlich ein Reise-Abc für 5 € mit allgemeinen Reisetipps heraus.

Praktische Tipps

Übernachtung

An Chinas Unterkünfte sollte man keine allzu großen Erwartungen knüpfen. Trotz allem Schaugepränge aus Marmor und Chrom sehen Chinesen in einem Hotel kaum mehr als einen funktionellen Ort zum Schlafen. Es fehlt an Abwechslung, weil es in China keine alteingesessenen Familienbetriebe gibt, die man sonst überall in Asien antrifft. Stattdessen wirken die Hotels anonym und gesichtslos, sie sind oft Zweckbauten mit standardisierten Innenausstattungen.

Trotz der fehlenden Abwechslung gibt es große **Qualitätsunterschiede** in Komfort und Service. Als Faustregel gilt: Fast überall sind neuere Hotels zu bevorzugen, da deren Personal diensteifrig ist und die Teppiche noch fleckenfrei sind. Die Preise sind keinesfalls ein Fingerzeig für Qualität. So ist beispielsweise Chinas Osten wesentlich teurer als der Westen, und Großstädte haben generell ein höheres Preisniveau als Kleinstädte. Außerdem werden die Hotelpreise nur selten revidiert, so dass ein Haus einer ehemals gehobenen Kategorie auch dann noch hohe Preise berechnet, wenn die Zimmer längst hoffnungslos abgewohnt sind. Oft erweisen sich an der Rezeption aushängende Preise lediglich als Basis für Verhandlungen (fast überall möglich). **Preisnachlässe** bis zu 30% sind keinesfalls ungewöhnlich, und in der Nebensaison oder in Gebieten mit hohem Wettbewerb sind die Spannen sogar noch dehnbarer. Andererseits erhöhen Hotels in viel besuchten Touristenorten die Preise in der Hauptsaison beträchtlich. Bei höflichen Anfragen verweist die Rezeption nicht selten auf zuvor nicht genannte preiswertere Räume oder auf Dorm-Betten in einem Nebenflügel des Hotels.

Ein Ärgernis ist, dass viele Hotels (und zwar in der Regel die billigen) keine **Ausländer** aufnehmen dürfen, da die Behörden ihnen dazu keine Befugnis erteilt haben. Wenn sie es trotzdem tun und dabei erwischt werden, drohen ihnen saftige Strafen. Doch unumstößliche Regelungen gibt es in dieser Beziehung nicht. Mitunter weiß man an der Rezeption gar nicht, dass keine Ausländer aufgenommen werden dürfen, und wenn man spät am Abend eintrifft oder es nur ein Hotel am Ort gibt, wird man meist ohne viel Aufhebens untergebracht (Chinesischkenntnisse und chinesische Studentenausweise erhöhen die Chancen erheblich).

Chinas Hotels sind recht sichere Orte, dennoch wäre es natürlich leichtsinnig, Geld oder andere Wertsachen offen im Zimmer liegen zu lassen. Wer Kameras und dergleichen vor dem Ausgehen sorgfältig und unauffällig im Gepäck verschließt, sollte keine bösen Überraschungen erleben.

Bei Zimmern der internationalen Klasse werden **Vorausbuchungen** routinemäßig entgegengenommen, das Rezeptionspersonal spricht Englisch. In diesem Buch werden – soweit verfügbar – neben Telefonnummern auch Faxnummern und E-Mail-Adressen genannt. Bei Hotels niedrigerer Kategorien kann sich die Buchung komplizierter gestalten, teilweise sind ohne Chinesischkenntnisse keine besonderen Fortschritte zu erzielen. Dennoch ist es oft sinnvoll, einen Anruf zu tätigen (oder tätigen zu lassen), um nach freien Zimmern zu fragen, bevor man mit Gepäck beladen kreuz und quer durch die Stadt irrt. Hotels der mittleren und gehobenen Kategorie sind relativ leicht über **Websites** zu buchen, zum Beispiel listet 🖳 www.sinohotelguide.com kurze Hotelbeschreibungen und Zimmerpreise in US-Dollar für landesweit mehrere Hundert Hotels auf.

Unterwegs sollte man nach Möglichkeit so planen, dass man das nächste Ziel noch bei Tageslicht erreicht. In diesem Fall bleibt Zeit, das Gepäck an einem Schalter des Bahnhofs oder Busbahnhofs aufzugeben und nach einer geeigneten Unterkunft zu suchen. Es ist vollkommen normal, Zimmer vor der Belegung zu begutachten. Wer nichts Geeignetes findet, erhält unter Umständen bei *CITS* (Adressen in den jeweiligen Regionalkapiteln) wertvolle Hinweise auf Unterkünfte und zudem Hilfe bei Rabattverhandlungen – jedoch nur für Unterkünfte ab der ** Kategorie aufwärts.

Mancherorts machen sich am Bahnhof Kundenfänger an eintreffende Reisende heran. Man hat nichts zu verlieren, wenn man ihnen folgt, da Hotels sie nur für die Vermittlungen bezahlen, ohne zusätzliche Provision auf Zimmerpreise aufzuschlagen. Manchmal aber bedeuten solche Kontakte pure Zeitverschwendung, weil manche nicht darüber informiert sind, welche Hotels überhaupt Ausländer aufnehmen dürfen.

Beim Einchecken in Hotels ist ein detaillierter **Fragebogen** auszufüllen, mit dem die Behörden nach wesentlichen persönlichen Daten der Reisegäste fragen: Name, Geburtsdatum, Geschlecht,

Registration form

英文姓 Surname/Nachname	英文名 First name/Vorname	性别 Sex/Geschlecht
中文姓名 Name in Chinese/Name in Chinesisch	国籍 Nationality/Nationalität	出生日期 Date of birth/Geburtsdatum
证件种类 Type of certificate (eg passport)/Ausweisart	证件号码 Certificate No./Ausweisnr.	签证种类 Type of visa/Art des Visums
签证有效期 Valid date of visa/Gültigkeitsdauer des Visums	抵店日期 Date of arrival/Tag der Ankunft	离店日期 Date of departure/Tag der Abreise
由何处来 From/Voriger Aufenthaltsort	交通工具 Carrier/Transportmittel	往何处 To/Anschließendes Reiseziel
永久地址 Permanent address/Heimatadresse		停留事由 Object of stay/Aufenthaltsgrund
职业 Occupation/Beruf		
接待单位 Received by/Erhalten von		房号 Room No./Zimmernr.

Adresse, voriger Aufenthaltsort und nächstes Reiseziel, geplante Aufenthaltsdauer sowie Visa- und Passnummer. Im bürokratischen China wird das korrekte Ausfüllen solcher Formblätter als Bürgerpflicht betrachtet, und wer dieser Pflicht nicht nachkommt, gerät womöglich in eine folgenschwere Sackgasse. Hotels der gehobenen Kategorie haben englische Vordrucke und füllen diese vielleicht sogar selbst aus, doch Unterkünfte, die nicht auf Ausländer eingestellt sind, legen unter Umständen rein chinesischsprachige Vordrucke aus und beschäftigen Personal, das noch niemals einen ausländischen Pass gesehen hat – was die panischen Mienen hinter den Rezeptionen erklärt, sobald ein Ausländer den Empfangsraum betritt. Wir haben einen Vordruck in deutscher, englischer und chinesischer Sprache abgedruckt, der in Zweifelsfällen weiterhilft.

Überall werden **Vorauszahlungen** erwartet, zum Teil hat man Kaution in doppelter Höhe des Zimmerpreises zu hinterlegen. Letztere werden zuverlässig zurückerstattet, sofern man nichts kaputtgemacht hat. Beim Einchecken sollte man deshalb genauestens darauf achten, dass alles seine Ordnung hat und auch die Quittung sorgfältig aufbewahren. Da der offizielle Hoteltag um 6 Uhr morgens beginnt, werden bei früherer Ankunft unter Umständen noch Gebühren für die fast verstrichene Nacht berechnet. Wer mehrere Nächte an einem Ort verbringt, kann entweder vorab eine Gesamtsumme entrichten oder jeden Tag neu einchecken.

Nur die Hotels der oberen Kategorien geben **Zimmerschlüssel** aus. In kleineren Hotels erhalten die Gäste einen Zettel, der beim Etagenpersonal vorzulegen ist, das eine Zimmerkarte ausstellt und die Zimmertüren aufschließt. Manche Etagenmädchen geben die Schlüssel gegen eine Kaution in Höhe von ¥10–20 ab. Wenn das Zimmer mit einem **Telefon** ausgestattet ist, müssen allein reisende Männer gegebenenfalls damit rechnen, zu jeder Nachtzeit Anrufe von Prostituierten zu erhalten (gilt selbst für bessere Hotels, nur Stecker herausziehen hilft).

Allgemeine **Check-out-Zeit** ist 12 Uhr mittags. Beim Aufbruch in den frühen Morgenstunden (etwa um einen bestimmten Bus zu erreichen) ist es mitunter schwierig, jemanden aufzutreiben, der die Kaution herausgeben kann oder einen aus dem Hotel lässt, wenn die Eingangstüren oder Hoftore noch verschlossen sind. Dieses Problem besteht vor allem in ländlichen Gebieten. Oft schläft aber jemand hinter der Rezeption.

Preiskategorien der Unterkünfte Wir haben die Hotels in diesem Buch mit Sternchen* kategorisiert. Grundlage sind die Preise für das billigste Doppelzimmer. Wo sich mehrere Kategorien ergeben, stehen unterschiedliche Räumlichkeiten (meist in verschiedenen Flügeln) zur Verfügung, oder es gibt im Text Hinweise auf besondere Ausstattungen (beispielsweise auf private Badezimmer und WC). Bei billigen Hotels sind die Preise für Dorm-Betten oder Betten in Miniräumen in Yuan angegeben.
Generell gilt zu beachten, dass Hotelpreise in der Nebensaison (von Oktober bis Juni, jedoch mit Ausnahme von Feiertagen wie chinesisches Neujahr) verhandelbar sind. Ausgeschriebene Preise in Hotels der mittleren und gehobenen Klasse berücksichtigen gewöhnlich noch nicht die zusätzliche Servicegebühr von 15%.
Im Rahmen dieses Reiseführers haben wir die Übernachtungskategorien nach dem folgenden Schema geordnet (für **Hongkong** und **Macau** gelten eigene Kategorien, die dem entsprechenden Kapitel vorangestellt sind):

*	**bis ¥140**
**	**¥140 – 300**
***	**¥300 – 450**
****	**¥450 – 600**
*****	**¥600 – 800**
Luxus	**über ¥800**

Die chinesischen **Unterkunftsbezeichnungen** sind nur vage Hinweise auf die Kategorien. Relativ zuverlässige Hinweise auf bessere Häuser geben Benennungen wie *dajiulou* oder *dajiudian,* die wörtlich ungefähr „Große Weinschenke" bedeuten, was aber nicht zu falschen Rückschlüssen veranlassen sollte. Elegante neuere Hotels tragen in der Regel die geläufigere Bezeichnung *binguan,* die jedoch auch auf alte staatliche, zwischenzeitlich meist renovierte Hotels angewendet wird; fast jedes *binguan* nimmt Ausländer auf. Den Namen *fandian* (wörtlich: Restaurant) tragen unterschiedslos Hotels der Spitzenklasse und schlichte Hotels. Verlässlich preiswert sind Unterkünfte mit dem Namen *zhaodaisuo* (Gästehaus), diese dürfen jedoch häufig keine Ausländer aufnehmen. Die unterste Kategorie *lüguan* (Herberge) kommt für ausländische Reisende nur in Ausnahmefällen in ländlichen Gebieten in Betracht.

Wo immer man unterkommen mag, sind zwei Dinge mit Sicherheit vorhanden: Ein Paar Plastik- oder Papiersandaletten unter dem Bett und eine Thermoskanne mit heißem Wasser, die auf Anfrage jederzeit vom Etagenpersonal aufgefüllt wird. Das **Frühstück** ist zuweilen im Preis inbegriffen; fast jedes Hotel (selbst das grässlichste) hat ein eigenes Restaurant, in dem gewöhnlich zwischen 7 und 8 Uhr ein gehaltvolles Frühstück mit süßen Backwaren, Salzgemüse und Reisgrütze serviert wird.

Gehobene Kategorien

In größeren Städten (und damit in nahezu allen Provinzhauptstädten) gibt es Hotels der Kategorien **** bis *****. Oft werden diese Häuser unter ausländischem Management betrieben, und der Standard kann sich gewöhnlich an den weltweiten Normen messen, denn alle international üblichen Einrichtungen – Swimmingpool, Fitnessraum und technische Ausstattung für Geschäftsreisende – sind vorhanden. Die Preise für Standard-Doppelzimmer liegen über ¥800 (nach unserer Preiskategorie die Luxusklasse) und können durchaus ¥1500 erreichen, was sich noch um 15% Bedienungszuschlag erhöht. Kreditkarten sind in diesen Häusern ein gängiges Zahlungsmittel. In Hongkong und Macau ähneln die gehobenen Kategorien denjenigen des Festlandes, doch die Preise sind höher und die Dienstleistungen professioneller.

Selbst wer sich Übernachtungen in solchen Hotels nicht leisten kann, sollte sie nicht links liegen lassen, denn sie sind Orte, die für kurze Zeit Zuflucht vor dem hektischen chinesischen Alltag bieten – nirgends rümpft man die Nase über Ausländer, die durch das Foyer eines eleganten Hotels streifen. Abgesehen von klimatisierten Hallen und sauberen Toiletten stehen Cafés und Bars zur Verfügung (mitunter mit laufendem Satelliten-TV), dazu Telefone, Faxdienste und rund um die Uhr geöffnete Geldwechselschalter (die jedoch manchmal nur Hotelgästen zur Verfügung stehen).

Hotels der Mittelklasse

Viele neue städtische Hotels gehören der Mittelklasse an und eigentlich hat jede Stadt Unterkünfte dieser Kategorie. Neu eröffnete Häuser verfügen generell über saubere und geräumige Standard-Doppelzimmer mit Bad, 24-stündiger Warmwasserversorgung sowie TV und Klimaanlage. Nach einigen Jahren sind die Spuren der Nutzung jedoch unübersehbar. Einzelzimmer stehen in dieser Kategorie nur selten zur Verfügung.

In abgelegenen Gebieten kosten Zimmer der Mittelklasse ¥150–250, in jeder größeren Stadt liegen die Preise bei ¥350. Etliche Mittelklassehotels, die mit dem Aufblühen des Tourismus Anfang der 80er Jahre gebaut wurden, sind inzwischen renoviert und nach oben gestuft worden; sie besitzen ältere sowie billigere Flügel – allerdings kann es vorkommen, dass das Personal dies anfangs bestreitet. Solche abgewohnten Hotelbereiche sind in der Regel durchaus noch in Ordnung; Doppelzimmer mit Bad kosten dort ¥100–200 und mitunter gibt es sogar Dorm-Betten für nur ¥25. Weil vielerorts nicht zugelassen wird, dass Ausländer Zimmer mit Chinesen teilen, sind gelegentlich auch dort Gesamtzimmerpreise zu entrichten.

Preiswerte Hotels

Preiswerte Hotels mit Doppelzimmern unter ¥100 können fürchterlich heruntergekommen oder herrlich komfortabel sein. In vielen Städten befinden sich die Häuser dieser Kategorie in Bahnhofsnähe, in Metropolen wie Beijing oder Shanghai können sie allerdings auch vom Zentrum weit entfernt sein.

Wer Budgethotels auftreibt, die Ausländer aufnehmen, wird rasch feststellen, dass in China eher Betten als Zimmer vermietet werden, um mehr Geld einzunehmen. Es kann also vorkommen, dass man sein Zimmer mit einem oder mehreren Ausländern teilen muss. Nur in Ausnahmefällen wird zugelassen, dass Ausländer ihre Zimmer mit Chinesen teilen, doch wenn sich drei bis vier Ausländer zusammentun, erhalten sie mit ziemlicher Sicherheit ein günstiges großes Zimmer. Budgetreisende können darauf vertrauen, dass touristische Zentren (auch Metropolen wie Beijing, Shanghai und Guangzhou) einige Budgethotels aufweisen, die Betten in speziellen Dorms für Ausländer für nur ¥20–50 anbieten.

Jugendherbergen

Auf dem chinesischen Festland und in Hongkong gibt es einige wenige Unterkünfte, die dem *Internationalen Jugendherbergsverband* (International Youth Hostel Association, IYHA) angeschlossen sind und Mitgliedern geringfügige Preisnachlässe einräumen.

Vom Deutschen Jugendherbergswerk ist das *Internationale Jugendherbergsverzeichnis* für Übersee erhältlich. Es enthält u.a. Adressen von mehr als 4200 Jugendherbergen in über 60 außereuropäischen Ländern. Man kann es für 8,70 € in allen Jugendherbergen kaufen oder im Internet unter www.jugendherberge.de bestellen. Informationen über die nächstliegende Ausgabestelle erteilt der jeweilige Landesverband. Hier kann man auch die Mitgliedschaft beantragen, die bis zum 27. Geburtstag 10,50 € und für Familien und Partner 18 € pro Jahr kostet. Eine Mitgliedschaft im Schweizer Jugendherbergsverband kostet bis zum Alter von 18 Jahren 22 sFr pro Jahr, ab 18 Jahren 33 sFr, Familien zahlen 44 sFr. In Österreich ist die Mitgliedschaft im Jugendherbergsverband für Heranwachsende bis 18 Jahre kostenlos. Personen, die älter als 18 Jahre sind, zahlen 15 €. Wer wissen will, wo es in China Jugendherbergen gibt, kann dies unter www.iyhf.org sowie unter www.hostels.com herausfinden.

DJH Service GmbH, Bismarckstr. 8, 32756 Detmold, 05231/74010, 740149, service@djh.de, www.jugendherberge.de

Österreichisches Jugendherbergswerk, Helfersdorferstr. 4, 1010 Wien, 01/5331833, 533183385, oejhw@oejhw.or.at, www.oejhw.or.at

Schweizer Jugendherbergen, Schaffhauser Str. 14, 8042 Zürich, 01/3601414, 3601460, marketing@youthhostel.ch, www.youthhostel.ch

Sonstige Unterkünfte

In Hongkong und Macau gibt es zahlreiche privat betriebene **Gästehäuser** unterschiedlicher Art und Größe, die nach den öden Festlandhotels eine willkommene Abwechslung darstellen. Doppelzimmer kosten dort meist weniger als in festländischen Hotels und den meisten Orten Ostchinas, es stehen auch viele billige Dorm-Betten zur Verfügung.

Preiswerte Alternativen, die durchaus Beachtung verdienen, bieten **Zimmer in Universitäten**, denn immer mehr Hochschulen sind bereit, ausländische Touristen aufzunehmen. Auf dem Gelände vieler Hochschulen gibt es Blöcke, die Namen wie *waibing zhaodaisuo* (Gästehaus für Ausländer) oder *waiguo zhuanjia lou* (Gebäude für ausländische Experten) tragen und zur Unterbringung ausländischer Studenten und Lehrer dienen. Auf dem Campus ist in der Regel leicht ein hilfsbereiter, Englisch sprechender Student aufzutreiben, der den Weg zu diesen Trakten weisen kann. Die Gebäude ähneln in ihrer Struktur den einfachen Hotels, und auch die üblichen Formulare sind auszufüllen. Die Kosten betrugen anfangs rund ¥50 pro Nacht, doch manche Unterkünfte fordern von Touristen inzwischen deutlich höhere Beträge. Es kann geschehen, dass man ein Bett in einem Zimmer zugewiesen bekommt, das bereits ein Auslandsstudent bewohnt, der alles andere als erfreut ist über den ungebetenen zeitweiligen Gast. Da dies jedoch nur für Fälle zutrifft, in denen der betreffende Student nur für eines der beiden im Zimmer stehenden Betten bezahlt, muss man kein schlechtes Gewissen haben. Obwohl die Universitäten meist sehr freundliche Aufenthaltsorte sind, kann die Hygiene in den gemeinsamen Wasch- und Toilettenräumen sehr zu wünschen übrig lassen. Oft liegt der Campus auch in einem weit vom Zentrum entfernten Stadtrandgebiet.

Eine Alternative sind die **Pilgerwohnstätten** bedeutender buddhistischer oder lamaistischer Klöster. Sie bieten extrem billige, wenngleich einfachste Unterbringung an und sind meist schnell belegt. Ausländer werden gerne aufgenommen. Obwohl die Behörden diese Praxis nur ungern dulden, wird jemand, der spät eintrifft oder unterwegs gestrandet ist, in der Regel bereitwillig aufgenommen.

Essen und Trinken

Für Chinesen ist jedes Essen ein wichtiges Ereignis, egal ob es sich um süße Backwaren und Suppe in Garküchen oder um Gourmetabenteuer in exotischen Restaurants handelt. Chinas Küche gehört zu den variationsreichsten der Welt und ist wesentlich vielfältiger, als chinesische Restaurants in Europa vermuten lassen. Obwohl kaum jemand hauptsächlich des Essens wegen nach China reist, stellt man gewöhnlich rasch fest, dass die Mahlzeiten zu den Höhepunkten des Reiseablaufs gehören. Da viele westliche Reisende jedoch aufgrund der Sprachbarrieren große Schwierigkeiten mit der Bestellung haben, suchen sie verzweifelt nach „ordentlichem Essen" und glauben irgendwann, dass die milden pfannengerührten Gerichte und andere gängige Mahlzeiten in den billigsten Garküchen alles sind, was der Speiseplan zu bieten hat. Nur geringe Anstrengungen sind erforderlich, um exotische und leckere Gerichte auf den Tisch zu zaubern – unabhängig von Budget und Sprachkenntnissen. Alleine zu essen ist langweilig, und in China gelten Mahlzeiten als gesellschaftliche Ereignisse, zu denen sich eine Gruppe zusammenfindet, um gemeinsam von in der Mitte stehenden Gerichten zu speisen.

Obwohl an jedem Marktstand frische Zutaten erhältlich sind, wird in China eher selten privat gekocht. Schließlich ist das Essen in Restaurants nicht teuer, es ist bequem und abwechslungsreich. Die **Prinzipien der chinesischen Küche** basieren auf dem Bestreben nach Harmonie zwischen den verschiedenen Zutaten. Dies geht bis hin zur Beachtung der *Yin-* und *Yang-*Attribute bei der Zusammenstellung der Speisen: Ein Gerichte kann als „feucht" oder „trocken", „erhitzend" oder „kühlend" eingestuft werden, es wird besondere Wertschätzung auf Zutaten mit kontrastierenden Beschaffenheiten und Farben gelegt, die sowohl dem Auge als auch dem Gaumen gefallen. Die chronische Armut der chinesischen Bevölkerung führte zu traditionell kargen Fleischmengen. Weil mit den wertvollen Nährwerten sparsam umgegangen werden musste, entwickelten sich Kochtechniken, bei denen die Zutaten zerkleinert und unter hoher Hitzezuführung rasch gebraten werden. Oftmals beschränkte Versorgungslagen ließen die vorbehaltlose Bereitschaft entstehen, auch mit ausgefallenen Dingen zu experimentieren.

Vegetarisches Essen Vegetarismus wird in China aus religiösen und philosophischen Gründen bereits seit über 2000 Jahren praktiziert. Zu den bis heute berühmten Vegetariern gehörten der Kriegsherr Cao Cao aus der Zeit der Streitenden Reiche und der pietätvolle Kaiser Wu aus dem 6. Jahrhundert. Die vegetarische Küche lässt sich in mindestens drei Stile unterteilen: Sichtbar vegetarische Gerichte, die in Haushalten und normalen Restaurants aufgetischt werden, imitierte Fleischgerichte nach Tradition der Qing-zeitlichen Küche des Kaiserhofs (sie verleiht Speisen durch geschickte Verwendung von Bindemitteln, Tofu und Kartoffeln das verblüffend echte Aussehen von Fleischgerichten) sowie buddhistische Gerichte, die oft auf die Verwendung von Zwiebeln, Ingwer, Knoblauch und anderen als stimulierend betrachteten Zutaten verzichtet.

Trotz steigender Nachfrage aber finden strikte Vegetarier in China nur ein geringes Angebot an rein vegetarischen Gerichten. Zwar gelten Gemüsesorten weithin als gesund, doch da die Chinesen ihnen physisch kräftigende Eigenschaften absprechen, sind rein vegetarische Speisepläne – abgesehen von buddhistischen Einrichtungen – selten. Außerdem ist der Verzehr von fleischlosen Speisen mit dem Stigma der Armut behaftet, und Ausländer, die auf Fleisch verzichten, obwohl sie es sich regelmäßig leisten könnten, werden mit ungläubigem Staunen betrachtet. Zwar bieten alle Restaurants vegetarische Speisen an, doch die zur Zubereitung verwendeten Fette und Brühen sind in der Regel tierischen Ursprungs. Wer keinesfalls mit tierischen Zutaten bekocht werden möchte, sollte sich bei der Bestellung in aller Deutlichkeit als überzeugter Buddhist ausgeben (s.S. 118).

Metropolen wie Beijing, Shanghai und Guangzhou verfügen über vegetarische Restaurants; anderswo sollte man sich zum nächsten buddhistischen Tempel begeben, weil dort zu den gängigen Speisezeiten angeschlossene Lokale öffnen, die teilweise exzellentes Essen auftischen, die auch bei Nicht-Vegetariern Begeisterung hervorrufen. In solchen Lokalen tragen auch imitierte Fleischgerichte gängige Namen wie Westsee-Fisch, Schweinefleisch in Honig oder geröstete Ente.

Was darf es sein?

Keinesfalls alltäglich erhältlich, aber durchaus auf chinesischen Speisekarten präsent sind Bärentatzen, Haifischflossen, Fischkiemen oder gar Quallen.

Die maoistische Politik hatte zur Folge, dass gute **Zutaten** selbst in den 80er Jahren noch knapp waren, sodass der Standard außerhalb der hochpreisigen Hotels und Restaurants eher bescheiden blieb. Heute ist die Versorgung mit Frischwaren in den meisten Landesteilen mehr als zufrieden stellend, doch besteht eine Tendenz, schlechte Kochtechniken durch übermäßige Verwendung von Öl und Geschmacksverstärkern auszugleichen.

Im Süden steht das Grundnahrungsmittel Reis als Lang- oder Rundkorn zur Verfügung, auch Reisnudelprodukte sowie Teigtaschen sind weit verbreitet. Im kühleren Norden wird eher Getreide zu süßen Backwaren oder Nudeln verarbeitet. Beachtung verdienen gezogene Nudeln *(lamian)* – eine muslimische Spezialität, die vor den Augen des Gastes als Teigband zwischen ausgestreckten Armen zurechtgezogen und in einer würzigen Suppe zubereitet wird.

Fleisch gilt als körperlich belebende Substanz und steht im Zentrum jeder Mahlzeit – das Auftischen einer reinen Fleischmahlzeit gilt als Höhepunkt der Gastfreundschaft. Die höchste Verbreitung verzeichnet Schweinefleisch (abgesehen von Gebieten mit großen muslimischen Bevölkerungsanteilen, wo Hammel- oder Rindfleisch überwiegen). Geflügel gilt vor allem im Alter oder bei Rekonvaleszenten als förderlich und war früher ein Luxusgut (Hühnerfleisch war noch vor wenigen Jahrzehnten die teuerste Fleischsorte in Beijing), doch inzwischen gibt es in den meisten ländlichen Bezirken Zentral- und Südchinas genügend Hühner- und Entenzuchten. Sehr beliebt sind Fisch sowie Meeresfrüchte, die jedoch ihren Preis haben, da sie oft wegen Verschmutzung der örtlichen Gewässer importiert werden müssen. Ähnliches gilt für seltene Wildarten.

Eier von Hühnern, Enten oder Wachteln gehören landesweit zu den beliebtesten Snacks und köcheln oft stundenlang in einer Mixtur aus Gewürzen, Tee, Sojasauce und Sternanis. Weit über die Landesgrenze hinaus bekannt sind die so genannten Tausendjährigen Eier, die vor dem Verzehr mehrere Monate lang in Asche und Stroh gelagert werden. Trotz des abschreckend glibberigen braunen Eiweißes und des grün verfärbten Eigelbes haben sie einen delikaten, wenngleich etwas brackigen Geschmack. Milchprodukte sind in China nicht sehr weit verbreitet. Milch gilt bestenfalls als geeignet für Kleinkinder und alte Menschen, sie findet daher in der Küche keine Verwendung.

Zu jeder chinesischen Mahlzeit gehört Gemüse, das den Geschmack und die Beschaffenheit des Fleisches ergänzen soll, doch es gibt auch rein vegetarische Gerichte. In manchen Landesteilen stehen je nach Saison nur eingeschränkte Angebote zur Verfügung. Gewöhnlich ist die Versorgung mit grünen Blattsalaten, Wasserkastanien, Pilzen, Bambussprossen, Seetang und Rettichen abwechslungsreich und ausreichend. Zu den Gemüsesorten zählen Chinesen auch die dünnen, transparenten Glasnudeln, die aus Erbsenstärkemehl hergestellt werden.

Sojabohnen finden in der chinesischen Küche reichlich Verwendung. Sie bilden in diesem Land, in dem Fleisch oft ein Luxusgut ist, eine gesunde Proteinquelle. Die kleinen grünen frischen Bohnen werden im Süden gerne roh gegessen. In der Regel aber werden Sojabohnen gesalzen und zum Andicken von Saucen verwendet, für Sojasauce fermentiert oder gekocht oder zu weißem Tofu (Sojabohnenkäse) verarbeitet. Frischer Tofu ist geschmacksneutral und cremig, zu festeren Texturen lässt er sich zusammenpressen und eignet sich so auch zum Braten. Als geräucherte oder in Brühe gekochte Beilage gehört Tofu in Form kleiner Streifen zu den gängigen Beilagen für Suppen. In der vegetarischen Küche dient er als Fleischersatz. Die regionalen Zubereitungsarten weichen beträchtlich voneinander ab: Im Westen wird Tofu stark gewürzt, in Hunan züchtet man darauf Schimmelpilze (ähnlich wie im Westen auf Käse), und im Süden wird er mit Fleischfüllungen serviert; im Norden macht man ihn durch Frieren schwammig, landesweit schließlich schwimmt er als Beilage in Suppen. Die Haut, die sich bei der Tofu-Herstellung bildet, wird abgeschöpft und als Umhüllung für Frühlingsrollen oder andere Speisen verwendet.

Saisonal bedingte Schwankungen in der Versorgung werden durch die weitläufige Verfügbarkeit von getrockneten, gesalzenen und gepökelten Gemüsesorten sowie von Fleischvorräten und Meeresfrüchten ausgeglichen. Außerdem besteht ein enormes Angebot an regionalen Obstsorten.

Bei der **Zubereitung** gibt es wesentlich mehr Alternativen, als die Zutaten einfach nur klein zu hacken und bei hoher Hitze anzubraten. Zahlreichen Gewürzen werden gesundheitsfördernde Eigenschaften zugesprochen, andere verwendet, um einen unerwünschten Beigeschmack zu überdecken oder interessante Aromen entstehen zu lassen, die nur untergründig erkennbar sind. Marinieren ersetzt Blut, das für viele Chinesen unverträglich ist (im Süden ist geronnenes Schweineblut allerdings ein Bestandteil vieler Speisen), und verändert beziehungsweise belebt den Geschmack von Fleischsorten. Hühner und Fische werden oft im Ganzen gekocht und nur selten vor dem Servieren zerkleinert. Chinesen bereiten einzelne Gerichte manchmal ganz unterschiedlich zu, um Beschaffenheit oder Aroma der Zutaten zu fördern. Speisen werden knusprig, indem sie in Mehl gewälzt und anschließend frittiert werden, Dämpfen steigert unterschwellige Aromen, Kochen und Blanchieren geht anderen Methoden bei der Zubereitung von Fleisch voraus, und langsames Köcheln zaubert herzhafte Brühen.

Regionale Küchen

Angesichts der Größe des Landes ist es nur folgerichtig, dass die Küche unterschiedliche regionale Ausprägungen aufweist. Man unterscheidet vier Haupttraditionen. Die Küche des **Nordens** entwickelte sich am Kaiserhof und wurde zur Mandarin- oder Beijingküche, deren beeinflussende Elemente aus wesentlich weiteren Gebieten zusammenflossen, als der Name vermuten lässt. Ein kräftigender Speiseplan mit Weizen- und Hirsebrötchen, Nudeln, Pfannkuchen und Teigtaschen hilft über strenge Winter hinweg. Zu den würzenden Beilagen gehören dunkle Sojasauce, Bohnenpaste, Weißkohl, Zwiebeln und Knoblauch. Viele Einflüsse stammen von Nachbarn und Eroberern: Die Mongolen brachten ihre Feuertöpfe und gegrilltes Fleisch ein; die Muslime sorgten für die Verbreitung von Hammel- und Hühnerfleisch. Unter dem zusätzlichen Einfluss exotischer Waren, die ausländische Händler und Gesandte brachten, entwickelte die Küche des Kaiserhofs ihren Kochstil bis hin zu erlesenen Köstlichkeiten wie Peking-Ente und Vogelnestersuppe. Hauptnahrungsmittel vieler Menschen im Norden aber sind Gemüse (im Winter als herzhafte Suppen) und süße Backwaren.

Die zentralen Küstenprovinzen entwickelten die Küche des **Ostens**, deren Spezialitäten frische Meeresfrüchte und Flussfische sind. Da die Winter kalt und die Sommer sengend heiß sein können, bereichern viele getrocknete und gepökelte Zutaten das Angebot an Nudeln und Teigtaschen. Die Küche ist vor allem im Raum Shanghai verbreitet und bietet kleine Delikatessen mit frischen, teils süßen Geschmacksrichtungen mit klingenden Namen an: Im Reismantel gedämpfte Fleischbällchen heißen etwa „Perlen". Zu den typischen und sehr beliebten Speisen dieser Küche gehören unter anderem gedämpfte Fleischgerichte, die mit einer süßen Wein- und Sojasauce angereichert werden.

In Westchina dominiert die feurige Küche von **Sichuan** und **Hunan** – das genaue Gegenteil zur milden Küche des Ostens. Reichlich Verwendung finden Chilischoten und andere scharfe Gewürze; Gemüse wird mit Fischsauce verfeinert, und selbst geschmacksneutrales Tofu ist so gewürzt, dass Ausländern das Feuer aus dem Hals schlägt. Die typischen Zubereitungsarten sind Braten ohne Öl und Fett oder Räuchern. Diese Küche greift gerne auf getrocknete Orangenschalen, Anis, Ingwer und Frühlingszwiebeln zurück – erfrischend und ungewöhnlich. Sichuan ist zudem die Heimat des allgegenwärtigen Feuertopfes *(huoguo):* Restaurantgäste erhalten an ihren Tischen rohe Fleisch- und Gemüsesorten, die sie selbst in auf der Tischmitte brodelnden Pfannen mit unterschiedlich scharfen Saucen kochen.

Das subtropische, fruchtbare **Südchina** genießt ganzjährig eine gute Versorgungslage. Chinesen aus anderen Gebieten sagen besonders den Kantonesen nach, dass sie wahllos alles essen würden, was ihnen in die Quere kommt … und das zu Recht: Fischmägen, Schlangen, Hunde und Ratten gehören noch zu den normaleren Angeboten der Restaurants. Andererseits ist auch das Angebot an Obst, Gemüse, Fisch und Schalentieren groß. Die größte Nachfrage besteht nach mild gewürzten Speisen, die schnell unter hoher Hitze zubereitet werden. Gerade im Süden sind die bei uns berühmtesten chinesischen Gerichte mit süß-saurer Sauce zu Hause. Weit verbreitet ist zudem die Tradition der Dim Sum (leichte Imbisse). Bei diesem Essen werden zum Frühstück mild gewürzte süße Backwaren, Teigtaschen und Pfannkuchen angeboten, zu denen es reichlich Tee gibt. Dies entspricht der chinesischen Vorliebe für ein unterschiedliches Angebot kleiner Speisen. Dim-Sum-Mahlzeiten (in Mandarin *dian xin*) haben sich inzwischen auf ganz China ausgedehnt, doch in den Restaurants des Südens gibt es noch immer die beste Auswahl (s.S. 63).

In **Hongkong** sind sämtliche chinesische Küchen vertreten, allerdings mit südchinesischen Eigenarten durchsetzt, während **Macau** eine einzigartige Mischung portugiesischer und asiatischer Kochgewohnheiten zu bieten hat.

Frühstück und Snacks

Das Frühstück gilt in China nicht als wichtige Mahlzeit und stellt deshalb für Ausländer oft eine Enttäuschung dar. Es soll lediglich den Magen bis zur mittäglichen Hauptmahlzeit ruhig stellen. Die meisten Chinesen begnügen sich mit einer Schüssel Reisbrei *(zhou)* und einem Glas gesüßter Sojabohnenmilch *(doujiang)*. Dazu werden Salzgemüse und süße Backwaren oder Ölgebäckstangen gereicht. Beliebt sind auch klare Suppen mit Reisnudeln und einer geringen Fleischeinlage. In den meisten Städten gibt es rund um die Märkte, Bahnhöfe und Busbahnhöfe zahllose kleine Imbissbuden, die gebratene Hühnerflügel, Kebabs, gewürzte Nudeln, gedämpfte Yamswurzeln und Kartoffeln, gekochte Eier, gegrillte Maiskolben sowie zahllose lokale Spezialitäten anbieten. Im Angebot sind auch Teigbeutel mit Fleisch- oder Gemüsefüllung *(baozi)* oder natur *(mantou)*. Diese Art Ravio li stammt aus dem Norden und wirkt vor allem an Wintertagen wärmend. Eine süßere kantonesische Variante ist mit gegrilltem Schweinefleisch gefüllt. Zu den anderen Snacks des Nordens gehören *jiaozi* (eine Art Maultaschen), die mit Fleisch oder Gemüse gefüllt sind und entweder gebraten oder gedämpft werden; gekochte, in Suppen servierte *jiaozi* heißen *shuijiao*. Spezialisierte kleine Restaurants bieten *jiaozi*, die stets nach Gewicht verkauft werden, mit allen erdenklichen Füllungen an.

Internationale Küche und Fast Food

Auch westliches und internationales Essen ist in China erhältlich, doch Versorgung und Qualität variieren von Ort zu Ort. Das beste Angebot weist Hongkong auf mit exzellenten Lokalen, die alle Stile von französischer bis vietnamesischer Küche vertreten. Auch in Beijing, Shanghai und Guangzhou gibt es auf westliches Essen spezialisierte Restaurants. In internationalen Hotels sind meist westliche Restaurants vertreten, die unter anderem ein relativ teures, dafür jedoch auch üppiges Frühstücksbuffet mit Rührei, Schinken, Toast, Getreideflocken und Kaffee anbieten. In vielen Städten ist die Zahl der Cafés, die frischen Kaffee und Tee nebst Menüs für ¥30–80 servieren, im Steigen begriffen – im Trend liegen Steaks (teurere Lokale bieten importiertes Fleisch an), die zusammen mit einer kleinen Suppe, einem Salat und einem Getränk serviert werden. *Shangdao Kafei* und *Coffee Language* sind zwei taiwanesische Ketten mit Zweigstellen in etlichen chinesischen Städten. Im Stadtbild allgegenwärtig sind inzwischen auch Lokale, die Hamburger, Brathähnchen und Pizza verkaufen; neben einheimischen Ketten wie *Dicos* sind auch *McDonald's*, *KFC* und *Pizza Hut* vertreten.

Restaurants und Garküchen

Auf einer Chinareise bleibt man nicht lange hungrig, denn alle Restaurants und Garküchen sind darauf erpicht, Kundschaft einzufangen: Überall, wo Essen angeboten wird, erschallt der einladende Ruf „Reis essen" *(chi fan)*.

Hotelspeisesäle wirken mitunter sehr protzig. Hotels der gehobenen Kategorie führen westliche und regionalchinesische Restaurants, die zum Teil sündhaft teuer sind. Mittelklasse-Restaurants sind oft ebenso sehr zu empfehlen. Zu den Vorteilen der oberen Kategorien gehört, dass das Personal öfter Englisch spricht oder ein Menü mit lokalen Spezialitäten angeboten wird.

Andere **Restaurants** sind oft in zwei bis drei Stockwerke untergliedert: Während unten eine Art Kantinenessen aufgetischt wird, serviert man oben Mahlzeiten mit mehreren Gängen; das dortige Bedienungspersonal spricht meist ein wenig Englisch, doch die Preise sind höher als im Erdgeschoss. Weitere Stockwerke (sofern vorhanden) sind gewöhnlich Bankettgesellschaften und ausländischen Reisegruppen vorbehalten und können von einzelnen Gästen nicht reserviert werden. Im Gegensatz zur oft gedämpften Atmosphäre im Westen heißt die bevorzugte Stimmungslage in chinesischen Restaurants „heiß und laut" *(renao)*.

Die billigsten **Garküchen** und **Kantinen** sind sehr einfach eingerichtet, doch das Essen ist oft um ein Vielfaches besser, als das Mobiliar erwarten lässt. Ausländer erhalten meist Wegwerfstäbchen; da dies jedoch nicht immer der Fall ist, hat man besser ein eigenes Paar Ess-Stäbchen im Handgepäck, denn oft werden die Stäbchen nur in einem Eimer mit grauem Wasser abgespült und anschließend zum Trocknen auf dem Fußboden ausgebreitet.

Während die kleinen Nudel- und Garküchen in der Nähe der Bahnhöfe und Busbahnhöfe flexible **Öffnungszeiten** haben, sind Restaurants relativ kurz geöffnet und schließen früh. Frühstückszeit ist gewöhnlich zwischen 6 und 9 Uhr. Langschläfer können den Tag ab 11 Uhr mit dem Mittagessen beginnen, sodass genügend Zeit bleibt, um neuen Appetit für das ab 17 Uhr beginnende Abendessen zu entwickeln. Ab 18 Uhr kann es schwierig werden, einen Tisch zu bekommen, ab 21 Uhr beginnt das Personal gähnend den Dreck zwischen den Füßen der verbliebenen Gäste wegzukehren.

Bei der **Bestellung** (es sei denn, man ordert umfassende Gerichte wie Beijing-Ente oder Feuertopf) sollte man auf eine verschiedenartige Zusammenstellung achten: vielleicht einige Meeresfrüchte, dazu Rindfleisch, Huhn und Gemüse, die alle auf verschiedene Weise zubereitet werden. Zu einem chinesischen Essen gehört abschließend eine Suppe. In billigen Lokalen werden große Portionen Reis oder Nudeln aufgetischt, doch da sie als reine Magenfüller betrachtet werden, nehmen diese Mengen ab, je gehobener die Restaurants werden. Oft kommt der Reis erst gegen Ende der Mahlzeit. *Jiaozi*, manche Meeresfrüchte und gegebenenfalls auch Frischprodukte werden nach Gewicht verkauft; ein *liang* sind 50 g, ein *banjin* 250 g, ein *jin* 500 g und ein *gongjin* 1 kg.

Wo es **Speisekarten** gibt, sind diese oft mehr als Hinweis auf vorhandene Angebote denn als definitive Karte zu interpretieren. Es ist keinesfalls unüblich, nach nicht aufgelisteten Speisen zu fragen. Auf englischen Speisekarten sind oft Gerichte, die Chinesen als für westliche Gaumen ungeeignet betrachten, gar nicht erst aufgelistet. Unsere Menüliste (s.S. 58–63) ist hilfreich für alle, die nicht Chinesisch sprechen. In manchen Garküchen und kleinen Restaurants stehen die Zutaten in Kübeln und Bündeln bereit, sodass man einfach zeigen kann, was man essen möchte. Kantinen präsentieren ihr Angebot oft in Vitrinen oder kritzeln Ausschreibungen in für Ausländer unleserlichen Schriftzügen an die Wand. In diesen kleinen Lokalen spricht man entweder selbst mit dem Koch oder erhält an der Kasse einen Zettel, den man an der Küchenluke gegen die Mahlzeiten eintauscht. Die Gäste sitzen meist auf Bänkchen an großen Gemeinschaftstischen.

In **besseren Restaurants** werden Gäste zu einem Tisch geführt und erhalten sofort eine Kanne mit Tee sowie kleine Teller mit eingelegtem Gemüse und Nüssen. Das Tischgeschirr besteht aus einem Löffel, einer Schale und einem Paar Ess-Stäbchen. Chinesen fragen nach einer Kanne mit heißem Wasser und einer Schale, um das Essbesteck zu spülen, was nicht unbedingt nötig ist, doch offensichtlich für viele zum Zeremoniell gehört. Wo vorhanden, wird anschließend eine Speisekarte vorgelegt; ansonsten werden Gäste in die Küche eskortiert, um ihre Wahl dort zu treffen. Alternativ kann man sich im Restaurant umschauen, denn viele Chinesen freuen sich, wenn Ausländer chinesische Gerichte probieren wollen und weisen bereitwillig auf die ihrer Meinung nach besten Gerichte auf ihren Tischen hin.

Nachdrückliche Erklärungen erfordert der Wunsch, dass Zutaten gemeinsam gekocht werden sollen („*yikuair*“ sagen), ansonsten kann es geschehen, dass verschiedene Teller mit Nüssen, Fleisch und Gemüse aufgetischt werden, obwohl man eigentlich ein Hühnergericht mit Cashewnüssen und grünem Paprika wollte. Wer keine speziellen Angaben zur Zubereitung macht, erhält unweigerlich ein unter hoher Hitze angebratenes Rührgericht.

Die bestellten Gerichte werden rasch serviert und zum gemeinsamen Verzehr in die Mitte des Tisches gestellt. Chinesen essen relativ langsam und nehmen sich zwischendurch Zeit für die Unterhaltung. Die Handhabung von **Ess-Stäbchen** ist nicht schwer: Ein Stäbchen wird als feste Basis gegen die Fingerkuppen von Daumen und Ringfinger geklemmt, die bei Druck gegeneinander wirken; über dieser Basis gehört das zweite Stäbchen gegen die obere Fingerkuppe des Daumens und kann dann mit den Kuppen von Zeigefinger und Mittelfinger Dinge greifend gegen das erste Stäbchen bewegt werden. Reis wird mit den Stäbchen aus der an die Lippen geführten Schale in den Mund geschaufelt, für glitschige Zutaten wie Tofu oder Pilze wird ein Löffel benutzt. Geflügelteile dürfen in die Hand genommen und abgenagt werden, die Knochen werden je nach Restaurantkategorie mehr oder weniger diskret auf Tischtuch oder Fußboden geworfen – einfach darauf achten, was die Chinesen an anderen Tischen tun.

Suppen sind meist wässrig und schließen die Mahlzeit ab (außer im Süden, wo sie zu Beginn oder als Bestandteil der Hauptmahlzeit serviert werden), um auch die Reste an den Innenwänden der Ess-Schale hinabspülen zu können. Sobald die Nudeln, Gemüse- oder Fleischreste mit den Stäbchen herausgepickt worden sind, kann man die Flüssigkeit entweder mit Hilfe des Löffels oder auch direkt aus der Schale schlürfen. **Desserts** sind in China wenig verbreitet, doch im Süden werden besonders bei festlichen Anlässen noch süße Suppen oder Backwaren aufgetragen (letztere gehören nicht zu den Hauptmahlzeiten). Auf der Schale abgelegte Ess-Stäbchen weisen darauf hin, dass man die Mahlzeit beendet hat. Chinesen bleiben nach dem Essen im Gegensatz zu westlichen Gewohnheiten nicht noch ein Weilchen zusammen sitzen, sondern stehen abrupt auf und gehen.

In Kantinen **bezahlt** man am Frontschalter, während in Restaurants eine Rechnung vorgelegt wird, die man entweder beim Personal oder an der vorderen Ladenkasse zu begleichen hat. In durchschnittlichen chinesischen Restaurants werden keine **Trinkgelder** erwartet.

Getränke

Wasser ist überall in China erhältlich, doch keinesfalls sollte man es aus einer Wasserleitung trinken! In Hotels und Zügen wird abgekochtes Wasser in Thermoskannen bereitgestellt, und überall an Bahnhöfen oder in Supermärkten ist in Plastikflaschen abgefülltes Quellwasser erhältlich. Es empfiehlt sich, vor dem Kauf eines Produktes die korrekte Versiegelung zu überprüfen und die Beschriftung zu überfliegen, da in manchen Marken ungewöhnliche Substanzen (wie etwa Radon) enthalten sind, die so mancher westliche Reisende vielleicht doch lieber meiden möchte.

Tee

Tee gelangte vor 1800 Jahren aus Indien nach China und wurde zunächst nur aus medizinischen Gründen getrunken. Auch wenn ihm weiterhin gesundheitsfördernde Eigenschaften nicht abgesprochen werden und manche Speiselokale noch heute schüsselweise nährreiche oder stimulierende Sorten anbieten, so ist über die Jahrhunderte hinweg vor allem eine sozial bedeutende Kultur rund um dieses Getränk entstanden. Teehäuser hatten einst in der chinesischen Gesellschaft denselben Stellenwert wie Kneipen oder Bars im Westen. Plantagen mit adretten Reihen niedriger Teebüsche zieren Südchinas Hügelland, und das Gebräu findet enthusiastischen Zuspruch vom tibetischen Hochland, wo es mit Gerstenmehl und Butter versetzt wird, bis hin zu allen Restaurants und Haushalten zwischen Hongkong und Beijing.

Zu den ersten Fragen in Restaurants gehört oft: „Welche Teesorte möchten Sie trinken?“ – *He shenme cha?* Chinesische Teesorten gibt es je nach Verarbeitung in roten, grünen und parfümierten Varianten. Nur Hainan produziert schwarzen Tee der indischen Art. Regionaltypische Sorten wie *Pu'er* aus Yunnan, *Tie Guanyin* aus Fujian, *Longjing* aus Zhejiang und *Emei Cha* aus Sichuan sind begehrt. Wer ortstypischen Tee kaufen will, muss bloß die Märkte besuchen. Niemals wird Tee mit Milch und nur selten mit Zucker getrunken, doch die Zubereitungsarten und Darreichungsweisen unterscheiden sich regional erheblich: Manchmal wird das Getränk in großen Tassen mit Deckel aufgetragen, andernorts kommen zierliche Tässchen auf den Tisch, die aus Miniaturkannen nachgefüllt werden. In Teilen von Fujian und Guangdong existieren Teerituale. Beim gesellschaftlichen Teegenuss verlangt die Etikette, erst die Tassen anderer und zuletzt die eigene aufzufüllen; wenn jemand anderes diese Pflicht erledigt, sollte man diskret mehrfach mit Zeige- und Mittelfinger neben der Tasse auf den Tisch pochen, um seinen Dank zu bezeugen. Wer nicht nachgeschenkt bekommen möchte, lässt die Tasse einfach gefüllt stehen. Im Restaurant muss man lediglich den Kannendeckel abnehmen oder umdrehen, um das Gefäß während der Mahlzeit nachfüllen zu lassen.

Unbedingt sollte man auch einmal muslimischen Tee probieren: Trockenfrüchte, Nüsse, Samen, Kandiszucker und Tee werden zusammen mit heißem Wasser überbrüht, bevor die flüssige Mischung großzügig aus einer Kupferkanne mit immens langer Tülle ausgeschenkt wird. Restaurants der gehobenen Kategorie schenken edlen Acht-Schätze-Tee *(babao cha)* aus, der auch abgepackt in Straßenläden angeboten wird.

Genüssliches aus erster Hand – Longjing

ESSEN UND TRINKEN – DAS VOKABULAR

Allgemeines

Restaurant	餐厅	cāntīng
Ess-Stäbchen	筷子	kuàizi
Spezialität des Hauses	拿手好菜	náshǒuhǎocài
Was kostet das?	多少钱?	duōshǎo qián?
Ich esse kein (Fleisch).	我不吃(肉)	wǒ bù chī (ròu)
Ich bin Buddhist / Vegetarier.	我是佛教徒/我只吃素	wǒ shì fójiàotú / wǒ zhǐ chī sù
Ich hätte gerne …	我想要....	wǒ xiǎng yào…
Ortstypische Gerichte	地方菜	dìfāng cài
Speisekarte / Menü-Speisen / Englische Speisekarte	菜单/套菜/英文菜单	càidān / tàocài / yīngwén càidān
Kleine Portion	少量	shǎoliàng
Löffel	勺	sháo
Bedienung / Fräulein	服务员/小姐	fúwùyuán/xiǎojie
Die Rechnung bitte.	买单	mǎidān
(Bitte diese Zutaten) zusammenkochen.	一块儿	yíkuàir
50 Gramm	两	liǎng
250 Gramm	半斤	bànjīn
500 Gramm	斤	jīn
1 Kilogramm	公斤	gōngjīn

Getränke

Bier	啤酒	píjiǔ
Kaffee	咖啡	kāfēi
Limonade	汽水	qìshuǐ
(Mineral)Wasser	(矿泉)水	(kuàngquán) shuǐ
Sojamilch	豆浆	dòujiāng
Spirituosen (klarer Schnaps)	白酒	báijiǔ
Tee	茶	chá
Wein	葡萄酒	pútáojiǔ

Lebensmittel

Aal	鳝鱼	shànyú
Aubergine	茄子	qiézi
Austernsauce	蚝油	háoyóu
Bambussprossen (zarte Spitzen)	笋尖	sǔnjiān
baozi (gefüllte Teigbeutel)	包子	bāozi
Baumpilz („Judasohr")	木耳	mù'ěr
Blumenkohl	菜花	càihuā
Bohnen	豆	dòu
Bohnensprossen	豆芽	dòuyá
(Cashew)Nuss	坚果	jīanguǒ
Chilischote, Paprika (scharf)	辣椒	làjiāo
Chinesischer Wulstlingpilz	草菇	cǎogū
Dunkle Sojasauce	黑豆豉	hēidòuchǐ

Ente	鸭	yā
Erdnuss	花生	huāshēng
Essig	醋	cù
Fisch	鱼	yú
Flaschenkürbis / Bitterkürbis	葫芦	húlu
Frosch	田鸡	tiánjī
Garnele	虾	xiā
Grünes Gemüse	绿叶素菜	lüyè sùcài
Gurke	黄瓜	huángguā
Huhn	鸡	jī
Hundefleisch	狗肉	gǒuròu
Ingwer	姜	jiāng
jiaozi (gekochte oder gedämpfte Teigbeutel)	饺子	jiǎozi
jiaozi, in Wasser gekocht	水饺	shuǐjiǎo
Kartoffeln	土豆	tǔdòu
Kiefernblüten-Eier	皮蛋	pídàn
Knoblauch	大蒜	dàsuàn
Koriander (Blätter)	香菜	xiāngcài
Krabbe	蟹	xiè
Lammfleisch	羊肉	yángròu
Lotuswurzel	莲心	liánxīn
Mantou (Teigbeutel oder -nudeln ohne Füllung; Dampfbrötchen)	馒头	mántou
Mohrrübe	胡萝卜	húluóbo
Monosodium Glutamat (Bindemittel)	味精	wèijīng
Nudeln	面条	miàntiáo
Ölgebäckstange, gesalzen	油条	yóutiáo
Omelette, Rühreier	炒鸡蛋	chǎojīdàn
Paprikaschote, Pfefferschote	青蘸	qīngjiāo
Pilze	磨菇	mógu
Reismehl	禾粉	héfěn
Reis, gekocht	白饭	báifàn
Reis, gebraten	炒饭	chǎofàn
Reispudding (auch: congee)	粥	zhōu
Rettich	白萝卜	báiluóbo
Rindfleisch	牛肉	niúròu
Salz	盐	yán
Schlangenfleisch	蛇肉	shéròu
Schnecke	蜗牛	wōniú
Schweinefleisch	猪肉	zhūròu
Sesamöl	芝麻油	zhīma yóu
Sichuan-Chili	四川辣椒	sìchuān làjiāo
Sojasauce	酱油	jiàngyóu
Sternanis	茴香	huíxiāng
Suppe	汤	tāng
Teigbrei oder Eierfladen	摊饼	tānbǐng
Tintenfisch	鱿鱼	yóuyú

PRAKTISCHE TIPPS

Tofu	豆腐	dòufu
Tomate	蕃茄	fānqié
Wasserkastanie	马蹄	mătí
Yamswurzel, Taro, Süßkartoffel	芋头	yùtóu
Zucker	糖	táng
Zwiebeln	洋葱	yángcōng
Zubereitungsarten		
Frittiert	油煎	yóujiān
Gebraten	炒	chăo
Gedämpft	蒸	zhēng
Gegrillt	烤	kăo
Gekocht	煮	zhŭ
Geröstet	焙	bèi
Pochiert	白煮	báizhŭ
„Rot gekocht" (in Sojasauce geschmort)	红烧	hóngshāo
Unter Rühren gebraten	清炒	qīngchăo
Hauptgerichte		
Eierfladen mit süßer Bohnenpaste	赤豆摊饼	chìdòu tānbĭng
Eierstichsuppe mit Tomaten	蕃茄蛋汤	fānqié dàn tāng
Feuertopf (hotpot)	火锅	huŏguō
Fischklößchensuppe mit Rettich	萝卜鱼蛋汤	luóbo yúdàn tāng
Fischtopf, auf kleiner Flamme geröstet	焙鱼	bèiyú
Fleischspieß	串肉	chuànròu
Garnelen mit Knoblauchsauce	大蒜炒虾	dàsuàn chăoxiā
Gebratene Ente	烤鸭	kăoyā
Gebratene Schweinefleischstreifen mit Knoblauch und Chili	大蒜辣椒炒肉片	dàsuàn làjiāo chăoròupiàn
Gebratener Reis mit Ei	蛋炒饭	dànchăofàn
Gedämpfter Reisaal mit gekochten Sojabohnen	豆豉蒸鳝	dòuchĭ zhēngshàn
Gedämpfter Reis in Lotusblättern	荷叶蒸饭	héyè zhēngfàn
Geschmorte Ente mit Gemüse	炖鸭素菜	dùnyā sùcài
Gekochter, dann kurz angebratenes Schweinefleisch mit Gemüse	回锅肉	huíguōròu
Huhn mit zarten Bambussprossen-spitzen und Mais	笋尖嫩玉米炒鸡片	sŭnjiān nènyùmĭ chăojīpiàn
Huhn mit Cashewnüssen	坚果鸡片	jiānguŏ jīpiàn
Kohlrouladen (mit Fleisch- oder Gemüsefüllung)	卷心菜	juănxīncài
Nudelsuppe, dickflüssig	汤面	tāngmiàn
Pikant knusprig gebratene Ente	香酥鸭	xiāngsūyā
Rettichsuppe	白萝卜汤	báiluóbo tāng
Rührei mit Schweinefleisch und Reis	滑蛋猪肉饭	huádàn zhūròufàn
Schweinefleisch mit Rettichstücken	白萝卜肉馅饼	báiluóbo ròuxiànbĭng
Schweinefleisch mit Senfpflanzen	芥末肉片	jièmò ròupiàn
Schweinefleisch mit Wasserkastanien	马蹄猪肉	mătí zhūròu

Schweinefleischstreifen mit Sojabohnen	黄豆肉片	huángdòu ròupiàn
Suppe mit Hühnerfleischstreifen und Mais	玉米鸡丝汤	yùmǐ jīsī tāng
Süßsaure Rippchen	糖醋排骨	tángcù páigǔ
Tintenfisch mit Paprika und gekochten Sojabohnen	豆豉青椒炒鱿鱼	dòuchǐ qīngjiāo chǎoyóuyú
Tofu-Suppe	豆腐汤	dòufutāng
Tofu mit Aubergine und Paprika	茄子青椒煲	qiézi qīngjiāobāo
Tonkasserolengericht	沙锅	shāguō
Unter Rühren gebratenes Huhn mit zarten Bambussprossenspitzen	笋尖炒鸡片	sǔnjiān chǎojīpiàn
Wonton-Suppe	馄饨汤	húntun tāng

Gemüse- und Eierspeisen

Aubergine mit Chili und Knoblauchsauce	大蒜辣椒炒茄子	dàsuàn làjiāo chǎoqiézi
Aubergine mit Sesamsauce	拌茄子片	bànqiézipiàn
Gebratene Sojabohnensprossen	炒豆芽	chǎodòuyá
Gebratener Tofu mit Gemüse	豆腐素菜	dòufu sùcài
Gemüsesuppe	素菜汤	sùcài tāng
Geschmorte Bergpilze (Xianggu-Pilze)	炖香菇	dùnxiānggū
Omelette mit Tomaten	蕃茄炒蛋	fānqié chǎodàn
Pikant geschmorte Auberginen	香茄子条	xiāngqiézitiáo
Tofu mit Kastanien	马蹄豆腐	mǎtí dòufu
Tofu mit Kohl	卷心菜豆腐	juǎnxīncài dòufu
Tofu- und Spinatsuppe	菠菜豆腐汤	bōcài dòufu tāng
Tofu-Streifen	豆腐花	dòufuhuā
Unter Rühren gebratene Winterbambussprossen	炒冬笋	chǎodōngsǔn
Unter Rühren gebratene Pilze	炒鲜菇	chǎoxiānggū
Unter Rühren gebratenes Gemüse mit Pilzen	罗汉斋	luóhànzhāi

REGIONALE KÜCHEN

Nordchina

Fisch mit Schinken und Gemüse	火腿素菜鱼片	huǒtuǐ sùcài yúpiàn
Gebratene Garnelenbällchen	炒虾球	chǎoxiāqiú
In Sojasauce geschmortes Lammfleisch	红烧羊肉	hóngshāo yángròu
Löwenkopf (angebratene, mit Gemüse geschmorte Fleischklöße)	狮子头	shīzitóu
Mongolischer Feuertopf	蒙古火锅	ménggǔ huǒguō
Peking- (Beijing-) Ente	北京烤鸭	běijīng kǎoyā
Sautiertes Lammfleisch	炒羊肉	chǎoyángròu

Ostchina		
„Bettlerhuhn" (gebraten)	叫花鸡	jiàohuājī
Gebratene Krabben mit Ei	蟹肉鸡蛋	xièròu jīdàn
Gebratener Reis nach Yangzhou-Art	杨州炒饭	yángzhōu chǎofàn
Gedämpfter Flussbarsch	清蒸鲈鱼	qīngzhēnglúyú
Gefüllte Paprikaschoten	馅青椒	xiànqīngjiāo
Krabbensuppe	蟹肉汤	xièròu tāng
„Perlenbällchen" (Fleischklöße, in Klebreis gewälzt)	珍珠球	zhēnzhūqiú
Rinderwamme (in Lotusblättern gedämpft)	五花肉	wǔhuāròu
Rindfleischscheiben (pikant gedämpft)	白切牛肉	báiqiè niúròu
Schweinekasserole nach Dongpo-Art (in Wein gedämpft)	东坡焙肉	dōngpō bèiròu
Teigfladensuppe mit Hackfleisch und Fleischsaft	汤饱	tāngbāo
„Trunkene Garnelen"	醉虾	zuìxiā
„Westsee-Fisch" (in saurer Sauce geschmort)	西湖鱼	xīhúyú
Sichuan und Westchina		
Auberginen mit Fisch-Aroma	鱼香茄子	yúxiāng qiézi
„Brückengang-Nudeln"	过桥面	guòqiáomiàn
Fritierte Schwertbohnen mit Knoblauch	大蒜刀豆	dàsuàn dāodòu
Gebratenes Hühnerfleisch mit Chilischoten und Erdnüssen	宫爆鸡丁	gōngbào jīdīng
Gefüllte Auberginen	馅茄子	xiànqiézi
Geräucherte Ente	熏鸭	xūnyā
Huhn nach Dong'an-Art (pochiert in pikanter Sauce)	东安鸡子	dōng'ān jīzi
Luftgetrockneter Schinken	火腿	huǒtuǐ
Mandarinenhuhn	桔子鸡	júzijī
Paprikaschoten mit Frühlingszwiebeln in würziger Sojasauce	豆豉青椒	dòuchǐ qīngjiāo
Scharf-Sauer-Suppe (mit Essig und scharfen Gewürzen)	酸辣汤	suānlà tāng
Scharf gewürzter Tofu mit Schweinehack	妈婆豆腐	māpódòufu
Schweinefleisch mit Puffreis	爆米肉片	bàomǐ ròupiàn
„Super-Nudeln" (in Chili-Essig-Sesam-Sauce)	棒棒面	bàngbàngmiàn
„Tigerhaut-Pfeffer" (mit Salz gebraten)	虎皮炒椒	hǔpí chǎojiāo
Trocken gebratene Schweinefleischstreifen	油炸肉丝	yóuzhá ròusī
Ungewöhnlich gewürztes Huhn (mit Sesam, Knoblauch und Chili)	怪味鸡	guàiwèijī
Doppelt gebratenes Schweinefleisch	回锅肉	huíguōròu

Südchina / Kantonesisch		
Chinakohl in Austernsauce	蚝油白菜	háoyóu báicài
Gebratene Krabben mit Chili und gekochten Sojabohnen	辣椒豆豉焙蟹	làjiāo dòuchǐ bèixiè
Gebratenes Huhn mit Tarowurzel	芋头炒鸡片	yùtóu chǎojīpiàn
Gedämpfter Fisch mit Ingwer und Frühlingszwiebeln	清蒸鱼	qīngzhēngyú
Geschmortes Hackfleisch mit Tofu	豆腐煲	dòufubāo
Geschnetzelte Kammuschelpasteten	带子	dàizi
Hühnerfleisch in Zitronensauce	柠檬鸡	níngméngjī
In Honig geröstetes Schweinefleisch	叉烧	chāshāo
Knuspriges Schweinefleisch auf Reis	脆皮肉饭	cuìpíròufàn
Salzig angebratenes Huhn	盐鸡	yánjī
Schweinefleisch mit Litchi Pflaumen	荔枝肉片	lìzhīròupiàn
Suppe mit Weißpilzen und Wolfsbeeren (süß)	枸杞炖银耳	gǒuqǐ dūnyíněr
Tontopf-Reis mit süßer Wurst	香肠饭	xiāngchángfàn
Dim Sum		
Doughnut (Krapfen)	炸面饼圈	zhá miànbǐngquān
Frühlingsrolle	春卷	chūnjuǎn
Garnelenpaste auf Sesamgebäck	芝麻虾	zhīmaxiā
Gebratene Fleisch- und Gemüsetaschen à la Shanghai	锅帖	guōtiē
Gedämpfte Rippchen süß-sauer	排骨	páigǔ
Gefüllte Paprika mit gesalzener Sojabohnensauce	豆豉馅青椒	dòuchǐ xiànqīngjiāo
Gefüllte Reismehlrolle	肠粉	chángfěn
Hühnerfüße	凤爪	fèngzhuǎ
Kleine Imbisse	点心	diǎnxīn
Krabbenbrot („Kroepoek")	虾片	xiāpiàn
Mantou mit Lotuspastenfüllung	莲蓉糕	liánrónggāo
Mantou-Brötchen mit Schweinefleischfüllung	叉烧包	chāshāo bāo
„Mondkuchen" (Süßgebäck mit Bohnenpastenfüllung)	月饼	yuèbǐng
Reismehlfladen mit Rübenpaste	萝卜糕	luóbo gāo
Süße Sesambällchen	芝麻球	zhīma qiú
Süßspeise mit Vanille	蛋挞	dàntà
Teigtaschen mit Garnelenfüllung	虾饺	xiājiǎo
Teigtaschen mit Krabben- und Korianderfüllung	蟹肉虾饺	xièròu xiājiǎo
Teigtaschen mit Schweinefleisch- und Garnelenfüllung	烧麦	shāomài
Teigtaschen mit Yamswurzel und Minze	蕃薯糊饺	fānshǔ hújiāo
Umhüllte Garnelen	纸包虾	zhǐbāoxiā

Alkohol

Einen immensen Popularitätsschub, der selbst die Nachfrage nach Tee in den Schatten zu stellen droht, erlebte in den vergangenen Jahrzehnten **Bier** *(pijiu)*. Männer bevorzugen dieses Getränk zu den Mahlzeiten, doch für Frauen – ausgenommen Ausländerinnen – gilt es als unschicklich, in der Öffentlichkeit Alkohol zu trinken. Chinas erste Brauerei wurde im 19. Jahrhundert in der nordöstlichen Hafenstadt Qingdao von Deutschen gebaut; heute ist die von dort stammende Biermarke *Tsingdao* in ganz China erhältlich. Sämtliche Provinzen produzieren mindestens eine eigene Marke eines Pilseners mit 4% Alkoholgehalt. Das Bier wird in 640-ml-Flaschen zu günstigeren Preisen als Wasser angeboten, und auch das Angebot an frisch vom Fass gezapften Bieren steigt landesweit.

Die Bezeichnung **Wein** auf englischen Speisekarten weckt bei Ausländern falsche Assoziationen, denn chinesische Weine entsprechen nicht den westlichen Normen. Es gibt jedoch einige kommerziell durchaus erfolgreiche Keltereien, welche mittelmäßige Sorten wie *Great Wall* und *Dynasty* produzieren, die mehr als Statusprodukte denn als ernsthafte Konkurrenz zu westlichen Produkten betrachtet werden müssen. Eine wesentlich bessere Güte weisen Weine aus der westlichen Provinz Xinjiang auf, wo die Bevölkerung mit mittelasiatischer Abstammung traditionell größere Erfahrung in der Verarbeitung von Weintrauben hat. Die Bezeichnung „Wein" entpuppt sich oft als **Spirituose** aus Reis *(mijiu)* oder Hirse *(baijiu)*. Die Bewirtung von Gästen mit Spirituosen ist ein Zeichen zuvorkommender Gastfreundschaft, und Chinesen pflegen sich bei Banketten am Tisch zu erheben, um sich lautstark zuzuprosten. Auch regionale Reis- oder Hirseschnäpse sind von ordentlicher Qualität, doch selbst sehr teure und landesweit berühmte Produkte wie *Maotai* und *Wuliangye* sind für den westlichen Gaumen eher ungewohnt. In großen Kaufhäusern und städtischen Bars sind inzwischen auch importierte Biere und Spirituosen erhältlich, die jedoch teuer sind.

Bars westlicher Art gibt es nicht nur in Hongkong und Macau, sondern auch in den größeren Städten des Festlands. Diese Lokale servieren einheimische und importierte Getränke und sind unter Chinesen wie Ausländern gleichermaßen beliebt. Chinesen trinken Alkohol vorwiegend nur zu den Mahlzeiten, daher servieren auch alle Restaurants lokale Biere und Hirseschnäpse.

Alkoholfreie Getränke

Dosengetränke werden gewöhnlich ungekühlt angeboten. Die weiteste Verbreitung haben **Limonaden** und Cola. Überall präsent ist die einheimische Marke *Jianlibao*, ein Mischgetränk aus Orangensaft und Honig, das Ausländer im allgemeinen als zu süß empfinden. Es gibt jedoch ungewöhnliche und erfrischende Fruchtsäfte, die mit kleinen Fruchtstücken (Lychee, Lotus, Wasserkastanie) angereichert sind.

Kaffee wird in Yunnan und Hainan angebaut und getrunken, Cafés halten importierte Marken bereit. Pulverkaffee kann man in allen Supermärkten kaufen.

Auch **Milch** wird in pulverisierter Form als Babynahrung angeboten. Das Angebot an Flaschenmilch steigt, da ihr Nutzen für kranke und ältere Menschen immer mehr Anerkennung findet. Süße Joghurtgetränke, die landesweit im Sechserpack angeboten werden, sind vor allem bei Kindern beliebt, doch ihr hoher Zuckergehalt dürfte bei regelmäßigem Verzehr nur den Zahnarzt erfreuen.

Verkehrsmittel

China ist groß ... wer sich nicht nur auf ein kleines Gebiet konzentriert, wird einen Großteil seiner Zeit (und seines Budgets) für Transporte aufwenden müssen. Glücklicherweise ist das öffentliche Verkehrssystem gut ausgebaut, und die Fahrpreise sind angesichts der Entfernungen relativ günstig. Alle Provinzhauptstädte und viele andere Orte sind mit dem Flugzeug zu erreichen. Das Eisenbahnnetz erstreckt sich über sämtliche Provinzen, auf zahlreichen Flüssen verkehren Passagierfähren, und Schiffe pendeln zwischen den Küstenhäfen. Wer keine Scheu vor langen Busreisen auf anstrengenden Pisten hat, kann selbst die entlegensten Winkel der Volksrepublik China mit öffentlichen Verkehrsmitteln erreichen, die sich als alles Erdenkliche von Bus bis Traktor definieren lassen. Aus militärischen Gründen oder aus Gründen der allgemeinen Sicherheit sind einige wenige Landesteile für Ausländer gesperrt.

Trotz der vielen Reisemöglichkeiten sind sorgfältige Planung, Geduld und Ausdauer unbedingt erforderlich. Wer stets nur auf die preiswerteste Art reisen will, muss sich auf mentale und physische Stress-Situationen einstellen. Auf langen Strecken lohnt sich die Investition in mehr Bequemlichkeit. Die Teilnahme an organisierten Touren erleichtert vieles und ist sogar in manchen Fällen die einzige Alternative, um bestimmte Sehenswürdigkeiten zu erreichen – niemals billig, doch eigentlich immer das Geld wert.

Zum Internationalen Tag der Arbeit (1. Mai) haben die Chinesen eine Woche Urlaub. In diesen Tagen, zu Weihnachten und Neujahr sowie in den 14 Tagen vor und nach dem Frühlingsfest (chinesisches Neujahr) ist das Reisen anstrengend: Dann ist halb China zwischen Familie und Arbeitsplatz unterwegs, und die Transportkosten steigen (legal sind nur Preisaufschläge bis zu 15%, doch oft erreichen sie 50%). Bahnhöfe und Busbahnhöfe sind zu solchen Zeiten stets hoffnungslos überfüllt, und selbst in Flugzeugen ist kaum ein Platz zu bekommen.

Busse und Minibusse

Trotz des unablässig wachsenden Schienennetzes sind viele Teile Chinas nicht mit dem Zug zu erreichen. In solchen Regionen sind oft Busse die einzige Alternative. Die meisten Städte haben einen **Hauptbusbahnhof**, und im Randgebiet von Großstädten gibt es Busbahnhöfe für Verbindungen in die jeweilige (meist im Namen enthaltene) Himmelsrichtung. An den großen Vorplätzen der Zug-Bahnhöfe gibt es zum Teil **Privathaltestellen**, von denen schnellere und modernere Fahrzeuge abfahren. Überall (selbst in abgelegenen Gegenden) bestehen zahlreiche Verbindungen, mitunter gibt es verwirrend viele Abfahrtsorte. Im Gegensatz zu Zugtickets sind Busfahrscheine leicht zu erstehen: Die Verkaufsbüros der Hauptbahnhöfe sind im Allgemeinen computerisiert und die Schlangen überschaubar. Reisen in abgelegene Gebiete, die womöglich nur alle zwei Tage bedient werden, sollte man frühzeitig buchen, ansonsten sind eigentlich immer Sitzplätze verfügbar. An Privathaltestellen sind Tickets in der Regel an einem nahe gelegenen Schalter oder auch erst an Bord erhältlich. Erst im Bus zahlt man auch dann, wenn man ein Fahrzeug auf offener Strecke heranwinkt. Die Zielorte von Bussen sind stets an der Vorderscheibe in chinesischen Schriftzeichen angegeben. An den Stationen aushängende **Busfahrpläne** sind oft ungenau, doch das Personal ist in der Regel sehr hilfsbereit.

Die Busse sind in unterschiedliche Klassen untergliedert, aber nicht immer besteht für alle Strecken eine Auswahl. Gibt es Alternativen, wird das Verkaufspersonal immer davon ausgehen, dass man als Ausländer die schnellste und damit zugleich teuerste Variante wünscht. **Normalbusse** *(putong che)* mit Holzsitzen oder geringfügig gepolsterten Sitzen sind einfach und billig, niemals beheizt oder mit Klimaanlage ausgerüstet (also entsprechende Kleidung tragen). Die Sitze sind eng und für das Gepäck steht nur wenig Platz zur Verfügung – alles, was sperriger als ein Schulranzen ist, muss auf dem Schoß, auf dem Dach oder neben dem Fahrer untergebracht werden. Da Normalbusse unterwegs oft anhalten, legen sie pro Stunde kaum mehr als 50 km zurück. **Schlafbusse** *(wopu che)* sind etwas teurer als Normalbusse und mit einfachen Kojen statt Sitzplätzen ausgestattet – sie können komfortabel oder auch hoffnungslos überfüllt sein. Nachtfahrten sind gefährlicher als Tagesfahrten. Die unteren Pritschen *(xiapu)* kosten zwar ein wenig mehr als die oberen *(shangpu),* sind jedoch weitaus besser, da man nicht bei jeder Kurve aus dem Bett zu fallen droht. Wer seinen Platz frühzeitig belegt, kann genügend Stauraum fürs Gepäck finden, unter Umständen steht allerdings nur eine schuhkartongroße Box pro Bett zur Verfügung. Schlafbusse haben einen Vorteil: Wenn sie ihr Ziel vor Sonnenaufgang erreichen, können die Passagiere bis zum Tagesanbruch schlafen und so den Preis für ein Hotelzimmer sparen. Außerdem sind Schlafbusse relativ schnell, weil sie unterwegs nur selten anhalten. **Expressbusse** *(kuai che)* sind die teuerste Alternative; sie bieten genügend Beinfreiheit, komfortable zurückstellbare Sitze, Klimaanlage und Videounterhaltung, die jedoch nicht immer eine willkommene Ergänzung zum allgemeinen Lärmpegel ist. Sperriges Gepäck wird in den unteren großen Busseitenfächern untergebracht, die nur von außen zu öffnen sind, was sicher ist, da die Expressbusse ohne Halt fahren. Außerdem verkehren **Minibusse** *(xiao che)* für bis zu 20 Passagiere auf Routen unter 100 km. Die Preise unterscheiden sich je nach Region, liegen jedoch allgemein etwas über denen für Normalbusse. Auch

Minibusse sind oft hoffnungslos überfüllt, und mitunter umkurven sie ihre Abfahrtsorte so lange, bis sie wirklich voll sind.

Busreisen haben auch ihre Schattenseiten. Die Straßen sind nicht immer in gutem Zustand, allerdings nimmt die Anzahl der Schnellstraßen beständig zu. Viele Fahrer – Handy in der einen und Lenkrad in der anderen Hand – haben die gefährliche Angewohnheit, auf bergab führenden Abschnitten Benzin zu sparen, indem sie den Motor abschalten. Manche Fahrer fühlen sich verpflichtet, ihre Gegenwart beim Überholen von was auch immer durch Hupen (mancherorts verboten) zu dokumentieren – Ohrenstöpsel sind also zu empfehlen. Auch **Verpflegung** gehört ins Gepäck. Obwohl die Busse zu den Speisezeiten unterwegs an preiswerten Gästehäusern halten sollen, wurde mehrfach berichtet, dass zwei sich abwechselnde Fahrer gnadenlos 24 Stunden durchpreschten. Nur die besten Busse sind mit **Toiletten** ausgestattet. Auf Nachfrage der Passagiere halten die Fahrer alle paar Stunden an, doch die Toiletten der Gästehäuser sind in der Regel verdreckt und für westliche Besucher ungewöhnlich „gesellig“. Wegen häufiger Polizeikontrollen sind die Busse selten in überzogener Weise überfüllt.

Eisenbahn

Chinas erste Eisenbahntrassen wurden im 19. Jahrhundert gelegt, und die gegenwärtigen politischen Führer des Landes haben stark in das Netz investiert, da sie eine gesunde Infrastruktur im Transportwesen als unbedingte Voraussetzung für wirtschaftliches Wachstum erachten. Für die Jahre 2002 bis 2005 hat die Regierung mehr als 40 Milliarden Euro für den Ausbau des Eisenbahnnetzes bereitgestellt. Infolgedessen verbessern sich die Dienstleistungen beständig: Moderne Hochgeschwindigkeitszüge reduzieren die Reisezeiten auf den Hauptstrecken um 25%, und gegenwärtig werden neue Gleise mit einer Gesamtlänge von 7000 km verlegt. Chinas Eisenbahnnetz ist weitläufig und effizient; Züge sind deshalb die sichersten und verlässlichsten Verkehrsmittel, um das Land kennen zu lernen.

Der erste Schritt für die Nutzung der chinesischen Eisenbahn ist das Studium des **Fahrplans**. Gewöhnlich hängen Fahrpläne im Ticketbüro aus und sind in Läden in Bahnhofsnähe erhältlich. Sie sind schwer zu entziffern, denn man muss nicht nur die Schriftzeichen für Abfahrtsorte und Ziele erkennen und Zugnummern identifizieren, sondern auch Alternativen ausfindig machen, falls die erste Wahl bereits ausverkauft ist.

Auf den **Tickets**, die immer nur für einfache Fahrten ausgestellt werden, sind Reisedatum, Zielort, Zug- und Waggonnummer sowie Sitz- oder Liegeplatz verzeichnet. Die Fahrkarten werden fünf Tage im Voraus freigegeben. Da die Nachfrage oft das Angebot übersteigt, sind sorgfältige Reiseplanungen erforderlich, um im gewünschten Zeitrahmen weiterzukommen. Die bequemste Alternative der Ticketbeschaffung ist die Beauftragung eines Reisebüros (wie *CITS* oder Hotelreiseschalter), die jedoch eine Provision von ¥30 p.P. und mehr verlangen. In den Zentren vieler Städte existieren Vorverkaufsstellen, die jedoch zum Teil so versteckt sind, dass selbst Chinesen nicht über ihren Standort informiert sind. Sie sind allerdings die bessere Adresse, weil die Bahnhöfe oft weit vom Stadtzentrum entfernt sind. Sofern diese Verkaufsstellen der Eisenbahn selbst angehören, wird keine Provision fällig, private Betreiber stellen einen geringen Aufpreis in Rechnung. Die Ticketbüros der Bahnhöfe sind inzwischen mit Computern ausgestattet. Lange Schlangen bedeuten, dass man mindestens eine Stunde anstehen muss, doch letztendlich erhält man auch die gewünschte Fahrkarte. Dafür sind am Schalter unbedingt in aller Deutlichkeit der Zielort, das Reisedatum und die gewünschte Klasse anzugeben – besser noch lässt man sich dies alles aufschreiben, da das Personal außerhalb der Großstädte nicht unbedingt Englisch spricht. Sollten die Kontingente ausgeschöpft sein, kann man ein Ticket ohne Platzreservierung *(wuzuo)* erwerben, mit dem man zwar keinen Anspruch auf einen Sitzplatz hat, immerhin aber den Zug besteigen darf. Unter Umständen muss man die gesamte Reise stehend zurücklegen, bei frei werdenden Plätzen besteht die Möglichkeit, ein höherklassiges Ticket nachzukaufen.

Wer bereits im Besitz eines Tickets ist und seine Reise verschieben muss, bekommt in der Regel den größten Teil der Kosten erstattet, wenn er den Fahrschein mindestens zwei Stunden vor der planmäßigen Abfahrt im Ticketbüro zurückgibt. Wenn es einen speziellen Schalter für Rücknahmetickets *(tuipiao)* gibt, lohnt es sich, die dort Schlange ste-

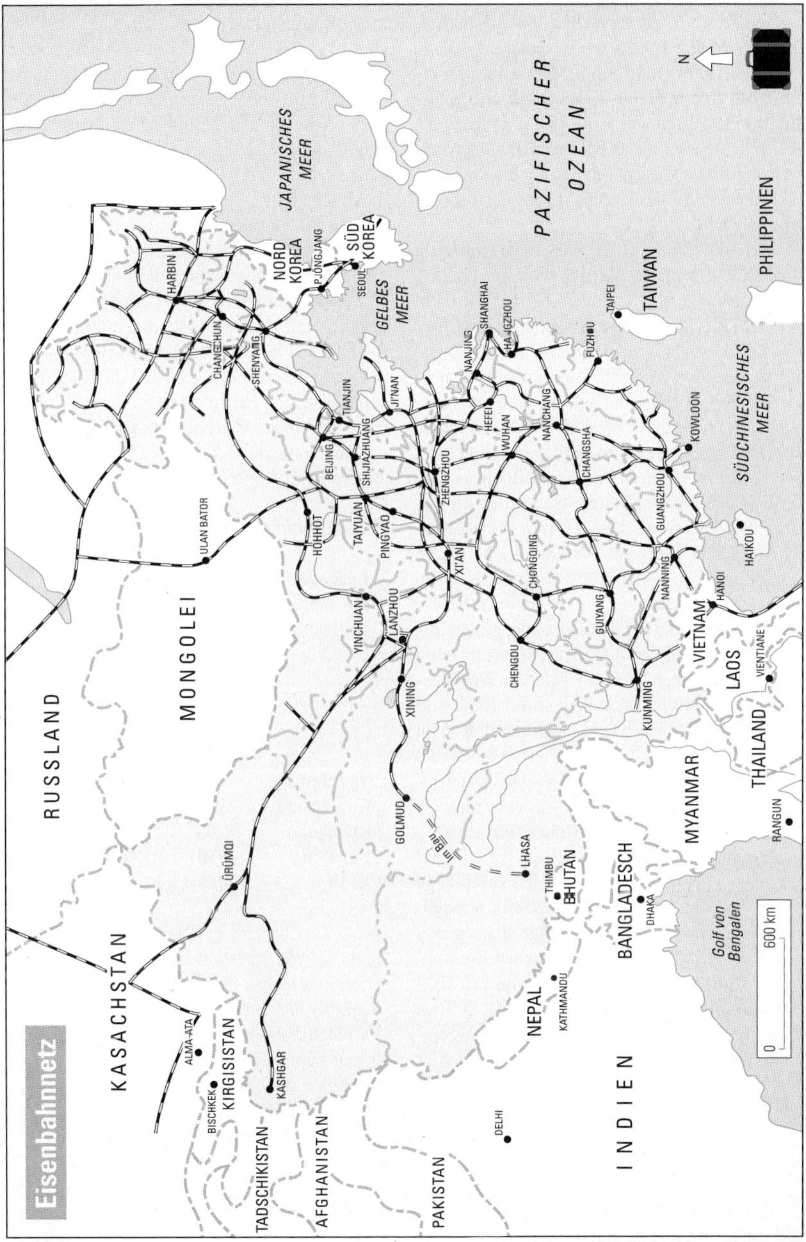
Eisenbahnnetz
RUSSLAND
MONGOLEI
KASACHSTAN
KIRGISISTAN
TADSCHIKISTAN
AFGHANISTAN
PAKISTAN
INDIEN
NEPAL
BHUTAN
BANGLADESCH
MYANMAR
THAILAND
LAOS
VIETNAM
NORD KOREA
SÜD KOREA
TAIWAN
PHILIPPINEN
JAPANISCHES MEER
GELBES MEER
PAZIFISCHER OZEAN
SÜDCHINESISCHES MEER
Golf von Bengalen
ULAN BATOR
ALMA-ATA
BISCHKEK
KASHGAR
ÜRÜMQI
GOLMUD
Im Bau
LHASA
THIMBU
KATHMANDU
DELHI
DHAKA
RANGUN
XINING
LANZHOU
YINCHUAN
HOHHOT
BEIJING
TIANJIN
SHIJIAZHUANG
TAIYUAN
PINGYAO
XI'AN
ZHENGZHOU
JI'NAN
HARBIN
CHANGCHUN
SHENYANG
PJÖNGJANG
SEOUL
NANJING
SHANGHAI
HANGZHOU
HEFEI
WUHAN
NANCHANG
FUZHOU
TAIPEI
CHANGSHA
GUANGZHOU
KOWLOON
HAIKOU
NANNING
HANOI
VIENTIANE
GUIYANG
CHONGQING
CHENGDU
KUNMING
N
0
600 km

henden Personen anzusprechen, um auf unbürokratischem Wege Fahrkarten zu verkaufen oder zu erwerben, wofür jedoch Chinesischkenntnisse erforderlich sind. Wer kein Ticket erhält, aber unbedingt weiterfahren will, kann sich notfalls an die Schlepper wenden, die an belebten Bahnhöfen umherlaufen. Es ist Vorsicht geboten vor fotokopierten Fahrscheinen, die das Eisenbahnpersonal nicht anerkennen wird.

Auch wer schon ein Ticket hat, sollte **frühzeitig** am Bahnhof sein. Das Gepäck wird am Eingang durchleuchtet, um gefährliche Gegenstände (zum Beispiel Feuerwerkskörper) ausfindig zu machen. Beamte können böse werden, wenn man die Prozedur zu umgehen versucht, obwohl meist niemand die Monitore überwacht. Filme gehören ins Handgepäck, um nicht durch veraltete Durchleuchtungsmaschinen geschwärzt zu werden. Anschließend gilt es, den richtigen Bahnsteig ausfindig zu machen. In den meisten Bahnhöfen werden die Abfahrten auf elektronischen Tafeln in chinesischen Schriftzeichen angezeigt; wer Zweifel hat, kann dem Bahnhofspersonal seinen Fahrschein zeigen und wird Hilfe erhalten. Da Passagiere erst bei der Ankunft des Zuges auf den Bahnsteig gehen dürfen, kann es zu wilden Rangeleien kommen, wenn sich die Tore öffnen. Wer sein Ticket im Zug hochstufen lassen möchte, muss sich unverzüglich zum Schaffnerschalter begeben, der sich gewöhnlich im Hartsitzbereich neben dem Speisewagen befindet (in der Regel Waggon Nr. 8, die Waggons sind außen mit Nummern versehen) – dort werden die frei gewordenen Liege-und Sitzplätze vergeben.

Es gibt drei verschiedene Zugtypen, die auf Fahrplänen kenntlich gemacht sind. **Expresszüge** haben das Kennzeichen T (für *tekuai),* **Schnellzüge** ein K (für *kuai),* **Normalzüge** *(putong che)* sind lediglich nummeriert und stellen die langsamste Option dar. T- und K-Züge erreichen 100–200 km/h. Sie sind sehr modern ausgestattet, Textmeldungen am Waggonende geben die Temperaturen, die nächsten Ankunftszeiten und die momentane Geschwindigkeit an. Auf einigen viel genutzten kurzen Express-Strecken (etwa Shenzhen–Guangzhou) werden doppelstöckige Waggons eingesetzt. Meist wird rigoros auf die Einhaltung von Nichtraucher-Vorschriften gepocht. Die nummerierten Normalzüge sind älteren Baujahrs und langsamer, weil sie unterwegs häufiger halten; in der Regel sind sie ordentlich gepflegt, und Rauchen ist in den Schlafabteilen nicht gestattet, was zu Ansammlungen in den Waggon-Zwischenräumen führen kann. Auf abgelegenen Trassen verkehren auch noch stampfende und schnaufende „Eisenrösser", die ihre letzten Schlaufen Richtung Schrotthaufen fahren. Typische Waggonmerkmale sind die durch Zigaretten längst vergilbten Innenräume und die mit Sonnenblumenkernen übersäten Linoleumböden. Die schnelleren Züge sind überall ein wenig teurer als die langsamen Alternativen.

Essen ist in Zügen immer erhältlich, doch die Speisen sind oft teuer und von minderwertiger Qualität. Mahlzeiten mit Reis und Beilagen werden in Polyester-Verpackungen durch die Waggons gekarrt, viele Züge haben einen Speisewagen unmittelbar neben den Weichbettenwaggons. Bei längeren Bahnhofsaufenthalten bieten Verkäufer Imbisse auf den Bahnsteigen an.

Eisenbahnklassen

Ausgewählte Zugtarife
Die hier genannten Fahrpreise gelten für einfache Strecken in Expresszügen.

	Hartsitzklasse	Hartbettenklasse	Weichbettenklasse
Von Beijing			
Guangzhou	¥225	¥615	¥840
Hongkong	¥240	¥660	¥1025
Shanghai	¥150	¥415	¥570
Xi'an	¥155	¥430	¥590

Chinas Züge haben vier Klassen. Die beste Kategorie ist die **Weichbettenklasse** *(ruanwo),* die nur geringfügig billiger ist als ein Inlandflug und überwiegend von Ausländern, Parteifunktionären und Geschäftsleuten genutzt wird. Diese Art zu reisen ist angenehm und komfortabel. In den meisten Bahnhöfen stehen ordentliche Wartesäle zur Verfügung, die Waggons sind mit vier Betten mit weicher Matratze, Ventilator, Radio und Toiletten westlichen sowie chinesischen Stils ausgestattet. Für lange Strecken lohnt sich die Investition, um stressfrei und ausgeruht am nächsten Zielort anzukommen.

Menschen und Waren unterwegs – Bahnhof Hangzhou

Die **Hartbettenklasse** *(yingwo)* kostet rund zwei Drittel der Weichbettenklasse und wird von der chinesischen Mittelschicht sowie preisbewussten Ausländern genutzt. Für sie sind aufgrund der großen Nachfrage Tickets am schwierigsten zu bekommen. Es ist keine schlechte Art zu reisen, doch musikalische Berieselung von morgens bis abends und erbarmungslose Fragen von Mitreisenden nach der eigenen Person und dem Besitzstand können erschöpfen. Die Waggons sind in 20 Abteile mit auf beiden Seiten dreistöckig übereinander gelagerten Pritschen unterteilt. Die untersten Pritschen sind am teuersten, doch da sie tagsüber als kollektive Sitzgelegenheiten genutzt werden, sind die höheren Ebenen durchaus zu empfehlen, um sich auch zwischendurch einmal auszustrecken. Die letzten Abteile befinden sich in unmittelbarer Nähe zu den Nachtlichtern und den Waggon-Zwischenräumen, in denen sich die Raucher versammeln. Jedes Sechs-Betten-Abteil wird mit einer Thermoskanne mit heißem Wasser versorgt, die man sich im hinteren Bereich jedes Waggons auffüllen lassen kann, um selbst mitgebrachten Tee oder Proviant (Nudeln, Fertigsuppen usw.) zuzubereiten. In jedem Waggon gibt es außerdem eine Toilette sowie einen Waschraum, die jedoch oft verschmutzt sind. Es empfiehlt sich, dem Beispiel der Einheimischen zu folgen und auf langen Reisen ein Handtuch im Gepäck mitzuführen. Zwar steht genügend Raum für die Gepäckunterbringung zur Verfügung, doch sollte man stets Sicherheitsvorkehrungen für die Zeiten, zu denen man schläft, treffen.

In beiden Liegeklassen erhalten Passagiere vom Personal beim Zusteigen einen Metallchip im Austausch gegen den Fahrschein. Ungefähr eine halbe Stunde vor dem Aussteigen (man wird geweckt, zu welcher Zeit auch immer) wird beides zurückgetauscht, denn in der Regel benötigt man am Zielort den Fahrschein, um den Bahnhof verlassen zu dürfen.

Das früher nur geringe Angebot an Plätzen in der **Weichsitzklasse** *(ruanzuo)* hat auf Strecken mit einer Reisedauer von bis zu einem Tag zugenommen. Die Preise entsprechen ungefähr denen der Expressbusse, die Sitze sind gut gepolstert und bieten viel Beinfreiheit. Die unter Chinesen gängigste Wahl aber ist die **Hartsitzklasse** *(yingzuo)*, die wirklich nur den Hartgesottensten für kürzeste Strecken empfohlen werden kann. Sitzplätze sind dort ungefähr halb so teuer wie in der Weichsitzklasse. Die üblichen Hartsitze haben die Form einer geringfügig gepolsterten Bank für drei eng nebeneinander sitzende Personen, doch modernere Waggons bieten inzwischen ein wenig mehr Bequemlichkeit. In älteren Zügen hängt dichter Zigarettenqualm in der Luft und jeder Quadratzentimeter Boden ist von Personen belegt, die keinen Sitzplatz mehr ergattern konnten ... wer ohne Platzreservierung einen Zug besteigt, findet sich unweigerlich hier wieder und wird als Ausländer im Mittelpunkt des Interesses stehen, denn die Bauern und Arbeiter, die sich keine bessere Klasse leisten können, schämen sich ihrer Neugierde nicht. Es gibt kaum eine Alternative, als sich darauf einzulassen, egal ob man Chinesisch spricht oder nicht. Wahrscheinlich spielt man irgendwann Karten, teilt Nahrungsmittel und trinkt etwas mit den Umsitzenden.

Flüge

Die chinesischen Fluggesellschaften verbinden alle bedeutenden chinesischen Städte miteinander. Zu den wichtigsten Gesellschaften gehören *Air China,* 💻 www.airchina.com.cn, *China Southern,* 💻 www.cs-air.com, und *China Eastern,* 💻 www.ce-air.com, die zusammen mit einigen kleineren Gesellschaften der Aufsicht von **CAAC** *(Civil Aviation Administration of China)* unterliegen. Angesichts der langen Strecken sind Flüge hervorragend. Die Preise liegen nur geringfügig über denen der Eisenbahn-Weichbettenklasse, die Reisezeiten sind natürlich wesentlich kürzer. Die Flugzeuge sind modern und gut gewartet, auch der Service kann sich sehen lassen; unterwegs werden alkoholfreie Getränke, Gebäck und Souvenirs ausgeteilt. Manchmal gibt es sogar eine Tombola.

Der **Ticketkauf** beim örtlichen *CAAC*-Büro, am Hotelschalter oder bei einem Reisebüro ist in der Regel unproblematisch. Auf den gängigen Strecken entspricht das Angebot an Sitzplätzen der Nachfrage. **Flugpläne** hängen in den Büros der Fluggesellschaften aus, doch landesweite Übersichten sind außerhalb der größeren Städte (dort in den *CAAC*-Büros erhältlich) nicht zu bekommen. Da **Flugpreise** auf der Berechnung für einfache Strecken basieren, werden für Hin- und Rückflüge doppelte Preise fällig. Die Preise sind je nach Fluggesellschaft unterschiedlich hoch, mitunter halten Reisebüros illegal preiswerte Kontingente bereit. Unterste Preisbeispiele ab Beijing: ¥690 nach Shanghai, ¥1055 nach Guangzhou, ¥1800 nach Hongkong.

Viele Fluggesellschaften stellen einen **Flughafenbus** zwischen Flughafen und Stadtbüro zur Verfügung. Da die Flughäfen oft 30 km oder noch weiter vom Stadtzentrum entfernt liegen, lohnt es sich, nach diesem Service zu fragen (etliche aktuelle Buslinien sind in diesem Buch genannt). **Meldezeit** für alle Flüge ist zwei Stunden vor Abflug, die inländische **Flughafensteuer** beträgt gegenwärtig ¥50, für internationale Flüge ¥90.

Fähren

Das Angebot an Fluss- und Seereisen geht zurück, weil Strecken mit Passagierfähren zunehmend durch neue und schnellere Straßen- und Eisenbahnverbindungen ersetzt werden. Eine der weltweit gefragtesten Flussreisen aber ist nach wie vor die Fahrt durch die spektakulären **Drei Schluchten des Yangzi**, der zwischen dem Hafen von Chongqing in Sichuan über Tausende Kilometer bis hinab zur Mündung in der Nähe von Shanghai beschiffbar ist. Die Schluchten werden nach Fertigstellung eines gigantischen neuen Staudamms an Reiz verlieren. Vor allem in ländlichen Gebieten verkehren auf kürzeren Distanzen noch Fähren, die man nutzen sollte – sie werden in wenigen Jahren nicht mehr existieren. Auf Meeresstraßen verkehren noch Schiffe zwischen Hongkong und Xiamen in der Provinz Fujian.

Die Zustände an Bord sind gemessen an den Schiffskategorien sehr unterschiedlich. Bei Fahrten mit Übernachtungen gibt es unterschiedliche **Klassen** (bis hin zu sechs), die von Bambusmatten auf dem Fußboden bis hin zu luxuriösen Privatkabinen reichen. Die Erwartungen sollten generell nicht zu hoch gesteckt werden, denn chinesische Schiffe sind oft überfüllt und selbst in der 1. Klasse nicht unbedingt komfortabel. Auch die Verpflegungslage und der Zustand der Toiletten können sehr bescheiden sein.

Auto

Mit dem Auto durch China zu fahren, ist eine verlockende Vorstellung, die für Ausländer allerdings gegenwärtig noch nicht realisierbar ist. Doch die mit zunehmender Häufigkeit an den Schnellstraßen erscheinenden zweisprachigen Straßenschilder legen die Vermutung nahe, dass Pläne für die Freigabe chinesischer Straßen auch für Ausländer in der Schublade liegen. In Beijing und Shanghai stehen an den Flughäfen bereits **Leihwagen** für die Nutzung vor Ort zur Verfügung. Vorzulegen sind ein internationaler Führerschein sowie eine Kreditkarte für die Begleichung der Kosten. Leihwagen fallen der Polizei überall durch ihre speziellen Nummernschilder auf, deshalb sollte man die vorgeschriebenen Geschwindigkeiten tunlichst nicht überschreiten. Die Kosten für Leihwagen belaufen sich durchschnittlich auf ¥300 pro Tag plus Benzin.

In China gilt **Rechtsverkehr**, doch in der Praxis nutzen die Autofahrer alle Spuren und bezeugen auch wenig Respekt vor roten Ampeln. Hupen werden häufiger als Bremsen eingesetzt, Lastwagen und Busse setzen ihre Größe skrupellos ein, um kleinere Fahrzeuge zur Seite zu scheuchen. In Hongkong sind Leihwagen problemlos zu mieten. **Hongkong** hat als britische Hinterlassenschaft Linksverkehr, doch angesichts des begrenzten Gebietes und des effizienten öffentlichen Nahverkehrs sind Leihwagen nicht unbedingt erforderlich.

In den meisten Regionen gibt es keine anderen Alternativen als ein **Taxi**, einen **Minibus** oder einen **Jeep mit Fahrer** anzumieten. Die verhandelbaren Preise belaufen sich durchschnittlich auf ¥400 pro Tag, dazu kommen die Kosten für das Mittagessen des Fahrers. Die billigsten Alternativen ergeben sich durch persönliche Kontakte. Wer nicht Chinesisch spricht, erhält sicher Hilfestellung in der Unterkunft. Auch Reisebüros verleihen Fahrzeuge oder vermitteln diese – mitunter stellen sie sogar einen Dolmetscher.

Fahrrad

China verzeichnet weltweit die höchste Anzahl Fahrräder pro Kopf: Fast jeder vierte Chinese besitzt ein Fahrrad, immer mehr können sich ein Moped leisten. Die meisten Städte sind eben und haben Straßen mit separaten Fahrradspuren, doch das steigende Verkehrsaufkommen in Beijing oder Guangzhou macht das Radfahren gefährlich.

Fahrradverleiher gibt es in der Regel in der Nähe der Bahnhöfe, die täglichen Leihgebühren betragen ¥5–10. Es sind eine Kaution in Höhe von ¥200–400 sowie ein Ausweis zu hinterlegen, und da man für die Zeit der Ausleihe für alle Fährnisse, die dem Fahrrad begegnen könnten, verantwortlich ist, sollte man bei der Übernahme genauestens die Bremsen, den Luftdruck und die Gangschaltung überprüfen. Die meisten Mietfahrräder gehören der Kategorie „schwarze Klapperkästen" an. Nur wenige Deluxe-Modelle sind mit funktionierenden Klingeln und Bremsen ausgestattet. An jeder Ecke stößt man auf Reparaturwerkstätten, die Reifen flicken und Ketten neu aufsetzen (für jeweils rund ¥5).

Da das private Versicherungssystem in China noch in den Kinderschuhen steckt, müssen die betroffenen Parteien bei ernsteren Schäden eine Regelung untereinander treffen. Gegen Diebstähle gibt es Fahrradschlösser oder -ketten. In vielen Städten kann man sein Vehikel für wenige *Mao* auf markierten und bewachten Stellflächen parken.

Eine Alternative zur Anmietung ist der **Kauf** eines Fahrrads. Dies ist sehr zu empfehlen, wenn man längere Zeit an einem Ort verbringt. Ausländer benötigen dafür keine Genehmigung und finden Angebote in den Kaufhäusern ab ¥500. Aufgrund der ständigen hohen Nachfrage bereitet der Weiterverkauf keine Probleme. Zu den billigsten Fahrrädern gehören robuste, schwere und schnörkellose Produkte der berühmten Marke *Flying Pigeon,* immer stärker kommen auch Räder mit Gangschaltung in Mode, die nicht immer so widerstandsfähig sind, wie sie auf den ersten Blick erscheinen.

Auch das **eigene Fahrrad** kann man nach China mitnehmen. Die internationalen Fluggesellschaften bestehen gewöhnlich darauf, dass das Vorderrad abmontiert und am Hinterrad befestigt sowie die Luft aus den Reifen gelassen wird. Alles muss bestens befestigt sein. Innerhalb von China stellen Fluggesellschaften, Züge und Fähren die Beförderung von Fahrrädern in Rechnung, was zum Teil mit immensem Papierkram verbunden ist. Hingegen verladen Überlandbusse das Fahrrad ohne viel Fragerei auf dem Dach, ohne dafür Gebühren zu erheben.

Angeboten werden auch spezielle **Fahrradtouren**, die keinesfalls billig sind, dafür aber eine exzellente Art darstellen, China langsam und sorgfältig kennen zu lernen.

Trampen

Trampen ist in China durchaus erlaubt und bietet in abgelegenen Gebieten sogar die beste Möglichkeit, Sehenswürdigkeiten zu erreichen. In der Regel fordern die Fahrer den aktuellen Busfahrpreis ein; es gab auch Fälle, in denen sie unterwegs mit der Androhung, die Tramper auf freier Strecke abzusetzen, zusätzliche Gebühren verlangten. Angesichts der grundsätzlich mit dem Trampen verbundenen Gefahren und des stetig verbesserten öffentlichen Verkehrssystems kann diese Art des Reisens nicht empfohlen werden.

Wer dennoch trampen muss, sollte nicht allein unterwegs sein. Die besten Standpunkte sind die Stadtbereiche und vor allem die Ausgangsstraßen der Städte. In China winkt man nicht mit hochgerecktem Daumen, sondern mit nach unten gerichteter Handfläche. Der Fahrpreis muss dann ausgehandelt werden, hilfreich ist auch ein Zettel mit dem gewünschten Ziel in chinesischen Schriftzeichen.

Nahverkehrsmittel

Die meisten chinesischen Städte dehnen sich über Entfernungen aus, die selbst zäheste Spaziergänger nicht bewältigen können. Überall aber gibt es gut funktionierende öffentliche Transportsysteme. Hongkong, Beijing, Guangzhou und Shanghai verfügen über ein effizientes **U-Bahn-Netz**, in anderen Städten verkehren **Stadtbusse**. Die Nahverkehrsmittel sind preiswert und fahren von 6–21 Uhr, sie sind allerdings langsam und oft überfüllt (ausgenommen Hongkong). Häufig bedienen teurere, dafür schnellere **private Minibusse** dieselben Strecken – sie sind entweder nummeriert oder schreiben das Ziel an der Frontscheibe an.

Wer es eilig hat oder sich nicht gut auskennt, findet in größeren Städten bzw. in der Nähe von Transitstationen oder Unterkünften in der Regel leicht ein **Taxi**. Diese sind preiswert, vor allem wenn sich mehrere Reisende zusammenschließen. Für eine Grundstrecke werden zunächst ¥5–10 berechnet, anschließend pro Kilometer ¥1–3. In kleineren Städten verkehren auch **Motor**- oder **Fahrradrikschas**, die meistens vor den Bahnhöfen oder Busbahnhöfen warten. Die bei Anfragen von Ausländern oft sprunghaft ansteigenden Preise müssen vor dem Zusteigen unbedingt ausgehandelt werden.

Drängeln erlaubt

Öffnungszeiten, Feste und Feiertage

Die meisten **Büros** – Fluggesellschaften, Reisebüros usw. – öffnen und schließen relativ früh und legen eine lange Mittagspause ein. In den meisten Dienststellen sind Angestellte von 8–11.30 und 13.30–16.30 Uhr anzutreffen. Samstags ist oft halbtags geöffnet. Es ist schwierig, allgemeingültige Aussagen zu treffen, zumal auch der Sonntag nicht den westlichen Stellenwert eines allgemeinen Ruhetages hat. Post- und Telefonstellen sind täglich geöffnet, mitunter bis spätabends oder sogar rund um die Uhr. Auch fast alle **Geschäfte** haben (besonders in größeren Städten) täglich bis in die späten Abendstunden geöffnet. **Banken** haben sonntags oder auch das gesamte Wochenende geschlossen – jedoch gibt es Ausnahmen.

Touristische **Sehenswürdigkeiten** wie Parks, Pagoden und Tempel haben gewöhnlich täglich von 8–17 Uhr durchgehend geöffnet. Die meisten Parks öffnen sogar bereits um 6 Uhr die Pforten, da zahlreiche Chinesen zu dieser frühen Stunde Schattenboxen (Taijiquan) praktizieren oder westliche Tänze üben. Viele Museen haben kürzere Öffnungszeiten, Mittagspausen und einen Ruhetag (meistens montags oder dienstags). Kein Grund zur Verzweiflung besteht an entfernt gelegenen geschlossenen Stätten: Durch Anklopfen oder Nachfragen lässt sich fast immer ein verschlafener Pförtner auftreiben, der nach ein wenig Überzeugungsarbeit aufschließt. Andererseits können Stätten, die man für selbstverständlich geöffnet hält, vorübergehend geschlossen sein.

Nach Gründung der Volksrepublik China im Jahre 1949 wurden verschiedene **weltliche Feiertage** eingeführt, an denen alle öffentlichen Dienststellen geschlossen sind.

Zu den wichtigsten Feiertagen gehören der 1. Januar (Internationales Neujahr), der 1. Mai (Tag der Arbeit) und der 1. Oktober (Nationalfeiertag zur Gründung der Volksrepublik). Rund um die beiden letztgenannten Daten nehmen sich Millionen Menschen eine Woche lang Urlaub, sodass Verkehrsmittel ausgebucht und Sehenswürdigkeiten überlaufen sind. Andere nationale Feiertage (an denen jedoch viele Geschäfte und Dienststellen geöffnet haben) sind der 8. März (Internationaler Frauentag), der 4. Mai (Gedenktag an die Demonstration im Jahre 1919), der 1. Juni (Kindertag), der 1. Juli (Gründungstag der Kommunistischen Partei Chinas) und der 1. August (Tag der Armee) – an diesen Festtagen veranstalten die betreffenden Personenkreise Prozessionen und Feierlichkeiten.

Einziges traditionelles Fest, das gleichzeitig den Rang eines amtlichen Feiertages hat, ist das **chinesische Neujahr** oder Frühlingsfest, zu dem fast alle Geschäfte und Büros mindestens drei Tage lang geschlossen sind und der Großteil der Bevölkerung nicht arbeitet, da Familienbesuche anstehen. Viele Dienststellen und Banken haben bis zum Ende der Festperiode (elf weitere Tage) eingeschränkte Öffnungszeiten.

Andere traditionelle Feste, die sich nach dem Mondkalender ausrichten (beispielsweise der „Totensonntag" Qingming Jie am dritten Tag des dritten Mondes oder das Mittherbstfest am 15. Tag des achten Mondes), sind zwar keine amtlichen Feiertage, doch viele öffentliche Stellen sind an diesen Tagen nur eingeschränkt geöffnet.

Die meisten Feste richten sich nach dem chinesischen **Mondkalender**, nach dem das erste erneute Erscheinen der schmalsten Mondsichel den ersten Monatstag kennzeichnet, sodass der Vollmond in der Monatsmitte liegt. Nach unserem gregorianischen Kalender sind die chinesischen Feste deshalb beweglich. Die meisten Feste liegen um die Wende von Jahreszeiten oder Glück verheißende Daten wie den achten Tag des achten Monats (die Acht gilt in China als Glückszahl), und sie sind Zeiten der Geschenke, Familienzusammenkünfte und Schwelgereien. Laternen brennen überall, doch Feuerwerkskörper knallen nur noch auf dem Lande, da sie in den Städten nicht mehr abgebrannt werden dürfen. An Festtagen lohnen sich Tempelbesuche. Dort machen zahllose Gläubige ihre Aufwartung, um Weihrauch zu entzünden, einen *kotau* vor Altären zu leisten, Weissagungen zu erhalten oder nach Glück heischende Rituale (wie etwa Münzen auf Tempelglocken werfen) zu vollziehen.

Abgesehen von den im Folgenden aufgelisteten Festen, feiern auch **ethnische Minderheiten** bestimmte Anlässe. Darauf wird in den jeweiligen Regionalkapiteln hingewiesen. Sämtliche chinesische Feste und Feiertage gelten auch für Hongkong.

Feste und Feiertage

Januar/Februar – Frühlingsfest in den ersten beiden Wochen des neuen Mondjahres.

Februar – Tiancang-Fest. Am 20. Tag des ersten Mondes nach dem Mondkalender feiern die chinesischen Bauern das Kornkammer-Füllfest als Bitte um eine gute Ernte.

März – Geburtstag Chinas beliebtester Göttin, Guanyin, der Göttin der Barmherzigkeit. Am 19. Tag des zweiten Mondes herrscht zu diesem Anlass ein farbenprächtiges Treiben in taoistischen Tempeln.

5. April – Qingming Jie. An diesem Tag der Grabreinigung besuchen Chinesen die Gräber ihrer Vorfahren und verbrennen zu deren Ehren symbolisches Totengeld.

4. Mai – Tag der Jugend. Gedenktag an die Demonstration im Jahre 1919. Erinnert an die Studentendemonstrationen auf Beijings Platz des Himmlischen Friedens im Jahre 1919, welche die nationalistisch orientierte Vierte-Mai-Bewegung lostraten. Das Fest wird in vielen Städten mit Blumenausstellungen begangen.

1. Juni – Kindertag. Allgemeiner Ausflugstag für Schulklassen. Die Sehenswürdigkeiten sind übersät mit Kindern mit gelben Baseballmützen.

Juni/Juli – Drachenbootfest. Am fünften Tag des fünften Mondes finden Drachenbootrennen zum Gedenken an den Poeten Qu Yuan statt, der im Jahre 280 v. Chr. Selbstmord durch Ertränken beging. Zu den berühmtesten Ausrichtungsorten dieses Festes gehört u.a. Hongkong. Traditionell werden zu diesem Fest in Lotusblätter gehüllte Klebreisklößchen *(zongzi)* gegessen.

Frühlingsfest Dieses Fest dauert zwei Wochen und markiert den Beginn eines neuen Jahres nach dem Mondkalender. In der chinesischen Astrologie (s.S. 125f.) ist jedes Jahr in zwölfjährig wiederholender Wiederkehr mit einem bestimmten Tier verknüpft und der Übergang zu einer neuen Phase stellt ein wichtiges Ereignis dar. Das genaue Datum des **chinesischen Neujahrs** lässt sich in unserem gregorianischen Kalender nicht festlegen, doch es fällt jeweils in den Zeitraum von Ende Januar bis Anfang Februar. Schon die Tage vor dem Fest sind von freudiger Anspannung gekennzeichnet: China trägt sein farbenfrohstes Gewand. Geschäfte und Privathäuser sind mit Glückssymbolen geschmückt, Läden und Verkaufsstände bieten symbolisches Papiergeld, Trommeln und Kostüme an. Die Festtage sind keine günstige Reisezeit, denn viele Einrichtungen sind geschlossen, und da fast die gesamte Bevölkerung unterwegs ist, sind Plätze in Transportmitteln knapp und äußerst beengt.

Am ersten Festtag treffen sich die Familien zu einem gemeinsamen *jiaozi*-Essen. In manchen dieser „Maultaschen" können Münzen verborgen sein. Die Menschen tragen rote Kleidung, da die Farbe Rot ein Symbol für Glück ist – vor allem dann, wenn das Tier des eigenen Geburtsjahres nach zwölf Jahren wieder erscheint und einen neuen Lebenszyklus einleitet. Mittelpunkt des Festessens ist ein großer Fisch, denn das Schriftzeichen für „Fisch" wird genauso ausgesprochen wie das Zeichen für „Überfluss". In ländlichen Gebieten werden Knallkörper abgebrannt, um böse Geister zu vertreiben, und am fünften Tag erfolgen Huldigungen an **Cai Shen**, den Gott des Reichtums. In den Städten, wo das private Abbrennen von Feuerwerkskörpern verboten ist, bieten Kleinunternehmer Tonkassetten mit Explosionsgeräuschen von Feuerwerken an. Eine weitere Art, Dämonen zu bannen, ist, Bilder von grimmigen Wächtern an den Hausschwellen anzubringen. Zu den öffentlichen Neujahrsfeiern gehören **Tempelfeste**, bei denen Akrobaten und Trommler auftreten und dichte Weihrauchschwaden das Blickfeld einschränken, denn so huldigen Chinesen ihren Göttern oder Ahnen. Nach zwei Wochen enden die Feierlichkeiten mit dem **Laternenfest**, zu dem alle Straßenzüge mit bunten Papierlaternen geschmückt werden – eine Tradition, die auf die frühe Han-Dynastie zurückgeht. Vielerorts werden ergänzende Blumenfeste gefeiert, auf den Straßen sind Prozessionen mit Papierdrachen und Fabeltierkostümen unterwegs, und die Menschen teilen sich kleine Imbisse aus süßem Klebreis und Bohnenpaste *(tang yuanr)*.

August/September – Fest der hungrigen Geister, eine Art chinesisches Äquivalent zu Halloween. Zu dieser Zeit sollen Höllengeister auf Erden unterwegs sein. Das Fest wird mehr beachtet als gefeiert: Es gilt als ungeeignete Zeit für Reisen, Umzüge oder Hochzeiten.
September/Oktober – Mittherbstfest (auch Mondkuchenfest). Am 15. Tag des achten Mondes kommen chinesische Familien zusammen, um Laternen anzuzünden, Feuerwerkskörper abzubrennen, Mondkuchen zu essen und reichlich *Maotai* zu trinken.
September/Oktober – Doppel-Neun-Fest. Da die Zahl Neun in fester Beziehung zur männlichen Energie *Yang* steht, werden am neunten Tag des neunten Monats Eigenschaften wie Durchsetzungskraft und Stärke gefeiert. Der Tag gilt als bestens geeignet für das Brennen und den Genuss von Schnaps.
28. September – Geburtstag des Konfuzius. Zeremonien in allen Konfuzius-Tempeln des Landes, besonders farbenprächtig in dessen Geburtsstadt Qufu (s.S. 285).
1. Oktober – Nationalfeiertag. Allgemeine Arbeitsruhe zum Gedenken an den Gründungstag der Volksrepublik China. Noch entsetzlichere Fernsehprogrammgestaltung als sonst, weil auf allen Kanälen die Leistungen der Partei gepriesen werden.
25. Dezember – Weihnachten. Wird nur von gläubigen Christen als religiöser Feiertag begangen und ist für alle anderen lediglich ein Vorwand, um Feste und Partys zu feiern.

Medien

Die chinesische **Nachrichtenagentur** *Xinhua,* eine nationale Organisation mit Büros in sämtlichen Provinzen, besitzt als Sprachrohr des Staates das Monopol für inländische Nachrichten. Die propagandistische Berichterstattung ist in der einzigen englischsprachigen **Tageszeitung** *China Daily* nachzulesen, die außerhalb von Beijing nicht leicht und oft erst viele Tage verspätet erhältlich ist. Einzusehen ist sie jedoch online unter 🖳 www.chinadaily.com.cn. Die in schwülstiger Prosa verfassten Berichte über unbändige Wirtschaftserfolge ermüden, recht informativ sind allerdings die Übersichten über aktuelle Anlässe und Adressen in Beijing sowie die unpolemischen Artikel über chinesische Kultur. Englischsprachige Magazine wie *Beijing Review* (auch als *Beijing Rundschau* in Deutsch erhältlich) oder *Business Beijing* sind aufpolierte Propaganda-Organe und außerhalb der Hauptstadt ebenfalls kaum zu bekommen. Abgedruckt werden Artikel über aktuelle Investitionen, die neuesten Staatserfolge, aber auch über interessante touristische Stätten.

Wesentlich interessanter sind die kostenlosen **Magazine für Ausländer**, die in Hotels und Bars von Beijing, Shanghai und Guangzhou ausliegen. Sie listen lokale Anlässe und Treffpunkte auf und enthalten qualifizierte Artikel und Dokumentationen. Obwohl die Behörden ein kritisches Auge auf diese Publikationen werfen, zeigt deren Berichterstattung oft recht zuverlässig den aktuellen politischen Wind an. In den Großstädten sind zuweilen unzensierte Exemplare importierter Publikationen wie *Times, Newsweek* und *Far Eastern Economic Review* erhältlich (vornehmlich in den staatlichen *Freundschaftsläden* oder großen Touristenhotels). Unter 🖳 www.press-guide.com/china.htm findet man eine Liste deutschsprachiger Zeitungen in China, die man zum Teil auch online lesen kann, zum Beispiel die *China Nachrichten* der Österreichischen Außenhandelsstelle Beijing, 🖳 www.wko.at/aw, oder *China heute,* 🖳 www.chinatoday.com.cn.

Die wichtigste chinesische Tageszeitung *Renmin Ribao* (Volkszeitung) ist online in einer englischen Fassung unter 🖳 www.english.peopledaily.com.cn einzusehen. Die festländische chinesische Presse unterliegt einer rigorosen **Zensur**, doch mitunter übersieht die Partei auch eine offenere Berichterstattung. 2001 enthüllte die Presse einen Skandal über Blutkonserven, die ganze Dörfer mit Aids überschwemmten, 2002 brachten Journalisten die erbärmlichen Arbeitsbedingungen der Bergwerksarbeiter und die Überbesteuerung von Bauern in den Blickpunkt der Öffentlichkeit. Nur mutige Herausgeber drucken solche Berichte ab.

In **Hongkong** existieren mehrere englischsprachige Tageszeitungen und Zeitschriften, zu denen *South China Morning Post, Hong Kong Standard, Eastern Express* und *Far Eastern Economic Review* gehören. Auch einige asiatische Ausgaben internationaler Publikationen erscheinen in Hongkong, darunter *Times*, *Newsweek*, *Asian Wall Street Journal* und *USA Today*. Obwohl diese Organe Beijings Politik zum Teil recht kritisch beleuchten, sind sie auch nach der Unterstellung Hongkongs unter chinesische Kontrolle bislang unangetastet geblieben.

Es gibt inzwischen etliche chinesische **Fernsehsender**, doch man muss sich schon gehörig langweilen, um sich von ihnen unterhalten zu lassen. Häufig werden nationale Reise- und Naturberichte gezeigt oder stehen extravagante Gesangs- und Tanzsendungen im Mittelpunkt, bei denen Tänzerinnen und Tänzer in fetischistisch anmutenden Armeeuniformen unter den Augen starr dreinblickender Parteifunktionäre auftreten. Populär sind Seifenopern und historische Dramen, in denen mitunter auch Ausländer Rollen übernehmen. Gerne gesendet werden 20 Jahre alte amerikanische Thriller und Kriegsfilme.

Chinesische Kriegsfilme, in denen die Japaner vernichtend geschlagen werden, haben zumindest den Vorteil, dass man nicht die Sprache verstehen muss, um zu begreifen, um was es geht. Dasselbe gilt für *Dating-Shows*, in denen männliche Kandidaten stolz mit ihren Abschlüssen und ihrer Körpergröße protzen, um potenzielle Partnerinnen zu beeindrucken.

Der staatliche Sender *CCTV* betreibt die beiden englischsprachigen Kanäle 4 und 9, die jedoch nicht besonders interessant sind.

In teuren Hotels sind englischsprachige Satellitensender zu empfangen, und auch die **Deutsche Welle** sendet Programme in wechselnder Abfolge auf Englisch und Deutsch. Die aktuellen Frequenzen sind erhältlich bei der *Deutschen Welle,* Abt. Ausstrahlungsmanagement, 50588 Köln, ✆ 0221/3893208, 📠 3893220, ✉ tb@dw-world.de, 💻 www.dw-world.de. Die *Deutsche Welle* strahlt ihr 24-stündiges Fernsehprogramm *DW TV* sowie verschiedene Hörfunkprogramme über den Satelliten AsiaSat 2 aus. Einige internationale Hotels speisen das Programm in das hoteleigene Netz ein. Zu jeder vollen Stunde wird ein halbstündiges Nachrichtenjournal ausgestrahlt.

Das **Radio** bringt die neuesten Schnulzen aus Taiwan oder Hongkong, auch chinesische Versionen westlicher Popsongs. Mit einem Kurzwellenradio sind womöglich Nachrichten aus der Heimat zu empfangen.

Post und Telekommunikation

Chinas Kommunikationswesen hat sich in den vergangenen Jahren rapide verbessert und erlebt auch in diesen Tagen eine weitere rasche Modernisierung. Der Zugang zum Internet ist billig und immer leichter verfügbar, die Kosten für internationale Telefongespräche halten sich im Rahmen, und selbst Telefon- und Faxverbindungen aus abgelegenen Orten erreichen problemlos das Ausland. Inlandsgespräche funktionieren reibungslos und schnell. Landesweit ist auch der internationale Postverkehr verlässlich.

Post

Das chinesische Postwesen funktioniert insgesamt schnell und zuverlässig. Innerhalb von Städten kommen **Briefe** teils noch am selben Tag an, zwischen den Großstädten des Landes sind sie selten länger als zwei bis drei Tage unterwegs. Ausländische Empfänger in exotischen Gebieten müssen sich teils einige Wochen gedulden, doch die Post trifft in aller Regel verlässlich ein. Die Postgebühren nach Übersee sind in jüngster Zeit gestiegen: Zum Zeitpunkt der Drucklegung kosteten die Beförderung von Postkarten nach Europa ¥4,20 und von Standardbriefen ¥5,40 oder je nach Gewicht mehr. Wie auch in anderen Ländern sollte man zumindest in abgelegenen Landesteilen das Abstempeln der Briefmarken überwachen um sicherzugehen, dass sie nicht abgelöst und nochmals verkauft werden.

Ein *Express Mail Service (EMS)* für die meisten ausländischen Staaten und nahezu alle chinesischen Ziele steht zur Verfügung; er gewährleistet die schnellere Beförderung eingeschriebener Briefe und Pakete.

Die **Hauptpostämter** der Großstädte sind sieben Tage die Woche von 8–20 Uhr geöffnet. Kleinere Ämter schließen zur Mittagszeit, abends zu früherer Stunde und sind meist auch an Wochenenden geschlossen.

Abgabestellen für Briefe sind nicht nur die Postämter, sondern auch **grüne Briefkästen** (die jedoch außerhalb der Großstädte relativ selten anzutreffen sind) sowie die Rezeptionsschalter der Touristenhotels. Oft sind Umschläge nur schwer zu bekommen – die besten Chancen bestehen in den Schreibwarenabteilungen der Kaufhäuser.

Pakete sollten zunächst unverschlossen zum nächsten Hauptpostamt gebracht werden, wo Personal für nur wenige Yuan beim korrekten Verpacken behilflich ist. Verschlossene Pakete könnten hingegen geöffnet werden, um Inhalt und korrekte Verpackungsweise zu kontrollieren. Die Postämter halten verschiedene Paketgrößen bereit oder nähen die zu versendenden Gegenstände in kissenförmige Leinensäcke ein. Nach der Verpackung, jedoch vor dem Verschließen, muss die Sendung am Zollfenster des Postamtes kontrolliert werden. In manchen Landesteilen (besonders im Süden) gibt es in der Nähe der Postämter besondere Dienstgebäude für die Paketabfertigung. Ein 1-kg-Paket nach Europa kostet als Normalsendung rund ¥70, als Luftpostsendung etwa ¥120. Auch die Paketpost ist verlässlich, nur sind etliche Vordrucke auszufüllen, die in Chinesisch und Französisch (internationale Postsprache) beschriftet sind. Bei der Versendung wertvoller Gegenstände empfiehlt es sich, eine Fotokopie der Rechnung beizulegen, da unterwegs Zollinspektionen erfolgen könnten.

Jede Stadt hat einen **Poste-Restante-Service**. Bei der Abholung von Postsendungen, die bis zu mehrere Monate lang gelagert werden, ist eine nominelle Gebühr zu entrichten und mitunter ein Ausweis vorzulegen. Da eintreffende ausländische Postsendungen von den zuständigen Beamten zum Teil unter äußerst unerwarteten Stichwörtern abgelegt werden, sollten auf den Briefen der Name des Empfängers deutlich oben stehen und der Familienname unterstrichen werden. Doch selbst dann empfiehlt es sich, sämtliche Schubfächer durchzustöbern. Alle Sendungen müssen den Empfängernamen in Verbindung mit den Zusätzen: c/o Poste Restante, GPO, Stadt xy und Provinz xy tragen. Es ist möglich, gegen Kauf von Briefmarken Nachrichten für andere Personen in der Poste-Restante-Box zu hinterlassen.

Telefon

Ortsgespräche im Festnetz sind meist kostenlos, und Ferngespräche innerhalb von China relativ preiswert. Natürlich gelten auch für chinesische Städte und Orte eigene Vorwahlnummern, die in diesem Buch durchweg genannt sind. Internationale Telefongespräche kosten mindestens ¥16 pro Minute. Die Büros der staatlichen Gesellschaft *China Telecom,* die im Allgemeinen den Hauptpostämtern angeschlossen sind und rund um die Uhr geöffnet haben, vermitteln internationale Telefongespräche. Nachdem Benutzer eine Kaution von ¥200 entrichtet haben, wird ihnen eine Kabine zugewiesen. Nach dem Gespräch erfolgt die Abrechnung automatisch am Schalter. Es wird eine minimale Gesprächszeit von drei Minuten zugrunde gelegt (Anrufe nach Hongkong etwa kosten ¥5). Privat angebotene Telefoneinrichtungen an den Straßen, die gewöhnlich mit der Aufschrift *IDD* werben, gestatten direkte internationale Durchwahlgespräche, die minutenweise abgerechnet werden (vorher informieren).

Auch aus den Zimmern der Touristenhotels ist in der Regel eine direkte Durchwahl ins Ausland möglich, für die allerdings wie überall höhere Gebühren zu entrichten sind. Die Minimalgebühr basiert auf Einheiten zwischen einer Minute und drei Minuten und wird selbst dann erhoben, wenn der Anruf nicht entgegengenommen wird. Idealerweise lässt man sich von zu Hause zurückrufen – Webseiten wie 💻 www.billiger-telefonieren.de listen die aktuell günstigsten Netzanbieter für internationale Gespräche, über die man nach China schon ab etwa 0,08 €/Minute telefonieren kann. Die Geschäftszentren der meisten großen Hotels bieten Telefon-, Fax-, Internet- und Telexdienste, ziehen Fotokopien und leisten Schreibdienste; auch auswärtigen Gästen stehen diese Dienststellen offen, die Kosten aber sind erheblich. Hotels berechnen für Gäste auch Gebühren für eintreffende Faxsendungen (rund ¥10 pro Seite).

Kartentelefone stehen in fast allen größeren Städten zur Verfügung. Sie bieten die günstigsten Varianten für nationale Ferngespräche (¥0,20 für drei Minuten) und können auch für internationale Anrufe genutzt werden (generell mehr als ¥10 für drei Minuten). Nach 18 Uhr und an Wochenenden sind Gespräche um 50% billiger. Die Verbindung bricht ab, sobald der noch vorhandene Restwert auf der Karte die für die Folgeminute erforderliche Summe unterschreitet.

Eine weitere Alternative bieten **IP-Karten** (Internet Phone), die an allen Telefonen benutzt werden können und in Einheiten im Wert von ¥100 erhältlich sind. Einzugeben sind die Benutzernummer, dann ein PIN-Code und schließlich die gewünschte Rufnummer. Die Gebühren nach Europa betragen zum Teil nur ¥3,20 pro Minute.

Zeit zur Muße

Anrufe aus dem Ausland nach China
Bei Auslandsanrufen nach China ist von Deutschland, Österreich und der Schweiz aus der internationale Zugangscode ✆ 00 zu wählen, gefolgt von der Landesziffer 86, der Städtevorwahl ohne die 0 und der eigentlichen Rufnummer. Für Hongkong lautet die Landesziffer ✆ 852, für Macau ✆ 853.

Anrufe aus China ins Ausland
Bei Auslandsanrufen aus China ist der internationale Zugangscode ✆ 00 bzw. 001 aus Hongkong zu wählen, gefolgt von der jeweiligen Landesziffer, der Städtevorwahl ohne die 0 und der eigentlichen Rufnummer.
Landesziffern ✆: Deutschland 49, Österreich 43, Schweiz 41.

Mobiltelefone

Unter Umständen ist das eigene Mobiltelefon mit dem chinesischen Netzwerk kompatibel (auf GSM/Triband achten). Wer sein Mobiltelefon mitnehmen möchte, sollte sich vor der Reise bei seinem Betreiber erkundigen, ob der Handy-Vertrag das so genannte International Roaming einschließt und über welches Netz das Mobiltelefon vor Ort betrieben werden kann. Für Handys mit Prepaid-Karten gelten Sonderregelungen. Es häufen sich im Ausland allerdings höhere Gebühren an, und auch Anrufer innerhalb von China müssen internationale Gespräche führen, um das Gerät zu erreichen. Nähere Informationen sind beim Mobilfunkbetreiber erhältlich. In China selbst sind GSM-SIM-Karten für rund ¥100 bei den Dienststellen von *China Mobile* erhältlich, mit denen das eigene Mobiltelefon wie ein einheimisches Gerät genutzt werden kann; zusätzlich ist der Erwerb einer Prepaid-Karte erforderlich. In Großstädten werden sogar Mobiltelefone vermietet – entsprechende Angebote stehen in den Anzeigen von Ausländermagazinen, die in Hotels und Bars ausliegen. Eintreffende und ausgehende Ortsgespräche kosten mit diesen Geräten rund ¥0,60 pro Minute.

Wer mit seinem Handy im Ausland telefonieren möchte, muss sich auch darüber informieren, ob das Handy in den richtigen Frequenzbereichen (GSM) funkt. Und noch ein Tipp: In manchen Ländern stehen mehrere Roaming-Netze zur Auswahl, doch nicht immer bucht sich das Handy in das günstigste Netz ein. In diesem Fall sollte man sich über die Tarife der Anbieter informieren und notfalls manuell unter dem Menüpunkt „Netze“ oder „Netzwahl“ ins preiswertere Netz wechseln.

D1, ✆ 2202 (Handy) oder 01803/302202,
💻 www.t-d1.de
D2, ✆ 1212 (Handy) oder 0800/1721212,
💻 www.d2privat.de
E-Plus, ✆ 1111 (Handy) oder 01803/177177,
💻 www.eplus-online.de
02, 💻 www.o2online.de

Internet und E-Mail

Zweifellos am einfachsten und billigsten ist die Kommunikation via E-Mail. Viele Provider bieten inzwischen die Möglichkeit, die eigene E-Mail-Adresse auch über das Web, also von jedem beliebigen Computer mit Internet-Anschluss abzurufen. Man sollte dies vor Abreise zu Hause ausprobieren und sich die erforderlichen Angaben (Kennwort) notieren. Wem sich diese Möglichkeit nicht bietet, der kann auf Webmail zurückgreifen: Auf zahlreichen Internet-Seiten, darunter *Yahoo,* 💻 www.yahoo.com, *Web.de,* 💻 www.web.de, oder *Hotmail,* 💻 www.hotmail.com, kann man sich eine kostenlose Webmail-Adresse einrichten, auf die ebenfalls unterwegs von jedem Internet-Café aus zugegriffen werden kann. Das sollte jedoch rechtzeitig vor der Reise geschehen, da man sein Account bei einigen Anbietern mit einem Code aktivieren muss, der erst ein bis zwei Wochen nach der Anmeldung versandt wird.

Der chinesische Markt verzeichnet ein enormes Interesse am Internet. Da bislang erst relativ wenige PCs in Privatbesitz sind, existieren überall im Land **Internet-Cafés** *(wangba),* die vorwiegend von Jugendlichen genutzt werden, die im Netz surfen oder angebotene Computerspiele nutzen. Relativ zuverlässig sind solche Cafés in der Nähe von Universitäten und Fachschulen zu finden. Eine letzte Alternative ist stets das nächste Büro von *China Telecom,* obwohl viele Netzbüros dieser Gesellschaft in jüngster Zeit wieder geschlossen haben. Im eher unwahrscheinlichen Fall, dass man von einem Café abgewiesen wird, ist dies darauf zurückzuführen, dass viele keine offizielle Lizenz besitzen und unter Umständen nicht die politisch sensiblere Verantwortung tragen wollen, die eine Nutzung durch Ausländer mit sich bringt.

Online-Dienste sind mit ¥2–5 pro Stunde sehr billig, doch die gewünschten Websites sind nicht unbedingt abrufbar. Der drohende freie Zugang der Öffentlichkeit zu Informationen hat die Regierung dazu veranlasst, eine Firewall (sarkastisch Neue Große Mauer genannt) einzurichten, um politisch sensible Seiten zu blockieren. Die Vorgehensweise ändert sich entsprechend der politischen Stimmung. Zum Beispiel wurden die Restriktionen gelockert, als sich Beijing als Austragungsort der Olympischen Spiele 2008 bewarb, denn die Regierung wollte sich nicht dem Vorwurf ausgesetzt sehen, die eigene Bevölkerung zu unterdrücken. Man kann davon ausgehen, keinen Zugang zu *BBC, CNN* oder dem Weißen Haus zu erhalten, doch die Websites von Zeitungen bleiben im Allgemeinen unbehindert. Der Zugang zur Suchmaschine *Google* wurde verschiedentlich beschnitten – so beispielsweise 2002 mehrere Tage lang, da offizielle Stellen beklagten, dass bei Eingabe des Begriffs „Jiang Zemin" ein satirisches Spiel unter den ersten zehn Resultaten erscheinen würde.

Unter 🖳 www.worldofinternetcafes.de findet sich eine Auflistung von Internet-Cafés in aller Welt. Auf der Webseite 🖳 www.kropla.com findet man nützliche Infos über den Zugang ins Internet mit einem Laptop, eine weltumfassende Auflistung der Landesvorwahlen sowie Angaben über elektrische Systeme in verschiedenen Ländern.

Kriminalität

Trotz des neuen Anstrichs einer größeren individuellen Freiheit ist China nach wie vor ein Polizeistaat, in dem die Obrigkeit das Leben der Untertanen in einem Maße bestimmt und kontrolliert, das in westlichen Ländern nicht hingenommen würde. Als Ausländer bekommt man davon eigentlich wenig mit, denn nach offizieller Politik werden ausländische Besucher eher mit Samthandschuhen behandelt, da sie positive Eindrücke über das Land mit nach Hause nehmen und dort verbreiten sollen. Vergehen gegen Ausländer werden sogar strenger bestraft als Verbrechen gegen Einheimische.

Doch Kriminalität hat gegenwärtig eine gewisse Konjunktur. Zu den größten Problemen zählen amtliche Korruption und Jugendkriminalität. In gewisser Weise ist diese Tendenz auf einen negativen geistigen Einfluss aus dem Ausland zurückzuführen – ein Resultat der verstärkten Liberalisierung –, doch natürlich sind auch soziale Probleme wie Massenarbeitslosigkeit und vor allem der immer stärker in den Vordergrund tretende Wunsch nach Wohlstand dafür verantwortlich.

Notrufnummern in China:
Polizei – ✆ 110
Feuerwehr – ✆ 119
Ambulanz – ✆ 120

In **Hongkong** und **Macau** gilt für alle Notfälle ✆ 999.

Amt für öffentliche Sicherheit (PSB)

Die Polizei (Gong'an Ju) stattet ihre Beamten mit grünen Uniformen und Mützen aus. Es sind jedoch wesentlich mehr Polizisten unterwegs, als man glauben mag, da viele im Hintergrund arbeiten. Sie sind mit wesentlich größeren Machtbefugnissen ausgestattet als ihre Kollegen im Westen. Ihre Aussagen gelten als Schuldnachweis bei Anklagen; Gerichtsprozesse sind lediglich das amtliche Instrument für die Verkündung von Strafen. Diese Situation aber wird sich ändern, denn die ersten Schritte zu einer unabhängigen Rechtsprechung wurden eingeleitet. Aufrichtige Reuebezeugungen von Beklagten führen zu milderen Strafmaßen, doch die Gesetze sind unerbittlich und hart: Auf viele Vergehen in der Spannbreite von Korruption bis hin zu Vergewaltigung steht die Todesstrafe, die oft umgehend durch Genickschuss vollzogen wird.

Da dem Amt für öffentliche Sicherheit (auch PSB, Public Security Bureau) außerdem die Beaufsichtigung von **Ausländern** obliegt, muss jeder ausländische Staatsbürger, der um eine Visumsverlängerung nachsucht, Diebstähle oder Verluste anzumelden hat, bei den entsprechenden Amtsstellen vorsprechen. Ohne es genau zu merken, gerät man mitunter ins Visier dieser Behörde: Nachts läutet womöglich das Telefon, weil Beamte nachprüfen, ob Ausländer den gebuchten Raum überhaupt nutzen oder sich vielleicht unerlaubt andernorts herumtreiben. Bei gelegentlichen Zimmerkontrollen überprüfen Beamte in der Regel kurz den Pass, um dann sofort wieder zu verschwinden.

Auf der Straße sind Polizisten zumeist äußerst freundlich und helfen Ausländern beflissen bei allen Problemen weiter. Intern aber ist das Amt für öffentliche Sicherheit nicht anders strukturiert als Polizei-Apparate in allen Ländern der Welt, in denen Korruption verbreitet ist.

Ohne jegliche Unterstellungen äußern zu wollen, sollte man die Amtsbefugnisse dieser Behörde niemals in Frage stellen und alle unnötigen Kontakte vermeiden.

Kleinkriminalität und Diebstähle

Die Zahl der Gewaltverbrechen in China steigt. Panische Angst ist nirgends nötig, nur ist grundsätzlich Vorsicht geboten. Nächtliche Spaziergänge in dunklen Stadtvierteln führen ebenso wenig zu verlockenden Begegnungen wie in anderen Städten dieser Welt, und auch in ländlichen (und vor allem abgelegenen) Gebieten sollte man nicht unbedingt allein unterwegs sein, denn hier wurden Ausländer in der jüngeren Vergangenheit Opfer von Raubmorden. Die Hartsitzabteile der Züge sind auf Langstrecken allem Stress zum Trotz zwar unterhaltsam, allerdings wurde auch von Überfallen berichtet, in denen Messer gezückt wurden. Bei **Überfällen** gilt unbedingt: Ruhe bewahren und bei wirklicher Gefahr auch die gewünschten Gegenstände herausgeben, um einen möglichen Gewaltakt zu vermeiden.

In steigendem Maße erlebt man auf den Straßen **spontan aufkommende Streitigkeiten**, bei denen wenige Streithähne rasch viele Menschen um sich versammeln, die ohne einzugreifen gaffend verfolgen, was wohl geschehen wird. Solche Anlässe bergen nur selten Gefahren in sich, denn meistens ist es mit ein wenig gegenseitigem Anbrüllen getan. In der Regel sind dies bloß Stress-Situationen inmitten von Menschenzusammenballungen, die an Bahnhöfen oder in Einkaufszentren auftreten können. Dennoch sollte man sich von allen Aufläufen tunlichst fernhalten und sich nicht zu den Zuschauern gesellen.

In manchen Städten, vor allem im Süden, geht Gefahr von Banden **bettelnder Kinder** aus, die von Erwachsenen im Hintergrund gelenkt werden. Sie heften sich an die Fersen von Ausländern und sind nur schwer abzuschütteln. Das Verteilen von Geld führt in der Regel nur zu noch stärkeren Belästigungen.

Diebstahl

Da Touristen für reicher erachtet werden als jeder andere in der Nähe, stehen sie leicht im Visier von **Taschendieben**. Pässe und größere Geldsummen sollten deshalb in einem verborgenen Geldgürtel oder besser noch im Hotelsafe verwahrt werden. Offen getragene Umhängetaschen sind für jeden versierten Taschendieb eine leichte Beute. Zu den beliebtesten Beutezuggebieten von Taschendieben zählen überfüllte Busse und die Hartsitzabteile der Eisenbahn. Auch bei Übernachtungen ist in allen Fahrzeugen Vorsicht geboten: Es ist nie verkehrt, sein Gepäck mit Kette und Schloss an Gestellen zu sichern.

Hotelzimmer sind in der Regel sicher, doch in Schlafsälen sollte man nicht blind auf die Verlässlichkeit anderer Reisender vertrauen. Stets sollte eine Reserve von ungefähr 200 € getrennt vom anderen Bargeld aufbewahrt werden, und auch Kaufbelege für Travellers Cheques, Versicherungsnachweise und Fotokopien von Pass und Visa gehören in gesonderte Gepäckbereiche.

Offen getragener glitzernder Schmuck und wertvolle Uhren gehören nicht auf die Straße, auch Bargeld sollte nur diskret übergeben werden. Wer Reichtum zur Schau stellt, gerät unweigerlich ins Visier von lästigen Händlern. Es ist stets vorteilhaft, sich als Auslandsstudent auszugeben, denn die Chinesen bezeugen Achtung vor Bildung und bringen ausländischen Studenten mehr Sympathien entgegen als Touristen.

Diebstähle müssen sofort beim Amt für öffentliche Sicherheit gemeldet werden (in diesem Buch sind die Adressen in den jeweiligen Kapiteln angeführt), wo eine **Verlustmeldung** für die Versicherung auszufüllen ist. Obwohl in den meisten Ämtern Englisch verstanden wird, kann eine chinesisch sprechende Begleitung sehr hilfreich sein. Unter Umständen werden geringe Gebühren erhoben. Es ist wichtig zu betonen, dass man eine Verlustmeldung für die Versicherung vornehmen möchte, ansonsten sind lange Stunden in der Behörde zu erwarten, weil Beamte eine Verbrechensakte eröffnen, die später für keine Seite von Nutzen ist.

Strafbares Verhalten

Angesichts der Lage zwischen den bedeutendsten Opiumanbaugebieten Myanmar (Burma) und Laos sowie dem größten südostasiatischen Umschlagplatz Hongkong hat China ein wachsendes **Drogenproblem** zu verzeichnen. Die Gesetze sind rigoros, denn sie haben die zwangsweise Einweisung zur Rehabilitation für Konsumenten und die Todesstrafe für Dealer und Schmuggler zur Folge. Dennoch ist im Süden des Landes vor allem in ärmlichen ländlichen Gebieten das Heroinangebot gestiegen. In manchen Clubs und Discos wird regelmäßig Ecstasy angeboten, was ebenso regelmäßige Polizeirazzien nach sich zieht. In der Vergangenheit hat die Polizei Ausländer, die mit Drogen zu tun hatten, eher unbehelligt gelassen, sofern keine Chinesen involviert waren, doch gilt dies nicht als Freibrief. Die offiziellen Anti-Drogen-Tage der Vereinten Nationen beging China in den Jahren 2001 und 2002 mit Massenhinrichtungen überführter Personen.

Nur in Ausnahmefällen werden Ausländern **politische Verbrechen** unterstellt, doch ausländische Einwohner, Lehrer und Studenten wurden des Landes verwiesen, weil sie über Politik oder Religion gesprochen hatten – ihre chinesischen Gesprächspartner kamen bei weitem nicht so glimpflich davon. Das **Fotografieren** von militärischen Einrichtungen (dazu gehören auch größere Brücken), mit gewalttätigen Ausschreitungen verbundenen Polizeieinsätzen oder Gulag-ähnlichen Zuständen gehört keinesfalls zu den besten Ideen.

Sexuelles Verhalten

Frauen haben weitaus weniger als in manchen anderen Ländern **sexuelle Belästigungen** zu befürchten. Chinesische Männer sind im Umgang mit fremden Frauen meist rücksichtsvoll und höflich. Für Frauen lästig sein kann allerdings die Norm, dass Chinesen voraussetzen, dass jeder Mann in Begleitung einer Frau unweigerlich auch der Wortführer und Entscheidungsträger ist. Beim Besuch abgelegener Tempel oder Sehenswürdigkeiten sollten Frauen nicht vorbehaltlos auf die sündenfreie Moral der Mönche oder Verwalter vertrauen. Überall geben einheimische Frauen verlässliche Beispiele für die allgemeine Kleidungs- und Verhaltensnorm. Miniröcke und hochhackige Schuhe sind zwar im Alltagsbild kosmopolitischer Städte präsent, doch in ländlichen Gebieten ist die Kleidung weitaus konservativer.

Obwohl noch immer illegal und hart bestraft, hat sich die **Prostitution** längst wieder Raum verschafft. Hinter vielen Friseurgeschäften, Saunas und Massagestudios verbergen sich eigentlich kleine Bordelle. Allein reisende Männer werden mitunter in Hotels angesprochen, in manchen Häusern rufen Prostituierte zu allen Nachtstunden auf Zimmern an. China ist jedoch nicht mit Thailand zu vergleichen – die Konsequenzen für Erwischte können heikel sein, auch die Aids-Rate ist erheblich gestiegen.

Homosexualität gilt zwar offiziell als ausländische Marotte, doch obwohl homosexuelle Handlungen rechtlich illegal sind, werden diese zunehmend toleriert. Es gibt schwule Chinesen, die sich vornehmlich Ausländern nähern, weil im Umgang mit ihnen die Gefahr einer polizeilichen Anzeige wesentlich geringer ist.

Verhaltenstipps

In manchen Fällen geht der **Kulturschock**, den ausländische Besucher in China erleiden können, auf falsche Erwartungen zurück, die bei früheren Reisen in andere asiatische Länder entstanden sind. Die Chinesen sind kein „sanftmütiges" Volk. Sie sind irgendwie religiös-pragmatisch veranlagt, im Durchschnitt weder in gehobenem Maße intellektuell noch vornehm, doch Fremden gegenüber im Allgemeinen rücksichtsvoll. Irritierende Umstände, die Ausländern widerfahren – etwa Kichern oder verunsicherte Dienstleister –, sind fast nie auf Ablehnung, sondern lediglich auf Nervosität und hohe sprachliche Barrieren zurückzuführen. Wer sich in China schlecht behandelt fühlt, sollte sich vor Augen halten, dass Ausländern mehr Aufmerksamkeit und Respekt entgegengebracht werden als chinesischen Mitmenschen.

Sofern die Sprachbarrieren überwunden werden können, stellt **Kommunikation** zwischen Ausländern und Einheimischen kein Problem dar. Chinesisch sprechende Ausländer ziehen jedoch unweigerlich das Interesse einer rasch zunehmenden Menge von erstaunten und entzückten Einheimischen auf sich, die in der Regel zuerst nach dem

Alter und Familienstand des exotischen Mitreisenden fragen; nicht des Chinesischen mächtige Reisende werden hingegen regelmäßig von Einheimischen angesprochen, weil sie ihr Englisch praktizieren wollen.

Sollten Begegnungen zu einer privaten Einladung führen, ist es angemessen, ein **Geschenk** mitzubringen. Chinesen öffnen ihre Geschenke aber niemals in Anwesenheit derer, die sie mitbrachten, sondern legen sie sogar nach der Entgegennahme in für westliche Kulturen ungewohnt beiläufiger Weise zur Seite. Die chinesische Art der Dankbezeugung gründet sich nicht auf Worte, sondern auf das Mitbringen von Geschenken der ungefähr gleichen Preiskategorie bei ähnlichen Anlässen. Übermäßige Dankbezeugungen könnten als Versuch gedeutet werden, sich von dieser Verpflichtung entbinden zu wollen. Bei Einladungen in Restaurants wird man feststellen, dass die **Rechnung** nicht zwischen den Gästen aufgeteilt wird – ganz im Gegenteil entbrennt ein gestellter Streit um die Ehre, den Gesamtbetrag für das gemeinsame Mahl begleichen zu dürfen, doch gewöhnlich fällt diese Ehre dann demjenigen zu, der als Gastgeber betrachtet wird. Ausländer, die mit Chinesen speisen, sollten auch solche Ansprüche anmelden. In aller Regel wird jemand anders die Rechnung an sich reißen, bevor man sie in Händen hält. Hingegen führen Versuche, den Rechnungsbetrag aufzuteilen, zu heftigen Irritationen.

Ausländische Besucher müssen sich bewusst sein, dass Chinesen in der Regel keine Vorstellung von **Privatsphäre** haben. Chinesen starren andere Personen, die ihnen in irgendeiner Weise auffallen, ungeniert aus nächster Nähe an und nehmen gänzlich fremden Personen Briefe oder Bücher aus der Hand, um diese näher zu inspizieren. Selbst Toilettentrennwände sind (sofern überhaupt vorhanden) so niedrig, dass man mit dem kauernden Nachbarn ein wenig plaudern kann. Freizeitaktivitäten wie etwa Ausflüge in landschaftlich reizvolle Gebiete oder zu religiösen Stätten erfolgen im lärmend-lauten Kollektiv, und das Begehren westlicher Touristen nach Stille und Einsamkeit wird als schrullige Laune oder gar soziales Fehlverhalten interpretiert.

Da eine Privatsphäre ein unbekannter Luxus ist, werden auch exotische Ausländer unweigerlich zu Objekten **unverhohlener Neugierde**. Chinesen starren sie an, scharen sich um sie, deuten mit ausgestreckten Fingern auf sie, und auf den Straßen erschallen in hundertfacher Wiederkehr Hallorufe. In ländlichen Gebieten laufen die Leute sogar von weither zusammen, um ihre Neugierde zu befriedigen; sie rufen einander dabei laut und aufgeregt *laowai, laowai* (Ausländer) zu. Dies ist keinesfalls als aggressiv oder beleidigend zu werten, doch die ständige Wiederkehr solcher Situationen kann nervend sein. Am meisten überrascht man die gaffende Meute mit einigen Wörtern Chinesisch – vielleicht ist ja auch die Erfahrung, einmal so richtig im Mittelpunkt zu stehen, durchaus erwünscht …

Diverse Verhaltensmuster, die im Westen als unhöflich gelten, sind in China durchaus normal. Nach wie vor weit verbreitet ist das **Spucken** – ob in Bussen, Zügen, Restaurants oder Privathäusern. Abgesehen von städtischen Weltbürgern halten viele Chinesen es in keiner Weise für unanständig, im Gespräch mit einem Ausländer herzhaft auszuspucken. Das **Rauchen** ist vor allem unter Männern weit verbreitet, und jeder Versuch, andere Personen um das Einstellen des Rauchens zu bitten, trifft auf Unverständnis. Da das Anbieten von Zigaretten – wie in vielen anderen Ländern auch – zu den einfachsten Gesten gehört, guten Willen zu bezeugen oder Kontakte zu schließen, sollten sich Nichtraucher angesichts ihrer ablehnenden Haltung als solche zu erkennen geben.

Obwohl China sicherlich kein liberales Land ist, machen frühere Tabus im öffentlichen Miteinander rasch neuen Entwicklungen Platz. Im Sommer gehört in städtischen Gebieten knappe **Kleidung** vor allem bei Frauen längst zum Alltagsbild (nicht so auf dem Lande). Obwohl chinesische Männer bei heißem Wetter kurze Hosen tragen und bauchfrei in hochgekrempelten Unterhemden herumlaufen, sollten sich westliche Männer nicht an dieses Vorbild halten, denn der für Chinesen bizarre Anblick behaarten weißen Fleisches – egal ob an Brust oder Beinen – ruft unverzüglich Kichern und Kommentare hervor. Die generell legere Einstellung zur Kleiderordnung gilt auch für Tempelbesuche, doch in **Moscheen** sollten Männer und Frauen lange Kleidung tragen, welche die Handgelenke und Fußknöchel bedeckt. Am Strand sind Bikinis und kurze Badehosen nichts Ungewöhnliches mehr, doch Nacktheit ist noch immer ein gesellschaftliches Tabu.

Legere Kleidung ist etwas ganz anderes als **nachlässige Kleidung**. Wer in China respektiert werden möchte – nicht nur von der Bedienung im Restaurant oder der Hotelrezeption –, muss etwas für sein äußeres Erscheinungsbild tun. Während normalen chinesischen Bauern wirres Haar und schmutzige Kleidung nachgesehen werden, tragen solche Äußerlichkeiten „reichen" Ausländern eher eine Geringschätzung ein. Äußerst hilfreich sind im alltäglichen Umgang persönliche und geschäftliche Visitenkarten, vor allem dann, wenn der Name zusätzlich auch in chinesischen Schriftzeichen angegeben ist.

Händeschütteln ist zwar keine chinesische Tradition, inzwischen unter Männern jedoch die weitgehend übliche Begrüßungsform. Bei Personen des gleichen Geschlechts sind vertrauliche Körperkontakte wie Umarmungen oder Schulterklopfen zu beobachten, die als reine Freundschaftsbeweise zu bewerten sind. In den Städten wird längst nicht mehr die Nase gerümpft, wenn ein Junge und ein Mädchen Arm in Arm gehen oder sich öffentlich küssen. Chinesen sprechen von Natur aus um einige Dezibel lauter als Menschen aus anderen Ländern, was westliche Besucher oft fälschlicherweise als Streiterei interpretieren.

Arbeit und Studium

Die Angebote, in China zu arbeiten oder zu studieren, häufen sich. Viele Ausländer finden (auch vorübergehend) eine Anstellung als Lehrer, und die meisten Universitäten sowie zahlreiche private Hochschulen beschäftigen inzwischen ausländische Lehrkräfte.

Mit Ausnahme von Shanghai, Hongkong und Macau dürfen Ausländer eigentlich nur in bestimmten Stadtgebieten **wohnen**, in denen die Mieten sehr hoch sind und oft mindestens 2000 € pro Monat betragen. In steigender Zahl aber leben Ausländer nun auch zwischen Einheimischen in chinesischen Wohnvierteln, was streng genommen nicht legal ist. Da solche Ausländer offiziell als Gäste des Vermieters gelten, ist es möglich, dass sie sich beim nächsten Amt für öffentliche Sicherheit registrieren lassen müssen. Es ist geplant, an chinesischen Instituten verstärkt ausländische Lehrer einzusetzen. Details vermitteln die nächste chinesische Botschaft (Adressen s.S. 13) oder die unten genannten Organisationen. Manche Institute verlangen eine TEFL-Qualifikation, doch meistens reichen ein Diplom oder einfach bloß der Nachweis qualifizierter Sprachkenntnisse aus.

Der Unterricht an einer **Universität** wird mit rund ¥1500 pro Monat entlohnt – dies ist mehr, als ein chinesischer Arbeiter verdient, doch zu wenig um etwas zurückzulegen. In der Regel wird zusätzlich kostenlose Unterkunft auf dem Campus geboten, meist ein Raum in einem Wohnheim für Ausländer ohne Telefon. Verträge werden gewöhnlich für ein Jahr abgeschlossen. Ausländische Universitätsdozenten geben wöchentlich zwischen zehn und zwanzig Stunden Unterricht und dozieren damit wesentlich länger als viele chinesische Kollegen. Die meisten Lehrer berichten von interessierten, sehr fleißigen, wissbegierigen und disziplinierten Studenten, was schon für sich alleine genommen ihre Tätigkeit zu einer lohnenden Erfahrung mache. Unbedingt zu vermeiden aber sind in Klassenzimmern stattfindende Diskussionen über Religion oder Politik, denn dies kann unangenehme Folgen nach sich ziehen. Höhere Gehälter – bis zu ¥150 pro Stunde – zahlen **Privatschulen** in Beijing oder Shanghai, doch besteht stets das Risiko, damit in erster Linie kommerzielle Agenturen zu bereichern.

Universitäten sehen **westliche Studenten** auch deshalb gerne, weil sie zusätzliche Gebühren einbringen. Kurse kosten rund 3500 € pro Jahr oder 1000 € pro Semester, für die Unterkünfte sind täglich rund 10 € aufzuwenden. Die meisten Kurse werden in chinesischer Sprache gegeben. Alle gängigen Fächer werden angeboten, für Akupunktur, asiatische Kampfsportarten oder chinesische Medizin sind zahlreiche westliche Institute allerdings besser geeignet. Wer Interesse an einem Studium in China hat, sollte bei der Botschaft schriftlich eine Liste der Universitäten anfordern und dann das gewünschte Institut kontaktieren. Es empfiehlt sich, vor der Immatrikulation den Campus zu inspizieren, und auch längerfristige Vorauszahlungen sind nicht zu empfehlen, da keine Beträge zurückerstattet werden.

Das Angebot an offenen **Bürostellen** für Ausländer ist relativ hoch, denn zahlreiche ausländische Firmen suchen Mitarbeiter. Oft werden zumindest elementare Chinesischkenntnisse vorausgesetzt. Am besten sind die Chancen in Beijing und Shanghai, wo Stellenangebote in Ausländermagazinen zu finden sind, doch man kann auch gezielt bei Firmen nachfragen. In Hongkong ist der Arbeitsmarkt straffer; oft sind spezielle Fähigkeiten erforderlich, um eine Anstellung zu finden.

Chinas Öffnung nach außen, die riesigen Märkte und die kürzliche WHO-Mitgliedschaft eröffneten eine Vielzahl von **Geschäftsmöglichkeiten**, die häufig in Form von Joint-Venture-Aktivitäten realisiert werden, welche die chinesische Seite jedoch durch Mehrheitsanteile kontrollieren will. Jeder, der sich in China geschäftlich betätigen möchte, sollte sich zuvor sorgfältig über sämtliche Aspekte informieren, denn die Schwierigkeiten sind nicht zu unterschätzen: Bürokratismus, Korruption und Schattenwirtschaft sind weit verbreitet. Chinesen betreiben Geschäfte auf Basis des gegenseitigen Vertrauens und der persönlichen Beziehungen und halten vertragliche Bedingungen und Gesetzestexte für weniger relevant. So werden zum Beispiel die internationalen Copyrightbestimmungen und Handelsmarkengesetze oft schlichtweg ignoriert. Es ist wichtig, persönliche Tugenden wie Geduld und Durchsetzungsvermögen zu entwickeln und möglichst emsig eigene Beziehungen *(guanxi)* aufzubauen.

Nützliche Organisationen und Quellen

Informationen über freie Stellen bieten Ausländermagazine, Websites sowie die Universitäten selbst. Darüber hinaus:

Deutsche Gesellschaft für Technische Zusammenarbeit (GTZ), Dag-Hammarskjöld-Weg 1-5, 65760 Eschborn, ✆ 06196/790, 📠 791115, 💻 www.gtz.de

Goethe-Institut, Beijing Foreign Studies University, P.O.Box 8936-47, Beijing, ✆ 010/68417891, 📠 68417897, 💻 www.goethe.de/os/pek/deindex.htm. Bietet u.a. Informationen für Deutschlehrer in China.

Zhaopin, 💻 www.zhaopin.com. Große Website über Arbeitsangebote, aufgebaut in chinesischer und englischer Sprache.

Sonstiges

Adressen Chinesische Straßennamen benennen häufig den betreffenden Abschnitt langer Straßen durch Hinzufügen der Himmelsrichtung: *bei* (Norden), *nan* (Süden), *xi* (Westen), *dong* (Osten) oder auch *zhong* (Mitte). *Jie* oder *lu* bedeutet Straße, häufig wird ein *da* (groß) vorangestellt; die Jiefang Bei Dajie ist also wörtlich übersetzt der nördliche Abschnitt der Straße der Befreiung. Während Straßen relativ leicht aufzufinden sind, ist die Nummerierung der Häuser in fast allen chinesischen Städten so planlos, dass sie für das Auffinden einer Adresse kaum hilfreich ist. In Gebäuden gilt zu beachten, dass die deutsche Ebene „Erdgeschoss" nach chinesischer Zählung die erste Etage darstellt; unser erster Stock ist deshalb die zweite Etage usw.

CDs, VCDs und DVDs Fast jeder Markt und Buchladen Chinas bietet eine Auswahl an Musik-CDs mit einem Spektrum, das von Beijing-Punk über Louis Armstrong und Vivaldi bis hin zu Bob Dylan reicht, sowie VCDs und DVDs mit Filmen über chinesische Kampfsportarten (oft mit Untertiteln – auf der Rückseite checken), Hollywood-Streifen, Taiji-Anleitungen und Sprachkurse. Auch Computer-Software hält das Angebot gewöhnlich bereit. Viele Filme, Kassetten mit ausländischer Musik und Software sind mit einem Preisgefüge von nur ¥2–15 extrem billig, doch da es sich überwiegend um Raubkopien handelt, könnten die Disketten am Heimatflughafen konfisziert werden. Außerdem können chinesische DVDs mit einem Regionalcode für Asien versehen sein. Deshalb das Label checken und überlegen, ob das heimische Gerät sie überhaupt annimmt. Bei CDs und VCDs besteht diese Gefahr nicht.

Eintrittspreise An nahezu allen touristischen Sehenswürdigkeiten werden Eintrittsgebühren erhoben, die sich manchmal nur auf wenige Yuan belaufen. Im Allgemeinen erhalten Studenten mit gültigem Studentenausweis Rabatte.

Elektrizität 220V auf dem chinesischen Festland und im größten Teil von Macau, 200V in Hongkong. Da es unterschiedliche Stecker mit zwei oder drei verschiedenen Kontaktstiften gibt, kann ein

Willkommen in der Moderne – Shanghai

Reise-Adapter sehr nützlich sein; angesichts der schwankenden Stromversorgung ist auch die Mitnahme einer Taschenlampe sinnvoll.

Fotografieren Das Fotografieren gehört zu den beliebtesten Hobbys der Chinesen. In allen Städten und Orten gibt es zahlreiche Geschäfte, die 35mm-Filme verkaufen und entwickeln. Das Angebot in Hongkong entspricht dem Niveau aller Weltstädte, doch auf dem Festland sind vielerorts nur Farbfilme für Papierfotos erhältlich. Einheimische Produkte kosten rund ¥10 für 36 Aufnahmen, seltenere westliche Marken ungefähr ¥20. Diafilme sollte man mitbringen, denn es werden bis zu ¥60 pro Film verlangt. Die Entwicklung ist von sehr unterschiedlicher Qualität – manchmal gut, meist nur mittelmäßig – und kostet rund ¥15 pro Rolle. Kamerabatterien sind leicht in den Kaufhäusern der Großstädte zu bekommen. In Hongkong stehen alle bekannten Marken zur Verfügung, dennoch sollte man einen eigenen Vorrat mit sich führen. Viele Fotogeschäfte in Hongkong und Macau sowie auf dem Festland können Bilder von der Kamera auf Diskette laden. Wo Fotografier- und Filmverbote bestehen, sollten diese tunlichst beachtet werden, um die zum Teil äußerst unangenehmen Folgen zu vermeiden.

Gepäckaufbewahrung Manche Hotels bieten Gepäckaufbewahrung an. An Bahnhöfen und Busbahnhöfen gibt es bewachte und deshalb relativ sichere Gepäckdepots, die zum Teil jedoch nur von Sonnenauf- bis Sonnenuntergang geöffnet sind; die Gepäckaufbewahrung kostet dort nur wenige Kuai.

Toiletten An chinesische Toiletten muss man sich erst gewöhnen: Abgesehen vom oft niedrigen Hygienestandard fühlen sich Ausländer durch die mangelnde Privatsphäre abgestoßen. Viele Hocktoiletten sind nach vorn hin offen und (wenn überhaupt) nur durch eine niedrige oder dünne Abtrennung von der Nachbarnische getrennt. Besondere Überwindung kostet die Benutzung öffentlicher Toiletten. Wo sich Angestellte um die Toiletten kümmern, sind selbige in der Regel akzeptabel sauber, kosten dafür beim Eintritt einige Jiao Benutzungsgebühr. Die beste Lösung ist, sich in ein größeres Hotel zu begeben und dort die Toiletten in der Lobby zu benutzen. Die Zimmertoiletten der gehobenen Hotels entsprechen internationalem Standard. In manchen Hotels stehen Papierkörbe für das benutzte Toilettenpapier bereit, da in die Spülung geworfenes Papier die primitiven Abfluss-Systeme verstopft, womit man sich einigen Ärger einhandeln kann.

Trinkgeld Abgesehen vom Personal großer Hotels und den unmittelbaren Dienstleistern im gehobenen Tourismusgeschäft (Lokalführer, Busfahrer) erwarten Chinesen keine Trinkgelder, doch in Hongkong freuen sich Restaurant-Angestellte über eine kleine Aufmerksamkeit, sofern nicht schon 10% Bedienungszuschlag auf der Rechnung stehen.

Verhütungsmittel Kondome sind überall zu bekommen (nicht immer mit der gewünschten Qualität und Sicherheit); in den Großstädten werden auch importierte Marken angeboten.

Wäsche Die meisten Touristenhotels bieten einen Wäscheservice (der jedoch nicht unbedingt billig ist) und die Kleider in der Regel nach 24 Stunden zurückliefert.

Zeitverschiebung Für ganz China gilt eine Zeitzone, nämlich die der Hauptstadt Beijing; sie geht der in Deutschland geltenden MEZ um sieben Stunden, der MESZ um sechs Stunden voraus.

Zigaretten Viele bekannte ausländische Marken sind für einen Bruchteil der westlichen Preise erhältlich, doch es gibt auch Imitationen dieser Sorten. Preiswertere chinesische Marken haben zwar interessante Verpackungen und Namen, sind aber eher zweitklassiger Qualität.

China und seine Bewohner

Mit einer Fläche von 9,6 Millionen km^2 – ungefähr so groß wie die USA – ist China das drittgrößte Land der Erde. Mit 1,3 Milliarden Menschen ist es zugleich das bevölkerungsreichste Land der Welt. 92% der Bevölkerung gehören der Han-Nationalität an, die restlichen 8% teilen sich in 55 nationale Minderheiten auf, zu denen Mongolen, Uiguren und Tibeter gehören. Wichtigste Religionen und Denkstrukturen sind der Buddhismus, Daoismus und Konfuzianismus, obwohl das Land offiziell atheistisch ist. Ein Drittel der chinesischen Landfläche besteht aus fruchtbaren Flussebenen, ein weiteres Drittel aus Wüsten, Hochplateaus und Bergen. Chinas längster Fluss ist der Yangzi (6275 km), und der höchste Gipfel ist an der Grenze zu Nepal der des Qomolangma (Mount Everest, 8848 m).

Das Land wird als Polizeistaat unter Leitung der einzigen erlaubten politischen Organisation geführt, der Kommunistischen Partei Chinas (KPCh). Es gibt eine Unterteilung in Exekutive, Legislative und Judikative. Das Staatsoberhaupt (der Präsident) und das Regierungsoberhaupt (der Premierminister) werden für fünfjährige Legislaturperioden in den Nationalen Volkskongress gewählt. Nach Jahrzehnten staatlicher Planwirtschaft verändern sich die ökonomischen Strukturen – die Zahl der staatlichen Betriebe nimmt ab, und die Prinzipien der freien Marktwirtschaft sind allgegenwärtig zu beobachten. Chinas wichtigste Exportgüter sind Stoffe, Textilien, Tee sowie fossile Brennstoffe. Haupthandelspartner sind die USA, Japan, Südkorea und Europa.

Mensch und Umwelt

Das Ausmaß von Chinas Umweltproblemen bedroht viele wild lebende Tierarten, darunter so wundervolle Geschöpfe wie Tiger, Pandabären und Elefanten. Eine Ursache der Probleme ist, dass die Chinesen ein Fünftel der Weltbevölkerung stellen, doch die Nation weniger als ein Zehntel der beackerbaren Bodenflächen der Welt besitzt. Zudem lebt der überwiegende Bevölkerungsanteil in der wasserreichen östlichen Landeshälfte, wo nahezu jeder Zentimeter bestellbaren Landes erschlossen ist. China besitzt nur wenige Flächen, die nicht in irgendeiner Weise von Menschenhand umgestaltet wurden. Allein die Größe der **Bevölkerung** bedeutet, dass im Umgang mit Naturräumen und Agrarflächen von Nachhaltigkeit keine Rede sein kann. Das ungeheure **Wirtschaftswachstum** und der anhaltende Bedarf, den Lebensstandard für zahlreiche Menschen, die zu den Ärmsten Asiens gehören, zu erhöhen, führt zu einer ähnlich kritischen Situation in den Städten: Die Abhängigkeit von Kohle zur Energiegewinnung und zum Heizen, Fabriken, die ungefiltert Giftstoffe in die Atmosphäre pusten, die rapide gestiegene Zahl an motorgetriebenen Fahrzeugen und die bloße städtische Bevölkerungsdichte sind die ursächlichen Faktoren dafür, dass sich Chinas Städte in die Reihe der meist verschmutzten Metropolen der Welt eingegliedert haben. Schwarzer Schlamm füllt Kanäle und Flüsse, Gebäude sind mit Ruß überzogen, viele Menschen leiden an Bronchitis, und saurer Regen vernichtet die Pflanzen. In den Sommermonaten sind die „Backöfen" des Yangzi-Beckens – Nanjing, Chongqing und Wuhan – am schlimmsten betroffen; im Winter fällt in Xi'an schwarzer Schnee. Viele Flüsse sind extrem belastet, und nahezu das gesamte Wasser in städtischen Gebieten ist schwerstens kontaminiert.

Die chinesische Regierung hat endlich begonnen, das Problem der Umweltverschmutzung ernst zu nehmen – vor allem wegen der Olympischen Spiele im Jahre 2008, die Beijing zugesprochen wurden. Zumindest in der Hauptstadt werden Fabriken in Randgebiete umgesiedelt, und veraltete qualmende Minibusse wurden ausrangiert oder in andere Städte verlagert.

Lebensräume

Als drittgrößtes Land der Erde erstreckt sich China über Höhen vom Meeresniveau bis zum Gipfel des Mount Everest an der Grenze zu Nepal. Im Süden grenzen tropische **Regenwälder** an Laos, Vietnam und Myanmar, und im Norden weist die Da-Hinggan-Bergkette in der Inneren Mongolei **Tundra-Vegetation** auf, die auf Dauerfrostböden gedeiht. In China befinden sich nicht nur Ostasiens bedeutendste Feuchtgebiete und Asiens längster Fluss, der Yangzi, sondern auch die Quellen zweier **Flüssen**, die überlebenswichtige Bedeutung für Hunderte Millionen Menschen in Süd- und Südostasien haben: Ganges und Mekong. Ein Fünftel von Chinas Fläche ist mit **Wüste** bedeckt, die sich vornehmlich im Nordwesten befindet. Aride **Steppen** erstrecken sich zudem im fernen Westen in den Gebieten der Gebirgszüge Altai, Tian und Kunlun, die vom Südwestmonsun durch das tibetische Hochland und vom Südostmonsun durch die Distanz zum Meer abgeschirmt werden. Die mit all diesen Gegebenheiten verbundenen mannigfaltigen Lebensräume haben eine außerordentliche Vielfalt an pflanzlichem und tierischem Leben entstehen lassen.

Wälder und Graslandgebiete

In China sind zahlreiche Waldarten anzutreffen. Im Nordosten und Nordwesten gibt es **Berg-** und **Koniferen-Wälder**, die Tierarten wie Elchen und dem Asiatischen Schwarzbären sowie über 120 Vogelarten Lebensraum spenden. In vielen feuchten Koniferenwäldern gibt es ein Unterdickicht aus **Bambus**, das in gebirgigeren Gebieten mit Wacholder und Eiben durch **Rhododendren** ersetzt wird. Die **subtropischen Wälder** Zentral- und Südchinas beherbergen 146 000 Pflanzenarten, und dort befinden sich auch die Rückzugsgebiete des Großen Pandas, des Goldaffen und Südchinesischen Tigers.

Tropische Regenwälder und jahreszeitliche Regenwälder, die vornehmlich in Yunnan sowie auf der Insel Hainan zu finden sind, sind der Lebensraum eines Viertels aller Pflanzen- und Tierarten Chinas.

Graslandgebiete bedecken ein Drittel der gesamten Landfläche. Sie befinden sich überwiegend in der Inneren Mongolei, dem Autonomen Gebiet Ningxia sowie in Teilen von Qinghai und Tibet. Zu den dort lebenden Tierarten gehören drei Spezies, die am Rande der Ausrottung stehen: Das Przewalskipferd (Urwildpferd), der Asiatische Wildesel und das Baktrische Kamel (Vorfahre des domestizierten Kamels). Andere Tierarten wie die Tibetische Gazelle werden von Goldsuchern und Lastwagenfahrern, die Güter zwischen den Inlandsprovinzen und Tibet befördern, bedroht. Diese Menschen wildern unter den Tieren, um Nahrungsmittel und Trophäen zu ergattern. In vielen Fällen besteht offene Konkurrenz zwischen domestizierten Tieren und der wilden Fauna: Hirten fangen oder vergiften Raubtiere und brennen Flächen ab, um die Weidegebiete für ihre Herden zu vergrößern. Die Regierung hat kürzlich erste Schritte unternommen, um die Umwandlung von Graslandflächen in Weidegebiete zu unterbinden, doch es mangelt an Personal, um diese Politik umzusetzen.

Süßwasser-Ökosysteme

Süßwasser-Lebensräume sind für China von immenser Bedeutung. Ein hoher Prozentsatz der Bevölkerung ist direkt von den **Feuchtgebieten** – Sümpfe, Flüsse und Seen – abhängig, die ihnen einerseits wirtschaftliche Aktivitäten ermöglichen und Trinkwasser bieten, andererseits kontrolliert werden müssen, um Überschwemmungen vorzubeugen.

Sieben der wichtigsten **Flüsse** der Welt entspringen im westchinesischen Hochland. Die Quellen des Huanghe, Yangzi, Lancang Jiang (Mekong) und Salween liegen auf dem Qinghai-Tibet-Hochplateau, die des Indus, Ganges und Brahmaputra südlich davon. Im Flussverlauf dienen diese Ströme der Bewässerung, der Trinkwasserversorgung und als Transportsysteme, sie haben für über zwei Milliarden Menschen in China, Indien, Pakistan, Bangladesh und Südostasien außerdem kulturelle wie religiöse Bedeutung. Die Flüsse entstehen und gewinnen Kraft durch Tausende von Süßwasserseen in der gesamten Region.

In Chinas Nordosten befinden sich die meisten **Sumpfgebiete** des Landes. Zwei Millionen Hektar Land auf der Sanjiang-Ebene in der Provinz Heilongjiang sind im Wesentlichen eine Ansammlung von Süßwasserseen und Schilfrohrbeständen im Einzugsgebiet der drei Flüsse Amur, Sungari und Ussuri. Die Provinzen Jilin, Liaoning und Innere Mongolei haben Anteil an diesen Ökosystemen.

Zu den bekanntesten **Naturschutzgebieten** gehört Zhalong, ein 2000 km^2 großes Reservat, das 1979 eingerichtet wurde, um die Brutgebiete des Rotkronenkranichs und anderer überwinternder Zugvögel zu schützen. Die Sumpfgebiete haben außerdem große Bedeutung für die Produktion von Schilfrohr, das größtenteils zu Pulpe für die Papiererzeugung verarbeitet wird. Da Wasservögel und Schilfrohrproduktion – zumindest im Augenblick – einvernehmlich nebeneinander bestehen können, scheint hier eine sinnvolle Lösung für Natur und Wirtschaft gefunden worden zu sein. In Tibet und West-Sichuan bieten Sumpfgebiete Lebensraum und Brutstätten für den Schwarzhalskranich und die Streifengans.

Zu Chinas **Süßwasserseen** gehören einige der bekanntesten Feuchtgebiete des Landes: Poyang Hu in Jiangxi und Dongting Hu in Hunan. Als Chinas zweitgrößter Süßwassersee hat der Dongting Hu große Bedeutung für die Tierwelt – insbesondere für stark gefährdete Arten wie den Yangzi-Delphin und den Chinesischen Stör sowie für überwinternde Wildvögel. Der Poyang Hu besitzt eine ähnliche Gestalt aus kleinen Seen und Sumpfgebieten, die jahreszeitlich bedingt unterschiedliche Wasserstände haben. Sommerliche Überflutungen hinterlassen im Herbst fruchtbares Ackerland, das sowohl den Bauern als auch Zugvögeln Nutzen bringt. Die Bedeutung des Gebietes wird schon daran ersichtlich, dass der See im Winter der Lebensraum für nahezu den gesamten Weltbestand des **Sibirischen Kranichs** ist und sich in dieser Zeit bis zu 500 000 Vögel am Poyang Hu aufhalten. In den letzten Jahren aber war der Wasserstand einiger der größeren Becken des Poyang Hu so niedrig, dass viele Wasservögel ihren Nahrungsbedarf nicht decken konnten.

Salzwasserseen und küstennahe Feuchtgebiete

Ungefähr die Hälfte der chinesischen Seen sind salzhaltig und ebenfalls wichtige Brutstätten für Wasservögel. Die meisten Salzwasserseen befinden sich in Chinas Nordwesten auf dem nordtibetischen Hochplateau und haben ein großs Gefälle. Größter See mit einer Fläche von 4426 km² ist der Qinghai Hu, an dem sich jeden Sommer Tausende Vögel einfinden, unter anderem Kormorane, Fischmöwen, Streifengänse und Säbelschnäbler. Xinjiangs Tarim-Flussbecken ist eines der größten chinesischen Brutgebiete des Schwarzstorches, das Ordos-Plateau in der Inneren Mongolei und Xinjiangs See Taolimiao-Alashan Nur sind Brutstätten der gefährdeten Gobi-Schwarzkopfmöwe. Viele dieser Seen und Sumpfgebiete unterliegen jahreszeitlichen Schwankungen und sind durch zunehmende Nutzung für menschliche Belange bedroht.

Chinas Küste erstreckt sich über 18 000 km vom Golf von Bohai, der im Winter zufrieren kann, bis zu den tropischen Gewässern des Südchinesischen Meeres. Die küstennahen Feuchtgebiete besitzen eine hohe Bedeutung als Zwischenstation für Meeresvögel, die zwischen Sibirien und Australien wandern. Zu den wichtigen Anflugplätzen der Vögel gehört vor allem die Insel Chongming im Yangzi-Delta bei Shanghai – also in der Nähe einer der größten chinesischen Städte.

Fauna

Obwohl Chinas vielfältige geografische und klimatische Verhältnisse einen ungeheuren Artenreichtum ermöglichen, wurde die Tierwelt in der jüngeren Vergangenheit durch den enormen Druck der riesigen Bevölkerung auf die Umwelt zurückgedrängt, sodass heute einige wundervolle Kreaturen am Rande der Ausrottung stehen.

Zu Chinas **gefährdeten Arten** in Fauna und Flora gehören der endemische Große Panda, der nur noch in hoch gelegenen Rückzugsgebieten mit Bambuswaldbestand im Südwesten des Landes anzutreffen ist, der Südchinesische Tiger in Reservaten in Fujian und Guangxi, der Sibirische Tiger in hochländischen Gebieten des Nordostens, der Yangzi-Delphin, der Nippon-Ibis sowie etliche andere Tiere und Pflanzen. Während in freier Wildbahn noch ungefähr 1000 Große Pandas leben, beträgt die Zahl der Nippon-Ibisse geschätzte 45 Exemplare, und die Zahl der Yangzi-Delphine liegt inzwischen unter 20. Zu den gefährdeten Tierarten gehören auch der Schneeleopard, dessen Lebensraum sich zu großen Teilen auf Westchina beschränkt, der Asiatische Elefant als Bewohner von Xishuangbanna nahe Laos und Vietnam, der Stumpfnasenaffe, der Yangzi-Alligator sowie Zugvogelarten wie Rotkronenkranich und Schwarzhalskranich.

Der Artenreichtum hat nicht zuletzt auch durch den Konkurrenten Mensch abgenommen. **Intensive Landerschließung** für die Nahrungsmittelproduktion hat den Lebensraum der Tiere ebenso stark vermindert wie die Urbarmachung von Feuchtgebieten für die Landwirtschaft. Der Bau von Kraftwerken und die Anlage von Stausystemen haben die Ausdehnung der Süßwasser-Ökosysteme beschnitten. Millionen domestizierter Schafe und Kühe, die auf den Graslandflächen der Inneren Mongolei weiden, führen zu einer steigenden **Wüstenbildung**; diese Situation verschlimmerte sich im Jahre 2002 zusätzlich durch Dürren und Feuersbrünste. Die Nachfrage übertrifft längst das Angebot an nahezu allen **natürlichen Ressourcen**, inklusive Wasser (im ganzen Land besteht Knappheit), Holz, tierische Produkte und Wildpflanzen.

Der gegenwärtige wirtschaftliche Boom hat massenweise Autos auf die Straßen gebracht, was die **Umweltverschmutzung** erhöht und Lebensräumen zum Beispiel in Form von saurem Regen indirekt schadet.

Die **Abholzung** der Wälder für kommerzielle Zwecke und die massive Erschließung neuer Anbauflächen führten im letzten halben Jahrhundert zu ernsten Konsequenzen – ihnen werden die verheerenden Überschwemmungen des Yangzi-Beckens in den späten 90er Jahren zugeschrieben. Eindringlich veranschaulicht werden die Auswirkungen auf die Tierwelt am Beispiel des Großen Panda. Die Tiere benötigen große Mengen an Bambus, der als Unterholz in den feuchten subtropischen Wäldern der gebirgigen Provinzen Sichuan, Gansu und Shaanxi wächst. Ohne ein Blätterdach von Bäumen dörrt der Bambus aus, so dass durch den Holzeinschlag in diesen Gebieten die Lebensräume des Pandabären empfindlich geschmälert wurden. Unter der Abholzung leidet auch der Tiger, dessen Bestand in China wahrscheinlich auf weniger als 100 Tiere zurückgegangen ist. In den 50er und 60er Jahren durften die Tiere beliebig gejagt werden. Es verbleiben sehr wenige geeignete Lebensräume, in denen sich diese Spezies wieder vermehren könnte; eine endemische Art, der Südchinesische Tiger, ist sogar ernsthaft in seinem Bestand gefährdet.

Umweltschutz

Jedem Chinareisenden fällt ins Auge, dass dem Umweltschutz wenig Beachtung geschenkt wird, schließlich will das Land viele Jahre der wirtschaftlichen Stagnation wettmachen. Die Entwicklung ist unkontrolliert. In den letzten Jahren sind jedoch einige Verbesserungen eingetreten.

Seit Chinas erstes **Naturschutzgebiet** Dinghu Shan in der Provinz Guangdong 1956 eingerichtet wurde, ist die Zahl der Schutzgebiete auf über 700 angestiegen. Sie erstrecken sich über fast 6% der Landesfläche. Seit 1980 unterstützt der World Wide Fund for Nature (WWF) ein Erhaltungsprogramm für den Großen Panda, und die Verwaltungsstellen, die jene Reservate betreuen, haben seitdem mit zahlreichen ausländischen Organisationen zusammengearbeitet. Die UNESCO zählt drei chinesische Reservate zum Weltnaturerbe – ein Status, der die Finanzierung weiterer Erhaltungsprogramme ermöglicht. Angespornt durch wachsendes **internationales Interesse** an China durch den Beitritt zur Welthandelsorganisation hat sich die chinesische Regierung in den vergangenen Jahren stärker für Schutzprogramme engagiert, beispielsweise durch die Bewilligung von einer Milliarde US-Dollar für den Aufbau von über 200 neuen Biotop-Reservaten im kommenden Jahrzehnt.

Es gibt noch weitere Erfolgsmeldungen. Nachdem zunehmende Versandung und Landerschließung das Seengebiet Dongting Hu zwischen 1950 und 1998 um nahezu 50% schrumpfen ließen, wurden kürzlich 300 000 rund um den See lebende Bauern umgesiedelt. Die durch die nahe Stadt Yueyang bewirkte Verschmutzung aber bleibt ein Problem, auch wenn in dem Gebiet nun keine Pestizide und Kunstdünger mehr eingesetzt werden dürfen. Obwohl das Maß der Abholzung erschreckende Größenordnungen erreicht hat, hat sich Chinas gesamte Waldfläche in der jüngeren Vergangenheit vergrößert; Wald bedeckt mittlerweile 14% der Landesfläche. Zu verdanken ist dies einerseits der Kampagne, die sich **Grüne Große Mauer** nennt und durch das Anpflanzen eines riesigen Baumgürtels im Nordwesten die Erosion einzudämmen versucht, andererseits den Wiederaufforstungsmaßnahmen an den Oberläufen wichtiger Flüsse wie Yangzi, Huanghe und Liao. In den nordchinesischen Provinzen Ningxia und Innere Mongolei laufen Projekte gegen das Vordringen der Wüste. Leider ist der ökologische Wert der neu angepflanzten Wälder wesentlich geringer als derjenige der früheren natürlichen Wälder. Neu angepflanzte Wälder können Nutzholz für industrielle und private Zwecke stellen, doch sie füllen nicht die Rolle aus, die natürliche Wälder für den Schutz der Böden, die Wasserregulierung sowie Flora und Fauna spielen.

Ermutigend sind die Anzeichen für ein wachsendes Umweltbewusstsein der chinesischen **Öffentlichkeit**. Die nationale Kampagne – die erste ihrer Art – zur Rettung des Yunnan-Stumpfnasenaffen, der nur im Westen Yunnans lebt, ist ein treffendes Beispiel. Teilweise steht der Lebensraum dieser Affen unter Schutz, doch der Bezirk Deqin, die Hauptzielrichtung der Kampagne, bezieht 95% seiner staatlichen Einnahmen aus der Holzwirtschaft – und finanziert damit die Gehälter der Angestellten sowie den Bau von Schulen und Kliniken.

Ein einheimischer Natur-Videofilmer erkannte die prekäre Situation der Affen und produzierte eine Fernsehdokumentation, die landesweit ausgestrahlt wurde und nationalen Protest hervorrief. Als auch das Ministerium für Forstwirtschaft seine Besorgnis zum Ausdruck brachte, forderte die Verwaltung des Bezirks Deqin unverzüglich Kompensationszahlungen, da das Einstellen der Abholzung in einer Region, die ohnehin von Armut heimgesucht ist und außer dem Verkauf dieses einzigen wertvollen Rohstoffs keine nennenswerten Einkommensmöglichkeiten besitzt, unausweichlich zu wirtschaftlichen Schwierigkeiten führen würde. Bislang wurde keine langfristige Lösung gefunden, doch der zunehmende Tourismus könnte alternative Einkünfte einzubringen. Das größte Problem dürften die Hunderttausenden Waldarbeiter darstellen, die in den dortigen Gebieten tätig sind und eine neue Beschäftigung benötigen.

Im Jahre 2002 nahmen chinesische Studenten an einem Programm teil, dass vom **WWF** und der staatlichen chinesischen Forstverwaltung finanziert wurde und dessen Ziel es war, das Umweltbewusstsein der Bauern und lokalen Verwaltungsbeamten zu schärfen. Es gibt inzwischen auch mehrere nicht-staatliche Organisationen, die um die Umwelt besorgt sind. Obwohl kaum eine von ihnen einen Druck vergleichbar mit westlichen Verhältnissen erzeugen kann, weist ihre bloße Existenz doch auf die wachsende Bereitschaft der öffentlichen Meinung hin, sich derartigen Themen zu stellen. Umweltbezogene Radio- und Fernsehsendungen tragen zur weiteren Schärfung des öffentlichen Bewusstseins bei. Besonders wichtig ist, das zunehmend jüngere Spezialisten mit technischer Ausbildung offizielle Erhaltungsprogramme leiten; auch wenn sie sich oft der anachronistischen Politik älterer Vorgesetzter beugen muss, entwickelt die junge Generation landesweit Einfluss in den Kernbereichen des Umweltschutzes.

Aktuelle Informationen über Chinas Umweltprobleme und die Formen, ihnen zu begegnen, gibt die Internet-Adresse 💻 www.enviroinfo.org.cn, die Links zu relevanten nicht-staatlichen Organisationen und nationalen Zeitungen mit aktuellen Themen bietet.

Daniel A. Viederman,
mit zusätzlichen Beiträgen von David Leffman

Geschichte

Die moderne Archäologie bestätigt nach und nach die antiken Berichte über die frühesten Zeiten des Landes, und es hat den Anschein, dass Chinas Geschichte – wie weit man auch zurückgeht – im Wesentlichen eine Geschichte seiner **Dynastien** ist, eine Abfolge von sich bekriegenden Herrschern, die sich letztendlich nur nach im Ausmaß ihrer Autokratie unterschieden. Obwohl auch der folgende Abriss der chinesischen Geschichte zwangsläufig dieser Einteilung folgt, gilt zu berücksichtigen, dass China bei näherem Hinschauen niemals so recht als Gesamtgebilde existierte – trotz der seit über 2000 Jahren existierenden Idee eines „Chinesentums". Seit frühesten Zeiten spielte **Regionalismus** eine entscheidende Rolle in der Geschichte des Landes, und mit Blick auf die herausragenden Geschehnisse gerät leicht das nur allzu oft harte Los des Volkes in Vergessenheit. Die Kaiser lebten in Glanz und Pracht, am Hof lebende Schriftsteller, Poeten und andere Künstler durften ihre Talente entfalten, doch zugleich litt die bäuerliche Bevölkerung unter hoher Besteuerung und Hungersnöten. Frühe Tode waren auf dem Land die Norm. Obwohl die Kulturrevolution, die tief verwurzelte Korruption sowie rigorose staatliche Maßnahmen gegen politisch Andersdenkende in Beijing und Tibet der Volksrepublik alles andere als eine weiße Weste verliehen haben, ist es unbestritten, dass erst seit ihrer Gründung im Jahre 1949 die Chance auf eine annehmbare Lebensqualität in den Reihen der einfachen Bevölkerung vorstellbar wurde.

Vorgeschichte und die Drei Frühen Dynastien

Der chinesischen Legende zufolge wurde der Schöpfer **Pan Gu** aus dem ungeordneten Weltenei geboren und wuchs hinein in den Raum zwischen der Erde Yin und dem Himmel Yang. Er benötigte 80 000 Jahre, um der Erde mit Hilfe eines Drachen, eines Einhorns, eines Phönix und einer Schildkröte ihre heutige Gestalt zu verleihen. Als er starb, wurde sein Leib zu den Böden, den Flüssen und dem Regen, und aus seinen Augen entstanden Sonne und Mond. Seine Körperteile aber wurden zu Tieren, Pflanzen und den übrigen Dingen der Natur und legten so den Keim für das Entstehen des Menschen. Zwischenzeitlich entstand ein Pantheon aus den halb-göttlichen mythischen **Fünf Ur-Kaisern**, die jeweils bis zu 100 Jahre herrschten und das Feuer, den Kalender, die Landwirtschaft, die Seidenzucht und die Verheiratung erfanden. Zu den berühmten Herrschern gehörten der wohltätige Yao, der zu Gunsten von Shun abdankte. Shun leistete mühselige Arbeit unter der Sonne, bis seine Haut schwarz wurde, und übergab seinerseits die Amtswürde an Yu den Großen, den „Bändiger der Fluten" und angeblichen Begründer der ersten chinesischen Dynastie namens Xia. Die Xia-Dynastie soll ihre Macht 439 Jahre lang behauptet haben, bis sie unter einem degenerierten und korrupten König durch die Shang Dynastie gestürzt wurde. Nach einer noch längeren Regierungsperiode wurde die hinter Mythen verschwimmende tugendhafte Shang-Dynastie durch die Zhou-Dynastie abgelöst, die erste höfische Aufzeichnungen hinterließ. Die Xia-, Shang- und Zhou-Dynastie sind hier unter dem Sammelbegriff „die Drei Frühen Dynastien" zusammengefasst.

Archäologen fanden in den Provinzen Liaoning, Anhui, Beijing und Yunnan Überreste des **Homo erectus**, die vermuten lassen, dass China bereits weitflächig von frühen Menschen besiedelt war, bevor sich die heutige Bevölkerung vor rund 200 000 Jahren zu entwickeln begann. Ausgrabungen jüngerer steinzeitlicher Siedlungen wie Banpo in Shaanxi und Homudu in Zhejiang beweisen, dass sich bereits um 5000 v. Chr. Ackerbau betreibende Gemeinschaften in den fruchtbaren Randgebieten des Huanghe und Yangzi niedergelassen hatten und auch Töpferwaren und Seide produzierten. Ebenfalls im Gebiet des Huanghe wurden die ersten soliden Nachweise der Bronze verarbeitenden Drei Frühen Dynastien entdeckt: Bei Erlitou in der Nähe von Luoyang wurden mehrere große Paläste aus gestampftem Lehm ausgegraben, die möglicherweise um 2000 v. Chr. das Zentrum der Xia-Hauptstadt bildeten.

Über die **Xia-Dynastie** ist wenig bekannt. Ihr Territorium erstreckte sich vermutlich über weite Gebiete der heutigen Provinzen Shanxi, Henan und Hebei. Das politische Geschehen der nachfolgenden **Shang-Dynastie** wurde kurz vor der Geburt Christi durch den berühmten Geschichtsschreiber Sima Qian aufgezeichnet, dessen früher angezweifelte Berichte in der jüngeren Vergangenheit durch zahlreiche Funde an Glaubwürdigkeit gewannen. Die Shang-Gesellschaft existierte ungefähr zwischen 1750 und 1040 v. Chr. und erstreckte sich über etwa denselben Raum wie die Vorgängerdynastie. Sie besaß einen König, ein Klassensystem und ausgefeilte Kenntnisse in der Bronzeverarbeitung. Die damals bekannten Techniken breiteten sich über die bestehenden Grenzgebiete bis nach Sichuan aus, wo die wundervollen Gefäße geschaffen wurden, die wir in den Museen heute bewundern können. Bei Ausgrabungen in der Shang-Hauptstadt Yin wurden Grabanlagen freigelegt, in denen Waffen, Jadeschmuck, Seidenfragmente und Ritualopfer gefunden wurden, die auf einen Glauben hinweisen, der sich um Ahnenverehrung und ein Leben nach dem Tode rankte. Außerdem existierte ein Orakelkult, denn es wurden unter Verwendung von Schriftzeichen Fragestellungen in Schildkrötenpanzer und Knochen geritzt, die anschließend Hitze ausgesetzt wurden, um zu ersehen, in welcher Weise das Material um die Wörter herum zerbarst. Diese Orakelknochen, Chinas bislang früheste schriftliche Quellen, befassen sich mit Themenkreisen wie Regenfall, Träumen und Ahnenflüchen.

Um 1040 v. Chr. stürzte ein nördlicher Stamm namens **Zhou** die Shang. Die Zhou-Dynastie weitete die Reichsgrenzen westwärts des Huanghe bis nach Shaanxi aus, gründete eine Hauptstadt am Ort der heutigen Stadt Xi'an und übernahm viele Gewohnheiten der Shang. Um ihre Machtübernahme zu rechtfertigen, führte sie die Lehre vom „Mandat des Himmels" ein, nach welcher der Himmel den starken und weisen Staatsführern die Autorität zur Herrschaft verleiht und den schwachen und dummen diese Autorität entzieht – dieses Mandat ist noch immer ein integraler Bestandteil des chinesischen Denkens. Die Zhou schmückten sich mit dem Titel „Söhne des Himmels" und installierten eine Hierarchie von Vasallenherrschern, deren wachsende Unabhängigkeit zum allmählichen Verfall der Dynastie führte.

Der Untergang der Zhou-Dynastie

Von ihrer neuen Hauptstadt Luoyang aus spielten die letzten Zhou-Herrscher nur noch eine symbolische Rolle. Um die wahre Macht kämpften während der **Frühlings- und Herbstepoche** sowie zur **Zeit der Streitenden Reiche** 550 Jahre lang über 200 Stadtstaaten und Fürstentümer. Diese Epoche der Gewalt war zugleich eine Zeit der Vitalität und des Wandels. Als das Feudalsystem zusammenbrach, wichen die traditionellen religiösen Vorstellungen neuen Konzepten, die auf den Lehren des Konfuzius (Kong Fuzi) sowie auf dem Daoismus (s.S. 117) und Legalismus beruhten. Durch die Rivalität zwischen den Streitenden Reichen entwickelten sich Landwirtschaft, Irrigationswesen, Handel, Transport und Diplomatie. Erstmals wurde Eisen geschmolzen, um Waffen und Werkzeuge herzustellen, und auch in der Medizin, Astronomie und Mathematik wurden bedeutende Entdeckungen gemacht. Nach 300 Jahren Krieg mit zahlreichen Annektierungen blieben sieben Staaten übrig, deren Territorien kollektiv als **Reich der Mitte** (Zhongguo) bezeichnet wurden und die sich inzwischen westwärts nach Sichuan, südwärts nach Hunan und nordwärts bis zur mongolischen Grenze ausgedehnt hatten.

Die Qin-Dynastie (221–207 v. Chr.)

Erst gegen Ende des dritten vorchristlichen Jahrhunderts ging die Zeit der Streitenden Reiche durch den Aufstieg einer neuen Dynastie zu Ende: die Qin. Von seiner ursprünglichen Basis im Gebiet der heutigen Provinz Shaanxi aus hatte sich der Staat Qin 500 Jahre lang beständig zu Ungunsten seiner Nachbarn ausgebreitet. 221 v. Chr. eroberten seine Armeen das letzte Widerstandsnest des Reichs der Mitte, das an der Ostküste gelegene Qi im heutigen Shandong. Damit wurde China erstmals in seiner Geschichte zu einem vereinten und zentralisierten Staat. Es wurden Währungs- und Schriftsysteme geschaffen, welche die Jahrtausende überdauerten. Chinas erster Kaiser **Qin Shi Huang** war ein absoluter Herrscher. Er ließ die antiken literarischen Schriften und historischen Aufzeichnungen vernichten, um jegliches Gedankengut, das seinen eigenen Ideen widersprach, auszumerzen. Die Bauern wurden von ihrem Land vertrieben und als Zwangsarbeiter in seinen riesigen Bauprojekten eingesetzt, zu denen Tausende Straßen- und Kanalkilometer sowie eine frühe Version der Großen Mauer gehörten, die das neue Reich nach außen abschirmte. Brennend vor Ambitionen, die gesamte bekannte Welt zu beherrschen, trieb der Kaiser seine Armeen über die Grenzen des Reichs der Mitte hinaus und dehnte die chinesische Herrschaft (jedoch ohne absolute Kontrolle) nach Westen und Südosten aus. Er legte die Grundzüge der chinesischen bürokratischen Verwaltung, seine 37-jährige Herrschaft war aber letztendlich zu sehr auf seine Person konzentriert – was an seinem riesigen, von der weltberühmten Terrakotta-Armee bewachten Grab ersichtlich wird, das er in der Nähe seiner Hauptstadt Xi'an anlegen ließ. Nach seinem Tode im Jahre 210 v. Chr. erhoben sich die Provinzen zur Revolte. Seinen Nachfolgern fehlte die persönliche Autorität, sodass sie das Reich nicht zusammenhalten konnten.

Die Han-Dynastie (206 v. Chr.–220 n. Chr.)

Im Jahre 206 v. Chr. nahm der kriegerische **Liu Bang** die Hauptstadt Xi'an ein und gründete die Han-Dynastie, die 400 Jahre lang Bestand hatte und zu ihrer Blütezeit ein größeres Gebiet beherrschte als das zeitgenössische kaiserliche Rom. Die Han waren das erste chinesische Großreich. Die Kultur erblühte, die Grenzen weiteten sich aus und wurden für den Handel und neue Ideen geöffnet. Die Dynastie schuf eine so starke nationale Identität, dass sich die Hauptgruppe der Chinesen bis zum heutigen Tage als Han-Chinesen bezeichnet.

Liu Bang übernahm das Verwaltungsmodell der Qin-Dynastie, doch um zu verhindern, dass andere seinen militärischen Sieg nachahmten, stärkte er seine Position, indem er seine Verwandten mit großzügigen Ländereien ausstattete. Dies bewirkte eine Periode der Stabilität, in der eine wachsende Beamtenschaft durch ein effektives Steuersystem finanziert wurde und am Ort der heutigen Stadt Xi'an die große kosmopolitische Hauptstadt Chang'an entstand. Die wachsenden Staatseinnahmen nährten die expansionistische Politik des späteren Herrschers **Wu**, der die Verteidigungslinien seines Reichs von 135–90 v. Chr. bis nach Xinjiang und Yunnan ausdehnte und die Seidenstraße für den Handel mit Tee, Gewürzen und Seide mit Indien, Westasien und Rom öffnete. Mit Hilfe seiner Söhne und erfahrener Generäle schlug er die nördlichen Stämme, drang nach Korea ein und unterwarf und kolonisierte die aufsässigen südlichen Staaten, darunter Guangdong und sogar Teile von Vietnam. Innenpolitisch unterstellte er seinen wachsenden Verwaltungsapparat dem konfuzianischen Modell und legte damit den Grundstein für eine 2000-jährige Prägung der Staatsverwaltung durch den Konfuzianismus.

Letztendlich erreichten die Ressourcen des Reiches jedoch ihre Grenzen, und die hohe Steuerbelastung führte im Volk zu Unruhe und Verzweiflung. Das Herrscherhaus versank zunehmend in Dekadenz und wurde durch Machtkämpfe zwischen rivalisierenden Gruppen kaiserlicher Konkubinen, Eunuchen und Staatsbeamter geschwächt. Im Jahre 9 n. Chr. nutzte der gelehrte und einflussreiche **Wang Mang** seine Machtposition und setzte den minderjährigen Kaiser ab. Er richtete eine eigene, jedoch kurzlebige Dynastie ein. Über gut 15 Jahre hatte die **Östliche Han-Dynastie** mit neuer Hauptstadt in Luoyang die Macht inne. Die klassischen Traditionen wurden unter Kaiser **Liu Xiu** wiederbelebt, doch nach dessen Regierungszeit schwächten innere Intrigen erneut die Dynastie. Ein Bauernaufstand sorgte für den endgültigen Sturz der Östlichen Han-Dynastie: Auslöser waren die **Gelben Turbane**, eine daoistische Geheimsekte. Das Land zersplitterte erneut in einander bekriegende Staaten. Inzwischen hatten sich jedoch zwei bedeutende Schulen der Philosophie und Religion etabliert, die das entstehende Chaos überdauerten: Die konfuzianische Ideologie einer zentralisierten Universalordnung hatte der Autorität des Kaisers feste Formen verliehen, und der aus Indien kommende Buddhismus begann viele Aspekte des Lebens und Denkens sowie vor allem die Schönen Künste und die Literatur zu bereichern, während er selbst allmählich absorbiert und durch einheimische Glaubensmuster verändert wurde.

Die Drei Reiche (220–280 n. Chr.)

Etwa 350 Jahre trennen den Zusammenbruch der Han-Dynastie im Jahre 220 von der Wiederherstellung der Einheit durch die Sui-Dynastie im Jahre 581. Die Sui herrschten kein halbes Jahrhundert über China, doch das Konzept eines geeinten Staates war keinesfalls in Vergessenheit geraten.

Ab 220 n. Chr. kämpften die drei Staaten **Wei**, **Wu** und **Shu** in einem langen Krieg, der später in der Heldenerzählung *Die Geschichte der Drei Reiche* verewigt wurde, um die Vorherrschaft. Der Krieg stürzte Zentralchina in den Ruin und löste eine Massenauswanderung gen Süden aus. In den folgenden Jahrhunderten setzte sich der Regionalismus in China fest: Die **Südlichen Dynastien** bestanden aus mehreren schwachen und kurzlebigen Reichen, doch sie verzeichneten relativen Wohlstand und wirtschaftliches Wachstum; die Hauptstadt Nanjing entwickelte sich zu einem lebendigen Handels- und Kulturzentrum. Im Jahre 386 jedoch überschritt **Tuoba Gui** von der Tuoba-Sippe des Xianbei-Stammes die ungeschützte nördliche Grenze und rief die **Nördliche Wei-Dynastie** aus. Die Aristokratie der Wei nahm chinesische Sitten und Gebräuche an – ein Assimilationsmuster, das andere Eindringlinge wiederholen sollten – und ließ in der Nähe ihrer ersten Hauptstadt Datong eine wundervolle Abfolge von buddhistischen Höhlen mit herausragenden Steinmetzarbeiten errichten. 534 brach ihr Reich zusammen. Nach mehreren kurzlebigen Dynastien entriss im Jahre 581 General **Yang Jian** seinem Regenten die Macht. Er vereinte die nördlichen Splitterstaaten, zog zu Lande und zu Wasser gegen Südchina zu Felde und gründete die Sui-Dynastie.

Die Zeit der Drei Reiche war in gewisser Weise ein dunkles Zeitalter mit Kriegen, Gewalt und Völkermord, sie war zugleich aber auch eine prägende Epoche. Als sich der Staub gelegt hatte, war eine gänzlich andere Gesellschaft entstanden. In den meisten Jahren produzierten viele Regionen einen Nahrungsmittelüberschuss, mit denen die wohlhabenden und müßigen herrschenden Schichten in den Städten und auf dem Land, große Armeen sowie gedeihende buddhistische Gemeinschaften versorgt werden konnten. Die Kultur erlebte einen grandiosen Aufschwung: Literatur, Kalligrafie und Bildhauerei (vor allem die buddhistische) erblühten in nie zuvor gekanntem Maße und nahmen Einflüsse aus Indien und Zentralasien auf. So wurden die nachfolgenden Dynastien Sui und Tang mit einem reichen Erbe ausgestattet.

Die Sui-Dynastie (581–618)

Der Sui-Dynastie wird in historischen Abhandlungen vergleichsweise wenig Raum gewidmet, denn schon nach einer relativ kurzen Regierungszeit übernahm die Tang-Dynastie die Macht. Doch bevor sich die Sui militärisch in Korea aufrieben und untergingen, erbrachten zwei ihrer drei Kaiser beachtliche Leistungen. Bis zu seinem Tod im Jahre 604 fungierte Yang Jian als **Kaiser Wen** und erwies sich als aktiver Herrscher, der das Beste aus der Vergangenheit übernahm und darauf aufbaute. Er vereinfachte und stärkte die Verwaltung, entwickelte ein neues Strafrecht, zentralisierte erneut die staatliche und militärische Gewalt und gestaltete die Steuereinziehung effizienter. In der Nähe von Xi'an entwarfen seine Architekten die neue Hauptstadt Da Xing Cheng (Stadt des Großen Wohlstands) mit einem Stadtpalast, einem Wohnviertel aus 108 ummauerten Bereichen, mehreren großen Märkten und einer 35 km langen Stadtmauer – damals die wahrscheinlich größte Stadt der Welt. Als Kaiser Wen im Jahre 604 starb, verdrängte **Yang Di** seinen älteren Bruder von der Thronfolge. Yang verbesserte das Verwaltungssystem, förderte die Neubelebung der konfuzianischen Lehre und betrieb eine starke Außenpolitik, doch seine Bauprojekte – beziehungsweise die zu ihrer Fertigstellung benötigte Zwangsarbeit – trugen ihm den Ruf eines sprichwörtlich „bösen Kaisers" ein. Unter anderem ordnete er den Bau des über 2000 km langen Kaiserkanals an, um Nahrungsmittel aus der „Reisschüssel" südlich des Yangzi in seine Hauptstadt Xi'an transportieren zu können. Tausende Zwangsarbeiter kamen bei dem Projekt ums Leben. Yang wurde 618 ermordet, nachdem der öffentliche Hass zu einer Militärrevolte unter General **Li Yuan** geführt hatte.

Von der Tang- zur Song-Dynastie (618–1278)

Das 7. Jahrhundert markiert den Beginn der mittelalterlichen Epoche der chinesischen Geschichte. Es ist die Zeitspanne, in der die chinesische Kultur ihren kosmopolitischsten und kultiviertesten Höhepunkt erreichte, eine Zeit des Experimentierens in Literatur, Kunst, Musik und Landwirtschaft, eine Epoche, die scheinbar unvereinbare Elemente miteinander verknüpfte.

Li Yuan nahm den Namen **Gao Zu** an und konsolidierte seine neue Tang-Dynastie, indem er seine restlichen acht Regierungsjahre nutzte, um sich seiner Rivalen zu entledigen. Unter seinem Sohn **Tai Zong** dehnte sich das Tang-zeitliche China aus: Die Turkstämme des Nordwestens wurden unterworfen, die Tibeter gefügig gemacht und Beziehungen zum fernen Byzanz (dem heutigen Istanbul) aufgenommen. China öffnete seine Grenzen für Händler und Reisende aller Länder und Glaubensrichtungen. Viele Ausländer ließen sich in den Handelsstädten Yangzhou und Guangzhou nieder, wo sich ihre Religionen, besonders der Islam, ausbreiteten und ihre Kenntnisse und Gewohnheiten Einfluss auf Künste, Küche, Kleidung und Unterhaltungsformen nahmen. Chinas Produkte gelangten nach Indien und Persien, in den Nahen Osten und zahlreiche andere Länder. Der Buddhismus behauptete sich und drang in alle Lebensbereiche ein, zahlreiche chinesische Pilger reisten nach Indien. Der bekannteste Pilger war der Mönch **Xuan Zang**, der 629 nach Indien zog und 16 Jahre später mit den buddhistischen Schriften zurückkehrte, die er zum Teil übersetzte und damit einen immensen Beitrag für das chinesische Kulturgut leistete.

Xi'ans Bevölkerung wuchs auf über eine Million Menschen an und machte die Stadt zu einem der größten kulturellen Zentren der Welt. Xi'an war das Herz eines mächtigen zentralisierten Staates. Ein Jahrzehnt nach Tai Zongs Tod im Jahre 649 hatten sein Sohn **Gao Zong** und Chinas erste Kaiserin **Wu Zetian** den Einfluss der Tang-Dynastie von Korea bis nach Persien sowie südwärts bis nach Vietnam ausgedehnt. Wu Zetian war eine große Förderin des Buddhismus. Sie erteilte den Auftrag zum Bau der berühmten Grottenanlagen von Longmen vor den Toren Luoyangs und schuf ein Beamtensystem, das auf Verdiensten und nicht auf dem Geburtsstatus beruhte. Aufgrund ihrer Grausamkeit aber war sie beim Volk gefürchtet. Ihr Nachfolger **Xuan Zong** trat seine Amtszeit 712 in viel versprechender Weise an, doch nachdem er der schönen Konkubine Yang Guifei verfallen war, kam es 755 zur **Revolte des An Lushan** – der Kaiser musste nach Sichuan fliehen, und Yang fand einen schändlichen Tod unter den Händen der aufständischen Armee. Xuan Zongs Sohn, **Su Zong**, konnte Xi'an mit Hilfe tibetischer und uigurischer Streitkräfte zurückerobern, doch obwohl der Hof wieder eingesetzt wurde, war seine Macht gebrochen, und die wahre politische Macht verlagerte sich wieder in die Provinzen.

In den folgenden beiden Jahrhunderten zerfiel das Land in verschiedene regionale politische und militärische Bündnisse. Von 907–960 lösten die **Fünf Dynastien** einander ab, doch sie waren alle sehr kurzlebig. Die nördlichen Verteidigungslinien wurden schwächer, und Chinas wirtschaftliche Abhängigkeit vom Süden stieg. Die Aufsplitterung der Macht zog erhebliche soziale Veränderungen nach sich. Die traditionelle Elite, deren Schicksal an Dynastien geknüpft war, wich militärischen und kaufmännischen Klassen, die zur Statussteigerung

Land erwarben, sowie einer Beamtenschicht, die durch ein Prüfungssystem ausgewählt wurde. Im Süden konnten die **Zehn Staaten**, die zum Teil Seite an Seite existierten, die Reste der Tang-Zivilisation zusammenhalten, da ihre größere Stabilität und der wirtschaftliche Wohlstand ein relativ hohes kulturelles Niveau ermöglichten.

Im Jahre 960 brachte im Norden eine aufbegehrende Armee den General Tai Zu auf den Thron. Dieser richtete die **Nördliche Song-Dynastie** ein und verlegte die Hauptstadt nach Kaifeng. Die Stadt am Ende des Kaiserkanals war günstig gelegen, denn durch die Wasserstraße konnte die Millionenbevölkerung mit Getreide aus dem Süden versorgt werden. Die neue Dynastie konsolidierte ihre Macht über die umliegenden kleinen Fürstentümer eher mittels geschickter politischer Winkelzüge als militärischer Aktionen und verlagerte die Verwaltungsaufgaben wieder von Armeeoffizieren auf Zivilbeamte. Im Jahre 1115 aber wurde Nordchina von der **Jin-Dynastie** überrollt, die den Kaiserhof in das hinter dem mächtigen Yangzi geschützte südliche Hangzhou verlegte. Ihre Kultur erblühte ab 1127 als **Südliche Song-Dynastie**. Zu den Erfindungen während ihrer 150-jährigen Herrschaft gehörten das Schießpulver, der Magnetkompass, edles Porzellan und die beweglichen Lettern, doch ihre Vorliebe für Kunst und geistiges Leben führte zum Verfall ihrer militärischen Stärke und zur Unterschätzung ihrer aggressiven „barbarischen" Nachbarn, deren eigene expansionistische Bestrebungen ihren Höhepunkt in der mongolischen Invasion des 13. Jahrhunderts fanden.

Die Yuan-Dynastie (1278–1368)

Bereits im 11. Jahrhundert hatte sich mongolischer Einfluss in China breit gemacht. Die Song-Kaiser zahlten Tribute an verschiedene mongolische Staaten, um deren Armeen von Angriffen abzuhalten. Diese individuellen Lehensstaaten wurden 1206 von **Dschingis Khan** zu einer mächtigen Armee vereint, die sich alsbald an die Eroberung von Chinas Norden machte. Trotz des chinesischen Widerstandes und interner Machtrangeleien riss 1278 die mongolische Yuan-Dynastie den chinesischen Kaiserthron an sich. Dschingis Khans Enkel **Kublai Khan** herrschte über ein Imperium, das sich über Chinas heutige Grenzen hinaus erstreckte. Von ihrer Hauptstadt Khanbalik (das heutige Beijing) aus übten die Yuan-Kaiser eine zentralisierte Kontrolle aus, die Chinas Wirtschaft aufblühen ließ und die Schäden aus fünf Jahrhunderten Bürgerkrieg reparieren half. Die Tore des Landes wurden weit geöffnet für ausländische Reisende, Händler und Missionare. In vielen chinesischen Häfen waren Araber und Venezianer anzutreffen, und im Jahre 1341 legte ein Russe das beste Examen für die Kaiserliche Beamtenschaft ab. Der Kaiserkanal wurde von Beijing bis Hangzhou ausgebaut, in der Hauptstadt entstand hinter einer neuen Stadtmauer der Palast der umfassenden Ruhe, der später als Verbotene Stadt bezeichnet wurde. Beschreibungen darüber gelangten durch **Marco Polo** nach Europa. Er schrieb seine Eindrücke über das Leben am Yuan-Hof und die dortigen Schätze in den sieben Jahren, die er in Beijing lebte und für die Verwaltung Kublai Khans arbeitete, nieder.

Die Yuan konnten die Kontrolle über ganz China nur bis 1368 aufrecht erhalten. Ihre Macht zerfiel, weil sie sich in einem Maße assimilierten, das ihre Brüder im Norden nicht tolerieren konnten, gleichzeitig in ihrer Annäherung an die Chinesen nicht weit genug gingen, um sich kulturell vollständig zu integrieren. Als die nördlichen Stämme rebellierten und Hungersnöte und heftige Überschwemmungen zu Aufständen in China führten, entriss der vom Mönch zum Banditenführer gewandelte, aus dem Süden stammende **Zhu Yuanzhang** dem letzten jugendlichen Yuan-Kaiser den Thron.

Die Ming-Dynastie (1368–1644)

Zhu Yuanzhang nahm den Namen **Hong Wu** an und proklamierte sich selbst zum ersten Kaiser der Ming-Dynastie mit der Hauptstadt in Nanjing. Zhu nahm tief greifenden Einfluss auf die chinesische Geschichte. Abgesehen von seinem Despotismus, der zu zwei gnadenlosen Säuberungsaktionen führte, bei denen Tausende Beamte und Literaten den Tod fanden, legte er die Grundlagen für eine außenpolitische Isolation, die während der gesamten Ming- und Qing-Zeit Bestand haben sollte. Die chinesische Kultur richtete den Blick auf sich selbst, und die Handelsvorteile und diplomatischen Beziehungen zu auswärtigen Mächten gingen verloren. Nichts verdeutlicht diesen Kurs mehr als der Ming-zeitliche Ausbau der heutigen Großen Mauer – ein ebenso grandioser wie vergeblicher Versuch, die Invasion von nördlichen Stämmen nach China zu verhindern. Nach ihrem Bau begannen die militärische Macht und Diplomatie des Ming-Hofes Ende des 15. Jahrhunderts einzubrechen.

Dennoch wurden in dieser Epoche herausragende künstlerische Leistungen vollbracht. Weltweite Berühmtheit erlangte beispielsweise das Porzellan aus den kaiserlichen Brennöfen in Jingdezhen. Die Ming-Herrscher verhielten sich nicht vollständig isolationistisch. Unter der Herrschaft von **Yongle**, dem 26. Sohn Zhus, fuhr die kaiserliche Flotte unter Admiral **Zheng He**, einem moslemischen Eunuchen, über den Indischen Ozean bis an die Ostküste Afrikas. Nach Yongles Tod 1424 stagnierten diese Erkundungsfahrten wieder. Die Missionen wurden eingestellt, weil man sie als unvereinbar mit den konfuzianischen Werten einstufte, die Ausländer gering schätzten. So wechselten die Initiativen für Welthandel und Forschungsfahrten in die Hände der Europäer, es folgten die großen Entdeckungsreisen von Kolumbus, Magellan und Vasco da Gama. 1514 tauchten auf dem Perlfluss am Südhafen von Guangzhou (Kanton) portugiesische Schiffe auf, die jedoch alsbald vertrieben wurden. 1557 erhielt **Portugal** jedoch die Erlaubnis, Macau zu kolonisieren. Obwohl der Umgang mit Ausländern offiziell vom Kaiserhof geächtet war, blühte der Handel auf, chinesische Kaufleute und Beamte waren begierig, die damit verbundenen Vorteile zu nutzen.

In ihren späten Jahren hatte die Ming-Dynastie weniger große Herrscher zu verzeichnen. Sie ließen die Macht in die Hände der Eunuchen-Beamten gleiten, die ihre Befugnisse jedoch weniger zur Steuerung des Reiches als vielmehr zu Intrigen nutzten. Anfang des 17. Jahrhunderts konnte von Grenzverteidigung keine Rede mehr sein, und die nördlichen **Mandschu-Stämme** hatten bereits die Große Mauer überwunden. 1627 setzte eine Serie von Bauern- und Militäraufständen gegen die Ming ein. Als die Horden des Rebellen **Li Zicheng** 1644 in der Hauptstadt einfielen, floh der letzte Ming-Kaiser aus seinem Palast und erhängte sich – ein schmachvolles Ende einer 300 Jahre alten Dynastie.

Die Qing-Dynastie (1644–1911)

Die Mandschu zögerten nicht, die inneren Wirren zu ihrem Vorteil zu nutzen: Sie fielen über Beijing her, vertrieben Li Zicheng und seine Truppen, erklärten die Hauptstadt zu ihrer eigenen und gründeten die Qing-Dynastie. Es dauerte weitere 20 Jahre, bis sich die Mandschu auch den Süden des Landes einverleibten. China befand sich erneut unter Fremdherrschaft. Wie einst die mongolische Yuan-Dynastie unternahmen auch die Qing zunächst wenig, um sich an die einheimische Kultur anzupassen. Sie herrschten abgesondert als Herren über das Volk. Mandschu wurde zur offiziellen Sprache, die Chinesen waren verpflichtet, einen Zopf zu tragen, und Heiraten zwischen Mandschu und Chinesen war streng verboten. Nachdem die Qing-Dynastie die abgelegenen Gebiete der Inneren und Äußeren Mongolei, Tibets und Turkestans dem chinesischen Reich einverleibt hatte, war die chinesische Welt größer als unter der Tang-Dynastie.

Schon bald aber erwiesen sich die Mandschu als empfänglich für die chinesische Kultur, und letztendlich unterlagen sie vollauf ihrem Einfluss. Drei herausragende Qing-Kaiser bescherten der Verwaltung schon in der Frühgeschichte der Dynastie neues Blut und frische Energie. **Kangxi**, der 1654 seine 61-jährige Regierungszeit im Alter von sechs Jahren antrat, war ein großer Anhänger der Künste und stattete zahllose Rollen berühmter Kalligrafien und Gemälde mit seinem Stempel aus, als Beweis, dass er sie begutachtet hatte. Beflissen pflegte er seinen Ruf als „Sohn des Himmels", indem er Reisen durch das Land unternahm und einen sehr persönlichen Führungsstil vorlebte. Er bemühte sich stark um die Wiedererlangung der Kontrolle über den Süden. 1683 konnte er die südliche **Rebellion der Drei Staatenbunde** (angeführt von drei Militärgouverneuren) gewaltsam beenden und das Reich erneut vereinen. Sein vierter Sohn **Yongzheng** (1678–1735, Regierungszeit 1723–1735) herrschte über eine der effizientesten und am wenigsten korrupten Verwaltungen, die China jemals besaß. Sein Erbe trat **Qianlong** (1711–99, Regierungszeit 1736–1796) an, unter dem sich Chinas Grenzen weit ausdehnten und das Land wirtschaftliche Stabilität besaß, die durch Frieden und Wohlstand genährt wurde. Um 1750 erlebte China vielleicht den Gipfel seiner Blüte: Es gehörte zu den militärisch stärksten, reichsten und mächtigsten Ländern der Welt.

In der zweiten Hälfte des 18. Jahrhunderts geriet China zunehmend in wirtschaftliche Schwierigkeiten. Die sesshafte Gesellschaft erlebte eine

Bevölkerungsexplosion, die zu Engpässen in der Nahrungsmittelversorgung und zu Landmangel führte. Dies zog Unruhen nach sich. Auswanderer aus Zentralchina ließen sich in den entfernten Provinzen des Westens nieder und verdrängten dort die ursprünglichen Bewohner. Zugleich drangen europäische Mächte nach Asien vor. Ungefähr seit 1660 bekamen die portugiesischen Händler in Guangzhou Gesellschaft von britischen Kaufleuten, die Tee, Seide und Porzellan erwarben; im 18. Jahrhundert setzte sich die **Britische Ostindienkompanie** im Bestreben fest, Handelsmonopole zu errichten. Doch Chinas Herrscher, die immens reich und mächtig und zudem von ihrer Überlegenheit überzeugt waren, wünschten keine direkten Kontakte zu Ausländern. Als **Lord Macartney** 1793 mit den üblichen Geschenken eintraf, um einen politischen und wirtschaftlichen Vertrag über besondere Handelsrechte zwischen König George III. und dem chinesischen Kaiser zu erwirken, verweigerte er den Kotau – und seine Mission scheiterte. Der „Tribut" des englischen Königs hingegen wurde akzeptiert, doch der chinesische Kaiser verwarf jeden Gedanken an eine Allianz mit Personen, die nach chinesischer Vorstellung Untertanen waren. Macartney zeigte sich beeindruckt vom unermesslichen Reichtum und der Macht des chinesischen Kaiserhofs, doch später schrieb er weitsichtig, dass das Reich „die Gestalt eines alten verrückten Kriegsherrn hat, dessen Offiziere über Plänen brüten, wie man sich über Wasser halten und durch das eigene Erscheinungsbild und die vorhandene Größe Furcht verbreiten könnte".

Die Opiumkriege und der Taiping-Aufstand

Nachdem ihre offiziellen Verhandlungsversuche mit dem Qing-Kaiserhof gescheitert waren, beschloss die Ostindienkompanie, die Dinge selbst in die Hand zu nehmen und in China einen verdeckten Markt für westliche Produkte zu schaffen. Statt mit Silber begannen sie für Tee und Seide mit Opium zu zahlen, das sie billig aus Indien importierten. Als die Zahlen der Süchtigen und die Nachfrage nach dem Rauschmittel im frühen 19. Jahrhundert eskalierten, schlug Chinas positive Handelsbilanz ins Defizit um – das Silber floss aus dem Land. Nachdem ein striktes Handelsverbot durch kaiserliches Edikt ignoriert wurde, ordnete der Hof im Jahre 1840 die Konfiszierung und Vernichtung von über 20 000 Kisten Opium an. Dies führte zum Ersten Opiumkrieg. Zwei Jahre lang beschossen britische Kanonenboote die Küstenhäfen, dann sah sich China gezwungen, den **Vertrag von Nanjing** zu unterzeichnen, zu dessen erniedrigenden Bedingungen immense Reparationszahlungen, die Öffnung weiterer Häfen für den Außenhandel und die **Abtretung von Hongkong** gehörten. Dies war der erste Auftakt einer Abfolge von Zugeständnissen, welche die Briten und andere Nationen China durch ungleiche Verträge aufzwangen.

Es war ein vernichtender Schlag für China, das nicht begriff, wie fremde Organisationsformen zur europäischen Übermacht hatten führen können. Hinzu kamen drohende innere Rebellionen, die durch anti-mandschurische Gefühle und wirtschaftliche Schwierigkeiten genährt wurden – und durch die steigenden Steuern, mit denen der Hof die Kriegslasten bezahlen wollte. Aufstände brachen in Guizhou und Yunnan aus, doch die staatsgefährdenste Revolte setzte der chinesische Christ-Evangelist **Hong Xiuquan** in Gang, der in den 1850er Jahren mit seiner millionenstarken Taiping-Armee durch Zentralchina stürmte und den größten Teil des fruchtbaren Yangzi-Tales eroberte. Nachdem er Nanjing zu seiner „Himmlischen Hauptstadt" gemacht hatte, wurde seine Position durch interne Unstimmigkeiten geschwächt, und als er militärische Manöver gegen Beijing zu inszenieren begann, schritten die europäischen Mächte ein, weil sie befürchteten, dass Hongs Oppositionsregierung die Kontrolle über das Land gewinnen könnte. Mit europäischer Unterstützung trieben die Qing-Truppen die Taiping-Armee 1864 zurück in ihre Hauptstadt und veranstalteten dort ein Blutbad. Hong Xiuquan beging Selbstmord – der Taiping-Aufstand war niedergeschlagen, 20 Millionen Menschen waren gestorben und fünf Provinzen lagen in Schutt und Asche.

Während des Aufstandes ergriff die **Kaiserinwitwe Wu Cixi** die Fäden der Macht, die sie verdeckt während der Regierungen verschiedener Kaiser seit 1861 verwoben hatte. Sie war hochmütig, eitel und sich sicher, dass Reformen bloß die Macht der Qing unterhöhlen würden. Deshalb hielt sie zu einer Zeit, in der China dringend seine ineffektive politische und wirtschaftliche Struktur hätte modernisieren müssen, an einem tief verwurzelten Konservatismus fest. Die profitabel wirtschaftenden Industrien des Landes gerieten in die Hände der ausländischen Mächte, die die Gewinne ins Ausland schleusten, und zunehmende christliche Missionarstätigkeiten untergruben die traditionellen Konzepte der chinesischen Gesellschaft. Als Reaktion trieben radikale Berater den Kaiser Guangxu zum politischen Schritt der **Hundert-Tage-Reform**, mit der Landwirtschaft, Industrie und Verwaltung modernisiert werden sollten. Die Aktion wurde von der konfuzianisch orientierten Opposition gestoppt – im Hintergrund wirkte Cixi, die Guangxu gefangen setzte, die Berater hinrichten ließ und alle getroffenen Maßnahmen widerrief.

Chinas **Kolonialreich** löste sich rasch auf. Frankreich riss zwischen 1883 und 1885 die Vasallenstaaten Laos, Kambodscha und Vietnam an sich; Großbritannien übernahm Myanmar (Burma); und **Tibet**, das nominell seit der Tang-Dynastie unter chinesischer Verwaltung stand, begann seine Unabhängigkeit einzufordern.

Der wohl folgenschwerste Einschnitt ereignete sich 1894, als China 2000 Soldaten zur Unterstützung des Königs von **Korea** entsandte, wo eine Rebellion ausgebrochen war. Im Gegenzug entsandte **Japan** 10 000 Soldaten, um die Rebellion weiter zu nähren, und innerhalb weniger Monate hatte der Inselstaat die chinesischen und die koreanischen Gegner besiegt.

Durch den folgenden Vertrag wurde China gezwungen, **Taiwan**, die Pescadoren und die Halbinsel Liaodong an Japan abzutreten. Dies wiederum setzte andere Mächte in Alarmbereitschaft: Frankreich, Deutschland und Russland, die einen Dominoeffekt befürchteten, drängten Japan zur Rückgabe von Liaodong an China. Als Dankbezeugung gestatteten die Chinesen Russland den Bau einer Eisenbahnlinie durch die Mandschurei bis zum Hafen Lüshun.

Durch die Möglichkeit, schnell entlang dieser Linie Truppen verlegen zu können, kontrollierte **Russland** die Mandschurei in den folgenden zehn Jahren.

Der Boxeraufstand und das Ende des kaiserlichen China

In den 1890er Jahren lag ganz China im Chaos. Fünfzig Jahre lang hatten die Qing-Herrscher ein Vermögen in ruinöse Kriege investiert, die Wirtschaft in die Hände ausländischer Mächte gleiten lassen und nichts gegen diverse Volkserhebungen unternommen. Die geballte Kraft der Bauernschaft wartete nur auf eine führungsstarke populäre Organisation, und diese erstand mit den Boxern, die sich **Yihetuan Yundong** (Bewegung für Gerechtigkeit und Frieden) nannten. Sie versprachen allen, die sich ihren mystischen Vorstellungen anschlossen, Unverwundbarkeit gegen Gewehrkugeln und kleideten ihre Ziele in die Parole „Sturz der Qing-Dynastie, Vernichtung der Ausländer" – Worte, die den unterdrückten Bauern aus dem Herzen sprachen.

1899 erlitten die Boxer eine anfängliche Niederlage gegen Cixis Truppen, doch schon kurz danach befand Cixis Verwaltung, dass die Boxerarmee ein nützliches Instrument sein könnte. Die Truppen erhielten freie Hand, schlachteten Missionare ab, töteten christliche Konvertiten und ermordeten andere Ausländer, deren sie habhaft werden konnten. Im Sommer des Jahres 1900 erklärte die Regierung großspurig allen ausländischen Mächten auf ihrem Boden den Krieg, und die Boxer schlossen einen Ring um den Wohnbezirk der ausländischen Gesandtschaften. Die Botschafter Deutschlands und Japans wurden getötet, doch die Briten und mit ihnen andere Staaten hielten durch, bis am 14. August eine internationale Hilfstruppe eintraf. Angesichts der folgenden Massaker, Plünderungen und Wirren, in denen die Boxer vernichtend geschlagen wurden, verkleideten sich Cixi und der Kaiser als Bauern und flohen nach Xi'an. Die Minister blieben mit dem Auftrag zurück, den Frieden auszuhandeln.

Obwohl sie sich noch ein weiteres Jahrzehnt an die Macht klammerte, war dies das Ende der Qing-Dynastie. Innere Bewegungen formierten sich, die das dynastische System abschaffen und ein neues China aufbauen wollten. Zur einflussreichsten Bewegung wurde die 1905 vom Exilanten **Sun Yatsen** – Doktorand aus einer wohlhabenden Familie aus Kanton – in Tokio gegründete Revolutionäre Liga (Tong Meng Hui). Drei Jahre später starb Cixi, und 1911 brach in Wuchang in der Provinz Hubei ein Volksaufstand los, der letztlich den Sturz der Dynastie bewirkte. 2000 Jahre mit dynastischen Abfolgen fanden ein eher ruhiges Ende. Sun Yatsen kehrte nach China zurück und übernahm die Führung einer provisorischen **republikanischen Regierung** in Nanjing.

Von der Republik zum Kommunismus (1911–1949)

Nahezu umgehend befand sich die junge Republik in Schwierigkeiten: Obwohl 1913 auf ordnungsgemäße Weise ein **Parlament** gewählt worden war, hatte dieses weder politische noch militärische Macht. Außerdem herrschte über Chinas Norden der frühere Befehlshaber der kaiserlichen Armee **Yuan Shikai**, der die Abdankung des letzten Kaisers **Puyi** erzwungen hatte. Angesichts eines drohenden Bürgerkrieges trat Sun Yatsen von seinem Amt als provisorischer Präsident der neu gegründeten **Guomindang** (Nationale Volkspartei) zurück. Yuan Shikai entließ unverzüglich die Regierung, zwang Sun Yatsen ins neuerliche Exil und versuchte die Macht zu zentralisieren – mit dem Ziel, eine neue Dynastie zu gründen. Seine Ambitionen aber wurden durch seine eigenen Generäle zunichte gemacht, die nach eigenen Pfründen trachteten. Yuans plötzlicher Tod im Jahre 1916 markierte für die folgenden 34 Jahre den letzten Zeitpunkt, zu dem das Land einer einheitlichen Führung unterstand. Während Machtrangeleien unter Yuans Generälen den Norden in einen Bürgerkrieg stürzten, kehrte Sun Yatsen ein zweites Mal aus dem Exil zurück und richtete im Süden eine Guomindang-Regierung ein.

Derart geteilt war China unfähig, sich gegen die immer dreister werdenden territorialen Übergriffe Japans und anderer Kolonialmächte zu stemmen, die sich als Resultat des **Ersten Weltkrieges** ergaben. Mit Unterstützung der alliierten Mächte erhob Japan zu Beginn des Krieges Anspruch auf den in deutscher Hand befindlichen Hafen Qingdao und den gesamten dortigen deutschen Schiffsbestand samt Industrieanlagen auf der Halbinsel Shandong. 1915 legte Japan zudem die so genannten 21 Forderungen an China vor, die Yuan Shikai angesichts einer drohenden japanischen Invasion akzeptieren musste. Nach Kriegsende zerschellten die Hoffnungen, dass der 1919 unterzeichnete Vertrag von Versailles die japanische Aggression (und die ungleichen Verträge sowie die ausländischen Konzessionen) beenden würde, da die westlichen Mächte längst Geheimverträge mit Japan unterzeichnet und damit Japans Rechte in China bestätigt hatten. Aus dieser Enttäuschung wurde die **4.-Mai-Bewegung** geboren, die als erste einer Serie von anti-ausländischen Demonstrationen in die Geschichte einging.

Das Erstehen der Kommunistischen Partei

Als Reaktion auf diese Ereignisse gründete sich 1921 in Shanghai die Kommunistische Partei Chinas (KPCh). Ihre Führung setzte sich aus zwei Gruppierungen zusammen, die sich schon mehrere Jahre politisch betätigt hatten. Die eine Gruppe scharte sich um **Li Dazhao**, einen ehemaligen Bibliothekar der Universität Beijing, und seine jungen Studenten **Mao Zedong** und **Zhang Gutao**. Führer der anderen Gruppe war **Zhou Enlai**, der die Organisation einer marxistischen Studentengruppe in Tianjin übernommen hatte. Die Partei wurde von russischen Beratern geführt, die das Beispiel Russlands einer städtischen proletarischen Revolution vor Augen hatten, was angesichts Chinas gewaltiger Zahl von Landbewohnern von zweifelhaftem Wert war. Ihre Instruktionen wurden auch von der sowjetischen Außenpolitik bestimmt. Als Moskau die KPCh drängte, die Militärmanöver der Guomindang gegen die nördlichen Warlords zu unterstützen, stand im Hintergrund die Furcht der Sowjetunion vor einem Angriff Japans auf ihre östlichen Landesteile, weshalb ein starkes China benötigt wurde – und Moskau erachtete die Guomindang als stärkste Partei, die dieses Ziel erreichen könnte.

Als die KPCh ihre Kräfte der Guomindang anschloss, gewann sie keine Bundesgenossen, erst recht nicht nach Sun Yatsens Tod im Jahre 1925, dessen Nachfolge sein Schwager, der Heeresführer **Chiang Kaishek** (chinesischer Name: Jiang Jieshe) antrat. Chiang Kaishek war ein extremer Nationalist, der sich keine Zeit nahm für die KPCh und ihre Ambitionen, Chinas Klassenunterschiede abzuschaffen. Unter seiner Führung besiegten die als Nationale Revolutionsarmee vereinten Truppen von KPCh und Guomindang im Rahmen des **Nordfeldzugs** die Warlords, doch in seinem neuen Hauptquartier in Nanchang konnte Chiang die Truppen nicht mehr zusammenhalten. Während des Feldzuges gegen Shanghai organisierten kommunistische Elemente innerhalb der Revolutionsarmee einen Generalstreik gegen Chiang, besetzten das Militärarsenal und bewaffneten die Arbeiter. Die Industriebosse und ausländischen Eigentümer stellten ihrerseits Chiang die Geldmittel zur Verfügung, Hundertschaften von Schlägern in die Reihen der Revolutionsarmee zu integrieren, die gegen die Militia der Arbeiter vorgingen und ein Massaker unter den Kommunisten und an all denen verübten, die Chiang zu vernichten beschlossen hatte. Rund 5000 Menschen wurden ermordet. Zhou Enlai entkam nur mit Glück, doch Li Dazhao wurde getötet.

Nachdem Chiang Kaishek die gesamte Armee an seine Seite gezogen und die ursprüngliche kommunistische Führung (inklusive Mao Zedongs zweiter Frau Yang Kaihui) hingerichtet hatte, konnte er die Oberherrschaft rasch an sich reißen und wurde 1928 zum Führer der Nationalregierung benannt. Unter seiner Leitung entwickelte sich die Guomindang zu einer **Militärdiktatur**, die über die verbreitete Armut im Volk hinwegsah und japanische Übergriffe duldete, weil es ihr wichtiger war, jegliche interne Opposition durch brutale Gewalt zu unterdrücken.

Die Westmächte stärkten Chiang bei dieser Linie den Rücken – selbst die Sowjetunion, die an ihrer Politik festhielt, dass die Kommunisten ihre Allianz mit der Guomindang aufrechterhalten sollten. Doch Chiangs interne Macht war beschränkt: Trotz des Versuchs begrenzter sozialer Reformen ging die Partei rasch dazu über, die Interessen einer sozialen Elite zu verfolgen. Die Kommunisten, die Chiangs Säuberungsaktionen entkommen waren, sammelten sich in abgelegenen Landesteilen, vor allem am **Jinggang Shan** in der Provinz Jiangxi unter der Führung Mao Zedongs.

Mao Zedong, die Rote Armee und der Lange Marsch

Mao Zedong, der Sohn eines wohlhabenden Landwirts aus Hunan, war der Überzeugung, dass soziale Reformen nur mit Unterstützung der Bauernschaft zu erwirken seien. Diese Einstellung festigte sich in den frühen 20er Jahren während seiner Zeit als Lehrer an einem bäuerlichen Ausbildungsinstitut in Guangzhou. Trotz des Sturzes der Kaiser hatten die Bauern weiterhin nur wenige Rechte und keine politische Basis. Durch übermäßige Besteuerung grassierte die Armut, jegliche Proteste wurden durch die Privatarmeen der Warlords niedergeschlagen. Durch das Studium der Texte von Karl Marx erkannte Mao Zedong die Parallelen zwischen dem Europa des 19. Jahrhunderts und dem China des 20. Jahrhunderts. Er schlussfolgerte, dass nur ein bewaffneter Aufstand der Massen die alte Ordnung würde ersetzen können.

Nach den Ereignissen in Shanghai organisierte Mao in Changsha die erste Armee aus Bauern und Arbeitern, was als **Herbsternteaufstand** in die Geschichte einging. Seine Truppen zogen südostwärts in Richtung der Grenze zwischen Hunan und Jiangxi und sammelten sich am Jinggang Shan, wo sie sich mit den Verbänden von **Zhu De** zusammenschlossen, der sich als ehemaliger Guomindang-Kommandant aus Nanchang auf die Seite der Kommunisten schlug. Mit Guerilla-Taktiken erzielte die vereinte Rote Armee aus Bauern, Bergarbeitern und Deserteuren der Guomindang unerwartete Erfolge gegen die Anfang der 30er Jahre gegen sie ausgesandten nationalistischen Truppen, bis der kommunistische Führer **Li Lisan** Mao den Auftrag erteilte, seine Bergbasis aufzugeben und die Städte anzugreifen. Die daraus resultierenden Gefechte mit den zahlenmäßig weit überlegenen Streitkräften der Guomindang verliefen katastrophal. Chiang Kaishek setzte nach und mobilisierte eine halbe Million Soldaten, ließ Jinggang Shan umzingeln und mit einem Ring aus Beton-Blockhäusern und Stacheldrahtzäunen versiegeln.

Gezwungen zur Wahl zwischen Kampf oder Flucht organisierte Mao einen Rückzug von über 80 000 Soldaten, der zum Heldenepos der KPCh gedieh: der Lange Marsch. Der strategische Rückzug führte (zu Fuß) über 9500 km, über 18 Bergzüge (darunter fünf mit Schnee bedeckte), über 24 Flüsse und durch zwölf Provinzen. Das im Oktober 1934 begonnene Unternehmen dauerte ein Jahr – über 60 000 Menschen fanden den Tod durch Kälte, Hunger oder in den Scharmützeln mit Guomindang-Truppen. Letztendlich aber gelangten sie in ein sicheres Rückzugsgebiet in Yan'an in der Provinz Shaanxi, und damit hatten die Kommunisten eine Abfolge demütigender Niederlagen in eine Basis zum künftigen Sieg umgekehrt. Mao Zedong war zwischenzeitlich zum unumstrittenen Führer der KPCh aufgestiegen und bestätigt worden. Die **Konferenz von Zunyi** fand zu einem Zeitpunkt statt, als die meisten Chinesen noch nie etwas vom Kommunismus gehört hatten und erstmals mit dessen Strategien und Vorstellungen vertraut gemacht wurden. Trotz der hohen Opferzahl trug der Lange Marsch den Kommunisten ungeheuren Respekt ein. Eine Armee, die ein solches Abenteuer bestanden hatte, musste zu allem fähig sein.

Die japanische Invasion und die Einheitsfront

Währenddessen hatte Japan die chinesische Mandschurei in Besitz genommen und Puyi, den letzten Kaiser der Qing-Dynastie, als Marionettenherrscher eingesetzt. Da sie offenbar Vorbereitungen für eine Invasion nach Ostchina trafen, verfasste Mao Zedong ein Schreiben an Chiang Kaishek, die Warlords, Rebellenführer und Geheimgesellschaften, in dem er zur Beendigung des Bürgerkrieges und Bildung einer Einheitsfront gegen die auswärtige Bedrohung aufrief. Chiang reagierte, indem er seine mandschurischen Truppen unter **Zhang Xueliang** in Marsch setzte, um die Roten in Shaanxi endgültig auszumerzen. Zhang sah jedoch in der angebotenen Allianz die einzige Möglichkeit, die Japaner aus seinem Heimatland zu vertreiben, und so schloss er ein geheimes Bündnis mit den Kommunisten. Am 12. Dezember 1936 wurde Chiang mit Unterstützung seiner eigenen Truppen entführt. Das Ereignis ging als **Xi'an-Zwischenfall** in die Geschichte ein. Am Weihnachtstag erwirkte Zhou Enlai als Vermittler Chiangs widerwillige Unterzeichnung einer Vereinbarung für eine Einheitsfront. Für kurze Zeit waren die Parteien vereint, doch beiden Seiten war klar, dass die Allianz nur so lange halten würde, bis die japanische Bedrohung abgewendet war.

Der Krieg brach aus, als Japan im Juli 1937 Beijing angriff. Die mangelhaft bewaffneten und schlecht ausgebildeten Truppen der Guomindang wurden rasch nach Süden und Westen verdrängt, und am Ende jenes Jahres hatte Japan den größten Teil Ostchinas zwischen Beijing und Guangzhou eingenommen. Von ihrer Besatzungshauptstadt Nanjing aus konzentrierten sich die Japaner auf die Verfolgung der Guomindang-Kräfte, was ein Vakuum im Norden bewirkte, das die Kommunisten rasch ausfüllten. Darauf aufbauend errichteten sie ihre Basis für eine stabile Regierung über 100 Millionen Menschen in der nordchinesischen Ebene.

Der Ausbruch des **Zweiten Weltkriegs** in Europa im September 1939 wirkte sich unweigerlich auf China aus. Nazi-Deutschland stellte die waffenmäßige Unterstützung der Guomindang ein, und zwei Jahre später wurde nach der Bombardierung Pearl Harbours auch jegliche militärische Hilfe der USA an Japan eingestellt. Da die Schwerindustrie des Landes fest in japanischen Händen lag, war die Regierung der Einheitsfront, die sich inzwischen nach **Chongqing** in der Provinz Sichuan zurückgezogen hatte, auf die Unterstützung der Amerikaner und Briten angewiesen, die Nachschub über den Himalaja einflogen. Chiangs wahre Absichten aber blieben stets erkennbar. Nachdem er 1941 „versäumt" hatte, die erhaltenen Waffen auch unter der Roten Armee zu verteilen, brach die Einheitsfront zusammen.

Das Kriegsende und die Guomindang

Als die beiden Atombomben 1945 das Ende des japanischen Reiches herbeiführten, war die Rote Armee auf nahezu eine Million Soldaten angewachsen und fand landesweit Unterstützung. Der Kommunismus hatte in China Fuß gefasst, sich jedoch noch nicht etabliert. Wie vorherzusehen war, schlugen sich die USA auf die Seite Chiang Kaisheks und der Guomindang. Überraschenderweise tat dies auch die Sowjetunion, denn Stalin glaubte, dass die Guomindang mit amerikanischer Unterstützung die Kommunistische Partei mühelos zerschlagen würde. Dennoch traten die Amerikaner als Vermittler für **Friedensverhandlungen** zwischen den Nationalisten und Kommunisten auf, in deren Rahmen Chiang der KPCh eine Beteiligung an der Regierung verweigerte, da er ihre Politik für unkontrollierbar hielt, solange die Rote Armee bestand. Den Kommunisten hingegen war klar, dass sie ohne eine Armee keine Bedeutung haben würden. Die Gespräche verliefen im Sande.

Ironischerweise entschied die amerikanische Einmischung die Entwicklung zu Gunsten der Kommunisten, als diese von den Guomindang-Truppen große Mengen des amerikanischen Nachschubs erbeuteten und nun mit Feuerkraft ausgestattet waren. Getragen von einer Welle der öffentlichen Unterstützung und untermauert von Chiangs Misswirtschaft setzte die neu benannte **Volksbefreiungsarmee** (VBA) 1948 zum definitiven Angriff gegen die Guomindang an. Dieser führte im Winter jenes Jahres zum entscheidenden Sieg in der Schlacht von **Huai Hai** in der Provinz Anhui. Die demoralisierten Truppen der Guomindang verloren den Mut zu kämpfen, und als Anfang 1949 die Stadt Shanghai in die Hände der VBA zu fallen drohte, packte Chiang Kaishek die gesamten Goldreserven des Landes in ein Flugzeug und flüchtete nach **Taiwan**, um dort die **Republik Chi-**

na zu gründen. Auf dieser Insel blieb er bis zu seinem Tod im Jahre 1975, stets verharrt im hoffnungslosen Traum, das Festland mit den zwei Millionen Soldaten und Flüchtlingen, die sich ihm angeschlossen hatten, zurückzuerobern. Noch mehrere Jahre lang kam es zu Säuberungsaktionen gegen verbliebene Guomindang-Widerstandsnester auf dem Festland, doch im Oktober 1949 verkündete Mao Zedong in Beijing die Gründung der **Volksrepublik China**. Die bevölkerungsreichste Nation der Welt war kommunistisch geworden.

Die Volksrepublik China unter Mao Zedong (1949–1976)

Nachdem das Land über ein Jahrhundert lang unter Misswirtschaft und Krieg gelitten hatte, sah sich die junge Volksrepublik immensen Problemen ausgesetzt. Russland bot rasch seine Unterstützung an, die USA wiederum verweigerten Maos Regierung die Anerkennung und vertraten die Politik, dass nur Chiang Kaishek und die Guomindang das chinesische Volk repräsentierten. Chinas Straßen- und Eisenbahnnetz war zu großen Teilen zerstört, die industrielle Produktion eingebrochen, die landwirtschaftlichen Nutzflächen waren großflächig verwüstet, und es gab keine Devisenreserven mehr. Doch das chinesische Volk, noch immer unter dem Eindruck seines hart erkämpften Sieges, stellte sich mit beharrlicher Energie der Aufgabe, das Land aufzubauen. Mitte der 50er Jahre war die gesamte Industrie verstaatlicht, und die Produktion hatte wieder das Niveau der Vorkriegszeit erreicht. Zum ersten Mal in der chinesischen Geschichte war der Boden in die Hände der Bauern übereignet worden. Zahlreiche frühere Landbesitzer waren exekutiert worden, und viele andere wurden zu „Kritik und Selbstkritik" verurteilt, als **Umerziehungsmaßnahme** zur Etablierung des Marxismus und zur Verhinderung von Ideologien, die Elitarismus oder bourgeoisen Abweichungen vom revolutionären Geist Vorschub leisten könnten. Die Bürger wurden gezwungen, sich selbst, ihre Vergangenheit und Menschen aus ihrem Umfeld zu kritisieren – eine traumatische Erfahrung, die jahrhundertealte Traditionen zerbrach.

Angesichts der mannigfaltigen innenpolitischen Schwierigkeiten war der 1950 ausbrechende **Koreakrieg** eine Belastung, auf welche die chinesische Regierung wohl lieber verzichtet hätte. Nachdem das kommunistische Nordkorea in den Süden einmarschiert war, hatten amerikanische Streitkräfte interveniert und dabei – den Drohungen Zhou Enlais zum Trotz – chinesisches Territorium verletzt. Im Juni erklärte China den Krieg und entsandte eine Million Soldaten, um die Amerikaner an den 38. Breitengrad zurückzudrängen und Friedensverhandlungen zu erzwingen. Um die Moral der jungen Nation zu fördern, hätte das Ereignis auf keinen besseren Zeitpunkt fallen können. Doch auch an anderen Grenzen drohte Gefahr. Nach einem Aufstand in **Tibet** marschierten chinesische Truppen 1951 auf dem Hochland auf, besetzten das gesamte Gebiet und richteten de facto die chinesische Herrschaft ein. Acht Jahre später führte ein gescheiterter Aufstand tibetischer Mönche gegen die Besetzung zu einer massiven Unterdrückung der Religion und zur Flucht des **Dalai Lama** und seiner Anhänger nach Nepal.

Die Hundert-Blumen-Bewegung und der Große Sprung nach vorn

1956 war Chinas Wirtschaft gesund, wenn nicht gar blühend, doch es mehrten sich die Anzeichen, dass die das Land antreibende anfängliche Euphorie nachließ. Mao Zedong, zu dessen Leitprinzipien der Gedanke gehörte, dass die ständige Revolution Bestandteil der staatlichen Existenz und deshalb jeglicher Status quo schlecht sei, beschloss, dass sowohl die Verwaltung als auch die Industrie eine Erneuerung benötigten. Deshalb hielt er die Zeit für gekommen, die Beschränkung der öffentlichen Meinungsfreiheit zu lockern – in der Hoffnung, dass offene Kritik die selbstzufriedenen Bürokraten und Parteifunktionäre aufrütteln würde. Mit der Parole „Lasst hundert Blumen blühen, lasst hundert Schulen miteinander wetteifern" ermutigte er die Intellektuellen, ihre Gedanken und Beschwerden zu äußern. Doch der Plan ging nach hinten los: Statt die Beamtenschaft wachzurütteln, geriet die Hundert-Blumen-Bewegung zur heftigen Kritik gegen das kommunistische System selbst. Da Mao gegen ihn persönlich gerichtete Kritik niemals auf die leichte Schulter nahm, wurden diejenigen, die allzu unverblümt ihre Meinung bekundet hatten, Opfer einer **Anti-Rechts-Kampagne**. Sie kamen entweder ins Gefängnis oder unter das schwere Joch der „Selbstkritikübung". Ab diesem Zeitpunkt wurde den Intellektuellen kollektiv misstraut, und sie sollten fortan unter dem wachsamen Blick der Obrigkeit stehen.

Als nächstes wurden Landwirtschaft und Industrie umgestaltet: Im August 1958 erfolgte die Anordnung, dass alle privaten Bodenflächen der Bauern zu kollektiven Betrieben zusammengeschlossen werden mussten und diese als eigenverantwortliche **Volkskommunen** wirtschaften sollten. 500 Millionen Bauern verteilten sich auf 24 000 Kommunen mit dem Ziel, kleine landwirtschaftliche Einheiten in hypereffiziente Agrarregionen zu verwandeln. Die Industrie sollte, von Saisonarbeitern unterstützt, Schwerindustriebetriebe aufbauen, Kanäle graben und Sümpfe trocken legen. Propagandakampagnen versprachen ständigen Wohlstand als Gegenleistung für harte Arbeit und Genügsamkeit. Das Ziel wurde postuliert, mit dem so genannten Großen Sprung nach vorn die industrielle Produktion Großbritanniens innerhalb von zehn Jahren, die Amerikas binnen 15 bis 20 Jahren zu übertreffen. Doch der Große Sprung nach vorn war von Beginn an ein Desaster. Nachdem die Bauern Land erhalten (und in vielen Fällen dafür gekämpft) hatten, hatte man es ihnen nun erneut weggenommen. Ihr Eifer, in großen Einheiten zu arbeiten, hielt sich deshalb in Grenzen. Auch das Kommunen-Management war wenig auf die neue Aufgabe vorbereitet, und so führte diese Situation zu einer nahezu umgehenden Krise der landwirtschaftlichen und industriellen Produktion. Angesichts zahlreicher unrealistischer **Quotenvorgaben** aus Beijing – eine forderte zum Beispiel die Ausmerzung aller landwirtschaftlichen Schädlinge, eine andere von allen Kommunen die Produktion einer bestimmten Menge an Stahl (ungeachtet der Verfügbarkeit von Rohstoffen) – hatte niemand mehr Zeit, die Felder zu pflegen. 1959 und 1960 wurden Missernten eingebracht, Millionen Menschen verhungerten. Hinzu kam, dass das politische Tauwetter in den amerikanisch-sowjetischen Beziehungen im Jahre 1960 zur Einstellung aller sowjetischen Hilfeleistungen an Beijing führte.

Als die Wirtschaft am Boden lag, brach das politische Konzept der Volkskommunen ein. Alle Bauern erhielten ein privates Haus und eigene Landparzellen. Mitte der 60er Jahre stand das Land wieder auf soliden Füßen. Politisch aber hatten die Geschehnisse Maos Ruf beschädigt. Mehrere Mitglieder des Zentralkomitees der Kommunistischen Partei bezogen offen Stellung gegen seine Politik. Zu den unverblümtesten Kritikern gehörten der damalige Staatschef **Liu Shaoqi** und der Generalsekretär der KPCh, **Deng Xiaoping**. Beide hatten die Auswirkungen der Volkskommunen-Politik gemildert, indem sie auf dem Lande eine eingeschränkte freie Marktwirtschaft gestattet hatten. Hinter ihnen und ihrer Doktrin der materiellen Anreize stand eine große Beamtenschaft, über die Mao wenig politische Macht besaß. Liu und Deng hatten außerdem den Verteidigungsminister **Peng Dehuai** unterstützt, was Mao als Hochverrat betrachtete, um sich die technologische und militärische Hilfe der Sowjetunion zu sichern und die Soldatenschaft von nicht-militärischen Aufgaben zu befreien – diverse Abteilungen der Armee hatten diese Strategie begrüßt.

Die Kulturrevolution

Als seine Politik in Misskredit geriet, befürchtete Mao, die Kontrolle über die Partei zu verlieren, und er trachtete danach, seine Autorität wiederherzustellen. Seine wichtigste Stütze war **Lin Biao**, der neue Verteidigungsminister und stellvertretende Vorsitzende der Kommunistischen Partei, der 1964 die **Sozialistische Erziehungsbewegung** ins Leben rief, um „den spontanen Wunsch der Kapitalistenwerdung" unter den Bauern zu zerstören. Mao unterstützte die Ziele der Bewegung, weitete sie auf die gesamte von Liu Shaoqi aufgebaute Bürokratie aus und begann mit tatkräftiger Unterstützung Lin Biaos, die chinesische Jugend in eine Kampagne gegen seine moderaten Widersacher zu treiben. Anfänglich schien die Große Proletarische Kulturrevolution zu einem exakten Abbild der Anti-Rechts-Kampagne nach dem Fiasko der Hundert-Blumen-Bewegung zu geraten, doch 1966 brachte ein Angehöriger der Philosophischen Fakultät der Universität Beijing ein Plakat an, das die Universitätsverwaltung denunzierte und zur Unterstützung der Revolution aufrief. Unter Maos Führung organisierten sich Beijings Studenten zu einer politischen Miliz, zu den **Roten Garden**. Binnen Wochen brachte Mao sie aus den Hörsälen hinaus auf die Straßen.

Die Feinde der Roten Garden waren die **Vier Alten**: alte Ideen, alte Kultur, alte Bräuche und alte Gewohnheiten. Exemplare der *Worte des Vorsitzenden Mao Zedong* (die berühmte *Rote Fibel*) schwingend, attackierten die Roten Garden alles, was an Kapitalismus, den Westen oder die Sowjetunion erinnerte. Akademiker wurden gedemütigt und misshandelt, Bücher verbrannt, Tempel und antike Monumente geschändet. Geschäfte, die nur etwas entfernt Westliches im Angebot führten, wurden zerstört, und nicht anders erging es den Gärten der „dekadenten Bourgeoisie". Wie seinerzeit unter der Volkskommunenpolitik wurden Quoten vorgegeben, diesmal jedoch für das Aufspüren und Denunzieren von „Rechtsgerichteten", „Revisionisten" und „kapitalistischen Wegbeschreitern", die korrumpierend gegen die kommunistische Gesellschaft auftraten. Nicht nur Beamte, die ihre vorgegebenen Quoten nicht erfüllten, mussten befürchten, die nächsten Opfer zu sein, sondern auch alle diejenigen, die es versäumten, Eigentum zu vernichten oder andere ohne den gewünschten Enthusiasmus zu denunzieren. Da Polizei und Armee nicht intervenieren durften, wurden Diffamierte mit demütigenden Plakaten behaftet durch die Straßen getrieben. Zehntausende wurden verfemt, verhaftet, totgeprügelt oder in den Selbstmord getrieben. Am 5. August 1966 verkündete Mao Zedong, dass Reaktionäre in den höchsten Ebenen der KPCh anzutreffen seien. Seine Ziele waren klar: Liu Shaoqi wurde ins Gefängnis geworfen und starb dort 1969, Deng Xiaoping wurde seines Amtes enthoben und dazu verurteilt, die Tische einer Parteikantine zu bedienen und an der Drehbank einer provinziellen Traktorfabrik zu arbeiten. Peng Dehuai, der schon 1959 aller Ämter enthoben worden war, verschwand ebenso wie viele andere ältere Amtsinhaber und Armeeoffiziere.

Zu dieser Zeit erreichte Chinas Ansehen in der internationalen Gemeinschaft einen Tiefpunkt. Als die Roten Garden auch noch Mitarbeiter der britischen Botschaft angriffen, bewirkte dies einen generellen **Rückruf der ausländischen Botschafter**. Zu dem Zeitpunkt schließlich, als miteinander rivalisierende Fraktionen der Roten Garden gegeneinander vorgingen, war klar, dass die Gewaltwelle vollkommen außer Kontrolle geraten war. Im August 1967 reagierte Mao Zedong, indem er die Verhaftung der fanatischsten Führer der Roten Garden und die Auslieferung aller Waffen an die Armee anordnete, doch die Umtriebe der Garden waren nur schwer zu bremsen. Im folgenden Frühjahr brachen landesweit Straßenkämpfe aus, und die Regierung konnte die Ordnung nur wiederherstellen, indem sie Panzer in die Städte schickte und die Armee beauftragte, die universitären Hochburgen der Garden zu besetzen. Millionen ehemaliger Mitglieder der Roten Garden wurden unter dem Vorwand, die kommunistische Botschaft unter der Dorfbevölkerung zu verbreiten, aufs Land verfrachtet.

Der Sturz Lin Biaos

Zu den unmittelbaren Auswirkungen der Kulturrevolution gehörte das Entstehen eines **Personenkultes** um Mao, der mehr eine fatalistische Anerkennung seiner absoluten Macht über China als eine offizielle Würdigung seiner (unmenschlichen) Innenpolitik war. Seine Gestalt wurde zu quasi göttlichem Status erhoben. Es ereignete sich, dass sich ein Soldat in einer in Brand geratenen Schule zuerst um die Rettung von Mao Zedongs Bildern aus den Klassenzimmern kümmerte, bevor er die Evakuierung der Kinder in die Wege leitete. Ende der 60er Jahre stieg Maos engster Verbündeter während der Kulturrevolution, Lin Biao, zu dessen designiertem Nachfolger auf. Doch als das Chaos der Revolution abebbte, nahmen auch die Bedeutung der Armee und Lins als deren Befehlshaber ab, Lin spürte, dass sich seine Machtbasis aushöhlte.

Alles Folgende gründet sich nur auf Vermutungen: Möglicherweise plante Lin Biao einen Staatsstreich gegen Mao. 1972 wurde bekannt gegeben, dass Lin und seine Anhänger im Jahr zuvor auf der Flucht Richtung Sowjetunion bei einem Flugzeugabsturz ums Leben gekommen seien. Die Geschichte mag glaubhaft klingen, sie ist vielleicht auch nur erfunden. Möglicherweise wurde Lin hingerichtet, und die offizielle Darstellung sollte seinen Hochverrat unterstreichen. Gesichert ist lediglich die Tatsache, dass Mao Zedong nach Lins Amtsenthebung und der Aufdeckung der Verschwörung seine Basis neu untermauern musste; er tat dies durch die Rehabilitierung einiger Männer, die in der Kulturrevolution in Ungnade gefallen waren, darunter Deng Xiaoping, der angesichts Maos verfallendem Gesundheitszustands (1973 war Mao 80 Jahre alt) die Kontrolle über die Alltagsgeschäfte des Zentralkomitees der KPCh gewann.

Die Pingpong-Diplomatie und der Aufstieg der Radikalen

Die USA, deren Außenpolitik von wirtschaftlichen und politischen Interessen bestimmt war und auf den Zusammenbruch des Kommunismus abzielte, hatten seit dem Ende des Zweiten Weltkriegs unbeirrt Chiang Kaisheks Guomindang unterstützt und dabei stets die düstere Gefahr eines chinesisch-sowjetischen Bündnisses an die Wand gemalt (trotz des Bruchs zwischen Chruschtschow und Mao im Jahre 1960). 1964 zündete China seine erste **Atombombe**, was das Land in die Reihen der Nuklearmächte katapultierte, die Washington nicht bedingungslos freundlich gesonnen waren. Die USA suchten nach einem pragmatischeren Weg. 1970 ebnete der Gesandte Henry Kissinger den Weg für eine Verständigung zwischen beiden Staaten: Es wurden kulturelle und sportliche Beziehungen geknüpft (eine Strategie, die unter der Bezeichnung „Pingpong-Diplomatie" in die Geschichte einging). 1971 wurde die Volksrepublik im Gremium der Vereinten Nationen als offizieller Repräsentant der Nation China anerkannt, was Chiang Kaisheks Ansprüche endgültig außer Kraft setzte. Nur ein Jahr später unternahm der amerikanische Präsident **Richard Nixon** einen Spaziergang auf der Großen Mauer, dem Gespräche mit Mao Zedong folgten. Die Handelsbeschränkungen wurden gelockert, und China nahm wirtschaftliche Beziehungen zum Westen auf. Der „Bambusvorhang" war durchbrochen, der Isolationismus überwunden. Allmählich konnten die durch die Kulturrevolution verursachten Schäden behoben werden.

Die Hinwendung zu einer Politik realistischer **Reformen** ging vom moderaten Flügel der KPCh aus, an dessen Spitze Zhou Enlai – im Volk als Stimme der Vernunft beliebt – sowie sein Schützling Deng Xiaoping standen. Zhous Takt und Feingefühl hatten ihm über 50 Jahre eine charismatische politische Existenz an der Seite Mao Zedongs eingebracht, trotz politischer Meinungsverschiedenheiten. Mehrere heilige Stätten – etwa die buddhistischen Höhlen von Dazu in der Provinz Sichuan – wurden offensichtlich nur auf direkte Weisung Zhou Enlais vor der Zerstörung durch die Roten Garden bewahrt. Doch mit Zhous Tod im Februar 1976 setzte die **Viererbande**, die von Maos dritter Frau Jiang Qing angeführt wurde und zum radikalen Sprachrohr eines zunehmend senilen Mao Zedong geworden war, der Reformbewegung ein unverzügliches Ende. Anfang April wurden anlässlich des „chinesischen Totensonntags" Qing Ming Jie unzählige Kränze zum Gedenken an Zhou Enlai vor dem Heldendenkmal auf Beijings Platz des Himmlischen Friedens niedergelegt. Als an jenem 5. April radikale Kräfte die Kränze entfernten, strömten zahllose Menschen protestierend auf den Platz. Während der damit verbundenen Ausschreitungen wurden Hunderte Bürger aufgegriffen und festgenommen. Zum Sündenbock dieses Zwischenfalls stempelte man Deng Xiaoping; er wurde öffentlich diskreditiert und ein zweites Mal fallen gelassen.

Der Tod Mao Zedongs und die Folgen

Im Juli 1976 kamen durch ein katastrophales **Erdbeben** in der Provinz Hebei über eine halbe Million Menschen ums Leben. Da solche Naturkatastrophen im chinesischen Denken schwerwiegende Umwälzungen ankündigen, löste Maos Tod am 9. September im Volk keine besondere Überraschung aus. Ihrer Galionsfigur beraubt und mit noch frischen Erinnerungen an die Kulturrevolution verloren Maos Hintermänner in der Partei rasch an Boden gegen die politische Rechte. Nur einen Monat nach Maos Tod wurden Jiang Qing und die drei anderen Mitglieder der Viererbande verhaftet. Deng Xiaoping betrat zum dritten Mal die politische Bühne und übernahm eine Reihe wichtiger Ämter: Stellvertretender Vorsitzender der KPCh, Vize-Premierminister und Oberbefehlshaber der Volksbefreiungsarmee. Doch größere Bedeutung als die Titel hatte die Tatsache, dass er nun das Land auch faktisch führte. **Hua Guofeng**, nahezu Maos Ebenbild und dessen designierter Nachfolger, wurde nach kurzer Zeit aus dem Amt gedrängt. Deng platzierte seine Gefolgsleute Zhao Ziyang und Hu Yaobang an dessen Stelle als Premierminister und Parteivorsitzender.

Die Distanzierung von Maos Politik erfolgte rasch: 1978 durften anti-maoistische **Dissidenten** Wandzeitungen in Beijing und anderen Städten anbringen, die Mao teilweise namentlich kritisierten. Obwohl solche öffentlichen Äußerungen politischer Unzufriedenheit danach wieder verboten wurden, war die Stellung Dengs und seiner gemäßigten Kräfte 1980 gesichert genug, um Maos Politik offiziell einer vorsichtigen Missbilligung zu unterziehen. Seine allgegenwärtigen Porträts und Statuen begannen zu verschwinden, und nach und nach wurde auch der Kult um seine Person abgebaut.

Doch immer noch standen mächtige Parteimitglieder hinter Maos Linie. Maos öffentliche Reputation wurde teilweise wiederhergestellt, indem die schlimmsten Auswüchse der Kulturrevolution dem korrupten Einfluss Jiang Qings und ihrer Gefolgsleute angelastet wurde. 1981 bekam die Viererbande ihren Prozess: Die Urteilssprechung war ein rein formaler Akt, nicht jedoch die Strafen, die einen Hinweis darauf geben würden, wie die neue Regierung die Kulturrevolution und Maos Rolle bewertete. Würde die Todesstrafe ausgesprochen und tatsächlich vollzogen, so stieg Maos Witwe womöglich zur Märtyrerin auf; würde eine verhängte Todesstrafe ausgesetzt, so konnte dies die staatliche Handhabe, Konterrevolutionäre zu exekutieren, untergraben. Es kam zur zweiten Lösung. Die Mitglieder der Viererbande bekamen 20 Jahre Zeit, ihre Einstellungen zu überdenken – alle sind während der Haft verstorben.

Das moderne China: Reform und Unterdrückung

Unter Deng Xiaoping nahm China ein nicht wieder zu erkennendes Bild an. Vorbei waren die Zeiten, als westliches Gedankengut automatisch verdächtig war und die Roten Garden ideologische Säuberungskampagnen durchführten. Dengs Vermächtnis war die „Politik der offenen Tür", die neue soziale (nicht aber politische) Freiheiten und eine vehemente Hinwendung zur Verwestlichung brachten – besonders in den Städten, wo nun westliche Kleidung, Fast Food und Popmusik sowie japanische Mopeds das Bild bestimmten.

Wirtschaftliche Erfolge und sozialer Wandel

Die Triebfeder für die gewaltigen Umwälzungen lag im wirtschaftlichen Bereich. Dengs Äußerung, „es ist gleichgültig, ob die Katze schwarz oder weiß ist – Hauptsache, sie fängt Mäuse", veranschaulicht die pragmatische Einstellung zur Wirtschaft, die seitdem die chinesische Politik bestimmt. Mit einer umfassenden Modernisierungskampagne **dezentralisierte** Deng die **Produktion**. Der Staat gestattete nun die Produktion und Verteilung von Waren nach den Gesetzen des Marktes, und die Fabriken durften wieder Verträge untereinander statt nur mit dem Staat abschließen. In der Landwirtschaft wurde die Kollektivwirtschaft abgeschafft, Produktionsmengen, die das staatlich vorgegebene Soll überschritten, durften auf dem freien Markt verkauft werden. In Küstengebieten wurden **Wirtschaftssonderzonen** eingerichtet, in denen ausländische Investoren und westliche Managementpraktiken zugelassen waren, zu denen auch (in vorsichtig experimentierender Weise) die Entlassung von schlecht arbeitenden Mitarbeitern gehörte.

Die neue **Wirtschaftspolitik** hatte gewaltige Auswirkungen: Unzweifelhaft geht es dem Gros der chinesischen Bevölkerung heute wesentlich besser als jemals zuvor. Das jährliche Wirtschaftswachstum lag in den 90er Jahren bei 7%, und in Gebieten wie Shenzhen (die größte Wirtschaftssonderzone) erreichte es zuweilen 45%, was die chinesischen Wirtschaftsplaner in die ungewöhnliche Situation drängte, diese Rate drosseln zu müssen. In den 70er Jahren waren „die drei großen Käufe" (Konsumgüter, nach denen Familien realistisch trachten konnten) ein Fahrrad, eine Armbanduhr und ein Radio; in den 80er Jahren waren dies eine Waschmaschine, ein Fernsehgerät und ein Kühlschrank; heute können junge städtische Festlandchinesen denselben Lebensstandard realisieren wie die Menschen in Japan und Hongkong.

Doch nicht alle profitierten vom neuen System. Auf dem Land geht es denjenigen, die keinen ertragreichen Boden zur Verfügung haben, eher schlecht, und seit es keine Kollektive mehr gibt, haben viele der ärmsten Chinesen keinen Zugang mehr zu subventionierter Bildung und Gesundheitsvorsorge. Nach der Schließung unprofitabler Fabriken in den Städten, deren Angestellte einst die zuverlässigsten Unterstützer der Partei waren, wurden Millionen Menschen (in einer Gesellschaft ohne soziales Netz) in die Arbeitslosigkeit entlassen. Diejenigen, die ihre Arbeit behielten, leiden wegen festgesetzter Löhne stark unter den Folgen der **Inflation**. Im Jahre 2001 kam es zu großen **Demonstrationen** der Industriearbeiter in Dongbei, die ihre Arbeit verloren, keine Löhne ausgezahlt bekommen hatten oder mit winzigen Beträgen abgefunden worden waren. Die Behörden reagierten unverzüglich mit der Verhaftung der Rädelsführer und erfüllten anschließend die meisten gestellten Forderungen der Protestler. Derartige Aktionen einer riesigen unzufriedenen städtischen Arbeiterschaft, die nicht am wirtschaftlichen Aufschwung partizipiert, stellen die vielleicht größte innere Bedrohung der Staatsmacht dar.

Das Erstehen einer neuen Klasse reicher Unternehmer und das soziale Gefälle zwischen Stadt und Land sowie zwischen Küstengebieten und Inland hat sich zu teilweise grotesken Gegensätzen ausgeweitet. Zu den spürbaren Auswirkungen der gestiegenen Lebenshaltungskosten, die auch an die wachsende landwirtschaftliche Mechanisierung gekoppelt sind, gehört die **Massenabwanderung** der arbeitenden Klasse vom Land in die Städte, wo die meisten Glücksritter unbeschäftigt bleiben oder ein Dasein als Tagelöhner fristen. Den Auswirkungen der Modernisierung auf die **Umwelt** wird zu geringe Beachtung geschenkt: Acht der zehn meistverschmutzten Städte der Welt befinden sich auf chinesischem Boden.

Da Erfolg größtenteils von Beziehungen *(guanxi)* abhängig ist, besteht ein enormes Potenzial für **Korruption**. Schätzungen zufolge fressen Schmiergelder mindestens 1% der jährlichen Wachstumsrate auf. Wie in der Vergangenheit ist eine hoffnungslos arme Bauernschaft von den Gnaden korrupter Kader abhängig, die sich durch Auferlegung und Unterschlagung kommunaler Steuern bereichern. Die Tatsache, dass sogar das staatliche Paradeprojekt, der Bau des **Yangzi-Staudamms**, umgestaltet werden musste, weil sich Unternehmer durch die Verwendung billiger Materialien bereichern wollten, wirft ein Licht auf das Ausmaß des Problems. Für viele einfache chinesische Bürger ist der Preis der Modernisierung zu hoch geworden, und Kriminalität, Prostitution und Arbeitslosigkeit, die früher als westliche Laster betrachtet wurden, haben längst ungesunde Ausmaße erreicht.

Politische Unterdrückung und Menschenrechte

Die wirtschaftlichen Reformen zogen keine politischen Reformen nach sich. Ganz im Gegenteil scheint sich die Partei an die Hoffnung zu klammern, dass das Zugeständnis an die Bevölkerung, wohlhabend sein zu dürfen, keine Forderungen nach politischen Rechten nach sich ziehen wird. Doch die Unzufriedenheit über Korruption, steigende Inflation, niedrige Löhne und mangelnde Freiheit fanden 1989 einen vehementen Ausbruch in den Demonstrationen auf dem **Platz des Himmlischen Friedens**. Unmittelbarer Anlass für die Massenversammlungen war der Tod des ehemaligen Partei-Generalsekretärs **Hu Yaobang**, der Deng zu liberal geworden und deshalb 1987 entlassen worden war. Eine spontane Trauerkundgebung auf dem Platz geriet rasch zu einer gewaltigen Demonstration mit 150 000 Aktivisten. Im Laufe des folgenden Monats schwoll die Masse beständig an: Mitte Mai bewegten sich fast eine Million Menschen rund um den Platz. Die meisten von ihnen waren Studenten, doch ihnen angeschlossen hatten sich auch Arbeiter und sogar Kadetten der parteilichen Kaderschule. Die Demonstranten forderten das Recht auf freie Meinungsäußerung und das Ende der Korruption. Als die Parteiführung nicht reagierte, traten 3000 Studenten in den Hungerstreik. Mitte Mai demütigten die Demonstranten die Führung bei einem offiziellen Besuch des sowjetischen Staatschefs Mikhail Gorbatschow in Beijing. Sofort nach dessen Abreise wurde am 20. Mai das **Kriegsrecht** erlassen, und Anfang Juni wurden rund um Beijing 350 000 Soldaten zusammengezogen. In den frühen Stunden des 4. Juni marschierten die Truppen in die Stadt ein, walzten Barrikaden mit Panzern nieder und schossen in die Menge. Es gibt bis heute keine verlässlichen Ziffern über die Zahl der Opfer, doch dürften es Hunderte, wenn nicht gar Tausende gewesen sein. Die Wartesäle der Krankenhäuser waren mit Schwerverletzten überfüllt, doch die Ärzte waren angewiesen worden, keine Verwundeten zu behandeln.

Chinas schlimmste Menschenrechtsverletzungen geschehen in **Tibet**, wo jegliche Opposition skrupellos unterdrückt und die tibetische Kultur durch massenhafte Einwanderung von Han-Chinesen zurückgedrängt wird. Als 1995 der im Exil lebende Dalai Lama nach dem Tode des Vorgängers einen neuen Panchen Lama anerkannte, wurde der Junge verhaftet und damit zu einem der jüngsten politischen Gefangenen der Weltgeschichte. Die chinesische Regierung setzte einen Jungen ihrer eigenen Wahl in das Amt ein. Besorgnis erregen zudem die chinesischen **Gulags** – überwiegend in Xinjiang und Qinghai –, in denen bis zu 14 Millionen Häftlinge vermutet werden, von denen geschätzte 10% politische Gefangene sind; sie leiden unter den schlechten Bedingungen und müssen Zwangsarbeit leisten. Ihre Situation hat maßgeblich der Dissident und Ex-Internierte **Harry Wu**, der inzwischen in den USA lebt, ans Licht der Weltöffentlichkeit gebracht.

Trotz der Hoffnung auf Verbesserungen hält die Regierung an ihrer Linie, Kritiker zu verhaften, fest. Zu den jüngsten Opfern gehörten **Xu Wenli** und **Qin Yongmin**, die beiden prominentesten noch in China befindlichen Dissidenten. Sie waren die Führer der Demokratischen Partei Chinas, der ersten organisierten Opposition gegen die KPCh. Die kühnste politische Aktion seit den Vorfällen auf dem Platz des Himmlischen Friedens aber erfolgte von einer überraschenden Seite aus: 1999 setzten sich 10 000 ältere Mitglieder der **Falun Gong**, einer mehr oder weniger spirituellen Gemeinschaft, mit gekreuzten Beinen auf das Pflaster vor Zhongnanhai, um gegen ihre schikanöse Behandlung zu protestieren. Die Folge ist seitdem eine skrupellose Unterdrückung der Organisation.

Chinas Menschenrechtssituation ist das größte Hindernis im Bestreben, internationales Ansehen zu erlangen. Weil China aber wirtschaftlich einen der weltweit größten Märkte darstellt, sieht die internationale Gemeinschaft immer wieder über moralische Bedenken hinweg. Als der Dalai Lama 1989 mit dem **Friedensnobelpreis** ausgezeichnet wurde, gratulierte die westliche Welt nur verhalten.

Ausblicke

Unter Deng Xiaoping, der 1997 starb, und seinem Schützling und Nachfolger **Jiang Zemin**, verfolgte China weiterhin den Kurs einer kontrollierten Liberalisierung, der dem chinesischen Volk trotz diverser Meinungsverschiedenheiten und Debatten im gegenwärtigen Regime die vielleicht weitsichtigste und wirtschaftlich klügste Regierung der letzten beiden Jahrtausende beschert hat. Besonders das Jahr 2001 ging als *Annus mirabilis* in die chinesische Geschichte ein: Beijing sicherte sich als Austragungsort die **Olympischen Sommerspiele 2008**, China wurde Mitglied der **Welthandelsorganisation**, und die **Fussball-Nationalmannschaft** qualifizierte sich für die Weltmeisterschaft 2002 in Japan und Korea. Selbst der Terroranschlag vom **11. September** trug China einen gewissen diplomatischen Vorteil ein, denn Beijing rückte in die dankbare Position, Unterstützung für (oder zumindest keinen Protest gegen) die Reaktionen der amerikanischen Regierung zu leisten. Amerikas Kampf gegen einen staatenlosen Terrorismus kommt der chinesischen Regierung entgegen, denn er rechtfertigt ihre eigene Haltung gegen „aufrührerische Elemente“ in abgelegenen Gebieten wie etwa Xinjiang.

Im November 2002 erklärte Jiang Zemin auf dem 16. Parteitag der KPCh offiziell seinen Rücktritt. Die Macht geht in die Hände einer neuen Generation von Technokraten über, die von seinem Schützling **Hu Jintao** angeführt wird. Jiang würde als sein politisches Vermächtnis gerne seine Doktrin der „Drei Repräsentanten“ sehen – die im Wesentlichen besagt, dass die Partei alle Seiten der Gesellschaft und nicht nur die Arbeiter repräsentieren soll –, doch wahrscheinlich wird man ihm eher eine Veränderung zuschreiben, die jene bewirkten: Die endgültige Abwendung von der marxistischen Doktrin. Das Überleben der Partei hängt nun von ihrer Fähigkeit ab, die wirtschaftlichen Güter bereitzustellen. In dem Bestreben, eine „sozialistische Marktwirtschaft mit chinesischen Zügen“ zu erwirken, hat sich der Staat aus weiteren Lebensbereichen zurückgezogen. Die Mechanismen der staatlichen Kontrolle – etwa die Registrierung der Haushalte und das Arbeitseinheiten-System – wurden reduziert.

Der private Sektor ist inzwischen für rund ein Drittel des Wirtschaftsaufkommens verantwortlich, und mit ausländischen Mitteln finanzierte Gemeinschaftsunternehmen sorgen für über die Hälfte der Exporte. Die Zahl der Privatwohnungen nimmt zu, Akademiker, die einst ihren Arbeitsstellen zugewiesen wurden, bewerben sich heute auf einem von Wettbewerb geprägten Markt.

Obwohl sich die meisten Beobachter darüber einig sind, dass der **politische Wandel** nicht schnell genug vonstatten geht, haben sich die Umstände längst verbessert. Der Nationale Volkskongress hat sich der Aufgabe gestellt, die Regierung zu beaufsichtigen und eine verantwortliche Gesetzgebung zu schaffen. Unter Ministerpräsident Zhu Rongji ist die zentrale Regierungsmacht geschrumpft. Eine der gravierendsten politischen Veränderungen erfolgte an der Basis: Zwei Drittel der ländlichen Bevölkerung praktizieren heute eine „dörfliche Demokratie“, und das neue Recht, inkompetente Dorfführer aus dem Amt zu jagen, wurde mit großer Begeisterung aufgenommen. Doch niemand hat es bislang gewagt, dieses Recht auch für höhere Positionen in der Regierung einzufordern.

Hongkong und Taiwan 1997 erlangte China wieder die Kontrolle über Hongkong. Im Übergabevertrag zwischen China und Großbritannien hatte man Hongkong ein hohes Maß an Autonomie zugesichert, dies war Bestandteil der neuen politischen Strategie Chinas („ein Land, zwei Systeme"). In der Praxis brach die chinesische Regierung ihre Versprechen schon nach kurzer Zeit, als sie die LEGCO, den demokratisch gewählten gesetzgebenden Rat Hongkongs, durch eine Gruppe ausgewählter Beijinger ersetzte. Außerdem mischte sie sich in die Rechtsstaatlichkeit ein, welche die Stadtbevölkerung als wesentlich für Wohlstand erachtete, indem sie gerichtliche Beschlüsse außer Kraft setzte und die Einrichtung eines Obersten Revisionsgerichts verhinderte. 2002 sicherte sich Hongkongs unpopulärer Verwaltungsleiter Tung Chee-Hwa, der gemeinhin als Marionette Beijings betrachtet wird, eine zweite fünfjährige Amtszeit.
Taiwan beobachtet die Vorgänge in Hongkong mit wachen Blicken. 1949 floh die im Bürgerkrieg unterlegene Guomindang nach Taiwan und deklarierte sich dort als Opposition zu den Kommunisten und zur einzigen legitimen Regierung Chinas. Heute ist Taiwan wirtschaftlich gesehen eine der erfolgreichsten und sicherlich demokratischsten asiatischen „Tiger"-Nationen. Sowohl Taiwan als auch Festlandchina wollen Teil eines einzigen Staates sein, doch die reichen Taiwanesen wollen nicht von Beijing aus regiert werden – erst recht nicht nach den Maßnahmen in Hongkong. 1996 fanden in Taiwan zum ersten Mal freie Präsidentschaftswahlen statt. Der Favorit Lee Tenghui (Pinyin-Umschrift: Li Denghui) sorgte für Unmut in Beijing, als er Taiwans Beitritt zu den Vereinten Nationen und zur Welthandelsorganisation einforderte und der Insel damit nach Sichtweise Festlandchinas den Status eines souveränen Staates verleihen wollte. Im Versuch, die Wahlen zu beeinflussen, führte Beijing einschüchternde Raketentests über der Insel durch. Die amerikanische Regierung stationierte daraufhin zwei Flugzeugträger vor der taiwanesischen Küste. Lee konnte die Wahlen trotz der massiven Drohungen aus Beijing für sich entscheiden. Die Beziehungen zwischen Taiwan und Festlandchina sind sehr kalt, doch Jiang Zemin reagierte überraschend milde auf die Bemerkung des gegenwärtigen taiwanesischen Präsidenten Chen Shuibian (erster Präsident der Insel, der nicht der Guomindang angehört), dass China und Taiwan nun „zwei Staaten zu beiden Seiten der Taiwan-Straße" seien.

Das wohl größte Problem Chinas bleibt die hohe **Bevölkerungszahl**, die im Jahre 2002 mit 1,29 Milliarden beziffert wurde. Wenn die Zahl weiter ansteigt, wird der wirtschaftliche Fortschritt rasch kompensiert, da eine zunehmende Bevölkerung begrenzten Rohstoffressourcen gegenübersteht. Die 1979 eingeführte Ein-Kind-Politik war in den Städten erfolgreich. Dort ist es für Paare fast unmöglich, ein zweites Kind zu bekommen. Es ist festgelegt, wer wann gebären darf, und bei nicht gebilligten Schwangerschaften ist der Druck auf Abtreibung hoch. Paare mit einem zweiten Kind müssen Lohnkürzungen, beschränkten Zugang zur Gesundheitsvorsorge und Nachteile bei der Wohnungsbeschaffung in Kauf nehmen. Die Begrenzung der Familiengröße aber hat neue Probleme geschaffen, denn es wächst eine Generation „kleiner Kaiser" (verwöhnter Kinder) heran, die im Arbeitsalter von den dann Alten zahlenmäßig weit übertroffen werden. Im ländlichen China kommt es noch vor, dass Mädchen auf Märkten als Bräute verschachert werden (teils deshalb, weil männliche Nachkommen das Ideal sind), und Kindstötungen an Mädchen sind nicht ungewöhnlich.

Die Zukunft Chinas liegt im Ungewissen. Nur geringe Fortschritte wurden in den Bereichen Bildung, Rechtsstaatlichkeit, Pressefreiheit und exekutive Verantwortlichkeit erzielt. Die Partei, welche die Gesellschaft verändern sollte, könnte sich nun als unfähig erweisen, sich an diese anzupassen. Ob die Nation dazu verurteilt ist, unter dem Druck von Innen zu implodieren oder zu einer wahrhaft beachtlichen neuen Supermacht zu reifen, wird von der Fähigkeit des Staates abhängen, in den kommenden Jahrzehnten zu einer neuen Identität zu finden.

Zeittafel

4800 v. Chr.	Erste Nachweise **menschlicher Siedlungen** (Banpo).
Um 2205–1766 v. Chr.	**Xia-Dynastie**.
Um 1766–1122 v. Chr.	**Shang-Dynastie**. Erste schriftliche Zeugnisse.
Um 1122–221 v. Chr.	**Zhou-Dynastie**. Entstehung des Konzepts vom „Mandat des Himmels".
722 v. Chr.–481 v. Chr.	**Frühlings- und Herbstperiode**. Konfuzius (um 500 v. Chr.) lehrt eine Philosophie der Rituale und Anstandsformen.
481 v. Chr.–221 v. Chr.	Zeit der **Streitenden Reiche**. „Vollendung" der Großen Mauer.
221 v. Chr.–207 v. Chr.	**Qin-Dynastie**. Erstes zentralisiertes Reich unter Kaiser Qin Shi Huang. Terrakotta-Armee als Bewacher von Qins Grab.
206 v. Chr.–220 n. Chr.	**Han-Dynastie**. Die Han-Kaiser bescheren dem Land Stabilität und große Handelsvorteile; Entstehung der Han-Gräber bei Xi'an. Konfuzianismus und Buddhismus erleben Blütezeiten. Öffnung der Seidenstraße für den Handel mit Zentralasien.
220–280	Zeit der **Drei Reiche**. Einflüsse aus dem buddhistischen Indien und aus Zentralasien. Insgesamt ein düsteres Zeitalter.
265–420	**Jin-Dynastie**. Eingliederung nördlicher Barbarenstämme in die chinesische Kultur.
420–581	**Südliche und Nördliche Dynastien**. Rasche Abfolge kurzlebiger Dynastien führt zur Spaltung. Früheste Longmen-Grotten bei Luoyang.
581–618	**Sui-Dynastie**. Zentralisierung und Wachstum unter Wen Di. Erweiterung und Verstärkung der Großen Mauer; Ausschachtung des Kaiserkanals.
618–907	**Tang-Dynastie**. Kunst und Literatur erreichen die höchste Ausprägung. Vollendung des Großen Buddhas in Leshan.
907–960	**Die Fünf Dynastien**. Verfall der Kultur und nördlichen Verteidigungslinien. Entstehung der Felsenskulpturen von Dazu.
960–1278	**Song-Dynastie**. Konsolidierung kleinerer Fürstentümer.
1278–1368	**Yuan-Dynastie**. Kublai Khan erobert China und entwickelt den Handel mit Europa. Entstehung der Verbotenen Stadt. Marco Polo besucht China von ca. 1273–1292.
1368–1644	**Ming-Dynastie**. Kaiserliche Erkundungsflotte erreicht unter Admiral Zheng He Afrika. Spätere Isolationspolitik beschränkt den Kontakt mit dem Rest der Welt.
1644–1911	Die **Qing-Dynastie** ergreift die Macht. Mandschu gewinnen die Kontrolle über China und dehnen die Grenzen aus.
Mitte bis Ende des 17. Jh.	Wiederaufbau des **Potala-Palastes** in Lhasa durch den Fünften Dalai Lama.
Spätes 18. Jh.	Die **Britische Ostindienkompanie** monopolisiert den Handel mit Großbritannien.
1840–1862	**Opiumkriege**. Im Rahmen der Kapitulation wird Hongkong an Großbritannien abgetreten.
1851–1864	**Taiping-Aufstand**. Die konservative Politik der Kaiserinwitwe Cixi führt ab 1861 zur Kontrolle ausländischer Mächte über die chinesische Industrie.
1899	**Boxeraufstand**.

1911	Zusammenbruch des kaiserlichen Chinas. Sun Yatsen wird Führer der **Republik**.
1921	Gründung der **Kommunistischen Partei Chinas** (KPCh) in Beijing.
1927	**Chiang Kaishek** ordnet ein Massaker an Kommunisten in Shanghai an. **Mao Zedong** organisiert die erste Armee aus Bauern und Arbeitern.
1932	**Japan** marschiert in die Mandschurei ein.
1936–1941	**Einheitsfront** der rivalisierenden Parteien gegen Japan.
1945	Kapitulation Japans im **Zweiten Weltkrieg**. Beginn des Bürgerkriegs zwischen der nationalistischen **Guomindang** und der kommunistischen **Volksbefreiungsarmee**.
1949	Kommunistische Machtübernahme. Chiang Kaishek flieht nach **Taiwan**; im folgenden Jahr unterstützt die junge **Volksrepublik China** den koreanischen Norden im **Koreakrieg**.
1956/57	Die **Hundert-Blumen-Bewegung** scheitert am Ziel der Liberalisierung.
1958	Landwirtschaftliche und industrielle Reformen in Gestalt eines **Kommunensystems** und der Kampagne des **Großen Sprungs nach vorn** führen zu fatalen Hungersnöten.
1964	China zündet den ersten **Atombomben-Versuch**.
1966–1968	Rote Garden liquidieren im Rahmen der **Kulturrevolution** anti-maoistische Elemente und zahlreiche „ideologisch ungesunde“ Werke der Kunst und Architektur.
1971	Die Volksrepublik nimmt Taiwans Platz in den **Vereinten Nationen** ein.
1972	**Präsident Nixon** besucht Beijing.
1976	Der **Tian'anmen-Zwischenfall** nach Zhou Enlais Tod enthüllt die Unterstützung des Volkes für die Linie des moderaten **Deng Xiaoping**. Tod von Mao Zedong, kurze Zeit später Verhaftung der Viererbande.
1977	Deng Xiaoping kehrt auf die politische Bühne zurück und wird **Parteivorsitzender**.
1980	Umsetzung der **Politik der offenen Tür**.
1981	Prozess gegen die **Viererbande**.
1986	Vereinbarung über die Rückgabe **Hongkongs** an China im Jahre 1997.
1989	Niederschlagung der Demokratiebewegung auf Beijings **Platz des Himmlischen Friedens** (Tian'anmen Guangchang).
1992	Eine bedeutende **Kabinettsumbildung** bringt Dengs Schützlinge in entscheidende Positionen.
1993	Der **Yuan** wird auf dem Weltwährungsmarkt frei konvertierbar.
1995	Tod von **Chen Yun**, dem letzten Hardliner-Maoisten im Politbüro. Beginn der Arbeiten am **Yangzi-Staudamm**.
1997	**Rückgabe Hongkongs** an China. Tod von Deng Xiaoping.
1999	**Rückgabe Macaus** an China. Beginn der Verfolgung der Falun Gong.
2001	China wird Mitglied der **Welthandelsorganisation**. Beijing bekommt die **Olympischen Sommerspiele 2008** zugesprochen. Chinas Bevölkerung erreicht die Zahl von 1,28 Milliarden Menschen.
2002	Jiang Zemin gibt die Staatsführung in die Hände von **Hu Jintao**.
2003	Neuer Ministerpräsident ist **Wen Jiabao**.

Glaubensvorstellungen

Die Dehnbarkeit alter chinesischer Glaubensvorstellungen und die Fähigkeit der Chinesen, neue Strömungen aufzunehmen und in ihr Denken einzugliedern, wurde über die Jahrhunderte hinweg wieder und wieder demonstriert. Obwohl China in langen Phasen seiner Geschichte von Fremdmächten beherrscht wurde, sind die Glaubensvorstellungen niemals erschüttert worden. Ganz im Gegenteil wurden eindringende Fremdmächte wie die Mongolen im 13. Jahrhundert und die Mandschu im 17. Jahrhundert unerbittlich sinisiert. Auf dieser Tatsache beruht das chinesische Vertrauen in die absolute Überlegenheit ihrer Glaubensvorstellungen, ein Vertrauen, das selbst die elendesten Perioden der chinesischen Geschichte überdauert hat.

Und dennoch entdecken Besucher, die zum ersten Mal das moderne China bereisen, nur wenige augenfällige Anzeichen traditioneller Glaubensvorstellungen, welche die Zivilisation des Landes seit 3000 Jahren untermauert haben. Überreste der religiösen Stätten und Bauwerke zieren nach wie vor die Städte und ihre Umgebung, doch sie wirken inmitten der rundum explodierenden Entwicklung versteinert und unzeitgemäß. Die restaurierten Tempel – heute eher kulturelle Reliquien mit Fotoständen, Touristengeschäften und Massen heiterer chinesischer Ausflügler – wirken oft grell und protzig, weniger mystisch.

Das offensichtlich fehlende Religionsempfinden aber darf nicht überraschen, denn seit Jahrzehnten wurden die alten Glaubensvorstellungen von den Behörden als feudaler Aberglaube verdammt. Die älteste und am tiefsten verwurzelte von allen, der Konfuzianismus, war im letzten Jahrhundert umfassender Kritik ausgesetzt. Doch eigentlich sind die äußeren Anzeichen gar nicht so wichtig: Die Traditionen kommen wesentlich klarer in der Weise zum Ausdruck, wie Chinesen denken und handeln, als in offenkundigen symbolischen Huldigungen.

Die „Drei Lehren"

Die chinesische „Religion" als Produkt der ältesten bestehenden Zivilisation auf Erden setzt sich aus mehreren unterschiedlichen und zum Teil sogar widersprüchlichen Elementen zusammen. Im Kern dieser Elemente vermischen sich drei grundlegende Philosophien: Konfuzianismus, Daoismus und Buddhismus. Die Art und Weise, in der sich ein harmonisches Gleichgewicht zwischen diesen Richtungen gebildet hat, findet ihren Ausdruck in dem oft zitierten Wahlspruch *San Jiao Fa Yi* – „Drei Lehren fließen in das Eine zusammen".

Konfuzianismus und **Daoismus** sind tief in jedem Chinesen sowie im kollektiven chinesischen Denken verwurzelt, ebenso wie die platonische und aristotelische Philosophie im Denken des westlichen Menschen verankert ist. Der **Buddhismus** wurde ab dem ersten Jahrhundert unserer Zeitrechnung von Wandermönchen und Missionaren über die Seidenstraße aus Indien nach China gebracht. Doch wie die Widersprüche zwischen Konfuzianismus und Daoismus einander angeglichen wurden, warf auch der Buddhismus keine langen Schatten über die bestehenden Glaubensvorstellungen. Schon kurz nachdem er Fuß gefasst hatte, wurden seine Lehrsätze an die chinesischen Vorstellungen angeglichen.

Konfuzianismus

Chinas ältester und vielleicht bedeutendster Philosoph **Kong Fuzi**, der im Westen unter seinem latinisierten Namen Konfuzius bekannt ist, war zu seinen Lebzeiten ein unbedeutender und erfolgloser Gelehrter. Geboren im Jahre 551 v. Chr. zur Zeit der so genannten Frühlings- und Herbstperiode, lebte er in das Zeitalter der Streitenden Reiche hinein, in eine Zeit also, in welcher der Alltag kleiner Fürstentümer von ständigen Kriegen, Feudalismus und sozialen Gegensätzen geprägt war. Konfuzius erkannte, dass die Gesellschaft ein System war, das sich durch richtiges individuelles Verhalten verbessern ließ. Im Rückblick auf frühere mythische Zeitalter, die von Frieden und sozialen Tugenden geprägt waren, predigte er die Befolgung von **Ritualen** und **Anstandsformen** als oberste Antwort auf die entsetzliche Unordnung der Welt, in der er lebte. Er wanderte von Hofstaat zu Hofstaat, um den Mächtigen eine bessere Art der Herrschaft zu empfehlen, doch wie Sokrates im fernen Griechenland wurde ihm von den Machthabern keine nennenswerte Beachtung geschenkt. In den Jahrhunderten nach seinem Tod aber entwickelte sich der Konfuzianismus zur einflussreichsten und wichtigsten chinesischen Philosophie. Sie wurde von seinen Schülern in den *Gesprächen des Meisters*

Kung niedergeschrieben, einer Sammlung von Schriften über Leben und Aussprüche des Konfuzius.

Der Konfuzianismus ist keine Religion in dem Sinn, dass sie die Existenz einer höheren Gottheit voraussetzt, sondern eher ein Leitfaden für **moralische und soziale Werte**, die Regierende und Regierte miteinander sowie mit ihren Ahnen in Harmonie bringen sollen. Durch angemessenes Studium der klassischen Werke und strikte Befolgung der Anstandsregeln, darunter auch die Ahnenverehrung, kann der Herrschende eine Ebene der moralischen Rechtschaffenheit erreichen, die wiederum eine stabile und gerechte Gesellschaftsordnung gewährleistet. Politisch fordert der Konfuzianismus als Herrscher den „klügsten Weisen" ein, dessen moralisches Empfinden die höchste Ausprägung erlangt hat. Mit einem guten Herrscher, der die tugendhaften Vorgaben seiner Ahnen praktiziert und die fünf **konfuzianischen Tugenden** (Wohlwollen, Rechtschaffenheit, Schicklichkeit, Weisheit und Vertrauenswürdigkeit) exemplarisch vorlebt, sind Welt und Gesellschaft auf natürliche Weise in Ordnung. Gewalt, die letzte aller Möglichkeiten, wird in diesem Fall unnötig. Konfuzius sagt:

> *Strebt der Herrscher aufrichtig nach Gutem, wird auch das Volk gut sein. Die Tugend des Herrschers ist wie der Wind, die Tugend des Volkes wie das Gras. Unter der Kraft des Windes beugt sich das Gras.*

Götter spielen in diesem Konzept keine Rolle, der Mensch kann aus eigener Kraft zur Vollkommenheit gelangen, wenn sich die vollendeten Tugenden eines übergeordneten Herrschers im Verhalten seiner Untertanen widerspiegeln. Statt eines Gottes sind die **fünf hierarchischen Beziehungen** die Voraussetzung für eine geordnete Gesellschaft, und wenn die damit formulierten Pflichten angemessen befolgt werden, ist die Gesellschaft „in sich selbst geordnet". Die fünf Beziehungen unterscheiden strikt zwischen übergeordneten Pflichten (Wohlwollen) und Gehorsam gegenüber Autoritäten (Respekt): Zwischen Herrscher und Untertan, Vater und Sohn, Älterem und Jüngerem, Ehemann und Ehefrau sowie – als einzige Beziehung zwischen Gleichen – Freund und Freund. Dahinter steht die Absicht, Ordnung und Stabilität durch die Herrschaft einer moralischen Elite zu gewährleisten. In der Praxis allerdings wurde das Festhalten an der starren Hierarchie dieser Beziehungen im Verlauf der Geschichte missbraucht, um totalitäre Herrschaften zu rechtfertigen. Als oberste Tugend kultivierter Männer und Frauen galt stets der Gehorsam.

In der Zeit der Han-Dynastie (206 v. Chr.–220 n. Chr.) wurde der Konfuzianismus als **staatstragendes System** institutionalisiert, das 2000 Jahre Bestand haben sollte. Auf diesem System und dem Konzept des Gelehrtenbeamten als idealer Administrator baute die chinesische **Bürokratie** auf. Männer studierten ihr halbes Leben lang, um die kaiserlichen Prüfungen zu bestehen und eine Anstellung in der staatlichen Verwaltung zu erhalten. Diese Prüfungen bestanden nur aus dem starren Abfragen der konfuzianischen Klassiker. Bis zum Beginn des 20. Jahrhunderts lag in China die Macht in den Händen einer bürokratischen Schicht, die von klassischen Riten und Ritualen durchdrungen war, die 500 Jahre vor unserer Zeitrechnung niedergeschrieben worden waren.

Der ideale konfuzianische Herrscher aber trat niemals in Erscheinung, denn der Kaiser musste sich den Prüfungen nicht stellen, und die Gelehrtenbeamten verkamen nur allzu oft zu korrupten Bürokraten und ausbeuterischen Landbesitzern. Auch das konfuzianische Ideal der Unterwerfung unter eine Autorität schien zu Beginn des 20. Jahrhunderts nur wenig bewirkt zu haben. Andererseits war der Konfuzianismus, der das **Gemeinwesen** und den **sozialen Zusammenhalt** hervorhob, entscheidend daran beteiligt, China vom religiösen Eifer und Fanatismus freizuhalten, der Europa über einen Zeitraum von 2000 Jahren Kriege bescherte. Auch heute fällt dem Konfuzianismus noch immer eine wichtige Rolle zu, vor allem als Verkörperung der vielfach beschworenen „asiatischen Werte". Auch uralte Traditionen wie die Ahnenverehrung erleben innerhalb der Familien eine Wiedergeburt. Nachdem die jüngste ausländische „Religion", der Marxismus, gründlich in Verruf geraten ist, scheint der Konfuzianismus automatisch wieder in die entstandenen Nischen hineinzuschlüpfen.

Daoismus

Dao bedeutet „der Weg", und in der reinsten Form ist der Daoismus das Studium und die Befolgung dieses unaussprechlichen Weges, der im fundamentalen Text des **Daodejing** (in der Literatur oft auch: *Tao Te Ching*), dem „Heiligen Buch der Ethik“ oder „Weg der moralischen Kraft“, angedeutet wird. Dieser undurchsichtige und mystische Text stellt im Wesentlichen eine Sammlung weiser Aussprüche eines halb-mythischen Einsiedlers namens **Lao Zi** (auch: Lao-tse) dar, der ein Zeitgenosse von Konfuzius gewesen sein soll. Das *Daodejing* wurde jedoch mündlich überliefert und frühestens drei Jahrhunderte nach seinem Tod niedergeschrieben. Die Bedeutung des Dao ist nicht eingrenzbar, denn das Dao ist seiner Natur getreu undefinierbar. Zur Verzweiflung des Vernunftmenschen lauten die ersten Zeilen des *Daodejing*:

Das Dao, das ausgesprochen werden kann,
ist nicht das ewige Dao.
Der Name, der genannt werden kann,
ist nicht der ewige Name.

Im Kern aber ist die Lehre vielleicht als Weg der Natur zu erklären, als unterschwelliges Prinzip und Quelle aller Existenzformen, als Band zwischen Mensch und Natur. Das zentrale Prinzip lautet **Wu Wei**, das frei als „Tatenlosigkeit“ oder „nicht handeln“ übersetzt werden kann; verständlicher ist aber wohl die Formulierung „nichts unternehmen, was den Gesetzen der Natur widerspricht“. Der Daoismus war in seinen Ursprüngen ein Glaube, der in der Abgeschiedenheit gedieh. Während der Konfuzianismus die soziale Ordnung und die sozialen Beziehungen regelt, befasst sich der Daoismus mit der Beziehung zwischen dem Individuum und der universellen Natur. Nur schaut er von einer anderen, erhöhten Stufe auf die menschlichen Probleme: Gute Beziehungen mit den Nachbarn sind nur dann von Nutzen, wenn man sich gleichzeitig auch in Harmonie mit der Natur befindet.

Der zweite wichtige Text des Daoismus ist das Buch eines idealen Befolgers des Weges namens **Zhuang Zi**, der ebenfalls eine halb-mythische Gestalt ist. Angeblich wurde er zu Lebzeiten als großer Weiser verehrt. Er verwarf alle Angebote, hohe Ämter zu bekleiden, um ein Leben in Zurückgezogenheit führen zu können. Sein Schaffen führte zur Herausbildung sinnbildlicher Erzählungen, welche die Chinesen über die Jahrtausende hinweg fasziniert haben und sowohl Humor als auch Tiefgründigkeit erkennen lassen. Im berühmten „Schmetterlingstraum“ prüft Zhuang Zi die mannigfaltige Gestalt der Realität:

Einst träumte Zhuang Zi, dass er ein Schmetterling sei, ein flatternder Schmetterling, der sich wohl und glücklich fühlte und nichts wusste von Zhuang Zi. Plötzlich wachte er auf: Da war er wieder wirklich und wahrhaftig Zhuang Zi. Nun weiß ich nicht, ob Zhuang Zi geträumt hat, dass er ein Schmetterling sei, oder ob der Schmetterling geträumt hat, dass er Zhuang Zi sei, obwohl doch zwischen Zhuang Zi und dem Schmetterling sicher ein Unterschied ist. So ist es mit der Wandlung der Dinge.

Der Daoismus bot eine Alternative zur strikten Disziplin des Konfuzianismus. Im traditionellen China galt der Lebensstil als ideal, wenn man tagsüber konfuzianisch handelte – als rechtschaffener und standhafter Verwaltungsbeamter, der die Tugenden des Ehrenmannes und Herrschers aufrechterhielt – und nach Erledigung der Tagespflichten Daoist wurde. Die Praktizierung des Daoismus gipfelt in der Tugend, sich von öffentlichen Ämtern fern zu halten und sich einem Leben der **Besinnung** und **Meditation** zu widmen. Während der Konfuzianismus die Verpflichtung gegenüber Familie und Gesellschaft predigt, betont der Daoismus Zurückhaltung, Nicht-Einmischung und „Weggehen“. In seiner Bekräftigung der irrationalen und natürlichen Quellen des Lebens bescherte er der chinesischen Kultur ein Gegengewicht zu den starren sozialen Regeln des Konfuzianismus. Die **Kunst** und **Literatur** Chinas wurden durch die daoistischen Vorstellungen über Besinnlichkeit, individuelle Loslösung und Befreiung von sozialen Verflechtungen in hohem Maße bereichert. Das Dao verankerte sich in der chinesischen Volksseele als Doktrin, sich den unausweislichen Kräften der Natur zu überlassen.

Buddhismus

Die erste geordnete Religion, die nach China gelangte, war der Buddhismus, der in der Tang-Dynastie (618–907) einen fruchtbaren, wenngleich kurzlebigen Einfluss auf die chinesische Kultur ausübte. Im 8. Jahrhundert wirkten über 300 000 buddhistische Mönche in China. In den Jahrhunderten zuvor und danach entstanden herausragen-

Shakyamuni auf dem Lotusthron

de **religiöse Stätten**: Die Grottenanlagen in Luoyang (Provinz Henan), Datong (Provinz Shanxi) und Dunhuang (Provinz Gansu), wo noch heute Tausende von buddhistischen Bildern und Meißelarbeiten den mächtigen Einfluss der indischen Kunst und Religion bezeugen.

Doch nach und nach wurde auch der Buddhismus den einheimischen Glaubensvorstellungen einverleibt. Die meisten Schulen des indischen Buddhismus lehrten, dass das Leben auf Erden im Wesentlichen ein Zyklus des Leidens sei: ein endloser Zyklus, in dem Menschen geboren werden, altern, sterben und in anderen Existenzformen wiedergeboren werden. Das letzte Ziel ist, diesen Zyklus durch Erreichen des Nirvana zu durchbrechen, was durch die Loslösung von allen Begierden nach weltlichen Dingen erreicht werden kann.

Die im Kern individualistische Lehre hatte im Grunde nur wenig Chancen, die hochgradig reglementierte chinesische Bevölkerung zu erreichen, doch die damals relativ kleine Schule des **Mahayana-Buddhismus** drang in das chinesische Denken ein. Die Mahayana-Richtung lehrt, dass die Vervollkommnung des Individuums ohne die Vervollkommnung der Allgemeinheit nicht möglich ist und dass diejenigen, die bereits die hohe Stufe der Erleuchtung erreicht haben, als **Bodhisattvas** in der Welt verbleiben, um den Menschen auf diese hohe Stufe zu verhelfen. Alsbald schrieb man den Bodhisattvas übernatürliche Kräfte zu und verehrte sie in einer Weise, die bemerkenswerte Ähnlichkeit mit der konventionellen konfuzianischen Ahnenverehrung hat. Die Hauptströmung des chinesischen Buddhismus lief daraufhin mehr auf harmonische Beziehungen zu den Bodhisattvas als auf die Erreichung des Nirvana hinaus.

Eine vollkommen neue Schule des Buddhismus entstand durch die Verknüpfung mit dem Daoismus. In China als **Chan** und in Japan als **Zen** bekannt, bot diese buddhistische Form einen weniger beschwerlichen Pfad zur Erleuchtung an. Chan-Buddhisten mussten weder eine Lebensphase als Mönch noch als Einsiedler antreten, um das Nirvana zu erreichen. Stattdessen war dieses letzte Ziel durch ein Leben in Harmonie und in nachdenklicher Betrachtung über das Dao, den Weg, zu erreichen.

Kurz gesagt: Die Chinesen „verheirateten" den Buddhismus ohne besondere Mühe mit ihren bestehenden Glaubensstrukturen. Erleichtert wurde dies durch das grundsätzliche Nichtvorhandensein eines Dogmas innerhalb des buddhistischen Denkens. Viel leichter noch als die Chinesen passten die **Tibeter** den neuen Glauben an ihre bestehende Bön-Religion an. Über die Jahrhunderte hinweg entwickelten sie ihre eigenen buddhistischen Schulen, die unter die Begriffe „lamaistischer Buddhismus" oder „Lamaismus" gefasst werden. Es entstanden Glaubensgebilde, die sich von den chinesischen Konzepten unterschieden. Dominante Schule war die der **Gelugpa** (Gelbmützen), deren Führer der Dalai Lama und Panchen Lama sind; ihre Grundlage geht auf Tsongkhapa (1357–1419) zurück.

Minderheitenreligionen und Volksglauben

Obwohl der Buddhismus tiefe Spuren hinterließ, war er nicht die einzige Religion, die China über die Seidenstraße erreichte. Auch der **Islam** und das **Christentum** sickerten auf diesem Wege in das Land, und heute stellen die Muslime mit mehreren Millionen Menschen eine bedeutende Minderheit in China dar. Doch im Gegensatz zu anderen Staaten Asiens wurde China nicht von der Welle des Islam ergriffen. Die starren Lehren des Koran hatten bei den wendigen Chinesen von Anfang an wenig Chancen, Fuß zu fassen.

Als im 16. und 17. Jahrhundert die ersten jesuitischen Missionare in China eintrafen, waren sie erstaunt und bestürzt über die chinesische Glaubensflexibilität. Ein frustrierter Jesuit äußerte: „In China glauben die Gebildeten an nichts und die Ungebildeten an alles." Wer in den Klassikern des Konfuzianismus, Daoismus und Buddhismus bewandert war, vertrat als Glauben einen gesunden und toleranten Skeptizismus, doch die große Mehrheit der ungebildeten Bauern verschrieb sich **volkstümlichen Glaubensvorstellungen** mit Geistern, Gespenstern, Göttern und Ahnen, die über eine kapriziöse Natur wachten und die Menschheit schützten. Da christliche Missionare Reis verteilten, verdiente auch Jesus Christus einen Platz an ihrer Seite. Im verbreiteten Buddhismus gipfelte die Hoffnung in der Erreichung eines „Reinen Landes", einer Art Himmel für Gläubige, über den eine weibliche Gottheit herrschte, die als Mutterherrscherin verehrt wurde. Auch im verbreiteten Daoismus gab es diese weibliche Gottheit, doch ihre Aufgaben waren eher mit den Zauberern, Alchimisten und Anhängern der Kampfsportarten verbunden, die nach Lösungen für das Rätsel der Unsterblichkeit suchten; Darstellungen darüber sind in daoistischen Tempeln anzutreffen.

Aberglaube Die Chinesen sind im konventionellen Sinne nicht religiös, doch viele sind sehr abergläubisch, was überall ersichtlich ist. Eine große Rolle fällt dabei den Wortspielen zu: Zum Beispiel entspricht der chinesische Ausdruck für „Komme Glück herein" *(fudao)* ungefähr der Aussprache des Begriffs „umgekehrtes Glück", und deshalb sieht man an zahlreichen Privathäusern und Geschäften besonders zur Zeit des Frühlingsfestes das auf dem Kopf stehende Schriftzeichen *fu*, das Glück und Wohlstand heraufbeschwören soll. Weitere Glückssymbole sind Pfirsiche und Kraniche (Langlebigkeit), Fische (Reichtum), Mandarinenten (eheliche Treue), Drachen (männliche Kraft), Phönixe (weibliche Kraft) und Fledermäuse (Glück).
Auch Farben besitzen eine besondere Bedeutung. Rot ist die Farbe des Feuers, Gold die des Geldes. Da beide Glück verheißende Farben sind, werden sie ausgiebig bei Dekorationen, Verpackungen, Hochzeiten und festlichen Anlässen verwendet. Weiß steht traditionell für den Tod und das Trauern, doch westliche Hochzeitskleider genießen in China zunehmende Popularität. Gelb ist die Farbe des Himmels und ziert deshalb die Dachziegel der Tempel; gelbe Kleidung war früher nur dem Kaiser vorbehalten.

Das moderne China

Konfrontiert mit der überlegenen militärischen und technischen Macht des Westens, waren die Chinesen im 20. Jahrhundert bemüht, sich von den Fesseln des Aberglaubens zu befreien. Das kaiserliche Prüfungssystem wurde zu Beginn des 20. Jahrhunderts abgeschafft, und seitdem suchten die chinesischen Intellektuellen nach einer ebenso modernen wie fundamentalen Philosophie. Die **Kulturrevolution** bildete den Höhepunkt der Bemühungen, die Vergangenheit auszumerzen. Hunderttausende Tempel, Ahnenhallen und religiöse Objekte wurden verunstaltet oder zerstört. Klöster, die jahrhundertelang in Abgeschiedenheit existiert hatten, wurden niedergebrannt, die Mönche verhaftet. Die Klassiker der Literatur und Philosophie wurden als „Reste der reaktionären feudalen Vergangenheit" auf großen zeremoniellen Scheiterhaufen verbrannt. In der sich ihrem Ende zuneigenden Kulturrevolution rief 1974 eine Regierungskampagne zur „Kritik an Lin Biao und Konfuzius" auf, die den General neben den Heiligen setzte, um anzudeuten, dass beide gleichermaßen reaktionär waren.

Doch gerade die Tatsache, dass Konfuzius selbst 1974 noch für politische Zwecke missbraucht wurde, offenbart die Hartnäckigkeit der Glaubenstraditionen. Heute wird das konfuzianische Denken wieder als wesentlicher Bestandteil der kulturellen Tradition betrachtet, die das chinesische Volk zusammenhält. Chinesische Tempel aller Glaubensrichtungen blühen auf; sie sind wieder lebendige Orte, in denen es von Menschen wimmelt, die um Enkel oder Wohlstand bitten. Die Atmosphäre dort ist weder andächtig noch religiös – aber dies war in China noch nie anders.

Traditionelle chinesische Medizin

Auf dem Hintergrund ihrer agrarisch geprägten Gesellschaft entwickelten die Chinesen schon früh ein Bewusstsein für die Bedeutung einer angemessenen **Balance** zwischen den Naturkräften: Zu viel Hitze verursacht Austrocknung; zu viel Regen bewirkt Überschwemmungen; Ausgewogenheit zwischen beiden Extremen aber führt zu guten Ernten. Die Chinesen früherer Zeiten sahen Himmel, Erde und Menschheit als integrales Ganzes. Aus diesem Grund musste der kollektive Gesundheitszustand in Ordnung sein, wenn die Menschen in Harmonie mit Himmel und Erde leben wollten. Die medizinische Abhandlung *Huang Di Neijing,* die dem halbmythischen Gelben Kaiser (2500 v. Chr.) zugeschrieben wird, verweist auf die Bedeutung der spirituellen Balance, auf Akupunktur und pflanzliche Medizin bei der Behandlung von Krankheiten. Sie belegt damit auch das ehrwürdige Alter der chinesischen medizinischen Kenntnisse. Das Werk ist sogar möglicherweise nur eine Zusammenstellung früherer Texte. Akupunktur wurde nachgewiesenermaßen bereits in der Han-Dynastie praktiziert: In Gräbern in der Provinz Hebei, die man auf das Jahr 113 v. Chr. datiert, wurden Akupunkturnadeln aus Gold und Silber gefunden.

Der Glaube an die universelle Balance wird unter dem Begriff **Dao** (in der Literatur oft auch: Tao) zusammengefasst, was wörtlich übersetzt „der Weg" bedeutet, jedoch mit Blick auf „den Ablauf der Natur". Nach den Grundlagen der daoistischen Prinzipien beruht das Leben auf der Wechselwirkung sich ergänzender Gegensätze – Mann und Frau, Sonne und Mond, rechts und links, geben und empfangen usw. Dies findet seinen Ausdruck im schwarz-weißen daoistischen Diagramm, das zwei zusammenwirkende Gegensätze darstellt: **Yin** (die „weibliche" passive Energie) und **Yang** (die „männliche" aktive Energie). Den Kern der traditionellen chinesischen Medizin bildet die Überzeugung, dass diese Gegensätze als Voraussetzung für einen gesunden Körper in dynamischer Ausgewogenheit stehen müssen. Zum Beispiel besteht eine konstante Fluktuation zwischen der Körpertemperatur, die vom Grad der Aktivität und vom Wetter abhängt, und der für die Einhaltung der richtigen Körpertemperatur erforderlichen Flüssigkeitsmenge. Überschüssige Flüssigkeit im Körper ruft Ödeme hervor, zu wenig Flüssigkeit führt zur Austrocknung; zu viel Hitze bewirkt Fieber, zu wenig Hitze Unterkühlung. Die chinesische Medizin betrachtet den Körper als integrales Ganzes. Deshalb wird der Körper bei Krankheiten nicht nur an seiner „kranken Stelle", sondern ganzheitlich behandelt.

Qi und Akupunktur

Ein Grundmerkmal der chinesischen medizinischen Philosophie ist Qi (in der Literatur auch: Ch'i), die Lebensenergie. Ebenso wie elektrischer Strom eine Glühbirne zum Leuchten bringt, befähigt Qi uns zur Bewegung, zum Sehen und zum Sprechen. Qi verläuft durch das körperliche Netz der **Meridiane** (Energiepfade), die das Oberflächengewebe mit bestimmten **Innenorganen** verbinden, welche als Sammelbecken des Qi wirken. Die zwölf wichtigsten Meridiane sind nach den Organen benannt, mit denen sie verbunden sind. Die Meridiane sind außerdem als Yin oder Yang klassifiziert, je nachdem ob sie ausgesetzt oder geschützt sind. In den Gliedmaßen beispielsweise sind die äußeren Kanäle (Yang) wichtig für die Abwehr von Krankheiten, während die inneren Kanäle (Yin) für die Ernährung des Körpers zuständig sind.

Mentale und physische Spannungen, falsche Ernährung, Ärger, Depressionen, selbst widrige Wetterverhältnisse hemmen den Fluss des Qi und führen zu Erkrankungen. In die Akupunkturpunkte des Körpers gestochene Nadeln, meist entlang der Meridiane, verstärken oder reduzieren den Fluss des Qi und beeinflussen so die Aktivitäten der Organe. Wenn sich das Qi wieder im Gleichgewicht befindet und ruhig fließt, ist die Gesundheit wiederhergestellt. Akupunktur wird oft angewendet, um Entzündungen zu bekämpfen, zerstörtes Gewebe zu erneuern oder die Funktion der Organe zu unterstützen.

Pflanzliche Medizin

In den 2200 Jahren, seitdem der halb-mythische Xia-König **Shennong** sein heute klassisches Werk über die pflanzliche Medizin verfasst hat, haben die Chinesen ihr Wissen über den Einsatz von Pflanzen in der Medizin auf den höchsten Stand gebracht. Ungefähr 7000 Heilkräuter aus Wurzeln, Blättern, Zweigen und Früchten werden heute in der chinesischen Medizin verwendet, weitere 1000 sind tierischen oder mineralischen Ursprungs (und werden dennoch als „Kräuter" klassifiziert). Um die Wirkung zu verstärken, müssen diese Mittel gereinigt, getränkt, geschnitten, getrocknet, geröstet oder sogar mit Wein, Ingwer und Essig unter Rühren bei hoher Hitze angebraten werden; sie werden sodann aufgebrüht und als Tee getrunken. Die meisten schmecken bitter und erdig.

Heilkräuter haben eine erstaunliche Wirkung bei der Vorbeugung oder Behandlung zahlreicher Erkrankungen. Manche werden eingesetzt, um unterschwellige Ursachen von Beschwerden zu bekämpfen, andere um die Symptome zu heilen oder das körpereigene Immunsystem zu stärken. Ein einfaches Beispiel ist die Behandlung von Grippe: Das pflanzliche Rezept umfasst ein „kalt aktives" Heilkraut, um das Fieber zu senken, ein Kraut, das das Schwitzen anregt und Schmerzen lindert, ein Abführmittel zur Entfernung des Virus aus dem

Körper sowie ein stimulierendes Kraut zur Stärkung des Immunsystems. Während der Behandlung wird der Patient regelmäßig untersucht und die pflanzliche Medizin dem Gesundheitszustand entsprechend angepasst.

In derselben Weise, in der Aspirin in westlichen Ländern aus Weidenborke gewonnen wird, entwickelt auch die chinesische Pharmazie zahlreiche neue Arzneimittel aus Pflanzen, etwa das Anti-Malaria-Mittel *Qinghaosu* (Artemisinin), mit dem bei nur geringen Nebenwirkungen große Erfolge in der Behandlung von Chloroquin-resistenten Malariastämmen erzielt wurden.

Chinesische kontra westliche Medizin

Es ist schwierig, direkte Vergleiche zwischen der chinesischen und westlichen Medizin zu ziehen, denn die Ansätze sind vollkommen unterschiedlich. Die westliche Medizin ist fortschrittlicher, wenn es um die Behandlung schwerer Verletzungen geht, bei denen chirurgische Eingriffe notwendig sind; der chinesische Ansatz hat den Ruf, effizienter chronische Krankheiten heilen zu können und die Gesundheit langfristig stabil zu halten. 1974 erkannte die Weltgesundheitsorganisation den Nutzen der Akupunktur an, und 1979 erklärten die Vereinten Nationen, dass die traditionelle chinesische Medizin (TCM) nachweisbare Resultate bei der Behandlung von Infektionen, bei Erkrankungen der Atemwege, Kreislaufschwächen, neurologischen Störungen, traumatischen Muskel- und Knochenverletzungen sowie Arthritis und Entzündungen erzielt. Außerdem beweist die Tatsache, dass heute nicht nur in allen chinesischen Provinzen, sondern auch weltweit Schulen der traditionellen chinesischen Medizin anzutreffen sind, eine wachsende internationale Würdigung der chinesischen Behandlungsmethoden.

Chinesische Kampfsportarten

Angesichts der turbulenten chinesischen Geschichte, in der rivalisierende Klane, Staaten und Dynastien sich bekriegten, ist es nicht verwunderlich, dass die Kampfsportarten entwickelt und stetig verfeinert wurden. Unter gesellschaftlichen Bedingungen, in denen man sich nicht auf den Schutz einer Obrigkeit verlassen konnte, war es besonders in Zeiten großer Umwälzungen von großer Bedeutung, Kampfsportarten zu beherrschen. Die Kampftechniken entwickelten sich in fast allen isolierten Gemeinschaften, von buddhistischen und daoistischen Tempeln bis hin zu Klandörfern. Vielfach entstanden eigentümliche Techniken, die nur Mitgliedern der eigenen Gruppe vermittelt wurden. Erst in jüngerer Zeit erhalten auch Außenstehende – selbst Ausländer – Zugang zu den verschiedenen Stilen, von denen manche so populär sind, dass selbst die Regierung formelle Versionen anerkannt hat.

Stile und Techniken

Über die Jahrhunderte hinweg entwickelten sich Tausende Kampfsportstile in China, die alle in zwei grundlegende Klassen eingeordnet werden können. **Externe oder harte Stile** *(waijia)* konzentrieren sich auf die Entwicklung der physischen Kraft **Li**, um sich gegen einen Gegner durchsetzen zu können. Zum Beispiel werden die Hände durch tausendfaches Schlagen auf Eisenplatten und Betonblöcke gefestigt, bis die Fähigkeit erreicht ist, durch bloße Gewalteinwirkung Holzplanken oder Ziegelsteine zu zerschlagen. **Interne oder weiche Stile** *(neijia)* konzentrieren sich auf die Entwicklung der inneren Energie **Qi**, die entlang der Meridiane um den Körper zirkuliert und zu den zentralen Aspekten der chinesischen Medizin (s.S. 121) gehört. Die Technik Qigong – vitalitätsfördernde Atemübungen – lehrt den Aufbau des Bewusstseins für Qi und verhilft zu der Fähigkeit, diese Energie im Körper zu bewegen, um übermäßige muskuläre Aktionen durch fließende und kraftvolle Bewegungen zu ersetzen.

In der Praxis sind solche Unterscheidungen zumindest für den Anfänger kaum zu erkennen. Das Training ist zunächst überwiegend körperlich ausgelegt, denn es erfordert Jahre, bis sich das Bewusstsein für Qi so weit entwickelt hat, dass man es effizient im Kampf einzusetzen versteht. Viele externe Stile benutzen Qigong-Techniken, und die meisten internen Stile setzen auch auf rohe Kraftanwendung. Von außen wirken interne und externe Stile sehr ähnlich, da beide **Grundmuster** – feststehende Bewegungsabläufe – anwenden, um die gewünschte Geschwindigkeit, Kraft und Zielgenauigkeit zu erreichen. Beide Stilrichtungen gründen sich auf Faustschläge, Tritte, Handkantenschläge und den Gebrauch von **Waffen**. Verbreitet ist zudem die Einbeziehung **tierischer Bewegungsabläufe**: Im Affenstil des Gongfu bewegt sich der Praktizierende im Kampf beispielsweise in der Art eines Affen. Im Folgenden sollen nur einige der bekannteren Kampfsportarten vorgestellt werden, die durchaus in öffentlichen Parks beobachtet werden können.

Shaolin-Kung-Fu

Zu den einflussreichsten Persönlichkeiten bei der Entwicklung der chinesischen externen Kampfsportarten gehörte im 6. Jahrhundert der indische buddhistische Mönch **Boddhidarma**, der viele Jahre im **Tempel Shaolin** verbrachte, wo er den Mönchen Bewegungen und Atemtechniken vermittelte, die später in Verbindung mit ortstypischen Kampfsporttechniken zum Shaolin-Kung-Fu weiterentwickelt wurden. „Shaolin" ist im heutigen China ein verschwommener Begriff, der unkritisch auf unterschiedliche Kampfstile angewendet wird, die vermutlich kaum eine historische Beziehung zum dortigen Tempel haben. Dennoch ist diese Schule sehr bekannt wegen ihrer kraftvollen Fußtritte und einiger Tierstile, darunter Adler, Gottesanbeterin und Affe. Klassische Shaolin-Waffe ist der **Stock**. Es gibt sogar ein Grundmuster der Trunkenheit, nach dem sich der Praktizierende wie im Vollrausch bewegt – eine athletische und überraschend effektive Technik.

Xingyi Quan

Xingyi Quan bedeutet frei übersetzt „Form durch bewusstes Boxen" und reflektiert das Leitprinzip, dass der Körper unmittelbar aus dem Verstand heraus geleitet werden soll. Die Schule entwickelte sich vermutlich in der Song-Dynastie unter dem berühmten General **Yue Fei** aus Speerformen des Shaolin-Gongfu. Xingyi ist eine interne Kunstform, die jedoch die Energie Qi anders umsetzt als Bagua oder Taiji (siehe unten). Die Xingyi-Schulen stützen sich entweder auf die Methoden der **zwölf Tiere** oder **fünf Elemente**. Ungeachtet dessen erfolgen die Attacken sehr **linear**, um die Verteidigungslinie des Gegners geradlinig zu durchbrechen und so direkt und effektiv wie möglich vorzugehen. Aufgrund der geradlinigen Philosophie und der Anwendung relativ weniger Techniken ist Xingyi die wohl am einfachsten zu erlernende und anzuwendende interne Kampfsportart. Die gesundheitlichen Vorzüge, die allen internen Kampfsportarten anhaften, werden im Xingyi selten hervorgehoben.

Bagua Zhang

Der Ursprung des Bagua Zhang verschwimmt im Dunkeln der Geschichte, doch der berühmteste Praktizierende und Stilist war **Dong Hai Chuan** (1798–1879). Der Name bedeutet „Bagua-Handfläche" und bezieht sich auf die acht daoistischen Diagramme des *Yijing*, unter denen *Bagua zhang* eine kriegerische Bedeutung hat. Außerdem kommt zum Ausdruck, dass Schläge unweigerlich mit der **Handfläche** erfolgen. Bagua ist für einen außenstehenden Beobachter eine der interessantesten Kampfsportarten, denn schnelle Fußarbeit und eigentümliche **Drehbewegungen** sollen Angriffe abwehren und den Verteidiger hinter den Angreifer und damit in eine Position zum Gegenschlag bringen. Der interne Stil wendet nichtsdestotrotz ein gewisses Maß an körperlicher Gewalt an und tendiert in der Antwort auf Angriffe zu wüsten Attacken. Die verschiedenen Schulen üben **Kreiswanderungsformen** aus, um die Energie Qi zu entwickeln (wenn in chinesischen Parks jemand endlos um einen Baum herum schreitet, praktiziert er diese Form). Sie wenden weniger abstrakte lineare Formen an, um Kampftechniken zu vermitteln. Die ständigen Drehbewegungen des Bagua pumpen Qi aus der Wirbelsäule rund um den Körper. Praktizierende des Bagua sind bekannt für ihre Gesundheit und Langlebigkeit.

Taijiquan

Taijiquan (Yin-Yang-Boxen) ist die berühmteste klassische Kampfsportart, doch sie wird selten als solche gelehrt. Die ursprüngliche Form heißt **Chen Taiji** und ist eng mit dem Shaolin-Gongfu verwandt. Eine spätere Form, die von **Yang Luchan** (1799–1872) entwickelt wurde, ist rein intern und gehört zu den am schwierigsten zu erlernenden Stilen des praktischen Kampfes. Dennoch sind diese älteren Formen effektive Kampfsportarten, deren Stärken darin liegen, dass man Angriffszüge vorausahnt und den eigenen Schlag zuerst ausführt. Gegenangriffe werden mit dem ganzen Körper im Zustand **minimaler Spannung** vorgenommen, der die charakteristische „weiche" Erscheinungsform des Taijiquan ausmacht und den Fluss und die Kraft der Energie Qi erhöht. Da kräftige Qi-Ströme Gesundheit bedeuten, verlangsamte Yang Luchans Enkel **Yang Chengfu** (1883–1936) die Bewegungen und entledigte damit die Sportart ihrer kämpferischen Inhalte, damit auch die Älteren und Schwächeren sie lernen und somit Krankheiten vorbeugen können. Diese vereinfachte Form wird heute weitgehend gelehrt und ist in vielen Parks zu beobachten. Eine allen Taiji-Stilen gemeinsame Trainingstechnik für zwei Personen ist „Hände schieben" *(tui shou)*, nach der die Praktizierenden einander abwechselnd angreifen und sich verteidigen, um auf diese Weise zu lernen, die Kraft des Gegners aufzunehmen und umzuleiten.

Studium der Kampfsportarten

In der jüngeren Vergangenheit wurden die chinesischen Kampfsportarten stark verwässert. Seit den 50er Jahren deklarierte die chinesische Regierung „offizielle" Versionen verschiedener Kampfsportstile – darunter Shaolin-Gongfu, Bagua Zhang und Taijiquan –, die unter den Sammelbegriff **Wushu** (traditionelle Kampfkunst) gefasst wurden. Hauptmotiv der Wushu-Stile ist nicht die Befähigung zum Kampf, sondern die Förderung von Gesundheit und Fitness; die klassischen Kampfkünste werden überwiegend als Wettkampfsportarten gelehrt. In der Umsetzung ist das Meiste, was heute offiziell in China gelehrt wird, gemessen am Anspruch der Kampfsportarten zweitrangig. Deshalb kann es schwierig sein, einen kompetenten Ausbilder zu finden.

Es ist wichtig, sich zunächst für einen Stil zu entscheiden und dann möglichst vor der Abreise Kontakte zu knüpfen. Wer rasche Fortschritte wünscht, sollte sich mit externen Künsten wie Shaolin-Gongfu und dessen Ableitungen oder mit Xingyi Quan oder Bagua Zhang befassen, die ihre Techniken allesamt auf geradlinige Weise vermitteln. In China sind Bagua- und Xingyi-Praktiker sowie Lehrer für den traditionellen kampfbetonten Taiji-Stil nur schwer zu finden.

Berühmte Lehrstätten für Kampfsportarten wie Shaolin und die taoistischen Tempel am **Wudang Shan** scheinen auf den ersten Blick geeignete Studienorte zu sein, doch in der Praxis hat sich ihr Ruf kontraproduktiv ausgewirkt. In Shaolin gibt es zum Beispiel zahlreiche Kampfsportschulen, die alle von sich behaupten, die „wahren" Shaolin-Techniken zu vermitteln. Es ist nicht ungewöhnlich, dass sich auch Ausländer für die Kurse einschreiben. Wudang Shan ist noch nicht so kommerziell und bei der Auswahl der Schüler durchaus wählerisch. Traditionelle Kampfkunst wird an zahlreichen **Sportinstituten** unterrichtet, unter anderem an der Beijing-Universität, doch echte kämpferische Inhalte stehen selten auf dem Programm. Lehrer sind auch in den öffentlichen **Parks** zu finden, wo sich zahlreiche Einheimische zum Training einfinden. In den Parks besteht auch die Chance, einen der weniger bekannten **regionalen Stile** wie den Südlichen Gottesanbeterinnen-Stil, das Kranich-Gongfu und das Drachen- oder Tigerboxen kennen zu lernen. Wer andere als die Standard-Wushu-Formen praktizieren will, sollte auf Kritik gefasst sein, denn für die weniger bekannten Formen gibt es keine festgelegten Muster, und manche Lehrer, die ihre Trainingsmethoden über Jahrzehnte hinweg entwickelt haben, gehen sehr dogmatisch an, was ihre Schüler zu tun haben. Darüber sollte man nicht den Mut verlieren, sondern mit offenen Augen die Techniken anderer aufnehmen.

Wer nicht Chinesisch spricht, ist in den Traveller-Zentren Dali und Yangshuo besser aufgehoben, weil die Lehrer im Umgang mit Ausländern geübt sind. Guten Ruf genießt Yangshuos Budi-Zhen-Schule. Da Lehrer, die nach der kommunistischen Machtübernahme nach Hongkong, Taiwan oder Übersee flohen und die Wushu-Stile nicht gelernt haben, ist es durchaus möglich, traditionelle Stile außerhalb des chinesischen Festlandes anzutreffen und auch noch Englisch sprechende Lehrer vorzufinden.

Astrologie

In der chinesischen Astrologie wird jedes **Mondjahr**, das jeweils Ende Januar oder Anfang Februar beginnt, von einem der zwölf **Tierkreiszeichen** bestimmt. Diese Regelung besteht in der chinesischen Volkstradition seit dem 6. Jahrhundert v. Chr., doch erst im 3. Jahrhundert v. Chr. wurde sie in ein astrologisches und astronomisches System eingegliedert. (Chinesische Astrologen vermeiden allerdings den Gebrauch einzelner Tierkreiszeichen, um das

Tierkreiszeichen-Kalender

Geburtsdatum	Tier	Geburtsdatum	Tier
20.2.1920 – 7.2.1921	Affe	25.1.1963 – 12.2.1964	Hase
8.2.1921 – 27.1.1922	Hahn	13.2.1964 – 1.2.1965	Drache
28.1.1922 – 15.2.1923	Hund	2.2.1965 – 20.1.1966	Schlange
16.2.1923 – 4.2.1924	Schwein	21.1.1966 – 8.2.1967	Pferd
5.2.1924 – 23.1.1925	Ratte	9.2.1967 – 29.1.1968	Ziege
24.1.1925 – 12.2.1926	Büffel	30.1.1968 – 16.2.1969	Affe
13.2.1926 – 1.2.1927	Tiger	17.2.1969 – 5.2.1970	Hahn
2.2.1927 – 22.1.1928	Hase	6.2.1970 – 26.1.1971	Hund
23.1.1928 – 9.2.1929	Drache	27.1.1971 – 14.2.1972	Schwein
10.2.1929 – 29.1.1930	Schlange	15.2.1972 – 2.2.1973	Ratte
30.1.1930 – 16.2.1931	Pferd	3.2.1973 – 22.1.1974	Büffel
17.2.1931 – 5.2.1932	Ziege	23.1.1974 – 10.2.1975	Tiger
6.2.1932 – 25.1.1933	Affe	11.2.1975 – 30.1.1976	Hase
26.1.1933 – 13.2.1934	Hahn	31.1.1976 – 17.2.1977	Drache
14.2.1934 – 3.2.1935	Hund	18.2.1977 – 6.2.1978	Schlange
4.2.1935 – 23.1.1936	Schwein	7.2.1978 – 27.1.1979	Pferd
24.1.1936 – 10.2.1937	Ratte	28.1.1979 – 15.2.1980	Ziege
11.2.1937 – 30.1.1938	Büffel	16.2.1980 – 4.2.1981	Affe
31.1.1938 – 18.2.1939	Tiger	5.2.1981 – 24.1.1982	Hahn
19.2.1939 – 7.2.1940	Hase	25.1.1982 – 12.2.1983	Hund
8.2.1940 – 26.1.1941	Drache	13.2.1983 – 1.2.1984	Schwein
27.1.1941 – 14.2.1942	Schlange	2.2.1984 – 19.2.1985	Ratte
15.2.1942 – 4.2.1943	Pferd	20.2.1985 – 8.2.1986	Büffel
5.2.1943 – 24.1.1944	Ziege	9.2.1986 – 28.1.1987	Tiger
25.1.1944 – 12.2.1945	Affe	29.1.1987 – 16.2.1988	Hase
13.2.1945 – 1.2.1946	Hahn	17.2.1988 – 5.2.1989	Drache
2.2.1946 – 21.1.1947	Hund	6.2.1989 – 26.1.1990	Schlange
22.1.1947 – 9.2.1948	Schwein	27.1.1990 – 14.2.1991	Pferd
10.2.1948 – 28.1.1949	Ratte	15.2.1991 – 3.2.1992	Ziege
29.1.1949 – 16.2.1950	Büffel	4.2.1992 – 22.1.1993	Affe
17.2.1950 – 5.2.1951	Tiger	23.1.1993 – 9.2.1994	Hahn
6.2.1951 – 26.1.1952	Hase	10.2.1994 – 30.1.1995	Hund
27.1.1952 – 13.2.1953	Drache	31.1.1995 – 18.2.1996	Schwein
14.2.1953 – 2.2.1954	Schlange	19.2.1996 – 6.2.1997	Ratte
3.2.1954 – 23.1.1955	Pferd	7.2.1997 – 27.1.1998	Büffel
26.1.1955 – 11.2.1956	Ziege	28.1.1998 – 15.2.1999	Tiger
12.2.1956 – 30.1.1957	Affe	16.2.1999 – 4.2.2000	Hase
31.1.1957 – 17.2.1958	Hahn	5.2.2000 – 23.1.2001	Drache
18.2.1958 – 7.2.1959	Hund	24.1.2001 – 11.2.2002	Schlange
8.2.1959 – 27.1.1960	Schwein	12.2.2002 – 30.1.2003	Pferd
28.1.1960 – 14.2.1961	Ratte	31.1.2003 – 17.2.2004	Ziege
15.2.1961 – 4.2.1962	Büffel	18.2.2004 – 6.2.2005	Affe
5.2.1962 – 24.1.1963	Tiger	7.2.2005 – 27.1.2006	Hahn

Leben eines Menschen zu analysieren, weil sie den Tierkreis als unwissenschaftlich betrachten.) Warum Tiere in der chinesischen Astrologie herangezogen werden, ist unklar. Eine Überlieferung besagt, dass die betreffenden Tiere vor Buddhas erster Predigt erschienen, der dann die Jahre nach der Reihenfolge benannte, in der die Tiere ankamen; in einer anderen Version ließ der Jadekaiser ein Wettrennen ausrichten, um die schnellsten Tiere ausfindig zu machen – die ersten zwölf Tiere, die einen bestimmten Fluss überquerten, wurden auserwählt, die zwölf irdischen Zweige der zyklischen Ordnung des Mondkalenders zu repräsentieren.

Jedes Tierkreiszeichen steht für bestimmte charakteristische Merkmale und weist dem unter ihm Geborenen auf ideale Partner, auf Glück und Unglück verheißende Tage hin. Im Folgenden werden nur einige kurze, allgemeine Charakter- und Persönlichkeitsmerkmale aufgeführt, denn eigentlich ziehen chinesische Astrologen für ihre Voraussagen den genauen Zeitpunkt der Geburt mit Datum und Uhrzeit hinzu. Die Tiere treten in einem festen Zyklus auf; so lässt sich mühelos das Tier benennen, welches das folgende Jahr bestimmen wird.

Die Ratte

Persönlichkeitsmerkmale: Großzügig, intelligent und arbeitsam, doch sie kann kleinlich und träge sein; sie hat viele Freunde, darunter aber nur wenige gute; sie ist erfolgreich, liebt Herausforderungen und ist geschäftstüchtig, aber sie ist auch unsicher; im Allgemeinen ist sie diplomatisch und tendiert zu emotionalen Verflechtungen.

Partner: Am besten Drache, Affe und Büffel; keine Harmonie mit Pferd und Ziege.

Der Büffel

Persönlichkeitsmerkmale: Gesund, eigensinnig, unabhängig; gewöhnlich ruhig und abgeklärt, mitunter widerspenstig; zurückhaltend und konservativ; liebt die althergebrachten Dinge.

Partner: Am besten Schlange, Ratte oder Hahn; keine Harmonie mit Tiger, Ziege und Affe.

Der Tiger

Persönlichkeitsmerkmale: Abenteuerlustig, kreativ und idealistisch; vertrauensvoll und enthusiastisch; kann diplomatisch und praktisch vorgehen; furchtlos und geradlinig, strebt selbst nach unmöglich erscheinenden Zielen; Realist mit kraftvoller Persönlichkeit.

Partner: Bester Heiratspartner ist das Pferd; in Harmonie mit Drache, Schwein und Hund; Vorsicht vor Schlange, Affe und Büffel.

Der Hase

Persönlichkeitsmerkmale: Friedliebend, sozial und ruhig; verlässlich für Familie und Freunde; furchtsam, doch geschäftlich nicht zu unterschätzen; benötigt Zusprache und Zuneigung, um innere Unordnung zu vermeiden; unterschwelliger Hang zur Eitelkeit; langlebig.

Partner: Am besten Schwein, Hund und Ziege; keine freundliche Basis zu Tiger und Hahn.

Der Drache

Persönlichkeitsmerkmale: Stark, gebieterisch, führungsstark; beliebt, athletisch, galant und idealistisch, doch nicht immer konsequent; neigt zum Glauben an die Gleichheit.

Partner: Am besten Schlange, Ratte, Affe, Tiger und Hahn; keine Harmonie mit Hund.

Die Schlange

Persönlichkeitsmerkmale: Charmant, doch besitzergreifend und selbstsüchtig; zurückgezogen und geheimnisvoll; skuriller Humor, mysteriös und wissbegierig, aber auch skrupellos; liebt die schönen Dinge des Lebens; ebenso besinnlich wie abergläubisch.

Partner: Am besten Drache, Hahn und Büffel; keine Harmonie mit Schlange, Schwein und Tiger.

Das Pferd

Persönlichkeitsmerkmale: Angenehme Erscheinung und gewandte Lebensart; strebsam und schlagfertig; liebt auffällige Farben; stets gern gesehen, humorvoll, wohlwollend und liebenswürdig; geschäftlich nicht zu unterschätzen; wankelmütig und emotional.

Partner: Am besten Tiger, Hund und Ziege; keine Harmonie mit Hase und Ratte.

Die Ziege

Persönlichkeitsmerkmale: Charmant und glücksbesessen, liebt das Geld; unpünktlich und zögerlich; zu eitel für Beschwerden; interessiert am Übernatürlichen.

Partner: Am besten Pferd, Schwein und Hase; keine Harmonie mit Büffel und Hund.

Der Affe

Persönlichkeitsmerkmale: Sehr intelligent und scharfsinnig, ein Opportunist; wagemutig und selbstsicher, doch labil und egoistisch; für andere unterhaltsam und attraktiv; einfallsreich, hat Sinn für Humor und schaut wenig auf Reputation.

Partner: Am besten Drache und Ratte; keine Harmonie mit Tiger und Büffel.

Der Hahn

Persönlichkeitsmerkmale: Offen und unbekümmert, kann sogar taktlos werden; freigebig mit Ratschlägen; pünktlich und arbeitswillig; phantasievoll bis in den Bereich der Träume; möchte auffallen und ist emotional.

Partner: Am besten Schlange, Drache und Büffel; keine Harmonie mit Schwein, Hase und Hahn.

Der Hund

Persönlichkeitsmerkmale: Wachsam, aufmerksam und defensiv; Hang zur Freigebigkeit und sehr geduldig; äußerst verantwortungsbewusst, gute organisatorische Fähigkeiten; intellektuell, heimatverbunden und unmaterialistisch.

Partner: Am besten Hase, Schwein, Tiger und Pferd; keine Harmonie mit Drache und Ziege.

Das Schwein

Persönlichkeitsmerkmale: Rechtschaffen, verletzlich und geschäftlich unsicher, dabei stets materialistisch und ehrgeizig; zurückweichend oder freimütig, doch auf naive Weise; freundlich und hilfsbereit bis zum Punkt, ausgenutzt zu werden; ruhig und herzlich.

Partner: Am besten Hund, Ziege, Tiger und Hase; keine Harmonie mit Schlange und Hahn.

Architektur

Nach einigen Wochen in China entsteht beim Reisenden der Eindruck, dass – abgesehen von geringfügigen regionalen Abweichungen – ein Tempel wie der andere aussieht. Selbst die Unterschiede zwischen Palast, Tempel und vornehmem Privathaus scheinen zu verschwimmen, und es gibt wenig Anzeichen für eine historische Entwicklung. Viel früher noch ermüdet die billige Bauweise und das enttäuschend westliche Erscheinungsbild der meisten chinesischen Städte. Doch diese allgegenwärtige **Gleichförmigkeit** täuscht über Chinas langes architektonisches Erbe hinweg. Allerdings haben verschiedene Faktoren die Vielfalt beschränkt. Zunächst einmal ist wenig aus den verschiedenen Epochen mit ihren individuellen Charakteristiken übrig geblieben: Frühe Holzbauten konnten Naturkatastrophen, Kriegen und Revolutionen nicht standhalten, neu erstandene Dynastien zerstörten oft die Hinterlassenschaften ihrer Vorgänger, um ihre Machtübernahme zu untermauern. Ein weiterer Grund für den **Konservativismus** in der traditionellen chinesischen Architektur ist Fengshui – die Nichteinhaltung der Prinzipien könnte den Kosmos in Unruhe versetzen. Und in unseren Tagen schließlich hat der gewaltige wirtschaftliche Aufschwung, der durch das Land fegt, eine regelrechte Modernisierungswut hervorgerufen, alte Bauten werden abgerissen und riesige neue Komplexe entstehen an ihrer Stelle.

Verstärkt werden diese Faktoren durch einen immanenten Hang, das Vorhergehende zu bewahren. Das hat zur Folge, dass seit frühesten Zeiten bestimmte grundlegende Regeln der Architektur befolgt werden, welche die Unterschiede zwischen den verschiedenen Epochen gering hielten. Das heißt nicht, dass Pagoden aus der Tang- und Qing-Zeit nicht zu unterscheiden wären, doch die traditionelle chinesische Architektur ist von einer gewissen Gleichförmigkeit durchdrungen, die durchaus ihre Reize offenbart, wenn man verschiedene Tempel, Wohnbauten und selbst Städte miteinander vergleicht.

Monumentalarchitektur

Die chinesische Monumentalarchitektur – Tempelanlagen, Paläste und Stadtentwürfe – ist von sich ständig wiederholenden **kosmologischen Themen** geprägt, deren zentralste Aspekte bis ins Bronzezeitalter zurückverfolgt werden können, obwohl die Prinzipien des Fengshui erst in der Song-Dynastie formuliert wurden. Bereits vor 4000 Jahren waren die **Städte** nach einem spirituell günstigen **rechteckigen Muster** auf einer Nord-Süd-Achse Richtung Süden ausgelegt und von ei-

Architektonische Kostbarkeit am Wegesrand

nem **Verteidigungswall** umgeben. Neben den Geschäfts- und Wohnbezirken stand im Mittelpunkt (der nicht unbedingt zentral gelegen sein musste) ein separat ummauertes Viertel, in dem zu späterer Zeit die Kaiser oder ihre örtlichen Repräsentanten lebten. Da der Kaiser der „Sohn des Himmels" war, stellte ein solcher Grundriss – wie er noch heute in der Anlage von Städten wie Beijing oder Xi'an zu erkennen ist – den Kosmos dar, in dessen **Zentrum** der Herrscher saß. Dieselbe Idee spiegelt sich auch in den Grundrissen von Palästen, Tempeln und großen Privathäusern wider: Die Anordnung der Gebäude stellt in vielfacher Form einen Mikrokosmos des Stadtlebens dar. Solche Anlagen sind von einer Mauer umgeben und besitzen ihr eigenes spirituelles Zentrum – in Tempeln etwa eine Haupthalle, in der die Statuen der Gottheiten stehen, in Palästen eine ähnliche Halle, wo der Kaiser oder Statthalter Hof hielt, im Wohnhaus ein Ahnenschrein.

Chinesische Tempel Buddhistische, daoistische und chinesische Tempel weisen viele ähnliche Merkmale auf. Wie Städte sind sie gewöhnlich nach Süden ausgerichtet und von Mauern umgeben. Die Eingänge sind mit schweren Türen verschlossen und meist von Kriegsgottheiten bewacht, die das Böse abhalten sollen. Die Türen öffnen sich zu einem Hof, wo weitere Sicherheit durch eine Geisterwand gewährleistet wird, die den geradlinigen Eingang verwehrt. Sie ist ohne viel Aufwand zu umgehen, doch hält sie böse Geister ab, die sich nur in gerader Linie bewegen können. Im Inneren trifft der Besucher auf eine Abfolge von Hallen, die von verzierten Höfen umgeben sind. Für den Fall, dass doch böse Einflüsse eindringen konnten, befinden sich in der Nähe des Eingangs die weniger wichtigen Räume und Gebäude. Bedeutungsvollere Bereiche wie Wohnquartiere und Haupttempelhallen stehen tiefer im Inneren der Anlage.

Ein Unterscheidungsmerkmal buddhistischer und daoistischer Tempel ist die Farbe der tragenden Säulen: Buddhisten verwenden ein helles Rot, Daoisten bevorzugen Schwarz. Beliebt bei Daoisten sind Tierdarstellungen – zu den Symbolen für Glück und Langlebigkeit gehören Fledermäuse und Kraniche. Manche daoistische Hallen sind mit auffälligen oktagonalen Kuppeldächern ausgestattet, an denen das schwarz-weiße Yin-Yang-Symbol zu sehen ist.

Jede Religion hat ihre eigenen Gottheiten. Den Eingangsbereich **buddhistischer Tempel** *(si)* flankieren die vier Himmelskönige, im Zentrum befindet sich ein Bildnis des wohlbeleibten Maitreya, des lachenden Buddhas des künftigen Weltzeitalters. Hinter einer Wand in seinem Rücken schaut eine Statue des Wei Tuo, des Gottes der Weisheit, in die Richtung des Buddha-Bildnisses in der Haupthalle. Im Zentrum der Haupthalle sitzen drei Statuen nebeneinander auf Lotusblüten: Die Buddhas der Vergangenheit, Gegenwart und Zukunft. In vielen Tempeln stehen an den Seitenwänden mehr oder weniger derb gestaltete Bildnisse der buddhistischen Schüler (chinesisch: *Luohan,* sanskrit: *Arhat*), denen zuweilen eine eigene Halle gewidmet ist. Hinter der Wand im Rücken der buddhistischen Trinität steht in vielen Tempeln eine Statue der Guanyin – der vielarmigen, eine Vase tragenden Göttin der Barmherzigkeit –, die mitunter jedoch auch ihre eigene Halle hat. **Daoistische Tempel** *(miao* oder *gong)* sind ähnlich aufgebaut, doch die Hallen können mythischen oder legendären Gestalten gewidmet sein. Der Daoismus hat seine eigene heilige Trinität, die Drei Reinen oder Unsterblichen: Fuxi, der den Menschen das Fischen, Jagen und die Tierzucht lehrte; Shennong oder Yan Di, der die Landwirtschaft, Werkzeuge und Medizin begründete; und Xuan Yuan oder Huang Di, der Gelbe Kaiser und erste Herrscher der Xia-Dynastie. Zu den weiteren Gestalten gehören andere Acht Unsterbliche mit dem Status von Heiligen. Auch die Persönlichkeiten Guan Yu (der rotgesichtige Gott des Krieges und der Heilkunst) sowie Zhuge Liang aus der Zeit der Drei Reiche sind oft dargestellt, daneben treten auch lokale Helden in Erscheinung. Selbst Guanyin ist oft in daoistischen Hallen anzutreffen, weil sie aufgrund ihrer gütigen Hilfestellung bei Kindergeburten allseits beliebt ist.

Für einzelne Gebäude gewährleisteten spirituelle Erwägungen, dass Tempel und Paläste, die faktisch dieselbe Bedeutung haben, nach ein und demselben **Grundmuster** angelegt wurden, was man sowohl in 2000 Jahre alten Töpfermodellen als auch in den Hallen von Beijings Verbotener Stadt aus der Ming- und Qing-Dynastie bestätigt findet. Wohn-, Palast- und Tempelhallen errichtete man in Ständerbauweise aus Holz (Holzskelettbau). Das Gebäude erhob sich auf einer Terrasse aus Erde, Ziegeln oder Steinen, die je nach Bedeutung des Gebäudes höher oder niedriger angelegt war. Die tragenden Säulen ruhten auf einem separaten Unterbau und waren an ihrem oberen Ende durch Längs- und Querstreben verbunden. Darüber hinaus wurden Balken mit abnehmender Länge auf kurzen Zapfen übereinander geschichtet, um ein Gerüst zu schaffen, das zum Dachmittelpunkt hin ausgerichtet war, wo einzelne Stäbe im Zentrum den Dachfirst sicherten. Diese Bauweise schuf die typische **gebogene Dachlinie** mit nach oben gewelltem Gesims, was Glück symbolisiert. Mit Konsolen unterlegte Stützbalken wurden im 8. Jahrhundert eingebracht; sie ermöglichten, dass man die Dachtraufen weit über die Hauptsäulen hinaus ziehen und somit ein schmückendes Element schaffen konnte, das noch durch Tiergestalten und mythische Figuren auf den Giebelenden verstärkt wurde. Obwohl Ausmaß und Raum durch diese Bauweise beschränkt waren – anders als bei europäischen Kathedralen, in denen Bögen die Konstruktion stützten –, war die Basis stark genug, um schwere Keramikdachziegel zu tragen.

Die Entwicklung dieser Merkmale erlebte in der Zeit der Tang- und Song-Dynastien einen Höhepunkt an Eleganz und Perfektion, der niemals wieder erreicht wurde. Obwohl keine Originalbauten aus jenen Zeiten erhalten geblieben sind, vermitteln selbst die restaurierten Tang-zeitlichen Bauwerke (beispielsweise die Tempel am Wudang Shan in der Provinz Hubei oder der Glockenturm im Zentrum von Xi'an) noch gut den damaligen Geist. Auch zwei **regionale Stile** entwickelten sich: Während die nördliche Architektur relativ zurückhaltend und gemäßigt blieb, entwickelte die südliche Architektur in hohem Maße Rundungen und Ornamente – Guangdongs Ahnentempel in Foshan ist ein klassisches Beispiel dafür. In beiden Stilrichtungen wurden die Räume zwischen den Säulen durch Zwischenwände gefüllt, die verschiedene Kombinationen von Wand, Tür und Gitterfenstern zuließen. Manche Säulen wiesen Steinmetzarbeiten auf, teils waren sie unterschiedlich bemalt, um auf bestimmte Religionszugehörigkeiten oder auf den Rang des Bewohners hinzuweisen. Entsprechend waren die **kaiserlichen Gebäude** mit besonderen Merkmalen ausgestattet, etwa mit vierseitigen Dächern, höheren Terrassen, auf die breite Treppen hinaufführten, und gelb glasierten Dachziegeln. In seltenen Fällen entstanden ungewöhnliche Gebäude, ohne dass diese gegen die Prinzipien des Fengshui verstießen. Zum Beispiel durchbricht Beijings runder Himmelstempel die Konventionen, indem er das Universum in seiner Gesamtheit symbolisiert.

Ein anderer wichtiger Typus der Monumentalbauweise sind die **Pagoden**, die als Bauform ursprünglich mit der Einführung des Buddhismus aus Indien nach China gelangten. Da sie dem Zweck dienen, heilige Reliquien zu beherbergen, besitzen sie „positive" Attribute: Oft erfüllen sie die Aufgabe, Städte oder Bauwerke vor unglückseligen Richtungen zu schützen, oder sie stehen an Flüssen, um gefahrvolle Untiefen aufzuspüren und zu bezwingen. Die Gestaltung der Pagoden in China wurde wahrscheinlich von den hölzernen Wachtürmen beeinflusst, obwohl das älteste erhaltene Beispiel des Shendong Si in der Provinz Shandong aus Stein ist und eher einem indischen Stupa ähnelt. Die meisten Pagoden sind mehreckig und haben eine zentrale Treppe, die zu einer ungeraden Anzahl von Stockwerken führt – von drei bis siebzehn. Der Buddhismus inspirierte außerdem zum Bau wundervoller **Höhlentempel** und Grottenanlagen, deren besterhaltenes Beispiel Mogao bei Dunhuang im Nordwesten ist.

Häusliche Architektur

Die zweite große Gruppe von Bauwerken, die häusliche Architektur, ist im Grunde von vielen Leitprinzipien der Tempel- und Palastarchitektur geprägt: Geschwungene Dachlinien sind beliebt, größere Gebäudekomplexe ummauert und mit Geisterwänden oder Spiegeln ausgestattet – Letztere über äußeren Torwegen, um Dämone abzuschrecken. Im ganzen Land findet man ältere Häuser mit diesen grundlegenden Merkmalen, doch in vielen Fällen drängten praktische, vorwiegend klimatisch bedingte Erwägungen die spirituellen Ideale in den Hintergrund und schufen so sehr eigentümliche **lokale Stile**, die ebenfalls die urtypische Nord-Süd-Ausrichtung aufweisen. Nordchinas extrem kalte Winter und heiße Sommer forderten gut isolierte Ziegelmauern, während die beständigeren subtropischen Temperaturen Südchinas zur Gestaltung von offenen Dächern, freien Innenhöfen und Gitterfenstern aus Holz anregten, um die Luft frei zirkulieren zu lassen.

Fengshui Ungeachtet der Größe eines Bauprojekts erachten die Chinesen Weissagungen für wichtig. Deshalb ist Fengshui ein wesentlicher Bestandteil der Planungen. Wörtlich übersetzt heißt dieses Wort „Wind und Wasser". Fengshui ist eine Form der Geomantik, die festlegt, wie Bauwerke positioniert werden müssen, um die spirituellen Attribute der sie umgebenden Landschaft nicht zu stören. Dies spiegelt sich in der daoistischen Kosmologie wider, die davon ausgeht, dass alle Komponenten des Universums in einem Gleichgewicht zueinander stehen und dass deshalb die Störung eines einzelnen Elementes potenziell eine negative Veränderung des Ganzen bewirken kann. Es ist von entscheidender Bedeutung, dass Stätten – egal ob Bauernhäuser, Wolkenkratzer, ganze Städte oder das unterirdische Grab des ersten Qin-Kaisers – nach den Punkten des Kompasses ausgerichtet und vor örtlichen „unglückseligen Richtungen" wie anderen Gebäuden, Mauern, Hügeln, Bergketten, Wasser oder gar der Terrakotta-Armee geschützt werden. Die Geomantik schlägt außerdem ideale Formen vor und gestaltet Räume nach ausgesuchten althergebrachten Prinzipien.

In vielen **ländlichen Gebieten** sind traditionelle und ungewöhnliche Ausprägungen der häuslichen Architektur anzutreffen, die abgesehen von den klimatischen Verhältnissen auch die jeweilige Kultur vor Ort erkennen lassen. Besonders auffällige Beispiele gibt es in den gebirgigen Grenzgebieten zwischen den Provinzen Guizhou und Guangxi, wo die ethnischen Gruppen der **Dong** und **Miao** große zwei- oder dreistöckige Holzhäuser aus Zedernholz bauen. Die Dong erlangten auch Ruhm durch ihre hölzernen Trommeltürme und Wind-und-Regen-Brücken, die sowohl spirituelle als auch praktische Funktionen erfüllen. Für ihren besonderen Hausbau berühmt ist auch die ethnische Minderheit der **Hakka** (eine Untergruppe der Han-Chinesen), deren wuchtige runde Familienhäuser aus Stein, in denen Hunderte Menschen leben können, unweigerlich an Trutzburgen erinnern. Solche Häuser entstanden in ihren angestammten Gebieten in den Provinzen Guangdong und Fujian aus Verteidigungsgründen. Eine extreme Anpassung an örtliche Gegebenheiten ist in der Provinz **Shaanxi** zu erkennen, wo unterirdische Wohnungen in prähistorische Sedimentböden gegraben wurden, die der Huanghe schuf. Diese Wohnungen sind im Sommer kühl und im Winter warm.

Auch die traditionelle **städtische Architektur** hat die Zeiten überdauert, doch ist sie in ihrer Ausprägung nicht besonders variationsreich. Ursprünglich war Holz das Hauptbaumaterial, doch wo nicht Feuer oder der Zahn der Zeit die Ursache für Vernichtung waren, ordneten Stadtverwaltungen Abriss und Neuaufbau an – aus Sicherheitsgründen oder Modernisierungsbestrebungen. Einzelne Beispiele alter Haussbauweisen sind in Großstädten wie Beijing, Kunming oder Chengdu zu entdecken. Die ethnisch durch die **Naxi-Minderheit** geprägte Stadt Lijiang in Yunnan weist mit Hunderten traditionellen Holzhäusern die größte Ansammlung in ganz China auf. Im Osten des Landes gibt es rund um Tunxi in der Provinz Anhui etliche Dörfer, die noch das Bild des **Huizhou-Stils** aus dem 17. Jahrhundert aufweisen: zweistöckige Häuser, die um einen Innenhof gebaut sind und die grundlegende Form der zeitgenössischen Provinzarchitektur der Ostküste begründeten.

Moderne Architektur

Chinas moderne Architektur reflektiert eher politische und wirtschaftliche als ethnische oder klimatisch bedingte Erwägungen. Seit Mitte des 19. Jahrhunderts wurden die Handelshäfen von europäischen Kaufleuten, Reedereien und Missionaren im Kolonialstil aufgebaut. Noch heute verleihen frühere Bürohäuser, Geschäfte und Kirchen, die nun in vielen Fällen alltäglichen chinesischen Zwecken dienen, manchen Städten ein charakteristisches Bild.

Hankou – ein Stadtteil Wuhans – besitzt ein altes Zollamt und ganze Straßenzüge mit Kolonialgebäuden. Auch in den früheren europäischen Konzessionen an der Ostküste (Shanghai, Qingdao, Yantai, Shantou, Xiamen und Guangzhou) sind zahlreiche alte Gebäude erhalten. Bauwerke nach europäischen Mustern entstanden bis in die 30er Jahre.

Nach der **kommunistischen Machtübernahme** wurden mehrere Versuche unternommen, die chinesischen Stile mit modernen Materialien zu verbinden. Die Umsetzung verlief erfolgreich, und viele moderne dörfliche Siedlungen folgen noch immer traditionellen Grundmustern, errichten ihre Mauern aber nun statt aus luftgetrockneten Ziegeln aus Beton. Als Russland in den 50er Jahren Chinas engster Verbündeter war, hielt in den Städten der streng funktionale **Sowjetstil** Einzug: Alle Bauten – von Fabriken bis hin zu Hotels – verschwammen zu einem Gemisch aus gesichtslosen grauen Kästen. Seit sich China Ende der 70er Jahre der westlichen Welt und dem Kapitalismus geöffnet hat, ist jedoch eine konsequente Hinwendung zu einer **internationalen Formengebung** zu beobachten, die überall im Land in den aus den Boden schießenden Hochhäusern aus Beton und Glas ihren Niederschlag findet. Obwohl diese Bauwerke mehr Glanz als das russische Modell auszustrahlen scheinen, sind sie im Schnitt nicht wirklich einfallsreicher oder schöner. Zu den traurigsten Ergebnissen dieser Entwicklung gehört, dass alle für China typischen Aspekte als altmodisch betrachtet werden, gleichzeitig die neu entstehenden Bauwerke im Allgemeinen aber nur ein ärmlicher Abklatsch westlicher Bauwerke sind. Lobenswert sind gelegentliche Versuche, den traditionellen chinesischen Geschmack mit zeitgenössischen Komponenten zu verbinden: In manchen Fällen werden Apartmenthäuser bereits wieder mit Mauern umgeben, und die Dächer erhalten wie früher geschwungene Linien.

Kunst

Der folgende kurze und sehr allgemeine Überblick soll aufzeigen, was den Besucher in den meisten chinesischen Stadt- und Provinzmuseen erwartet. Bei der Betrachtung der Kunstgegenstände in chinesischen Museen sollte man immer im Hinterkopf behalten, dass ein seit über 2000 Jahren existierendes Reich einen unglaublichen Reichtum an Kunstschätzen geschaffen hat und dass seit der Mitte des 19. Jahrhunderts viele von diesen Kunstgegenständen mehr oder weniger legal von Menschen aus dem Westen erworben oder geraubt wurden. Mitte des 20. Jahrhunderts nahmen auch die flüchtenden Nationalisten erlesene Kunstwerke mit nach Taiwan, wo sie heute in wechselnden Ausstellungen des Nationalen Palastmuseums zu bewundern sind.

Töpferwaren, Bronzen und Skulpturen

Die ältesten chinesischen Kunstgegenstände wurden von neolithischen Bauern der **Yangshao-Kultur** geschaffen. Die Keramikschalen und -töpfe waren in Rot, Schwarz und Braun bemalt und mit geometrischen Mustern verziert. Auffälligerweise erfolgte die Verzierung nur von den Hälsen der Gefäße an aufwärts. Was erhalten ist, stammt überwiegend aus Gräbern und wurde vermutlich so gestaltet, weil man die Gefäße von oben betrachtete, wenn sie rund um den Verstorbenen aufgestellt waren. Aus derselben Epoche stammen verzierte Tonköpfe, die wahrscheinlich magischen oder rituellen Zwecken dienten, sowie Ohrgehänge und kleine Schmuckstücke aus geschliffener Jade und anderem Gestein, deren Muster eher abstrakt wirkt. Ein rudimentär dargestellter sitzender Vogel aus geschliffener Jade ist ein sehr frühes Beispiel für die ausgeprägte chinesische Tradition der Tierskulptur. Nur wenig jünger ist die neolithische **Longshan-Töpferei**, die sich dadurch auszeichnet, dass die sehr dünnen und zarten schwarzen Gefäße auf der Töpferscheibe gedreht, in vielen Fällen geschliffen und mit eleganten, deutlich erkennbaren Mustern versehen wurden.

Die folgende Epoche wird ab etwa 1500 v. Chr. von Bronzegefäßen der **Shang**- und **Zhou-Dynastien** geprägt, die zur Zubereitung und zum Servieren von Speisen und Wein sowie zu zeremoniellen Zwecken dienten. Es gibt zahlreiche eigentümliche Formen. Zu den gebräuchlichsten Objekten gehört ein drei- oder vierfüßiges Gefäß *(ding)*, das auf die neolithischen Gefäße zurückgeht, die für das Kochen über offenem Feuer verwendet wurden. Die Sammlungen in den Museen zeigen, dass solche Bronzen die Zeiten in hoher Zahl überdauert haben. Die Bronzeverarbeitung der Shang-Dynastie lässt fortschrittliche Techniken und kunstvolle Muster erkennen. Die Gießereimethoden waren hoch entwickelt, man nutzte bereits Gussformen, und die Dekorierung war oftmals stilisiert und linear, teils mit geometrischen und tierischen Motiven, mit grinsenden menschlichen Fratzen oder Fabeltieren. Manche Gefäße ahmen die Gestalt von Tieren nach, etwa grimmige Tiger, stolze Elefanten und Nashörner. Zu den Bronzefunden gehören auch Waffen, verzierte Pferdegeschirre und Glockenspiele für rituelle Musik. Unter der folgenden Zhou-Dynastie wurden die Bronzestile variiert und bereichert: Manche Gefäße mit Tierformen sind äußerst phantasievoll gestaltet und verziert, andere in vereinfachten natürlichen Formen gehalten, wieder andere bringen weniger den Tiger als die personifizierte Wildheit selbst zum Ausdruck. Aus der Shang- und Zhou-Zeit stammen auch kleinere Objekte wie Schmuck, Kultgegenstände und Ohrgehänge aus Juwelen, die hochgradig vereinfachte, dennoch äußerst lebendig wirkende Formen von Schildkröten, Salamandern und fliegenden Vögeln aufweisen. Auf das Ende jener Epochen gehen auch bemalte Grabfiguren aus Ton und einige wenige Holzskulpturen zurück.

Die Shang-Dynastie hinterließ Figuren von Menschen und Tieren, in größerer Anzahl jedoch fand man diese erst in Gräbern aus der Zeit der **Han-Dynastie**. Motive auf Backsteinen und Dachziegeln, dazu Flachreliefs und Terrakotta-Figurinen von Akrobaten, Reitern und Hofdamen, die zum Dienste der Toten Gräbern beigegeben wurden, und auch die riesigen Menschen und Tiere aus Stein, welche die Seelenstraßen zu Gräbern säumen, wirken äußerst lebensnah und spiegeln die enge Beziehung zu den Dingen des Alltags und materiellem Besitz wider. Maßstabgetreue Modelle von Häusern, aus deren Fenstern Menschen schauen, sowie von Bauernhöfen mit Tieren strahlen Fröhlichkeit und Vitalität aus. Aus Elfenbein, Jade und Holz wurden damals auch kleinere Objekte wie zum Beispiel winzige Statuetten und Schmuckstücke gestaltet.

Die Ankunft des **Buddhismus** in China bewirkte einen immensen Aufschwung der plastischen Steinmetzkunst unter Einsatz von Hammer und Meißel. Die religiöse Skulptur kam aus Indien. Am stärksten spürbar wird der indische Einfluss bei den stilisierten Buddhas und Nebenfiguren in den seit dem 4. Jahrhundert entstandenen Höhlentempeln Yungang bei Datong und Longmen bei Luoyang. Die teilweise riesigen Statuen strahlen einen zurückhaltenden Charme und durch ihre fließenden Gewänder viel Lebendigkeit aus. Erst in der **Tang-Dynastie** erblühte der eigentümliche chinesische Stil, der die Figuren in Bewegung darstellt und Stellungen, Ausdrücke und Kleidungsstücke natürlicher und realistischer erscheinen lässt. Einige der schönsten Beispiele bieten Dunhuang und die späteren Höhlen von Longmen. Auch in der **Song-Dynastie** entstanden religiöse Steinskulpturen: In Dazu in der Provinz Sichuan finden sich wundervolle Beispiele eines hochgradig dekorativen Stils, der sich auf Darstellungen von Tieren, Menschen und alltäglichen Szenen ausgeweitet hatte. Die Ausführung ist realitätsbezogen, individuell und teilweise sogar komisch. Die Anlagen in Dazu sind gut erhalten. In der Folgezeit ruhte die Bildhauerkunst, bis die **Ming-Dynastie** mit ihrer Vorliebe für wuchtige und eindrucksvolle Grabskulpturen einen neuen Impuls auslöste; die besten Beispiele befinden sich in der Nähe von Nanjing und Beijing.

Keramik

Die chinesische Keramiktradition ist sehr alt und hatte, beginnend mit der **neolithischen Töpferei**, ein hohes Niveau an künstlerischer Gestaltung, das auch auf der Verfügbarkeit hochwertiger Materialien gründete. Die herausragende Stellung dieser Kunsthandwerksrichtung wird beispielsweise auch in der englischen Sprache betont, denn seit über 400 Jahren bezeichnet das Wort „*china*" hochwertiges Porzellan. Bei manchen frühen Produkten ist leicht der von Bronzearbeiten abgeleitete Einfluss zu erkennen, doch schon rasch führte der Ausbau regionaler Brennöfen, die unterschiedliche Materialzusammensetzungen verarbeiteten, zur Entwicklung von Gegenständen für spezielle Zwecke. Daraus resultierte eine enorme Vielfalt von Formen, Beschaffenheiten und Farben. Einen besonderen Schub erlebte die Keramikkunst zur Zeit der **Tang-Dynastie**, als die Töpfereiproduktion vor allem durch die Ausbreitung des Tee-Trinkens und die Beschränkung der Kupfer- und Bronzeverwendung auf die Münzprägung erheblich gesteigert wurde. Unter der Tang-Dynastie erfolgten zudem wichtige technische Fortschritte, die letztendlich zur Herstellung von **Porzellan** führten. Die Töpfer

Detailaufnahme in der Verbotenen Stadt

der Tang-Zeit entwickelten ausgefeilte Techniken und versahen ihre Arbeiten mit mehrfarbigen, ineinander laufenden Glasuren. Beste Beispiele sind die dreifarbigen *(san cai)* Statuetten von Pferden und Kamelen, Jongleuren, Händlern, Polo-Spielern, Stallburschen und Hofdamen, die in großer Zahl in kaiserlichen Gräbern gefunden wurden und heute noch in brillanten Farben lebendige, oft humorvolle Aspekte des damaligen Lebens zeigen. Es war eine kosmopolitische Zivilisation, die sich auch fremden Einflüssen (zum Beispiel persischen oder griechischen) öffnete, was in der Tang-Kunst unübersehbar ist.

In der **Song-Dynastie** erfuhr die Keramik tief greifende technische Veränderungen und starke regionale Ausprägungen. Viele Waren wurden nach dem Gebiet benannt, in dem sie produziert wurden. Leitgedanken waren Schlichtheit und Eleganz in Farbe und Form. Bevorzugt verwendet wurden einzelne ungemischte Farben, die einen seidigen Glanz erzielten. In den Museen sind viele berühmte seladon-grüne Beispiele zu finden; dünnes weißes Porzellan *(ding)* und bleiche gräulich-grüne Waren *(ju)* waren nur dem kaiserlichen Gebrauch vorbehalten.

Die mongolische **Yuan-Dynastie** bereicherte die chinesische Tradition im frühen 14. Jahrhundert mit auswärtigen Einflüssen – besondere Erwähnung verdient die Einführung der kobaltblauen Unterglasur, die frühe Beispiele des berühmten blauweißen Porzellans schuf. Unter der **Ming-Dynastie** erstanden große Töpfereiwerkstätten unter kaiserlicher Schirmherrschaft, darunter Jingdezhen. Der Geschmack der Zeit wandte sich von der Song-zeitlichen Schlichtheit ab und wieder den lebendigen Farben der Tang-Zeit zu: satte rote, gelbe und orangefarbene Glasuren, die zudem eine Weiterentwicklung des Geschmacks hin zur bildlichen Darstellung erkennen lassen. Seit dem 17. Jahrhundert gelangten große Mengen chinesischer Exportwaren in den Westen, um dort die steigende Nachfrage nach Chinoiserien zu befriedigen. Die Bemühungen chinesischer Künstler, den Geschmack des Westens zu treffen, ließen neue Stile entstehen. Die frühe **Qing-Dynastie** brachte feine Emaillewaren sowie die Stilrichtungen *famille rose* und *famille verte* hervor. Manche Kunsthandwerker trieben ihre Kunst so weit, in der Glasur von Porzellanstücken die Anweisungen für das Muster niederzulegen.

Zu den Töpferwerkstätten, die Besucher heutzutage willkommen heißen, gehört vor allem **Jingdezhen** in der Provinz Jiangxi, wo sowohl alte Waren präsentiert wie moderne Produkte zum Verkauf angeboten werden. Vor nicht allzu langer Zeit produzierte man dort noch Tausende von in Lehnstühlen sitzenden Figurinen von Mao Zedong und Lu Xun. Heute liegt der Schwerpunkt auf Tischlampenständern in Form archaischer Jungfrauen, die in wehenden Roben Laute spielen, sowie auf Darstellungen des Lachenden Buddha.

Malerei und Kalligrafie

Während Chinas berühmte Keramiken von anonymen Kunsthandwerkern geschaffen wurden, haben die großen Namen in der Malerei und Kalligrafie überlebt. Die Künstler waren in vielen Fällen gleichzeitig Gelehrte, Beamte oder Poeten – oder alles drei zusammen. Es steht geschrieben, dass die vier herausragenden Schätze der chinesischen Malerei der Pinsel, die Tinte, der Tuschestein und das Papier (oder die Seide) sind. Der älteste Pinsel, der gefunden wurde, stammt aus der Zeit um 400 v. Chr. und besteht aus Tierhaaren, die an ein hohles Bambusrohr geleimt sind. Tinte wurde aus Kiefernasche hergestellt, die mit Bindemitteln vermischt und zu einem Stab gehärtet wurde, der zusammen mit Wasser auf einem Tuschestein aus unporösem, gestaltetem und verziertem Schiefer aufgerieben und somit verflüssigt werden konnte. Seide wurde schon im 3. Jahrhundert v. Chr. für Malereien verwendet; das Papier erfand im Jahre 106 unserer Zeitrechnung Cai Lun. Der älteste Fund einer Seidenmalerei stammt aus einem Grab aus der **Han-Dynastie**. Aufzeichnungen belegen, dass es damals einen großen Markt für solche Malereien gab, doch im Jahre 190 wurde die große kaiserliche Sammlung in einem Bürgerkrieg zerstört (Soldaten benutzten die Seide, um daraus Zelte und Rucksäcke herzustellen). Alles, was wir heute über die Han-zeitliche Malerei wissen, geht auf verzierte Ziegel, Lackarbeiten, bemalte Töpferwaren und mehrere ausgemalte Grabanlagen zurück, die gefunden wurden. Sie alle zeugen von einem ausgeprägten Sinn für Bewegung und Energie. Das British Museum besitzt eine Seidenrolle in Tusche und Farbe, die Gu Kaizhi – und damit ungefähr dem Jahre 400 – zugeschrieben wird. Sie trägt den Titel *Admonitions of the Instructress to Court Ladies* (Anleitungen zur Ausbildung von Hofdamen). Nachweislich wurde die Malerei bereits zu jener Zeit theoretisch diskutiert; um das Jahr 500 wurde das Werk *Die Sechs Prinzipien der Malerei* verfasst.

Die **Sui**- und **Tang-Epochen**, die stabile Regierungssysteme und weltoffene Höfe besaßen, boten der Entwicklung der Malerei einen fruchtbaren Boden und ließen eine herausragende Tradition der Figurenmalerei (vor allem höfischer Menschen) entstehen. Es entstanden Porträts und Bilder von Kaisern, die Gesandte empfingen, und Bilder von Hofdamen. Zum Teil sind diese Kunstwerke noch heute in Beijing zu bewundern.

Zwar haben nur wenige von ihnen die Zeiten überdauert, doch die Wände von Tang-Gräbern, besonders in der Nähe von Xi'an, sind mit lebendigen Fresken verziert, die ein realistisches Bild des damaligen Hoflebens vermitteln. Mitte des 8. Jahrhunderts wirkte Wang Wei als früher Repräsentant der monochromen Landschaftsmalerei, die höchste Blüte dieser Kunstform wurde jedoch erst in der **Song-Dynastie** erreicht. Unter kaiserlicher Schirmherrschaft wurden eine Akademie und verschiedene Malschulen gegründet, welche die ideale Natur analysierten – ihr Stil prägt seitdem die chinesische Landschaftsmalerei. Auch die figürliche Malerei erlebte eine Blütezeit. Als vollendete Verkörperung dieser Entwicklung entstand ein berühmtes horizontales Rollbild, das heute in Beijing zu sehen ist und das Qing-Ming-Flussfest darstellt. Der letzte Kaiser der Nördlichen Song-Dynastie, Hui Zong, war selbst ein talentierter Maler, was den Stellenwert der Malerei zu dieser Zeit in China verdeutlicht. Die Südliche Song-Dynastie bevorzugte Blumen-, Vögel- und Stilleben-Motive.

Unter den **Mongolen** dienten viele Beamte freiwillig oder unfreiwillig der fremden Yuan-Dynastie, einige aber zogen sich zurück und widmeten sich der Malerei. Dies begründete eine Gelehrtenschule, in deren Rahmen viele Maler auf die Stile des 10. Jahrhunderts zurückgriffen. Einer der größten Meister war Ni Can. Wie viele andere verschrieb er sich der Tuschemalerei, die den Bambus darstellten, der zur damaligen Zeit an Bedeutung gewann. Diese Schule hat viele Werke hinterlassen, sie steht für eine perfekte Beherrschung der Techniken und konzentrierte die Bildkomposition auf einfachste Objekte wie etwa Pflaumenblüten. Fortan widmeten sich Maler über drei und mehr Jahrhunderte hinweg der Tuschemalerei und konventionelleren Stilen. Seit der **Yuan-Dynastie** ist eine unüberschaubare Menge von Bildern erhalten geblieben. Unter der **Ming-Dynastie** war das Bestreben, Werke aus früheren Epochen zu sammeln, weit verbreitet, außerdem zeigten die Maler große Bereitschaft, sich von den traditionellen Stilen beeinflussen zu lassen. Es gibt eine Fülle von Bildern, die den Bambus und die Pflaumenblüte zeigen, und die Darstellungen von Vögeln und Blumen wurden auf ein hohes Niveau gebracht. Mehrere Schulen der Landschaftsmalerei waren tief in traditionellen Techniken verwurzelt. Selbst während der mandschurischen **Qing-Dynastie** brach die Kontinuität in der chinesischen Malerei nicht ab, doch die Kunstform öffnete sich auch fremden Einflüssen. Besonderen Einfluss nahmen der Italiener Giovanni Benedetto Castiglione (chinesischer Name: Lang Shi-ning), der mit kaiserlicher Förderung wegen seiner Pferde-, Hunde- und Blumendarstellungen Berühmtheit erlangte, die „Vier Wangs", die Song- und Yuan-Stile in herkömmlicher Weise neu interpretierten, und Individualisten wie die „Acht Exzentriker von Yangzhou" sowie einige buddhistische Mönche, die nach neuen Inhalten und Stilen suchten. Im Großen und Ganzen aber war die Tradition stark genug, um die alten Ansätze zu bewahren.

Kalligrafie

Das Wort „Kalligrafie" ist von der griechischen Bezeichnung für „schönes Schreiben" abgeleitet. In China, wo der Gebrauch des Pinsels zur Ausformung verschiedener Stile der Handschrift führte, entwickelte sich die Kalligrafie zu einer hohen Kunstform, die der Malerei gleichgesetzt wird. Es gibt verschiedene Schriftarten: Die **Siegelschrift** ist die archaische Form, die auf Orakelknochen zu finden ist; die vereinfachte **Kanzleischrift** *(lishu)* wurde als klerikaler Stil für Steininschriften verwendet; die **Normalschrift** *(kaishu)* ist der ebenmäßige Stil, welcher der modernen Druckform am nächsten kommt; die **Grasschrift** *(caoshu)* ist als geschwungene Konzeptschrift die verbreitetste individuelle Handschrift. Über die Jahrhunderte hinweg haben Kaiser, Dichter und Gelehrte Kalligrafien hinterlassen, die überall in China auf Bergen und in Höhlen, in Gräbern und Tempeln in Stein gemeißelt zu bewundern sind. Frühe Beispiele sind etwa in den Longmen-Höhlen zu entdecken. Zu einem bestimmten Zeitpunkt der Tang-Dynastie hatte die Kalligrafie einen so hohen Stellenwert erreicht, dass sie zum Auswahlkriterium hoher Beamter erhoben wurde.

Andere Künste

Auch **Jade** und **Lackwaren** sind in China seit frühesten Zeiten in Gebrauch. Nach chinesischer Auffassung ist Jade in Weiß sowie in Schattierungen von Grün und Braun das wertvollste aller Gesteine. Aus Jade entstanden die frühesten Ritualgegenstände, zum Beispiel die flache Scheibe Pi, das Symbol des Himmels, die in Gräbern aus der Shang- und Zhou-Zeit gefunden wurde. Jade wurde auch als Zeichen des Ranges und zur Ornamentierung benutzt – bemerkenswert sind die Leichengewänder aus Jadeplättchen, die in manchen Museen des Landes ausgestellt sind.

Lack, eine Harzausscheidung ostasiatischer Bäume nach dem Stich der Lackschildlaus, wurde bereits in der Zhou-Dynastie genutzt. Vielschichtig wurde der Grundstoff auf eine Basis aus Holz oder Stoff aufgetragen und eingeritzt, mit Intarsien aus Gold, Silber oder Schildpatt versehen oder einfach nur kunstvoll bemalt. Zahlreiche Beispiele bemalter Lackschachteln und Behälter sind aus der Han-Zeit erhalten. Wie Jade wurde auch dieses Material seitdem unablässig verwendet.

Musik

Besuchern von Beijing und anderen chinesischen Städten sei der Eindruck verziehen, chinesische Musik bestünde ausschließlich aus Hintergrundberieselung, Richard-Claydermann-Arrangements und schmalzigem Hongkong-Pop, der aus den allgegenwärtigen Lautsprechern plärrt. Doch die Städte sind nur ein Teil des chinesischen Lebens. Zwischen der **städtischen** und der **ländlichen Kultur** liegen Welten – eine Tatsache, die sich seit der kommunistischen „Befreiung" von 1949 noch verstärkt hat. Ebenso tief ist die Kluft zwischen dem offiziellen, gereinigten und weltlichen Bild der chinesischen Kultur und der Wirklichkeit des traditionellen Lebens.

Chinesische Musik ist Jahrtausende alt, doch viele ihrer modernen Formen stammen aus den „dekadenten" ersten Jahren des 20. Jahrhunderts und der lange hinausgezögerten Begegnung zwischen Ost und West. Nach den Opiumkriegen Mitte des 19. Jahrhunderts war China ununterbrochen den Demütigungen der Weltmächte ausgesetzt, und in den turbulenten Jahren nach dem Sturz der letzten Kaiserdynastie, der Qing, im Jahre 1911 fanden westliche Vorstellungen, zumindest in den Städten, auf breiter Ebene Zuspruch.

In der Musik tauchten neue städtische Ausdrucksformen auf, Gattungen wie der erzählende Gesang und die wunderschöne kantonesische Musik der **20er** und **30er Jahre**, die einheimische traditionelle Musik mit westlichen Elementen, insbesondere Jazz, verschmolz und auf chinesischen Instrumenten, Saxophon, Violine und Xylophon gespielt wurde. Musiker wie der Komponist Lü Wenzheng, der Geiger Yi Zizhong (der 1924 in London auftrat) und He Dasha (Dummkopf He) machten in dieser Periode wunderbare kommerzielle Schallplatten, die es wirklich verdienen würden, neu aufgelegt zu werden. Der offizielle chinesische Standpunkt geißelt das koloniale Kanton (Guangzhou) aus der Zeit vor 1945 als einen Ort äußerster Dekadenz und die Mehrheit seiner Musik als „ungesund" und „pornographisch". Nach dem **Sieg der Kommunisten** im Jahre 1949 verschwand diese Musik mehr oder weniger; tatsächlich wurde der gesamte Ethos der traditionellen Volksmusik in Frage gestellt. Alles „Feudale" – darunter auch zahlreiche traditionelle Volksbräuche und -musiken – und Religiöse wurde streng begrenzt und die chinesischen Melodien „gesäubert". Neue „revolutionäre" Musik, die seit den 30er Jahren komponiert wurde, klang meist marschähnlich und optimistisch. Während der Kulturrevolution hörte das musikalische Leben, mit nur acht erlaubten Modellopern und -balletten auf der Bühne, endgültig auf zu existieren.

Seit dem Ende der Kulturrevolution hingegen und angespornt von der wirtschaftlichen Liberalisierung in den **80er** und **90er Jahren**, sind die klassische und die Volksmusik Chinas wiederbelebt worden, gleichzeitig sind westliche klassische und populäre Klänge aufgekommen. Westliche Popmusik herrscht zur Zeit in großen Städten wie Guangzhou vor, wo die gleichen banalen Texte und Melodien wie in Hongkong zu hören sind. Es haben sich aber auch einige interessante (und mehr chinesische) Erscheinungen etwa in die Rock- oder Filmmusik eingeschlichen. Traditionelle Musik ist auch bei Ritualen und Zeremonien in den Opern und Teehäusern auf dem Land wie in der Stadt zu hören. Wenn man eine Weile umherreist, wird man vermutlich mit einer recht ansehnlichen Auswahl davon in Berührung kommen.

Oper und Qin-Klassiker

In der klassischen chinesischen Musikszene dominiert die Vokal- und Theatermusik. Es gibt Hunderte Ausprägungen regionaler Opern, unter denen die **Peking-Oper** und die klassischere, inzwischen jedoch seltene Kunqu die bekanntesten sind. Daneben gibt es auch schöne Puppenopern. Bei einer Reise durch China wird man in der Regel überall im Land eine Oper ausfindig machen können. Selbst in Beijing sieht man heute noch alte Männer, die sich in Parks oder – so unpassend es auch erscheinen mag – an Autobahnknotenpunkten treffen, wo sich früher die Stadttore befanden, und dort ihre Lieblingsauszüge aus der Peking-Oper spielen.

Daneben existieren viele weitere Formen von **erzählendem Gesang**, oftmals lange klassische Erzählungen, die von einer einzelnen Trommel oder einem chinesischen Banjo begleitet werden. Möglicherweise stößt man auf ein Teehaus mit alten Menschen, die andächtig der Geschichte folgen. „Xiangsheng" bezeichnet einen komischen Dialog zwischen einem Alleswisser und einem Stichwortgeber; die subtilen Parodien der traditionellen Oper sind einem Fremden wahrscheinlich aber nur schwer zugänglich.

Solotraditionen auf Zupfinstrumenten werden ebenfalls gepflegt, und zwar in den Konservatorien, wo Solisten an der birnenförmigen Pipa-Laute und den Zheng- und Qin-Zithern ausgebildet werden. Das erhabenste – und möglicherweise älteste – dieser Instrumente ist die **Qin** (auch Guqin, also „alte Zither", genannt). Diese siebensaitige gezupfte Zither ist über 1000 Jahre lang ein bevorzugtes Thema von Dichtern und Malern gewesen und das raffinierteste Instrument im chinesischen Repertoire. In den klassischen Kompositionen wechseln sich besinnliche Melodien mit dramatischen Arpeggien ab, der Stille wird die gleiche Bedeutung zugemessen wie dem Klang. Trotz des hohen Ansehens ist die Qin außerhalb der Konservatorien kein sehr bekanntes Instrument. Wenige Chinesen haben ihren Klang oder überhaupt von dem Instrument jemals gehört, und in ganz China gibt es nur etwa 200 Qin-Spieler, darunter die großen alten Vertreter wie Zhang Zijian, Wu Jinglue und Wu Zhaoji oder Li Xianting, Wu Wen'guang, Lin Youren und Gong Yi. Glücklicherweise stehen einige ausgezeichnete Aufnahmen zur Verfügung. Wenn man sich bei den Konservatorien erkundigt, kann man mit Glück in den Genuss eines Privatkonzerts kommen.

Seltsamerweise blieb die Qin-Kunst von der Kulturrevolution verschont. Durch persönliche Verbindungen zu dem berüchtigten Kang Sheng, dem Chef von Maos Geheimpolizei, und Yu Huiyong, dem Komponisten der Revolutionsoper *Mit Geschick den Tigerberg erobern*, schafften es die Qin-Meister, während dieser Zeit mehr oder minder unbehelligt weiterarbeiten zu können. Die poetischen Titel vieler chinesischer klassischer Stücke – etwa „Herbstmond im Han-Palast" oder „Plätschernde Bäche" – wirken programmatisch. In Wirklichkeit haben sie sehr wenig mit dem Inhalt eines Stückes zu tun und dienen den Musikern nur als Mittel der Wiedererkennung. Die Titel waren ausschließlich in der Musik der gebildeten Klassen von Bedeutung, für Soloinstrumente wie Qin und Pipa.

Rituelle Musik

Auf den **Dörfern** ist die traditionelle Musik am besten erhalten geblieben. Vielleicht stößt man während der Reise auf eine Hochzeit oder ein Begräbnis, wo die neben der Oper lebendigsten Formen von Musik zu hören sind. Das Ritual erinnert an die Oper und dient zugleich der Unterhaltung von Göttern und Sterblichen. Auch lange, ohrenbetäubende Knallkörperkonzerte sind ein fester Bestandteil der meisten Dorfzeremonien. Vielleicht begegnet man sogar einem Zug im westlichen Blasorchesterstil, gefolgt von einer Schalmeien- und Perkussionsgruppe, die, ungeachtet der jeweiligen Tonart, in der Lautstärke miteinander wetteifern.

Ein wenig formeller verläuft ein täglich stattfindendes **Tempelritual**, das man in einem der großen buddhistischen oder daoistischen Tempel zu sehen bekommt. Die rituelle Tempelmusik aus Südchina klingt rau und bodenständig, mit einem starken perkussiven Element, und sie ist, selbst für Ohren, die nicht an die chinesische Musik gewöhnt sind, überraschend zugänglich. Die daoistischen

Mönche aus dem Tempel des Mysteriums in Suzhou spielen zum Beispiel eine wunderbare, sehr variantenreiche Musik, darunter Stücke für Seide-und-Bambus-Instrumente, Flöten und Oboen, einige besonders lange Trompeten sowie Schlaginstrumente. Die Mönche von Suzhou verließen China erstmals im Frühjahr 1994 für eine Konzerttournee in Großbritannien.

In den vergangenen Jahren sind einige traditionelle Musikrichtungen in den Konzertsaal eingezogen, obwohl sie sehr oft unter staatlichen Kontrollen zu leiden haben. Das Konservatorium von Xi'an hat die einheimische Tradition der **Zeremonienmusik** kommerzialisiert, doch die reine Form ist wesentlich besser.

Eine andere Volksmusik kommt von der Vereinigung für rituelle Musik aus dem Dorf **Qujiaying** südlich von Beijing. Diese bäuerliche Musik ist zur Kaiserzeit vermutlich von Mönchen unterrichtet worden, die in Beijing ausgebildet wurden.

Seide-und-Bambus- sowie Volksmusikensembles

Vielleicht die am leichtesten zugängliche Volksmusik in China kommt von den Seide-und-Bambus-Ensembles. Am besten hört man sie an einem Nachmittag, wenn sie von den Alten in den Teehäusern von Shanghai gespielt wird. Die Musiker sind immer Amateure und spielen zu ihrem eigenen Vergnügen, sitzen um einen Tisch herum und wechseln sich beim Spiel chinesischer Geigen, Flöten und Banjos ab. Das Ganze erinnert ein wenig an eine irische Session, mit dem Unterschied, dass nicht Guinness, sondern chinesischer Tee getrunken wird.

Andere gute Volksmusik ist rund um Quanzhou und Xiamen im Küstengebiet der Provinz Fujian in Form von eindringlichen **Nan'guan-Balladen** zu hören. Bei diesen Liedern, die an der gesamten Küste von Fujian ebenso wie auf der anderen Seite der Meerenge in Taiwan populär sind, wird eine Sängerin von einer Längsflöte sowie gezupften und gestrichenen Lauten begleitet.

Chinesische Rockmusik

Rockmusik ist in China noch ein sehr junges Phänomen. Anders als die Popmusik, die von den Behörden schließlich gestattet wurde und sich von Hongkong aus nach Festland-China verbreitete, wird der Rock von offizieller Seite aus mit erheblichem Argwohn betrachtet.

Rockmusik wurde Mitte der 80er Jahre zum größten Teil von ausländischen Studenten eingeführt. Sie liehen ihren chinesischen Freunden Kassetten aus, gründeten mit ihnen Bands an den Universitäten und traten erstmals in Clubs und an geheimen Veranstaltungsorten in Beijing, Shanghai und Kanton auf. Zunächst bestand diese Musik fast ausschließlich aus einfachen Cover-Versionen, darunter Hits der Rolling Stones sowie von Led Zeppelin und Status Quo. Gegen Ende der 80er Jahre haben chinesische Bands und Musiker begonnen, eine eigene Identität zu suchen und Musik und Texte zu verfassen. **Cui Jian** war hier führend. Der ausgebildete Trompeter spielte zur Zeit der Kulturrevolution bei der Beijinger Sing- und Tanztruppe und nahm Anfang der 80er Jahre ein Album mit Pop im Hongkonger Stil auf. 1989 griff er in den Clubs neue Rockeinflüsse auf – insbesondere von The Police und Talking Heads – und veröffentlichte daraufhin das erste bedeutende Rockalbum, „Rock On The New Long March". Das Album löste bei der älteren Generation sowohl durch die Wahl des Titels als auch durch die generelle Haltung einen ziemlichen Schock aus. Obwohl Cui Jian niemals unmittelbar Kritik am Staat äußerte, waren seine Texte doppeldeutig und untergruben viele Konventionen der offiziellen Ideologie.

Wie vorauszusehen war, beschuldigten ihn die Behörden, einen schlechten Einfluss auf die öffentliche Moral auszuüben. In der Zeit kurz vor den Ereignissen am Tian'anmen-Platz schadete das einem Rocker jedoch kaum; das Album wurde sofort ein Erfolg und verkaufte sich auf dem chinesischen Festland, in Südostasien und Taiwan. Cui Jian gab Konzerte in Paris und London und entwickelte – praktisch im Alleingang – eine neue Form des chinesischen Rock weiter, indem er zum Beispiel von traditionellen Instrumenten wie der Zheng und der oboenähnlichen Suona Gebrauch machte.

Doch es war eher die Politik als die Musik, weswegen Cui Jian mit seinem Lied „Mein Name ist bedeutungslos" (Yi wu suo you) 1986 nationalen wie internationalen Ruhm erlangte. Wie in zahlreichen seiner Lieder handelt es sich auch bei diesem Text auf den ersten Blick um ein Liebeslied; mit „du" könnte jedoch ebensogut „China" oder „der Staat" gemeint sein:

Fertig für den Auftritt: die Peking-Oper

Lange Zeit fragte ich immerzu,
Wann du mit mir kommen willst.
Aber du lachst mich nur aus,
Denn mein Name ist bedeutungslos.
Ich will dir alle meine Träume geben,
Will dir auch meine Freiheit geben.
Aber du lachst mich nur aus,
Denn mein Name ist bedeutungslos.

Das Lied wurde zu einer Hymne der Studentendemonstrationen Ende 1986 und 1989 auf dem Tian'anmen-Platz. Den Behörden missfiel auch Cui Jians Auftreten, z.B. dass er bei dem Lied „Rotes Tuch blendet meine Augen" mit einer Augenbinde auftrat.

Nach dem Massaker auf dem Tian'anmen-Platz am 4. Juni 1989 erstarrte die chinesische Jugend für eine Weile in Untätigkeit, und Cui Jian war gezwungen unterzutauchen. Im Januar 1990 erhielt er die Erlaubnis, eine Konzerttournee durch China zu machen, um Geld für die im September desselben Jahres in Beijing veranstalteten asiatischen Olympischen Spiele zu beschaffen. Sie wurde ein Riesenerfolg, doch mitten in der Tournee überdachten die Behörden nochmals ihr Vorhaben und verboten weitere Konzerte wegen „gefährlicher Unruhen". Etwa ein Jahr lang durfte Cui Jian nicht mehr in der Öffentlichkeit auftreten, seine Platten wurden aus dem Verkehr gezogen und seine Liedtexte „überprüft". Seit 1991 steht er wieder auf der Bühne, gibt Konzerte in China wie im Ausland und nimmt Platten auf. Diese sind in China überall erhältlich, und andere Gruppen spielen häufig seine Lieder nach.

Cui Jians Band setzt sich aus einem Schlagzeuger, der in Spanien ausgebildet wurde, und einem japanischen Gitarristen zusammen. Innerhalb der kleinen Rockgemeinde in China sind sie als Pioniere der chinesischen Rockmusik bekannt. Im Laufe der 90er Jahre sind eine Reihe neuer Bands entstanden, darunter auch 1989 (eine experimentelle Rockgruppe), Tang Dynasty (Heavy Metal) und Cobra (eine Frauenband). **Wei Hua**, ehemalige Moderatorin beim chinesischen Fernsehen in englischer Sprache, ist heute Chinas führende Rocksängerin.

Der chinesische Rock könnte zukünftig zwei mögliche Richtungen einschlagen. Einerseits genießen US-amerikanische und britische Rockproduktionen ein ungesund hohes Ansehen. Andererseits erwacht mit dem Gesang im nordwestlichen Stil in erfolgreichen **Filmen** wie *Gelbes Land* und *Das rote Kornfeld* erneut das Interesse an chinesischen Volksmusiktraditionen. Der Xibei-Feng- (Nordwestwind-) Stil mit seinem Stakkatogesang und entfernt reggaeähnlichen Rhythmen hat Cui Jian stark beeinflusst und ist auch von anderen Rockbands und -künstlern, unter anderem dem kantonesischen Texter und Komponisten Xie Chengchang, aufgegriffen worden. Möglicherweise wird die Verschmelzung weitergehen, denn wie Cui Jian sagt: „Die chinesische Kultur ist wie ein Fluss ohne Abfluss. Wir müssen den Weg für diesen Fluss freimachen, so dass er ungehemmt ins Meer fließen und sich mit der Welt vermischen kann."

Film

Der Film erreichte China früh: Die ersten bewegten Bilder wurden 1896 im Rahmen einer „Teehaus-Varietéshow" in **Shanghai** vorgestellt, wo nur zwölf Jahre später das erste Kino des Landes die Pforten öffnete. In den 30er Jahren spielte das Kino in der Form, wie wir es heute kennen, bereits eine wichtige Rolle im kulturellen Leben Shanghais. Durch die große Anzahl ausländischer Einwohner wurden jedoch hauptsächlich westliche Filme gezeigt, mindestens 80% stammten aus Hollywood. Aber auch erste chinesische Filme entstanden, vorwiegend von intellektuellen Aktivisten der **4.-Mai-Bewegung**, die China in ein modernes Land nach westlichem Muster verwandeln wollten. Natürlich waren diese Filme stark von westlichen Vorbildern beeinflusst. Die frühen chinesischen Filme hatten wenig mit der hochgradig stilisierten formellen Welt traditioneller Aufführungsarten wie Peking-Oper oder Schattenpuppentheater zu tun. In den frühen Filmvorführungen wurde nach traditioneller Weise noch ein Erzähler eingesetzt, der in der Nähe der Leinwand saß und die Untertitel für alle diejenigen vorlas, die des Lesens unkundig waren.

Die Studios von Shanghai (1920–1940)

Unter den wenigen wichtigen Studios, die es in den 20er und 30er Jahren in Shanghai gab, war das bekannteste wohl **Mingxing**, dessen Filme im Gegensatz zu den Hollywood- Produktionen eine linksgerichtete und anti-imperialistische Tendenz aufwiesen. Der Film *Sister Flower* (1933) erzählt die

Geschichte von Zwillingsschwestern, die nach der Geburt getrennt wurden – eine der Schwestern lebt in Shanghai, die andere wohnt in ärmlichen Verhältnissen in einem Dorf. Im Verlauf der Wiederzusammenführung der Schwestern zeigt dieser Film die Unterschiede im Leben von Stadtbewohnern und Bauern auf. Im selben Jahr entstand *Spring Silk Worm*, die Bearbeitung eines Kurzromans (deutsche Übersetzung *Seidenraupen im Frühling)* des berühmten zeitgenössischen Schriftstellers Mao Dun. Die Erzählung beschreibt den wirtschaftlichen Verfall und das Elend in der Provinz Zhejiang außerhalb von Shanghai und klagt unterschwellig den japanischen Imperialismus an. Der Film des Studios **Lianhua** *The Goddess* (1934) erzählt von einer Prostituierten, die im Rahmen aller Vorurteile jener Zeit für die Ausbildung ihres Sohnes kämpft. Die unglaublich glamouröse Prostituierte wurde von Ruan Lingyu verkörpert, die oftmals „Chinas Greta Garbo" genannt wurde. Trotz der liberalen Ansprüche dieser Filme führte die Tatsache, dass das Publikum nur aus einer winzigen Elite der chinesischen Bevölkerung stammte, unausweichlich dazu, dass sie später von den Kommunisten als „übermäßig bourgeois" gebrandmarkt wurden.

Nach der **japanischen Besetzung** Shanghais und weiter Gebiete Chinas im Jahre 1937 mussten „subversive" Studios wie Mingxing und Lianhua unverzüglich schließen, einige talentierte Filmemacher konnten ins Landesinnere fliehen und ihre Arbeit dort fortsetzen. Die Kriegserlebnisse brachten die Filmproduzenten ihrem künftigen Publikum, den chinesischen Massen, näher. Es entstand Chinas großes Kriegsepos *Spring River Flows East* (1947–48). Die Geschichte überspannt die gesamte Dauer des Antijapanischen Krieges und die ersten Jahre des folgenden Bürgerkriegs vor dem Hintergrund des Alltags einer Familie, die in die Konflikte hineingezogen wird. Die in schlichter Armut lebende Heldin steht in Kontrast zu ihrem Ehemann, der sie verlassen hat, um ein dekadentes Dasein in Shanghai zu führen. Die von einem ganzen Jahrzehnt des Krieges gepeinigten Chinesen betrachteten diesen Film als authentische und repräsentative Darstellung einer Leidensphase, die die gesamte Nation durchlitten hatte. Über 750 000 Menschen strömten zu den Uraufführungen – eine gewaltige Zahl angesichts der Tatsache, dass sich das Land noch im Kriegszustand befand.

Kommunismus und Kino (1940–1980)

Der chinesische Film unter den Kommunisten ist ein Thema, das bis auf das Jahr 1938 zurückreicht, als Mao Zedong und seine Weggefährten nach dem Langen Marsch ihre Basis tief in der Provinz Shaanxi in **Yan'an** fanden und sich dort auf die Machtübernahme vorbereiteten. Kein Ort der Welt war weiter vom glamourösen Shanghai entfernt als das staubige Yan'an mit seiner armen bäuerlichen Bevölkerung – aber ein idealer Platz für die Filmemacher der künftigen Volksrepublik. Bald stießen neue Talente zu ihnen, die durch die japanischen Linien geschlüpft waren, unter ihnen eine unbekannte Schauspielerin mit hohen Ambitionen: **Jiang Qing**, die später die Gemahlin Mao Zedongs und selbst ernannte Kaiserin über die chinesische Kultur wurde. Die kommunistische Führung Yan'ans war sich über die Bedeutung des Films als zentralisierendes Medium einig. Der Film sollte genutzt werden, um die Nation nach dem Bürgerkrieg kulturell zu einen.

Unmittelbare Folge des kommunistischen Sieges war 1949 eine strikte Beschränkung, ausländische Filme zu zeigen. Auch die Tage der privaten Shanghaier Studios waren gezählt, obwohl sie in den ersten Jahren nach 1949 noch einige Filme produzieren konnten. 1950 wurde ein Gremium für Filme eingerichtet, das aus 32 Mitgliedern bestand und die Aufgabe innehatte, Standards zu setzen und über das Filmaufkommen der gesamten Nation zu entscheiden. Neben Maos Frau Jiang Qing gehörten diesem Gremium Filmemacher aus Yan'an und Intellektuelle der 4.-Mai-Bewegung an. 1953 war ein **einheitliches nationales System** für die Filmproduktion geschaffen, nachdem bereits 1949 das erste große sozialistische Heldenepos, *Bridge,* erschienen war, in dessen Zentrum die Massenmobilisierung von Arbeitern und Bauern steht, die enthusiastisch in Rekordzeit eine Brücke bauen. Obwohl Geschichte wie Charaktere blass sind, lockten mehrere Vorkriegsschauspieler ein beträchtliches Publikum an, und zum ersten Mal in der Geschichte des chinesischen Kinos endete ein Film mit der Versammlung aller Hauptdarsteller, die gemeinsam „Lang lebe der Vorsitzende Mao" riefen – eine Szene, die sich in den folgenden Jahren beständig wiederholte.

Ein Jahr nach *Bridge* erschien der letzte nichtstaatliche Studiofilm aus Shanghai: *The Life of Wu Xun.* Es war ein gewaltiges Projekt, das schon vor

1949 begonnen hatte und trotz des Regierungswechsels überraschenderweise ungehindert vollendet werden durfte. Der Film erzählt von dem Kaufmann Wu Xun aus dem 19. Jh., der ein Dasein als Bettler fristet, dann enorme Reichtümer anhäuft und sich für die Ausbildung der Bauern einsetzt. Trotz der Einspielung einer Erzählerstimme am Ende des Films, die ausführt, dass die Bauern in Wirklichkeit keine Ausbildung, sondern eine Revolution benötigten, geriet der Film zur Katastrophe für die Filmindustrie Shanghais. Mao höchstpersönlich schrieb eine vernichtende Kritik gegen die Idealisierung eines „Qing-zeitlichen Grundbesitzers". Es brach eine gewaltige Kampagne gegen Shanghais Filmwelt, Schauspieler, Kritiker und Zuschauer los.

Die Überlebenden der **4.-Mai-Bewegung** gaben nicht auf. *New Year's Sacrifice*, ein auf einer Kurzgeschichte (deutsche Übersetzung *Das Neujahrsopfer*) des bekannten Vorkriegsintellektuellen Lu Xun beruhender Film, wurde 1956 uraufgeführt, jedoch um den größten Teil seiner Schärfsicht und jegliche Ironie beschnitten. Zum Trost der alten Garde hatte die jüngere Generation der chinesischen Filmemacher das Problem noch nicht lösen können, wie das Leben in der zeitgenössischen Ära zu porträtieren sei. Eine 1952 erschienene Fassung von Lao Shes Kurzgeschichte *Dragon's Beard Ditch* versuchte beispielsweise, den Kontrast zwischen dem miserablen Leben vor 1949 in einem ärmlichen Stadtteil Beijings und dem glücklichen Leben unter den Kommunisten darzustellen. Das einzige für den Zuschauer leicht ersichtliche Problem war, dass die angeblich miserablen Zustände vor 1949 wesentlich menschlicher wirkten.

Dennoch erreichten die Kommunisten in den **50er Jahren** einige ihrer ursprünglichen Ziele. Dazu gehörte die Förderung einer universellen Kultur und Sprache. Sämtliche Charaktere in allen Filmen – ob tibetisch, mongolisch oder kantonesisch – sprachen nun ein fließendes **Mandarin-Chinesisch**. Die Filmproduktion breitete sich über ganz China aus und blieb damit nicht länger auf die Ostküstenstädte beschränkt. Vor allem jedoch explodierte der Publikumszuwachs: Während die Kinos 1949 rund 47 Millionen Eintrittskarten verkauften, waren es 1956 bereits 600 Millionen und 1959 über 4 Milliarden. Die letzte Ziffer ist vor dem Hintergrund des so genannten Großen Sprungs nach vorn zu verstehen, einer Zeit, in der Überproduktion in allen Bereichen eingefordert wurde, also auch im Filmwesen. In jeder chinesischen Stadt schossen Filmstudios aus dem Boden, doch gerade dies führte zu enormen Qualitätsverlusten: Ein typisches Studio in der Provinz Jiangxi bestand aus einem Mann, einem Fahrrad und einer antiken Kamera.

Der schwere Fehlschlag des Großen Sprungs nach vorn bescherte der Filmindustrie einen kurzzeitigen Aufschwung. Als Mao Zedong in den späten 50er und frühen **60er Jahren** politisch geschwächt war, signalisierten für Kultur verantwortliche Bürokraten, dass es in Ergänzung zum „revolutionären Realismus" ein gewisses Maß an „revolutionärem Romantizismus" geben müsse. Chinesische Themen, die sich nicht dem reinen Marxismus widmeten, wurden wieder mehr geduldet. In einer kurzen Blütezeit entstanden Werke wie *Lin Zexu* (1959), ein Film, der vom Leben des berühmten Qing-Beamten erzählt, der sich zur Zeit der Opiumkriege gegen die Briten erhob. Es gab selbst einige Komödien, beispielsweise *What's Eating You?*, ein Film, der auf den eher unsozialistischen Erlebnissen eines Kellners aus Suzhou aufbaut. Im Film traten sogar lokale Dialekte in Erscheinung, und unterschwellig war eine Parodie auf die Kampagne „Von Lei Feng lernen" zu erkennen, mit der die Regierung durch Glorifizierung des heldenhaften mythischen Arbeiters Lei Feng zu größerer individueller Opferbereitschaft aufrief. Im Allgemeinen stellen die Filme aus jenen Jahren mittelmäßige Charaktere vor.

Die Kulturrevolution

Leider war das Tauwetter rasch vorüber: Mao Zedong rief Ende 1966 zur Kulturrevolution auf. Fünfzehn Jahre lang erschien in China kein interessantes Werk mehr, und zwischen 1966 und 1970 wurde nirgendwo im Land ein Film produziert. Die wenigen Filme, die vor Maos Tod erschienen, entstanden unter der persönlichen Aufsicht von Jiang Qing und hatten allesamt revolutionäre Gestalt – eine Art Ballett mit wehenden Flaggen. Das Anschauen dieser fürchterlichen Filme war für alle verbindlich, die nicht des Mangels an revolutionärem Eifer bezichtigt werden wollten. Ironischerweise war Jiang Qing selbst, im privaten Bereich, ein großer Fan von Hollywood-Produktionen.

Die Erholung vom Trauma der Kulturrevolution nahm Zeit in Anspruch, doch in den Jahren 1979 und 1980 entstanden erste Filme, die darzustellen versuchten, welche schrecklichen Ereignisse das Land hinter sich hatte. Zum bekanntesten Werk wurde *The Legend of Tianyun Mountain*, das 1980 in Shanghai entstand und von zwei Männern im Jahr 1958 erzählt, von denen einer den anderen wegen „Rechtsabweichlertum" denunziert. Die Geschichte erzählt von Schuld, Liebe und zwischenmenschlichen Beziehungen – allesamt Themen, die während der Kulturrevolution unterdrückt worden waren. Es war nicht überraschend, dass der Film enormen Erfolg hatte, doch noch bevor das Publikum zu freimütig wurde, wurde der nachfolgende Film *Unrequited Love* (1981) offiziell kritisiert, weil er zu viele unliebsame Dinge ansprach.

Die 80er Jahre bis heute

1984 brachte die so genannte **Fünfte Generation** die chinesische Filmindustrie erstmals ins internationale Rampenlicht. In jenem Jahr schufen der Regisseur **Chen Kaige** und sein Kameramann **Zhang Yimou**, beides Graduierte der ersten nach-kulturrevolutionären Abschlussklasse (1982) der Beijinger Filmschule, den herausragenden Art-House-Film *Gelbes Land*. Die Geschichte ist eher nebensächlich, denn im Mittelpunkt stehen vor allem die Bilder und Farben. Es dominieren Standaufnahmen, die an die traditionelle chinesische Rollbildmalerei erinnern und großartige Landschaften zeigen, die von Hügeln und dem fernen Huanghe gesäumt sind. Der Film hatte in China keinen überwältigenden Erfolg, weder beim Publikum, das etwas Moderneres erwartete, noch bei den Behörden, die sich optimistischere Plots wünschten. Und dennoch war nun die Grundlage für zahlreiche ausländisch finanzierte (und im Ausland aufgeführte) Filme gelegt, die mitreißende Bilder aus dem „traditionellen" China zeigten, welche die inländischen Zensoren irritierten und das ausländische Publikum faszinierten.

Chen Kaiges Schützling Zhang Yimou war 1987 mit einem eigenen Film, *Das rote Kornfeld,* international erfolgreich, der zur Zeit der japanischen Invasion in einem abgelegenen Weindorf in Nordchina spielt. Dieser Film war nicht nur schön, sondern auch beruhigend patriotisch – und er war der Grundstein der Karriere von **Gong Li**, der ersten chinesischen Schauspielerin, die die Herzen der internationalen Welt eroberte. Dass Gong Li und Zhang Yimou alsbald auch privat zueinander fanden, erhöhte nur das Interesse der Medien in China wie im Ausland. Beide arbeiteten auch in nachfolgenden Filmen erfolgreich zusammen, darunter *Judou, Die Geschichte der Qiuju, Rote Laterne, Shanghai Serenade* und *Leben!*. Keiner dieser Filme kann in der Weise als Art-House-Produktion beschrieben werden wie *Gelbes Land*, doch die kraftvolle Mischung aus Gong Lis erotischer Ausstrahlung und den geheimnisvollen Orten im China der 30er Jahre zielte eher auf ein westliches als ein chinesisches Publikum ab.

Einer der ausdrucksstärksten – und nach Ansicht der chinesischen Behörden kontroversesten – Filme ist *Leben!* (1994), der das Schicksal einer Familie von den letzten dekadenten Jahren des alten Regimes über die kommunistische Epoche bis in die Gegenwart hinein darstellt. Die verschiedenen Phasen des maoistischen kommunistischen Modells (Befreiung, Großer Sprung nach vorn, Kulturrevolution) werden in Form des Unheils symbolisiert, in das sie die Familie stürzen, darunter der Unfalltod beider Kinder, für den das Regime die Verantwortung zu tragen scheint. Die wesentliche Aussage der Geschichte ist, dass das Leben nicht nach Verordnungen gelebt werden kann. Die Kraft des Filmes beruht darauf, dass er eine realistische Reflektion dessen ist, was Millionen Chinesen erlebt haben. In ähnlicher Weise umfasst Chen Kaiges herausragender Film *Lebe wohl, meine Konkubine* (1994) die gesamte Spanne der modernen chinesischen Geschichte, und obwohl der Protagonist – ein homosexueller chinesischer Opernsänger – keinesfalls typisch für das moderne China ist, vergoss das gesamte Land Tränen. *Keiner weniger* (1998) erzählt die wahre Geschichte eines Dorflehrers, der in die Stadt reist, um einen Schüler aufzuspüren. Alle Charaktere sind mit Laiendarstellern besetzt, die eine überzeugende Vorstellung bieten, doch das allzu sentimentale Ende des Films deutet vielleicht schon darauf hin, dass Zhang seine progressive Zeit überschritten hat.

Zwangsläufig folgte der Fünften eine **Sechste Generation**, die ihre Vorgänger kritisierte, zu zurückhaltend gewesen zu sein und sich wirtschaftlichen Interessen gebeugt zu haben, was im Westen zu einem falschen Chinabild geführt hätte. Die Sechste Generation produzierte *Underground Movies* (oft in Schwarz-weiß), in denen sie zum Ausdruck brachte, was sie für die wahre Geschichte des zeitgenössischen Chinas hielt: hässliche Städte, kalte Apartmenthäuser, depressive Menschen mit zerbrochenen Seelen. Einer dieser Filme, *Beijing Bastards,* räumte dem bekannten Rocksänger und Rebellen Cui Jian eine Rolle ein, der saufend, fluchend und Gitarre spielend dargestellt wird. Es versteht sich fast von selbst, dass die Sechste Generation noch größere Schwierigkeiten als die Fünfte hatte, ihre Werke auf die Leinwand zu bringen und auf ausländische Fördermittel angewiesen war.

In den vergangenen Jahren haben die meisten chinesischen Regisseure dazu geneigt, Hollywoods Glitterwelt zu imitieren. Immer noch entstehen Propagandafilme, die nichtsdestotrotz unterhaltsam sein können, wenn man sie durch die Brille der Ironie betrachtet. *Opium War* zeigt, wie die Briten hinterlistig taktieren, um Hongkong an sich zu reißen. Von den bösen Briten handelt auch *Red Valley,* in diesem Fall geht es um Tibet. Glücklicherweise entstehen auch wirklich gute Filme. Bemerkenswert ist zum Beispiel *In the Heat of the Sun* von Regisseur **Jiang Wen**, der von einer Beijinger Straßenbande in den 70er Jahren erzählt. Die Geschichte stammt von Wang Shuo, dem *enfant terrible* der zeitgenössischen chinesischen Literatur, dessen charakteristische Respektlosigkeit sowie trockener Humor zum Ausdruck kommen. *Lei Feng is Gone* basiert auf der Geschichte eines Mannes, der unabsichtlich den ikonenhaften Helden des maoistischen Chinas, den Genossen Lei Feng, tötet. Da der Film eine Metapher für den Zustand der Nation sein will, sah er sich nach seiner Premiere heftigen Kontroversen ausgesetzt. *Xiao Wu,* das Porträt eines Taschendiebes, ist ein fantastischer Film, der in China nie gezeigt wurde, weil keine moralische Stellung gegen den kriminellen Protagonisten bezogen wird. Der junge Regisseur **Jia Zhangke** dürfte ein viel versprechendes neues Talent sein. Der meistdiskutierte kommerzielle Regisseur ist **Feng Xiaogang**. Er dreht zwar populäre, dennoch intelligente Genre-Komödien – Beachtung verdienen *Be There or Be Square, Sorry Baby* und *Big Shot's Funeral.*

Der gegenwärtig renommierteste chinesische Regisseur ist sicher der Taiwaner **Ang Lee**, dessen Filme *(Das Hochzeitsbankett, Eat Drink Man Woman, Sinn und Sinnlichkeit, Der Eissturm)* ergreifend und gut beobachtet sind; sein bekanntestes Werk ist *Tiger & Dragon*, in dem Hollywoods Glamour mit einer typischen chinesischen Kampfsportgeschichte verknüpft wird. Dem westlichen Publikum erschien der Film innovativer, als er tatsächlich war; das chinesische Publikum war nicht beeindruckt, und auf dem Festland erschienen schlechte Rezensionen. Doch das ausländische Echo belegt, dass sich der chinesische Kinofilm zu einer bedeutenden Kraft entwickelt hat.

Hongkong

Die Filme, die die geringsten Schwierigkeiten mit der chinesischen Zensur haben, werden in Hongkong produziert, das nach Indien und den USA der drittgrößte Filmproduktionsort der Welt ist. Hongkongs Filmemacher haben trotz ihres reichhaltigen Ausstoßes sensible politische Themen vermieden – offenbar aus wirtschaftlichen Gründen. Es gab angesichts des ortstypischen, extrem schnellen und komödienhaften Formats nur wenige Anzeichen, dass Hongkongs Filmindustrie überhaupt Interesse am Rest der Welt hatte, bis **John Woo** 1985 seinen Film *A Better Tomorrow* vorstellte, dessen Hauptdarsteller **Chow Yun Fat** und **Leslie Cheung** waren. Woos Werk (und das des tollkühnen Stuntmans und Komödianten **Jackie Chan**) hat selbst Star-Regisseur und Schauspieler Quentin Tarantino inspiriert. Woo brachte eine neue Art der Kameraführung in das Genre ein und spezialisierte sich auf Action- und Martial-Arts-Filme. *Hard Boiled* und *Bullet in the Head* gehören zu seinen besten Filmen. 1992 verlor die Hongkonger Filmindustrie Woo an das finanzstarke Hollywood, doch auch Jackie Chan, Chow Yun Fat und Leslie Cheung sind inzwischen zu internationalen Stars aufgestiegen.

Obwohl sich Hongkongs Filmindustrie fast vollständig der Unterhaltung verschreibt, kam es zu Koproduktionen mit bekannten Regisseuren aus Festland-China. Leslie Cheung spielte die Hauptrolle in *Lebe wohl, meine Konkubine,* und die Schauspielerin Gong Li tritt regelmäßig in Hongkonger Blockbusters auf. Es gibt jedoch nur einen wichtigen Hongkonger Regisseur, der ernsthaft an der Avantgarde interessiert ist und dessen Arbeiten eine ganz eigene Richtung aufweisen: **Wong Karwai** hat außergewöhnliche Filme wie *Chungking Express, Fallen Angels, Happy Together* und *In the Mood for Love* geschaffen, die mit verzerrten Bewegungen und zusammenhanglosen Szenen in einer zusammenhanglosen Gesellschaft spielen.

Beijing und Umgebung

Highlights

- **Lüsongyuan Hotel**
Unterkünfte mit Charakter sind in China selten, dieses gemütliche und erschwingliche Hotel in einem umgestalteten Hofhaus jedoch bildet eine willkommene Ausnahme.

- **Verbotene Stadt**
Kaiserliche Pracht in ihrer ganzen Größe; über sechs Jahrhunderte das Zentrum des chinesischen Universums.

- **Qianmen**
Ein Labyrinth verwinkelter Gassen, die zu den letzten Überresten der Altstadt gehören und in denen ursprüngliches, geschäftiges Treiben herrscht.

- **Himmelstempel**
Das klassische Bauwerk der Ming-Dynastie schlechthin.

- **Baiyunguan Si**
Der von Tourgruppen ausgesparte, bis heute genutzte daoistische Tempel ist auf seine Weise lohnender als die prunkvollen religiösen Stätten; ein Muss zum Neujahrsfest und an Feiertagen, wenn sich zahllose Gläubige auf den Weg hierher machen.

- **Sommerpalast**
Architektur der Kaiserzeit in idyllischer, erhabener Parklandschaft.

- **Feuertopf**
Ein traditionelles nordchinesisches Gericht, das aus Lamm, Tofu, Kohl und weiteren Zutaten nach Wahl am Tisch gekocht wird. Zahlreiche darauf spezialisierte Restaurants bieten es an, eines der besten ist jedoch *Neng Ren Ju.*

- **Große Mauer**
Einst eine Grenze zwischen Zivilisationen und bis heute eine der weltweit herausragendsten Beispiele meisterlicher Baukunst.

Viele Besucher werden von der augenfälligen Modernität Beijings überrascht sein. Große, die Stadt durchschneidende Magistralen und etliche aufragende Hochhäuser lassen erahnen, welche Dynamik diese lebendige Metropole besitzt. Beijing, die „Nördliche Hauptstadt", war während der letzten 1000 Jahre aber auch Schauplatz der Geschichte des **chinesischen Kaiserreichs**. Hier, im Zentrum des chinesischen Universums, thronte der Kaiser, und obwohl sich die Stadt inzwischen gewaltig gewandelt hat, schlägt in Beijing noch immer das geistige und politische Herz des Landes. Zwischen den Gegenden, die von modernen Beton- und Glasbauten beherrscht werden, befinden sich einige der prachtvollsten Tempel und die ohne Zweifel glanzvollsten Überreste aus der Kaiserzeit. Im Rahmen eines Tagesausflugs lassen sich von Beijing aus reizvolle landschaftliche Attraktionen erkunden, die zu den schönsten des Landes zählen, und nur wenig nördlich der Stadt befindet sich mit der **Großen Mauer** eine der bedeutendsten Sehenswürdigkeiten Chinas überhaupt.

Fast unmenschliche Ausmaße, so der erste Eindruck, kennzeichnen Beijing angesichts der stets gleichförmigen Wohnhäuser, in der die Mehrzahl der zwölf Millionen Bewohner der Stadt lebt, und der achtspurigen Straßen, die sich ihren Weg durch das Häusermeer bahnen. Es ist ein Eindruck, der sich bei näherer Betrachtung sogar noch verstärkt, angefangen bei der Pracht der **Verbotenen Stadt** mit ihrem enormen Reichtum an Schätzen über den Wüstencharakter des riesigen **Tian'anmen-Platzes** bis hin zu den kolossalen, den Platz umgebenden Herrscherbauten der heutigen Regierung und der nicht enden wollenden Kette neuer Bürokomplexe entlang der gewaltigen Magistralen.

Abseits des Zentrums wird das Ganze wieder überschaubarer. Parks, schmale Gassen und alte Bauwerke wie der **Yonghe Gong**, das **Observatorium** und vor allem der einzigartige **Himmelstempel** sorgen dort für Erholung von der fast schon beklemmenden Ordnung und der ungezügelten Sanierungswut in der Stadt. Jenseits davon liegen in den Außenbezirken die beiden **Sommerpaläste** und die **Westberge**, die seit der Zeit der Kaiser als bevorzugte Oasen der Ruhe geschätzt werden.

Beijing ist eine Stadt der Invasoren, die Hauptstadt tyrannischer, fremder Dynastien – denen der Mandschu und der Mongolen – sowie die einer Dynastie mit einer fremden Ideologie – jener der Kommunisten. Als solche war sie vielen Einflüssen von außen ausgesetzt und ist heute die vielleicht weltläufigste Stadt Chinas, deren Internationalität ihrer Rolle als Hauptstadt einer bedeutenden Wirtschaftsmacht gebührend Rechnung trägt. Als Leitstern auf dem Weg Chinas in die Moderne nimmt Beijing eine Vorreiterrolle bei der Umgestaltung des Landes ein. In rasendem Tempo werden Gebäude abgerissen und neue errichtet, wovon das weiße Schriftzeichen *chai* (Abriss) auf alten Häusern und ein Heer hoch aufragender Kräne eindrucksvoll Zeugnis ablegen. Trendig angezogene Studenten vertreiben sich ihre Zeit in Internet-Cafés und bei *McDonald's,* Aussteiger modellieren ihre Haare zu spitzen Stacheln und frönen ihrem neuen Lebensgefühl in Punk-Clubs, Geschäftsleute sind nie ohne Laptop unterwegs, und Schulkinder kommen ohne Mobiltelefone scheinbar auch in China nicht mehr aus. Rotlichtbezirke und Schwulenbars halten Einzug, während die Stadt ihre sexuelle Revolution erlebt.

Steigende Einkommen haben aber nicht nur eine konsumorientierte Gesellschaft entstehen lassen, die Besuchern aus dem Westen vertraut sein wird, sondern auch für eine Wiederbelebung alter chinesischer Kultur gesorgt: So ist beispielsweise das Teehaus als eleganter Ort der Begegnung wieder zunehmend beliebt und das neu erwachte Interesse an kaiserlicher Küche überaus groß. Abends kann man größere Gruppen älterer Bewohner beim früheren Lieblingstanz des Vorsitzenden Mao, dem vor einigen Jahrzehnten landesweit einstudierten *yangkou* (Loyalitäts-Tanz), beobachten, und in den verwinkelten Gassenvierteln der Stadt, den Hutong, sitzen Männer in Gesellschaft ihrer Vögel über einer Pfeife, wie sie es schon immer getan haben.

Beijing ist eine Stadt, in der wohl jeder auf seine Kosten kommen dürfte. Neuankömmlingen bietet sie zwar eine nicht gerade behutsame Einführung in das Land, diejenigen, die aus entlegeneren Gegenden Chinas anreisen, können hier jedoch den womöglich erlittenen Mangel an leiblichen Genüssen wieder wettmachen. Ausländer stellen einen stattlichen Anteil an der Einwohnerschaft Beijings, und es ließen sich Jahre damit verbringen, das Angebot an westlichen Speisen und westlicher Kultur zu nutzen oder Bekanntschaft mit gleichgesinnten

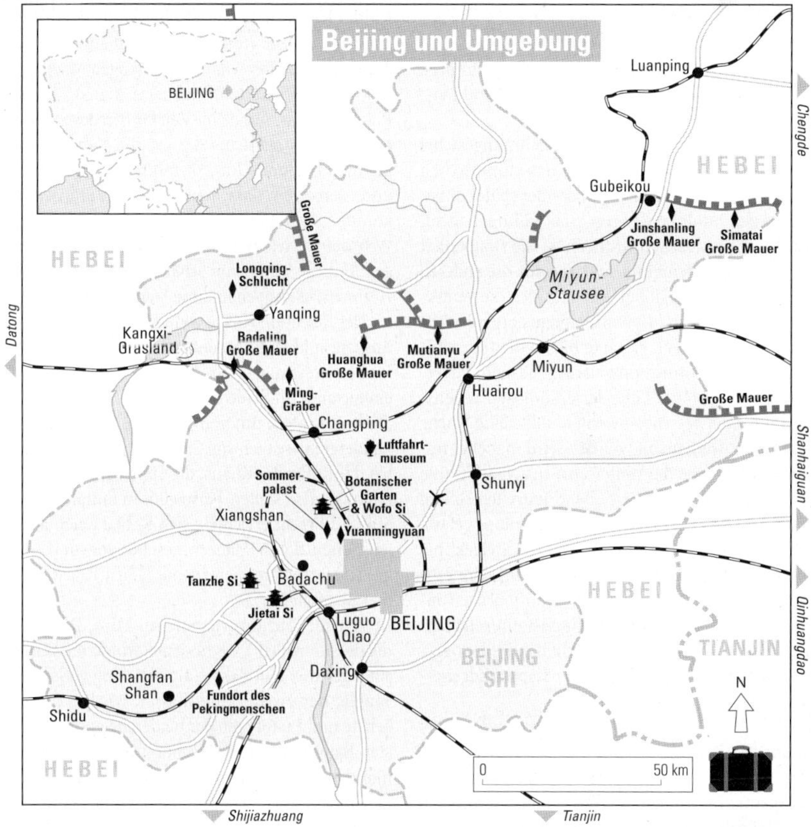

Ausländern zu schließen. Andererseits ist Beijing Stadt des Privaten, eine Stadt, die ihr wahres Gesicht nicht so leicht preisgibt und manchmal die Oberflächlichkeit eines Themenparks zu besitzen scheint. Mit hoher Effizienz werden Touristengruppen routinemäßig von ihren Hotels zu den Sehenswürdigkeiten befördert, ohne dass ihnen ein Einblick in den Alltag der Bewohner gewährt würde.

Wer an der Oberfläche kratzen und tiefer in das Wesen der Stadt eindringen möchte, sollte sich in die Labyrinthe der noch bestehenden, von Gassen „so zahlreich und fein wie die Haare einer Kuh" (so ein chinesischer Reiseführer) durchzogenen Hutong begeben, sich zu einem Bummel über die kleinen Antiquitätenmärkte und durch die Einkaufsstraßen in den ruhigeren Wohnvierteln aufmachen und die kleineren, kurioseren Sehenswürdigkeiten und die zum Taijiquan genutzten Parks aufsuchen. Nicht außen vor sollte dabei das vielfältige Beijinger Nachtleben bleiben, dessen Ausschweifungen einen guten Eindruck davon vermitteln, wie weit das, was einst als „geistige Verschmutzung" bezeichnet wurde, inzwischen gediehen ist.

Könnte die Partei es beeinflussen, wäre Beijing wohl mit dem besten **Klima** aller chinesischen Städte gesegnet, die Realität beschert der Metropole jedoch eines der ungünstigsten. Als beste Reisezeit empfehlen sich die Monate September und Oktober, die ein trockenes und mildes Wetter aufweisen. Im Winter wird es sehr kalt mit Temperaturen bis zu –20 °C und einem eisigem, aus den mongolischen Ebenen wehenden Wind. Der Sommer (Juni–August) ist schwül und heiß mit Temperaturen bis zu 30 °C, der kurze Frühling (April und Mai) trocken, aber windig.

Die Anreise nach Beijing ist leicht. Angesichts ihrer Funktion als Mittelpunkt des chinesischen Verkehrsnetzes wird man früher oder später ohnehin in der Stadt landen, ob man will oder nicht. Auch aus praktischen Gründen ist die Hauptstadt ein gutes Ziel, denn hier sind Visa für die anderen Länder Asiens erhältlich und lässt sich die Weiterreise über die Landesgrenzen hinaus organisieren – die romantischste Variante bilden die transsibirischen oder transmongolischen Eisenbahnverbindungen. Um der Fülle der grandiosen Sehenswürdigkeiten gerecht zu werden, sollte eine Woche eingeplant werden, und danach wird mancher nur allzu bereit sein, die Weiterfahrt ins wahre China anzutreten. Besonders westliche Touristen sollten auf beständige Versuche der Übervorteilung gefasst sein, sei es bei der Herausgabe von Wechselgeld, bei Taxifahrten, die mitunter über unnötige Umwege führen, oder bei der individuellen, an Touristen angepasste Preisgestaltung. Beijing ist ein sehr lohnendes Ziel, doch sollte man nicht den Fehler begehen, die restliche Nation an ihrer Hauptstadt messen zu wollen.

Geschichte

Am 1. Oktober 1949 hisste der Vorsitzende Mao Zedong am Tian'anmen die rote Flagge, um offiziell die **Gründung der Volksrepublik** zu verkünden. In seiner Rede vor den 500 000 dort versammelten Menschen (mehr passten damals nicht auf den Platz) sprach er davon, dass die Chinesen sich endlich erhoben hätten, und bezeichnete die Befreiung des Volkes als den abschließenden Höhepunkt eines 150 Jahre währenden Kampfes gegen die Ausbeutung durch Fremde.

Der genannte Zeitrahmen war vielleicht ein wenig zu bescheiden, denn Beijings dokumentierte Geschichte reicht etwas mehr als 3000 Jahre zurück, als sich die vormals kleine Siedlung zum Handelszentrum der Mongolen, Koreaner und einheimischen chinesischen Stämme entwickelte. Die vorherrschende Stellung fiel der Stadt jedoch erst zur Mitte des 13. Jahrhunderts mit der Schaffung des Mongolenreichs unter Dschingis und später **Kublai Khan** zu. Es war Kublai, der die Stadt 1264 einnahm, sie zur großen Hauptstadt ausbaute und damit als Nachfolgerin der ehemaligen Machtzentren Luoyang und Xi'an etablierte. Marco Polo, der Kublais Gast war und eine Zeit lang in der Stadt arbeitete, war angesichts der großen Kultiviertheit überaus beeindruckt: „So zahlreich sind Häuser und Menschen, dass niemand ihre Zahl nennen könnte ... Ich glaube, es gibt keinen Ort auf der Welt, der so viele Händler, so viele kostbare und eigentümliche Waren und Schätze sieht, wie aus allen Himmelsrichtungen in diese Stadt gelangen ..."

Der Reichtum rührte von der Lage der Stadt am Ausgangspunkt der Seidenstraße her, und nach Polos Beschreibungen waren es „fast täglich mehr als eintausend mit Seide beladene Karren", die in der Stadt eintrafen, um von hier ihre Weiterreise in Ländereien westlich von China anzutreten. In einer bis dahin für die Khans, die späterhin Kaiser genannt werden sollten, beispiellosen Entfaltung von Stil und Pracht errichtete sich Kublai einen an allen Seiten durch Mauern geschützten und über große Marmortreppen zugänglichen Palast enormer Ausmaße.

Mit der Machtübernahme der **Ming-Dynastie**, die die Mongolen 1368 besiegte, wurde die Hauptstadt zeitweilig in das heutige Nanjing verlegt, bis Yongle, der zweite Ming-Kaiser, wieder zurückkehrte und Prototypen der beiden beeindruckendsten Bauwerke der Stadt schuf – den Kaiserpalast und den Himmelstempel. In seine Herrschaftszeit fällt auch der grundlegende, einem grob symmetrischen Muster folgende Aufbau der Stadt mit Plätzen und Rechtecken, die sich vom Palast und vom schachbrettartig angelegten innerstädtischen Bereich ausdehnten – eine Struktur, die im Wesentlichen bis heute erhalten ist.

Die Zeit nach der Ming-Dynastie war vom Aufstieg und Niedergang der **Mandschu** bzw. der **Qing-Dynastie** gekennzeichnet. Die Mandschu waren ein Volk aus dem Norden, die China von 1644 bis zum Beginn des 20. Jahrhunderts von Beijing aus regieren sollten. Ihre größte Blütezeit erlebte die Hauptstadt während der ersten Hälfte des 18. Jahrhunderts. In jener Periode errichteten die Qing nördlich der Stadt auch den legendären **Sommerpalast**, eine in der Welt einzigartige Gartenanlage für den Adel mit 200 Pavillons, Tempeln und Palastbauten vor der Kulisse einer weitläufigen

Landschaft aus künstlichen Seen und Hügeln. Gemeinsam mit dem Kaiserpalast im Zentrum bildete er den Mittelpunkt und das Symbol chinesischer Herrlichkeit und Macht. Im Zweiten Opiumkrieg jedoch drangen britische und französische Truppen 1860 bis an die Mauern der Hauptstadt vor, und der Sommerpalast wurde von den Briten zunächst geplündert und dann in Brand gesteckt, wobei er praktisch bis auf die Grundmauern niederbrannte.

Während der Kaiserhof in einer separaten, ummauerten Stadt auf großzügigem Raum lebte, musste die Zivilbevölkerung der Hauptstadt unter gänzlich anderen Bedingungen hausen. Der Kantonese Kang Youwei berichtet von seiner Visite Beijings 1895 über diese zweigeteilte Welt: „Gleich wo man hinsieht, fällt der Blick auf Bettler. Menschen ohne Arbeit, Alte, Verkrüppelte und Kranke, um die sich niemand kümmert, fallen auf der Straße tot um. Es passiert jeden Tag. Und die Kutschen der hohen Beamten rattern an ihnen pausenlos vorbei."

Die Gleichgültigkeit, die nach Kangs Ansicht allen Beamten in der Stadt zu Eigen war, erstreckte sich von der höchsten bis zur untersten Ebene. Mit Geldern, die eigentlich der Modernisierung der chinesischen Marine zugedacht waren, begann die Kaiserinwitwe Cixi ab 1884 einen neuen Sommerpalast für sich zu errichten. Ihr Projekt markierte als letztes großes Symbol das Ende kaiserlichen Bauglanzes und Patronats – und wurde wie sein Vorgänger von ausländischen Soldaten während eines erneuten Ausbruchs des Opiumkriegs 1900 durch Brand verwüstet. Zu jener Zeit standen das Reich und die kaiserliche Hauptstadt infolge sukzessiver Wellen ausländischer Besatzung kurz vor dem Zusammenbruch. 1911 dankten die Mandschu ab und überließen die Nördliche Hauptstadt der Herrschaft unabhängiger Militärmachthaber, den so genannten „Warlords". 1928 ging die Kontrolle über die Stadt in die Hände der militärisch-diktatorischen **Guomindang** von Chiang Kaishek über, 1939 wurden sie darin von den **Japanern** abgelöst, und am Ende des Zweiten Weltkriegs hielt eine Allianz aus Guomindang-Truppen und amerikanischen Marines die Macht über die Stadt in Händen.

Im Januar 1949 nahmen die **Kommunisten** Beijing ein – neun Monate bevor die Flucht Chiang Kaisheks nach Taiwan den endgültigen Sieg zur Gewissheit werden ließ. Der **Umbau der Hauptstadt** und die Tilgung der Symbole vorausgegangener Regimes besaßen für die neuen Machthaber schon früh höchste Priorität. Die Stadt, deren Erbe Mao Zedong für das chinesische Volk antrat, war weitgehend primitiv geblieben. Kaiserliche Dekrete hatten die Errichtung von Häusern verboten, die die offiziellen Gebäude und die Paläste an Höhe übertrafen, sodass es nur wenige Bauten gab, die mehr als ein Stockwerk besaßen. Die Straßen, obgleich gerade und einheitlich, waren schmal und verstopft. Industrie gab es kaum. Nun sollte die Stadt ein neues Gesicht bekommen, nur der geordnete Grundriss mit dem Tian'anmen Platz als Herzstück sollte beibehalten werden. Zunächst, und bis in die frühen 50er Jahre, bediente man sich hierfür sowjetischer Vorbilder und setzte die Schwerpunkte auf die Ansiedlung von Schwerindustrie sowie die Errichtung hoch aufstrebender, qualitativ allerdings minderwertiger Wohnblocks.

Im Eifer, sich von der Vergangenheit zu befreien und eine moderne Hauptstadt des Volkes zu erbauen, wurde ein Großteil der **alten Bausubstanz zerstört** oder zweckentfremdet: So wurde beispielsweise der Tempel der Gepflegten Weisheit zu einer Drahtfabrik umfunktioniert, und im Tempel des Feuergottes wurden Glühbirnen hergestellt. In den 40er Jahren besaß die Stadt noch 8000 Tempel und Denkmäler, in den 60er Jahren war diese Zahl auf nurmehr rund 150 geschrumpft. Sogar die Stadtmauern, überwiegend Relikte aus der Ming-Ära, mussten weichen und wurden durch Ringstraßen und breite Boulevards ersetzt.

Viele Elemente der **modernen Stadtplanungspolitik** hatten verheerende Folgen und schufen mehr Probleme, als sie lösten. Ein Großteil der traditionellen Hofhäuser, die als Brutstätte von Individualisten galten, wurde niedergerissen. Ihren Platz nahmen anonyme Betonklötze mit oftmals unzureichender sanitärer Ausstattung und kaum fließend Wasser ein. Als umfangreiche Renovierungsarbeiten an den Gebäuden dringend geboten schienen, machte sich Mao 1969 stattdessen für die Anlage eines unterirdischen Tunnelnetzes stark, das im Falle eines Krieges Schutz bieten sollte. Abermillionen Arbeitsstunden flossen in den von Hand ausgeführten Bau eines nutzlosen Labyrinths, das keinen Schutz gegen moderne Bomben bieten konnte und letztlich nur zur Absenkung des Grundwasserspiegels führte. Nach der Tötung aller Hunde der Hauptstadt im Jahr 1950 nahm man 1956 die Spatzen ins Visier. Die Maßnahme, die ursprünglich die Getreidevorräte schützen sollte, hatte allein zur Folge, dass sich Insekten stärker vermehren konnten. Um dem entgegenzuwirken, wurde sämtliches Gras ausgerissen, was wiederum Staubstürme in den windigen Wintermonaten heraufbeschwörte.

Heute sind große Stadtsanierungsprojekte im Gange, um die Stadt für die Olympischen Spiele 2008 zu rüsten. Verschiedene Anstrengungen zur Eindämmung der Luftverschmutzung wurden bereits unternommen, und Fabriken, die sich nicht weiter modernisieren ließen, mussten schließen. Freiflächen wurden durch aufwendige Begrünung zu neuem Leben erweckt. Die verschmutzten Kanäle werden ausgebaggert. Zwei zusätzliche Ringstraßen befinden sich im Bau. Und um dem Problem der Übervölkerung beizukommen, werden im Rahmen ehrgeiziger Bauvorhaben eine Reihe von Satellitenstädten entstehen. Doch die Stadt verliert zusehends an Charakter. Im Zuge des hemmungslosen Baubooms schießen gleißende, aber schlampig hochgezogene Türme wie Pilze nach dem Regen aus dem Boden. Die größten Probleme, denen sich die Stadt heute gegenübersieht, sind die wachsende Zuwanderung und der ausufernde Verkehr. Die Zahl der Privatfahrzeuge ist geradezu explodiert und leistet ihren Teil zur erbärmlichen Luftqualität, während sie die Stadt schon jetzt an den Rand des Verkehrskollaps bringt.

Orientierung

Der Kulturschock, mit dem Beijing seine Besucher zunächst empfängt, liegt zweifellos weitgehend in dem künstlichen Charakter begründet, der den Grundriss der Stadt kennzeichnet. Als riesige, breite, kerzengerade Schneisen durchqueren die Hauptstraßen die Stadt von Ost nach West oder von Nord nach Süd und zerteilen das 30 km^2 große Herz der Hauptstadt in rechteckige und zu den Außenbezirken hin immer ausgedehntere Flächen.

Das Zentrum der alten Stadt bildete eine in Nord-Süd-Richtung verlaufende Straße, die vom Zugang der Verbotenen Stadt zur umgebenden Mauer führte. An ihrer Stelle erstreckt sich heute die **Qianmen Dajie**, und die Rolle der Hauptachse hat nun die Straße übernommen, die in Ost-West-Richtung den Tian'anmen-Platz und die Verbotene Stadt voneinander trennt. Wie alle großen Straßen wechselt sie in ihrem Verlauf alle paar Kilometer den Namen, ist aber allgemein als **Chang'an Jie** bekannt.

Spuren der früheren Altstadt sind kaum noch vorhanden, Hinweise darauf finden sich nur noch in den **Straßennamen**, die auf den ersten Blick höchst kompliziert erscheinen, sich aber leicht entschlüsseln lassen, wenn man sie in ihre Bestandteile zerlegt: Neben ihrem Namen geben sie mit den Silben *bei, nan, xi, dong* und *zhong* (Norden, Süden, Westen, Osten und Mitte) auch eine Richtung sowie die Lage innerhalb *(nei)* oder außerhalb *(wei)* der alten Stadtmauern an. Straßen im Zentrum enthalten zudem oft die Silbe *men* (Tor), was auf ein früheres Zugangstor in der einst hier verlaufenden Mauer verweist.

Die **drei Ringstraßen**, in konzentrischen Rechtecken um die Verbotene Stadt angelegte Schnellstraßen, bieten dem Verkehr raschen Zugang in die Stadt. Die zweite und dritte, die Erhuan Lu und die Sanhuan Lu, sind die nützlichsten und verkürzen die Fahrzeit, werden auf Grund der längeren zu fahrenden Strecke aber auch von Taxifahrern bevorzugt. Die Mehrzahl der Sehenswürdigkeiten liegt im Zentrum, die meisten modernen Gebäude wie Hotels, Restaurants, Einkaufszentren und Bürobauten reihen sich entlang der Ringstraßen.

Schnell wird man sich daran gewöhnen, in einem Bus oder Taxi diese Straßen entlangzubrausen, vorbei an immer gleich aussehenden Häuserblocks, ohne zu wissen, in welche Richtung man eigentlich fährt, geschweige denn, wo man sich genau befindet. Für eine zumindest grobe Orientierung bieten sich die bekannteren und augenfälligeren Bauten an: die Große Halle des Volkes am Tian'anmen-Platz, das 17-stöckige *Beijing Hotel* in der Dongchang'an Jie oder, weiter östlich in derselben Straße, der Freundschaftsladen und das World Trade Centre. An der westlichen Kreuzung der zweiten Ringstraße mit der Chang'an Jie fallen die astronomischen Gerätschaften auf dem Dach des Alten Observatoriums ins Auge; ein weiterer Blickfang ist die weiße Dagoba im Beihai-Park, nur wenig nordwestlich der Verbotenen Stadt.

Ein großer Faltplan der Stadt ist unverzichtbar. An allen Verkehrsknotenpunkten sowie von Stra-

Beijing: Die Stadt

Altes Observatorium	古观象台	*gǔguānxiàngtái*
Athletendorf der Asienspiele	亚运村	*yàyùncūn*
Ausstellungshalle	展览馆	*zhǎnlǎn guǎn*
Baita Si	白塔寺	*báitǎ sì*
Baiyunguan	白云观	*báiyúnguàn*
Beihai-Park	北海公园	*běihǎi gōngyuán*
Beijing-Universität (Beida)	北京大学	*běijīng dàxúe*
Dazhong Si	大钟寺	*dàzhōng sì*
Ditan-Park	地坛公园	*dìtán gōngyuán*
Fernsehturm	电视塔	*diànshì tǎ*
Früheres Wohnhaus von Lu Xun	鲁迅博物馆	*lǚxùn bówùquǎn*
Große Halle des Volkes	人民大会堂	*rénmín dàhuìtáng*
Guangji Si	广济寺	*guǎngjì sì*
Gulou (Trommelturm)	鼓楼	*gǔlóu*
Himmelstempel	天坛	*tiāntán*
Jingshan-Park	景山公园	*jǐngshān gōngyuán*
Konfuziustempel	孔庙	*kǒngmiào*
Kulturpalast der Nationalen Minderheiten	民族文化宫	*mínzú wénhuàgōng*
Kunsthalle	展览馆	*zhǎnlǎnguǎn*
Mao-Mausoleum	毛主席纪念堂	*máozhǔxí jìniàntáng*
Militärmuseum	军事博物馆	*jūnshì bówùguǎn*
Museum der Chinesischen Geschichte	中国历史博物馆	*zhōngguó lìshǐ bówùguǎn*
Museum der Chinesischen Revolution	中国革命博物馆	*zhōngguó gémìng bówùguǎn*
Museum für Naturgeschichte	自然博物馆	*zìrán bówùguǎn*
Niu Jie	牛街	*níujiē*
Palast des Prinzen Gong	恭王府	*gōngwángfǔ*
Qianmen	前门	*qiánmén*
Qinghua-Universität	清华大学	*qīnghuá dàxué*
Residenz Song Qinglings	宋庆龄故居	*sòngqìnglíng gùjū*
Ritan-Park	日坛公园	*rìtán gōngyuán*
Sommerpalast	颐和园	*yíhéyuán*
Taoranting-Park	陶然亭公园	*táorántíng gōngyuán*
Tian'anmen	天安门	*tiānānmén*
Tian'anmen-Platz	天安门广场	*tiānānmén guǎngchǎng*
Verbotene Stadt	故宫	*gùgōng*
World Trade Centre	国际贸易中心	*guójìmàoyì zhōngxīn*
Xu-Beihong-Museum	徐悲鸿纪念馆	*xúbēihóng jìniànguǎn*
Yonghe Gong	雍和宫	*yōngghé gōng*
Yuanmingyuan	圆明园	*yuánmíng yuán*
Zhonglou (Glockenturm)	钟楼	*zhōnglóu*
Zhongnanhai	中南海	*zhōngnán hǎi*
Zizhuyuan-Park	紫竹院公园	*zǐzhúyuàn gōngyuán*
Zoo	北京动物园	*běijīng dòngwùyuán*

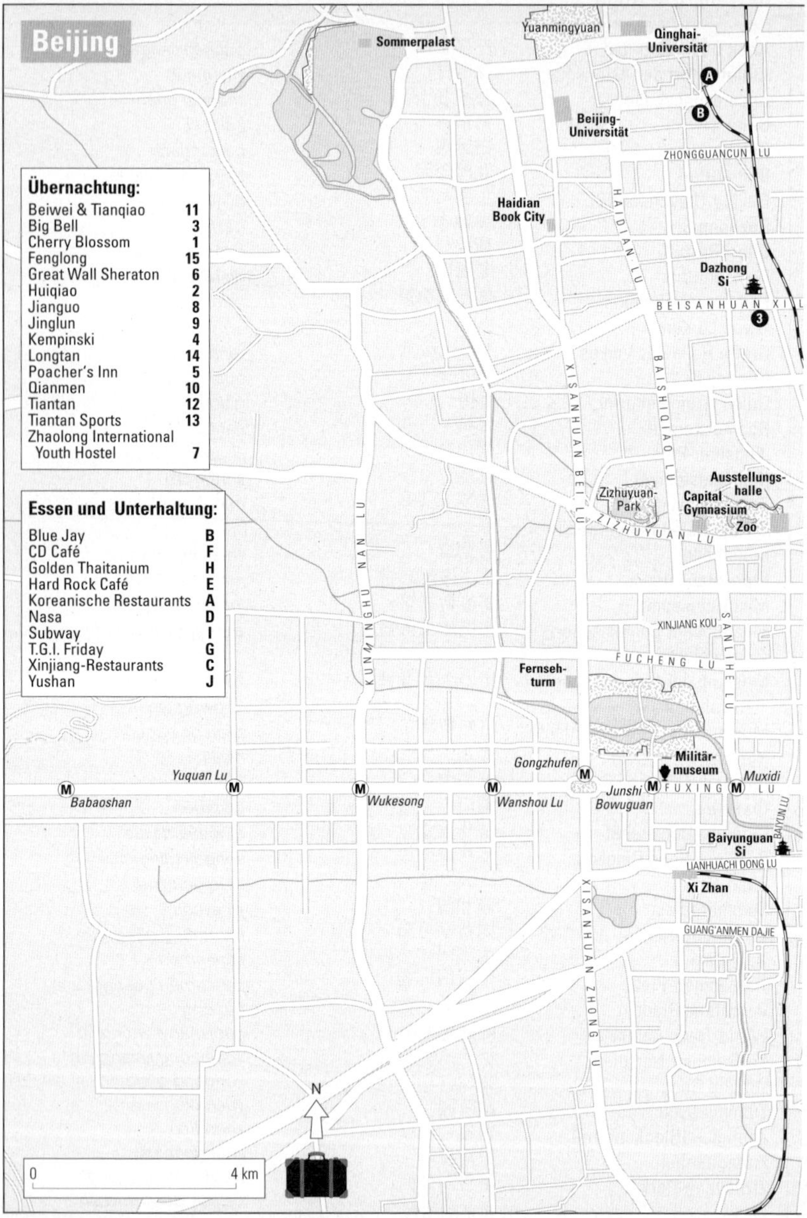
Beijing
Westberge
Sommerpalast
Yuanmingyuan
Qinghai-Universität
Beijing-Universität
ZHONGGUANCUN LU
Haidian Book City
HAIDIAN LU
Dazhong Si
BEISANHUAN XI LU
BAISHIQIAO LU
XISANHUAN BEI LU
Zizhuyuan-Park
ZIZHUYUAN LU
Ausstellungs-halle
Capital Gymnasium
Zoo
KUNMINGHU NAN LU
XINJIANG KOU
SANLIHE LU
FUCHENG LU
Fernseh-turm
Militär-museum
Gongzhufen
Yuquan Lu
Babaoshan
Wukesong
Wanshou Lu
Junshi Bowuguan
FUXING LU
Muxidi
BAIYUN LU
Baiyunguan Si
LIANHUACHI DONG LU
Xi Zhan
GUANG'ANMEN DAJIE
XISANHUAN ZHONG LU
N
0
4 km
Übernachtung:
Beiwei & Tianqiao 11
Big Bell 3
Cherry Blossom 1
Fenglong 15
Great Wall Sheraton 6
Huiqiao 2
Jianguo 8
Jinglun 9
Kempinski 4
Longtan 14
Poacher's Inn 5
Qianmen 10
Tiantan 12
Tiantan Sports 13
Zhaolong International Youth Hostel 7
Essen und Unterhaltung:
Blue Jay B
CD Café F
Golden Thaitanium H
Hard Rock Café E
Koreanische Restaurants A
Nasa D
Subway I
T.G.I. Friday G
Xinjiang-Restaurants C
Yushan J

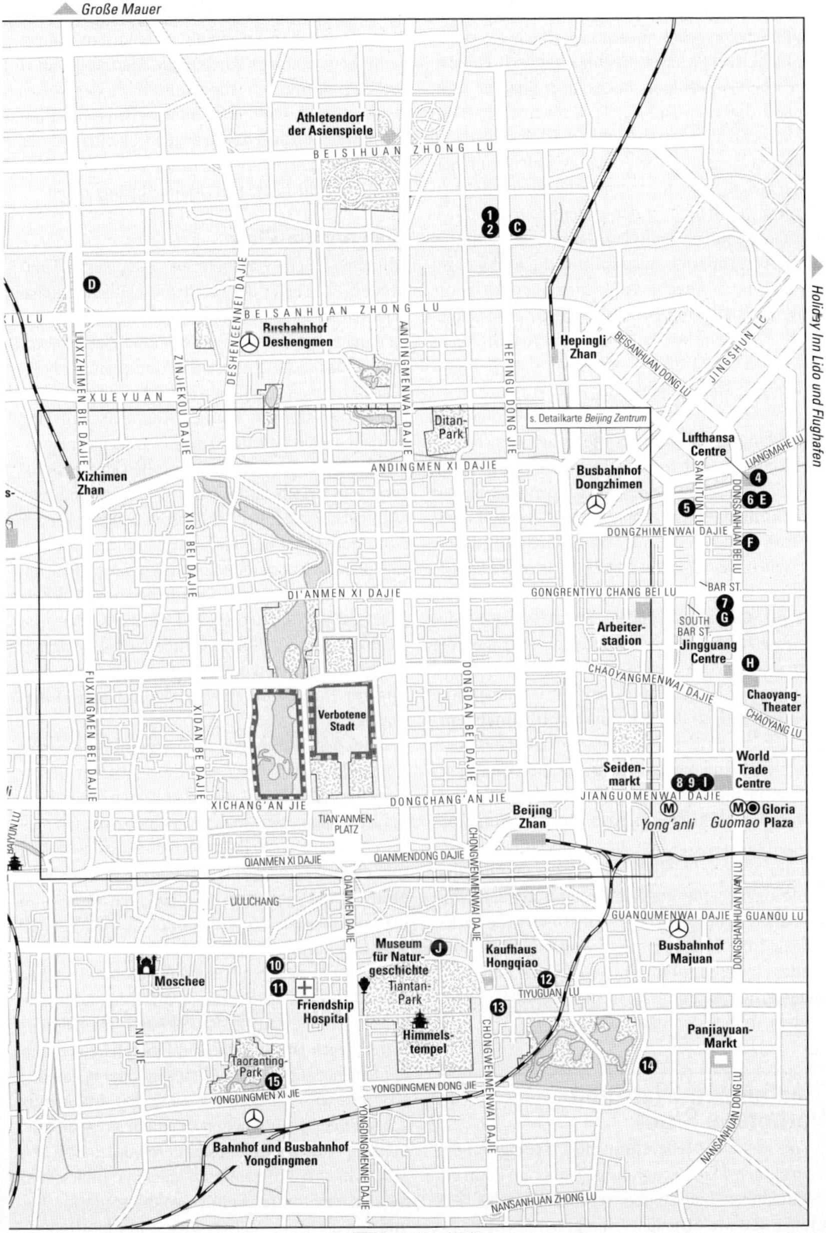
Große Mauer
Athletendorf der Asienspiele
BEISIHUAN ZHONG LU
BEISANHUAN ZHONG LU
Busbahnhof Deshengmen
Hepingli Zhan
BEISANHUAN DONG LU
JINGSHUN LU
Holiday Inn Lido und Flughafen
LUXIZHIMEN BIE DAJIE
ZINJIEKOU DAJIE
DESHENGMENNEI DAJIE
ANDINGMENWAI DAJIE
HEPINGLI DONG JIE
XUEYUAN
Ditan-Park
s. Detailkarte Beijing Zentrum
Lufthansa Centre
LIANGMAHE LU
SANLITUN LU
Xizhimen Zhan
ANDINGMEN XI DAJIE
Busbahnhof Dongzhimen
DONGSANHUAN BEI LU
XISI BEI DAJIE
DONGZHIMENWAI DAJIE
DI'ANMEN XI DAJIE
GONGRENTIYU CHANG BEI LU
BAR ST.
SOUTH BAR ST.
Arbeiter-stadion
Jingguang Centre
FUXINGMEN BEI DAJIE
DONGDAN BEI DAJIE
CHAOYANGMENWAI DAJIE
Chaoyang-Theater
CHAOYANG LU
XIDAN BE DAJIE
Verbotene Stadt
World Trade Centre
Seiden-markt
JIANGUOMENWAI DAJIE
XICHANG'AN JIE
DONGCHANG'AN JIE
Beijing Zhan
Yong'anli
Guomao
Gloria Plaza
TIAN'ANMEN-PLATZ
BAIYUN LU
QIANMEN XI DAJIE
QIANMENDONG DAJIE
CHONGWENMENNEI DAJIE
LIULICHANG
QIANMEN DAJIE
GUANQUMENWAI DAJIE
GUANQU LU
Busbahnhof Majuan
DONGSANHUAN NAN LU
Museum für Natur-geschichte
Kaufhaus Hongqiao
Moschee
Friendship Hospital
Tiantan-Park
TIYUGUAN LU
Himmels-tempel
Panjiayuan-Markt
NIU JIE
Taoranting-Park
YONGDINGMEN DONG JIE
YONGDINGMEN XI JIE
CHONGWENMENWAI DAJIE
NANSANHUAN DONG LU
Bahnhof und Busbahnhof Yongdingmen
YONGDINGMENNEI DAJIE
NANSANHUAN ZHONG LU
Busbahnhof Haihutun

ßenverkäufern, in Hotels und Buchläden sind Stadtpläne in großer Auswahl erhältlich. Als bester empfiehlt sich die zweisprachige, englisch-chinesische Beijing Tour Map, in der auch Buslinien, Sehenswürdigkeiten und Hotels verzeichnet sind. Wenig brauchbar, da zu undetailliert, ist das in großen Hotels ausliegende sowie das in Touristenmagazinen abgedruckte Kartenmaterial. Ebenfalls nicht sonderlich hilfreich ist der kostenlos in den *CITS*-Büros angebotene Stadtplan, der aber immerhin in guten, vergrößerten Ausschnitten die Einkaufsgegenden unter Angabe vieler einzelner Geschäfte präsentiert. Umfangreiche, allerdings nur in Chinesisch erhältliche Stadtatlanten kann man in Buchläden und von Straßenhändlern vor dem U-Bahnhof Beijing Zhan erstehen.

Um Beijing gerecht zu werden, sind Geduld und gute Planung erforderlich. Ohne Ziel aufs Geratewohl einfach nur loszumarschieren, wird selten ersprießlich sein. Idealer Ausgangspunkt ist der **Tian'anmen-Platz**, geografisches Zentrum und Seele der Stadt, mit einer Ansammlung bedeutender Sehenswürdigkeiten, die sich in einem Tag bewältigen lassen. Ausgenommen hiervon ist die **Verbotene Stadt** am nördlichen Ende des Platzes, deren Besichtigung allein schon einen oder mehrere Tage in Anspruch nimmt. Südlich davon erstreckt sich das Viertel **Qianmen**, eine betriebsame, laute Marktgegend, an die sich mit dem **Himmelstempel** eine der großen Sehenswürdigkeiten der Stadt anschließt. Entlang der monumentalen **Chang'an Jie**, die die Stadt in Ost-West-Richtung durchquert, stehen Hochhäuser, ein paar Museen, Einkaufszentren und dazwischen sogar noch einige alte Gebäude, die einen Blick lohnen. Verstreut über den traditioneller und menschlicher wirkenden **Norden** der Stadt liegen verschiedene herrliche Parks, Paläste und Tempel, einige davon in den Hutong. Weiter draußen lohnt ein Besuch des **Sommerpalasts**, der mit erholsamer Ruhe weitab vom hektischen Treiben der Stadt aufwartet.

Tian'anmen-Platz und Verbotene Stadt

Erstes Ziel eines jeden Besuchers Beijings ist der Tian'anmen-Platz. Geografisch liegt er im Zentrum der Stadt, symbolisch aber verkörpert er das Herz Chinas und war Schauplatz von Ereignissen, die die Geschichte der Volksrepublik seit ihrer Gründung bestimmt haben. In einem marmornen Mausoleum liegt hier der Vorsitzende Mao aufgebahrt, westlich davon steht die Große Halle des Volkes, östlich das Museum der Chinesischen Revolution. Nicht weit nördlich davon liegen weit ältere Monumentalbauten, nämlich jene der Verbotenen Stadt der Kaiser, die heute jedermann zugänglich ist.

Tian'anmen-Platz

Mit einer Fläche von mehr als 40 ha ist der Tian'anmen-Platz einer der größten öffentlichen Plätze der Welt. Er ist eine Schöpfung der modernen Zeit in einer Stadt, die traditionell keine Plätze besaß, da die klassische chinesische Stadtplanung keine Flächen vorsah, auf denen sich Menschenmengen hätten versammeln können. Der Platz entstand beinahe zufällig, als die kaiserlichen Regierungsgebäude zu beiden Seiten des großen Prozessionsweges, der nach Süden zum Qianmen und zum Himmelstempel führte, abgerissen wurden. Die alte Nord-Süd-Achse der Stadt war damit zerstört, und die quer dazu verlaufende Mauer musste der breiten Ost-West-Magistrale, der Chang'an Jie, weichen. Einer der Architekten sagte dazu: „Der Grundriss Beijings war der Spiegel einer feudalen Gesellschaft. Wir mussten dies ändern, wir mussten Beijing zur Hauptstadt eines sozialistischen Chinas machen."

Um den Strom der Menschenmassen unter Kontrolle zu behalten, wird der Platz von Geländern umschlossen, sodass er nur über Zugänge an beiden Enden sowie in der Mitte betreten und verlassen werden kann. Fahrräder sind nicht gestattet, und die links und rechts des Platzes verlaufenden Straßen sind Einbahnstraßen, die den Verkehr an der Ostflanke nach Süden, an der Westflanke nach Norden lenken.

In seiner neueren Geschichte diente der Platz vielen historisch bedeutsamen Massenkundgebungen als Rahmen: am 4. Mai 1919 den ersten Forderungen nach Demokratie und Liberalismus durch Studenten, die gegen den Versailler Vertrag demonstrierten; am 9. Dezember 1935 den antijapanischen Protesten, mit denen zu einem Krieg des nationalen Widerstands aufgefordert wurde; 1966 den acht bühnenreif inszenierten Massenaufmärschen, die den Beginn der Kulturrevolution markierten und für die jedes Mal etwa eine Million Rotgar-

Unmut auf dem Tian'anmen-Platz

Blut muss mit Blut gesühnt werden – je länger man damit wartet, umso größer wird der Hunger.

Lu Xun, nach dem Massaker von 1926

Ein neues Kapitel in der chinesischen Geschichte wird aufgeschlagen. Der Tian'anmen-Platz gehört uns, dem Volk, und wir werden nicht zulassen, dass ihn die Generäle mit Blut besudeln.

Wuer Kaixi, Student, Mai 1989

Er mag als Aufmarschareal der Massen für Treueschwüre geplant gewesen sein, doch im 20. Jahrhundert war der Tian'anmen-Platz häufig Schauplatz von Unmutsbekundungen des Volkes – zu Beginn des Jahrhunderts gegen die Unterdrückung durch Fremde, in jüngerer Vergangenheit gegen die aus dem eigenen Land.

Der erste Massenprotest fand am 4. Mai 1919 statt, als 3000 Studenten auf dem Platz zusammenkamen, um gegen die vernichtenden Bedingungen des Versailler Vertrags zu demonstrieren. Die siegreichen Alliierten hatten damals Japan verschiedene Konzessionsgebiete der Deutschen in China zugesprochen. Die Chinesen, die mehr als 100 000 Arbeiter für die Nachschubversorgung der britischen und französischen Truppen bereitgestellt hatten, waren außer sich.

Die Proteste des 4. Mai und die Bewegung, die aus ihnen hervorgehen sollte, markierten den Beginn des schmerzvollen Kampfes Chinas auf dem Weg ins moderne Zeitalter. Während der turbulenten 20er Jahre besetzten die Bewohner Beijings den Platz erneut, zuerst 1925, um gegen das Massaker an chinesischen Demonstranten in Shanghai durch britische Soldaten zu protestieren, dann 1926, um ihrem Ärger über die schmähliche Kapitulation der Regierung vor Japan Luft zu machen. Als die Demonstranten auf Regierungsbehörden zumarschierten, eröffneten Soldaten das Feuer auf sie.

Nach dem Tod des populären Premiers Zhou Enlai versammelten sich 1976 Tausende Trauernde ohne behördliche Genehmigung auf dem Platz, um ihrer Unzufriedenheit über die politische Führung Ausdruck zu verleihen, und 1978 und 1979 kamen hier Gruppen zusammen, um die zuvor an der Mauer der Demokratie, am Rand der Verbotenen Stadt, aufgehängten Schriften über neue Ideen zur Förderung von Demokratie und künstlerischer Freiheit zu diskutieren. 1986 und 1987 kam es erneut zu Menschenaufläufen aus Solidarität für die Studenten und andere, die gegen die Weigerung der Partei, freie Wahlen abzuhalten, protestiert hatten.

Zum Schauplatz eines massiven Aufbegehrens durch das Volk wurde der Tian'anmen-Platz jedoch erst 1989, als zwischen April und Juni fast eine Million Demonstranten ihren Unmut über das schleppende Tempo von Reformen, den Mangel an Freiheit und die weit verbreitete Korruption kundtaten. Eine riesige Statue, die Göttin der Freiheit, die man in beiden Händen eine Fackel tragen ließ, wurde von Kunststudenten angefertigt und dem Porträt Maos auf dem Tian'anmen-Platz gegenübergestellt. Voller Zorn über die Erniedrigung durch das eigene Volk verhängte die chinesische Führung am 20. Mai das Kriegsrecht und ließ am 4. Juni das Militär aufmarschieren. Wahllos wurde getötet; Panzer überrollten Zelte, und Maschinengewehre nahmen die Straßen unter Beschuss. Niemand weiß, wie viele Menschen bei diesem Massaker ums Leben kamen – wahrscheinlich waren es Tausende. Hunderte wurden anschließend verhaftet und sitzen bis heute in Gefängnissen. Die damals angeprangerten Probleme sind noch längst nicht alle gelöst, und viele, wie beispielsweise die Korruption, haben sich gar noch verschlimmert.

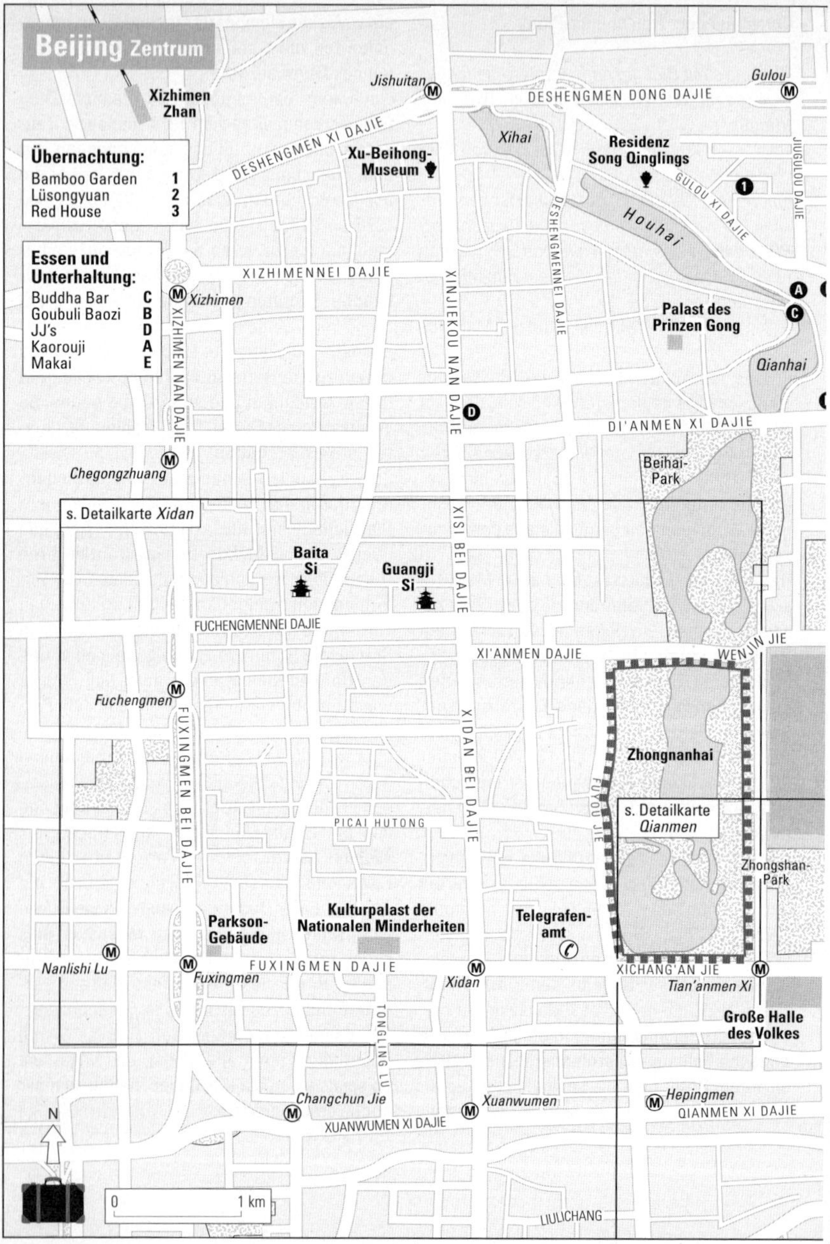
Beijing Zentrum
Übernachtung:
Bamboo Garden 1
Lüsongyuan 2
Red House 3
Essen und Unterhaltung:
Buddha Bar C
Goubuli Baozi B
JJ's D
Kaorouji A
Makai E
Xizhimen Zhan
Jishuitan
Gulou
DESHENGMEN DONG DAJIE
DESHENGMEN XI DAJIE
Xihai
Xu-Beihong-Museum
Residenz Song Qinglings
GULOU XI DAJIE
JIUGULOU DAJIE
Houhai
DESHENGMENNEI DAJIE
XIZHIMENNEI DAJIE
Xizhimen
XIZHIMEN NAN DAJIE
XINJIEKOU NAN DAJIE
Palast des Prinzen Gong
Qianhai
DI'ANMEN XI DAJIE
Chegongzhuang
Beihai-Park
s. Detailkarte Xidan
Baita Si
Guangji Si
XISI BEI DAJIE
FUCHENGMENNEI DAJIE
XI'ANMEN DAJIE
WENJIN JIE
Fuchengmen
FUXINGMEN BEI DAJIE
XIDAN BEI DAJIE
Zhongnanhai
FUYOU JIE
s. Detailkarte Qianmen
PICAI HUTONG
Zhongshan-Park
Parkson-Gebäude
Kulturpalast der Nationalen Minderheiten
Telegrafenamt
Nanlishi Lu
Fuxingmen
FUXINGMEN DAJIE
Xidan
XICHANG'AN JIE
Tian'anmen Xi
Große Halle des Volkes
TONGLING LU
Changchun Jie
Xuanwumen
Hepingmen
QIANMEN XI DAJIE
XUANWUMEN XI DAJIE
N
0
1 km
LIULICHANG

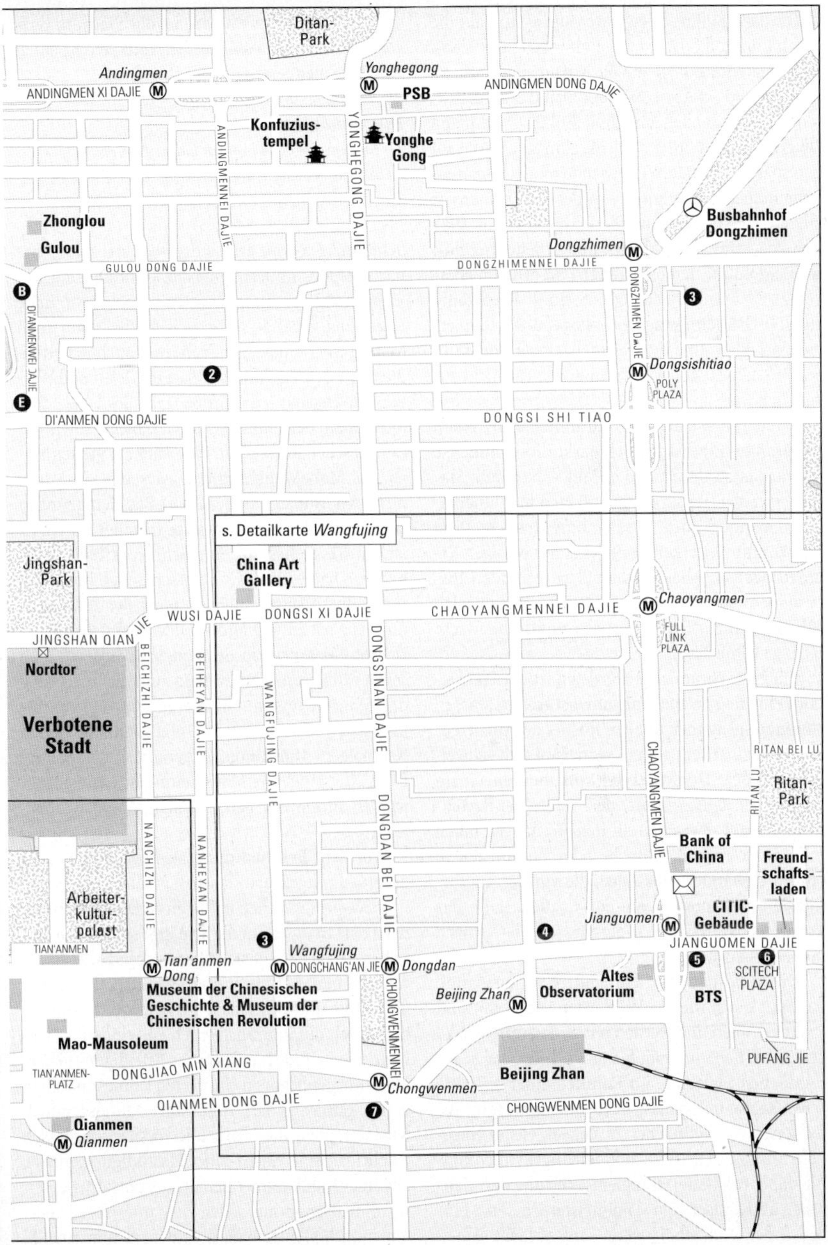
Ditan-Park
Andingmen
ANDINGMEN XI DAJIE
Yonghegong
PSB
ANDINGMEN DONG DAJIE
ANDINGMENNEI DAJIE
Konfuziustempel
YONGHEGONG DAJIE
Yonghe Gong
Zhonglou
Gulou
Busbahnhof Dongzhimen
Dongzhimen
GULOU DONG DAJIE
DONGZHIMENNEI DAJIE
DONGZHIMEN DAJIE
DI'ANMENNEI DAJIE
Dongsishitiao
POLY PLAZA
DI'ANMEN DONG DAJIE
DONGSI SHI TIAO
s. Detailkarte Wangfujing
Jingshan-Park
China Art Gallery
WUSI DAJIE
DONGSI XI DAJIE
CHAOYANGMENNEI DAJIE
Chaoyangmen
JINGSHAN QIAN JIE
FULL LINK PLAZA
Nordtor
BEICHIZHI DAJIE
BEIHEYAN DAJIE
WANGFUJING DAJIE
DONGSINAN DAJIE
Verbotene Stadt
CHAOYANGMEN DAJIE
RITAN BEI LU
RITAN LU
Ritan-Park
DONGDAN BEI DAJIE
NANCHIZHI DAJIE
NANHEYAN DAJIE
Bank of China
Freundschaftsladen
Arbeiterkulturpalast
CITIC-Gebäude
Jianguomen
JIANGUOMEN DAJIE
TIAN'ANMEN
Wangfujing
Tian'anmen Dong
DONGCHANG'AN JIE
Dongdan
Altes Observatorium
SCITECH PLAZA
BTS
Museum der Chinesischen Geschichte & Museum der Chinesischen Revolution
Beijing Zhan
CHONGWENMENNEI
Mao-Mausoleum
PUFANG JIE
TIAN'ANMEN-PLATZ
DONGJIAO MIN XIANG
Chongwenmen
QIANMEN DONG DAJIE
CHONGWENMEN DONG DAJIE
Qianmen
Qianmen

disten nach Beijing kutschiert wurden, um auf die revolutionären Ideale eingeschworen und dann voller Tatendrang in die Provinzen entsandt zu werden; und im April 1976 der brutal unterdrückten, dem Gedenken an Zhou Enlai gewidmeten Qing-Ming-Demonstration, die zum ersten Mal auf den späteren Fall der Viererbande hindeutete. Heutigen Besuchergenerationen ist der Platz jedoch vor allem wegen der entsetzlichen Ereignisse von 1989 im Gedächtnis, als Studenten und Arbeiter friedlich für Demokratie demonstrierten und brutal niedergemetzelt wurden (Kasten s.S. 157). Rechtzeitig zum 50. Gründungstag der Volksrepublik 1999 erhielt der Platz eine neue Bepflasterung, sodass er zum 10. Jahrestag der Aufstände erst gar nicht zugänglich war.

Zweifellos macht der Tian'anmen-Platz einen imposanten Eindruck, doch wirkt diese immense Fläche aus Stein mit den darauf verstreuten Statuen und den ringsum angeordneten monumentalen Gebäuden auch etwas unmenschlich. Viele überkommt Bitterkeit angesichts der blutigen Erinnerungen, die sich mit dem Platz verbinden, insbesondere Besucher aus dem Westen, die an solch gebieterisch zur Schau gestellte politische Macht nicht gewohnt sind.

Für viele chinesische Touristen ist der Platz jedoch eine regelrechte **Wallfahrtsstätte**. In Massen kommen sie hierher, um den Körper des Vorsitzenden Mao zu sehen, andere verneigen sich schweigend vor dem **Denkmal der Volkshelden**, einem 30 m hohen Obelisken, der den Opfern der Revolution gedenkt. Zwischen all den Besuchern fallen mitunter vereinzelt Mönche oder Buddhisten in langen Gewändern ins Auge, die vor den uniformierten Wachposten vor der Großen Halle des Volkes stehen. Wieder andere lassen hier einfach ihre Drachen steigen.

Die Atmosphäre ist alles andere als entspannt, das Spucken sowie das Wegwerfen von Abfall sind strikt verboten und werden mit einer Strafe von ¥5 geahndet. Bei Sonnenaufgang wird die Flagge am nördlichen Platzende im Rahmen einer militärischen Zeremonie gehisst, bei Sonnenuntergang unter den Augen zahlreicher Zuschauer wieder eingeholt. Ausländische Besucher bemängeln allerdings die dabei praktizierte Reglementierung der Menschen als herrisch und schulmeisterlich. Nach Einbruch der Dunkelheit, wenn sanftes Licht seinen strengen Charakter mildert, ist der Platz am reizvollsten und wird von Familien und Liebespaaren gern für einen Spaziergang aufgesucht.

Die Gebäude

Im Zentrum des Zentrums Chinas liegt ein Körper, den niemand fortzuschaffen wagt.

Tiziano Terzani, Fremder unter Chinesen

Seine jetzige Größe erhielt der Platz erst zehn Jahre nach der Machtübernahme der Kommunisten. Auf Anordnung der Partei wurden damals zehn neue Regierungsgebäude sowjetischen Stils in nur zehn Monaten errichtet. Dazu gehörten auch jene drei, die heute den Tian'anmen-Platz im Osten und Westen beherrschen – die Große Halle des Volkes und die Museen der Chinesischen Geschichte sowie der Chinesischen Revolution. 1976 kam ein viertes hinzu, das **Mao-Mausoleum**, an dessen (wiederum nur zehn Monaten dauernden) Bau Schätzungen zufolge eine Million Freiwillige beteiligt waren. Es ist ein hässliches, an eine Schulsporthalle erinnerndes Bauwerk, das – wahrscheinlich beabsichtigt – durch seine Unterbrechung der Linie vom Kaiserpalast zum Qianmen sowie seine Nordausrichtung das Prinzip des Fengshui verletzt. Mao selbst wollte verbrannt werden, und die Errichtung des Mausoleums geschah wohl aus rein machttaktischen Überlegungen seines aufstrebenden Nachfolgers Hua Guofeng heraus. 1980 erklärte Deng Xiaoping, das Mausoleum hätte nie gebaut werden dürfen, doch ging er nicht so weit, es abzureißen.

Vor dem Betreten des Mao-Mausoleums sind eventuell mitgeführte Taschen an entsprechenden Aufbewahrungsstellen im Osten zu deponieren, danach darf man sich in die Schlange im Norden einreihen. Diese bewegt sich überraschend schnell voran und benötigt nur wenige Minuten, um sich in aller Stille und von erhabener Atmosphäre umgeben durch die Räumlichkeiten zu winden – laxes Benehmen würde hier als grobe Beleidigung gelten. Maos Körper liegt von einer roten Fahne umhüllt in einem gläsernen Sarg aufgebahrt. Allmorgendlich wird der unwirklich wirkende Vorsitzende, dessen Anblick an eine Wachs- oder Plastikfigur erinnert, aus einer Kühlkammer herauftransportiert. Bei seiner Einbalsamierung sollen vietnamesische Experten mitgeholfen haben, die zuvor schon Ho Chi

Am Tian'anmen-Platz

Große Halle des Volkes

Minhs Körper präparierten (angeblich soll Maos linkes Ohr abgefallen sein und musste wieder angenäht werden). Jenseits der marmornen Hallen wird der Besucherstrom zu einer Vielzahl kitschiger Mao-Souvenirs gelenkt. ⌚ tgl. 8.30– 11.30 Uhr, zusätzlich Okt–Apr Di und Do 14– 16 Uhr.

Nördlich davon steht das **Tian'anmen**, das Tor des Himmlischen Friedens, das den Hauptzugang zur Verbotenen Stadt bildet. Das auf der ganzen Welt bekannte Bauwerk nimmt einen herausragenden Platz in der chinesischen Ikonografie ein und taucht auf Banknoten, Münzen, Briefmarken und praktisch auf allen nur erdenklichen offiziellen Staatspapieren auf. Angesichts dieses einzigartigen Ranges ist es ein Besuchermagnet ohnegleichen und zieht scharenweise Touristen an, die sich vor dem großen, über dem zentralen Durchgang prangenden Porträt Maos (einem der wenigen noch öffentlich aushängenden Darstellungen des Staatsgründers) fotografieren lassen wollen. Von der darüber liegenden Balustrade hielt Mao am 1. Oktober 1949 die Befreiungsrede, in der er erklärte, das chinesische Volk habe sich nun erhoben. Gegen Entrichtung einer horrenden Gebühr kann die Balustrade bestiegen werden, für die strengste Sicherheitskontrollen gelten: Besucher haben sämtliche Taschen abzugeben, werden einer Leibesvisitation unterzogen und müssen einen Metalldetektor passieren. Die Tatsache, dass im Innern der größte Andrang an den Souvenirständen herrscht, spiegelt den Umstand wider, dass es eigentlich nicht viel zu sehen gibt. ⌚ tgl. 8–17 Uhr, Eintritt ¥30, Studenten ¥10.

Fast die Hälfte der Westseite des Platzes nimmt die **Große Halle des Volkes** ein. Sie ist Sitz des Nationalen Volkskongresses und wird an Sitzungstagen von Hunderten davor parkenden schwarzen Audis mit getönten Scheiben umlagert. Sofern nicht gerade getagt wird, ist das Gebäude auch der Öffentlichkeit zugänglich. Besuchern wird eine Auswahl der Empfangsräume gezeigt – meist sind es sechs von insgesamt 29 –, die jeweils nach einer Provinz benannt und mit regionaltypischen Gegenständen eingerichtet sind. Das Ganze ist nicht sonderlich spektakulär und wirkt mehr wie ein herkömmliches, allerdings überdimensioniertes chinesisches Drei-Sterne-Hotel. ⌚ tgl. 8.30–15 Uhr, Eintritt ¥20.

Auf der gegenüberliegenden Seite des Platzes befinden sich zwei Museen, die innerhalb eines Gebäudekomplexes untergebracht sind: das Museum der Chinesischen Geschichte, das die Entwicklung des Landes bis 1919 dokumentiert, und das **Museum der Chinesischen Revolution**. Beide sind äußerst propagandalastig, das zuletzt genannte ist zudem häufig wegen Umgestaltungsmaßnahmen geschlossen (während der Kulturrevolution beispielsweise für ganze zwölf Jahre), und die Kuratoren stehen permanent vor dem kafkaesken Dilemma, die Geschichte gemäß der aktuellen Parteilinie neu erfinden zu müssen.

Zur Zeit der Recherche für dieses Buch war das gewaltige Bauwerk zugänglich und zeigte eine eher dröge Sammlung von Dokumenten und Fotos aus dem 20. Jahrhundert (welches hier 1949 endet, da die Zeit nach der Befreiung wohl doch noch zu umstritten ist). Weitaus interessanter sind die Exponate aus dem 19. Jahrhundert, darunter solche Kuriositäten wie der von einem Bauern unterzeichnete Vertrag für den Verkauf seiner Frau und „Waffen, wie sie von den Briten gegen das tibetische Volk eingesetzt wurden". Englische Beschriftungen sind reichlich vorhanden, wenn-gleich sie aufgrund von verwendeten Begriffen wie „ausländische Aggressoren" und „koloniale Unterdrückung" vielleicht etwas Unbehagen auslösen – die chinesischen Entsprechungen sind in ihrer Wortwahl aber noch härter. ⌚ Di–So 8.30–16.30 Uhr, Eintritt ¥3.

Lohnender ist das **Museum der Chinesischen Geschichte**, das sich allerdings mehr als Bildungseinrichtung für die chinesischen Massen versteht, als dass es ausländische Touristen anlocken wollte, und daher weniger englischsprachige Erläuterungen bietet. Zur Zeit der Recherche wurde es gerade renoviert – was hoffentlich eine Verbesserung der furchtbaren Lichtverhältnisse und modrigen Luftqualität mit sich bringen wird. Die wechselnden Ausstellungen, beispielsweise von Gemälden und Porzellan, in den Seitenflügeln sind jedoch zugänglich und durchaus einen Rundgang wert; Eintritt ¥5–20.

Einen Überblick über den Platz hat man vom 40 m hohen **Südtor** (Zhenyangmen), das dem Tian'anmen ähnelt und erahnen lässt, um wie viel imposanter der Platz aussehen könnte, hätte man Maos Mausoleum nicht mitten hineingesetzt. Ein Schaubild im Innern zeigt, welche Gestalt das Areal 1750 besaß. ⌚ tgl. 9–16 Uhr, Eintritt ¥3.

Verbotene Stadt

Der Kaiserpalast oder Gugong ist unter seinem inoffiziellen Namen „Verbotene Stadt" weit bekannter und weist mit diesem Titel auf seine einstige Exklusivität hin. Während seiner 500 Jahre langen Geschichte, in der er 24 Kaisern der Ming- und Qing-Dynastien als Herrschaftssitz diente, war es gewöhnlichen Chinesen verboten, auch nur in die Nähe der Palastmauern zu kommen. Inzwischen steht der Komplex jedermann offen und kann durch den ein ganzes Stück nördlich des Tian'anmen gelegenen Zugang betreten werden – einfach den Souvenirständen folgen, bis es nicht mehr weiter geht. Neben dem Haupteingang am Tian'anmen stehen außerdem die beiden kleineren Nord- und Osttore als Eingänge zur Verfügung. Besucher können sich auf dem 100 ha großen Gelände weitgehend frei bewegen, jedoch nicht alle der auch in Englisch beschilderten Gebäude betreten. Wer ausführliche Erläuterungen zur Anlage erhalten möchte, kann sich einer der zahlreichen Tourgruppen anschließen oder eines der vielen hierzu angebotenen Bücher kaufen. Am Haupttor wird zudem eine Audioführung in verschiedenen Sprachen angeboten (¥30), mit der sich der Komplex mit Tonband und Kopfhörer ausgestattet erkunden lässt – hierbei empfiehlt es sich allerdings, die absolvierte Strecke hinterher noch einmal ohne Kommentierung abzulaufen. Nützliche **Buslinien** zur Verbotenen Stadt sind die Busse Nr. 5 vom Qianmen und Nr. 54 vom Beijing Zhan, daneben Bus Nr. 1, der auf seinem Weg entlang der Chang'an Jie am Komplex vorbeifährt. Das Nordtor lässt sich mit den Bussen Nr. 101, 103 oder 109 erreichen. Die nächstgelegenen **U-Bahn-Stationen** sind Tian'anmen Xi (West) und Tian'anmen Dong (Ost). Bei Anfahrt mit einem **Taxi** lässt sich der Marsch über den Platz sparen, wenn man sich direkt am Osttor absetzen lässt. ⌚ tgl. 8.30–17 Uhr, letzter Einlass im Winter um 15.30 Uhr, im Sommer um 16 Uhr, Eintritt ¥40, inkl. Sonderausstellungen ¥60.

Geschichte

Mit dem Sturz der Mandschu-Dynastie 1911 begann auch die Verbotene Stadt zu verfallen. Verschlimmert wurde die Situation durch Plünderungen von Kunstschätzen im großen Stil durch die Japaner in den 30er Jahren und durch die Nationalisten vor ihrer Flucht nach Taiwan 1949. Seit Jahrzehnten ist im Interesse von mehr als zwei Millionen Besuchern pro Jahr jedoch ein **Restaurierungsprogramm** in Kraft, sodass sich der Komplex heute in einem besseren Zustand als während fast des ganzen vergangenen Jahrhunderts präsentiert. Seine Größe ist so enorm, seine einzigartige Pracht so überwältigend, dass sich mühelos mehr als nur ein Besuchstag damit füllen lässt.

Der Kaiserpalast, ein Labyrinth aus 800 Gebäuden und angeblich 9000 Gemächern, war das symbolische und geografische Herz der Hauptstadt und des ganzen Reichs. Von hier regierten die Kaiser, die Söhne des Himmels, ihre Abermillionen Untertanen mit absoluter Autorität. Nur selten ließen sie sich auch außerhalb der Palastmauern sehen – wahrscheinlich aus gutem Grund. Noch bis zum Fall der Mandschu im 20. Jahrhundert war ihr Leben von einem ausgeprägten Sinn für Luxus und Ausschweifungen bestimmt. Ein einziges Mahl für einen Qing-Kaiser hätte, so wird geschätzt, mehrere tausend seiner in Armut lebenden Bauern satt machen können. Besonders ausgiebig frönte dieser Opulenz die letzte einflussreiche Mandschu, die Kaiserinwitwe Cixi, die oft nur für sich selbst die Zubereitung von 100 oder mehr Gerichten befahl. Auch das sexuelle Gebaren konnte mit eindrucksvollen Statistiken aufwarten: Zu Zeiten der Ming-Dynastie lag die Zahl der Harems nur knapp unter einer fünfstelligen Marke.

Obgleich die ersten Bauwerke der Verbotenen Stadt schon von Kublai Khan während der Mongolenherrschaft errichtet wurden, stammen der eigentliche Plan und die Originalbauten für den Kaiserpalast im Wesentlichen von den Ming. Der Großteil geht auf das 15. Jahrhundert und den Ehrgeiz des Kaisers Yongle zurück, jenes Monarchen, der die Hauptstadt 1403 wieder nach Beijing zurückverlegte. Die Hallen wurden gemäß geomantischer Theorien unter Berücksichtigung von Yin und Yang, d.h. in einer Balance zwischen dem Negativen und dem Positiven, errichtet, und da sie genau im Zentrum Beijings standen und Beijing als Mittelpunkt des Universums galt, war die somit erzielte Harmonie vollkommen. Bezüge auf diese Harmonie tauchen überall im Palastkomplex auf, daneben auch persönliche Symbole kaiserlicher Macht wie Drache und Phönix (Kaiser und Kaiserin) oder Kranich und Schildkröte (Langlebigkeit der Herrschaft).

Vom Tor des Himmlischen Friedens in die Verbotene Stadt

Hinter dem Tian'anmen führt ein lang gestreckter Weg direkt auf den von einem Wassergraben umgebenen Palastkomplex und das zentrale, wuchtige Mittagstor (wo es die Eintrittskarten gibt) zu. Die Parks zu beiden Seiten, der Sun-Yatsen-Park und der Kulturpark des Volkes, laden zu erholsamen Verschnaufpausen ein; ⌚ tgl. 6–21 Uhr. Auf der Ostseite steht der **Arbeiterkulturpalast** (¥5), dessen symbolische Namensgebung als Verbeugung vor der kommunistischen Machtübernahme 1949 zu verstehen ist, die es gewöhnlichen Chinesen überhaupt erst ermöglichte, diesen zentralen Bereich ihrer Stadt zu betreten. Der Kulturpalast umfasst verschiedene moderne Ausstellungshallen, die mitunter einen Blick lohnen, sowie einige Bauwerke aus dem 15. Jahrhundert, die meisten davon Ahnentempel der Ming- und Qing-Kaiser. In der hinteren Halle werden häufig renommierte Kunstausstellungen gezeigt. Auf dem Gelände des **Sun-Yatsen-Parks** (¥1) im Westen stehen die Überreste des Altars der Fruchtbarkeit, an dem zweimal im Jahr Opfer für eine gute Ernte dargebracht wurden und der eine ähnliche Funktion wie der Himmelstempel (s.S. 168) besaß.

Das **Mittagstor** (Wumen) ist das größte und prächtigste aller Tore der Verbotenen Stadt und war allein dem Kaiser vorbehalten. Von der Balustrade verlasen die Söhne des Himmels vor versammeltem Hof den Kalender des neuen Jahres und inspizierten in Kriegszeiten ihre Armee. Siegreich aus Schlachten heimkehrende Generäle präsentierten hier außerdem ihre Gefangenen, um den Kaiser über deren Schicksal entscheiden zu lassen. Bei all diesen offiziellen Anlässen wurde der Kaiser von einer Elefantengarde, einem Geschenk burmesischer Untertanen, flankiert.

Hinter dem Mittagstor öffnet sich ein weitläufiger, gepflasterter Hof, den der **Goldwasserfluss** (Jinshui He) von Ost nach West durchzieht. Über ihn führen fünf Marmorbrücken mit eingearbeiteten, steinernen Fackeln, einem Symbol für die Kraft des Männlichen. Es folgt ein weiteres für Zeremonien genutztes Tor, das **Tor der Höchsten Harmonie** (Taihemen), dessen Eingang von zwei majestätischen Löwen bewacht wird. Dahinter schließt sich ein noch größerer Hof an, der Schauplatz der kaiserlichen Audienzen war und dem gesamten Kaiserhof, d.h. bis zu 100 000 Menschen, Platz bot. Durch kleinere, ihrem Rang entsprechende Seitentore – Militärangehörige vom Westen, Zivilbeamte aus dem Osten – versammelten sich die Menschen auf dem Platz und warteten in absoluter Stille, bis der Kaiser seinen Thron bestieg. Dann warfen sie sich neunmal ausgestreckt vor ihrem Kaiser zu Boden, nur die kaiserliche Wache durfte stehen bleiben.

Im Kaiserpalast

Hintereinander angeordnet folgen die für zeremonielle Zwecke genutzten **Drei Großen Hallen**. Als erste und prachtvollste davon erhebt sich auf einer dreistufigen Marmorterrasse die **Halle der Höchsten Harmonie** (Taihedian). Sie war Schauplatz der wichtigsten Staatszeremonien wie Kaiserkrönung, Geburtstag des Kaisers oder Ernennung von Generälen zu Beginn eines Feldzuges und wurde in dieser hochoffiziellen Funktion letztmalig 1918 während einer Waffenstillstandszeremonie genutzt. Der Vorschlag, das Parlament der Republik hier unterzubringen, wurde nie in die Tat umgesetzt. Eine marmorne, mit Drachenreliefs reich verzierte und von bronzenen Räuchergefäßen gesäumte Aufgangsrampe markiert den Weg, auf dem die kaiserliche Sänfte emporgetragen wurde. Sein goldener Drachenthron steht im Innern der Halle.

Als nächste erreicht man die **Halle der Mittleren Harmonie** (Zhonghedian), einen weiteren Thronsaal, in dem der Kaiser ausländische Gäste formell begrüßte und das Wort an seine kaiserliche Nachkommenschaft (das Ergebnis seiner Zusammenkünfte mit verschiedenen Ehefrauen und Konkubinen) richtete. Die Halle diente darüber hinaus bei wichtigen Zeremonien, die im Taihedian stattfanden, als Ankleideraum; außerdem inspizierte der Kaiser hier alljährlich das Saatgut, das auf die Felder ausgebracht werden sollte.

In der dritten der Großen Hallen, der **Halle der Erhaltung der Harmonie** (Baohedian), fanden Staatsbankette statt und wurden kaiserliche Prüfungen abgehalten. Absolventen dieser Prüfungen wurden mit Machtpositionen im ersten als solchen zu bezeichnenden Beamtenapparat ausgezeichnet. In ursprünglich als Schatzkammern genutzten Räumlichkeiten sind verschiedene Fundstücke des Geländes ausgestellt; am beeindruckendsten ist jedoch das gewaltige Steinrelief mit Drachen- und

Ming-Gräber

Wolkenmotiven an der rückwärtigen Hallenseite. Diese aus der Ming-Zeit stammende und im 18. Jahrhundert ausgebesserte Steinmetzarbeit zählt zu den schönsten im Palast und ist die größte ihrer Art. Für den Transport des 250 t schweren Marmorklotzes von weit außerhalb der Stadt wurden die Straßen im Winter unter Wasser gesetzt, um sie in eisige Rutschbahnen zu verwandeln.

Eunuchen und Konkubinen Fast während der gesamten Dauer der Kaiserherrschaft lebten in den Inneren Gemächern des Palastes mehr als 6000 Mitglieder des kaiserlichen Hofstaats, ungefähr die Hälfte davon waren Eunuchen. Die entmannten Diener wurden an den Kaiserhof geholt, um die kaiserliche Vaterschaft der Nachkommen zu gewährleisten und der Vetternwirtschaft einen Riegel vorzuschieben. Durch den täglichen Kontakt mit den kaiserlichen Hoheiten erlangten sie mitunter beträchtliche Macht, doch mussten sie dafür mit einem denkbar geringen Ansehen außerhalb des Hofes bezahlen. Konfuzianischem Denken nach beschädigte die Verunstaltung des Körpers die Seele, weshalb Eunuchen fernab von ihren Vorfahren auf gesonderten Friedhöfen vor der Stadt begraben wurden. In der Hoffnung, sie würden dennoch in „Gänze" beerdigt, hüteten sie ihre Hoden und trugen sie in Beuteln an ihren Gürteln mit sich. Gewöhnlich wurden sie aus den ärmsten Familien rekrutiert – und ließen sich, angelockt von der Aussicht, zu Reichtum zu gelangen, der ihnen durch ihre Geburt ansonsten verwehrt gewesen wäre, willfährig anwerben.
Kaum weniger zahlreich waren die Konkubinen, deren Ranghierarchie von Ehefrauen und Nebengattinnen bis hinunter zu gewöhnlichen Huren reichte. In gelbes Tuch eingehüllt und mit zusammengebundenen Füßen wurden sie von einem Eunuchen in das kaiserliche Schlafgemach getragen.

Auf einer Achse mit den Drei Großen Hallen liegen nördlich davon die drei wichtigsten Palastbauten der **Inneren Gemächer**. Auch hier ist das erste Gebäude, der **Palast der Himmlischen Klarheit** (Qianqinggong), das prachtvollste. Ursprünglich beherbergte er das kaiserliche Schlafgemach – die mit Räuchergefäßen in Gestalt von Kranichen und Schildkröten (Symbole der Unsterblichkeit) bekrönte Terrasse zeugt noch davon –, später wurde er jedoch zu einer Empfangshalle umfunktioniert. Dahinter, quasi als Gegenstück zu der zeremoniellen Zhonghedian, steht die **Halle der Kosmischen Vereinigung** (Jiaotaidian) mit dem Thronsaal der Kaiserin.

Den Abschluss der Dreiergruppe bildet der **Palast der Irdischen Ruhe** (Kunninggong), in dem der Kaiser und die Kaiserin der Tradition folgend ihre Hochzeitsnacht verbrachten. Per Gesetz war der Kaiser dazu verpflichtet, die ersten drei Nächte nach seiner Vermählung sowie den ersten Tag des chinesischen neuen Jahres mit seiner Ehefrau zu verbringen. Der Kunninggong ist ein merkwürdiger, zweigeteilter Palast. Auf seiner linken Seite befindet sich ein großer, Göttern geweihter Raum mit bereitstehenden Fässern für Opfergaben (1300 Schweine pro Jahr unter den Ming). Das Hochzeitsgemach wiederum ist ein kleiner, gänzlich in Rot gehaltener und mit Glücks- und Fruchtbarkeitssymbolen ausgestatteter Raum. Seinen letzten Einsatz erlebte er 1922 anlässlich der Vermählung des jungen Pu Yi, des letzten Mandschu-Kaisers, der ihn jedoch als eine „geschmolzene rote Wachskerze" empfand und dann doch lieber wieder in die Halle der Pflege des Herzens zog.

Die **Halle der Pflege des Herzens** (Yangxindiang) gehört zu einer Gruppe von Palästen im Westen, in denen die Kaiser einen Großteil ihrer Zeit verbrachten. In einigen sind noch die Originalmöbel aus den Zeiten der Mandschu-Herrscher zu sehen, überwiegend handelt es sich dabei um Gegenstände aus dem 18. Jahrhundert. Einer der Paläste, der **Palast des Immerwährenden Frühlings** (Changchungdong), ist mit Malereien ausgestattet, die Szenen aus dem Roman *Der Traum der Roten Kammer* aus der Ming-Zeit zeigen. Eine ähnliche Gruppierung von Palastbauten ist im Osten angesiedelt. Heute beherbergen sie **Ausstellungsräume** für Bronzen, Keramiken, Gemälde, Schmuck sowie Kunst und Kunsthandwerk aus der Ming- und Qing-Zeit. Die Atmosphäre ist hier bei weitem intimer, und man kann einen Blick in prachtvoll mit eleganten Möbeln und schmückendem Beiwerk eingerichtete Gemächer werfen. Inmitten von Jadebäumen und kunstvoll gearbeiteten Fliegenwedeln lassen sich dort solche Kuriositäten wie englische Uhren entdecken, die mit Darstellungen englischer Edelleute verziert sind.

Das Ergebnis der Sammelleidenschaft eines Qing-Kaisers zeigt ein ungewöhnliches **Uhrenmuseum** (¥5), das sich ebenfalls im östlichen Bereich befindet. Die meisten Exponate sind überbordende Beispiele barocker Ornamentik aus England und Frankreich, am beeindruckendsten ist jedoch vielleicht die riesige chinesische Wasseruhr.

Der Weg von den Inneren Gemächern durch das **Tor der Irdischen Ruhe** (Kunningmen) führt – zur inzwischen wohl verdienten Verschnaufpause – in den **Kaiserlichen Garten**. In idyllischer Umgebung aus Teichen, Pfaden und Pavillons, den klassischen Elementen chinesischer Gärten, gibt es dort mehrere Cafés (und Toiletten). Im Zentrum der Anlage steht die **Halle des Kaiserlichen Seelenfriedens** (Qin'andian), die dem daoistischen Gott des Feuers, Xuan Wu, geweiht ist. Wer möchte, kann von hier den Ausgang in den Jingshan-Park (s.S. 177) nehmen und von oben den Blick über den Kaiserpalast schweifen lassen.

Südlich des Tian'anmen-Platzes

In reizvollem Kontrast zur überreichen Pracht der Verbotenen Stadt steht das Viertel **Qianmen** (Übersichtskarte s.S. 169) südlich des Tian'anmen-Platzes. Wesentlich schmalere Gassen und Hutong bilden hier ein **traditionelles Einkaufsviertel** voller kleiner Geschäfte, die noch heute weitgehend nach Gewerben angeordnet sind. Die Gegend lädt zum Bummeln ein und empfiehlt sich mit ihrer Auswahl an Snacks, die zu den besten der Stadt zählen, für eine leckere Mahlzeit. Entlang der Qianmen Dajie, einst Kaiserweg und heute eine verstopfte, von kleinen Läden gesäumte Straße, erreicht man das **Museum für Naturgeschichte**, das recht Schauriges beherbergt, sowie den **Tiantan**, den atemberaubenden Himmelstempel, der in einem der schönsten Parks Beijings steht und ein eindrucksvolles Beispiel für die Pracht kaiserlicher Architektur darstellt.

Qianmen

Den Zugang zu diesem Viertel markiert etwas südlich des Tian'anmen-Platzes das imposante **Vordere Tor** (Qianmen) aus dem 15. Jahrhundert. Bevor die Stadtmauern abgerissen wurden, bildete dieser Bereich das Haupttor zwischen der Inneren und Äußeren Stadt. Läden und Vergnügungslokale waren während der Kaiserzeit aus Ersterer verbannt und konzentrierten sich in der Qianmen-Gegend. Das Tor stellt einen wichtigen Verkehrsknotenpunkt dar: Neben einer U-Bahn-Station und einem Busbahnhof mit Verbindungen in die südlichen Bezirke befindet sich hier auch eine Haltestelle für Touristenbusse, die zu Zielen außerhalb der Stadt abfahren, u.a. zur Großen Mauer bei Badaling und ins Tal der Ming-Gräber, Shisan Ling.

Die **Qianmen Dajie** verläuft als größte Straße vom Tor kerzengerade nach Süden. Zu beiden Seiten liegen Geschäftsstraßen und Hutong mit faszinierenden traditionellen Apotheken und Kräuterläden, Dutzenden von Bekleidungsgeschäften, Seidehändlern sowie einer stattlichen Anzahl von Verkaufsständen und Bäckereien, die Frischwaren und heiße Snacks anbieten. Westlich des Tors gibt es ein *KFC* und ein *McDonald's*, besser ist jedoch das kleine *DeliFrance*, wo ein Kaffee und ein Schokocroissant für ¥13 zu bekommen sind. Größeren Hunger stillt das berühmte *Qianmen Quanjude Roast Duck* im Haus Nr. 32 (weitere Restaurants in dieser Gegend s.S. 188, Essen).

Früher durchdrangen Operngesänge das Viertel, inzwischen sind die Theater zu **Kinos** umfunktioniert worden, und die Geräuschkulisse bilden nun Filmmusiken, die die Straße beschallen, sowie das Piepsen und Piepen der an Ständen feilgebotenen Computerspiele. Einen etwas sterilen Eindruck einstiger Vergnügungen bietet das *Lao-She*-Teehaus wenige Schritte westlich des *KFC*, wo täglich Akrobatik- und Opernvorstellungen dargeboten werden (s.S. 202).

Ursprünglicher wirkt das dichte Treiben in der **Dazhalan Lu**, einer der ältesten und interessantesten Straßen Qianmens. Gekennzeichnet durch einen weißen Bogen zweigt sie gegenüber vom *Qianmen Roast Duck* von der Ostseite der Qianmen Dajie ab. Die ehemals bedeutende Straße der Theater ist heute eine belebte Einkaufsgegend mit ansehnlichen alten Gebäuden, die vorwiegend Tee- und Bekleidungsgeschäfte beherbergen. Einer der ersten Läden in der ersten Gasse linker Hand ist *Liubiju*, ein malerisches, bereits seit mehr als 100 Jahren bestehendes Geschäft auf der rechten

Straßenseite, in dem es Eingelegtes aus Keramiktöpfen zu kaufen gibt. Ebenfalls aus alten Zeiten stammt das an den Störchen über dem Bogeneingang zu erkennende Stoffgeschäft *Ruifuxiang*, ein Stück weiter in der Dazhalan Lu auf der rechten Seite. Wer Rohseide und Satin kaufen möchte, ist hier mit Sicherheit richtig, interessant sind aber auch die alten Fotos, die im oberen Stockwerk gezeigt werden und Straßenansichten von einst präsentieren.

Auf der anderen Straßenseite befindet sich im Haus Nr. 24 die *Tongrengtang*-Apotheke, eine berühmte Adresse für traditionelle chinesische Medizin mit Regalen voll von Hirschhorn, Bärenherzkapseln und Ähnlichem sowie einem beeindruckenden Angebot an Aphrodisiaka. Der Ruf dieser Apotheke reicht bis nach Korea und Japan, und sie verfügt neben einem internationalen Schalter für ausländische Kunden auch über einen Apotheker für Schnelldiagnosen. Am Ende der Straße, dort wo eine Hand voll ausschließlich Chinesen vorbehaltener Hotels stehen, lag einst das Rotlichtviertel mit mehr als 300 Bordellen. Es ist eines der wenigen noch weitgehend erhaltenen Hutong der Stadt. Eine Erkundung der labyrinthartigen Gassen zu Fuß (oder besser noch: mit dem Fahrrad) ist mit Sicherheit lohnend und stellt den Orientierungssinn auf eine harte Probe. Mit etwas Glück steht man am Ende des Wegs durch das Gassengewirr auf der **Liulichang**, die parallel zur Dazhalan verläuft, aber keine direkte Verbindung zur Qianmen Dajie besitzt. Berühmt ist diese Straße für ihre Antiquitäten- und Buchläden. Die alten Geschäfte fielen in den 50er Jahren Bulldozern zum Opfer, doch wurden sie inzwischen im Stil der alten Zeit neu errichtet und bestücken nun wieder einen hübschen Straßenzug voller interessanter Läden.

Museum für Naturgeschichte und moslemisches Viertel

Lang und wenig aufregend gestaltet sich der 30-minütige Fußmarsch vom nördlichen Ende der Qianmen Dajie zum Museum für Naturgeschichte im Süden. Jenseits der drögen Hallen mit ausgestopften Tieren und Plastikdinosauriern lockt im Gebäude links des Eingangs eine schaurige Ausstellung mit konservierten Armen, Beinen, Gehirnen und Babys und, als Prunkstück des Ganzen, zwei kompletten Körpern: dem einer Frau, die Socken, Handschuhe und eine Haube trägt, und dem eines Mannes, der bis auf Fingernägel und Lippen seiner äußeren Haut entledigt wurde. Anfahrt mit den Bussen Nr. 17 oder 20, ⏲ tgl. 8.30–17 Uhr, Eintritt ¥15.

Zur Erholung nach der Horrorshow bietet sich der idyllische Tiantan-Park an (siehe unten), dessen Westtor sich gleich südlich des Museums befindet. Der Weg in das ausgedehnte Häusermeer weiter südlich lohnt nur, um das *Fenglong Hotel* aufzusuchen, wenngleich auch ein Abstecher in den westlich an der Taiping Jie gelegenen **Taoranting-Park** mit seinen Hügeln, Bäumen und Pavillons für eine willkommen Abwechslung sorgen kann. Mitunter vertreiben sich dort ältere Parkbesucher die Zeit mit dem Singen von Peking-Opern. ⏲ tgl. 6–19 Uhr, Eintritt ¥0,2.

Ein ganzes Stück westlich bildet die **Niu Jie** (Rindergasse) in einer weniger ansehnlichen Gegend das moslemische Viertel. Die Straße, ein Hutong, das abseits der Guang'anmenwai Dajie und an der Buslinie 6 vom Nordtor des Tiantan-Parks liegt, ist eine beengte Verkehrsader, die von Ständen und Straßenhändlern gesäumt wird, die gebackene Teigringe, Reiskuchen und *shaobang* (Muffins) anbieten. Die weißen Hüte und Bärte der Männer sind das augenfälligste Kennzeichen, das die hier lebende Hui-Minderheit – in Beijing zählt sie fast 200 000 Angehörige – von den Han-Chinesen unterscheidet. Zentrales Bauwerk ist die hübsche **Moschee** am südlichen Ende der Straße, ein farbenfrohes, in chinesischem Stil gehaltenes Gebäude, dessen Durchgänge mit abstrakten chinesischen und arabischen Ornamenten und Kalligrafien verziert sind. Ohne Sondergenehmigung ist weder ein Blick auf die aus der Yuan-Dynastie stammende Koran-Abschrift noch in die große Gebetshalle möglich, Besuchern steht jedoch immerhin der Hof offen. An zwei Gräbern persischer Imams, die im 13. Jahrhundert zum Gebet hierher kamen, gibt es dort einen kupfernen Kochkessel zu sehen, in dem Speisen für die Glaubensbrüder zubereitet wurden. ⏲ tgl. 8–17 Uhr, Eintritt ¥10.

Himmelstempel – Tiantan

In einer eigenen, ruhigen Parkanlage, ca. 2 km südlich des Tian'anmen-Platzes entlang der Qianmen Dajie, erhebt sich der Himmelstempel, der weithin

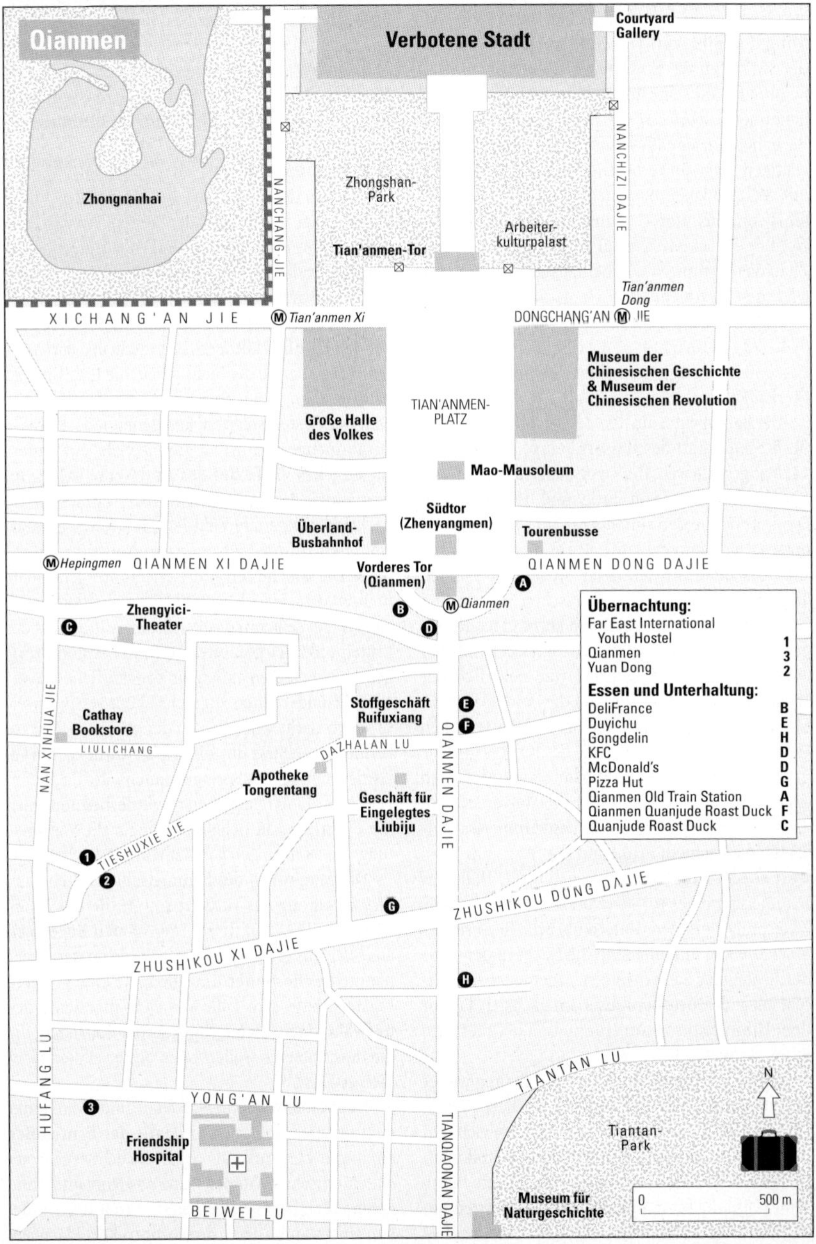
Qianmen
Verbotene Stadt
Courtyard Gallery
Zhongnanhai
Zhongshan-Park
Tian'anmen-Tor
Arbeiter-kulturpalast
NANCHANG JIE
NANCHIZI DAJIE
Tian'anmen Dong
XICHANG'AN JIE
Tian'anmen Xi
DONGCHANG'AN JIE
Museum der Chinesischen Geschichte & Museum der Chinesischen Revolution
TIAN'ANMEN-PLATZ
Große Halle des Volkes
Mao-Mausoleum
Südtor (Zhenyangmen)
Überland-Busbahnhof
Tourenbusse
Hepingmen
QIANMEN XI DAJIE
Vorderes Tor (Qianmen)
QIANMEN DONG DAJIE
Qianmen
Zhengyici-Theater
Cathay Bookstore
LIULICHANG
NAN XINHUA JIE
Stoffgeschäft Ruifuxiang
DAZHALAN LU
Apotheke Tongrentang
Geschäft für Eingelegtes Liubiju
QIANMEN DAJIE
TIESHUXIE JIE
ZHUSHIKOU DONG DAJIE
ZHUSHIKOU XI DAJIE
HUFANG LU
YONG'AN LU
TIANTAN LU
Friendship Hospital
BEIWEI LU
TIANQIAONAN DAJIE
Tiantan-Park
Museum für Naturgeschichte
0
500 m
N
Übernachtung:
Far East International Youth Hostel 1
Qianmen 3
Yuan Dong 2
Essen und Unterhaltung:
DeliFrance B
Duyichu E
Gongdelin H
KFC D
McDonald's D
Pizza Hut G
Qianmen Old Train Station A
Qianmen Quanjude Roast Duck F
Quanjude Roast Duck C

als die Krönung schöpferischen Ausdrucks der Ming-Zeit gilt. Fünf Jahrhunderte lang bildete er den Mittelpunkt kaiserlicher Zeremonien und Symbolik, und seine architektonische Einheit und Schönheit wirken auf die Mehrzahl der heutigen Besucher anziehender – zudem leichter zu bewältigen – als die Verbotene Stadt. Die Anfahrt ist mit verschiedenen Buslinien möglich: Bus Nr. 106 fährt vom Bus- und U-Bahnhof Dongzhimen zum Nordtor, Nr. 54 passiert auf dem Weg vom Beijing Zhan das Westtor, Nr. 17 ebenfalls das Westtor vom Qianmen kommend, und Nr. 41 vom U-Bahnhof Chongwenmen hält unweit des Osttors. 🕒 tgl. 8.30– 20 Uhr, Gebäude ab 17 Uhr geschlossen, Eintritt ¥30 inkl. Zugang zu allen Gebäuden, ¥10 nur für den Park.

Die Bauarbeiten am Tempel begannen während der Regentschaft des Kaisers Yongle und wurden 1420 abgeschlossen. Der Ort galt als der wichtigste Berührungspunkt von Erde und Himmel, und Symbole der beiden sind überall im Grundriss verankert. Der Himmel wurde als rund betrachtet, die Erde als quadratisch, daher stehen die runden Tempel und Altäre auf quadratischen Sockeln und besitzt der Park als Ganzes die Form eines Rechtecks mit einem aufgesetzten Halbkreis. Der Mittler zwischen Erde und Himmel war natürlich der Himmelssohn, der Kaiser, und der Tempel war die Stätte der wichtigsten Zeremonie im kaiserlichen Hofkalender, nämlich der Bitte des Kaisers für eine gute Jahresernte zur Wintersonnenwende. Nach drei Tagen reinigenden Fastens machte er sich am Tag vor der Sonnenwende in Begleitung des Hofstaats in all seinem Prunk auf den Weg zum Park. Dort angekommen, begab er sich in die Halle des Himmelsgewölbes zur Meditation und hielt rituelle Zwiesprache mit den Göttern über die Regierungsgeschäfte, um anschließend die Nacht in der Halle der Ernteopfer zu verbringen. Einem strengen Ritual folgend, führte der Kaiser am nächsten Tag vor dem Himmelsthron am Himmelsaltar Opferzeremonien aus.

Den Normalsterblichen im alten Beijing war es verboten, einen Blick auf die große jährliche Prozession zum Tempel zu werfen – sie mussten vielmehr ihre Fenster verrammeln und verriegeln und in aller Stille im Innern ihrer Häuser ausharren. Bis zu seiner Öffnung für das gemeine Volk am ersten Nationalfeiertag der Republik China im Oktober 1912 blieb der Tiantan-Komplex ein Heiligtum. Zwei Jahre später vollführte der berüchtigte General Yuan Shikai persönlich die Sonnenwendzeremonien im Versuch, sich als Kaiser ausrufen zu lassen. Noch bevor das Jahr zu Ende war, starb er allerdings.

Die Tempelgebäude

Der Weg in den Park führt zwar in der Regel über die Eingänge im Norden oder Westen; um das Tempelensemble jedoch gebührend zu würdigen, sollte man der traditionellen Prozessionsroute folgen und die Anlage durch den südlichen Zugang, das Zhaohen-Tor, betreten. Der Hauptpfad läuft geradewegs auf den **Himmelsaltar** zu. Er besteht aus drei Marmorterrassen, die die Menschheit, die Erde und, jene ganz oben, den Himmel symbolisieren. Die Anzahl der Gesteinsplatten, aus denen jede Terrasse zusammengesetzt ist, ergibt jeweils ein unterschiedliches Vielfaches der Zahl Neun, welche im kosmologischen Verständnis der Chinesen die wichtigste ungerade Zahl überhaupt war und sowohl den Himmel als auch den Kaiser repräsentierte. Die oberste Terrasse ist heute leer, jene Stelle in ihrer Mitte jedoch, wo der Himmelsthron stand, galt als das Zentrum des Reichs der Mitte, ja als der Mittelpunkt der gesamten Welt. Der stufenförmigen Anlage werden außerdem verschiedene akustische Besonderheiten zugeschrieben; beispielsweise sollen Geräusche, die von der obersten Terrasse kommen, verstärkt dorthin wieder zurückgeworfen werden. Östlich des Springbrunnens, der nach dem Feuer von 1740 rekonstruiert wurde, befinden sich die Überreste von Gebäuden, die für die Vorbereitung von Opferungen genutzt wurden.

Direkt nördlich des Himmelsaltars erhebt sich die vollständig aus Holz erbaute **Halle des Himmelsgewölbes** mit ihrem imposanten Kegeldach aus blau glasierten Ziegeln. Sie wird von der so genannten **Echomauer** umgeben, die eine perfekte Flüstergalerie sein soll, was sich angesichts des fortwährenden Geräuschpegels der Touristen, die dies ausprobieren wollen, beim besten Willen nicht belegen lässt.

Imposantestes Tempelgebäude und Höhepunkt der gesamten Anlage ist die **Halle der Ernteopfer** am nördlichen Parkende. Sie ist schlichtweg ein architektonisches Wunder. Ganz aus Holz und ohne einen einzigen Nagel errichtet, thront der runde, von einem anmutigen, dreistufigen Kegeldach aus blauen Ziegeln bekrönte Bau wiederum auf einer dreistöckigen Marmorterrasse. Die zentralen vier Säulen, die als Symbole der Jahreszeiten in die vier Himmelsrichtungen zeigen, tragen das Gewölbe. Ihnen beigeordnet ist ein innerer und ein äußerer Ring aus jeweils zwölf Säulen (für die Monate des Jahres und die Abschnitte des Tages). Die leuchtenden, das zentrale Drachenmotiv umgebenden Farben im Innern lassen das Bauwerk geradezu ultramodern erscheinen, und tatsächlich wurde der Tempel getreu den Plänen aus der Ming-Zeit komplett neu aufgebaut, nachdem es 1889 durch Blitzeinschlag zerstört worden war. Offiziell wurde dieses denkbar schlechte Omen als göttliche Bestrafung dafür gedeutet, dass eine gotteslästerliche Raupe schon kurz davor war, die goldene Perle auf der Dachspitze zu erklimmen. Dieser Auslegung zum Trotz mussten dennoch 32 Würdenträger am Hof mit ihrem Kopf bezahlen.

Chinesen besuchen die Anlage heute gerne, um hier zu sitzen, Tee zu trinken und zu spielen; abseits der Tempel bietet der **Park** jedoch auch ausgedehnte Areale, die von halb verwilderter Landschaft bis hin zu gepflegten Rasenflächen reichen und idyllische Orte der Ruhe sind. Ältere Männer kommen mit ihren in Käfigen gehaltenen Vögeln und Grillen auf Visite, und schon ab dem frühen Morgen füllt sich der Park mit Anhängern der unterschiedlichsten Taijiquan-Techniken – manche üben in Gruppen mit Schwertern, andere ertüchtigen sich allein und gedankenversunken zwischen Hainen 500 Jahre alter Lebensbäume.

Chang'an Jie

Die Chang'an Jie, die Schnellstraße, die die Stadt kerzengerade von Ost nach West durchquert, wechselt in ihrem Verlauf viermal den Namen und vereint wie keine andere Grandiosität und Unwirklichkeit im Zentrum Beijings. Als repräsentative Prachtstraße wird sie von den Zentralen staatlicher und wirtschaftlicher Macht gesäumt, dazwischen stehen pompöse Hotels und protzige Einkaufszentren. Ein architektonisches Sammelsurium aus internationalem Modernismus, post-modernen Launen und stalinistischer Strenge bestimmt das Erscheinungsbild. Vereinzelt stehen noch alte Gebäude, die inmitten dieser Ansammlung monströser Bauten hoffnungslos verloren wirken. Offizielles ist westlich des Tian'anmen-Platzes tonangebend und manifestiert sich in Form der **Parteizentrale der KP** sowie von zwei **Museen**. Daneben gibt es dort aber auch ein interessantes Einkaufsviertel, **Xidan**, wo man mit Einheimischen dem Konsum frönen kann, und den hübschen, friedlichen **Baiyunguan Si**. Der Osten gibt sich glamouröser und bietet jede Menge Geschäfte, schicke Hotels und Restaurants. In dieser Richtung liegt außerdem das **Observatorium**, das zu einer Verschnaufpause nach all den kurzweiligen, aber auch kräftezehrenden Konsumgenüssen einlädt. Entlang der Chang'an Jie sind die meisten der für Besucher nützlichen Einrichtungen angesiedelt: Post, das *CAAC* (Verwaltung der zivilen Luftfahrtgesellschaften), der Hauptbahnhof sowie etliche Banken. Um einen Eindruck der ganzen Pracht zu erhalten, empfiehlt sich ein Ausflug mit dem Bus Nr. 1, der die Straße der gesamten Länge nach befährt.

Der Westen: Xichang'an Jie bis zur dritten Ringstraße

Die **Zentrale der Kommunistischen Partei** (Zhongnanhai) auf der rechten Straßenseite ist das erste große Gebäude westlich des Tian'anmen. Bewaffnete Wachen stehen vor den Toren und stellen sicher, dass nur eingeladene Gäste ins Innere gelangen. Dieses vielleicht wichtigste und historisch bedeutsamste Gebäude des Landes ist seit 1949 Sitz des Zentralkomitees und des Staatsrats. Sowohl Mao als auch Zhou Enlai arbeiteten hier. Vor der kommunistischen Machtübernahme lebte die Kaiserinwitwe Cixi in dem Gebäude.

An der nächsten Kreuzung strebt das **Telegrafenamt Beijing** in die Höhe. Wie die anderen Gebäude um den Tian'anmen-Platz gehört es zu jenen Bauprojekten, die unter dem Leitmotto „Zehn Jahre Freiheit“ entstanden, und fällt dementsprechend protzig aus. Wenig westlich erreicht man am Standort der Mauer der Demokratie die **Verwaltung der Luftfahrtgesellschaften**, *CAAC*, und damit die beste Adresse für den Kauf von Flugtickets sowie den Abfahrtsort der Flughafenbusse. Auf der anderen Seite ragt etwas zurückgesetzt von der Straße die nicht sonderlich ansehnliche **Konzerthalle Beijing** auf.

Xidan, die Straße, die an der nächsten Kreuzung nach Norden führt, lohnt zumindest in ihrem unteren Bereich einen genaueren Blick – allerdings nicht an Wochenenden, wenn sie von wahren Menschenmassen heimgesucht wird. Es ist eine Einkaufsgegend der Einheimischen mit einer dichten Konzentration an **Kaufhäusern**. Im Vergleich zu Qianmen ist die hiesige Auswahl weniger esoterisch und die Atmosphäre weniger ursprünglich.

Zu Fuß ist es von der Kreuzung nicht weit zum **Kulturpalast der Nationalen Minderheiten**, einem Ausstellungszentrum für Kunsthandwerk und traditionelle Kleidung jener Bevölkerungsgruppen des Landes, die nicht Han-Chinesen sind. Der statistisch ausgewiesene Bevölkerungsanteil dieser Minderheiten beträgt zwar nur 6%, doch bewohnen sie ca. 60% der Landesfläche und erlangen damit ein politisches Gewicht, das ihre rein zahlenmäßige Bedeutung weit übersteigt. Die Ausstellung legt den Schwerpunkt, wie sollte es anders sein, auf Integration und präsentiert die Minderheitenregionen im Lichte einer Bewegung: von einer geteilten Vergangenheit unter Feudalherrschaft hin zu einer gemeinsamen Zukunft. Etwas mehr Fantasie und etwas weniger Dogmatismus hätten dem Ganzen sicherlich nicht geschadet, insgesamt jedoch hinterlassen die Exponate, darunter farbenprächtige Trachten, Schmuckstücke und Artefakte sowie kontrastierende Gegenüberstellungen von Kleidungsstücken aus bäuerlichem und adligem Hause, einen starken Eindruck. 🕓 Mo–Sa 9–16.30 Uhr, häufig jedoch wegen dort stattfindender Handelsmessen geschlossen, Eintritt ¥5.

Der Weg über diesen Punkt hinaus erfordert Durchhaltevermögen, wenngleich in der Ferne ein verlockendes Ziel in den Himmel ragt: drei bizarre **Wolkenkratzer**, die wie aufrecht gestellte, verzierte Spritzen aussehen. Erster des Trios ist das pinkfarbene Gebäude des staatlichen **Fernseh- und Radiosenders Beijing**, der wie eine Parodie auf den ursprünglichen Bau sowjetischen Stils wirkt, über den er sich als großer, schützender Bruder erhebt. Die anderen beiden Hochhäuser gehören ausländischen Unternehmen. An der Strecke dorthin liegt auf der Nordseite der nächsten Kreuzung das **Parkson-Gebäude**, das ein Einkaufszentrum für betuchte Chinesen beherbergt. In der 5. Etage des Südgebäudes befindet sich eine Ausstellungshalle, in der „Meisterwerke" aus den kunsthandwerklichen Produktionsstätten Chinas gezeigt werden – Ähnliches, aber nicht so Hochwertiges, gibt es im Freundschaftsladen zu sehen. Obgleich alles fürchterlicher Kitsch ist, beeindruckt doch die offenkundige Kunstfertigkeit. 🕓 tgl. 9.30–16.30 Uhr, Eintritt ¥15. Bei aufkeimendem Hunger empfiehlt sich der Gang zu *KFC* im Erdgeschoss oder in die riesige Essensabteilung in der 6. Etage.

2 km weiter westlich ist das **Militärmuseum** in einem entsprechend grimmigen Gebäude sowjetischen Stils an der Fuxing Lu untergebracht. Das Museum, das interessanter ist, als sein Name vermuten lässt, empfängt seine Besucher mit riesigen Porträts von Marx und berühmten Gefolgsleuten sowie mit einer Atomexplosion und wartet im Zentrum der hohen Haupthalle mit einer stattlichen Rakete auf. Bar jener Probleme, die andere Museen für Gegenwartsgeschichte in China plagen, nämlich das ständige Umorganisieren der Exponate je nach gerade gültiger Parteilinie, kann sich das Haus voll und ganz darauf konzentrieren, die militärische Macht sowie die Errungenschaften Chinas eindrucksvoll und gelungen zu präsentieren. Die Exponate dokumentieren die Geschichte der Volksbefreiungsarmee, wobei natürlich der Krieg gegen die Nationalisten und die Japaner besonders ausführlich dargestellt wird. Zu den Kuriositäten im rückwärtigen Hof gehört u.a. eine recht bunte Zusammenstellung alter Flugzeuge, darunter die Überreste zweier mit den Kennzeichen der Nationalisten versehener US-Spionageflugzeuge, die in den 50er Jahren abgeschossen wurden. Anfahrt mit dem Bus Nr. 1, dessen Endhaltestelle ganz in der Nähe liegt, oder mit der U-Bahn bis zur Station Junshi Bowuguan. 🕓 tgl. 8–16.30 Uhr, Eintritt ¥5.

Noch weiter nach Westen vorzudringen lohnt kaum, höchstens vielleicht um die spektakuläre Aussicht vom 400 m hohen **Fernsehturm** an der Nansanhuan Lu zu genießen, was für ¥50 allerdings ein teurer Spaß ist. 🕓 tgl. 8–17 Uhr. Interessanter ist es, von hier einen Abstecher nach Süden zum **Tempel der Weißen Wolke** (Baiyunguan Si) zu machen, der nur wenig abseits der Baiyun Lu steht und in Englisch ausgeschildert ist. Früher war der Tempel, der nach langen Jahren der Zweckentfremdung als Militärkaserne einer umfassenden Renovierung unterzogen wurde, das wichtigste daoistische Zentrum des Landes; heute ist er nicht nur Wohnstätte von 30 Mönchen und Sitz der Chinesischen Daoistischen Gesellschaft, sondern auch ein beliebter Pilgerort mit einer lebendigen Atmosphäre, die angenehmer ist als die des touristischeren

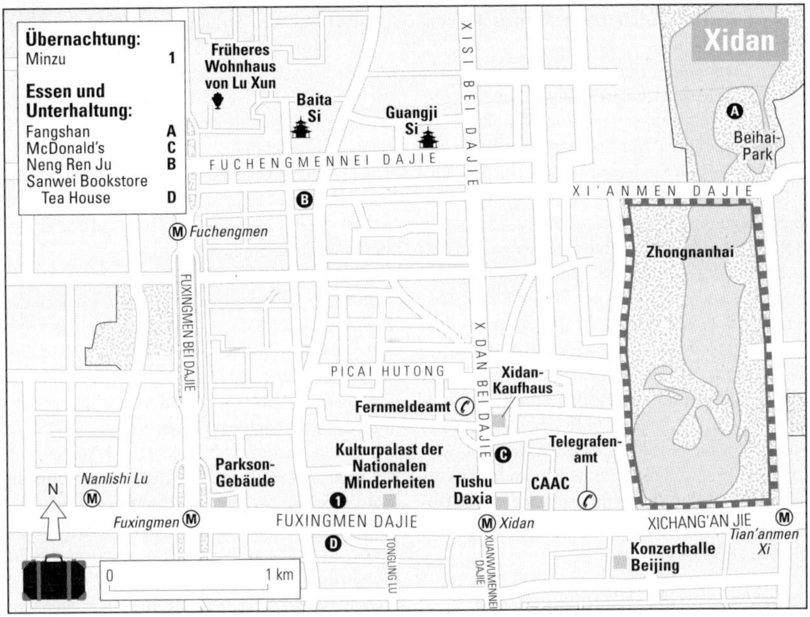

Lama-Tempels, dem Yonghe Gong. An verschiedenen Stellen der Anlage sind drei als Reliefskulpturen dargestellte Affen verteilt, und wer alle drei findet, so glaubt man, dem ist das Glück hold. Der erste Affe befindet sich am Tor und ist leicht auszumachen, da er vom vielen Anfassen schon ganz schwarz gerieben ist, die anderen beiden harren im ersten Hof ihrer Entdeckung. Der Grundriss ähnelt zwar dem eines buddhistischen Tempels, doch gibt es einige Besonderheiten wie beispielsweise die drei Tore am Eingang, die die drei Welten des Daoismus – Begierde, Körperlichkeit und Geist – symbolisieren. Jede Halle ist einer anderen Gottheit geweiht, deren jeweilige „Zuständigkeit" draußen auf einer englischsprachigen Tafel erklärt wird. Die dicksten Rauchschwaden dringen aus der Halle für die Götter des Reichtums. In den östlichen und westlichen Hallen wird eine umfangreiche Sammlung daoistischer Relikte gezeigt, darunter einige schaurige Darstellungen der Hölle, in der Menschen in zwei Hälften zersägt werden und ähnliche Qualen erleiden. Im angegliederten Buchladen gibt es lediglich das *Buch der Wandlungen* in einer fremdsprachigen Ausgabe, dafür aber jede Menge Tonbänder und Glücksbringer. Am farbenprächtigsten präsentiert sich die Anlage zum Tempelmarkt an Neujahr (s.S. 74, Feste). Anfahrt mit dem Bus Nr. 212 vom Qianmen oder Bus Nr. 40 von der Nansanhuan Lu. 🕓 tgl. 8–17.30, Eintritt ¥10.

Mit dem Fahrrad oder als ambitionierter Tempeltourist lässt sich der Weg ca. 1 km nach Süden zum **Tempel der Himmlischen Ruhe** (Tianning Si) fortsetzen. Effektvoll hebt sich die dortige Pagode von den umgebenden Industrieansiedlungen ab, die allerdings auch ihre nähere Betrachtung verhindern.

Östlich des Tian'anmen – Dongchang'an Jie und Jianguomen Dajie

Am Beginn des östlichen Abschnitts der Chang'an (zunächst Dongchang'an Jie) steht das *Beijing Hotel.* Ein markanteres Symbol für den abrupten Übergang von der politisch beherrschten Zone am Tian'anmen-Platz und seiner Umgebung in diese von Konsum und Genuss bestimmte Gegend ist jedoch vielleicht die erste große Reklametafel gegenüber der **Wangfujing Dajie**, Beijings berühmtester Einkaufsmeile.

Die Jianguomen Dajie, der Abschnitt jenseits der zweiten Ringstraße, ist Beijings Nobelgegend, die einen Großteil ihres internationalen Flairs und ihrer ausgeprägten Wohlstandsatmosphäre einer beträchtlichen Ausländergemeinde, betuchten Touristen und Angehörigen der Botschaften des skurrilen Jianguomen-Diplomatenviertels verdankt. In dieser Gegend zu speisen und Quartier zu beziehen sprengt in der Regel schon bald das Budget der meisten Besucher. Nicht selten klagen hier Touristen, die das erste Mal nach Beijing kommen, dass China genauso teuer wie New York sei. Das überreiche Angebot aus guten Bekleidungsgeschäften, dem besten Freundschaftsladen Chinas und Einkaufszentren, die denjenigen Hongkongs in nichts nachstehen, bietet jedoch für jeden Geldbeutel etwas. Vom traditionellen China ist man hier Lichtjahre entfernt, doch immerhin sorgen das **Alte Observatorium** und der kleine **Ritan-Park** für Ruhe abseits der Massen.

Dongchang'an Jie, Wangfujing Dajie und Umgebung

Die Wangfujing Dajie, die am *Beijing Hotel* von der Dongchang'an Jie nach Norden führt, ist die Straße, in der sich die Hauptstadt ausgiebig ihren Konsumgelüsten hingibt. Sie ist zwar nicht mehr die erste und bevorzugte Adresse der Stadt, bietet aber neben einer guten Auswahl an Geschäften auch ein wenig Geschichte und lässt sich bequem in ihrer ganzen Länge zu Fuß erkunden. Vor der kommunistischen Machtübernahme hieß die Einkaufsmeile, die ein Jahrhundert lang die renommiertesten Geschäfte der Stadt versammelte, Morrison Street. Auf ihrer Westseite gibt es eine Fülle von kleinen Läden, die Kleidung verkaufen. Ungefähr auf halber Höhe befindet sich im Haus Nr. 228 das *China Photo Studio,* das Passbilder anfertigt und Filmentwicklungsarbeiten erledigt. Nur wenig nördlich ist ein Laden für medizinisches Gerät ansässig, der eine der wenigen Gelegenheiten für echte Schnäppchen in China bietet – Lieferanten aus dem Westen kaufen hier en gros ein. Dahinter erreicht man kurz vor der Kreuzung mit der Dong'anmen Jie die sehr empfehlenswerte fremdsprachliche Buchhandlung, die größte ihrer Art in ganz China (mehr dazu s.S. 204, Bücher). Auf der gegenüberliegenden Straßenseite befindet sich der schicke Einkaufskomplex *Sun Dong'an Plaza,* der für den Verzehr eines Snacks, beispielsweise bei *McDonald's* (1. Etage) oder *DeliFrance* (2. Etage), oder für den Umtausch von Geld in der *Bank of China* (Erdgeschoss, 🕒 Mo–Fr 9–12 und 13.30–17 Uhr) ganz brauchbar ist, sich abgesehen von den Ständen für Tee und Souvenirs im Untergeschoss jedoch nur für den Kauf von horrend teurer Designerkleidung empfiehlt.

Von der Straßenostseite führen eine Reihe von **Hutong** in ein ruhige Gegend, die die Hektik der Hauptstraße in erholsame Ferne rücken lässt. Hier lebten die zehn Brüder eines Ming-Kaisers, damit dieser ein wachsames Auge auf sie haben konnte. Ihr einstiger Palast am Ende des Shuaifuyuan-Hutong existiert noch heute, beherbergt inzwischen jedoch eine medizinische Hochschule. Weiter nach Osten gelangt man durch die Hutong zur **Dongdan Bei Dajie**, die parallel zur Wangfujing Dajie verläuft und dieser mit zahllosen Geschäften zunehmend Konkurrenz bietet. Das architektonische Durcheinander entlang der Dongchang'an Jie setzt sich mit dem klobigen, rechtzeitig zur Frauenkonferenz 1995 fertig gestellten Frauenzentrum und dem unmittelbar nördlich des Beijing Zhan gelegenen *International Hotel* fort, bevor man an der betonwüstenartigen Jianguomen-Kreuzung die Grenze der ehemaligen Stadtmauern erreicht.

Jianguomen Dajie und Altes Observatorium

Von Hochhäusern umschlossen behauptet sich in der südwestlichen Ecke der Jianguomen-Kreuzung in Nachbarschaft der U-Bahn-Station Jianguomen das Alte Observatorium als unerwartetes Relikt vergangener Zeiten. Die erste Sternwarte an dieser Stelle entstand auf Anordnung von Kublai Khan, um den damals fehlerhaften Kalender durch Astronomen korrigieren zu lassen. Später, als die islamischen Wissenschaften ihre Blüte erlebten, gelangte es unter moslemische Kontrolle, um im frühen 17. Jahrhundert merkwürdigerweise schließlich in die Hände von christlichen Jesuiten-Missionaren überzugehen. Die Jesuiten, eine kleine, von Matteo Ricci angeführte Gruppe, kamen 1601 nach Beijing und verblüfften Einwohner wie Kaiser mit einer Reihe exakter astronomischer Vorhersagen. Sie statteten das Observatorium neu aus und blieben

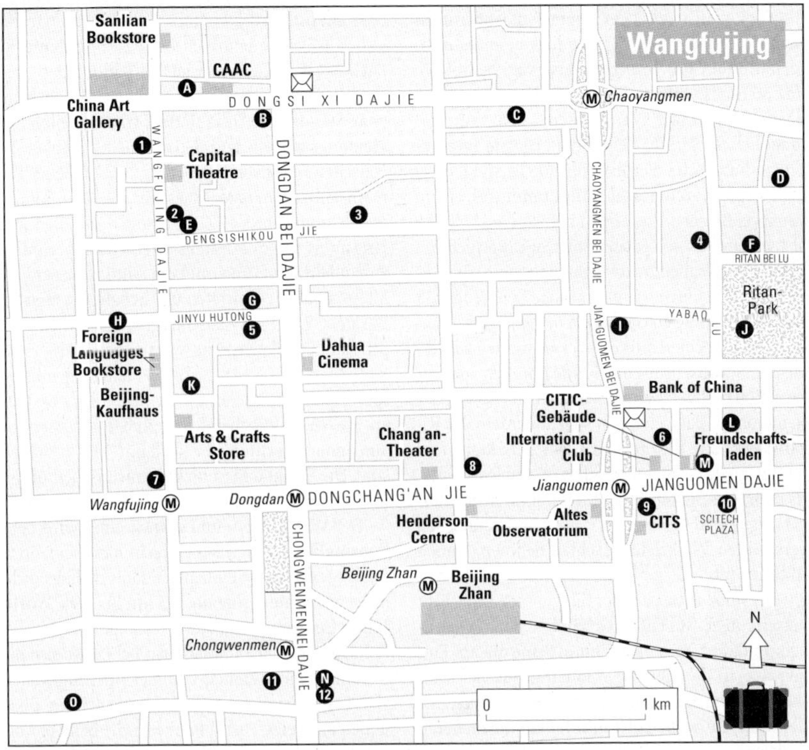

Übernachtung:

Beijing	7
Chongwenmen	11
Fuhao	1
Hademen	12
Haoyuan	3
Holiday Inn Crowne Plaza	2
International Youth Hostel	8
New Otani	9
Palace	5
Ritan	4
SCITECH	10
St Regis	6

Essen und Unterhaltung:

Afunti	C
Bianyifang Roast Duck	N
Club Banana	D
Donghuamen-Yeshi-Nachtmarkt	H
Dunkin' Donuts & Baskin' Robbins	M
Elephant	F
KFC	B
Lichun	O
Mexican Wave	L
Muslim Fast Food	A
Phrik Thai	I
Rotary Sushi Restaurant	M
Starbucks	M
Tianshi Vegetarian Restaurant	E
Touristen-Nachtmarkt	G
Wangfujing Quanjude Roast Duck	K
Xiheya Ju	J

bis in die 30er Jahre des 19. Jahrhunderts die Hausherren. Heute ist der Komplex weitgehend verwaist und bietet Besuchern als größte Sehenswürdigkeiten einen idyllischen Garten und acht astronomische Instrumente aus der Ming-Zeit – wunderbar gearbeitete Armillarsphären, Theodolite und Ähnliches – auf dem Dach. Interessant ist auch das kleine angegliederte **Museum** mit einer Ausstellung von frühen, durch die Astronomie inspirierten Töpferarbeiten und Navigationsinstrumenten. ⌚ Mo–Fr 9–11.30 und 13–16.30 Uhr, Eintritt ¥10.

Nördlich entlang der Chaoyangmen Dajie gelangt man zum **Internationalen Postamt** und zur *Bank of China*. Erstes Indiz für das Eindringen in das Diplomatenviertel der Hauptstadt ist der in einem unaufdringlichen Gebäude residierende **International Club**. Ihm gegenüber ragt bedrohlich das 36 Stockwerke hohe SCITECH-Gebäude auf, das in der 1. Etage eine effiziente Bank mit umfangreichem Service beherbergt. Die am International Club nach links abzweigende Ritan Lu führt zum **Diplomatenviertel Jianguomenwai**, einem von zwei Botschaftsgeländen (das andere befindet sich in Sanlitun, ein ganzes Stück nordwestlich von hier). Das Areal entbehrt nicht einer gewissen Komik, wirkt es doch wie eine riesige Spielzeugstadt mit seinen adretten Gebäuden in gepflegten Anlagen und versteinert wirkenden Wachposten auf rotweißen Sockeln. Nur eine Straße nördlich vom International Club bzw. fünf Minuten zu Fuß von der Jianguomen Dajie erstreckt sich außerdem der **Ritan-Park**. Wie die meisten Parks der Hauptstadt strotzt auch er nicht gerade vor üppigen Grasflächen, was seiner Beliebtheit bei Botschaftsangehörigen und Liebespaaren, die seine zahlreichen versteckten Winkel in Beschlag nehmen, keinen Abbruch tut.

Ein Stück weiter auf der Jianguomen Dajie liegt jenseits des SCITECH-Gebäudes der **Freundschaftsladen**, der beste Chinas. Seine oberen Etagen bergen das übliche Warenangebot aus Kleidung, Schmuck, Malereien usw., unten jedoch findet man die vielleicht unmittelbar nützlicheren und interessanteren Dinge: eine Wechselstube (tgl. geöffnet), einen Supermarkt mit einer großen Auswahl an ausländischen Waren, einen Informationsschalter, an dem die aktuelle *China Daily* zu bekommen ist, einen Buchladen und sogar einen Passbildautomaten. ⏲ tgl. 9–20.30 Uhr. Draußen reihen sich gediegene Cafébars und Restaurants aneinander – am besten und billigsten ist das rund um die Uhr geöffnete *Dunkin' Donuts,* allerdings tummeln sich dort auch gerne Diebe, so dass man seine Habe im Auge behalten sollte. Um die Ecke gibt es außerdem ein teures *Starbucks,* das bei Entzugserscheinungen von anständigem Kaffee die ideale Medizin bietet. Die SCITECH-Plaza auf der gegenüberliegenden Straßenseite ist ein moderneres Einkaufszentrum mit fünf Stockwerken an Kleidung und Accessoires, im Untergeschoss außerdem mit einer Essensetage und im 1. Stock mit einer Filiale der *Bank of China.* ⏲ tgl. 9–21 Uhr.

1 km östlich des Freundschaftsladens erstreckt sich von der Jianguomen Dajie der **Seidemarkt** nach Norden. Auch hier stellt Kleidung das Gros des Warenangebots, daneben gibt es aber auch ein paar Stände mit Antiquitäten, traditionellen Bekleidungsartikeln und Bettwäsche. Wie üblich ist Feilschen unverzichtbar, bedingt durch die größere Anzahl der Touristen ist es hier allerdings schwerer als andernorts – Ziel sollte es sein, den Anfangspreis um mindestens zwei Drittel herunterzuhandeln. Gut und günstig sind z.B. seidene Morgenmäntel, Krawatten und Schals. Die meisten Designer-Label sind Fälschungen, wenngleich einiges aus dem Hause Nike, North Face und J. Crew tatsächlich echt ist. Dazwischen bieten Jugendliche raubkopierte Spiele auf CD-ROMs und Musik-CDs an, die bei entsprechendem Verhandlungsgeschick am Ende manchmal für schlappe ¥10 zu haben sind. Die Qualität lässt nichts zu wünschen übrig, nicht selten fehlt jedoch der letzte Titel auf der CD.

Der Weg ist weit, und manch einer wird dem Konsumkollaps inzwischen recht nahe sein, doch wer das exklusivste Einkaufserlebnis Beijings nicht missen möchte, sollte noch 3 km bis zum **World Trade Centre** durchhalten – es liegt kurz vor der Kreuzung mit der Dongsanhuan Bei Lu, wo sich die U-Bahn-Station Guomao befindet. Auf prunkvollen vier Etagen sind dort neben kostspieligen Boutiquen auch eine Post (Ebene B1), die Bank of China (Ebene 2), ein *Starbucks* (Ebene 1) und ein *Sparkice*-Internetcafé (Ebene 2; s.S. 210) untergebracht. Im Untergeschoss gibt es einen *Wellcome*-Supermarkt (ein in Hongkong ansässiges Unternehmen), der zu den besten der Stadt gehört, aber nicht billig ist. Ausländische Bewohner Beijings erledigen hier nicht nur ihre Einkäufe, sondern nutzen auch das schwarze Brett für Job- und Wohnungsangebote.

Nördlich des Tian'anmen-Platzes

Die Gegend nördlich des Tian'anmen-Platzes besitzt eine Reihe verstreuter Sehenswürdigkeiten – viele davon stammen noch aus Kaiserzeiten, als in dem Gebiet Prinzen, Fürsten und Mönche lebten. Der schönste noch existierende Palast ist der des **Prinzen Gong**, der sich inmitten eines der am besten erhaltenen Hutong Beijings nördlich des kaiserlichen Lustgartens, dem **Beihai-Park**, verbirgt, während der imposanteste Tempel, der **Yonghe Gong**, am nördlichen Rand des Zentrums liegt. Zu den berühmten Persönlichkeiten, die in jüngerer Vergangenheit in Beijing lebten, gehörten der Schriftsteller **Lu Xun** und der Maler **Xu Beihong**, deren im Nordwesten gelegene Wohnstätten aus dem 20. Jahrhundert der Öffentlichkeit als Museen zugänglich sind. Einblicke in die zeitgenössische Kunst in China bieten die Ausstellungen in der großen **Kunsthalle** etwas nördlich der Wangfujing Dajie.

Jingshan- und Beihai-Park

Verlässt man die Verbotene Stadt nach Norden, gelangt man automatisch in den Jingshan-Park. Der künstliche Hügel wurde mit dem Erdaushub aufgeschüttet, der bei der Anlage der Palastgräben anfiel, und diente der Kaiserstadt als Windschutz sowie zur Abwehr böser Geister (die dem Glauben nach aus dem Norden kamen). Der Name, der übersetzt „Kohlehügel" bedeutet, geht auf die einst hier gelagerten Kohlen zurück. In seiner bewegten Geschichte war der Hügel u.a. 1644 Schauplatz des Selbstmords des letzten Ming-Kaisers Chong Zhen, der sich an einem Lotusbaum erhängte, nachdem Truppen der Aufständischen in die Kaiserstadt eingedrungen waren. Die betreffende Stelle in der östlichen Parkhälfte ist leicht zu finden, da überall Wegweiser die einzuschlagende Richtung anzeigen (unterhalb von Schildern, die auf einen Kinderspielplatz hinweisen); der ursprüngliche Baum ist allerdings inzwischen durch einen neuen ersetzt worden.

Doch es ist vor allem die Aussicht von der Hügelkuppe, die den einzigartigen Reiz des Parks ausmacht. Aus anschaulicher Perspektive offenbart sich das immense Ausmaß der Verbotene Stadt, dahinter reicht der Blick über ausgedehnte Teile des Stadtgebiets, die von hier oben weit interessanter aussehen, als sie sich aus der Nähe präsentieren. Im Westen liegt der Beihai mit seinem bauchigen, gewundenen See, im Norden der Trommel- und der Glockenturm (Gulou und Zhonglou) und im Nordwesten der Yonghe Gong. ⌚ tgl. 6–22 Uhr, Eintritt ¥3.

Wenige hundert Meter westlich des Jingshan erstreckt sich der Beihai-Park, dessen Fläche fast zur Hälfte von einem See gebildet wird, welcher in den frostigen Wintermonaten zu einem beliebten Ziel für Eisläufer wird. Kublai Khan soll den Park angelegt haben, lange bevor auch nur irgendein Gebäude der Verbotenen Stadt geplant war, und entsprechend ehrgeizig fiel das Vorhaben aus: Der See wurde künstlich ausgehoben, das dadurch gewonnene Erdreich zu einer Insel in seiner Mitte aufgeschüttet. Unter Kaiser Qianlong erhielt die Anlage die Gestalt eines klassischen Gartens, und Jiang Qing, Maos unglückselige Witwe, war eine häufige Besucherin des Parks. Sein elegantes Erscheinungsbild leidet heute zwar ein wenig unter den Vergnügungseinrichtungen und Läden, die sich unter den Trauerweiden und den von roten Säulen getragenen Kolonnaden breit gemacht haben, doch nach wie vor ist er ein herrlicher Ort, um Ruhe vor der Stadt zu suchen und neue Kraft zu tanken. Die Mehrzahl der Gebäude steht auf der als Jadeinsel bekannten zentralen Insel, die von einer weißen Dagoba überragt wird. Diese wurde Mitte des 17. Jahrhunderts anlässlich eines Besuchs des Dalai Lama errichtet und ist ein würdiges Wahrzeichen für den Park, der durch eine kuriose Mischung aus religiösen Gebäuden, Lagerstätten für Reliquien und Zeugnissen kaiserlicher Architektur gekennzeichnet ist.

Kurz hinter dem Südtor umschließt die **Runde Stadt** einen Hof mit einem Jadegefäß, das Kublai Khan gehört haben soll. Der weiße Jadebuddha in der Halle dahinter war ein Geschenk aus Myanmar. Über einen Steg gelangt man von hier hinüber zur **Insel**. Auf ihr befinden sich verschiedene religiöse Bauten, die sich entlang eines felsigen Pfads erreichen lassen, darunter der **Pavillon zum Studium der Klassiker** (Yuegu Lou) mit zahllosen Stelen und, ganz oben, die gewaltige **Dagoba** mit ihrem der dämonenköpfigen, vielarmigen, lamaistischen Gottheit Yamantaka geweihten Schrein. Am Fuß des Hügels liegt an einem bemalten, dem Ufer folgenden Wandelgang das exklusive Restaurant *Fangshan* mit einer Einrichtung und Speisen, die an Kaiserzeiten erinnern, dessen Preise sich jedoch ebenfalls in kaiserlichen Dimensionen bewegen. Nicht weit vom Restaurant befindet sich ein Anleger mit einer Verleihstation für **Ruderboote**, nahe dem Südtor können außerdem Tretboote in Entengestalt gemietet werden – beides sind lohnende Varianten, um den See und die Ufer zu erkunden. Am Nordufer wiederum steht eine imposante und gut erhaltene **Drachenwand**, die mit 27 m Länge zu den größten Chinas gehört. Die nahen **Fünf-Drachen-Pavillons** stellen angeblich den Rücken eines Drachens dar. In die Gärten und Felslandschaften auf dem gegenüberliegenden Seeufer zog sich gerne Kaiser Qianlong zurück, und man erkennt unschwer warum: Selbst wenn Besucherscharen am Wochenende einfallen, kann dies der Idylle hier nichts anhaben. Anfahrt mit Bus Nr. 13 vom Yonghe Gong oder Nr. 5 vom Qianmen. ⌚ tgl. 6–20 Uhr, Gebäude 6–16 Uhr; Eintritt ¥5, Gebäude ¥10.

Die Umgebung der Seen

Das Gebiet nördlich des Beihai-Parks ist von Modernisierungsmaßnahmen weitgehend verschont geblieben. Bis heute bilden ihre Straßen ein dichtes Labyrinth von Gassen um die **Shisha-Seen**, die während der Yuan-Dynastie künstlich angelegt wurden und der Hauptstadt als Hafen eines Kanalnetzes dienten. In den beengten, grauen Gassen zeigt Beijing sein anderes, privates Gesicht: voll gepferchte Höfe und umgestaltete Paläste, dazwischen kleine Freiflächen, wo ältere Männer mit ihren Vögeln sitzen. Im Gassengewirr versteckt liegen außerdem zwei gewaltige alte Bauwerke, der Glockenturm und der Trommelturm. Vor kurzem hat man die Gegend einer Verschönerungskur unterzogen, ihren Charme hat sie jedoch trotz vermehrter touristischer Einrichtungen und der am Glockenturm angebotenen Rikscha-Fahrten bislang noch nicht eingebüßt. Sie ist inzwischen auch einer der angesagteren Treffpunkte Beijings und lädt mit einer Reihe unprätentiöser Bars am Seeufer ein (s.S. 196). Es herrscht nicht viel Verkehr, was die Erkundung mit dem Fahrrad zweifellos am schönsten macht. Nach Belieben kann man durch die Gassen fahren, was allerdings fast immer in einem Verlust der Orientierung mündet – in einem solchen Fall dreht man um und fährt wieder zurück bis zum See, der allein Orientierung bietet. Als günstigster Ausgangspunkt empfiehlt sich das Hutong nahe dem nördlichen Zugang zum Beihai-Park. Anfahrt ansonsten mit Bus Nr. 111 von der Dongdan Bei Dajie oder Nr. 13 vom Yonghe Gong.

Ein überaus lohnendes Ziel ist die **Residenz des Prinzen Gong**, frühere Wohnstätte des Vaters des letzten Qing-Kaisers und heute eines der am besten erhaltenen Hofhäuser Beijings. Der Weg dorthin entlang der gewundenen Gasse nach Norden vom nördlichen Eingang des Beihai-Parks führt rechter Hand am Qianhai Hu (dem südlichsten der drei Seen) vorbei, dann in die erste Gasse nach links und gleich wieder in die erste nach rechts und weiter bis zur Qianhai Xi Jie. Wer den Bus für die Anfahrt wählt, muss an der Dianmen Xi Dajie aussteigen und derselben Route folgen. Im hübsch begrünten, in verschiedene Bereiche unterteilten und fantasievoll gestalteten Palastgarten werden unregelmäßig Peking-Opern aufgeführt; um eine Vorstellung zu sehen, muss man die Ankunft auf die der Tourgruppen abstimmen, d.h. gegen 11 Uhr oder 16 Uhr eintreffen. ⌚ tgl. 9–16.30 Uhr, Eintritt ¥10.

Es gibt noch zahlreiche andere **alte Paläste** in der Umgebung, da die Gegend früher als eine Art kaiserlicher Lustgarten diente und eine Reihe von ranghohen Beamten und Eunuchen hier wohnten. Der Palast des Tao Beile, heute eine Schule, liegt wenig westlich an der Liuyin Jie. Geht man zurück und folgt dem Seeufer weiter nach Norden, gelangt man an der engsten Stelle des Sees zu einer gewölbten Brücke. Am jenseitigen Ufer serviert das Restaurant *Kaorouji* (s.S. 195, Essen) ausgezeichnete Speisen bei reizvoller Aussicht über den See. Dem Restaurant gegenüber befindet sich die *Buddha Bar* (neben verschiedenen anderen), wo sich im Freien eine Tasse Kaffee genießen lässt.

Wer aus östlicher Richtung vom Trommelturm hierher wandern möchte, läuft nach Süden und biegt in das erste Hutong auf der rechten Seite. Von hier geht es weiter am südlichen Seeufer entlang, bis man nach ca. 500 m zunächst einen kleinen Park mit einem Vogelmarkt und dahinter den in Englisch ausgeschilderten, etwas verlottert wirkenden Houhai-**Antiquitätenmarkt** kurz vor der Deshengmennei Dajie erreicht. Mit dem Fahrrad bietet sich von hier ein Abstecher nach Westen zum Xu-Beihong-Museum (s.S. 180) an. Ansonsten kann man den Weg durch die Hutong nach Norden am Ufer fortsetzen und dann nach Osten zur **Residenz Song Qinglings** abschwenken, um ein weiteres herrschaftliches Anwesen aus der Zeit der Qing-Dynastie und dessen schönen, großen Garten in Augenschein zu nehmen. Song Qingling, der Ehefrau Sun Yatsens, wird in China großer Respekt gezollt. Eine Ausstellung im Innern ehrt iihr bewegtes Leben. ⌚ Di–So 9–16.30 Uhr, Eintritt ¥8.

Eine Gasse führt von der Residenz zur Gulou Xi Dajie, einer großen Straße mit dem **Trommelturm** (Gulou), ein Bauwerk der Ming-Zeit aus dem 15. Jahrhundert, an ihrem östlichem Ende. Hier wurden per Trommelschlag die Tageszeiten verkündet und kaiserliche Beamte zu Zusammenkünften gerufen. Im düsteren Innern ist eine kleine Ausstellung über Hutong zu sehen, und es gibt eine Trommel, die für ¥10 geschlagen werden kann. ◷ tgl. 9– 16.30 Uhr, Eintritt ¥20. Am Ende eines kurzen Hutong steht in Sichtweite der Zwillingsbruder, der **Glockenturm** (Zhonglou). Das ebenfalls ursprünglich aus der Ming-Zeit stammende Bauwerk wurde durch ein Feuer zerstört und im 18. Jahrhundert neu errichtet, die alte Glocke existiert aber noch. ◷ tgl. 9–16.30 Uhr, Eintritt ¥10. Die beiden prachtvollen Bauten, die bei genauerem Hinsehen jedoch etwas schäbig wirken, stehen an der großen Nord-Süd-Achse durch die Stadt – läuft man geradeaus nach Süden, um den Jingshan-Park herum und an der Verbotenen Stadt vorbei, gelangt man direkt auf die Qianmen Dajie. Bus Nr. 5 verkehrt entlang dieser Route.

Der Nordwesten

Das Gebiet nordwestlich des Tian'anmen-Platzes wird man wahrscheinlich durchqueren, da es an der Strecke zum grandiosen Sommerpalast liegt, eine ausgiebige Erkundung untenehmen aber nur wenige. Die Sehenswürdigkeiten sind nicht so zahlreich und auch kleiner, bieten sich jedoch als geeignete Zwischenstopps bei längeren Ausflügen an.

Am südlichen Ende des Beihai-Parks verläuft die Wenjin Dajie nach Westen zur Xidan Dajie, von der etwas nördlich die Einkaufsmeile **Fuchengmennei Dajie** abzweigt und mit einer Hand voll interessanter Orte aufwartet. Auf ihr verkehren die Busse Nr. 101 vom Nordausgang der Verbotenen Stadt und Nr. 103 vom Yonghe Gong. Nahe ihrem östlichen Ende steht auf der Straßennordseite der **Tempel der Allgemeinen Nächstenliebe** (Guangji Si), Sitz der Chinesischen Buddhistischen Gesellschaft und aktiv betriebener buddhistischer Tempel sowie Ausstellungsort einer bedeutenden Sammlung von Malereien und Skulpturen. Besucher können sich frei in der Anlage bewegen und müssen auch keinen Eintritt bezahlen. Weiter westlich befindet sich ebenfalls auf der Nordseite ein Tempel, der inzwischen zur Schule umfunktioniert worden ist und dessen Geistermauer heute eine Wand der öffentlichen Toilette bildet. Im Haus Nr. 133 hat der erste Sexshop Chinas, der *Adam and Eve Health Store,* sein Domizil und hält ein breites Warenspektrum bereit, das weiß bekittelte Angestellte verkaufen. Noch ein Stück weiter, und man kann die mächtige weiße Dagoba des **Tempels der Weißen Pagode** (Baita Si) hinter den Dächern des Hutong-Labyrinths aufragen sehen. Zugang besteht nur von der Fuchengmennei Dajie. Die 35 m hohe Dagoba, ein Gebilde, das wie eine umgedrehte Schale mit einer daraufgesetzten Eistüte aussieht, wurde während der Yuan-Dynastie nach Plänen eines nepalischen Baumeisters als Aufbewahrungsort für Reliquien errichtet. In einer Halle des Tempels, der derzeit renoviert wird, ist eine sehenswerte Sammlung kleiner Buddhastatuen, größtenteils tibetischen Ursprungs, untergebracht. In einer anderen werden bronzene Luhan, darunter einer mit einem Schnabel, kleine Bronze-Buddhas sowie andere, bizarrere lamaistische Figuren und aus Seide und Samt gearbeitete Priestergewänder gezeigt, die man 1978 unter der Dagoba entdeckte. Direkt vor dem Tempel gibt es an einem Stand leckere Pfannkuchen zu kaufen. ◷ Di–So 9–17 Uhr, Eintritt ¥10.

Ganz im Westen sieht man kurz vor der gewaltigen Kreuzung mit der Fuchengmen Bei Dajie das Xisantiao-Hutong im Norden, in dem das **frühere Wohnhaus von Lu Xun**, ein großes und umfassend renoviertes Hofhaus, liegt. Lu Xun (1881–1936) gilt weithin als der größte moderne Schriftsteller Chinas und gab seine viel versprechende Karriere als Arzt auf, um Bücher zu schreiben. Als Verächter von Pomp würde er sich heute in seinem Haus vielleicht etwas unwohl fühlen, denn es herrscht eine Atmosphäre bedingungsloser Bewunderung. Seine Habe ist reliquiengleich aufbewahrt und vermittelt einen guten Eindruck von chinesischer Wohnkultur zu Beginn des 20. Jahrhunderts. Zu sehen gibt es außerdem eine Fotoausstellung, die voll des Ruhmes das Leben und Schaffen Lu Xuns dokumentiert. Ein Buchladen im Ostgebäude verkauft englische Übersetzungen seiner Bücher, darunter sein berühmtestes Werk, *Die wahre Geschichte des Ah Q.* ◷ Di–So 9–16 Uhr, Eintritt ¥10.

Nicht weit von hier befindet sich an der Strecke der Busse Nr. 22 vom Qianmen und Nr. 38 vom östlichen Ende der Fuchengmennei Dajie das **Xu-Beihong-Museum**, 53 Xinjiekou Bei Dajie, das den Weg zweifellos lohnt. Es ist einem Zeitgenossen Lu Xuns gewidmet, der für die chinesische Kunst das leistete, was Lu Xun für die Literatur verkörpert. Xu Beihong (1895–1953), Sohn eines umherziehenden Porträtmalers, musste bereits im Alter von 17 Jahren für seine ganze Familie sorgen, nachdem sein Vater starb. Armut prägte einen Großteil seiner jungen Jahre, bevor er die ihm gebührende Anerkennung erfuhr. Sein außerordentliches Talent wird hier in sieben Räumen mit einer riesigen Sammlung gewürdigt. Darunter befinden sich viele Tuschebilder von Pferden, für die er besonders berühmt war, aber auch Ölgemälde westlichen Stils, die er während seines Studienaufenthalts in Frankreich anfertigte, sowie großformatige allegorische Darstellungen von Ereignissen im damaligen China. Dem Betrachter am leichtesten zugänglich sind jedoch seine herrlichen Skizzen und Studien in Tusche und mit Bleistift, die häufig seinen Sohn zeigen. 🕒 Di–So 9–11 und 13.30–16.30 Uhr, Eintritt ¥10.

Der Nordosten

Die herausragende Sehenswürdigkeit im Norden der Stadt ist der tibetische **Lamatempel** (Yonghe Gong) nordöstlich der Verbotenen Stadt und nur wenig südlich der gleichnamigen U-Bahn-Station. Wer nur einen einzigen Tempel in Beijing besuchen möchte, sollte sich für diesen entscheiden, denn einen farbenprächtigeren Tempel, wenngleich er auch etwas touristisch ist, wird man kaum finden.

Errichtet wurde der Tempel gegen Ende des 17. Jahrhunderts als Residenz des Prinzen Yin Zhen. Als der Prinz 1723 zum Kaiser Yong Zheng wurde und in die Verbotene Stadt zog, erhielt er neue Ziegel in kaiserlichem Gelb und war fortan religiösen Zwecken vorbehalten. 1744 wurde er in ein Lamakloster umgewandelt und beherbergte Mönche aus Tibet, aber auch aus der Inneren Mongolei, für die er eine zentrale Rolle besaß, da hier der mongolische Lebende Buddha per Losverfahren aus einer goldenen Urne bestimmt wurde. Nach dem Bürgerkrieg wurde der Yonghe Gong 1949 zum Nationaldenkmal erklärt und war 30 Jahre lang geschlossen. Bemerkenswerterweise blieb er von der Kulturrevolution verschont.

Besucher können sich frei in den Gebetshallen und Gartenanlagen bewegen, der Genuss wird jedoch mehr ein ästhetischer als ein spiritueller sein. Neben prachtvollen Mandalas, die in Seitenhallen hängen, besitzt der Tempel auch einige eindrucksvolle Skulpturen. Die verhüllten Statuen in der Dritten Halle sind **Nandikesvras**, Buddhas in geschlechtlicher Vereinigung, die dem Lamatempel den Ruf einbrachten, Chinas stilvollster sexueller Leitfaden zu sein. Früher dienten sie den kaiserlichen Söhnen als Anschauungsmaterial. In der dahinterliegenden **Halle des Buddhistischen Rades** (Falun Dian) befinden sich die vergoldete Bronzestatue des Gründers des Gelbmützenordens und Darstellungen aus seinem Leben, außerdem Throne für den Dalai Lama sowie den Panchen Lama, wenn sie hierher kamen, um zu lehren. Die letzte und prachtvollste Halle, der **Pavillon des Zehntausendfachen Glücks** (Wanfu Ge), birgt eine 18 m hohe Maitreya-Statue, die aus einem einzigen Sandelholzstamm gefertigt wurde und ein Geschenk des siebten Dalai Lama an den Kaiser Qianlong war – drei Jahre dauerte der Transport des Baumstamms aus Tibet bis nach Beijing.

Neben den ästhetischen Reizen seiner Gebäude und Gartenanlagen besitzt das Lamakloster auch noch eine ganz pragmatische Funktion, dient es doch als **tibetisch-buddhistisches Zentrum**, das der Welt zeigen soll, dass China die Religionsfreiheit der Minderheiten garantiert und respektiert. Fragwürdig ist jedoch, wie echt die Mönche tatsächlich sind. 1995 wurde hier der von der chinesischen Regierung bestimmte Panchen Lama offiziell in sein Amt eingeführt, nachdem die vom Dalai Lama erwählte Inkarnation, ein sechs Jahre alter Junge, verschwunden war. 🕒 tgl. 9–17 Uhr, Eintritt ¥15.

In westlicher Nachbarschaft des Yonghe Gong erstreckt sich ein ruhiges Hutong, das von kleinen Geschäften gesäumt wird, in denen Gebetsbänder, Räucherstäbchen und Heiligenbilder verkauft werden. Diese Straße, eine der ältesten der Stadt und seit der Yuan-Dynastie das traditionelle Gelehrtenviertel, schmücken *pailou* genannte Torbögen, wie es sie früher in vielen Straßen Beijings gab – bis sie in den 50er Jahren als Verkehrshindernisse geschmäht und abgerissen wurden. Nach ca. 100 m erreicht man auf der rechten Straßenseite den vergleichsweise nüchternen **Konfuziustempel**, der seit Jahrzehnten als Museum dient und Räuchergefäße sowie Musikinstrumente ausstellt. Im Hof sind auf Stelen die Namen der Schüler zu lesen, die hier studiert und die Prüfungen für den Staatsdienst abgelegt haben. Die letzten dieser Stelen stammen aus der Qing-Zeit und wurden von den Absolventen selbst bezahlt, da der Kaiser die Finanzierung verweigerte. In der düsteren Haupthalle ist das **Museum** mit einer recht wahllos zusammengestellten Ausstellung untergebracht. Ein weiteres, neues Museum in einer Seitenhalle zeigt eine umfangreiche Sammlung von Artefakten; am interessantesten sind die Töpferarbeiten aus der Tang-Ära, darunter Darstellungen spitzgesichtiger Ausländer. Ein lagerhallenähnliches Gebäude im hinteren Teil der Anlage schließlich beherbergt unter seinem Dach Steinstelen mit den 13 klassischen konfuzianischen Schriften in meisterhafter Kalligrafie, einer Kunst, die von jedem Schüler als Grundhandwerkszeug verlangt wurde. Auf einer Bank im Hof lässt sich umgeben von alten, gewundenen Bäumen und beschaulicher Ruhe der vielleicht schönste Eindruck der Anlage genießen. ◷ tgl. 8.30–17 Uhr, Eintritt ¥10.

Kehrt man zum Yonghe Gong zurück und läuft von dort nach Norden, gelangt man nach nur 100 m in den **Ditan-Park**. Obgleich sich hier auch ein kleines **Museum** mit der Sänfte des Kaisers und dem gewaltigen Altar, an dem er der Erde opferte, befindet, lohnt der baumbestandene Park doch mehr als Ziel für einen Spaziergang und um den einen oder anderen Bewegungskünstler beim Taijiquan zu beobachten. ◷ tgl. 6–21 Uhr, Eintritt in den Park ¥1, Museum ¥5.

Auf der Rückfahrt mit dem Bus oder Fahrrad vom Yonghe Gong ins Zentrum bietet sich ein Besuch der **Kunsthalle** am nördlichen Ende der Wangfujing Dajie an. Das pompöse und zugige Gebäude zeigt in der Regel mehrere Ausstellungen gleichzeitig, besitzt jedoch keine Dauerausstellung. Bislang gab es beispielsweise Werke speziell von Frauen und nationalen Minderheiten zu sehen, sogar eine Ausstellung über sozialistisch-realistische Propaganda war dabei, diese allerdings nicht etwa, um Leidenschaften neu zu entfachen, sondern um frühere Irrwege zu verdeutlichen. Seit langem gehört die von der Revolution bestimmte Malerei der Vergangenheit an, sodass die chinesische Malkunst heute eine Art Renaissance erlebt und an Beijinger Kunstschulen einige sehr interessante Werke zutage fördert. Eine entsprechende Präsentation mit Arbeiten aus den Abschlussklassen findet im Juli statt. Begegnungen mit der neuen chinesischen Boheme, d.h. mit Kunststudenten, sind nicht ausgeschlossen. Über die aktuellen Ausstellungen informieren die Stadtmagazine. Bus Nr. 2, der in Nord-Süd-Richtung zwischen Qianmen und Andingmen Dajie verkehrt, sowie O-Bus Nr. 104 zwischen Andingmennei Dajie und Beijing Zhan halten an der Kunsthalle. ◷ Di–So 9–16 Uhr, Eintritt ¥2–20.

Die Außenbezirke

Die an einem See gelegenen Gärten und Pavillons des **Sommerpalasts** sind die imposantesten Sehenswürdigkeiten in den Außenbezirken und lohnen zu jeder Jahreszeit den Besuch. In der Nähe befinden sich zwei Universitäten, was an sich noch kein besonderes Merkmal ist, doch für ein reichhaltiges Angebot an preiswerten **Restaurants** und trendigen **Bars** sorgt. Das angesagte **Nachtleben** spielt sich im Großen und Ganzen in den nördlichen Außenbezirken der Stadt ab, während der östliche Stadtrand eine Fülle von Bars bietet, die von den ausländischen Bewohnern Beijings und wohlhabenderen Chinesen bevorzugt werden (mehr dazu s.S. 196, Unterhaltung und Kultur).

Zoo und Tempel der Großen Glocke

An der Grenze zu den innerstädtischen Bezirken Beijings liegt an der Xizhimenwei Dajie der Zoo, der im Westen vom monumentalen Capital Gymnasium, im Osten vom nicht minder bombastischen Ausstellungszentrum in sowjetischem Baustil flankiert wird. Wer nicht unbedingt einen Panda sehen muss, kann sich den Besuch auch sparen. Ansonsten ist Einreihen in die Schlangen gefragt, um sich zunächst zwecks Foto rittlings auf einer Plastikreplik niederzulassen und alsdann mit den Massen den Weg zu den echten Pandas zu beschreiten, die recht komfortabel untergebracht und dank des in den letzten Jahrzehnten verstärkt gepflegten diplomatischen Rituals der Bärenausleihe zu Paarungszwecken in der ganzen Welt bekannt sind. Während es sich die Pandas in ihrem Luxusquartier leisten können, faul auf dem Rücken zu liegen und die Beine in die Luft zu strecken, müssen weniger possierliche oder weniger gefährdete Arten ein Dasein in erbärmlichen Zellen fristen. Sehenswert ist allenfalls noch das neue Aquarium, das mit einem Eintrittspreis von ¥100 jedoch ziemlich teuer ist. Die U-Bahn-Station Xizhimen liegt 1 km östlich, etwas nördlich davon der Xizhimen Zhan (der Nordbahnhof Beijing), nur wenig südlich des Zoos wiederum ein Busbahnhof. Bus Nr. 7, den man von der Fuchengmennei Dajie nehmen kann, endet hier. ◷ tgl. 7.30–17 Uhr, Eintritt ¥7.

Obgleich ein ganzes Stück außerhalb an der Beisanhuan Lu, dem nördlichen Abschnitt der dritten Ringstraße gelegen, rangiert der Tempel der Großen Glocke (Dazhong Si) unter den interessantesten kleinen Museen Beijings. Bei einer Fahrt mit dem Taxi zum oder vom Sommerpalast lässt sich hier gut ein Zwischenstopp einlegen. Der zu einem Museum umfunktionierte Tempel präsentiert eine ansprechende Sammlung von mehreren hundert kunstvoll gearbeiteten **Bronzeglocken** aus Tempeln ganz Chinas, die reich mit eingravierten chinesischen und tibetischen Texten, abstrakten Mustern sowie Darstellungen von Störchen und Drachen verziert sind. Die merkwürdige auf den Glocken sitzende Figur ist ein *pulao*, ein Fabelwesen, das bei einem Angriff eines Wals Schreie ausstößt (die zum Schlagen der Geläute verwendeten Holzstämme waren in Gestalt von Walen geschnitzt). Die kleinste Glocke ist nicht größer als ein Weinkelch, die größte besitzt die Dimensionen eines Hauses und ist in der hinteren Halle zu sehen. Diese Glocke, die den Namen **König der Glocken** trägt, stammt aus der Ming-Ära und wiegt 50 Tonnen, was sie zu einer der ältesten und größten der Welt macht. Angeblich ist sie bis zu 40 km weit zu hören. Wer möchte, kann auf eine Plattform über ihr steigen, um einige der 250 000 eingravierten Zeichen genauer zu betrachten und sich wie die chinesischen Besucher darin zu versuchen, eine Münze in das kleine Loch an ihrem Scheitel zu werfen. Angewandte Verfahren in der chinesischen Glockenherstellung sowie deren Geschichte werden in Seitenhallen erläutert. Auf Tonbändern, die zum Kauf angeboten werden, gibt es die Glocken in Aktion zu hören, was tatsächlich interessanter ist, als manch einer vielleicht glaubt. Durch ihre Form dämpfen chinesische Glocken Vibrationen ab, sodass sie als echte Instrumente eingesetzt werden können. ◷ Di–So 8–16.30 Uhr, Eintritt ¥5.

Obwohl keine ausgewiesene Touristenattraktion, verdient der gesamte **Haidian-Bezirk** nördlich des Zoos Beachtung. Hier konzentrieren sich die trendigen Bars und Clubs der Stadt, außerdem zahlreiche Internet-Cafés und, in der Zhongguangcun Lu, eine ganze Armada von Computerläden. Auf dem Weg zum Sommerpalast kommt man im Norden an der **Beijing-Universität** (Beijing Daxue oder kurz „Beida") vorbei. Ihre ursprünglichen Gründer und Verwalter waren die Amerikaner zu Beginn des 20. Jahrhunderts; damals lag sie auch noch auf dem Kohlehügel im Jingshan-Park, bevor sie 1953 an ihren gegenwärtigen Standort umzog. Während sie inzwischen wieder zahlreiche ausländische Studenten aus dem Westen zählt, war sie vor zwei Jahrzehnten halb verwaist, als im Zuge der Kulturrevolution Studenten wie Lehrer die Repressalien der neuen Herren zu spüren bekamen. Noch heute müssen chinesische Bewerber vor Studienbeginn ein Jahr in der Armee absolvieren. Die Beida ist die renommierteste Universität Chinas und schmückt sich mit einem hübschen Campus aus alten Gebäuden und ruhigen, gepflegten Grünflächen, die einladender als die meisten städtischen Parks sind. Nicht weit östlich von hier befindet sich die technische Hochschule Qinghua. In der Umgebung beider Universitäten gibt es kleine, preiswerte Restaurants, Bars und Internet-Cafés, die um die studentische Klientel buhlen.

Yuanmingyuan

Beijings ursprünglicher Sommerpalast, der Yuanmingyuan, wurde im Auftrag des Qing-Kaisers Kangxi im frühen 18. Jahrhundert erbaut. Der Palast, den Europäer das chinesische Versailles nannten, umfasste einst die größte königliche Parkanlage der Welt mit ca. 200 Pavillons und Tempeln, die um verschiedene Seen und natürliche Quellen gruppiert waren. Marina Warner beschreibt in ihrem Buch *Die Kaiserin auf dem Drachenthron* den verschwenderischen Prunk wie folgt:

> *Scharlachrote und goldene Hallen, verschwenderische Prachtbauten, Aussichtstürme und Pavillons lagen um künstliche Hügel und Seen. Die stillen, von Lotus und Seerosen bewachsenen Teiche waren voll von Schleierschwänzen mit Teleskopaugen, in den Gärten gediehen farbenprächtige Ziersträucher, Hornwild durchstreifte das Gelände, und an den Seeufern nisteten Schmuckenten und seltene Vögel.*

Heute lässt kaum noch etwas auf den einstigen Glanz schließen. 1860 wurde die gesamte Anlage von britischen und französischen Truppen auf Befehl des Earl of Elgin während der Opiumkriege in Brand gesteckt und zerstört, um den Kaiserhof „zur Vernunft zu bringen". Zahlreiche Spuren davon lassen sich noch heute entdecken und machen den Park zu einem Denkmal chinesischer Xenophobie. Die Haltung mag verständlich sein, unangenehm wird es jedoch, wenn wutentbrannte Einheimische ausländische Besucher immer noch deswegen angehen. Der Park erstreckt sich über eine Fläche von 350 ha, und die einzigen Ruinen, die noch ein Gebäude erkennen lassen, sind die der **Halle der Ruhe** im Nordosten des Geländes. Die Überreste der Brunnen und Säulen aus Stein und Marmor lassen erahnen, wie prachtvoll die Anlagen in ihrer Verschmelzung von europäischem Rokoko und chinesischem Dekor gewesen sein müssen. Zwar hat die Regierung ein Renovierungs- und Wiederaufbauprogramm angekurbelt, doch reicht der Park nicht im Entferntesten an die Pracht des neuen Sommerpalasts heran. Der Park liegt eine halbe Stunde Fußmarsch nordöstlich der Beida, Anfahrt ansonsten mit Bus Nr. 375 von dessen Haltestelle gleich nördlich der U-Bahn-Station Xizhimen oder mit Bus Nr. 322 vom Zoo. 🕓 tgl. 9–18 Uhr, Eintritt ¥15.

Sommerpalast

Der allgemein als Sommerpalast bezeichnete **Yiheyuan** gehört zu den reizvollsten Parkanlagen Beijings. Das riesige Areal, zwei Drittel davon ein See, diente den letzten Kaisern als Ort der Sommerfrische, an den sie sich samt Hofstaat während der heißesten Monate des Jahres zurückzogen. Und die von Hügeln umgebene, vom See gekühlte und durch eine Gartenanlage geschützte Lage ist ideal. Auch hier wüteten die Europäer, ihr Angriff im Jahr 1900 war allerdings weniger verheerend, sodass die eindrucksvollen Gebäude, die sich entlang des Seeufers aneinander reihen und durch einen Wandelgang verbunden sind, gerettet werden konnten.

Kaiserliche Pavillons gibt es hier schon seit dem 11. Jahrhundert, die gegenwärtige Anlage stammt jedoch größtenteils aus dem 18. Jahrhundert und entstand unter dem Mandschu-Kaiser Qianlong. Mit dem Sommerpalast am ehesten identifiziert wird allerdings die Kaiserinwitwe Cixi, die das zerfallende chinesische Reich von 1861 bis zu ihrem Tod im Jahr 1902 regierte. Yiheyuan war ihr Lustgarten, dessen Palastbauten sie 1888 wieder aufbaute und 1902 konsequent restaurierte. Ihre letzte architektonische Eskapade schlug sich im Bau eines herrlichen Marmorschiffs nieder, das sie mit den eigentlich für die chinesische Marine vorgesehenen Geldern finanzierte. Ob ihre Veruntreuungen tatsächlich irgendwelche Auswirkungen auf die Geschicke des Reichs hatten, lässt sich schwer sagen, mit Sicherheit aber beschleunigten sie den Niedergang, denn China erlitt in den Seegefechten im Krieg gegen Japan schwerste Verluste.

Die **Paläste** sind am nördlichen Seeufer, am und um den **Berg der Langlebigkeit** (Wanshou Shan) angesiedelt. Viele von ihnen werden bis heute in enge Beziehung zur legendenreichen Person der Kaiserinwitwe Cixi gesetzt. Kennen muss man all diese Geschichten jedoch nicht, um das Ensemble zu genießen, das mit seinem Park, See und den Pavillons wie der Beihai-Park eine grandiose Kulisse bildet, die wie ein traditionelles, zum Leben erwecktes Landschaftsgemälde wirkt.

Die meisten Besucher betreten den Komplex durch das **Osttor**, wo auch die Busse halten. Oberhalb davon befinden sich die wichtigsten Palastbauten, darunter die majestätische **Halle des Wohlwollens und der Langlebigkeit** (Renshoudian), in der die Kaiserin und ihre Vorgänger Audienzen abhielten. Ein Großteil der Originaleinrichtung aus dem 19. Jahrhundert ist dort noch zu sehen, beispielsweise ein beeindruckender Thron. Dahinter liegt auf der rechten Seite der **Garten der Tugend und Harmonie** (Deheyuan) mit einem dreigeschossigen, für effektvolle Auf- und Abgänge mit Falltüren ausgestatten **Theater** als beherrschendem Bauwerk. Theater war eine der großen Leidenschaften Cixis, und mitunter spielte sie als Guanyin, die Göttin der Barmherzigkeit, in den Aufführungen mit. Das nächste große Gebäude ist die **Halle der Jadewellen** (Yulantang) am Seeufer, wo der junge Kaiser Guanxu zehn Jahre als Gefangener lebte, während Cixi statt seiner herrschte. Gleich westlich davon gelangt man in der **Halle der Freude und des Langen Lebens** (Leshoutang) in die Gemächer der Kaiserinwitwe.

Von hier führt der 728 m lange, mit mythologischen Darstellungen geschmückte und von verschiedenen Tempeln und Pavillons flankierte **Wandelgang** bis in die nordwestliche Ecke des Parks.

Kein Liebespaar, so heißt es, könne ihn beschreiten, ohne am Ende verlobt zu sein. Nahe seinem westlichen Ende liegt das berühmte **Marmorschiff** (Qingjan Fang), das Cixi mit dem Geld fertig stellen ließ, das sie der Marine vorenthielt, und das ihren Getreuen als geistreiche wie willensstarke Geste galt. Nicht weit davon befindet sich ein Anleger mit **Ruderbooten**, die für ¥10 pro Std. gemietet werden können. Sowohl einheimische als auch ausländische Touristen machen hiervon regen Gebrauch und rudern z.B. zur Brücke des Jadegürtels im Westen oder zur Siebzehn-Bogen-Brücke im Osten. Im Winter bietet der See ein nicht minder spektakuläres Bild und wird von Chinesen zum Eislaufen besucht; Schlittschuhe können geliehen werden. Anfahrt mit denselben Bussen, die auch zum Yuanmingyuan fahren, Ausstieg ein paar Haltestellen später an der Endstation, oder mit Bus Nr. 808 vom Qianmen. Am schnellsten geht es mit dem Taxi von der U-Bahn-Station Xizhimen für ca. ¥15. ◷ tgl. 8–19 Uhr, Gebäude schließen um 16 Uhr, Eintritt ¥40.

Übernachtung

Das Angebot an erschwinglichen Unterkünften in Beijing hat sich in den letzten Jahren erheblich verbessert. Inzwischen gibt es verschiedene gut geführte, preiswerte und günstig gelegene Hotels und Hostels, sodass man auch bei knapp bemessener Reisekasse nicht zwangsläufig in einem seelenlosen Schlafsaal weit außerhalb landen muss. In den billigsten Unterkünften darf mit einem Bett in einem sauberen, aber beengten Zimmer und Gemeinschaftseinrichtungen gerechnet werden. Doppelzimmer verfügen fast immer über ein angegliedertes Bad. Drei-Sterne-Hotels und bessere Unterkünfte bieten geräumigere Zimmer und in der Regel Annehmlichkeiten wie Satelliten-TV, Schwimmbad und Sauna. Fast jedes Hotel verfügt über einen Friseursalon, ein Restaurant sowie Einrichtungen für Geschäftsleute.

Die Unterkünfte in den **Außenbezirken** liegen fast ausnahmslos an oder nahe der dritten Ringstraße, d.h. fernab des Zentrums in einer faden Gegend, jedoch bestehen von dort gute Verbindungen in die zentralen Bezirke; zudem sind sie meist preiswerter. Angesichts der Ausdehnung Beijings ist die Nähe zu einer U-Bahn-Station ungemein vorteilhaft.

Außer in den billigsten Unterkünften sollte man immer höflich versuchen zu feilschen – die offiziellen Preise dienen nur zur Orientierung, und fast niemand zahlt sie. Bei Buchung einige Tage im Voraus über das Internet werden oftmals stattliche Preisnachlässe eingeräumt, beispielsweise bei 🖳 www.sinohotels.com oder www.egochina.com. Lohnend kann außerdem die Nachfrage am Reservierungsschalter im Flughafen bei Ankunft sein.

Alle der nachfolgend aufgeführten Hotels sind auf unseren Übersichtskarten und vergrößerten Kartenausschnitten verzeichnet.

BUDGETHOTELS – Viele Hoteliers haben das Potential entdeckt, das sich ihnen durch Billigreisende eröffnet. Wer nichts dagegen hat, ein Zimmer mit jemandem zu teilen, kann hier ein Bett billiger als in den meisten anderen chinesischen Städten bekommen. In zentraler Lage haben verschiedene neue, saubere Hostels eröffnet, sodass man nicht mehr auf solch schäbige Absteigen wie das *Jinghua* mit seinen Prostituierten, schmutzigen Laken und Ekel erregenden Gerüchen angewiesen ist. Nicht besser sind das nahe *Seastar* und das *Jingtai*. Verblüffenderweise sind diese Unterkünfte nach wie vor mit ausländischen Gästen belegt – vermutlich aus Unwissenheit um die anderen.

Eine weitere preiswerte Alternative, die überwiegend von ausländischen Chinesisch-Studenten genutzt wird, sind die Dorms der Universitäten. Sie bieten zwar keinen Hotelkomfort, zudem ist es keineswegs sicher, dass man tatsächlich ein Bett bekommt – nicht weil die Zimmer restlos belegt wären, was selten der Fall ist, sondern weil das Aussehen des potentiellen Gasts dem zuständigen Mitarbeiter vielleicht nicht gefällt oder dieser einfach gerade keine Lust hat –, mit etwas Glück kann man hier jedoch sehr preiswert unterkommen.

Das ausgezeichnete *Lüsongyuan* und das *Red House* (Mittlere Preisklasse, s.S. 187) bieten neben den regulären Zimmern auch billige Dorm-Unterkünfte.

Beijing: Übernachtung		
Bamboo Garden	竹园宾馆	*zhúyuán bīnguǎn*
Beijing	北京饭店	*běijīng fàndiàn*
Beiwei	北纬饭店	*běiwěi fàndiàn*
Big Bell	大锺寺饭店	*dàzhōngsì fàndiàn*
Cherry Blossom	樱花宾馆	*yīnghuā bīnguǎn*
Chongwenmen	崇文门饭店	*chóngwénmén fàndiàn*
Far East International Youth Hostel	远东国际青年旅舍	*yuǎndōng guójìqīngnián lǚshè*
Fenglong	凤龙宾馆	*fènglóng bīnguǎn*
Fuhao	富豪宾馆	*fùháo bīnguǎn*
Great Wall Sheraton	长城饭店	*chángchéng fàndiàn*
Hademen	哈德门饭店	*hādémén fàndiàn*
Haoyuan	好园宾馆	*hǎoyuán bīnguǎn*
Holiday Inn Crowne Plaza	国际艺苑皇冠饭店	*guójìyìyuàn huángguān fàndiàn*
Huiqiao	惠乔饭店	*huìqiáo fàndiàn*
International Youth Hostel	国际青年旅舍	*guójìqīngnián lǚshè*
Jianguo	建国饭店	*jiànguó fàndiàn*
Jinglun	京伦饭店	*jīnglún fàndiàn*
Kempinski (Lufthansa Centre)	凯宾斯基饭店	*kǎibīnsījī fàndiàn*
Longtan	龙潭饭店	*lóngtán fàndiàn*
Lüsongyuan	侣松园宾馆	*lǚsōngyuán bīnguǎn*
Minzu	民族饭店	*mínzú fàndiàn*
New Otani	长富宫饭店	*chángfúgōng fàndiàn*
Palace	王府饭店	*wángfǔ fàndiàn*
Poacher's Inn	友谊青年酒店	*yǒuyíqīngnián jǐudiàn*
Qianmen	前门饭店	*qiánmén fàndiàn*
Red House	瑞秀宾馆	*ruìxiù bīnguǎn*
Ritan	日坛宾馆	*rìtán bīnguǎn*
SCITECH	赛特饭店	*sàitè fàndiàn*
St Regis	国际俱乐部饭店	*guójìjùlèbù fàndiàn*
Tiantan	天坛饭店	*tiāntán fàndiàn*
Tiantan Sports	天坛体育宾馆	*tiāntántǐyù bīnguǎn*
Yuan Dong	远东饭店	*yuǎndōng fàndiàn*
Zhaolong International Youth Hostel	兆龙青年旅舍	*zhàolóngqīngnián lǚshè*

Zentrum: *Far East International Youth Hostel*, 113 Tieshuxie Jie, Qianmenwai, ✆ 63018811, 📠 63018233, ✉ courtyard@elong.com, 💻 www.hostelbeijing.com. Schöne, kleine Unterkunft in fantastischer Lage in einem traditionellen Hofhaus mitten in einem noch lebendigen Hutong, 1 km vom Qianmen. 4- und 6-Bett-Dorms mit Waschbecken. Abgesehen von einer Küche, Waschmaschine und einer eleganten Lounge ist der Komfort wie in allen Hofhäusern allerdings beschränkt – es gibt nur einen Toilettenblock für den gesamten Komplex. Die Mitarbeiter sind freundlich, wenngleich etwas unorganisiert. Anmeldung im *Far East Hotel* gegenüber (um den Weg zu finden, fragt man am besten gleich nach diesem Hotel). Auf eigene Faust ist das Hostel am leichtesten zu finden, wenn man von der U-Bahn-Station Hepingmen nach Süden läuft und hinter der Marmorbrücke der Liulichang in das zweite Hutong linker Hand abbiegt, danach dem Gassenverlauf folgt – links, rechts, links. Dorm-Bett ¥45–55, mit internationalem Jugendherbergsausweis ¥10 weniger.

International Youth Hostel, 9 Jianguomennei Dajie, ✆ 65126688, App. 6146, ℻ 65229494, 💻 www.hostelbeijing.com. Nur wenig nördlich der U-Bahn-Station Beijing Zhan, in der 10. Etage des Gebäudes hinter dem *International Hotel* – nach dem Jugendherbergsschild Ausschau halten. Neu, gut geführt, sauber, sehr zentral und mit toller Aussicht. Waschmaschinen, Fahrradverleih, aber keine Kochgelegenheit. Einziger Nachteil ist der Mangel an preiswerten Speiselokalen in der Gegend. 6-Bett-Dorms ¥60, mit internationalem Jugendherbergsausweis ¥10 weniger.

Außenbezirke: *Fenglong*–,*** 5 You'anmen Dong Jie, ✆ 63536413, ✉ suyuling@etang.com. Bestes der alten Backpacker-Flaggschiffe mit einer großen Auswahl an Dorms – vorzugsweise sollte man sich verschiedene zeigen lassen, da ihre Qualität, ihr Muffigkeitsgrad und die Preise erheblich variieren. Fahrradverleih und sogar Filmentwicklungsarbeiten werden angeboten. Die Mitarbeiter sind leicht träge, dafür ist das Informationsbüro für Touristen ausgezeichnet; es ist die Schaltzentrale, über die sämtliche Touren der Billigunterkünfte laufen. Anfahrt mit Bus Nr. 122 vom Beijing Zhan. Dorm-Bett ¥25–50.

Poacher's Inn**, abseits der Sanlitun Lu, ✆ 64172632, ℻ 64156866, 💻 www.poachers.com.cn. Viel versprechend: eines der besten billigen Hotels der Stadt neben der besten billigen Bar. Neu und ordentlich geführt, die Mitarbeiter sind allerdings etwas kühl. Einige Dorms, ansonsten hauptsächlich DZ, Preise inkl. Frühstück in der Bar. Nur Gemeinschaftseinrichtungen, diese aber makellos sauber, kostenlose Wäscherei. Tolle, unvermutet ruhige Lage in der Nähe von Bars und einigen guten Restaurants. Der Weg zum Hotel führt entlang der Sanlitun Lu nach Norden, dann nach 200 m am Schild zur *Cross Bar* nach links abbiegen und der Straße in einer Linkskurve folgen – das Hotel befindet sich dann auf der rechten Seite. Dorm-Bett ¥70.

Zhaolong International Youth Hostel, 2 Gongrentiyuchang Bei Lu, ✆ 65972299, ℻ 65972288, 💻 www.zhaolonghotel.com.cn. Hinter dem schicken *Zhaolong Hotel.* Ebenfalls sauberes und gut geführtes Hostel, einen kurzen Fußmarsch von den Bars in der Sanlitun Lu entfernt. Kostenlose Wäscherei, Fahrradverleih, Internet-Zugang, Gäste können außerdem die luxuriösen Einrichtungen wie Pool und Fitnessraum im *Zhalong* nutzen. Dorm-Bett ¥60–70, mit internationalem Jugendherbergsausweis ¥10 weniger.

MITTLERE PREISKLASSE – Auch die Unterkünfte dieser Preisklasse sind erheblich besser geworden und dienen sich nicht nur betuchten Besuchern oder Geschäftsleuten an. Häufig gibt es auf die offiziellen Preise bis zu 30% Nachlass.

Zentrum: *Bamboo Garden*,*** 24 Xiaoshiqiao Hutong, ✆ 64032229, 💻 www.bbgh.com.cn. Ruhiges und pittoreskes, aber ziemlich morsches Hofhaus-Hotel in einem Hutong, nahe dem Trommel- und dem Glockenturm. Der etwas angestaubte Service trägt ein Übriges zur archaischen Atmosphäre bei. Zur Zeit der Recherche wurde renoviert, sodass sich einiges inzwischen gebessert haben dürfte.

Chongwenmen*,*** 2 Chongwenmen Xi Dajie, ✆ 65122211, ℻ 65122122. Etwas beengtes, aber günstig nahe der U-Bahn-Station Chongwenmen gelegenes Hotel. Die offiziellen Preise sind vergleichsweise hoch, sodass sich Handeln empfiehlt.

Fuhao*,*** 45 Wangfujing Dajie, ✆ 65231188, ℻ 65131188. Neue Drei-Sterne-Unterkunft, die erschwinglicher als die meisten anderen der Gegend ist.

Hademen,*** 2a Chongwenmenwai Dajie, ✆ 67012244, ℻ 67016865. Etwas verschachtelt wirkendes Zwei-Sterne-Hotel, dessen Mitarbeiter kein Englisch sprechen, das aber durch den Vorteil seiner günstigen Preise und der guten Lage nahe der U-Bahn-Station Chongwenmen eine Überlegung wert ist.

Haoyuan,*** 53 Shijia Hutong, ✆ 65125557, ℻ 65253179. Beschauliches, kleines Hofhaus-Hotel, nur ca. 500 m von der Wangfujing Dajie entfernt, doch sehr ruhig. Kleine, aber gemütliche Zimmer, die mit Möbeln im Ming-Stil eingerichtet sind. Zu Fuß läuft man die Dongdan Bei Dajie nach Norden und biegt in die letzte Gasse rechter Hand vor der Kreuzung mit der Dengshikou Dajie ab, dann noch 200 m bis zum Hotel (durch zwei rote Laternen gekennzeichnet) auf der linken Straßenseite.

Lüsongyuan***, 22 Banchang Hutong, etwas abseits der Jiaodaokou Nan Dajie, ✆ 64040436, 📠 64030418. Ehemaliges herrschaftliches Hofhaus aus Zeiten der Qing-Dynastie, das in ein stilvolles Hotel umgewandelt wurde und über eine Reihe geschmackvoller, eleganter Zimmer in unterschiedlichen Kategorien, im Untergeschoss auch über einen Dorm (Bett ¥80) verfügt und einen hübschen Garten besitzt. Bei Tourgruppen beliebt, während der Saison (Apr–Sept) ist eine Reservierung daher empfehlenswert. Anfahrt mit Bus Nr. 104 vom Bahnhof bis zur Haltestelle Beibingmasi, von dort läuft man 50 m zu Fuß nach Süden bis zu einem englischsprachigen Schild, das den Weg in die Gasse zum Hotel weist.

Minzu******, 51 Fuxingmen Dajie, ✆ 66014466, 📠 66014849. Auf halber Strecke zwischen den U-Bahn-Stationen Fuxingmen und Xidan. Tadellos geführt und in der Nähe von reizvollen Gegenden der Stadt, lohnt allerdings nur, wenn man einen Preisnachlass herausschlagen kann. Gutes Restaurant in der 1. Etage.

Red House*****, 10 Chunxiu Jie, ✆ 64167500, 📠 64167600, 💻 www.redhouse.com.cn. Hotel mit Monatspreisen für Selbstversorger, auch einige 7-Bett-Dorms für ¥95 inkl. Frühstück. Zu finden über die Dongzhimenwai Dajie, von der man gegenüber von *Pizza Hut* abbiegt.

Ritan******, 1 Ritan Lu, ✆ 65125588. Kleine Unterkunft, die eine erschwinglichere Alternative zu den prunkvollen Palästen an der Jianguomenwai Dajie bietet, allerdings auch auf deren Eleganz verzichtet.

Yuan Dong***, 90 Tieshu Xiejie, ✆ 63018811, 📠 63018233. Reizvoll im Labyrinth eines Hutong gelegen, nur 10 Min. Fußmarsch vom Qianmen entfernt, die Zimmer sind jedoch ein wenig muffig.

Nördlich des Zentrums: *Big Bell***, 18 Beisanhuan Xi Lu, ✆ 62253388. Etwas fade, dafür aber preiswerte Unterkunft in einer schmucklosen Gegend. Keine Bushaltestelle in der Nähe, für die Anfahrt ist daher ein Taxi vonnöten.

Cherry Blossom***, 17 Huxing Dong Jie, ✆ 6493 4455. Nicht so schick wie das benachbarte *Huiqiao* (siehe unten), dafür aber auch preiswerter. Bester Komfort, das Restaurant sollte jedoch gemieden werden.

Huiqiao****, 19 Huxing Dong Jie, ✆ 64918811. Gutes, ruhiges Mittelklassehotel mit sauberen, schönen Zimmern. Recht weit im Norden gelegen, mit dem Taxi für ¥10 oder mit Bus Nr. 807 von der nächstgelegenen U-Bahn-Station Yonghe Gong jedoch schnell zu erreichen. Durch die Nähe zu verschiedenen Universitäten ist die Gegend reich mit guten, preiswerten Restaurants bestückt, insbesondere mit Lokalen, die Speisen aus der Region Xinjiang sowie aus Korea anbieten.

Südlich des Zentrums: *Beiwei* und ***Tianqiao***, ab *****, 13 Xijing Lu, ✆ 63012266, 📠 63011366. Chinesisch-japanisches Joint-Venture, das aus zwei Gebäuden besteht: einem sehr teuren und einem billigeren. Das billigere (Beiwei) wirkt wie eine Kaserne im Vergleich zum schlachtschiffartigen Prunk des benachbarten teureren (Tianqiao). Anfahrt mit Bus Nr. 20 vom Hauptbahnhof bis zur Yongdingmennei Dajie, von dort noch 1 km Fußmarsch nach Westen.

Longtan****, 15 Panjiayuan Nan Lu, ✆ 67712244. Gute Lage, komfortabel und mit einer großen Auswahl an unterschiedlichen Zimmern, die Mitarbeiter sprechen allerdings kaum Englisch.

Qianmen*****, 175 Yong'an Lu, ✆ 63016688, 📠 63013883. Großes, charakterloses, aber beliebtes Drei-Sterne-Hotel mit eigenem Theater, das allabendlich und überwiegend vor Reisegruppen eine nicht ganz authentische Peking-Oper zeigt.

Tiantan******, 1 Tiyuguan Lu, ✆ 67112277, 📠 67116833. Kleine, komfortable, aber etwas teure Drei-Sterne-Unterkunft in ruhiger Lage östlich des Tiantan-Parks.

Tiantan Sports****, 10 Tiyuguan Lu, ✆ 67113388. Angesichts der zahlreichen übergewichtigen Geschäftsleute wirkt die Atmosphäre deutlich weniger sportlich, als der Name vermuten ließe, aber immerhin gibt es in der Straße jede Menge Läden, die Sportartikel verkaufen. Das Hotel bietet diverse Touren an, vor der Tür gibt es einen Fahrradverleih. Anfahrt mit Bus Nr. 39 vom Beijing Zhan.

LUXUSHOTELS – In Beijing gibt es so viele Luxushotels, dass all die Geschäftsleute und betuchten Touristen nicht ausreichen, um sie zu füllen; nicht wenige arbeiten daher mit Verlust. Man muss aber nicht in ihnen wohnen, um in den Genuss ihrer hervorragenden Einrichtungen zu kommen. Wer im Westen in Jeans ein Nobelhotel betritt, wird mit höflicher Nichtbeachtung gestraft, hier jedoch gilt ein ausländisches Gesicht als Eintrittskarte in das palastartige Innere der Hotels. In den Toiletten der Lobbys stehen in der Regel livrierte Angestellte bereit, um absolute Sauberkeit und Komfort zu garantieren. Die Lobbys sind zudem ideal, um kostenlose Exemplare der *China Daily* und Touristenmagazine zu ergattern.

Beijing, 33 Dongchang'an Jie, ✆ 65137766, 💻 www.chinabeijinghotel.com. Am zentralsten gelegenes Hotel dieser Kategorie, etwas östlich des Tian'anmen-Platzes, und eines der auffälligsten Gebäude der gesamten Stadt. Von den Zimmern in den oberen Etagen im Westflügel bietet sich ein herrlicher Ausblick über die Verbotene Stadt. Die kürzliche Renovierung hat die letzten Reste des historischen Charmes getilgt, und der Service könnte besser sein. Zimmer ab US$160.

Great Wall Sheraton, 6 Dongsanhuan Bei Lu, ✆ 65005566, 📠 65001919. Sehr mondänes Fünf-Sterne-Haus an der dritten Ringstraße. US$220.

Holiday Inn Crowne Plaza, 48 Wangfujing Dajie, ✆ 65133388. Etabliertes, nahe den Geschäften gelegenes Hotel mit künstlerischen Ambitionen in Gestalt einer hauseigenen Galerie. US$200.

Jianguo, 5 Jianguomen Dajie, an der U-Bahn-Station Yong'an Li, ✆ 65002233, 💻 www.hoteljianguo.com. Bestes Vier-Sterne-Hotel der Stadt, das zu Recht sehr gefragt ist. Gut geführt, tadelloses Erscheinungsbild, viele Zimmer an Hofgärten gelegen. Das hiesige Restaurant *Justine's* serviert das beste französische Essen der Stadt. US$190.

Jinglun (Hotel Beijing–Toronto), 3 Jianguomenwai Dajie, ✆ 65002266, 📠 65002022. Von außen nüchtern, im Innern bietet das japanisch geführte Haus jedoch sehr viel Komfort und Eleganz. US$190.

Kempinski, Lufthansa Centre, 50 Liangmaqiao Lu, ✆ 64653388, 💻 www.kempinski-beijing.com. Abseits des Zentrums, auf dem Weg zum Flughafen und nicht weit von der dritten Ringstraße gelegenes Fünf-Sterne-Hotel mit angegliedertem großem Einkaufszentrum; in der Nähe gibt es außerdem zahllose Bars und Restaurants, die von ausländischen Bewohnern Beijings bevölkert werden.

New Otani, 26 Jianguomenwai Dajie, ✆ 6512 5555, 📠 65139810. Modernes Fünf-Sterne-Hotel, das seine Gäste wie kein anderes verwöhnt und zu den luxuriösesten Beijings gehört. Der Komfort hat allerdings einen happigen Preis von mindestens US$212 pro Nacht.

Palace, 8 Jingyu Hutong, ✆ 65128899, 📠 6512 9050. Dezente Unterkunft in guter Lage mit einem sehr brauchbaren Einkaufszentrum, das einst den einzigen Armani-Laden Chinas beherbergte. US$300.

SCITECH, 22 Jianguomenwai Dajie, ✆ 65123388, 📠 65123542. Hotel für Geschäftsleute in günstiger, aber unschöner Lage gegenüber dem Freundschaftsladen zwischen einer Gruppe von Bürogebäuden. Anfahrt mit der U-Bahn bis zur Station Jianguomen, von dort zu Fuß ein Stück nach Osten.

St Regis, 21 Jianguomen Wai Dajie, ✆ 64606688, 📠 64603299. Bestes und teuerstes Hotel der Stadt, in dem solch illustre Gäste wie George W. Bush absteigen, wenn sie auf Visite sind. Zimmer ab US$225.

Essen

Groß ist die Qual der Wahl in Beijing. Die Preise sind selbst in den luxuriösesten Restaurants erschwinglich und weit günstiger als in vergleichbaren Lokalen im Westen. Nirgendwo auf dem chinesischen Festland ist die kulinarische Vielfalt größer als in Beijing. Neben allen **chinesischen Küchen** sind hier auch nahezu alle asiatischen und die meisten Weltküchen vertreten. Angesichts dieser Fülle wird oftmals vergessen, dass Beijing selbst eine eigene Kochtradition besitzt und mit Spezialitäten wie **Peking-Ente** *(Beijing kaoya)* und **mongolischem Feuertopf** einen schmackhaften Beitrag leistet. Peking-Ente wird in chinesischen Restaurants auf der ganzen Welt serviert und besteht aus kleinen Fleischstücken, die in Pflaumensoße getunkt und anschließend

Beijing: Essen

Afunti	阿凡提	*āfántí*
Be There Or Be Square	不见不散	*bújiàn búsàn*
Berena's Bistro	伯瑞娜	*bóruì nà*
Bianyifang Roast Duck	便宜坊烤鸭店	*biányìfāng kǎoyādiàn*
Delifrance	大磨坊面包	*dàmòfáng miànbāo*
Donghuamen Yeshi	东华门夜市	*dōnghuámén yèshì*
Duyichu	都一处烧麦馆	*dūyíchù shāomàiguǎn*
Elephant	大笨象	*dàbènxiàng*
Fangshan	仿膳饭店	*fǎngshàn fàndiàn*
Golden Elephant	金象苑东方餐厅	*jīnxiàngyuàn dōngfāng cāntīng*
Golden Thaitanium	泰合金	*tàihéjīn*
Gongdelin	功德林素菜馆	*gōngdélín sùcàiguǎn*
Goubuli Baozi	狗不理包子铺	*gǒubùlǐ bāozipù*
Hard Rock Café	硬石餐厅	*yìngshí cāntīng*
Kaorouji	烤肉季	*kǎoròujì*
KFC	肯德基家乡鸡	*kěndéjī jiāxiāngjī*
Lichun	利群烤鸭店	*lìqún kǎoyādiàn*
Makai	吗凯餐厅	*mǎkǎi cāntīng*
McDonald's	麦当劳餐厅	*màidāngláo cāntīng*
Mexican Wave	墨西哥风味餐	*mòxīgē fēngwèicān*
Neng Ren Ju	能仁居饭庄	*néngrénjū fànzhuāng*
Old Character Hakka	老汉子客家菜馆	*lǎohànzi kèjiācàiguǎn*
One Thousand and One Nights	一千零一夜	*yīqiān língyīyè*
Phrik Thai	泰辣椒	*tàilàjiāo*
Pizza Hut	必胜客	*bìshèngkè*
Qianmen Quanjude Roast Duck	前门全聚德烤鸭店	*qiánmén quánjùdé kǎoyādiàn*
Saigon Inn (Gloria Plaza Hotel)	凯莱大酒店	*kǎilái dàjiǔdiàn*
Shenglinfu	盛林府	*shènglínfǔ*
Sichuan	四川酒楼	*sìchuān jiǔlóu*
Tianshi	绿色天食	*lǜsè tiānshí*
Wangfujing Quanjude Roast Duck	王府井全聚德烤鸭店	*wángfǔjǐng quánjùdé kǎoyādiàn*
Xiheya Ju	羲和雅居	*xīhé yǎjū*
Yushan	御膳饭店	*yùshàn fàndiàn*

mit gehackten Zwiebeln in einen Pfannkuchen gerollt werden. Ein solches Mahl ist sehr gehaltvoll und treibt den Cholesterinspiegel nicht unerheblich in die Höhe. Leichter bekömmlich ist der mongolische Feuertopf, eine Art Fondue für Arme, bei dem in einen Topf mit kochender, meist von unten auf Temperatur gehaltener Brühe in Streifen geschnittenes Hammelfleisch sowie Kohl und Nudeln gestippt werden. Der Rest wird am Ende mitunter als Suppe getrunken.

Reichhaltig ist auch die Auswahl an **westlichen Speisen** in Beijing, allerdings kosten diese etwas mehr als chinesisches Essen. Französisch gilt als schick, die Qualität ist jedoch nur mittelmäßig. Eine Ausnahme hiervon bildet die ausgezeichnete Kette *DeliFrance,* die ebenso gute wie preiswerte Backwaren anbietet. Deutsches und italienisches Essen ist besser, aber ebenfalls teuer und wird in den exklusiveren Gegenden der Stadt von einer ganzen Reihe Restaurants angeboten. **Japanisch** und **Koreanisch** kann man hauptsächlich in den Restaurants der gehobenen Hotels essen, und das sowohl gut als auch zu erschwinglichen Preisen. Wer jedes Experiment scheut, kann international Bekanntes wie das *Hard Rock Café* aufsuchen – Speisen, Einrichtung und Preise entsprechen in jeder Hinsicht dem von zu Hause Gewohnten.

Fastfood gibt es in zwei Varianten: bei der chinesischen handelt es sich in der Regel um Nudelgerichte, die in einer Styroporschachtel in Kaufhäusern oder an Straßenständen erhältlich sind, bei der westlichen um Importe wie *Pizza Hut, McDonald's* und *KFC,* die überaus erfolgreich sind und viele Nachahmer gefunden haben. Die erste *McDonald's*-Filiale eröffnete 1992, heute gibt es bereits mehr als 50, und diese sind häufig so überfüllt, dass nicht wenig Geduld erforderlich ist, bis der Hunger gestillt werden kann. Die Preise sind niedriger als im Westen, für chinesische Verhältnisse jedoch hoch. Abgesehen vom Zentrum, wo die Polizei die Verkäufer vertreibt, gibt es zahllose **Straßenstände**, an denen zumeist Nudelgerichte zu bekommen sind; die besten findet man auf den regulären Nachtmärkten. Verzichten sollte man hingegen auf Eiscreme, die Verkäufer in der Nähe von Parks anbieten, da die in Heimarbeit hergestellte Ware oftmals von zweifelhafter Qualität ist.

Wer für ein Picknick einkaufen möchte oder eine Unterkunft mit Kochgelegenheit besitzt, findet in der Hauptstadt eine stattliche Auswahl an **Supermärkten**. Am beeindruckendsten ist die Filiale der aus Hongkong stammenden *Wellcome*-Kette im Untergeschoss des World Trade Centre, deren Preise hier allerdings um die Hälfte höher als in Hongkong liegen. Der Supermarkt im 1. Stock des Freundschaftsladens ist nicht annähernd so gut, bietet aber u.a. Butter, Käse und Biere aus dem Westen. Gleiches findet man auch in den Supermärkten im Untergeschoss des *Parkson Store* und im *SCITECH*-Einkaufszentrum. Wird das Heimweh westlicher Besucher allzu groß, empfiehlt sich der Weg nach Sanlitun, wo Spezialitätengeschäfte für Linderung sorgen: z.B. *Jenny Lou's* in der Gongrentiyu Bei Lu, ein beliebter und empfehlenswerter, aber nicht billiger Laden.

FRÜHSTÜCK, SNACKS UND FASTFOOD – Viele Besucher können dem chinesischen Frühstück aus Teigtaschen und klebrigem Reis kaum etwas abgewinnen, *jiang bing guozi* jedoch, der klassische Beijinger Frühstücks-Snack, der aus Gemüse besteht, das in ein Omelett und einen Pfannkuchen gewickelt wird, und den Straßenverkäufer mit geschickten Handgriffen in weniger als einer Minute zubereiten, ist schmackhaft und billig (¥2). Die meisten Hotels bieten in der einen oder anderen Form Frühstück nach westlichem Geschmack an. Als Alternativen stehen ansonsten *DeliFrance* für preiswerte Croissants, *Dunkin' Donuts* für Muffins oder *Starbucks* für Kaffee und Kuchen zur Verfügung. Beijing ist einer der wenigen Orte Chinas, wo eine anständige Tasse **Kaffee** zu bekommen ist, generell bleibt Kaffee jedoch ein Getränk der dem Westen nacheifernden Elite – die meisten Chinesen können ihn nicht ausstehen, weshalb Cafés denn auch überwiegend in den teureren Gegenden zu finden sind. Für einen billigen und sättigenden **Imbiss am Abend** empfehlen sich die Straßenstände beispielsweise mit *huntun,* im Grunde nichts anderes als eine Wantan-Suppe, *xianr bing,* gefülltem Pfannkuchen, oder mit diversen Nudelgerichten. Zahllose solche Stände gibt es auf den **Nachtmärkten**, die ab ca. 17 Uhr bis gegen 22 Uhr abgehalten werden und im Sommer am lohnendsten sind.

DeliFrance, Qianmen Xi Dajie (neben *McDonald's*), Filialen im Lufthansa Centre, Untergeschoss; Sun Dong'an Plaza, Ebene 2, Wangfujing. Gute, kleine französische Bäckereikette mit preiswerter Pizza, frischen Croissants und Kuchen.

Donghuamen-Yeshi-Nachtmarkt, Wangfujing Dajie, Ecke Jinyu Hutong, in derselben Straße wie das *Palace Hotel.* An den Straßenständen gibt es *xiaochi* (wörtl. „kleines Essen") aus ganz China; abgesehen von gelegentlichen Delikates-

Sommerpalast, Siebzehn-Bogen-Brücke

sen wie Skorpion am Spieß für ¥10 kostet alles nur ein paar Kuai. In dem angrenzenden Touristen-Nachtmarkt wiederum sind einige der edelsten Restaurants Beijings mit Ständen vertreten, um in reizvoller Gartenatmosphäre Essen an der Straße zu einem Erlebnis der gehobenen Sorte zu machen. Preise ¥10–100.

Dunkin' Donuts und ***Baskin' Robbins,*** Jianguomen Dajie, neben dem Freundschaftsladen. Sind im selben Komplex untergebracht und rund um die Uhr geöffnet. Da sich hier gerne Diebe tummeln, sollte man seine Habe im Auge behalten. Eine weitere Filiale von *Dunkin' Donuts* befindet sich in der Wangfujing Dajie, nördlich der Kreuzung mit der Donganmen Dajie.

Duyichu, 36 Qianmen Dajie. Für seine gedämpften Teigtaschen bekanntes Restaurant, das seit mehr als einem Jahrhundert besteht, wenngleich die nüchterne moderne Einrichtung dies nicht vermuten lässt. Eines der besten Lokale der Gegend für ein leichtes Mittagessen. Speisen auch zum Mitnehmen.

Goubuli Baozi, 155 Dianmenwai Dajie, wenig südlich des Trommelturms. Ableger der berühmten Restaurantkette aus Tianjin, wo schmackhafte *baozi* (Teigtaschen) für ein paar Yuan zu bekommen sind – entweder isst man sie gleich hier (billiger sind sie im unteren Geschoss) oder nimmt sie, wie die meisten Chinesen, mit nach Hause.

KFC, Qianmen Xi Dajie, gleich südlich des Qianmen. Erste, inzwischen schon etwas angestaubt wirkende Filiale einer Fastfood-Kette aus dem Westen, die heute im ganzen Land vertreten ist; öffnete 1987 ihre Pforten. Weitere Filiale im Parkson Centre, U-Bahn-Station Fuxingmen.

McDonald's, Qianmen Xi Dajie (neben *KFC*); Filialen in der Xidan Bei Dajie (200 m nördlich der Fuxingmen Dajie), Nansanhuan Xi Lu (200 m westlich des *Jinghua Hotel*), Jianguomen Dajie (gegenüber der *CITIC*-Bank) und an mehr als 50 weiteren Standorten im Stadtgebiet. Erfreut sich bei der jugendlichen Klientel ungebrochener Beliebtheit.

Qianmen Old Train Station, Qianmen Dong Dajie, in dem Gebäude mit dem Uhrturm. Der Speisesaal im Erdgeschoss bietet eine breite Auswahl an Spezialitäten aus ganz China, die nur selten mehr als ¥10 kosten.

Pizza Hut, 33 Zhushikou Xi Jie; Jianguomen Dajie (etwas westlich des Freundschaftsladens), außerdem 29 Haidian Lu und 27 Dongzhimenwai Dajie. Hält all das bereit, was man auch in westlichen Ländern von dieser Kette erwarten darf. Die ruhigste Filiale ist die in der Zhushikou Dajie.

Starbucks, 1. Etage, China World Trade Centre, 1 Jianguomenwai Dajie (um die Ecke vom Freundschaftsladen, außerdem im COFCO-Gebäude, 8 Jianguomennei Dajie. Bietet den besten und wohl auch teuersten Kaffee der Stadt – normaler Filterkaffee kostet ¥12, bei spezielleren Wünschen wird es noch teurer.

Subway, Jianguomen, zwischen *Jinglun Hotel* und *China World,* weitere Filialen Henderson Centre (gegenüber dem *International Hotel*), 52 Liangjiu Lu (gegenüber dem *Kempinski Hotel*) und China World Trade Centre NB209. Amerikanische Kette, meist bis Mitternacht geöffnet, mit sättigenden Sandwiches zu saftigen Preisen.

Untergeschoss des alten Bahnhofs (das Gebäude mit dem Uhrturm), Qianmen Dong Dajie. Hier gibt es eine Essensabteilung mit Spezialitäten aus ganz China, das meiste davon für weniger als ¥10.

RESTAURANTS – Sämtliche der teuren Hotels verfügen über diverse gute Restaurants, deren Atmosphäre zwar etwas gebremst wirkt, die aber häufig preiswerter sind, als man erwarten könnte. Lohnend kann es sein, die Stadtmagazine nach deren Werbeanzeigen mit speziellen Angeboten zu durchforsten. Billiger und lebendiger sind die einheimischen Restaurants. Besucher aus dem Westen sollten sich auf frühere Essenszeiten als zu Hause einstellen: Mittagessen gibt es gegen 12 Uhr, Abendessen um ca. 18–19 Uhr. Nur wenige Lokale haben länger als 23 Uhr geöffnet. In den Restaurants gibt es in der Regel zwei, manchmal auch mehr **Speisesäle**, in denen unterschiedliche Preise gelten, obwohl das Essen aus derselben Küche kommt. Am preiswertesten ist meist der offene Speisebereich in der ersten Etage. Eine vorherige Reservierung ist selten sinnvoll, da man automatisch im teuersten Restaurantbereich landet. In der folgenden Liste sind nur für die gehobeneren und beliebteren Restaurants die Telefonnummern aufgenommen worden.

Hutongdächer, Beijing

Wache am Tian'anmen; Beijing

Halle der Höchsten Harmonie, Verbotene Stadt; Beijing

Wacht am Trommelturm; Beijing

Tempel des Meers der Weisheit, Sommerpalast; Beijing

Alter Bahnhof; Beijing

Alltag in Beijing

Leben im Hutong; Beijing

Die Große Mauer bei Shuiguan

Mao-Mausoleum; Beijing

Qianmen und der Süden: ***Gongdelin,*** 158 Qianmen Nan Dajie. Kurioses vegetarisches Restaurant mit Gerichten aus Shanghai, die solch poetische Namen wie „Das Feuer versengt die schneebedeckten Berge" tragen, ganz nüchtern betrachtet aber überwiegend verblüffend echt schmeckende Fleischimitationen sind. Probieren sollte man die Fischgerichte sowie die „Drachenaugen" aus Tofu und Pilzen. Service und Ambiente lassen zu wünschen übrig, wohl nicht zuletzt weil das Renommee des Lokals in jedem Fall für reichlich Gäste sorgt.

Lichun, 11 Bei Xiang Hutong, ✆ 67025681. Serviert leckere, preiswerte Ente für ¥80, liegt aber tief in einem Hutong in einem heruntergekommenen, alten Hofhaus und ist nicht leicht zu finden. Von der U-Bahn-Station Qianmen läuft man nach Osten entlang der Qianmen Dong Dajie, biegt dann rechts in die erste Straße, die Zhengyi Lu, und an deren Ende wieder nach rechts. Danach folgt man dem englischsprachigen Schild zum „Lijun Roast Duck Restaurant" zweimal nach links und erreicht das Restaurant auf der linken Seite – im Zweifelsfall Passanten fragen. Reservierung empfehlenswert.

Qianmen Quanjude Roast Duck, 32 Qianmen Dajie, ✆ 67011379. Eine Beijinger Institution; riesig, bestens organisiert und recht touristisch, was der Qualität der gebotenen Speisen jedoch keinen Abbruch tut. Tourgruppen werden in das obere Geschoss verfrachtet, unten ist die Atmosphäre aber besser. Eine ganze Ente (die für 2 Pers. reicht) kostet ¥168.

Quanjude Roast Duck, 14 Qianmen Xi Dajie, ✆ 63018833. Ebenfalls gigantische Ausmaße mit Platz für mehr als 2000 Gäste. Preise wie in der Qianmen-Filiale.

Yushan, 87 Tiantan Lu, 100 m westlich des Nordtors zum Himmelstempel, ✆ 67014263. Zweigstelle des *Fangshan Restaurant* im Beihai-Park mit ebenso blumig betitelten Gerichten, aber ohne die dortige festliche Atmosphäre. Die Gerichte sind etwas preiswerter, Menüs gibt es ab ¥150.

Jianguomen Dajie und Umgebung: ***Afanti,*** 2A Houguaibang Hutong, eine Seitengasse der Chaoyangmen Dajie. Lebendiges Lokal, das Gerichte aus Xinjiang (Kebabs, Nan und Ähnliches) serviert und dazu Bauchtanz und eine uigurische Band präsentiert. Beliebt bei Ausländern.

Be There Or Be Square, Ebene 2, Henderson Centre, nördlich des Beijing Zhan. Hinter dem schrecklichen Namen verbirgt sich ein Restaurant für schlichte, schnelle Hongkong-Küche, das bei der jungen mobilen Generation beliebt ist. Ein besseres Speiselokal in Nähe des Bahnhofs wird man nicht finden, das Personal kann allerdings etwas launisch sein. Preiswert, 24 Std. geöffnet.

Elephant, 17 Ritan Bei Lu. Beherbergt unten ein jugoslawisches, oben ein russisches Restaurant. Letzteres bietet eine große Auswahl an Suppen und Salaten sowie natürlich den unvermeidlichen Borschtsch; alle Hauptgerichte mit üppig portioniertem Kartoffelbrei als Beilage; ca. ¥80 p.P.

Justine's, *Jianguo Hotel,* 5 Jianguomenwai Dajie. Einfach und elegant, überwiegend westliche Küche, gut sind z.B. die Hummersuppe und das gegrillte Lamm, beste Weinkarte der Stadt; ca. ¥150 p.P.

Mexican Wave, Dongdaqiao Lu. Gemütliches Bistro mit entspannter, sehr westlicher Atmosphäre, das sich vor allem und sehr erfolgreich um ausländische Gäste aus dem nahen Diplomatenviertels bemüht. Tgl. wechselndes, gutes Mittagsmenü für ¥50, ebenfalls schmackhaft sind die variantenreichen Pizzas.

Nadaman, 3. Etage, *China World Hotel,* World Trade Centre. Japanisches Restaurant, das sich mit dezenter Schlichtheit schmückt und wahnwitzige Preise verlangt – Menü ¥300 p.P. Die meisten Zutaten werden aus Japan eingeflogen.

Phrik Thai, Gateway-Gebäude, 10 Yabao Lu. Elegantes thailändisches Restaurant, das gerne von Ausländern besucht wird. Empfehlenswert u.a. das rote Curry und Hühnchen-Satay.

Rotary Sushi Restaurant, Jianguomen Dajie. Billiges japanisches Fastfood-Lokal in unmittelbarer Nachbarschaft des Freundschaftsladens. Die Speisen fahren auf einem Förderband an den Gästen vorbei, Preise je nach farblicher Kennzeichnung ¥5–25.

Saigon Inn, 3. Etage, *Gloria Plaza Hotel,* 28 Jianguomenwai Dajie. Auf vietnamesische Gerichte spezialisiertes Restaurant, opulent, aber nicht teuer. Schon für weniger als ¥150 lässt sich hier bestens schlemmen, und das Mittagsmenü ist mit ¥50 sehr preiswert.

Sichuan Restaurant, Ebene 2, World Trade Centre, 1 Jianguomenwai Dajie. Sichuan-Küche in edlem Ambiente. Sehr zu empfehlen ist der Feuertopf für ¥170 p.P.

Xiheya Ju, im Nordosten des Ritan-Parks. Einem herrschaftlichen Gebäude der Qing-Dynastie nachempfundenes Restaurant, das Gerichte aus den Provinzen Sichuan und Guangdong serviert, daneben auch westliche Speisen. Gut ist u.a. *ganbian rou si,* getrocknetes, gebratenes Rindfleisch mit Sellerie und Chili. Mit ca. ¥60 p.P. ist zu rechnen.

Sanlitun und Umgebung: *Berena's Bistro,* 6 Gongti Dong Lu. Englischsprachige Bedienung, guter Service und ausgezeichnete Gerichte aus Sichuan, bei ausländischen Bewohnern Beijings außerordentlich beliebt. Probiert werden sollte *gongbao jiding* – Pfefferhuhn. Am leichtesten zu finden, wenn man die Nan Jiuba Jie nach Süden läuft – das Lokal liegt gleich hinter den Bars.

Golden Elephant, ab Sanlitun Jiu Ba Jie. Hübsches Lokal, das vor allem Diplomaten vom Subkontinent schätzen. Serviert werden indische und thailändische Gerichte, gewählt werden kann aus einer englischsprachigen, bebilderten Speisekarte. Gut sind z.B. *palak paneer* und *aloo ghobi* mit Tandoori-Huhn und Knoblauch-Nan. Das Bier ist billiger als in den umliegenden Bars. Zu Fuß läuft man die westliche Straßenseite nach Norden und biegt nach 200 m am Schild zur *Cross Bar* nach links ab. Ca. ¥80 p.P.

Old Character Hakka Restaurant, ab Sanlitun Jiu Ba Jie, neben der *Cross Bar.* Um nicht in der benachbarten billigen Kopie zu landen, ist auf den Eingang mit der schwarzen Tür zu achten. Zu Recht beliebt und stets voll. Ansprechende Atmosphäre, schmackhafte und preiswerte Speisen der Hakka aus dem Süden, es gibt eine (!) Speisekarte in Englisch. Die Bedienung ist ein wenig lärmig. Der Weg folgt derselben Strecke wie zum *Golden Elephant* (s.o.).

One Thousand and One Nights, 21 Gongrentiyuchang Bei Lu, 200 m westlich der Sanlitun Jiu Ba Jie. Beijings erstes nahöstlichen Speisen frönendes Restaurant, gleichermaßen beliebt bei Langnasen aus dem Westen, die nach einem Besuch der nahen Bars Appetit auf einen Kebab verspüren, und bei heimwehkranken Diplomaten, die sich draußen auf dem Gehweg an einer Wasserpfeife gütlich tun. Als Vorspeise empfiehlt sich Hummos, gefolgt vom Backhuhn als Hauptgericht, wobei im Magen noch Platz für ein paar Baklava bleiben sollte, die es im dazugehörigen Laden 100 m östlich des Restaurants gibt. Bis lange in die Nacht geöffnet, manche Gerichte sind jedoch schnell ausverkauft.

Shenglinfu Taiwan Restaurant, ab Sanlitun Jiu Ba Jie. Kleines, elegantes Lokal mit klassischer chinesischer Einrichtung, aufmerksamer Bedienung und gutem Huhn in Wein aus dem Tontopf. Nachmittags besteht die Möglichkeit, an einer Teezeremonie teilzunehmen. Der Weg zum Restaurant führt wiederum die westliche Straßenseite entlang, bis nach 200 m ein Schild auf „orthodox Taiwan food" in einer Gasse hinweist. Dieser Gasse folgt man, biegt nach rechts ab und hält nach den roten Laternen vor dem Lokal Ausschau. Mahlzeit ca. ¥30 p.P.

Wangfujing Dajie und Umgebung: *Bianyifang Roast Duck,* 2 Chongwenmenwai Dajie, ✆ 6711 2244. Preiswertestes der *Roast Duck*-Häuser. Im zweiten Speisesaal, der hinter dem ersten liegt, kostet eine ganze Ente nur ¥80. Immer voll, frühes Erscheinen ist daher ratsam.

Muslim Fast Food, nördlich der Wusi Dajie, zu finden, wenn man der Wangfujing Dajie bis hinter die Kreuzung mit der Wusi Dajie folgt und in ein Hutong einbiegt, wo es auf der Ostseite jede Menge Verkaufsstände mit Kleidung gibt. Nach 200 m erreicht man einen kleinen Platz – das Restaurant (zu erkennen an der Schrift auf grünem Hintergrund) liegt an dessen Südseite, gegenüber einem *McDonald's.* Sieht wenig beeindruckend aus, aber das Essen ist lecker und preiswert. Am besten zeigt man an dem reichhaltig und auch mit vielen vegetarischen Gerichten bestückten Tresen auf die gewünschten Speisen. Sehr gut sind auch die Süßspeisen.

Tianshi Vegetarian Restaurant, 57 Dengshi Xikou, nahe der Wangfujing Dajie. Sämtliche Gerichte dieses hellen, modernen Restaurants sind auf der Basis von Knollengemüsen, Hülsenfrüchten oder Getreide zubereitet, kalorienarm und frei von Cholesterin, werden aber zumeist – man ist schließlich in China – als Fleischimitate präsentiert. Zu empfehlen sind das „Huhn" oder der „Aal", Alkohol wird nicht ausgeschenkt; ca. ¥50 p.P.

Wangfujing Quanjude Roast Duck, 13 Shuaifuyuan Hutong, ✆ 65253310. Kleiner als die anderen dieser Kette. Hat sich angesichts der Nähe zu einem Krankenhaus den wenig schmeichelhaften Spitznamen „kranke Ente" eingehandelt.

Nördliche Stadtviertel: *Fangshan,* Beihai-Park, nahe dem Südtor, ✆ 64011879. In exquisiter Lage auf der zentralen Insel im Beihai-Park. Beste Adresse, um die „kaiserliche Küche" in Beijing zu genießen. Preise ¥100–500 p.P. für ein festliches Menü, das so Exotisches wie Kamelhufe und Vogelnestsuppe umfasst. Reservierung empfehlenswert.

Golden Thaitanium, Dongsanhuan Bei Lu, neben dem Chaoyang-Theater. Schmackhafte, sehr scharfe thailändische Gerichte in entspannter Atmosphäre. Speisekarte bebildert. Gut mit einem Besuch der Akrobatik-Show im benachbarten Theater kombinierbar, da das Restaurant auch nach Ende der Vorstellung um 21 Uhr geöffnet bleibt.

Hard Rock Café, 8 Dongsanhuan Bei Lu. Amerikanisches Restaurant inkl. Bar und Disco – wie überall auf der Welt. Eine Mahlzeit schlägt mit ca. ¥100 zu Buche, ein Bier mit ¥35.

Kaorouji, 37 Shichahai, in den nördlichen Hutong, unweit des Trommelturms. Moslemisches Lokal in reizvoller Lage am Ufer des Qianhai Hu mit großen Fenstern und im Sommer Tischen im Freien. Keine englische Speisekarte, die chinesische Version bietet aber immerhin ein paar Bilder. Anstatt Reis gibt es ein Sesambrötchen, und die Gerichte kommen mit dem Namen des Kochs versehen auf den Tisch. Vom Trommelturm läuft man die Dianmenwai Dajie nach Süden, biegt in das erste Hutong nach rechts und erreicht das Restaurant nach einem kurzen Fußmarsch kurz vor der Brücke. Nach dem Mahl bietet sich ein Besuch der netten Bars in der Nähe an.

Makai, 3 Di'anmenwai Dajie. Großes Lokal, das Gerichte aus Hunan serviert, aber etwas zu stark auf Touristen ausgerichtet ist, um authentische Atmosphäre zu verbreiten. Am Essen gibt es nichts auszusetzen, und die Preise sind mit ca. ¥50 p.P. sehr annehmbar.

Neng Ren Ju, 5 Taipingqiao, nahe dem Baita Si. Das elegante, kleine Lokal bietet den vielleicht besten mongolischen Feuertopf in der Hauptstadt. Die Auswahl der Zutaten hierfür ist groß, für den wahren Genuss bleibt man jedoch am besten bei der klassischen Variante aus Hammel, Kohl, Kartoffeln und Glasnudeln. Am Abend sorgen all die Feuertöpfe für heiße, stickige Luft.

T.G.I. Friday, Dongsanhuan Lu, 300 m südlich des *Zhaolong Hotel.* Unspektakuläres amerikanisches Essen in einer etwas ruhigeren Atmosphäre als im *Hard Rock Café.* Mahlzeiten ca. ¥100 p.P., Bier vom Fass ¥20.

Von den einst zahlreich vertretenen **Xinjiang-Restaurants** gibt es nach Zerstörung und aus Angst, sie könnten eine Brutstätte für separatistisches Gedankengut sein, heute nur noch kleine, auf zwei Gegenden beschränkte Ansammlungen: eine davon in Weiconguan im Bezirk Haidian, wo man die stimmungsvollere Atmosphäre findet, die andere gegenüber und südlich des *Cherry Blossom Hotel,* wo insbesondere im ***Tuluran*** und ***Alibaba*** das Essen etwas feiner ist. Bandnudeln, heißes Nan und jede Menge Hammelfleisch kommen überall preiswert und in lebendiger Umgebung auf den Tisch.

Koreanische Restaurants, Bars und Läden sind in großer Zahl in der Nachbarschaft der Universität für Sprachen und Kultur, Wudaokou, im Haidian-Bezirk angesiedelt. Die Preise liegen mit ca. ¥30 p.P. recht niedrig. Eine ähnliche, aber etwas gehobenere Ansammlung gibt es gegenüber dem *Kempinski Hotel.* Wer in einem gut besetzten Restaurant *nayng myon,* kalte Nudeln, und *bibimbap,* ein Gericht aus dem Tontopf mit Reis, Gemüse, Ei und Rindfleisch, bestellt, kann kaum etwas falsch machen.

Das *Lufthansa Centre,* Beisanhuan Dong Lu, ist ein Einkaufskomplex mit diversen anspruchsvollen Restaurants, darunter die ***Trattoria,*** ✆ 64653388 App. 5707, mit italienischem, und das ***Brauhaus,*** ✆ 64653388 App. 5732, mit deutschem Essen wie z.B. Schweinebraten mit Sauerkraut für 2 Pers. für ¥135. Günstiger ist hier kaum etwas zu bekommen. Im Untergeschoss ist das auf koreanische Küche spezialisierte ***Sorabol,*** ✆ 64651845, angesiedelt.

Unterhaltung und Kultur

Befreit vom moralischen Würgegriff der Kommunisten, die nach der Machtübernahme die „bourgeoisen" Bars und Teehäuser verschwinden ließen und sie durch ultratraditionelle, künstlich kulturbeflissene und oftmals dröge Einrichtungen ersetzten, hat sich das Nachtleben und Unterhaltungsangebot Beijings wieder erholt. Moderne Beijinger, die vergleichsweise liberale Zeiten durchleben und heute über Einkommen verfügen, die noch Spielraum für Vergnügungen lassen, möchten einfach ihren Spaß haben. Das Unterhaltungsangebot ist entsprechend groß und umfasst weit mehr als die Karaoke- und farblosen Hotelbars, die man in anderen chinesischen Städten findet. Allein schon der zutage tretende kulturelle Spagat macht einen Besuch der Beijinger **Bar- und Clubszene** interessant, und wer eine chinesische Disco oder einheimische Rockband erleben möchte, kann kaum einen besseren Ort als Beijing finden und wird dabei nicht arm werden.

In den späten 80er Jahren erfasste ein Trend zu riesigen **Discos** die Stadt, und noch immer erfreuen sie sich großer Beliebtheit und werden allabendlich von jungen, wohlhabenden Chinesen bevölkert. Für Ausländer ist es wohl ebenso reizvoll, das Treiben zu beobachten, wie daran teilzunehmen. Der Ablauf des Abends folgt immer demselben Schema: ein paar Stunden billiger Techno, gefolgt von einer sentimentalen halben Stunde Gesang auf der Bühne und am Ende, wenn nur noch die eingefleischten Clubgänger übrig geblieben sind und die Stimmung sich deutlich gelockert hat, noch einmal ein, zwei Stunden dröhnende Discorhythmen. In jüngerer Vergangenheit haben **Nachtclubs westlichen Stils** eröffnet, die angesagte DJs aus dem Westen oder Japan einfliegen.

Die Vorliebe der modernen, weltmännischen Bewohnerschaft Beijings gilt jedoch den **Bars**. 1995 gab es am südlichen Ende der **Sanlitun Lu** gerade einmal eine einzige Bar, und die machte nur Verluste. In der Überzeugung, sie besitze Potential und nur das Fengshui sei falsch – die Toilette befand sich gegenüber dem Eingang und schluckte somit sämtlichen Reichtum –, fand sich ein Käufer, der den Namen änderte, die Toilette umsetzte und so das Nachtleben der Stadt revolutionierte. Heute reiht sich hier eine Bar an die nächste, und ständig kommen neue hinzu. Viele sind Trittbrettfahrer, die von der Anziehungskraft ihrer Nachbarn profitieren wollen – sobald eine Bar Erfolg hat, eröffnen in ihrer Umgebung vier weitere mit fast identischem Namen. Ursprünglich hatte man vor allem die ausländische Gemeinde der Stadt als Kundschaft im Visier, heute zählen jedoch genauso viele Einheimische zu den Gästen. Das Straßenbild in der Sanlitun Lu wird westlichen Betrachtern sehr vertraut erscheinen; fast wähnt man sich zu Hause, und auch die Preise sind dieselben. Eine alternative Barszene existiert in **Haidian**, in der Umgebung des Universitätsviertels im Nordwesten. Angesichts der überwiegend studentischen Klientel sind die dortigen Bars billiger und hipper, zudem individueller.

Mit den Bars hat auch die **Musikszene** der Stadt neuen Auftrieb und längst überfällige Veranstaltungsorte erhalten. Inzwischen reicht die Bandbreite der nahezu allabendlich stattfindenden Konzerte von klassischer Zither und Bambusflöte bis hin zu Jazz, Deep House oder ohrenbetäubendem Grindcore. Die meisten Touristen zieht es indes, zumindest für einen Kurzbesuch, in eine **Peking-Oper** und zu den ausgezeichneten chinesischen **Akrobaten** – beides recht zeitlose Angelegenheiten. Das zeitgenössische Theater ist demgegenüber in raschem Wandel begriffen und bringt neuerdings chinesische Übersetzungen westlicher Stücke und experimentierfreudige Produktionen einheimischer Dramaturgen auf die Bühne.

Die **Kinos** bedienen heute den schier unstillbaren Appetit auf Kungfu-Filme, anstatt Erbaulicheres zu zeigen; es gibt jedoch reichlich Gelegenheit, ernst zu nehmende und auch kontroverse Streifen junger Filmemacher zu sehen.

BARS – Die größte Ansammlung von Bars findet man in der Umgebung der **Sanlitun Lu**, auch Jiu Ba Jie (wörtl. „Straße der Bars") und Nan Jiu Ba Jie („südliche Straße der Bars") genannt, in einem Hutong südlich und ein Stück westlich. In allen gibt es Bier vom Fass zu Preisen wie im Westen, viele bieten auch Live-Musik. **Haidian** im Universitätsviertel ist für seine unprätentiö-

Trommelturm

sen, kleinen Lokale und seine alternative Atmosphäre bekannt. Für einen geruhsamen Drink in entspannter Umgebung empfiehlt sich das Seeufer des Houhai, wo derzeit eine neue Barszene entsteht. Bei den Bars, in denen regelmäßig Konzerte stattfinden, haben wir die Telefonnummern angegeben. Die Lebensdauer der Beijinger Bars ist höchst unterschiedlich, sodass einige der genannten bei Erscheinen des Buches bereits wieder verschwunden sein können – über den aktuellen Stand informieren die Stadtmagazine.

Sanlitun: Die hiesigen Bars liegen innerhalb der dritten Ringstraße; Anfahrt bis zur U-Bahn-Station Dongzhimen, von dort weiter mit Bus Nr. 113 Richtung Westen. Im Folgenden sind die lohnendsten Bars wiedergegeben, es gibt jedoch noch etliche mehr. In der Umgebung wimmelt es außerdem von Cafés, in denen man bei einer Tasse Kaffee und Snacks wieder einen nüchternen Kopf bekommen kann.

Durty Nellies Irish Pub, Sanlitun Nan. So irisch wie *jiaozi,* aber immer gut besucht.

Hidden Tree, Sanlitun Nan Lu. Gemütlich und entspannt, hübscher Garten, im Innern hat sich eine knorrige Eiche breit gemacht.

Jam House, Sanlitun Nan Lu, ✆ 65063845. Hinter dem *Nashville* noch ca. 100 m bis zu einem Schild laufen, das den Weg in eine Gasse weist. Kleines Lokal, das zu den angesagtesten Sanlituns zählt. Sowohl bei jungen ausländischen Bewohnern als auch bei schicken Einheimischen beliebt, die Verkehrsprache ist in der Regel Chinesisch. An Wochenenden Live-Musik mit anschließenden Jamsessions. Wird es unten in der Bar zu laut, kann man sich auf den Dachgarten zurückziehen.

Minders Bar, Sanlitun Lu. Ein weiteres Original, dieses mit eigener Filipino-Band, die Pop und Rock aus den 70ern und 80ern nachspielt.

Nashville, Sanlitun Nan Lu. Eines der ältesten Lokale der Gegend. Geboten wird Country & Western. Die Hausband spielt Mi–Sa. Große Auswahl an Bieren vom Fass, u.a. Hoegaarten (¥35) und Boddingtons (¥50).

Poachers Bar, in einer Seitengasse der Sanlitun Lu, ✆ 64172632, App. 8506. Zu Fuß die Sanlitun Lu nach Norden, dann nach 200 m am Schild zur *Cross Bar* nach links abbiegen und der Straße um die Kurve folgen. Beliebtester Treffpunkt der ausländischen Gemeinde und einziges Lokal der Gegend, in dem man ein Bier für ¥5 bekommen kann. Die Tanzfläche ist an den meisten Abenden gut gefüllt, Sa gibt es Live-Musik. S.S. 186, *Poacher's Inn* unter „Übernachtung".

Public Space, Sanlitun Lu. Sanlituns erste Bar und bis heute eine der angenehmsten. Bier vom Fass ¥20.

Haidian und übrige Stadtviertel: Haidian im Nordwesten ist mit Bus Nr. 322 zu erreichen, der vor dem Zoo abfährt. Die Gegend ist unübersichtlicher, was zielloses Umherstreifen wenig sinnvoll macht. Die meisten der hiesigen Bars haben bis weit nach Mitternacht geöffnet.

Blue Jay, 44 Chengfu Lu, wenig westlich der Universität für Sprachen und Kultur. Zweistöckiges Lagerhaus, das bei Studenten beliebt ist. Fr und Sa legt ein guter Hip-Hop-DJ Musik auf. Günstige hochprozentige Drinks für ¥10. Eintritt für Studenten frei, sonst ¥20.

Buddha Bar, Shicha Hai, gegenüber dem *Kaorouji Restaurant* (s.S. 195). Eine von diversen Bars der Gegend. Umgibt sich mit dem trendigen Charme des Heruntergekommenen und bietet Sitzplätze im Freien mit Blick auf den See, Bier ¥15.

CD Café, Dongsanhuan Bei Lu, 300 m südlich des *Great Wall Sheraton Hotel,* ✆ 65018877, App. 3032. Neues und angesagtes Lokal, um an Wochenenden bei ca. ¥30 Eintritt Live-Rock und -Independent zu hören. Aktuelles Programm bitte den Stadtmagazinen entnehmen.

Get Lucky Bar, Tai Yang Gong, ✆ 64299109. Weit draußen und nahezu unmöglich zu finden, aber ein absolutes Muss, will man in Sachen lokale Independent-Szene auf dem Laufenden sein. An den meisten Wochenenden Live-Bands, ein vorheriger Anruf ist jedoch empfehlenswert. Die Bar liegt 500 m östlich des Südtors der Wirtschaftsuniversität (Jing Mao Da Xue Nan Men) – nach dem Neonschild Ausschau halten.

DISCOTHEKEN – Beijings Discos liegen weit ab vom Zentrum, was die Anfahrt (mit Sicherheit aber die Rückfahrt) zu den meisten nur im Taxi sinnvoll erscheinen lässt. Zwar sind sie nicht die

Beijing: Unterhaltung

Blue Jay	蓝雀 酒吧	*lánquè jiǔbā*
Buddha Bar	不大	*búdà*
CD Cafè	CD 咖啡屋	*CD kāfēiwū*
Club Banana	巴那那俱乐部	*bānànà jùlèbù*
Get Lucky Bar	豪运	*háoyùn*
Hidden Tree	隐蔽的树	*yǐnbìde shù*
Jam House	芥末房	*jièmò fáng*
JJ's	JJ迪斯科	*JJ dísīkē*
Nasa	NASA迪斯科	*NASA dísīkē*
Nashville	乡谣	*xiāngyáo*
Nightman	莱特曼	*láitèmàn*
Poachers Bar	友谊青年酒店	*yǒuyí qīngnián jiǔdiàn*
Success	赛克思	*sàikèsī*
Vics	威克斯	*wēikèsī*

ultimativen Szenelokale dieses Planeten, die Stimmung ist jedoch ausgelassen, und man kann in ihnen den Abend billiger verbringen als in einer Hauptstadt im Westen – in vielen müssen Ausländer keinen Eintritt zahlen, angeblich weil sie ausgewiesene Partylöwen sind, wahrscheinlich aber, weil sie mehr Geld an der Bar ausgeben.

Club Banana, oberste Etage des Sea Sky Shopping Centre, 12 Chaoyangmenei Dajie. Heiß, dunkel, verraucht und voll von partyhungrigen Einheimischen – als ob es die 90er nie gegeben hätte. 🕓 tgl. 20.30–2 Uhr, Eintritt ¥50.

JJ's, 74–76 Xinjiekou Bei Dajie. Großer Club mit Lasershow und Sciencefiction-Ambiente. In Silber gekleidete Go-go-Girls zeigen den Besuchern, wie der Hase läuft. Anfahrt mit Bus Nr. 22 vom Qianmen. 🕓 tgl. 20–2 Uhr, Eintritt ¥20–50.

Nasa, Xueyuan Lu, Ecke Xitucheng Lu, etwas nördlich der Sanhuan Bei Lu im Bezirk Haidian. Alternativste der hangarartigen Discos Beijings, in der man chinesische Mädchen Luftgitarre spielen und Teenager zu chinesischem Rap Breakdance tanzen sehen kann. Die u.a. einen Armeejeep und einen Helikopter umfassende Einrichtung ist abwechslungsreicher als die Musik, eine recht konventionelle Mischung aus Pop, Grunge, Rap und Techno. Das Bier kostet ¥20, es scheint sich jedoch niemand daran zu stoßen, wenn man sein eigenes mitbringt. 🕓 tgl. 20–2 Uhr, Eintritt ¥30, Sa ¥50, Ausländer kostenlos.

Nightman, Qishen Nan Lu, Ecke Xibahe Zhong Jie, 100 m südlich des *SAS Royal Hotel*. Megadisco, die eine recht unprätentiöse Klientel aus jungen Einheimischen und ein paar Studenten anlockt. 🕓 tgl. 20–2 Uhr, Eintritt ¥35, Sa ¥60.

Success, 4 Gongti Dong Lu, etwas westlich der Sanlitun Lu. Der Vergiftung der Seele und dem monumentalen Kitsch geweihtes Denkmal, und zwar bar jeder Ironie. Eine grauenhafte Band spielt Mandopop vor einer selbstgefälligen, blasierten Meute, die sich von aufreizenden Hostessen Zigaretten anzünden lässt und den Duft des Erfolgs verströmt. Vielleicht hatte Mao ja doch Recht. Eintritt frei.

Vics, in Nordtor des Arbeiterstadions, neben dem *Outback*-Steakhaus. Amerikanisches Westküstenambiente der 80er, billige Drinks, stickige Tanzfläche und eine öde Atmosphäre, die einen Besuch zur reinen Zeitverschwendung macht, bei gelangweilten Botschafts-Kids jedoch anzukommen scheint. Eintritt frei.

LIVE-MUSIK – Die Vielfalt der Veranstaltungen in der Stadt ist beachtlich. Über offiziell genehmigte Konzerte informiert die *China Daily*, die beste Zusammenstellung inoffizieller Veranstaltungen bietet hingegen die *Beijing Scene*, die in den meisten Bars ausliegt.

Der chinesische Bob Dylan, Cui Jian (s.S. 140), tritt häufig in Bars auf und scheint auch seine Freizeit in ihnen zu verbringen. Zu den neuen

lokalen Bands, nach denen es sich Ausschau zu halten lohnt, gehören die Gründungsväter der Beijinger Punkszene *Underbaby*, die Garagen-Rocker *The Fly and No*, die Indie-Popsters *New Pants* und die Teenieband *Flower*, deren bester Song eine Trash-Metal-Coverversion der chinesischen Volkshymne der „Jungen Pioniere" ist. Die Punkbands sind ihr Geld immer wert, gleichen sie doch ihr vielleicht mangelndes musikalisches Können durch ultimativen Einsatz aus. Die besten Veranstaltungsorte für neue Musik sind das *Get Lucky* und das *CD Café* (siehe unter „Bars", s.S. 198). Wer das Ganze in konservierter Form erwerben möchte, sollte nach dem Label *Modern Sky* Ausschau halten.

Überaus beliebt ist **Jazz**, der u.a. im *Jam House, CD Café* und *Poachers* live geboten wird.

Große Konzerte finden im **Arbeiterstadion**, abseits der Gongren Tiyuchang Bei Lu im Nordosten Beijings statt, mit Bus Nr. 110 entlang der Dongdaqiao Lu zu erreichen. Überwiegend treten chinesische Popstars auf, aber auch Vanessa Mae und Björk haben sich hier schon die Ehre gegeben.

KINO – Beijing ist reich mit Kinos bestückt, die ihr Programm zumeist mit chinesischen und synchronisierten Actionfilmen aus dem Westen bestreiten. Pro Jahr wählt die Regierung ca. zehn Filme aus dem Westen aus, die landesweit in die Kinos kommen dürfen und in Beijing zuerst gezeigt werden. Der größte Erfolg, den je ein Film in der Volksrepublik hatte, war *Titanic* beschieden. Sämtliche ausländischen Filme werden synchronisiert.

Die größten Leinwände der Stadt bieten:

Capital Cinema, 46 Chang'an Jie, nahe Xidan Dajie, ✆ 66055510.

Cherry Lane Cinema, Sino Japanese Youth Exchange Centre, 40 Liangmaqiao Lu, 2 km östlich des *Kempinski Hotel,* ✆ 64615318, 🖳 www.cherrylanemovies.com.cn. Bringt die besten chinesischen Filme mit englischen Untertiteln auf die Leinwand. Vorstellungen jeden zweiten Freitag um 20 Uhr mit anschließender Diskussion, oftmals mit Schauspielern oder Regisseuren. Eintritt ¥50.

Dahua Cinema, 82 Dongdan Bei Dajie, ✆ 6527 4420.

Shengli Movie Theatre, 55 Xisi Dong Dajie, ✆ 66013130.

Eintrittspreise jeweils ¥5–30, das Kinoprogramm findet man in *That's Beijing.*

Tuxin Cinema, 33 Zhongguancun Nan Dajie in Haidian, ✆ 68415566, zeigt künstlerisch anspruchsvolle Filme.

OPER UND KLASSIK – Die berühmteste der gut 350 regional unterschiedlichen Opernformen ist die **Peking-Oper** *(jing xi)* – ein Gesamtkunstwerk aus Gesang, Tanz, Akrobatik und mimischem Spiel, das in manchen Zügen westlicher Pantomime ähnelt. In ihrer hochgradigen Stilisierung bleibt die Peking-Oper für Außenstehende häufig ein fast schon absurdes Rätsel, das auf Dauer (bis zu vier Stunden dauert eine Vorstellung) und angesichts der Unterbrechungen durch laut schallende Gongs und schrillen, fast disharmonisch klingenden Gesang langweilig werden kann. Ein Besuch ist dennoch lohnend, und wer sich vorab mit der Handlung beschäftigt, wird sich einer gewissen Faszination nicht entziehen können. Die Handlung fußt meist auf historischen oder mythologischen Stoffen. Grundlegende Charakterzüge manifestierten sich zunächst in den Kostümen – Rot steht für Treue, Gelb für Verschmitztheit, Blau für Grausamkeit und Schwarz für das Böse – sowie in der Bemalung der Gesichter. Eine interessante und höchst aufschlussreiche Variante, sofern man hinreichend folgen kann, sind Opern zu kontroversen zeitgenössischen Themen – beispielsweise die Geschichte der ersten Frau Maos oder der Kampf der Frauen für eine selbstbestimmte Wahl des Ehepartners. Auch in verschiedenen Teehäusern (s.S. 202) kann man sich bei einer Tasse Tee und einer Portion Entenfleisch von einer Peking-Oper unterhalten lassen.

Chang'an-Theater, 7 Jianguomennei Dajie, ✆ 65101309. Großes Haus, Preise ab ¥20 bis ¥800 für einen vorderen Platz inkl. Entenmenü.

Konzerthalle Beijing, 1 Beixinhua Jie, nahe der Xichang'an Jie, ✆ 66055812. Regelmäßig klassische Konzerte des Beijinger Orchesters sowie Gastspiele von chinesischen und ausländischen Orchestern. Unterschiedliche Preise. Karten sind am hiesigen Verkaufsschalter oder im SCITECH-Plaza erhältlich.

Beijing: Kultur

Arbeiterstadion	工人体育场	*gōngrén tǐyùchǎng*
Capital Theatre	首都剧场	*shǒudū jùchǎng*
Chang'an-Theater	长安大剧场	*chángān dàjùchǎng*
Chaoyang-Theater	朝阳剧场	*cháoyáng jùchǎng*
Courtyard Gallery	四合院画廊	*sìhéyuàn huàláng*
Dahua Cinema	大华电影院	*dàhuá diànyǐngyuàn*
International Club	国际俱乐部	*guójì jùlèbù*
Konzerthalle Beijing	音乐厅	*yīnyuè tīng*
Lao She Teahouse	老舍茶馆	*lǎoshě cháguǎn*
National Library	北京图书馆	*běijīng túshūguǎn*
Puppet Theatre	中国木偶剧院	*zhōngguó mùǒujùyuàn*
Red Gate Gallery	红门画廊	*hóngmén huàláng*
Sanlian Bookstore	三联书店	*sānlián shūdiàn*
Sanwei Bookstore	三味书屋	*sānwèi shūwū*
Sino Japanese Youth Exchange Centre	中日青年交流中心	*zhōngrì qīngnián jiāolíu zhōngxīn*
Tian Hai Teahouse	天海茶苑	*tiānhǎi cháyuàn*
Tianqiao Happy Teahouse	天桥乐茶园	*tiānqiáolè cháyuán*
Wanfung Art Gallery	云峰 画廊	*yúnfēng huàláng*
Zhengyici-Theater	正义祠剧场	*zhèngyìcí jùchǎng*

Liyuan-Theater, 1. Etage des *Qianmen Hotel,* 175 Yong'an Lu, ✆ 63016688, App. 8860. Bietet Besuchern den leichtesten Zugang zur Peking-Oper. Viele Chinesen wird man hier allerdings nicht sehen, da es sich bei der gezeigten Oper um eine für Touristen verfälschte, mit Kampf- und Slapstickeinlagen aufgepeppte Vorführung von gerade einmal einer Stunde Dauer handelt. Am Bühnenrand werden die wenigen Dialogzeilen in unverständlichem Englisch wiedergegeben. Karten zum Preis von ¥30 bis ¥150 gibt es an einem Schalter im vorderen Hof des Hotels, ◷ tgl. 9–11, 12–16.45 und 17.30–20 Uhr. Die teureren Plätze haben Tische, an denen man während der Vorstellung Tee trinken und Snacks essen kann. Während der Touristensaison ist es ratsam, die Karten ein oder zwei Tage im Voraus zu reservieren. Vorstellungsbeginn 19.30 Uhr.

Zhengyici-Theater, 220 Xiheyan Dajie, Qianmen, ✆ 63033104. Authentische Aufführungen im einzigen noch bestehenden Opernhaus in Holzbauweise, das allein seiner Architektur wegen den Besuch lohnt. Beginn der 2-stündigen Vorstellung um 19.30 Uhr, Eintritt ¥150, Entenmenü ¥110 extra. Programminformationen in der *China Daily.*

Zu den weiteren, kleineren Konzertsälen für klassische Musik zählt u.a. die ***Musikhalle,*** Zhongshan-Park, ✆ 66056059.

THEATER, MUSICAL UND PUPPENSPIEL – Das Sprechtheater hielt erst im 20. Jh. Einzug auf chinesischen Bühnen. Seine Heimat wurde das **Volkskunst-Theater** in Beijing, wo vor der Kulturrevolution europäische Stücke mit einer klaren sozialen Botschaft gezeigt wurden – Ibsen und Tschechow gehörten damals zu den beliebtesten Dramatikern. 1968 jedoch erklärte Jiang Qing, Maos dritte Frau, das Sprechtheater für „tot". Das Theater sowie die meisten Kinos in China wurden für fast zehn Jahre geschlossen, und von den Stücken blieben lediglich acht – die für die Gesellschaft als erbaulich eingestuft wurden – auf den genehmigten Spielplänen. Viele der großen Darsteller, Regisseure und Autoren wurden verbannt und mussten auf dem Land harte Arbeit verrichten. Seit 1979 darf wieder gespielt werden, und das Volkskunst-Theater hat mit Inszenierungen wie Arthur Millers *Tod eines Handlungsreisenden* erneut seinen hervorragenden Rang unter Beweis gestellt.

Capital Theatre, 22 Wangfujing Dajie, ✆ 6525 3677, Spielstätte des Volkskunst-Theaters und anderer Ensembles.

Experimental Theatre For Dramatic Arts, 45 Mao'er Hutong, etwas nördlich des Glockenturms, ✆ 64031099. Bekannt für moderne Bühnenstücke und Avantgarde-Inszenierungen.

Ohne Zweifel sind die Chinesen Meister im Inszenieren prunkvoller, aufwendiger **Gesangs- und Tanzshows**, die schon lange von den Bühnen westlicher Ländern verschwunden sind. Im Fernsehen wird fast jeden Abend eine solche Show übertragen, ansonsten live zu sehen im:

Beijing Exhibition Theatre, 135 Xizhimenwai Dajie, ✆ 68354455.

Andere Veranstaltungsbühnen zeigen mitunter Importe wie *The Sound of Music* zu Preisen, die mit ¥50–100 weit unter im Westen üblichen Niveau liegen.

Das chinesische **Puppenspiel** hat eine 2000 Jahre alte Tradition und kann tgl. im ***Puppentheater,*** A1 Anhua Xi Lu, ✆ 64243698, bewundert werden. Vorstellungsbeginn 18.30 Uhr, Eintritt ¥20.

AKROBATIK – Die wohl am leichtesten zugängliche und zugleich spektakulärste Form chinesischer Unterhaltungskunst sind Akrobatik-Shows, deren Programmteile von gymnastischen Elementen über Dressurnummern und Zaubertricks bis hin zu Jonglierkunststücken reichen. Berufsakrobaten gibt es in China schon seit 2000 Jahren, und diese Tradition wird in der renommierten Ausbildungsstätte in Wu Qiao in der Provinz Hebei fortgeführt, wo die Schüler bereits im Alter von fünf Jahren mit dem Training beginnen. Das Ganze mag ein wenig an Varieté erinnern, bietet aber spektakuläre Unterhaltung und z.T. atemberaubende Leistungen.

Chaoyang-Theater, 36 Dongsanhuan Bei Lu, ✆ 65072421. Allabendliche Vorführung, die von Tourgruppen und chinesischen Zuschauern besucht wird, wobei die Chinesen am Ende der Show den Saal fluchtartig verlassen und den Reisegruppen das Applaudieren überlassen. In der Lobby sind reichlich Souvenirstände aufgebaut; wer kaufen will, sollte jedoch nicht die Pause hierfür nutzen, sondern besser bis nach der Vorstellung warten, da die Preise dann niedriger sind. Vorstellung 19.15–21 Uhr, Eintritt ¥80, evtl. preiswerter bei Buchung über die Hotelunterkunft.

Auditorium of Chinese Acrobats, Rm 232 im Arbeiterstadion (Gongren Tiyuguan), allabendlich Vorstellung um 19.15 Uhr.

TEEHÄUSER – Neuerdings besitzt die Hauptstadt wieder einige Teehäuser, in denen man trinken, essen und Darbietungen wie Peking-Opern, entspannende Musik oder Kampfkunstvorführungen sehen und hören kann.

Lao She Teahouse, 3. Etage, Dawancha-Gebäude, 3 Qianmen Xi Dajie. Oper, Kampfkunst und Akrobatik um 14.30 und 19.40 Uhr, dauert 90 Min., Eintritt ¥40–130; die Nachmittagsvorstellungen sind billiger.

Sanwei Bookstore Tea House, 60 Fuxingmennei Dajie, gegenüber dem *Minzu Hotel,* ✆ 66013204. Authentischere Atmosphäre, wird gerne von ausländischen Bewohnern der Stadt und kunstinteressierten Chinesen aufgesucht und bietet eingängigen Jazz sowie chinesische Volksmusik von 20.30–22 Uhr.

Tian Hai Teahouse, in einer Gasse östlich der Sanlitun Jiu Ba Jie. Elegante Oase der Ruhe abseits der Hektik der Umgebung. Fr und Sa abends traditionelle Musik.

Tianqiao Happy Teahouse, 113 Tianqiao Nan Dajie, ähnliches Programm, aber teurer. Mo geschlossen. Beide sind in erster Linie auf Touristen ausgerichtet, bieten aber einen farbenprächtigen, wenngleich oberflächlichen Eindruck in die Vielfalt chinesischer Kultur.

KUNSTGALERIEN – Gute zeitgenössische Kunst ist in Beijing relativ schwer zu finden. Ein Großteil der anspruchsvolleren Ausstellungen findet in alternativen Galerien statt, die nicht immer in den kostenlosen Stadtmagazinen verzeichnet sind. Man muss sehr auf dem Laufenden sein, um zu wissen, was innerhalb der recht cliquenartigen Kunstszene Beijings passiert.

Courtyard Gallery, 95 Donghuamen Dajie, ✆ 65268882, 🖳 www.courtyard-gallery.com, in einem alten Hofhaus, gegenüber dem Osttor in die Verbotene Stadt. Beste Adresse für zeitgenössische Kunst, die auch bei einem breiteren Publikum Anklang findet. Im Haus gibt es außerdem einen Zigarrenladen und ein sehr edles Restaurant.

Red Gate Gallery, im *China World Hotel,* Jianguomenwai Dajie, ✆ 65022266, und ***Wanfung,*** 136 Nanchizi Dajie, im alten Archivgebäude der Verbotenen Stadt, ✆ 65233320, zeigen etablierte zeitgenössische Künstler, bisweilen auch ausländische.

Einkaufen

Beijing gilt als gute Einkaufsadresse mit der größten Auswahl in ganz China. Insbesondere **Kleidung** ist preiswert zu bekommen, weshalb zahllose Russen die Stadt bevölkern, für die das Schmuggeln der Kleidung über die Grenze im Norden ein lukratives Geschäft darstellt. Auch das Angebot an **Antiquitäten und Kunsthandwerk** ist riesig, auf wirklich Preiswertes oder Ungewöhnliches wird man jedoch kaum stoßen, da die Märkte zuvor von anderen gründlich durchkämmt werden. Es sei darauf hingewiesen, dass vieles, das als antik verkauft wird, tatsächlich gefälschte Ware ist. Als gute Souvenirs eignen sich **Künstlerbedarfsartikel**, vor allem Pinsel und Tuschesteine, Signaturstempel mit eingraviertem Namen, kleinere Gegenstände aus **Jade** und kunsthandwerkliche Artikel wie **Drachen**, bemalte Schnupftabaksdosen und Papierschnitte. Handeln ist immer und überall ein absolutes Muss – mit entsprechendem Geschick lassen sich die z.T. aberwitzigen Preise auf einen Bruchteil der Ausgangssumme und somit in Nähe des tatsächlichen Warenwerts drücken.

In Beijing gibt es vier große Einkaufsgegenden: **Wangfujing**, ein beliebtes und den Massengeschmack bedienendes Einkaufsviertel (Karte s.S. 175), **Xidan**, das sich durch riesige Kaufhäuser auszeichnet, **Dongdan**, wo es überwiegend Kleidung von Markenherstellern gibt, und **Qianmen**, die vielleicht lohnendste Gegend für einen Bummel, wo sich immer die eine oder andere Kuriosität zwischen billigen Schuh- und Bekleidungsgeschäften entdecken lässt.

Hinzu kommen die um Touristen buhlenden Läden in der **Liulichang**, wo man schnell und gut Souvenirs erstehen kann, und die **Jianguomenwai Dajie**, wiederum mit Kleidung.

Auf den teilweise sehr reizvollen **Märkten** ist Qualität nicht unbedingt garantiert, aber man kann (und sollte) handeln und somit günstigere Preise erzielen. In den **Kaufhäusern**, die einen guten Überblick über den aktuellen chinesischen Geschmack vermitteln, gibt es von allem etwas. Flaggschiffe sind das Beijing Kaufhaus in der Wangfujing Dajie und das Xidan-Kaufhaus in der Xidan Dajie, nicht schlecht ist außerdem das neuere Einkaufszentrum Landao in der Chaoyangmenwai Dajie, während sich das Parkson-Gebäude an der Chang'an Jie (nahe der U-Bahn-Station Fuxingmen) mit dem größten Prunk schmückt. Dem steigenden Lebensstandard mancher Bevölkerungsteile tragen die neuen, gewaltigen **Einkaufszentren** Rechnung, wo alles genauso viel wie im Westen kostet. Wer nicht ohne auszukommen glaubt, kann Kaufgelüste im Sun Dong'an Plaza, Wangfujing Dajie, Sea-Sky Plaza, Chaoyangmenwai Dajie, oder in den SCITECH-, COFCO- und World-Trade-Centre-

> **Vermeintliche Kunststudenten** In den touristischen Gegenden der Hauptstadt, vor allem aber im südlichen Abschnitt der Wangfujing Dajie, dauert es nicht lange, bis Besucher von jungen Frauen oder Männern angesprochen werden, die sich als Kunststudenten oder -lehrer ausgeben, was jedoch nicht stimmt. Vielmehr handelt es sich meist um ehemalige Pädagogikstudenten, die sich ihrer Sprachkenntnisse für fragwürdige Zwecke bedienen. Ziel ist es, die „Opfer" in eine fingierte Kunstgalerie zu lotsen und sie zum Kauf von horrend teuren Gemälden oder Kalligrafien zu bewegen, bei denen es sich in Wirklichkeit nur um Drucke handelt. Sie sind dabei jedoch nicht aggressiv, und ihre Bemühungen, mit Ausländern Freundschaften zu schließen, verdienen wirklich Respekt. Als hilfreich können sie sich immerhin erweisen, wenn man eine Wegbeschreibung braucht.

Plazas an der Jianguomen Dajie befriedigen. Die Geschäfte sind tgl. 8.30–20 Uhr, im Winter bis 19 Uhr geöffnet, große Einkaufszentren bis 21 Uhr. Beijing ist eine der Städte Chinas, in denen die Nachtmärkte angesichts des Überangebots in den Läden nur bedingt lohnen.

ANTIQUITÄTEN UND KURIOSITÄTEN – Obgleich in Beijing kein Mangel an Antiquitätenläden und -märkten herrscht, sollten ambitionierte Antiquitätenjäger besser nach Tianjin (s.S. 233) fahren, wo die Auswahl vielfältiger und das Preisniveau niedriger ist. Der Großteil der angebotenen Ware ist gefälscht, und selbst für Experten ist es hier manchmal schwierig, Original und Fälschung voneinander zu unterscheiden. Am besten lässt man den eigenen Geschmack entscheiden und hält sich von Schmuck und Edelsteinen (auch von Jade) fern, es sei denn, man versteht wirklich etwas davon.
Teppiche aus Xinjiang, Tibet und Tianjin sind nicht billig, aber wer bereit ist, wenigstens ein paar hundert Dollar hinzublättern, erhält gute Ware. Die lohnendste Anhäufung von Kuriositätenläden mit der besten Auswahl, insbesondere bei Künstlermaterial, findet man in der Liulichang, östlich der Qian-men Dajie. Die Preise sind allerdings happig.
Antiquitäten aus einer Zeit vor 1795 dürfen nicht ausgeführt werden, solche vor 1949 sollten ein kleines rotes Siegel tragen und mit einem vom Amt für Kulturgüter (BCRB) ausgestellten Ausfuhrzertifikat, das gleichzeitig der Identifikation dient, an den Käufer ausgehändigt werden. Diese Zertifikate gibt es in der Praxis jedoch nur in den regulären Geschäften, nicht aber an Ständen. In einem solchen Fall kann man das Zertifikat im Freundschaftsladen (Mo–Fr 14–17 Uhr) unter Vorlage der Ware und der Kaufquittung bekommen.
Arts and Crafts Store, 293 Wangfujing Dajie. Gute, wenngleich nicht spektakuläre Auswahl kostspieliger Kunstobjekte.
Beijing Curio City, Dongsanhuan Nan Lu, westlich der Huawei-Brücke. Riesige Einkaufspassage mit mehr als 250 Verkaufsständen. Vorzugsweise sonntags zu besuchen, wenn Antiquitätenhändler in den umliegenden Straßen ihre Waren präsentieren. In der Passage gibt es einen Duty-Free-Schalter, sodass bei Vorlage eines Reisepasses und Flugtickets von China ins Ausland die Artikel zu denselben vergünstigten Preisen wie am Flughafen gekauft werden können. ⌚ tgl. 9.30–18.30 Uhr.
Freundschaftsladen, Jianguomenwai Dajie. Touristensouvenirs in allen Preislagen, in der Regel aber teurer als auf den Märkten. Große Teppichabteilung.
Kaufhaus Hongqiao, gegenüber der nordöstlichen Ecke des Tiantan-Parks. Riesig, aber beengt und stickig. Im oberen Geschoss gibt es Antiquitäten und Kuriositäten, eine Ecke ist gänzlich dem Kitsch der Kulturrevolution vorbehalten, im 2. Stock werden Kleidung und Accessoires angeboten, im Erdgeschoss elektrische Kleingeräte, darunter Uhren, die auf Pfeifen ihres Trägers die Zeit auf Russisch ansagen.
Lufthansa Centre, Liangmaqiao Lu. Geschäftszentrum mit gewaltigen Ausmaßen, hier gibt es auch einen Bereich, in dem teure Antiquitäten und Teppiche verkauft werden.
Panjiayuan Market, Panjia Lu, wenig südlich der Jinsong Zhong Jie. Beijings größter Trödelmarkt, dessen faszinierende Fülle an Secondhand-Artikeln allein schon ausgiebiges Stöbern lohnt. ⌚ tgl., am besten aber an Wochenenden zwischen 6 und 15 Uhr.

BÜCHER – In keiner anderen Stadt Chinas ist das Angebot an **englischsprachiger Literatur** besser als in Beijing. Die teuren Hotels verfügen über Buchläden mit einer annehmbaren Auswahl, allerdings zu horrenden Preisen. Ausländische **Zeitungen und Magazine** wie *Time* und *Newsweek* sind ebenfalls zu bekommen und kosten ca. ¥40.
Cathay Bookstore, 115 Liulichang. Enorme Auswahl, darunter auch Fachtexte und prächtige Bild- und Kunstbände, allerdings nur wenig in Englisch. ⌚ Mo–Sa 9–18 Uhr.
Foreign Languages Bookstore, 235 Wangfujing Dajie. Größte fremdsprachliche Buchhandlung Chinas. Rechts vom Eingang gibt es einen Informationsschalter mit Programmzeitschriften, auf der anderen Seite einen Schalter mit einem riesigen Stadtplan von Beijing für die Wand (¥80), der ein tolles Souvenir abgäbe, könnte man ihn transportieren. Neben englischen Romanen,

Beijing: Einkaufen

Dazhalan	大栅栏街	*dàzhàlán jiē*
Foreign Languages Bookstore	外交书店	*wàijiāo shūdiàn*
Freundschaftsladen	友谊商店	*yǒuyí shāngdiàn*
Full Link Plaza	丰联广场	*fēnglián guǎngchǎng*
Henderson Centre	恒基中心	*héngjī zhōngxīn*
Kaufhaus Hongqiao	红桥百货中心	*hóngqiáo bǎihuò zhōngxīn*
Liulichang	琉璃厂	*líulí chǎng*
Panjiayuan	潘家园	*pānjiā yuán*
Parkson-Gebäude	百盛购物中心	*bǎishèng gòuwù zhōngxīn*
Seidemarkt	秀水市场	*xiùshuǐ shìchǎng*
Sun Dong'an Plaza	新东安	*xīndōng ān*

Sachbüchern über chinesische Medizin und Übersetzungen chinesischer Klassiker gibt es hier den *Pocket Interpreter,* einen nützlichen, von der Beijing Foreign Language Press herausgegebenen Sprachführer. In der oberen Etage findet man weitere Romane in Englisch, Magazine, Wandkarten und japanische *manga.* Mitunter kostet dasselbe Buch oben weniger als in der unteren Etage, also Preise vergleichen. ◷ Mo–Sa 9–19 Uhr.

Freundschaftsladen, Jianguomenwai Dajie. Neben einer Vielzahl von Büchern über sämtliche Aspekte chinesischer Kultur bietet die Buchhandlung innerhalb des Freundschaftsladens ausländische, nur wenige Tage alte Zeitungen (¥80). Die Preise sind generell allerdings recht hoch. ◷ tgl. 9–20.30 Uhr.

Sanlian Bookshop, Wangfujing Dajie, 100 m hinter der Kreuzung mit der Chaoyangmennei Dajie auf der östlichen Straßenseite in einem blau schimmernden, etwas zurückgesetzten Glasgebäude. Der angenehmste Buchladen Beijings, wenngleich die Auswahl an englischsprachiger Belletristik im unteren Geschoss weit weniger umfangreich als im südlich gelegenen Foreign Languages Bookstore ist. Oben gibt es eine gut bestückte Kunstbuch-Abteilung, im hinteren Teil außerdem ein gemütliches Café mit Internet-Zugang. ◷ Mo–Sa 9–18 Uhr.

Tushu Daxia, Xichang'an Jie. Der größte Buchladen Beijings mit Kaufhausatmosphäre. Englische Belletristik ist in der 3. Etage untergebracht. ◷ Mo–Sa 9–19 Uhr.

KAMERAS, COMPUTER UND ELEKTROGERÄTE – Eine Reihe guter Fotogeschäfte ist im südlichen Abschnitt der Xichang'an Jie in der Umgebung der Kreuzung mit der Hepingmen Dajie angesiedelt. Für die professionelle und verlässliche Entwicklung von Diafilmen empfiehlt sich ***Today Photo*** in der Dongsi Bei Dajie, unweit der Wangfujing Dajie und etwas südlich der Ping-An-Kreuzung. Die Gegend um die Zhongguancun Jie im Nordwesten jenseits des Zoos ist zwar nicht gerade das chinesische Silicon Valley, aber neben jungen, neuen Unternehmen sind die Straßen hier voll von Läden, die Elektroartikel und Computer verkaufen.

KLEIDUNG – ist in Beijing sehr günstig und lockt zahlreiche Russen an, die hier in rauen Mengen einkaufen. Die beste Gegend für Kleidung ist die Jianguomen Dajie, die mit dem Seidemarkt, dem Freundschaftsladen und dem SCITECH-Plaza für jedes Budget etwas bereithält (s.S. 204). Hochgewachsene Kundschaft könnte bei dem Versuch, etwas Passendes zu finden, auf Schwierigkeiten stoßen: Schuhe gibt es maximal bis Größe 47, und bei sehr kräftigem Körperbau wird man am ehesten auf dem Seidemarkt fündig. Für chinesische Straßenmode ist die Dongdan Dajie eine gute Adresse, für Designer-Kleidung empfehlen sich die Einkaufszentren.

Army Surplus Store, 188 Qianmen Dajie. Große Auswahl an Mützen und Mänteln, außerdem Schlafsäcke und Zelte von überaus unwirschem Verkaufspersonal.

Fou Clothing Company, 85 Wangfujing Dajie. Designer-*qipaos,* auch Maßanfertigungen.
Mingxing Clothing Store, 133 Wangfujing Dajie. Gut gearbeitete traditionelle Frauenbekleidung – *cheongsams* und *qipaos* –, aber nur für schlanke Figuren.
Ruifuxiang, 5 Dazhalan Lu (s.S. 167). Rohseide und -baumwolle.
Sanlitun-Markt, Sanlitun Lu. Tagsüber wird die westliche Straßenseite gegenüber den Bars von Verkaufsständen in Beschlag genommen. Das Angebot gleicht demjenigen auf dem Seidemarkt.
Snowbird Outdoor Equipment, 68 Deshengmen Xi Dajie, ✆ 62253630. Qualitativ hochwertige Wander- und Bergsteigerausrüstung.
Yuanlong Silk Corporation, 15 Yongnei Dong Jie, 200 m westlich des Südtors zum Himmelstempel. Gute Auswahl an Seideartikeln zu konkurrenzfähigen Preisen.

MUSIK – Die neuesten CDs mit chinesischer Underground-Musik gibt es im Laden des bekannten Beijinger DJs Youdai, 78 Yude Hutong, ✆ 66181701.
Wer sich für **Musikinstrumente** interessiert, geht zur Marmorbrücke am westlichen Ende der Liulichang, an der Hepingmen Dajie, und dann nach Süden, wo verschiedene kleine Geschäfte in reizvoller und wenig touristischer Atmosphäre Instrumente verkaufen.

Sonstiges

AMT FÜR ÖFFENTLICHE SICHERHEIT (PSB) – 2 Andingmen Dong Dajie, ✆ 84015292. Stellt gegen eine Gebühr von ¥160 eine erste Visumsverlängerung aus, was ungefähr eine Woche in Anspruch nimmt und bedeutet, dass man sich zuvor mit genügend Bargeld eindecken sollte, da ohne Reisepass nur schwer welches zu bekommen ist. Einen Antrag auf zweite Visumsverlängerung wird die Behörde mit der Aufforderung quittieren, das Land zu verlassen – anstatt dem zu folgen, sollte man einfach Beijing verlassen und andernorts um die Verlängerung ersuchen. ◷ Mo–Fr 8–12 und 13.30–16 Uhr. Die nächstgelegene Stadt mit einem freundlichen PSB-Büro, in dem das Visum sofort verlängert wird, ist Chengde (s.S. 253, Karte); die Reise hin und zurück ist in einem Tag zu schaffen.
In **Notfällen** oder für schnelle Hilfe, ✆ 110 oder 550100, wobei man jemanden zur Seite haben sollte, der der chinesischen Sprache mächtig ist.

AUTOVERMIETUNG – ***BCNC,*** ist siebenmal in der Stadt vertreten, u.a. mit einer rund um die Uhr geöffneten Filiale am Flughafen, ✆ 8008109001.

BIBLIOTHEKEN – ***Nationalbibliothek Beijing,*** 39 Baishiqiao Lu, etwas nördlich des Zizhuyuan-Parks, ✆ 68415566. Gehört mit mehr als 10 Millionen Bestandsartikeln, darunter Manuskripte aus den Dunhang-Höhlen und eine Enzyklopädie aus der Qing-Dynastie, zu den größten Bibliotheken der Welt. Die ältesten Texte sind Knocheninschriften aus der Shang-Dynastie. Zugang erhält man nur, wenn man zuvor einen Nutzerausweis beantragt hat, Ausstellung von Tagesausweisen ist möglich. Bücher werden nur an Nutzer mit Wohnsitz in Beijing ausgeliehen. Ein angegliedertes kleines Kino zeigt an Wochenenden Filme aus dem Westen in Englisch; Programm bitte telefonisch erfragen. ◷ Mo–Fr 8–17 Uhr.
Library of the British Embassy, 4. Etage, Landmark Building, 8 Dong Sanhuan Bei Lu. Große Auswahl an Büchern und Magazinen, für jedermann und ohne Beschränkung zugänglich.

DIPLOMATISCHE VERTRETUNGEN – Visaabteilungen sind in der Regel einige Stunden vormittags an Wochentagen geöffnet. Die genauen Zeiten und mitzubringenden Papiere bitte telefonisch erfragen – vorzugsweise mit chinesischsprachiger Hilfe zur Seite, da nicht immer Englisch gesprochen wird. Es sei darauf hingewiesen, dass der Reisepass mitunter bis zu einer Woche einbehalten wird, und ohne diesen ist es sehr schwierig, Geld umzutauschen; vor einem Visumsantrag daher unbedingt mit ausreichend Bargeld versorgen. Passfotos können im Eingangsbereich des Freundschaftsladens gemacht werden. Einige Botschaften verlangen Bezahlung in US-Dollar; Reiseschecks können im CITIC-Gebäude (s.S. 208, „Geld") in Dollar getauscht werden. Die Mehrzahl der Botschaften ist entweder in der Umgebung der Sanlitun Lu im Nordwesten oder auf dem Jianguomenwai-Ge-

Wangfujing

lände nördlich und parallel zur Jianguomenwai Dajie angesiedelt.
Aserbaidschan, 7-2-5-1 Tayuan Building, ✆ 65324614;
Deutschland, 17 Dongzhimenwai Dajie, Bezirk Chaoyang, ✆ 65322161;
Indien, 1 Ritan Dong Lu, Sanlitun, ✆ 65321856;
Kasachstan, 9 Dong Liu Jie, Sanlitun, ✆ 6532 6183;
Kirgisistan, 2-4-1 Tayuan Building, ✆ 65326458;
Laos, 11 Dong Si Jie, Sanlitun, ✆ 65321224;
Mongolei, 2 Xiushui Bei Jie, Jianguomenwai, ✆ 65321203;
Myanmar, 6 Dongzhimenwai Dajie, Sanlitun, ✆ 65321425;
Nordkorea, Ritan Bei Lu, Jianguomenwai, ✆ 65321186;
Österreich, 5 Xiushui Nanjie, Jianguomenwai, ✆ 65322061;
Pakistan, 1 Dongzhimenwai Dajie, Sanlitun, ✆ 65322660;
Russische Föderation, 4 Dongzhimen Bei Zhong Jie, südlich der Andingmen Dong Dajie, ✆ 6532 2051;
Schweiz, 3 Dongwu Jie, Sanlitun, ✆ 65322736;
Südkorea, 3. und 4. Etage, World Trade Centre, ✆ 65053171;
Thailand, 40 Guanghua Lu, Jianguomenwai ✆ 65321903; UK, 11 Guanghua Lu, Jianguomenwai ✆ 65321961;
Ukraine, 11 Dong Lu Jie, Sanlitun ✆ 6532 4014;
USA, 3 Xiushui Bei Jie, Jianguomenwai ✆ 65323831;
Usbekistan, 7 Beixiao Jie, Sanlitun ✆ 6532 6305;
Vietnam, 32 Guanghua Lu, Jianguomenwai, ✆ 65321155.

FAHRRÄDER – Nahezu alle Hotels verleihen Fahrräder für ¥20–50 pro Tag.

FUSSBALL – China feierte euphorisch die Qualifikation für die Weltmeisterschaft 2002 und erhob den jugoslawischen Trainer zu einer Art Nationalhelden – nur zu schade, dass die Mannschaft kein einziges Tor schoss. Beijings Fußballmannschaft *Guo An* spielt ca. alle zwei Wochen, in der Regel sonntags um 15.30 Uhr, im kolossalen Arbeiterstadion, abseits der Gongren Tiyuchang Bei Lu im Nordosten der Stadt, zu erreichen mit Bus Nr. 110 entlang der Dongdaqiao Lu. Ein Spielplan hängt am Kartenschalter aus, der sich unmittelbar östlich des Stadionnordtors befindet. Die Eintrittskarten sind preiswert (¥15) und am Spieltag vor Ort erhältlich. Interessanter anzusehen ist das dynamischere Team aus Shenyang, das bislang, d.h. bis eine näher am Heimatort gelegene Spielstätte gefunden ist, im Olympiastadion, neben dem Athletendorf der Asienspiele, um Punkte kämpft. Spielbeginn wie oben.

GELD – ***Bank of China,*** Hauptfiliale 8 Yabao Lu, ab Chaoyangmen Dajie, etwas nördlich des internationalen Postamts, ⏲ Mo–Fr 9–12 und 13.30–17 Uhr. Zweigstellen im SCITECH Plaza, ⏲ Mo–Fr 9–12 und 13–18.30 Uhr; World Trade Centre, ⏲ Mo–Fr 9–17, Sa 9–12 Uhr; Sun Dong'an Plaza, ⏲ Mo–Fr 9.30–12 und 13.30–17 Uhr; Lufthansa Centre, ⏲ Mo–Fr 9–12 und 13–16 Uhr. Der Service ist überall gleich.
Commercial Bank, CITIC-Gebäude, 19 Jianguomenwai Dajie, neben dem Freundschaftsladen. Bietet den umfangreichsten Service; Yuan oder US-Dollar auf Visa-Karte oder gegen Reiseschecks und Bargeld. ⏲ Mo–Fr 9–12 und 13–16 Uhr.
Wechselstube im Eingangsbereich des Freundschaftsladens; eine der wenigen Stellen, wo auch an Wochenenden Geld zum normalen Kurs getauscht werden kann. ⏲ tgl. 9–18.30 Uhr.
Wer ein Visum beantragt hat und nur über eine Fotokopie des Reisepasses verfügt, kann in einigen Hotels sowie in der ***Hong Kong and Shanghai Bank*** im *Jianguo Hotel* bei entsprechender Beharrlichkeit Bargeld gegen Reiseschecks erhalten; in den meisten Banken ist dies nicht möglich.
Telegrafische Geldanweisungen können über das internationale Postamt oder die ***China Courier Service Company,*** 7 Qianmen Dajie, ✆ 6318 4313, abgewickelt werden.
Geldautomaten u.a. im Bright China Chang'an Building, 8 Jianguomen Dajie; im Dong'an Shopping Centre, Wangfujing Dajie; östlich des Qianmen neben *McDonald's;* in der 2. Etage des Hong Kong Macau Centre, Chaoyang Bei Dajie.

Liulichang

GEPÄCKAUFBEWAHRUNG – Schließfächer gibt es im hinteren Teil des Beijing Zhan im Wartebereich für Ausländer für ¥5 oder ¥10 pro Tag, je nach Größe des Gepäckstücks. Oft ist dort jedoch kein Fach mehr frei, sodass man besser gleich die zentrale Gepäckaufbewahrung im östlichen Bahnhofsbereich aufsucht, ⌚ tgl. 5–24 Uhr, ¥5 pro Tag.

Im Westbahnhof (Xi Zhan) befindet sich die Gepäckaufbewahrung linkerhand des Eingangs im Untergeschoss, ¥10 pro Tag.

INFORMATIONEN – Wie andere Städte Chinas besitzt auch Beijing kein offizielles Informationsbüro für Touristen, recht nützlich für Besucher Beijings sind jedoch die diversen englischsprachigen Publikationen. Die im Freundschaftsladen, in der Fremdsprachenbuchhandlung sowie in den größeren Hotels erhältliche *China Daily* (¥0,8) enthält einen Programmteil mit einem Veranstaltungskalender, der Rest des Blattes beschränkt sich auf schwülstige Propaganda.

Ähnliches bietet *Beijing This Month,* dazu leicht verdauliche Reportagen für Touristen. Infos gibt es auch unter 💻 www.chinanow.com/english/beijing/city/nightlife/general.html.

Weitaus hilfreicher sind die kostenlosen **Magazine**, die auf die große Ausländergemeinde Beijings abzielen und umfangreiche, aktuelle Listen der Unterhaltungsangebote und Restaurants umfassen. *City Edition* und *Metro* haben die betuchteren Kreise im Auge, mit Abstand am besten ist jedoch das Monatsblatt *That's Beijing,* 💻 www.thatsbeijing.com, mit einem gigantischen Programmteil für Clubs, Kulturveranstaltungen und Konzerte der alternativen Szene, wobei die Adressen in Pinyin und Chinesisch angegeben sind. Alle drei liegen in der Mehrzahl der Bars und an anderen Treffpunkten der ausländischen Gemeinde aus. Wer vorhat, in Beijing zu wohnen, sollte sich das umfangreiche, bei Wohnungs- und Arbeitssuche sehr hilfreiche *Beijing Guidebook* von Middle Kingdom Press besorgen.

Die **Hotline für Touristen,** ✆ 65130828, ist rund um die Uhr mit englischsprachigen Mitarbeitern besetzt und erteilt Auskünfte.

INTERNET – Neben Business Centres in Hotels, deren Computer auch Nichtgästen zur Nutzung zur Verfügung stehen, gibt es in Beijing zahlreiche Internet-Cafés, in denen man den Netzzugang meist preiswerter und in wohligerer Atmosphäre erhält.

Sanlian Bookshop, Wangfujing Dajie, nahe der Kunsthalle, gemütliches Internet-Café, ⌚ tgl. 8–20 Uhr, ¥20 pro Std.

Sparkice, Ebene 2, World Trade Centre, Jianguomenwai Dajie, ⌚ 24 Std., ¥8–12 pro Std.; Filiale im Ostflügel des Lufthansa Centre, ⌚ 8–1 Uhr. Das angenehmste aller Internet-Cafés.

Wer wirklich billig ins Netz möchte, sollte sich im Universitätsviertel umsehen, wo die Nutzung eines Computers in einem der kleinen Läden, in denen Jugendliche unablässig *Counterstrike* spielen, gerade einmal ¥2 pro Std. kosten kann und die Läden die ganze Nacht über geöffnet bleiben. Zahlreiche Internet-Cafés gibt es auch im Bezirk Haidian, wo es sich anbietet, nach einem Kneipenbummel ein paar E-Mails nach Hause zu schicken. Am preiswertesten in dieser Gegend sind:

Beijing Login Tech, 38 Haidian Lu; Filialen in der 31 Xueyuan Lu und 75 Chengfulu Dajie (Letztere nahe dem Südtor der Qinghua-Universität); ¥8 pro Std.

Wer in der Stadt wohnt und einen Anschluss beantragen möchte, wendet sich an das Telegrafenamt in der Xi Chang'an Jie (s.S. 211, Telekommunikation).

KURIERDIENSTE – ***DHL,*** 45 Xinyuan Jie, Bezirk Chaoyang, ✆ 64662211, ⌚ 24 Std.

MEDIZINISCHE HILFE – Die meisten großen Hotels haben einen hauseigenen Arzt. Wer ein Krankenhaus aufsuchen muss, findet in den folgenden Kliniken eine Abteilung für Ausländer, wo zumindest etwas Englisch gesprochen wird:

Beijing Hospital, 15 Dahua Lu.

Friendship Hospital, 95 Yongan Lu, westlich des Tiantan-Parks, ✆ 63014411;

Sino-Japanese Friendship Hospital, Heping Dajie, ✆ 64221122, ⌚ tgl. 8–11.30 und 13–16.30 Uhr;

Medizinische Dienste von Ausländern für Ausländer bieten:

Hong Kong International Clinic, 3. Etage, Swissotel Hong Kong Macau Centre, Dongsishitiao Qiao, ✆ 65012288, App. 2346, ⌚ tgl. 9–21 Uhr.

International Medical Centre, S106, Lufthansa Centre, Dong Sanhuan Bei Lu, ✆ 64651561;
In wirklichen Notfällen leistet ***AEA International,*** 14 Liangmahe Lu, unweit des Lufthansa Centre, ✆ Klinik 64629112, ✆ Notruf 64629100, umfassende, aber auch teure medizinische Hilfe.
Apotheken: Große Apotheken gibt es in der 136 Wangfujing Dajie und 42 Dongdan Bei Dajie, ansonsten kann man es auch in der berühmten ***Tongrengtang***-Apotheke, Dazhalan Lu, versuchen (s.S. 168). Rezeptfreie importierte Medikamente sind bei ***Watsons*** im *Holiday Inn Lido,* Shoudujichang Lu, erhältlich.

POST – ***Internationales Postamt,*** Chaoyangmen Dajie, wenig nördlich der Kreuzung mit der Jianguomen Dajie. Sammelstelle für postlagernde Sendungen, die in einer Kiste landen, die man eigenhändig durchwühlen muss; für dieses Privileg sind auch noch ¥1,5 zu bezahlen. Postsendungen werden nur gegen Vorlage des Reisepasses ausgehändigt und nur einen Monat aufbewahrt, danach gehen sie an den Absender zurück. Wer ein paar Tage zu spät kommt, wird die Postangestellten ob der eigenen Verzweiflung allenfalls belustigen. Neben Postfächern zur Miete gibt es auch einen Packdienst für Päckchen und Pakete sowie Briefmarken, allerdings zeigen sich die Bediensteten auch hier wenig hilfreich. ⏲ Mo–Sa 8–18 Uhr.
Weitere Postämter gibt es im Untergeschoss des World Trade Centre, in der Xi Chang'an Jie, wenig östlich der Konzerthalle, in der Wangfujing Dajie nahe *Dunkin' Donuts* und am nördlichen Ende der Xidan Dajie. Alle ⏲ Mo–Sa 9–17 Uhr.
Express-Sendungen können an einem Schalter im Internationalen Postamt oder im ***EMS***-Büro, 7 Qianmen Dajie, ✆ 65129948, aufgegeben werden.

REISEBÜROS – ***CITS,*** 103 Fuxingmennei Dajie, ✆ 66011122. Bietet neben teuren Touren auch Fremdenführer, Dolmetscherdienste und, gegen eine Kommission von ca. ¥30, Vorausbuchungen für Züge, Flüge und Fähren (ab Tianjin); ⏲ tgl. 8.30–11.30 und 13.30–16.30 Uhr. Filialen in der 103 Fuxingmennei Dajie, ✆ 66011122, im *Beijing Hotel,* 33 Dongchang'an Jie, ✆ 65120507, und im *New Century Hotel,* gegenüber dem Zoo, ✆ 68491426.
Gute private Alternativen zum staatlichen Großunternehmen sind u.a. ***Sunshine Travel,*** 2 Nan Dong Sanhuan Lu, ✆ 65868069, und ***R&R Travel Company,*** Rm B04, 9 Ritan Dong Lu, im Ritan-Park, ✆ 65868069.

SCHWIMMBAD – Im **Athletendorf der Asienspiele**, Anding Lu, gibt es ein Schwimmbecken nach Olympianorm. Zu erreichen mit O-Bus Nr. 108 von der Chongwenmennei Dajie. ⏲ tgl. 8–21 Uhr, Eintritt ¥50.

SPRACHKURSE – Schnellkurse in Chinesisch werden an der ***Universität Beijing für Auslandsstudien*** (Beijing Foreign Studies University), Erhan Xi Lu, in Abendkursen an der ***Bridge School,*** Jianguomenwai Dajie, ✆ 64940243, und bei der ***Kulturmission,*** Sanlitun, 7 Beixiao Jie, ✆ 6532 3005, angeboten. In letztgenannter Einrichtung lernen größtenteils Diplomaten.
Preiswert und leicht lassen sich die Grundlagen des Mandarin erlernen, wenn man einen chinesischen Fremdsprachenstudenten zur Hand hat – Kontakt zu Englischstudenten beispielsweise lässt sich am besten sonntags am Treffpunkt „English Corner" im Zizhuyuan-Park herstellen. Bei Erfolg ist eine Vergütung auszuhandeln, die aber nicht allzu hoch sein wird und um die ¥15 pro Std. liegen könnte.
Bei folgenden Einrichtungen kann man sich um die Teilnahme an 6–12-monatigen Chinesischkursen bewerben:
Beijing International School, Anzhenxili im Bezirk Chaoyang, ✆ 64433151;
Beijing-Universität, Haidian, ✆ 62751230;
Pädagogische Universität Beijing, 19 Xinjiekouwai, ✆ 62207986.
Universität Beijing für Auslandsstudien (Beijing Foreign Studies University), 2 Xi Erhuna Lu, ✆ 68468167;
Die Studiengebühren für ein Jahr belaufen sich auf ca. ¥10 000.

TELEKOMMUNIKATION – Das **Telegrafenamt**, 11 Xi Chang'an Jie, ca. 300 m von der Kreuzung mit der Xidan Bei Dajie, bietet rund um die Uhr Telekommunikationsdienste, ebenso das **Internationale Postamt**, Chaoyangmen Dajie.
Von den orangefarbenen Karten- und Münztele-

fonen in den Straßen können Auslandsgespräche geführt werden. Telefonkarten gibt es in den meisten Hotels, Einkaufszentren sowie im Telegrafenamt. Wer die Vermittlung, ✆ 114, bemüht, sollte dies nicht ohne chinesischsprachige Hilfe an seiner Seite tun.

TOUREN – Organisierte Touren durch die Stadt und die Außenbezirke bieten sich als einfache, aber auch teure Möglichkeit an, in kurzer Zeit alle Sehenswürdigkeiten abzuklappern.
CITS, s.S. 211, hat eine große Auswahl an ein- bis zweitägigen Pauschaltouren, die man entweder in einer ihrer Filialen oder am Informationsschalter im Freundschaftsladen buchen kann. Mit ¥300 pro Tag sind diese Touren jedoch alles andere als billig. Eine preiswerte und zudem lohnende Ausnahme ist die Hutong-Tour, in deren Rahmen man eine intimere Seite Beijings kennen lernt. Die von den edleren Hotels veranstalteten eintägigen Touren sind ebenfalls in der Regel teuer. Günstigeres ist über die preiswerteren Hotels zu bekommen, an deren Touren man auch bei anderweitiger Unterbringung teilnehmen kann. Nicht schlecht ist der vom *Fenglong* organisierte Tagesausflug zur Großen Mauer bei Jinshanling mit späterer Abholung von Simatai (s.S. 222); Abholung von anderen Hotels ist möglich. Das Hotel arrangiert außerdem Besuche von Akrobatik-Shows und Opernvorstellungen.

VORWAHL – 010

Nahverkehrsmittel

Die schieren Ausmaße der Stadt verbieten es für gewöhnlich schlichtweg, zu Fuß gehen zu wollen. Auch die meisten Hauptstraßen sind so kerzengerade, dass ein Fußmarsch auf ihnen schon bald ermüdend wird.
Das **öffentliche Verkehrsnetz** ist ausgedehnt, aber etwas überbeansprucht. Die Mehrzahl der Besucher wird der überfüllten Busse schnell überdrüssig und steigt auf Taxis um.
Schneller ist die **U-Bahn**, deren Netz jedoch vergleichsweise begrenzt ist.
Radfahren ist eine gute und angesichts zahlreicher Verleihstationen leicht umzusetzende Alternative.

Nützliche Stadtbuslinien Auf den besseren Stadtplänen sind die Routen der Busse durch rote oder blaue Linien ausgewiesen; ein Punkt entlang des Streckenverlaufs markiert eine Haltestelle; neben dem Punkt steht auf diesen Karten der Name der Haltestelle in winzigen Schriftzeichen geschrieben – diesen muss man wissen, damit der Schaffner den Fahrpreis berechnen kann. In einem schwankenden, überfüllten Bus dem Schaffner einen Punkt auf einem Stadtplan zeigen und damit weiterzukommen zu wollen, ist nahezu unmöglich. Hilfreich ist hier die *Beijing Tour Map,* auf der die Haltestellen in Pinyin angegeben sind. Nützliche Stadtbuslinien sind:
Nr. 1 und Doppeldecker Nr. 1 vom Xi Zhan nach Osten entlang der Chang'an Jie, der großen Ost-West-Magistrale.
Doppeldecker Nr. 2 vom nördlichen Ende der Qianmen Dajie nach Norden Richtung Dongdan, zum Yonghe Gong und zum Athletendorf der Asienspiele.
Doppeldecker Nr. 4 vom Zoo zum Qianmen via Fuxingmen Dajie.
Nr. 5 vom Deshengmen an der zweiten Ringstraße, in Nordwesten der Stadt, nach Süden entlang der Westseite der Verbotenen Stadt und des Tian'anmen-Platzes zur Qianmen Dajie.
Nr. 15 vom Zoo entlang der Xidan Dajie, vorbei an der Liulichang und weiter nach Westen bis in die Gegend von Tianqiao, etwas westlich der Yongdingmennei Dajie und nahe dem Tiantan-Park.
Nr. 17 vom Tian'anmen-Platz entlang der Qianmen Dajie bis zur Kreuzung der Yongdingmenwai Dajie mit der Nansanhuan Zhong Lu, 1 km östlich des *Jinghua Hotel.*
Nr. 20 vom Beijing Zhan zum Yongdingmen Zhan, nahe dem *Qiaoyuan Hotel.*
Nr. 52 vom Xi Zhan zur Lianhuachi Qiao, dann nach Osten zur Xidan Dajie, zum Tian'anmen-Platz und weiter entlang der Chang'an Jie.
Nr. 66 von der Yang Qiao – der Brücke westlich des Jinghua Hotel – zum Qianmen.
O-Bus Nr. 103 vom Beijing Zhan nach Norden über die Ostseite der Verbotenen

Stadt, dann nach Westen entlang der Fuchengmennei Dajie und nach Norden entlang der Sanlihe Lu bis zum Zoo.

O-Bus Nr. 104 vom Beijing Zhan via Wangfujing Dajie zum Bahnhof Hepingli im Norden der Stadt.

O-Bus Nr. 105 von Nordwesten des Tiantan-Parks zur Xidan Dajie und weiter nach Westen zum Zoo.

O-Bus Nr. 106 vom Yongdingmen Zhan zum Tiantan-Park und Chongwenmen, dann nach Norden zur Dongzhimennei Dajie.

Nr. 300 verkehrt entlang der dritten Ringstraße.

Nr. 332 vom Zoo zur Beida (Universität) und zum Sommerpalast.

Luxusbus Nr. 808 von der Haltestelle nordwestlich des Qianmen zum Sommerpalast.

BUSSE – Obgleich alle der gut 200 Bus- und O-Bus-Linien im Minutentakt verkehren, ist es während der Stoßzeiten ein mühseliges Unterfangen, ein- oder aussteigen zu wollen. Der größte Andrang im Berufsverkehr herrscht von 7–9 und 16.30–18 Uhr. Die Hoffnung, durch das Fenster etwas von der Stadt zu sehen, sollte man getrost begraben; die Aussicht beschränkt sich meist auf rückwärtige Ansichten von Mitfahrern. Im Winter sind die Busse für ihren Duft bekannt, eine Mischung aus Knoblauch und gekochtem Kohl. Der **Fahrpreis** für die normalen Busse richtet sich nach der Entfernung, beträgt jedoch nie mehr als ¥2, in der Regel reichen ¥0,5 – interessant ist es zu beobachten, wie Chinesen mitunter eine 1-Fen-Münze und zwei 2-Fen-Scheine zu einem kunstvollen Origami-Päckchen falten und es dem Schaffner übergeben. Weniger von Aromen behaftet und etwas komfortabler, aber auch langsamer, sind die **Minibusse**, die entlang derselben Routen wie die Busse verkehren und die ¥2 pro gefahrener Strecke verlangen. Der Betrieb beginnt in der Regel um 5.30 Uhr und endet um 23 Uhr, einige Busse verkehren jedoch auch rund um die Uhr. Busse mit 200er Nummern verkehren nur im Nachtbetrieb. Die Strecken sind sinnvoll gelegt und leicht zu verstehen – ein wichtiger Aspekt, da die Haltestellen nicht selten einen guten Kilometer voneinander entfernt liegen. Busse mit 800er Nummern sind modern, klimatisiert und eine angenehme Überraschung, allerdings kosten sie mit ¥3–10 auch mehr. Ausdrücklich gewarnt sei vor **Taschendieben** in Bussen. Die geschickten Diebe nehmen gerne Touristen aus dem Westen ins Visier und haben es nicht nur auf Geld, sondern auch auf begehrte westliche Reisepässe abgesehen.

U-BAHN – Die saubere, effiziente, von Graffiti freie und sehr schnelle U-Bahn ist eine gute Alternative zum Bus, jedoch sollte man auch hier während des Berufsverkehrs auf Kontakte der intimeren Art gefasst sein. Sie verkehrt tgl. von 5.30 bis 23 Uhr. U-Bahn-Eingänge sind durch ein Schild gekennzeichnet, das ein Quadrat in einem „C" abbildet. **Fahrscheine** kosten ¥3 pro Fahrt und sind an Schaltern am oberen Ende der Treppe zum Bahnsteig erhältlich. Um wiederholtes Anstehen zu umgehen, empfiehlt es sich, gleich mehrere Tickets zu kaufen. Die Fahrscheine tragen kein Datum und werden vor Betreten des Bahnsteigs durch einen U-Bahn-Angestellten eingesammelt. Sämtliche Haltestellen sind in Pinyin beschildert und werden bei Einfahrt des Zuges in Englisch und Chinesisch angesagt.
Eine der beiden U-Bahnlinien ist eine **Ringlinie** um die Stadt mit den zweckdienlichen Haltestellen Beijing Zhan, Jianguomen (unter der Straßentrasse, nahe dem Alten Observatorium und dem Freundschaftsladen), Yonghe Gong (50 m nördlich des gleichnamigen Tempels) und Qianmen am nördlichen Ende der Qianmen Dajie. Die **Ost-West-Linie** verläuft von den westlichen in die östlichen Vororte. Nützliche Haltestellen entlang dieser Strecke sind das Militärmuseum (Junshi Bowuguan), Tian'anmen (West und Ost) sowie Wangfujing. Umsteigebähnhofe sind Fuxingmen und Jianguomen.

RICKSCHAS – Fahrrad-Rikschas sind mit Vorsicht zu genießen. Zwar sind sie für kürzere Strecken recht nützlich – für ¥5 kommt man ein paar Kilometer weit –, doch die Fahrer lassen sich nur schwer herunterhandeln und verlangen am Ziel angekommen mitunter einen höheren Fahrpreis. Über den genauen Fahrpreis und die Währung, in der er gezahlt wird, sollten sich beide Seiten vor Abfahrt ausdrücklich geeinigt haben. In der Umgebung von touristischen Sehenswürdigkeiten, insbesondere in den Hutong um den Glocken- und den Trommelturm, sind Rikscha-Fahrer inzwischen, da ihr Alltagsgeschäft mehr und mehr von Taxis übernommen wird, zu einer eigenen Attraktion geworden. Mit kitschigen Sitzbezügen und absurden Preisen ist dort zu rechnen.

FAHRRAD – Eine durchaus überlegenswerte Alternative zu den öffentlichen Verkehrsmitteln ist die Anmietung eines Fahrrads. In vielen der billigeren Hotels kann man sie tageweise ausleihen oder Wochenmieten aushandeln; pro Tag sind ¥10–50 sowie eine Kaution von ¥200–500 üblich. Vor Fahrtantritt sind unbedingt die Bremsen zu überprüfen und, falls erforderlich, die Reifen mit ausreichend Luft aufzupumpen. Bei Problemen unterwegs kann man sich an einem der zahlreichen Reparaturstände an den Straßen helfen lassen.
Das Tempo chinesischer Radfahrer ist gemächlich, und das aus gutem Grund. Chinesische Straßen sind unberechenbar und gleichen mitunter rechtsfreien Räumen: Im Kreisverkehr wird gegen die Fahrtrichtung gefahren, aggressive Lkw-Fahrer machen keinen Zentimeter Platz, ungeduldige Taxifahrer drängeln auf der Fahrradspur, Busse schwenken plötzlich aus, ganz zu schweigen von den Fußgängern, die unachtsam einfach auf die Straße laufen. Dennoch ist Radfahren in Beijing weniger Furcht einflößend als in so mancher Stadt im Westen, da es auf allen größeren Straßen **Fahrradspuren** gibt und man in Gesellschaft vieler anderer radelt – im Berufsverkehr sind es mehrere Millionen. Klingeln oder Rufen zeigt kaum Wirkung. Während derlei Warnsignale in anderen Städten die Verkehrsteilnehmer aufscheuchen, erntet man hier dafür kaum einen Seitenblick. An Kreuzungen rotten sich die Fahrradfahrer regelrecht zusammen, um sich dann, wenn genügend Masse vorhanden ist, um gegen den übrigen Verkehr bestehen zu können, in einem Schub ihren Weg zu bahnen. Wer sich dabei unsicher fühlt, sollte absteigen und das Fahrrad zu Fuß über die Straße schieben – viele Chinesen machen es ebenso.
Für neue Fahrräder oder Mountainbikes ist die Verwendung eines zusätzlichen Kettenschlosses ratsam, da Fahrräder oft gestohlen werden. Fahrräder sollen auf hierfür vorgesehenen **Fahrrad-Parkplätzen** abgestellt werden, wo man ¥0,3 an einen Parkwächter zahlt. Häufig genug wird diese Vorschrift jedoch missachtet und die Räder werden unter dem Risiko einer allerdings

selten verhängten Geldstrafe an ein Geländer angeschlossen oder auf dem Gehweg abgestellt. Die Parkplätze an den U-Bahnhöfen bleiben die ganze Nacht über geöffnet, und da die meisten Verleihstationen weitab des Zentrums liegen, lässt sich einiges an Pedaltreterei sparen, wenn man das Fahrrad gleich für mehrere Tage mietet und anstatt ständig hin und her zu radeln das Fahrrad über Nacht auf einem dieser Parkplätze deponiert.

Transport

Eine erste Überraschung erleben viele Besucher Beijings bei der **Ankunft** in Form der reibungslosen Fahrt entlang der von Plakatwänden gesäumten und verkehrsreichen Autobahn vom Flughafen. Wer nicht mit dem Zug anreist, hat von den Busbahnhöfen und vom Flughafen einen weiten Weg bis in die Stadt zurückzulegen, und selbst bei Ankunft im Zentrum sind es bis zu den meisten Hotels immer noch ein paar Kilometer. Am besten nimmt man in der Innenstadt ein Taxi zum letztlichen Ziel und plagt sich nicht mit den Bussen herum, da das System der öffentlichen Verkehrsmittel Neuankömmlinge zunächst verwirrt und überfordert. Zu Fuß zu gehen ist angesichts der großen Entfernungen keine sinnvolle Alternative, mit Gepäck zudem eine wahre Tortur.

Die **Weiterreise** gestaltet sich weitgehend unproblematisch, denn die zahllosen Bahn- und Flugverbindungen von Beijing ermöglichen es, praktisch jeden Ort in China zu erreichen. Ratsam ist es, Fahrkarten oder Flugtickets einige Tage vor Reiseantritt zu kaufen, insbesondere im Sommer und für die Zeit um das Frühlingsfest. Busse werden von Touristen in Anbetracht des geringeren Komforts und der längeren Fahrzeiten gegenüber der Bahn kaum für weite Entfernungen genutzt, haben jedoch den Vorteil sehr häufiger Verbindungen, sodass auch bei spontanem Erscheinen meist problemlos ein Platz zu bekommen ist. Die beiden nahe gelegenen Städte Tianjin und Chengde sind in ungefähr derselben Zeit per Bus oder Bahn zu erreichen. Mehr zu den verschiedenen Bahn- und Busbahnhöfen sowie zu den von ihnen aus erreichbaren Zielen weiter unten.

BUSSE – Fernverbindungen gibt es reichlich, doch komplizieren verschiedene Busbahnhöfe, die jeweils nur für bestimmte Ziele als Endhaltestelle oder Abfahrtsort dienen, die Angelegenheit unnötig. **Dongzhimen**, in der nordöstlichen Ecke der zweiten Ringstraße und per U-Bahn zu erreichen, ist der größte Busbahnhof und Endhaltestelle der Busse aus Shenyang und dem übrigen Dongbei. **Deshengmen**, auch Beijiao genannt, liegt im Norden, 1 km nördlich der zweiten Ringstraße an der Route von Bus Nr. 55, die zur Xi'anmen Dajie, westlich des Beihai-Parks, führt, und ist Abfahrtspunkt der Busse nach Chengde und Datong. Von **Haihutun** im Süden, an der Kreuzung der dritten Ringstraße, Nansanhuan Lu, mit der Yongdingmenwai Dajie, fahren die Busse nach Tianjin und in die Städte im südlichen Hebei. **Majuan** schließlich, im Südosten an der Guanqumenwai Daji gelegen, bietet Verbindungen ins östliche Hebei. **Private Minibusse** halten meist vor einem der beiden großen Bahnhöfe.

Für Fernziele ist es wenig sinnvoll, einen Bus zu nehmen – die Fahrt dauert länger als mit dem Zug und ist auch bei weitem nicht so komfortabel. Die Busse verkehren häufig, tagsüber in der Regel stündlich, einige auch nachts. In erträglicher Reiseentfernung liegen die unten aufgeführten Städte.

Verbindungen von den Busbahnhöfen

Deshengmen nach:
CHENGDE 4 Std.;
DATONG 10 Std.

Dongzhimen nach:
SHENYANG 18 Std.

Haihutun nach:
SHIJIAZHUANG 10 Std.;
TIANJIN 3 Std.

Majuan nach:
BEIDAIHE 9 Std.;
SHANHAIGUAN 9 Std. (Expressbus 5 Std.)

EISENBAHN – Beijing besitzt zwei große Bahnhöfe. Am zentralen **Beijing Zhan**, südlich der Dongchang'an Jie, kommen die Züge aus Gegenden nördlich und östlich von Beijing an. Neben Schließfächern gibt es dort eine zentrale Gepäckaufbewahrungsstelle (mehr dazu s.S. 216, Gepäckaufbewahrung). Die einzigen Unterkünfte, die vom Beijing Zhan fußläufig erreicht werden können, sind das nichts sagende *International Hotel* und das zweifellos interessante neue *International Youth Hostel* gleich dahinter. Die meisten Ankömmlinge werden sich zwecks Weiterfahrt entweder zum **Busbahnhof**, ca. 100 m östlich des Bahnhofs, zur **U-Bahn-Station** am nordwestlichen Ende der Bahnhofshalle oder zum **Taxistand**, 50 m östlich auf der gegenüberliegenden Straßenseite, begeben müssen. Ein offizieller Ordner mit roter Armbinde sorgt an Letzterem dafür, dass die Warteschlange in Reih und Glied bleibt und dass die Fahrer die Taxameter anstellen. Von den Taxis direkt vor der Bahnhofshalle ist abzuraten, da keiner der Fahrer den Taxameter anschaltet.

Züge aus Gebieten südlich und westlich der Hauptstadt kommen am neuen Westbahnhof **Xi Zhan**, dem größten Bahnhof Asiens und Ausgangspunkt der Verbindung Beijing-Kowloon, an. Das Prestigeobjekt ist zehnmal so groß wie der Beijing Zhan. Die Gepäckaufbewahrung befindet sich in der 2. Etage, greift mit ¥5 pro Std. den Reisenden aber tief in die Tasche. Zwischen den beiden Bahnhöfen verkehrt Bus Nr. 122; wer zu einem der preiswerten Hotels im Süden fahren möchte, nimmt von hier Bus Nr. 52 zum Qianmen und steigt dort in einen anderen Bus um. Am einfachsten ist es allerdings, gleich ein Taxi vom Halteplatz zu nehmen.

Zwar gibt es noch weitere Bahnhöfe in Beijing, Normalreisende werden dort aber nicht landen, es sei denn sie kommen mit einem Nahverkehrszug beispielsweise von der Großen Mauer bei Badaling oder Shidu. Der Nordbahnhof Beijing, der **Xizhimen Zhan**, liegt am nordwestlichen Rand der zweiten Ringstraße an der U-Bahn. Der Bahnhof Beijing-Süd, bekannt als **Yongdingmen Zhan**, befindet sich im Süden der Stadt zwischen zweiter und dritter Ringstraße, unweit des *Qiaoyuan Hotel,* und hat einen Busbahnhof vor der Tür.

Transsibirische und transmongolische Zugverbindungen Das Beste am *International Hotel,* 9 Jianguomenwai Dajie, ist dessen ***Buchungsbüro*** für internationale Zugverbindungen, ✆ 65120507, ◷ Mo–Fr 8.30–12 und 13.30–17 Uhr. Ohne viel Aufhebens kann man dort Fahrkarten nach Moskau und Ulan Bator erwerben. Außerhalb der Saison unternehmen nur wenige die Reise, in den Sommermonaten hingegen ist mitunter auf Wochen kein Platz zu bekommen. Für die Visabeschaffung sollte man ein bis zwei Wochen einplanen. Nach Hinterlegung einer Anzahlung von ¥100 auf die Fahrkarte stellt das Buchungsbüro eine Reservierungsquittung aus. Diese nimmt man mit zur Botschaft, wenn man das Visum beantragt, alles Weitere sollte ohne Probleme vonstatten gehen. Ein russisches Transitvisum mit einer Woche Gültigkeit kostet ca. US$50, für bestimmte Nationalitäten (überwiegend afrikanische und südamerikanische Staaten) wird ein Zuschlag erhoben. Das Transitvisum für die Mongolei ist ebenfalls eine Woche gültig und kostet US$30; Touristenvisa mit einem Monat Gültigkeitsdauer kosten US$40.

Der chinesische Zug Nr. 3 nach Moskau via Ulan Bator fährt ab Beijing jeden Mittwoch und benötigt für die Strecke 5 1/2 Tage. Eine Liege in einem Viererabteil der allemal komfortablen 2. Klasse kostet ¥1602, in der 1. Klasse ebenfalls mit Viererbelegung ¥2306 oder mit Zweierbelegung ¥2786. Der russische Zug Nr. 19, der der transsibirischen Route folgt, fährt samstags und erreicht sein Ziel nach sechs Tagen. Der billigste Liegeplatz kostet hier ¥1888, für die 1. Klasse zahlt man ¥3014. Jeden Donnerstag fährt ein mongolischer Zug nach Ulan Bator; Liege im Viererabteil ¥606. Die Fahrt im Zug Nr. 3 ist etwas preiswerter.

Der Touranbieter ***Monkey Business*** in der *Hidden Tree Bar,* Nan Sanlitun Lu, ✆ 6591 6519, 🖳 www.monkeyshrine.com, organisiert die komplette Reise inklusive Visabeschaffung für alle diejenigen, die bereit sind, für diesen Service zusätzlich US$150 hinzublättern. Eine Fahrkarte für die 2. Klasse kostet US$385 zzgl. Visagebühren, aber inkl. Infopaket und Transport zum Bahnhof. Angeboten werden außerdem Touren mit Stopps in Ulan Bator, am Baikalsee und in Irkutsk.

Beijing: Transport

Beijing	北京	***běijing***
Hauptstadtflughafen Beijing	北京首都机场	*běijīng shǒudū jīchǎng*
Busbahnhöfe		
Deshengmen	德胜门公共汽车站	*déshèngmén gōnggòng qìchēzhàn*
Dongzhimen	东直门公共汽车站	*dōngzhímén gōnggòng qìchēzhàn*
Haihutun	海户屯公共汽车站	*hǎihùtún gōnggòng qìchēzhàn*
Bahnhöfe		
Beijing Zhan	北京站	*běijīng zhàn*
Xi Zhan	西站	*xī zhàn*
Xizhimen Zhan	西直门站	*xīzhímén zhàn*
Yongdingmen Zhan	永定门站	*yǒngdìngmén zhàn*

Gegen eine zusätzliche Gebühr von ca. ¥40 können **Fahrkarten** in den größeren Hotels oder beim *CITS* gekauft werden, es macht jedoch keine allzu große Mühe, sie sich direkt am Schalter zu besorgen. Für viel befahrene Routen sollten die Fahrkarten mindestens einen Tag im Voraus gekauft werden, maximal sind sie vier Tage im Voraus erhältlich. Der Fahrkartenschalter für Ausländer im Beijing Zhan befindet sich im hinteren Teil des Bahnhofs, linkerhand vom Eingang, und ist in Englisch ausgeschildert; ⌚ tgl. 5.30–7.30, 8–18.30 und 19–23 Uhr. An der Wand hängt ein Fahrplan in Englisch. Weitere Verkaufsstellen, die wenig bekannt und daher selten umlagert sind, gibt es im Wangfujing-Kaufhaus, 1. Etage, 225 Wangfujing Dajie, ⌚ tgl. 9–11 und 13–16 Uhr, sowie im Ticketbüro von *Air China* im China World Trade Centre, 1 Jianguomenwai Dajie, ⌚ tgl. 8–18 Uhr. Telefonische Zuginformationen (nur in Chinesisch) unter ✆ 65129525.

Züge vom Beijing Zhan nach:
BAOTOU tgl., 14 Std.;
BEIDAIHE 3x tgl., 5 Std.;
CHANGCHUN tgl., 14 Std.;
CHENGDE 4x tgl., 4 Std.;
DALIAN 2x tgl., 18 Std.;
DANDONG tgl., 20 Std.;
DATONG 2x tgl., 7 Std.;
FUZHOU tgl., 35 Std.;
HANGZHOU tgl., 22 Std.;
HARBIN tgl., 18 Std.;
HOHHOT 2x tgl., 12 Std.;
JI'NAN 3x tgl., 8 Std.;
NANJING tgl., 20 Std.;
QINGDAO tgl., 18 Std.;
SHANGHAI 2x tgl. Express, 14 Std., sonst 20 Std.;
SHANHAIGUAN 3x tgl., 8 Std. (besser: Schnellzug nach Qinghuangdao, 5 Std.);
SHENYANG 4x tgl., 10 Std.;
TAI'AN 2x tgl., 8 Std.;
TIANJIN häufig; 2 Std.;
YANTAI tgl., 20 Std.

Züge vom Xi Zhan nach:
CHANGSHA tgl., 24 Std.;
CHENGDU 2x tgl., 35 Std.;
CHONGQING 2x tgl., 40 Std.;
GUANGZHOU 3x tgl., 30 Std.;
GUIYANG tgl., 35 Std.;
KUNMING tgl., 60 Std.;
LANZHOU tgl., 35 Std.;
LUOYANG tgl., 14 Std.;
MOSKAU 2x wöchentl., 5–6 Tage
NANCHANG tgl., 25 Std.;
NANNING tgl., 40 Std.;
SHIJIAZHUANG tgl., 4 Std.;
TAIYUAN tgl., 10 Std.;
ULAN BATOR Mongolei, wöchentl., 90 Std.;
ÜRÜMQI tgl., 70 Std.;
XI'AN 5x tgl., 16 Std.;
YUNCHENG tgl., 18 Std.;

YICHANG tgl., 23 Std.;
ZHANJIANG tgl., 40 Std.;
ZHENGZHOU 2x tgl., 10 Std.
Mehr zu den nach Moskau und Ulan Bator verkehrenden Zügen s.S. 216, Kasten.

FLÜGE – Der prunkvolle **Hauptstadtflughafen Beijing**, 29 km nordöstlich des Zentrums, wurde am 1. Oktober 1999 anlässlich des 50. Jahrestags der kommunistischen Herrschaft eingeweiht. Über ihn werden sowohl Inlands- wie auch internationale Flüge abgewickelt. Rechts hinter dem Zoll findet man bei Ankunft verschiedene Banken und einen Geldautomaten; die zu entrichtende Kommission ist dort nicht höher als andernorts. Wer für die Weiterfahrt einen Bus nutzen möchte, sollte sich passendes Kleingeld besorgen. Tickets für Inlandsflüge sind im *CAAC*-Büro erhältlich. Der Informationsschalter am Flughafen, ✆ 64563604, ist 24 Std. geöffnet. Für internationale Flüge ist in der Eingangshalle vor dem Einchecken die Abflugsteuer in Höhe von ¥90 zu entrichten, für nationale Flüge beträgt sie ¥50.
Transport vom/zum Flughafen: Eine Autobahn verbindet den Flughafen mit der Stadt. Sie ist eine der besten und am flüssigsten befahrbaren Straßen in ganz China. Direkt vor dem Hauptausgang befindet sich eine Haltestelle, von der regelmäßig komfortable, klimatisierte, aber auch überfüllte **Flughafenbusse** entlang zweier Routen in die Stadt fahren. Die Fahrt kostet ¥16 und dauert ca. 1 Std., im Berufsverkehr doppelt so lange. Die **Busse der A-Route** sind am zweckdienlichsten und verkehren von 8 Uhr bis zur Ankunft des letzten Fluges mit Stopps am *Hilton,* am Lufthansa Centre, an der U-Bahn-Station Dongzhimen, am *Swissotel* sowie an der U-Bahn-Station Chaoyangmen, bevor sie ihre Endhaltestelle am *International Hotel,* nördlich des Beijing Zhan, dem Hauptbahnhof, erreichen, wo es einen Taxistand und eine U-Bahn-Station gibt.
Busse der B-Route verkehren von 9.30 bis zur Ankunft des letzten Fluges stündlich und halten in den nördlichen und westlichen Abschnitten der dritten Ringstraßen, Sanhuan Lu, u.a. am *SAS Royal Hotel,* am Athletendorf der Asienspiele, am *Freundschaftshotel,* an der Fremdsprachenuniversität und schließlich am *Xinxing Hotel,* Chang'an Jie, Ecke Xisanhuan Bei Lu, nahe der U-Bahn-Station Gongzhufen. Busse von der Stadt zum Flughafen verkehren vom *CAAC*-Büro, 5.30–19 Uhr alle 30 Min., außerdem nordwestlich des *International Hotel* (die Straße überqueren und auf das Schild achten), 6.30–16.30 Uhr stündlich, und von einem Ticketbüro auf der Ostseite der Wangfujing Dajie, etwas nördlich der Chaoyangmen Dajie, 5.30–18 Uhr alle 30 Min.
Links des Haupteingangs zum Flughafen gibt es einen **Taxistand**. Zu meiden sind die Schlepper, die Neuankömmlinge ins Visier nehmen. Achten sollte man außerdem darauf, dass das Taxi registriert ist – zu erkennen an einem roten oder grünen Aufkleber im hinteren Seitenfenster mit Angabe des Kilometerpreises und an einem Identitätsnachweis am Armaturenbrett. Eine Fahrt ins Zentrum kostet ca. ¥80 und dauert ca. 50 Min., im Berufsverkehr mindestens eine halbe Stunde länger. Vom Fahrgast wird erwartet, die Autobahnmaut in Höhe von ¥15 zu übernehmen.
Inlandsflüge sollten mindestens einen Tag im Voraus gebucht werden. Hauptverkaufsstelle für **Flugtickets** in Beijing ist das ***CAAC***-Büro, 15 Xi Chang'an Jie, Informationen ✆ 66017755, Reservierung Inland ✆ 66013336, Reservierung Ausland ✆ 66016667, ◷ tgl. 7–20 Uhr. Hier sind die meisten nationalen Fluggesellschaften vertreten. Ausnahmen sind *China Southern Airlines,* 227 Chaoyangmen Dajie, ✆ 65533624, und *Xinhua Airlines,* 2A Dong Chang'an Jie, ✆ 65121587. Erhältlich sind Tickets auch über ***CITS*** (s.S. 211, Reisebüros) sowie über die meisten Hotels und bei den in der Stadt vertretenen Agenturen der Fluggesellschaften. Oftmals ist ein Ticket direkt über die Fluggesellschaft oder eine ihrer Agenturen billiger zu bekommen – die Adressen der Agenturen können telefonisch erfragt werden.

Fluggesellschaften:
Air China, 15 Xi Chang'an Jie, ✆ 66013336 für Inlandsflüge, ✆ 66016667 für internationale Flüge;
Aeroflot, *Hotel Beijing–Toronto,* Jianguomenwai Dajie, ✆ 65002980;
Air France, 5. Etage, Full Link Plaza, 18 Jianguomenwai Dajie, ✆ 65881388;
Alitalia, Rm 503B, China World Trade Centre, 1 Jianguomenwai Dajie, ✆ 65056670;

Himmelstempel

Reiseführer-Randleiste: BEIJING UND UMGEBUNG

All Nippon Airways, Rm 1510, World Trade Centre, 1 Jianguomenwai Dajie, ✆ 65053311;
Asiana Airlines, Rm 102, Lufthansa Centre, ✆ 64684000;
Austrian Airlines, *Kempinski Hotel,* 50 Donghua Bei Lu, ✆ 646262161;
British Airways, Rm 210, SCITECH Tower, 22 Jianguomenwai Dajie, ✆ 65124070;
Canadian Airlines, Rm 201, 50 Liangmaqiao Lu, Chaoyang, ✆ 64630576;
Dragonair, 1710 Henderson Centre, 18 Jianguomenwai Dajie, ✆ 65182533;
El Al, Rm 2906, Jing Guang Centre, ✆ 65014512;
Finnair, Rm 204, SCITECH Tower, 22 Jianguomenwai Dajie, ✆ 65127180;
Garuda Indonesia, Poly Plaza, 14 Dongzhimen Nan Dajie, ✆ 64157658;
Japan Airlines, Changfugong Office Building, 26A Jianguomenwai Dajie, ✆ 65130888;
Korean Air, Rm C401, World Trade Centre, 1 Jianguomenwai Dajie, ✆ 65050088;
Lufthansa, Rm S101, Lufthansa Centre, Dong Sanhuan Bei Lu, ✆ 64654488;
Malaysia Airlines, Bereich 115A/B, Ebene 1, Westflügel, World Trade Centre, 1 Jianguomenwai Dajie, ✆ 65052681;
Mongolian Airlines, China Golden Bridge Plaza, 1A Jianguomenwai Dajie, ✆ 65079297;
Northwest Airlines, Rm 501, Westgebäude, World Trade Centre, ✆ 65053505;
Pakistan Airlines, Rm 617, World Trade Centre, 1 Jianguomenwai Dajie, ✆ 65051681;
Qantas, Lufthansa Centre, 50 Liangmaqiao Lu, ✆ 64674794;
SAS Scandinavian Airlines, 1403 Henderson Centre, 18 Jianguomennei Dajie, ✆ 65183738;
Singapore Airlines, L109, World Trade Centre, 1 Jianguomenwai Dajie, ✆ 65052233;
Swiss, Rm 608, SCITECH Tower, 22 Jianguomenwai Dajie, ✆ 65123555;
Thai International, Lufthansa Centre, 50 Langmaqiao Lu, ✆ 64608899;
United Airlines, Lufthansa Centre, 50 Liangmaqiao Lu, ✆ 64631111.

Flüge nach:
BAOTOU 2x tgl., 1 1/2 Std.;
CHANGCHUN 6x tgl., 1 3/4 Std.;
CHANGSHA 5x tgl., 2 Std.;
CHAOYANG 4x wöchentl., 1 1/4 Std.;
CHENGDU 7x tgl., 2 1/2 Std.;
CHIFENG 3x wöchentl., 3 Std.;
CHONGQING 4–6 tgl., 2 3/4 Std.;
DALIAN 7–9x tgl., 1 1/4 Std.;
FUZHOU 4x tgl., 2 3/4 Std.;
GUANGZHOU 11x tgl., 3 Std.;
GUILIN 2–5x tgl., 3 Std.;
GUIYANG 2–3x tgl., 4 3/4;
HAIKOU 7x tgl., 3 3/4 Std.;
HAILAR 3x wöchentl., 2 1/4 Std.;
HANGZHOU 5x tgl., 1 3/4 Std.;
HARBIN 5–8x tgl., 2 Std.;
HOHHOT bis zu 9x tgl., 1 1/4 Std.;
HONGKONG 12x tgl., 3 Std.;
HUANGYAN 3x wöchentl., 2 3/4 Std.;
JI'NAN 2–3x tgl., 1 Std.;
JILIN 4x wöchentl., 1 3/4 Std.;
JINZHOU 2x wöchentl., 1 1/4 Std.;
KUNMING 6x tgl., 3 1/2 Std.;
LANZHOU 2–3x tgl., 2 1/4 Std.;
LHASA 2x wöchentl., 4 Std.;
LIUZHOU 2x wöchentl., 2 3/4 Std.;
LUOYANG wöchentl., 1 3/4 Std.;
MUDANJIANG 1x tgl., 1 3/4 Std.;
NANCHANG 2–4x tgl., 2 Std.;
NANJING 4x tgl., 1 3/4 Std.;
NANNING 2–3x tgl., 3 1/2 Std.;
NANTONG 1x tgl., 2 1/2 Std.;
NANYANG 2 wöchentl., 1 1/2 Std.;
NINGBO tgl., 2 1/4 Std.;
QINGDAO 2–3x tgl., 1 1/4 Std.;
QIQIHAR 4x wöchentl., 2 Std.;
QUZHOU wöchentl., 2 1/2 Std.;
SANYA 2x tgl., 5 1/4 Std.;
SHANGHAI 16x tgl., 1 3/4 Std.;
SHANTOU 2x tgl., 3 Std.;
SHENYANG 8x tgl., 1 Std.;
SHENZHEN 15x tgl., 3 1/4 Std.;
TAIYUAN 2–4x tgl., 1 1/4 Std.;
TIANJIN 1x wöchentl., 1/2 Std.;
TONGLIAO 2x wöchentl., 1 3/4 Std.;
ÜRÜMQI 2–4x tgl., 3 3/4 Std.;
WENZHOU 2x tgl., 2 1/4 Std.;
WUHAN 4x tgl., 2 Std.;
WULANHOT 2x wöchentl.; 3 1/4 Std.;
XI'AN 10x tgl., 1 1/2 Std.;
XIAMEN 5x tgl., 2 3/4 Std.;
XIANGFAN 2x wöchentl., 2 Std.;

Die Umgebung von Beijing

Badachu	八大处	*bādàchù*
Biyun Si	碧云寺	*bìyún sì*
Botanischer Garten	植物园	*zhíwù yuán*
Große Mauer	长城	*chángchéng*
Große Mauer bei Badaling	八达岭	*bādálǐng chángchéng*
Große Mauer bei Huanghua	黄花长城	*huánghuā chángchéng*
Große Mauer bei Jinshanling	金山岭长城	*jīnshānlǐng chángchéng*
Große Mauer bei Mutianyu	慕田峪	*mùtiányù chángchéng*
Große Mauer bei Simatai	司马台	*sīmǎtái chángchéng*
Huairou	怀柔	*huáiróu*
Jietai Si	戒台寺	*jiètái sì*
Kangxi-Grasland	康西草原	*kāngxī cǎoyuán*
Longqing-Schlucht	龙庆峡	*lóngqìng xiá*
Luftfahrtmuseum	航空博物馆	*hángkōng bówùguǎn*
Lugou Qiao	卢沟桥	*lúgōu qiáo*
Miyun-Reservoir	密云水库	*mìyún shuǐkù*
Shisan Ling	十三陵	*shísān líng*
Tanzhe Si	潭柘寺	*tánzhé sì*
Westberge	西山	*xīshān*
Wofo Si	卧佛寺	*wòfó sì*
Xiangshan-Gongyuan-Park	香山公园	*xiāngshān gōngyuán*
Zhoukoudian	周口店	*zhōukǒu diàn*

XILINHOT 4x wöchentl., 1 3/4 Std.;
XINING 4x wöchentl., 2 1/2 Std.;
YANJI 1–3x tgl., 2 Std.;
YANTAI 2–3x tgl., 1 Std.;
YINCHUAN 1–3x wöchentl., 2 Std.;
ZHANGJIAJIE 2x wöchentl., 3 Std.;
ZHANJIANG 2x tgl., 3 1/2 Std.;
ZHENGZHOU 4x tgl., 1 1/4 Std.;
ZHUHAI 1–2x tgl., 3 1/2 Std.

Die Umgebung von Beijing

In den Ebenen und Hügeln um die Hauptstadt gibt es jede Menge reizvoller Plätze und Orte, und kein Besuch wäre ohne einen Ausflug zur **Großen Mauer** vollkommen, die sich über mehrere Orte bequem von Beijing aus erreichen lässt. Beachtung verdienen insbesondere auch die **Westberge**, die bei einem längeren Aufenthalt in der Hauptstadt erholsame Ruhe abseits der Hektik in der Stadt bieten. Andere Ziele wie die Ausgrabungsstätten von **Zhoukoudian** oder das **Luftfahrtmuseum** werden wohl nur speziell Interessierte anlocken, das **Kangxi-Grasland** wiederum eher diejenigen, die sich für längere Zeit in Beijing niederlassen.

Die Große Mauer

Es ist wahrlich eine großartige Mauer, die nur von einem großen Volk mit einer großen Vergangenheit gebaut werden konnte, und ein solch großes Volk mit einer solch großartigen Mauer blickt zweifellos auch einer großen Zukunft entgegen.

Richard M. Nixon

Über eine Länge von 6000 km zieht sich die Große Mauer durch China, ein monumentales Bauwerk, dessen Errichtung im 5. Jahrhundert v. Chr. begonnen und bis ins 16. Jahrhundert fortgeführt wurde. Die heute noch bestehenden Teilstücke würden aneinandergesetzt von New York bis nach Los Angeles reichen, und würde man aus ihren Steinen eine einzige Mauer von 5 m Höhe und 1 m Tiefe bauen, ergäbe sich eine Strecke, die länger als der Erdumfang wäre. Aber selbst ohne solche Gedankenspiele ist die **Zehntausend Li lange Mauer** (Wan Li Changcheng) vor Ort betrachtet und entlang ihres kleinen, permanent von chinesischen wie ausländischen Touristen überrannten Abschnitts bei Badaling die zweifellos augenfälligste Sehenswürdigkeit der Volksrepublik.

Schon seit ihrer frühesten Geschichte legten die Chinesen Schutzmauern um ihre Städte an. Zur Zeit der Streitenden Reiche, d.h. etwa im 5. Jahrhundert v. Chr., erweiterten sie diese Praxis und begannen mithilfe solcher Mauern auch Trennungslinien zwischen rivalisierenden Territorien zu ziehen. Die **Ursprünge** der Großen Mauer gehen auf diese gestückelten Bollwerke und auf die Vision **Qin Shi Huangs** zurück, der das Reich im dritten vorchristlichen Jahrhundert einte und beschloss, die Teilstücke zu einem durchgehenden Verteidigungswall gegen die Barbaren zu verbinden. Nachfolgende Dynastien – die Han, Wei, Qi und Sui – hielten die Mauer instand und bauten sie angesichts wechselnder regionaler Bedrohungen weiter aus. Infolge der Ausdehnung der Grenzen weiter nach Norden während der Tang-Dynastie, gefolgt von einem Rückzug später unter den Song, verlor sie eine Zeit lang an Bedeutung, erhielt jedoch wieder Gewicht, als die Ming-Dynastie die Herrschaft übernahm und sie von Militärexperten vom 14. bis ins 16. Jahrhundert hinein neu errichten ließ.

Die Mauer war im Verlauf ihrer Geschichte ein zumeist gehasstes Bauwerk. Vor allem Qin Shihuangs Mauer galt als ein Symbol brutaler Tyrannei – nicht nur verschwendete er die Reichtümer des Landes für ihren Bau, auch Tausende Arbeiter kamen dabei ums Leben. Schätzungen zufolge mobilisierte er fast eine Million Menschen für die Errichtung der Mauer, eine Zahl, die von anderen Dynastien sogar noch übertroffen wurde. Viele der Arbeiter waren Sträflinge; als während der Sui-Dynastie jedoch nicht genügend Männer für das gewaltige Projekt zur Verfügung standen, zwang man Witwen in den Arbeitsdienst. Ein Gedicht aus der Song-Zeit spiegelt die weit verbreitete Haltung wie folgt wider:

Eine Mauer so hoch, weil sie mit der Soldaten Knochen gefüllt,
Eine Mauer so tief, weil sie mit dem Blut der Soldaten getränkt.

Dumm war nur, dass der 7 m hohe und 7 m dicke Wall mit seinen 25 000 Zinnen seinen eigentlichen Zweck verfehlte. Wiederholt überwanden Invasoren die Mauer (Dschinghis Khan soll hierfür lediglich die Wachen bestochen haben), und für die japanischen und später europäischen Seestreitmächte stellte sie ohnehin kein Hindernis dar. Einige bemerkenswerte Funktionen erfüllte sie gleichwohl, ermöglichte sie doch den schnellen Transport von Truppen und Waren durch das Reich (fast durchgehend ist sie breit genug, um fünf Pferden nebeneinander Platz zu bieten) und schränkte die Wanderbewegungen der nomadischen Völker in den fernen Regionen der nicht han-stämmigen Minderheiten ein.

Während der Qing-Dynastie ließen die Mandschu die Mauer angesichts der Wirkungslosigkeit gegenüber ihrer eigenen Invasion verfallen. Stück um Stück begann sie zu bröckeln und taugte nur noch als Beschaffungslager für Baumaterial. Inzwischen hat sich die Große Mauer jedoch zu einem großen Geschäft gemausert.

Wahre Heerscharen von Besuchern strömen tagtäglich zu den restaurierten Abschnitten bei **Badaling** und in geringerem Maße auch zu denen bei **Mutianyu**. Weniger überlaufen und weitaus reizvoller sind die entfernteren Teilstücke bei **Simatai**, **Jiugulou** und **Jinshanling**.

Um die Mauer in all ihrem baufälligen Prunk zu erleben, empfiehlt sich eine Fahrt nach **Huanghua**, wo bislang noch keine touristische Entwicklung die Ursprünglichkeit trübt. Weitere Mauerabschnitte können bei Shanhaiguan (s.S. 248), Zhangye und Jiayuguan besichtigt werden.

Badaling

Der bekannteste und von den meisten Besuchern bevorzugte Mauerabschnitt erstreckt sich bei Badaling, 70 km nordwestlich von Beijing. Es war das erste Teilstück, das 1957 restauriert und Touristen zugänglich gemacht wurde. Die Mauer ist hier 6 m breit und in regelmäßigen Abständen mit Wachtürmen aus der Ming-Zeit bestückt. Ihr Verlauf folgt dem Grat einer steilen Hügelkette und hätte verteidigungsstrategisch kaum besser angelegt sein können, weshalb dieser Abschnitt auch nie direkt angegriffen, wohl aber über die Seiten eingenommen wurde.

Die Mauer bei Badaling ist das am bequemsten zu erreichende Teilstück, aber auch das überlaufenste. Um dennoch etwas davon zu haben, ist es notwendig, die Pfade der Touristenströme zu verlassen. Besucher werden am Zugang mit einem regelrechten Touristenzirkus aus Restaurants, zahllosen Souvenirständen sowie einer Bank und Post begrüßt. Angesichts der Horden von Touristen an der von Geländern und metallenen Abfallkörben gesäumten Mauer wirkt das Bauwerk nahezu künstlich. Und tatsächlich ist die Mauer hier weitgehend nur eine Rekonstruktion auf alten Fundamenten. Vom Eingang kann man der Mauer nach Norden (links) oder Süden (rechts) folgen. Die wenigsten Besucher laufen allerdings sehr weit, sodass man den Massen mit zunehmender Wegstrecke immer weiter entfliehen kann. Leider versuchen die Behörden neuerdings allzu umtriebigen Touristen das Leben schwer zu machen, und es kann passieren, dass Wachposten das weitere Vordringen zu noch nicht restaurierten Abschnitten vereiteln.

Wer wie die meisten Besucher den Weg nach Süden einschlägt, erreicht nach ca. 2 km eine Seilbahn (¥50), mit der man auf einen tiefer gelegenen Parkplatz und zu einem Zoo voller trauriger, gestörter Bären gelangt. Hinter der Seilbahn führt der Weg weiter zu einem ursprünglichen Abschnitt, der zum Teil recht mühselig zu begehen ist.

Nördlich des Hauptzugangs lassen sich die Massen schon bald abschütteln. Nach ca. 1 km endet der rekonstruierte Abschnitt und man kann auf die alte Mauer hinunterklettern und weiterlaufen. Auf diesem verfallenen Teilstück wird der wahre, Furcht einflößendere Charakter der Mauer viel besser ersichtlich und wirkt wie eine einsame Straße, die sich schier endlos durch die stille Landschaft zieht. ⌚ tgl. 9–16.30 Uhr, Eintritt ¥35.

Mutianyu

In geringerem Maße für Touristen erschlossen ist die Große Mauer bei Mutianyu, 90 km nordöstlich von Beijing. Der hiesige, 1368 erbaute und 1983 restaurierte Abschnitt mit seinen zahlreichen Wachtürmen ist 2 km lang und erstreckt sich entlang eines Hügelkamms in grüner, sanft gewellter Landschaft. Vom Eingang führt eine steile Treppe hinauf zur Mauer. Besucher entscheiden sich meist für den Weg nach links, in dessen Verlauf man zu einer Seilbahn kommt, die eine bequeme Fahrt nach unten ermöglicht (einfache Fahrt ¥30, hin und zurück ¥50). In der anderen Richtung erreicht man nach ca. 1 km eine Sperre, die den Weitermarsch entlang der unrestaurierten Abschnitte verhindert. Ungefähr auf halbem Weg ist in einem wieder hergerichteten Wachturm das gemütliche *Mutianyu Great Wall Guesthouse***, ✆ 010/6962 6867, untergebracht, das zu einem idyllischen Aufenthalt einlädt, aber sehr schlicht ausgestattet ist – es gibt keine Wasseranschlüsse, sodass man welches in Flaschen mitbringen sollte. ⌚ tgl. 8–16 Uhr, Eintritt ¥10.

Simatai und Jinshanling

Das originärste Teilstück der Großen Mauer kann Simatai, 110 km nordöstlich von Beijing, bieten, wenngleich man sich hier mit einer Seilbahn und einer Rutsche bereits für den zukünftigen Massentourismus zu rüsten scheint. Noch kann dieser Abschnitt, der sich über purpurne Hügel erstreckt, die aus der Ferne wie zerknitterter Samt wirken, jedoch in seiner ganzen Schönheit genossen werden. Sein beschaulicher, halb verfallener Charakter entspricht mehr als die anderen Teilstücke dem Bild, das sich die meisten Besucher von der Mauer machen, wenngleich auch hier an Wochenenden größerer Betrieb herrscht. Hingewiesen sei darauf, dass die Mauer an dieser Stelle ziemlich steil ist und es z.T. Schwindel erregendes Gefälle zu meistern gilt. Im Eingangstor, wo es auch die Eintrittskarten gibt, ist ein kleines Gasthaus**, ✆ 010/ 69931095, untergebracht.

Der Großteil dieses aus der Ming-Dynastie stammenden Mauersegments ist in seinem ursprunglichen Zustand belassen und besitzt nur wenige Neuerungen aus späterer Zeit wie z.B. Geschützstände für Kanonen und quer zur äußeren Mauer gezogene, innere Mauerabsperrungen, um bereits eingedrungene Feinde zu stoppen. Vom Parkplatz führt ein gewundener Pfad zur Mauer, wo das Gros der Besucher den Weg nach rechts einschlägt. An Hand der in regelmäßigen Abständen gesetzten Wachtürme lässt sich das eigene Vorankommen den Hügelkamm hinauf bestens einschätzen. Wer sich die Mühe erst gar nicht machen möchte, kann für ¥20 mit einer Seilbahn zum achten Wachturm hinauffahren. Der Gang über die Ruinen ist nicht leicht und wird ungefähr ab dem zehnten Wachturm, von grandiosen Ausblicken begleitet, zunehmend steiler. Nach dem vierzehnten Turm (2 Std.) verliert sich die Mauer allmählich und wird gefährlich zu begehen, was eine weitere Erkundung wenig sinnvoll macht.

Folgt man an der Mauer dem Weg nach links, gelangt man zu einer Kettenbrücke, an der man mit ärgerlichen ¥30 zur Kasse gebeten wird. Nach dreistündigem Marsch in dieser Richtung erreicht man **Jinshanling** – meist wird diese Route von dort aus in Angriff genommen, da von Simatai bessere Verbindungen zurück nach Beijing bestehen. ⏲ tgl. 8–16 Uhr, Eintritt ¥20.

Bei dem 10 km westlich von Simatai gelegenen Jinshanling erstreckt sich einer der am wenigsten besuchten und am besten erhalten Mauerabschnitte mit aufragenden Hindernismauern und ovalen, z.T. mit achteckigen oder geschwungenen Dächern bekrönten Wachtürmen. Derzeit sind Restaurierungsarbeiten im Gange, sodass wohl schon bald mit einer Armada von Touristenbussen zu rechnen ist. Am Ende des Fußmarsches von hier nach Simatai ist der bereits erwähnte Brückenzoll zu entrichten; auch wird versucht, ein zweites Mal Eintritt abzukassieren (den man nicht zahlen sollte). Eintritt ¥25.

Huanghua und Jiugulou

Das Mauerstück bei Huanghua, nordöstlich der Hauptstadt in der Nähe von Huairou, ist nicht restauriert, kommt daher ohne T-Shirt-Stände aus und lässt Besuchern die Freiheit, nach Belieben dem Verlauf der Mauer zu folgen. Einige Abschnitte, vor allem am Anfang, sind nicht ganz leicht zu bewältigen und erfordern etwas Klettertalent. Wer zelten möchte, findet hier die beste Umgebung dafür. Der überwiegende Teil der Besucher wählt den Weg nach rechts über den kleinen See. Einheimische versuchen für die Nutzung der Leitern und Pfade Geld zu verlangen, was ignoriert werden sollte. Die Mauer ist in diesem Bereich nicht allzu schwer zu begehen und zieht sich eine ganze Weile flach einen Hügelkamm entlang, bevor sie abrupt und steil den „Kamelrücken" genannten Grat erklimmt.

Wer nicht wie die meisten Besucher hier umkehrt und noch ca. 500 m weiterläuft, erreicht einen Pfad, der zurück zur Straße führt. Auf der linken Seite gelangt man auf die Mauer, wenn man die Straße ca. 200 m zurückläuft und einem gewundenen Pfad folgt.

Ungefähr 40 km nördlich von Huairou kann bei **Jiugulou** ein weiterer unberührter und selten besuchter Mauerabschnitt besucht werden.

Transport

Nach Badaling: Alle teureren Hotels in Beijing, einige der preiswerten sowie *CITS* bieten **Touren** zu oftmals absurden Preisen nach Badaling an. Im Rahmen einer Tour erreicht man die Mauer erst am frühen Nachmittag, d.h. wenn der größte Betrieb herrscht, und hat dann nur 1–2 Std. Zeit, bevor es wieder zurück in die Stadt geht – gerade einmal genug, um mit den Scharen einherzutrotten, ein paar Fotos zu machen und am Ende ein einfallsloses T-Shirt zu kaufen.
Ohne Schwierigkeiten und billiger lässt sich der Ausflug aber auch auf eigene Faust unternehmen, wodurch mehr Zeit zur Verfügung steht und sich auch abgelegenere Abschnitte erkunden lassen. Am einfachsten ist die Anfahrt mit einem der **Touristenbusse** (¥36–50), die auch ins Tal der Ming-Gräber, Shisan Ling, fahren. Sie sehen wie ganz normale Busse aus, unterscheiden sich jedoch durch ihre grüne Nummerierung. Abfahrt der Touristenbusse Nr. 1 und Nr. 5 von der nördlichen Seite der Qianmen Dong Dajie, gegenüber *McDonald's,* des Busses Nr. 2 vom Beijing Zhan und des Busses Nr. 4 vom Xizhimen, nahe dem Zoo, tgl. 6–22 Uhr alle 20 Min., Fahrtdauer ca. 2 Std. Mit nur ¥10 erheblich billiger ist Bus Nr. 919 vom Busbahnhof Deshengmen, 2 Min. Fußmarsch von der U-Bahn-Station Jishuitan entfernt.

Nach Mutianyu: Touristenbus Nr. 6 fährt vom Xuanwumen vor der Südlichen Kathedrale und hält auf dem Rückweg von Mutianyu an einem glanzlosen Tempel und Vergnügungspark. Die Busse verkehren vom 15. April bis 15. Oktober tgl. 7–20.30 Uhr und kosten ¥50. Alternativ dazu kann man vom Busbahnhof Dongzhimen einen Minibus bis Huairou nehmen und dort in einen Touristenminibus umsteigen, ¥20. Die Rückfahrt in die Stadt sollte, sofern es nicht allzu spät ist, kein Problem sein, da zahlreiche Minibusse auf dem Parkplatz auf Fahrgäste zurück nach Beijing

Große Mauer bei Shuiguan

warten. Ist kein Minibus nach Beijing aufzutreiben, kann man einen nach Huairou nehmen, von wo der reguläre Bus Nr. 918 zurück in die Hauptstadt fährt (der letzte um 18.30 Uhr).

Nach Simatai: Die Fahrt von Beijing nach Simatai dauert 3 Std. Ab allen Backpacker-Hotels und -Hostels werden im Sommer tgl., außerhalb der Saison in der Regel 1x wöchentl. **Touren** für ca. ¥80 angeboten. Auch die meisten anderen Hotels können die Fahrt dorthin organisieren, verlangen aber mehr. Eine Anreise auf eigene Faust ist mit dem Direktbus vom Busbahnhof Dongzhimen für ¥20 möglich, alternativ mit einem Bus bis Miyun, von dort weiter mit einem Minibus oder Taxi; der ausgehandelte Preis von Miyun sollte nicht über ¥20 liegen. Abfahrt des letzten Busses von Miyun nach Beijing um 16 Uhr. Zwischen dem 15. April und dem 15. Oktober verkehrt Touristenbus Nr. 12 nach Simatai zwischen 6 und 8 Uhr von der Haltestelle des Busses Nr. 42, südlich der U-Bahn-Station Dongsishitiao. Für ein **Taxi** zahlt man hin und zurück inkl. Wartezeit ca. ¥300.

Nach Jinshanling: Ohne eigenes Transportmittel ist Jinshanling nur schwer zu erreichen. Am besten nimmt man einen Bus nach Miyun (siehe unter Simatai), von dort kostet die Fahrt mit einem Taxi bis zur Mauer ca. ¥100. Beliebt sind die von Backpacker-Unterkünften angebotenen Touren für ¥80 (zzgl. Eintritt und Brückenzoll) nach Jinshanling mit späterer Abholung von Simatai.

Nach Huanghua und Jiugulou: Huanghua ist nicht allzu schwer zu erreichen: Vom Busbahnhof Dongzhimen nimmt man Bus Nr. 916 nach Huairou für ¥8, die restlichen 25 km können in einem Minibus zurückgelegt werden, was ca. ¥20 kostet – häufig versuchen die Fahrer von Ausländern jedoch mehr zu verlangen, sodass ein Preisvergleich ratsam ist. Mauerbesucher werden an einer Straße abgesetzt, die durch die Mauer verläuft. Um nach Huairou zurückzugelangen, läuft man die Straße 5 Min. zurück bis zu einer Brücke und nimmt dort entweder ein Taxi für ¥10 oder an der Bushaltestelle am Straßenrand den Bus. Der letzte Bus von Huairou nach Beijing fährt um 18.30 Uhr. – Ein Taxi von Huairou nach Jiugulou kostet ca. ¥60.

Ming-Gräber und Umgebung

Im 40 km nordwestlich von Beijing gelegenen Tal der Gräber, **Shisan Ling**, fanden 13 der 16 Kaiser der Ming-Dynastie ihre letzte Ruhestätte. Zwei dieser Ming-Gräber, Chang Ling und Ding Ling, wurden in den 50er Jahren restauriert, Letzteres zudem geöffnet und eines Teils seiner Schätze beraubt, die in die Museen der Hauptstadt verbracht wurden. Das Tal der Gräber liegt praktisch an der Strecke der Busse nach Badaling, jedoch übersteigt der den Grabstätten vorauseilende Ruf ihren tatsächlichen Reiz, sodass sie nur für archäologisch sehr Interessierte eine gesonderte Exkursion wert sein dürften. Am einfachsten gestaltet sich die Anfahrt mit einem der Touristenbusse nach Badaling (s.S. 221), die auf dem Weg zurück nach Beijing an den Gräbern halten. Alternativ kann man Bus Nr. 846 vom Xizhimen nach Changping nehmen und von dort mit Bus Nr. 314 zu den Gräbern gelangen. Die Busse halten kurz vor dem Ding Ling, wo es die Eintrittskarten gibt.

Der dritte Ming-Kaiser **Yongle**, der die Hauptstadt wieder von Nanjing nach Beijing verlegte, wählte diese Stätte angesichts der Landschaft, die zweifellos zu den schönsten in der Umgebung der Hauptstadt gehört. Diese Reize sind mittlerweile ins Blickfeld von Tourismusplanern in Beijing gerückt, die hier gegenwärtig einen „Touristenpark“ mit Hotels, Vergnügungseinrichtungen und sogar einem Golfplatz entstehen lassen. Glücklicherweise haben sie bislang nur die beiden großen Grabstätten im Visier – die anderen elf schlummern weiter unbeachtet und friedlich in der verzauberten Landschaft einstiger Gärten vor sich hin. Durch die Ziegeldächer und Marmormauern haben sich längst Gräser und Sträucher ihren Weg gebahnt. Die Gegend lädt zu einem idyllischen Picknick abseits der betriebsamen Stadt und deren augenfälligeren Sehenswürdigkeiten ein. Wer sich einen Tag Zeit nimmt und die kleineren Grabstätten in den Hügeln erkundet, statt nur dem ausgetretenen Touristenpfad zwischen dem Ding Ling und dem Parkplatz zu folgen, wird den Besuch am lohnendsten nutzen. Unerlässlich ist hierfür eine **Geländekarte**, die manche Stadtpläne von Beijing auf ihrer Rückseite abgedruckt haben, ansonsten kann man auch eine vor Ort kaufen.

Die beeindruckendste Sehenswürdigkeit im Shisan Ling ist der 7 km lange **Weg der Seelen**, der zu den Ming-Gräbern führt. An seinem Beginn steht das **Große Rote Tor** (Dahongmen), ein Triumphbogen mit drei Durchgängen, von denen der mittlere dem Leichnam des toten Kaisers vorbehalten war. Dahinter schließt sich ein von riesigen Mensch- und Tierskulpturen gesäumter Weg an. Alle diese überlebensgroßen Statuen stammen aus dem 15. Jahrhundert und zählen zu den am besten erhaltenen Zeugnissen der Bildhauerkunst der Ming. Den Anfang bildet eine Gruppe real existierender und der Mythologie entlehnter Tiere, darunter *Qilin,* ein reptilienartiges Wesen mit einem Hirschgeweih und einem Kuhschwanz, und die gehörnte Katze *Xiechi.* Dahinter wandelt sich das Erscheinungsbild und man trifft auf die ersten, ernst dreinblickenden Figuren von Mandaringenerälen. Die genaue Bedeutung der Skulpturen ist nicht geklärt, es wird jedoch vermutet, dass sie den Kaisern in ihrem nächsten Leben dienen sollten.

An den Eingängen zu verschiedenen Gräbern tauchen noch einmal Tierdarstellungen auf. Die Grabstätten selbst sind eher enttäuschend. **Chang Ling**, Yongles Grab und das älteste an diesem Ort, befindet sich am Ende des Weges. Ein aufregendes Unterfangen könnte die geplante Öffnung der Grabkammer sein, stammt sie doch aus derselben Zeit wie einige der prachtvollsten Gebäude des Kaiserpalasts in der Hauptstadt. Gegenwärtig beschränkt sich die Faszination noch auf die Größe dieser Anlage aus riesigen Höfen und Hallen, die auf weißen Marmorterrassen ruhen. Am beeindruckendsten ist die Halle der Himmlischen Gnade – ihr Dach wird von mächtigen Sandelholzsäulen getragen, die angeblich aus Yunnan auf künstlich vereisten Straßen hierher transportiert wurden.

Das zentrale Interesse des Rundgangs gilt in der Regel jedoch dem **Ding Ling**, dem unterirdischen Grabpalast des Kaisers Wanli, der 1573 im Alter von zehn Jahren den Thron bestieg und fast ein halbes Jahrhundert herrschte. Gemäß dem Brauch der Ming-Herrscher ließ er bereits zu Lebzeiten seine Grabstätte anlegen und richtete bei deren Fertigstellung ein prunkvolles Fest aus. Als man sein Mausoleum 1956 öffnete, war dieses weitgehend intakt und enthielt den Sarg des Kaisers sowie, zu dessen Seiten, die beiden Särge seiner Kaiserinnen. Die Böden waren von den Resten zahlloser Truhen und den darin enthaltenen kaiserlichen Gewändern sowie von Gold und Silber übersät; selbst die Kochbücher der kaiserlichen Küche fand man dort. Einige der geborgenen Schätze – sinnlos angehäufter Reichtum, wie die Führer vor Ort betonen – sind im Grab, einem gewaltigen, muffigen Gewölbe, ausgestellt, andere wurden durch Nachbildungen ersetzt. 🕓 tgl. 8.30–16.30 Uhr, Eintritt ¥20 pro Grabstätte.

Miyun, die Longqing-Schlucht und das Luftfahrtmuseum

Ungefähr 65 km nordöstlich von Beijing liegt der Miyun am Fuß der lang gestreckten Hügelkette, entlang derer sich die Große Mauer zieht. Bekannt ist die Gegend für den Stausee, der in den flachen, breiten Tälern nördlich des Orts angelegt wurde und die Hälfte des Wasserbedarfs der Hauptstadt deckt. Es ist ein riesiger See mit zahllosen kleinen Inseln und Buchten vor der Kulisse aufragender Berge und eines tiefblauen Himmels. An Wochenenden ist der Stausee ein beliebtes Ausflugsziel für Familien aus der Hauptstadt, die sich beim Schwimmen, Angeln, Bootfahren und Spazierengehen erholen. Bei einem etwas größeren Ruhebedürfnis bieten sich leicht zu unternehmende Ausflüge in die Umgebung an. In den Hügeln hinter dem See gelangt man zu Felsbecken, die groß genug zum Schwimmen sind, sowie zu Bächen und Flüssen inmitten herrlicher Natur und ganz oben auf den Hügeln zu verfallenen Wachtürmen der Großen Mauer. Wer das Wochenende hier verbringen und den Aufenthalt vielleicht noch mit einem Ausflug nach Simatai, 50 km nordöstlich, kombinieren möchte, kann im *Miyun Yunhu Holiday Resort*****, 📞 010/69044587, am Ufer des Stausees übernachten. Vom Busbahnhof Dongzhimen in Beijing verkehren Busse nach Miyun.

Bei der **Longqing-Schlucht**, 90 km nordwestlich der Hauptstadt, handelt es sich um einen weiteren Stausee und Erholungsort in schöner Landschaft. Die hiesige Hauptattraktion ist das **Eislaternenfest**, ähnlich dem in Harbin, das Ende Januar und Februar stattfindet und manchmal auch bis in den März hinein andauert. Dabei werden die Eisskulpturen von innen bunt beleuchtet. Leider sind die wenigen Hotelzimmer der Stadt teuer. Anfahrt mit Touristenbus Nr. 8 von der Haltestelle des Busses Nr. 328, nahe der U-Bahn-Station Andingmen (nur im Sommer), oder mit Zug Nr. 575 vom Xizhimen Zhan um 8.30 Uhr mit Ankunft 2 1/2 Std. später.

Nicht weit von hier erstreckt sich das **Kangxi-Grasland**, ein vor allem in den Sommermonaten geschätztes Erholungsgebiet mit Gelegenheit für Ausflüge zu Pferde; Anfahrt mit dem Zug vom Nordbahnhof Beijing (Xizhimen Zhan) oder mit einem Minibus von der Schlucht. Das nächstgelegene akzeptable Hotel der Gegend ist das *Yanqing Guesthouse**** in **Yanqing**, ✆ 010/69142363.

Das Kontrastprogramm zu den landschaftlichen Reizen bietet das faszinierende, aber in Anbetracht der umständlichen Anfahrt letztlich wohl nur für wirkliche Enthusiasten interessante **Luftfahrtmuseum** mitten in der Einöde, 60 km nördlich der Stadt. In ausgeprägt militärischem Ambiente werden hier in einem riesigen Hangar und einer Ausstellungshalle mehr als 300 Fluggeräte gezeigt, angefangen von einem Nachbau des Flugzeugs der Gebrüder Wright, das Feng Ru 1909 steuerte, bis hin zu Kampfhubschraubern, die im ersten Golfkrieg zum Einsatz kamen. Zur Sammlung gehören außerdem Kampfflugzeuge aus dem Koreakrieg, der Bomber, der Chinas erste Atombombe abwarf, sowie Maos persönliche Maschine und jenes Flugzeug, aus dem die Asche Zhou Enlais verstreut wurde und das heute mit Kränzen und Ehrbekundungen geschmückt ist. Anfahrt mit Bus Nr. 345 vom Busbahnhof Deshengmen, nahe der U-Bahn-Station; man sagt dem Schaffner, wo man hin möchte. Nach ca. 90 Min. muss man aussteigen, die Schnellstraße überqueren und die letzten Kilometer mit Bus Nr. 912 zurücklegen. 🕓 tgl. 8.30–17.30 Uhr, Eintritt ¥40.

Südlich und westlich von Beijing

Die ausgedehnte, baumbestandene Parklandschaft der Westberge mit ihren versprengten Tempeln scheint viel weiter von Beijing entfernt zu liegen, als dies tatsächlich der Fall ist – abgesehen von Wochenenden, wenn Horden von Besuchern aus der Stadt einfallen. Beachtung verdienen südlich von Beijing der Ort Zhoukoudian, wo man den so genannten Pekingmenschen entdeckte, und die Marco-Polo-Brücke (Luguo Qiao), die sich für einen Abstecher auf dem Hin- oder Rückweg anbietet.

Die Westberge

Wie auch der Sommerpalast sind die 20 km westlich von Beijing gelegenen Westberge ein Ort, an dem man, wenngleich in vergleichsweise rauerer Umgebung, dem Großstadttreiben eine Zeit lang entfliehen kann. Seit ewigen Zeiten schon schätzen religiöse Würdenträger und Intellektuelle die Gegend als eine erholsame, selbst im Hochsommer relativ lauschige Oase – Mao lebte kurze Zeit hier, das Politbüro zog sich 1989 an diesen Ort zurück. Von Beijing lässt sich das Gebiet westlich des Sommerpalasts mit öffentlichen Verkehrsmitteln in ca. einer Stunde erreichen. Die Berglandschaft ist in drei Parks unterteilt, der erste davon ist der Botanische Garten, unmittelbar westlich des Sommerpalasts. 2 km weiter dehnt sich mit dem Park des Duftenden Berges der größte und beeindruckendste Park aus, wenngleich das südlich davon gelegene Areal der Acht Großen Stätten mit den in den Hügeln angesiedelten Tempeln genauso reizvoll ist. Ein Tag sollte bei genügend Kraft in den Beinen ausreichen, um alle drei Gegenden zu erkunden.

Der **Botanische Garten** beherbergt 2000 Pflanzen- und Baumspezies, die im Sommer ein hübsches Bild abgeben, doch das Gelände ist flach und lässt die landschaftsgärtnerisch gestaltete Umgebung kaum ebenbürtig mit der älterer Gärten erscheinen. Der Hauptpfad führt nach 1 km zum **Tempel des Schlafenden Buddha** (Wofo Si), 🕓 tgl. 8–16.30 Uhr, Eintritt ¥2, dessen Haupthalle die gewaltige, mehr als 5 m lange Bronzeskulptur eines liegenden Buddhas birgt. Dessen riesiges Fußpaar, das aus dem bemalten Gewand ragt und sein pummeliges, in stiller Zufriedenheit ruhendes Gesicht, lassen ihn geradezu niedlich wirken, obwohl er gar nicht schläft, sondern im Sterben liegt und im Begriff ist, ins Nirvana einzugehen. Nicht minder große Schuhe sind als Opfergaben in der Halle ausgestellt. Hinter dem Tempel liegt ein Bambusgarten, von dem aus Pfade in die Hügel führen. Einer davon erreicht nach nicht einmal 1 km im Nordwesten ein reizvolles Kirschtal, wo Cao Xueqiao angeblich *Der Traum der Roten Kammer* geschrieben haben soll. Anfahrt zum Botanischen Garten mit Bus Nr. 333 vom Sommerpalast (s.S. 183), 🕓 tgl. 6–20 Uhr, Eintritt ¥10.

Zu Recht am berühmtesten ist der **Park des Duftenden Berges** (Xiangshan Gongyuan), dessen Haupteingang 2 km westlich des Botanischen Gartens liegt und ebenfalls mit Bus Nr. 333 zu erreichen ist. Er erstreckt sich in einer sorgfältig gestalteten Landschaft und wird vom Weihrauchgefäß-Berg in seiner westlichen Ecke dominiert. Am schönsten ist ein Besuch im Herbst (vor den klirrenden Frösten im November), wenn sich die Blätter in einem prachtvollen Schauspiel der Natur rot verfärben. An Wochenenden herrscht reger Betrieb, doch wirkt der Park angesichts seiner Größe nie überfüllt und lädt zu einem geruhsamen Picknick oder Spaziergang ein. Nahe dem Haupteingang bietet das ultramoderne **Xiangshan Hotel****, ✆ 62591166, einen Blickfang. Das leichte, lichtdurchflutete Gebäude entstand nach Plänen von Bei Yuming (besser bekannt als I.M. Pei), nach dessen Entwürfen auch die Glaspyramide am Pariser Louvre entstand, und wirkt wie eine Mischung aus Tempel und Flughafenlounge. Nordöstlich von hier gelangt man zum **Tempel der Einsicht** (Zhao Miao), der 1780 von Qianlong in tibetischem Stil errichtet wurde, damit sich die geistlichen Führer bei Besuchen heimisch fühlen konnten. Als einer der wenigen Tempel der Gegend entging er dem Vandalismus westlicher Truppen, die 1860 und 1900 vieles zerstörten.

Vom Tempel führt der Weg nach Westen hinauf auf den Gipfel (1 Std.), von wo sich an klaren Tagen märchenhafte Ausblicke auf den darunter liegenden Sommerpalast und bis nach Beijing in der Ferne eröffnen. Wer will, kann den Abstieg auf einem gemieteten Pferd in Angriff nehmen oder mit der Seilbahn hinunterfahren; jeweils zum Preis von ¥20. In beiden Fällen endet der Abstieg an der Nordseite des Hügels, unweit des Nordeingangs, von wo es nur ein kurzer Fußmarsch zum wunderbaren **Tempel der Azurblauen Wolke** (Biyun Si) kurz hinter dem Parkeingang ist. Beherrschende Elemente des imposanten Bauwerks sind eine Dagoba nordindischen Stils und außergewöhnliche pyramidenförmige Stupas. Im Tempelinnern befindet sich kurioserweise ein Grabmal mit dem Hut und dem Gewand Sun Yatsens; sein Leichnam wurde hier eine Zeit lang aufgebahrt, bevor man ihn 1929 an seine letzte Ruhestätte überführte. Buchstäblich magisch ist die Atmosphäre der riesigen Haupthalle, heute ein Labyrinth von Gängen, die von insgesamt 500 *Arhats* gesäumt werden. Die gütig lächelnden, vergoldeten Figuren sind alle unterschiedlich – einige haben zwei Köpfe oder sitzen auf Tieren, eine schneidet gar eine Grimasse –, und mitunter kann man Mönche sehen, die sich zwischen ihnen bewegen und sich vor jeder einzelnen verbeugen. Park ⌚ tgl. 7–18 Uhr, Eintritt ¥5.

Unter dem Namen Badachu oder **Acht Große Stätten** ist ein bewaldeter Hügel 10 km südlich des Parks des Duftenden Berges bekannt. Entlang dem Pfad, der sich um den Hügel windet, stehen acht kleinere Tempel, die vor allem unter der Woche, d.h. ohne Besuchertrubel, reizvoll sind. In der neuen Pagode am Fuß des Hügels wird ein Zahn Buddhas aufbewahrt, der einst als Reliquie im zweiten Tempel gehütet wurde. Am schönsten ist der dritte Tempel, ein Nonnenkloster mit einem Teehaus im Hof. Im Innern befindet sich eine glubschäugige, grimassierende Statue der selten dargestellten Donnergottheit. Neben der unvermeidlichen Seilbahn steht auch noch eine Metallrutsche für den Weg nach unten zur Auswahl. Anfahrt mit Bus Nr. 347 vom Zoo. ⌚ tgl. 8–17 Uhr, Eintritt ¥10.

Tanzhe Si und Jietai Si

Genau westlich Beijings liegen in bewaldeter Landschaft jenseits des Industriegürtels um die Stadt zwei Tempel. Den schönsten und idyllischsten Standort in Stadtnähe nimmt der **Tempel des Teichs und der Wilden Maulbeere** (Tanzhe Si), 40 km westlich Beijings, ein. Er ist einer der größten und ältesten Tempelanlagen des Landes und wurde erstmals im 3. Jahrhundert als Heimstätte einer ansehnlichen Mönchsgemeinde erwähnt. Die Besichtigung der Anlage führt vorbei an Stupa-Terrassen auf einen enormen zentralen Hof mit einem mehr als 1000 Jahre alten Ginko-Baum in seiner Mitte (von Kaiser Qianlong auf den Namen „König der Bäume" getauft). Ihm gegenüber steht ein zweiter, kleinerer Baum, der als „Die Gemahlin des Kaisers" bekannt ist und angeblich jedes Mal einen neuen Zweig ausbildet, wenn ein neuer Kaiser geboren wird. Von hier bieten sich entweder der Gang zu den anderen, über den Hügel verstreuten Tempelgebäuden oder ein Blick in den üppigen Bambusgarten an, dessen Pflanzen eine heilende Kraft für alle möglichen Leiden nachgesagt wird.

Ein gänzlich anderes Erscheinungsbild bietet der festungsartige, von hohen, roten Mauern umgebene **Tempel des Weihealtars** (Jietai Si) auf einem Hügel, 12 km östlich, an der Straße zurück nach Beijing. Berühmt sind die hiesigen uralten und bizarr aussehenden Pinien, die in alle möglichen Richtungen wachsen. Eine lehnt sich sogar gefährlich gegen eine auf der darunter liegenden Ebene aufragende Pagode. In der Haupthalle erhebt sich eine gigantisch wirkende, 3 m hohe weiße Marmorplattform aus der Liao-Dynastie, an der die Mönchsweihe vollzogen wurde und die mit kunstvoll eingearbeiteten Figuren (Mönche, Ungeheuer und Heilige) verziert ist. Eine weitere, kleinere Halle birgt einen herrlichen Holzaltar mit unzähligen Drachenreliefs.

Anfahrt zu beiden Tempeln vom 15. April–15. Oktober mit Touristenbus Nr. 7 vom Qianmen, Abfahrt 7–8.30 Uhr, hin und zurück ¥20. Aufwendiger wird es mit öffentlichen Verkehrsmitteln, doch kommt man unproblematisch bis in die Nähe der Tempel; hierfür nimmt man Bus Nr. 307 vom Qianmen bis zur Haltestelle Hetan, von dort einen Bus ohne Nummer bis zum Tanzhe Si. Eine Taxifahrt von dort zum Jietai Si kostet ca. ¥20, allerdings besteht von hier keine Transportmöglichkeit zurück. Beide Tempel ⏲ tgl. 8–18 Uhr, Eintritt ¥20.

Zhoukoudian und Umgebung

An der Endhaltestelle des Busses Nr. 914 von der Beiwei Lu, südlich des *Beiwei Hotel,* liegt 50 km südlich von Beijing das Dorf Zhoukoudian. Hiesige Hauptattraktion ist eine Ausgrabungsstätte in den Kalksteinhügeln südlich des Orts. Dort fand man 1921 das erste Zeugnis – einen Zahn – des **Pekingmenschen**, der in dieser Gegend vor 500 000–230 000 Jahren lebte. Nachdem Archäologen erkannten, dass sie einen bis dahin unbekannten Menschentypus aufgespürt hatten, ein Bindeglied zwischen dem Neandertaler und dem modernen Menschen, begannen sie mit systematischen Grabungen und tauften die Entdeckung *Sinanthropus pekinensis.* Nach und nach konnten Knochen von mehr als 40 Individuen freigelegt werden, außerdem Werkzeuge, Ziergegenstände und Überreste von Tieren. 1929 barg man eine Schädeldecke, doch ging diese im Chaos des Widerstandskriegs gegen die japanischen Invasoren verloren. Neben einem Rundgang über das Gelände bietet sich ein Besuch des **Museums** mit ausgestellten archäologischen Gerätschaften und Werkzeugen des Pekingmenschen an. Waffen fand man nicht, sodass es scheint, als habe sich der recht kleinwüchsige und nur mit einem Drittel der Hirnmasse des modernen Menschen gesegnete Pekingmensch von Nüssen und Knollengemüse ernährt und nur gelegentlich gejagt. Zahllose Erklärungen in Englisch sowie schematische Darstellungen und Schaubilder entschädigen für die nicht sonderlich bedeutenden Ausstellungsobjekte – knöcherne Werkzeuge und Knochenfragmente. Weit spektakulärer sind die ausgestellten Überreste von Tieren, Furcht erregende Wesen, die heute ausgestorben und denen Modelle oder Zeichnungen ihres möglichen Erscheinungsbildes zur Seite gestellt sind. Zu den Ausstellungsstücken gehören hier u.a. die Zähne eines Säbelzahntigers, das komplette Skelett eines riesigen, pantherartigen Wesens und der Schädel eines hirschähnlichen Tieres mit grobknochigen Schädelplatten und einem dicken, ausladenden Geweih von 2 m Breite. Anfahrt von der Bushaltestelle zur Ausgrabungsstätte mit einem Taxi (ohne Taxameter) ca. ¥10; der letzte Bus zurück nach Beijing fährt gegen Sonnenuntergang. ⏲ tgl. 9–16 Uhr, Eintritt ¥20.

Die **Marco-Polo-Brücke** (Lugou Qiao) lohnt nicht unbedingt einen eigenen Besuch, lässt sich aber gut mit dem Ausflug nach Zhoukoudian verbinden, wenn man in einem Taxi unterwegs ist. Eigentlich bedeutet der chinesische Name „Brücke über den Schwarzen Graben"; da jedoch Marco Polo die 1192 erbaute Brücke in seinen Aufzeichnungen beschrieb, ist sie im Westen unter diesem Namen bekannt geworden. Noch heute beeindruckt die im Wesentlichen erhaltene Brücke mit ihren steinernen Elefanten, die sie an beiden Enden stützen, und den 250 Geländerpfosten aus grauem Marmor, auf denen unterschiedlich gestaltete Löwenskulpturen thronen. Trist hingegen wirkt die Umgebung, denn der einstige Fluss ist zu einer staubigen Brachfläche vertrocknet, die Beijinger Fahrschulen als Übungsgelände nutzen. Anfahrt mit Bus Nr. 339 von der Liuliqiao in Beijing (den Schaffner bitten, Bescheid zu geben, wo man aussteigen muss). ⏲ tgl. 8–18 Uhr, Eintritt ¥4.

Das kleine Dorf **Wanping** am Flussufer unweit der Brücke war 1937 Schauplatz des ersten, durch die japanische Besetzung eines nahen Bahnhofs provozierten Schusses im chinesisch-japanischen Krieg. Danach war es nur noch ein kurzer Schritt bis zum Großangriff auf Beijing. Im Dorf erinnert ein **Museum** an den Krieg. Die erklärte Absicht der Ausstellung ist zwar die Förderung internationaler Freundschaft, was angesichts der schaurigen Darstellungen von Exekutionen und medizinischen Experimenten sowie der Fotos toter Babys jedoch etwas fragwürdig scheint. ⏲ Di–So 8–17 Uhr, Eintritt ¥5.

Hebei und Tianjin

Highlights

• **Tianjin**
Noch gibt es Beispiele der kolonialen Architektur aus der Vergangenheit dieser Hafenstadt als ausländische Konzession. Die Alte Kulturstraße mit ihrem Straßenbasar strömt eine Atmosphäre aus, die in China ihresgleichen sucht.

• **Beidaihe**
Einst Sommerfrische der Kolonisten, dann der Kommunisten, heute stapeln sich die Urlaubermassen am Strand.

• **Shanhaiguan**
Relikt einer ummauerten Stadt am Golf von Bohai, an der die Große Mauer spektakulär im Meer endet. Übernachtung am Ersten Pass unter dem Himmel.

• **Chengde**
Sommerliche Residenz der Mandschu-Kaiser, in der Palast und Tempel restauriert worden sind, sehr zur Freude der Tagesbesucher aus Beijing.

• **Cangyan Shan Si**
Zwei Stunden Fußweg sind es zu dem alten Kloster, das sich an einen Felsen klammert und südwestlich von Shijiazhuang liegt.

Hebei ist eine eher unauffällige Provinz – zwar liegen die bedeutenden Städte Beijing und Tianjin innerhalb ihres Territoriums, sie gehören jedoch nicht zum Verwaltungsgebiet. Hebei besteht aus zwei unterschiedlichen geografischen Regionen: Zum einen sind da die Ebenen des Südens, die von Schwerindustrie und Bergbaustädten gekennzeichnet sind. Hier leben fast alle 60 Millionen Einwohner der Provinz, die in diesem Teil ohne jeden Zauber ist, sodass fast alle Besucher sie lediglich auf der Durchreise in die bzw. aus der Hauptstadt sehen. Zum anderen erhebt sich vom Golf von Bohai die öde, dünn besiedelte Hochebene im Norden der Provinz, die für Touristen etwas mehr zu bieten hat. Für eine lange Zeit verlief hier die Nordgrenze Chinas, hier war der Schauplatz zahlreicher Schlachten: Mongolen und Mandschu stürmten einst durch dieses Land, an dessen blutige Ge-

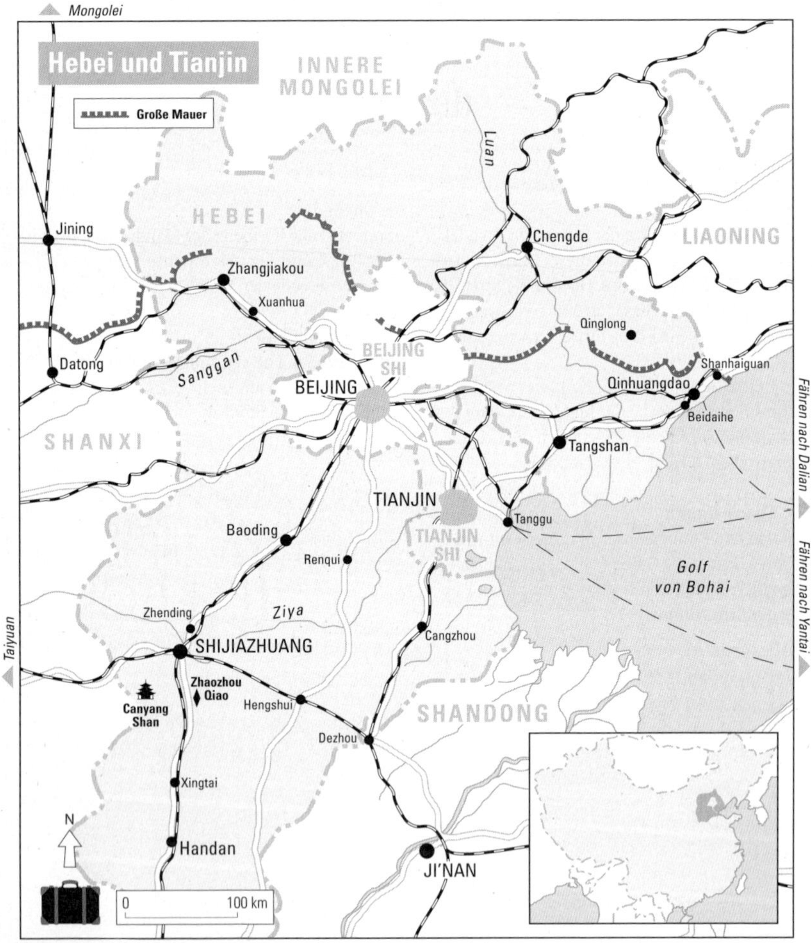

schichte noch heute die Große Mauer erinnert, die sich durch einsame Bergketten windet.

Die erste Mauer wurde im 4. Jahrhundert entlang der Grenze zwischen Hebei und Shanxi von dem kleinen Staat Zhongshan errichtet, der damit versuchte seine Grenzen gegen die aggressiven Nachbarn zu sichern. Zwei Jahrhunderte später zog sich die Mauer der Zehntausend Li (1 Li entspricht 0,5 km) des ersten Kaisers Qin Shi Huang (s.S. 96) an den nördlichen Grenzen der Provinz entlang. Die heute noch sichtbaren Mauerabschnitte allerdings sind die Überreste der viel ausgedehnteren Mauer der Ming-Dynastie, die erst im 14. Jahrhundert zur Abschreckung der Mongolen angelegt worden war. In **Shanhaiguan** trifft die Mauer auf das Meer. Diese beschauliche kleine Festungsstadt liegt eine Tagesreise von Beijing entfernt und ist unbedingt einen Besuch wert. Einmal dort, sollte der Besucher auf keinen Fall den merkwürdig anmutenden Badeort **Beidaihe** unmittelbar südlich verpassen, der für ausländische Touristen im Sommer weniger wegen der Strände als wegen seines Trubels und seiner Geschichte als Urlaubsort der Partei-Elite interessant ist. Ein ganzes Stück nördlich der Mauer stellt die Stadt **Chengde** das meistbesuchte Ziel der Provinz dar: eine kaiserliche Niederlassung in großem Maßstab mit Tempeln und Monumenten von Kaiser Kangxi im 18. Jahrhundert konzipiert. Die drei genannten Städte sind auch bei einheimischen Touristen beliebt. Vor allem die Bewohner Beijings entkommen gern mal für ein Wochenende der Hauptstadthektik. Hier bietet sich die Möglichkeit, die Chinesen einmal ganz unbeschwert zu erleben. Mögen die Chinesen ihre Ferienorte auch genauso lieben wie ihre Restaurants, nämlich *renao* (heiß und laut), so kann man doch mühelos den Massen entfliehen und wunderbare Landschaften entdecken. Zudem lohnen die drei Städte an sich schon einen Besuch.

Die Industriemetropole **Tianjin** ist ihrer Rolle als Regionshauptstadt entwachsen und hat sich zu einer Stadt mit individuellem Charakter entwickelt. Als ehemalige Konzessionsstadt mit westlichem Anstrich stellt sie ein reizvolles Ziel für eine Tagestour aus Beijing dar. Einzigartige Straßenansichten und eine eindrucksvolle Mischung aus europäischer Architektur des 19. Jahrhunderts und chinesischem Modernismus erwarten den Besucher.

Die neue Hauptstadt von Hebei heißt **Shijiazhuang**. Sie liegt im Süden der Provinz und ist ein bedeutender Eisenbahnknotenpunkt, sonst aber eher glanzlos. Lediglich in ihrer Umgebung befinden sich einige sehenswerte historische Stätten.

Die gute Straßeninfrastruktur zwischen den Städten von Hebei und Tianjin bzw. Beijing machen längere Reisen im Bus zu einer echten Alternative. So ist beispielsweise der Express-Bus von Beijing nach Qinhuangdao, eine Hafenstadt in der Nähe von Shanhaiguan, nicht nur schneller, sondern auch noch bequemer als der Zug.

Tianjin

Und es gab Stadtgebiete, in denen die verschiedenen Ausländer lebten – Japaner, Weißrussen, Amerikaner und Deutsche –, doch niemals zusammen, und alle blieben bei ihren eigenen Gewohnheiten, einige davon schmutzig, andere nicht. Und sie besaßen Häuser verschiedenster Formen und Farben, mal rosa gestrichen, mal mit Zimmern, die in allen möglichen Winkeln hervorragten wie die Vorder- und Rückseiten viktorianischer Kleider, und andere mit Dächern wie Spitzhüten und weiß bemalten Holzschnitzereien, die wie Elfenbein anmuten sollten.

Amy Tan, *Töchter des Himmels*

Chinas drittgrößte Stadt ist die Handelsmetropole Tianjin, etwa 80 km östlich von Beijing an der Küste gelegen. Doch so dynamisch und modern die Stadt auch ist – ihre Besucher werden vor allem von den alten **Kolonialbauten** angezogen, die sich zu einer bunten Mischung von Stilrichtungen zusammenfügen. Allerdings ist Eile geboten, denn immer mehr weiträumige Stadtgebiete werden saniert. Die Einheimischen selbst sagen von ihrer Stadt, sie sei eine gigantische Baustelle, für die alle drei Monate ein neuer Stadtplan gedruckt werden müsste. Feng Jicai, einer der bekanntesten Schriftsteller Chinas und wohnhaft in Tianjin, war Mitbegründer einer Initiative zur Erhaltung der Altstadt. Er bemerkte dazu, dass „eine Nation, die ihre eigene Kultur verliert, in eine schrecklichere seelische Krise stürzt, als wenn diese durch materielle Armut verursacht wird. Nur eine Stadt mit einer Seele wird geschätzt, behütet und bewahrt. Gilt sie nur als Sache, so wird der Mensch sie hemmungslos ausnutzen, nach Belieben verändern und ohne

Reue zerstören." Das heutige Tianjin ist ein trauriges Beispiel dafür.

Dennoch hat die Stadt architektonisch einiges zu bieten und lockt mit Einkaufsmöglichkeiten, die gerade Antiquitätenliebhaber freuen dürften. Ein Tagestrip von dem nur gut eine Stunde Zugfahrt entfernten Beijing hierher lohnt sich also. Auf der recht angenehmen Fahrt begegnet man auch vielen jungen Leuten aus Beijing, die modische Kleidung einkaufen wollen, älteren Bürgern mit Interesse an Antiquitäten und pendelnden Geschäftsleuten. Ein längerer Aufenthalt kann allerdings teuer werden, denn Billigunterkünfte sucht der Gast in dieser Stadt vergebens.

Wird Tianjin heute auch von Industrie und Handel beherrscht, erlebte es doch seine erste Blütezeit als **Hafenstadt**. Als der Ming-Kaiser Yongle die Hauptstadt von Nanjing nach Beijing verlegte, wurde Tianjin Hafen für die riesigen Mengen Reis, die als Abgaben aus dem ganzen Süden durch den Großen Kanal (auch Kaiserkanal) hergebracht wurden. Im 19. Jahrhundert wurden die seefahrenden Mächte aus dem Westen auf die Stadt aufmerksam. Unter einem banalen Vorwand – chinesische Truppen hatten ein englisches Schiff geentert – erklärten sie den Krieg. Ihre gut bestückten Kanonenboote führten sie zum sicheren Sieg, und so erhielten die Europäer mit dem 1856 unterzeichneten Vertrag von Tianjin das Recht, auf dem chinesischen Festland neun Konzessionen zu errichten, von denen aus sie Handel treiben und Opium verkaufen konnten.

Diese separaten **Konzessionsgebiete** entlang des Flusses Haihe waren in sich geschlossene europäische Fantasiewelten: Die Franzosen etwa bauten elegante Châteaux und Türme, die Deutschen bayerische Villen aus rotem Backstein. Chinesen war der Zutritt nicht erlaubt, nur Diener mit Passierscheinen wurden eingelassen. Die Spannungen zwischen der einheimischen Bevölkerung und den Ausländern entluden sich in den **Ereignissen von Tianjin** im Jahre 1870, als eine aufgebrachte chinesische Menge ein von Franzosen betriebenes Waisenhaus angriff und in dem Glauben, dass chinesische Waisenkinder dorthin verschleppt wurden, die Nonnen und Priester tötete. Zwanzig Chinesen wurden daraufhin enthauptet und der Präfekt aus der Stadt verbannt. Als Zentrum des geheimen Widerstands gegen die Europäer erfuhr die Stadt mit dem **Boxeraufstand** von 1900 (s.S. 102) abermals eine Störung ihres vornehmen Friedens. Schließlich trugen die Ausländer die Mauern um das Alte Chinesenviertel ab, um die Bewohner besser im Blick zu haben.

In Tianjin sind vor allem die Straßenzüge mit ihren Gebäuden aus dem 19. und frühen 20. Jahrhundert faszinierend, zumeist europäischen Stils und Seite an Seite mit den Beton- und Glasgiganten des wohlhabenden China von heute. Die **Altstadt** war früher streng nach nationaler Zugehörigkeit aufgeteilt und jeder Teil hat sich ein Stück seines alten Charakters bewahrt. Nordwestlich des Hauptbahnhofes, auf der Westseite des Haihe, befand sich das Alte Chinesenviertel. In Richtung Osten, am Nordufer des Flusses, lagen die österreichischen, italienischen, russischen und belgischen Konzessionen, deren alte Gebäude zum Großteil zerstört wurden. Unverkennbar sind die Châteaux der französischen Konzession, die heute den Innenstadtbereich südlich des Flusses ausmachen, sowie die hochmütigen Herrenhäuser der Briten östlich davon. Noch weiter östlich, ebenfalls auf der Südseite des Flusses, stehen in einem sonst eher unauffälligen Viertel Beispiele strenger deutscher Architektur. Wer die ganze Stadt bis zum Hafen vom Wasser aus betrachten möchte, kann an einer der endlosen Bootstouren teilnehmen, die jeden Morgen am Kiosk gegenüber dem Hauptbahnhof unmittelbar westlich der Jiefang-Brücke starten (Abfahrt 8 Uhr, ¥78). Besonders beliebt sind diese Ausflüge bei chinesischen Touristen, denen die Dauer nichts auszumachen scheint.

Das Zentrum von Tianjin

Die meisten Kolonialbauten von Tianjin konzentrieren sich in den Straßen am Südufer des Flusses. Vom Hauptbahnhof aus führt die 1903 von den Franzosen erbaute Befreiungsbrücke (Jiefang Qiao) gen Süden in ein Stadtgebiet mit befremdlich anmutendem Flair. Hier herrschen Pastellfarben und Balkone mit schmiedeeisernen Schnörkeleien vor, wie sie für die französische Konzession typisch waren. Besonders reizvoll ist es um den **Zhongxin-Park**, der eigentlich nur ein besserer Kreisverkehr ist. In der Chengde Dao Nr. 12 lockt das pinkfarbene **Kunstmuseum**, ein etwas zu prunkvoll geratenes altes Gebäude, mit einer umfangreichen Sammlung von Gemälden, Drachen, chinesischen

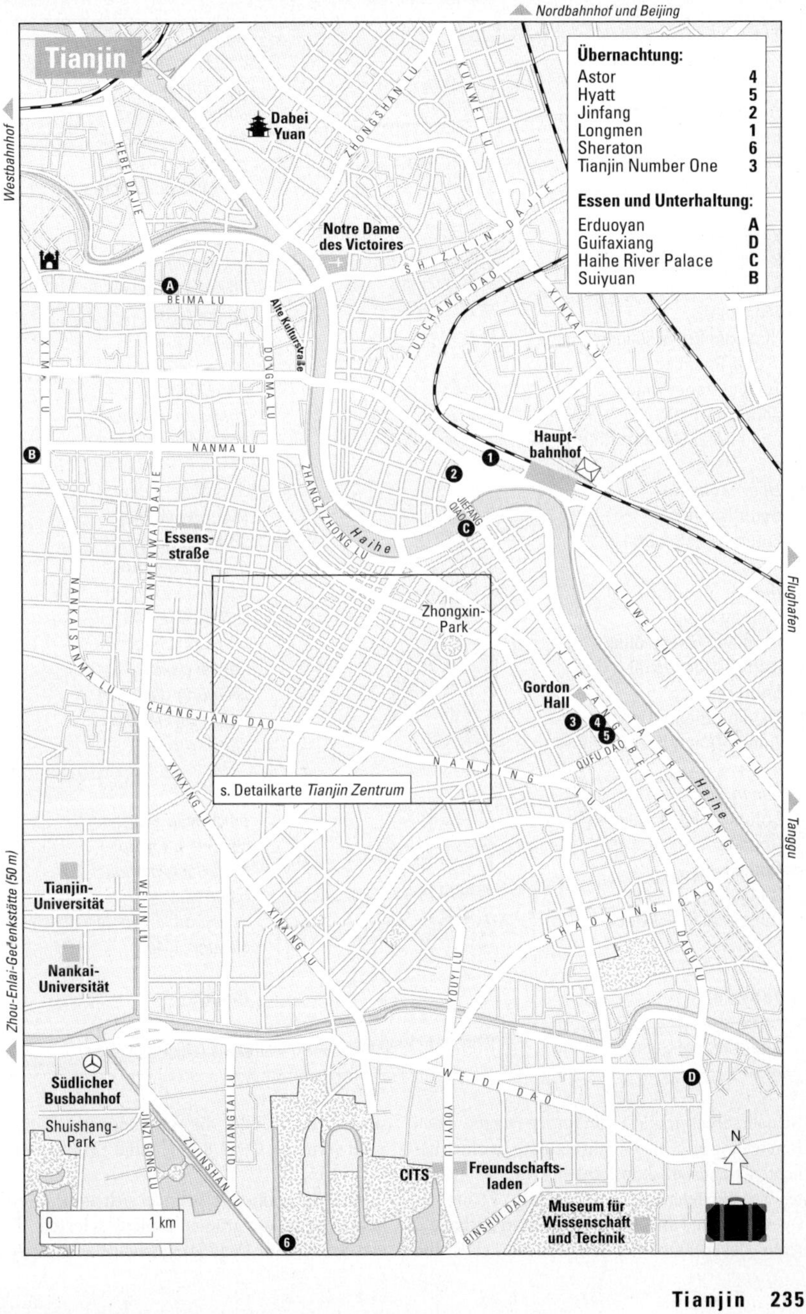
Nordbahnhof und Beijing
Tianjin
Übernachtung:
Astor 4
Hyatt 5
Jinfang 2
Longmen 1
Sheraton 6
Tianjin Number One 3
Essen und Unterhaltung:
Erduoyan A
Guifaxiang D
Haihe River Palace C
Suiyuan B
Westbahnhof
Dabei Yuan
Zhongshan Lu
Kunwei Lu
Hebei Dajie
Notre Dame des Victoires
Shizilin Dajie
Shizilin Dao
Beima Lu
Alte Kulturstraße
Puochang Dao
Xinkai Lu
Ximalu
Dongma Lu
Haupt-bahnhof
Nanma Lu
Zhangzizhong Lu
Jiefang Qiao
Haihe
Nanmenwai Dajie
Essensstraße
Flughafen
Zhongxin-Park
Liuwei Lu
Nankaisanma Lu
Gordon Hall
Changjiang Dao
Jiefang Bei Lu
Taierzhuang Lu
Qufu Dao
Nanjing Lu
Xinxing Lu
s. Detailkarte Tianjin Zentrum
Tanggu
Zhou-Enlai-Gedenkstätte (50 m)
Tianjin-Universität
Weijin Lu
Shaoxing Dao
Dagu Lu
Nankai-Universität
Youyi Lu
Südlicher Busbahnhof
Weidi Dao
Shuishang-Park
Jingong Lu
Qixiangtai Lu
Zijinshan Lu
CITS
Freundschaftsladen
Binshui Dao
Museum für Wissenschaft und Technik
N
0 1 km

Tianjin	天津	***tiānjīn***
Alte Kulturstraße	古文化街	*gǔwénhuà jiē*
Antiquitätenmarkt	旧货市场	*jiùhuò shìchǎng*
Erdbebendenkmal	抗震记念碑	*kàngzhèn jìniànbēi*
Fährfahrkartenschalter	港客轮运输	*gǎngkèlún yùnshū*
Kathedrale Notre Dame des Victoires	望海楼教堂	*wànghǎilóu jiàotáng*
Katholische Kirche	西开教堂	*xīkāi jiàotáng*
Kaufhaus Quanye	劝业场	*quànyè cheng*
Kunstmuseum	艺术博物馆	*yìshù bówùguen*
Moschee	清真寺	*qīngzhēn sì*
Museum für Wissenschaft und Technik	科技术馆	*kējìshù guǎn*
Tempel Dabei Yuan	大悲院	*dàbēiyuàn*
Zhongxin-Park	中心公园	*zhōngxīn gōngyuán*
Zhou-Enlai-Gedenkstätte	周恩来纪念馆	*zhōuēnlái jìniànguǎn*
Übernachtung		
Astor Hotel	利顺德饭店	*lìshùndé fàndiàn*
Freundschaftshotel	友谊宾馆	*yǒuyì bīnguǎn*
Friend	富蓝特大酒店	*fùlántè dàjiǔdiàn*
Hyatt	凯悦饭店	*kǎiyuè fàndiàn*
Jinfang Hotel	津纺宾馆	*jīnfǎng bīnguǎn*
Longmen Guesthouse	龙门招待所	*lóngmén zhāodàisuǒ*
Nankai-Universität	南开大学	*nánkāi dàxué*
Sheraton	喜来登大酒店	*xǐláidēng dàjiǔdiàn*
Tianjin Number One	天津第一饭店	*tiānjīn dìyī fàndiàn*
Tianjin-Universität	天津大学	*tiānjīn dàxué*
Essen		
Erduoyan Fried Cake Shop	耳朵眼炸糕店	*ěrrduōyǎn zhágāodiàn*
Goubuli	狗不理包子铺	*gǒubùlǐ bāozipù*
Guifaxiang	桂发祥麻花	*guìfāxiáng máhuā*
Haihe River Palace	海河皇宫	*hǎihé huánggōng*
Quanjude Roast Duck	全聚德烤鸭店	*quánjùdé kǎoyādiàn*
Suiyuan	随园酒家	*suíyuán jiǔjiā*
Tanggu	瑭沽	***tánggū***
International Seamen's Club	国际海员俱乐部	*guójì hǎiyuán jùlèbù*

Neujahrsdrucken und Lehmfiguren *(niren)*, deren Herstellung sich im 19. Jahrhundert zu einer beliebten Handwerkskunst entwickelte. Ihr bedeutendster Vertreter war der Karikaturist Zhang, der Opernstars und andere Berühmtheiten nachbildete, von denen einige hier zu sehen sind. Leider sind seine Arbeiten über die Ausländer von Tianjin nicht vertreten. ⏲ tgl. 8.30–12 und 13.30–17 Uhr, Eintritt ¥5.

Der Zhongxin-Park befindet sich an der nördlichen Grenze des größten **Einkaufsviertels**, das von den Straßen Dagu Lu, Jinzhou Dao und Chi-

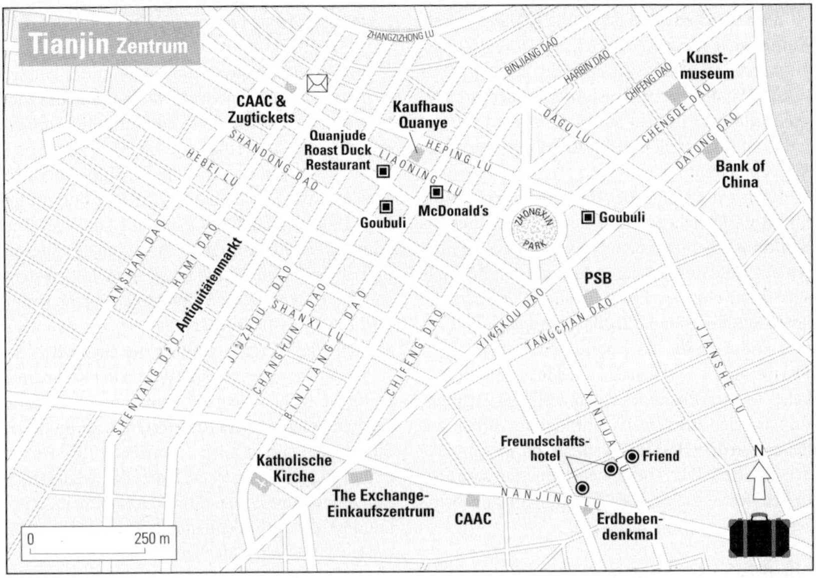

feng Dao begrenzt wird und in der Heping Lu und Binjiang Dao am belebtesten ist. Obwohl sich hier Massen unerschrockener Einkaufswilliger tummeln (ebenso modisch gekleidet wie in Beijing), strahlen die von Bäumen gesäumten Straßen eine entspannte Atmosphäre aus, denn erstens ist der Verkehr nicht so dicht und zweitens sind Heping Lu und Binjiang Dao als Fußgängerzonen mit Skulpturen und Bänken angelegt.

Das **Kaufhaus Quanye**, eine neungeschossige türkisfarbene Festung an der Binjiang Dao, Ecke Heping Lu, wartet mit einem gewaltigen Warenangebot auf und lockt täglich mehr als 200 000 Kunden an. In den oberen Stockwerken befinden sich mehrere Fastfood-Restaurants und Videospiel-Anlagen. Eine größere Auswahl an preisgünstiger Kleidung bietet der riesige **Straßenmarkt** über die ganze Länge der Binjiang Dao bis hin zur Kathedrale.

Auch Snacks sind in dieser Gegend überall zu kaufen: *McDonald's* und *KFC* haben ihre Niederlassungen direkt an der Binjiang Dao, traditionelleres Fast Food gibt es bei *Goubuli* (s.S. 240, Essen). Oberleitungsbusse fahren das gesamte Geschäftsviertel ab (Fahrpreis ¥2).

Unmittelbar westlich von hier schließt sich eine Einkaufsmeile ganz anderer Art an: der **Antiquitätenmarkt**, mit Zentrum in der Shenyang Jie und Ausläufern in den Seitenstraßen. Auch wer nichts kaufen möchte, findet hier Sehenswertes: winzige dunkle Läden, Straßenverkäufer, die ihre Waren auf vergilbten Zeitungen vor sich ausbreiten, und Händler, die mit Jade und Teekannen vor den Passanten herumfuchteln.

Der Markt wächst und schrumpft mit den Jahreszeiten: Im Winter ist er kleiner, im Sommer größer. Der meiste Trubel ist immer sonntags, wenn die Besucher aus Beijing kommen, denn in puncto Preisen schlägt er jeden Markt in der Hauptstadt. Die Ladenbesitzer aber wissen um den Wert ihrer Waren, so dass echte Schnäppchen schwer zu finden sind. Die Warenvielfalt ist unglaublich: Neben den üblichen Gegenständen wie Jadeschmuck, Keramikteekannen, Fächern und Parfümflaschen werden russische Armeeuhren, Opiumpfeifen, Schnupftabakdosen, kunstvolle Spielkarten, alte Fotografien, pornografische Gemälde und Sonnenbrillen angeboten. Handeln ist Pflicht und überall können Fälschungen lauern. 🕓 tgl. 8–17 Uhr.

Am südlichen Ende der Binjiang Dao steht die **Katholische Kirche**, ein nützlicher Orientierungspunkt, weil sie gleichzeitig einer der unverwechselbarsten Bauten der Stadt ist. Ihre sonderbare Ziegelsteinfassade besteht aus braunen und orangefarbenen Querstreifen, den Bau krönen drei grüne Kuppeln. ⌚ nur So.

Östlich von hier, in der Umgebung der Nanjing Lu, ist darüber hinaus nur noch das **Erdbebendenkmal** gegenüber dem *Freundschaftshotel* interessant. Geschmackvoller als die meisten Beispiele staatlicher chinesischer Bildhauerei erinnert die hohle Pyramide an die 25 000 Menschen, die 1976 dem Erdbeben von Tangshan zum Opfer fielen.

Auf dem Weg zurück zum Fluss in nordöstlicher Richtung kommt man an weiteren Architekturbeispielen aus dem 19. Jahrhundert vorbei, von denen **Gordon Hall** (an der Dagu Lu, gleich westlich des *Astor Hotel)* besonders bemerkenswert ist. In dem festungsähnlichen Bau war einst die britische Verwaltung untergebracht.

Nördlich des Zentrums

Die bedeutendste Sehenswürdigkeit im Nordteil der Stadt ist der **Tempel Dabei Yuan** in einer schmalen Gasse, die von der Zhongshan Lu abgeht und am besten mit dem Taxi zu erreichen ist. Es ist die bedeutendste buddhistische Andachtsstätte von Tianjin, die gar nicht verfehlt werden kann, da die umliegenden Gassen voller Läden sind, die allerhand religiösen Schnickschnack verkaufen, darunter Weihrauch, Kassetten mit Andachtsmusik, Spiegelglasschreine und Buddhas aus Keramik mit blinkenden Augen. Als Brandschutzmaßnahme stehen vor den Gebäuden große Bronzegefäße mit Wasser, die seit Jahrhunderten in Gebrauch sind. Vor der in den 40er Jahren erbauten ersten Halle schlingen die Gläubigen ihre Arme um einen großen bronzenen Weihrauchbrenner, bevor sie Weihrauchstäbchen anzünden und sich tief verbeugen. In den kleineren Bauten dahinter, die aus dem 17. Jahrhundert stammen und nach dem Erdbeben von Tangshan weitgehend saniert worden sind, halten sich die freundlichen, hier im Tempel lebenden Mönche auf. Kleine antike, buddhistische Statuetten aus Holz und Bronze sind in einem Saal im Westen des Komplexes ausgestellt. Bevor man das Gebiet verlässt, sollte man unbedingt das immer enger werdende Gassengewirr hinter dem Tempel durchstreifen. ⌚ tgl. 9–16.30 Uhr, Eintritt ¥4.

Gleich südlich davon am Nordufer des Flusses steht die strenge **Kathedrale Notre Dame des Victoires** an der Shizilin Dajie. Sie wurde 1904 erbaut und ist bereits die dritte an dieser Stelle – der erste Bau wurde ein Jahr nach seiner Errichtung bei dem Massaker von 1870 zerstört, der zweite brannte im Jahr 1900 während des Boxeraufstands ab. Die schmucklose Kathedrale mit ihren dunklen Steinen und der strengen Förmlichkeit ihrer Linien steht ganz im Gegensatz zur Katholischen Kirche weiter südlich. Der Öffentlichkeit ist sie nur sonntags während des Morgengottesdienstes zugänglich.

Nach einem kurzen Fußweg von der Kathedrale in südwestlicher Richtung geht von der Südseite der Beima Lu die **Alte Kulturstraße** ab, an deren Eingang ein farbenfroher Torbogen grüßt. Wie die Liulichang in Beijing ist auch dies die Rekonstruktion einer chinesischen Straße aus dem 19. Jahrhundert, die als Einkaufsmeile für Touristen entworfen wurde. Allein die Bettler und der Dreck fehlen, dafür gibt es Neonschilder mit der Aufschrift „OK Karaoke". Zwar kann von Echtheit keine Rede sein, doch bieten die mit Balkonen, Säulen und geschwungenen Ziegeldächern verzierten roten und grünen Holzbuden einen unbestreitbar schönen Anblick. Kostbare Antiquitäten, Souvenirs und Unmengen von Teekannen werden hier feilgeboten. Im ersten Laden rechts hinter dem Tor sind 15 cm große Tonfiguren im Stile des Meisters Zhang zu finden. Auch die Läden mit *chatang* lohnen sich: Dies ist eine Suppe mit Hirse und Zucker, die von den Besitzern gekonnt serviert wird, indem sie mit großer Geschicklichkeit kochend heiß aus einem langen, drachenförmigen Schnabel in vier Schalen gefüllt wird, die alle in einer Hand gehalten werden. Etwa auf der Hälfte der Straße trifft der Besucher auf den Eingang zum restaurierten **Palast der Himmelsgöttin** aus dem Jahre 1326, das älteste Gebäude in Tianjin. In den Nebensälen gibt es eine Ausstellung lokaler Handwerkskunst zu besichtigen. ⌚ tgl. 8–16.30 Uhr, Eintritt ¥3.

Authentischer sind die Straßen der **Altstadt**, die in Form eines Rechtecks von den vier Straßen Beima, Nanma, Dongma und Xima (*ma* = Pferde) begrenzt wird. Hier gibt es vor allem ruhige, graue Innenhöfe abseits enger Gassen, die zum Umherschlendern einladen. Die Atmosphäre wirkt intimer und die kleinen Häuser und Geschäfte vermitteln eine menschliche Dimension dieser Stadt, die so voll großer Architektur ist. Neben zahlreichen kleinen Nudel- und *jiaozi*-Verkaufsstellen ist hier auch das ausgezeichnete *Erduoyan* (s.S. 240, Essen) zu finden.

Weiter westlich liegt abseits der Dafeng Lu die **Moschee**. Die Besucher können sich frei zwischen den Gebäuden bewegen, jedoch ohne sie zu betreten. Dieses erlesene Beispiel chinesischer Muslim-Architektur besticht durch die floralen Holzschnitzereien an Dachvorsprüngen und Fenstern.

Südlich des Zentrums

Südlich des Zentrums gleicht Tianjin all den anderen weitläufigen chinesischen Metropolen. Dennoch lohnt ein Abstecher hierher, um das neue **Museum für Wissenschaft und Technik** an der Longcheng Lu zu besichtigen. Das strahlend neue Bauwerk beherbergt eine Vielzahl von Exponaten, die wissenschaftliche Erkenntnisse anschaulich darstellen. Daneben gibt es Ausstellungen zu den Themen Akupunktur und Physiologie sowie Modelle der chinesischen Long-March-Raketen. In dem Teil, der sich der Schwerkraft widmet, können die Besucher sich mit Kugellagern beschäftigen, die Optikabteilung überrascht mit verzerrten Bildern von Mao und Marx, die – nicht ohne Augenzwinkern – zu Demonstrationszwecken ausgestellt sind. Ganz oben in dem Haus befindet sich ein 360-Grad-Projektionsraum; hier kann man einen Film über Astronomie ansehen. Das Museum liegt in einem **Vergnügungspark**, der ausnahmsweise nicht so traurig ist wie die meisten seiner Art – mit Go-Kart-Bahn, Karussells, einem Riesenrad und mechanischen Figuren, die den Besuchern am Eingang zunicken. Bus Nr. 20 vom Zhongxin-Park bringt die Vergnügungssüchtigen dorthin. 🕒 tgl. 9–17 Uhr, Eintritt ¥15.

Zehn Gehminuten nördlich des Museums liegt *Guifaxiang*, wo man sich ausgezeichnet mit Teigzöpfen (s.S. 240, Essen) eindecken kann. Alltäglichere Waren und teurere Souvenirs bietet unweit von hier in der Youyi Lu Nr. 21 (gegenüber *CITS*) der viergeschossige *Freundschaftsladen* mit gut sortiertem Supermarkt.

Südwestlich des Zentrums wird mit der riesigen **Zhou-Enlai-Gedenkstätte** dem berühmtesten Sohn der Stadt Anerkennung gezollt. Am Nordrand des Shuishang-Parks liegt der Bunker, dessen Inneres Wachsfiguren, das Flugzeug sowie die Limousine Zhou Enlais beherbergt, außerdem vereinzelte Angaben in englischer Sprache zu seinen Errungenschaften. Diese geben jedoch weniger die Schwierigkeiten wieder, die sich aus seiner Funktion als Maos rechte Hand ergaben, vielmehr singen sie ein Loblied auf seine Ehe mit der Genossin Deng Yingchao: „Sie hatten dieselben Ideale, folgten demselben Weg und ihre Waffenbrüderschaft legte den Grundstein für ihre Liebe." Die Ereignisse der Kulturrevolution, aus denen das Erbe Zhous den Großteil seiner Kraft nimmt, sind kurzerhand zusammengefasst: „Er vereitelte die Versuche der Viererbande." Der Bus Nr. 8 fährt vom Bahnhof ab, Ausstieg am Shuishang-Park bei der Statue von Nie Zhongjie, einem General zu Pferde. 🕒 tgl. 9–17 Uhr, Eintritt ¥10.

Übernachtung

Für Reisende mit kleinem Geldbeutel ist Tianjin als Übernachtungsort keine gute Wahl, denn preisgünstige Unterkünfte sind praktisch nicht vorhanden – es sei denn, es gelingt in einem Studentenwohnheim der beiden Universitäten Tianjin oder Nankai unterzukommen, die im Süden der Stadt liegen (zu erreichen mit dem Bus Nr. 8 vom Hauptbahnhof). Ein paar billige Absteigen, von denen das *Longmen Guesthouse* noch die beste ist, sind hinter dem Einkaufszentrum an der westlichen Bahnhofshalle zu finden (nur mit chinesischen Schildern versehen). Die meisten nehmen Ausländer auf, doch empfiehlt es sich in jedem Fall, vor der Zahlung der geforderten ¥40–80 das Zimmer anzuschauen. Ein Teil der teuren Hotels konzentriert sich im Süden der Stadt, der Bus Nr. 4 vom Zentrum bringt die Gäste ganz in die Nähe. Doch da diese Hotels in einem eher unschönen Stadtgebiet liegen (abgesehen von einigen Parks), lohnt sich ein Versuch innerhalb des Zentrums allemal. Immer nach Preisnachlässen fragen und nicht locker lassen, bis einer gewährt wird, denn die Hotels von Tianjin senken regelmäßig ihre Preise. Außerdem bleibt ja immer die Möglichkeit, die Nacht im nahen Beijing zu verbringen.

Astor Hotel, Luxus, 33 Tai'erzhuang Lu, ☎ 2331 1688, 📠 23316282. Bestes Luxushotel von Tianjin, zentral gelegen in einem stilvollen, über 100 Jahre alten britischen Herrenhaus. Das Management wird nicht müde, an seine Geschichte zu erinnern: überall museumsähnliche Exponate, darunter unschätzbare Werte wie die ersten Glühlampen aus chinesischer Produktion, die je in dem Hotel benutzt wurden.

Friend, 231 Xinhua Lu, ✆ 3125445, 📠 3121454. Sehr freundlich, sauber und nach den Maßstäben von Tianjin ein echtes Schnäppchen. Gegenüber dem Osttrakt des *Freundschaftshotels* und viel einladender.

Freundschaftshotel**–**, 94 Nanjing Lu, ✆ 23310372, 📠 23310616. Moderner, etwas banaler Bau gegenüber dem Erdbebendenkmal südlich des Zentrums. Die billigsten, wenn auch faden Zimmer liegen im Osttrakt um die Ecke an der Xinhua Lu: vom Eingang zum Hauptgebäude aus nach links bis zur ersten Kreuzung gehen, nochmals links, dann 50 m bis zum Gebäude auf der linken Seite.

***Hyatt**, Luxus, Jiefang Bei Lu, ✆ 23318888, 📠 23311234. Modernistische Villa mit Blick auf den Fluss Haihe. Wirkt etwas verblichen und nicht so vornehm wie andere *Hyatt*-Hotels.

Jinfang Hotel*–, 10 Sanjing Lu, ✆ 24463555. Schlicht, sauber und preisgünstig, auf der anderen Straßenseite der Westhalle des Hauptbahnhofes. Hinter dem Einkaufszentrum entlang und über die Straße gehen, dann sind *KFC* links und das Hotel direkt vor einem.

***Sheraton**, Luxus, Zijinshan Lu, ✆ 23343388, 📠 23358740. Tianjins schönstes Hotel mit allem Komfort, den man erwarten kann. Leider etwas ungünstig im Süden der Stadt gelegen, dafür aber neben dem gepflegten Yanyuan-Park.

Tianjin Number One***, Jiefang Bei Lu, ✆ 3309988, 📠 3123000. Netter, etwas planlos wirkender alter Kolonialbau mit hohen Decken, weiträumigen Sälen und einem Hauch von Art déco.

Essen

Tianjin ist berühmt für seine Spezialitäten und man sollte keinesfalls versäumen, von den leckeren Kuchen und Torten zu kosten. Die üblichen internationalen Ketten fehlen natürlich auch hier nicht: *KFC* und *McDonald's* haben Filialen auf der Westseite der Bahnhofshalle, entlang der Binjiang Dao und im *Exchange* Einkaufszentrum (Jili Dasha) an der Nanjing Lu. Hier befindet sich auch *Starbucks*.

***Erduoyan Fried Cake Shop**, Beima Lu. 100 Jahre alte Institution, spezialisiert auf Reispuderkuchen in Sesamöl gebacken. Nicht vom Namen abschrecken lassen, der „Ohrloch" bedeutet.

***Essensstraße (Shipin Jie)**, von der Nanmenwai Dajie ab und südlich der Nanma Lu. Freundlicher, 2-stöckiger Komplex, beste Adresse zum Essen in Tianjin, obwohl das Niveau über die Jahre etwas nachgelassen und sich jetzt im Erdgeschoss ein *McDonald's* angesiedelt hat. Dennoch ist in den ca. 50 Restaurants auf beiden Etagen für jeden Geschmack und Geldbeutel etwas dabei. Empfehlenswert sind oben das *Zhejiang Restaurant*, das *Da Jin Haiwei* (Meeresfrüchte) und das *Penglaichun* (Shandong-Gerichte). Es gibt zwei relativ preiswerte Sichuan-Restaurants, *Sichuan Xiaoguan* und *Gujing*, in der unteren Etage sowie eine belebte Filiale von *Goubuli* mit *baozi* (Teigtaschen). Zwischen den Restaurants locken Verkaufsstellen mit Kuchen, Keksen, Trockenfrüchten, Nüssen, Schokolade usw.

***Goubuli**, 77 Shandong Lu, günstig in der Nähe der Binjiang Dao. Berühmtes Restaurant, das sich aus einem winzigen Laden zu einer ganzen Kette mit Niederlassungen in den USA und ganz Asien entwickelt hat. Oben befindet sich ein Speisesaal, die Einheimischen ziehen jedoch das Fastfood-Restaurant im Erdgeschoss vor, wo verschiedenste *jiaozi* und Soßen für sehr preiswerte ¥13 angeboten werden. Der Name (Ein Hund fasst sie nicht an) soll entweder auf den unansehnlichen ersten Besitzer oder den niederen Status von *jiaozi* anspielen. Weitere Filialen am Hauptbahnhof und in 324 Heping Lu.

***Guifaxiang**, 568 Dagu Nan Lu. Noch ein berühmtes Kuchengeschäft in Tianjin, v. a. für seine gebackenen Teigzöpfe *(mahua)* bekannt, eine leckere lokale Spezialität – bei Bedarf als Geschenk verpackt.

***Haihe River Palace**, auf einem Ponton auf dem Haihe, gleich östlich der Jiefang Qiao und südlich des Bahnhofs. Besseres, teures Restaurant im klassischen chinesischen Stil, spezialisiert auf kantonesische Speisen.

Quanjude Roast Duck, Heping Lu. Filiale des berühmten Lokals in Beijing; Ente mit Beilagen für 2 Pers. etwa ¥200.
Suiyuan, Huanghe Dao, unmittelbar westlich der Xima Lu. Große Auswahl an Shandong-Gerichten für ¥50 p.P.

Einkaufen

Tianjin ist nicht nur für die Kleidungs- und Antikmärkte im Zentrum, sondern auch für seine handgemachten Teppiche mit ihren leuchtenden, abstrakten Mustern bekannt. Sie sind nicht gerade billig und am besten direkt in den Fabriken in den Vororten zu kaufen: z.B. ***Factory Number Two*** an der Heiniucheng Lu im Bezirk Hexi, ✆ 28331920. Typisch sind auch die Drachen und leuchtenden Holzblockdrucke, die zum chinesischen Neujahrsfest als Glücksbringer aufgehängt werden. Diese werden im ***Yangliuqing Picture Studio*** an der Sanhe Dao gefertigt und verkauft, eine weitere Verkaufsstelle befindet sich in der Alten Kulturstraße.
Die ***Tianjin Cultural Relics Company,*** die recht zentral in 161 Liaoning Lu liegt, ✆ 27110434, bietet eine große Auswahl antiker Jadeschmuckstücke, Stickereien, Kalligrafien und Schnitzereien.
Bücher kann man im ***Foreign Language Bookstore,*** 130 Chifeng Dao, erstehen.

Sonstiges

AMT FÜR ÖFFENTLICHE SICHERHEIT (PSB) – 30 Tangshan Dao.

GELD – Hauptbüro der ***Bank of China*** in einem großen Kolonialbau, 80 Jiefang Bei Lu, ◷ Mo–Fr 9–mittags und 13.30–17 Uhr.

INTERNET – Filiale von ***Sparkice,*** dem beliebten Internet-Café in Beijing, im *Sheraton Hotel,* ◷ tgl. 10–22 Uhr, Preis ¥8 pro Std.

POST – Postamt in einem Gebäude auf der Ostseite des Bahnhofs, ◷ Mo–Fr 8–19 Uhr.

REISEBÜROS – ***CITS,*** 22 Youyi Lu, ✆ 28358479, gegenüber dem *Freundschaftsladen.* Keine gute Informationsquelle, aber Buchungen von Zug- und Schiffsfahrkarten für die Weiterreise möglich.

TELEFON – Das rund um die Uhr geöffnete Telekommunikationsbüro befindet sich im selben Gebäude wie das Postamt.

VORWAHL – 022

Nahverkehrsmittel

Die Stadt ist zweifellos riesig, doch liegen die für die Besucher interessanten Orte, sprich das enge Netz der ehemaligen Konzessionsstraßen, südlich und westlich des Hauptbahnhofs sowie südlich des Haihe in einem relativ überschaubaren Gebiet. Sich in dem zentralen Straßennetz zurechtzufinden, wird durch die fehlenden Schilder nicht gerade einfacher, doch gibt es viele Anhaltspunkte: An erster Stelle sei hier die T-förmige Fußgängerzone des Einkaufsviertels an Binjiang Dao und Heping Lu im Herzen von Tianjin genannt.

BUSSE – Das Zentrum und die alten Konzessionsgebiete sind glücklicherweise gut zu Fuß zu erkunden, denn der Busverkehr ist trotz der überall in der Bahnhofsgegend erhältlichen Fahrpläne schwer durchschaubar und völlig überlastet. Zu den nützlichen Bussen gehören Nr. 24, die vom Westbahnhof zur Stadt fährt, dann umkehrt und am Hauptbahnhof endet, Nr. 1 vom Nordbahnhof zur Stadt mit Endhaltestelle Zhongxin-Park am Nordrand des Zentrums und Nr. 50, die sich vom Hauptbahnhof durch die Stadt windet und bis in die Nähe der Katholischen Kirche fährt. Fahrscheine für das Innenstadtgebiet kosten ¥0,5.

TAXIS – Gelbe Taxis sind reichlich vorhanden (Mindestpreis ¥5, meist ausreichend im Stadtgebiet).

U-BAHN – Als Alternative zu dem verzwickten Bussystem ist die L-förmige U-Bahnlinie (Fahrpreis ¥2) zu empfehlen, die während der Arbeit an diesem Reiseführer gerade renoviert und erweitert wurde.

Transport

BUSSE – Staatliche Busse aus Beijing kommen am **Hauptbahnhof** an, ebenso wie die meisten privaten.

Busse nach:
BEIDAIHE 3 1/2 Std.;
BEIJING 2 1/2 Std.;
CHENGDE 4 Std.;
QINHUANGDAO 4 Std.;
SHANHAIGUAN 4 1/4 Std.

EISENBAHN – Der riesige **Hauptbahnhof** der Stadt ist gut organisiert und günstig gelegen, gleich nördlich des Haihe, das Stadtzentrum liegt einige Kilometer weiter südlich. Die beiden anderen Stadtbahnhöfe sind der **Nordbahnhof**, an dem man mit Zügen aus dem Nordosten des Landes ankommt, und der **Westbahnhof** an der Hauptstrecke nach Beijing sowie zu südlichen Reisezielen. Züge mit Endstation Tianjin halten oft schon an einem der anderen Bahnhöfe, bevor sie am Hauptbahnhof einfahren.

Am elegantesten fährt man mit den orangefarbenen Doppeldecker-Expresszügen (T-Klasse, Fahrpreis ¥30), die ab 7 Uhr stündlich aus Beijing kommen und nur 70 Min. unterwegs sind (40 Min. schneller als normale Züge). Der letzte Zug nach Beijing fährt um 21.16 Uhr (Nr. 4412/3) und kommt gegen Mitternacht in der Hauptstadt an. Ersatzweise kann man einem der vielen Kundenwerber vor dem Bahnhof zu ihren VW Santanas folgen, die abfahren, sobald sie voll besetzt sind, und 90 Min. benötigen (¥40).

Die meisten Züge fahren vom Hauptbahnhof ab. Einige Züge mit Zielen im Nordosten Chinas fahren nur vom Nordbahnhof ab, andere mit Zielen im Süden wie Shanghai halten nur am Westbahnhof. Fahrkarten nach Beijing werden an einem speziellen, englisch ausgeschilderten Kiosk rechts der Rolltreppen am Hauptbahnhof verkauft. Rückfahrkarten sind auch im Zug aus Beijing erhältlich. Um die Schlangen am Schalter im Hauptbahnhof zu umgehen, bietet sich das Büro an, das Fahrscheine für die Weichbetten-Klasse verkauft – die Rolltreppe hinauf, nach links in Richtung Weichbetten-Warteraum, das Büro liegt etwas versteckt auf der linken Seite. Ansonsten gibt es Fahrscheine in der Kartenverkaufsstelle in 244 Heping Lu, ◷ Mo–Fr 8–mittags und 13.30–17 Uhr.

Züge nach:
BEIDAIHE 3x tgl., 6 Std.;
BEIJING 15x tgl., 1–2 Std., inkl. stündl. Expresszug;
CHENGDE 4x tgl., 5 Std.;
GUANGZHOU 3x tgl., 26–32 Std.;
JILIN 5x tgl., 4 Std.;
QINHUANGDAO 4x tgl., 6 Std.;
SHANGHAI 3x tgl., 18–20 Std.;
SHANHAIGUAN 5x tgl., 6 1/2 Std.;
SHIJIAZHUANG 4x tgl., 4–6 Std.;
XI'AN 2x tgl., 18–20 Std.

FÄHREN – Der Hafenbetrieb von Tianjin hat sich größtenteils zum 50 km östlich gelegenen **Tanggu**, einem grauen und überteuerten Vorort, verlagert. Von dort legt jeden Montagabend eine Fähre nach Kobe in Japan ab. Im billigsten Ticket für ¥1600 ist eine *tatami*-Matte in einem Dorm enthalten. Auch nach Inch'on in Südkorea fährt eine Fähre, Ticketpreise kosten von ¥1000 bis ¥2000 für die komfortabelsten 2-Bett-Kabinen. Check-in für internationale Überfahrten ist 2 Std. vor Abfahrt. Inlandsfähren verkehren nach Dalian (Tickets ab ¥100), Yantai (Tickets etwa ¥100, variiert je nach Schiff). Fahrscheine für sämtliche Fähren sind erhältlich bei *CITS* in Tianjin oder Beijing gegen eine geringe Gebühr oder am Fährfahrkartenschalter in 1 Pukou Dao, Tianjin, ✆ 23399573, einer kleinen Straße westlich der Taierzhuang Lu in der Nähe des *Astor Hotel*.

Vom Hauptbahnhof in Tianjin verkehren regelmäßig Minibusse nach Tanggu, staatliche Busse fahren vom Südbahnhof ab. Ansonsten bietet sich die Nr. 151 an, die in einer kleinen Straße gegenüber dem Hauptbahnhof hält: über die Brücke in westlicher Richtung, dann links und schließlich die 2. Straße nach rechts, noch 100 m die Straße entlang. Frühmorgens fahren vom Hauptbahnhof in Tianjin 2 Züge nach Tanggu ab (zum Fährhafen steigt man am dortigen Südbahnhof aus – der 2. Haltestelle der Züge), die knapp 1 Std. unterwegs sind. Allerdings liegt der Südbahnhof von Tanggu etwas ungünstig 2 km westlich des Fährterminals.

Tanggu ist mindestens so teuer wie Tianjin. Als relativ preiswerte Unterkunft sei hier der *Inter-*

*national Seamen's Club***–*** genannt, unmittelbar nördlich des Passagierterminals. Da jedoch die Inlandsfähren nachmittags auslaufen, ist die Fahrt von Beijing aus am selben Tag zu schaffen.
Fähren nach:
DALIAN März–Okt 1x tgl., Nov–Feb alle 2 Tage, 13–15 Std.; INCH'ON (Südkorea) alle 4 Tage, 28 Std.; KOBE (Japan), wöchentl., 48 Std.; YANTAI 6x monatl., 18 Std.

FLÜGE – Der große internationale **Flughafen** von Tianjin liegt 15 km östlich der Stadt und wird regelmäßig von Shuttle-Bussen angefahren, die vor den *CAAC*-Büros enden, oder nach Beijing fahren. Ein Taxi ins Zentrum kostet etwa ¥30, nach Beijing ¥70.
Das *CAAC*-Hauptbüro *(Air China)* befindet sich in 242 Heping Lu, ⌚ Mo–Sa 8.30–18 Uhr, ✆ 2723 4353. Die Zweigstelle ist in 103 Nanjing Lu, unmittelbar westlich des *Freundschaftshotels,* ⌚ Mo–Sa 8–20 Uhr. Tickets für Inlandsflüge gibt es unten, ✆ 23301543, für internationale Verbindungen im Obergeschoss, ✆ 23393497.
Flüge nach:
CHANGSHA 2x wöchentl., 2 Std.;
CHENGDU 5x wöchentl., 3 1/2 Std.;
DALIAN 1–2x tgl., 1 Std.;
FUZHOU 5x wöchentl., 2 1/2 Std.;
GUANGZHOU 2x tgl., 2 3/4 Std.;
GUILIN 2x wöchentl., 4 1/2 Std.;
HAIKOU 3x wöchentl., 3 3/4 Std.;
HANGZHOU 5x wöchentl., 1 1/2 Std.;
HARBIN tgl., 3 Std.;
HONGKONG tgl., 3 Std.;
KUNMING 8x wöchentl., 3 Std.;
NANJING 2x wöchentl., 1 3/4 Std.;
NINGBO 5x wöchentl., 2 3/4 Std.;
QINGDAO tgl., 1 1/4 Std.;
SHANGHAI 5x tgl., 1 1/2 Std.;
SHANTOU 2x wöchentl., 2 3/4 Std.;
SHENYANG 4x wöchentl., 1 1/4 Std.;
SHENZHEN 7x wöchentl., 3 Std.;
TAIYUAN tgl., 1 Std.;
ÜRÜMQI 2x wöchentl., 3 1/4 Std.;
WUHAN 3x wöchentl., 2 Std.;
XIAMEN 5x wöchentl., 2 1/4 Std.;
XI'AN 7x wöchentl., 1 3/4 Std.;
XISHUANGBANNA 4x wöchentl., 5 1/4 Std.;
ZHENGZHOU 2x wöchentl., 3/4 Std.

Von Beidaihe nach Shanhaiguan

Der Badeort Beidaihe liegt 300 km östlich von Beijing am **Golf von Bohai.** Vor 100 Jahren bevölkerten europäische Diplomaten, Missionare und Kaufleute den Ort, die ihn wohl aus Heimweh ausgewählt hatten, weil sie die felsige und spärlich bewachsene Küstenlinie mit den vereinzelten Stränden an das Mittelmeer erinnerte. Sie bauten Villen und Bungalows, saßen auf ihren Veranden und nippten an Cocktails. Nach der Machtübernahme durch die Kommunisten wurde das Dorf zur Sommerfrische für Parteibonzen. Den höchsten Beliebtheitsgrad erreichte es in den 70er Jahren, als Badeurlaub nicht mehr als dekadent und revisionistisch galt. Zwar gehören Herren in Uniform mit Sonnenbrille und Lolli in der Hand ebenso wie schwarze Audis mit getönten Scheiben (die Autos der Parteikader) nach wie vor zum Straßenbild, doch sind heute die meisten Besucher von Beidaihe gut betuchte Touristen aus Beijing, die sich amüsieren wollen. Wenn im Sommer die Temperaturen bei Mitte 20 °C liegen und das Wasser angenehm warm ist, wird es hier laut und eng. Dann reicht ein Tagesbesuch allemal. Spaß steht hier an erster Stelle – so entspannt sind die Chinesen selten zu sehen.

Nur etwa 25 km nordöstlich liegt Shanhaiguan, das viele chinesische Urlauber aus Beidaihe auf einem Halbtagesbesuch erkunden. Rucksacktouristen scheint es aus unerklärlichen Gründen nicht anzuziehen, obgleich es wirklich einen Besuch lohnt. Die friedliche, entzückende kleine Stadt lässt sich prima zu Fuß durchwandern und besitzt zwei gute Hotels. Darüber hinaus locken in ihrer ländlichen Umgebung eindrucksvolle, mächtige Festungen und Überreste der Großen Mauer.

Zwischen Beidaihe und Shanhaiguan liegt **Qinhuangdao**, eine Industriestadt mit einem reizlosen, modernen Hafen. Hierher kommt nur, wer Vorbereitungen für die Abreise mit der Passagierfähre nach Dalian treffen oder mit dem Expressbus von Beijing schnell in diese Gegend des Golfs von Bohai gelangen möchte, was sehr zu empfehlen ist. Übersichtskarte s.S. 246/247.

Beidaihe und Umgebung

Noch vor gar nicht langer Zeit galten in Beidaihe strenge Regeln für die Badeplätze. Der Weststrand war den Ausländern vorbehalten, die seit 1979 ins Land gelassen wurden. Dort gab es auch Wachposten, die chinesische Voyeure vertrieben, wenn diese einen flüchtigen Blick auf die gewagten bourgeoisen Badeanzüge zu erhaschen hofften. Der Hauptstrand war mit Seilen abgegrenzt und für die Parteigrößen reserviert, von denen den Höherrangigen die beste Stelle – eine kleine Sandbucht – vorbehalten war. Dunkle Badeanzüge waren Pflicht, damit auch nicht der leiseste Eindruck von Nacktheit erweckt wurde. Heute sind die Absperrungen verschwunden, ebenso die Hemmungen unter den Städtern (knappe Bikinis sind in) und Beidaihe hat sich zu einer modernen Stadt entwickelt – eine faszinierende Mischung aus schlichtem kommunis-

Von Beidaihe nach Shanhaiguan

Beidaihe	北戴河	***běidàihé***
Lianfengshan-Park	联峰山公园	*liánfēngshān gǒngyuán*
Taubennestpark	鸽子窝公园	*gēziwō gōngyuán*
Übernachtung und Essen		
Diplomatic Missions Guesthouse	外交人员宾馆	*wàijiāo rényuán bīnguǎn*
Freundschaftshotel	友谊宾馆	*yǒuyì bīnguǎn*
Jinshan Hotel	金山宾馆	*jīnshān bīnguǎn*
Kiesslings	起士林餐厅	*qǐshìlín cāntīng*
Tiger Rock Hotel	老虎石宾馆	*lǎohǔshí bīnguǎn*
Nandaihe	南戴河	***nándàihé***
Qinhuangdao	秦皇岛	***qínhuángdǎo***
Haiyue Hotel	海岳大厦	*hǎiyuè dàshà*
International Hotel	国际饭店	*guójì fàndiàn*
Jialun Hotel	佳伦酒店	*jiālún jiǔdiàn*
Shanhaiguan	山海关	***shānhǎiguān***
Berg der Langlebigkeit	长寿山	*chángshòu shān*
Erster Pass unter dem Himmel	天下第一关	*tiānxià dìyīguān*
Jiaoshan	角山	*jiǎoshān*
Lao Long Tou	老龙头	*lǎolóngtóu*
Mengjiangnü Miao	孟姜女庙	*mèngjiāngnǚ miào*
Museum der Großen Mauer	长城搏物馆	*chángchéng bówùguǎn*
Yansai Hu	燕塞湖	*yànsài hú*
Übernachtung		
Dongfang	东方宾馆	*dōngfāng bīnguǎn*
Jingshan	京山宾馆	*jīngshān bīnguǎn*
North Street	北街招待所	*běijiē zhāodàisuǒ*

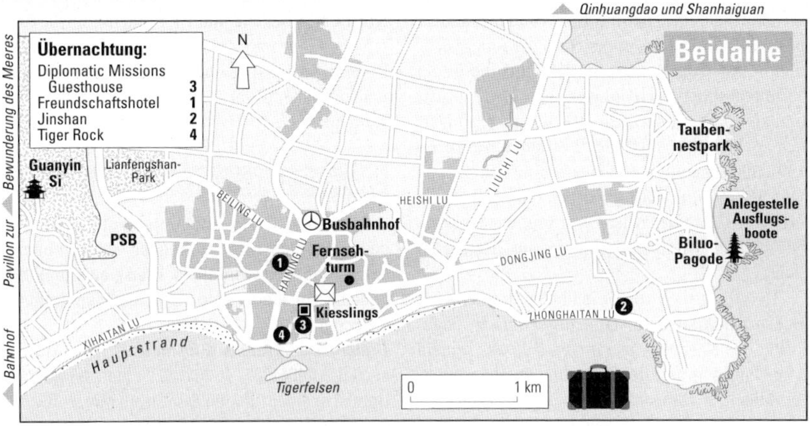

tischem Kitsch und der für Badeorte in aller Welt üblichen bunten Geschäftigkeit.

Am lebendigsten sind die Straßen der **Hafengegend**. Restaurants, vor denen Krabben und Garnelen in Eimern zappeln, wechseln sich mit Geschäften ab, in denen Badeanzüge, Luftmatratzen, Schnorchel, Souvenirs, sogar Hühnerfiguren aus Muscheln und Raffiabast angeboten werden. Weiter landeinwärts den Hügel hinauf sind die von Bäumen gesäumten Straßen sehr viel ruhiger. Hier stehen neben zahlreichen Gästehäusern die **Villen der Parteielite**, die diskret von Soldaten bewacht werden. Angeblich hatte einst jedes Mitglied des Politbüros einen Wohnsitz hier, und in vielen Fällen trifft das wohl heute noch zu. Außerdem gibt es hier die riesigen Arbeiterunterkünfte und Sanatorien für die „Helden des Volkes" wie Fabrikarbeiter, Soldaten usw., denen das Privileg eines Badeurlaubs zuteil wird. Die Gebäude zeichnet häufig eine völlig unpassende Architektur aus: römische Säulen, imitierte Totempfähle oder griechische Säulengänge, die auf die klobigen Fassaden aufgepfropft wurden.

Am äußeren westlichen Stadtrand liegt, 500 m vom Strand entfernt, der **Lianfengshan-Park**, ein dicht mit Kiefern bewachsener Hügel, auf dem malerische Pavillons und kleine Höhlen zu finden sind. Er lädt zum Flanieren ein und bietet Erholung von den Massen an den Stränden. Ganz oben thront der Pavillon zur Bewunderung des Meeres mit einer wunderschönen Aussicht auf die Küste. Weniger aufregend sind die historischen Stätten sowie der ruhige **Tempel Guanyin Si**.

An den drei Stränden von Beidaihe drängen sich die Massen zwischen revolutionären Arbeiterstatuen. Der **Hauptstrand** mit seinen vielen, von Felsen durchsetzten kleinen Stränden ist der beliebteste und liegt besonders günstig. Auf der Promenade gibt es Erfrischungsgetränke, Fotostände und Spiele zu kaufen. Die Umkleidekabinen erinnern allerdings eher an Behausungen aus einem Science-Fiction-Film der 50er Jahre. Wer will, lässt sich auf einem ausgestopften Tiger, in einem Papprennboot oder in den Gewändern eines Kaisers fotografieren. Der **Weststrand** ist etwas weniger quirlig. Östlich erstreckt sich auf 15 km Länge bis nach Qinhuangdao der **Oststrand** (mit den Bussen Nr. 6 oder 34 zu erreichen), der von Parteigrößen und Sanatoriumspatienten wegen seiner Beschaulichkeit geschätzt wird. Hier findet sich immer ein einsames Plätzchen, wobei weite Teile der schlammigen Küstenlinie wenig anziehend wirken. Bei Ebbe sind hier Menschen in Gummistiefeln unterwegs, um Seegras einzusammeln.

An der Westspitze des Oststrandes liegt der **Taubennestpark** (Bus Nr. 21 von der Zhonghaitan Lu), eine 20 m hohe Felsnase, auf der sich gern Möwen aufhalten – der Name stammt offensichtlich von jemandem, der es mit der Vogelkunde nicht so genau nahm. An diesem Ort lässt sich ein herrlicher Sonnenuntergang genießen. 1954 hat Mao hier ein Gedicht geschrieben, das er „Wellen im Sand/Beidaihe“ nannte. Kurz vor dem Taubennestpark hält der Bus in der Nähe der Anlegestelle für die **Ausflugsboote** von Beidaihe, die in der Saison tagsüber regelmäßig ablegen, um die Küste hinauf- und herunterzutuckern, was nicht sonderlich spektakulär ist (Dauer 2 Stunden, Fahrpreis ¥30). Als Höhepunkt der Tour kommt das Boot an dem Hotel *Biluo Pagode* vorbei, das südlich der Anlegestelle an der Küste liegt und wie eine siebenstöckige Trompetenschnecke aus Beton aussieht.

15 km westlich von Beidaihe ist der neue Urlaubsort **Nandaihe** entstanden, der von der Popularität des Nachbarn profitieren soll. Mit seinem 3 km langen Strand, den Parks und Aussichtspunkten ähnelt er ihm, wirkt aber organisierter und künstlicher und ist deswegen bestenfalls einen Tagesbesuch wert. Vom Busbahnhof in Beidaihe verkehren regelmäßig Minibusse. Die Hauptattraktion von Nandaihe ist der westlich gelegene **Goldene Strand**, wo man auf den steilen Dünen einen Sandschlitten ausleihen kann. Doch bei allem Spaß sollte man darauf achten, die Beine und Ellbogen zu schützen. Ausländer sind im Erholungskomplex *Nandaihe Beach House***, ✆ 442807, willkommen.

Die Landschaft um Beidaihe ist zum **Naturschutzgebiet** erklärt worden, denn dort machen Sibirische Kraniche und Rotkronenkraniche Zwischenstation, wenn sie alljährlich im Mai nach Dongbei ziehen. *CITS* in Beidaihe erteilt genauere Auskunft über die besten Beobachtungsplätze und Tourenpreise.

Übernachtung und Essen

Am begehrtesten sind die Unterkünfte in Beidaihe zwischen Mai und August, in der Nebensaison dagegen werden die Preise auf die Hälfte gesenkt. Ausländer sind nur in wenigen Hotels willkommen.

Diplomatic Missions Guesthouse*******, 1 Baosan Lu, ✆ 4041287, 📠 4041807. Eines der besten Hotels, in einer ruhigen Straße, 10 Min. Fußmarsch nördlich des Hauptstrandes. Der elegante Komplex aus 13 Villen inmitten von Zypressen- und Kieferngärten umfasst eine Karaoke-Bar, einen Nachtclub, einen Tennisplatz sowie ein gutes Restaurant im Freien mit Barbecue im Sommer.

Freundschaftshotel**, weiter nördlich in der Haining Lu, ✆ 4041613. Dorm-Betten ¥100.

Jinshan Hotel**, etwas abseits in einer netten, ruhigen Bucht an der Zhonghaitan Lu, ✆ 404 1678. Pool auf dem Gelände.

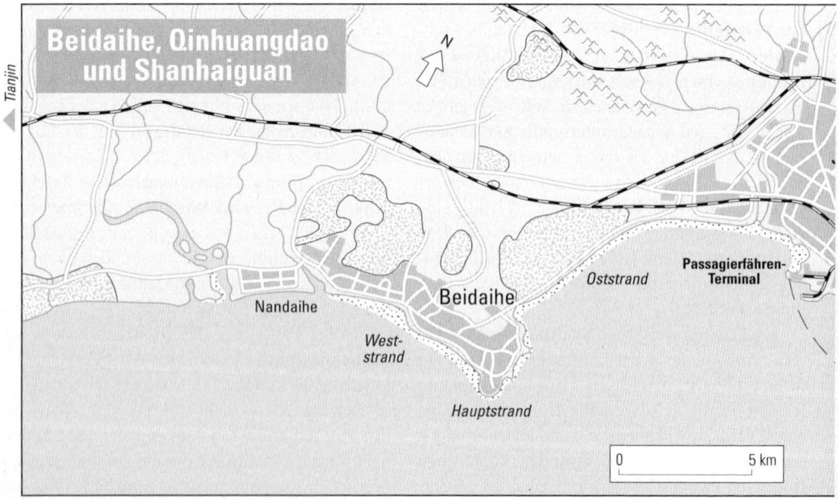

Tiger Rock Hotel**, in Strandnähe, ✆ 4041373. Vielleicht ein wenig nüchtern und gesichtslos, aber dennoch empfehlenswert. Dorm-Betten ¥80.

Beidaihe ist für seine Krabben-, Jakobsmuschel- und Tintenfischgerichte bekannt, die unbedingt in einem der zahllosen kleinen Meeresfrüchtelokale an der Haining Lu ausprobiert werden sollten. Bei der Bestellung einfach auf das leckerste Exemplar zeigen, das im Eimer zappelt. Auch ***Kiesslings*** an der Dongjing Lu, unweit des *Diplomatic Missions Guesthouse,* ist einen Versuch wert. Das ursprünglich österreichische Restaurant hat die ausländischen Besucherscharen der vergangenen 100 Jahre beköstigt und führt noch immer westliche und gar nicht so teure Gerichte auf seiner Speisekarte – diese werden sogar mit Messer und Gabel serviert. Auch das Frühstück mit köstlichem Brot und Gebäck ist hervorragend.

Sonstiges

REISEBÜROS – ***CITS*** im *Tiger Rock Hotel* ist in vielen Dingen nicht wirklich hilfreich und mehr an dem blühenden Inlandstourismus interessiert.

TAXIS – Taxis kosten im Stadtgebiet ¥10, doch Beidaihe ist so klein, dass ein Gefährt gar nicht nötig ist.

VORWAHL – 0335

Transport

BUSSE – Vom **Busbahnhof** von Beidaihe sind es nur 15 Min. Fußweg bergab zum Hauptstrand.
Busse nach:
BEIJING 5 Std.;
QINHUANGDAO 1/4 Std.;
SHANHAIGUAN 3/4 Std.;
TIANJIN 3 1/2 Std.

EISENBAHN – Der **Bahnhof** von Beidaihe liegt etwas ungünstig 15 km nördlich der Stadt. Von dort bringt Bus Nr. 5 die Besucher ins Zentrum. Im Falle einer Ankunft bei Nacht (aus Beijing kommend sehr wahrscheinlich) stehen private Minibusse und Taxis bereit; nur mit viel Verhandlungsgeschick kann man den Preis unter ¥40 drücken. Für Reisende, die Beidaihe *und* Shanhaiguan (s.S. 248) einen Besuch abstatten möchten, ist es sehr viel bequemer und interessanter, die erste Nacht in Shanhaiguan zu verbringen

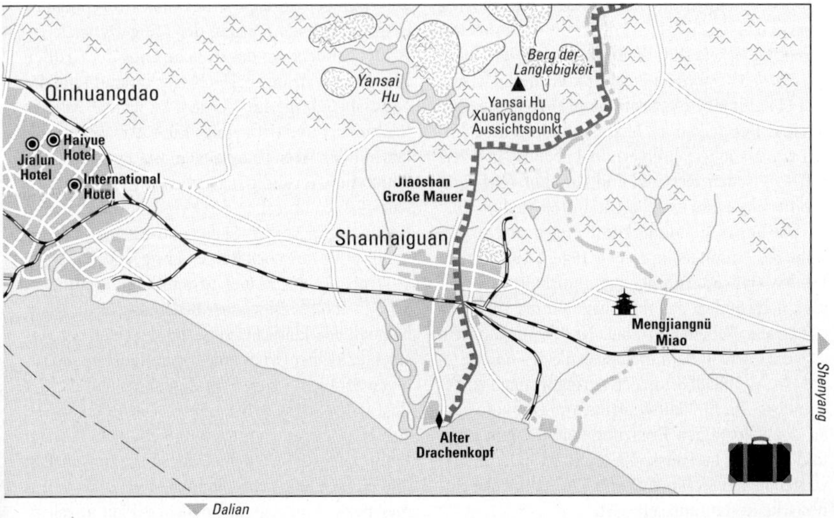

(2 Haltestellen weiter auf der Route, aber unbedingt fragen, ob der Zug dort auch hält), weil dort der Bahnhof in der Nähe der Hotels liegt.

Züge nach:
BEIJING 7x tgl., 5–7 Std.;
QINHUANGDAO 9x tgl., 1/2 Std.;
SHANHAIGUAN 6x tgl., 1 Std.;
SHENYANG 6x tgl., 5 Std.;
TIANJIN 4x tgl., 5–6 Std.

Qinhuangdao

Um von Beijing auf dem schnellsten Weg nach Beidaihe und Shanhaiguan zu gelangen, bieten sich die Expressbusse in die reizlose Hafenstadt Qinhuangdao an, in der es sonst nicht viel zu sehen gibt. Diese Busse sind schneller und angenehmer als die Zugverbindungen. In Qinhuangdao bringen einen die tagsüber meist stündlich verkehrenden Busse recht gut voran. Die Busse Nr. 6 und 34 pendeln zwischen Beidaihe und Qinhuangdao (¥2), Busse Nr. 24 und 33 zwischen Qinhuangdao und Shanhaiguan (gleicher Preis). Die ebenfalls regelmäßig verkehrenden Touristenminibusse, die an allen Hauptstraßen halten, verbinden tagsüber bis 18 Uhr Qinhuangdao mit Beidaihe (¥4).

Fähren nach Dalian legen in Qinhuangdao von Juli bis September an allen geraden Tagen ab. Die Überfahrt ist sehr viel schneller als die Fahrt mit dem Zug. Tickets sind im Reisebüro im *International Hotel,* 330 Wenhua Beilu, erhältlich und kosten von ¥140 für einen Sitzplatz bis zu ¥370 für ein Bett in einer Doppelkabine. Busse und Minibusse fahren am Passagierfährenterminal ab, Bus Nr. 8 verkehrt zwischen Terminal und Bahnhof. Flug- und Schiffstickets gibt es bei *CAAC* in 169 Yingbin Lu.

Die beste Billigunterkunft bietet sich in der Nähe des Bahnhofs im *Haiyue Hotel*,* 159 Yingbin Lu, ✆ 3065760. Von der Bahnhofshalle aus geht man nach Süden, das Hotel liegt auf der Westseite der Straße. Nebenan im Haus Nr. 181 versammeln sich die Gäste in der Empfangshalle des *Jialun Hotel****,* ✆ 3065888, um den Springbrunnen zu bewundern. Im Einkaufszentrum von Qinhuangdao an der V-förmigen Kreuzung von Wenhua Beilu und Haiyang Lu (Busse Nr. 6 und 34 halten dort) warten neben *McDonald's* und *KFC* zahlreiche chinesische Restaurants auf Gäste.

Transport

Busse nach:
BEIDAIHE stdl., 1/4 Std.;
BEIJING 5 Std.;
SHANHAIGUAN stdl., 1/4 Std.;
TIANJIN 4 Std.

Züge nach:
BEIDAIHE 9x tgl., 1/2 Std.;
BEIJING 3x tgl., 5 1/2–7 1/2 Std.;
SHANHAIGUAN 3x tgl., 1/2 Std.;
SHENYANG tgl., 5 1/2 Std.;
TIANJIN 3x tgl., 6 1/2 Std.

Fähren nach:
DALIAN alle 2 Tage (Juli–Sep), 13–15 Std.

Flüge nach:
CHANGCHUN 2x wöchentl., 1 1/4 Std.;
DALIAN 4x wöchentl., 3/4 Std.;
HARBIN 2x wöchentl., 1 1/2 Std.;
SHANGHAI 2x wöchentl., 2 Std.;
TAIYUAN 7x wöchentl., 1 1/4 Std.

Shanhaiguan

Shanhaiguan (Pass zwischen den Bergen und dem Meer) an der Nordspitze des Golfes von Bohai ist ursprünglich als Festung der Ming-Dynastie errichtet worden, um das östliche Ende der **Großen Mauer** zu verteidigen. Die Mauer verläuft über das Yanshan-Gebirge im Norden, bildet die östliche Stadtmauer und trifft einige Kilometer weiter südlich auf das Meer. Shanhaiguan war einst das Zentrum eines Verteidigungsnetzwerkes mit Leuchtfeuertürmen überall in den Bergen sowie kleineren Festungen im Norden, Süden und Osten, von denen heute leider nur noch Ruinen übrig sind.

Trotz Großer Mauer, Strand, landschaftlicher Schönheit und historischer Bedeutung bleibt Shanhaiguan unerklärlicherweise ein verschlafener, verstaubter kleiner Ort mit niedrigen Häusern und ruhigen Straßen – sogar ein Zugfahrschein ist hier (fast) ohne Stress zu bekommen. Die beste Idee ist, sich ein Fahrrad zu mieten und ein paar Tage auf Entdeckungstour zu gehen, die Sonne zu genießen und einfach zu relaxen. Shanhaiguan ist noch immer nach seinem ursprünglichen Plan angelegt:

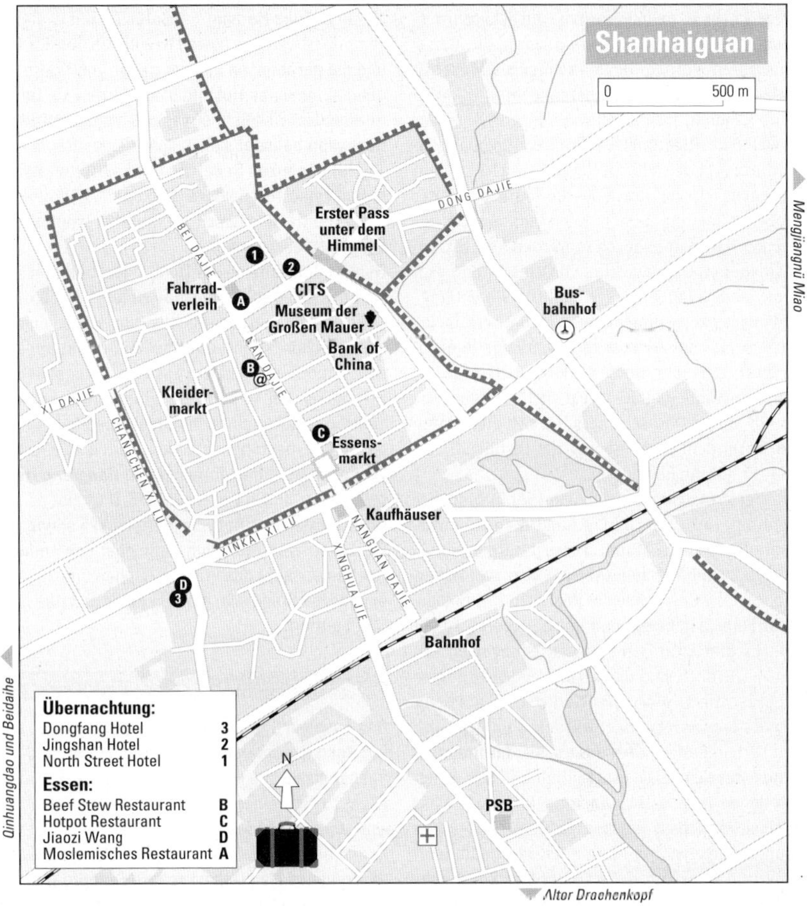

Die geraden, nach den Himmelsrichtungen ausgerichteten Boulevards sind von einem Netz aus Straßen durchzogen. Beherrscht wird die Stadt von einem befestigten Tor in der Ostmauer, dem **Ersten Pass unter dem Himmel**, das jahrhundertelang als Zugang zum Reich der Mitte aus dem Land der Barbaren jenseits der Grenzen genutzt wurde. Mit seinem Bogen und dem zweistöckigen Turm ist das Tor das höchste Bauwerk der Stadt und lässt die Häuser rundherum ziemlich mickrig erscheinen. Bei seiner Errichtung im Jahre 1381 muss es mit seiner hölzernen Zugbrücke über den 18 m breiten Wassergraben und den drei Außenmauern noch gewaltiger gewirkt haben. Das Tor war bis zu seiner Durchbrechung durch die Mandschu im Jahre 1644 der nördlichste Zugang nach China.

Heute wird das Tor von Touristen gestürmt. Es sollte daher am frühen Morgen besucht werden, bevor die Massen eintreffen. Der Name des Tors prangt in Rot über dem Bogen, die Kalligrafie wird Xiao Xian zugeschrieben, einem Gelehrten der Ming-Dynastie, der in der Stadt gelebt hat. Eine steile Treppe führt von der Dong Dajie die eindrucksvolle, fast 30 m breite Mauer hinauf. Der zweistöckige, 10 m hohe Turm ist mit Schlitzen versehen, die zu Verteidigungszwecken in die Mauer eingelassen wurden. Heute dient er als **Museum** und birgt neben Waffen, Rüstungen und traditioneller Kleidung auch Bilder von Adligen. Die Mauer ist in beide Richtungen teilweise begehbar. Am nördlichen Ende steht ein cleverer Geschäftsmann mit einem Teleskop, durch das die Touristen auf der Großen Mauer im mehrere Kilometer nördlich gelegenen Jiaoshan beobachtet werden können, wo die Mauer eine Zickzacklinie beschreibt und sich zwischen Schwindel erregenden Gipfeln entlangschlängelt, bis sie hinter dem Horizont verschwindet. Am Fuß des Tores wird eine Menge Ramsch verkauft, darunter verzierte Essstäbchen, Hologrammmedaillons und Jadeartikel. In einem Innenhof an der Nordseite befindet sich eine Statue von Xu Da, dem ersten General der Festung. ⏲ tgl. 7.30–17.30 Uhr, Eintritt ¥42.

Folgt man der Stadtmauer vom Tor in südlicher Richtung, vorbei an *CITS*, gelangt man zum **Museum der Großen Mauer**. Diese moderne Imitation eines Qing-Gebäudes verfügt über acht Hallen und stellt die Geschichte der Region in chronologischer Folge dar, beginnend mit der neolithischen Zeit. Es gibt zwar keine englischsprachigen Erklärungen, doch sind die faszinierenden Exponate gut präsentiert. Neben den Werkzeugen, die beim Bau der Mauer verwendet wurden, sind Angriffs- und Verteidigungswaffen ausgestellt, darunter Geschütze für den Belagerungskampf und Schwerter, von denen man sich kaum vorstellen kann, dass man sie anheben, geschweige denn schwingen kann. Die letzten drei Räume zeigen Schaubilder, Pläne und Fotos historischer Bauwerke. Eine Nachbildung der Region, wie sie zu Ming-Zeiten aussah, vermittelt eine Vorstellung vom Umfang der Verteidigungsanlagen mit all ihren Vorposten und Festungen. Sie schlägt jede *CITS*-Landkarte oder Hochglanzbroschüre um Längen und macht neugierig auf ein paar Entdeckungsradtouren. In einem Anbau des Museums laufen wechselnde Kunstausstellungen. ⏲ tgl. 7.30–18 Uhr, Eintritt ¥5.

Übernachtung

Shanhaiguan verfügt über zwei tolle Hotels, die ideal neben dem Ersten Pass unter dem Himmel liegen. Das kleine, freundliche ***North Street Hotel**** in 2 Mujia Hutong, ✆ 5051680, wirkt wie ein Tempel: Löwen aus Metall bewachen das Tor und die geräumigen Zimmer gehen von Kreuzgängen um einen Hof und einen Garten ab. Das Personal ist vielleicht etwas zu entspannt. Die Rezeption befindet sich in dem kleinen Raum im Tor auf der linken Seite. Die Dorms (Betten ¥20) haben keine Türschlösser und nach 22 Uhr eintreffende Gäste müssen am Haupttor klopfen, um Einlass zu bekommen.

Ganz in der Nähe, in der Dong Dajie, befindet sich das prunkvolle ***Jingshan Hotel*****, ✆ 505 1130, das ein herrschaftliches Qing-Haus imitiert: hohe Decken, Friese, geschwungene Dächer sowie Mauern und Balkone aus rotem Ziegelstein. Die Zimmer mit TV und Ventilator gehen von mehreren kleinen Innenhöfen ab. Sind beide Hotels belegt, besteht noch eine Chance im vor der südlichen Stadtmauer gelegenen ***Dongfang Hotel***** in der Xinkai Lu, ✆ 5051376. Dort gibt es Dorm-Betten in 4-Bett-Zimmern für ¥25 sowie DZ. Es ist zwar freundlich, kann aber den anderen beiden nicht das Wasser reichen und liegt ein ganzes Stück vom interessanten Teil der Stadt entfernt.

Essen

Das Essen in Shanhaiguan ist ausgezeichnet, sofern man die richtigen Lokale findet (übrigens ausnahmslos alle ohne englische Speisekarte). Nicht zu empfehlen ist das Delikatessenrestaurant ***Jingshan's***, das ausländischen Gästen viel zu viel berechnet. Besser sind die kleinen Lokale an Dong und Nan Dajie. Leckere Eintöpfe *(hotpot)* gibt es in 33 Nan Dajie, von den selbst gebrauten Getränken des Hauses – *baijiu* mit eingelegten Schlangen und Eidechsen – ist wohl eher abzuraten. Auch sehr freundlich ist das Lokal in 78 Nan Dajie, wo schmackhafter Rindfleischeintopf *(beef stew)* gereicht wird. In vier Häusern östlich der großen Kreuzung an der Nan Dajie lässt es sich in einem winzigen moslemischen Restaurant wunderbar frühstücken – am besten sind die knusprigen *shaomai*. Gegenüber dem Fahrradverleih an der Bei Dajie lockt ein weiteres moslemisches Lokal mit köstlichen gebratenen Teigtaschen mit Gemüsefüllung *(shucai guotie)*. Wer leckere runde, gedünstete *jiaozi* mag, ist bei ***Jiaozi Wang*** neben dem *Dongfang Hotel* genau richtig

Sonstiges

FAHRRÄDER – Mietfahrräder gibt es bei dem freundlichen Herrn mit dem englisch beschrifteten Namen auf der Ostseite der Bei Dajie, gleich nördlich der Kreuzung der vier Straßen der Stadt, die von der Mauer umgeben ist. ⌚ tgl. 8–19 Uhr, Preis ¥10 pro Tag plus ¥100 Kaution.

REISEBÜROS – ***CITS*** liegt unmittelbar südlich des Ersten Passes unter dem Himmel, es scheint jedoch nie jemand da zu sein. Allerdings ist das auch nicht wirklich nötig, denn Zugfahrscheine sind direkt am Bahnhof erhältlich.

TAXIS – Besucher am Bahnhof bzw. Busbahnhof werden von einer eifrigen Menge von Fahrern begrüßt. Der Mindestpreis von ¥5 reicht für ein Taxi oder eine Motor-Rikscha in sämtliche Teile der Stadt.

VORWAHL – 0335

Transport

BUSSE – Busse aus Qinhuangdao und Beidaihe halten nicht am östlich gelegenen **Busbahnhof**, sondern gleich außerhalb des **südlichen Stadttors**.

Busse nach:
BEIDAIHE 3/4 Std.;
BEIJING 5 1/4 Std.;
QINHUANGDAO 1/4 Std.;
TIANJIN 4 1/2 Std.

EISENBAHN – Außerhalb der Mauer befindet sich auch der südlich gelegene **Bahnhof**.

Züge nach:
BEIDAIHE tgl., 1 Std.;
BEIJING 3x tgl., 7 Std.;
QINHUANGDAO tgl., 1/2 Std.;
SHENYANG tgl., 6 Std.;
TIANJIN 3x tgl., 7 Std.

Die Große Mauer bei Shanhaiguan

Rund um die große Kreuzung von Shanhaiguan und den Bahnhof wimmelt es von Touristenminibussen, die die Sehenswürdigkeiten außerhalb der Stadt anfahren. Staatliche Busse verkehren ebenfalls auf diesen Routen, doch wer Zeit hat, sollte mit dem Fahrrad fahren. Die Straßen sind kaum befahren, die umgebende Landschaft überaus reizvoll und abseits der Touristenwege sind schöne, ruhige Plätzchen zu finden.

Für unerschrockene Wanderer gibt es die Möglichkeit, zu dem Bergsee **Yansai Hu**, direkt nördlich von Shanhaiguan, oder zum **Berg der Langlebigkeit** zu spazieren, einem rauen Felsen östlich des Sees, wo das Zeichen *shou* (Langlebigkeit) in viele Steine gemeißelt worden ist. Dort gibt es auch einen Pool, der zu einem geruhsamen Bad einlädt.

Lao Long Tou

Den Überresten der Großen Mauer in südlicher Richtung folgend, trifft man nach 4 km auf den Lao Long Tou, einen riesigen **Drachenkopf** aus Stein, der hier einst auf das Meer zu blicken schien. An dieser Stelle erreicht die Mauer die Küste. Hier hält auch der Bus Nr. 24, der von der Xinghua Jie, unweit des Bahnhofs von Shanhaiguan, abfährt. Der Eintritt kostet ¥37, doch ebenso gut lässt sich die Mauer vom Strand aus erklimmen. Der Weg führt am ersten Abzweig links vor dem Parkplatz entlang. ⌚ tgl. 7.30–17.30 Uhr.

Am Ende der Mauer steht eine Miniaturfestung mit einem zweistöckigen Tempel in der Mitte. Leider haben es die Restauratoren ein wenig zu gut gemeint, denn alles sieht nagelneu aus. Zusätzlich leidet die Gegend unter den übermäßigen Touristeneinrichtungen. Die recht schmutzigen Strände zu beiden Seiten der Mauer sind dennoch beliebte Badeplätze. Ein paar Minuten Fußmarsch jenseits der Restaurants in Richtung Westen stößt man rechts auf die alten Baracken der britischen Armee. Hier befand sich im Jahr 1900 der **Brückenkopf** für die acht alliierten Mächte, die zur Niederschlagung des Boxeraufstandes an dieser Stelle an Land gingen. Eine Tafel erinnert daran, „die nationale Demütigung niemals zu vergessen und die chinesische Nation zu stärken." Also sollte man wenigstens nicht auf dem Rasen herumtrampeln.

Mengjiangnü Miao

Etwa 6,5 km nordöstlich der Stadt liegt Mengjiangnü Miao (der Tempel der Frau Meng Jiang). Dieser **Tempel** wurde der Legende nach einer Frau geweiht, deren Ehemann in einem der Bautrupps zur Errichtung der Großen Mauer gezwungen wurde, mitzuarbeiten.

Nachdem sie erfahren hatte, dass dieser an Erschöpfung gestorben war, machte sie sich weinend auf die Suche nach seinem Leichnam, um ihm eine anständige Beerdigung zu gewähren. Ihre Trauer soll so unermesslich gewesen sein, dass die Mauer vor Mitleid zu bröckeln begann und die Gebeine ihres Gatten sowie vieler anderer Arbeiter freigab, die beim Bau der Mauer ums Leben gekommen waren.

Der Tempel ist klein und elegant, von ihm aus bieten sich reizvolle Aussichten auf Berge und Meer. Statuen von der Frau und ihren Bediensteten sitzen etwas steif im Tempelinnern. Der Bus Nr. 23 bringt die Besucher vom Südtor von Shanhaiguan hierher.

Jiaoshan

Einige Kilometer nördlich von Shanhaiguan bietet sich die Möglichkeit, an den zerfallenen Überresten der **Großen Mauer** entlang bis zu den Bergen zu wandern.

Auf dem Weg in nördlicher Richtung, entlang der Bei Dajie stadtauswärts und vorbei an den Ruinen zweier Festungen aus Steinfundamenten und Erdhügeln, zeigt sich nach etwa 10 km der als Jiaoshan bekannte restaurierte Teil der Mauer. Je weiter man der Mauer folgt, desto besser wird es – die Massen verlieren sich, die Aussichten werden schöner und sobald der rekonstruierte Teil hinter einem liegt, steht man plötzlich neben oder auf einem echten Mauerstück. Ein paar Kilometer weiter östlich gibt es drei Durchgänge durch die Mauer und einen Leuchtturm, der noch in guter Verfassung ist. Nun lockt der Weg in die Berge, soweit es beliebt – für eine Tagestour sollte man früh aufstehen. Ein Pedicab oder Taxi vom Parkplatz am Jiaoshan in die Stadt zurück kostet ¥5. ⌚ tgl. 8–18 Uhr, Eintritt ¥17.

Wer den steilen Aufstieg von dem rekonstruierten Teil der Mauer in die spektakuläre Landschaft des Yunshan-Gebirges umgehen möchte, nimmt die Seilbahn zum Preis von ¥10.

Chengde

Die Provinzstadt Chengde, 250 km nordöstlich von Beijing, liegt in einem Becken am Westufer des Wulie-Flusses und wird von der Yunshan-Gebirgskette umgeben. Auf den ersten Blick ist dies ein nichts sagender Ort. In seinen Randbezirken wimmelt es jedoch von Zeugnissen aus glanzvollen Tagen als **Sommerresidenz der Mandschu-Kaiser**, darunter einige der großartigsten Exemplare der kaiserlichen Architektur Chinas. Zwischen den Kohlfeldern in der Umgebung der Stadt gibt es neben herrlichen Tempeln den riesigen Palast-Park-Komplex **Bishu Shanzhuang** auf einem Hügel. In den vergangenen Jahren ist Chengde erneut als Urlaubsort entdeckt worden, vor allem von den Hauptstadtbewohnern, die für ein Wochenende der Hektik entkommen wollen.

Die meisten der eine Million Einwohner von Chengde leben in einem riesigen, ländlich geprägten Vorstadtgebiet südlich des Zentrums, wodurch die Stadt selbst eher klein wirkt, trotz der Hochhäuser, die den Blick auf die fernen Berge und Felder verstellen. Die historischen Bauten, Parks und Seen der Umgebung jedoch locken Jahr für Jahr Hunderttausende Besucher an, sodass die Stadt vor allem an den Sommerwochenenden überquillt und ihre Hauptverkehrsader Nanyingzi Dajie hoffnungslos verstopft ist. Abends, wenn der Nachtmarkt sich über ihre gesamte Länge hinzieht, wirkt die Straße sehr viel angenehmer. Neben Snacks werden hier Antiquitäten und Souvenirs angeboten, die generell preiswerter sind als in Beijing oder Tianjin, allerdings muss man sein ganzes Verhandlungsgeschick einsetzen (und darf nicht erwarten, dass alles echt ist). Der Bishu Shanzhuang liegt im Norden der Stadt; noch weiter nördlich sowie im Osten, am anderen Flussufer, sind die **Acht Äußeren Tempel** von Chengde zu bestaunen.

Geschichte

Die Stadt, ursprünglich Rehe genannt, wurde Ende des 17. Jahrhunderts von **Kaiser Kangxi** aus der Qing-Dynastie entdeckt, als er seine Truppen in die Mulan-Jagdgebiete im Norden führte. Begeistert vom kühlen sommerlichen Klima und der zerklüfteten Landschaft ließ er Hütten bauen. Hier konnte er seine Vorstellungen vom Lebensstil der Mandschu ausleben: jagen und umherstreifen wie seine Vorfahren aus dem Norden. Als es aus diplomati-

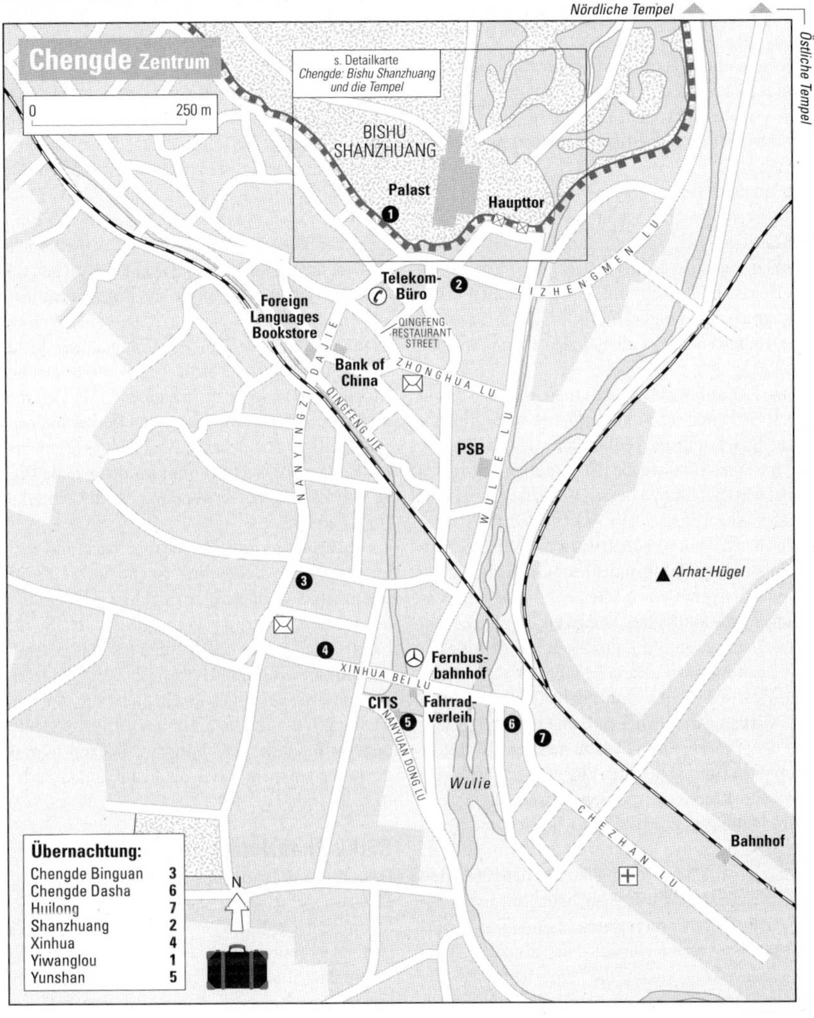

schen Gründen nützlich wurde, sich öfter nördlich von Beijing aufzuhalten, um engere Beziehungen zu den schwierigen Mongolenstämmen zu knüpfen, wurden die Bauaktivitäten erweitert. Als vielleicht fähigster und aufgeklärtester Herrscher seiner Dynastie war Kangxi in erster Linie dafür bekannt, gut wirtschaften zu können: „Die Menschen sind die Grundlage des Reiches, wenn sie genug haben, geht es auch dem Reich gut." Die kaiserliche Macht zur Schau zu stellen, war in der Regel nicht sein Anliegen. Auch Chengde war eine zutiefst pragmatische Angelegenheit, es war dazu gedacht, das Reich vor den Mongolenprinzen zu schützen, die mit prächtigen Audienzen, Jagdgesellschaften und pompösen Militärmanövern beeindruckt werden sollten. Sämtlichen Gesuchen, die Große Mauer zu reparieren, widersprach der Kaiser entschieden, da er das als unnötige Strapaze für das Volk erachtete und die Mauer nur als schwache Verteidigungsanlage einschätzte. Zu Recht, denn schließlich war die Mauer ein paar Jahre zuvor für die Gründer seiner Dynastie auch kein Hindernis gewesen.

Mit dem Bau der ersten Paläste wurde im Jahre 1703 begonnen, und schon 1711 befanden sich 36 Paläste, Tempel, Klöster und Pagoden in dem großen, von einer Mauer umgebenen Park, dessen Zierteiche und Inseln mit wunderschönen Pavillons geschmückt und von Brücken durchzogen waren. Handwerker aus allen Teilen Chinas wurden für das Projekt zusammengezogen. Der Enkel von Kangxi, **Qianlong** (1736–96) fügte während seiner Herrschaft weitere 36 kaiserliche Bauten hinzu – seine Epoche gilt als die Blütezeit von Chengde.

Im Jahre 1786 wurde der **Panchen Lama** aus Tibet von Qianlong zu dessen Geburtstagsfeierlichkeiten eingeladen – ein geschickter politischer Schachzug, denn so konnte man die Anhänger des lamaistischen Buddhismus beeindrucken. Zu den Buddhisten gehörten eine Reihe von Minderheitengruppen wie die Tibeter, Mongolen, Torguten, Eleuthen, Dsungaren und Kalmücken, die dem Kaiser ein Dorn im Auge waren. Es gibt Berichte (denkwürdigerweise keine chinesischen), die erzählen, wie Qianlong den Panchen Lama einlud, mit ihm auf dem Drachenthron Platz zu nehmen, der für die Sommersaison eigens nach Chengde gebracht worden war. Gewiss wurde der Panchen Lama mit Ehrerbietungen, kostbaren Geschenken und Titeln bedacht, doch den größten Eindruck mussten er und seine Anhänger von den Kopien des Potala und seines eigenen Palastes gehabt haben, die in Chengde nachgebaut worden waren, damit er sich ganz wie zu Hause fühlen konnte – eine großzügige Geste, die ihre Wirkung auf die Lamaisten nicht verfehlte. Dennoch nahm der Besuch des Panchen Lama ein unschönes Ende. Er verstarb anschließend in Beijing an Pocken oder vielleicht auch an einer Vergiftung, und sein Sarg wurde in einem gewaltigen Leichenzug zurück nach Tibet geleitet.

Auch die Diplomaten der ersten britischen Botschaft in China unter **Lord Macartney** wurden 1793 von Qianlong bei Hofe empfangen. Nachdem sie die Demütigung erfahren hatten, mit einem Schiff flussaufwärts nach Beijing fahren zu müssen, auf dessen Segeln „Überbringer des Tributs vom Vasallenkönig von England" zu lesen war, waren sie nicht weniger verärgert, als sie herausfanden, dass der Kaiser sich für den Sommer nach Chengde begeben hatte. Doch ließen sie sich nicht davon abhalten, die 150 km lange Reise zu unternehmen (in wenig geeigneten europäischen Wagen), sodass sie Chengde im September 1793 erreichten. Der Empfang beim Kaiser verlief ohne Zwischenfälle, außer dass Macartney die übliche Verbeugung verweigerte und Qianlong von den Geschenken enttäuscht war, die von der opportunistischen Ostindienkompanie gestellt worden waren. Qianlong, auf dem Gipfel der Mandschu-Macht, konnte sich gegen die britischen Forderungen behaupten und widersetzte sich all ihren Vertragsvorschlägen. Seine Antwort auf die Aufforderung zum gegenseitigen Handel war: „Uns fehlt es an nichts. Ich lege keinen Wert auf fremde oder geniale Dinge und habe keine Verwendung für die Produkte Ihres Landes."

Chengde verlor in der Folgezeit nach und nach an kaiserlicher Beliebtheit. Nachdem die Kaiser Jiaqing und Xianfeng hier 1820 bzw. 1860 gestorben waren, galt der Ort als Unglücksstätte. Die Gebäude standen leer und wurden fast das gesamte 20. Jahrhundert hindurch vernachlässigt. Andererseits sind sie aber auch größtenteils von den Verwüstungen der Kulturrevolution verschont geblieben. Im Interesse des Tourismus begann man in den 80er Jahren mit der bis heute andauernden Restaurierung.

Bishu Shanzhuang

Das nördliche Drittel des Stadtgebietes wird vom Bishu Shanzhuang (Bergschloss, in dem man der Sommerhitze entflieht) eingenommen, das größer ist als der Sommerpalast in Beijing und von einer 10 km langen Mauer umgeben ist. Hier verbrachten die **Qing-Kaiser** die Sommermonate, ließen es sich gut gehen, jagten und beschäftigten sich gelegentlich auch mit Staatsangelegenheiten. Die Palastbauten gleich hinter dem Vordereingang sind für das kaiserliche China ungewöhnlich, denn sie sind niedrig, aus Holz und nicht angestrichen – schlichte Eleganz im Gegensatz zu dem Überfluss und der Erhabenheit der Paläste von Beijing. Kaiser Kangxi soll den Wunsch gehabt haben, den Komplex einem mandschurischen Dorf gleichen zu

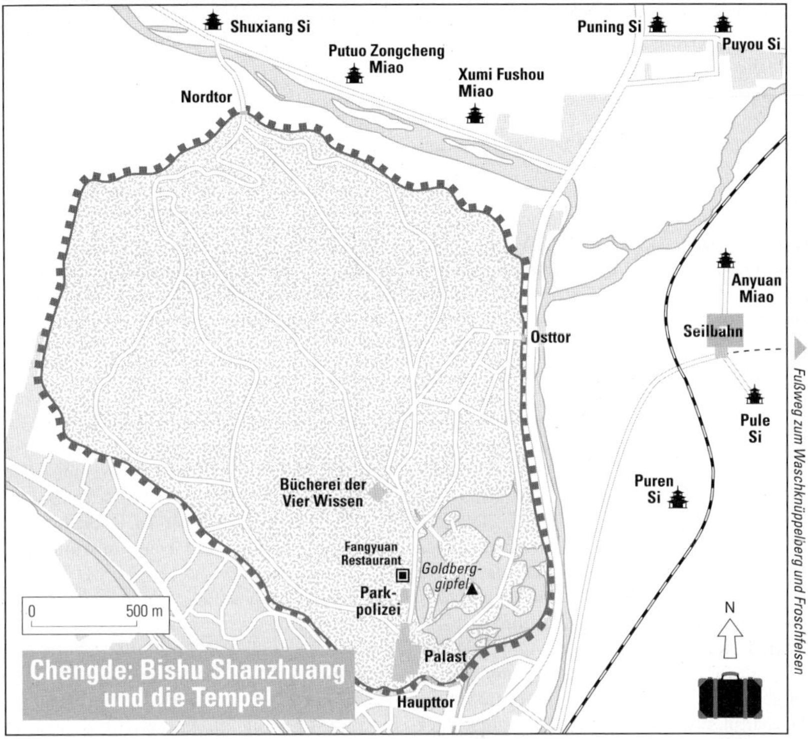

Chengde: Bishu Shanzhuang und die Tempel

lassen, um seine Verachtung gegenüber Ruhm und Reichtum zu demonstrieren (natürlich war sein Leben in den 120 Räumen mit seinen mehreren tausend Bediensteten dennoch alles andere als primitiv). Dasselbe Prinzip idealisierter Natürlichkeit kam bei der Gestaltung der Parkanlagen zum Tragen. Mit den verschlungenen Pfaden und Bächen, Steingärten und Hügeln sind sie ein Fantasieprodukt, das den rauen Landschaften des Nordens und der Schönheit der südlichen Gefilde Chinas nachempfunden ist, die die Kaiser auf ihren Fahrten durch das Land gesehen haben müssen. Das Ganze ist ein Versuch, Gewässer, Gebäude und Pflanzen in anmutiger Harmonie miteinander verschmelzen zu lassen. Lord Macartney stellte nach seinem Besuch 1793 eine Ähnlichkeit mit der „sanften Schönheit" englischer Parkanlagen im romantischen Stil fest, wie sie die britischen Herrenhäuser umgaben.

Das **Haupttor** (Lizhengmen) befindet sich in der Südmauer, hinter der Lizhengmen Dajie. Für den gesamten Park und seine Gebäude ist mindestens ein Tag einzuplanen, und es empfiehlt sich ein früher Start. Frühmorgens, wenn der Gemüsemarkt vor dem Eingang öffnet, ältere Chinesen Taijiquan praktizieren oder am Palast *Go* spielen, ist er ohnehin am schönsten. Aufgrund seiner Größe kann der Park gar nicht überfüllt sein, und ganz im Norden jenseits der Seen besteht durchaus die Chance, ein einsames Plätzchen zu finden. ⌚ tgl. 5.30–18.30 Uhr, Eintritt ¥50 (Kombiticket für Park und Palast).

Der Palast

Das westlich des Haupttors im Komplex gelegene Palastviertel ist auf einem nach Süden abfallenden Hang erbaut worden und besteht aus vier Gruppen dunkler Holzbauten, die sich auf einer Fläche von 100 000 m^2 verteilen. Am interessantesten ist das **südliche Ensemble** (Vorderer Palast), wo die Kaiser gelebt und gearbeitet haben, denn viele der Zimmer haben bei der Restaurierung ihre volle Qing-Eleganz wiedererlangt und sind mit geschmackvollem Mobiliar und Dekor ausgestattet. Selbst alltägliche Gegenstände beeindrucken: Pinsel und Tuschesteine auf den Schreibtischen, verzierte Fliegenwedel auf den Stuhllehnen, Miniaturbäume aus Jade auf den Regalen. In anderen Zimmern sind Keramiken, Bücher und exotische Waffen für asiatische Kampfsportarten ausgestellt. Die Qing-Kaiser waren geschickte Kalligrafen, deren Arbeiten im ganzen Palast zu bewundern sind.

Zu diesem Ensemble gehören 26 Gebäude, die in neun aufeinander folgenden Verbunden von Süd nach Nord angeordnet sind und die neun himmlischen Sphären symbolisieren. Das Haupttor führt in das **Äußere Wumen**, wo den wartenden hochrangigen Beamten mit einem einzigen Läuten einer großen Glocke signalisiert wurde, wann der Kaiser sie zu empfangen gedachte. Dann folgt das **Innere Wumen**, wo der Kaiser seinen Mannen beim Bogenschießen zusah. Direkt dahinter befindet sich die **Halle der Genügsamkeit und Aufrichtigkeit**, ein düsterer, schön ausgestalteter Raum aus Zedernholz, welches von Qianlong unter großem finanziellem Aufwand aus der Gegend südlich des Yangzi importiert wurde, denn ihm waren die Skrupel seines Großvaters Kangxi fremd und er stellte gern seinen Reichtum zur Schau. Die Halle ist mit einem geschwungenen Dach und neun Nischen versehen, die Muster an den Wänden stellen Symbole der Langlebigkeit und der Glückseligkeit dar. In der dahinter gelegenen **Bücherei der Vier Wissen** ging der Kaiser seinen üblichen Arbeiten nach, zog sich um und ruhte sich aus. Eine vertikale Schriftrolle an der Wand tut die Vier Wissen kund, die laut der alten chinesischen Philologie von einem Beamten erwartet werden: Er muss klein, eindeutig, sanft und stark sein. Der Raum ist spartanisch möbliert und wirkt weniger imposant als die anderen.

Das Hauptgebäude im **Hinteren Palast** ist die **Halle der Erfrischenden Nebel und Wellen**, wo die kaiserliche Familie lebte. Hier unterzeichnete Kaiser Xianfeng im Oktober 1860 das Abkommen von Beijing, das als „zweiter ungleicher Vertrag" in die Geschichte einging und mit dem er nach der Niederlage im Zweiten Opiumkrieg einen weiteren Teil von Chinas Souveränität und Territorien aufgeben musste. In den **Westlichen Gemächern** lebte die berüchtigte Cixi, besser bekannt als Kaiserinwitwe (s.S. 183), als sie noch eine der Konkubinen von Xianfeng war. Die Wohnräume sind durch eine Tür mit der Halle verbunden. Dort lauschte sie heimlich dem letzten Rat des sterbenden Kaisers an seine Minister, und mit diesen Informationen gelang es ihr später, an die Macht zu kommen. Im Innenhof des Hinteren Palastes, in einem alten buddhistischen Turm, befindet sich ein Souvenirgeschäft, das über eine Treppe am Steingarten zu erreichen ist.

Die beiden anderen Komplexe sind bei weitem nicht so groß. Die **Kiefern- und Kranichhalle**, ein parallel zum Vordereingang verlaufendes Gebäude-Ensemble, in dem die Mutter des Kaisers und seine Konkubinen wohnten, stellt eine zurückhaltendere Version des Vorderen Palastes dar. Im **Schloss der Zehntausend Täler und Kiefern im Wind** nördlich von hier widmete Kaiser Kangxi sich dem Bücherstudium und hielt Audienzen ab. Auch Qianlong studierte während seiner Kindheit hier. Die Gebäudegruppe südwestlich des Hauptpalastes nennt sich **Ahgesuo**. Dort studierten während der mandschurischen Herrschaft die männlichen Nachkommen der königlichen Familie. Der Unterricht begann um 5 Uhr in der Früh und war mittags beendet. Mit 6 Jahren sollte ein Junge Mandschurisch, mit 12 Jahren Chinesisch sprechen, mit 14 mit dem Bogen umgehen können und mit 16 verheiratet sein.

Das Gelände

Das **Seengebiet des Parks** mit Pavillons, Brücken und Wasserwegen lässt sich am besten mit einem Ruderboot erkunden (¥20 pro Stunde). Viele der Bauten hier sind direkte Kopien südchinesischer Gebäude. Zum **Goldberg-Gipfel** im Osten, einem Gebäudekomplex auf einer kleinen Insel, gehören eine Halle und ein Turm, die dem Goldberg-Kloster in Zhenjiang in der Provinz Jiangsu nachempfunden sind. Die **Insel der Mitternacht und Rauschenden Bäche** in der Mitte des Sees beherbergt einen Häuserverbund mit drei Innenhöfen, wohin sich Kangxi und Qianlong zurückzogen. In dem Komplex mit den Hallen, Türmen und Pavillons auf der größten **Insel Ruyi** erledigte Kangxi seine

Chengde	安远庙	***chéngdé***
Anyuan Miao	安远庙	*ānyuǎn miào*
Arhat-Hügel	罗汉山	*luóhàn shān*
Bishu Shanzhuang	避暑山庄	*bìshǔ shānzhuāng*
Froschfelsen	蛤蟆石	*háma shí*
Palast	正宫	*zhèng gōng*
Pule Si	普乐寺	*pǔlè sì*
Puning Si	普宁寺	*pǔníng sì*
Puren Si	溥仁寺	*pǔrén sì*
Putuo Zongcheng Miao	普陀宗乘之庙	*pǔtuó zōngchéng zhī miào*
Shuxiang Si	殊像寺	*shūxiàng sì*
Waschknüppel-Berg	棒锺山	*bàngzhōng shān*
Xumi Fushou Miao	须弥福寿之庙	*xūmífúshòu zhī miào*
Übernachtung		
Chengde Binguan	承德宾馆	*chéngdé bīnguǎn*
Chengde Dasha	承德大厦	*chéngdé dàshà*
Huilong	会龙大厦	*huìlóng dàshà*
Shanzhuang	山庄宾馆	*shānzhuāng bīnguǎn*
Xinhua	新华饭店	*xīnhuá fàndiàn*
Yiwanglou	倚望楼宾馆	*yǐwànglóu bīnguǎn*
Yunshan	云山饭店	*yúnshān fàndiàn*

Staatsgeschäfte, als der Palast noch nicht fertig gestellt war.

Unmittelbar hinter dem Seengebiet, auf der Westseite des Parks, liegt die graue **Wenjinge** (Bibliothek, die Wissen vermittelt), die von Steingärten und Wasser zum Schutz vor Feuer umgeben ist. Von draußen scheint das Gebäude zwei Stockwerke zu haben, tatsächlich aber sind es drei: Der Zentralbereich ist fensterlos, damit die Bücher durch die Sonneneinstrahlung keinen Schaden nehmen. Unter den Werken dieser erlesenen Sammlung befindet sich *Die vier Speicher*, eine Enzyklopädie der Qing-Dynastie mit 36 304 Bänden. Leider ist der Zutritt nicht gestattet.

Vom Norden des Seengebietes bis zu den Ausläufern der Berge erstreckt sich ein riesiges **Grasland**, bestehend aus Wanshun Wan (Garten der Zehntausend Bäume) und Shima Da (Pferdeprüfgelände). Hier stehen echte Jurten der Qing-Dynastie, von denen die größte als Audienzhalle diente, in der Qianlong Würdenträger ethnischer Minderheiten als Gäste empfing.

Das Hügelland nordwestlich des Parks weist zahlreiche Felsen und Schluchten auf, in denen es einige hübsch gelegene Lodges und Pagoden gibt. Das Wild wurde hier wieder eingeführt, nachdem es von den kaiserlichen Jagdexpeditionen vollkommen ausgerottet worden war.

Die Tempel und der Waschknüppel-Berg

Die Acht Äußeren Tempel in den Vorgebirgen um Chengde befinden sich momentan in den unterschiedlichsten Restaurationsstadien, nachdem sie jahrzehntelang vernachlässigt worden waren. Ursprünglich standen hier zwölf Tempel, zwei von ihnen wurden jedoch zerstört, zwei weitere sind verfallen. In den architektonischen Stilrichtungen verschiedener ethnischer Nationalitäten erbaut, erinnern sie in ihrer Gesamtheit an eine Art religiösen Themenpark. Von der ursprünglichen Absicht ist das gar nicht so weit entfernt, denn Kangxi und Qianlong ließen sie weniger als Ausdruck religiöser Sentimentalität errichten, denn als Symbol kaiserlicher Herrlichkeit. Nicht zuletzt sollten sich die Gesandten aus allen Teilen des Reiches hier heimisch fühlen. Trotz ihrer unterschiedlichen Gestaltung weisen alle Tempel lamaistische Merkmale auf.

Qianlong fand es politisch zweckdienlich, den tibetischen und mongolischen Lamaismus gutzuheißen, denn so hoffte er, diese schwierigen Minderheiten unter Kontrolle zu halten. Die gegenwärtigen Restaurierungen werden mit den hohen Eintrittsgeldern für die großen Tempel finanziert.

Empfehlenswert ist eine **Tempeltour** mit einem Mietfahrrad: Die Straßen außerhalb der Stadt sind ruhig, verirren kann man sich kaum, außerdem entkommt man den Reisegruppen. Eine mögliche Route ist z.B., morgens mit den nördlichen Tempeln zu beginnen und zum Mittagessen wieder in die Stadt zu fahren (es ist nicht möglich, außerhalb der Stadt den Fluss zu den östlichen Tempeln zu überqueren). Nachmittags wäre dann der Tempel der Universalen Güte (Pule Si) im Osten dran und anschließend eine Seilbahnfahrt zum Waschknüppel-Berg, einem bizarr emporragenden Felsen auf einem Hügel, der den östlichen Horizont der Stadt dominiert. Vor der Fahrt zurück ins Zentrum lassen sich noch die kleinen, friedlichen Tempel Anyuan und Puren besuchen, wo man wunderbar ausruhen oder ein Buch lesen kann. Näheres über Tempeltouren s.S. 261. ⌚ tgl. Mai–Sep 8–18.30, Okt–April 8–17 Uhr.

Die nördlichen Tempel

Diese fünf Tempel, zu denen einst vier weitere gehörten, stehen unmittelbar jenseits der nördlichen Grenze des Bishu Shanzhuang. Die nördliche Tempelreihe begann ursprünglich mit dem heute nahezu verfallenen tibetischen **Puyou Si** (Tempel der Universalen Hilfe). Der **Puning Si** (Tempel des Universalen Friedens), Eintritt ¥30, sollte keinesfalls verpasst werden, denn hier steht die größte Holzstatue der Welt – die der barmherzigen Göttin Guanyin. Es ist der einzige Tempel von Chengde, der noch in Betrieb ist und in dem sich kahlköpfige mongolische Mönche um die Altäre und Kramläden kümmern. Die Atmosphäre allerdings ist nicht sonderlich spirituell. Während der Arbeit an diesem Reiseführer fanden gerade umfassende Restaurierungsarbeiten statt, doch normalerweise ist der Tempel voller lautstarker Tagesbesucher, von denen sich einige ungeheure Freiheiten herauszunehmen scheinen – nach dem Schild „Im Tempelbereich nicht auf Vögel schießen“ zu urteilen. Gerüchten zufolge sollen die Mönche bezahlte Regierungsangestellte sein, die für die Tourismusindustrie arbeiten. Allerdings lässt die Vehemenz, mit der sie ihre Gebetsteppiche und Gongs vor herumtollenden Kindern schützen, anderes vermuten.

Der Puning Si ist im Jahre 1755 erbaut worden, um an den Sieg der Qing über mongolische Rebellen bei Junggar im Nordwesten Chinas zu erinnern. Er geht auf Samye, den ältesten tibetischen Tempel, zurück. Wie die traditionellen tibetischen Gebäude liegt er an einem Berghang mit Ausrichtung nach Süden; die Vorderfront ist im typischen Han-Stil gehalten, mit einer Torhalle, Stelenpavillons, einem Glocken- und Trommelturm, einer Halle der Himmlischen Könige und der Mahavira-Halle. In der Halle der Himmlischen Könige stellt die Statue eines dicken, grinsenden Mönches mit einer Tasche Qi Ci dar, eine Persönlichkeit mit heiterer Ausstrahlung aus dem 10. Jahrhundert, die für eine Reinkarnation Buddhas gehalten wird. Vier kitschige *Devaraja* (Schutzgottheiten) starren mit hervorquellenden Augen von den Wandnischen auf die Besucher herab. In der Westhalle sieht man Statuen von Buddha Manjushri, Avalokiteshvara und Samantabhadra. Die zentrale Statue in der Osthalle mit *Arhat* zu ihren Seiten stellt Ji Gong dar, einen Mönch der Song-Dynastie, dessen Spitzname „Ji der Verrückte“ daher stammt, dass er Fleisch aß und fast immer betrunken war. Respektiert wurde er trotzdem für seine Güte gegenüber den Armen.

Der hintere Bereich des Tempels, durch eine Wand getrennt, umfasst 27 Zimmer im tibetischen Stil, die symmetrisch angeordnet sind und in deren Mitte sich die Mahayana-Halle befindet. Einige der Gebäude sind massiv gebaut mit falschen Türen, was darauf schließen lässt, dass die ersten Architekten mehr auf das äußere Erscheinungsbild als die Funktionalität bedacht waren. Die Halle selbst wird von der Ehrfurcht einflößenden, 23 m hohen **Holzstatue der Göttin Guanyin** dominiert. Sie hat 42 Arme mit einem Auge in jeder Handfläche sowie drei Augen im Gesicht – ein Symbol für ihre Fähigkeit, in die Vergangenheit, die Gegenwart und die Zukunft zu schauen. Ein Blick auf die Statue von den beiden erhöhten Eingängen aus lohnt sich, denn er eröffnet neue Details, z.B. das Auge in ihrem Bauchnabel und den kleinen Buddha auf ihrem Kopf.

Am 13. Tag des ersten Mondmonats (Januar oder Februar) begehen die Mönche das rituelle **Ergreifen des Geistes**. Sie umtanzen in weißen Gewändern einen Geist aus Teig, der auf einem Eisengestell angebracht ist, um ihn dann in Stücke zu teilen und zu verbrennen. Dieses Ritual findet zu Ehren des Mönchs Pälgi Dorje aus dem Felsenkloster Drayerpa statt, der im 9. Jahrhundert den König und Buddhistenverfolger Langdarma ermordete; der Mönch ritt auf einem schwarz angemalten Schimmel und trug ein weißes Gewand mit schwarzem Innenfutter, er tötete den König mit einem Pfeil vor dem Tempel Jokhang und ritt durch den Fluss Kyichu davon, wodurch die schwarze Übertünchung des Schimmels abgewaschen wurde – so entkam er den Verfolgern, die ihn nicht erkannten.

Der **Xumi Fushou Miao** (Tempel der Glückseligkeit des Sumeru-Berges), Eintritt ¥25, unmittelbar südwestlich des Puning Si, wird gerade restauriert und ist darum weitgehend für den Publikumsverkehr geschlossen. Die zugänglichen Bereiche sind in keinem guten Zustand. Der Tempel wurde 1780 für den vom Unglück verfolgten sechsten Panchen Lama (s.S. 254) erbaut, als der nach Beijing reiste, um dem Kaiser seine Aufwartung zu machen. Kernstück des Baus im mongolischen Stil ist die Halle der Erhabenheit und Würde. Prächtig sind aber vor allem die acht sich auf dem Dach schlängelnden goldenen Drachen, von denen jeder über 1 t wiegt.

Neben dem Xumi Fushou Miao steht der wunderschöne **Putuo Zongcheng Miao** (Tempel der Putuo-Lehre), Eintritt ¥25, der 1771 entstand und dem Potala-Palast in Lhasa nachempfunden ist. Diese Tempelanlage ist mit ihren 220 000 m^2 die größte in Chengde, sie verfügt über 60 Gruppen von Hallen, Pagoden und Terrassen. Die Große Rote Terrasse bildet eine Fassade im tibetischen Stil und verdeckt das chinesische Innere, wobei viele Fenster an der Fassade nur vorgetäuscht und einige der weiß getünchten Gebäude um den Kern lediglich ausgefüllte Formen sind. Die Westhalle im Innern ist bekannt für ihre Kupferstatue der Gnädigen Himmlischen Mutter, einer Furcht erregenden Frau mit einer Halskette aus Schädeln, die in einem Damensattel auf einem Maultier reitet. Der Legende nach hatte sie gelobt, den bösen Dämon Raksaka zu besiegen. Zunächst heiratete sie ihn und gebar ihm zwei Söhne. Er wähnte sich in Sicherheit, dann aber schluckte sie den Mond, schlich sich in der Dunkelheit heran und verwandelte ihn in ein Maultier. Die zwei tanzenden Figuren zu ihren Füßen stellen ihre Söhne dar, deren hässliche Erscheinung die Vaterschaft verrät. Die Halle der sich Einenden Gesetze im hinteren Teil lohnt einen Besuch schon wegen der fantastischen sakralen Ziermöbel. In anderen Hallen sind chinesische Keramiken ausgestellt. Hier wollte man auch die dunkle Seite der tibetischen Religion zeigen, z.B mit der aus zwei Kinderschädeln gefertigten Trommel. Vom Tempeldach bietet sich ein herrlicher Blick über die umgebende Landschaft.

Der etwas weiter westlich gelegene **Shuxiang Si** (Tempel der Manjusri-Statue), Eintritt ¥3, ist im Han-Stil gestaltet: einfach, unspektakulär und darum recht still. Er wurde 1744 nach dem Vorbild eines Tempels im Wutai-Gebirge in Shanxi errichtet. Seine Türme und Pavillons sind von teils überwucherten Gärten und Steingärten umgeben. Die Statue von Manjusri, dem Wenshu-Buddha in der Haupthalle, kommt dem Abbild von Qianlong verdächtig nah. Wahrscheinlich wird die Anlage jetzt schon in neuem Glanz erstrahlen, wenn die Restaurierungsarbeiten wie geplant abgeschlossen wurden.

Die östlichen Tempel

Die drei östlichen Tempel erreicht man über eine ruhige Straße, die durch staubige, weitläufige Siedlungen 3–4 km vom Stadtzentrum entfernt führt. Von der Lizhengmen Lu aus geht es über den Fluss ans Ostufer und anschließend in Richtung Norden.

Zuerst trifft man auf den **Puren Si** (Tempel der Umfassenden Menschenliebe), Eintritt ¥2, den ältesten Tempel des Komplexes. Auch er war zur Zeit der Erstellung dieses Werkes wegen Renovierung geschlossen. Kangxi erbaute ihn 1713 als Zeichen des Respekts gegenüber dem mongolischen Adel, der dem Kaiser zu seinem 60. Geburtstag seine Aufwartung machte. In dem Tempelverbund im Han-Stil gibt es vier Innenhöfe, ein Tor, drei auf einer zentralen Achse angeordnete Hallen sowie einen Trommel- und Glockenturm. Auch wenn dieser Tempel architektonisch wenig beeindruckt, so birgt er doch einige interessante Skulpturen. In der Halle des Edlen Schattens der Wolke, dem Hauptgebäude, befinden sich einige vergoldete Statuen von Shakyamuni und seinen Anhängern, doch die beste Sammlung des Tempels ist die der *Arhat* in einer Nebenhalle. Bemerkenswert ist vor allem das nahezu lebensgroße Bild eines alten Mannes, dessen faltiges Gesicht Güte auszustrahlen scheint, während er von einem der Schüler auf dem Rücken getragen wird.

Weiter nördlich steht der **Pule Si** (Tempel der Universalen Güte), Eintritt ¥25. Er wurde 1766 von Qianlong als Andachtsstätte für die mongolischen Gesandten erbaut. Stilistisch stellt er eine seltsame Mischung aus Han- und lamaistischen Elementen dar. Der lamaistische hintere Bereich, eine dreistöckige Terrasse und Halle mit einem extravaganten konischen Dach sowie lebhaften, geschwungenen Oberflächen stiehlt der eher sachlichen, direkten Han-Architektur im vorderen Bereich die Schau. Die Decke der hinteren Halle ist ein wahres Schmuckstück aus Holz und Gold, das dem Himmelstempel in Beijing Konkurrenz macht. In der Mitte der Halle glänzt in Form eines Kreuzes ein Mandala von Samvara, einer tantrischen Gottheit. Den Altar darunter schmücken ein Glücksbuddha und ein lebensgroßes Kupferbild mit einer erotischen Szene. Mehr kosmische Erotik ist auf zwei wunderschönen Mandalas dargestellt, die draußen hängen. Im Hof sieht man flatternde Gebetsfahnen und leere, still stehende Gebetsmühlen. Unmittelbar nördlich des Tempels führt der Weg zum Waschknüppel-Berg und zur Seilbahn.

Der **Anyuan Miao** (Tempel zur Befriedung der Fernen Gebiete), Eintritt ¥10, ist der nördlichste der Gruppe und wurde 1764 für einen Trupp mongolischer Soldaten erbaut, den Qianlong nach Chengde verlegt hatte. Dieser Tempel ist zwar weder spektakulär noch war er in den letzten Jahren in besonders guter Verfassung, aber nach Abschluss der Renovierungsarbeiten lohnt sich ein Blick hinein vielleicht trotzdem.

Waschknüppel-Berg und Umgebung

Von allen Landschaften in der Gegend um Chengde zieht der Waschknüppel-Berg die meisten Touristen an. Die über 20 m hoch aufragende Felssäule wird nach oben schmaler und ist von Verkaufsständen umringt, an denen die Besucher Metallmodelle und T-Shirts kaufen können. Der Legende nach ist der Felsen die Nadel eines riesigen Drachens, die ein Loch in dem Gipfel verstopfen soll, durch das das Meer hindurchrinnen konnte. Wird die eindeutig phallische Form des Felsens in der Reiseliteratur auch taktvoll verschwiegen, so ist sie doch ein Thema in der örtlichen Legendenbildung: Sollte der Felsen jemals umfallen, so wird das katastrophale Auswirkungen auf die Potenz der männlichen Bevölkerung haben …

Zum Waschknüppel-Berg, Eintritt ¥15, mit seinen herrlichen Aussichten sind es ein paar Kilometer Fußweg vom Pule Si oder eine Fahrt mit der Seilbahn (15 Minuten, Hin- und Rückfahrt ¥20). An der Südseite des Felsens, am Fuß einer Klippe, liegt der **Froschfelsen**. Die 2 km lange Wanderung hierher gestaltet sich recht angenehm, der Stein mit der vagen Form eines sitzenden Frosches ist allerdings eine Enttäuschung. Zu den weiteren felsigen Highlights der Gegend zählen der **Arhat-Hügel** am Ostufer des Flusses, der einem ruhenden Buddha ähnelt, sowie der höchste Punkt der Gegend, der **Mönchskappen-Berg**, 4 km südlich der Stadt und am besten per Fahrrad erreichbar (in südlicher Richtung nach Chezhan Lu).

Übernachtung

An Hotels mangelt es in Chengde nicht. Dazu gibt es ein paar kostspielige Unterkünfte innerhalb des Bishu Shanzhuang, obwohl sich die Begeisterung über diese in Grenzen halten kann. Die Preise sind zum großen Teil Verhandlungssache, die hier genannten beziehen sich auf die Hochsaison im Sommer sowie die Wochenenden. Zu anderen Zeiten werden Rabatte von bis zu zwei Dritteln eingeräumt.

Chengde Binguan*, 33 Nanyingzi Dajie, ✆ 202 3157, 📠 2021341. Schäbig und düster, nur zu empfehlen, wenn eines der billigen DZ frei ist, was man dort nicht so gern zugibt.

Chengde Dasha****, Chezhan Lu, ✆ 2088808, 📠 2024319. 15-stöckiges Haus unweit des Bahnhofs in einem uninteressanten Teil der Stadt.

Huilong***, Chezhan Lu, ✆ 2085369, ✆ 2082404. Gegenüber dem *Chengde Dasha* und das bessere Haus von beiden. 12 Etagen, große Lobby, enge Zimmer, eben gerade so ausreichend.

Shanzhuang**, 127 Lizhengmen Lu, ✆ 2023501. Großer Komplex in schöner Lage, riesige Zimmer, hohe Decken und eine höhlenartige, prächtige Empfangshalle. Empfehlenswert, mit verschiedensten Zimmern, die beste Wahl in Chengde für mehrere Preisklassen. Die geräumigen Zimmer im Hauptgebäude sind schöner, aber etwas teurer als jene im hässlichen Bau auf der Rückseite. Die Busse Nr. 2 und 3 vom Bahnhof fahren hier entlang. Dorm-Betten ¥40.

Xinhua**, 4 Xinhua Bei Lu, ✆ 2063181. Einfacher Standard, relativ billig, in einem eher unansehnlichen Gebäude, dem sein Alter anzusehen ist. Dafür ein gutes Restaurant mit Spezialitäten der Shandong-Küche. Dorms sind vorhanden, werden aber nur ungern vermietet. Bus Nr. 7 fährt dorthin. Dorm-Betten ¥45.

Yiwanglou*****, innerhalb des Bishu Shanzhuang, gleich links vom Haupteingang, ✆ 202 3528. Gut geführtes Hotel, ansehnliche Nachahmung eines Gebäudes im Qing-Stil.

Yunshan*****, 6 Nanyuan Dong Lu, ✆ 2024551. Moderner Block, luxuriöseste Unterkunft der Stadt, besonders beliebt bei Reisegruppen. Gutes Restaurant im 2. Stock, das exklusivste der Stadt und gar nicht so übermäßig teuer. Bus Nr. 9 vom Bahnhof fährt bis vor die Tür, sonst 10 Min. Fußweg.

Essen

Chengde liegt in der fruchtbarsten Gegend von Hebei, wo vorwiegend Mais und Sorghum angebaut, aber auch ansehnliche Erträge mit Kastanien, Pilzen und Aprikosen erzielt werden. Mit diesen frischen Produkten und dem kulinarischen Erbe der kaiserlichen Köche als Basis lässt es sich hier hervorragend speisen.

Berühmt ist die Stadt außerdem für ihr Wild, besonders Hirsch *(lurou)*, Hase und Fasan *(shanji)*, sowie für ihre heilenden Säfte: Mandelsaft gegen Asthma, Dattel- und Jujubensaft für den Magen, *jinlianhua*-Saft (goldener Lotus) gegen Halsentzündungen. Dattel- und Mandelsäfte sind die süßesten und leckersten. Regionale Kuchenspezialitäten wie die klebrigen Kuchen der Feng-Familie, einst eine kaiserliche Delikatesse und heute ein Snack, sind an den Ständen von **Yuhua Lu** und **Qingfeng Jie** erhältlich. Rosenkuchen – ein süßer, knuspriger Teigkuchen, das Leibgericht von Qianlong – wird in den Warenhäusern von Chengde angeboten.

Zahlreiche Restaurants erwarten die Touristen an der **Lizhengmen Lu** um den Haupteingang zum Bishu Shanzhuang. Die kleinen Lokale westlich des Hotels *Shanzhuang* sind sehr belebt und verführerisch (wenn auch etwas teuer), an Sommerabenden werden draußen auf dem Gehweg wackelige Tische aufgestellt. Eine Mahlzeit für 2 Pers. kostet etwa ¥60, viele Gäste bleiben bis zum späten Abend. Wer preiswertes Essen sucht, sollte *shaguo* probieren – einen Mini-Eintopf, den es auf dem Nachtmarkt gibt; vegetarisch kostet er ¥6, mit Fleischbeilage ¥10. Wer etwas mehr ausgeben möchte, sollte die Lizhengmen Lu hinunter zur **Qingfeng Restaurant Street** gehen, einer englisch ausgeschilderten Straße. Hier ist fast jedes Haus ein Restaurant und die Auswahl so groß, dass für die meisten Geldbeutel und Geschmäcker etwas dabei ist. Innerhalb des Bishu Shanzhuang reicht das ***Fangyuan*** kaiserliche Speisen.

Sonstiges

REISEBÜROS – ***CITS***, 6 Nanyuan Lu, unweit des Hotels *Yunshan*, ✆ 2026827.

TOUREN – Ist die Zeit begrenzt, kann eine **Minibustour** durchaus eine überlegenswerte Variante sein, die sämtliche Sehenswürdigkeiten abdeckt. Englischsprachige Touren können bei *CITS* oder in den größeren Hotels gebucht werden; die Preise bewegen sich um ¥50 pro Tag. Chinesischsprachige Touren, die sporadisch vom Bahnhof starten, sind etwas billiger. Allerdings erfordert eine organisierte Tagestour zum Bishu Shanzhuang am Vormittag und zu den größten Tempeln am Nachmittag einige Ausdauer. Dabei werden oft die weniger spektakulären Tempelanlagen ausgelassen, was wiederum ein Jammer ist, da es dort so friedvoll ist. Die beste Empfehlung bei begrenztem Zeitrahmen ist wohl, an einem Tag mit dem Minibus oder Fahrrad die Tempel zu besuchen, den nächsten Tag für die Erkundung des Bishu Shanzhuang zu nutzen. Gruppenreisenden sei hier der Vorschlag ans Herz gelegt, ein Taxi oder einen Minibus für ¥150 pro Tag zu mieten (beim Verhandeln hartnäckig bleiben!) und die Reiseroute selbst zu bestimmen. Es stehen auch längere Touren mit bis zu 4 oder 5 Tagen zur Auswahl, die zusätzlich ein Stück der Großen Mauer bei Jinshanling, 113 km südwestlich, und die Östlichen Gräber von Zunhua, 150 km östlich, mit einschließen. Man sei aber darauf vorbereitet, dass man viel Zeit im Bus verbringt.

VORWAHL – 0314

Nahverkehrsmittel

BUSSE – In Chengde ist es gar nicht so einfach, mit den öffentlichen Verkehrsmitteln zurechtzukommen, da die Stadtbusse unregelmäßig fahren und immer gerammelt voll sind. Die Busse Nr. 2 und 3 vom Bahnhof zum Bishu Shanzhuang sowie der Bus Nr. 6 von dort zum Puning Si sind die nützlichsten.

TAXIS – Taxis gibt es genug, nur sind die Fahrer oft nicht willens, das Taxameter einzuschalten. Eine Fahrt durch die Stadt sollte ¥5 kosten, zu einem außerhalb gelegenen Tempel ¥10. Zu den Hauptverkehrszeiten in der Hochsaison (Juni–Sep) sind die Straßen so verstopft, dass man zu Fuß schneller vorankommt. Die Stadt selbst ist gerade noch für eine Erkundung ohne Fahrzeug geeignet.

Transport

BUSSE – Die Busse von Beijing sind etwas schneller als die Bahn, weil die Route direkter ist. Sie halten am **Fernbusbahnhof**, unweit des Wulie-Flusses im Stadtzentrum. Im Hintergrund lauern die Kundenwerber, die ganz nützlich sein können, wenn das Hotel schon ausgewählt ist, denn die Fahrt dorthin ist kostenfrei. Allerdings werden sie die ganze Fahrt über ihre Gäste bedrängen, eine Minibustour bei ihnen zu buchen – und sie im Falle einer Weigerung vielleicht sogar ganz ungeniert aus dem Auto werfen.

Busse nach:
BEIJING 3 Std.;
TIANJIN 4 Std.

EISENBAHN – Die Zugreise von Beijing nach Chengde führt durch fruchtbare, sanft geschwungene Landschaften, vorbei an der Großen Mauer, bis zur Ankunft am **Bahnhof** im Süden der Stadt. Auch hier sind die Kundenwerber gleich zur Stelle und wollen den Besuchern ihre Minibustouren andrehen. Zugfahrscheine für die Weiterreise können bei *CITS* oder gegen einen Aufschlag von ca. ¥30 in den Hotels gebucht werden.

Züge nach:
BEIJING 4 x tgl., 4 1/2 Std.;
DANDONG tgl., 30 Std.;
SHENYANG 4 x tgl., 7 Std.;
TIANJIN 2 x tgl., 5 Std.

Shijiazhuang und Umgebung

Die Hauptstadt von Hebei, Shijiazhuang, liegt drei Stunden mit dem Expresszug südwestlich von Beijing, doch mindestens fünf Jahre zurück, was ihre Entwicklung betrifft. Sie ist ein großer **Eisenbahnknotenpunkt**, an dem viele Reisende auf dem Weg nach Süden zum Gelben Fluss vorbeikommen. Zu Beginn des 20. Jahrhunderts war Shijiazhuang kaum mehr als ein Dorf, das erst durch den Bau der Eisenbahnlinie an Bedeutung gewann und dessen Bevölkerung bereits in den 20er Jahren die Zehntausendermarke erreicht hatte. Die rasche **Industrialisierung** machte es zu einem glanzlosen, ausgedehnten Ort, dem hier und dort Parks, Plätze und Warenhäuser hinzugefügt wurden. Als **Zentrum der Medizin** ist es nicht nur die Heimat des größten Pharmazieunternehmens von China, sondern angeblich auch ein guter Ort zum Studium der traditionellen chinesischen Medizin.

Touristen sei das Grab des kanadischen Chirurgen Norman Bethune und das Stadtmuseum empfohlen, doch die interessantesten Sehenswürdigkeiten – der Longxing Si in Zhengding, der Cangyan Shan Si sowie die Brücke Zhaozhou Qiao – liegen außerhalb der Stadt. Sie sind aber mit Touristenminibussen bequem zu erreichen, die morgens etwa 100 m nordöstlich des Bahnhofs an einem Park abfahren.

Die Innenstadt von Shijiazhuang ist gitterförmig angelegt mit langen Straßen, die in ihrem Verlauf den Namen mehrfach wechseln und sich von Nord nach Süd bzw. von Ost nach West erstrecken. Die von Ost nach West führende Hauptstraße, unmittelbar nördlich des Bahnhofs, zählt zu den sehenswertesten. Sie wird von Bus Nr. 5 bedient. Fünf relativ ausgedehnte Blocks westlich des Bahnhofs, auf dem Abschnitt Zhongshan Lu, befindet sich die **Märtyrergedenkstätte**, ein nüchtern wirkender Park mit den Gräbern der einzigen beiden Auslän-

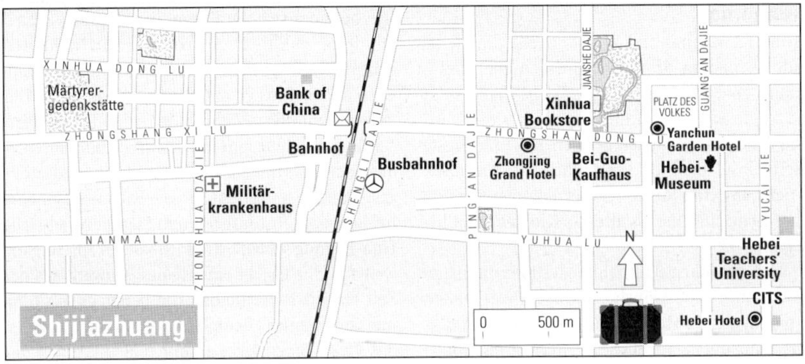

der, die als Helden der Revolution geehrt werden. Auf der Westseite des Parks liegt das Grab des kanadischen Arztes **Norman Bethune** (1890–1939), erkennbar an einem prunkvollen Sarkophag, einer Fotoausstellung und einer Statue, deren Kopie auch am Bethune Square in Montreal steht. Bethunes sterbliche Überreste wurden auf Bitten der chinesischen Regierung 1953 von Kanada hierher überführt.

Bethune war ein brillanter Chirurg, der nach China gekommen war, um die Kommunisten in ihrem Kampf gegen die Japaner zu unterstützen, nachdem er im spanischen Bürgerkrieg auf Seiten der Republikaner gestanden hatte. Er war Zeuge der meisten großen Schlachten der Zeit und wurde ein enger Vertrauter von Mao, als die Rote Armee sich nach dem Langen Marsch in Yan'an versteckte. Mao war von Bethunes aufopfernder Arbeit so beeindruckt, dass er später die Chinesen anhielt, „die Selbstlosigkeit von Dr. Bethune zu erlernen". Bethune, einer der berühmtesten Ausländer in China, ist auch der Grund dafür, dass viele Chinesen den Kanadiern gegenüber so wohlwollend eingestellt sind.

An der Ostseite des Parks wird **Dwarkanath Kotnis** (1900–42), einem von fünf indischen Ärzten, die in den 30er Jahren nach China kamen, eine ähnliche Ehre erwiesen. Kotnis lebte fast zehn Jahre in diesem Land und war kurz vor seinem Tod der kommunistischen Partei beigetreten. Beider Ärzte wird in einem kleinen **Museum** im hinteren Bereich des Parks gedacht. Zu den Ausstellungsstücken gehören die Schreibhefte, in denen sie die chinesischen Schriftzeichen geübt hatten, und die primitiven chirurgischen Instrumente, mit denen sie arbeiten mussten. Unter den vielen Fotos finden sich Bilder von Bethune, wie er im Schein einer Fackel operiert und sich dabei mit Mao unterhält. ⏲ tgl. 6–17 Uhr.

Östlich des Bahnhofs (und verwirrenderweise auch dahinter) trägt die Straße den Namen Zhongshan Dong Lu. Hier ist das Geschäftsviertel der Stadt mit ein paar Warenhäusern, von denen das größte der protzige, fünfstöckige Bau des **Bei-Guo-Kaufhauses** ist. Es liegt an der Kreuzung mit der Bei Dajie und ist auch das größte von ganz Hebei. Die einstige Haupttouristenattraktion ist personell völlig überbesetzt. Heute hat der **Platz des Volkes**, ein Durcheinander von Tafeln, Sträuchern und Drachen einen Block weiter östlich, ihm den Rang abgelaufen.

Zwei Blocks weiter östlich lädt das überraschend gute **Hebei-Museum** zu einem Besuch ein. In dem Raum im unteren Stockwerk laufen wechselnde Ausstellungen, die beiden oberen Räume zeigen eine bunte Mischung historischer Artefakte. Die erste Halle beherbergt einen kompletten Mammutschädel und -stoßzahn, eine in einem nahe gelegenen Grab entdeckte Miniaturarmee aus Terrakotta und ein Totengewand aus Jadeplättchen. Die zweite Halle widmet sich der modernen Geschichte und stellt Waffen, Fotos von Schlachtfeldern sowie ein Modelldorf mit einem unterirdischen Tunnelnetz aus, das veranschaulicht, wie sich die Rote Armee vor ihren Feinden verschanzte. ⏲ tgl. 8.30–11.30 und 14.30–17.30 Uhr, Eintritt ¥10.

Zhengding

Bis ins 18. Jahrhundert hinein spielte die kleine Stadt Zhengding, 15 km nordöstlich von Shijiazhuang, eine wichtige Rolle als Bezirkshauptstadt und religiöses Zentrum, doch seither ist sie in ländliche Bedeutungslosigkeit gefallen. Das prächtigste Überbleibsel aus ihrer mystischen Vergangenheit ist der **Longxing Si**, ein riesiger Komplex am östlichen Stadtrand, der als **ältestes Kloster von China** gilt.

Nach der Machtübernahme der Kommunisten verschwanden die Mönche, und die Klosterhallen dienen heute als **Museum**, in dem einige vorzügliche, ganz unterschiedliche Beispiele großer buddhistischer Skulpturen ausgestellt sind. Zu den bemerkenswerten Stücken zählt zum einen eine reich verzierte Bronzestatue von vier Buddhas auf einem Lotusthron, die vier kleinere Buddhas tragen, die wiederum selbst vier Buddhas tragen; zum anderen gibt es ein farbenfrohes Holzbildnis, das Guanyin in einer Grotte sitzend darstellt. In der Halle auf der Westseite ist ein riesiges hölzernes Spinnrad untergebracht, das als „bewegliches Bücherregal" beschrieben wird. Das erlesenste Ausstellungsstück kann man mitten in der Haupthalle (Da Bei Ge) bestaunen: ein 22 m hohes Bronzebild der vielarmigen Guanyin, das als seltenes und wunderbares Beispiel der Handwerkskunst der Song-Dynastie gilt und fast 1000 Jahre alt ist. ⌚ tgl. 8–17 Uhr, Eintritt ¥30.

Von allen Tempeln in Zhengding sind heute nur noch vier Pagoden erhalten, die über die Stadt verteilt liegen. Der Eintritt, mit dem man zumindest jeweils in das zweite Stockwerk gelangt, kostet wenige Yuan. Die Aufseher geben Taschenlampen aus, da es im Innern sehr dunkel ist. Die 40 m hohe **Lingxiao-Pagode** aus Ziegelstein, die ursprünglich zur Zeit der Tang-Dynastie entstand und in der Ming-Phase renoviert wurde, steht 1 km westlich des Klosters. Die Besucher kommen bis in den vierten Stock und können dann über eine Außentreppe bis zur Spitze hochklettern. Diese windet sich um eine Holzsäule, die die eiserne Spitze der Pagode trägt.

Einen Block südwestlich von hier befindet sich die einfache **Xumi-Pagode** im ungewöhnlich schmucklosen und geometrischen Stil. Der außerhalb befindliche Glockenturm birgt eine 3 m hohe bronzene Glocke. 15 Minuten Fußweg weiter südlich befindet sich die **Chengling-Pagode**. Erbaut wurde sie zu Ehren von Yixuan, einem buddhistischen Mönch aus dem 9. Jahrhundert, der in einem ehemaligen Kloster auf dem Gelände lebte. Der außergewöhnliche Lehrer, der seine Schüler anschrie und schlug, um ihre Kontrolle über ihre Reaktionen zu schulen, war einer der Gründer des Zen-Buddhismus. Heute ist die Pagode besonders bei japanischen Touristen und Pilgern beliebt. Die **Hua-Pagode** schließlich, einen kurzen Spaziergang weiter südlich, stellt ein seltenes Bauwerk aus der Zeit der Jin-Dynastie dar, von denen es in China nur noch wenige Exemplare gibt. Am schönsten ist das vierte Stockwerk, unmittelbar unterhalb der Spitze, in dem es von Schnitzereien von Elefanten, Buddhas und Walen nur so wimmelt. Die untere Hälfte der Pagode ist leider in keiner guten Verfassung.

Minibusse (Fahrpreis ¥10) vom Bahnhof in Shijiazhuang nach Zhengding enden genau gegenüber dem Kloster. Von dort sind es etwa zwei Stunden Fußmarsch zu den Pagoden und zurück zur Haltestelle.

Cangyan Shan Si und Zhaozhou Qiao

Der elegante **Klosterkomplex** Cangyan Shan Si liegt 30 km südwestlich von Shijiazhuang. Er wurde in der Sui-Dynastie konzipiert, von den Qing umgebaut und besitzt durch seine spektakuläre Lage einen zusätzlichen Reiz. Weit oben, an der steilen Felswand eines Berges, thront das Kloster gegenüber der nahezu vertikalen Wand des Cangyan Shan. Es steht am Ende einer Brücke, die die Kluft überspannt. Die beiden Hauptgebäude sind im Sui-Stil gehalten, sie verfügen über farbenfrohe Doppeldächer und sind von Gärten umgeben. Der Weg dorthin über einen sich an einer Klippe entlangwindenden Pfad lässt sich bequem in zwei Stunden bewältigen. ⌚ tgl. 8–17 Uhr, Eintritt ¥32.

Im Sommer fahren täglich Minibusse in zweieinhalb Stunden von Shijiazhuang zum Kloster (¥10). Außerhalb der Saison muss man sich um die Anfahrt selbst kümmern: mit dem Bus vom Fernbusbahnhof in Shijiazhuang nach Gingxing, dann die letzten 10 km mit der Motor-Rikscha. Bei Schneefall im Winter ist der Weg zum Kloster manchmal unpassierbar.

Die einfache und gleichzeitig elegante **Brücke** Zhaozhou Qiao, die Architekten wie Ingenieure be-

Shijiazhuang und Umgebung

Shijiazhuang	石家庄	***shíjiāzhuāng***
Hebei Hotel	河北市宾馆	*héběi shì bīnguǎn*
Hebei-Museum	河北省博物馆	*héběi shěng bówùguǎn*
Hebei Teachers' University	河北师范大学	*héběi shīfàn dàxué*
Märtyrergedenkstätte	烈士陵园	*lièshi língyuán*
Platz des Volkes	人民广场	*rénmín guǎngchǎng*
Yanchun Garden Hotel	燕春花园酒店	*yànchūnhuāyuán jiǔdiàn*
Zhongjing Grand Hotel	中京大酒店	*zhōngjīng dàjiǔdiàn*
Zhengding und die Klöster		
Cangyan Shan Si	苍岩山寺	*cāngyánshān sì*
Longxing Si	隆兴寺	*lóngxīng sì*
Zhaozhou Qiao	赵州桥	*zhàozhōu qiáo*
Zhengding	正定	*zhèngdìng*

eindruckt, liegt unmittelbar vor der Stadt Zhaoxiang, 40 km südöstlich von Shijiazhuang. Bei ihrem Bau zu Beginn des 17. Jahrhunderts sah sich der Bauherr Li Chun mit einigen Problemen konfrontiert: Die Brücke musste tief genug sein, damit die Streitwagen der kaiserlichen Armee sie passieren konnten, aber auch hoch genug, um nicht immer wieder von den Hochwassern zerstört zu werden. Darüber hinaus sollte sie auf sanften Flussufern ruhen, aber auch stark genug sein, um die Militär- und Handelskonvois zu tragen. Das Ergebnis der Überlegungen von Li war ein einzelner abgeflachter Bogen mit einer Spannweite von gut 36 m und einer Höhe von nur 7 m. Die Brücke ist nach wie vor in Benutzung, sie gehört zu den Meisterstücken chinesischer Architektur und war Vorbild für Dutzende nordchinesischer Steinbrücken. ◷ tgl. 8–17 Uhr, Eintritt ¥18.

Übernachtung

Groß ist die Auswahl an Hotels in Shijiazhuang nicht, doch da Beijing nur ein paar Stunden entfernt liegt, bleibt man hier ohnehin höchstens eine Nacht.

Hebei***, 168 Yucai Jie, ✆ 5815961, 📠 5814092. Der 8-stöckige Block im ruhigen Ostteil der Stadt dominiert die niedrigen Häuser der Umgebung. Mit 2 Restaurants, Nachtclub und Karaoke-Lounge. Zugfahrscheine sind hier buchbar.

Hebei Teachers' University*, Yuhua Lu, ✆ 604 9941. Das Wohnheim für ausländische Lehrer ist eine billige und freundliche Unterkunft mit gut gepflegten DZ. Durch das Haupttor gehen und die erste Möglichkeit nach links, das Gebäude steht auf der rechten Seite und ist englisch ausgeschildert. Bus Nr. 6 vom Bahnhof nehmen. Viele kleine Restaurants und Verkaufsstände rundherum. Dorm-Betten ¥15.

Yanchun Garden Hotel****, 195 Zhongshan Donglu, ✆ 6671188, 📠 6048689. Neuestes und schönstes Hotel von Shijiazhuang mit allen modernen Annehmlichkeiten, neben dem Platz des Volkes an der Hauptstraße.

Zhongjing Grand Hotel**, 176 Zhongshan Donglu, ✆ 6032551, 📠 6032069. Elegantes und unaufdringliches Hotel, hilfreiches Personal und günstige Lage an der Hauptdurchfahrtsstraße.

Essen

Für Verpflegung ist in dem Straßenabschnitt **Zhongshan Dong Lu** zwischen dem Platz des Volkes und dem Hebei-Museum gesorgt, wo verschiedene chinesische Lokale, aber auch westliche Fastfood-Ketten zu finden sind.

Sonstiges

BÜCHER – ***Xinhua Bookstore,*** 13 Jiefang Lu, bietet in der 2. Etage klassische Romane in englischer Sprache an; weitere Filiale gegenüber dem Bahnhofsplatz.

FAHRRÄDER – Fahrräder können in einem Laden an der südöstlichen Seite der Bahnhofshalle, gegenüber dem Hualian Commercial Building, im hinteren Bereich eines großen Fahrradparks, ausgeliehen werden. ◷ tgl. 8–20 Uhr, Gebühr ¥5 pro Tag plus ¥50 Kaution.

GELD – Geldwechsel in der ***Bank of China,*** 136 Xinhua Dong Lu, ◷ Mo–Fr 8.30–mittags und 14–16.30 Uhr.

POST UND TELEFON – Das Postamt, ◷ tgl. 7–21 Uhr, sowie ein 24 Std. geöffnetes Telefonamt befinden sich im selben Gebäude an der Gongli Jie, gegenüber der Westseite des Bahnhofs.

REISEBÜROS – Die Mitarbeiter von ***CITS,*** 171 Yucai Jie, ✆ 5827777, gegenüber dem Hotel *Hebei,* sprechen etwas Englisch und stellen Informationen zur gesamten Provinz sowie zu Touren in die umliegenden Klöster bereit.

VORWAHL – 0311

Nahverkehrsmittel

BUSSE – Der Stadtbusverkehr ist ganz unkompliziert; am nützlichsten sind die Busse Nr. 5 und 6, die in östlicher und westlicher Richtung verkehren.

TAXIS – Im Stadtgebiet kostet ein Taxi eine Mindestgebühr von ¥5, jeder weitere Kilometer etwa ¥1,4.

Transport

BUSSE –Der **Fernbusbahnhof** liegt einen Block südlich des Bahnhofs auf der Ostseite der Straße. Die Beijing-Minibusse halten an der Bahnhofshalle.
Busse nach:
BEIJING 4 Std.

EISENBAHN – Der große **Bahnhof** liegt günstig im Zentrum der Stadt. Wendet man sich am Ausgang nach rechts, dann nochmals nach rechts und folgt der Zhongshan Lu in westlicher Richtung, so gelangt man in das Geschäftszentrum der Stadt.
Vorausbuchungen für Zugfahrscheine sind in dem Büro in 47 Zhongshan Lu möglich, ◷ tgl. 8–mittags und 14–17 Uhr. Die Tickets sind aber auch am Bahnhof sowie in verschiedenen Hotels buchbar.
Züge nach:
BEIJING mehrmals tgl., 3–5 Std.;
JI'NAN 4x tgl., 3 Std.;
TAIYUAN 2x tgl., 8 Std.;
TIANJIN 4x tgl., 5–7 Std.;
ZHENGZHOU 2x tgl., 6 Std.

FLÜGE – Der 45 km nordöstlich der Stadt gelegene **Flughafen** von Shijiazhuang wird von einem Flughafenbus (¥15) bedient, der zum ***CAAC***-Büro in 471 Zhongshan Lu fährt, ✆ gebührenfrei 8027140, das weit vom Zentrum entfernt liegt.
Bequemer erhältlich sind Flugtickets in dem Büro neben dem Hualian Commercial Building, gegenüber dem Bahnhof.
Flüge nach:
BEIJING tgl., 1/2 Std.;
CHONGQING 2x wöchentl., 2 Std.;
DALIAN 3x wöchentl. 1 1/4 Std.;
GUANGZHOU 5x wöchentl., 2 1/2 Std.;
HOHHOT tgl., 3/4 Std.;
KUNMING 4x wöchentl., 4 Std.;
NANJING 2x wöchentl., 1 1/4 Std.;
SHANGHAI tgl., 1 3/4 Std.;
SHENZHEN 2x wöchentl., 4 3/4 Std.;
WENZHOU 2x wöchentl., 2 1/4 Std.;
XIAMEN 2x wöchentl., 3 1/2 Std.;
XI'AN tgl., 1 1/4 Std.;
YINCHUAN 3x wöchentl., 1 1/4 Std.

Am Gelben Fluss

Highlights

- **Tai Shan**
  Heiligster daoistischer Berg Chinas, den es auf mehreren tausend Stufen zu erklimmen gilt, um Unsterblichkeit zu erlangen.

- **Qufu**
  Grandiose Tempelarchitektur am Geburtsort des Konfuzius, der in einer reizvollen Anlage etwas außerhalb auch begraben liegt.

- **Qingdao**
  Spuren der einstigen deutschen Handelskonzession lassen sich vor der modernen Kulisse dieser Metropole bis heute noch entdecken.

- **Tempel von Penglai**
  Alte Tempelanlage in spektakulärer Lage auf einem Hügel hoch über dem Meer.

Die Provinz Shandong

Die Provinz Shandong, in deren fruchtbaren Ebenen der Gelbe Fluss den letzten Teil seiner Reise absolviert, hat die Form eines sich in die Lüfte erhebenden Adlers – ein passendes Bild für eine Provinz, die sich nach einer Vergangenheit voller Probleme und Stagnation endlich zu behaupten beginnt. Jahrhundertelang dümpelte Shandong als eine der ärmsten Regionen Chinas vor sich hin, überbevölkert und der Gnade des Gelben Flusses ausgeliefert, dessen Verlauf sich fortwährend änderte und dessen Delta sich im Laufe der Zeit vom Golf von Bohai im Norden zum Gelben Meer im Süden verschob, wobei jede Veränderung ein Chaos auslöste.

Doch der Fruchtbarkeit der Überschwemmungsebenen ist auch zu verdanken, dass hier seit 6000 Jahren Menschen siedeln. Spuren aus **neolithischer Zeit** wurden an zwei Orten entdeckt, in Dawenkou und Longshan. Relikte wie mit Töpferscheiben hergestellte Keramik oder Jadeschnitzereien deuten auf eine erstaunlich hoch entwickelte Agrargesellschaft hin. In der Zeit der Streitenden Reiche (720–221 v. Chr.) gehörten die Staaten Qi und Lu zu Shandong, und so ist die Provinz heute übersät mit **alten Grabstätten und Tempeln**, von denen sich die interessantesten auf dem **Tai Shan** befinden, dem heiligsten daoistischen Berg Chinas, der sich fast genau in der Mitte der Provinz erhebt und ihre spektakulärste Touristenattraktion bildet. Als zweite große religiöse Stätte gilt **Qufu**, die Heimat des berühmtesten Sohnes Shandongs namens **Konfuzius**. Die Herrlichkeit des Tempels und der Residenz seines Familienclans der Kong in der kleinen Stadt belegen anschaulich, welches Ansehen der zu Lebzeiten noch ignorierte Philosoph in späteren Generationen genoss, und bezeugen auch die Macht seiner Nachfahren, die dem Kaiser als nahezu ebenbürtig angesehen wurden.

Die jüngere Geschichte Shandongs wird jedoch von **ausländischen Einflüssen** und deren Auswirkungen beherrscht. Im Jahre 1897 kamen die Deutschen und besetzten den Hafen von **Qingdao** im Süden der Provinz. Sie ließen sich hier häuslich nieder, und die Straßen, die direkt aus Bayern hierher verpflanzt scheinen und die besten Strände des nördlichen China säumen, verleihen der Stadt noch heute ein Aussehen, das sich mit den schönsten chinesischen Städten messen kann. Bald darauf folgte die gegenwärtige, hässliche Provinzhauptstadt **Ji'nan**, und mit dem Bau eines provinzweiten Eisenbahnnetzes bauten die Deutschen ihren Einfluss weiter aus. Von ihrer Anwesenheit zeugen noch heute die teutonischen Formen vieler Bahnhöfe. Zu Beginn des vergangenen Jahrhunderts wuchs die Unzufriedenheit mit den Besatzern, und die Stimmung wurde durch Flutkatastrophen und den Zustrom von Flüchtlingen aus dem Süden zusätzlich angeheizt, sodass Shandong schließlich zum Schauplatz des **Boxeraufstandes** (s.S. 102) wurde.

Hinter der deutschen Fassade von Qingdao verbirgt sich ein ganz neues Gesicht von Shandong, und die zunehmende Anzahl von Fabriken zeugt von dem schnellen Tempo der Modernisierung und Industrialisierung. Qingdao ist die Hauptindustriestadt, an zweiter Stelle folgt Ji'nan, und der aktivste Handel wird im Hafen von **Yantai** betrieben. Das neue **Shengli-Ölfeld** im Nordosten ist das zweitgrößte Chinas, und da die Ausbeutung der umfangreichen Ölreserven im Golf von Bohai eben erst begonnen hat, scheint der Provinz ein gewaltiger Wirtschaftsaufschwung bevorzustehen. Auch ihre **Tourismusindustrie** gelangt allmählich zur Blüte. Zwar ist das Eisenbahnnetz eher dünn, doch wird das Reisen in der Provinz durch die neuen Autobahnen zwischen den großen Städten erheblich erleichtert. Zudem lockt Shandong potenzielle Besucher durch seine relativ lockeren Vorschriften in Bezug auf die Unterbringung von Ausländern und angenehm günstige Preise an den großen Anziehungspunkten Tai Shan und Qufu. Dazu kommt die Freundlichkeit der Menschen, die auf ihren Ruf als gastfreundliches Volk stolz sind, denn die Tradition geht auf Konfuzius zurück, der in seinen *Analekten* erklärte: „Ist es nicht eine große Freude, Gäste von weit her zu empfangen?"

Ji'nan

Als **Hauptstadt** von Shandong und Industriemetropole mit drei Millionen Einwohnern ist Ji'nan nicht nur Handels- und Verwaltungszentrum, sondern auch wichtigster Verkehrsknotenpunkt der Provinz, und jeder Reisende in der Gegend wird irgendwann hier landen. Ein Tag lässt sich in der Stadt ohne weiteres verbringen, doch die Touristenattraktionen sind nicht der Rede wert, und auch das Angebot an Hotels lässt zu wünschen übrig. In erster Linie dient die Stadt als Zwischenaufenthalt auf dem Weg von oder nach Qufu und Tai'an, die einige Stunden weiter südlich liegen.

Wer Ji'nan heute durchstreift, ahnt nichts von der glanzvollen Vergangenheit der Stadt. Auf ihrem Boden befanden sich einst Chinas **älteste Siedlungen** überhaupt, und in der Umgebung entdeckte Tonwaren konnten auf über 4000 Jahre zurückdatiert werden. Die heutige Stadt stammt aus dem 4. Jh. n. Chr., als Ji'nan noch militärischer Außenposten und Handelszentrum war. Ihre Ausdehnung erfuhr sie während der Ming-Dynastie, als auch die Stadtmauer errichtet wurde – diese ist zwischenzeitlich wieder verschwunden, doch ihr ehemaliger Standort ist nach wie vor auf allen Karten an den rundherum angelegten Wassergräben zu erkennen. Die gegenwärtige Gestaltung Ji'nans geht auf das Jahr 1898 zurück, als die Deutschen sich das Recht verschafften, ein Eisenbahnnetz in Shandong zu bauen. Die Schienen nahmen ihren Anfang in Qingdao, einer weiteren deutschen Konzessionsstadt, und die Linie wurde 1904 fertig gestellt. Dem Außenhandel öffnete sich die Stadt im Jahre 1906, und die Industrialisierung unter den Deutschen, Engländern und Japanern ging zügig voran.

Ji'nan ist in ganz China für seine **natürlichen Quellen** (s. Kasten) berühmt, obwohl diese derzeit in den typischen chinesischen Stadtparks präsentiert werden und somit eher langweilig wirken. Einige der deutschen und japanischen Bauwerke aus dem 19. Jh. sind erhalten geblieben, doch ist das architektonische Gesamtbild von Ji'nan nicht wirklich attraktiv: Die Mode, Häuser mit weißen Badezimmerfliesen zu verkleiden, scheint hier ihren Höhepunkt erreicht zu haben, und für das westliche Auge wirkt die Stadt eher wie eine riesige öffentliche Bedürfnisanstalt. Zu den lohnendsten Beschäftigungen außerhalb des Zentrums gehören Streifzüge durch die **Parks** mit ihren Seen oder ein Besuch des südlich gelegenen **Tausend-Buddha-Berges**.

Ji'nan hat frustrierende Ausmaße angenommen, und es gibt kein wirkliches innerstädtisches Einkaufsviertel. Die größten Einkaufsstraßen liegen unmittelbar südlich des Daming Hu, und noch etwas weiter südlich markiert der gewaltige rechteckige Quancheng-Platz das Zentrum der Stadt (auf Karten unschwer zu erkennen). Die westlich von hier gelegenen, geordneten Blocks südlich des Bahnhofs gehören zu den ältesten der Stadt und versprühen sogar einen Hauch von Atmosphäre, die meisten Attraktionen sind allerdings am südlichen Stadtrand zu finden.

Die Quellen von Ji'nan Das Gebiet südlich des Daming Hu wird von Bächen begrenzt und durch Quellen gespeist, die rätselhafterweise als größte Sehenswürdigkeiten der Stadt gelten – hier setzt sich wohl die geschichtliche Überlieferung über die Realität hinweg. Die von jeher als Synonym für Ji'nan geltenden Quellen waren einst beeindruckend und erhielten ihre romantischen Bezeichnungen im 10./11. Jh., als Poeten sie mit aus der Erde hervorquellenden Perlen und aus dem Bau hervorschnellenden Tigern verglichen. Der Dichter Li Fenggao schrieb über das Qing-zeitliche Ji'nan etwa: „Mit Seerosen auf vier Seiten und Weidenbäumen auf dreien, ist die halbe Stadt ein Berg und die andere Hälfte ein See." Obwohl sie der Stadt einst den Ruf von Sauberkeit und Gesundheit einbrachten, ähneln die Quellen heute höchstens noch schmutzigen Tümpeln. Einige scheinen nicht einmal mehr zu existieren, andere werden verstohlen mit Schläuchen unterstützt. Umweltverschmutzung und Dürreperioden haben wohl dazu geführt, dass sie langsam versiegen. Die berühmteste ist die **Quelle des Schwarzen Tigers** an der Heihuquan Dong Lu, die aus einer unterirdischen Höhle durch tigerkopfförmige Düsen hervorsprudelt. Die dortigen Steinbecken sind ein beliebter Badeplatz.

Tausend-Buddha-Berg und Provinzmuseum

Mit malerischer Landschaft lockt der Tausend-Buddha-Berg im Süden der Stadt, an der Strecke von Bus K54, der von einer Haltestelle in der südwestlichen Ecke des Daming-Parks abfährt, die Entfernung beträgt etwa 5 km. Der Berghang ist schön bewachsen und voller gewundener Wege, deren größter von Opernmasken gesäumt ist. Die meisten frei stehenden Originalstatuen von Buddhas und Bodhisattvas, die den Hang einst bevölkerten, sind von den Roten Garden zerstört worden, doch werden sie durch neue ersetzt, die größtenteils mit

Ji'nan

Ji'nan	济南	***jì'nán***
Daming Hu	大明湖	*dàmíng hú*
Lehrer-Universität von Shandong	山东师范大学	*shāndōng shīfàn dàxué*
Longtan-Park	龙潭公园	*lóngtán gōngyuán*
Provinzmuseum von Shandong	山东省博物馆	*shāndōng shěng bówùguǎn*
Quancheng-Platz	泉城广场	*quánchéng guǎngchǎng*
Quelle des Schwarzen Tigers	黑虎泉	*hēihǔ quán*
Tausend-Buddha-Berg	千佛山	*qiānfó shān*
Übernachtung und Essen		
Guidu Hotel	贵都宾馆	*guìdū bīnguǎn*
Huiquan	汇泉饭店	*huìquán fàndiàn*
Ji'nan Hotel	济南大酒店	*jì'nán dàjiǔdiàn*
Volksmarkt	人民商场	*rénmín shāngchǎng*
Ji'nan Roast Duck	济南烤鸭店	*jì'nán kǎoyādiàn*
Oriental Gourmet	东方美食城	*dōngfāng měishíchéng*
Qilu Hotel	齐鲁宾馆	*qílǔ bīnguǎn*
Sofitel Silver Plaza	索菲特银座大酒店	*suǒfēitè yínzuò dàjiǔdiàn*
Railway Hotel	铁道大酒店	*tiědào dàjiǔdiàn*
Xibei'er Hotel	喜贝尔宾馆	*xǐbèiěr bīnguǎn*
Xuelin	学林大酒店	*xuélín dàjiǔdiàn*

Spenden von Auslandschinesen finanziert werden. Die neuen Statuen lassen jedoch die Schlichtheit und Reinheit ihrer Vorgänger vermissen. Der Weg zum Gipfel, für den man zwei Stunden einplanen sollte, kann ganz schön zu schaffen machen, doch die Skulpturen werden mit zunehmender Höhe immer interessanter und die Aussicht besser. Hinter dem **Xingguo Si** in der Nähe des Gipfels gibt es einige großartige buddhistische Skulpturen aus dem 6. Jh. zu entdecken. Der Innenhof des Tempels beherbergt eine Skulptur des mythischen Kaisers Shun, der um 2000 v. Chr. geherrscht und der Legende nach nicht nur den Boden von Ji'nan gepflügt, sondern auch den Schreibpinsel erfunden haben soll. ⌚ tgl. 8–18 Uhr, Eintritt ¥10.

Mit demselben Bus erreichbar ist das unweit des Berges gelegene Provinzmuseum von Shandong, das eine Reihe erlesener buddhistischer Plastiken sowie Fundstücke von den Ausgrabungen in Longshan und Dawenkou zeigt – zwei neolithische Stätten, die für die dort entdeckte feine Schwarzkeramik berühmt sind. Die Funde gehen auf die Zeit um 5000–2000 v. Chr. zurück und bestehen vorwiegend aus landwirtschaftlichen Geräten aus Ton, Stein und Perlmutt. Die Gesellschaft war vermutlich landwirtschaftlich geprägt, sesshaft sowie recht hoch entwickelt und hat Ahnenkult betrieben.

Auch das in einem nahe gelegenen Han-Grab entdeckte älteste noch existierende Buch Chinas zählt zu den Schätzen des Museums. Das Papier war noch nicht erfunden, sodass das Buch mit Pinsel und Tusche auf dünne Bambusstreifen geschrieben und anschließend zusammengeheftet werden musste. Es enthält einen vollständigen Kalender des Jahres 134 v. Chr. und eine Reihe militärischer und philosophischer Texte, darunter *Kriegskunst* von Sun Bin. Diese Ausstellungsstücke sind zweifellos historisch sehr bedeutsam, doch braucht es einige Vorstellungskraft, um sie an sich spannend zu finden. ⌚ tgl. 8.30–12 und 13.30–17.30 Uhr, Eintritt ¥10.

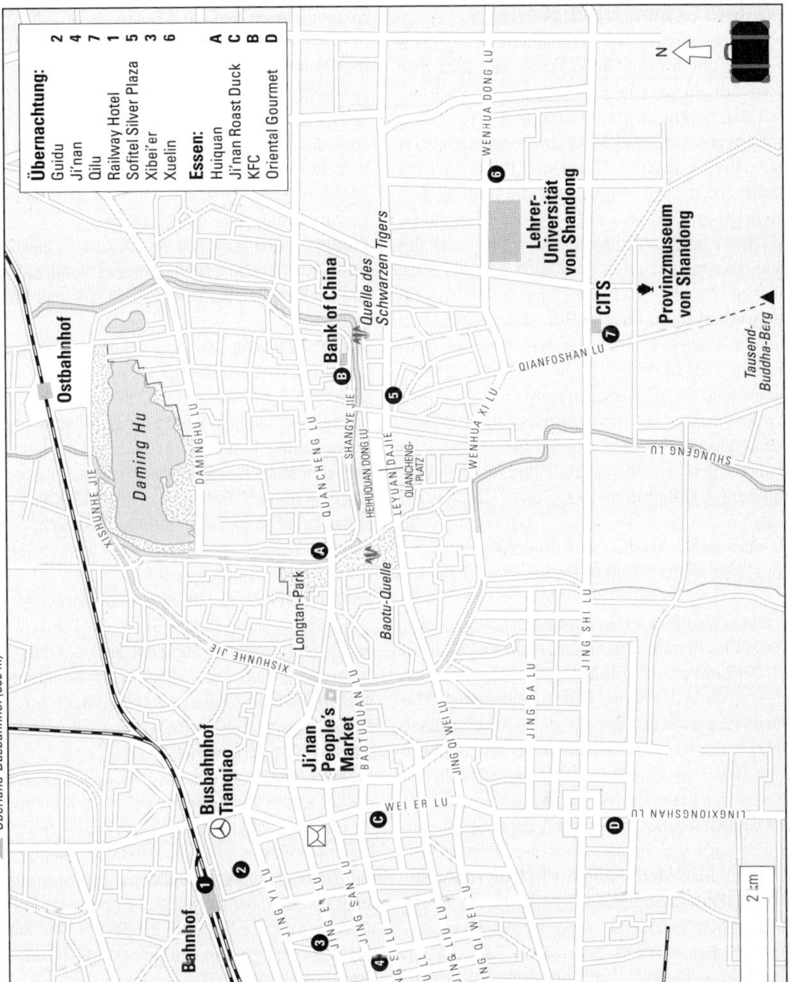

Ji'nan
Übernachtung:
Guidu 2
Ji'nan 4
Qilu 7
Railway Hotel 1
Sofitel Silver Plaza 5
Xibei'er 3
Xuelin 6
Essen:
Huiquan A
Ji'nan Roast Duck C
KFC B
Oriental Gourmet D
N
Überland-Busbahnhof (300 m)
Ostbahnhof
Bahnhof
Busbahnhof Tianqiao
Daming Hu
Longtan-Park
Ji'nan People's Market
Bank of China
Quelle des Schwarzen Tigers
Baotu-Quelle
Lehrer-Universität von Shandong
CITS
Provinzmuseum von Shandong
Tausend-Buddha-Berg
Aviation
XISHUNHE JIE
DAMINGHU LU
QUANCHENG LU
SHANGYE JIE
HEIHUQUAN DONG LU
LEYUAN DAJIE
QUANCHENG-PLATZ
WENHUA XI LU
WENHUA DONG LU
QIANFOSHAN LU
SHUNGENG LU
JING SHI LU
JING BA LU
JING QI WEI LU
BAOTUQUAN LU
WEI ER LU
LINGXIONGSHAN LU
JING YI LU
JING ER LU
JING SAN LU
JING SI LU
JING WU LU
JING LIU LU
JING QI WEI LU
WEI LU JIU
0
2 km

Weitere Sehenswürdigkeiten

Wer einige Stunden Wartezeit auf eine Verkehrsanbindung überbrücken muss, findet auch innerhalb der Stadt ein paar lohnende Ziele. Der **Park** um den Daming Hu, an der Buslinie Nr. 11 vom Bahnhof gelegen, ist recht hübsch und besitzt ein paar malerische Gärten, Pavillons und Brücken, nebst einem See, der von Weiden gesäumt und mit Seerosen gesprenkelt ist. Der **Li-Xia-Pavillon** auf einer Insel in der Mitte beherbergt Portraits des Tang-Poeten Du Fu und des Kalligraphen Li Yong, die sich hier getroffen haben sollen. Im Süden steht die **Gedenkhalle** für Xin Qiji, einen berühmten Song-zeitlichen Dichter, der wegen seiner politischen Ansichten und seiner Gedichte, die den Monarchen für sein Versagen beim Zurückschlagen der Jin-Invasion aus dem Norden kritisierten, verbannt wurde. Zu dem angenehmen, gepflegten Bauwerk gehören ein paar Höfe und Ausstellungsräume mit Kalligrafien. ◷ tgl. 6–18 Uhr, Eintritt ¥10.

Südwestlich von hier liegt an der Buslinie Nr. 3 vom Bahnhof der **Longtan-Park**, der durchaus seinen Reiz hat, obgleich von seinen drei Quellen, die in den *Frühlings- und Herbstannalen* aus dem Jahre 694 v. Chr. Erwähnung finden, nicht viel erhalten ist. Der **Luoyuan-Pavillon** an der Nordseite ist ursprünglich in der Song-Dynastie entstanden. Das darin eingravierte Verspaar des Künstlers Zhao Mengfu aus dem 13. Jh. lautet ungefähr: „Wolken und Nebel in feuchten Dämpfen, schwebende Pracht; der Klang der Wellen donnert in dem See des Großen Lichts." Im östlichen Teil des Parks, neben dem Rinnsal namens „Emporspritzende Quelle", steht die **Gedenkhalle für Li Qingzhao**, eine der berühmtesten Dichterinnen Chinas, die 1084 in Ji'nan geboren wurde. Die moderne Halle zeigt Portraits, Auszüge aus ihrer Arbeit sowie Gedichte und Gemälde bekannter zeitgenössischer Künstler. ◷ 6–18 Uhr, Eintritt ¥5.

Übernachtung

Mit Unterkünften sieht es in Ji'nan schlecht aus, es sei denn, man verfügt über eine prall gefüllte Reisekasse. Die meisten Hotels, die Ausländer akzeptieren dürfen, sind ungünstig gelegen und nicht gerade preiswert. Für weniger als ¥150 ist kaum ein Zimmer zu bekommen – ebenso viel kostet auch ein Taxi nach Tai'an, das in jeder Hinsicht ein bedeutend angenehmerer Ort ist. Die Frauen im mittleren Alter, die am Bahnhof Kunden zu werben versuchen, sind zwar in der Lage, ein preiswertes Zimmer zu vermitteln, doch dieses könnte sich durchaus im *Xibei'er* befinden, wo einige ehemals als Karaoke-Räume genutzte Zimmer jetzt vermietet werden – wovon die Ausstattung heute noch zeugt.

Guidu**, 1 Shengping Lu, ✆ 6900888, 📠 6900099. Eher gewöhnliches, zehnstöckiges Hotel, sehr nah am Bahnhof, mäßiges Preis-Leistungs-Verhältnis.

Ji'nan**, 240 Jing San Lu, ✆ 7938981. Massiver, gesichtsloser Bau, aber gute Lage.

Qilu***, 8 Qianfoshan Lu, ✆ 2966888, 📠 2967676. Schon exklusiver, im Süden der Stadt, unweit der Universitäten. Freundliches Personal mit Englischkenntnissen. Frühstück inklusive.

Railway Hotel**, Bahnhof, ✆ 6012118. Komfortables Hotel im vorderen Bahnhofsbereich, günstige Verkehrsanbindung, aber weit entfernt von den Sehenswürdigkeiten.

Sofitel Silver Plaza, Luxus, 66 Luoyuan Dajie ✆ 606888, 📠 6066666. Der Gipfel des Luxus in Ji'nan, im Herzen der Stadt mit Blick auf den Quancheng-Platz. Die Teilnahme am Sonntagsbrunch (¥228 für 2 Pers.) berechtigt auch zur Poolbenutzung. Die Preise werden auf Anfrage oft um ein Drittel gesenkt.

Xibei'er Hotel*, Jin'er Lu, ✆ 7933238. Hier setzen die Schlepper vom Bahnhof gern ihre Kunden ab. Gilt als Budgetunterkunft von Ji'nan. In Bahnhofsnähe in einer ruhigen Ecke gelegen, teils recht altmodische Gebäude. Zimmer unbedingt vorher anschauen, denn manche sind umgebaute Karaoke-Salons ohne Fenster und mit gepolsterten Wänden und Discokugel. Gutes Restaurant. Betten ¥60.

Xuelin Hotel**, 80 Wenhua Dong Lu, ✆ 2963388. Im belebtesten Teil des Universitätsviertels, südöstlich des Zentrums. Beste Wahl der Mittelklasse.

Essen

Wer sich zum kleinen Preis satt essen möchte, sollte die durch das Universitätsviertel führende **Wenhua Dong Lu** aufsuchen. Mit dem Taxi fährt man zum *Shifan Daxue,* dem Tor zur Lehrer-Universität, wo sich neben Musikalien- und Buchhandlungen eine Menge guter *jiaozi*-Buden und Lokale mit Hausmannskost befinden. Auch ***KFC*** und ***McDonald's*** sind nicht weit. Vor allem abends belebt sich die Gegend, wenn die Straßenverkäufer ihre Ware auf den Bürgersteigen anbieten. Westlich des Zentrums befindet sich der Ji'nan People's Market, ein Einkaufszentrum an der Baotuquan Lu, gut bestückt mit geschniegelten Restaurants und Fastfood-Lokalen. Richtig stilvoll geht es im protzigen ***Ji'nan Roast Duck Restaurant*** in Nr. 10 Wei Er Lu zu, wo ausgezeichnete gebratene Peking-Ente für teure ¥100 p.P. gereicht wird. Das ebenfalls kostspielige ***Oriental Gourmet Restaurant*** in Nr. 188 Yingxiongshan Lu serviert Shandong-Spezialitäten wie Karpfen und Skorpion. Dieselben Gerichte sind etwas preisgünstiger im ***Huiquan Restaurant*** in Nr. 22 Baotuquan Lu zu bekommen.

Sonstiges

BÜCHER – Der ***Foreign Language Bookstore*** befindet sich an der Quancheng Lu, gegenüber vom Baihua-Gebäude und sehr nah am Ji'nan People's Market.

EINKAUFEN – Das beeindruckendste Kaufhaus ist der riesige Komplex des ***Ji'nan People's Market*** auf der Baotuquan Lu. Ein ***Kunstgewerbegeschäft*** gibt es außerdem in Nr. 88 Jing Shi Lu. Abends sei die Wenhua Dong Lu im Universitätsviertel empfohlen, wo ein geschäftiger Markt Antiquitäten, CDs und mehr anbietet.

GELD – ***Bank of China,*** 10 Shangye Jie, unmittelbar östlich des Zentrums, ⌚ Mo–Fr 8.30–12 und 14–16.30 Uhr.

POST UND TELEFON – Das ***Hauptpostamt*** von Ji'nan liegt an der Kreuzung von Wei Er Lu und Jing Er Lu, ⌚ Mo–Sa 8–18 Uhr. Das darin integrierte ***Telekom-Büro*** hat rund um die Uhr geöffnet.

REISEBÜROS – ***CITS,*** 86 Jing Shi Lu, ✆ 2965858, unweit des *Qilu Hotel* und vorwiegend auf Reisegruppen spezialisiert.

VORWAHL – 0531

Nahverkehrsmittel

Die meisten **Stadtbusrouten** starten am Bahnhof: Bus Nr. 3 ist der nützlichste und fährt die Quancheng Lu in östlicher Richtung entlang. Bus Nr. K54 nimmt in südlicher Richtung Kurs auf den Daming Hu und das Provinzmuseum. Die am Bahnhof wartenden **Taxifahrer** gehören zu den aggressivsten Chinas – man sollte daher besser ein kurzes Stück laufen und dann selbst ein Fahrzeug anhalten. Die Grundgebühr von ¥6 reicht für Fahrten im Zentrum oftmals aus. Das südöstlich des Zentrums an der Jingshu Lu gelegene *CITS* hält englischsprachige **Karten** und Hochglanzbroschüren mit den Attraktionen von Stadt und Provinz bereit.

Transport

BUSSE – Der **Überland-Busbahnhof**, von wo die Busse nach BEIJING (8 Std.), QUFU (3 Std.) und TAI'AN (1 1/2 Std.) abfahren, liegt etwa 2 km nördlich des Bahnhofs. Zu den genannten Zielen fahren auch Minibusse vom Bahnhof ab. Der **Expressbus** nach QINGDAO (4 1/2 Std., ¥95) hält auf dem Parkplatz gegenüber vom Bahnhof. Die Verantwortlichen tragen grüne Uniformen.

EISENBAHN – Der große und lärmende **Hauptbahnhof** an der Kreuzung der Nord-Süd-Linie zwischen Beijing und Shanghai und der Ost-Linie nach Yantai und Qingdao liegt im Nordwesten der Stadt. Probleme beim Fahrkartenkauf sollte es hier eigentlich nicht geben.

Züge nach:
BEIJING 4x tgl., 9 Std.;
QINGDAO 6x tgl., 6 Std.;
SHANGHAI tgl., 14 Std.;
TAI'AN 4x tgl., 1 Std.;
YANTAI 4x tgl., 8 Std.;
YANZHOU (nach QUFU) tgl., 2 Std.

FLÜGE – Der **Flughafen** von Ji'nan mit internationalen Verbindungen nach Japan, Südkorea und auch Hongkong liegt 40 km östlich der Stadt und wird von einem Flughafenbus angefahren, der seine Passagiere vor dem ***CAAC***-Büro im *Avia-*

tion Hotel an der Jing Qiwei Lu, ✆ 6018145, absetzt. Taxis vom Flughafen zur Stadt kosten ¥150. Einfacher als bei *CAAC* sind **Flugtickets** in den Tour-Büros im und um das *Sofitel* auf der Luoyuan Dajie zu erwerben.

Flüge nach:
BEIJING 1–2x tgl., 1 Std.;
CHANGCHUN 3x wöchentl., 1 1/2 Std.;
CHENGDU tgl., 3 Std.;
CHONGQING tgl., 2 Std.;
DALIAN tgl., 1 1/4 Std.;
FUZHOU tgl., 2 Std.;
GUANGZHOU 1–3x tgl., 3 Std.;
HAIKOU tgl., 5 3/4 Std.;
HARBIN 8x wöchentl., 2 Std.;
HONGKONG 4x wöchentl., 2 1/2 Std.;
KUNMING tgl., 3 Std.;
NANJING 2x wöchentl., 1 1/2 Std.;
SHANGHAI 4x tgl., 1 3/4 Std.;
SHENYANG tgl., 4 Std.;
SHENZHEN tgl., 3 Std.;
ÜRÜMQI tgl., 6 Std.;
WENZHOU 3x wöchentl., 2 Std.;
WUHAN tgl., 1 1/2 Std.;
XIAMEN tgl., 3 Std.;
XI'AN tgl., 1 1/2 Std.;
YANTAI wöchentl., 1 Std.

Tai'an und Tai Shan

Der 100 km südlich von Ji'nan gelegene Tai Shan ist kein gewöhnlicher Berg: Er ist der östlichste und heiligste der fünf **daoistischen Berge** Chinas (die anderen vier sind Hua Shan, die beiden Heng Shans und Song Shan) und wurde schon vor Beginn der Geschichtsaufzeichnungen von den Chinesen verehrt. Der Tai Shan ist zu Recht berühmt für seine Landschaft und die uralten Bauten auf seinen Hängen. Empfing er einst Kaiser und Gläubige, so bildet er jetzt die größte Touristenattraktion von Shandong. Wer den Aufstieg unternimmt, wird einigem Kitsch begegnen, aber auch spannende und schöne Momente erleben – und vor allem eine Menge Schweiß opfern.

Mehr als jeder andere Berg war der Tai Shan ein Lieblingsplatz für Kaiser, und er verdankt seine augenfälligen Schmuckstücke – die Tempel und Pavillons am Wege – der Gönnerschaft des kaiserlichen Hofes. Von seinem Gipfel schauten eine Reihe von Kaisern auf ihr Reich hinunter, hier brachten sie Opfer dar und zollten dem heiligen Berg Tribut. Manchmal reichte ihr Gefolge sage und schreibe vom Gipfel bis zum Fuße des Berges – acht Kilometer zur Schau gestellter Reichtum. Im Jahre 219 v. Chr. ließ Kaiser Qin Shi Huang am ganzen Berg **Straßen** bauen, sodass er hier in seinem Wagen und in Begleitung seiner fürstlichen Garden reisen konnte, wenn er die großen Zeremonien *feng* (Opfer für den Himmel) und *chan* (Opfergaben an die Erde) veranstaltete. Die Teilnahme an einer solchen Zeremonie galt als höchste Ehrung für einen Beamten des Hofes. Als der Historiograf Sima Tan erfuhr, dass er den Kaiser auf dem Weg zum Gipfel nicht begleiten konnte, soll er so bekümmert gewesen sein, dass er noch auf dem Sterbebett weinte. Um sich in dem Glanz des Berges zu sonnen, gaben ihm die Kaiser verschiedene Titel: Im Jahre 725 wurde dem Berg der Titel „Dem Himmel gleichgestellter König" zuteil, und 1101 stieg er zum Kaiser auf. Die Kaiser finanzierten nicht nur die Tempel, sondern ließen ihre Besuche und Gedanken für die Nachwelt auch in Stelen verewigen; Literaten wiederum gravierten Gedichte und Tribute an den Berg auf jede verfügbare Felswand. Der Tai Shan erinnert heute an ein riesiges Freilichtmuseum für Religion und Herrschaft quer durch die chinesische Geschichte.

Natürlich ist der Berg auch ein bedeutender **Touristenmagnet**. Der Beitrag des 20. Jahrhunderts zu der glanzvollen Bebauungsgeschichte des Berges bestand in seiner Umwandlung in einen religiösen Themenpark, und heute macht sich täglich ein unablässiger Besucherstrom daran, den Gipfel zu erklimmen. Es gibt Fotokabinen, Souvenirläden, Verkäufer alkoholfreier Getränke und Teehäuser. Touristen können ihre Namen in Medaillen gravieren und Fotos anfertigen lassen oder bei den auf kleinen Mäuerchen hockenden Verkäufern Pilze und Ginseng erwerben. Auf halber Strecke zum Gipfel stößt man auf eine Bushaltestelle und eine Seilbahn. Doch trotz alledem strahlt der Tai Shan noch immer eine Atmosphäre der Erhabenheit aus, und sowohl den Bauten als auch dem Berg selbst scheint ihre Trivialisierung nichts anhaben zu können.

Erstaunlich ist, wie viele echte **Pilger** sich unter den Touristenmassen befinden. Der Daoismus hat die lange Phase kommunistischer Verbote überstanden und ist zu neuem Leben und neuer Blüte erwacht, und mit größter Wahrscheinlichkeit trifft man auf bärtige daoistische Mönche oder alte Bauersfrauen aus Shandong, die mit gebundenen Füßen Zentimeter für Zentimeter den Berg hinaufschlurfen. Frauen kommen vor allem her, um zu **Bixia Yuan Jun** zu beten – die Prinzessin der Rosigen Wolken ist eine daoistische Gottheit, die kinderlosen Frauen zur Empfängnis verhelfen soll. Neben seiner zentralen Bedeutung in der offiziellen kaiserlichen Religion spielt der Tai Shan auch eine bedeutende Rolle im **Volksglauben** der Bauern von Shandong. In den Dörfern der Gegend trägt der erste Stein im Fundament jedes neuen Hauses eine Inschrift mit dem Namen des Bergs – so soll es vor einem Zusammenbruch bewahrt werden. Sackgassen sind zur Abschreckung böser Geister mit einem Stein vom Tai Shan versehen. Und der Überlieferung zufolge wird jeder, der einmal den Tai Shan bestiegen hat, 100 Jahre alt.

Unterwegs sind darüber hinaus Unmengen von **Trägern** anzutreffen, die auf ihren Rücken enorme Gewichte balancieren, während sie sich rasch den Berg hinaufbewegen und dann zurückeilen, um eine neue Ladung zu holen. Diese besteht aus Vorräten und Baumaterialien, die für die Hotels, Restaurants und Tempel auf dem Gipfel bestimmt sind. Dabei handelt es sich um eine traditionelle Arbeit, die vom Vater dem Sohn übergeben und gut bezahlt wird. Doch leider verlangt sie ihren Tribut, sodass sich die meisten Lastenträger, die das 30. Lebensjahr überschritten haben, schon mit einem verformten Rücken herumplagen müssen. Ihr Durchhaltevermögen ist schlicht bewundernswert: Sie schaffen drei Ladungen am Tag, sechs Tage die Woche.

Für Normalsterbliche ist schon eine Tour ermüdend genug, denn über 6000 Stufen sind zu erklimmen. Am Anfang ist der Weg noch breit und nicht sehr steil, doch die zweite Hälfte mit den endlosen, engen Treppen hat es in sich. (Wer seine Beine schonen möchte, nimmt auf halbem Wege die Seilbahn zum Gipfel.) Der Rückweg ist besonders für die Knie sehr anstrengend, und obwohl Hin- und Rücktour an einem Tag zu schaffen sind, wird man dann womöglich den gesamten folgenden Tag im Bett verbringen. Wer über die nötige Kondition verfügt, kann Anfang September am jährlichen **Tai-Shan-Rennen** teilnehmen (*CITS* gibt Auskunft über die Termine), bei den auch für den besten Ausländer ein Preis ausgesetzt ist.

Tai'an

Die Stadt Tai'an liegt am Fuße des Berges und hat jahrhundertelang von dem regen Pilgerverkehr profitiert. Dem heutigen Besucher wird recht schnell bewusst werden, wie populär die Pilgerfahrten noch immer sind – an bestimmten heiligen Feiertagen können durchaus 10 000 Menschen auf einmal den Gipfel erklimmen, und die Stadt empfängt jährlich über eine halbe Million Besucher.

Tai'an ist ein unauffälliger, aber angenehmer Ort mit Kleinstadtatmosphäre, eher bescheidenen Häusern und ebensolchen Straßen. Die Ausmaße der Stadt lässt eine Erkundung zu Fuß gerade noch zu, doch nur wenige Besucher nehmen sich dafür Zeit. Tai'an wird im wahrsten Sinne des Wortes von dem großen Berg im Norden überschattet.

Die größte Straße heißt Dongyue Dajie und ist ein Korridor neuer Hochhäuser, der von Ost nach West die Stadt durchzieht. Die **Haupteinkaufsstraße** Qingnian Lu geht von deren östlichem Ende in nördlicher Richtung ab. Zum Ausgangspunkt der Bergbesteigung führt die Hongmen Lu, die von Souvenirgeschäften mit knorrigen Wanderstöcken aus Baumwurzeln und Schuhen im Angebot gesäumt wird. Unmittelbar südlich der Daizhong Dajie liegen im Norden ein paar geschäftige **Marktstraßen**, in denen neben Heilkräutern vom Berg wie beispielsweise Ginseng auch ungewöhnliches Gemüse, Bonsaibäume und Topfpflanzen verkauft werden.

Dai Miao

Die bedeutendste Sehenswürdigkeit von Tai'an ist der Dai Miao, der traditionelle Ausgangspunkt der Prozession auf den Tai Shan, wo die Kaiser dem Berg einst Opfergaben darbrachten. Das wunderbare Bauwerk mit den gelben Ziegeldächern, roten Mauern und hoch gewachsenen alten Bäumen gehört zu den größten und berühmtesten Tempeln des Landes. Obwohl er als Ganzes erscheint, vereint der Tempelkomplex tatsächlich Gebäude aus verschiedenen Glaubenssystemen, die allein die Verehrung des Berges gemein haben.

Mit den Dimensionen der Haupthalle **Tiankuangdian** (Halle der Himmlischen Gaben) können sich nur einige Hallen in der Verbotenen Stadt

Tai'an und Tai Shan

Tai'an	泰安	***tài'ān***
Dai Miao	岱庙	*dài miào*
Puzhao Si	普照寺	*pŭzhào sì*
Übernachtung		
Liangmao Dasha	粮贸大厦	*liángmào dàshà*
Longtan Binguan	龙潭宾馆	*lóngtán bīnguăn*
Overseas Chinese Hotel	华侨大厦	*huáqiáo dàshà*
Taishan Binguan	泰山宾馆	*tàishān bīnguăn*
Tai Shan	泰 山	***tàishān***
Bixia Ci	碧霞祠	*bìxiá cí*
Brücke der Götter	仙人桥	*xiānrén qiáo*
Brücke in den Wolken	云步桥	*yúnbù qiáo*
Dou-Mu-Kloster	斗母宫	*doùmŭ gōng*
Gipfel des Jadekaisers	玉皇	*yùhuáng*
Gipfel zur Betrachtung des Sonnenaufgangs	日观峰	*rìguān fēng*
Hongmen Gong	红门宫	*hóngmén gōng*
Nantianmen	南天门	*nántiān mén*
Pavillon der Kiefern des Fünften Ranges	五松亭	*wŭsōng tíng*
Pavillon des Himmelskessels	壶天阁	*hútiān gé*
Seilbahnstation	索道站	*suŏdào zhàn*
Sheng Xian Fang	升仙房	*shēngxiān fáng*
Tal der Steinsutra	泾石谷	*jīngshí gŭ*
Teich des Schwarzen Drachens	黑龙潭	*hēilóng tán*
Turm der Myriaden Geister	万仙楼	*wànxiān lóu*
Wangmu Chi	王母池	*wángmŭ chí*
Yitianmen	一天门	*yītiān mén*
Yuhuang Ding	玉皇顶	*yùhuáng dĭng*
Zhanlu-Terrasse	占鲁台	*zhànlŭ tái*
Zhongtianmen	中天门	*zhōngtiān mén*
Zhongtianmen Hotel	中天门宾馆	*zhōngtiānmén bīnguăn*

und in Qufu messen. Ihre Errichtung begann bereits in der Qin-Dynastie (221–206 v. Chr.), doch seither gab es zahlreiche Erweiterungen und Renovierungen, vor allem während der Tang- und Song-Dynastien. Im Jahre 1009 waren die Bauarbeiten abgeschlossen; 1956 ist sie dann renoviert worden, sodass sie sich heute außerordentlich gut erhalten präsentiert. Innen ist ein riesiges Wandgemälde zu bewundern, das sich über drei Wände ausbreitet. Dieses Meisterwerk aus der Song-Dynastie stellt den Gott des Tai Shan auf einer Besichtigungs- und Jagdexpedition dar. Doch im Grunde ist es ein riesiger Egotrip, denn das Gemälde wurde zur Feier der Bergesverehrung durch Kaiser Zhen Zong geschaffen, der auch den Tempel bauen ließ und dessen starke Ähnlichkeit mit dem Berggott auf dem Bild nicht zu übersehen ist. Mit den Jahren hat der Zustand des Bildes stark gelitten, doch etwas von seinem ursprünglichen Glanz ist geblieben, und die meisten der Tausenden von Figuren sind noch zu erkennen – jeder von ihnen wurde mit äußerster Sorgfalt ein eigener Gesichtsausdruck und eine ei-

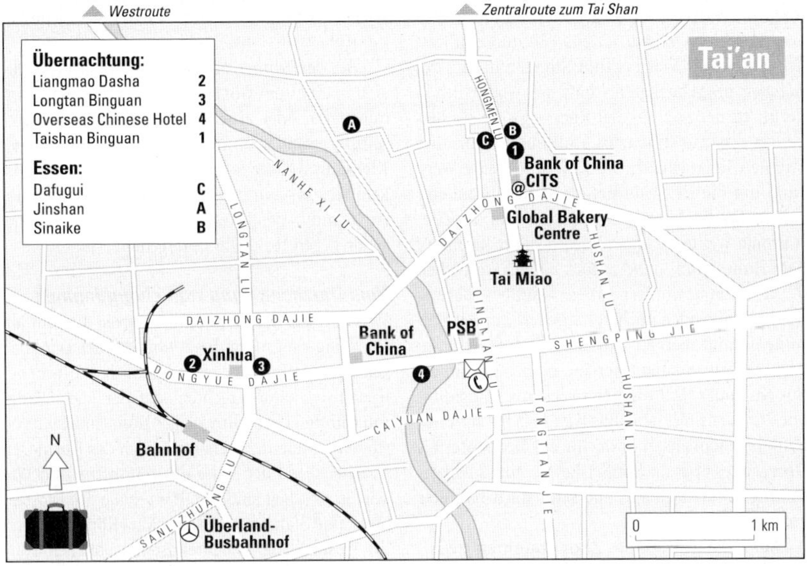

gene Gestik verliehen. Zu den Schätzen der Halle zählt auch eine Statue des Gottes vom Tai Shan in fließenden Gewändern, der auf einem Thron in einer Nische sitzt und die rechteckige Tafel als Zeichen seiner Autorität in der Hand hält. Die fünf Opfergefäße vor ihm zeigen die Symbole der fünf Gipfel.

Heute dienen die Höfe und Tempelgärten als Freilichtmuseum für **Stelen**. Die beeindruckende Sammlung zeigt Stücke aus einem Zeitraum von über 2000 Jahren. Die älteste Stele in der Dongyuzuo Halle feiert den Besuch des Kaisers Qin und seines Sohnes im 3. Jh. v. Chr. Auch viele große Kalligrafen sind hier vertreten, und für ästhetisch veranlagte Chinesen ist dieser Ort ein absolutes Muss. Kalligrafie ist eine Kunst größter Feinheit und Kultiviertheit, doch selbst dem ungeschulten westlichen Auge wird hier diese Kunst bewusst. Kohleabreibungen der Stelen sind an den glücklicherweise dezent gehaltenen Souvenirläden innerhalb des Tempelkomplexes käuflich zu erwerben. Im Hof stehen auch uralte Zypressen, Ginkgobäume, Akazien und nicht zuletzt fünf Zypressen, die vom Han-Kaiser Wu Di gepflanzt worden sein sollen.

Die anderen Tempelhallen werden ebenfalls als **Museen** genutzt. Eine beherbergt eine Sammlung früher Opfergefäße und erlesener Tang-zeitlicher Tonwaren, und eine andere widmet sich der chinesischen Kunstform der Bearbeitung und des Polierens von Baumwurzeln. Die Kunst besteht dabei nicht in der Bearbeitung der Wurzel, sondern in ihrer Auswahl, wobei es auf ihre abstrakte Schönheit und die Ähnlichkeit mit anderen Dingen ankommt.

In einem Nebenhof im hinteren Bereich des Komplexes steht der Yanxi-Tempel. Als daoistischer Bewohner des Berges war Yanxi mit dem Bergkult der Tang-Dynastie verbunden. Eine separate daoistische Halle im hinteren Bereich ist der Gattin des Berges gewidmet, einer Gottheit, die wohl erst im Nachhinein erfunden wurde, da sie viel später auftauchte als ihr Mann. ⌚ tgl. 7.30–18 Uhr, Eintritt ¥20.

Der Aufstieg zum Tai Shan

Der Tai Shan erhebt sich bis in eine Höhe von 1545 m, und vom Fuße bis zum Gipfel sind es ungefähr 8 km. Zwei **Hauptwege** führen den Berg hinauf: die große historische Zentralroute und eine ruhigere, landschaftlich ansprechendere Westroute. Die Nutzung der Wege kostet von Februar bis einschließlich Oktober jeweils ¥80 und den Rest des Jahres ¥60. Vier bis fünf Stunden dauert der Aufstieg, die Schnelleren schaffen es womöglich in der Hälfte der Zeit, und der Rückweg – für die Beine fast genauso strapaziös – nimmt zwei bis drei Stunden in Anspruch. Offiziell sind beide Wege rund um die Uhr geöffnet, doch Nachtwanderer sollten Taschenlampen mitbringen und die Zentralroute wählen – was ohnehin die meisten auf dem Hinweg tun – und zurück auf der westlichen Route entlangwandern. Diese Rundwanderung wird im Folgenden noch beschrieben. Zur Zentralroute gelangt man zu Fuß über die Hongmen Lu vom *Taishan Binguan* bergan, oder man nimmt Bus Nr. 3 oder Nr. 9 von unterwegs bzw. vom Bahnhof. Zur Westroute fährt Bus Nr. 3 (¥1) bis zur Endhaltestelle namens Tianwaicun, ein Taxi kostet ¥5. Dort geht es über die Straße, die von Ziersäulen gesäumten Stufen hinauf, und schließlich hinunter zum Busparkplatz.

Auf halbem Wege am **Zhongtianmen** treffen die Wege aufeinander – viele Kletterer auf der Westroute nehmen für ¥16 gleich den Bus dorthin. Wer sich gar nicht groß bewegen will, kommt von dort mit der **Seilbahn** zum Gipfel, die einfache Fahrt kostet ¥45. Zum Zhongtianmen führt außerdem eine *CITS*-Tour (¥100).

Ganz gleich wie das **Wetter** in Tai'an auch ist, oben auf dem Berg ist es meist kalt, und mit einem plötzlichen Wettersturz muss jederzeit gerechnet werden. Die durchschnittliche Temperatur auf dem Gipfel beträgt 18 °C im Sommer und fällt im Winter bis auf –9 °C. Die Wetterverhältnisse sind an den Ticketschaltern an der Westroute angeschlagen. Warme Kleidung, Regenjacke und Wanderschuhe sind unabdingbar, auch wenn unbeirrbare chinesische Touristen in T-Shirts und Turnschuhen, ja sogar mit hochhackigen Schuhen den Berg in Angriff nehmen. Die beste Zeit für einen Aufstieg sind der Frühling und der Herbst, wenn es eher trocken ist. Doch wer die Kälte nicht scheut und den Ansturm der Massen umgehen will, wird auch im Winter geeignete Tage finden, an denen allerdings das Tageslicht zum Klettern knapper wird.

Auf der ersten Etappe bis zum Zhongtianmen kommt der Wanderer an vielen erschwinglichen Lokalen vorbei, doch sollte er auf eigenen **Proviant** nicht verzichten, da die Preise auf der zweiten Teilstrecke eher unerfreulich sind und mit zunehmender Höhe weiter ansteigen.

Wer den Sonnenaufgang erleben möchte, sollte sich in eines der **Gästehäuser** auf dem Berg einquartieren oder eine Nachtwanderung wagen – selbstverständlich mit Taschenlampe und warmer Kleidung. Auf die Scheinwerfer am Wegesrand ist kein Verlass – nur die wenigsten sind jemals in Betrieb, und in den Wintermonaten kann die Sonne schon gegen 16.30 Uhr untergehen.

Vom Daizhong Fang zum Zhongtianmen

Wanderer auf der Zentralroute starten die Tour am Daizhong Fang, dem direkt nördlich des Dai Miao gelegenen Steintor in Tai'an. Nördlich des Tores befinden sich auf der rechten Seite der Teich **Wangmu Chi** und ein kleines uriges Nonnenkloster, von wo der wunderlich benannte Teich des Hornlosen Drachens und der Fluss des Kämmens und Waschens zu sehen sind. Die Haupthalle des Klosters birgt eine Statue von Xiwang Mu (Königinmutter des Westens), der bedeutendsten weiblichen Gottheit des Daoismus.

Etwa 500 m bergan nimmt der Weg zum **Yitianmen** (Erstes Himmelstor) offiziell seinen Anfang. Dann folgen ein Ming-Tor an der Stelle, wo Konfuzius seinen Aufstieg begonnen haben soll, und der **Hongmen Gong** (Palast des Roten Tores), wo die Kaiser für den Aufstieg passendere Kleidung anlegten und wo es die Tickets gibt, inklusive Versicherung. Der Hongmen Gong stammt aus dem Jahre 1626 und ist der erste in einer Reihe von Tempeln, die der Prinzessin der Rosigen Wolken geweiht sind. Sein Name rührt von den zwei roten Felsen im Nordwesten her, die in ihrer Gesamtheit an ein Tor erinnern.

Diese Gegend strotzt vor Bauten, die die Aufmerksamkeit auf sich lenken. Gleich nördlich steht der **Turm der Myriaden Geister**, und direkt unterhalb davon soll sich das Grab des Weißen Maultiers an der Stelle befinden, wo das Maultier, das den Tang-Kaiser Xuan den Berg hinauf- und hinuntergetragen hatte, schließlich vor Erschöpfung tot zusammenbrach. Xuan verlieh dem Muli posthum den Generalstitel und ließ ihm zumindest eine angemessene Beerdigung zukommen. Die nächste Gebäudegruppe bildet das ehemalige **Dou-Mu-Kloster** für daoistische Nonnen. Das Gründungsdatum ist ungewiss, doch 1542 ist es reno-

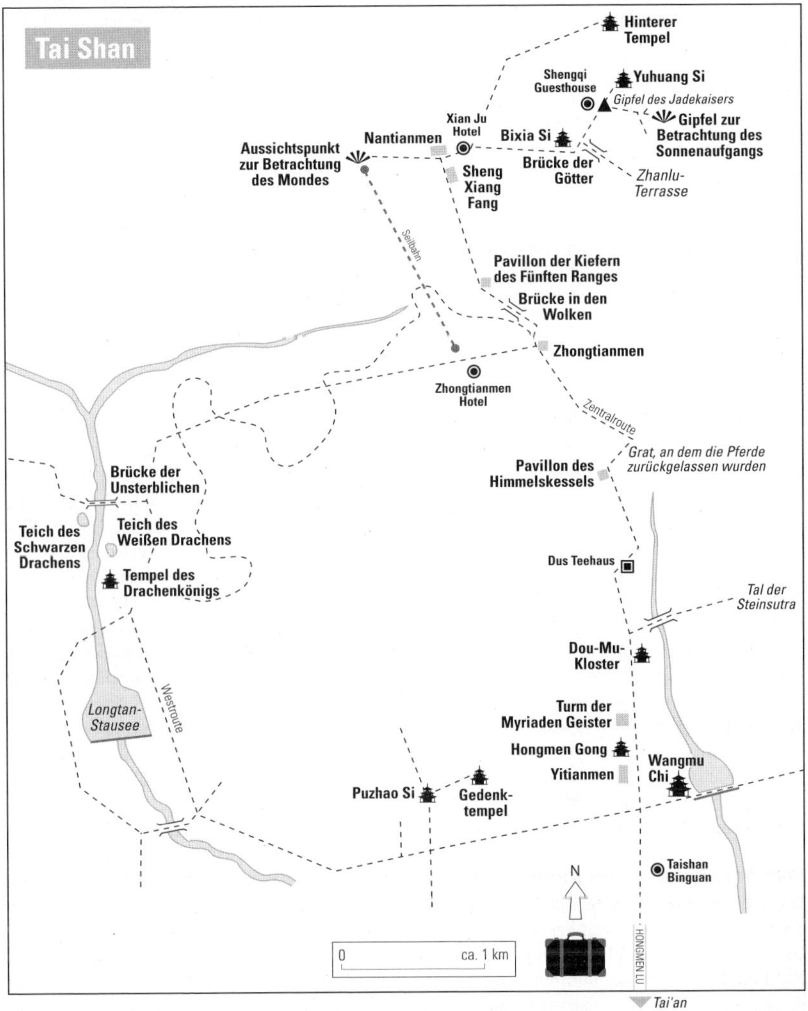

viert worden. Heute gibt es dort drei Hallen, einen Trommelturm, einen Glockenturm und davor einen Johannisbrotbaum, der wie ein ruhender Drachen aussehen soll. Wie alle anderen Tempelbauten auf dem Berg sind auch diese Mauern mit blutroter Farbe überzogen, in diesem Fall durchsetzt von kleinen grauen Ziegeln. Einen Kilometer nördlich von hier liegt östlich des Hauptweges das **Tal der Steinsutra**, wo in eine Felswand der Text des buddhistischen Diamantsutra eingraviert worden ist. Dabei handelt es sich nicht nur um eine der wertvollsten kalligrafischen Arbeiten des Tai Shan, sondern auch um einen lohnenden Abstecher vom Hauptweg in eine bezaubernde und ruhige Umgebung. Die Strecke ist nicht beschildert, doch der Pfad ist breit und gut ausgetreten.

Zurück auf dem Hauptweg, ist auch **Dus Teehaus** einen Besuch wert, das an der Stelle entstand, wo vor über 1000 Jahren General Cheng Yao Jing Tang vier Kiefern pflanzte, von denen drei noch immer leben. Das Teehaus wurde ebenso wie sämtliches Inventar aus polierten Baumwurzeln hergestellt, wodurch der Innenraum wie eine Märchenwelt erscheint – der „Maiden Tea" (Jungferntee) ist ausgezeichnet und eine Spezialität dieser Gebirgsgegend. Das Teehaus wird seit Generationen von derselben Familie betrieben, und der gegenwärtige Besitzer Du zeigt mit Freuden Fotos von Touristen und Gästebücher aus den vergangenen zehn Jahren.

Hinter einem Tunnel von Zypressen und dem **Pavillon des Himmelskessels** – dessen Name auf die umliegenden Berge zurückgeht, die den Eindruck vermitteln, als stünden sie in einem Teekessel – erhebt sich direkt vor einem eine steile Klippe namens **Grat, an dem die Pferde zurückgelassen wurden**. Hier musste Kaiser Zhen Zong vom Pferd absteigen, da dieses partout nicht weitergehen wollte. Ein kurzes Stück oberhalb befindet sich das **Zhongtianmen** (Zweites Himmlisches Tor), genau in der Mitte des Aufstiegs. Von dort eröffnen sich schöne Ausblicke, und völlig erschöpfte Wanderer werden sich zweifellos auch am Anblick der **Seilbahn** erfreuen. Hier erwartet das angenehme *Zhongtianmen Hotel***, ✆ 8226740, seine Gäste, und in den verschiedenen faden Restaurants können die Kletterer ihren Hunger stillen. Verwirrenderweise führt der Weg von hier erst zwei Treppen abwärts, bevor es um die Kurve und weiter aufwärts geht.

Vom Zhongtianmen zum Gipfel

Von hier verläuft der Weg zunächst angenehm eben. Die nächste Sehenswürdigkeit ist die **Yunbu Qiao** (Brücke in den Wolken), hinter der sich der **Pavillon der Kiefern des Fünften Ranges** befindet, wo einst der erste Qin-Kaiser vor einem Sturm unter einer Gruppe von Kiefern Unterschlupf suchte. Dankbar verlieh er anschließend den glückbringenden Kiefern den fünften Ministerrang. Von hier eröffnet sich ein Blick auf die niedrigeren Gipfel des Tai Shan: den Berg der Symmetrischen Kiefern, das Felsmassiv des Fliegenden Drachens und den Grat des Schwebenden Phönix.

Weiter oben führt der Weg durch den **Sheng Xian Fang** (Torbogen der Unsterblichkeit), der dem Bergmythos zufolge Langlebigkeit verspricht und der als Aussichtspunkt den Tang-Dichter Li Bai zu den Worten inspirierte: „In einem langen Atemzug des himmlischen Tores kommt der frische Wind von tausend Meilen her" – allerdings ist es den meisten Kletterern hier oben schon vergangen, die Dichtkunst anderer zu würdigen, geschweige denn selbst solche Worte zu finden.

Der **letzte Abschnitt** des Aufstiegs ist der härteste, denn die Steinstufen werden immer steiler und schmaler und führen nahezu senkrecht zwischen zwei Steilwänden hindurch. Nun wird jede einzelne Stufe in Richtung des schwarzen, sich gegen den Himmel abhebenden Nantianmen zur Herausforderung, die zudem oft in dichtem Nebel bewältigt werden muss. Hier bieten drahtige junge Männer den Erschöpften eine Weiterbeförderung in selbst gebastelten Sänften an.

Beim Erreichen des Gipfels tritt man in die **Tian Jie** (Himmelsstraße) und den Tai-Shan-Themenpark ein, wo man gebatikte T-Shirts und Plastikhalsketten mit der Aufschrift „Ich habe den Tai Shan erklommen" kaufen, einen Topf Nudeln schlürfen und sich in kaiserlichen Gewändern fotografieren lassen kann. Neben den entsprechenden Läden und Restaurants gibt es auch ein paar Hotels. Dieses florierende kleine Touristendorf am Gipfel des Berges ist ein Triumph des Gewinnstrebens über die Elemente. Das Wetter hier oben in luftiger Höhe ist alles andere als gastlich, und der Nebel oft so dicht, dass der eine Souvenirladen kaum von dem anderen aus zu sehen ist. In der Mitte der Straße befindet sich die Elefantenrüsselspitze, die geplante Endstation einer Zahnradbahn. Wer über Nacht bleiben möchte, entscheidet sich am besten für das *Shenqi Guesthouse****, ✆ 8223866, oberhalb des Bixia Ci, wo ein Bett für ¥140 zu haben ist. Dort gibt es auch ein teures Restaurant und eine Alarmglocke, die rechtzeitig zum Sonnenaufgang schlägt. In Nr. 2 Tian Jie liegt das *Xian Ju Hotel***, ✆ 822 6877, mit Dorm-Betten für ¥100.

Der **Bixia Ci** am Südhang des Gipfels ist die Endstation für die meisten echten Pilger, die hier der Bronzestatue der Prinzessin in der Haupthalle Opfergaben darbringen. Er ist keine Touristenfalle, sondern ein in Betrieb befindlicher Tempel, dessen Wächter die strengen Regeln bezüglich der erlaubten Aufenthaltsorte für neugierige Besucher durchsetzen. Zudem ist es ein herrliches Bauwerk, das

Sonnenaufgang auf dem Tai Shan

zum Schutz vor Windschäden vollständig mit Eisen verkleidet ist, und auch sämtliche Verzierungen sind aus Metall gefertigt. Die von den Dachvorsprüngen herabhängenden Glocken, die mythologischen Tiere auf dem Dach und auch zwei Stelen davor sind aus Bronze. Von 1759 bis zum Niedergang der Qing sandte der Kaiser alljährlich am 18. Tag des vierten Mondmonats einen Beamten her, um eine Opfergabe darzubringen. Gleich unterhalb befindet sich ein kleiner Schrein für Konfuzius – genau an der Stelle, wo er die Worte „Die Welt ist klein" sprach.

Am **Yuhuang Si** (Tempel des Jadekaisers) ist schließlich der höchste Punkt des Berges erreicht, und folgerichtig steht in seinem Innenhof ein Stein mit den eingemeißelten Schriftzeichen für „höchster Gipfel". In der chinesischen Volksreligion, die Elemente des Daoismus und Konfuzianismus mit Glaubensrichtungen aus früherer Zeit vermischt, ist der Jadekaiser der oberste Herrscher des Himmels und wird mit einer kaiserlichen Kopfbedeckung mit Perlenvorhängen vor dem Gesicht dargestellt. Vor dem Tempel steht die **Stele ohne Inschrift**, die vor über 2000 Jahren von Kaiser Wu errichtet worden sein soll. Es heißt, Wu hätte eine Inschrift gewollt, die seine Verdienste hätte preisen sollen. Doch keiner der Entwürfe hätte seinen Ansprüchen genügt, sodass er die Stele lieber leer ließ und alles Weitere der Vorstellungskraft der Nachwelt überließ.

Südöstlich von hier erhebt sich der Gipfel zur **Betrachtung des Sonnenaufgangs**, wo sich jeden Morgen vor Tagesanbruch Hunderte Besucher einfinden. Hier hat der Song-Kaiser im Jahre 1008 die *feng*-Zeremonie abgehalten, einen Altar errichtet und dem Himmel Opfergaben dargebracht. An klaren Tagen ist in über 200 km Entfernung die Küste zu sehen, und nachts zeigen sich die Lichter von Ji'nan. „Vom Gipfel", so der Tang-Poet Du Fu, „sind alle acht Ecken unter dem Himmel sichtbar". Von hier führen zahlreiche Wege zu landschaftlichen Kleinoden mit fantasievollen Namen wie Feenbrücke oder Himmlischer Kerzenberg. Bei gutem Wetter ist dies eine wunderbare Gegend zum ziellosen Umherwandern.

Der Abstieg

Für den Abstieg empfiehlt sich die **Westroute**, die länger und ruhiger ist und mit fantastischen Aussichten lockt. Sie beginnt am Zhongtianmen, windet sich in Schleifen den Berg hinab und stößt an dessen Fuß wieder auf den Hauptweg. Auf halber Strecke befindet sich der **Teich des Schwarzen Drachens**, ein dunkler, trüber Tümpel, in dem die kulinarische Spezialität des Tai Shan, der Rotschuppenkarpfen, zu Hause ist – der Fisch war einst so kostbar, dass er als Tribut an den kaiserlichen Hof akzeptiert wurde. Kurz vor Wegesende taucht der reizvolle Komplex des **Puzhao Si** (Tempel Universaler Klarheit) auf, der vorwiegend aus der Qing-Zeit stammt, obwohl an dieser Stelle schon vor 1500 Jahren der erste Tempel erbaut wurde. Er liegt östlich der Westroute und ist von der am Fuß des Berges entlangführenden Straße zu erreichen.

Übernachtung

Die Hotels **auf dem Berg** sind für jene, die die Plackerei mit dem ganzen Gepäck auf sich nehmen wollen, unbedingt eine Überlegung wert, denn die Umgebung ist weitaus angenehmer, und die Preise halten sich in erträglichem Rahmen.

Die empfehlenswerteste Unterkunft in Tai'an selbst dürfte wohl das ***Taishan Binguan*****, ✆ 8224678, 📠 8221432, sein – ein fünfstöckiger Bau in günstiger Lage am Anfang des Hauptweges zum Tai Shan an der Hongmen Lu. Es besitzt ein gutes Restaurant, und die meisten Service-Einrichtungen einschließlich der *Bank of China, CITS* und der Souvenirgeschäfte befinden sich in der Nähe.

Das ***Liangmao Dasha****, ✆ 8228212, Bett ¥30, liegt ebenfalls günstig in Bahnhofsnähe und bietet verschiedenste Zimmer an.

Ganz schlichte Unterbringung zu Tiefstpreisen findet der Gast im ***Longtan Binguan***** an der Longtan Lu, Ecke Dongyue Dajie, ✆ 8293688.

Am anderen Ende der Preisskala angesiedelt ist das ***Overseas Chinese Hotel******* an der Dongyue Dajie, ✆ 8228112, 📠 8228171, das exklusivste Hotel der Stadt, das den Glanz einer Tiara, aber den Charme einer Plastiktasse versprüht. Es ist 19 Etagen hoch und verfügt über Sporträume, Sauna und Swimming-Pool.

Ungewöhnlich für ein Touristenmekka ist das laxe örtliche Amt für Öffentliche Sicherheit (PSB), dem es offensichtlich egal ist, wo die Besucher unterkommen, also lohnt es sich bei

Straßenszene Tai'an

begrenztem Budget durchaus, in den schäbigen Unterkünften rund um den **Bahnhof** nachzufragen. Da englische Beschriftungen fehlen, sind sie nur an den Schriftzeichen für *binguan* zu erkennen. Ein Zimmer dort sollte etwa ¥50 kosten, ein Dorm-Bett noch weniger, allerdings ist nicht mit englischsprachigem Personal zu rechnen.

Essen

Eine Spezialität der **Tai'an-Küche** ist der Rotschuppenkarpfen, frisch aus den Teichen am Berg geangelt und lebend gebraten. Ein weiteres Gericht vom Berg ist das geschmorte Huhn mit *siliquose pelvetia* (einem Pilz, der nur in bis zu 2 m Entfernung von den uralten Kiefern rund um den Neun-Drachen-Berg zu finden ist) und weiteren speziellen Gewürzen. Die besten Restaurants befinden sich im *Taishan Binguan* und im *Overseas Chinese Hotel*, wo westliche Gerichte und lokale Spezialitäten gereicht werden. Ein Essen für 2 Pers. mit vegetarischen oder Fleischgerichten sowie Getränken kostet in beiden etwa ¥80. Im *Overseas Chinese Hotel* gibt es neben 15 weiteren sogar ein italienisches Restaurant, zu empfehlen ist jedoch das erschwinglichere chinesische im Erdgeschoss.

Entlang der Hongmen Lu locken noch andere gute Lokale, etwa das ***Sinaike Restaurant*** mit preiswerten Speisen und großen Portionen oder das ***Dafugui Restaurant*** gegenüber, ein nobles Lokal mit ebenso fürstlichen Preisen.

Meeresfrüchte werden im farbenfroh dekorierten ***Jinshan Restaurant*** im Norden der Stadt serviert.

Proviant für den Aufstieg zum Gipfel ist im ***Global Bakery Centre*** in Nr. 7 Hongmen Lu erhältlich.

Sonstiges

AMT FÜR ÖFFENTLICHE SICHERHEIT (PSB) – Qingnian Lu, ✆ 8224004, kaum Kontrolle der Unterbringung von Besuchern.

GELD – ***Bank of China,*** Hongmen Lu, in der Nähe des ***Taishan Binguan,*** wo Geldwechsel ebenfalls möglich ist. ◷ Mo–Fr 8–12 und 13.30–18 Uhr.

POST – Das ***Postamt*** befindet sich an der Dongyue Dajie, unweit der Kreuzung mit der Qingnian Lu. ◷ Mo–Fr 8–18 Uhr.

REISEBÜROS – Eine hilfreiche, englischsprachige Filiale von ***CITS*** liegt nur ein paar Häuser vom *Taishan Binguan* entfernt in Nr. 22 Hongmen Lu, ✆ 8223259, 💻 www.taishan-cits.com. Aufgrund des fehlenden Schildes ist es nicht einfach zu finden – einfach durch den Torbogen in den Hof gehen, *CITS* befindet sich in dem Gebäude direkt gegenüber.

VORWAHL – 0538

Nahverkehrsmittel

Alle vier **Stadtbuslinien** starten oder halten an der Haltestelle direkt nördlich des Bahnhofs. Der nützlichste ist Bus Nr. 3, der eine Schleife fährt: vom Beginn des Hauptweges auf den Tai Shan zum Bahnhof und wieder zurück in nördlicher Richtung zum Anfang der westlichen Wanderroute. Bus Nr. 2 durchfährt die Stadt von Süd nach Nord, von der Hongmen Lu zur Dongyue Dajie. Die Busse Nr. 1 und 4 schließlich kreuzen die Ost-West-Achse und fahren die Shengping Jie entlang.

Am Bahnhof erwartet den Reisenden eine ganze Meute eifriger **Taxifahrer**. Die Grundgebühr von ¥5 reicht für Fahrten innerhalb der Stadt aus, zum Berg kann es höchstens ¥7 kosten.

Touren

Bergwanderungen sollten besser auf eigene Faust unternommen werden, ansonsten bietet *CITS* zwei Touren an, die eine Überlegung wert sind. Auf der **Buyang-Dorf-Tour** bekommt man ein echtes, staubiges, baufälliges chinesisches Dorf zu Gesicht und einen Eindruck vom hiesigen Landleben. Man kann mit Einheimischen angeln gehen, eigenhändig *jiaozi* formen oder auch die Nacht in einem Bauernhaus verbringen. Vier oder fünf Teilnehmer sind Voraussetzung, und die Tour kostet ¥120 p.P., inkl. Abendessen.

Die andere Tour (¥50 p.P.) führt mit dem Taxi zum **Puzhao Si** und schließt einen Besuch bei einem ehrwürdigen alten daoistischen Mönch ein –

einem *Qigong*-Meister, der anscheinend Nadeln in den Mund nehmen und mit der Zunge einen Faden einfädeln kann. Allerdings ist er kein Clown, der seine Vorstellung zum Besten gibt – er macht seine Kunststückchen nur, wenn er Lust dazu hat. Diese Tour ruft unterschiedliche Reaktionen hervor: Manche Besucher fühlten sich eher wie Eindringlinge.

Transport

BUSSE – Die Busse aus Ji'nan und Qufu enden am **Überland-Busbahnhof** an der Sanlizhuang Lu, südlich des Bahnhofs. Aus Tai'an abfahrende Busse sammeln sich auf der Ostseite der Bahnhofshalle. Solange es hell ist, starten **Minibusse** halbstündlich nach Qufu (¥13) und alle 20 Min. nach Ji'nan (¥12,50).

Busse nach:
BEIJING 9 Std.;
JI'NAN 1 1/2 Std.;
NANJING 9 Std.;
QUFU 1 1/2 Std.;
ZHENGZHOU 10 Std.

EISENBAHN – Wer an dem modernen **Bahnhof** ankommt, der an der Eisenbahnlinie von Ji'nan nach Shanghai liegt, muss sich zunächst der recht aufdringlichen Taxifahrer erwehren. Tagesausflügler lassen ihr Gepäck am besten in der **Gepäckaufbewahrung** (¥3) neben dem Fahrkartenverkauf. Am englisch werbenden Touristenbüro rechts neben dem Ausgang vorbeigehen – Englisch wird dort ohnehin nicht gesprochen, und in Bezug auf Karten und Quartierempfehlungen hat es wenig zu bieten.
Züge nach Qufu und Ji'nan fahren reichlich, obwohl Tai'an für eine Übernachtung eher zu empfehlen ist als das langweilige Ji'nan.

Züge nach:
BEIJING tgl., 10 Std.;
JI'NAN 4x tgl., 1 Std.;
YANZHOU (nach QUFU) 5x tgl., 1 Std.

Qufu und Umgebung

Qufu ist eine staubige, ländliche Stadt im Süden von Shandong, die vom 100 km nördlich gelegenen Tai'an und dem 180 km entfernten Ji'nan leicht mit Bus und Bahn erreichbar ist. Sie zeigt sich reizvoll und angenehm träge und hat eine bemerkenswerte historische und kulturelle Bedeutung. Um 551 v. Chr. wurde **Konfuzius** dort geboren und hat später dort auch gelehrt – damals noch weitgehend ohne öffentlichen Widerhall. Er verbrachte den größten Teil seines Lebens in Qufu und wurde außerhalb der Stadt an einer Stelle beigesetzt, die zu einer heiligen Begräbnisstätte für seinen ganzen Familienclan der Kong wurde. Abgesehen von einer kurzen Episode zerstörerischen Eifers während der Kulturrevolution zeugt die Architektur überall in der Stadt von der Wertschätzung, die ihm von den nachfolgenden Dynastien entgegengebracht wurde – die monumentalsten Bauten stammen aus der Ming-Ära, als mit der **Residenz der Familie Kong** und dem **Konfuzius-Tempel** die beiden Hauptsehenswürdigkeiten entstanden, die mit ihren Ausmaßen eher nach Beijing passen würden.

Qufu ist ein ansprechender Ort mit entspannter Atmosphäre, der sich bestens für einen mehrtägigen Zwischenstopp eignet und in dem es auf kleinstem Raum viel zu sehen gibt. Alles ist zu Fuß erreichbar, man läuft auf unverschmutzten Straßen mit wenig Verkehr, Bänke laden zum Sitzen ein, und in den Bäumen singen die Vögel. Die Kompaktheit des Zentrums bedeutet allerdings auch, dass es schwierig ist, nicht zu Opfern des üblichen Touristennepps zu werden. Wenn alles zu viel wird, helfen vielleicht die Worte des Meisters selbst: „Ein Gentleman versteht, was Moral ist, ein einfacher Mann versteht nur, was einträglich ist." Schließlich bleibt immer noch die Möglichkeit, in den nahe gelegenen **Konfuzius-Wald** zu flüchten, wo man sich zwischen den unheimlichen, verdrehten Zypressen wunderbar verlieren kann. Gegen Ende September, zum Geburtstag des Konfuzius nach dem Mondkalender, geht es ein wenig lebhafter in der Stadt zu, da dann ein **Fest** veranstaltet wird und viele der ursprünglichen Rituale wieder in dem Tempel stattfinden.

Die Orientierung fällt nicht schwer, da das Stadtzentrum direkt an der Kreuzung von Gulou Dajie und Zhonglou Jie liegt und sich somit unmittelbar östlich des Tempels und der Residenz befindet. Außerhalb dieser Gegend gibt es nicht viel zu sehen, eine Ausnahme bildet allerdings der Konfuzius-Wald am nördlichen Stadtrand. Das Zentrum kann durchaus als Konfuzius-Themenpark be-

Qufu und Umgebung

Qufu	曲阜	***qŭfù***
Glockenturm	钟楼	*zhōnglóu*
Konfuzius-Tempel	孔庙	*kŏngmiào*
Konfuzius-Wald	孔林	*kŏng lín*
Trommelturm	鼓楼	*gŭlóu*
Yanhui-Tempel	颜庙	*yán miào*
Zhou Miao	周公庙	*zhōugōng miào*
Übernachtung		
Confucius Mansions	孔府	*kŏng fŭ*
Dongfang	东方宾馆	*dōngfāng bīnguăn*
Gold Mansion	金府宾馆	*jīnfŭ bīnguăn*
Queli	阙里宾舍	*quèlĭ bīnshè*
Yingshi Binguan	影视宾馆	*yĭngshì bīnguăn*

zeichnet werden, mit Unmengen von Einkaufsmöglichkeiten zwischen den Attraktionen. Alles hier liegt so eng beieinander, dass man bestens ohne öffentliche Transportmittel auskommt.

Der Wohnsitz der Familie Kong

Die Erste Familie unter dem Himmel – die Nachkommen des Konfuzius – lebte 2500 Jahre lang, in 77 Generationen, ununterbrochen in der Residenz der Familie Kong, die im Stadtzentrum von der Queli Jie aus zugänglich ist. Die Pracht und Größe des Wohnsitzes zeugen von der Macht und dem Reichtum des Kong-Clans und seines Anführers, des Yansheng-Herzogs. Das Anwesen steht auf einer Nord-Süd-Achse und ist grob in Wohnbereiche, einen Verwaltungsbereich und einen Garten eingeteilt. Im Osten befinden sich ein Tempel und eine Ahnenhalle, im Westflügel liegen die Empfangsräume für wichtige Gäste sowie die Zimmer, in denen die Riten erlernt wurden.

Kompliziert und verschlungen zeigt sich der Komplex, dem mit seinen gewundenen Gassen und den über 450 zumeist aus dem 16. Jh. stammenden Zimmern etwas deutlich Exzentrisches anhaftet. In seinem Innern befindet sich ein zentraler Hof mit langen, schmalen Gebäuden, die einst administrativ genutzt wurden und jetzt Läden mit lauter Plunder beherbergen. Das einzige dort angebotene englische Buch mit seinen Farbreproduktionen von Portraits der pompös gekleideten Yansheng-Herzöge aus mehreren Jahrhunderten ist einen Blick wert. Das **Tor des Zweifachen Ruhmes** im Norden wurde ausschließlich zu zeremoniellen Anlässen oder Besuchen des Kaisers geöffnet. Östlich und westlich davon stehen alte **Verwaltungsministerien**, die nach dem Vorbild der sechs Ministerien der kaiserlichen Regierung entstanden und aus heutiger Sicht eine seltsame Mischung darstellen: Das Ministerium für Riten war für den Ahnenkult verantwortlich, das Ministerium für Siegel für Rechtsprechung und Erlasse. Es folgten die Ministerien für Musik, Schriften und Archive, Pachteintreibung und Opferfelder. Hinter dem Tor des Zweifachen Ruhmes saß in der **Großen Halle** der Yansheng-Herzog, in ein Tigerfell gehüllt, auf einem Holzstuhl, verwaltete die Familie und verkündete Erlasse. Die Fahnen und Pfeilsymbole an den Wänden sind Ausdruck seiner Autorität. Die daneben hängenden Schilder mit der Aufschrift „Aus dem Weg!" sollten die Straßen von gemeinem Volk räumen, wenn der Herzog das Haus verließ.

In der nun folgenden Halle nahm der Herzog Prüfungen in Musik und Riten ab, und in der dahinter liegenden **Halle des Zurückziehens** trank er seinen Tee. Dort sind zwei Sänften zu besichtigen: eine grüne für Ausflüge außerhalb der Residenz und eine rote für den Hausgebrauch. 🕓 tgl. 8–17 Uhr, Eintritt ¥30.

Die Wohngemächer

Die Wohngemächer der Residenz liegen im Norden und sind durch einst schwer bewachte Tore erreich-

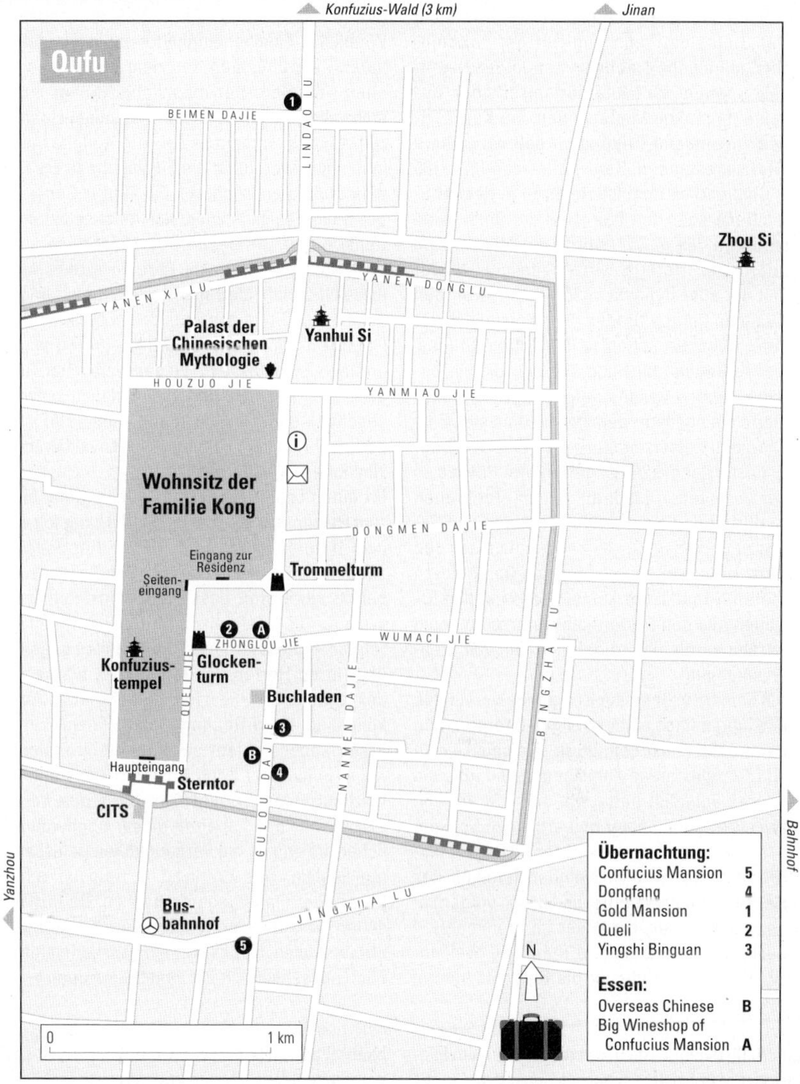

bar. Auf das Betreten ohne ausdrückliche Erlaubnis stand die Todesstrafe, und um dieser Regel Nachdruck zu verleihen, hingen hier Tigerschweifknüppel, Heugabeln und Jadekeulen mit Goldkopf herum. Selbst dem Wasserträger war der Zutritt verwehrt, sodass er das Wasser in eine außen befindliche Steinrinne gießen musste, die durch die Wände des Wohnbereiches verlief. Auf einer Wand

Der Yansheng-Herzog und die Familie Kong
Der Status der Yansheng-Herzöge – Konfuzius' männliche Nachkommen in der Hauptlinie – wuchs im Laufe der kaiserlichen Geschichte in dem Maße, in dem die Kaiser ihnen zunehmend **Privilegien und vererbbare Titel** zugestanden. Kaiser Liu Bang (256–195 v. Chr.) verlieh dem Nachfahren in der neunten Generation den Titel „Herr der Opfer", und im Jahre 739 n. Chr. wurde der Herzog zum „Herrn der Literarischen Vorzüglichkeit". Zur Zeit der Fünf Dynastien (907–960) war er den Beamten fünften Grades gleichgestellt, in der Yuan-Dynastie schon jenen dritten Grades, und zu Beginn der Ming-Zeit war er zum Beamten ersten Grades aufgestiegen und rangierte gleich hinter dem Premierminister. Zum Ende des Kaiserzeitalters während der Qing-Dynastie genoss er das besondere Privileg, in der Verbotenen Stadt auf einem Pferd reiten zu dürfen und auf dem Kaiserweg in den Palast zu gelangen. Die Kaiser beschenkten den Herzog mit großen Gebieten von Opferfeldern (deren Name daher kommt, dass mit den Erträgen aus den Feldern die Opferzeremonien bezahlt wurden), und befreiten ihn von Steuerzahlungen.
Als Familie blieben die Kongs eng verbunden und lebten nach einer **strengen Interpretation der konfuzianischen Ethik**. Beispielsweise wurde jedes junge Familienmitglied, das ein älteres beleidigt hatte, mit einer Strafe von zwei Silbertael belegt und erhielt 20 Schläge mit einem Bambusstock. Strenge Regeln legten fest, wer sich in welchen Räumen des Hauses aufhalten durfte, und als im vergangenen Jahrhundert ein Feuer im Wohnbereich ausbrach, wütete es drei Tage lang, weil nur zwölf der 500 Erbdiener die Befugnis hatten, den Bereich zu betreten, um es zu löschen. Weibliche Familienmitglieder mussten dem Vater, dem Ehemann und dem Sohn gehorchen. Als einer der männlichen Kongs namens Wenxun kurz vor dem Tag seiner Hochzeit verstarb, erhängte seine verzweifelte Verlobte sich, woraufhin die Familie ihr zu Ehren eine Steintafel errichtete. Ein älterer General der Kong-Familie schnitt sich einst selbst die Kehle durch, um nach einer Niederlage auf dem Schlachtfeld seine Ehre zu retten. Als diese Nachricht die Familie erreichte, erhängte sich sein Sohn aus kindlicher Ergebenheit. Nachdem die Leiche entdeckt worden war, erhängte sich dessen Frau aus weiblicher Tugendhaftigkeit. Als der Kaiser davon hörte, beschenkte er die Familie mit einer Tafel mit der Inschrift „Eine Familie voller Loyalität und kindlicher Ergebenheit".
Ihr gutes Leben genoss die Familie Kong bis zum Beginn des 20. Jhs. Ihr **Niedergang** folgte dem Untergang der kaiserlichen Herrschaft auf dem Fuße, und in den 20er Jahren war sie bereits so verarmt, dass die Bediensteten den Wein für die Gäste aus ihrer eigenen Tasche zahlten – gewissermaßen als Gefallen gegenüber ihren Herren. Im Jahre 1940, während der japanischen Invasion, floh der letzte Abkömmling, **Kong Decheng**, nach Taiwan und brach somit die jahrtausendealte Tradition. Seine Schwester **Kong Demao** verfasste den faszinierenden Bericht *Das Haus des Konfuzius* über das Leben in dieser ungewöhnlichen, so eng an die Vergangenheit gefesselten Familie. Das Werk ist in fremdsprachlichen Buchhandlungen erhältlich. Da inzwischen halb Qufu behauptet, von den Kongs abzustammen, gibt es dort ein ganzes Telefonbuch ausschließlich mit dem Buchstaben K.

innerhalb der Tore ist ein *tan* dargestellt – ein Fantasietier, das Schätze frisst und gierig die Sonne beäugt. Viele Feudalbeamte hatten dieses Bild als Warnung vor Habgier auch in ihren Häusern.

Die erste Halle mit den sieben Erkern ist die **Empfangshalle**, wo Verwandte empfangen und Banketts sowie Hochzeits- und Beerdigungszeremonien abgehalten wurden. Die einzigen Überbleibsel aus ihrer vornehmen Vergangenheit sind mehrere goldene Throne und verzierte Stäbe. Direkt gegenüber der Empfangshalle birgt der zentrale östliche Raum verschiedenes Mobiliar aus Baumwurzeln, ein Geschenk des Kaisers Qianlong – dort liegt ein Originaldekret des Kaisers auf dem Tisch. Beachtenswert ist hier auch das Tafelgeschirr mit 404 Teilen, zu denen Teller in Form

Zeichen ewiger Liebe – Schlösser auf dem Tai Shan

Paradiesweg; Tai Shan

Tempel der Prinzessin der Azurblauen Wolke; Tai Shan

Nanjing Lu, Shanghai

Altstadt-Gasse, Shanghai

Gründungsstätte der KP Chinas, Französische Konzession; Shanghai

Ehemaliges Sumpfgebiet – Pudong; Shanghai

Morgenstimmung am Westsee; Hangzhou

Lingyin Si; Hangzhou

Kanalfahrt; Tongli

Leben am Kanal; Suzhou

Kanal am Tigerhügel; Suzhou

Garten des Meisters der Netze; Suzhou

von Fischen und Hirschen gehören, die für den Verzehr des jeweiligen Gerichtes genutzt wurden. Banketts für Ehrengäste konnten bis zu 196 Gänge umfassen.

Hinter den Nebengebäuden ist durch ein kleines Tor das **Vordere Hauptgebäude** zu erreichen – ein eindrucksvoller zweistöckiger Bau, in dem Gemälde und Kleider ausgestellt sind.

Der zentrale östliche Raum war das Heim von Madame Tao, der Frau des 76. Herzogs Kong Lingyi. Ihre Tochter Kong Demao lebte in dem Zimmer im äußersten Osten, während die Konkubine von Kong Lingyi namens Wang, ursprünglich eine der Zofen von Tao, in dem inneren westlichen Raum wohnte. Das klingt nicht gerade nach häuslichem Idyll, und tatsächlich nutzte Madame Tao jede Abwesenheit des Herzogs dazu, Wang mit einer Peitsche zu schlagen, die sie ausschließlich zu diesem Zwecke aufbewahrte.

Als Wang schließlich einen männlichen Erben zur Welt brachte, wurde sie von Tao vergiftet. Eine zweite Konkubine namens Feng wurde von Tao bis zu ihrem Tode in ihren Räumen gefangen gehalten.

Der Herzog selbst lebte im **hinteren Gebäude**, das so erhalten geblieben ist, wie es der letzte Herzog bei seiner Flucht nach Taiwan hinterließ. Dahinter befindet sich der Garten, wo sich allabendlich Krähenschwärme zu einer geräuschvollen Rast niederlassen. Normalerweise werden Krähen in China für unheilvolle Geschöpfe gehalten, doch hier sind sie willkommen und gelten als die Krähensoldaten des Konfuzius, die ihn vor den Gefahren auf seinen Reisen geschützt haben sollen.

Südöstlich des inneren Ostflügels steht der vierstöckige **Zufluchtsturm**, ein Rückzugsort, der für den Fall eines Aufstandes oder einer Invasion vorgesehen war. Im ersten Stock gab es eine bewegliche Hängeleiter und eine einsetzbare Falle. In dem Gebäude konnten sich die Flüchtlinge wochenlang von getrockneten Lebensmitteln ernähren.

Der Tempel

Im Osten des Komplexes befinden sich der Familientempel, die Ahnenhalle und die Wohnbereiche niederer Familienangehöriger. Der Tempel ist dem Andenken an Yu gewidmet, der Frau des 72. Herzogs und Tochter von Kaiser Qianlong. Die Prinzessin hatte ein Muttermal im Gesicht, das Prophezeiungen zufolge Unheil bringen würde, wenn sie nicht in eine Familie einheiratete, die noch erlauchter war als der Adel oder die höchstgestellten Beamten. Einzig die Kongs konnten dieses Kriterium erfüllen, doch streng genommen durfte die Tochter des Mandschu-Kaisers keinen Han-Chinesen heiraten.

Diese Unannehmlichkeit wurde aus der Welt geschafft, indem die Prinzessin zunächst von der Familie des Großen Ministers Yu adoptiert und dann als dessen Tochter mit dem Herzog verheiratet wurde. Ihre Mitgift umfasste 20 Dörfer und mehrere tausend Kleiderkoffer.

Der Konfuzius-Tempel

Der Konfuzius-Tempel gilt neben der Verbotenen Stadt in Beijing und der Sommerresidenz in Chengde als dritter bedeutender klassischer Architekturkomplex in China. Groß ist er allemal: Er umfasst 466 Räume, ist über 1 km lang und mit seinen neun Höfen auf einer Nord-Süd-Achse wie ein Kaiserpalast angelegt. So riesig war er nicht immer – im Jahre 478 v. Chr. wurde er zunächst als Tempel mit drei Räumen erbaut, in denen einiges aus Konfuzius' bescheidenem Besitz aufbewahrt wurde: Hüte, eine Zither und ein Wagen. Im Jahre 539 n. Chr. ließ Kaiser Jing Di den Komplex renovieren und löste damit einen Trend aus, denn seither versuchten die Kaiser, ihrer Verehrung des weisen Mannes – und demonstrativ auch ihrer Frömmigkeit – Ausdruck zu verleihen, indem sie den Komplex im Laufe von 2000 Jahren immer wieder renovieren und erweitern ließen. Die heutige Anlage stammt vorwiegend aus der Ming- und Qing-Zeit.

Obwohl es westlich der Residenz einen Eingang von der Queli Lu gibt, wird der Tempel zumeist am südlichen Abschnitt der Tempelmauer betreten – das ist ohne Frage der bessere Zugang, da er einen geordneten Eindruck von dem Komplex vermittelt. Hinter dem von gehörnten Kreaturen auf Lotosblüten flankierten Tor fällt der erste Blick auf Gruppen drahtiger Zypressen und monolithische Stelen, die in einem überwucherten Innenhof zum Teil auf den Rücken gemeißelter *bixi* (gelassen dreinschauender, schildkrötenähnlicher Kreaturen) ruhen. Eine Reihe weiterer Tore führt in einen Hof mit dem herrlichen **Kui-Wen-Pavillon** in der Mitte – einem dreistöckigen Holzbau aus dem Jahre 1018, dessen Gestaltung in der chinesi-

Der Konfuzianismus Konfuzius verbrachte sein ganzes Leben, von den Herrschenden und dem gemeinen Volk weitgehend ignoriert, in Armut. Als kleiner Beamter am Hofe von Lu vermochte er nicht zu wirklicher Macht zu gelangen und begann daher, von Staat zu Staat zu reisen und die Herrscher von seinem Moralkodex zu überzeugen. Seine Ideen fanden erst nach seinem Tode weite Verbreitung, als seine Schüler seine Lehren in den *Analekten* zusammenfassten.

Der Konfuzianismus ist eine Philosophie, die nie als Religion gelten sollte, obwohl sie als solche verbreitet wurde. Konfuzius lehrte ritterliches Benehmen, Ethik und die Prinzipien des Herrschens. Er glaubte, dass sowohl der Einzelne als auch der Staat friedfertig, gemäßigt und gesetzestreu sein und Extreme und Übermaß vermeiden sollte. Der Staat sollte dem Volke dienen und die Tugendhaften um sich scharen, und Herrscher sollten sich durch Bildung sowie Menschlichkeit auszeichnen und sich höflich, fleißig, gutgläubig und freundlich verhalten. Bauern sollten gute Bauern sein und Herrscher gute Herrscher, und jedermann sollte mit seiner Stellung in der Gesellschaft zufrieden sein. Dabei war Uneigennützigkeit von grundlegender Bedeutung: „Was du nicht willst, das man dir tu, das füg' auch keinem anderen zu." Konfuzius war ein Kind seiner Zeit, und seine Ideen spiegelten die Ansichten und Ideale der herrschenden Klasse einer stabilen Feudalgesellschaft wider. Seine ideale Herrschaftsform war ein **wohlmeinender Despotismus**. Er glaubte, dass die korrekte Struktur der Gesellschaft und der Familie in einer strengen Hierarchie bestand.

Die konfuzianische Ethik wurde von den Herrschern als geeignetes System zur Kontrolle des Volkes erkannt, und der Konfuzius-Kult nahm unmittelbar nach dessen Tod im Jahre 479 v. Chr. seinen Anfang. Seitdem hat der Konfuzianismus einen ungeheuren Einfluss auf die chinesische Kultur ausgeübt, und sein Schwerpunkt auf Bildung bildete den Grundstein für die bis zum 20. Jh. praktizierten **Prüfungen für zukünftige Staatsdiener**. Die **Kommunisten** wiederum verachteten den Konfuzianismus als veraltetes, feudales System und starteten während der Kulturrevolution eine Anti-Konfuzius-Kampagne, in deren Verlauf vieles von der konfuzianischen Kultur zerstört wurde. Doch momentan erlebt er gerade so etwas wie einen **zweiten Frühling**. Verunsichert durch das Tempo der Veränderungen, den wachsenden Generationsunterschied und den neuen Materialismus in China, verlangen die Konservativen nach einer Wiederkehr konfuzianischer Werte von Respekt und Selbstlosigkeit, genauso wie ihre nervösen Kollegen im Westen die Rückkehr zur Familie predigen. Die konfuzianische Sozialmoral – der Obrigkeit zu gehorchen, die Familie als Fundament der Tugendhaftigkeit zu begreifen und den gegenseitigen Nutzen von Freundschaft hervorzuheben – wird zuweilen als einer der Hauptgründe des Erfolges ostasiatischer Wirtschaftsnationen gepriesen, ebenso wie der Protestantismus als ideologisches Erklärungsmuster zum Wachstum des industrialisierten Westens herhalten musste.

Die meisten konfuzianischen Bauten von Qufu sind unlängst renoviert worden, allerdings ausschließlich im Interesse des **Tourismus** und nicht als Kultstätten. Der Konfuzianismus als religiöse Kraft war für tot gehalten worden, doch die Fähigkeit chinesischer Traditionen, Modernisierung und Unterdrückung zu überleben, überrascht den Betrachter immer wieder. Wie einst ein chinesischer Besucher bemerkte, ist „Konfuzius die einzige chinesische Führungspersönlichkeit, die die Menschen niemals im Stich gelassen hat".

schen klassischen Architektur einmalig ist: ein dreistufiges Dach mit geschwungenen Vorsprüngen und vier Schichten von Querträgern. Er wurde 1504 renoviert und hat seither ein Erdbeben unbeschadet überstanden, ein Ereignis, das auf einer Tafel auf der Terrasse festgehalten wurde. Die beiden Pavillons östlich und westlich davon sind Enthaltsamkeitshütten, in denen die gastierenden Kaiser fasteten und badeten, bevor sie an den Opferzeremonien teilnahmen.

Die **dreizehn Stelenpavillons** im Hof dahinter sind einen Blick wert, denn sie beherbergen 53 Tafeln, die verschiedene Kaiser zur Erinnerung an ihre Besuche und die Gaben von Land und Renovierungsgeldern an die Familie Kong gestiftet haben. Die ältesten stammen aus der Tang-Dynastie und die neuesten aus der Republikanischen Phase. Weiter nördlich führen fünf Tore in verschiedene Richtungen: die östlichen zu der Halle, wo den Ahnen des Konfuzius Opfergaben dargebracht wurden, und die westlichen zu den Hallen, wo seine Eltern verehrt wurden. Das mittlere Tor der Großen Vollendung führt zu einem großen Pavillon namens **Aprikosenaltar**. Überlieferungen zufolge hat Konfuzius hier gelehrt, nachdem er das Land auf der Suche nach einem Herrscher bereist hatte, der seine Ideen durchzusetzen bereit war. Die Zypresse gleich hinter dem Tor soll von Konfuzius selbst gepflanzt worden sein und ihr Gesundheitszustand das Schicksal der Familie Kong widerspiegeln.

Die **Halle der Großen Vollendung** hinter dem Altar ist das größte Gebäude des Tempels. Sein auffallendstes Merkmal bilden die 28 **Steinsäulen** mit eingemeißelten Basreliefs von Drachen, die ungefähr aus dem Jahre 1500 stammen. Jede Säule ist mit neun prächtigen Drachen verziert, die sich um Wolken und Perlen in Richtung Dach winden. Vergleichbares gibt es in der Verbotenen Stadt von Beijing nicht, und wenn die Kaiser ihre Besuche abstatteten, wurden die Säulen mit gelber Seide bedeckt, um keinen Neid auszulösen. Ursprünglich war der Tempel ausschließlich zur Verehrung von Konfuzius bestimmt, doch im Jahre 72 n. Chr. brachte Kaiser Liu Zhuang auch seinen 72 Schülern Opfergaben dar. 500 Jahre später erließ Zhen Guan aus der Tang-Dynastie ein Dekret, das vorschrieb, auch 22 weitere berühmte Konfuzianer zu verehren. Die Kaiser späterer Dynastien, die sich nicht ausstechen lassen mochten, fügten weitere hinzu, bis im 20. Jh. schließlich 172 Personen als „würdige Persönlichkeiten" galten.

Hinter der Haupthalle liegt die innere Halle zur Verehrung von Konfuzius' Frau **Qi Guan**, die scheinbar auch durch die bloße Verbindung Vergötterung verdient. Die auf die Säulen und Decken gemalten Phönixe symbolisieren die weibliche Macht, so wie der Drachen für Männlichkeit steht.

Dahinter befindet sich die **Halle der Relikte des Weisen**, wo 120 Steinplatten aus dem 16. Jh. mit Gravierungen von Bildern aus der Song-Ära Szenen aus dem Leben des Konfuzius darstellen.

Zu Beginn betet seine Mutter um einen Sohn, und am Ende trauern seine Schüler an seinem Grab. Die künstlerische Qualität ist ausgezeichnet, doch leider beeinträchtigt das Schummerlicht in dem Raum den Genuss der Betrachtung.

Hier beginnt die **Ostachse** des Tempels, hinter dem Tor der Ahnenfolge des Weisen, neben der Halle der Großen Vollendung. In der hier befindlichen **Halle der Lieder und Riten** soll Konfuzius seinen Sohn Kong Li angehalten haben, aus dem *Buch der Lieder* die Dichtkunst zu erlernen, um sich ausdrücken zu können, und aus dem *Buch der Riten* die Rituale zu erlernen, um seinen Charakter zu stärken. Bei der einzeln stehenden Mauer in dem Hof handelt es sich um die berühmte **Lu-Mauer**, wo Kong Fu, ein Nachkomme von Konfuzius in der neunten Generation, die Bücher des Weisen versteckt hielt, als der erste Kaiser Qin Shi Huang (s.S. 96) die Anhänger des Konfuzius verfolgte und all seine Bücher verbrannte. Einige Jahrzehnte später befahl Liu Yu, Prinz von Lu und Sohn des Kaisers Jing Di, Konfuzius' Haus zu zerstören, um seinen eigenen Palast zu erweitern. Daraufhin wurden die Bücher entdeckt, was zu einer Spaltung zwischen denen, die der rekonstruierten Version seiner letzten Bücher folgten, und den Anhängern der Lehren aus den wieder gefundenen Originalwerken führte.

Der **westliche Bereich** ist durch das Tor Dessen, der den Weisen Ankündigt, an der Halle der Großen Vollendung zugänglich. Ein gepflasterter Weg führt zu einer hohen Ziegelsteinterrasse, auf der die grün geflieste Halle der Seidenstoffe und des Metalls mit ihren fünf Erkern und die Halle Dessen, der den Weisen Ankündigt, stehen, die zur Verehrung von Konfuzius' Vater Shu Lianghe erbaut wurden. Dieser war zu Lebzeiten ein kleinerer Militärbeamter, der posthum durch seinen Sohn zu Würden kam. Erwartungsgemäß liegt dahinter die Halle der Gattin Dessen, der den Weisen Ankündigt, die Konfuzius' Mutter gewidmet ist.

In der östlichen Tempelmauer, unweit der Lu-Mauer, weist ein unaufdringliches Tor den Weg zum legendären **Heim des Konfuzius**, das zwischen dem spektakulären Tempel und der prunkvollen Residenz eingezwängt liegt, ein winziges Stück Land, das gerade einmal Raum für zwei winzige Zimmer bot. ⌚ tgl. 8–16.30 Uhr, Eintritt ¥50.

Weitere Sehenswürdigkeiten

Unweit des Tores zur Residenz der Familie Kong steht in östlicher Richtung der Ming-zeitliche **Trommelturm**, der gemeinsam mit dem **Glockenturm** auf der Queli Lu ein Paar bildet. Zum Sonnenuntergang wurde die Trommel geschlagen, und die Glocke kündigte den Sonnenaufgang an. Bei großen Opferzeremonien ertönten sie gemeinsam. Beide sind nicht zugänglich.

Ein Stück nordöstlich des Konfuzius-Tempels ist ein kleinerer Komplex **Yanhui** geweiht, der als bedeutendster Schüler des Konfuzius galt und bisweilen „Der Wiedergekehrte Weise" genannt wurde. Seit der Zeit der Han-Dynastie steht hier der Tempel, obgleich der gegenwärtige Bau aus der Ming-Ära stammt. Er ist bildschön, ruhiger als der Konfuzius-Tempel und mit eindrucksvollen baulichen Details wie etwa den Drachensäulen an der Haupthalle und einem in das Dach eingelassenen Drachenkopf versehen. Im östlichen Gebäude ist jetzt eine Ausstellung in der Gegend entdeckter neolithischer und Zhou-Keramik untergebracht.

Der **Zhou Miao** im Nordosten der Stadt ist einem Herzog aus der Zhou-Dynastie gewidmet, von dem eine Statue in der Haupthalle steht, neben denen seines Sohnes Bo Qin und dessen Dieners. Der Legende zufolge war Bo Qin unbesonnener als sein Vater, sodass der Herzog, in Sorge darüber, dass sein Sohn in Staatsangelegenheiten nicht vernünftig handeln würde, einen kurzen, aber treffenden Grundsatz aus seiner eigenen politischen Erfahrung auf eine Schiefertafel schrieb und den Diener anwies, diese auf seinem Rücken zu tragen. Wann immer Bo Qin also im Begriff war, etwas Törichtes zu tun, wandte der allgegenwärtige Diener ihm seinen Rücken zu, sodass sich Bo Qin, nachdem er die Warnung seines Vaters gelesen hatte, eines Besseren besinnen konnte. Auf der offenen Terrasse vor der Halle, wo dem Herzog Opfergaben dargebracht wurden, befindet sich ein bemerkenswerter Weihrauchbrenner mit eingravierten, sich windenden Drachen.

Die Sehenswürdigkeiten, die Qufu heute zu bieten hat, sind mit seinem historischen Reichtum nicht vergleichbar. Der **Palast der Chinesischen Mythologie** hinter der Residenz an der Houzuo Jie bietet mit seiner jahrmarktartigen Show mechanischer Dioramen, die von teilnahmslosen Beschäftigten bedient werden, eine zehnminütige befreiende Komik. Der Raum mit der chinesischen Vorstellung von der Hölle ist ganz amüsant, mit all den Plastikschädeln und dem falschen Blut. Der Raum namens „Himmel" ist voller halb nackter Schaufensterpuppen. ⌚ tgl. 8–20 Uhr, Eintritt ¥20.

Der Konfuzius-Wald

Der Konfuzius-Wald liegt 3 km nördlich des Stadtzentrums am Stadtrand und ist mit einer Fahrrad-Rikscha zum Preis von ¥5 bequem erreichbar, doch auch ein Spaziergang lohnt sich. Die Steinmetze am Straßenrand auf dem Weg dorthin lassen sich gerne bei ihrer Arbeit an Skulpturen zuschauen – sie fertigen Drachen, Löwen, Adler sowie Frauen in Bikinis.

Der Wald ist der **Friedhof** der Familie Kong und wie der Tempel über die Jahrhunderte hinweg von etwas sehr Schlichtem und Schmucklosem zu einem prachtvollen Komplex erweitert worden. In der Mitte liegt das Grab des Konfuzius. Während der Song-Dynastie wurde das Areal mit Bäumen bepflanzt und im Jahre 1331 eine Mauer darum gezogen. Die Pavillons und Hallen kamen in der Ming-Dynastie hinzu, und umfangreiche Rekonstruktionsarbeiten wurden 1730 ausgeführt, als Yong Zhen einige bemerkenswerte Gedenktorbögen schuf. Die Schüler des Konfuzius hatten exotische Bäume für das Gelände gesammelt und hier eingepflanzt, sodass heute über 100 000 verschiedene Arten vertreten sind. Der Ort strahlt mit seinen im dichten Gestrüpp halb verborgenen Skulpturen, den in Wäldchen aus uralten Bäumen verstreuten Grabsteinen und seinen mit Sonnenlicht gesprenkelten Wanderwegen eine sehr stimmungsvolle Atmosphäre aus. Das ist ein echter, wild wachsender Wald mit echten Wildtieren und – Vorsicht! – echten ostasiatischen Insekten mit gemeinen Stacheln. Es ist ein vorzüglicher Ausflugsort für einen Nachmittag und eine der wenigen berühmten landschaftlichen Schönheiten Chinas, die man genießen kann, ohne die üblichen Menschenmengen ertragen zu müssen. Gleich hinter dem Eingang startet eine Bahn zu den Hauptattraktionen, der Fahrpreis beträgt ¥4. Bei Redaktionsschluss dieses Buches gab es noch keinen Fahrradverleih, was wirklich ein Jammer ist, denn für Fußgänger ist der Wald einfach zu groß.

Von dem klobigen Haupttor führt in östlicher Richtung der kaiserliche Weg zu einem Tor und einer gewölbten Steinbrücke, hinter der die Grabstätten von Konfuzius und dessen Sohn liegen. In der nördlich der Brücke befindlichen **Halle der Bedachtsamkeit** legten Besucher vor den Opferzeremonien rituelle Gewänder an. Eine Allee, die zunächst von Stempelschnitzern und Souvenirständen und dann von gemeißelten Steintieren gesäumt wird, führt zur **Opferhalle** und weiter zu einem kleinen grasbewachsenen Erdhügel – dem **Grab.** Unmittelbar westlich davon steht eine an einen Geräteschuppen erinnernde Hütte, in der Konfuzius' Schüler jeweils drei Jahre verbrachten, um sein Grab zu bewachen. Konfuzius' Sohn ist nördlich von hier begraben. Seine wenig schmeichelhafte Grabinschrift lautet: „Er starb vor seinem Vater, ohne etwas Besonderes geschaffen zu haben."

Der Legende nach wies Konfuzius vor seinem Tode seine Schüler an, ihn hier zu begraben, weil das Fengshui stimmte. Seine Schüler hatten etwas dagegen, weil es keinen Fluss in der Nähe gab. Daraufhin erzählte Konfuzius ihnen von einem Fluss, der in der Zukunft angelegt würde. Nachdem der erste Qin-Kaiser Qin Shi Huang China vereinigt hatte, startete er eine Anti-Konfuzius-Kampagne, verbrannte Schriften und Gelehrte und versuchte, das Grab zu sabotieren, indem er einen Fluss durch den Friedhof graben ließ – womit er diesen versehentlich perfektionierte. ◷ tgl. 8–18 Uhr, Eintritt ¥20.

Übernachtung

Qufu bietet viele preisgünstige Hotels, von denen die folgenden am günstigsten gelegen sind.

Confucius Mansions Hotel*, 1 Datong Lu, ✆ 0537/4411783. Gegenüber vom Busbahnhof am unteren Ende der Gulou Dajie. Entspannte Atmosphäre und freundliches Personal, beliebt bei Reisenden mit kleinem Geldbeutel. Dorm-Betten ¥60.

Dongfang*, 30 Gulou Nan Dajie, ✆ 0537/4412794. Sauber und gute Qualität, mit angenehmen, wenn auch kleinen Zimmern. Dorm-Betten ¥25.

Gold Mansion**, 1 Beimen Dajie, ✆ 0537/4413 469, 📠 4413209. Komfortables Hotel, zum Teil in ausländischem Besitz. Etwas abseits des Zentrums auf dem Weg zum Wald. Nicht so schön wie das *Queli,* aber unter Auslandschinesen sehr populär.

Queli**, 1 Queli Jie, ✆ 0537/4411300, 📠 4412022. Direkt neben dem Konfuzius-Tempel und der Residenz. Wer es sich leisten kann, sollte in diesem beeindruckenden modernen Bauwerk unterkommen, denn es gehört zu den wenigen besseren chinesischen Hotels, die mit ihrer Umgebung harmonieren. Satelliten-TV, Warmwasser rund um die Uhr und englischsprachiges Personal. Ein *CITS*-Büro ist ebenfalls vorhanden.

Yingshi Binguan*, 22 Gulou Nan Dajie, ✆ 0537/4412422. Absolut akzeptabel, wenn auch mit etwas schlechterem Preis-Leistungs-Verhältnis als das *Dongfang*. Dorm-Betten ¥20.

Essen

Zu den hiesigen Spezialitäten zählt Duftreis mit **Skorpionen**, in Salz gekocht und in Öl eingelegt. Zudem hat die Familie Kong ihre eigene Kochkunst entwickelt, mit Gerichten wie Gold- und Silber-Fisch (ein weißer und ein gelber Fisch). Diese raffinierten Speisen können im *Queli Hotel* gekostet werden, das ein spezielles **Kong-Residenz-Bankett** vorwiegend für Touristengruppen zum Wucherpreis von ¥200 p.P. anbietet.

Weniger exquisite Küche findet man in einigen Restaurants an der Gulou Dajie, darunter das freundliche ***Overseas Chinese Restaurant*** in Nr. 85.

Der auch in Englisch beschilderte ***Big Wineshop of Confucius Mansion*** unweit des *Queli Hotel* ist recht gut, aber mit etwa ¥80 für ein Essen recht teuer. Bei gut betuchten Gästen ist das Lokal sehr beliebt, sodass es in dem kleinen, eleganten Raum sehr eng werden kann. Abends füllt sich die Wumaci Dajie mit **Imbissständen**, die köstlich aussehende Eintöpfe anbieten. Das Essen ist recht ordentlich und die Atmosphäre belebt, doch vor der Bestellung immer nach dem Preis erkundigen.

Unterhaltung

Das Nachtleben beschränkt sich im Wesentlichen auf den ***Nachtclub*** an der Gulou Dajie, Ecke Zhonglou Jie, mit Karaoke und teuren Drinks. Die hiesige **Bowlingbahn** bietet allerdings reichlich Belustigung. Ein Besuch des grellen ***Confucius Six Arts City*** als Gast der überall in der Stadt beworbenen, grauenhaften Revue *Confucius' Dream* will gut überlegt sein. Und es darf bezweifelt werden, ob in den Träumen des großen Weisen jemals Federkopfschmuck tragende Tänzerinnen und Fächer schwenkende Kampfkunstexperten herumgegeistert sind, wie diese Show behauptet. Vorstellungen tgl. von April bis Oktober, Beginn 20 Uhr, Eintritt ¥40.

Einkaufen

Touristen-Geschäfte sind im Stadtzentrum dicht gesät, und auf der Wumaci Dajie gibt es einen **Nachtmarkt**. Es überrascht kaum, dass Konfuzius bis zum Überdruss ausgeschlachtet wird: Es gibt Konfuzius-Fächer, Konfuzius-Bier, Konfuzius-Süßigkeiten und die so genannte „Konfuzius-Schatztruhe", in der eine Eichel aus dem Konfuzius-Wald und Sand von dem Grab des großen Weisen enthalten sind – im Wesentlichen eine Schachtel mit sehr teurer und nett verpackter Erde.
Die angebotenen T-Shirts im Geschenkeladen der Residenz der Familie Kong bilden vorn das Haus des Meisters (das bei Wärme die Farbe wechselt) und hinten den Spruch *„PRI esta bien para tu familia"* (etwa: Die PRI ist gut für deine Familie) ab – dabei handelt es sich zweifellos um die Hinterlassenschaft des vor einigen Jahren verlorenen Präsidentschaftswahlkampfes dieser politischen Partei Mexikos.
Bücher mit übersetzten **Aussprüchen des Konfuzius** sind im *Queli Hotel* erhältlich.
Wer dem ganzen konfuzianischen Zirkus aus dem Wege gehen möchte, findet vielleicht die **Stempel** (in wenigen Minuten ist der gewünschte Name eingearbeitet), die Steinabreibungen von den Stelen im Tempel und die selbst gemachten Pistazienschnitzereien ansprechend.
Ein reizendes traditionelles chinesisches **Medizingeschäft** befindet sich auf der Zhonglou Jie, unweit des *Queli Hotel,* zu erkennen an den getrockneten Heilkräutern am Straßenrand. Skorpionessenz – ein Produkt aus heimischer Herstellung, das als Tonikum für alles Mögliche angepriesen wird – gibt es in den Warenhäusern auf der Wumaci Jie.

Nahverkehrsmittel

Durch die Stadt kommt der Besucher mit der **Fahrrad-Rikscha**, in der die Passagiere vorn ziemlich niedrig sitzen und so die vorbeiziehende Szenerie aus der Hundeperspektive betrachten können. Im gesamten Stadtgebiet sollte eine Tour höchstens ¥5 kosten. Es gibt auch zigeunerartige Pferdewagen nur für Touristen, die allerdings nicht billig sind. **Taxis** verlangen eine Grundgebühr von ¥5.
Vom Bahnhof fährt **Bus** Nr. 5 (¥1) in die Stadt, mit Halt am Busbahnhof und am Konfuzius-Tempel. Bei Ankunft am Busbahnhof erübrigt sich ein Stadtbus, denn alles ist leicht zu Fuß erreichbar. Wer weitere Ausflüge in die Umgebung plant, sollte sich nach Ji'nan (s.S. 268) begeben, das mehr Verbindungen bietet – aber dessen Charme in keiner Weise mit dem von Qufu konkurrieren kann.

Transport

Der winzige **Bahnhof** von Qufu ist weit an den Stadtrand verbannt worden, da er in näherer Entfernung das Grab des Weisen hätte stören können. Der nächtliche Direktzug aus BEIJING (10 Std.) hält dort, ebenso wie drei weitere Züge aus TAI'AN (1 Std.) und JI'NAN (2 Std.). Andere Züge halten im 16 km westlich gelegenen Yanzhou an der Strecke Beijing–Shanghai. Von dort verkehren regelmäßig Busse (¥4) nach Qufu, die am Busbahnhof südlich der Residenz der Kong-Familie enden.
Am **Busbahnhof** kommen auch die Überlandbusse aus JI'NAN (3 Std.), QINGDAO (6 Std.) und TAI'AN (1 1/2 Std.) an, nachdem sie durch das fruchtbare Flachland mit seinen Auberginen, Bohnen und Kartoffeln geknattert sind.

Qingdao

Der erste Eindruck der Hafenstadt Qingdao im Osten der Provinz Shandong ist bemerkenswert. Wer aus dem Bahnhof heraustritt, Richtung Norden geht und seine Augen an die Skyline heftet, wird sich fühlen, als wäre er auf dem falschen Kontinent ausgestiegen – hier scheint sich die Kopie eines bayrischen Dorfes aus dem 19. Jh. am

Gelben Meer niedergelassen zu haben. Mit ihren teutonischen Formen und Winkeln – roten Dächern, Pflasterstraßen und kompliziert gearbeiteten Eisenbalkons – wirkt diese alte **deutsche Konzession** auf unheimliche Weise völlig fehl am Platze. Der Zusammenschluss deutscher Architektur mit dem modernen China hat ein bizarres Nebeneinander geschaffen, in dem ostasiatische Steinlöwen in dezenten europäischen Gärten stehen und kleine Läden und Wäschereien sich hinter prächtigen, selbstgefälligen Fassaden verstecken.

Die unverwechselbare teutonische Prägung von Qingdao geht auf das Jahr 1897 zurück und ist ein Vermächtnis der eifrigen Versuche **Kaiser Wilhelms**, das deutsche Einflussgebiet im Osten auszudehnen. Seine Annexion von Qingdao samt der umgebenden Halbinsel Jiaozhou wurde nach dem typischen Muster der europäischen Aktivitäten jener Zeit gerechtfertigt. Der Anlass war angeblich die Sorge um die „Sicherheit", nachdem zwei deutsche Missionare von der **Boxer-Bewegung** (s.S. 102) ermordet worden waren. Der Kaiser bauschte den Vorfall zu einer internationalen Krise auf und forderte in seiner nahezu hysterischen Rede (die das Schlagwort von der „gelben Gefahr" prägte) die schwache Mandschu-Regierung zum Handeln auf. So erhielt er seine Konzession, die Chinesen traten das Gebiet für 99 Jahre ab und genehmigten den Bau der Eisenbahnlinien von Shandong. Qingdao war zuvor ein unbedeutendes Fischerdorf gewesen, doch die Deutschen hatten die Auswahl ganz bewusst getroffen – der allgegenwärtige Baron von Richthofen hatte nämlich ein Gutachten erstellen lassen und hier den idealen Platz für einen Tiefwasser-Flottenstützpunkt gefunden. Die Stadt wurde in ein europäisches, ein chinesisches und ein Geschäftsviertel unterteilt, und eine Garnison von 2000 Soldaten schützte ihre Unabhängigkeit. So wurde 1903 eine Brauerei gebaut sowie 1904 die Eisenbahnlinie nach Ji'nan (eine weitere Konzessionsstadt) fertiggestellt und der Stadt damit zu Wohlstand verholfen. Bis zum Jahr 1914 blieb sie in deutscher Hand, als die **Japaner**, begierig auf eine Basis in China und ermutigt durch die Unterstützung ihrer britischen Verbündeten, Qingdao bombardierten. Am 7. November wurde die Stadt eingenommen, und 5000 Gefangene wurden nach Japan verschleppt. Der Versailler Vertrag besiegelte die Abtretung der Stadt an Japan, was die Chinesen zur Weißglut brachte und zu Demonstrationen in Beijing führte – so nahm die 4.-Mai-Bewegung (s.S. 103, China und seine Bewohner) ihren Anfang. 1922 ging die Hafenstadt schließlich an China zurück.

Das moderne Qingdao ist noch immer ein bedeutender **Hafen**, immerhin der viertgrößte Chinas, und hinter der Altstadt zeigt sich eine Gegend mit ganz anderem Charakter – nämlich eine ausgedehnte **Industriemetropole** mit Hochhäusern und Fabriken. Als eine der ersten „offenen" chinesischen Städte, mit bester geografischer Lage und ausgezeichneten Verkehrsanbindungen, verfügt Qingdao über eine sich rasch entwickelnde industrielle Basis. Am wichtigsten ist vielleicht, zumindest vom Standpunkt der Besucher aus, die Fortführung der Produktion des weltberühmten **Tsingtao-Biers** (Tsingtao ist die alte Schreibweise von Qingdao), das seinen frischen und sauberen Geschmack der Reinheit des Quellwassers vom Lao Shan verdankt, einer reizvollen Gebirgsgegend östlich der Stadt.

Qingdao ist ein entspannter und hedonistischer Ort mit einer Atmosphäre, die viel lockerer ist als in den meisten chinesischen Großstädten – selbst das Tempo, in dem sich die Menschen in der Stadt bewegen, ist gemächlicher. Trotz der Ausmaße der Stadt sind die interessanten Gegenden sämtlich zu Fuß erreichbar, und in der Hafengegend herrscht eher Kleinstadtflair als Großstadtanonymität. Das ist nicht zuletzt den weißen **Sandstränden** an der Küstenlinie zu verdanken, die zu den besten Nordchinas zählen. Die Stadt ist sogar für die Austragung der Segelwettbewerbe der **Olympischen Sommerspiele von 2008** auserkoren worden. Obwohl die Behörden mehr an dem Neubau von Wolkenkratzern und Strandhotels interessiert scheinen als an der Restaurierung alter Bauwerke, hat die rasche Entwicklung sich bislang nicht negativ auf den Charme der Gegend ausgewirkt, da die modernen Hotels sich weitgehend auf die Ostküste beschränken. Die **Hochsaison** dauert von Juni bis September, doch treffen viele Besucher auch schon gegen Ende April/Anfang Mai ein, wenn die Kirschbäume im Zhongshan-Park blühen. Freunde des hiesigen Bieres mögen auch am alljährlichen **Bierfestival** Gefallen finden, das von Mitte bis Ende August stattfindet.

Qingdao und Umgebung

Qingdao	青岛	***qīngdǎo***
Huilange-Pavillon	回澜阁	*huílángé*
Insel Xiaoqingdao	小青岛	*xiǎo qīngdǎo*
Katholische Kirche	天主教堂	*tiānzhǔ jiàotáng*
Lao Shan	崂山	*láoshān*
Lu-Xun-Park	鲁迅公园	*lǔxùn gōngyuán*
Marinemuseum	海军博物馆	*hǎijūn bówùguǎn*
Museum für Meeresprodukte	海产博物馆	*hǎichǎn bówùguǎn*
Passagierfährenterminal	港客运站	*gǎng kèyùnzhàn*
Qingdao-Brauerei	青岛啤酒厂	*qīngdǎo píjiǔchǎng*
Qingdao-Museum	青岛市博物馆	*qīngdǎo shì bówùguǎn*
Qingdaoshan-Park	青岛山公园	*qīngdǎoshān gōngyuán*
Xiaoyushun-Park	小鱼山公园	*xiǎoyúshān gōngyuán*
Xinhaoshan-Park	信号山公园	*xìnhàoshān gōngyuán*
Ying Hotel	迎宾馆	*yíng bīnguǎn*
Zhanqiao-Mole	栈桥	*zhàn qiáo*
Zhongshan-Park	中山公园	*zhōngshān gōngyuán*
Übernachtung und Essen		
Chunhelou	春和楼饭店	*chūnhélóu fàndiàn*
Dulaishun	都来顺大酒店	*dūláishùn dàjiǔdiàn*
Friendship	友谊宾馆	*yǒuyì bīnguǎn*
Huiquan Dynasty	汇泉王朝大酒店	*huìquán wángcháo dàjiǔdiàn*
International Seamen's Club	国际海员俱乐部	*guójì hǎiyuán jùlèbù*
Oceanwide Elite	泛海名人酒店	*fànhǎi míngrén jiǔdiàn*
Qingdao	青岛饭店	*qīngdǎo fàndiàn*
Railway	铁道大厦	*tiědào dàshà*
Shangri-La	青岛香格里拉大酒店	*qīngdǎo xiānggélǐlā dàjiǔdiàn*
Tianqiao	天桥宾馆	*tiānqiáo bīnguǎn*
Xinhao Hill	信号山迎宾馆	*xìnhàoshān yíngbīnguǎn*

Von Qingdao bietet sich ein Ausflug zum **Lao Shan** an, der zu den berühmten Bergen Chinas gehört und in der chinesischen Mythologie als Heimat der Unsterblichen gilt. Eine Wanderung hier ist in jedem Fall bedeutend anregender, als den ganzen Tag am Strand herumzusitzen.

Qingdao hat sehr viel Zerstreuung zu bieten, doch am lohnendsten ist hier das Bummeln. In der **Hafengegend** mit ihrer trägen und koketten Atmosphäre, die den Seebädern auf der ganzen Welt eigen ist, ist sehen und gesehen werden angesagt, während die temporeicheren Straßen der **Innenstadt** der bevorzugte Tummelplatz für die besser betuchten Einwohner sind und definitiv ein kosmopolitisches Flair ausstrahlen. Ungewöhnlich ist auch, dass es hier sogar Zeichen einer neuen, sonst nur in Beijing anzutreffenden chinesischen Jugendkultur gibt: Straßenmusikanten an der Strandpromenade, elegant im Sand liegende Strandliebhaber und Skateboarder, die die Berge herabsausen. Das alles gehört zu dem allgemein lockeren und trendigen Flair von Qingdao. Neben

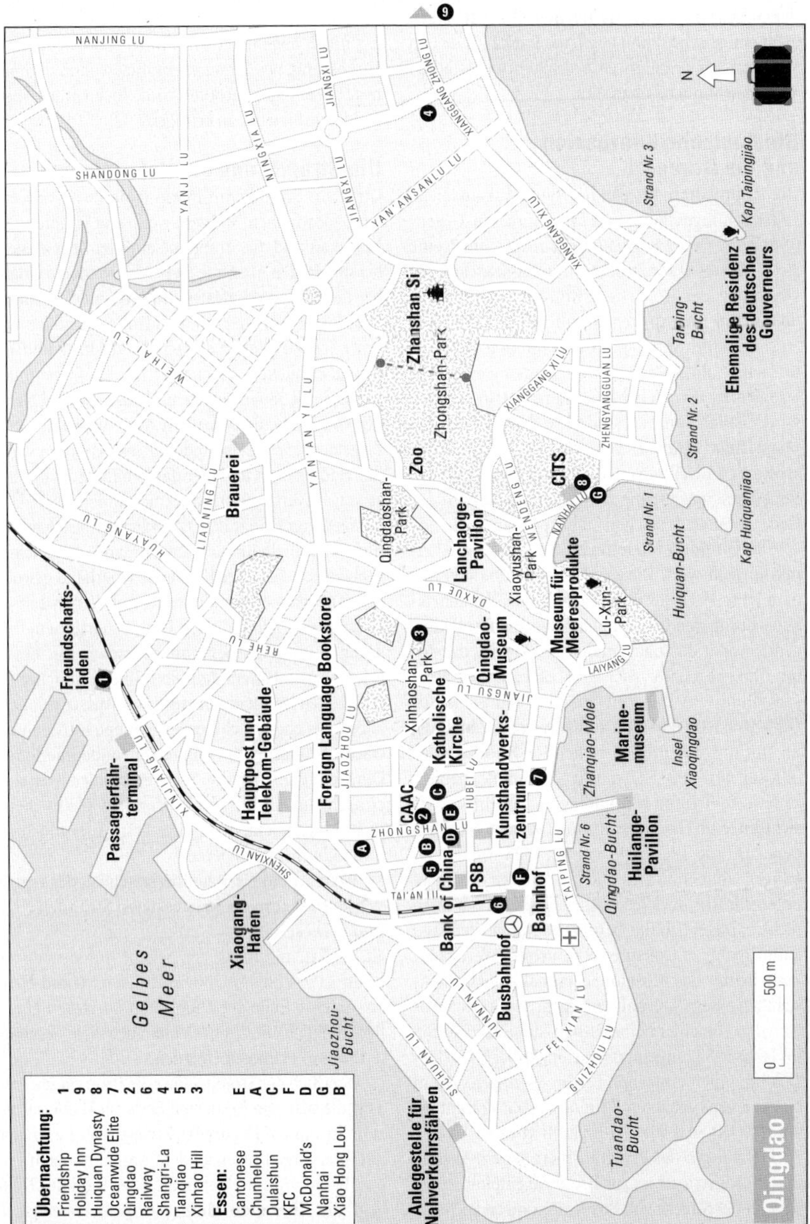
Qingdao
Übernachtung:
Friendship 1
Holiday Inn 9
Huiquan Dynasty 8
Oceanwide Elite 7
Qingdao 2
Railway 6
Shangri-La 4
Tianqiao 5
Xinhao Hill 3
Essen:
Cantonese E
Chunhelou A
Dulaishun C
KFC F
McDonald's D
Nanhai G
Xiao Hong Lou B
Gelbes Meer
Jiaozhou-Bucht
Tuandao-Bucht
Anlegestelle für Nahverkehrsfähren
Xiaogang-Hafen
Passagierfähr-terminal
Freundschafts-laden
Hauptpost und Telekom-Gebäude
Foreign Language Bookstore
Brauerei
Busbahnhof
Bank of China
PSB
Bahnhof
CAAC
Kunsthandwerks-zentrum
Katholische Kirche
Xinhaoshan-Park
Qingdao-Museum
Museum für Meeresprodukte
Lu-Xun-Park
Xiaoyushan-Park
Lanchaoge-Pavillon
Qingdaoshan-Park
Zoo
Zhongshan-Park
Zhanshan Si
CITS
Huilange-Pavillon
Marine-museum
Zhanqiao-Mole
Insel Xiaoqingdao
Qingdao-Bucht
Huiquan-Bucht
Taiping-Bucht
Strand Nr. 6
Strand Nr. 1
Strand Nr. 2
Strand Nr. 3
Kap Huiquanjiao
Kap Taipingjiao
Ehemalige Residenz des deutschen Gouverneurs
NANJING LU
SHANDONG LU
YANJI LU
NINGXIA LU
JIANGXI LU
XIANGGANG ZHONG LU
YAN'ANSANLU LU
XIANGGANG XI LU
WEIHAI LU
HUAYANG LU
LIAONING LU
YAN'AN YI LU
REHE LU
DAXUE LU
JIANGSU LU
JIAOZHOU LU
HUBEI LU
ZHONGSHAN LU
XINJIANG LU
SHENXIAN LU
TAI'AN LU
TAIPING LU
LAIYANG LU
NANHAI LU
WENDENG LU
ZHENGYANGGUAN LU
YUNNAN LU
SICHUAN LU
FEI XIAN LU
GUIZHOU LU
N
0
500 m

den **Stränden** und der **deutschen Altstadt** sorgen auch einige sehr schön gepflegte **Parks** für das im Vergleich zu anderen chinesischen Großstädten außergewöhnliche Charisma.

Die deutsche Konzession und die Brauerei

Die **Zhongshan Lu** ist die Haupteinkaufsmeile voller Schuhgeschäfte und Designerläden. Gegenüber vom *Qingdao Hotel* nach rechts führt eine steile Pflasterstraße zu einer Hinterlassenschaft der Deutschen, der großartigen **Katholischen Kirche**, deren zwei Turmspitzen aus allen Teilen der Stadt zu sehen sind. Sonntagmorgens werden hier Gottesdienste abgehalten – das scheint auch die einzige Zeit zu sein, in der Besuchern Zutritt gewährt wird. Östlich von hier sind viele der zum Teil gepflasterten Straßen von rosa Gebäuden mit schwarzen Eisenbalkons zur Straße hin gesäumt. Bei einem Spaziergang in dieser Gegend wird der Geist der alten deutschen Stadt spürbar.

Das **Qingdao-Museum** an der Daxue Lu ist einen Besuch wert. Dieser wunderschöne Bau aus dem Jahre 1931 war ursprünglich eine Wohlfahrtseinrichtung und der Hauptsitz des unheilvoll klingenden, aber durchaus mildtätigen Vereins des Roten Hakenkreuzes. Hier gibt es eine Gemäldesammlung aus der Zeit von der Yuan- bis zur Qing-Dynastie und eine archäologische Abteilung im Hof mit vier großen stehenden **Buddhas** aus der Zeit um 500–527 n. Chr. – schmale, bemerkenswerte Figuren mit knolligen, lächelnden Gesichtern, eine Hand gen Himmel gerichtet, die andere zur Erde. Die Köpfe wurden 1928 von den Japanern abgenommen und in Museen in Japan untergebracht, doch jetzt sitzen sie wieder auf ihren rechtmäßigen Schultern, und die Nahtstellen sind kaum mehr zu erkennen. Die größte Wertschätzung bringt das Museumspersonal jedoch offensichtlich einem Souvenir entgegen, das Seeleute aus Qingdao von einer chinesischen Südpolexpedition im Jahre 1985 mitgebracht haben: Dabei handelt es sich um einen einfachen Felsbrocken, der stolz in einem eigens gebauten Pavillon im Hof präsentiert wird. ⌚ Di–So 8.30–17 Uhr, Eintritt ¥15.

Liebhabern des Tsingtao-Biers sei ein Ausflug in das Industriegebiet zur **Brauerei** empfohlen. Sie liegt an der Strecke von Bus Nr. 25 und ist leicht erkennbar, allerdings kommen Besucher nur mit einer Führung von *CITS* (s.S. 302) herein, die nur gelegentlich angeboten wird. Dazu gehört eine freie Verkostung, bei der auch ein ungewöhnlich braunes Dunkelbier angeboten wird, doch vorher ist eine Menge Statistik zu ertragen.

Die Strände und die Hafengegend

Qingdaos Strände mit ihrem feinen weißen Sand sind vom frühen Morgen, wenn die Freunde des Taijiquan und die Strandgutsammler überwiegen, bis spät in den Abend recht belebt, wenn die Urlauber die Bars und Cafés am Strand und die Promenade bevölkern oder vor dem Hintergrund Japanischer Schwarzkiefern einfach nur dasitzen und auf das Meer blicken. Abseits der Nanhai Lu befindet sich der mit 580 m längste und beste **Strand Nr. 1**, der von Wolkenkratzern auf der einen und roten Ziegeldächern auf der anderen Seite gesäumt wird. Zur Hauptsaison tobt hier das Leben und wimmelt es von Eisverkäufern, Souvenirständen sowie Unmengen von Fotografen. Glücklicherweise hat hier nicht wie in Beidaihe, dem anderen nördlichen Seebad (s.S. 244), der Kitsch die Oberhand gewonnen. Der ganze Strandbereich mit seinen seltsamen, wasserballähnlichen Umkleidekabinen, Duschen, bunten Sonnenschirmen sowie mit Bojen gekennzeichneten und durch Hainetze gesicherten Badezonen ist gut organisiert. Das Wasser erinnert allerdings eher an chinesische Suppe – trübe und warm, mit darin schwimmenden, undefinierbaren Dingen – Baden ist also nicht empfohlen. Wer sich einfach nur am Strand niederlässt, bleibt meist nicht lange allein, denn viele Leute hier möchten ihr Englisch ausprobieren.

Wem Strand Nr. 1 zu überlaufen ist, der wende sich gen Osten zu den versteckteren **Stränden Nr. 2 und 3**. Diese sind etwas ruhiger und vor allem bei älteren Sanatoriumsgästen beliebt. Am meisten los ist am etwas unlogisch bezeichneten **Strand Nr. 6** am unteren Ende der Zhongshan Lu. Neben guten Bademöglichkeiten gibt es hier auch viele Geschäfte, die zum Flanieren einladen.

Oberhalb der Strände führt die **Promenade** entlang, die sich vom westlichen Ende der Halbinsel bis zum Strand Nr. 1 erstreckt. Zuversichtliche Angler mit ihren Ruten sitzen an dem Abschnitt der Tuandao-Bucht. Unmittelbar östlich des Strandes Nr. 6 liegt die **Zhanqiao-Mole**, das Wahrzeichen der Stadt, mit dem achteckigen **Huilange-Pavillon** (Pavillon der zurückkehrenden Wogen) an ihrem Ende, in dem kleine Kunsthandwerksausstellungen gezeigt werden. Der Abschnitt oberhalb von Strand Nr. 6 wird von zahllosen kleinen Ständen gesäumt, die knallbunte Badekleidung und billige Souvenirs verkaufen. Hier wird es abends richtig voll, dann wird der ganze Bereich zu einer übervölkerten Durchgangsstraße: Arm in Arm flanierende Pärchen und junge Männer, die mit Kopfsprüngen von der Mole angeben. Zwei große **Leinwände** an der Taiping Lu zeigen chinesische Opern und Filme, und der breite Bürgersteig wird zum Teil zu einem Freilichtkino umfunktioniert. Hier lässt es sich wunderbar bummeln, obwohl der Blick aufs Meer dem ganzen Spektakel geopfert wurde: Denn einfallsreiche chinesische Werbefirmen fanden einen Weg, selbst den Ozean als Werbefläche zu nutzen, indem sie in einiger Entfernung Neonschriftzeichen auf Pfählen in den Meeresboden rammten.

Östlich der Mole liegen am **Marinemuseum** ein ausrangiertes **U-Boot** und ein **Zerstörer** im Wasser. Kameras sind am Ticketschalter zurückzulassen, was etwas übertrieben erscheint, da es sich bei beiden Ausstellungsstücken praktisch um Antiquitäten handelt. Der Zerstörer ist klein und verrostet und zeigt Furcht erregende Waffen. Das U-Boot ist weitaus interessanter und zweifellos einen Besuch wert, erst recht wenn man noch nie eines gesehen hat. Die Abfolge enger, dunkler Räume mit ihren Unmengen von klobigen alten Ventilen, Wählscheiben, Hebeln und Knöpfen, die zum Großteil russisch gekennzeichnet sind, lohnt eine genaue Betrachtung. Abwärts geht es in den Torpedoabschussraum, durch die Matrosenunterkünfte, die nicht viel größer als Schränke sind und trotzdem Raum für Teeflaschen boten, und vom Maschinenraum schließlich wieder hinauf. ⌚ tgl. 8.30–19.30 Uhr, Eintritt ¥20.

Neben dem U-Boot steht ein Militärflugzeug zur Besichtigung, sonst bietet sich von hier auch ein Spaziergang über die Sandbank zur **Insel Xiaoqingdao** an, Eintritt ¥10. Dort gibt es einen netten kleinen Park, Cafés mit schöner Aussicht und eine erstaunlich laszive Statue einer Geige spielenden Seenymphe. Am höchsten Punkt steht ein weißer Leuchtturm.

Hinter der Biegung liegt auf dem Weg zum Strand Nr. 1 der **Lu-Xun-Park** mit grünen Kiefern und Zypressen, schmalen, verschlungenen Wegen, Pavillons sowie Bänken und Tischen. Der Park wimmelt zumeist von Paaren, die dem scheinbar beliebtesten Hobby gut betuchter chinesischer Touristen nachgehen – dem Fotografieren des Ehepartners. ⌚ tgl. 6–19 Uhr, Eintritt ¥10. Im Park befindet sich das etwas sonderbar benannte **Museum für Meeresprodukte**, das aus einem schlossähnlichen Aquarium und einer zweistöckigen Ausstellungshalle besteht, zwischen denen ein Robbenteich angelegt wurde. Seine Gründung im Jahre 1932 macht es zum ältesten Aquarium in ganz China, obwohl es für das westliche Auge doch recht unspektakulär ist – die vielen in den Becken schwimmenden exotischen Meeresbewohner lassen es wie ein durchschnittliches chinesisches Restaurant erscheinen. ⌚ tgl. 7.45–18 Uhr, Eintritt ¥15.

In Richtung Osten werden die Gebäude zunehmend prächtiger und exklusiver. Hinter dem *Huiquan Dynasty Hotel* liegt das **Badaguan-Areal**, ein Erholungsgebiet mit Sanatorien und noblen Gästehäusern inmitten von Bäumen. Die Gegend ist sehr schön und strahlt ein gewisses Vorstadtflair aus, und jede Straße ist mit anderen Bäumen oder Blumen bewachsen – so stehen z.B. Pfirsichbäume an der Shaoguan Lu und Holzapfelbäume an der Ningwuguan Lu. Im Gegensatz zu den meisten alten Gärten in Qingdao werden die Pflanzen hier bestens gepflegt. Am östlichen Ende von Strand Nr. 2 steht die **Ehemalige Residenz des deutschen Gouverneurs**, ein großes Schloss mit Meerblick.

Zhongshan-Park und Umgebung

Die oberhalb der Hafengegend gelegenen **Parks** von Qingdao dienen als Pufferzonen zwischen den interessanten Stadtteilen, der Hafengegend sowie den öden Industriegebieten und gehören zu den besten in ganz China. Der ausgedehnteste ist der 2 km² große Zhongshan-Park an einem Hang des Berges Taiping. Er beherbergt den buddhistischen **Zhanshan Si**, den Zoo, Themenparks, ein Teehaus und den Fernsehturm, der einem Science-Fiction-Streifen entsprungen scheint. Von einer Talstation unweit des Eingangs führt eine Seilbahn hinauf zur Bergkuppe. Hier kann man den Massen entfliehen und herumwandern, doch aufgrund der enormen Ausmaße des Parks ist ein ganzer Tag erforderlich, um ihn gründlich zu erforschen. Berühmt ist er für seine **Kirschbäume**, die ihn während der Blütezeit gegen Ende April/Anfang Mai in einen rosafarbenen Wald verwandeln. Tausende Besucher kommen eigens her, um diesem Ereignis beizuwohnen. ◷ tgl. 6–18 Uhr, Eintritt ¥5.

Unmittelbar westlich des Zhongshan-Parks liegt der **Qingdaoshan-Park** mit der kleinen Festung Jingshan, ◷ tgl. 6–18 Uhr, Eintritt ¥3. Weiter westlich beherbergt der abschüssige, aber sehr ansprechende **Xinhaoshan-Park** am Museum das **Ying Hotel**, ◷ tgl. 8.30–16.30 Uhr, Eintritt ¥10 – eine restaurierte, herrliche alte Villa aus dem Jahre 1905. Ein Besuch lohnt sich, denn sowohl der deutsche Generalgouverneur als auch der Warlord Yuan Shikai sowie der Vorsitzende Mao haben hier logiert. An der höchsten Erhebung des Parks, die über umständlich gewundene Wege erreichbar ist, eröffnet sich ein schöner Blick über die Stadt. Der **Xiaoyushun-Park** auf einem Hügel an der Huiquan-Bucht ist wie ein klassischer chinesischer Garten angelegt. Der große dreistöckige, achteckige Bau auf dem Gipfel ist der **Lanchao Ge** – ein traditionell zur Beobachtung der Gezeiten genutzter Pavillon.

Freunde der modernen chinesischen Literatur sollten auf dem Weg bergab einen Abstecher zur Hafengegend und zur Nr. 12 Huangxian Lu machen. An diesem heruntergekommenen Wohnhaus erinnert eine kleine Gedenktafel in chinesischer Sprache an den Schriftsteller **Lao She**, der von 1934 bis 1937 hier gelebt hat.

Übernachtung

Qingdao ist vermutlich die teuerste Stadt in Shandong, obgleich außerhalb der Saison die Zimmerpreise sinken und Verhandeln sich lohnt. Zudem werben die meisten Hotels mit Wochenendschnäppchen. Wer gern für den Luxus oder die Aussicht zahlt, findet hier leicht eine Unterkunft, da es an internationalen **Spitzenhotels** am Meer nicht mangelt. Die Auswahl für Preisbewusstere ist bedeutend kleiner und wird einen wohl in die Gegenden abseits der malerischen Stadtteile treiben. Die Schlepper am Bahnhof finden meist ein gutes Zimmer im Zentrum – sie müssen nur wissen, was der Gast auszugeben bereit ist. Vor dem Verhandeln aber unbedingt das Zimmer ansehen! Gute Unterkünfte mit fairem Preisgefüge gibt es in der Gegend nordöstlich des Bahnhofs an den Straßen zwischen Zhongshan Lu und Tai'an Lu.

Friendship*, Xinjiang Lu, ✆ 2824686. Weit außerhalb in dem Gebäude des *Freundschaftsladens,* neben dem Passagierfährenterminal. Unschöner Bau, aber gepflegte Zimmer, beliebt bei Budgetreisenden. Hilfreicher, Englisch sprechender Manager. Die 4. Etage lieber meiden, denn dort tönt aus dem Nachtclub bis nachts um 2 Uhr alte europäische Popmusik. Dorm-Betten ¥50.

Holiday Inn, Luxus, 76 Xianggang Zhong Li, ✆ 571888, 📠 5777513. Luxushochhaus im modernen Ostteil der Stadt, sämtliche modernen Annehmlichkeiten vorhanden.

Huiquan Dynasty*****, 9 Nanhai Lu, ✆ 2886688, 📠 2871122. Günstige Lage, vom Strand nur durch eine schmale Gasse getrennt. Nicht-Gäste können den Pool für ¥35 nutzen.

Oceanwide Elite*****, 29 Taiping Lu, ✆ 2886699, 📠 2886699. Herrliche Lage gegenüber der Zhanqiao-Mole, eindrucksvolle Innenausstattung und alle üblichen Einrichtungen.

Qingdao*, 53 Zhongshan Lu, ✆ 2891888. Protziger Turm im Herzen der Stadt, in dem auf Anfrage beträchtliche Rabatte gewährt werden.

Railway**, 2 Tai'an Lu, ✆ 2869963. Direkt neben dem Bahnhof, spartanisch, sauber, aber laut.

Shangri-La, Luxus (an Wochenenden *****), 9 Xianggang Zhong Lu, ✆ 3883838, 📠 3886868. Ein weiterer glänzender Turm, 5 Min. vom Strand entfernt, in einem exklusiven Stadtviertel. Der zu erwartende Luxus wird hier geboten, dazu ein hochinteressanter Wochenendtarif. Busse Nr. 223 und 501 vom Bahnhof halten hier.

Tianqiao Hotel**, 47 Feicheng Lu, ✆ 2808475. Dieses Hotel (genau wie das benachbarte *Jindaiyuan*) bietet saubere Zimmer und wird von den Schleppern am Bahnhof empfohlen. Betten ab ¥50.

Xinhao Hill****, 26 Longshan Lu, ✆ 2866209, 📠 2861985. Moderner Bau neben der bildschönen alten deutschen Villa gleichen Namens, nett zwischen Bäumen im Xinhaoshan-Park gelegen.

Essen

Restaurants gibt es in Qingdao in Hülle und Fülle – die Spezialität sind, wie nicht anders zu erwarten, Meeresfrüchte. Die hiesigen Muscheln und

Krabben sind besonders schmackhaft und gar nicht teuer. An der Laiyang Lu warten viele kleine **Meeresfrüchtelokale** auf ihre Gäste, besonders in der Nähe des *Haiqing Hotel.* Zwar sind sie eng, laut und voll, doch sichert die Konkurrenz auch hohe Standards und, mit wenigen Ausnahmen, günstige Preise. Auch die teuren Hotels verfügen über Restaurants, und wer die hohen Preise nicht scheut, kann sich an leckeren Speisen erfreuen, von der fürstlichen Atmosphäre ganz zu schweigen. Das Restaurant im ersten Stock des ***Huiquan Hotel*** zählt zu den besten.

Die erste Wahl an der Strandpromenade ist das ***Nanhai,*** 14 Nanhai Lu, gegenüber vom *Huiquan Dynasty Hotel.* Zwar sind die Portionen etwas dürftig, aber das Essen ist fabelhaft, und das Bier wird in richtigen Pint-Gläsern serviert. Die Preise liegen bei ca. ¥60 p.P.

Auf der Zhongshan Lu lohnt das berühmte ***Chunhelou*** in Nr. 146 einen Besuch – ein kleines gemütliches Lokal mit dezentem Service, kleinen Tischen und stimmungsvoller Beleuchtung, das fast etwas europäisch wirkt. Das Essen ist ausgezeichnet, und die Portionen sind mehr als großzügig – das pikante Huhn sei wärmstens empfohlen. Gleich abseits dieser Hauptdurchfahrtsstraße lockt das ***Cantonese Restaurant*** an der Qufu Lu mit gutem Dim Sum und Meeresfrüchten. Eintöpfe, Sichuan-Gerichte, Fassbier aus kleinen Brauereien und eine unschlagbare Aussicht findet der Gast im 2. Stock des ***Dulaishun,*** gegenüber der Kathedrale.

Preiswerte einheimische Küche ist im ***Xiao Hong Lou,*** westlich von der Zhongshan Lu in Nr. 17 Kunming Lu, zu genießen. ***KFC*** befindet sich an der Feixian Lu, über die Straße am südlichen Ende des Bahnhofs. Eine Filiale von ***McDonald's*** liegt an der Zhongshan Lu, und gegenüber gibt es einige gute und preiswerte Sushi-Lokale.

Unterhaltung

Überraschenderweise ist das **Nachtleben** hier etwas enttäuschend, und selbst die Suche nach einer Kneipe mit Fassbier gestaltet sich schwierig – angesichts der vielen Tsingtao-Werbung durchaus erstaunlich.

Chinesische Besucher zieht es vor allem in die Karaoke-Bars oder teuren Hotel-Nachtclubs wie den mit dem unglaublichen Namen ***Wonderful Groggery*** (Wunderbare Schnapsbude), unweit des *Huiquan.*

An der Zhanqiao-Mole ist der frühe Abend am schönsten, wenn alle nach dem Essen noch einen Spaziergang machen. Hinter dem Strand Nr. 6 gibt es eine gute ***Bar*** im amerikanischen Stil, die wie ein Boot gestaltet ist.

Sonstiges

AMT FÜR ÖFFENTLICHE SICHERHEIT (PSB) – 29 Hubei Lu, in Bahnhofsnähe, ⌚ Mo–Sa 8–12 und 14–19 Uhr.

BOOTSVERLEIH – Der ***Discoverer Kayak Club,*** ✆ 2889948, gegenüber vom Huiquan Hotel am Strand Nr. 1, vermietet stundenweise Kajaks (Einzel ¥20, Doppel ¥30).

BÜCHER – Der ***Foreign Language Bookstore*** an der Zhongshan Lu, unweit der Kreuzung mit der Jiaozhou Lu, hat die üblichen alten, verstaubten Romane im Angebot.

EINKAUFEN – In Nr. 40 Zhongshan Lu gibt es ein ***Antiquitätengeschäft*** und am nördlichen Ende der Straße in Nr. 212 ein großes ***Kunsthandwerkszentrum.*** An der Zhongshan Lu bietet gegenüber von *McDonald's* ein ***Musikaliengeschäft*** eine außerordentlich breite Auswahl an CDs.

GELD – Die Hauptfiliale der ***Bank of China*** in Nr. 62 Zhongshan Lu wechselt keine Travellers Cheques. Eine andere Niederlassung, direkt gegenüber der Vorderseite der Katholischen Kirche, bearbeitet Kreditkarten-Vorauszahlungen und Travellers Cheques. ⌚ jeweils Mo–Fr 8–12 und 14–17.30 Uhr.

INTERNET – In einem ***Café*** im Erdgeschoss auf der Westseite der Kathedrale.

POST UND TELEFON – Das ***Hauptpost- und Telekom***-Gebäude liegt am nördlichen Ende der Zhongshan Lu, ⌚ Mo–Sa 8–18 Uhr.

REISEBÜROS – Im unten in der Bahnhofshalle, links am Ausgang befindlichen ***Tourist Service Center***, ✆ 2968663, arbeitet hilfreiches Personal. Zudem machen Touch-Screen-Computer die Besucher mit der Gegend vertraut, und es gibt kostenlose Stadtpläne. ***CITS*** ist in einem separaten Gebäude im hinteren Teil des *Huiquan Dynasty Hotel* in Nr. 9 Nanhai Lu untergebracht, ✆ 286 1513. Wie gewöhnlich, befasst es sich eher mit inländischen Reisegruppen als ausländischen Individualreisenden, doch zumindest lässt sich hier eine Brauerei-Tour arrangieren (ab vier Teilnehmern, Mindestpreis ¥200 p.P.).

VORWAHL – 0532

Nahverkehrsmittel

Das alte Konzessionsgebiet und die Strandpromenade lassen sich leicht zu Fuß und auf eigene Faust erkunden. Die von Nord nach Süd verlaufende Zhongshan Lu ist die moderne, glitzernde Einkaufsmeile und das Herz des Konzessionsdistrikts. Auf der Ost-West-Achse folgen die Taiping Lu und die Laiyang Lu der Küstenlinie.
Bus Nr. 6 ist eine nützliche Linie; er fährt vom oberen Ende der Zhongshan Lu herunter zum Bahnhof und dann in östlicher Richtung die Strandpromenade entlang, passiert Strand Nr. 1 in geringer Entfernung und endet unweit des Eingangs zum Zhongshan-Park. Die Busse der **300er** Linien (Nr. 304, 311, 312 und 316) sind ebenfalls praktisch, denn sie verkehren zwischen der Zhanqiao-Mole in Bahnhofsnähe und dem östlichen Stadtgebiet an der Küste entlang. Private **Minibusse** fahren ebenfalls die meisten Busrouten ab. Sie verkehren häufiger und sind schneller, aber auch etwas teurer. **Taxis** verlangen zu den meisten Zielen im Stadtgebiet die Grundgebühr von ¥10, wer zum Ostteil der Stadt fahren möchte, muss sich allerdings auf das Doppelte gefasst machen.

Transport

BUSSE – Der chaotische **Überland-Busbahnhof** liegt direkt hinter bzw. westlich des Bahnhofs. Die neue Schnellstraße hat die Fahrtzeit nach Ji'nan deutlich verkürzt. Günstige Verbindungen bestehen insbesondere nach Yantai, zu anderen Zielen nimmt man besser den Zug.

Busse nach:
JI'NAN 4 1/2 Std.;
QUFU 6 Std.;
WEIHAI 4 Std.;
YANTAI 3 1/2 Std.

EISENBAHN – Am einfachsten gestaltet sich die Anreise nach Qingdao mit dem Zug. Der **Bahnhof** am Ende eines Abzweigs auf der Strecke von Ji'nan nach Yantai ist ein prächtiger deutscher Bau im Herzen der Altstadt, von dem aus der Strand und dessen Hotels leicht zu Fuß zu erreichen sind.

Züge nach:
BEIJING 2x tgl., 15 Std.;
JI'NAN 5x tgl., 6 Std.;
SHENYANG tgl., 25 Std.;
TIANJIN 2x tgl., 17 Std.;
YANTAI 3x tgl., 5 Std.

FÄHREN – Das **Passagierfährenterminal**, wo die Schiffe aus Dalian und Shanghai ankommen, liegt im schäbigen Norden der Stadt in der Nähe einiger Billighotels. Von dort zur Strandpromenade fährt Bus Nr. 215 in südlicher Richtung – gegenüber vom Xiaogang-Hafen an der Shenxian Lu aussteigen, dann nach Osten zum Ende der Zhongshan Lu laufen und dort in den Bus Nr. 6 einsteigen. Ansonsten bis zur Endhaltestelle von Bus Nr. 215 fahren, dann zu Fuß in südlicher Richtung zur Guizhou Lu gehen, mit Bus Nr. 25 nach Osten weiterfahren und gleich hinter dem Huilange-Pavillon aussteigen, bevor der Bus die Daxue Lu hinauffährt. Wem dies zu verworren erscheint, der nehme ein Taxi, vor allem wenn viel Gepäck im Spiel ist.
Von Qingdao verkehrt zweimal wöchentlich eine Fähre nach INCHON in Südkorea (Di und Do, 21 Std., ¥1330–2490) sowie eine Fähre pro Woche nach SHIMONOSEKI in Japan (Do, 39 Std., ¥3400). **Tickets** können im Voraus am Passagierfährenterminal in der Nähe des *Freundschaftsladens* auf der Xinjiang Lu erworben werden. Fünf Klassen sind im Angebot (spezial, erste, zweite, dritte und vierte), die sich preislich stark voneinander unterscheiden. Die dritte Klasse entspricht in etwa dem Komfort der Hartbetten-

klasse im Zug und ist wohl am geeignetsten, es sei denn, man ist besonders gut betucht oder pleite.
Nach Dalian und Shanghai verkehren Fähren vom drei Stunden Busfahrt entfernt gelegenen Yantai (s.S. 304). Tickets im Vorverkauf gibt es an den Kiosks an der Bahnhofshalle.

FLÜGE – Der große **Flughafen** liegt 30 km nördlich der Stadt und wird regelmäßig von Bussen der ***CAAC*** angefahren (¥15), die die Passagiere an deren Hauptbüro in Nr. 29 Zhongshan Lu, ✆ 2870057, absetzen. Eine weitere Niederlassung von *CAAC* befindet sich in dem Im Ostteil der Stadt gelegenen Aviation Building, 30 Xianggang Zhong Lu, ✆ 5775555. Dort halten ebenfalls die Busse zum/vom Flughafen.

Flüge nach:
BEIJING 8x tgl., 1 1/4 Std.;
CHANGCHUN tgl., 1 1/2 Std.;
CHANGSHA tgl., 2 Std.;
CHENGDU tgl., 2 1/2 Std.;
CHONGQING 6x wöchentl., 2 Std.;
DALIAN 6x tgl., 3/4 Std.;
FUZHOU 4x tgl., 2 Std.;
GUANGZHOU 3x tgl., 3 Std.;
GUILIN 6x wöchentl., 4 Std.;
HAIKOU tgl., 6 Std.;
HANGZHOU tgl., 1 1/4 Std.;
HARBIN tgl., 2 Std.;
HEFEI 4x wöchentl., 2 Std.;
HONGKONG tgl., 3 Std.;
KUNMING tgl., 3 Std.;
LANZHOU 3x wöchentl., 4 1/4 Std.;
NANJING tgl., 1 Std.;
NINGBO tgl., 1 1/2 Std.;
SHANGHAI 8x tgl., 1 1/4 Std.;
SHENYANG tgl., 2 Std.;
SHENZHEN tgl., 2 3/4 Std.;
ÜRÜMQI 5x wöchentl., 6 Std.;
WENZHOU tgl., 2 Std.;
WUHAN tgl., 1 1/2 Std.;
XI'AN 6x wöchentl., 2 1/4 Std.;
XIAMEN tgl., 3 1/4 Std.;
ZHENGZHOU 5x wöchentl., 1 1/2 Std.

Daneben bestehen internationale Flugverbindungen nach OSAKA und SEOUL.

Die Umgebung von Qingdao

Das Gebiet des **Lao Shan** umfasst 400 km² zerklüfteter Küstenlandschaft, liegt 40 km östlich von Qingdao und ist somit als bequemer Tagesausflug von dort zu empfehlen. **Minibusse** (¥10) sowie die öffentlichen Busse Nr. 304 und 801 (¥8) fahren regelmäßig vom Bahnhof bis zum Fuße des Lao Shan und von dort wieder zurück nach Qingdao – die Minibusse halten zudem überall an den drei Straßen in dem Gebiet. Andere Minibusse wiederum verkehren zwischen den Tempeln und dem Berg, sodass sich die Pendelei zwischen den sehenswerten Landschaften recht einfach gestaltet. Eine **Karte** von der Gegend findet man in jedem Stadtplan und sollte auf einer solchen Tour keinesfalls fehlen.

Während der Tang-Dynastie gab es hier 72 daoistische Tempel, doch inzwischen haben der Zahn der Zeit, die Vernachlässigung und die Kulturrevolution die meisten in Ruinen verwandelt. Das Gebiet ist für Streifzüge bestens geeignet – überall gibt es Höhlen, Quellen und Wasserfälle inmitten der ausgesprochen schönen Landschaft –, und mit etwas Mühe kann man den Besuchermassen und Ramschverkäufern entfliehen. Hier kommt auch das berühmte **Lao-Shan-Mineralwasser** her, das dem Tsingtao-Bier seinen Geschmack gibt. Aus dem Jiushui-Tal im Nordosten des Bergs gewonnen, gehört es zu den wenigen chinesischen Mineralwassern, die nicht nach Schwimmbad schmecken.

An klaren Tagen ist die Fahrt von Qingdao auf der **Küstenstraße**, die sich beinahe ein wenig gefährlich an den Klippen entlangwindet, geradezu überwältigend. Unterwegs führt sie am **Versteinerten Alten Mann** vorbei, einem 10 m hohen Felsen, der unweit des Strandes aus dem Meer aufragt. Der Legende nach wurde vor langer Zeit ein schönes Mädchen aus der Gegend namens Mudan von Longwang, dem König des Ostmeeres, entführt. Ihr verzweifelter Vater soll daraufhin so lange am Meer gestanden und nach seiner Tochter Ausschau gehalten haben, bis er schließlich zu Stein wurde.

Der Zutritt zum Berg kostet ¥30 und wird in der Nähe des Dorfes Lao Shan erhoben. Dort bieten sich **drei Straßen** an, die alle mit grandiosen Aussichten locken. Die südliche Straße passiert den Taiqing Gong, die Mingxia-Höhle und den Longtan-Wasserfall, die östliche Route führt zum Taiping Gong, und die mittlere verläuft in südöstlicher

Richtung bis in ein Dorf am Fuße des Lao Shan. Von dort führt ein **Weg** aus Steinstufen bis hoch zum Gipfel und dann auf einer Strecke auf der anderen Seite wieder hinunter. Er wurde vor 100 Jahren von der einfallsreichen deutschen Lao-Shan-Gesellschaft angelegt, um ihren Landsleuten die Gebirgskletterei zu erleichtern. Der Weg verläuft an Schluchten, Wäldern, Bächen und Teichen entlang, und der Aufstieg nimmt etwa zwei Stunden in Anspruch. Auf halber Strecke befindet sich ein Tempel, wo Obst und Tee zur Stärkung für die letzte Etappe angeboten werden. Am 1133 m über dem Meeresspiegel liegenden Gipfel beherbergt eine Tempelruine heute eine Wetterstation. Der Blick ist atemberaubend und gewinnt beim Abstieg auf der Alternativroute zurück zum Dorf noch an Reiz.

Andere landschaftliche Schmuckstücke haben einen religiösen Bezug. Auf dem **Naloyan Shan**, 2 km nordöstlich des Lao Shan, soll in einer Höhle der Naloyan-Buddha meditiert haben, und an der Küste nördlich davon war die **Baiyun-Höhle** einst Heimat des berühmten Mönchs Tian Baiyun. Seitdem gilt sie als viel versprechender Ort zur Meditation. Die 3 km weiter südlich, an den Hängen des Kunyu Shan gelegene **Mingxia-Höhle** ist von dem berühmten Daoisten Qiu Changchun beschrieben worden. In der Höhle befinden sich Steine, die die Strahlen der Morgensonne reflektieren, und die ebene Fläche davor ist ein bevorzugter Aussichtspunkt zur Betrachtung der Sonnenuntergänge.

Lohnenswert ist auf jeden Fall der **Taiqing Gong** (Eintritt ¥15) südlich des Lao Shan, ein an der Küste unweit der Bootsanlegestelle gelegener Tempel. Er ist der älteste und prächtigste der hiesigen Tempel und umfasst drei Hallen inmitten einer bezaubernden Landschaft. Vor der ersten Halle stehen zwei Kamelien, über die Pu Songling eine Geschichte geschrieben hat. Es ist ein fotogener, grüner Ort mit einigen seltenen Blumen und Bäumen wie Hanbai-Paläo-Zypressen, die in der Han-Zeit gepflanzt worden sind, sowie Tangyu-Ulmen aus der Tang-Dynastie. Neun Tempel gibt es in der Umgebung noch, die zwar kleiner sind, aber dafür eine stille und friedfertige Atmosphäre verströmen.

Jahrhundertelang hat diese Landschaft Schriftsteller inspiriert und edle Graffiti in Form von in die Felsen eingravierten Gedichten und weisen Gedanken hinterlassen. Auch einige große und unverwechselbare, seltsam geformte **Granitfelsen** sind zu sehen, die nach ihrer oft schwachen Ähnlichkeit mit Tieren oder Personen benannt worden sind. Ihre Gestalt ist durchaus interessant, doch ist hier einige Fantasie gefragt – oder Tsingtao Red –, um die Andeutungen zu verstehen.

Yantai

Yantai liegt im Norden von Shandong am Gelben Meer, 240 km nordöstlich von Qingdao, und ist eine etwas ramponiert anmutende Küstenstadt mit einem florierenden Hafen und einer um ihre eher durchschnittlichen Strände konzentrierten Tourismusindustrie. Sie ist der etwas glücklosere Nachbar von Qingdao und war daher auch bei der Bewerbung um die Austragung der olympischen Segelwettbewerbe von 2008 unterlegen, obwohl sie hinsichtlich des Wassers deutlich bessere Bedingungen zu bieten hatte. Allemal lohnend ist ein Besuch des 70 km westlich der Stadt gelegenen **Tempels von Penglai**, außerdem verfügt Yantai über günstige Verkehrsanbindungen für die Weiterreise: Es gehen **Fähren** nach Tianjin und Dalian im Nordosten sowie nach Shanghai im Süden, und **Weihai**, wo die Fähren nach Südkorea ablegen, ist leicht mit dem Bus erreichbar.

Yantai bedeutet in etwa „rauchender Berg" – der Name stammt von dem alten Brauch, Wolfdungfeuer an den Landspitzen zu entfachen, um vor drohenden japanischen Invasoren oder (was wahrscheinlicher war) sich nähernden Piraten zu warnen. Vor 1949 war es ein Fischerhafen und hieß Chefoo. Seine jüngere Geschichte ist wie die von Qingdao eng mit dem europäischen Abenteurertum verbunden. Im Jahre 1862 wurde Chefoo als Beute des Opiumkrieges zu einem **Britischen Vertragshafen** gemacht. 30 Jahre später trafen die **Deutschen** ein, um ihren Einfluss auf der Halbinsel auszubauen. Nach dem Ersten Weltkrieg waren die **Amerikaner** an der Reihe, die den Hafen als Sommeraufenthaltsort für ihre gesamte Asien-Flotte nutzten, anschließend die **Japaner**, die hier eine Handelsniederlassung gründeten. Doch all diese Eindringlinge haben keine nennenswerten architektonischen Spuren hinterlassen: Es gab keine ausländische Konzession, und trotz vereinzelter, unpassender europäischer Villen aus dem 19. Jh. ist der überwiegende Teil der Stadt in der jüngeren Vergangenheit entstanden – als Produkt der rasan-

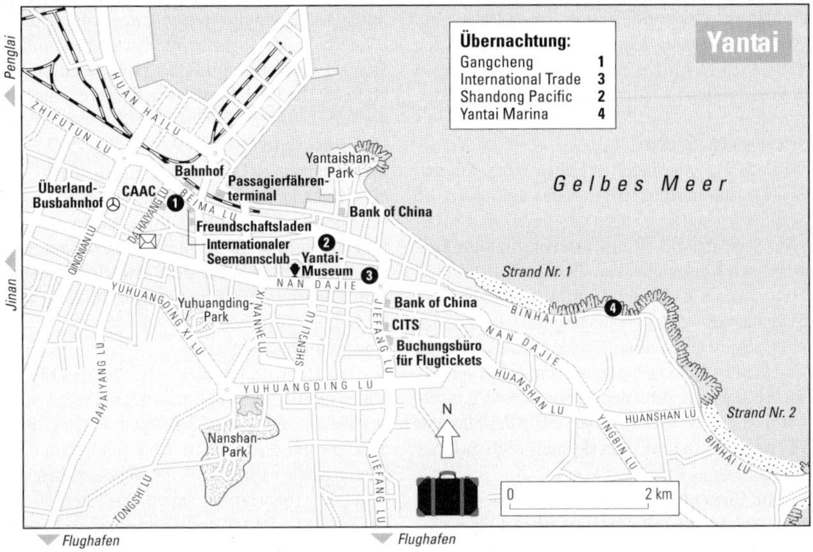

Yantai und Umgebung

Yantai	烟台	***yāntái***
Internationaler Seemannsclub	国际海员俱乐部	*guójì hǎiyuán jùlèbù*
Strand Nr. 1	第一海水浴场	*dìyī hǎishuǐ yùchǎng*
Strand Nr. 2	第二海水浴场	*dìèr hǎishuǐ yùchǎng*
Yantai-Museum	烟台博物馆	*yāntái bówùguǎn*
Yantaishan-Park	烟台山公园	*yāntáishān gōngyuán*
Übernachtung		
Gangcheng	港城宾馆	*gǎngchéng bīnguǎn*
Shandong Pacific Hotel	太平洋大酒店	*tàipíngyáng dàjiǔdiàn*
Yantai Marina Hotel	南海饭店	*nánhǎi fàndiàn*
Penglai	蓬莱	***pénglái***
Weihai	威海	***wēihǎi***
Passagierfährenterminal	港客运站	*gǎng kèyùnzhàn*
Qing Quan Hotel	清泉大酒店	*qīngquán dàjiǔdiàn*
Weihaiwei Dasha Hotel	威海威大酒店	*wēihǎiwēi dàjiǔdiàn*

ten Industrialisierung seit 1949. Der **Hafen** ist ausgebaut worden, und Yantai gilt heute in Shandong als industrielles Schwergewicht. Zu Beginn des vergangenen Jahrhunderts wurden hauptsächlich Bohnenkuchen, Fadennudeln, Erdnüsse und Seide exportiert – sowie 100 000 Kulis pro Jahr, die nach Sibirien geschickt wurden. Heute produziert und exportiert die Gegend riesige Mengen von Äpfeln,

Erdnüssen, Fisch und Shrimps sowie Holzuhren. Auch der überaus schmackhafte **Wein** aus den 1893 von den Chinesen aus Singapur angelegten Anbaugebieten ist weithin bekannt – diese hatten ihre Kunst von den dort stationierten französischen Soldaten erlernt.

Unzählige Ausländer erreichen Yantai mit den Schiffen, die an dem riesigen Hafen im Norden der Stadt anlegen. Die meisten von ihnen sind russische Seeleute, die oft am **Internationalen Seemannsclub** gegenüber vom Bahnhof hängen bleiben – dessen Bar wohl die größte Attraktion der Stadt darstellt – oder im gut ausgestatteten *Freundschaftsladen* gleich um die Ecke, wo hiesiger Wein und Weinbrand angeboten werden. Dabei verpassen sie nicht viel, denn der Rest der Stadt hat nichts wirklich Aufregendes zu bieten, allein das Museum ist einen Besuch wert – das Gebäude noch mehr als die Ausstellungsstücke.

Am **Ufer** entlangzuwandern ist die angenehmste Beschäftigung hier. Yantai ist Heimat einer großen und modernen Fischereiflotte, und um die Landspitze im Osten der Stadt sind Fischer beim Reparieren ihrer Netze sowie beim Trinken und beim Kartenspiel zu beobachten, während sich an der Promenade optimistische Angler aneinander reihen. Der **Yantaishan-Park** (Eintritt ¥2) liegt am westlichen Ende des Strandes und markiert den östlichen Rand der Hafengegend. Von diesem steilen, von verschlungenen Pfaden durchkreuzten Hügel pflegten die Einheimischen nach Piraten Ausschau zu halten. Der moderne **Leuchtturm** (Eintritt ¥5) bietet einen spektakulären Blick auf den Hafen. Außerdem liegen hier einige Pavillons, ein paar ehemalige europäische Konsulate und ein altes japanisches Militärlager verstreut. Die beiden **Strände** der Stadt erstrecken sich östlich von hier, sind aber keineswegs umwerfend – von Müll übersät, windig und von lauter unschönen Gebäuden gesäumt. Der etwas weiter entfernte Strand Nr. 2 ist besser, obwohl auch dort das Wasser stark verschmutzt ist. An der Uferstraße Binhai Lu gibt es viele kleine Meeresfrüchtelokale.

Yantai-Museum

Bei einem Besuch unbedingt zu berücksichtigen ist das Yantai-Museum an der Nan Dajie. Es ist in dem größten und schönsten alten Gildehaus der Stadt untergebracht, das einst für die Nutzung durch Kaufleute und Reeder eingerichtet wurde. Schon die Eingangshalle mit ihren über hundert Steingravierungen und Holzschnitzereien ist verblüffend. Die Tragbalken haben die Form einer auf der Seite liegenden, stillenden Frau, und unter den Dachvorsprüngen sind arabische Gestalten beim Instrumentenspiel dargestellt. Andere, nach Norden liegende Tafeln zeigen Szenen aus der *Geschichte der Drei Reiche*, der Geschichte der Acht Unsterblichen Seefahrer, die das Meer überquerten, und der Geschichte des Generals Su Wu aus dem 2. Jahrhundert, der zur Strafe für seine Weigerung, sich den Hunnen zu unterwerfen, 19 Jahre lang Schafe hüten musste.

Das Hauptgebäude hier ist der **Tempel für die Meeresgöttin**. Diese war ursprünglich eine Person aus Fleisch und Blut – Schwester von vier Brüdern, die alle Fischer waren. Sie soll in eine tiefe Trance gefallen sein, als ihre Brüder einst lange mit dem Fischerboot auf See waren. Ihre Eltern fürchteten, dass sie tot sei, und weckten sie, woraufhin sie ihnen erzählte, dass sie von ihren Brüdern geträumt hatte, die in einen schweren Sturm geraten wären. Irgendwann kam der jüngste Bruder zurück und berichtete vom Ertrinken seiner älteren Brüder. Er dagegen sei von einer Frau gerettet worden, die am Himmel erschienen war und sein Boot in Sicherheit geschleppt hatte. Noch Generationen später erzählten in Seenot geratene Seeleute, dass sie von der Vision einer Frau in Sicherheit gebracht worden seien. Zu Ming- und Qing-Zeiten wurde sie zur offiziellen Gottheit erklärt, und ihr zu Ehren wurden an der Küste entlang Tempel errichtet. Der Tempel selbst, im Stile kaiserlicher Bauten aus der Song-Dynastie, wurde 1864 aus Fujian mit dem Schiff hergebracht und stellt ein einzigartiges und wunderschönes Beispiel südlicher Architektur im nördlichen China dar. Sein Doppeldach und die zu den Dachvorsprüngen gebogenen Hörner sind aufwändig mit mythischen Gestalten aus Holz, Stein und glasierter Keramik geschmückt. Darunter stehen Steinsäulen mit tief eingravierten Drachenmotiven, die zu den erlesensten in ganz China gehören. Der gesamte Tempelkomplex liegt in einem kleinen Garten mit Teichen und einer Bühne (denn die Göttin soll das Schauspiel geliebt haben). In den Nebengalerien zeigt das Museum eine Reihe steinzeitlicher Kochtöpfe, Äxte und Pfeilspitzen, die angeblich 6000 Jahre alt sind, sowie ein paar schöne Porzellanstücke aus dem 17./18. Jahrhundert ⌚ tgl. 8– 17 Uhr, Eintritt ¥10.

Übernachtung und Essen

Das Hotelangebot in Yantai lässt zu wünschen übrig. Im Folgenden sind die besten Unterkünfte genannt. Bei chinesischen Touristen ist die Stadt sehr beliebt, darum gibt es viele kleine Gästehäuser, doch die billigeren unter ihnen bleiben zumeist Ausländern verschlossen.
Gangcheng*, 72 Beima Lu, ✆ 6283888. Vor dem Bahnhof, etwas verborgen abseits der Straße, neben der Post und deren Hotel. Den Zimmern ist das Alter anzusehen, aber sie sind billig und sauber. Der Nachteil des Hotels ist sein fraglos zwielichtiger Ruf, weshalb man spät in der Nacht nicht ans Telefon gehen sollte, da möglicherweise die hier arbeitenden Massage-Damen am anderen Ende der Leitung sind. Betten ab ¥30.
International Trade Hotel**, 303 Nan Dajie, ✆ 6217888. Auffallendes neues 28-stöckiges Hochhaus, das teurer aussieht, als es ist, mit den üblichen protzigen Freizeiteinrichtungen, inkl. einer Bowlingbahn.
Shandong Pacific Hotel*****, 74 Shifu Jie, ✆ 6206888, 📠 6205204. In einer belebten Gegend, freundliches Personal mit einigen Englischkenntnissen.
Yantai Marina Hotel****, 128 Binhai Bei Lu, ✆ 6669999, 📠 6669770. Das Top-Hotel in Yantai, mit Blick aufs Meer an der landschaftlich reizvollen Uferstraße.
Die beiden besten **Restaurants** der Stadt befinden sich im *Yantai Marina Hotel* an der Binhai Lu. Dort gibt es einen leckeren Meeresfrüchteeintopf, allerdings muss man dafür den Anblick der älteren Kader mit ihren jungen Begleiterinnen ertragen, die ihre Töchter sein könnten.
Weiter östlich, gegenüber vom Bahnhof, gibt es viele koreanische und *jiaozi*-Lokale.

Sonstiges

GELD – Die ***Bank of China*** liegt an der Buslinie Nr. 17, ⌚ Mo–Fr 8–12 und 14–17, Sa 8–12 Uhr.

POST – Das ***Postamt*** liegt an der Buslinie Nr. 17, ⌚ Mo–Fr 8–18 Uhr.

REISEBÜRO – Das ***CITS***-Büro in Nr. 181B Jiefang Lu, ✆ 6234144, ist nicht wirklich hilfreich.

VORWAHL – 0535

Nahverkehrsmittel

Taxis gibt es in rauen Mengen, die Grundgebühr beträgt ¥5. Mit ¥15 kommt der Fahrgast zu den entlegenen Oststränden. Bus Nr. 2 ist der nützlichste Stadtbus und fährt vom Bahnhof in östlicher Richtung die Hauptstraße Nan Dajie entlang, bevor er nach Süden auf die Jiefang Lu abbiegt. Bus Nr. 17 nimmt vom Bahnhof aus die Küstenroute.

Transport

BUSSE – Der Bus aus Qingdao fährt im Eiltempo die Schnellstraße entlang und endet am **Überland-Busbahnhof** an der Qingnian Lu, südwestlich des Bahnhofs.
Busse nach:
BEIJING 12 Std.;
JI'NAN 5 Std.;
QINGDAO 3 1/2 Std.;
WEIHAI 1 Std.

EISENBAHN – Der **Bahnhof** im Nordwesten der Stadt ist die Endstation der beiden Eisenbahnlinien nach Qingdao und Ji'nan.
Züge nach:
BEIJING tgl., 18 Std.;
JI'NAN 3x tgl., 7 Std.;
QINGDAO 6x tgl., 4 Std.

FÄHREN – Die Fähren kommen am **Passagierfährenterminal** im Nordwesten der Stadt an, das im Sommer von Bauern übervölkert ist, die ihre alljährliche Wanderung in die Mandschurei antreten, wo sie bei der Ernte aushelfen. Es gibt Fähren nach Dalian, Shanghai und Tianjin, doch aufgepasst: Wer eine Express-Verbindung nach Dalian möchte, bekommt die entsprechenden Tickets nur am Reisetag. Für einen Zuschlag von ¥20 verkauft ein Schalter in der Hauptbuchungshalle neben dem Bahnhof Zugfahrkarten zur Weiterfahrt von Dalian.

Fähren nach:
DALIAN 14x tgl., nur 4 Expressverbindungen, 4 Std.; SHANGHAI 2x wöchentl., 35 Std.; TIANJIN alle 2 Tage, 7 Std.

FLÜGE – Der **Flughafen** von Yantai liegt 15 km südlich der Stadt. Taxis von dort ins Zentrum kosten etwa ¥50, der ***CAAC***-Bus (¥10) hält am dazugehörigen Büro an der Da Haiyang Lu, ✆ 6245851, unweit des Bahnhofs.

Flüge nach:
BEIJING 4x tgl., 1 Std.;
CHANGCHUN 5x wöchentl., 1 3/4 Std.;
CHENGDU 4x wöchentl., 4 Std.;
GUANGZHOU 5x wöchentl., 2 1/2 Std.;
HARBIN tgl., 1 1/2 Std.;
HONGKONG 2x wöchentl., 3 Std.;
JI'NAN wöchentl., 1 1/4 Std.;
KUNMING 2x wöchentl., 4 Std.;
NANJING 4x wöchentl., 1 3/4 Std.;
SHANGHAI 3x tgl., 1 1/2 Std.;
SHENYANG 6x wöchentl., 1 Std.;
SHENZHEN 6x wöchentl., 3 1/2 Std.;
WENZHOU 2x wöchentl., 2 Std.;
WUHAN 8x wöchentl., 1 3/4 Std.;
XIAMEN 4x wöchentl., 2 3/4 Std.;
XI'AN 4x wöchentl., 2 Std.

Die Umgebung von Yantai

Der auf einem 70 km westlich der Stadt aufragenden Hügel gelegene **Tempel Penglai** stellt das Ziel eines lohnenswerten Tagesausflugs dar, denn er hat mehr zu bieten als ganz Yantai. **Touristenminibusse** zum Preis von Preis ¥10 fahren unregelmäßig vom Bahnhof in Yantai ab und erreichen den Tempel nach 45 Minuten. Auch Nahverkehrsbusse in die Stadt Penglai, die vom Überland-Busbahnhof starten und 2 Std. für die Strecke benötigen, stehen zur Verfügung. Der Tempel liegt 3 km außerhalb der Stadt, aber es stehen genügend Minibusse für die letzte Etappe der Reise bereit.

Der Tempel (Eintritt ¥40) ist über 1000 Jahre alt und in einem guten Zustand. Der auffallend schöne Komplex thront beängstigend hoch auf einer Felswand und wird von einem leuchtturmähnlichen Bau dominiert. Seine mit Zinnen versehenen Mauern lassen ihn eher wie eine Burg erscheinen, und er besteht aus sechs Hauptgebäuden, die umfassend restauriert und erweitert worden sind. Die Haupthalle beherbergt eine kostbare vergoldete Meeresgöttin, hinter deren Podest ein fantastisches Wandgemälde sich vergnügende Meeres- und Wolkendrachen zeigt. Während der Wartezeit auf den Bus zurück lädt das Meer zum Baden oder zur Krabbenjagd ein – das Wasser ist etwas sauberer als in Yantai.

Berühmt ist der Tempel für seine **Luftspiegelungen von Penglai**, die laut Einheimischen alle paar Jahrzehnte erscheinen. Die Berichte darüber gehen weit auseinander, von nah über dem Meeresspiegel schwebenden Nebeln bis zu einer Insel im Himmel, auf der es Menschen, Bäume und Fahrzeuge gibt. Das Phänomen dauert etwa 40 Minuten, und wem das Glück verwehrt bleibt, es zu beobachten, der kann es sich auf dem Fernseher in einem dafür vorgesehenen Nebenraum im Tempel ansehen. Das Personal will von einem Zusammenhang zwischen dem erhöhten Streben nach Tourismuseinnahmen und den immer häufiger auftretenden Erscheinungen nichts wissen.

Weihai

Die 88 km östlich von Yantai gelegene Hafenstadt Weihai hat Touristen eigentlich nichts zu bieten, doch ist es ein sonniger Ort, in dem man sich die Wartezeit auf ein Boot mit Spaziergängen verkürzen kann. **Unterkunft** findet man im allerdings nicht ganz preiswerten *Weihaiwei Dasha******, Kunming Lu, Ecke Xinwei Lu, ✆ 0631/5285888, 📠 5285777. Billigere Zimmer gibt es zwei Blocks weiter westlich im *Qing Quan Hotel***, 5 Gongyuan Lu, ✆ 0631/5224112. Die *Bank of China*, die auch Travellers Cheques einlöst, befindet sich ein paar Minuten westlich des *Weihaiwei Dasha* entlang der Kunming Lu.

Der **Überland-Busbahnhof** liegt ca. 10 Minuten südlich der Bank of China oder 25 Minuten Fußweg vom Hafen entfernt. Es fahren jeden Nachmittag Schlafbusse nach Beijing (13 Std., ¥150) und Shanghai (16 Std., ¥200), zudem gibt es regelmäßige Verbindungen nach Qingdao (4 Std.) und Yantai (1 Std., ¥17). Dreimal wöchentlich verkehrt auch eine **Passagierfähre** nach Inchon in Südkorea (24 Std., ¥750–1380), Tickets können am Terminal am östlichen Ende der Kunming Lu oder im Business Centre des *Weihaiwei Dasha* gebucht werden.

Shanghai

Highlights

• **Der Bund**
Kontrastreiche Kulisse aus angestaubten Kolonialbauten und ungestümer Modernität am Huangpu.

• **Peace Hotel**
Im Charme des Art-déco-Ambiente einen Cocktail schlürfen und von der Dachterrasse die Aussicht genießen.

• **Bootsfahrt auf dem Huangpu**
Auf einem Ausflugsdampfer oder einer der Fähren erhält man einen Eindruck von der dem Meer zugewandten Wirtschaft, die den Erfolg der Stadt ausmacht.

• **Nanjing Lu**
Konsumparadies und eine der prachtvollsten Einkaufsstraßen Chinas.

• **Shanghai-Museum**
Rangiert unter den besten Museen des Landes und besticht obendrein durch herausragende Architektur.

• **Cloud 9 Café**
Grandiose Ausblicke von der obersten Etage des höchsten Gebäudes in Shanghai.

• **Shanghais Nachtleben**
Eine glamouröse, laute, ausschweifende und oftmals sehr dekadente Angelegenheit.

gibt es nur wenige Attraktionen, die eine größere Anziehungskraft besitzen. Viele Besucher verlassen die Stadt mit einem Gefühl der Enttäuschung. Der Reiz Shanghais liegt jedoch weniger darin, von Sehenswürdigkeit zu Sehenswürdigkeit zu hasten als vielmehr im Entdecken verborgener Schönheiten: ein Spaziergang am Bund, das Aufspüren kolonialer Architektur in der ehemaligen französischen Konzession, das Eintauchen in die kulinarischen Genüsse der zahllosen Restaurants und das ausgiebige Nachtleben oder einfach nur ein Bummel entlang der Einkaufsstraßen, um sich von der Wiedergeburt einer der herrlichsten Städte der Welt beeindrucken zu lassen.

Eine Renaissance erleben aber auch viele der **sozialen Missstände**, von denen man dachte, die Kommunisten hätten sie nach 1949 ein für allemal beseitigt. Arbeitslosigkeit, Drogen und Prostitution sind stark auf dem Vormarsch. Die Dynamik, durch die sich Shanghai gegenüber dem übrigen China auszeichnet, wird jedoch selbst den China-überdrüssigsten Besucher in ihren Bann schlagen.

Geschichte

Als die Kommunisten im Mai 1949 in Shanghai einmarschierten, übernahmen sie die Kontrolle über das wichtigste Wirtschafts- und Handelszentrum Asiens, einen internationalen Hafen, in dem wahre Vermögen gemacht wurden, während Millionen Menschen in absoluter Armut lebten. Ganz gleich auf welcher Seite man stand, das Leben in Shanghai zeichnete sich meist durch Extreme aus. Chinas wohlhabendste Stadt, die ihren Reichtum zu großen Teilen europäischem und amerikanischem Geld zu verdanken hatte, war die erste Asiens, in der elektrisches Licht Einzug hielt, in der es mehr Autos als im ganzen übrigen Land zusammen gab und die für ihre reichen Bewohner eine Welt europäisch anmutender Villen, baumgesäumter Boulevards, eine elegante Kaffeehauskultur, Pferderennen und exklusive Herrenklubs erschuf. Daneben existierte, und auch dies gehört zur Geschichte, eine Stadt der Singsong-Mädchen, rivalisierender Gangster und Millionen hungernder Menschen, die zu Sklaven ihrer täglichen Reisschale verdammt waren.

Nach der **kommunistischen Machtübernahme** verloschen die grellen Lichter. Während die ausländische Gemeinde noch erwartete, wie gehabt ihren Geschäften nachgehen zu können, war das neue Regime entschlossen, auch Shanghai seine Rolle in der radikalen Umgestaltung Chinas zuzuweisen. Die schlimmsten Elendsviertel wurden niedergerissen, um durch Wohnblöcke ersetzt zu werden. Die Gangster und Prostituierten schaffte man zur „Umerziehung" fort, und ausländisches Kapital wurde rücksichtslos besteuert oder gleich ganz konfisziert. (Chiang Kaishek gelang es allerdings, die Goldreserven der Bank of China nach Taiwan verschwinden zu lassen und so eine bankrotte Stadt zu hinterlassen.) Über einen Zeitraum von 35 Jahren wurden westliche Einflüsse erzwungenermaßen unterdrückt.

Entgegen westlichen Interpretationen begann die Geschichte Shanghais nicht mit der Gründung der britischen Konzession im Zuge des Ersten Opiumkriegs, denn dort wo Yangzi, Kaiserkanal und Pazifik aufeinander treffen, gab es schon seit der Song-Dynastie einen wichtigen Handelshafen, von dem die stattliche Baumwollernte der Region nach Beijing, ins Hinterland und nach Japan verschifft wurde. Bis zur Qing-Dynastie hatten sich große, durch den Handel organisierte und äußerlich den niederländischen Gilden ähnelnde **Kaufmannszünfte** gebildet, die sich die wirtschaftliche und teilweise auch politische Kontrolle über die Stadt teilten. Tatsächlich fiel die Wahl der Briten nur deshalb auf Shanghai als Vertragshafen, weil die Stadt, wie der Repräsentant der Ostindienkompanie, Hugh Lindsey, es formulierte, seit den 40er Jahren des 19. Jahrhunderts zum „wichtigsten Marktplatz Ostasiens" geworden war.

Nach den **Opiumkriegen** zogen die Briten 1842 unter dem Vertrag von Nanjing in die Stadt ein, bald darauf, 1847, folgten die Franzosen, und diese beiden Mächte richteten die ersten **ausländischen Konzessionen** in Shanghai ein – die Briten entlang dem Bund und im Gebiet nördlich von Alt-Shanghai, der Chinesenstadt, die Franzosen im Südwesten in der Gegend einer Kathedrale, die ein französischer Missionar 200 Jahre zuvor begründet hatte. 1863 kamen die Amerikaner, 1895 die Japaner und gliederten ihre eigenen Gebiete der britischen Konzession an, die sich zum so genannten „International Settlement" ausgedehnt hatte. In einer Reihe von privilegierten Enklaven, die auf unbestimmte Zeit gepachtet waren, fielen Händler unter die Gerichtsbarkeit ihres eigenen Landes, und es gab eigene Polizeikräfte. Durch die günstige Lage nahe der Haupthandelsroute der großen Seide und Tee produzierenden Regionen entwickelte sich Shanghai bis 1900 zu einem wichtigen Hafen und Industriezentrum, das weitgehend von der „Grünen Gang", einem berüchtigten, im 18. Jahrhundert von arbeitslosen Seemännern gegründeten Syndikat kontrolliert wurde. Bis zum Beginn der 20er Jahre hatte diese Clique auch die weit verzweigte Unterwelt unter ihre Herrschaft gebracht. An Kaufleuten und Kriminellen, die deren strengen Verhaltenskodex missachteten, wurden grausame Exempel statuiert – man trennte ihnen mit einem Messer sämtliche hervorstehende Sehnen durch, bevor man sie im lebendigen Treiben am Straßenrand verenden ließ.

Während des Taiping-Aufstands (s.S. 101) flohen viele vor den Massakern in die ausländischen Ansiedlungen und vermehrten die billigen Arbeitskräfte Shanghais, aber auch Bauern wurden vom augenscheinlichen Reichtum der Stadt angelockt. Es bildete sich das erste städtische Proletariat Chinas heraus, und die erbärmlichen Lebensbedingungen schufen im Zusammenspiel mit immer stärker grassierender Arbeitslosigkeit und der Ausbeutung chinesischer Arbeitskräfte durch die ausländischen Investoren den natürlichen Nährboden für **revolutionäre Kräfte**. 1921 gründete sich in Shanghai die Kommunistische Partei Chinas, die jedoch 1927 nach dem Massaker an Hunderten Streikenden erst einmal in den Untergrund gezwungen wurde.

Selbst nach 1949 blieb die Stadt eine Hochburg radikalen Denkens. Von hier nahm die Kulturrevolution Maos, der von der Zentralregierung in Beijing ausgeschaltet worden war, 1966 ihren Lauf. Einige Rote Garden proklamierten sogar eine eigene Kommune Shanghai, bevor die ganze Angelegenheit die Züge hemmungsloser Zerstörung und engstirniger Rachefeldzüge annahm. Nach Maos Tod war Shanghai die letzte Bastion der Viererbande im Kampf um die Nachfolge, allerdings ging deren Plan nie auf. Viele Politiker, die die Modernisierung vorantreiben und Schlüsselpositionen in der Zentralregierung innehaben oder -hatten, kommen aus der Region Shanghai, darunter der ehemalige Staatspräsident Jiang Zemin und Ex-Ministerpräsident Zhu Rongji, beide frühere Bürgermeister der Stadt.

Neben ihrer Funktion als wichtige Machtbasis für die Regierungspartei steht die Stadt seit jeher auch im Ruf, die modebewussteste Metropole Chinas zu sein und wie keine andere ihren **Blick nach außen** zu richten. Bekannt sind die Bewohner Shanghais für ihren scharfen Verstand und ihr unternehmerisches Geschick. Viele flohen nach 1949 nach Hongkong und ebneten den Weg für die wirtschaftliche Explosion dieser britischen Kolonie, während sich zahllose andere aus der Region in fernere Gegenden der Welt aufmachten, um dort als Übersee-Chinesen erfolgreiche Geschäftsleute zu werden. Selbst während der Kulturrevolution konnten westliche Exzesse wie Dauerwelle oder öffentliches Händchenhalten in Shanghai weiter bestehen. Trotz des lokalen Dialekts, der für andere Chinesen nicht zu verstehen ist, haben die ausgezeichneten Englischkenntnisse der einheimischen Bevölkerung sowie deren Vertrautheit mit Ausländern und überhaupt mit dem Fremden schon immer dafür gesorgt, dass Besucher ungleich leichter als irgendwo sonst im Land zurechtkommen. Der relative Reichtum der Stadt fördert zudem ein größeres Interesse an **Freizeitaktivitäten** und am **Nachtleben**, so dass Shanghai ein breites Unterhaltungsangebot und eine Fülle neuer Bars und Clubs besitzt. Nicht nur steht Shanghai nach wie vor als Industriestandort an erster Stelle im Land, es ist auch ein wichtiges Zentrum des Konsums, und die Vielfalt sowie Qualität der Waren in den Läden locken Menschen aus ganz China an.

Einige Probleme bleiben jedoch nach wie vor ungelöst, allen voran die hoffnungslose **Übervölkerung**. Obwohl in den vergangenen Jahren zahllose neue Wohnungen entstanden sind, geben selbst offizielle Statistiken den durchschnittlich zur Verfügung stehenden Wohnraum mit einer Fläche an, die kaum größer als ein Doppelbett ist, was in der Praxis oftmals bedeutet, dass drei Generationen einer Familie in einem Zimmer schlafen. Egal wohin man blickt, man sieht sich Menschenmassen gegenüber. Der daraus resultierende Stress tritt häufig in Misslaune, gelegentlich auch in Pöbeleien auf der Straße zutage. Als Zentrum riesiger Ölraffinerien, Chemiefabriken und Schmelzhütten hat Shanghai auch unter **Umweltverschmutzung** in Form schwefelhaltiger Rauchwolken zu leiden, die die Fabrikschornsteine unablässig ausspucken. Ungefähr vier Millionen Tonnen ungefilterter Industrie- und Haushaltsabwässer ergießen sich tagtäglich in den Huangpu, die wichtigste Trinkwasserquelle der Stadt, und der Suzhou-Kanal ist nur noch eine schwarze, übel riechende Brühe. Zuletzt sei noch die **Arbeitslosigkeit** erwähnt, die in Shanghai wesentlich höher als in anderen Großstädten ist. Das Problem der Auswärtigen, die ohne Aufenthaltsgenehmigung (also auch ohne Wohnung) auf der Suche nach dem großen Glück in die Stadt strömen, bergen ein explosives Potenzial für soziale Unruhen. Obwohl die Stadt für chinesische Zuzügler nominell gesperrt ist und trotz der Ein-Kind-Politik und 300 000 Abtreibungen jährlich, wächst Shanghai zusehends weiter – im Moment ist man bei über 13 Millionen Einwohnern angelangt, was Shanghai zu einer der größten (und überfülltesten) Städte der Welt macht.

Orientierung

Gemessen an der enormen Einwohnerzahl ist Shanghai überraschend kompakt. Obwohl das Stadtbild weniger geometrisch als das Beijings angelegt ist, findet man sich zu Fuß problemlos zurecht; will man jedoch von einem Viertel in das nächste, sind Busse oder Taxis als Transportmittel unabdingbar. Die für Touristen interessanteste Gegend wird im Osten vom **Huangpu** begrenzt (der von Westen nach Osten fließt), im Norden vom **Suzhou-Kanal** (Wusong Hei). Um eine erste Orientierung zu bekommen, empfiehlt sich die südwestliche Ecke des Zusammenflusses dieser beiden Gewässer am Eingang zum kleinen Huangpu-Park. Nördlich davon liegt jenseits der stählernen Waibaidu-Brücke über den Suzhou-Kanal das Gebiet der ehemaligen japanischen Konzession. Südlich des Parks verläuft am westlichen Ufer des Huangpu **der Bund** – in offiziellem Chinesisch Zhongshan Lu, inoffiziell Wai Tan genannt. Dem Bund wiederum gegenüber erhebt sich am Ostufer der „Perle des Orients" getaufte Fernsehturm als auffälligstes Bauwerk der Stadt. Zahlreiche Hotels sowie einige der wenigen Dorm-Unterkünfte sind in der Gegend um den Bund angesiedelt. Etwa 100 m südlich des Huangpu-Parks zweigt vom Bund eine der großen Einkaufsstraßen Shanghais, die **Nanjing Lu**, ab und führt nach Westen am nördlichen Rand des zentralen Volksparks vorbei. Wie alle Ost-West-Straßen ist auch die Nanjing Lu nach einer Stadt benannt, während die in Nord-Süd-Richtung verlaufenden Straßen Provinzen als Namensgeber haben. Eine weitere wichtige Magistrale ist die Yan'an Lu, die sich etwas südlich der Nanjing Lu ebenfalls von Ost nach West ausdehnt und im Osten in einem Tunnel unter dem Huangpu hindurchführt. Südlich davon und nur wenig westlich vom Bund beschreibt das Gebiet **Alt-Shanghais** ein Oval. Die wichtigste Nord-Süd-Achse ist die **Xizang Lu**, die sich unmittelbar östlich des **Volksparks** ihren Weg durch das Zentrum bahnt. Im Süden kreuzt die Xizang Lu die **Huaihai Lu**, den anderen großen Einkaufsboulevard Shanghais, der nach Westen ins Herz der **ehemaligen französischen Konzession** führt. In Shanghai sind wie in vielen anderen chinesischen Städten lange Straßen zwecks einfacherer Benennung in Abschnitte unterteilt. So bezeichnet beispielsweise Yan'an Dong Lu den östlichen Abschnitt der Yan'an Lu, Yan'an Zhong Lu den mittleren Teil und Yan'an Xi Lu das westliche Teilstück. Für das Auffinden von Adressen ist diese Praxis überaus hilfreich. Für die genauere Bestimmung von Norden und Süden wird *bei* bzw. *nan* in den Straßennamen eingefügt.

Obwohl sich das Besucherinteresse überwiegend auf die Gebiete westlich des Huangpu und dessen klassischer Uferpromenade aus der Kolonialzeit, den Bund, konzentriert, ragt als auffälligstes Bauwerk der wie eine Rakete anmutende, „Perle des Orients" getaufte Fernsehturm am Ostufer des Flusses in der Sonderwirtschaftszone **Pudong** in den Himmel. Am besten lernt man beide Uferseiten und deren Sehenswürdigkeiten im Rahmen der ausgezeichneten **Flussfahrt auf dem Huangpu** kennen.

Als betriebsamste Einkaufsstraße Chinas gilt die Nanjing Lu, die das Zentrum Shanghais durchquert. An ihrem östlichen Ende liegt das berühmte **Peace Hotel**, weiter westlich erreicht sie am **Volkspark** das hervorragende neue **Museum** der Stadt. Die anderen größeren Sehenswürdigkeiten befinden sich ca. 1,5 km südlich der Nanjing Lu in der Altstadt, der am längsten bewohnten Gegend der Stadt, wo man den **Yu Yuan**, einen restaurierten, klassischen chinesischen Garten mit dem Huxinting-Teehaus sowie Marktstände in der Nachbarschaft findet. Südwestlich davon erstreckt sich das herrliche Gebiet der ehemaligen französischen Konzession, die sich durch ihre kosmopolitischen Kochtraditionen, europäischen Gebäude und Relikte der Revolution auszeichnet. Das Zentrum der pulsierenden Restaurant- und Nachtschwärmerszene Shanghais bildet die **Huaihai Lu**, die als Hauptverkehrsader durch dieses Gebiet führt.

Weiter abseits des Zentrums gibt es noch eine Hand voll weiterer lohnender Ziele. Nördlich des Suzhou-Kanals liegt der interessante **Hongkou-Park** mit seinen, dem großen Schriftsteller des 20. Jahrhunderts, Lu Xun, gewidmeten Denkmälern. Im äußersten Westen schließlich befinden sich zwei der bedeutendsten noch existierenden religiösen Stätten Shanghais, der **Longhua Si** und der **Yufo Si**.

Der Bund

In seiner Mischung aus Liverpool und Manhattan der 20er Jahre ist der Bund schon immer die beeindruckendste Straße Shanghais gewesen. Seit 1949 trägt er offiziell den Namen Zhongshan Lu, unter Einheimischen ist er jedoch besser als Wai Tan (äußerer Strand) bekannt. Zu Zeiten, da Shanghai seine wilde Blütezeit erlebte, befand sich am Bund nicht nur das Finanzzentrum der Stadt, es gab hier auch einen betriebsamen Hafen, in dem von winzigen Dschunken bis zu Ozeanriesen alle möglichen Wassergefährte unter der wachsamen Kontrolle britischer, später auch amerikanischer und japanischer Kriegsschiffe ihre Fracht löschten. Sämtliche Güter, von Seide über Tee bis zu schwerem Industriegerät, trafen hier ein, und zwischen all der Hektik gingen wohlhabende Ausländer von Bord ihrer Schiffe, um sich durch die Menge von Bettlern, Straßenverkäufern, Schwarzhändlern, Schuhputzern und überbeladenen Kulis ihren Weg zu einem der luxuriösen Hotels zu bahnen. Am Bund, dessen Name auf den alten anglo-indischen Begriff *bunding* (Befestigung morastigen Uferlands) zurückgeht, schlug das wirtschaftliche Herz des alten Shanghai. Auf der einen Seite war der Fluss, auf der anderen waren die Büros der führenden Banken und Handelshäuser. Eine radikal neue Perspektive hat sich in den vergangenen Jahren durch die gewaltigen Bauprojekte am jenseitigen Ufer eingestellt – allen voran der spektakuläre Fernsehturm, der so hoch ist, dass seine Antenne oftmals im Dunst verschwindet.

Ausgehend von der **Waibaidu-Brücke** am Zusammenfluss des Huangpu und des Suzhou-Kanals erstreckt sich der Bund 1,5 km nach Süden zur Jinling Dong Lu, der ehemaligen Rue du Consulat. Bei Ausbruch des Chinesisch-Japanischen Krieges 1937 bildete die Waibaidu-Brücke eine Art Niemandsland zwischen den japanisch besetzten Gebieten nördlich des Suzhou-Kanals und dem internationalen Sektor – am einen Ende hielten Japaner, am anderen Briten Wache. Obwohl die meisten Schiffe heute weiter stromabwärts anlegen, werden die Wasserstraßen noch rege als Verbindungswege genutzt, und der Bund selbst wird gerne als Ort für einen Abendspaziergang oder die morgendliche Körperertüchtigung aufgesucht, während Touristen aus ganz China die Uferpromenade entlangschlendern und Fotos von sich vor dem im Hintergrund aufragenden Fernsehturm machen. Das erste Gebäude südlich der Brücke, das **ehemalige britische Konsulat**, repräsentierte einen der Eckpfeiler der britischen Interessen im alten Shanghai und wurde demonstrativ von prachtvoll gewandeten Sikh-Soldaten bewacht. Das blaue, nur wenig nordöstlich von hier am anderen Ufer des Suzhou-Kanals gelegene Gebäude hat bis heute seine ursprüngliche Funktion als **russisches Konsulat** behalten.

Direkt am Zusammenfluss der beiden Wasserstraßen befindet sich eine weitere britische Schöpfung aus früherer Zeit, der **Huangpu-Park**, dessen Untergrund aus angeschwemmtem Schlamm und Schluff entstand, die sich um ein Schiffswrack aufhäuften. Auch hier waren Sikh-Soldaten anzutreffen, die auf die Einhaltung der Regel, wonach Hunden und Chinesen der Zutritt zum Park verboten war (es sei denn, es handelte sich um Bedienstete in Begleitung ihrer Herrschaft), achteten. Nach Protesten erging eine Änderung dieser Praxis, so dass fortan auch „gut gekleidete" Chinesen den Park betreten durften, sofern ihrem Antrag auf entsprechende Sondergenehmigung stattgegeben wurde. Inzwischen steht im Park ein steinernes Denkmal für die „Volkshelden", gerne wird er auch von Einheimischen zum frühmorgendlichen Taijiquan besucht, am lohnendsten ist er jedoch, um bei einem Spaziergang einfach nur die Uferpromenade im Blick zu haben, die die Szenerie der beiden Flüsse beherrscht. Unter dem Denkmal ist ein kleines **Museum** angesiedelt, das einen informativen Abriss der Stadtgeschichte präsentiert und eine Stippvisite wert ist. Park ⏲ 5–21, Museum ⏲ 9–16 Uhr, beide Eintritt frei.

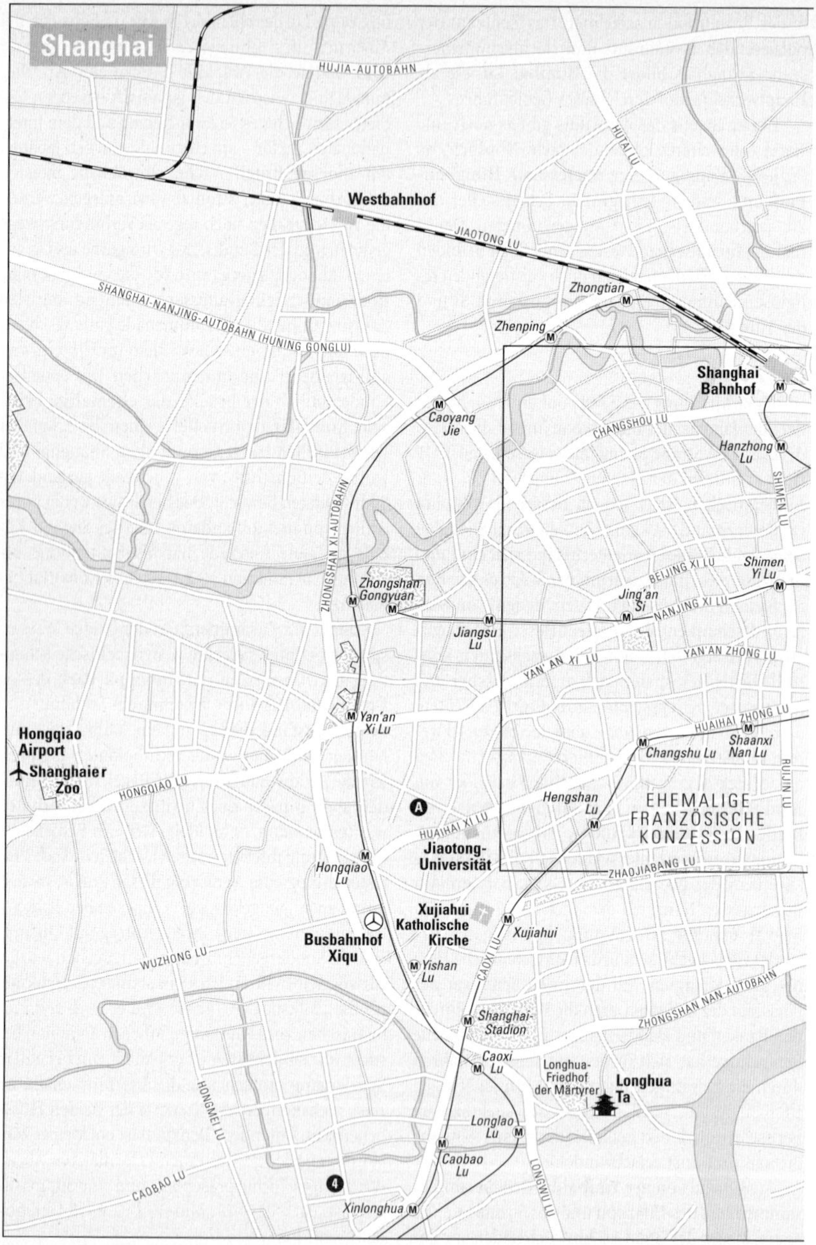
Shanghai
HUJIA-AUTOBAHN
HUTAI LU
Westbahnhof
JIAOTONG LU
SHANGHAI-NANJING-AUTOBAHN (HUNING GONGLU)
Zhongtian
Zhenping
Shanghai Bahnhof
Caoyang Jie
CHANGSHOU LU
Hanzhong Lu
SHIMEN LU
ZHONGSHAN XI-AUTOBAHN
Shimen Yi Lu
BEIJING XI LU
Jing'an Si
NANJING XI LU
Zhongshan Gongyuan
Jiangsu Lu
YAN'AN XI LU
YAN'AN ZHONG LU
Yan'an Xi Lu
HUAIHAI ZHONG LU
Changshu Lu
Shaanxi Nan Lu
RUIJIN LU
Hongqiao Airport
Shanghaier Zoo
HONGQIAO LU
Hengshan Lu
EHEMALIGE FRANZÖSISCHE KONZESSION
HUAIHAI XI LU
Jiaotong-Universität
Hongqiao Lu
ZHAOJIABANG LU
Xujiahui Katholische Kirche
Xujiahui
Busbahnhof Xiqu
WUZHONG LU
Yishan Lu
CAOXI LU
ZHONGSHAN NAN-AUTOBAHN
Shanghai-Stadion
Caoxi Lu
Longhua-Friedhof der Märtyrer
Longhua Ta
HONGMEI LU
Longlao Lu
Caobao Lu
LONGWU LU
CAOBAO LU
Xinlonghua

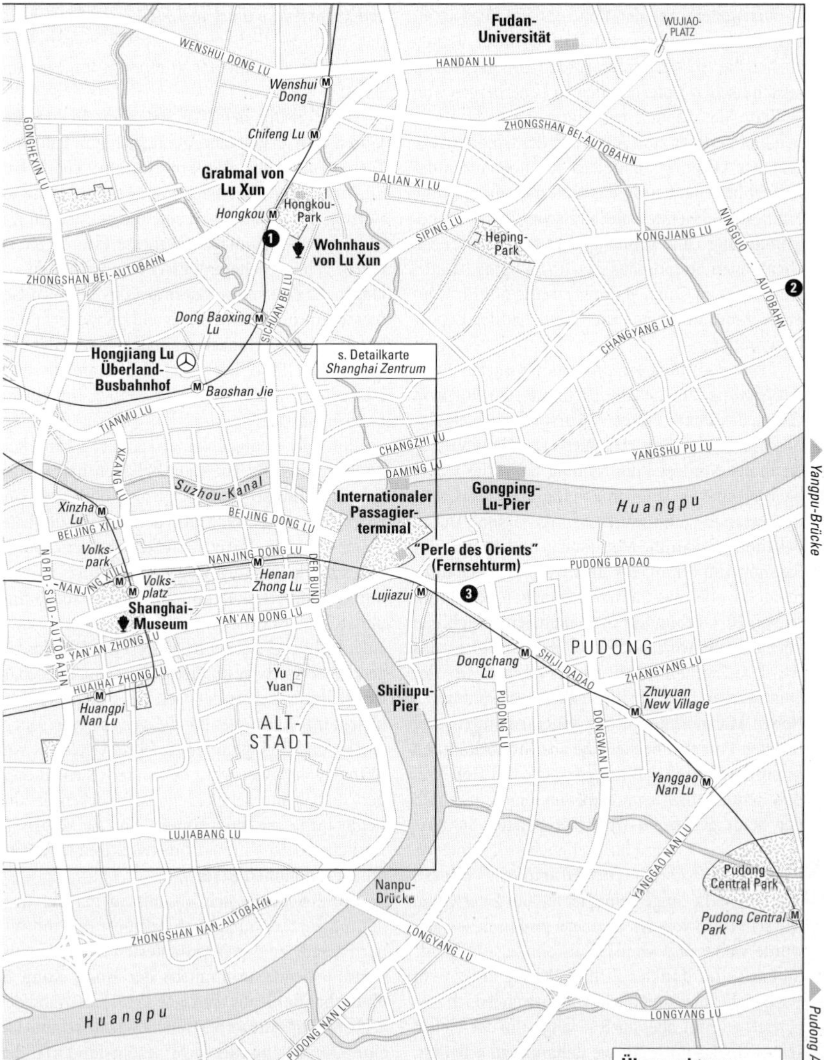
Fudan-
Universität
WUJIAO-
PLATZ
WENSHUI DONG LU
HANDAN LU
Wenshui
Dong
Chifeng Lu
ZHONGSHAN BEI-AUTOBAHN
GONGHEXIN LU
Grabmal von
Lu Xun
DALIAN XI LU
Hongkou
Hongkou-
Park
SIPING LU
Heping-
Park
KONGJIANG LU
NINGGUO-AUTOBAHN
Wohnhaus
von Lu Xun
ZHONGSHAN BEI-AUTOBAHN
SICHUAN BEI LU
Dong Baoxing
Lu
CHANGYANG LU
Hongjiang Lu
Überland-
Busbahnhof
Baoshan Jie
s. Detailkarte
Shanghai Zentrum
TIANMU LU
XIZANG LU
CHANGZHI LU
DAMING LU
YANGSHU PU LU
Yangpu-Brücke
Suzhou-Kanal
Internationaler
Passagier-
terminal
Gongping-
Lu-Pier
Huangpu
Xinzha
Lu
BEIJING XI LU
BEIJING DONG LU
Volks-
park
NANJING DONG LU
"Perle des Orients"
(Fernsehturm)
PUDONG DADAO
NORD-SÜD-AUTOBAHN
NANJING XI LU
Volks-
platz
Henan
Zhong Lu
DER BUND
Lujiazui
Shanghai-
Museum
YAN'AN DONG LU
YAN'AN ZHONG LU
PUDONG
Dongchang
Lu
SHIJI DADAO
CHANGYANG LU
HUAIHAI ZHONG LU
Yu
Yuan
Shiliupu-
Pier
Zhuyuan
New Village
Huangpi
Nan Lu
PUDONG LU
DONGWAN LU
ALT-
STADT
Yanggao
Nan Lu
LUJIABANG LU
YANGGAO NAN LU
Pudong
Central Park
Nanpu-
Brücke
Pudong Central
Park
ZHONGSHAN NAN-AUTOBAHN
LONGYANG LU
Huangpu
LONGYANG LU
Pudong Airport
PUDONG NAN LU
N
0
1 km
Übernachtung:
Changyang 2
Grand Hyatt Pudong 3
Normal University Guesthouse 4
Swan Cindic 1
Essen:
Bar Goya A

Der weitere Weg den Bund entlang führt an einer Reihe grandioser neoklassizistischer Bauten vorbei, die einst errichtet wurden, um die großen ausländischen Unternehmen zu beherbergen. Von William Matheson, jenem Mann, der mehr als irgendein anderer zum Ausbruch der Opiumkriege und zur Öffnung Shanghais für den Auslandshandel beitrug, wurde das Unternehmen Jardine Matheson als erster ausländischer Konzern gegründet, der Land in Shanghai erwerben sollte. Im ehemaligen Stammhaus (nach 1949 ging sämtlicher Besitz in China verloren) wenig nördlich des *Peace Hotel* sitzt heute die China Textiles Export Corporation.

Etwas südlich davon prunkt am östlichen Ende der Nanjing Lu eines der berühmtesten Hotels in China, das **Peace Hotel**, das ursprünglich als *Cathay Hotel* seine Pforten öffnete. Das Hauptgebäude an der Nordseite der Nanjing Lu ist das Überbleibsel eines weiteren großen Handelshauses, dem der **Sassoons**, und war früher als Sassoon House bekannt. Wie Jardine Matheson gründete auch das Sassoon-Imperium vor allem auf dem Opiumhandel, wobei das Familienvermögen bereits im frühen 20. Jahrhundert in Shanghaier Immobilien angelegt war, wozu auch das *Cathay* gehörte, das vor dem Zweiten Weltkrieg der obligate Ort der Stadt war, an dem „man“ gesehen werden musste. Neben Marmorbädern mit Silberarmaturen und feinsten Porzellanbecken, die aus Großbritannien importiert waren, kamen die Gäste des Hotels in den Genuss eines separaten, von einer außerhalb der Stadt gelegenen Quelle gespeisten Sanitärsystems. Noel Coward hat hier angeblich seine *Private Lives* (deutscher Titel *Intimitäten)* verfasst. Sassoon sollte lange genug leben, um zu erleben, wie sein Hotel von den Japanern praktisch zerstört wurde, wobei auch seine Privatwohnung mit Rundumblick und dunkler Eichentäfelung unter dem Dach nicht verschont blieb (vor kurzem jedoch restauriert wurde), aber auch so lange, um das meiste seines Geldes noch auf die Bahamas zu schaffen. Noch heute ist das *Peace* eine Domäne der Reichen, jedoch ist auch für weniger Betuchte die Bar mit ihrer legendären Jazzband (s.S. 347) oder der Gang durch den verblassten Art-déco-Charme der Lobby und der oberen Geschosse durchaus einen Besuch wert. Der kleinere Flügel an der Südseite der Nanjing Lu beherbergte ursprünglich das um 1906 errichtete *Palace Hotel,* in dessen erster Etage heute das nach westlichem Geschmack eingerichtete *Peace Café* als beliebter Treffpunkt im Zentrum dient.

Gleich neben dem *Peace* steht die in den 20er Jahren vom Shanghaier Architektenbüro Palmer & Turner entworfene **Bank of China**, 19 Zhongshan Lu (bzw. Bund), die nach ihrer Fertigstellung im Auftrag der Erbauer von einem chinesischen Architekten noch einmal nachgebessert wurde, um zu einem „chinesischeren“ Erscheinungsbild zu gelangen. Zu diesem Zwecke erhielt das Art-déco-Gebäude ein chinesisches Dach und beeindruckt seither durch sein gelungenes Nebeneinander der verschiedenen Stile. Die Idee wird heute bis zum Exzess und weit weniger ansehnlich im ganzen Land kopiert.

Eines der wenigen Bauwerke, das bis heute seine ursprüngliche Funktion behalten hat, ist das **Customs House**, ein Stück weiter am Bund. Der charakteristische, 1927 nach dem Vorbild des Londoner Big Ben fertig gestellte Uhrturm wurde während der Kulturrevolution allerdings so weit umfunktioniert, dass von ihm täglich um 6 und um 18 Uhr „Der Osten ist rot“ ertönte. Inzwischen ist das Uhrwerk wieder restauriert worden. Der Legende nach soll der im Viertelstundentakt erschallende Glockenschlag den Gott des Feuers verwirrt haben. Im Glauben, es handle sich um eine Feuerglocke und Shanghai würde ohne Unterlass von Bränden heimgesucht, entschloss sich dieser, der Stadt keine Feuer mehr zu schicken. In der Lobby im Erdgeschoss können ein paar verblasste Deckenmosaike mit maritimen Motiven in Augenschein genommen werden.

Gleich nebenan steht das mit einem nicht minder markanten Kuppeldach bekrönte und mit seiner Fassade zu den imposantesten Gebäuden am Bund zählende Stammhaus der **Hong Kong & Shanghai Bank** aus dem Jahr 1921. Jede Wand der achteckigen, marmornen Eingangshalle schmückte eine Darstellung der acht Hauptstandorte der Bank: Bangkok, Kalkutta, Hongkong, London, New York, Paris, Shanghai und Tokio. Nach 1949 zog die Shanghaier Stadtverwaltung ein und residierte dort bis zu ihrem Umzug 1995 in neue Räumlichkeiten nahe des Volksparks im Zentrum, so dass heute der Weg für Verhandlungen über eine erneute Nutzung durch die ursprünglichen Besitzer frei ist. Dann

Shanghai: Die Stadt

Altstadt	南市区	*nánshì qū*
Ausstellungszentrum Shanghai	上海展览中心	*shànghǎi zhǎnlǎn zhōngxīn*
Blumen- und Vogelmarkt	花鸟市场	*huāniǎo shìchǎng*
Botanischer Garten	植物园	*zhíwùyuán*
Bund	外滩	*wàitān*
Chenghuang Miao	城皇庙	*chénghuáng miào*
Customs House	海关楼	*hǎiguān lóu*
Dongtai-Lu-Markt	东台路市场	*dōngtáilù shìchǎng*
Fernsehturm „Perle des Orients“	东方明珠广播电视塔	*dōngfāng míngzhū guǎngbō diànshìtǎ*
Gründungsstätte der KPCh	一大会址	*yīdà huìzhǐ*
Hongkou-Park	红口公园	*hóngkǒu gōngyuán*
Huangpu	黄浦江	*huángpǔjiāng*
Huangpu-Flussfahrten	黄浦江旅游	*huángpǔjiāng lǚyóu*
Huxinting-Teehaus	湖心亭	*húxīn tíng*
Jing'an Si	静安寺	*jíng'ān sì*
Katholische Kirche Xujiahui	徐家汇天主教堂	*xújiāhuì tiānzhǔ jiàotáng*
Longhua Si	龙华寺	*lónghuá sì*
Longhua-Friedhof der Märtyrer	龙华烈士陵园	*lónghuá lièshì língyuán*
Lu-Xun-Grabmal	鲁迅纪念馆	*lǔ xùn jìniànguǎn*
Mu'en Tang	沐恩堂	*mù'ēn táng*
Palast der Kinder	少年宫	*shàonián gōng*
Pudong „Neuer Bund“	浦东新区	*pǔdōng xīnqū*
Shanghai Centre	上海商城	*shànghǎi shāngchéng*
Shanghai Grand Theatre	上海大剧院	*shànghǎi dàjùyuàn*
Shanghai Kunstmuseum	美术展览馆	*měishù zhǎnlǎnguǎn*
Shanghaier Zoo	上海动物园	*shànghǎi dòngwùyuán*
Shanghai-Museum	上海博物馆	*shànghǎi bówùguǎn*
Tung Feng Hotel	东风饭店	*dōngfēng fàndiàn*
Vergnügungszentrum Great World	大世界	*dà shìjiè*
Volkspark	人民公园	*rénmín gōngyuán*
Volksplatz	人民广场	*rénmín guǎngchǎng*
Waibaidu-Brücke	外白渡桥	*wàibáidù qiáo*
Wohnhaus von Lu Xun	鲁迅故居	*lǔ xùn gùjū*
Wohnhaus von Song Qingling	宋庆龄故居	*sòng qìnglíng gùjū*
Wohnhaus von Sun Yatsen	孙中山故居	*sūn zhōngshān gùjū*
Wohnhaus von Zhou Enlai	周恩来故居	*zhōu ēnlái gùjū*
World Link Medical and Dental Centres	瑞新国际医疗中心	*ruìxīn guójì yīliáo zhōngxīn*
Yu Yuan	豫园	*yùyuán*
Yufo Si (Jadebuddha-Tempel)	玉佛寺	*yùfó sì*

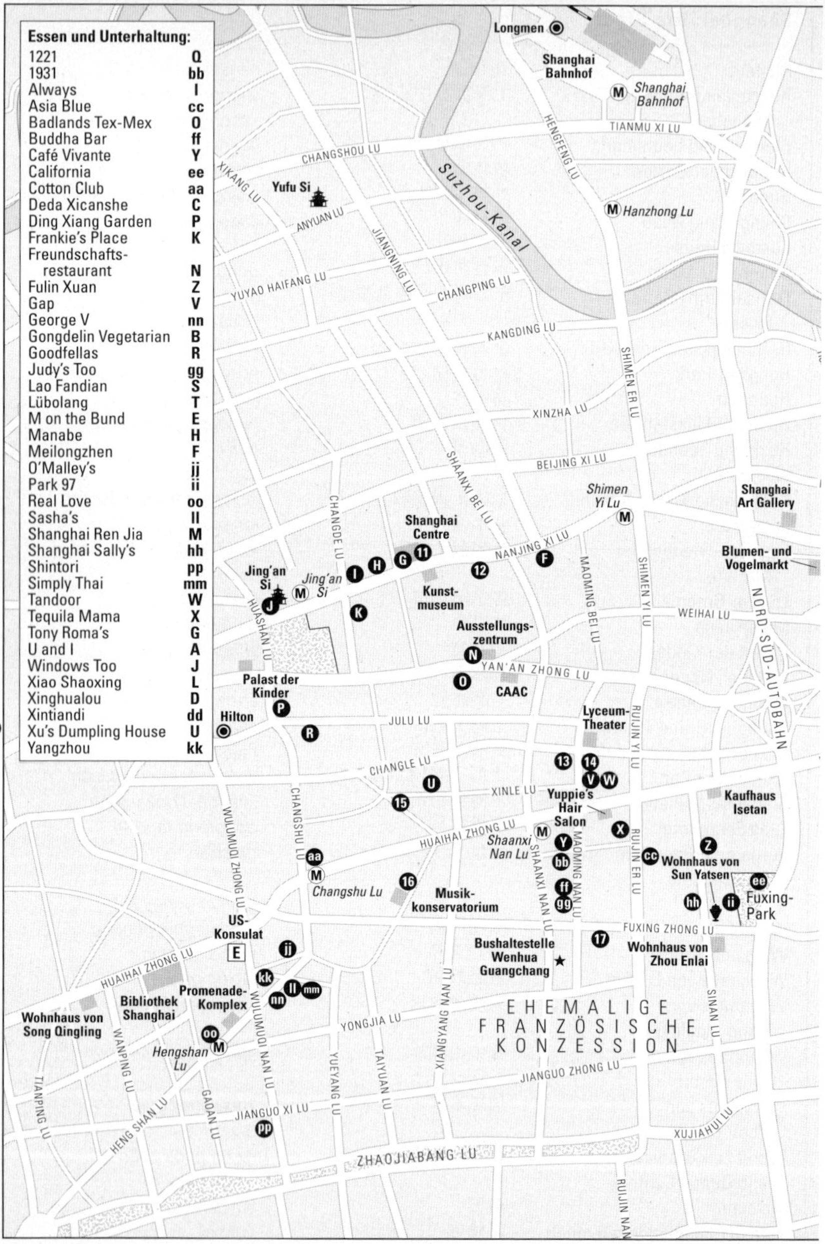
Essen und Unterhaltung:
1221 Q
1931 bb
Always I
Asia Blue cc
Badlands Tex-Mex O
Buddha Bar ff
Café Vivante Y
California ee
Cotton Club aa
Deda Xicanshe C
Ding Xiang Garden P
Frankie's Place K
Freundschafts-restaurant N
Fulin Xuan Z
Gap V
George V nn
Gongdelin Vegetarian B
Goodfellas R
Judy's Too gg
Lao Fandian S
Lübolang T
M on the Bund E
Manabe H
Meilongzhen F
O'Malley's jj
Park 97 ii
Real Love oo
Sasha's ll
Shanghai Ren Jia M
Shanghai Sally's hh
Shintori pp
Simply Thai mm
Tandoor W
Tequila Mama X
Tony Roma's G
U and I A
Windows Too J
Xiao Shaoxing L
Xinghualou D
Xintiandi dd
Xu's Dumpling House U
Yangzhou kk
Longmen
Shanghai Bahnhof
Shanghai Bahnhof
TIANMU XI LU
CHANGSHOU LU
HENGFENG LU
XIKANG LU
Yufu Si
Suzhou-Kanal
ANYUAN LU
Hanzhong Lu
JIANGNING LU
YUYAO HAIFANG LU
CHANGPING LU
KANGDING LU
SHIMEN ER LU
XINZHA LU
BEIJING XI LU
SHAANXI BEI LU
Shimen Yi Lu
Shanghai Art Gallery
CHANGDE LU
Shanghai Centre
NANJING XI LU
Blumen- und Vogelmarkt
Jing'an Si
Jing'an Si
MAOMING BEI LU
SHIMEN YI LU
Kunstmuseum
NORD-SÜD-AUTOBAHN
WEIHAI LU
HUASHAN LU
Ausstellungszentrum
YAN'AN ZHONG LU
Palast der Kinder
CAAC
Hilton
JULU LU
Lyceum-Theater
RUIJIN YI LU
CHANGLE LU
XINLE LU
Yuppie's Hair Salon
Kaufhaus Isetan
CHANGSHU LU
WULUMUQI ZHONG LU
HUAIHAI ZHONG LU
Shaanxi Nan Lu
MAOMING NAN LU
SHAANXI NAN LU
RUIJIN ER LU
Wohnhaus von Sun Yatsen
Changshu Lu
Musikkonservatorium
Fuxing-Park
US-Konsulat
FUXING ZHONG LU
Bushaltestelle Wenhua Guangchang
Wohnhaus von Zhou Enlai
HUAIHAI ZHONG LU
Promenade-Komplex
Bibliothek Shanghai
Wohnhaus von Song Qingling
WULUMUQI NAN LU
EHEMALIGE FRANZÖSISCHE KONZESSION
SINAN LU
XIANGYANG NAN LU
YONGJIA LU
Hengshan Lu
WANPING LU
JIANGUO ZHONG LU
TIANPING LU
HENG SHAN LU
GAOAN LU
JIANGUO XI LU
YUEYANG LU
TAIYUAN LU
XUJIAHUI LU
ZHAOJIABANG LU
RUIJIN NAN

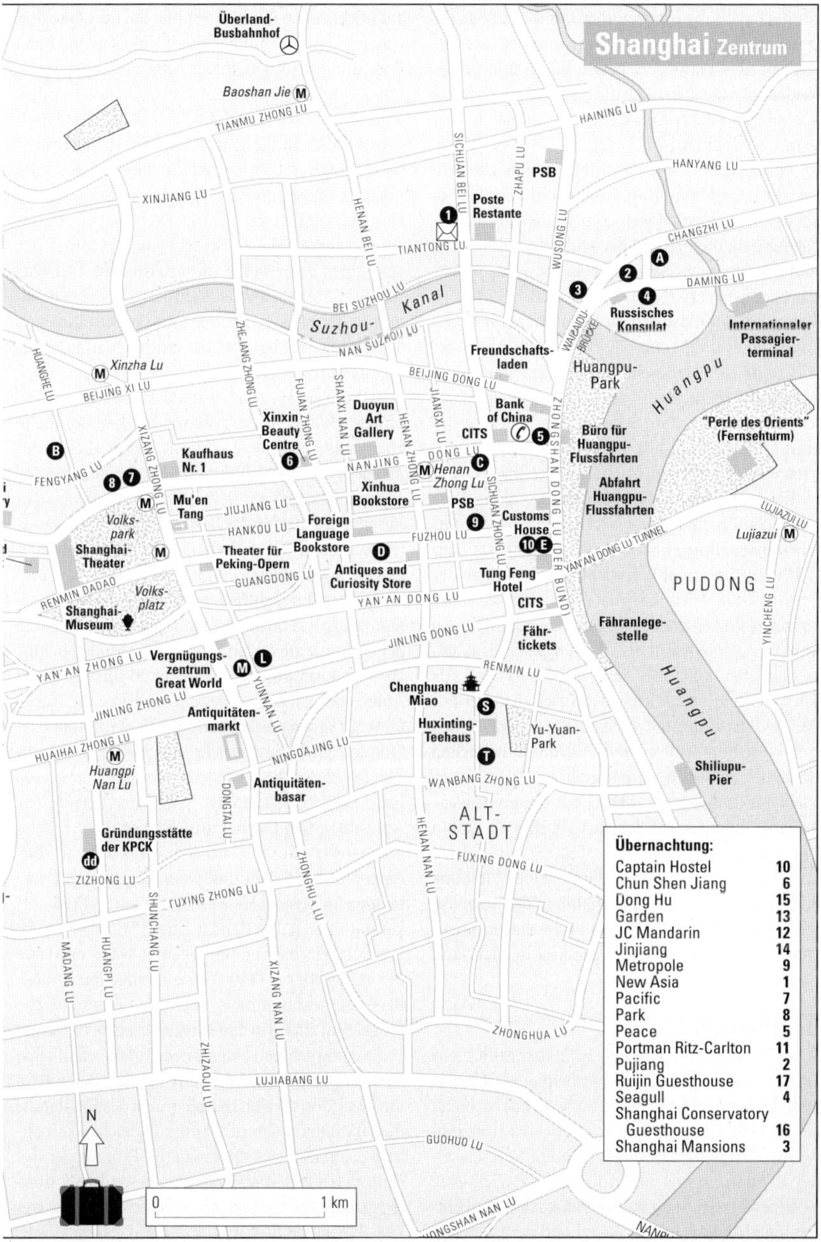

Shanghai Zentrum
Überland-Busbahnhof
Baoshan Jie
TIANMU ZHONG LU
HAINING LU
HANYANG LU
SICHUAN BEI LU
ZHAPU LU
PSB
XINJIANG LU
HENAN BEI LU
Poste Restante
WUSONG LU
CHANGZHI LU
TIANTONG LU
DAMING LU
Russisches Konsulat
BEI SUZHOU LU
Suzhou-Kanal
NAN SUZHOU LU
Internationaler Passagier-terminal
WAIBAIDU-BRÜCKE
Freundschafts-laden
Huangpu-Park
Huangpu
HUANGHE LU
Xinzha Lu
BEIJING XI LU
BEIJING DONG LU
ZHE-JIANG ZHONG LU
FUJIAN ZHONG LU
SHANXI NAN LU
JIANGXI LU
Duoyun Art Gallery
Bank of China
"Perle des Orients" (Fernsehturm)
Xinxin Beauty Centre
CITS
Büro für Huangpu-Flussfahrten
XIZANG ZHONG LU
Kaufhaus Nr. 1
NANJING DONG LU
Henan Zhong Lu
HENAN ZHONG LU
FENGYANG LU
Xinhua Bookstore
PSB
Abfahrt Huangpu-Flussfahrten
ZHONGSHAN DONG LU (DER BUND)
Mu'en Tang
JIUJIANG LU
SICHUAN ZHONG LU
Volks-park
Foreign Language Bookstore
Customs House
LUJIAZUI LU
HANKOU LU
FUZHOU LU
Lujiazui
Shanghai-Theater
Theater für Peking-Opern
Antiques and Curiosity Store
YAN'AN DONG LU TUNNEL
GUANGDONG LU
Tung Feng Hotel
PUDONG
RENMIN DADAO
Volks-platz
YAN'AN DONG LU
CITS
Shanghai-Museum
JINLING DONG LU
Fähr-tickets
Fähranlege-stelle
YINCHENG LU
YAN'AN ZHONG LU
Vergnügungs-zentrum Great World
RENMIN LU
YUNNAN LU
Chenghuang Miao
JINLING ZHONG LU
Antiquitäten-markt
Huxinting-Teehaus
Yu-Yuan-Park
HUAIHAI ZHONG LU
NINGDAJING LU
Huangpi Nan Lu
Antiquitäten-basar
Shiliupu-Pier
WANBANG ZHONG LU
DONGTAI LU
ALT-STADT
HENAN NAN LU
Gründungsstätte der KPCK
ZHONGHUA LU
FUXING DONG LU
ZIZHONG LU
FUXING ZHONG LU
SHUNCHANG LU
MADANG LU
HUANGPI LU
XIZANG NAN LU
ZHONGHUA LU
ZHIZAOJU LU
LUJIABANG LU
N
GUOHUO LU
0
1 km
ZHONGSHAN NAN LU
Übernachtung:
Captain Hostel 10
Chun Shen Jiang 6
Dong Hu 15
Garden 13
JC Mandarin 12
Jinjiang 14
Metropole 9
New Asia 1
Pacific 7
Park 8
Peace 5
Portman Ritz-Carlton 11
Pujiang 2
Ruijin Guesthouse 17
Seagull 4
Shanghai Conservatory Guesthouse 16
Shanghai Mansions 3

könnten auch die Bronzelöwen mit ihren über die Jahre von abergläubischen Einheimischen zu glänzendem Gold blank geriebenen Nasen und Tatzen wieder aufgestellt werden, die bis 1966 am Eingang wachten und derzeit im Keller des Shanghai-Museums einstauben.

An der Ecke zur Yan'an Dong Lu erreicht man das *Tung Feng Hotel*, das bis 1949 mit dem *Shanghai Club* eine Bastion weißen männlichen Chauvinismus beherbergte und bis heute einen Eindruck vom Shanghai der 20er und 30er Jahre vermittelt. Das einstige Prunkstück des Clubs, die 33 m lange Mahagonibar, an der sich die reichsten der hiesigen Kaufleute und ihre europäischen Gäste zur Cocktailstunde eine Stelldichein gaben, existiert heute zwar nicht mehr, dafür aber der im oberen Geschoss untergebrachte Seemannsclub, der zu Beginn des 20. Jahrhunderts gegründet wurde und nach wie vor Seeleuten als Treffpunkt dient.

Einige Häuserblocks südlich des alten *Tung Feng* befand sich dort, wo jetzt nur ein Haufen unscheinbarer Bürogebäude steht, das **Teehaus zum Füllhorn**. Hier hielt der wichtigste Komplize der **Grünen Gang** (der Shanghai-Mafia), der Chef der Polizeikräfte der französischen Konzession, Huang Jinrong, auch bekannt als „Pockengesicht Huang", in den 20er und 30er Jahren oftmals Hof. Als Schlüsselfigur und Mittelsmann zwischen der Polizei und der Unterwelt verstand er es, beide Seiten zum Vorteil für seine eigenen, nicht unerheblichen Geschäftsinteressen zu manipulieren, die sich vor allem auf den illegalen Handel mit Opium konzentrierten. Huang sah sich selbst als eine Art Robin Hood, der denjenigen Gerechtigkeit widerfahren und Geld zukommen ließ, die es seiner Meinung nach verdienten. Im Teehaus nahm er das Schmiergeld oder den Lohn für Gefälligkeiten entgegen und entschied, ob Missetäter der internationalen Polizei übergeben werden sollten.

Der Huangpu

Sowohl einen Höhepunkt eines Shanghai-Besuchs als auch eine zugleich denkbar bequeme Gelegenheit, die Bauwerke am Bund zu bewundern, bietet ein Schiffsausflug auf dem Huangpu, der trotz modernster Straßenbauprojekte und hoch entwickelten U-Bahnsystems noch immer der wichtigste Verkehrsweg der Stadt ist. Die Fahrt zur 30 km entfernten Mündung in den Yangzi und zurück belegt angesichts der zahllosen Schiffe, die bis heute den Hafen anlaufen, eindrucksvoll die ungebrochene Bedeutung des Huangpu als Lebensader der Stadt. Ein Drittel des gesamten chinesischen Handels wird über diesen Hafen abgewickelt, der zudem einen Einblick in die ganze Bandbreite des Schiffbaus gestattet – von *sampans* über rostige alte Frachter unter panamaischer Flagge bis zu blitzblanken Schiffen der chinesischen Marine. Flussaufwärts erhält man außerdem einen Eindruck der gewaltigen Bauprojekte, die am östlichen Ufer entstehen. Dahinter, an der Mündung in den Yangzi, nimmt der Wind spürbar zu, und man wähnt sich fast auf offener See. Trotz der erheblichen Verunreinigung durch ungeklärte Abwässer und einem hohen Anteil an Quecksilber und Phenol ist der trübbraune Huangpu die primäre Trinkwasserquelle Shanghais. Wenigstens sind jene Tage vorbei, in denen der Fluss als Begräbnisstätte herhalten musste – in den 30er Jahren ließen Chinesen, die zu arm für eine herkömmliche Bestattung ihrer Verwandten waren, die Verstorbenen in mit Papierblumen geschmückten Kisten einfach ins Wasser gleiten.

Die **Ausflugsschiffe** legen vom Shiliupu-Pier, einige Straßen südlich des Huangpu-Parks, auf Höhe der Yan'an Dong Lu, zu ihrer 3 1/2-stündigen Tour ab. Buchungen sind tgl. von 8–16.30 Uhr direkt am Anleger möglich. Die einstündige Hin- und Rückfahrt zur Yangpu-Brücke kostet ¥25–35, für die zwei Stunden zur Nanpu-Brücke und zurück zahlt man ¥45. Die klassische Route jedoch ist die 60 km lange Fahrt zur Mündung in den Yangzi und zurück. Zur Auswahl stehen hierbei **fünf Klassen**: Die beiden unteren Klassen (¥35–45) ist mit Horden von Touristen, harten Sitzen und jeder Menge Lärm verbunden, in den beiden mittleren Klassen (¥55–70) kommt man in den Genuss eines Plastiktisches im Freien sowie Tee und Süßigkeiten, während Gäste der ersten Klasse (¥100) eine Lounge mit großen Polstersesseln und meist auch ein Unterhaltungsprogramm in Form einer chinesischen Jongleur-Darbietung geboten bekommen. Abfahrten in allen Klassen ganzjährig Mo–Fr um 9 und 14, Sa und So um 11 und 15.30 Uhr. In Anbetracht des Umstands, dass mitunter mehrere Schiffe zur gleichen Zeit ablegen, empfiehlt sich die sorgfältige Prüfung der Buchung. Ebenfalls von hier starten besondere 2-stündige Luxusausflüge inkl. Abendbuffet zum Preis von ¥98–118 mit Buffet, ¥53 ohne; Abfahrten Mo–Fr

19.30, Sa und So 20 Uhr. Bei nebligem oder windigem Wetter fallen die Touren aus. Informationen sind unter ✆ 63744461 erhältlich.

Am Ostufer des Huangpu: Pudong

Historisch galt Pudong als das „falsche Ufer des Huangpu", denn vor 1949 zeichnete sich das Gebiet durch arbeitslose Zuwanderer, Prostitution, Mord und den schlimmsten Lebensbedingungen der Stadt aus. Ruinierte Glücksspieler kamen zum *tiao Huangpu* hierher, d.h. sie begingen Selbstmord durch Ertränken im Fluss. Shanghais berühmtester Gangster, Du Yuesheng, besser bekannt als „Großohr Du", wuchs in diesem rauen Stadtteil auf und erlernte hier sein Gewerbe. 15 Jahre nach dem Beginn der wirtschaftlichen Reformen in China beschloss man 1990, dieser großen, überwiegend landwirtschaftlich genutzten Fläche am anderen Flussufer den Status einer Sonderwirtschaftszone zu verleihen. Heute treibt diese Entscheidung mehr als irgendeine andere das explosionsartige Wirtschaftswachstum Shanghais auf seinem weiteren Weg ins neue Jahrhundert an.

Im Vertrauen darauf, dass Pudong eines Tages zu den wichtigsten Handelszentren Asiens, ja vielleicht der Welt, zählen wird, sind hier bis heute bereits 70 Milliarden US-Dollar investiert worden. In weniger als zehn Jahren haben sich die zahllosen Reisfelder zunächst in ein Meer von Kränen und schließlich in ein Gewirr von Wolkenkratzern verwandelt, das schier endlos nach Osten zu reichen scheint. Man möchte eine Stadt des 21. Jahrhunderts entstehen lassen, die der weitgehend fremdbestimmten Metropole der 20er Jahre ebenbürtig sein oder, besser noch, sie in den Schatten stellen soll. Die hochfliegenden Pläne kamen zeitweilig ins Stocken, als 1997 im Zuge der Finanzkrise Asiens in vielen Gebäuden ein Leerstand von mehr als 50 Prozent herrschte. Inzwischen hat eine allmähliche Erholung eingesetzt, die nicht zuletzt durch den ehemaligen Premierminister (und früheren Bürgermeister von Shanghai) Zhu Rongji begünstigt wurde, der verstärkt Investitionen in das Gebiet fließen ließ.

Pudong ist in erster Linie ein von der **Wirtschaft** geprägter Bezirk, der abgesehen von seiner Skyline – und einem guten Training der Halsmuskulatur beim beständigen Blick nach oben – normalen Besuchern kaum Interessantes bietet.

Shanghai Financial Centre Wohl kein Vorhaben verdeutlicht Shanghais Bestreben, Hongkong zu überflügeln und Chinas Finanzmetropole Nr. 1 zu werden, mehr als der Bau des 625 Millionen US-Dollar teuren World Financial Centre. Mit 94 Stockwerken und einer Höhe von 460 m wird der über eine Bruttogeschossfläche von mehr als 300 000 m² verfügende Turm nach seiner Fertigstellung das höchste Gebäude der Erde und ein Symbol der aufstrebenden wirtschaftlichen Macht Pudongs sein.
Doch schon bei der Vorstellung des ursprünglichen Projektplans durch das Architektenbüro Kohn Pederson Fox in New York gab es die ersten Probleme. Sie hatten oben im Gebäude ein rundes „Mondtor" vorgesehen, das einerseits das chinesische Verständnis von Einheit und Harmonie verkörpern (ganz zu schweigen von der damit gelösten Problematik des Windwiderstands) und andererseits als eine Art Spiegel die Kugelform des nahen, derzeit als markantestes Bauwerk aus der Skyline herausstechenden Fernsehturms fortführen sollte. Die Chinesen betrachteten das Tor jedoch unter einem gänzlich anderen Gesichtspunkt, nämlich als Bild der aufgehenden Sonne, das Emblem der japanischen Flagge. Die Architekten ergänzten ihren Plan zum Wohlgefallen der Shanghaier Behörden um eine begehbare Verbindung, die das Mondtor durchschneiden sollte.
Dann, 1997, setzte jedoch die Finanzkrise Asiens ein und führte zu einem Überangebot an gewerblichen Immobilien in Pudong sowie zu einer Zuspitzung der Lage im japanischen Bankensystem, durch das ein Großteil des Projekts finanziert wurde. Im Jahr 2000 konnte weitergebaut werden, aber inzwischen geht man von einer Fertigstellung nicht vor 2005 aus.

Unweit jener Baustelle, wo sich demnächst der **höchste Wolkenkratzer der Welt**, das Shanghai Financial Centre, erheben wird, strebt das 421 m hohe Jin Mao Centre in die Höhe. Ihm direkt gegenüber ragt der 457 m hohe **Fernsehturm**, die

„Perle des Orients“, auf. Die Fahrt auf den Turm, um in Schwindel erregender Höhe den Blick über die Stadt schweifen zu lassen, gehört trotz des stattlichen Eintrittspreises und der langen Warteschlange vor dem Aufzug heute zum Pflichtprogramm der meisten chinesischen Besucher Shanghais. Oben gibt es Souvenirstände, unten eine Jazzband, ein Café, eine Ausstellung über andere große Weltstädte sowie tadellose Toiletten. ◷ tgl. 8–21.30 Uhr, Eintritt ¥40–100. Bessere Ausblicke für weit weniger Geld kann man bei einem Kaffee im *Cloud 9,* dem Café im obersten Stockwerk des *Hyatt Hotel* im **Jin Mao** Centre bzw. Tower bekommen (s.S. 346, Essen).

Die **Fahrt nach Pudong** hat sich in den vergangenen Jahren erheblich vereinfacht. Am schnellsten geht es mit der U-Bahn, die für die Strecke vom Volksplatz bis ins Herz von Pudong weniger als drei Minuten benötigt. Vom Süden des Platzes, nahe dem Shanghai-Museum, fahren außerdem verschiedene Minibusse entlang einer Route, die unter dem Fluss hindurchführt, hinüber nach Pudong. Etwas malerischer gestaltet sich die Überfahrt mit der Fähre, die vom Bund ans andere Ufer übersetzt. Den Anleger erreicht man vom östlichen Ende der Jinling Lu den Bund entlang. Und schließlich gibt es noch einen Touristentunnel (Eingang in der U-Bahn gegenüber der Beijing Dong Lu), der für ¥20 die durch eine kitschige Lichtshow illuminierte Röhre in einem Wagen durchquert.

Nanjing Lu und Umgebung

Vom Bund führen die Hauptgeschäftsstraßen der Stadt nach Westen durch das Herz Shanghais, darunter auch eine der beiden großen Einkaufsstraßen, die Nanjing Lu, begleitet von zwei wichtigen, parallel dazu verlaufenden Verkehrsadern, der Fuzhou Lu und der Yan'an Lu. Zu Zeiten der ausländischen Konzessionen galt die Nanjing Lu als eine Mischung aus Broadway und Oxford Street, und selbst nach 1949 behauptete sie sich als ein Zentrum des Theaters und Kinos und blieb eine der belebtesten Einkaufsstraßen der Welt.

Nanjing Dong Lu

Grelles Neonlicht und eindrucksvolle Schaufenster mit Luxusartikeln und Waren aus dem Ausland beherrschen wie eh und je den östlichen Abschnitt, die Nanjing Dong Lu. Wie keine andere Straße auf dem chinesischen Festland ähnelt sie dem Zentrum Hongkongs. Im Strom der Menschenmassen lässt sich vor Geschäftsschluss (zwischen 21 und 22 Uhr) ein interessanter **Bummel** unternehmen und ein Eindruck des riesigen Imbissangebots sowie der Boutiquen, Kinos, Hotels und vor allem der riesigen Kaufhäuser gewinnen. Vor 1949 gab es in der Nanjing Dong Lu und der Fuzhou Lu zahlreiche Teehäuser, die gleichzeitig als exklusivste Bordelle der Stadt fungierten. Geisha-ähnliche *shuyu* (singende und Geschichten erzählende Mädchen) tingelten von Teehaus zu Teehaus, um Szenen klassischer Theaterstücke und Opern aufzuführen und Gäste zu bewirten. Im typischen Nebeneinander der Extreme reihten sich im Vorkriegs-Shanghai nur zwei Häuserblocks nördlich der Nanjing Dong Lu die schäbigsten Bordelle den Suzhou-Kanal entlang. Man nannte sie *dingpeng* (Nagelschuppen), weil der Sex für ¥0,3 so schnell wie das „Einschlagen von Nägeln“ vonstatten ging. Die Straße selbst wiederum war wegen der nächtlichen Auseinandersetzungen zwischen landgängigen Matrosen berüchtigt, die sich hier tummelten, und galt daher als „blutige Gasse“.

Gleich nordöstlich des Volksparks steht an der kreisrunden Straßenüberführung an der Kreuzung Nanjing und Xizang Lu das prachtvollste Kaufhaus der Gegend, das altehrwürdige **Kaufhaus Nr. 1** (das frühere Kaufhaus *Sun*). Dieser größte Konsumtempel des Landes wird tagtäglich von 100 000 Chinesen besucht, viele davon kommen vom Land und wagen sich das erste Mal nach Shanghai. Eine weitere Besonderheit der Nanjing Lu sind die zahllosen **Schönheitssalons**, die ihre Behandlungskünste am lebenden Objekt zur Unterhaltung der Passanten auf der Straße in den Schaufenstern präsentieren. Einer der berühmtesten dieser Salons ist das *Xinxin Beauty Centre,* nur wenig westlich der Fujian Lu, das nicht weniger als 80 Angestellte für das Stylen und Massieren beschäftigt.

Volkspark und Volksplatz

Unmittelbar westlich der Kreuzung mit der Xizang Lu – dort, wo die Nanjing Dong Lu zur Nanjing Xi Lu wird – erstreckt sich der Volkspark und, südlich davon, der neu gestaltete Volksplatz. Das gesamte Areal wurde einst von der Pferderennbahn Shanghais eingenommen, die die Wettleidenschaft der

Dem Himmel nah – Jin Mao

Chinesen so sehr animierte, dass der Shanghaier Rennclub in den 20er Jahren das drittreichste ausländische Unternehmen in China war. Chiang Kaishek, der es als unklug erachtete, dieser Passion weiterhin Vorschub zu leisten, wandelte das Gelände später in eine Sportarena um. Während des Krieges diente das Stadion als Gefangenenlager und als zeitweilige Aufbahrungsstätte für Tote. Danach wurde ein Großteil planiert und der nördliche Teil mit Grünflächen und Bäumen bepflanzt, um den erstaunlich heimeligen Volkspark zu bilden; den Rest ebnete man zu einem staubigen Paradeplatz für politische Machtdemonstrationen ein. Lediglich der Uhrturm des Rennplatzes steht heute noch und ragt am südöstlichen Platzrand in die Höhe. Das einst betonierte Areal wird heute von Grünflächen, Springbrunnen und Tauben eingenommen, während sich die früheren Bombenschutzräume darunter inzwischen zu einem der beliebtesten Einkaufszentren gemausert haben. Am nordwestlichen Rand des Platzes steht das neue und imposante **Shanghai-Theater** mit seinem unverwechselbaren, nach innen gewölbten Dach. Die hochmoderne Akustik und große zentrale Konzerthalle wurden so konzipiert, dass alle möglichen Kunstformen, angefangen bei westlichen Theaterstücken, Opern und Kammermusikkonzerten bis hin zu Chinesischer Oper und Lesungen klassischer Werke, hier aufgeführt werden können. Besuchern wird Gelegenheit geboten, Lobby, Bühne, Auditorium und Proberäume auf eigene Faust (¥20) oder aber im Rahmen einer Führung (¥60) in Englisch oder Chinesisch zu erkunden. 🕒 tgl. 9–11 und 13–16.30 Uhr; Informationen über die Führungen unter ✆ 63276562 oder 63728702, mehr dazu unter „Unterhaltung", s.S. 347 ff.

Der Volksplatz bietet zwar völlig neue Ausblicke und ein unerwartetes Panorama der sich wandelnden Stadt, von größerem Interesse ist hier jedoch das neueste Prunkstück Shanghais, das **Shanghai-Museum**, das in jedem Fall auf der nicht wirklich umfangreichen Liste der lohnenden Sehenswürdigkeiten stehen sollte. Von außen hat das Gebäude, das unter den beeindruckendsten neuen Bauten der Stadt rangiert, die Form eines Tang-Gefäßes aus alter Zeit, während im Innern hervorragend arrangierte, (auch in Englisch) beschriftete und ausgeleuchtete Exponate präsentiert werden. Empfohlen sei hier der englischsprachige Audioführer (¥35), um die Objekte noch eingehender erläutert zu bekommen. Die Ausstellungen vermitteln eine ausgezeichnete Einführung in die Entwicklung sämtlicher Facetten chinesischer Kunst und Kultur, angefangen von Keramik bis zu Bildhauerei und Siegelkunst. Zu den Hauptattraktionen gehören eine siebenmal täglich gezeigte Live-Demonstration altertümlicher Töpfer-Techniken, eine Sammlung farbenprächtig lackierter Opernmasken der Guizhou, einer chinesischen nationalen Minderheit, sowie ein Anzug aus Lachshaut, wie er von dem Volk der Oroqen in Dongbei getragen wird. Eine aufschlussreiche Ausstellung über die Geschichte chinesischer Malerei schlägt einen Bogen von der Zeit der Streitenden Reiche über die Song-Periode bis zu westlichen Einflüssen unter den Qing. Nach vorheriger Anmeldung unter ✆ 63723500 steht Interessierten auch die ausgezeichnete Museumsbibliothek offen. 🕒 Mo–Fr 9–17, Sa 9–20 Uhr, Eintritt ¥20, Studenten Sa 17–19 Uhr kostenlos, sonst ¥5.

Vom Volkspark ist es nur ein kurzer Umweg über die Xizang Lu nach Süden zur **Mu'en Tang**, die nach ein paar Straßen auf der linken Seite steht. Die Besichtigung einer Kirche in Shanghai ist sicherlich ein ungewöhnliches Erlebnis, und der besondere Reiz an dieser ist ihre zentrumsnahe Lage. Die Messen werden zwar nur in Chinesisch abgehalten, Besucher sind jedoch herzlich willkommen und kommen in den Genuss von Sitzplätzen auf der Empore mit Blick auf die dicht gedrängte Gemeinde – ein Querschnitt der Shanghaier Gesellschaft, die grimmige alte Kommunisten ebenso umfasst wie junge Mädchen in silbernen Miniröcken. Messen werden mehrmals pro Woche zelebriert, über die genauen Zeiten informiert eine leider nur in Chinesisch gehaltene Hinweistafel draußen. In krassem Kontrast zur sakralen Erbaulichkeit steht das mit grellem Neonlicht lockende Vergnügungszentrum **Great World** (s.S. 350), einen Häuserblock weiter südlich, direkt unter der Straßenüberführung über die Yan'an Dong Lu.

Nanjing Xi Lu

Im westlichen Abschnitt der Nanjing Lu, der Nanjing Xi Lu, stehen gegenüber dem Volkspark die historischen Fassaden des **Pacific Hotel** und des **Park Hotel**. Das *Park Hotel,* das lange Jahre als höchstes Gebäude in Shanghai aufragte, war früher

Great World: verblasster Glanz vor neuer Skyline

berühmt für sein ausgezeichnetes Essen und für die Tanzveranstaltungen, für die das Dach zurückgefahren wurde, so dass sich die Gäste unter dem Sternenhimmel vergnügen konnten. In späteren Jahren pflegte Mao Zedong hier zu weilen, wenn er Shanghai besuchte. Von all seinem alten Charme ist heute allerdings kaum noch etwas übrig. Das nur wenig östlich davon gelegene *Pacific* lohnt hingegen noch immer einen Blick, sowohl was seine prachtvolle Fassade betrifft, als auch wegen der fantastischen Gipsreliefs in der Lobby. In einer kleinen, etwas südlich von hier und parallel zur Hauptstraße verlaufenden Gasse mit Namen Jiangyin Lu ist Shanghais ständiger **Blumen- und Vogelmarkt** beheimatet, auf dem sich in einer herrlich bodenständigen Enklave zahllose Einheimische drängeln, um junge Hunde und Katzen, Goldfische, Vogelkäfige und eine Unmenge von Pflanzen zu begutachten.

Der äußerste Westen der Nanjing Xi Lu war in Anbetracht einer Quelle, die am Ende der Straße aus dem Boden hervorsprudelte, unter „Shanghailändern" (jenen Europäern, die sich hier niederließen) als „Bubbling Well Road" (Straße der sprudelnden Quelle) bekannt. Damals wie heute zählt diese Gegend zu den nobelsten Adressen der Stadt und führte in baumgesäumte Straßen, in denen die Ausländer aus dem Westen in prunkvollen Anwesen im Tudor-Stil hinter hohen Mauern residierten. Heute findet man hier auch einige Luxushotels, darunter das **Shanghai Centre**, einen ultramodernen Komplex mit edlen Geschäften, Restaurants und Apartments, die um das Fünf-Sterne-Hotel *Portman* angelegt sind. Gegenüber ist in einem Gebäude, das früher zur Rennbahn gehörte, bevor die Stadtbibliothek einzog, das neu gestaltete **Kunstmuseum** Shanghais eingezogen und zeigt eine umfangreiche Sammlung traditionell ausgerichteter, zeitgenössischer chinesischer Kunst. ⌚ tgl. 9–11 und 13–16 Uhr, Eintritt ¥10, Sonderausstellungen ¥5 extra.

Ebenfalls an diesem Ende der Nanjing Lu steht einige hundert Meter westlich des Shanghai Centre, neben dem winzigen Jing'an-Park und im Schatten bedrohlich aufragender Hochhäuser, der **Jing'an Si**, ein kleiner, nach wie vor genutzter Tempel. Bereits zur Zeit der Drei Reiche wurde mit dem Bau des Tempels begonnen, dessen zwiespältige Geschichte über seine Vergangenheit als eines der stärksten buddhistischen Fundamente in der Stadt hinwegtäuscht. Einst stand dem Tempel der legendäre Abt Khi Vehdu vor, der seine religiösen Aufgaben mit dem Lebensstil eines Gangsters verband. Der Abt und seine sieben Konkubinen wurden auf Schritt und Tritt von weißrussischen Leibwächtern geschützt, von denen jeder einen ledernen, im Innern mit kugelsicherem Stahl ausgekleideten Aktenkoffer trug, um damit im Falle eines Angriffs einen Abwehrschild zu bilden. Heute wird der Tempel vor allem als Ort der Ahnenverehrung aufgesucht, aber auch um materielles Glück zu erbitten: Eifrig werfen die Bittsteller in der Hoffnung, die Götter mögen ihnen geldwerten Erfolg zuteil werden lassen, Münzen in die Behälter mit Räucherkerzen. Zu erreichen ist der Tempel mit der U-Bahnlinie 2 oder mit dem Bus Nr. 20 vom Volksplatz. ⌚ tgl. 5–17 Uhr, Eintritt ¥5.

Eine Straße südwestlich des Tempels befindet sich der grandiose, wenngleich etwas heruntergekommene **Palast der Kinder** an der Wulumuqi Bei Lu, Ecke Yan'an Zhong Lu. Das weitläufige Anwesen war ursprünglich unter dem Namen „Marmorhalle" bekannt und entstand 1918 als Wohnhaus der Kadoories, einer sephardisch-jüdischen Familie, die vor dem Zweiten Weltkrieg zu den großen Investoren in Shanghai gehörte. Hinter dem ramponierten und angejahrten Äußeren verbirgt sich derzeit ein Kunstzentrum für Kinder, in dem an Nachmittagen unter der Woche sowie an Wochenenden häufig Gesangs- und Tanzvorstellungen dargeboten werden. Die einzige offizielle Möglichkeit, eine dieser Veranstaltungen zu sehen, ist eine organisierte Tour mit dem *CITS*. Wer jedoch einfach so vorbeischaut, wird eventuell das rückwärtige Tor an der Nanjing Xi Lu offen finden. Das prachtvolle, neogotische Gebäude westlich des Kinderpalasts war früher die Residenz des Verkehrsministers der Guomindang.

Wie ein stalinistischer Hochzeitskuchen wirkt das gigantische **Ausstellungszentrum Shanghai**, das eine Straße südlich des Shanghai Centre mit einer überaus schmuckreichen Fassade mit Säulen, an denen rote Sterne prangen, und einer darüber hoch aufragenden, goldenen Spitze seine Besucher empfängt. Das 1954 von den Russen errichtete Bauwerk war früher als der „Palast chinesisch-sowjetischer Freundschaft" bekannt und beherbergte eine Dauerausstellung mit Industrieprodukten aus

Yu Yuan

der Region Shanghai – Beweise des errungenen Fortschritts nach 1949. In jüngerer Vergangenheit ist daraus ein riesiger Konsumtempel geworden, in dem es überteuerte Möbel und wertlosen Ramsch gibt.

Altstadt

Die Altstadt bildete nie einen Teil der ausländischen Konzessionen und wurde von den in Shanghai lebenden Ausländern etwas verächtlich **Chinesenstadt** genannt. Das Areal der alten, von Mauern umschlossenen Stadt Shanghai, deren Geschichte bis ins 11. Jahrhundert zurückreicht, wandelte sich im 19. und frühen 20. Jahrhundert zu einem Ghetto für die Massen von Chinesen, die hier dicht gedrängt unter erbärmlichsten Bedingungen hausten, während die Ausländer die außerhalb gelegenen Bezirke unter sich aufteilten. Bis heute ist die ovale Form erkennbar, in der sich dieses Gebiet über rund 4 km^2 ausdehnt. Die nördliche Begrenzung bildet die in einem Bogen verlaufende Renmin Lu, die südliche die Zhonghua Lu, und im Nordosten reicht die Altstadt bis auf wenige hundert Meter an den südlichen Bund heran. In neuerer Zeit ist mit der Henan Lu als wichtigster Nord-Süd-Verbindung eine große Schneise mitten durch die Altstadt geschlagen worden. Zu Fuß führt der bequemste Weg von der Nanjing Dong Lu in die Altstadt über die Henan Lu oder die Sichuan Lu einfach nach Süden.

Baumgesäumte Ringstraßen haben die ursprünglichen Mauern und Gräben bereits 1912 ersetzt, und auch die hygienischen Bedingungen haben sich seit dem Ende des 19. Jahrhunderts erheblich verbessert, aber noch heute betritt man hier eine völlig andere Welt. In den verwinkelten Gassen blüht das freie Unternehmertum in Form von zahllosen behelfsmäßig errichteten Märkten, auf denen Fisch, Gemüse, billiger Tand, Kleidung und Essen feilgeboten wird. Zwei der besten **Antiquitätenmärkte** Shanghais liegen in bzw. in unmittelbarer Nähe der Altstadt (s.S. 350). Touristen kommt es ironischerweise mitunter so vor, als würden sie eine Chinatown in einer westlichen Stadt erkunden.

Das Zentrum des geschäftigen Treibens bildet heute eine Gegend, die Einheimische nach einem hiesigen Tempel **Chenghuang Miao** nennen und die sich um die zwei berühmtesten und bevölkertsten Touristenattraktionen der Stadt erstreckt: den Yu Yuan und das Huxinting, beide inmitten eines neuen Basarviertels, das chinesische Touristen zuhauf anlockt. „Antiquitäten“, Bildrollen und kitschige Souvenirs gibt es an jeder Ecke, daneben aber auch einige gute Lokale für *dian xin,* den Shanghaier Dim Sum, die mal mehr, mal weniger preiswert zu bekommen sind (s.S. 343, Essen). Der **Yu Yuan** (Jadegarten) ist ein klassischer chinesischer Garten mit Teichen, Pfaden, Brücken und arrangierten Felsen. Ein hoher Beamter des kaiserlichen Hofes legte ihn im 16. Jahrhundert zu Ehren seines Vaters an. Ungeachtet seiner wechselvollen Geschichte hat der Garten die Jahrhunderte überraschend unbeschadet überdauert. Seine größte Krise – die Kulturrevolution – konnte er wohl nur deshalb überstehen, weil die anti-imperialistische „Gesellschaft der Kleinen Schwerter“ ihn 1853 als Hauptquartier während des Taiping-Aufstands genutzt hatte. Gartenliebhaber von heute werden vor allem an den weiß getünchten, von Drachen und wellenförmig gesetzten Ziegeln bekrönten Mauern und an dem riesigen, zerfurchten und durchlöcherten Felsbrocken vor der Yuhua Tang (Halle des Exquisiten Jadesteins) Gefallen finden. Während des Laternenfests am 15. Tag nach dem traditionellen Neujahr erleuchten 10 000 Laternen unter den Augen von noch mehr Besuchern den Garten. Zwar sind die Gärten des nahen Suzhou wohl beeindruckender als der Yu Yuan, in Anbetracht seiner rund 300 Jahre älteren Existenz als die noch verbleibenden Reste der ausländischen Ansiedlungen blicken die Shanghaier aber verständlicherweise und zu Recht mit Stolz auf ihn. 🕓 tgl. 8.30–17 Uhr, Eintritt ¥25.

Nach einem Rundgang durch den Garten lädt das zauberhafte **Huxinting** (Teehaus im Herzen des Sees) zur Einkehr ein. Wohl jeder Besucher Shanghais, sogar die Queen, hat hier schon Tee getrunken. Direkt gegenüber vom Eingang in den Yu Yuan führt eine Zickzackbrücke über einen kleinen Zierteich zum Teehaus. Wer in der unteren Etage ¥10 zahlt, kommt in den Genuss unbegrenzten Nachschenkens und kann die älteren Einheimischen beim stundenlangen Kartenspielen, Plaudern oder Dahindösen bei traditioneller Musik beobachten, die ein ehrwürdiges chinesisches Orchester gelegentlich hier zum Besten gibt. Oben kostet es tagsüber mindestens ¥25, dafür sind die Räume aber klimatisiert und es gibt Wachteleier zum Tee,

Altstadt Shanghai

am Abend kann man für ¥65 einer Teezeremonie beiwohnen. Der Tee schmeckt in jedem Fall immer hervorragend und wird in dunklem, für die Gegend von Yixing (s.S. 384) charakteristischem Teeporzellan serviert. Untere Etage ◷ tgl. 5.30–12 und 13.30–17, obere Etage ◷ tgl. 8.30–17 und 20.30–22 Uhr.

Ein Besuch des Chenghuang Miao am frühen Sonntagmorgen lässt sich ideal mit einem Bummel über den herrlichen **Sonntagsmarkt** in der kleinen Fuyou Lu verbinden, die am nördlichen Rand des Yu Yuan von Ost nach West verläuft. Die beste Zeit ist zwischen 8 und 11 Uhr, Betrieb herrscht aber bis in die Nachmittagsstunden. In ursprünglicher und von unternehmerischem Geist gekennzeichneter Atmosphäre werden alle möglichen Kuriositäten und mal mehr, mal minder echte Antiquitäten feilgeboten, deren Bandbreite von billigem Jadeschmuck bis hin zu Mao-Fibeln reicht. Hartnäckiges Handeln gehört hier unbedingt dazu. Nur wenig abseits der Altstadt befindet sich in der schmalen, von der Xizang Nan Lu nach Westen abzweigenden Dongtai Lu der größte ständige **Antiquitätenmarkt** Shanghais und vielleicht ganz Chinas. Selbst wer nichts kaufen möchte, sollte sich das faszinierende Treiben nicht entgehen lassen und einen Blick auf das riesige Angebot werfen, das alte Buddhas, Münzen, Vasen und Teekannen ebenso umfasst wie *Mahjong*-Spiele, aufgearbeitete Möbel und Anstecker aus Zeiten der Kulturrevolution. Vieles ist Nepp, häufig genug jedoch sind die Händler seriöse Geschäftsleute, die auf ihre Ehre und ihren Ruf bedacht sind. ◷ tgl. 10–16 Uhr.

Die ehemalige französische Konzession

Die Mitte des 19. Jahrhunderts gegründete ehemalige französische Konzession erstreckte sich südlich und westlich der internationalen Niederlassung und grenzte an die Altstadt. Trotz ihres Namens war die Gegend nie ausgesprochen französisch: Vor 1949 war sie eine billige Wohngegend, in der vor allem Chinesen und Weißrussen lebten. Auf letztere sahen andere Ausländer aus dem Westen als Menschen herab, die gezwungen waren, solche Arbeiten anzunehmen, die doch eigentlich Chinesen vorbehalten waren. Bis heute hat jedoch auch typisch Französisches in Form gepflegter Eleganz und einer augenscheinlichen Vorliebe für Brot und Kuchen überdauert. Greifbar wird dies in der **Huaihai Lu**, der Hauptstraße durch das Herz der Gegend, die weniger übervölkert und weit mondäner als die Nanjing Lu ist. Insbesondere in der Umgebung der **Maoming Lu** und **Shaanxi Lu** gibt es jede Menge edle Modeboutiquen, sündhaft teure Kaufhäuser und ausgezeichnete Bäckereien.

Die beiden feudalsten Hotels der Stadt, das *Garden* und das *Jinjiang*, liegen an der Maoming Lu, wenig nördlich der Huaihai Lu, und verdienen ob ihrer vormaligen Pracht durchaus Beachtung. Auf dem Gelände des *Jinjiang* befindet sich außerdem der Komplex der früheren **Grosvenor Residence**, der nobelsten und teuersten Adresse in Shanghai vor dem Zweiten Weltkrieg. Vor kurzem wurde sie modernisiert, der VIP-Club hat von seinem Glanz der 20er Jahre jedoch kaum etwas verloren. Wer will, kann im alten Flügel des *Jinjiang* mit dem Fahrstuhl in die oberste Etage fahren und einen verstohlenen Blick in den Club werfen; etwas schwieriger dürfte es sich gestalten, einen Eindruck der 20 darunter liegenden, 800 US-Dollar teuren Zimmer und deren beeindruckenden Art-déco-Einrichtung zu bekommen.

Ein paar Häuserblocks stellen Wohnhäuser entlang der Changle Lu und Julu Lu, die beide etwas nördlich parallel zur Huaihai Zhong Lu verlaufen, weitere imposante architektonische Zeugnisse im Stil Palladios, des Art-déco und anderer zu Beginn des frühen 20. Jahrhunderts bevorzugter Bauweisen dar. Besonderes Augenmerk gebührt der ehemaligen russisch-orthodoxen Missionskirche, deren blaue Kuppel nach wie vor stolz über die Xinle Lu strahlt, obgleich inzwischen eine Wertpapierbörse und eine Diskothek namens *St. Peter's* hier Quartier bezogen haben.

Die Franzosen mögen sich zwar schon lange aus der französischen Konzession zurückgezogen haben, ihr ausgeprägter Sinn für Stil und Eleganz lebt in dieser Gegend jedoch bis heute fort. Am deutlichsten manifestiert sich dies in der Vielzahl der Modeboutiquen und Friseursalons entlang der Huaihai Lu, die in den 90er Jahren einen wahren Geschäftsboom erlebt hat. Darunter befindet sich u.a. der nicht umsonst so benannte *Yuppie's Hair Salon* im Haus Nr. 819, etwas östlich der Maoming Lu, ✆ 64456640, dessen aufmerksamer Dienst am Kunden die meisten Salons im Westen wohl beschämen würde. Für nur ca. ¥70 wird man hier mit einer doppelten Haarwäsche (einmal vor, einmal nach dem Schneiden), einem Haarschnitt und einer Teilkörpermassage verwöhnt.

Ebenso berühmt war die französische Konzession aber auch für ihre Gesetzlosigkeit und die Leichtigkeit, mit der sich im Unterschied zu den relativ ruhigen, gut kontrollierten Gebieten der Briten die Polizei und Beamte bestechen ließen. Es war ideales Terrain für die Unterwelt und für zwielichtige Figuren wie Du Yuesheng, den Gangsterkönig Shanghais und die rechte Hand von Huang Jinrong. Aus ähnlichen Gründen bevorzugten auch **politische Aktivisten** diesen Sektor – 1921 war er Schauplatz der ersten Versammlung der Kommunistischen Partei Chinas, und sowohl Zhou Enlai als auch Sun Yatsen, der erste Präsident der Republik China nach dem Sturz der Qing-Dynastie, lebten hier. Vor allem die restaurierten Wohnhäuser dieser beiden lohnen einen Besuch, bieten sie doch wie keine anderen Bauten im modernen Shanghai einen Einblick in den einstigen Lebensstil westlicher und verwestlichter Bewohner der Stadt.

Erstes erhaltenes Zeugnis der 20er Jahre, auf das man südlich der Huaihai Lu und auf dem Weg weiter nach Westen stößt, ist die **Gründungsstätte der Kommunistischen Partei Chinas**, Xingye Lu, Ecke Huangpi Nan Lu. Der offiziellen Geschichtsschreibung zufolge trafen sich am 23. Juli 1921 in diesem Gebäude 13 Vertreter der überall in China entstandenen kommunistischen Zellen, unter ihnen der junge Mao Zedong, um die Gründung einer nationalen Volkspartei zu diskutieren. Die Zusammenkunft wurde von einem französischen Polizeiagenten entdeckt (politische Versammlungen waren in der französischen Konzession verboten), und am 30. Juli flohen die Delegierten in die Provinz Zhejiang, wo sie ihre Gespräche auf einem Boot auf dem Nan Hu fortsetzten. Inwieweit diese Darstellung den tatsächlichen Ereignissen entspricht, bleibt ungeklärt, es ist jedoch wahrscheinlich, dass die Zahl der Delegierten höher als die genannte war – unbequeme Mitstreiter wurden später den politischen Gegebenheiten entsprechend einfach von der Liste gestrichen. Das seit 1949 in seinem Originalzustand erhaltene Gebäude beherbergt in der unteren Etage eine kleine Ausstellungshalle mit der üblichen Propaganda und einem detaillierten Abriss jener unterdrückerischen Umstände, die die kommunistische Bewegung überhaupt erst entstehen ließen. Interessanter ist das wächserne Diorama von Mao und seinen Gefährten. ⏲ tgl. 9–17 Uhr, letzter Einlass 16 Uhr, Eintritt ¥4.

Nur wenige hundert Meter weiter westlich verläuft jenseits der monströsen, in Nord-Süd-Richtung führenden Hochtrasse des Autoverkehrs und in Nachbarschaft zum **Fuxing-Park**, ⏲ tgl. 5–17 Uhr, Eintritt ¥1, die Sinan Lu, in der einst zwei Helden des modernen China wohnten. Im ehemaligen **Wohnhaus von Sun Yatsen**, 39 Sinan Lu, können Besucher einen Blick auf dessen Bücher, ein Grammophon sowie auf Kamine und Veranden werfen, die sich so gar nicht ins gegenwärtige Erscheinungsbild Shanghais einfügen wollen. Das Gebäude, an das sich im hinteren Bereich ein ausgedehnter englischer Rasen anschließt und das hinter alten Bäumen und einer hohen Mauer abgeschirmt liegt, wurde von Suns Witwe Song Qingling noch bis 1937 weiter bewohnt. ⏲ Mo–Sa 9– 16.30 Uhr, Eintritt ¥8. Südlich davon gelangt man jenseits der Fuxing Lu zum früheren **Wohnhaus von Zhou Enlai**, 73 Sinan Lu, einem hübschen Gebäude mit Rattanstühlen auf der rückwärtigen Terrasse, blank polierten Holzfußböden und einem Garten, Hecken und efeubewachsenen Mauern, deren Idylle aus einer Londoner Vorstadt der 30er Jahre zu stammen scheinen. ⏲ Di, Mi und Fr–So 8.30–11 und 13–16, Mo und Do 13–16 Uhr, Eintritt ¥2.

Einige Straßen westlich steht das stattliche **Ruijin Guesthouse**, Fuxing Zhong Lu, Ecke Shanxi Nan Lu. Dieses Landhaus im Tudor-Stil war vormals der Wohnsitz der Familie Morris, den Besitzern der *North China Daily News*. Mr. Morris züchtete Windhunde für den Shanghai Race Club und die frühere Canidrome-Hunderennbahn auf der gegenüberliegenden Straßenseite. Auf wundersame Weise, bzw. weil hochrangige Parteifunktionäre hier Privatquartier bezogen, blieb das Anwesen, das inzwischen zur Gästeunterkunft umgestaltet worden ist, von den Zerstörungen der Kulturrevolution verschont. Auch wer hier nicht absteigt, kann einen Spaziergang durch die weitläufigen Anlagen unternehmen, deren Ruhe es geradezu unglaublich erscheinen lässt, dass man sich mitten in einer der hektischsten Metropolen der Welt bewegt.

Ein ganzes Stück weiter westlich befindet sich rund 20 Minuten Fußmarsch nordwestlich der Metrostation Hengshan Lu das ehemalige **Wohnhaus von Song Qingling**, das sie ab 1948 und bis zu ihrem Tod 1981 immer wieder sporadisch nutzte. Als Frau von Sun Yatsen war Song Qingling Teil eines bizarren Familienklüngels – ihre Schwester Song Meiling wurde mit Chiang Kaishek verheiratet, und ihr Bruder, bekannt als „TV Soong", wurde unter Chiang Finanzminister. Sie selbst zeigte sich zeitlebens loyal gegenüber China, zuletzt als „Ehrenpräsidentin" der Volksrepublik, während Meiling, die heute noch lebt und inzwischen geschmäht wird, ihren dauerhaften Wohnsitz nach New York verlegt hat. Auch bei der Besichtigung dieses Gebäudes lässt sich eine zauberhafte Reise zurück in die Wohngepflogenheiten des Shanghai vergangener Tage antreten. Zwar stammt ein Großteil der Exponate aus der Zeit nach 1949 (auch ihre in der Garage geparkten Dienstlimousinen), die Holztäfelungen und Lackarbeiten im Innern des Hauses sind jedoch in jedem Fall sehenswert. ⌚ tgl. 9–11 und 13–16.30 Uhr, Eintritt ¥8.

Der Westen Shanghais

Die Sehenswürdigkeiten im Westen der Stadt liegen zu weit verstreut, als dass die Entfernungen zwischen ihnen zu Fuß bewältigt werden könnten. Hauptattraktionen sind zwei **Tempel**: der Longhua Si mit einer ausgedehnten Anlage im Südwesten und der Yufo Si mit einzigartigen Statuen im Nordwesten. Direkt im Westen hat die Stadt kaum Lohnendes zu bieten. Die Nanjing Lu stößt hinter dem Jing'an Si auf die Yan'an Lu, die sich (jenseits des Stadtrings) schließlich mit der Hongqiao Lu vereint und als diese zum Flughafen führt. Kurz davor liegt der riesige **Shanghaier Zoo**, in dem mehr als 2000 Tiere und Vögel unter Bedingungen gehalten werden, die, wenngleich nicht optimal, so doch besser sind als in den meisten chinesischen Zoos. Star – wie sollte es auch anders sein – ist ein Großer Panda. Vor 1949 erstreckte sich auf dem heutigen Zoogelände einer der exklusivsten Golfplätze Shanghais. Zoo ⌚ tgl. 6.30–16.30 Uhr, Eintritt ¥20.

Gleich daneben, 2409 Hongqiao Lu, befindet sich das herrschaftliche Wohnhaus, das einst die **Sassoons** bewohnten und in dem es früher einen Kamin gab, der groß genug war, um einen Ochsen darin zu braten. Der zentrale, inzwischen renovierte Raum glich einer mittelalterlichen Schlosshalle. Victor Sassoon, der das Haus als Wochenenddomizil nutzte (ansonsten bewohnte er das oberste Stockwerk im *Peace Hotel*), gestattete aus Furcht vor potenziellen Übernachtungsgästen lediglich die Einrichtung von zwei kleinen Schlafzimmern. In späteren Jahren diente das Gebäude als Hauptquartier der japanischen Marine, als Casino und als Privatvilla der Viererbande; inzwischen erleidet es die relative Schmach zu mietender Büroräume. Zutritt ist mitunter durch das Seitentor möglich. Die Anfahrt ist mit dem Bus Nr. 57 vom westlichen Ende der Nanjing Lu möglich.

Der Südwesten

Am südwestlichen Stadtrand gibt es eine Hand voll interessanter Besichtigungsziele. Erstes davon ist die **katholische Kirche Xujiahui**, eine von vielen öffentlichen religiösen Stätten, die in den vergangenen Jahren zu neuem Leben erwacht sind. Das 1846 auf dem Grab von Paul Xu Guangqi, Matteo Riccis persönlichem Assistenten und erstem bekehrten Jesuiten, errichtete Gotteshaus war während der Kulturrevolution mehr als zehn Jahre geschlossen und wurde 1979 wieder eröffnet. Bis heute sind ein Großteil der 200 000 Bände umfassenden Kirchenbibliothek sowie das meteorologische Zentrum (das zur selben Zeit wie die Kirche entstand und heute das städtische Wetteramt beherbergt) auf dem Gelände verblieben. Die Größe und Inbrunst der versammelten Kirchengemeinde ist erstaunlich, insbesondere während der sonntäglichen Frühmesse sowie an Weihnachten und Ostern. Ist die Zeit knapp, kann man mit der U-Bahn bis zur wenige Minuten zu Fuß entfernten Station Xujiahui fahren. An Wochentagen beginnt der erste Gottesdienst um 6.30, sonntags um 8 Uhr.

Ungefähr 1 km südöstlich der Kirche liegt der Longhua-Park, der heute offiziell den Namen **Longhua-Friedhof der Märtyrer** trägt, um an jene zu erinnern, die während der Jahrzehnte vor dem endgültigen Sieg im Jahr 1949 im Kampf für den chinesischem Kommunismus ihr Leben ließen. Im Besonderen wird der Arbeiter, Aktivisten und Studenten gedacht, die in den 20er Jahren von Chiang Kaishek niedergemetzelt wurden – das Friedhofsgelände soll die zentrale Exekutionsstätte gewesen sein. Inmitten des Geländes befindet sich eine verglaste Ausstellungshalle in Pyramidenform mit einem bombastischen Ehrenmal für 250 kommunistische Märtyrer, die sich Chiangs Soldaten entgegenstellten. Zahllose steinerne Gedenkskulpturen, viele davon mit Fotos und Namen versehen, stehen über den Park verstreut, eine davon mit einer ewigen Flamme direkt hinter der Ausstellungshalle. Die frischen Blumen, die täglich niedergelegt werden, zeugen von der Bedeutung, die diese Ereignisse bis heute besitzen. Der Friedhof liegt nur einen kurzen Marsch in südlicher Richtung von der Endhaltestelle des Busses Nr. 41 entfernt, mit dem man von der Huaihai Lu nahe der Shanxi Lu oder von der Nanjing Xi Lu nahe dem Shanghai Centre hinfahren kann. ◷ tgl. 6.30 – 16 Uhr, Eintritt ¥1 für den Friedhof, ¥5 für die Ausstellungshalle.

In unmittelbarer Nachbarschaft des Märtyrerfriedhofs befindet sich eine der wichtigsten religiösen Stätten Shanghais, der **Longhua Si**, mit seiner 1700 Jahre alten Pagode. Die Pagode selbst ist ein achteckiger, ca. 40 m hoher Ziegelbau mit sieben Stockwerken, Holzbalkonen und rot lackierten Säulen. Im Jahr 977 brachte ein Mönch hier ein bronzenes Windspiel an, dessen Klang bis ins 19. Jahrhundert noch auf dem Huangpu zu hören war. Bis zur eilfertigen Errichtung der Bankgebäude am Bund im frühen 20. Jahrhundert ragte die Pagode als höchstes Bauwerk aus dem Stadtbild auf. Ihre heutige Erscheinung ist das Ergebnis von Restaurierungsarbeiten, nachdem sie lange Zeit vernachlässigt wurde – die Roten Garden betrachteten die Pagode als praktische „Litfaßsäule“ für das Aufhängen von Transparenten. Im Zuge eines ehrgeizigen Projekts zur Flächenneuordnung wurde die Pagode in jüngerer Vergangenheit auf Vordermann gebracht, entstanden in ihrer Umgebung Teegärten sowie Grünanlagen und wurden Verkaufsstände eingerichtet. Der Tempelkomplex stammt aus einer etwas späteren Zeit als die Pagode (345 n.Chr.) und stellt heute die aktivste buddhistische Glaubensstätte der Stadt dar, in der zahlreiche Mönche ausgebildet werden. Obgleich auch hier umfangreich rekonstruiert wurde, gilt er als herausragendes Zeugnis der Architektur der Südlichen Song. Rechter Hand vom Eingang steht ein Glockenturm, wo man für ¥10 durch Schlagen der Glocke das Schicksal günstig stimmen kann. Zum chinesischen Neujahrsfest schlägt ein Mönch die Glocke 108 mal, wahrscheinlich zur Erlösung von den 108 Leidenschaften, die der Buddhismus annimmt. ◷ tgl. 5.30–16 Uhr, Eintritt ¥5.

Wiederum 1 km südlich erstreckt sich der **Botanische Garten**, eine von üppig grünen Bäumen bestandene und von Vögeln bevölkerte Oase abseits der Großstadthektik. Unter den mehr als 9000 hier gedeihenden Pflanzen befinden sich zwei Granatapfelbäume, die bereits im 18. Jahrhundert während der Herrschaft des Kaisers Qianlong gepflanzt worden sein sollen und die trotz ihres Alters noch heute Früchte entwickeln. Einen Blick lohnt auch die Orchideensammlung, die mehr als 100 verschiedene Arten umfasst. Im Frühjahr 1999 fand auf dem Gelände die Weltausstellung für Pflanzen statt. Anfahrt mit Bus Nr. 56, der westlich des Longhua Si die große Longwu Lu entlangfährt. ◷ tgl. 7–16 Uhr, Eintritt ¥6.

Der Nordwesten

Nur wenig südlich des Suzhou-Kanals befindet sich im Nordwesten Shanghais die zweitwichtigste religiöse Stätte Shanghais, der 1882 eigens für zwei kostbare Buddha-Statuen aus Myanmar errichtete **Yufo Si** (Jadebuddha-Tempel) in der Anyan Lu, etwas südlich der Kreuzung Changzhou Lu und Jiangning Lu. Die Buddhas wurden jeweils aus einem einzigen Block weißer Jade geschnitzt. Die größere der beiden Statuen ist im unteren Geschoss zu sehen, die kleinere, aber weitaus prachtvollere, sitzende Figur wird im Rahmen einer Sammlung von Sutren und Malereien in einem Raum in der oberen Etage gezeigt. Zwischen 1949 und 1980 war der Tempel geschlossen, inzwischen wird er wieder sehr aktiv genutzt. Heute bewohnen ungefähr 100 Mönche den Tempel und bilden Schüler aus, um die überall im Land wieder eröffnenden Klöster mit neuem Leben zu füllen – daneben behalten sie die Touristen im Augen, denn Fotografieren ist verboten. Anfahrt mit Bus Nr. 112 vom Volksplatz oder mit Bus Nr. 24 von der Huaihai Lu (über die Shaanxi Lu). Alternativ dazu ist der Tempel auch vom Bahnhof in ca. 25 Minuten zu Fuß zu erreichen. ◷ tgl. 8.30–16.30 Uhr, Eintritt ¥10.

Nördlich des Suzhou-Kanals

Dem Bund nach Norden folgend, gelangt man jenseits der Waibaidu-Brücke in ein Gebiet, das vor dem Krieg das japanische Viertel der internationalen Niederlassung umfasste und nach 1949 Schauplatz umfangreicher Wohnbauprojekte war. Von primärem Interesse ist hier der Hongkou-Park

Lu Xun Der unter seinem literarischen Pseudonym bekannte Lu Xun (sein richtiger Name lautete Chou Shujian) wurde 1881 in der kleinen Stadt Shaoxing geboren. Ursprünglich von bescheidener Herkunft, sollte er später als einer der größten chinesischen Schriftsteller des 20. Jahrhunderts verehrt werden. In einfacherer und verständlicherer Erzählweise als je ein chinesischer Dichter vor ihm suchte der von den Kommunisten als Musterbeispiel des sozialistischen Realismus geschätzte Lu Xun das Leben der Armen und Geknechteten in der chinesischen Gesellschaft zu erforschen und zu porträtieren.

Dabei wollte er nicht von Anfang an Schriftsteller werden. Zunächst hatte er den Beruf des Arztes angestrebt und in Japan Medizin studiert, da er in ihr die Rettung der Menschheit sah. Später jedoch, unter dem Schock der scheinbar unlösbaren sozialen Probleme, die China heimsuchten, begann er zu schreiben und veröffentlichte 1918 sein *Tagebuch eines Verrückten,* das nach einer Vorlage Gogols entstand. Diese Kurzgeschichte westlichen Stils war die erste in Chinesisch verfasste und prangert als beißende Satire die konfuzianische Gesellschaft an. Drei Jahre später erschien Lu Xuns berühmteste Kurzgeschichte, *Die wahre Geschichte des Ah Q,* die von einem einfältigen, gutgläubigen Analphabeten handelt, dessen einziges Mittel gegen die zahlreichen ihm widerfahrenden Übel darin besteht, sie in Siege des Geistes umzudeuten – erneut die Logik konfuzianischen Denkens. Es dauerte nicht lange, bis die herrschende Guomindang mit Zorn und Drohungen auf Lu Xuns Schriften reagierten. 1926 floh er aus seiner Wahlheimat Beijing und suchte Schutz in der internationalen Niederlassung Shanghais. Die letzten zehn Jahre seines Lebens wohnte er im damals japanischen Sektor der Stadt und unterstützte von dort aus die Kommunisten. Obwohl er sich letztlich weigerte der Partei beizutreten, hinderte dies die Kommunisten nicht daran, ihn posthum zu einer Ikone aus ihren Reihen zu stilisieren.

(auch Lu-Xun-Park genannt) mit seinen Denkmälern für den politischen Schriftsteller Lu Xun, wenngleich die gesamte Gegend durch ihre Lebendigkeit und Architektur reizvoll ist.

Der **Lu-Xun-Park** ist einer der besten Orte, um die Bewohner Shanghais einmal ganz entspannt zu erleben. Zwischen 6 und 8 Uhr kommen sie in Scharen, um ihre täglichen Taijiquan-Übungen zu praktizieren, später am Tag folgen verliebte Paare, die sich in Tretbooten auf dem See des Parks vergnügen, und Großväter, die ihren Enkelkindern zeigen, wie man Drachen steigen lässt. Im Park befindet sich außerdem das pompöse **Grabmal von Lu Xun**, nebst einer sitzenden Statue und einer kalligrafischen Inschrift von Mao, das 1956 im Gedenken daran errichtet wurde, dass Lu Xun die letzten zehn Jahre seines Lebens in diesem Teil Shanghais verbrachte. Die Grabstätte entstand gegen Lu Xuns eigenen Wunsch, in einem einfachen, schlichten Grab auf einem Friedhof im Westen Shanghais begraben zu werden. Gedacht wird dem Schriftsteller außerdem in der Lu-Xun-Gedenkhalle, die rechts vom Haupteingang in den Park steht und u.a. seine Originalkorrespondenz zeigt, darunter Briefe und Fotografien von George Bernard Shaw. Park ◷ tgl. 6–19 Uhr, Eintritt ¥1, Gedenkhalle tgl. 9–11 und 13.30–16 Uhr, Eintritt ¥5.

Eine Straße südöstlich des Parks kann in der Shanyin Lu (Lane 132, Haus Nr. 9) auch das **ehemalige Wohnhaus von Lu Xun** besichtigt werden. Der Abstecher ist mit Sicherheit lohnenswert, vor allem nach einem Besuch der früheren Wohnstätten Zhou Enlais und Sun Yatsens in der französischen Konzession (s.S. 332 f.). Lu Xuns bescheiden eingerichtetes Haus bietet einen faszinierenden Einblick in typisch japanische Wohnkultur seiner Zeit. Von außen erinnert die gesetzt nüchterne, zwischen ähnlichen Gebäuden eingezwängte Ziegelfassade sehr stark an den Back Bay District in Boston. In jenen Jahren boten japanische Wohnhäuser zwar weit weniger Platz als europäische, das Ambiente war aber erstaunlich bequem. Lu Xun bewohnte dieses Gebäude mit seiner Frau und seinem Sohn von 1933 bis zu seinem Tod im Jahr 1936. ◷ tgl. 9 – 16 Uhr, Eintritt ¥4.

Außerhalb der Stadt

Shanghai Shi, der Stadtbezirk Shanghai, umfasst 10 Bezirke, die bis weit über die eigentlichen Stadtgrenzen hinausreichen. Im Norden gehören dazu drei Inseln im Flussdelta des Yangzi, von denen die größte, Chongming Dao, fast 100 km lang ist. Nordwestlich und südwestlich schließen sich die Provinzen Jiangsu und Zhejiang an, im Osten grenzt das Gebiet direkt ans Ostchinesische Meer. Obwohl es auch dort eine Hand voll interessanter Orte gibt, zieht es merkwürdigerweise kaum ausländische Touristen dorthin.

Der augenfälligste darunter ist der **She Shan**, ein Hügel ca. 30 km südwestlich der Stadt. Obwohl nur gut 100 m hoch, kann man ihn in der extrem flachen Landschaft kilometerweit sehen. Auf der Hügelkuppe steht eine riesige und überaus beeindruckende **Basilika**, ein Erbe der europäischen Missionarsarbeit im 19. Jahrhundert. Der Hügel befindet sich seit Mitte des 19. Jahrhunderts im Besitz einer katholischen Gemeinde, die Kirche wurde allerdings erst 1925 erbaut. Gottesdienste finden nur an christlichen Feiertagen statt, der Weg hinauf (zu Fuß oder per Seilbahn), vorbei an Bambuswäldchen und der einen oder anderen alten Pagode, ist jedoch zu jeder Jahreszeit reizvoll. Die Mehrzahl der hiesigen Landbevölkerung ist strenggläubig katholisch und zeigt sich westlichen Besuchern gegenüber sehr gastfreundlich. Auf dem Hügel gibt es außerdem eine Wetterstation und ein ehemaliges Observatorium mit einem kleinen Ausstellungsraum, in dem eine alte Apparatur zur Anzeige von Erdbeben zu sehen ist. Es handelt sich dabei um einen Drachen mit Stahlkugeln im Maul. Der Drache ist so fest im Boden verankert, dass nur von entfernten Erdbeben ausgehende Erschütterungen die Kugeln aus dem Maul fallen lassen. Je mehr Kugeln herausfallen, umso stärker das Erdbeben. Die Anfahrt zum She Shan ist mit einem Bus von der Haltestelle am Wenhua Guangchang oder vom Busbahnhof Xiqu (s.S. 356) möglich. Sollten keine direkten Busse verkehren, kann man jeden nach Songjiang fahrenden Bus nehmen und einige Haltestellen vor der Endstation aussteigen – ohne Nachfragen wird es nicht gehen. Für die verbleibende Strecke ist in eine Motor-Rikscha (¥15) umzusteigen. ⏲ tgl. 7.30–16 Uhr, Eintritt ¥5.

Nochmals ca. 20 km westlich liegen im Bezirk Qingpu der **Dianshan Hu** und der **Garten der Großartigen Aussicht**. Das südöstliche Ufer des Dianshan Hu wird derzeit zu einem Feriendomizil für einheimische Touristen mit Gelegenheit zum Bootfahren, Schwimmen, Angeln und sogar Golfen ausgebaut. Unverhohlen auf die touristische Klientel schielt man im Garten der Großartigen Aussicht, der dem berühmten Garten des chinesischen Romans *Der Traum der Roten Kammer* aus dem 18. Jahrhundert nachempfunden ist. Anfahrt mit einem Bus nach Qingpu, dann weiter mit einer Motor-Rikscha (¥5) bis zum nahen See.

Zhouzhuang

Nach weiteren 20 km gen Westen gelangt man kurz hinter der Grenze zur Provinz Jiangsu in die kleine, von Gebäuden aus der Ming-Zeit beherrschte Wasserstadt Zhouzhuang. Durch ihre Lage am großen Jinghang-Kanal, der Suzhou und Shanghai verbindet, konnte die Stadt von dem regen Handel mit Getreide, Seide und Töpferwaren während der Ming-Dynastie profitieren und zu Wohlstand gelangen. Viele reiche Regierungsbeamte, Gelehrte und Künstler zogen nach Zhouzhuang und errichteten prächtige Villen, während sie gleichzeitig den Ausbau der stattlichen Steinbrücken und baumgesäumten Kanäle finanzierten, die heute den vorrangigen Reiz der Stadt ausmachen. An Wochenenden fallen chinesische Gruppen in Scharen in Zhouzhuang ein, wesentlich beschaulicher geht es unter der Woche zu. Von Shanghais Busbahnhof Beizhan verkehren 2x tgl. Minibusse um 6.20 und 15.30 Uhr, vom Hongkou Gongyuan 1x tgl. um 14 Uhr und von der U-Bahnstation Xinzhuang 2x tgl. um 9.30 und 10.30 Uhr in die drei Stunden entfernt gelegene Stadt. Von Zhouzhuang besteht die verlockende Möglichkeit der Weiterfahrt an Bord eines Schnellboots nach **Tongli** (s.S. 378), einer weiteren Wasserstadt in Jiangsu, von wo häufig Busse nach Suzhou verkehren.

Übernachtung

An Unterkünften herrscht in Shanghai kein Mangel. Mitunter sind sie ausgesprochen elegant, in der Regel zudem teurer als im übrigen China. Ein Zimmer in den **luxuriösen Hotels europäischen Stils**, die einen festen Bestandteil in der Geschichte Shanghais bilden, kostet heute mindestens $120, jedoch vermittelt auch ein nur kurzer Aufenthalt beispielsweise im berühmten *Peace Hotel* bereits einen guten Eindruck davon, wie Shanghai früher war. Aber auch wer sich hier nicht einquartiert, kann durch das Hotel spazieren und einen Blick auf eine der schönsten Art-déco-Einrichtungen der Welt werfen.

Häufig wird irrtümlicherweise angenommen, es gäbe in Shanghai nur eine einzige wirklich **billige Unterkunft**, nämlich das *Pujiang*. Entsprechend schnell ist dort während der Hochsaison kein Platz mehr frei. Shanghai besitzt jedoch mit den Gästehäusern des Shanghaier Konservatoriums für Musik und der pädagogischen Universität (Normal Teacher's University) im Südwesten der Stadt sowie mit dem neuen *Captain Hostel* am Bund noch weitere gute und preiswerte Übernachtungsmöglichkeiten, in denen ein Bett für weniger als ¥80 zu bekommen ist und die oftmals selbst im Sommer nicht restlos belegt sind.

Derweil wachsen immer neue **Wolkenkratzer-Hotels** in den Himmel, vor allem in der Sonderwirtschaftszone Pudong, wo das höchste Hotel der Welt die oberen Stockwerke des 421 m hohen Jin-Mao-Turms einnimmt. Daneben besitzt Shanghai eine Reihe von Spitzenhotels, u.a. ein *Sheraton* und ein *Hilton* im Westen der Stadt, vor allem entlang der Nanjing Xi Lu. Die Preise hierfür werden häufig in US-Dollar angegeben, man kann jedoch auch immer in Renminbi bezahlen. Alle Luxushotels erheben auf ihre Preise einen Servicezuschlag in Höhe von 10%, während der Nebensaison von November bis April werden jedoch z.T. stattliche Preisnachlässe angeboten. Ausländische Studenten, die an einer chinesischen Universität immatrikuliert sind, können z.B. in vielen 3- und 4-Sterne-Hotels Shanghais nur durch Vorlage ihres roten *liuxuesheng zheng* (ausländischer Studentenausweis) an der Rezeption schon für ca. ¥300 ein Zimmer bekommen. Anzeigen mit aktuellen Sonderangeboten findet man in den verschiedenen englischsprachigen Zeitschriften. Und wer kein Student ist, kann sich in vielen Seitengassen für ca. ¥50 einen echt aussehenden Studentenausweis anfertigen lassen.

DER BUND UND UMGEBUNG – ***Captain Hostel****, 37 Fuzhou Lu, ✆ 63235053, ℻ 63219331, ✉ captain@captainhostel.com.cn. Neues, sehr preiswertes Hostel mit hohem Servicestandard, das dem nahen *Pujiang* wohl schon bald ernsthaft Konkurrenz machen wird. Die Einrichtungen sind zwar gemeinschaftlich zu nutzen, aber es ist sauber und es gibt eine Küche sowie Waschmaschinen. Draußen weist ein englisches Schild auf die Unterkunft hin. Mit bewundernswerter Sorgfalt wird hier das Seefahrerambiente umgesetzt – die Dorms wirken wie Kajüten und haben Bullaugen als Fenster, und selbst auf Sand unter den gläsernen Tischplatten wollte man nicht verzichten. Bett ¥50.

Chun Shen Jiang**, 626 Nanjing Dong Lu, nahe Fujian Lu, ✆ 63515710. Schild nur in chinesischen Schriftzeichen. Etwas muffige und spartanische Zimmer, dafür aber bezahlbar und in exquisiter Lage ungefähr auf halbem Weg zwischen Volkspark und dem Bund.

Metropole***, 180 Jiangxi Lu, ✆ 63213030, ℻ 63217365. Nahe dem Bund, 1931 erbaut und eines der erschwinglicheren „alten" Hotels. Prachtvolle Lobby, aber schlichte Zimmer.

New Asia***, 422 Tian Tong Lu, ✆ 63242210, ℻ 63566816. Nördlich des Suzhou-Kanals, ein paar Straßen westlich der Shanghai Mansions. Guter Preis für die Lage.

Peace, Luxus, Ecke Bund und Nanjing Dong Lu, ✆ 63216888, ℻ 63290300. Ehemals *Cathay Hotel* und berühmtestes Hotel Shanghais mit Flügeln zu beiden Seiten der Straße, beherbergt die *Jazz Bar* (s.S. 347, Nachtleben). Schon allein die Art-déco-Einrichtung der Lobby lohnt einen Besuch, allerdings stehen die hohen Preise – ein einfaches DZ gibt es ab US$160, eine original eingerichtete Deluxe-Suite kostet ab US$520 – und der vergleichsweise dürftige Service in keinem Verhältnis.

Pujiang**, 15 Huangpu Lu, ✆ 63246388, ℻ 6324 3179. Jenseits der Waibaidu-Brücke, nördlich des Bund und etwas nach Osten, gegenüber dem blauen Gebäude des russischen Konsulats. Früheres *Astor Hotel,* 1846 erbaut, hübsches altes Ambiente mit knarzenden Holzfußböden, hohen Decken und dem Charme eines angestaubten englischen Internats. In den Dorms, die jeweils über ein eigenes Bad mit Toilette verfügen, kostet ein Bett ¥55, auf einer anderen Etage gibt es Gemeinschaftsduschen. Anfahrt vom Bahnhof mit dem Bus Nr. 64 zur Haltestelle Jiangxi Nan Lu, von dort weiter zu Fuß nach Osten zum Bund und dann über die Waibaidu-Brücke.

Shanghai: Übernachtung

Captain Hostel	船长酒店	*chuánzhăng fàndiàn*
Changyang	长阳饭店	*chángyáng fàndiàn*
Chun Shen Jiang	春申江宾馆	*chūnshēnjiāng bīnguăn*
Dong Hu	东湖宾馆	*dōnghú bīnguăn*
Garden	花园酒店	*huāyuán jiŭdiàn*
Grand Hyatt Pudong	浦东金茂凯悦大酒店	*pŭdōng jīnmàokăiyuè dàjiŭdiàn*
JC Mandarin	锦沧文华大酒店	*jĭncāngwénhuá dàjiŭdiàn*
Jinjiang	锦江饭店	*jĭnjiāng fàndiàn*
Metropole	新城饭店	*xīnchéng fàndiàn*
New Asia	新亚大酒店	*xīnyà dàjiŭdiàn*
Normal University Guesthouse	师范大学外宾楼	*shīfàn dàxué wàibīnlóu*
Pacific	金门大酒店	*jīnmén dàjiŭdiàn*
Park	国际饭店	*guójì fàndiàn*
Peace	和平饭店	*hépíng fàndiàn*
Portman Ritz-Carlton	波特曼丽思卡尔顿酒店	*bōtèmàn lìsīkăěrdùn jiŭdiàn*
Pujiang	浦江饭店	*pŭjiāng fàndiàn*
Ruijin Guesthouse	瑞金宾馆	*ruìjīn bīnguăn*
Seagull	海鸥饭店	*hăiōu fàndiàn*
Shanghai Conservatory Guesthouse	音乐学院招待所	*yīnyuèxuéyuàn zhāodàisuŏ*
Shanghai Mansions	上海大厦	*shànghăi dàshà*
Swan Cindic	天鹅宾馆	*tiāné bīnguăn*

SHANGHAI

Seagull****, 60 Huangpu Lu, ✆ 63251500, 📠 63241263. Am Nordufer des Suzhou-Kanals, etwas östlich des russischen Konsulats. Schickes und modernes chinesisches Hotel.
Shanghai Mansions****, 20 Suzhou Bei Lu, ✆ 63246260, 📠 63065147. Gewaltiger, nicht sonderlich ansehnlicher Koloss am Nordufer des Suzhou-Kanals, vom nördlichen Ende des Bund nicht zu übersehen. Das in den 30er Jahren ursprünglich als Wohnhaus errichtete Gebäude bietet heute exzellente, große Zimmer mit herrlicher Aussicht auf den Bund. Je weiter oben man wohnen möchte, umso teurer das Zimmer. Die berühmteste Persönlichkeit, die hier residierte, war Jiang Qing (Ehefrau Mao Zedongs), auf deren Geheiß während der Kulturrevolution ein Verbot erging, nach dem Flusskähne und *sampans* den Huangpu und Suzhou-Kanal nicht befahren durften, während sie schlief. Wer sich nicht hier einquartiert, kann nach einer Fahrt in den 18. Stock zumindest die Aussicht genießen.

WEST-SHANGHAI: NANJING XI LU UND DIE EHEMALIGE FRANZÖSISCHE KONZESSION –
Dong Hu****, 70 Donghu Lu, ✆ 64158158, 📠 64157759. Eine Straße nördlich der Huaihai Zhong Lu. Saubere, geräumige Zimmer, die nicht vermuten lassen, dass das Hotel in den 20er und 30er Jahren als Opiumlager und Schaltzentrale der Mafia diente.
Garden*, Luxus, 58 Maoming Lu, ✆ 64151111, 📠 64158866. Unter japanischer Leitung und vielleicht das beste Hotel Shanghais, errichtet am Standort des ehemaligen ultra-exklusiven französischen Clubs in der französischen Konzession. DZ ab US$165
Heng Shan Moller Villa*****, 30 South Shanxi Lu, ✆ 62478881, 📠 62891020. Die Villa wurde erst vor kurzem als Hotel eröffnet und ist ein echter Geheimtipp. Ein 5000 qm großer Park umgibt das Schlösschen aus dem Jahr 1936. Die Zimmer im alten Gebäude sind besonders schön.

JC Mandarin, Luxus, 1225 Nanjing Xi Lu, ☏ 62791888, 📠 62791822. Zwei Häuserblocks östlich des Shanghai Centre (s.S. 328). Modernes 5-Sterne-Hotel mit feudal eingerichteten Zimmern und allen nur erdenklichen Annehmlichkeiten. DZ ab US$128.
Jinjiang, Luxus, 59 Maoming Lu, ☏ 62582582, 💻 www.jinjianghotelshanghai.com. Sehr großes, sich über mehrere Flügel erstreckendes Hotel in der ehemaligen französischen Konzession mit etlichen Flügeln, reicher Geschichte und einer Ausstattung, die zu den besten der Stadt zählt. Hier weilte Richard Nixon1972 während seines berühmten Chinabesuchs und unterzeichnete im (inzwischen renovierten) Auditorium im 2. Stock das Shanghai-Kommuniqué. DZ ab US$130.
Pacific**,* 108 Nanjing Xi Lu, ☏ 63276226, 📠 63723634. Historisches Gebäude, praktisch im Zentrum gelegen, mit einer prunkvollen Eingangshalle und Lobby.
Park***,* 170 Nanjing Xi Lu, ☏ 63275220, 📠 63276958. Sehr zentral, direkt gegenüber dem Volkspark. Das aus den 30er Jahren stammende, im Innern aber inzwischen modernisierte Hotel war lange Zeit das höchste Gebäude der Stadt.
Portman Ritz-Carlton, Luxus, 1376 Nanjing Xi Lu, ☏ 62798888, 📠 62798999. Eines der besten Hotels Shanghais und Teil des Shanghai Centre, das auch Restaurants, Büros von Fluggesellschaften und sehr teure Bars und Speiselokale beherbergt. DZ ab $250, weniger in der Nebensaison.
Ruijin Guesthouse, Luxus, 118 Ruijin Er Lu, Eingang von der Fuxing Lu, ☏ 64725222, 📠 6473 2277. Sehr schöne Lage, einige Straßen südlich der Huaihai Lu. Umfasst acht Villen im Tudor-Stil mit Gästezimmern, außerdem einen japanischen Garten und Tennisplatz auf Rasen. In den 20er Jahren wohnte hier der Herausgeber der *North China Daily News.*
Shanghai Conservatory Guesthouse,* 20 Fen Yang Lu, ☏ 64372577. Nahe der Huaihai Lu und der U-Bahnstation Changshu. Ca. 30 Dorm-Betten (¥40) und 8 sehr preiswerte, aber einfache DZ, z.T. mit eigener Dusche auf dem Gelände des Musikkonservatoriums. Im Sommer fast immer voll, in den Wintermonaten sollte die Unterbringung aber kein Problem sein.

AUSSENBEZIRKE UND PUDONG – ***Changyang*,*** 1800 Changyang Lu, ☏ 65434890. Weit draußen, nordöstlich des Zentrums im Universitätsviertel gelegene, aber ausgezeichnete und moderne Unterkunft mit sehr preiswerten DZ. In der Nähe, am Wujiaochang, gibt es jede Menge Studentenbars und billige Lokale. Gleich nördlich des Suzhou-Kanals fährt der Bus Nr. 22 bis ganz in die Nähe; Ausstieg an der Haltestelle Linqing Lu.
Grand Hyatt Pudong, Luxus, Jin Mao Tower, 177 Lujiazui Lu, Pudong, ☏ 50491111, 💻 www.shanghai.grand.hyatt.com. Neues Luxushotel gegenüber dem Fernstehturm, das die oberen 36 Stockwerke in einem der höchsten Gebäude der Welt einnimmt und ein gigantisches, sich über 29 Etagen erstreckendes Atrium umfasst. Das Gebäude ist so hoch, dass Gäste mitunter in der Rezeption anrufen müssen, wenn sie wissen wollen, ob es unten regnet. DZ ab $200.
Normal University Guesthouse,* 100 Guilin Lu, ☏ 64701860, 📠 64369249. Weitab im Südwesten der Stadt, aber mit der U-Bahn vom Zentrum und Bahnhof gut zu erreichen. Ruhig und preiswert, mit sauberen Dorms (¥45) und komfortablen DZ. Anfahrt mit der U-Bahn bis zur Haltestelle Shangtiguan, von dort Bus Nr. 43 bis zur Endstation. Die Unterkünfte befinden sich hinter dem Haupttor der Universität auf der linken Seite.
Swan Cindic**,* 2211 Sichuan Bei Lu, ☏ 5666 5666, 📠 63248002. Sehr schick, in ruhiger und hübscher Gegend gegenüber dem Lu-Xun-Park.

Essen

Wie in vielen anderen Bereichen nimmt Shanghai auch in puncto Freizeitkultur eine Vorreiterrolle in China ein. Obwohl die meisten Bewohner Shanghais noch nie ein Theater oder ein Restaurant besucht haben, hat sich inzwischen eine größere Schicht entwickelt, für die das Essen in einem Restaurant und abendliche Unterhaltungsveranstaltungen durchaus zur Freizeitgestaltung gehören können. Speziell **Restaurants** haben sich hinsichtlich ihrer Qualität und Vielfalt in den vergangenen Jahren erheblich verbessert. Kaum vorstellbar, dass es bis in die frühen 90er Jahre noch ein praktisch aussichtsloses Unterfangen war, einfach nur einen Tisch zu bekommen. Die ungeheure Auswahl der angebote-

Shanghai: Essen

1221	一二二一酒家	*yīèrèryī jiǔjiā*
1931	一九三一饭店	*yījiǔsānyī fàndiàn*
Always	奥维斯	*àowéi sī*
Badlands Tex-Mex	百岚	*bǎilán*
Bonomi	波诺米	*bōnuò mǐ*
Deda Xicanshe	德大西餐社	*dédà xīcānshè*
Ding Xiang Garden	丁香花苑	*dīngxiāng huāyuàn*
Frankie's Place	法兰奇餐厅	*fǎlánqī cāntīng*
Fulin Xuan	福临轩	*fúlín xuān*
Gap Café	锦亭酒家	*jǐntíng jiǔjiā*
Gongdelin Vegetarian	功德林素食馆	*gōngdélín sùshíguǎn*
Huanghe Lu	黄河路	*huánghé lù*
Hubin Mei Shilou	湖滨美食楼	*húbīn měi shí lóu*
Lao Fandian	老饭店	*lǎo fàndiàn*
Lübolang	绿波廊餐厅	*lǜbōláng cāntīng*
M on the Bund	米氏西餐厅	*mǐshì xīcāntīng*
Manabe	真锅咖啡	*zhēnguō kāfēi*
Meilongzhen	梅龙镇酒家	*méilóngzhèn jiǔjiā*
Sasha's	萨莎	*sàshā*
Shanghai Ren Jia	上海人家	*shànghǎi rénjiā*
Shashi Xiaochi Shijie	沙市小吃世界	*shāshì xiǎochī shìjiè*
Shintori	新都里餐厅	*xīndūlǐ cāntīng*
Shu Di la Zi Yu Guan	蜀地辣子鱼馆	*shǔdìlàzǐ yúguǎn*
Simply Thai	天泰餐厅	*tiāntài cāntīng*
Tandoor	锦江孟买餐厅	*jǐnjiāngmèngmǎi cāntīng*
Tony Roma's	多力罗马	*duōlì luómǎ*
U and I	亚拉餐厅	*yàlā cāntīng*
Xiao Shaoxing	小绍兴	*xiǎo shàoxīng*
Xinghualou	杏花楼	*xìnghuā lóu*
Xu's Dumpling House	许家小吃	*xǔjiā xiǎochī*
Yunnan Lu	云南路	*yúnnán lù*
Zhapu Lu	乍浦路	*zhàpǔlù*
Zhejiang Zhong Lu	浙江中路	*zhèjiāng zhōnglù*

nen Speisen, die sämtliche Regionen Chinas und alle Kontinente berücksichtigen, spiegelt sowohl die Offenheit der Stadt als auch die zunehmende Präsenz ausländischer Bewohner wider. Ähnlich explosionsartig ist das nächtliche Unterhaltungsangebot gewachsen, dessen Spektrum heute von **englischen Pubs** bis hin zu **Peking-Opern** und von **Discos** bis hin zu **traditioneller Volksmusik** reicht.

RESTAURANTS – Die Traditionen der kosmopolitischen Vergangenheit Shanghais sind noch vage in den Restaurants der Stadt erkennbar. Viele der alten Lokale florieren nach wie vor, und obwohl die holzgetäfelten Speisesäle von einst Jahr um Jahr Modernisierungsmaßnahmen zum Opfer fallen, sorgt der stete Zuwachs an privaten Unternehmen dafür, dass die Vielfalt der Lokale noch nie so groß war wie heute. Wer aus anderen Gegenden Chinas nach Shanghai kommt, wird erstaunt sein über die enorme wie exquisite Fülle der Speisen und neben regionalen Spezialitäten Chinas auch eine beeindruckende Reihe ausländischer Küchen vertreten finden, die u.a.

brasilianische, indische, japanische und europäische Gerichte servieren. Restaurants, die sowohl chinesische als auch internationale Speisen anbieten, sind in Shanghai teurer als in anderen Regionen, am internationalen Standard gemessen aber immer noch erschwinglich. Obgleich Einheimische beklagen, wie schnell die Preise auf das hohe Niveau von Hongkong zusteuern, sind die meisten Gerichte in chinesischen Restaurants für ¥3–4 zu bekommen und haben selbst viele teurere westliche Restaurants besondere Angebote für weniger als ¥10. Im Vergleich zur Kochkunst Kantons oder Sichuans z.B. ist die **Küche Shanghais** bei Ausländern weder sonderlich bekannt noch begehrt, es gibt jedoch durchaus einige interessante Gerichte, insbesondere wenn man Exotisches aus dem Meer mag. Fisch und Garnelen werden als Grundbestandteile eines jeden vernünftigen Essens betrachtet, wo möglich kommen noch Aal und Krebs hinzu. Während der Saison – zwischen Oktober und Dezember – steht gelegentlich der *dazha*-Krebs auf dem Speiseplan, der teuerste und angeblich schmackhafteste Krebs. Gekocht wird meist unter Zugabe von Ingwer, Zucker und Shaoxing-Wein; auf den exzessiven Gebrauch von Gewürzen wird verzichtet. Als generelle Warnung bei einem Restaurantbesuch sei auf die absolute Notwendigkeit hingewiesen, sich über den Preis für die gewünschten Speisen vorher zu verständigen. Shanghais Restaurantbetreiber sind dafür berüchtigt, ausländische Touristen über Gebühr zur Kasse zu bitten.

Bund, Nanjing Dong Lu und Umgebung: Die größte kulinarische Attraktion der Gegend sind verschiedene **Restaurantstraßen**. Nach ihrer Nähe zum oberen Ende der Nanjing Lu geordnet ist die erste davon die **Shashi Xiaochi Shijie**, eine kleine Gasse, die etwas westlich der Jiang Xi Lu von der Nanjing Dong Lu nach Süden führt. In ihr findet man eine Reihe preiswerter Restaurants, die gute Eintopfgerichte und Nudelsuppen servieren. Nördlich des Suzhou-Kanals und nur wenige Gehminuten westlich des *Pujiang Hotel* verläuft die **Zhapu Lu**, die nachts in grellem Neonlicht erstrahlt und kaum verfehlt werden kann. In ihr sind etliche Restaurants mit z.T. recht guter Shanghaier Küche versammelt; Touristen sollten hier allerdings darauf achten, mit den Preisen nicht über den Tisch gezogen zu werden. Die vielleicht interessanteste Restaurantstraße ist die eine Straße östlich des Volksparks von der Nanjing Lu nach Süden abzweigende **Yunnan Lu** mit ihren diversen Spezialitätenrestaurants und zahllosen Essensständen, an denen nachts Snacks verkauft werden. In der **Zhejiang Zhong Lu**, gleich nördlich der Fuzhou Lu, sind einige **moslemische** Imbiss-Lokale angesiedelt, in denen es schmackhafte und sättigende Nudelsuppen gibt. Die vom Volkspark nach Norden führende **Huanghe Lu** schließlich umfasst – insbesondere im Bereich nördlich der Beijing Lu – eine weitere Ansammlung von Restaurants, viele davon haben 24 Std. geöffnet.
Die **Nanjing Dong Lu** ist die wohl beste Adresse für Back- und Konditoreiwaren. Am **Bund** selbst wiederum gibt es einige anständige Speiselokale, allerdings ist die dortige Situation derzeit einem raschen Wandel unterworfen und hat verschiedene gehobene Restaurants in einige der Art-déco-Gebäude Einzug halten lassen, allen voran das *M on the Bund*. Die direkt am Wasser gelegenen Lokale sind überteuert und bieten nur dürftige Genüsse.

Gongdelin Vegetarian, 445 Nanjing Xi Lu, zwischen Chengdu Lu und Huangpi Lu. Das vielleicht beste vegetarische Restaurant der Stadt. Der Angebot aus „Fisch", „Fleisch" und „Krebs" besteht tatsächlich aus Gemüse und Tofu. Besonders zu empfehlen ist der „Tintenfisch".

M on the Bund, 7. Etage, 5 Wai Tan, Eingang von der Guang Dong Lu, ✆ 63509988. Lohnt schon alleine wegen der herrlichen Aussicht auf den Bund, den Verkehr auf dem Huangpu und die Skyline von Pudong. Auch die Speisen, die zu den besten (und teuersten) der Stadt gehören und manchen als überschätzt gelten, können sich sehen lassen, der Service ist allerdings verbesserungswürdig. Günstiges Mittagsmenü für ¥88. Reservierung empfohlen.

Meilongzhen, Nr. 22, Lane 1081, im Bereich der 800er Hausnummern der Nanjing Xi Lu, unweit der Jiang Ning Lu. Ausgezeichnetes, verwinkeltes Shanghaier Restaurant, das auf Fisch spezialisiert ist und sich bei Einheimischen größter Beliebtheit erfreut. Die schlichten, aber geschmackvollen Räumlichkeiten lassen kaum ah-

Maoming Nan Lu lockt zusätzlich jeden Abend mit Live-Musik und Modeschauen.

Park 97, am westlichen Rand des Fuxing Park, drei Straßen südlich der Huaihai Lu. Beste Tapas-Bar in Shanghai. Große Portionen zu vernünftigen Preisen, außerdem Pizza. Der Brunch am Wochenende und die wöchentliche „Schoko-Bar" sorgen für Abwechslung. Am Abend wird die Bar zu einem der angesagten Treffpunkte der Stadt.

Sasha's, 9 Dong Ping Lu, Ecke Hengshan Lu, ✆ 64746166. Gute kontinental-europäische Küche in ansprechender Atmosphäre in einem herrschaftlichen Holzgebäude. Am preiswertesten ist das Mittagsmenü für ¥99. Reservierung empfohlen.

Shintori, 288 Wulumuqi Nan Lu, der Straßen südlich der Hengshan Lu, ✆ 64672459. *Nouvelle Cuisine* aus Japan mit einem *Keiseki*-Buffet für ca. ¥300–400, unterhaltsam präsentiert und sehr schmackhaft. Reservierung empfohlen.

Simply Thai, 5-C Dong Ping Lu. Bestes Thai-Restaurant der Stadt, vielfältiges Angebot, beeindruckender Service, hübscher Außenbereich, gut und preiswert. Empfohlen seien der kurz gebratene Spargel an Fischkuchen und als Nachtisch *tub kim krob* (Kokosnuss-Sirup).

Shu Di La Zi Yu Guan, 187 Anfu Lu, Ecke Wulumuqi Zhong Lu. Sehr gute Sichuan- und Hunan-Küche, lohnend u.a. *mala dofu* und Pfefferhuhn. Englische Speisekarte, nicht zu teuer.

Tandoor, im neuen Südflügel des *Jinjiang Hotel*, etwas nördlich der Kreuzung Huaihai Lu, Maoming Lu, ✆ 64725494. Erstklassiges, aber sehr teures indisches Essen für ca. ¥150–250 p.P. inkl. Getränke, mittags gibt es allerdings auch ein Menü für ¥96. Reservierung empfohlen.

Tony Roma's, Shanghai Centre, neben dem *Portman Ritz-Carlton*. Das wohl amerikanischste Lokal in ganz China. Berühmt für seine Spareribs und Barbecue-Soße, aber recht teuer.

Xu's Dumpling House, Nr. 1, Lane 142, von der Xinle Lu um die Ecke gelegen. Winzige Einrichtung mit u.a. ausgezeichneten, preiswerten *jiaozi*.

Yangzhou, 72 Nanjing Xi Lu. Reger Andrang von Einheimischen um die Shanghaier Spezialitäten aus dem Meer. Hervorragend schmeckt u.a. *ju hua xie* (Chrysanthemen-Krebs).

Altstadt: Die Umgebung des Yu Yuan ist seit jeher eine gute Gegend, um in der entspannten Atmosphäre einer Imbissbar *xiao long bao* und ähnliche kleine Mahlzeiten zu sich zu nehmen. Die Qualität ist in der Regel hervorragend und die Preise sind sehr niedrig; einziger Nachteil sind die langen Warteschlangen, die sich während der Hauptessenszeiten zwischen 11.30 und 13.30 sowie nach 17.30 Uhr bilden. In den Gassen um den Yu Yuan ist die Auswahl reichlich, am besten ist vielleicht:

Hubin Mei Shilou, nahe dem Eingang zum Yu Yuan, serviert schmackhafte *changsheng zhou* (Suppe für ein langes Leben) aus süßen Bohnen.

Lao Fandian (Altes Restaurant), Fuyou Lu, etwas nördlich des Yu Yuan. Gehört zu den berühmtesten Restaurants der Stadt und bietet einheimische Küche zu allerdings etwas überzogenen Preisen.

Lübolang (Grüne Welle), in unmittelbarer Nachbarschaft des Huxinting, mit einem vielfältigen Angebot an Knödeln und Nudelgerichten.

Für den kleinen Hunger zwischendurch empfehlen sich die Stände, die den westlichen Rand des Yu-Yuan-Markts säumen und Satay, Nudeln und Maiskolben anbieten.

CAFÉS, BÄCKEREIEN UND FASTFOOD-LOKALE – Ein gutes **Frühstück** zu bekommen, ist das einzige Problem, auf das man in Shanghai stoßen könnte. Am besten sind die guten, aber sehr teuren (¥100–150) Frühstücksbuffets der meisten Luxushotels und die ausgezeichneten japanischen und chinesischen Bäckerein entlang der Huaihai Zhong Lu und der Nanjing Dong Lu. Eine Alternative wäre das Aufspüren einer *Starbucks* Filiale.

Preiswerte **Imbisskost** ist praktisch in jedem Stadtteil und zu jeder Tages- und Nachtzeit zu bekommen – empfehlenswert ist *xiao long bao*, eine hiesige Spezialität.

Die meisten Hotels unterhalten respektable Restaurants, in denen morgens und mittags **Dim Sum** serviert werden.

In großem Stil haben sich inzwischen westliche Fastfood-Ketten in Shanghai niedergelassen, so dass kein Mangel an *McDonald's*, *Pizza Hut* und vor allem *KFC* herrscht – letztgenanntes Unternehmen ist mit sage und schreibe 51 Filialen vertreten.

nen, dass das Lokal in den 20er Jahren einer der berüchtigtsten Mafia-Treffpunkte war. Besonders schmackhaft sind die Aal- und Tintenfischgerichte.

Shanghai Ren Jia, 41 Yunnan Zhong Lu. Großes, betriebsames Restaurant mit interessanten Variationen herkömmlicher Standardgerichte Shanghais. Am besten kommt man zu mehreren, um die ganze Vielfalt probieren zu können.

Xiao Shaoxing, Yunnan Lu (Ostseite). Berühmt für gekochtes Huhn *(bai qie ji)*, Wagemutigere können auch Blutsuppe oder Hühnerfüße probieren.

Xinghualou, Fuzhou Lu, etwas westlich der Henan Lu. Alteingesessenes kantonesisches Restaurant, nicht so teuer wie das *Ding Xiang Garden*.

SHANGHAI

Französische Konzession und westliche Stadtteile: Dies ist die bevorzugte Gegend der meisten ausländischen Bewohner Shanghais, entsprechend hoch sind hier die Preise. In der Regel gibt es die Speisekarten in Englisch, zudem wird häufig auch Englisch gesprochen. Wer der chinesischen Küche überdrüssig wird, findet in der Huaihai Lu und in der Maoming Lu eine reichhaltige Auswahl an **internationaler Küche** – einige der großen Hotels bieten beispielsweise **Buffets** an, als bestes darunter gilt das im *Hilton*, 505 Wulumuqi Bei Lu, weitaus preiswerter ist allerdings das im *Portman*. In den Gassen um Huaihai Lu gibt es außerdem zahlreiche ausgezeichnete Restaurants mit Speisen aus **Shanghai und Sichuan**, die weit weniger als die internationalen Gerichte kosten. Das *Hilton* beherbergt ein hervorragendes kantonesisches Dim-Sum-Restaurant, wo die Rechnung am Ende häufig nicht mehr als ¥100 p.P. beträgt.

Fastfood-Lokale, Bäckereien und **Imbiss-Stände** säumen die Huaihai Lu, die besten Backwaren bietet die Bäckerei im japanischen Kaufhaus *Isetan* am östlichen Ende der Huaihai Dong Lu. An der Kreuzung der Nanjing Xi Lu mit der Shaanxi Lu befindet sich das so genannte **Food Theatre**, eine Ansammlung blitzsauberer Fastfood-Lokale. Nördlich der französischen Konzession liegt **Xintiandi**, ein vor kurzem renovierter Komplex im Stil der „Alten Welt" mit schicken Cafés und Restaurants, die allerdings mehr wie ein kulinarischer Themenpark für Yuppies anmuten.

1221, 1221 Yan'an Xi Lu. Etwas abseits gelegen; Anfahrt am besten mit dem Taxi oder mit dem Bus Nr. 71, der direkt vor der Tür hält. Eines der besten und kreativsten Restaurants mit Shanghaier Küche in der Stadt mit einem gemischten Publikum aus Einheimischen und ausländischen Bewohnern. Ausgezeichnetes mariniertes Hühnchen und kross gebratene Duftente *(xiang su ya)*, ebenso hervorragende Zwiebelkuchen.

1931, 112 Maoming Nan Lu, nur wenig südlich der Huaihai Zhong Lu. Schmackhafte Mischung der Küchen Shanghais, Japans und Südostasiens zu vernünftigen Preisen, üppige Portionen.

Badlands Tex-Mex, Yan'an Lu, gegenüber dem Ausstellungszentrum Shanghai. Mittags sowie abends gutes und preiswertes mexikanisches Buffetessen.

Ding Xiang Garden, 849 Hua Shan Lu, ✆ 6251 1166. Bestes kantonesisches Restaurant der Stadt, hübsches Ambiente, mittags leckere Dim Sum, abends kann man bei wärmerem Wetter im Garten speisen – eine Seltenheit für ein kantonesisches Restaurant. Für ein Abendessen inkl. Getränke ist mit ca. ¥120 p.P. zu rechnen. Reservierung empfohlen.

Frankie's Place, 1477 Gubei Nan Lu. Schmackhafte Gerichte aus Singapur, u.a. Currys und gegrillter Rochen zu bezahlbaren Preisen.

Freundschaftsrestaurant, im Ausstellungszentrum Shanghai. Chinesische, westlichen Gaumen angepasste Speisen. Bei ausländischen Bewohnern Shanghais beliebt.

Fulin Xuan, 37 Sinan Lu, zwei Straßen südlich der Huaihai Lu. Großes kantonesisches Restaurant unter macau-chinesischer Leitung mit englischer Speisekarte und einem guten Ruf unter Einheimischen. Die Abalonen und Haifischflossen schmecken fast wie in Hongkong. Gerichte meist um die ¥100.

Gap, 127 Maoming Nan Lu, etwas nördlich der Huaihai Zhong Lu; Filialen: 8 Hengshan Lu, nahe Wulumuqi Nan Lu, und 8 Zunyi Lu, beim *Freundschaftsladen* in Hongqiao. Shanghaier Restaurantkette mit inzwischen sechs Filialen, spezialisiert auf Fisch und Meeresfrüchte, aber auch die Dim Sum sind nicht schlecht. Das Lokal in der

Konferenzzentrum & Perle des Orients

Im Unterschied zu vielen anderen Chinesen sind die Bewohner Shanghais für ihre Schwäche für Süßes bekannt, eine Leidenschaft, die mehr als **1800 Bäckereien**, **Cafés** und **Konditoreien** – eine Tradition aus der Zeit der internationalen Niederlassungen – mit über 2 t an verkauftem Gebäck und Konfekt pro Woche zu befriedigen suchen. Ergänzend zur folgenden Liste sei auch auf die diversen Nennungen entsprechender Lokale weiter oben unter „Restaurants" hingewiesen.

Always, 1528 Nanjing Xi Lu. Eine lokale Institution und vor allem wegen des billigen, von 11.30 bis 17 Uhr servierten Mittagsmenüs für nur ¥20 inkl. unbegrenzt Kaffee überaus beliebt.

Bonomi, Rm 112, Erdgeschoss im Shanghai Centre, auch 1376 Nanjing Xi Lu, Rm 226; 12 Zhongshan Dong Yi Lu (am Bund); 242 Fuyou Lu. Einheimische Lokalkette mit Kaffee und Gebäck.

Cloud 9, *Grand Hyatt Pudong*, Jin Mao Tower, Pudong. Höchstes Café Chinas, das bei grandioser Aussicht u.a. asiatische Snacks, Cocktails und Kaffee serviert.

Deda Xicanshe, Sichuan Lu, etwas südlich der Nanjing Dong Lu. Klassische Cafébar, die für ihre Schokobrötchen und ähnliches Gebäck berühmt ist und auch westliche sowie japanische Speisen anbietet.

Manabe, 85 Huating Lu, 638 Huashan Lu und 1005 Huaihai Zhong Lu. Gehobene taiwanische Kette mit Raucher- und Nichtraucher-Bereichen sowie einer immensen Auswahl verschiedener Kaffees, die per Bild ausgewählt werden können.

Starbucks, 1376 Nanjing Xi Lu; House 18, North Block Xintiandi und 189 Nanjing Xi Lu. Gut für das Frühstück, mit allem was die Kaffee-Kolonisatoren üblicherweise bieten.

Subway, 479 Nanjing Dong Lu; 555 Biyun Lu; 268 Shui Cheng Nan Lu. Teure, aber sättigende Sandwiches.

U and I, 108 Daming Lu. Frühstücksmenü nach westlichem Geschmack für ¥16, einziges erschwingliches Lokal dieser Art nahe dem *Pujiang Hotel.*

Nachtleben

Shanghai besitzt ein pulsierendes Nachtleben, allerdings schmücken sich viele Lokale mit dem zweifelhaften Charme des leicht Schäbigen. **Bars** westlichen Stils gibt es zuhauf, vor allem in der Umgebung der Huaihai Lu, und in fast allen werden auch Speisen angeboten, einige haben zudem eine Tanzfläche. In den Straßen nördlich der Huaihai Lu und südlich der Yan'an Zhong Lu, insbesondere in der Julu Lu und Maoming Lu, findet man die größte Konzentration an Bars in der Stadt, kleinere Ansammlungen auch in der Umgebung der Fudan-Universität und der Hengshan Lu. Die Auswahl an Getränken in Shanghaier Bars lässt keine Wünsche offen, das Bier wird jedoch in der Regel in Flaschen gereicht und nicht gezapft, und die Preise sind nicht gerade billig: mit ¥30–60 pro Getränk ist in den meisten Lokalen zu rechnen, was weit über dem liegt, was man in vielen Restaurants zahlt. Wer chinesischen Rock hören möchte, findet ein großes Angebot an **Live-Musik**, allerdings ist die Qualität sehr variabel. Für Informationen über Veranstaltungen und die neuesten Bars empfiehlt sich eine aktuelle Ausgabe der englischsprachigen Zeitschrift *That's Shanghai* (s.S. 352, Informationen).

BARS UND CLUBS – ***Asia Blue,*** 18 Gao Lan Lu, nahe der Sinan Lu. Schwulenbar, in der auch Heteros gerne willkommen sind. Wird von einer berühmten Shanghaier Drag Queen und dessen Partner geleitet. Getränke um die ¥30. ⌚ tgl. 20–2 Uhr.

Buddha Bar, 172 Maoming Nan Lu. Zur Zeit der Recherche die angesagteste Lokalität der Stadt. Stimmungsvolles, rotes Licht und buddhistische Statuen lassen das Ganze wie ein Bordell in einem Tempel erscheinen. Für bequemes Beobachten stehen komfortable Sitzgelegenheiten zur Verfügung. Um hier zu reüssieren, ist eine gehörige Portion Eitelkeit und Selbstbewusstsein vonnöten, aber daran scheint kein Mangel zu herrschen. Ausgelassenes Treiben die ganze Nacht über zu hypnotischem Trance. Getränke ca. ¥30. ⌚ tgl. 21–2, an Wochenenden bis 7 Uhr.

Café Vivante, 82 Maoming Nan Lu, etwas südlich der Huaihai Zhong Lu. Intimes, rund um die Uhr geöffnetes Café inmitten eines lebendigen Ausgehviertels. Gut, um sich von der Szene zu erholen.

California, 2 Gao Lan Lu (im Fuxing-Park). Nobler Nachtclub mit ebensolchen Gästen, die nicht selten den (gelangweilten) Eindruck erwecken, als gehöre ihnen das Lokal. Am späteren Abend lockert sich die Stimmung. ⌚ Mo–Do und So 19–2, Fr und Sa ab 21 Uhr bis spät in die Nacht.

Cotton Club, 1428 Huaihai Zhong Lu. Beste Adresse, um Live-Jazz und -Blues zu hören. Allabendlich außer montags Auftritte, obligater Zwischenstopp für große Namen auf Tour, gelegentlich darf sich auch das Publikum auf der Bühne produzieren. ⌚ tgl. 19.30–2 Uhr, Eintritt ¥25–100.

Face, *Ruijin Guesthouse*, 118 Rui Jin Er Lu. Einzige Hotelbar, die das Prädikat „cool" verdient. Den Cocktail, der in seiner billigsten Variante ¥55 kostet, sollte man nicht zu schnell schlürfen, um in aller Ruhe den Blick über die betriebsame, illustre Gästeschar sowie das alte Shanghaier Ambiente schweifen lassen zu können. ⌚ tgl. 14–2 Uhr.

George V, 1 Wulumuqi, gegenüber vom US-Konsulat. Entspannte, ausgelassene Atmosphäre. Billard, Dartboard und *Boddington's* vom Fass, dazu 3x wöchentl. Jazz, außerdem einmal pro Woche R&B und klassische Violinenkonzerte. ⌚ Mo–Fr 9–2, Sa und So 18–2 Uhr.

Goodfellas, 907 Julu Lu. Eine von zahlreichen, intimen und freundlichen Bars der Umgebung mit preiswertem Bier. ⌚ tgl. 14–2 Uhr.

Goya, 359 Xin Hua Lu. Kultivierte Martini-Bar mit bequemen Sofas und 50 verschiedenen Martinis zur Auswahl. ⌚ tgl. 19–2 Uhr.

Judy's Too, 176 Maoming Nan Lu. Deutsches Bier vom Fass, dazu Speisenangebot und Discobetrieb. Mi Latin, Do Retro, Fr und Sa Disco pur. ⌚ tgl. 18–2 Uhr.

O'Malley's, 42 Tao Jiang Lu. Typisch verkitschtes Irish Pub, das neben den üblichen ausländischen Verdächtigen auch eine stattliche Anzahl Einheimischer anlockt. ⌚ tgl. 11–2 Uhr.

Peace Hotel Jazz Bar, Bund, Ecke Nanjing Dong Lu. Düstere, große Lokalität im Nordgebäude des *Peace Hotel*, deren legendäre acht Mann starke Tanzkapelle hier bereits in den 30er Jahren spielte, bevor sie während der Kulturrevolution verfemt war, um schließlich in hohem Alter noch einmal zu Ruhm und Ehre zu gelangen. Die jüngeren Nachfolger spielen heute achtbare Instrumentalversionen beliebter Titel von Fats Domino und Elvis Presley, zu deren nostalgischen Rhythmen wohl beleibte Touristen im alten Ambiente das Tanzbein schwingen und Cocktails schlürfen. ⌚ tgl. 20–1.30 Uhr, Eintritt ¥60.

Pegasus, 2. Etage, Golden Bell Plaza, 98 Huai Hai Zhong Lu. Bester der großen Clubs. Schräge Einrichtung, Gast-DJs aus dem Westen. Getränke ¥25, ⌚ Mo und Di geschlossen, ansonsten bis 2 Uhr, an Wochenenden länger.

Real Love, 10 Heng Shan Lu, im Promenade-Komplex. Alteingesessene Disco, nicht ganz so angesagt wie in früheren Zeiten, daher vielleicht inzwischen auch billigerer Eintrittspreis von ¥40. Frauen haben Mo und Mi freien Eintritt. ⌚ tgl. 20–2 Uhr.

Shanghai Sally's, Sinan Lu, Ecke Xiangshan Lu, gegenüber vom ehemailigen Wohnhaus Sun Yatsens (südlich der Huaihai Lu). Versucht sich britisch zu geben und hält hierfür Billard, Pool, alte Poster und teure Getränke (*Guinness* ¥55) bereit. Die nach U-Bahn-Motiven gestaltete Disco ***Underground*** darunter besitzt eine entsprechend kühle Atmosphäre. ⌚ Di–Sa ab 16, So ab 11 Uhr bis spät in die Nacht.

Tequila Mama, 24 Ruijin Lu, etwas südlich der Huaihai Lu. Mexikanisch angehauchte Bar/ Dance Club mit oftmals mäßiger Musikauswahl, dafür aber häufigen Sonderpreisen für Getränke – zur Zeit der Recherche gab es vor 21 sowie nach 1.30 Uhr Bier sogar umsonst. Wer mehr als einmal hierher kommt, sollte sich ernsthafte Gedanken über sein Leben machen. ⌚ Mo–Do und Fr–So 19–2 Uhr.

Windows Too, J104, Jingan Si Plaza, 1699 Nanjing Xi Lu, nahe der Hua Shan Lu. Bier für ¥10, laute Musik, entspannte Atmosphäre, lange Öffnungszeiten. Nicht sehr schick, dafür umso ausgelassener. ⌚ tgl. 6.30–2 Uhr.

Unterhaltung und Kultur

In Shanghai, so drängt sich der Eindruck auf, geht es vor allem um Konsum, und da ist für Kultur kein Platz. Es existiert jedoch durchaus eine Art Kulturszene, die sich vor allem durch Kinos, die ausländische und chinesische Filme zeigen, sowie ein breites Angebot an Theaterformen, darunter Oper, Schauspiel, Tanz, Akrobatik und

Puppenspiel, manifestiert. Das Veranstaltungsprogramm kann den fremdsprachigen Stadtmagazinen entnommen werden (s.S. 352, Informationen), darüber hinaus ist auch das *CITS* (s.S. 352, Reisebüros) bei der Suche in einheimischen Zeitungen behilflich. In den meisten Fällen ist es sinnvoll, Karten vorab direkt am Veranstaltungsort (vorzugsweise mit einem in Chinesisch ausgeschriebenen Kartenwunsch) zu kaufen oder sich gegen Gebühr über das *CITS* besorgen zu lassen. Mitunter und mit etwas Glück sind Karten auch an den Abendkassen erhältlich.

JAZZ – Die beliebtesten Adressen für Jazz sind der ***Cotton Club,*** das ***Jingan Hotel,*** 371 Huashan Lu, sowie die touristische ***Peace Hotel Jazz Bar.***

KINO – Shanghai besitzt zahlreiche Kinos, von denen viele aus der Zeit vor 1949 stammen, die meisten ausländischen Filme werden jedoch in einer chinesischen Synchronfassung gezeigt. Inzwischen wächst aber die Zahl der Kinos, in denen es Filme in Englisch zu sehen gibt; dazu gehören:

Shanghai Film Art Centre, 160 Xinhua Lu, ✆ 6280 4088. Regelmäßig kommen hier die neuesten Kassenschlager aus Amerika auf die Leinwand.

Yong Le Gong (Paradise Theatre), 308 Anfu Lu, ✆ 64312961, zeigt künstlerisch Anspruchsvolleres.

In vielen Bars finden regelmäßig „Filmabende" statt; Informationen hierüber enthält der Veranstaltungskalender in *That's Shanghai.*

KLASSIK – ***Jingan Hotel Auditorium,*** 371 Huashan Lu, ✆ 62481888, App. 687, jeden Freitagabend Kammerkonzerte für ¥20.

Musikkonservatorium Shanghai, 20 Fenyang Lu, südlich der Huaihai Lu und unweit der U-Bahnstation Changshu Lu. 1927 als Lehreinrichtung für junge Musiktalente gegründet und bis heute Ausbildungsstätte für viele der Wunderkinder Chinas. Konzerte finden jeden Sonntag gegen 19 Uhr statt. Zum Kartenverkauf geht es hinter dem Haupteingang sofort nach rechts und weiter bis zu einer Anschlagtafel, von dort in die 3. Etage im gegenüberliegenden Gebäude. Es empfiehlt sich, die mit nur wenigen Yuan extrem billig bemessenen Karten bereits einen oder zwei Tage vor Veranstaltung zu besorgen. Chinesischsprechende Besucher können unter ✆ 64310334 Informationen erhalten.

Shanghai Concert Hall, 523 Yan'an Dong Lu, ✆ 64604699, ebenfalls klassische Konzerte.

THEATER – ***Grand Theatre,*** 300 Renmin Da Dao. Shanghais stattlicher, neuer Glaspalast für Ballett, Oper, Schauspiel und Klassikkonzerte ist nach Plänen jener Architekten entstanden, die bereits die Pariser Opéra de la Bastille entworfen haben, und hegt keine geringeren Ambitionen als zu einem Haus von Weltruf zu werden. In Anbetracht jüngerer Produktionen erscheint dieses Ziel noch nicht einmal zu hoch gesteckt. Der Komplex umfasst außerdem zwei kleinere Theater für chinesische Opern und Kammerkonzerte. Kartentelefon ✆ 63728701 oder 63723833.

Shanghai Centre, Nanjing Xi Lu, ✆ 62798663, beherbergt ein riesiges, neues Mehrspartenhaus für Konzerte, Ballett, Oper und Akrobatik-Shows von internationalem Rang. Der allabendliche Auftritt der berühmten **Akrobatentruppe** Shanghais ist ein grandioses Spektakel aus Bodenakrobatik, Jonglierkunst, Clowneinlagen, Zaubervorführungen und Tiernummern, bei denen sich westliche Betrachter an eine Zirkusvorstellung erinnert fühlen werden. Einige der Kunststücke wie Schwertschlucken, Feuerspeien und die beeindruckenden Balanceakte wurden bereits zu Zeiten der Han-Dynastie entwickelt, andere bedienen sich kitschigen Beiwerks wie Motorräder, aufwendige Kostüme oder gar eines Auto fahrenden Pandabären. Eintrittskarten kosten pro Vorstellung ¥70 und sind am Schalterfenster draußen am Theater für denselben Tag oder bis zu drei Tage im Voraus vom Verkaufsschalter vor dem Shanghai Centre erhältlich; ⌚ tgl. 9–20 Uhr, Vorstellungsbeginn 19.30 Uhr. Auch an verschiedenen anderen Spielstätten werden westliche und chinesische Opern gezeigt:

Grand Stage Theatre, 1111 Cao Xi Bei Lu, ✆ 64384952. Gelegentlich Aufführungen traditioneller chinesischer Opern und Theaterstücke.

Lan Xin Theater (auch als Lyceum-Theater bekannt), Changle Lu, Ecke Maoming Lu, gegenüber dem *Jinjiang Hotel,* ✆ 62178530, stammt noch aus der Kaiserzeit und zeigt westliche so-

Shanghai-Museum

wie chinesische Opern, mitunter finden auch **Magier-Shows** statt. Als Außenposten kolionaler Kultur und Sitz der British Amateur Dramatic Society war das Theater bis 1933 Aufführungsort von überaus beliebten Revuen.
Tianchan Yifu Theater, 701 Fuzhou Lu (Südseite), eine Straße östlich des Volksparks, zeigt 2x tgl. eine chinesische Oper, sonntags eine Matinee mit einer Peking-Oper. Vorstellungen 13.30 und 19.15 Uhr, Karten ¥20–100. Wer der chinesischen Sprache mächtig ist, kann sich unter ✆ 63514668 informieren.

WEITERES – ***Great World Entertainment Centre,*** 1 Xizang Nan Lu, wenig südlich der Hochtrasse der Yan'an Dong Lu, bietet von allem etwas und ist in dieser Hinsicht unschlagbar. Der von einem charakteristischen weißen und beigefarbenen Turm überragte Vergnügungspalast umfasste bei seiner Eröffnung in den 20er Jahren einen noch größeren Gebäudekomplex, in dem jede nur erdenkliche Form der Unterhaltung geboten wurde. Heute gibt es noch vier Etagen mit jeweils zwei Veranstaltungssälen und einen zentralen Hof mit einer Freilichtbühne. Treppen führen in alle Himmelsrichtungen. Eine davon soll an ihrem Ende eine Tür ins Nichts gehabt haben, um bankrotten Spielern am Ende eines unglückseligen Abends den Sturz in den Tod zu ermöglichen. Neben so profanen Vergnügungen wie Autoscooter, Billard, Bowling, Videospielen und den Gang durch ein Spiegelkabinett laufen gleichzeitig verschiedene Veranstaltungen – eine Peking-Oper, ein Puppenspiel, mindestens eine Filmvorführung, Talentshows, Popkonzerte, Discoveranstalungen, und auf der Hauptbühne wird durchgehend ein Programm von Akrobaten, Clowns und Unterhaltungskünstlern geboten. Besucher können nach Belieben von einem Spektakel zum nächsten wandern. ⌚ tgl. 9–20.30 Uhr, ¥20 für den gesamten Komplex.

Einkaufen

Zwar kann Shanghai noch nicht mit Städten wie Hongkong oder Bangkok als Einkaufsparadies konkurrieren – schlichtweg, weil die importierten Waren hier viel teurer sind –, durch die Belebung alter Shanghaier Handwerks- und Handelstraditionen gibt es jedoch inzwischen eine Reihe von Waren, die den Kauf lohnen.

ANTIQUITÄTEN, KUNST UND KUNSTHANDWERK – Auch die Suche nach Antiquitäten kann lohnende wie preiswerte Resultate zu Tage fördern. Die beiden Antiquitätenmärkte in der Dongtai Lu und in der Fuyou Lu in der Altstadt sind die besten Adressen, allerdings sollte man sich darüber im Klaren sein, dass das meiste nicht echt ist. Wer nicht gerne handelt, ist vielleicht in einem der staatlichen Antiquitätenläden besser aufgehoben.
Bai Fu Stationery Store, 428 Fuzhou Lu. Umfangreiches Angebot an Schreibgerät, Papier, Kalligrafiepinsel und anderen Artikeln. ⌚ tgl. 9–17.30.
Duoyun Art Gallery, Nanjing Dong Lu, etwas westlich der Shanxi Lu. Gute Adresse für chinesische Kunst. Weitere Galerien gibt es entlang der Maoming Bei Lu, wenig nördlich der Yan'an Zhong Lu. Neben z.T. prachtvollen Bildrollen (Aquarelle und Kalligrafie) findet man hier auch Kunstbücher und sämtliches Handwerkszeug, um traditionelle chinesische Kunst in Eigenproduktion herzustellen.
G. E. Tang Antique and Curio Shop, Hauptgeschäft 85 Dongtai Lu. Privates und preiswertes Geschäft, in dem es sehr schöne restaurierte chinesische Möbel und andere größere Stücke gibt.
Shanghai Antique and Curio Store, 218–226 Guang Dong Lu. Größter der staatlichen Antiquitätenläden mit einer stattlichen Auswahl an modernem Kunsthandwerk und z.T. recht großen Antiquitäten.

BEKLEIDUNG UND TEXTILIEN – Allen voran sei **maßgeschneiderte Kleidung** genannt. Bedingt durch niedrige Arbeits- und Materialkosten können Schneider Kostüme, Anzüge, Hemden, Jacken, Hosen usw. 20% oder noch billiger als ihre Kollegen in der Savile Row bei oftmals ebenso hoher Verarbeitungsqualität anbieten. Englisch wird allerdings selten gesprochen, weshalb es sich empfiehlt, in chinesischsprachiger Begleitung vorstellig zu werden. Zu den besten Schneiderwerkstätten gehören ***Aijian,*** 45 Xianggang Lu, etwas westlich vom Bund, ✆ 63299993; 454 Handan Lu, im Norden der Stadt nahe dem Wujiaochang (Platz der Fünf Ecken); und Nr. 3 Lane 471 Miyun Lu in Hongkou, ✆ 65523473.

Bei **Konfektionsware** möchte Shanghai nicht länger hinter Hongkong zurückstehen. Einige der billigen (aber qualitativ guten) Hongkonger Markenläden wie die Kette *Giordano* sind in der Stadt vertreten, allerdings könnten kräftiger gebaute Besucher aus dem Westen auf Schwierigkeiten stoßen, etwas Passendes zu finden. Jeden Abend findet in der Huashan Lu, in Nachbarschaft des Wujiaochang im Norden der Stadt, unweit von Fudan, ein **Nachtmarkt** mit einer riesigen Auswahl an preiswerten (und qualitativ akzeptablen) Bekleidungsartikeln und Souvenirs statt. Anfahrt vom Zentrum mit den Bussen Nr. 55 oder Nr. 910 vom Bund.

Waren aus **Seide**, insbesondere traditionelle chinesische Frauengewänder, können ebenfalls günstig erstanden werden. Gute Adressen hierfür sind die Kaufhäuser wie z.B. das monumentale, aber schlichte ***Kaufhaus Nr. 1***, Nanjing Lu, Ecke Xizang Lu, oder die teureren und weitaus edleren Warenhäuser in der Huaihai Lu sowie die Shanghaier Dependance des französischen Kaufhauses ***Printemps***, Ecke Shaanxi Lu, und das japanische Kaufhaus ***Huating-Isetan***, gleich östlich der Chengdu Lu.

Einen Besuch lohnt in jedem Fall immer der ***Freundschaftsladen***, 40 Beijing Lu, nahe dem *Peace Hotel*, wo es neben allen möglichen Seide- und Bekleidungsartikeln auch jede Menge Lederwaren, Kunst und Kunstgewerbe, chinesische Arzneien, Lebensmittel und Gebrauchsgegenstände gibt. ◷ tgl. 9–22 Uhr.

BÜCHER – ***Foreign Language Bookstore***, 390 Fuzhou Lu, ist mit Abstand die beste englischsprachige Buchhandlung der Stadt und bietet eine umfassende Auswahl. Um die Ecke, 201 Shandong Zhong Lu, gibt es übersetzte chinesische Literatur. ◷ tgl. 9–17.30 Uhr.

Die meisten anderen Läden entlang der **Fuzhou Lu** (die in Anbetracht ihrer zahlreichen Buchhandlungen den Spitznamen „Bücherstraße" trägt) haben kaum ausländische Bücher. Taschenbücher und Zeitschriften aus dem Westen findet man in allen großen Hotels sowie im *Freundschaftsladen*.

Sonstiges

AMT FÜR ÖFFENTLICHE SICHERHEIT (PSB) – 210 Hankou Lu, nahe der Henan Zhong Lu. Für Visaverlängerungen ist das Büro, 333 Wusong Lu, zuständig; ◷ tgl. 8.30–11 und 14–17 Uhr.

DIPLOMATISCHE VERTRETUNGEN – **Deutschland**, Generalkonsulat, 18th floor, New Century Plaza, 188 Wujiang, ✆ 62172884, 📠 62714650.
Österreich, Generalkonsulat, 3F, Qi Hua Tower, 1375 Huai Hai Zhong Lu, ✆ 64740278, 📠 6471 1554.
Schweiz, Generalkonsulat, 22F Building A, Far East International Plaza, 319 Xianxia Lu, ✆ 6270 0519, 📠 62700522.

FAHRRÄDER – Im dichten Gedränge der Straßen Shanghais ist es nur Einwohnern gestattet Rad zu fahren. Wer mit dem Rad unterwegs ist, wird wohl nicht angehalten werden, eine Vermietstation werden Besucher jedoch nicht finden.

FUSSBALL – Der Shanghaier Fußballklub Shenhua war 1996 chinesischer Meister und in den Jahren von 1997 bis 1999 Vizemeister. Austragungsort der jeden 2. Sonntag um 15.30 Uhr beginnenden Saisonspiele (im Winter) ist das prachtvolle, 35 000 Zuschauer fassende Hongkou-Fußballstadion, 444 Dongjianwan Lu, im Norden der Stadt. Eintrittskarten kosten ¥30 und sind am Spieltag vor Ort erhältlich.

GELD – Reiseschecks können in den meisten Hotels gewechselt werden, außerdem in allen Filialen der ***Bank of China***; Zentrale, 23 Zhongshan Lu, neben dem *Peace Hotel* am Bund, ◷ Mo–Fr 9–12 und 13.30–16.30, Sa 9–12 Uhr. Gleich daneben gibt es einen Geldautomaten der ***Citibank*** mit 24-Std.-Betrieb.
American Express, Rm 206, Shanghai Centre, 1376 Nanjing Xi Lu, ✆ 62798082, ◷ Mo–Fr 9–17.30 Uhr.

INFORMATIONEN – **Telefonische Touristeninformation** in Englisch, ✆ 62520000, tgl. 8–22 Uhr. Information am **Hongqiao Airport**, ✆ 62688899, App. 56750, tgl. 10–21.30 Uhr.

Der **Informationskiosk** am nördlichen Zugang zur U-Bahn am Volksplatz bietet kostenloses Kartenmaterial, Broschüren und Hilfestellung in Englisch. Ein etwas älterer Mitarbeiter spricht ausgezeichnet Englisch und ist eine gute Informationsquelle für die neueren architektonischen Sehenswürdigkeiten Shanghais.

Ein unentbehrlicher Wegweiser durch den Wust aktueller Veranstaltungen ist das hervorragende, kostenlose und von ausländischen Bewohnern Shanghais herausgegebene, englischsprachige Monatsblatt **That's Shanghai**, 💻 www.thatsshanghai.com, das in den meisten Hotels, Bars und gehobenen Restaurants ausliegt. Ähnliche und ebenfalls recht brauchbare Publikationen sind *ShanghaiScene* und *Shanghai Talk.* Dieselbe Art von Informationen ist online unter 💻 www.shanghai-ed.com abrufbar. Auch die Website 💻 www.shanghaiguide.com ist brauchbar.

Unter der Ägide der Tourismusbehörde erscheinen die englischsprachigen Zeitungen *Travel China: Shanghai Edition* und *Shanghai Today*, die sich beide mehr dem tagespolitischen Geschehen widmen und weniger eine Auflistung von Restaurants und Vergnügungsmöglichkeiten bieten. Darüber hinaus gibt es verschiedene, auf Hochglanzpapier gedruckte, englischsprachige **Stadtpläne** mit Informationen zu Straßen und Sehenswürdigkeiten. Dazu gehört u.a. die *Shanghai Official Tourist Map,* die über Werbung finanziert wird und in Hotels sowie in der U-Bahnstation am Volksplatz kostenlos zu bekommen ist. Erhältlich ist außerdem ein Linienplan der öffentlichen Verkehrsmittel, allerdings sind die Straßen nur in Chinesisch angegeben. Ansonsten gibt es englischsprachiges Kartenmaterial in den großen Hotels, Buchhandlungen sowie am Touristenkiosk am nördlichen Rand des Volksplatzes. Chinesische Stadtpläne werden allerorten von Straßenverkäufern feilgeboten.

INTERNET – ***Bibliothek Shanghai,*** 1555 Huaihai Zhong Lu. Im Untergeschoss der Bibliothek wird der wohl preiswerteste Internet-Zugang der Stadt angeboten; ¥6/Std., 🕒 tgl. 8.30–20 Uhr, Ausweis mitbringen. ***Shanghai Bookstore,*** Obergeschoss, 465 Fuzhou Lu, 🕒 Mo–Fr 9.30–18.30, Sa und So 9.30–19 Uhr, ¥14/Std.

Hong Tai, Obergeschoss, 507 Sichuan Zhong Lu, 🕒 tgl. 13–22.30 Uhr, ¥18/Std.

Worldwide Network Club, 555 Jiangsu Lu, 🕒 tgl. 8–24 Uhr, ¥12/Std.

Möglichkeiten ins Internet zu gehen bestehen auch an der Fudan-Universität sowie an anderen Hochschulen – am besten erkundigt man sich bei Studenten, da ständig neue Einrichtungen öffnen.

MEDIZINISCHE HILFE – Eine Reihe von städtischen Krankenhäusern verfügt über gesonderte Einrichtungen für Ausländer, u.a. das ***Huadong-Krankenhaus,*** 221 Yan'an Xi Lu, 📞 62483180, und das ***Hua-Shan-Krankenhaus,*** 19. Etage, 12 Wulumuqi Lu, 📞 62489999.

World Link Medical and Dental Centres, Suite 203, Shanghai Centre, 1376 Nanjing Lu, 📞 6279 7688. Beste, wenngleich teure medizinische Betreuung für ¥700 pro Konsultation. *World Link* unterhält eine Zweigstelle in Hongqiao nahe dem Flughafen, 778 Hong Xu Lu, 📞 6405 5788.

POST – Die **Hauptpost** ist in einem stattlichen Art-déco-Gebäude aus der Jahrhundertwende am Suzhou-Kanal, 1761 Sichuan Lu, untergebracht. Sehr effizienter Paketdienst, per Express erreichen Päckchen ihren Bestimmungsort in Übersee innerhalb von zwei Tagen. **Postlagernde Sendungen** (Poste restante) gibt es im gegenüberliegenden Gebäude, Bei Suzhou Lu. Auf kleinen Pappstücken wird dort jede einzelne Sendung vermerkt und dann in einen Aushängekasten nahe dem Eingang eingestellt. Beide 🕒 tgl. 9–17 Uhr. Postfilialen sind über die ganze Stadt verstreut, günstig gelegen u.a. in der Nanjing Donglu, Huaihai Zhong Lu, im Portman Centre sowie nahe dem Fährableger am Huangpu, Jinling Don Lu, Ecke Sichuan Bei Lu.

Die meisten Hotels, u.a. das *Pujiang,* nehmen Sendungen an und lagern sie.

REISEBÜROS – ***CITS,*** 66 Nanjing Dong Lu, nicht weit vom *Peace Hotel,* 📞 63233384, 📠 63290295. Bietet gegen eine geringe Gebühr gute Hilfe bei der Beschaffung von Fahrkarten und Eintrittskarten für Veranstaltungen. Eine Filiale in der 1277 Beijing Xi Lu, 📞 62898899, eine weitere (nur Verkauf von Eintrittskarten) nahe dem Bund,

2 Jinling Dong Lu, gegenüber der Verkaufsstelle für Schiffskarten. Alle ⌚ tgl. 8.30–11.30 und 13–16.45 Uhr.
Die meisten, wenn nicht gar alle **Hotels** verfügen über Einrichtungen, die dieselben Dienste anbieten.

TELEFON – Internationale Telefongespräche lassen sich am bequemsten und billigsten mit einer Telefonkarte tätigen, die es in Hotels und an Straßenständen zu kaufen gibt; ansonsten in der 2. Etage der Hauptpost, 1761 Sichuan Bei Lu, oder in der Niederlassung von *China Telecom,* 30 Nanjing Dong Lu, nahe dem Peace Hotel, ⌚ 24 Std.

VORWAHL – 021

Nahverkehrsmittel

BUSSE – Die überall verkehrenden Stadtbusse haben drei entscheidende Nachteile: Sie sind hoffnungslos überfüllt, vor allem im morgendlichen und abendlichen Berufsverkehr, kommen angesichts der gleichermaßen verstopften Straßen nur extrem langsam voran, und nur wenige Linienstrecken sind so lang, um damit die weiten Entfernungen von einem Ende der Stadt zum anderen zurücklegen zu können.
Generell verkehren die Busse von ca. 4 bis 22.30 Uhr, jede Linie hat jedoch einen eigenen Fahrplan. Auf den in Hotels, *CITS*-Büros und an den meisten U-Bahnstationen erhältlichen Busplänen sind die weit auseinander liegenden Haltestellen durch kleine Punkte angezeigt. Die Fahrpreise betragen in der Regel ¥1 für normale, ¥2 für klimatisierte Busse. Fahrkarten gibt es beim Fahrer; mit abgezähltem Geld lässt sich unnötiges Hin und Her vermeiden.

U-BAHN – Die saubere, effiziente U-Bahn Shanghais umfasst derzeit drei Linien, weitere befinden sich im Bau. Ihr futuristisches Erscheinungsbild ähnelt verblüffend dem der Hongkonger MTR-Metro – nicht von ungefähr, denn beide Verkehrssysteme stammen aus demselben Planungsbüro. **Linie 1** führt vom Hauptbahnhof im Norden am Volkspark und am Shanghai-Museum vorbei, um dann in westlicher Richtung dem Verlauf der Huaihai Lu zu folgen. Die anlässlich des 50. Geburtstages der Gründung der Volksrepublik am 1. Oktober 1999 eingeweihte **Linie 2** beginnt am Zhongshan-Park im Westen (wo Anschluss an die Linie 3 besteht), kreuzt am Volkspark die Linie 1 und führt unter dem Huangpu hindurch weiter nach Pudong. Die **Linie 3** schließlich (auch als „Pearl Line“ bezeichnet) verläuft oberirdisch vom Südwesten in den Nordosten und streift in ihrem Streckenverlauf das nordwestliche Zentrum. Fahrkarten kosten abhängig von der Länge der gefahrenen Strecke ¥3–4 und sind an Automaten erhältlich; dort gibt

Nützliche Stadtbuslinien
Nord-Süd-Richtung
Nr. 18 (Oberleitungsbus) vom Hongkou-Park über den Suzhou-Kanal und entlang der Xizang Lu.
Nr. 41 verkehrt entlang der dem Bahnhof vorgelagerten Tianmu Xi Lu und fährt durch die französische Konzession zum Longhua-Park.
Nr. 64 vom Bahnhof über die Beijing Lu bis in die Nähe des Shiliupu-Piers am südlichen Bund. Beste Busverbindung, um vom Bahnhof zum *Pujiang Hotel* zu gelangen – Ausstieg an der Haltestelle Jiangxi Nan Lu.
Nr. 65 führt die gesamte Zhongshan Lu (den Bund) entlang mit Endhaltestelle im Süden an der Nanpu-Brücke.

Ost-West-Richtung
Nr. 19 (Oberleitungsbus) verkehrt unweit des Fähranlegers Gongping Lu im Osten und nahe dem *Pujiang Hotel,* folgt grob dem Lauf des Suzhou-Kanals und führt kurz vor Erreichen der Endhaltestelle am Jadebuddha-Tempel vorbei.
Nr. 20 von der Jiujiang Lu (vom Bund um die Ecke) die Nanjing Lu entlang, vorbei am Jing'an Si, dann weiter zum Zhongshan-Park.
Nr. 42 von der Guangxi Lu (vom Bund um die Ecke) über die Huaihai Lu in die französische Konzession.
Nr. 135 von der Yangpu-Bridge über den Bund zum östlichen Ende der Huaihai Dong Lu.

es auch eine Sammelkarte für ¥50. U-Bahnbetrieb tgl. 5.30–23 Uhr.
Zwischen dem Bund und Pudong erstreckt sich ein **Tunnel**, der von speziellen Fahrgastwagen bei gleichzeitiger Lichtshow durchquert wird; der Preis von ¥20 hierfür ist allerdings recht happig.

FÄHREN – Am billigsten lässt sich der Huangpu hinüber nach Pudong an Bord einer der häufig verkehrenden, doppelstöckigen Fähren überqueren, die vom zentralen Abschnitt des Bund, in unmittelbarer Nachbarschaft des *Diamond Restaurant* ablegen; ¥0,8, entsprechende Plastikchips gibt es am Pier.

TAXIS – sind an jeder Ecke zu bekommen und für diejenigen, die nicht unbedingt auf jeden Yuan achten müssen, oftmals das bequemste Fortbewegungsmittel. Stadtfahrten kosten in der Regel ¥20–40. Nur wenige Taxifahrer sprechen Englisch, so dass es sich empfiehlt, das Fahrziel in chinesischen Schriftzeichen griffbereit zu haben. Einzig die häufig eingeschlagenen, langen Umwege könnten für Missmut sorgen – vermeiden lässt sich dies meist, wenn man sich mit aufgeschlagenem Stadtplan nach vorne setzt. Am späten Abend halten andere Sitten Einzug: Oft werden dann die Taxameter ausgeschaltet, und man muss den Fahrpreis aushandeln oder dem Fahrer mit einem *„da bia"* zu verstehen geben, dass er den Taxameter einschalten möge. Die Anfangspreise liegen bei Fahrten zwischen 23 und 5 Uhr um ca. 30% höher als zu anderen Zeiten.

Transport

BUSSE – Kaum ein Tourist wählt für die Anreise nach Shanghai den Bus, und ein guter Grund hierfür ist, dass man mitunter in weit außerhalb gelegenen Gegenden der Stadt aussteigen muss. Einige Busse fahren bis zum Busbahnhof in der Qiujiang Lu, etwas westlich der Henan Bei Lu, neben der U-Bahnstation Baoshan Lu, einige wenige private Busse bis zum Bahnhof, wieder andere haben als Endhaltestelle den Busbahnhof an der Hengfeng Lu, gegenüber der U-Bahnstation Hanzhong Lu – wo man letztlich endet, lässt sich kaum vorhersehen.
Es ist wenig sinnvoll, für weiter entfernte Ziele einen Bus zu nehmen; die Fahrt dauert länger als mit dem Zug und ist weitaus unbequemer. Bei Fahrten in die Umgebung von Shanghai jedoch sind, zumindest was Fahrzeiten und -preise angeht, Busse durchaus eine überlegenswerte Alternative.
Busse nach:
HANGZHOU 45x tgl. 3 Std.;
LIANYUNGANG 5x tgl., 8 Std.;
NANJING 27x tgl., 4 Std.;
SHAOXING 6x tgl., 4 Std.;
SUZHOU 53x tgl., 1 Std.;
WENZHOU 3x tgl., 12 Std.;
WUXI 35x tgl., 3 Std.;
YANGZHOU 13x tgl., 5 Std.

EISENBAHN – Der **Hauptbahnhof** von Shanghai liegt nördlich des Suzhou-Kanals. Dichtes Gewimmel hier kampierender Bauern bestimmt zu jeder Tages- und Nachtzeit das Bild des riesigen, betonierten Vorplatzes. Nachts ist dies nicht unbedingt die sicherste Gegend. Mit einem Stadtbus vom Bahnhof weiterzukommen, ist kein leichtes Unterfangen, zum Glück jedoch beginnt und endet am Bahnhof die U-Bahnlinie 1, was den Transport zu einem Hotel, sollte es nahe einem U-Bahnhof der Strecke liegen, sehr bequem macht. Günstig ist noch die direkte Busverbindung vom Flughafen Hongqiao mit dem Bus Nr. 328, ¥2. Ansonsten empfiehlt es sich, ein Taxi zu nehmen, das nicht mehr als ¥15–20 kosten sollte. Vor dem Bahnhof gibt es einen offiziellen Taxistand, an dem Ausländer nicht von umtriebigen Fahrern bedrängt werden.
Weit ab im Nordwesten der Stadt befindet sich der **Westbahnhof** von Shanghai, an dem einige Fernzüge ihren Zielbahnhof erreichen, darunter der Zug aus der Inneren Mongolei. Mit dem Bus Nr. 106 besteht von dort eine Anbindung an die U-Bahn und den Taxistand am Hauptbahnhof.
Die folgende Liste ist lediglich als Orientierungshilfe gedacht. Die Fahrpläne ändern sich 4x pro Jahr, und die Verkehrsbehörde richtet kontinuierlich neue Züge ein – aktuelle Verbindungen daher bitte am Verkaufsschalter erfragen.
Züge vom Hauptbahnhof nach:
BEIJING 4x tgl. Expresszug, 14 Std.,
8x tgl. Eilzug, 22 Std.;

Shanghai: Transport

Shanghai	上海	***shànghăi***
Gongping-Lu-Pier	公平路码头	*gōngpínglù mătóu*
Hongqiao Airport	虹桥机场	*hóngqiáo jīchăng*
Internationaler Passagierterminal	国际客运码头	*guójì kèyùn mătóu*
Pudong International Airport	浦东国际机场	*pŭdōng guójì jīchăng*
Shanghai Metro	上海地铁	*shànghăi dìtiě*
Shanghai Bahnhof	上海火车站	*shànghăi huŏchēzhàn*
Shanghai Westbahnhof	上海西站	*shànghăi xīzhàn*
Shiliupu-Pier	十六浦码头	*shíliùpù mătóu*

CHANGSHA 3x tgl., 19 Std.;
CHANGZHOU 17x tgl. 2–3 Std.;
CHENGDU 2x tgl., 40–45 Std.;
CHONGQING 1x tgl., 44 Std.;
FUZHOU 2x tgl., 21 Std.;
GUANGZHOU 3x tgl., 24 Std.;
GUILIN 3x tgl., 27 Std.;
HANGZHOU 16x tgl., 2–3 Std.;
HARBIN 1x tgl., 33 Std.;
HEFEI 5x tgl., 9 Std.;
HONGKONG 3–5x wöchentl., 28 Std.;
HUANGSHAN 1x tgl., 12 Std.;
KUNMING 1x tgl., 48–58 Std.;
LANZHOU 2x tgl., 30 Std.;
LIANYUNGANG 1x tgl., 14 Std.;
NANCHANG 1x tgl., 12 Std.;
NANJING 19x tgl., 3–4 Std.;
NANNING 2x tgl., 15 Std.;
NINGBO 6x tgl., 6–9 Std.;
QINGDAO 1x tgl., 20 Std.;
SHAOXING 6x tgl. 3–5 Std.;
SHENYANG 1x tgl., 28 Std.;
SUZHOU 23x tgl., 1 Std.;
TAI'AN (Richtung Qufu) 4 x tgl., 11 Std.;
TIANJIN 4x tgl., 16 Std.;
ÜRÜMQI 1x tgl., 64 Std.;
WUXI 16x tgl., 2 Std.;
XIAMEN 1x tgl., 26 Std.;
XI'AN 2x tgl., 21 Std.;
XINING 1x tgl., 41 Std.;
XUZHOU 7x tgl. 9 Std.;
ZHENJIANG16x tgl. 3 Std.

Züge vom Westbahnhof nach:
BAOTOU 2x tgl., 34 Std.;
HOHHOT 2x tgl., 31 Std.

FÄHREN – Die wohl reizvollste Ankunft in Shanghai erlebt man an Bord eines Schiffes, egal ob man nun von Japan, Korea oder von einer der Städte an der Küste oder am Yangzi kommt. Die Yangzi-Boote und Küstenschiffe von und nach Ningbo, Wenzhou sowie vom Putuo Shan passieren den Bund auf ihrem Weg zum und vom **Shiliupu-Pier** im Süden. Von dort verkehrt der Bus Nr. 55 zum nördlichen Ende des Bund. Die Küstenschiffe von und nach Qingdao, Dalian und Fuzhou nutzen den **Gongping-Lu-Pier**, der vom Bund in nordöstlicher Richtung ca. 20 Min. zu Fuß bzw. eine kurze Fahrt mit dem Bus Nr. 135 liegt. Die Schiffe aus Japan und Südkorea legen am **internationalen Passagierterminal**, ca. 5 Gehminuten östlich des *Pujiang Hotel,* an.

Fähren nach:
CHONGQING 1x tgl., 6 Tage;
DALIAN 1x wöchentl., 48 Std.;
FUZHOU/MAWEI 3x wöchentl., 36 Std.;
KOBE (Japan) saisonal, 1x wöchentl. 38 Std.;
NANJING 6x wöchentl., 16 Std.;
NINGBO 2x tgl., 4–8 Std.;
OSAKA (Japan) saisonal, 2x wöchentl., 36 Std.;
PUTUO SHAN 2x tgl., 4–12 Std.;
QINGDAO 1x wöchentl., 26 Std.;
WENZHOU 4x wöchentl., 24 Std.;
WUHAN 4x tgl., 56 Std.

Weiterreise von Shanghai Im Wartesaal der Weichsitzklasse im **Hauptbahnhof** (Eingang vom Vorplatz nahe dem östlichen Ende; ein Hinweisschild in Englisch weist den Weg) gibt es einen Schalter, an dem ausschließlich Fahrkarten für denselben und den nächsten Tag erhältlich sind, und zwar für alle Klassen; ◷ tgl. 7–21 Uhr. Einen Fahrkartenschalter für Ausländer gibt es außerdem in der Lobby des *Longmen Hotel,* ein paar Gehminuten westlich des Bahnhofsplatzes, wo Fahrkarten bis zu vier Tage im Voraus ausgestellt werden – überwiegend Sitzplätze nach Nanjing und Hangzhou, für einige wichtige Städte wie Beijing oder Guangzhou auch Schlafplätze; ◷ tgl. 7–17.30 und 18–21 Uhr. Wer weiter im Voraus buchen möchte (d.h. bis zu einer Woche) kann entsprechende Fahrkarten unter Zuzahlung eines Aufschlags von 10–15 % von *CTS* im *Pacific Hotel,* Nanjing Xi Lu, oder im *CITS*-Büro im Shanghai Centre oder in der *CITS*-Filiale, 2 Jinling Dong Lu, kaufen; alle ◷ tgl. 8.30–11.30 und 13–16.45 Uhr.

Nur selten nutzen Touristen einen **Bus** für Reisen von oder nach Shanghai; für einige Ziele stellen Busse jedoch eine gute Alternative dar, da sie etwas billiger als Züge sind und man leicht einen Platz bekommt. Am westlichen Bahnhofsplatz verkaufen verschiedene private Anbieter Fahrkarten bis zu einem Tag im Voraus für Ziele in den Provinzen Jiangsu und Zhejiang, ihre Preise unterschieden sich allerdings kaum von denen für Zugkarten. Fahrkarten für Busse vom Bahnhof sind bis zu einer Woche im Voraus an einem Kiosk zwischen dem Shanghai-Museum und der Hochtrasse der Yan'an Lu erhältlich. Preiswerter, aber auch in unbequemeren Bussen, die überwiegend Hangzhou und Städte in der Provinz Jiangsu ansteuern, fährt man vom Busbahnhof in der Qiujiang Lu, etwas westlich der Henan Bei Lu.

Einige Ziele außerhalb der Stadt, aber noch innerhalb des Verwaltungsbezirks Shanghai, werden mit Bussen vom **Xiqu-Busbahnhof** (Anfahrt dorthin mit dem Bus Nr. 113 vom Bahnhof) oder ausgehend von einem namenlosen Halteplatz an der Shaanxi Nan Lu, in Nachbarschaft des Wenhua Guangchang, etwas südlich der Fuxing Lu, bedient. Der Fahrpreis ist bei diesen direkt im Bus zu entrichten.

Eine Weiterreise per **Schiff** kann ebenfalls eine Überlegung wert sein, denn auch hier sind die Fahrkarten billiger und die Reisebedingungen mitunter besser als für Züge. Fahrscheine gibt es gegen eine Gebühr in jedem Reisebüro oder am eigens hierfür eingerichteten **Verkaufsbüro** am Bund, Ecke Jinling Donglu, wo alle möglichen Schiffsverbindun-

FLÜGE – Mit dem Flugzeug in Shanghai anzukommen, kann eine strapaziöse Angelegenheit sein. Der neue, 1999 am Nationalfeiertag eingeweihte, internationale Flughafen **Pudong** liegt 45 km östlich der Stadt an der Mündung des Yangzi. Über ihn soll in Zukunft die Mehrzahl der internationalen Flüge abgewickelt werden. Der alte und wesentlich kleinere Flughafen **Hongqiao** liegt 15 km westlich der Stadt und bleibt für Inlandsflüge weiter geöffnet.

Transport von/zu den Flughäfen: Ein Taxi vom Flughafen **Pudong** zum Bund kostet ca. ¥80, zur Nanjing Xi Lu ca. ¥100. Wesentlich günstiger fährt man mit dem Flughafenbus zum Stadtbüro der *China Eastern Airlines,* in der Yan'an Lu, mehr oder weniger gegenüber dem Ausstellungszentrum Shanghai (ca. 90 Min.) – in dessen Umgebung einige 5-Sterne-Hotels angesiedelt sind, man zum Bund aber immer noch 3 km entfernt ist. Ab 2004 soll der Transrapid den regulären Fahrgastbetrieb zwischen dem Flughafen Pudong und dem innerstädtischen Bahnhof Long Yang Lu (mit Anschluss an die U-Bahnlinie 2) aufnehmen. Die Fahrzeit wird 8 Min. betragen. Vom Flughafen **Hongqiao** schlägt eine Taxifahrt zur Nanjing Xi Lu mit ca. ¥45, zum Bund mit ca. ¥60 zu Buche. Auch von hier verkehrt wiederum ein Flughafenbus zum Büro der *China Eastern Airlines* in der Yan'an Lu; ¥5. Es bestehen außerdem zwei nützliche Verbindungen mit regulären Stadtbussen zwischen dem Flughafen und dem Bahnhof sowie dem Volksplatz, allerdings sind die Haltestellen nicht leicht zu finden. Der Bus

gen ab Shanghai verkauft werden. Achtung: Auf die Verkaufsstelle weist kein englischsprachiges Schild hin; es liegt direkt gegenüber dem pyramidenförmigen *Diamond Restaurant* am Flussufer, auf der anderen Seite des Bund, ⌚ tgl. 7–11.30 und 12–17 Uhr. Am Schalter in der unteren Etage werden Fahrkarten für die Küstenroute verkauft. Aufpreise für Ausländer gehören der Vergangenheit an, so dass die Preise inzwischen recht günstig sind. In der 1. bis 5. Klasse kostet die Schiffsfahrt beispielsweise nach Dalian ¥120–387, Qingdao ¥138–345, Ningbo ¥46–170, Putuo Shan ¥68–200, Wenzhou ¥90–265 und Mawei (Richtung Fuzhou) ¥104–317. Fahrgästen der 1. Klasse steht in der Regel eine Doppelkabine mit guten Matratzen und einem Waschbecken zur Verfügung, in der 5. Klasse hingegen ist mit einer Kabine für 32 Passagiere bei durchgehender Beleuchtung und in lärmiger Umgebung vorlieb zu nehmen. Für Fahrten zum **Putuo Shan** gibt es außerdem einen gesonderten Schalter in privater Regie; mehr hierzu s.S. 445, Putuo Shan. Im oberen Geschoss werden Karten für Fahrten auf dem **Yangzi** verkauft. Auch für diese müssen Ausländer keine zusätzlichen Aufschläge mehr bezahlen. Ziele sind u.a. Nanjing für ¥56–128, Wuhan ¥130–409 und Chongqing ¥306–994. Schalter ⌚ Mo–Fr 8.30–11.15 und 13–16 Uhr.

Durchquert man die Halle im oberen Geschoss und folgt dann dem Korridor rechter Hand, gelangt man auf der linken Seite zu zwei Büros, die Fahrkarten nach **Japan und Korea** verkaufen; ⌚ Mo–Sa 8.30–12 und 13–16 Uhr. Zielorte in Japan sind Osaka und Kobe. Die Kabinenpreise liegen zwischen ¥1300 für eine Tatami-Matte auf dem Boden und ¥6500 für eine Kabine in der 1. Klasse. Bei Hin- und Rückfahrt verbilligt sich der Preis um die Hälfte.

Die Häufigkeit der Verbindungen ist saisonabhängig, in der Regel legen die Schiffe im Winter 1x pro Woche, im Sommer 2x pro Woche ab. Die Reisedauer beträgt ca. 2 Tage. Der Zielhafen in Südkorea ist Inch'on, der im Winter ebenfalls 1x pro Woche, im Sommer 2x pro Woche angelaufen wird. Die Preise für die ca. 38-stündige Überfahrt liegen zwischen ¥600 und ¥1600.

Alle Schiffe sind recht luxuriös ausgestattet und bieten u.a. Dampfbäder, Discos sowie saubere, komfortable Kabinen; in Anbetracht der hohen Restaurantpreise ist jedoch die Mitnahme von extra Verpflegung in Erwägung zu ziehen.

Die langjährige Schiffsverbindung nach Hongkong wurde mit Errichtung der direkten Eisenbahnverbindung von Shanghai nach Kowloon eingestellt.

Nr. 328, der am Parkplatz direkt vor dem Flughafen hält, fährt direkt zum Hauptbahnhof Shanghai; ¥2. Der andere Bus, genannt „Airport Express" (oder *feijichang tekuai qiche* auf Chinesisch) fährt von einer leicht zu übersehenden Haltestelle hinter dem internationalen Terminal, gegenüber dem Frachtterminal (am besten bei Passanten nachfragen) zum Shanghai-Museum am Volksplatz; ¥3. In beiden Bussen kann man je nach Verkehrsaufkommen bis zu einer Stunde unterwegs sein.

Fluggesellschaften: Die folgenden Fluggesellschaften sind in Shanghai mit einem Büro, meist im Shanghai Centre, 1376 Nanjing Xi Lu, vertreten:

Aeroflot, *Donghu Hotel*, Donghu Lu, ✆ 64158158;

Air France, Rm 1301, Novel Plaza, 128 Nanjing Xi Lu, ✆ 63606688;

All Nippon Airways, Shanghai Centre, ✆ 6279 7000;

Austrian Airlines, Rm 303, *Equatorial Hotel*, 65 Yan'an Xi Lu, ✆ 62491202;

Canadian, 6. Etage, New Jinjiang Tower, ✆ 6415 3091;

China Eastern Airlines, 204 Yan'an Xi Lu, Inlandsflüge ✆ 62471960, internationale Flüge ✆ 62472255;

Dragonair, Rm 202, Shanghai Centre, ✆ 6279 8099;

Japan Airlines, 2. Etage, Ruijin Building, 205 Maoming Lu, ✆ 64723000;

Korean Air, Rm 104–5, *Hotel Equatorial*, 105 Yan'an Xi Lu, ✆ 62481777;

Lufthansa, *Hilton Hotel*, 250 Huashan Lu, ✆ 6248 1100;
Malaysian Airlines, Rm 209, Shanghai Centre, ✆ 62798657;
Northwest, Rm 207, Shanghai Centre, ✆ 6279 8088;
Qantas, Rm 203A, Shanghai Centre, ✆ 62798660;
SAS, ✆ 62407003;
Shanghai Airlines, 555 Yan'an Zhong Lu, ✆ 6268 1551.
Singapore Airlines, Rm 208, Shanghai Centre, ✆ 62798008;
Swiss, Rm 203 Shanghai Centre, ✆ 62797381;
United Airlines, Rm 204, Shanghai Centre, ✆ 62798009.

Flüge nach:
BAOTOU 2x wöchentl., 2 3/4 Std.;
BEIJING 16x tgl., 1 3/4 Std.;
CHANGCHUN 3x tgl., 2 3/4 Std.;
CHENGDU 5x tgl. 2 3/4 Std.;
CHONGQING 4x tgl., 2 1/2 Std.;
DALIAN 5x tgl., 1 1/2 Std.;
FUZHOU 1x tgl., 1 1/2 Std.;
GUANGZHOU 10x tgl., 2 Std.;
GUILIN 2x tgl., 2 1/4 Std.;
HAIKOU 4x tgl., 3 Std.;
HARBIN 2–4x tgl., 2 3/4 Std.;
HOHHOT 3x wöchentl., 2 1/4 Std.;
HONGKONG 19x tgl., 2 1/4 Std.;
HUANGSHAN 3x wöchentl. 1 Std.;
KUNMING 1–3x tgl., 3 Std.;
LANZHOU 1–2x tgl., 3 Std.;
MACAU 2x tgl., 2 1/4 Std.;
NANNING 1x tgl., 3 Std.;
NINGBO 1x tgl., 3/4 Std.;
QINGDAO 1x tgl., 1 1/4 Std.;
SHENZHEN 10x tgl., 2 Std.;
TAIYUAN 1x tgl., 2 Std.;
TIANJIN 1x tgl., 1 1/2 Std.;
ÜRÜMQI 5x wöchentl., 5 Std.;
WENZHOU 1–3x tgl., 1 Std.;
WUHAN 3x tgl., 1 Std.;
XIAMEN 3x tgl.; 1 1/2 Std.;
XI'AN 6x tgl., 2 1/4 Std.

Jiangsu und Zhejiang

Highlights

- **Der Kaiserkanal**
Ursprungsquelle des Wohlstands der Region und eine Bauleistung, die sich mit der Großen Mauer messen kann.

- **Suzhou**
Pittoreskes Nebeneinander von baumgesäumten Kanälen, windschiefen Häusern, alten Steinbrücken und Hightech-Fabriken.

- **Tongli**
Stille, charmante Stadt mit verwinkelten Gassen und Kanälen nahe Suzhou.

- **Seilbahn von Zhenjiang**
Die Fahrt von der verträumten Stadt zur grünen Insel Jiao Shan bietet einzigartige Ausblicke auf den Yangzi.

- **Fuzi Miao in Nanjing**
Ein lebendiges und ursprüngliches Einkaufsparadies.

- **Radfahren am Xi Hu**
Gemächliche Art, Hangzhous herrlichen Westsee zu entdecken.

- **Shaoxing**
Malerische Provinzstadt und Heimat des Schriftstellers Lu Xun.

- **Putuo Shan**
Friedliche Insel mit buddhistischen Tempeln und Stränden.

Ursprünglich mag das Herz Chinas im trockenen Becken des Huanghe geschlagen haben, doch das fruchtbare grüne Delta des Yangzi zog die Chinesen weiter nach Süden und versorgte sie mit dem Wohlstand und der Macht, durch die sich ihr riesiges Reich erst behaupten konnte. Die Provinzen **Jiangsu** und **Zhejiang**, die heute im Norden und Süden die Metropolis Shanghai flankieren, spielen seit zweitausend Jahren eine wichtige Rolle für die kulturelle und wirtschaftliche Entwicklung Chinas. Keine Reise nach Ostchina wäre ohne einen Besuch einiger dieser klassischen Orte komplett.

Die Geschichte reicht bis ins 6. Jahrhundert v. Chr. zurück, als das Gebiet als Teil des Staates Wu bereits eine ausgeprägte eigene Kultur besaß. Das flache Terrain, die üppigen Ernteerträge und die ausgezeichneten Verkehrswege, die durch die Küstenhäfen und schiffbaren Wasserstraßen zur Verfügung standen, ließen die wichtigsten Städte schnell zu bedeutenden **Handelszentren** gedeihen, die zu Zeiten der sich entfaltenden Qin-Dynastie zu einem unwiderstehlichen Beuteobjekt des chinesischen Großreichs wurden: 223 v. Chr. wurde die Region annektiert und entwickelte sich rasch zu einem der wichtigsten Wirtschaftszentren des Reiches. Nach dem Sturz der Han-Dynastie im dritten nachchristlichen Jahrhundert richteten mehrere Herrscherhäuser kurzlebige Hauptstädte in südlichen Orten ein. Der entscheidende Aufschwung für Südchina aber erfolgte unter der Sui-Dynastie (581–618), die den **Kaiserkanal** ausbaute, um den Yangzi mit dem Huanghe zu verbinden und die Handelsströme frei zwischen dem Süden und den wichtigen Städten des Nordens fließen zu lassen. Chinas Schwerpunkt verlagerte sich ein ganzes Stück nach Süden. Unter späteren Dynastien entwickelten sich zunächst Hangzhou, später Nanjing zu den größten Städten Chinas.

Besucher der Region gelangen in eine Welt des **Wassers**. Zahlreiche Flüsse, Kanäle und Seen verleihen dem intensiv für die Landwirtschaft genutzten Gebiet sein besonderes Gepräge. Das traditionelle Fortbewegungsmittel war das Boot, und noch heute verkehren zahlreiche Fähren auf dem Yangzi. Aber auch die wichtigen Seehäfen – Shanghai, Ningbo und Wenzhou – sind durch Passagierfähren entlang der Küste miteinander verbunden. Selbst abseits der Küste gibt es noch im regulären Fährverkehr genutzte Wasserstraßen wie beispielsweise die von Seidefarmen und Teeplantagen gesäumten Kanäle zwischen Suzhou, Wuxi und Hangzhou.

Die wirtschaftlich mächtigen Städte an den Wasserstraßen bilden seit jeher ein Gegengewicht zum bürokratischen Beijing. Sowohl **Hangzhou** als auch **Nanjing** waren Hauptstädte Chinas – Nanjing in den kurzen Jahren der Republik China nach dem Sturz der Qing-Dynastie unter Sun Yatsen. Marco Polo nannte Hangzhou „die schönste und prachtvollste Stadt der Welt“, und der auf klassischen Rollbildern verewigte Westsee (Xi Hu) gilt zu Recht als einer der landschaftlich schönsten Orte Chinas. Auch **Suzhou** und **Yangzhou** mit ihrem geschäftigen Treiben entlang der Kanäle, die sie kreuz und quer durchziehen, und den beschaulichen, berühmten **Gärten** verdienen Beachtung. Diese und andere Städte wie **Zhenjiang**, **Wuxi** und **Ningbo** haben sich im Zuge des Aufschwungs, der die Provinzen Jiangsu und Zhejiang in die vorderste Reihe der wirtschaftlichen Entwicklung Chinas katapultierte, ebenfalls zu bedeutenden Produktionszentren entwickelt. Inzwischen weist Jiangsus Süden das höchste inländische Pro-Kopf-Einkommen außerhalb von Shanghai, Süd-Guangdong und Hongkong auf.

Die Kehrseite der Medaille dieses für chinesische Verhältnisse relativen Wohlstands ist die chronische Überbevölkerung. Über 135 Millionen Menschen leben in Jiangsu, Shanghai und Zhejiang, und die Zugfahrt durch die Region erweckt den Anschein, als sei dieses Gebiet von einem bis zum anderen Ende zugebaut. Nur schwerlich lassen sich einmal ländlicher wirkende Gegenden entdecken. Ausnahmen sind die Umgebung des malerischen **Shaoxing** und vor allem die heilige buddhistische Insel **Putuo Shan** mit herrlichen Stränden und tief in bewaldetem Hügelland versteckten Klöstern.

Besucher aus dem Ausland kommen vorwiegend im Rahmen teurer Gruppenreisen in die Region, sodass Individualreisende nur wenige Einrichtungen wie etwa Dorm-Betten für Ausländer vorfinden. **Unterkünfte** sind fast überall teuer, und selbst die billigsten Hotels berechnen selten weniger als ¥200 für ein Doppelzimmer – oft bieten nur die Universitäten eine wirklich billige Alternative. Bei der Auswahl der Reisezeit gilt zu beachten, dass auch die tief gelegene und weit von den nördlichen Ebenen entfernte Yangzi-Region in den Wintermo-

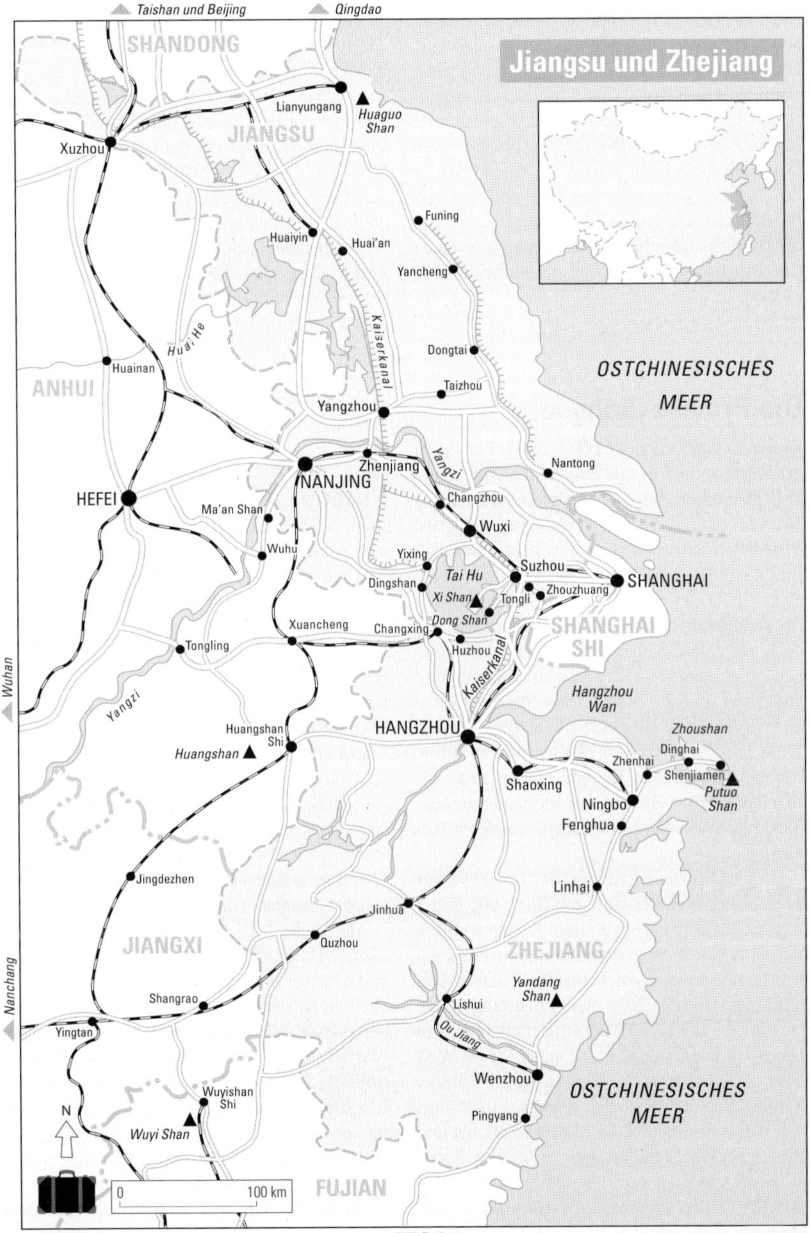
Jiangsu und Zhejiang
Taishan und Beijing
Qingdao
SHANDONG
JIANGSU
ANHUI
JIANGXI
ZHEJIANG
FUJIAN
SHANGHAI SHI
Lianyungang
Huaguo Shan
Xuzhou
Funing
Huaiyin
Huai'an
Yancheng
Kaiserkanal
Huai He
Dongtai
Huainan
Taizhou
Yangzhou
OSTCHINESISCHES MEER
Yangzi
Nantong
NANJING
Zhenjiang
HEFEI
Ma'an Shan
Changzhou
Wuxi
Wuhu
Yixing
Suzhou
SHANGHAI
Tai Hu
Dingshan
Xi Shan
Tongli
Zhouzhuang
Xuancheng
Changxing
Dong Shan
Tongling
Huzhou
Wuhan
Hangzhou Wan
Huangshan Shi
Huangshan
HANGZHOU
Zhoushan
Dinghai
Zhenhai
Shenjiamen
Putuo Shan
Shaoxing
Ningbo
Fenghua
Jingdezhen
Linhai
Jinhua
Quzhou
Yandang Shan
Shangrao
Lishui
Nanchang
Yingtan
Ou Jiang
Wenzhou
Wuyishan Shi
Pingyang
Wuyi Shan
N
0
100 km
Fuzhou

naten unangenehm kalt und feucht ist, während die Sommermonate, in denen die meisten Besucher kommen, unerträglich heiß und stickig sind. Nanjings uralter Ruf als einer von „drei Backöfen" Chinas ist mehr als gerechtfertigt. Als geeignetste Reisezeit ist vielleicht der Frühling zu empfehlen (Mitte April bis Ende Mai), wenn eine Mischung aus Regengüssen, Sonnenschein und geringer Feuchtigkeit dem Land ein grüneres Gewand verleiht und nach den harten Wintermonaten wieder ein Lächeln auf die Gesichter der Einheimischen zaubert.

Die Provinz Jiangsu

Jiangsu ist eine lang gestreckte, schmale Provinz an der Küste südlich von Shandong. Das nur wenig über Meereshöhe liegende, flache und feuchte Gebiet zählt zu Chinas fruchtbarsten und am längsten besiedelten Regionen mit einer hohen Bevölkerungsdichte und vielen interessanten Sehenswürdigkeiten. Die Provinzhauptstadt **Nanjing** ist eine der wichtigsten historischen Städte Chinas und war noch vor einem halben Jahrhundert vorübergehend die Hauptstadt des Landes. **Suzhou** und **Yangzhou** sind alte, in ganz China für ihre Gärten und Seideproduktion berühmte Städte, während **Wuxi** mit seinen landschaftlichen Reizen, Obstbäumen und Fischen Tausende Touristen an die Ufer des **Tai Hu** zieht und Ausgangspunkt für Ausflüge zu den Höhlen von **Yixing** am anderen Seeufer ist.

Der traditionelle Reiseweg durch Jiangsu war der **Kaiserkanal**, der einst von Hangzhou in der Provinz Zhejiang bis hinauf nach Beijing schiffbar war und noch heute in Abschnitten im Süden von Jiangsu sehr lebendig ist. Neben Suzhou, Yangzhou und Wuxi gehört auch die Stadt **Zhenjiang** zu den klassischen alten Handelszentren, in denen reges Leben am Kanal herrscht. Die andere große Wasserstraße der Provinz, der **Yangzi**, verbindet Nanjing mit dem Seehafen Shanghai und sorgt dafür, dass der Handel der Region von Osten und Westen her Wohlstand beschert.

Der Nordwesten war früher der arme und rückständige Teil der Provinz, doch selbst dort ist **Xuzhou** heute längt nicht mehr nur eine alte Stadt aus der frühen Han-Zeit, sondern auch ein wichtiger Eisenbahnknotenpunkt und Standort moderner Kohlebergwerke. Die zentrale Küste ist zu seicht, um als Ankerplatz zu dienen, doch sie eignet sich ideal zur Salzgewinnung, der traditionellen Einkommensgrundlage des Gebietes. In dem flachen Land, das mit kleinen Städten, Seen und Kanälen durchsetzt ist, liegt auch **Huai'an**, die attraktive Heimatstadt von Zhou Enlai.

Zahlreiche Busunternehmen bedienen Jiangsu und Zhejiang sowie die Nachbarprovinzen. Bei weiteren Entfernungen sollte die Reise vorzugsweise schon am Vormittag angetreten werden. Der Bau neuer Schnellstraßen zwischen Shanghai und Nanjing sowie Lianyungang und Nanjing hat die Reisezeiten in den vergangenen Jahren erheblich verkürzt.

Suzhou

Rund 30 km östlich des Tai Hu (s.S. 379) und nur eine Stunde Bahnfahrt von Shanghai entfernt liegt dort, wo die Eisenbahntrasse auf den Kaiserkanal stößt, die Stadt Suzhou, deren alter Kern von einem Stadtgraben umgeben ist und die für ihre Gärten, Seide und schönen Frauen berühmt ist. Die Stadt selbst erstreckt sich um ein Netz miteinander verbundener Kanäle, deren Wasser die berühmten **klassischen Gartenanlagen** speist, die Suzhous Pracht und Stolz sind. Obwohl Suzhou einen wirtschaftlichen Boom erlebt, der rund um die Stadt große Industriegebiete entstehen lässt, ist das Zentrum nach wie vor von Wasseradern durchzogen und begrünt. Es ist so viel vom ursprünglichen Charakter erhalten geblieben, dass sich ein mehrtägiger Aufenthalt lohnt.

He Lu, der halb mythische Herrscher des Königreichs Wu, soll Suzhou um 600 v. Chr. gegründet und zu seiner Hauptstadt gemacht haben, doch erst über ein Jahrtausend später bescherte die Aushebung des **Kaiserkanals** der Stadt zunehmenden Wohlstand. Auch **Seidenhandel** wurde schon in frühester Zeit betrieben – er erblühte unter der Tang-Dynastie und erlebte einen wahren Boom, als während der Song-Dynastie der gesamte Kaiserhof nach Süden zog. Noch heute gehört Seide zu den wichtigsten Einnahmequellen Suzhous.

Durch die Nähe zur kaiserlichen Hauptstadt Hangzhou zog Suzhou zahlreiche Gelehrte, Beamte

Der Kaiserkanal Der Kaiserkanal (*Dayunhe*, auch: Großer Kanal), mit 1800 km Länge der längste von Menschenhand geschaffene Kanal der Welt, stellt neben dem Bau der Großen Mauer die gewaltigste bautechnische Leistung Chinas dar. Die ersten Abschnitte wurden bereits um 400 v. Chr. vermutlich aus militärischen Gründen ausgehoben, doch die historische Aufgabe, die Flüsse Yangzi und Huanghe miteinander zu verbinden, wurde erst im frühen siebten nachchristlichen Jahrhundert unter dem Sui-Kaiser **Yang Di** erfüllt, der für den Bau sechs Millionen Männer zur Zwangsarbeit einsetzen ließ.

Chinesen weisen gerne darauf hin, dass die Große Mauer errichtet wurde, um Kontakte und Kommunikation zu verhindern, während selbige durch den Kanal gefördert werden sollten. Zweck des künstlichen Wasserwegs war es, die fruchtbaren Reisanbaugebiete des Yangzi-Beckens mit den dichter bevölkerten und weniger produktiven Gegenden des Nordens zu verbinden, um die Auswirkungen von regelmäßigen Missernten zu mildern und Hungersnöten vorzubeugen. Nach seiner Vollendung förderte der Kanal unter der Tang- und Song-Dynastie die Ausweitung des Handels in einer Weise, die sowohl den Süden als auch den Norden begünstigte. Langsam verschob sich das Zentrum der politischen Macht nach Süden. Um 800 n. Chr. löste das Yangzi-Becken die Huanghe-Region als wichtigste Quelle der Staatseinnahmen ab und beendete die lange Vormachtstellung der nördlichen Hauptstädte. Gleichzeitig entwickelten sich Hangzhou und Nanjing zu Chinas mächtigsten und bevölkerungsreichsten Städten. Der japanische Mönch Ennin, der China von 836 bis 847 bereiste, beschrieb den damaligen Verkehr auf den Wasserwegen wie folgt (mitunter sind ähnliche Szenen noch heute zu beobachten):

Zwei Wasserbüffel wurden vor über vierzig Boote gespannt, von denen jeweils zwei oder drei zu einzelnen Flößen vertäut wurden, die in langer Reihe durch Trossen verbunden waren. Da es schwierig war, sich von der Spitze bis zum Ende zu verständigen, herrschte in alle Richtungen lautes Geschrei … Boote des Salzkontors, die zu viert oder fünft vertäut waren, glitten mit Salz beladen vorbei und folgten einander in Reihen, die sich über Dutzende li *hinzogen.*

Im 12. Jahrhundert bildeten die heutigen Provinzen Jiangsu und Zhejiang das wirtschaftliche und politische Herz Chinas.

Die Song-Dynastie orientierte sich südwärts und richtete ihre Hauptstadt in **Hangzhou** ein, und später ließen sich die Ming-Kaiser in **Nanjing** nieder. In jenen Epochen und den späteren Jahrhunderten wurde der Kanal beständig instand gehalten und regelmäßig mit neuen Uferbefestigungen versehen. Der westliche Reisende Robert Morrison, der 1816 von Tianjin zum Yangzi reiste, beschrieb die zahlreichen ausgeklügelten Schleusen und merkte an, dass die Ufer in manchen Abschnitten so hoch und das Land ringsum so niedrig waren, dass man von den Booten hinab auf Dächer und Baumwipfel schauen konnte.

Anfang des 20. Jahrhunderts aber schien der Kanal ausgedient zu haben. Zu den Ursachen gehörten häufige Überschwemmungen des Huanghe, die zunehmende Küstenschifffahrt und der Bau von Eisenbahnlinien. Kaum noch genutzt, verschlammten viele Abschnitte des Kanals zusehends. Mit der Wiederentdeckung seines Werts in den 50er Jahren wurden ausbessernde Baumaßnahmen eingeleitet. Inzwischen ist der Abschnitt **südlich des Yangzi** von Zhenjiang nach Changzhou, Wuxi und Suzhou (und von dort weiter nach Hangzhou in der Provinz Zhejiang) wieder ganzjährig schiffbar – zumindest von flachen Barkassen und kleinen, für Touristen gebauten Passagierschiffen.

Obwohl die meisten örtlichen **Passagierfähren** vom Kanal verschwunden sind, vermitteln die bestehenden Verbindungen von Hangzhou nach Suzhou oder Wuxi hinlängliche Eindrücke vom mehr faszinierenden, denn schönen Leben am und auf dem Kanal: Neben dem hektischen Be- und Entladen von Barkassen stechen vor allem heftige Umweltverschmutzung und Anlagen der Schwerindustrie ins Auge.

Nördlich des Yangzi ist der Kanal je nach Jahreszeit praktisch bis an Jiangsus Nordgrenze zu Shandong schiffbar. Nach umfangreichen Baumaßnahmen werden in absehbarer Zukunft große Transportschiffe bis in die Kohle produzierende Stadt Xuzhou gelangen. Die weiteren Abschnitte Richtung Huanghe bleiben leider unpassierbar.

Suzhou und Umgebung

Suzhou	苏州	***sūzhōu***
Beisi Ta	北寺塔	*běisì tǎ*
Canglang Ting	沧浪亭	*cānglàng tíng*
Feng Qiao	枫桥	*fēng qiáo*
Hanshan Si	寒山寺	*hánshān sì*
Huqiu Shan	虎丘山	*hǔqiū shān*
Liu Yuan	留园	*liú yuán*
Opern- und Theatermuseum	戏曲博物馆	*xìqǔ bówùguǎn*
Ou Yuan	藕园	*ǒuyuán*
Pan Men	盘门	*pánmén*
Ruiguang Ta	瑞光塔	*ruìguāng tǎ*
Seidenmuseum	丝绸博物馆	*sīchóu bówùguǎn*
Shi Lu	石路	*shílù*
Shizi Lin	狮子林	*shīzi lín*
Shuang Ta	双塔	*shuāng tǎ*
Wangshi Yuan	网师园	*wǎngshī yuán*
Wumen Qiao	吴门桥	*wúmén qiáo*
Xi Yuan	西园	*xīyuán*
Xuanmiao Guan	玄妙观	*xuánmiào guàn*
Yi Yuan	怡园	*yíyuán*
Zhuozheng Yuan	拙政园	*zhuózhèng yuán*

Übernachtung und Essen

Canglang	沧浪宾馆	*cānglàng bīnguǎn*
Korean Restaurant	汉城韩国料理	*hànchénghánguó liàolǐ*
Lexiang	乐乡饭店	*lèxiāng fàndiàn*
Nanlin	南林饭店	*nánlín fàndiàn*
Nanyuan	南园宾馆	*nányuán bīnguǎn*
New Century	新世纪大酒店	*xīnshìjì dàjiǔdiàn*
Renjia	人家	*rénjiā*
Sakura Gawa	樱川	*yīngchuān*
Sheraton	喜来登大酒店	*xǐlàidēng dàjiǔdiàn*
Shiquan Ren Jia	十全人家	*shíquán rénjiā*
Sicily	西西里餐厅	*xīxīlǐ cāntīng*
Songhelou Caiguan	松鹤楼	*sōnghè lóu*
Suzhou	苏州饭店	*sūzhōu fàndiàn*
Yingfeng	迎枫饭店	*yíngfēng fàndiàn*
Yonghe Doujiang	永和豆浆小吃	*yǒnghé dòujiāng xiǎochī*
Youyi	友谊宾馆	*yǒuyí bīnguǎn*

Die Umgebung von Suzhou

Baodai Qiao	宝带桥	*bǎodài qiáo*
Lingyan Shan	灵岩山	*língyán shān*
Tianchi Shan	天池山	*tiānchí shān*
Tianping Shan	天平山	*tiānpíng shān*
Tongli	同里	*tónglǐ*

und Kaufleute an, die der Stadt Kundschaft und Reichtum bescherten.

Im späten 13. Jahrhundert berichtete Marco Polo von „sechstausend Brücken, klugen Geschäftsleuten, fähigen Fachleuten aller Handwerke, sehr weisen und deshalb als Heilige verehrten Männern und herausragenden Ärzten der Naturheilkunde". Diese Kreise waren für die Gestaltung der kunstvollen Gartenanlagen verantwortlich, die bis zum heutigen Tag Suzhous herausragende Sehenswürdigkeiten sind. Als der erste Kaiser der Ming-Dynastie seine Hauptstadt in Nanjing einrichtete, festigte die Stadt ihre privilegierte Position im Umfeld des Kaiserhofs und erblühte als Zentrum für Holzschnitte und Seidenweberei. Durch das systematische Zusammenziehen von Arbeitskräften wandelten sich die Produktionsbedingungen in einer Weise, wie sie der Westen erst 300 Jahre später im Zuge der industriellen Revolution erleben sollte.

Bis in die jüngere Vergangenheit blieb Suzhou von schlimmeren Auswüchsen der Geschichte verschont, wenngleich für kurze Zeit auch Besatzungsmächte wie die Taiping-Revolutionäre in den 60er Jahren des 19. Jahrhunderts und die Japaner und im Zweiten Weltkrieg Einzug hielten. Die 2500 Jahre alten **Stadtmauern**, die noch 1925 ein wirkungsvoller Schutzschild gegen vandalierende Warlords waren, wurden jedoch nach 1949 nahezu vollständig abgerissen, und die noch existierenden Teile der Altstadt – Wassergräben, Tore, von Bäumen gesäumte Kanäle, Steinbrücken, Kopfsteinpflasterstraßen und weiß getünchte alte Häuser – verschwinden zusehends. In absehbarer Zeit werden wohl nur noch die berühmten Gärten ein beredtes Zeugnis von der ruhmreichen Vergangenheit der Stadt ablegen.

Für Chinesen gehört Suzhou zu den beliebtesten Touristenzielen des gesamten Landes. In den Hauptreisezeiten ist die Stadt mit Besuchern aus fern und nah überfüllt, was einerseits für eine ausgelassene Atmosphäre sorgt, andererseits jedoch unweigerlich bedeutet, dass man die **Gärten** nur in Ausnahmefällen in der ihnen ursprünglich angedachten Ruhe erleben kann. Die drei berühmtesten Gärten – Wangshi Yuan, Shizi Lin und Zhuozheng Yuan – gehören zum Pflichtprogramm eines jeden Besuchers und locken das ganze Jahr über die Massen an. Viele andere ebenso schöne, aber weniger bekannte Gärten – insbesondere Canglang Ting und Ou Yuan – wirken demgegenüber vergleichsweise friedvoll und leer.

Als beste Strategie empfiehlt es sich, so viel wie möglich von den drei berühmtesten Gärten vor 10 Uhr vormittags anzuschauen und den Rest des Tages den kleineren Gärten zu widmen. Am schönsten präsentieren sich die Gärten bei blauem Himmel mit wenigen Wolken, denn sie benötigen zu ihrer vollen Prachtentfaltung Kontraste, Licht und Schatten, klar umrissene Konturen und effektvolle Wasserspiegelungen. Die verschiedenen Jahreszeiten fördern überraschend wenig Unterschiede zutage und lassen die Gärten ganzjährig ihren Reiz behalten, wenngleich der Frühling mit seinen Blüten und leuchtenderen Farben eine ganz besondere Abwechslung ins Erscheinungsbild bringt.

Die **Eintrittspreise** für die Gärten (in der Regel 🕓 im Sommer tgl. 7.30– 17.30, im Winter 8–17 Uhr) liegen zwischen ¥5 und ¥40. Wer die drei berühmtesten Gärten besichtigen möchte, sollte das günstige Kombiticket für ¥100 kaufen, das außerdem den Eintritt für den Tigerhügel beinhaltet.

Die Gärten können jedoch auch anstrengend werden: Die oft manierierte und künstliche Kombination von Natur, Kunst und Architektur wirkt mitunter überladen und pedantisch, und abgesehen von der kurzen Blüte im Frühling können die Gärten farblos und stumm erscheinen. Man sollte von daher nicht den Ehrgeiz entwickeln, unbedingt sämtliche Gärten sehen zu müssen. Suzhou hat schließlich noch anderes zu bieten, gehört die Stadt doch zu den angenehmeren Orten Chinas, um einfach nur einen Bummel zu unternehmen oder auf Entdeckungstour zu gehen. Abseits der Hauptstraßen führt der Weg zu Pagoden und Tempeln, in geschäftige Einkaufsviertel und an betriebsame Kanäle. Da die Entfernungen beträchtlich sind und das Gelände vorwiegend flach ist, bietet die Erkundung per **Fahrrad** eine reizvolle Alternative zu den Spaziergängen (Fahrradverleih s.S. 376)

Das übersichtliche historische Zentrum mit seinem Netz aus Straßen und Wasserwegen innerhalb des rechteckigen Stadtgrabens macht die Orientierung leicht. Die Hauptstraße **Renmin Lu** verläuft vom unmittelbar nördlich des Grabens gelegenen **Bahnhof** südwärts durch das Zentrum.

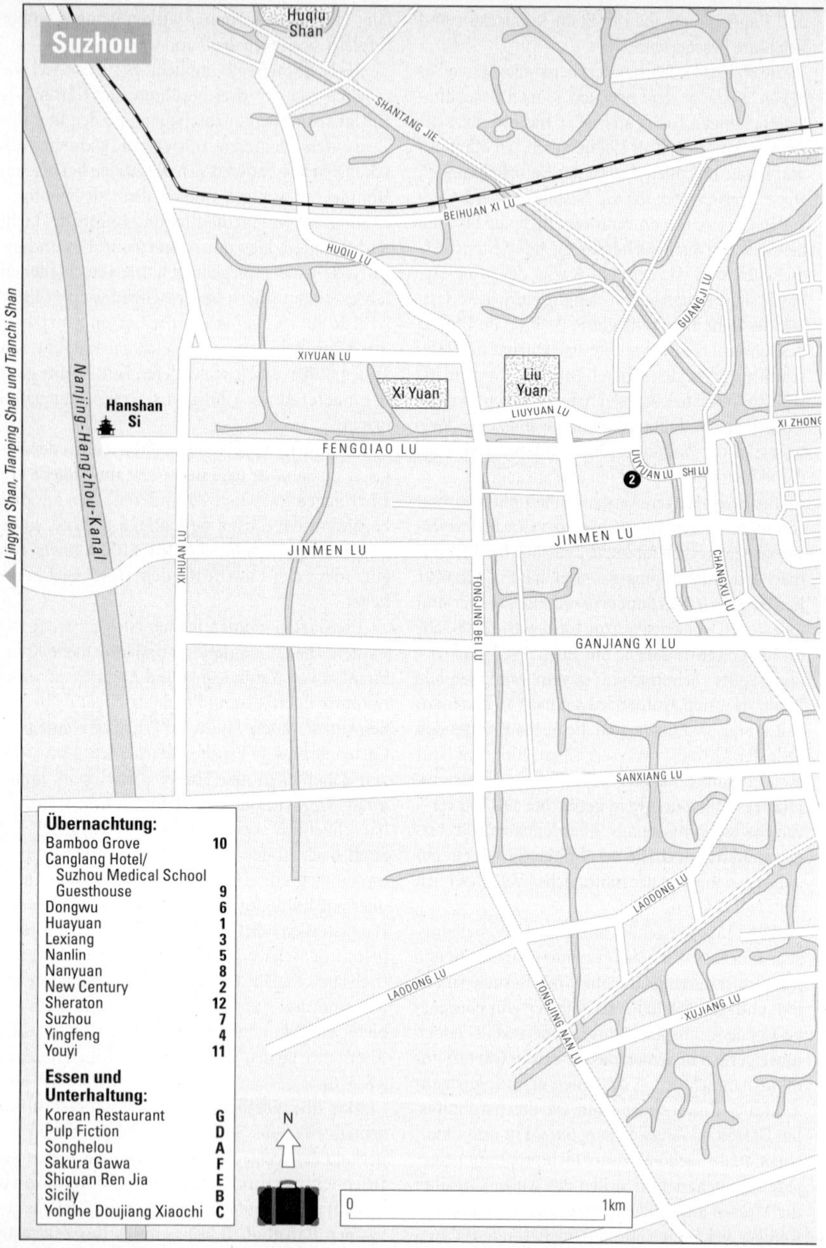
Suzhou
Huqiu Shan
SHANTANG JIE
BEIHUAN XI LU
HUQIU LU
GUANGJI LU
XIYUAN LU
Xi Yuan
Liu Yuan
LIUYUAN LU
XI ZHONG
Hanshan Si
FENGQIAO LU
LIUYUAN LU
SHI LU
2
Lingyan Shan, Tianping Shan und Tianchi Shan
Nanjing-Hangzhou-Kanal
XIHUAN LU
JINMEN LU
JINMEN LU
TONGJING BEI LU
CHANGXU LU
GANJIANG XI LU
SANXIANG LU
LAODONG LU
LAODONG LU
TONGJING NAN LU
XUJIANG LU
Übernachtung:
Bamboo Grove 10
Canglang Hotel/ Suzhou Medical School Guesthouse 9
Dongwu 6
Huayuan 1
Lexiang 3
Nanlin 5
Nanyuan 8
New Century 2
Sheraton 12
Suzhou 7
Yingfeng 4
Youyi 11
Essen und Unterhaltung:
Korean Restaurant G
Pulp Fiction D
Songhelou A
Sakura Gawa F
Shiquan Ren Jia E
Sicily B
Yonghe Doujiang Xiaochi C
N
0
1km

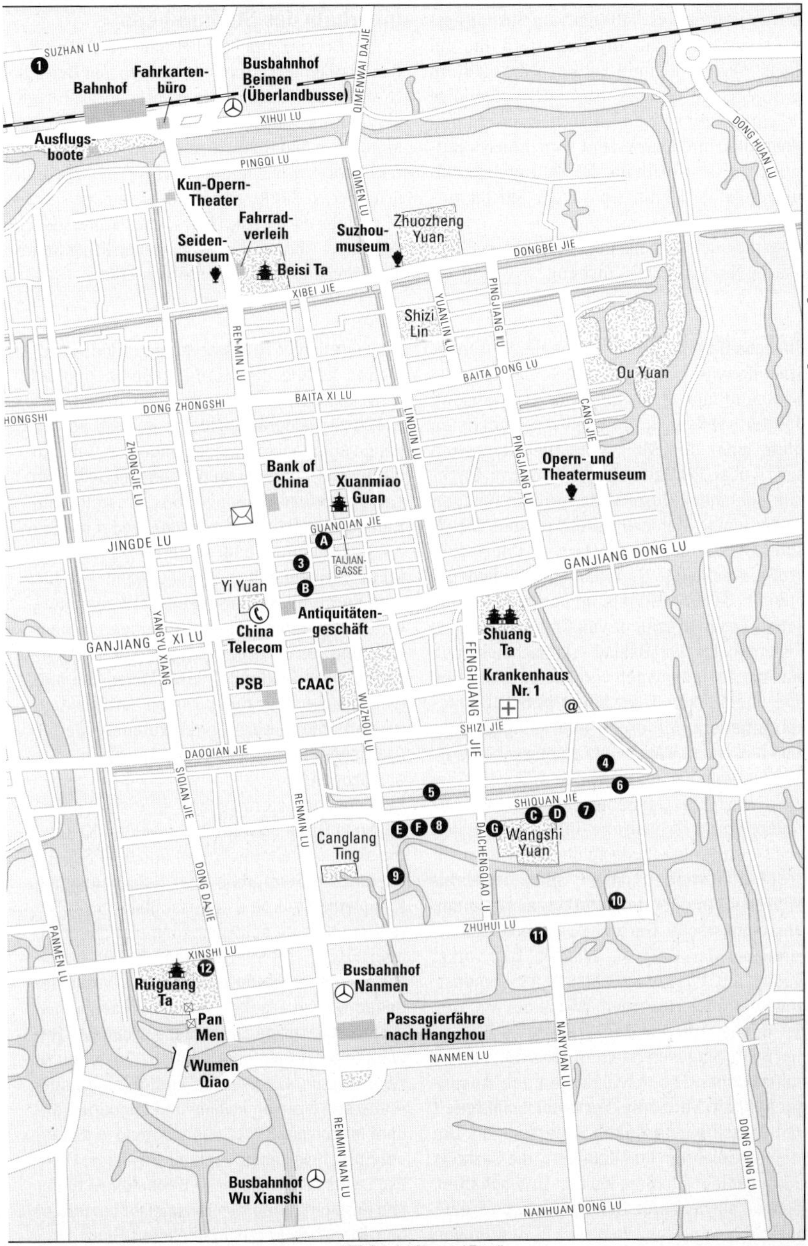

Zhouzhuang und Shanghai

Baodai Qiao und Tongli

Das traditionelle Geschäftszentrum Suzhous erstreckt sich rund um die **Guanqian Jie**, auf halbem Weg der Renmin Lu durch die Stadt. In dieser Gegend gibt es zahlreiche lebendige Straßenzüge mit kleinen Läden, Teehäusern und Restaurants. Ein neueres und vornehmeres Einkaufsgebiet ist außerhalb des Stadtgrabens im Nordwesten, in der Umgebung der **Shi Lu** entstanden.

Westlich des Grabens liegt das moderne und hässliche Neubauviertel **Xincheng**.

Innerhalb des Stadtgrabens

Ein Spaziergang vom Bahnhof südwärts entlang der Renmin Lu führt zur unverwechselbaren **Beisi Ta** (Nordtempel-Pagode). Die ursprüngliche Pagode wurde im 3. Jahrhundert auf dem Anwesen der Mutter von Sun Quan, dem Herrscher des Königreichs Wu, errichtet und 1582 erneuert. Obwohl nur neun der elf Stockwerke erhalten sind, ist sie mit 76 m Höhe die höchste chinesische Pagode südlich des Yangzi. Oben eröffnet sich ein herrlicher Rundblick über Suzhous markante Bauwerke:

Suzhous Gärten Die Tradition der Gartengestaltung wird in dieser Stadt schon seit dem Bestehen der Song-Dynastie vor tausend Jahren gepflegt. In der Zeit ihrer höchsten Blüte unter den Ming- und Qing-Dynastien soll es über 200 Gärten gegeben haben. Ungefähr ein halbes Dutzend der großen Anlagen sowie einige kleinere Gärten wurden inzwischen restauriert. Anderswo in China sind große, weitläufige Gartenanlagen zu finden – etwa in der von Hügeln umgebenen kaiserlichen Sommerresidenz von Chengde oder im Sommerpalast von Beijing –, in Suzhou jedoch sind die Gartenanlagen vergleichsweise klein und überschaubar, oft hinter hohen Umfassungsmauern verborgen und spiegeln deshalb das wahre Wesen des chinesischen Gartenbaus weitaus besser wider.

Viele westliche Besucher haben Schwierigkeiten, sich in chinesische Gärten einzufühlen und sie zu genießen, da solche Anlagen nicht geschaffen werden, um ein Stück der Natur zu verfeinern oder um natürlich auszusehen. Der chinesische Gartenbau ist eine Kunstform, bei der Gestein, Wasser, Bauwerke, Bäume und Pflanzen in tiefsinnigen Kompositionen arrangiert werden. Wie in der Malerei, der Bildhauerei und der Lyrik ist das Ziel, einen kontemplativen Raum zu schaffen, der die chinesischen Lebenswünsche nach **Ausgeglichenheit, Harmonie, Verhältnissmäßigkeit** und **Verschiedenartigkeit** widerspiegelt. Die reichen Gelehrten und Kaufleute, die Suzhous Gärten anlegen ließen, wollten Orte schaffen, die man allein oder in Gesellschaft von Freunden bei einem Glas Wein zum Rezitieren von Gedichten oder zu literarischen Debatten genießen konnte. Die Gartenbauer bedienten sich kleiner Pavillons und Terrassen, um Größe zu suggerieren, fügten an- und absteigende überdachte Wandelgänge und Galerien hinzu, um Höhe zu erzeugen, und modellierten verschachtelte Gruppen aus Gestein und Bambus, um Dahinterliegendes weder halb zu offenbaren, noch halb zu verbergen. Die **Effekte** vermeintlicher Weitläufigkeit erzielte man durch Blicke durch kunstvoll gestaltete Gitterfenster, umkachelte Öffnungen, Mondtore und durch Spiegelungen auf Wasserflächen – verblüffende Perspektiven, die entweder auf ein gesamtes Landschaftsbild hinwiesen oder äußere Gegebenheiten wie die Außenwände von benachbarten Gebäuden einbezogen.

Zu den charakteristischen Merkmalen von Suzhous Gärten gehören die weißen Kiefern, die skuril gestalteten Felsen aus dem See Tai Hu und die Steintafeln über den Eingängen. Komplettiert wurde das Gesamtbild durch Tiere – noch heute schwimmen in manchen Teichen Fische und Schildkröten.

Die **Stilunterschiede** zwischen den verschiedenen Gärten ergeben sich im Wesentlichen durch die jeweilige Zusammensetzung und Gewichtung der Elemente. Manche bestehen zu zwei Dritteln aus Wasser, andere sind Labyrinthe aus bizarren Felsen, und wiederum andere lenken die Blicke überwiegend in das Innere prachtvoll eingerichteter Pavillons. Praktisch alles hat symbolische Bedeutung – Kiefer und Kranich stehen zum Beispiel für langes Leben, Mandarin-Enten für eheliches Glück.

Shuang Ta, Xuanmiao Guan und (am südwestlichen Horizont) Ruiguang Ta. ⌚ tgl. 8–17 Uhr, Eintritt ¥15. Auf dem Gelände der Pagode befindet sich auch ein sehr gemütliches Teehaus.

Praktisch gegenüber liegt ebenfalls an der Renmin Lu das **Seidenmuseum von Suzhou**, das sich zu den besseren Museen Chinas zählen darf und durchweg mit englischen Erläuterungen ausgestattet ist. Ausgehend von der legendären Erfinderin der Seide Lei Zu, Konkubine des ebenso legendären Gelben Kaisers (Huang Di), werden die Geschichte der Seidenproduktion und die Arten ihrer Verwendung von 4000 v. Chr. bis zum heutigen Tage vorgestellt. Die Sammlung zeigt unter anderem Reproduktionen antiker Seidenmuster, daneben aber auch Originale. An alten Webstühlen und Webmaschinen wird veranschaulicht, wie an diesen Geräten gearbeitet wurde. Eine weitere Abteilung stellt die Kunst der Seidenraupenzucht vor, das faszinierendste (zugleich für manche abstoßendste) Exponat ist ein Raum voller Seidenraupen, die Maulbeerbaumblätter verzehren und Kokons spinnen, und kopulierender Falter. ⌚ tgl. 9–17.30 Uhr, Eintritt ¥7.

Suzhou-Museum, Zhuozheng Yuan und Shizi Lin

Von der Nordtempel-Pagode führt der Weg nach Osten über die Xibei Jie, die in die Dongbei Jie übergeht, hinter der ersten großen Kreuzung zum **Suzhou-Museum** und zum **Zhuozheng Yuan** (Garten des Bescheidenen Beamten). Das Museum (⌚ tgl. 8.15–16.15 Uhr, Eintritt ¥10) im Haus des früheren Taiping-Führers Li Xiucheng präsentiert eine etwas merkwürdige Sammlung verstaubter Keramikwaren, der benachbarte Garten ist jedoch unbedingt sehenswert. Mit 40 000 m^2 ist der Zhuozheng Yuan mit Abstand der größte unter Suzhous Gärten. Wasser bestimmt die Anlage, die in drei miteinander verbundene Abschnitte unterteilt ist: Ein kleiner Lotusteich und Pavillons stehen im Mittelpunkt des östlichen Bereichs unmittelbar hinter dem Eingang; Wasser und zwei kleine, durch Zickzackbrücken miteinander verbundene Inseln dominieren den zentralen Teil der Gartenanlage; im Westen hingegen überwiegen untypische offene Grünflächen. Ein kaiserlicher Zensor der Ming-Dynastie namens Wang Xianchen ließ kurz nach dem Ausscheiden aus seinem Amt den Garten bauen und gab ihm im ironischen Bedauern darüber, dass er fortan nurmehr über die Pflege des Gartens würde walten können, seinen Namen. Eintritt ¥40.

Zu Fuß nur wenige Minuten südlich des Zhuozheng Yuan liegt ein weiterer in jedem Fall sehenswerter Garten, der **Shizi Lin** (Löwenwald). Der Mönch Tian Ru entwarf die Anlage im Jahre 1342 und benannte sie zu Ehren seines Lehrers Zhi Zheng, der auf dem Löwenfelsenberg lebte – die Felsen dieses Parks sollen Löwen in allen erdenklichen Formen und Größen ähneln. Nach der Auswahl wurden die bizarren Felsen jahrzehntelang im Tai Hu versenkt, um weiter ausgewaschen zu werden. Einige Bereiche des Steingartens sind zu einem Labyrinth gestaltet, das gelegentlich Blicke auf Wasserflächen frei gibt, auf denen sich die grünen Bäume und grauen Steine spiegeln. Die Qing-Kaiser Qianlong und Kangxi sollen von diesem Steingarten so begeistert gewesen sein, dass sie ihn zum Vorbild des Gartens im Yuanmingyuan, dem Alten Sommerpalast, in Beijing machten. Eintritt ¥15

Xuanmiao Guan und Yi Yuan

Weiter südlich gelangt man zum daoistischen Tempel **Xuanmiao Guan** (Tempel des Mysteriums), dessen Lage an der Nordseite der Guanqian Jie im Herzen des modernen Einkaufsviertels Suzhous etwas befremdlich wirkt. Der ursprüngliche Tempel geht auf die Jin-Dynastie im 3. Jahrhundert zurück, doch wurde er zerstört, wieder aufgebaut, durch Feuer vernichtet und mehrmals in seiner Geschichte umgestaltet. Jahrhundertelang gab es hier einen großen Basar, auf dem reisende Schausteller, Akrobaten und Schauspieler das Volk unterhielten. Bis heute ist der Komplex ein reizvoller und belebter Ort geblieben, in dessen weitem Eingangshof die Einheimischen zusammensitzen. Im hinteren Bereich der Anlage, die von einem neu eingerichteten Park umgeben ist, steht eine Halle mit daoistischen Gottheiten und Symbolen.

Nur wenig südlich der Guanqian Jie liegt an der nordwestlichen Ecke der Kreuzung von Renmin Lu und Ganjiang Lu der **Yi Yuan** (Garten des Wohlbehagens), einer der kleineren Gärten. Die vom Beamten Gu Wenbin in der späten Qing-Dynastie entworfene Anlage ist wesentlich jünger als die anderen Gärten und weist sämtliche Hauptelemente der chinesischen Gartengestaltung auf (s.S. 368, Kasten). Als gestalterische Besonderheiten gibt es außerdem streng angeordnete Blumenbeete und Arrangements aus farbigen Kieselsteinen zu sehen. Eintritt ¥5.

Opern- und Theatermuseum und Ou Yuan

Nach zehnminütigem Fußmarsch durch die schmalen Gassen östlich der Guanqian Jie erreicht man das außergewöhnliche und beeindruckende **Opern- und Theatermuseum** in der Zhongzhangjia Xiang. Zahllose Kostüme, Masken und Musikinstrumente füllen die Ausstellungsräume, und sogar ein komplettes Orchester wird als Modell in allen Einzelheiten bis hin zu Teetassen gezeigt. Die unbestritten größte Attraktion jedoch ist das Theater selbst, ein zu Zeiten der Ming-Dynastie errichtetes Gebäude mit hölzernem Gitterwerk, einer erhöhten Bühne im zweiten Stockwerk eines großen Pavillons mit einer spiralförmig aufragenden Holzkuppel sowie einem an allen Seiten von Galerien eingefassten Zuschauerraum unter freiem Himmel.

Die Region um Suzhou ist die historische Heimat der **Kun-Oper**. Sie ist 5000 Jahre alt und damit Chinas älteste Opernform – die Peking-Oper ist erst 3000 Jahre alt. Die charakteristischen Züge der Kun-Oper sind das Geschichtenerzählen und Balladensingen, doch es ist äußerst schwierig, den Inhalten zu folgen, denn die Vorstellungen werden im mehr als unverständlichen (selbst wenn man Chinesisch spricht) Suzhou-Dialekt aufgeführt. Die Gesellschaft zur Förderung der Kun-Oper veranstaltet gelegentlich **Aufführungen** im Museum, deren Termine die Kuratoren, die oftmals selbst ehemalige Opernstars sind, gerne bekannt geben. Wer interessiert und der chinesischen Sprache mächtig ist, kann von den Kuratoren außerdem höchst Wissenswertes über diese Kunstform und die Erniedrigungen ihrer Interpreten während der Kulturrevolution erfahren. Ganz ohne Chinesischkenntnisse hingegen erschließt sich Besuchern anhand zahlreicher Fotografien die Geschichte der Kun-Oper während der letzten 100 Jahre. Frappant wirken die Unterschiede zwischen den aufwendigen Kostümen und spektakulären Produktionen früher Zeiten und den Jahren, in denen die mutlose Truppe in großen Stahlfabriken Revolutionsopern in trister Ausstattung aufführen musste. Im Teehaus nebenan finden täglich und wie es scheint vor allem zur Erbauung älterer Bewohner Suzhous Opern- und Musikdarbietungen im Kun-Stil statt; Beginn ca. 13 Uhr. Museum ◷ tgl. 8.30–16.30 Uhr, Eintritt ¥5.

Nur fünf Minuten nordöstlich des Museums liegt der relativ untouristische **Ou Yuan** (Doppelgarten) und erstreckt sich am äußeren Kanalgraben an der Resten der alten Stadtmauer entlang. Verschiedene Hallen und Korridore führen zu einem friedlichen Hof mit einem von abstrakten Felsformationen und gemütlichen Teehäusern umgebenen Teich in seiner Mitte. Der große Vorzug des Ou Yuan ist das Fehlen der Touristenscharen, die mit Megaphonen durch die anderen Gärten geführt werden. In der näheren Umgebung des Gartens befinden sich viele der reizvollsten Gebäude, Brücken und Kanäle der Stadt und lohnen einen ausgedehnten Spaziergang. ◷ tgl. 8–16.30 Uhr, Eintritt ¥15

Shuang Ta, Canglang Ting und Wangshi Yuan

Einige Straßen östlich der Renmin Lu erheben sich unmittelbar südlich der Ganjiang Lu die schlanken Doppelpagoden **Shuang Ta**, die während der Song-Dynastie von einer Gruppe erfolgreicher Absolventen der kaiserlichen Prüfungen zu Ehren ihres Lehrers errichtet wurden. Die zarten Bauwerke, die eine Besteigung nicht erlauben, stehen in einem schönen Garten, der mit seinen darin verteilten Statuen ein wenig an eine klassisch-griechische Szenerie erinnert. An einem Ende steht das Gärtnerhäuschen, das von Chrysanthemen in Blumentöpfen und liebevoll gepflegten Bonsais umgeben ist, am anderen Ende lädt ein Teehaus zum Verweilen ein. ◷ tgl. 7–16.30 Uhr, Eintritt ¥10.

Gut einen Kilometer weiter südlich befinden sich jenseits der Shiquan Jie zwei weitere Gärten. Der wenig besuchte, aber beeindruckende **Canglang Ting** (Garten des Pavillons der Azurblauen Wellen), an der Renmin Lu, Ecke Zhuhui Lu, ist der älteste der größeren erhaltenen Gärten. Er geht auf auf den Gelehrten Su Zimei aus der Song-Dynastie zurück, der ihn um 1044 anlegte. Im Norden ist keine Umfassungsmauer vorhanden, da der Garten Merkmale der Umgebung „borgen“ und diese dann zu integralen Bestandteilen des Gesamtbildes machen sollte. Hinter einer großen Steinbrücke und einem Torbogen aus Marmor gelangt man ins Garteninnere, dessen zentrale Erhebung einem bewal-

Mauerkultur

deten Hügel nachgebildet ist. Im Süden des Gartens (abseits des Eingangs) steht der interessante Tempel der Fünfhundert Weisen, der von Steinstelen umgeben ist, die Namen und Leistungen großer Staatsmänner, Helden und Dichter aus Suzhou verkünden. ⌚ tgl. 8–16 Uhr, Eintritt ¥8.

Der nahe **Wangshi Yuan** (Garten des Meisters der Netze) an der Shiquan Jie liegt nur wenig westlich des *Suzhou Hotels* und ist über eine schmale, nach links abzweigende Gasse zu erreichen. Seinen Namen erhielt der kleine beschauliche Garten von einem Beamten im Ruhestand, der sich entschloss, Fischer zu werden. Die Anlage wurde 1140 begonnenen, später jedoch dem Verfall preisgegeben und erhielt erst 1770 ihr heutiges Aussehen. Unter Kennern gilt der Garten mit seinem hübschen zentralen Teich, seinen schmalen Verbindungsgängen und Pavillons mit winzigen Höfen und geschnitzten Holztüren als schönste Anlage überhaupt – was ihm auch meistens mehr Besucher beschert, als er eigentlich vertragen kann. Liebhaber der chinesischen Gartenbaukunst können sich im *CITS* nach der Möglichkeit erkundigen, den Garten am späten Abend nach der Vorstellung der acht Hauptformen der **chinesischen Oper** (darunter auch des hiesigen Kun-Stils) zu besuchen, denn er soll bei Mondschein die schönste Ausstrahlung besitzen. Vom Pavillon zum Betrachten des Mondes ist dieser dreifach zu sehen: am Himmel, im Wasser und in einem Spiegel. Zu den weiteren Charakteristika des Gartens gehören zartes Gitterwerk aus Holz und ausgeschnitzte Fenster, die den Blick auf schimmernden Bambus, dunkle Innenräume, Wasserflächen und miniaturhafte Steingärten lenken. Eintritt ¥15.

Pan Men und Umgebung

Im Südwesten des Stadtgrabens dehnt sich um das Stadttor **Pan Men** eines der schönsten Viertel aus, in dem noch Reste der ursprünglichen, von König He Lu des Königreichs Wu um 514 v. Chr. errichteten Stadtmauer erhalten sind. Es ist das einzige noch existierende von acht Stadttoren, die einst Suzhous umgaben. Der schönste Weg dorthin führt vom Süden über die **Wumen Qiao**, Suzhous anmutigste und zugleich höchste Bogenbrücke, die auch beste Blicke auf den Verkehr auf dem Kanal bietet. Vom Bahnhof verkehrt der Bus Nr. 7 zum südlichen Abschnitt des Stadtgrabens. Etwas nördlich der Brücke steht das Pan Men, auf das Stufen hinaufführen. In östlicher Richtung erstreckt sich ein 300 m langes begehbares Teilstück der alten Stadtmauer. ⌚ tgl. 8–17 Uhr, Eintritt ¥20.

Wiederum nur ein Stück nordöstlich der Mauer ragt die 1000 Jahre alte, aus Trümmern wieder errichtete **Ruiguang Ta** (Pagode des Lichts des Guten Omens) in die Höhe, die früher einen seltenen buddhistischen Perlen-Stupa beherbergte, der inzwischen dem Suzhou-Museum vermacht wurde; Eintritt ¥6. Kurzweiliger als diese Sehenswürdigkeiten sind jedoch die von Wäscheleinen überspannten, alten Gassen ringsum und ein Spaziergang am Kanal.

Westlich des Stadtgrabens

Bester Ausgangspunkt für eine Erkundung der Gegenden westlich des Stadtgrabens mit öffentlichen Transportmitteln ist der Bahnhof. Wer mit dem Fahrrad unterwegs ist, kann die folgenden Ziele aber auch zu einer bequemen halbtägigen Tour verbinden.

Liu Yuan und Xi Yuan

Nicht weit westlich der Shi Lu liegen an der Strecke der Buslinie Nr. 2 vom Bahnhof zwei weitere elegante Gärten. Der **Liu Yuan** (Garten des Verweilens) hieß ursprünglich Dong Yuan (Ostgarten), um ihn vom gegenüberliegenden Xi Yuan (Westgarten) abzugrenzen. Die Anlage wurde in der Ming-Dynastie vom Arzt Xu Taishi geschaffen, der seinen Patienten ein angenehmes Umfeld zur Wiedergenesung verschaffen wollte; später wurde der Garten von den Japanern zerstört und 1953 restauriert. Die vier landschaftlichen Bereiche und ihre Gebäude sind durch einen 700 m langen, harmonisch dem unterschiedlichen Gelände angepassten Wandelgang miteinander verbunden. Dichter der Qing-Dynastie und Patienten von Dr. Xu schrieben ihre Eindrücke von diesem Garten auf Steintafeln, die entlang des Wandelgangs hängen. Zu den Hauptattraktionen gehört der größte aller Felsen aus dem Tai Hu, ein gewaltiger Brocken, der rund 5000 kg wiegt und den Namen **Wolkenbedeckter Gipfel** trägt. Eintritt ¥16

Nur wenige hundert Meter weiter westlich befindet sich der **Xi Yuan** (Westgarten), den Xu Taishi mehr als Tempel denn als Garten anlegen ließ, um seine tiefe Verehrung für den Buddhismus zu bekunden. Lange ockergelbe Mauerflächen setzen hier markante Kontraste zu den grauschwarzen Dachziegeln und dem roten Balkenwerk. Die Haupthalle prunkt mit einer imposanten Decke, und in einem Seitenflügel stehen beeindruckende Arhat. Im Teich tummeln sich Riesenkarpfen und Weichschildkröten. Eintritt ¥10.

Huqiu Shan

Nördlich der beiden Gärten erhebt sich der Huqiu Shan (Tigerhügel), die legendäre Stätte des Grabes von He Lu, dem König von Wu und angeblichen Gründer von Suzhou. Der Legende nach wurde der Hügel nach einem mythischen weißen Tiger benannt, der das Grab am dritten Tag der Begräbniszeremonien zu bewachen begann und nicht weichen wollte.

In seiner willkürlichen und asymmetrischen Gestaltung steht der ausgedehnte Park in krassem Gegensatz zum kunstvollen und ausgewogenen Erscheinungsbild der anderen Gärten der Stadt. Neben Terrassen mit Buschwerk und Bäumen gibt es hier ein Teehaus sowie zahlreiche Felsen und Teiche, die alle eigene Namen tragen und mit geheimnisvollen Legenden verknüpft sind. Zu diesen gehören u.a. der **Fels der Tausend Männer**, wo die Männer, die das Grab bauten, angeblich hingerichtet wurden, um den Ort geheim zu halten, sowie der **Schwerterteich**, in dem die königlichen Schätze – darunter 3000 Schwerter – verborgen liegen sollen. Auf dem Gipfel thront Suzhous schiefer Turm, die **Yunyan Ta** (Wolkenfelsen-Pagode). Das achteckige Ziegelbauwerk mit sieben Stockwerken neigt sich zwei Meter zur Seite und benötigt ständig absichernde Maßnahmen, um nicht einzustürzen. Bei einer solchen baulichen Schutzmaßnahme fanden Arbeiter 1965 eine Kiste mit in Seide gehüllten buddhistischen Sutren aus dem 10. Jahrhundert. Trotz bester Bemühungen der Konservatoren neigt sich der Turm jährlich um einen weiteren Zentimeter nach Norden. Archäologen führen diese Entwicklung auf mögliche unterirdische Gänge zurück, die vielleicht das Geheimnis des legendären Grabes hüten.

Der Tigerhügel liegt an der Route der Busse Nr. 1 und Nr. 2 vom Bahnhof. Wer mit dem Fahrrad unterwegs ist, kann als reizvolle (jedoch holprige) Alternative den direkten Weg über die gepflasterten Treidelpfade wählen, die den Shantang-Kanal säumen und an prachtvollen ehemaligen Kaufmannshäusern mit imposanten Fassaden und Wassertoren vorbeiführen. 🕒 tgl. 7–18 Uhr, Eintritt ¥30.

Hanshan Si

Ebenfalls am Stadtrand liegt ungefähr 5 km westlich des Zentrums das Hanshan Si (Kloster des Kalten Berges), das von der siebenstöckigen Pagode Puming Ta aus dem 11. Jahrhundert überragt wird. Schon vom Eingang aus kann man die herrliche Bogenbrücke **Feng Qiao** bewundern, die Kaiser Jiaqing 1557 zur Verteidigung gegen die vorrückenden Japaner errichten ließ. Heute bietet die Brücke schöne Ausblicke auf die Barkassen, die den Kanal entlangschippern.

Das Kloster, das auf die Zeit um 500 n. Chr. zurückgeht, genießt sowohl in China als auch in Japan Berühmtheit, da der gefeierte Tang-Dichter **Zhang Ji** ein Gedicht schrieb, das im Innenbereich auf einer Steinstele zu lesen ist:

Monduntergang.
Das Krächzen einer Krähe durchschneidet
die eisige Luft.
An der Brücke Feng, die meine Rast unterbricht,
Schimmern die Lampen der Fischer.
Mir, der ich in meinem Boot liege,
beschert die dunkle Stunde
Den laut nachhallenden,
sich wiederholenden Klang der Klosterglocken
Am Hanshan hinter Suzhou.

Neben dem Torbogen vor dem Hanshan Si erinnert eine kleine Gedenkstätte (🕒 tgl. 8–16 Uhr, Eintritt ¥5) mit einer Bronzestatue an den Poeten Zhang Ji und zeigt z.T. recht ansehnlich gestaltete Schaubilder von Suzhou zur Tang-Zeit. An Neujahr kommen scharenweise Japaner, die unbedingt den Klang der Mitternachtsglocke hören wollen. Spenden haben das Kloster so reich werden lassen, dass im Osten der alten Anlage derzeit ausgedehnte neue Bereiche mit Hallen und Pagoden entstehen. Anfahrt vom Bahnhof mit dem Bus Nr. 3; von der Haltestelle ist es noch ein kurzer Fußmarsch entlang der Tempelmauer bis zum Kanal und zum rechter Hand liegenden Haupteingang.

Mitunter werden auch Bootsfahrten vom Stadttor Pan Men zum Kloster angeboten. 🕒 tgl. 8–17 Uhr, Eintritt ¥10.

Übernachtung

Die meisten Hotels sowie die wichtigsten Gärten und historischen Bauwerke liegen im Süden der Stadt rund um die **Shiquan Jie**. In der Nebensaison (Okt–Mai) lässt sich in allen genannten Hotels in der Regel ein Preisnachlass von 10–20% aushandeln.

Bamboo Grove, Luxus, 168 Zhuhui Jie, ✆ 6520 5601, 🖳 www.bg-hotel.com. Neues, gut geführtes Touristenhotel unter japanischer Leitung, das mit schwarzweißen Wänden und üppigem Bambuswuchs im Garten dem lokalen Ambiente nachzueifern versucht. Verschiedene gute Restaurants im Haus.

Canglang Hotel / Suzhou Medical School Guesthouse**, 53 Wuqueqiao Jie, ✆ 65201557, 📠 6510 3285. Fade Erscheinung, aber saubere Zimmer mit Bad. Das Personal spricht kein Englisch und geht davon aus, dass Ausländer eines der teureren Zimmer wünschen, sofern sie sich nicht nachdrücklich anders äußern. Dorm-Betten ¥60.

Dongwu*, Shiquan Jie, ✆ 65194437, 📠 65194590. Mit Abstand die beste der billigen Unterkünfte. Großes Anwesen unter Verwaltung der Suzhou-Universität, zentral gelegen und dennoch ruhig. Saubere Zimmer im Hauptgebäude, billigere Alternativen im hübschen Gästehaus für Auslandsstudenten. Sehr preisgünstige Mensa. EZ ab ¥80.

Huayuan*, Suzhan Lu, ✆ 67225510. Heruntergekommen und voller Moskitos, als Notlösung aber akzeptabel. DZ zum Teil mit Bad. Vom Bahnhof 15 Min. Fußweg entfernt: am Ausgang nach rechts abbiegen, dann noch einmal nach rechts durch eine Unterführung unter den Gleisen und der Straße bis zur T-Kreuzung folgen; das Hotel liegt auf der rechten Seite, kurz hinter der Ecke (kein englisches Schild).

Lexiang***, 18 Dajin Xiang, ✆ 65222890, 📠 6524 4165. Dritte Gasse südlich der Guanqian Jie, östlich der Renmin Lu. Sehr gutes, freundliches und zentrales Hotel, deshalb eine der besten Mittelklasse-Optionen. CITS gleich nebenan, mehrere gute Restaurants in der Nähe.

Nanlin**–******, Shiquan Jie, ✆ 65194641 oder 65198830, 📠 65191028. Großes Hotel in gartenähnlicher Umgebung mit blitzsauberer Lobby, Luxuszimmern im neuen Flügel, DZ zu angemessenen Preisen im alten Trakt.

Nanyuan***, Shiquan Jie, ✆ 65227661, 📠 6523 8806. Kleines apartes Hotel gegenüber dem *Nanlin*. Weitläufiges Gelände, das zu abendlichen Spaziergängen einlädt. Das Personal ist jedoch ein wenig hochnäsig.

New Century****, 23 Guangji Lu, ✆ 65338888, 📠 65337788. Am westlichen Stadtrand, jenseits des Stadtgrabens gelegen und mit dem Bus Nr. 7 vom Bahnhof zu erreichen. Schön eingerichtete, luftige Zimmer. Bequeme Nähe zu den Geschäften an der Shi Lu.

Sheraton, Luxus, 388 Xin Shi Lu, ✆ 65103388, 🖳 www.sheraton-suzhou.com. Suzhous bestes (und mit Abstand teuerstes) Hotel breitet sich als eine Art Persiflage auf die tradtionelle chinesische Baukunst nahe dem Pan Men im Südwesten der Stadt über ein weitläufiges Areal aus. Geboten werden internationaler Standard, Swimmingpools drinnen und draußen, stille Gärten und ein Bach, der durch das Gelände fließt.

Suzhou***, Shiquan Jie, ✆ 65204646, 📠 6520 4015. Großes, relativ unpersönliches Hotel für Touristengruppen. Die billigsten Zimmer sind ein wenig schmuddelig, haben jedoch saubere Badezimmer.

Yingfeng**, 39 Wuya Chang, ✆ 65300907. Ruhiges, freundliches Hotel am Kanal, unweit der Shiquan Jie – zu erreichen über die schmale Gasse, die gegenüber vom *Suzhou Hotel* abzweigt, dann bis hinter eine Brücke laufen, wo das Hotel rechter Hand liegt. Angemessene Preise.

Youyi (auch: *Friendship Hotel)***, Zhuhui Lu, ✆ 65205218, 📠 5206221. Eine Straße südlich der Shiquan Jie. Großes, freundliches Haus mit fairen Preisen und einem gemütlichen, nach oben offenen Garten im zentralen Atrium.

Essen

Die hiesige Küche mit ihrem Schwerpunkt auf Fisch aus den nahen Seen und Flüssen wird zu Recht gerühmt. Zu den Spezialitäten gehören *yinyu* (Silberfisch) und *kaobing* (geröstete Pfannkuchen mit süßer Füllung). Die Stadt verfügt über zahlreiche Restaurants aller Preiskategorien.

Kräftiges für Zwischendurch …

und weiter zu neuen Zielen

Korean Restaurant, Daichengqiao Lu, wenig südlich der Shiquan Jie. Eines der besten von mehreren fantasielos benannten koreanischen Restaurants. Gutes Grillfleisch, das am Tisch zubereitet wird.
Sakura Gawa, Shiquan Jie, westlich des *Nanyuan Hotel.* Elegantes japanisches Restaurant und längst nicht so teuer, wie es von außen wirkt. Gerichte für rund ¥50 p.P.
Shiquan Ren Jia, Shiquan Jie, gleich westlich des *Sakura Gawa.* Keine schlechte Adresse für lokale Spezialitäten, zudem nicht teuer.
Sicily Restaurant and Pub, 1 Shaomozhen Xiang. Dunkle, gemütliche Bar, die westliche Speisen anbietet. Die Spaghetti sind nur durchschnittlich, lecker hingegen die Pommes frites.
Songhelou Caiguan, Guanqian Jie, 200 m östlich der Renmin Lu. Berümtestes Restaurant der Stadt, das sich brüstet, schon Kaiser Qianlong bewirtet zu haben. Umfangreiche Fischkarte (u.a. Krabben, Aal, Eichhörnchenfisch). Schön, aber mit ca. ¥150 p.P. nicht gerade preiswert.
Vier berühmte Restaurants, von denen jedes älter als 100 Jahre ist, versammelt die **Taijian-Gasse**, ein kurzer Straßenzug, der von der Guanqian Jie gegenüber dem Xuanmiao Guan abzweigt: ***Dasanyuan,*** im Haus Nr. 8, ***Deyuelou,*** Nr. 27, ***Wangsi,*** Nr. 23, und ***Laozhengxing,*** Nr.19. Sie alle sind groß und nicht billig, doch für schmackhafte Einblicke in die lokale Kochkunst nur zu empfehlen und bieten zudem neben freundlicher Atmosphäre auch englische Speisekarten.
Yonghe Doujiang Xiaochi, vor dem Eingang zum Garten des Meisters der Netze. Preiswerte Snacks, *jiaozi* (Teigtaschen), Nudelsuppen und Sojabohnenmilch. 🕓 24 Std.

Unterhaltung

Das Nachtleben Suzhous ist nicht besonders ausgeprägt. Einige touristische Bars gibt es an der Shiquan Jie in der Nähe des Wangshi Yuan, die beiden besten darunter sind das ***Pulp Fiction,*** 200 m westlich des Suzhou Hotel, und die kleine ***Pub Bar,*** 50 m weiter westlich.
Am lohnendsten sind die allabendlichen **Theateraufführungen** im Wangshi Yuan, wo in acht Kurzpräsentationen von der Peking-Oper über Volkstänze bis hin zu szenischen Lesungen die wichtigsten Formen chinesischer Bühnenkunst vorgestellt werden. Die Aufführungen finden von 19.30 bis 22 Uhr statt und kosten ¥60. Gelegentlich bringt das Opern- und Theatermuseum (s.S. 370), ✆ 67533268, im eigenen Theater an der Renmin Lu, nur wenig südlich der Pingsi Lu, Opern im Kun-Stil auf die Bühne.

Einkaufen

Es gibt zahllose Möglichkeiten, Seide einzukaufen, doch besonders in den Boutiquen an der **Shiquan Jie** und **Guanyin** Jie sowie auf dem Nachtmarkt an der **Shi Lu** werden hohe Preise verlant. Man muss hart handeln, denn die Verkäufer fordern von Ausländern Preise, die mitunter zehnfach überzogen sind.
Eine gute Auswahl bietet der *King Silk Store* neben dem Seidenmuseum, u.a. schöne Steppdecken für rund ¥300. Das Antiquitätengeschäft, Renmin Lu, Ecke Ganjiang Dong Lu, ist die beste Adresse für alte Möbel; 🕓 tgl. 10–17.30 Uhr.
Gute Gemälde und Stickereien findet man in einem Pavillon nahe der Kreuzung Renmin Lu und Baita Xi Lu sowie in den Geschäften an der Shiquan Jie.

Sonstiges

AMT FÜR ÖFFENTLICHE SICHERHEIT (PSB) – Renmin Lu, an der Kreuzung mit der kleinen Gasse Dashitou Xiang.

BOOTSAUSFLÜGE – Von einer kleinen Anlegestelle gegenüber dem Bahnhof starten Boote zu zweistündigen Ausflügen auf dem Kaiserkanal, die nach Süden Richtung Pan Men oder nach Norden Richtung Hu Qiu führen; ¥30 p.P. bei Gruppen, wer das Boot für sich allein haben möchte, zahlt ca. ¥150.

BUCHLÄDEN – ***Xinhua Shudian,*** 166 Guanqian Jie. Kleine Auswahl an klassischen Romanen.

FAHRRÄDER – An der Shiquan Jie gibt es zahlreiche Fahrradverleihe, die meisten davon westlich des *Suzhou Hotel.* Sie berechnen durchschnittlich ¥20 pro Tag, manche lassen sich auch auf

¥10–15 herunterhandeln. Auch gegenüber dem Seidenmuseum gibt es einen Fahrradverleih.

GELD – ***Bank of China***, Hauptfiliale im Zentrum an der Renmin Lu, nördlich der Guanqian Jie; ◷ Mo– Fr 8.30–11.30 und 13.30–16, Sa 8–11.30 Uhr. Alle besseren Hotels bieten ihren Gästen den Umtausch von Geld an.

INTERNET – Der angenehmste Ort, um online zu gehen, befindet sich an der Shizi Jie, östlich des Krankenhauses, und ist mit ¥1,50 pro Stunde zugleich der billigste Anbieter; ◷ tgl. 9–23 Uhr. Alternativen sind *China Telecom,* 333 Renmin Lu (◷ tgl. 9.30–21 Uhr, ¥4 pro Std.) oder das Internet-Café westlich des *Nanlin Hotel* auf der gegenüberliegenden Straßenseite (¥5 proStd.). Entlang der Shiquan Jie eröffnen und schließen ständig Internet-Cafés – aktuelle Information hierzu sind in den Hotels zu erfahren.

MEDIZINISCHE HILFE – ***Krankenhaus Nr. 1*** im Osten der Stadt an der Fenghuang Jie, Ecke Shizi Jie.

POST UND TELEFON – ***Hauptpostamt*** an der Renmin Lu, Ecke Jingde Lu.

REISEBÜROS – Bei begrenzter Zeit können sich Tagestouren zu den wichtigsten Sehenswürdigkeiten lohnen. Abfahrt entsprechender Minibusse um 7.30 Uhr vom Bahnhof, wo sie um 16 Uhr auch wieder enden; ¥10 exkl. Eintrittsgelder. ***CITS,*** Dajing Xiang, neben dem *Lexiang Hotel,* ✆ 65155199, sowie andere Agenturen bieten Rundfahrten in klimatisierten Touristenbussen inkl. Mittagessen und Eintrittsgebühren für ca. ¥260. Fast alle großen Hotels bieten außerdem eigene Dienste an.

VORWAHL – 0512

Nahverkehrsmittel

Die Busse Nr. 1 und Nr. 20 fahren vom östlichen Bahnhofsplatz ins Zentrum. Einige private **Minibusse** steuern von dort auch Wuxi und Ziele am Tai Hu an.

Transport

BUSSE – Suzhou hat zwei große Busbahnhöfe. Vom direkt östlich des Bahnhofs angesiedelten **Busbahnhof Beimen** verkehren alle 30 Min. Busse nach Shanghai und Wuxi, außerdem häufige Busse nach Zhouzhuang. Der **Busbahnhof Nanmen** am Südende der Renmin Lu bedient Ziele im Süden, u.a. Hangzhou und Wenzhou; Anbindung ans Zentrum von dort mit dem Bus Nr. 1. Vom dritten, eventuell ebenfalls zweckdienlichen **Busbahnhof Wu Xianshi**, ein ganzes Stück südlich des Stadtgrabens und ebenfalls an der Strecke des Busses Nr. 1 gelegen, bestehen Verbindungen zu nahen Orten wie Tongli und Zhouzhuang.

Verbindungen von den Busbahnhöfen
Beimen nach:
HANGZHOU 4 Std.;
NANJING 3 Std.;
SHANGHAI 1–2 Std.;
WUXI 1 Std.;
YANGZHOU 5 Std.
Nanmen nach:
DINGSHAN 3 Std.;
TONGLI 1 Std.;
YIXING 3 Std.;
ZHOUZHUANG 2 Std.

EISENBAHN – Fast alle Besucher Suzhous wählen die Bahn als Transportmittel, da die Stadt an der tgl. von zahlreichen Zügen befahrenen Hauptstrecke zwischen Shanghai und Nanjing liegt. Vielleicht weil Suzhou ein bedeutendes Touristenziel ist, gebärden sich die Hotelschlepper wesentlich aggressiver als anderswo in China – am besten schüttelt man sie ab, indem man sie einfach ignoriert.
Die Verkaufsstelle für Fahrkarten befindet sich in einem separaten Gebäude links des Bahnhofsausgangs. Eine weitere Verkaufsstelle gibt es in der 556 Renmin Lu, 1. Stock. *CITS* und die meisten Hotels besorgen Fahrkarten gegen eine geringe Gebühr.

Züge nach:
HANGZHOU 9x tgl., 3–4 Std.;
NANJING 15x tgl., 3–4 Std.;

SHANGHAI 18x tgl., 1 Std.;
WUXI 17x tgl., 1 Std.;
ZHENJIANG 16x tgl., 2–3 Std.

FÄHREN – Eine tgl. Fähre verbindet Suzhou und Hangzhou; Abfahrt 17.30 Uhr vom Ableger am südlichen Ende der Renmin Lu, nahe dem Busbahnhof Nanmen;13 Std., Hartsitzklasse ¥20, Pritsche in einer Viererkabine ¥60, Privatkabine ¥180 für Privatkabinen. An Bord gibt es eine Bar und Karaoke. Ankunft aus Hangzhou gegen 7 Uhr. Fahrkarten sind am Anleger sowie im Büro in der 556 Renmin Lu, 1. Stock, erhältlich.

FLÜGE – Der nächstgelegene Flughafen befindet sich in Shanghai, ca. 1 Std. mit dem Taxi entfernt. Für Buchungen und Reservierungen gibt es ein ***CAAC***-Büro, 120 Renmin Lu, etwas südlich der Gangjiang Lu, ✆ 5222788; 🕒 tgl. 8–11.30 und 13–17.15 Uhr.

Die Umgebung von Suzhou

In der näheren Umgebung Suzhous laden verschiedene Orte zu schönen Tagesausflügen per Fahrrad oder Bus ein. Eine kurze Fahrradtour entlang der Kanäle nach Süden führt zum Hauptarm des Kaiserkanals und zur **Baodai Qiao** (Brücke des Kostbaren Gürtels), von wo sich der Kanal seinen Weg nach Hangzhou bahnt. Das Bauwerk aus der Tang-Dynastie mit 53 Bögen ist nach Wang Zhongshu benannt, einem örtlichen Präfekten, der selbstlos seinen kostbaren Gürtel verkaufte, um Geld für seine Untertanen zu erwerben. Es ist kein wahnsinnig aufregender Ort, doch da der Verkehr inzwischen über eine neue Brücke fließt, kann man dort in relativer Idylle den vorbeifahrenden Schiffen hinterhersehen und einheimische Angler beobachten. Der Weg zur Brücke führt südwärts entlang der Renmin Lu über den Stadtgraben, dann durch Suzhous südliche Vorstädte bis zu einem Kreisverkehr, in dessen Mitte eine Nachbildung des Eiffelturms steht, und weiter über den breiten Kaiserkanal bis zur Shihu Lu, der ersten großen Kreuzung. Dort biegt man nach links ab und fährt knappe 3 km bis zur nächsten großen Kreuzung, um erneut nach links abzubieten und einem Kanal zu folgen.

Ein ganzes Stück weiter südlich liegt 23 km von Suzhou entfernt das Städtchen **Tongli**, das als sehr schönes Beispiel den typischen Charakter der Kanaldörfer und -städte der Region widerspiegelt. Fast alle Häuser liegen dort an Kanälen, die von insgesamt 49 Steinbrücken überspannt werden, und praktisch sämtliche Fortbewegung findet mit Hilfe von Booten statt. Von Suzhous Busbahnhof Wu Xianshi, südlich des Stadtgrabens, verkehren Minibusse nach Tongli (¥5). Die Hauptstraße durch Tongli ist inzwischen recht touristisch und wird von Souvenirständen mit überteuerten Waren sowie zahlreichen Restaurants gesäumt. Abseits davon führen jedoch Seitengassen an malerische Kanäle mit erhabenen Brücken, überhängenden Weiden und Spazierwegen am Ufer. Zu den bedeutendsten Sehenswürdigkeiten gehören der **Tuisi Yuan** (🕒 tgl. 8–16.15 Uhr, Eintritt ¥8), ein Garten aus der späten Qing-Dynastie, der vage an Suzhous Ou Yuan erinnert, sowie die **Jiayin-Halle** (🕒 tgl. 9–17.15 Uhr, Eintritt ¥2), das zweistöckige, bescheidene Wohnhaus von Liu Yazi, eines nationalistisch gesinnten Schauspielers und Unterhaltungskünstlers, der unter anderem durch seine exzentrische Sammlung von Kopfbedeckungen aus Gaze bekannt wurde. Zwischen Tongli und der Kanalstadt Zhouzhuang verkehren Schnellboote. Die Fahrt, die u.a. über den Tongli-See führt, dauert 45 Minuten und kostet ¥80–100. Als interessanter, wenngleich langer Tagesausflug lässt sich die Busfahrt am Morgen nach Tongli mit der Bootsfahrt gegen Mittag nach Zhouzhuang und der Rückkehr per Bus nach Suzhou am späten Nachmittag verbinden.

Nicht minder interessante Ziele warten **westlich** von Suzhou in Richtung des Sees Tai Hu. 15 bzw. 18 km von Suzhou entfernt in den flachen Vorbergen die Hügel **Lingyan Shan** (Berg des Erhabenen Abhangs) und **Tianping Shan** (Berg des Flachen Himmels), die beide herrliche Ausblicke auf die Umgebung bieten und ausgehend von der Sufugong Lu am südwestlichen Stadtgraben im Rahmen einer ausgedehnteren Tagestour mit dem Fahrrad erkundet werden können. Alternativ dazu kann man auch den Bus Nr. 16 vom Bahnhof zum Lingyan Shan nehmen. Am Lingyan Shan führen Steinstufen an einem Glockenturm vorbei zu einer ummauerten Anlage mit einer Tempelhalle, einer siebenstöckigen Pagode und einem Brunnen. 🕒 tgl. 6.30–17.30 Uhr, Eintritt ¥11. Der 3 km entfernte Tianping Shan war mit seinen

Bächen und zahlreichen bizarren Felsformationen bereits zur Zeit der Song-Dynastie ein beliebtes Ausflugsziel. Bewaldete Pfade winden sich an Pavillons und kleinen Gärten vorbei hinauf zum Gipfel, und im Herbst scheinen die Ahornbäume, die die Hänge überziehen, in Flammen zu stehen. 🕓 tgl. 6.45– 16.45 Uhr, Eintritt ¥6. Abenteuerlustige können vom Tianping Shan auf einem ca. 4 km langen Pfad den Bergkamm entlang zum **Tianchi Shan** wandern und einen weiteren Tempelkomplex in reizvoll abgelegener Umgebung erkunden.

Tai Hu

Der von zahlreichen Inseln durchsetzte und von bewaldeten Hügeln umgebene Tai Hu ist einer der vier größten Süßwasserseen Chinas und erhält durch ergiebige Regenfälle beständig neuen Wassernachschub. Im durchschnittlich nur 2 m tiefen, relativ sauberen See werden Fische gezüchtet, während auf den Inseln unter idealen Bedingungen Lotus und Wasserkastanien gedeihen. Auch das übrige Pflanzen- und Tierleben ist vielfältig. Die Ufer (insbesondere das Westufer zwischen den Höhlen und Töpferwerkstätten im Bezirk Yixing) werden von Teeplantagen und Obstgärten gesäumt, in denen Japanische Wollmispeln, Birnen, Pfirsiche, Aprikosen und Pflaumen wachsen. Von Suzhou am bequemsten zu erreichen sind die malerisch-ländlichen Gegenden um den **Dong Shan** und den **Xi Shan** am südöstlichen Seeufer, während der beste Ausgangspunkt für einen Aus-

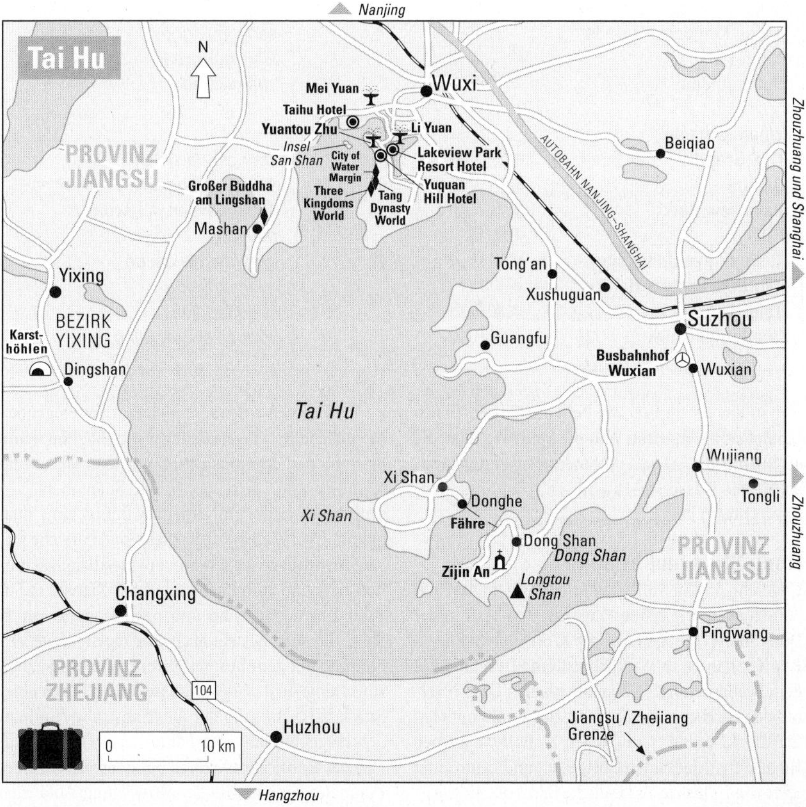

Tai Hu und Wuxi

Tai Hu	太湖	***tàihú***
Dong Shan	东山	***dōngshān***
Longtou Shan	龙头山	*lóngtóu shān*
Zijin An	紫金庵	*zǐjīn ān*
Xi Shan	西山	***xīshān***
Donghe	东河	*dōnghé*
Linwu-Höhle	林屋古洞	*línwūgǔdòng*
Wuxi	无锡	***wúxī***
City of Water Margin	水浒景区	*shuǐhǔ jǐngqū*
Lingshan-Buddha	灵山大佛	*língshān dàfó*
Mei Yuan	梅园	*méiyuán*
Miaoguang-Pagode	妙光塔	*miàoguāng tǎ*
Tang Dynasty World	唐朝景区	*tángcháo jǐngqū*
Three Kingdoms Worlds	三国景区	*sānguó jǐngqū*
Xihui-Park	锡惠公园	*xīhuì gōngyuán*
Yuantou Zhu	鼋头渚	*yuántóuzhǔ*
Übernachtung		
CTS Grand	中旅大酒店	*zhōnglǚ dàjiǔdiàn*
Jinhua	锦华大饭店	*jǐnhuá dàfàndiàn*
Lakeview Park	太湖花园度假村	*tàihúhuāyuán dùjiàcūn*
Milido	美丽都	*měilìdū*
Qinggongye University Foreign Experts Hotel	轻工业大学专家楼	*qīnggōngyè dàxué zhuānjiālóu*
Taihu Hotel	太湖饭店	*tàihú fàndiàn*
Yuquan Hill View	玉泉山庄	*yùquán shānzhuāng*

flug in das berühmte und beliebte Tai-Hu-Landschaftsgebiet **Yuantou Zhu** die Stadt Wuxi ist, die 40 km nordwestlich von Suzhou in einer Landschaft aus Wasser, fruchtbaren Ebenen und niedrigen Hügeln liegt.

Dong Shan und Xi Shan

Ungefähr 35 km von Suzhou entfernt ragen zwei Landzungen wie grüne Finger in den Tai Hu: der Dong Shan (Osthügel) und der Xi Shan (Westhügel). Der Xi Shan ist in Wirklichkeit eine Insel, die mit dem Festland durch einen künstlichen Damm verbunden ist. Hier präsentiert sich der Tai Hu mit kleinen Dörfern und freundlichen Menschen, grünen Hügelketten, duftenden Obstgärten und kaum einer Spur von Industrie als ländliche Bilderbuchidylle.

Im Rahmen eines ausgedehnten, im Folgenden beschriebenen Tagesausflugs von Suzhou kann man mit dem Minibus zum Dong Shan fahren, am Nachmittag mit dem Boot zum Xi Shan übersetzen und dann wieder mit einem Minibus zum Busbahnhof Wu Xianshi zurückkehren. Zahlreiche private **Minibusse** verkehren vom westlichen Bahnhofsplatz und vom Busbahnhof Wu Xianshi in Suzhou zum Dong Shan und nach Donghe am Xi Shan, daneben besteht auch eine regelmäßige Verbindung mit dem Bus Nr. 20 vom Bahnhof Suzhou zum Dong Shan. Die Minibusse fahren bis zu einer Straßenkreuzung, an der die Ringstraße rund um den Hügel beginnt. Der Fähranleger *(lugang matou)* der **Boote** zum Xi Shan befindet sich mehrere Kilometer nordwestlich der Abzweigung; Abfahrten tgl. 7.30 Uhr und 14.30 Uhr, 30 Min., ¥5. Für eine Rundfahrt um den Dong Shan stehen **Motor-Rikschas** zur Verfügung, die bei Ankunft der Busse bereits auf Passagiere warten. Für eine solche Tour ist inkl. Wartezeiten für Zwischenstopps mit ¥30–40 zu rechnen. Wer übernachten will, findet nahe der Straßenkreuzung eine Hand voll preiswerter Unterkünfte und Restaurants.

Am Dong Shan angekommen, empfiehlt sich der Weg von der Straßenkreuzung nach Süden (d.h. nach links) zum alten buddhistischen **Zijin An** (Purpurgoldenes Nonnenkloster), das für seine antiken Statuen und die reizvolle Lage in einem abgeschiedenen, vom süßen Duft der umliegenden Apfelsinenhaine geschwängerten Wald bekannt ist; 🕓 tgl. 7–17 Uhr, Eintritt ¥6. Ein Stück weiter erhebt sich im Süden der Halbinsel der **Longtou Shan** (Drachenkopfberg). Wenn der Gipfel nicht gerade von Wolken umhüllt ist, wird der leichte Aufstieg mit schönen Ausblicken auf die umliegenden Felder, die Teeplantagen und den See belohnt. Alle Rikschafahrer beschwören, dass die Nordseite des Dong Shan die besten Ausblicke auf den Tai Hu biete, tatsächlich aber liegen die schönsten Aussichtspunkte auf der Südseite der Halbinsel in der Gegend südlich des Longtou Shan, die nur zu Fuß zu erreichen ist.

Am Xi Shan fahren Motor-Rikschas zur **Linwu Dong**, einer nicht sonderlich spektakulären, im 10. Jahrhundert entdeckten Kette von Höhlen, von deren Öffnung sich aber immerhin ein lohnender Blick auf den darunterliegenden See werfen lässt; 🕓 tgl. 8–17.30 Uhr, Eintritt ¥9. Von **Donghe**, der kleinen Siedlung auf der Insel, fahren Busse über den 4 km langen künstlichen Damm und weiter nach Suzhou; letzte Abfahrt gegen 18 Uhr.

Wuxi

Die Stadt Wuxi, das nahe am nördlichen Seeufer gelegene regionale Zentrum, ist nicht besonders attraktiv, bietet sich aber als idealer Ausgangspunkt für eine Erkundung des Tai Hu an. Angeblich wurde Wuxi vor über 3500 Jahren als Hauptstadt des Königreichs Wu gegründet und behielt diese Funktion mehr als 600 Jahre lang bis zum Beginn der Han-Dynastie und dem Versiegen der Zinnvorkommen in den nahen Minen. Zu jener Zeit wurde die Wu-Hauptstadt ins westliche Wuhan verlegt (Wuxi bedeutet: „ohne Zinn"). Erst der Bau des Kaiserkanals Jahrhunderte später belebte hier wie in vielen anderen Kanalstädten den Handel und die Wirtschaft in der Region wieder. Heute steht Wuxi als Seeort im Schatten von Hangzhou und als Kanalstadt mit traditionellen Gärten im Schatten von Suzhou. Im Bestreben, Touristen von den berühmteren Nachbarstädten wegzulocken, haben Wuxis Stadtplaner in den vergangenen Jahren so künstliche wie konsumorientierte touristische Fertigkost in Gestalt von mehreren Themenparks und des **größten Buddhas** der Welt ersonnen. Die Einheimischen kommen in Scharen, um sich am Seeufer zu vergnügen und die Statue zu bestaunen, doch ausländische Besucher verpassen nicht viel, wenn sie ihre Erkundungen auf den See beschränken.

Die **Altstadt** von Wuxi besitzt einen nahezu ovalen Grundriss und wird von einem Ring aus Kanälen umgeben. Ungefähr 1 km südwestlich dieses Rings durchquert der Hauptarm des Kaiserkanals die modernen Stadtteile. Innerhalb des Kanalrings verläuft die Ringstraße Jiefang Lu, die in Nord-Süd-Richtung von der Zhongshan Lu und in Ost-West-Richtung von der Renmin Lu gekreuzt wird. Um den Kreuzungspunkt der beiden Straßen dehnt sich Wuxis Zentrum aus.

Zu ein paar angenehmen Stunden zwischen Bäumen und Spazierwegen lädt westlich des Zentrums der **Xihui Park** ein, den angeblich schon Kaiser Qin Shi Huang besucht haben soll. Der Pfad vom Haupteingang an der Huihe Lu führt zur Longguang Ta (Drachenlicht-Pagode) auf dem Gipfel des **Xi Shan**. Interessanter ist die lange Fahrt auf den Gipfel des benachbarten **Hui Shan** mit der **Seilbahn** (¥25), die an klaren Tagen wundervolle Panoramablicke auf den Tai Hu eröffnet, aber einiges an Schwindelfreiheit erfordert. Der Hui Shan liefert den besonderen schwarzen Ton, der für die nicht sonderlich ansehnlichen Figurinen verwendet wird, die schon mindestens seit der Ming-Dynastie hergestellt und überall in Wuxi verkauft werden. Anfahrt zum Park mit dem Bus Nr. 2 vom Bahnhof. 🕓 tgl. 7–19 Uhr, Eintritt ¥4.

Übernachtung

CTS Grand*****, direkt gegenüber vom Bahnhof, ✆ 0510/2300888, 📠 2304561, ist nichts sagend.

Jinhua**, Dongliang Xi Lu, ✆ 0510/2720612, 📠 2711092.
Milido****, 2 Liang Xi Lu, ✆ 0510/5865665, 📠 5801668. Anspruchsvoll.
Qinggongye University Foreign Experts Hotel*, 170 Huihe Lu, ✆ 0510/5861034. Mit Abstand billigste Unterkunft. Zimmer durchweg gemütlich, sehr sauber und mit Bad. Anfahrt mit dem Bus Nr. 2 vom Bahnhof, an der zweiten Haltestelle (Qingshanwan) hinter der großen Brücke über den Kaiserkanal aussteigen, die Straße überqueren und nur wenige Meter weiter gehen, bis das englische Schild zu sehen ist.
Weitere Übernachtungsmöglichkeiten in schönerer Umgebung am See.

Essen

Wuxis berühmtester Beitrag zur chinesischen Küche sind Spareribs, die in einer scharfen Sauce auf Sojabasis zubereitet und in fast allen **Restaurants** der Stadt angeboten werden. Gute und nicht zu teure Restaurants gibt es an der Zhongshan Lu, etwas südlich der Kreuzung mit der Renmin Lu, darunter das ***Wuxi Roast Duck Restaurant*** mit englischer Speisekarte.
Wangxingji Wonton Restaurant, im Zentrum, Zhongshan Lu, Ecke Xueqian Jie, gute Snacks. Gerühmt werden dort die „Wonton-Suppe der drei frischen Zutaten" (zubereitet mit Schweinsfüßen, Garnelen und Eiern) und die gedämpften Teigrollen mit Krabbenfüllung.
Zhongguo Restaurant, nahe dem Bahnhof, einige Straßen südlich der Brücke. Gerichte der Jiangsu-Küche, u.a. kalter, knuspriger Aal und Gemüsepfannkuchen.
Huang Ting Delicious Food City, im Chongan-Tempel im Zentrum. Die „Stadt" blickt auf eine mehr als 120jährige Geschichte zurück und hat leckere Pflaumenkuchen und *Yulan*-Gebäck im Angebot.

Transport

BUSSE – Großer **Busbahnhof für Überlandbusse** im Norden, etwas westlich des Bahnhofs, ein kleinerer **Busbahnhof im Südwesten** der Stadt, jenseits der Liangxi-Brücke über den Kaiserkanal. Von letzterem verkehren auch der Bus Nr. 20 sowie zahlreiche Minibusse durch die Stadt zum Bahnhof.
Busse vom Überlandbusbahnhof nach:
LIANYUNGANG 8 Std.;
HANGZHOU 4 Std.;
NANJING 2 Std.;
SHANGHAI 2 Std.;
SUZHOU 1 Std.;
YANGZHOU 2 1/2Std.;
ZHENJIANG 1 1/2 Std.
Busse vom westlichen Busbahnhof nach:
YIXING 2 Std.

EISENBAHN – Der **Bahnhof** liegt nordöstlich des Kanalrings. Alle zwischen Shanghai und Nanjing verkehrenden Züge halten in Wuxi.
Züge nach:
HANGZHOU 6x tgl., 5 Std.;
NANJING 14x tgl., 2–3 Std.;
SHANGHAI 14x tgl., 2 Std.;
SUZHOU 16x tgl., 1 Std.;
ZHENJIANG 17x tgl., 2 Std.

FÄHREN – Zwischen Wuxi und Hangzhou besteht eine tgl. Bootsverbindung; Der **Fähranleger** befindet sich am Kaiserkanal, wenige hundert Meter südlich der Liangxi-Brücke. Abfahrt am frühen Abend, 14 Std., Pritsche in einer Viererkabine ¥82. Vom Anleger verkehrt der Bus Nr. 1 entlang der Jiefang Xi Lu zum Bahnhof.

Die Umgebung von Wuxi

Die Wuxi am nächsten gelegenen Ufergebiete des Tai Hu werden von Gärten, Wäldern, Pagoden und Hotels gesäumt. Zwei Parkanlagen, **Mei Yuan** und **Yuantou Zhu**, laden zu Spaziergängen ein, allerdings sind sie teuer und überlaufen. In diesem Bereich des Seeufers sind die Auswüchse der Bauwut, die Wuxi in den letzten Jahren befallen hat, am deutlichsten ersichtlich. Nach westlichem Vorbild entstanden hier kitschige Themenparks in der Hoffnung, dem nahen Suzhou und Hangzhou Touristen abzuluchsen. Die meisten Besucher übernachten zwar in Wuxi, doch hat die rege Bautätigkeit um den Tai Hu auch ein Überangebot an Fremdenzimmern geschaffen, die wesentlich günstiger angeboten werden als in vergleichbaren Unterkünften im Zentrum der Stadt.

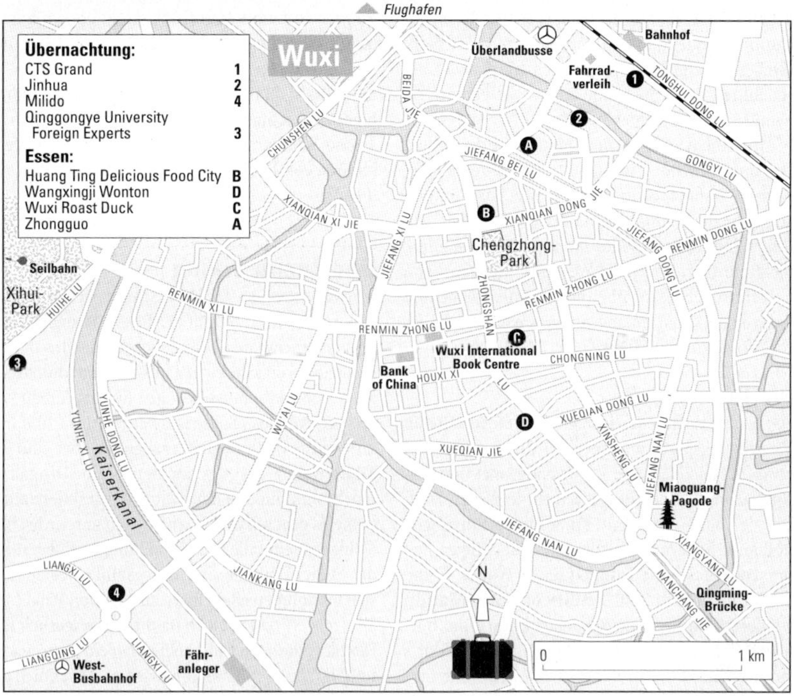

Etwas weiter entfernt steht auf der Halbinsel Ma Shan 10 km südwestlich von Wuxi am Ufer des Tai Hu ein eher lächerlich wirkendes Monument: der uninspirierte **Lingshan Fo** (Buddha des Ling-Bergs). Mit 88 m Höhe ist der mit Bronzeplatten verkleidete Gigant zwar der größte Buddha der Welt, er wurde jedoch nur für die Rekordbücher errichtet (und um Touristen Geld aus der Tasche zu ziehen) und steht an einem Ort ohne jegliche religiöse Bedeutung. Anfahrt mit dem Bus Nr. 14 vom Bahnhof Wuxi. ⏲ tgl. 8–16 Uhr, Eintritt ¥35.

Mei Yuan und Yuantou Zhu

Am Seeufer direkt westlich von Wuxi erstreckt sich an den Hängen eines niedrigen Hügels der Mei Yuan (Pflaumengarten), ein 1912 angelegter Park mit 4000 Pflaumenbäumen, die im Frühling für eine spektakuläre Blütenpracht sorgen. Den schönsten Blick darauf hat man von der Pagode auf dem höchsten Punkt des Parks. Im Herbst duftet es überall nach Osmanthus-Blüten, die zum Würzen von Honigpflaumen, einer hiesigen Spezialität, verwendet werden. Anfahrt mit dem Bus Nr. 2 vom Bahnhof Wuxi. ⏲ tgl. 8–17 Uhr, ¥15.

Etwas südlich des Mei Yuan legen kleine Boote (¥15) zur **Yuantou Zhu** (Schildkrötenkopf-Halbinsel) ab, dem beliebtesten, wenngleich überteuerten Ausflugsziel am Tai Hu. Der große Park, der nur wenig erkennbare Ähnlichkeit mit dem Kopf einer Schildkröte hat, nimmt den nordwestlichen Teil der in den See hineinragenden Halbinsel ein. An der Westspitze steht ein kleiner Leuchtturm, daneben gibt es zahlreiche Teehäuser und Pavillons, die früher von reichen Chinesen als Sommerresidenzen genutzt wurden. Anfahrt mit dem Bus Nr. 1 vom Bahnhof Wuxi. ⏲ tgl. 6.30–17 Uhr, Eintritt ¥50.

Von einem Pier nördlich des Leuchtturms legen regelmäßig Touristenboote zur kleinen **San Shan Dao** (Drei-Hügel-Insel) ab, die einst Räubern als

Schlupfwinkel diente. Begleitet von Ausblicken auf baumbestandene Inseln, geschwungene Buchten, Fischerboote und bei Sonne auch auf blaues Wasser führen gepflegte Pfade zu einem Teehaus, einem Pavillon und einer Pagode.

Von einem anderen, dem Festland zugewandten Pier am Nordende der Yuantou Zhu fahren kleine, schnelle Boote (¥6) in Richtung Mei Yuan und legen nahe der Endhaltestelle der Buslinie Nr. 2 an. Das Ticket hierfür sollte man am Kiosk kaufen, nicht auf dem Boot. Der Weg zum Mei Yuan von dort führt geradeaus über eine kleine Brücke und dann einen Kanal entlang, an dessen anderem Ufer ein Vergnügungspark liegt.

Die Themenparks

Die beiden nach historischen Motiven gestalteten Vergnügungsparks im Süden der Yuantou Zhu sind etwas besser als ihre Pendants andernorts am See. Als Nachbildung einer typisch chinesischen Stadt aus der Tang-Ära samt Kung-Fu-Vorführungen und Mitarbeitern in Kostümen der damaligen Zeit präsentiert sich die **Tang Dynasty World**. ⏲ tgl. 9–22 Uhr, Eintritt ¥20. Die **City of Water Margin** wiederum umfasst die Rekonstruktion einer mittelalterlichen Festungsstadt und eines Kanaldorfs aus der Ming-Dynastie. ⏲ tgl. 8.30–22.30 Uhr, Eintritt ¥36. Beide Parks gehören einem Fernsehsender und dienen häufig als Drehkulisse für Kung-Fu-Serien oder die Verfilmung klassischer Stoffe.

Übernachtung und Essen

Taihu Hotel***, südlich des Mei Yuan zwischen Fischteichen gelegen, ✆ 0510/5517888, von der Endhaltestelle der Buslinie 2 ca. 20 Min. zu Fuß. Herrliche Unterkunft in idyllischer Abgeschiedenheit, von Bäumen umgeben und mit einem Garten, in dem sich Vögel und Glühwürmchen tummeln. Das Hotelrestaurant serviert u.a. ausgezeichnetes Lotusblatt-Huhn, eine lokale Spezialität, bei der das Huhn in Sojasoße geschmort und einem Lotusblattmantel gedämpft wird.

Lakeview Park Resort*******, 8 Qitang Lu, unmittelbar südlich des Eingangs zur Yuantou Zhu, ✆ 0510/5555888, 📠 5556909. Luxuriöser uebenfalls schön gelegen. In der stattlichen Lobby steht ein mechanisches Klavier, alle Zimmer verfügen über Internet-Anschluss.

Yuquan Hill View Hotel*****, direkt gegenüber dem *Lakeview*, ✆ 0510/5559999, 📠 5551599. Luftige und komfortable Zimmer, gutes Preis-Leistungs-Verhältnis,. Besondere Würdigung erfährt hier das Tischtennis: In der Lobby stehen fünf Tische, und den vorderen Garten zieren Bronzestatuen von Tischtennismeistern aus der Provinz Jiangsu.

Der Bezirk Yixing

Am Westufer des Tai Hu erstreckt sich ungefähr 60 km von Wuxi entfernt der Bezirk Yixing in einer sanften, fruchtbaren Ebene, die von Kanälen durchzogen und von zahlreichen kleinen Seen durchsetzt ist, was ideale Voraussetzungen für den Anbau von Tee und Bambus schafft. Das bedeutendste und traditionellste der hiesigen Erzeugnisse aber sind die Töpferwaren aus der kleinen Stadt **Dingshan** (auch: Dingshu). Zu den weiteren Attraktionen des Gebietes gehören die verschiedenen unterirdischen Höhlensysteme, die in den Karsthügeln südwestlich der Stadt Yixing liegen. Das gesamte Gebiet lässt sich im Rahmen eines Tagesausflugs von Wuxi (s.S. 381) aus erkunden, doch da dies unweigerlich mit Hektik verbunden wäre, sollte man eine Übernachtung in Yixing in Erwägung ziehen – eventuell als Zwischenstopp auf dem Weg von Nanjing nach Wuxi oder Hangzhou. Die **Stadt Yixing** selbst bietet Reisenden abgesehen von Transportverbindungen und Unterkünften nur wenig von Interesse.

Dingshan

Wer sich für Töpferei interessiert oder einfach nur ein chinesisches Teeservice kaufen will, sollte Dingshan besuchen. Minibusse aus Yixing benötigen für die Fahrt dorthin nur 30 Minuten. Außer Töpfer- und Keramikwaren gibt es zwar nichts zu sehen, ein Rundgang durch den Ort ist aber allemal faszinierend, lassen sich doch buchstäblich in jeder Ecke und in jedem Winkel Produkte der **Töpferwerkstätten** entdecken. Laternenpfähle aus Keramik säumen die Straße in die Stadt, Töpferscherben knirschen beim Spaziergang entlang der Hauptstraße unter den Füßen, und zerbrochene Tonkacheln zieren die Häuser.

Kaum zu glauben, dass in der kleinen Stadt schon seit dem Beginn der Geschichtsschreibung Töpferwaren hergestellt werden. Man hat einfache

Yixing

Stadt Yixing	宜兴市	***yíxīng shì***
Beisite Guoji	贝斯特国际大酒店	*bèisī tèguójì dàjiǔdiàn*
Huating Hotel	华亭大酒店	*huátíng dàjiǔdiàn*
Yixing Hotel	宜兴宾馆	*yíxīng bīnguǎn*
Bezirk Yixing	宜兴县	***yíxīngxiàn***
Dingshan (Dingshu)	丁山	*dīngshān*
Linggu-Höhlen	灵谷洞	*línggǔ dòng*
Shanjuan-Höhlen	善卷洞	*shànjuǎn dòng*
Zhanggong-Höhlen	张公洞	*zhānggōng dòng*

unglasierte Gefäße gefunden, die auf die Shang- und Zhou-Dynastie zurückgehen, also ein Alter von ca. 3000 Jahren besitzen. Spätestens seit der Han-Dynastie um 200 v. Chr. war Dingshan Chinas bekannteste Produktionsstätte für glasierte Waren – die Stadt hat wesentlich dazu beigetragen, dass Keramikwaren im Englischen noch heute *china* heißen. Seine größte Blüte erlebte Dingshan zwar unter der **Ming-Dynastie** im 14. Jahrhundert, in den ca. 30 Töpferwerkstätten wird jedoch noch heute reichlich produziert. Sandiger Ton aus der Umgebung liefert das Material für die hiesigen matt braunen, unglasierten Töpferwaren, die einen hohen Anteil an Eisen und die Eigenschaft besitzen, die Farbe, den Duft und das Aroma des Tees aufzunehmen und somit beste Teekannen abgeben. Wer eine solche Kanne erwirbt, sollte sie nach dem Benutzen nie auswaschen, denn irgendwann soll sie vom Tee so durchdrungen sein, dass man überhaupt keine Teeblätter mehr hinzugeben muss.

Entlang Dingshans Hauptstraße gibt es etliche Läden und Stände, die Teeservice zu sehr günstigen Preisen anbieten. Kaufinteressierte sollten darauf achten, dass die Kanne gut steht, der Deckel richtig passt und beim Anschnippen der Kanne ein klarer, heller Ton erklingt. Nicht unwichtig ist zudem die Oberflächenbeschaffenheit: Eine raue Materialstruktur deutet keinesfalls auf schlechte Qualität hin; im Gegenteil, die Kannen sollen rau sein, insbesondere innen. Man sollte auch etwas Wasser in die Kanne füllen lassen, um sicherzustellen, dass die Flüssigkeit beim Einschenken aus der Tülle gut fließt und nicht nur tröpfelt. Zu guter Letzt ist Handeln angezeigt, denn in der Regel sind alle Waren für ungefähr die Hälfte des anfänglich verlangten Preises zu haben.

In Dingshan werden auch **Dachziegel** und Ziergegenstände hergestellt, die für den Wiederaufbau der chinesischen Tempel benötigt werden. Besonders schön sind die riesigen Töpfe mit den sich darumwindenden Drachen sowie die schweren runden, blau glasierten Tische, die man in vielen chinesischen Gärten finden kann. Das **Ausstellungszentrum**, 2 km nördlich der Endhaltestelle der Minibusse auf der Hauptstraße, zeigt sowohl sehr kunstvolle Töpferarbeiten, angefangen von zierlichen Teekannen aus der Song-Dynastie bis hin zu extravaganten modernen Lampen, als auch profanere Gebrauchsgegenstände wie Toilettenschüsseln und Zündkerzen-Isolatoren.

Die Yixing-Höhlen

Südlich und westlich der Städte Yixing und Dingshan erstrecken sich malerische Hügel, Wälder, Teeplantagen und, unter der Erde, einige sehenswerte **Karsthöhlen**. Da die verschiedenen Höhlen von Yixing aus mit Bussen zu erreichen sind (an beiden Busbahnhöfen nachfragen) und zwischen ihnen häufige Minibusse verkehren, lässt sich iher Erkundung zu einem schönen, weitgehend unabhängigen Tagesausflug durch die Gegend verbinden. Alternativ dazu kann man von Yixing und Wuxi aus auch an Touren dorthin teilnehmen. In jedem Fall ist es ratsam, festes Schuhwerk und einen Nässeschutz gegen tropfende Stalaktiten mitzunehmen. ◷ der Höhlen tgl. bis ca. 16 Uhr, Eintrittspreise unterschiedlich, max. ¥30.

Das der Stadt am nächsten gelegene und interessanteste Höhlensystem **Zhanggong** ist mit dem Bus von Yixing in 40 Min., zu Fuß von Dingshan in 10 Min. zu erreichen. Zhanggong besteht aus 72 einzelnen Höhlen, die auf zwei Ebenen durch über 1500 Stufen miteinander verbunden sind. In Wirklichkeit besteigt man einen Hügel, nur eben von innen. Obwohl die Stalaktiten, Stalagmiten und anderen Felsformationen alle nach exotischen Wesen und Alltagsgegenständen benannt sind, ist viel Phantasie erforderlich, um derartige Ähnlichkeiten festzustellen. Der Legende nach sollen Zhang Daolin, der Vater des chinesischen Daoismus, und Zhang Guolao, einer der legendären Acht Unsterblichen, ihre Lehren dort praktiziert haben. Hauptattraktion ist die **Halle des Seedrachenkönigs**, in der sich das Gestein in bizarren Windungen in die Höhe schraubt, um weit oben und umgeben von einem gespenstisch wirkenden Dunstschleier an die Oberfläche des grünen Berghangs zu treten.

Nach weiteren 15 Min. Busfahrt durch Teeplantagen erreicht man südlich der Zhanggong-Höhlen die erst jüngst entdeckte Gruppe der **Linggu-Höhlen**, in denen es einen unterirdischen Wasserfall gibt. Das System aus zahlreichen großen miteinander verknüpften Höhlen ist noch nicht vollständig erforscht, doch wurden jahrhundertealte menschliche Überreste und Inschriften aus der Tang-Dynastie entdeckt. Die Inschriften stammen offenbar zum größten Teil von dem Tang-Poeten Lu Guimeng, der angeblich zufällig auf die Höhlen stieß, als er nach den perfekten Teeblättern suchte. Vom Höhleneingang eröffnen sich prächtige Ausblicke auf den Tai Hu sowie auf Bambushaine, Teeplantagen und üppig grüne Hügel. In der Nähe der Linggu-Höhlen erstreckt sich die ausgedehnte **Teeplantage Yanxian** bis in die Hügelketten in der Ferne. Der Tee ist dort definitiv zu teuer, die Aussicht hingegen ist einzigartig.

Das dritte und am meisten besuchte Höhlensystem **Shanjuan** liegt 25 km (oder 1 Std. Busfahrt) südwestlich von Yixing ungefähr auf halber Strecke auf dem Weg nach Dingshan. Die Höhlen umfassen drei miteinander verbundene Ebenen. Die oberste davon nimmt eine schneckenhausförmige Höhle ein, interessant ist aber vor allem die untere Wasserhöhle, wo sich Besucher in einem Boot durch unterirdische, infolge von Gesteinszersetzung entstandene Passagen fahren lassen können.

Übernachtung

Wer in Yixing eine Unterkunft sucht, muss von beiden Busbahnhöfen aus ostwärts über die Taige Lu in Richtung des hohen, unübersehbaren Gebäudes der *Bank of China* gehen.

Beisite Guoji Hotel***, 15 Min. Fußmarsch von den Busbahnhöfen entfernt, ✆ 0510/7908866, 📠 7906412. Große und elegante DZ.

Huating Hotel***, Jiefang Lu, ✆ 0510/7911888, 📠 7903364, bietet ähnliche Zimmer der gehobenen Klasse. Zu Fuß biegt man vor dem *Beisite Guoji* nach Süden auf die Brücke ab und läuft entlang der Renmin Lu bis zur links abzweigenden Jiefang Lu.

Yixing Hotel****, zentral, ✆ 0510/7916888, 📠 7900767, befindet sich weiter südlich entlang der Renmin Lu, links hinter einem imposanten Torbogen. Sauber und gut geführt.

Im Torbogen sind mehrere Agenturen untergebracht, in denen Ausflüge und Fahrzeuge mit Chauffeur gebucht werden können.

Transport

Am nordwestlichen Rand der Stadt Yixing gibt es **zwei Busbahnhöfe**, den städtischen Busbahnhof *(Shi)* und den kleineren Provinz-Busbahnhof *(Sheng)*.

Zwischen den Bahnhöfen und Dingshan im Süden pendeln zahlreiche Minibusse (¥3).

Busse nach:

HANGZHOU 4 Std.;
NANJING 4 Std.;
WUXI 2 Std.;
ZHENJIANG 3 Std.

Zhenjiang

Nordwestlich von Changzhou und Wuxi und östlich von Nanjing liegt die Stadt Zhenjiang, die gewiss nicht zu den schönsten Chinas zählt, jedoch drei reizvolle Tempel zu bieten hat, die jeweils auf dem Gipfel eines Hügels stehen, der wundervolle Ausblicke auf den Yangzi gewährt. Die Stadt lohnt einen Abstecher im Rahmen eines Tagesausflugs von Nanjing oder als Zwischenstopp auf der Fahrt von Shanghai oder Suzhou nach Nanjing. An Wochenenden tummeln sich die Touristenscharen in den

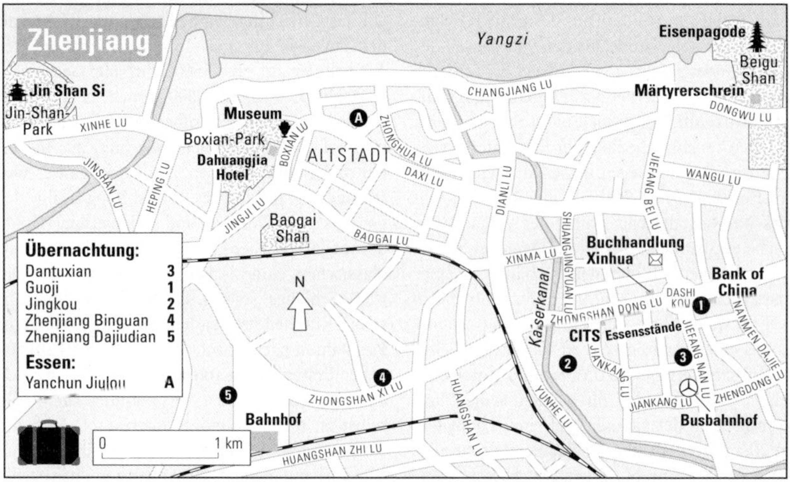

Tempeln, die meiste andere Zeit jedoch bleibt es erholsam ruhig.

Seit mehr als 2000 Jahren dient Zhenjiang, das an drei Seiten von niedrigen Hügeln umgeben ist, als geschützter Hafen und starke Verteidigungsbasis am Schnittpunkt zweier Handelsrouten, die zu den größten der Welt gehören: des **Yangzi** und des **Kaiserkanals**. Zur Zeit der Drei Reiche errichtete ein Wu-Herrscher an diesem Ort eine befestigte Siedlung, die er zu seiner Hauptstadt machte. Die Stadt wuchs rasch und profitierte im Lauf der Jahrhunderte von der Lage am Kaiserkanal und später von der Nähe zur Ming-Hauptstadt Nanjing. Marco Polo berichtete vom Reichtum der damaligen **Seiden- und Goldfaktoreien**, die auch heute noch berühmt sind – ebenso wie Zhenjiangs Essig und eingelegte Speisen. Nach den Opiumkriegen wurden den Briten und Franzosen **Konzessionen** zugestanden, von denen noch interessante Spuren in der Nähe des ehemaligen britischen Konsulats zu entdecken sind.

Heute liegt Zhenjiang an der wichtigen Eisenbahnlinie Shanghai-Nanjing und ist nach wie vor ein bedeutender Hafen am Yangzi, was der Stadt ihren Wohlstand sichert. Mit dem Bau einer neuen **Brücke** über den Fluss – einem Eckpfeiler der ehrgeizigen Verkehrsprojekte Jiangsus – werden zusätzliche Handelsverbindungen mit dem Norden Jiangsus und die Bedingungen für zukünftiges Wachstum geschaffen. Die Brücke wird die dritte Straßenverbindung über den Yangzi sein (die erste war die in den 60er Jahren errichtete Nanjing Daqiao), demnächst sollen zwei weitere folgen: eine nahe Nanjing und eine von Shanghai zum Nordufer des Yangzi.

Obwohl die Ausdehnung der Stadt Erkundungen zu Fuß nicht empfehlenswert macht, fällt die Orientierung in Zhenjiang nicht sonderlich schwer. Im Norden fließt der Yangzi, im Süden bildet die Eisenbahnlinie eine Grenze. Dazwischen durchzieht der Kaiserkanal ungefähr in Nord-Süd-Richtung die Stadt. Das moderne Zentrum erstreckt sich um den **Dashi Kou**, die Kreuzung von Zhongshan Lu und Jiefang Lu, ungefähr 3 km östlich des Bahnhofs und 2 km südlich des Yangzi. Die Tempel stehen alle nahe dem Flussufer und sind mit den Stadtbussen Nr. 2 und Nr. 4 vom Bahnhofsplatz zu erreichen.

Die **Altstadt** erstreckt sich gleich nördlich des Bahnhofs um die Daxi Lu und Boxian Lu und reicht fast bis zum südlichen Yangzi-Ufer; vom Bahnhof verkehrt der Bus Nr. 2 via Dashi Kou zur Daxi Lu. Alte Gebäude, dutzende kleine Läden und schmale, in alle Richtungen abzweigende Gassen prägen das Erscheinungsbild dieser Gegend und laden zu einem faszinierenden Bummel ein. Im westlichen Abschnitt der Daxi Lu gelangt man zu einem bemerkenswerten, teils in britischem Kolonialstil, teils im Stil der Qing-Dynastie errichteten, roten Ziegelgebäude aus den 90er Jahren des 19. Jahrhunderts. Einst residierte hier das britische Konsulat, heute beherbergt das Gebäude das städtische **Museum**. Ein Besuch lohnt in jedem Fall, wenngleich nicht unbedingt der Exponate als vielmehr des Gebäudes wegen, dessen knarrende Treppen, Holzdielen und Balkone mit Blick auf den Fluss das nostalgische Flair einer vergangenen Epoche verströmen. Anfahrt mit dem Bus bis zur Haltestelle gleich hinter dem Gebäude in einer scharfen Linkskurve. ◷ tgl. 9–16 Uhr, Eintritt ¥10.

Nicht weit südlich steht ein weiteres Gebäude, das aus einer anderen Welt zu stammen scheint: das langsam verfallende **Dahuangjia Hotel**, ehemals *Royal Hotel,* das mit seinen Säulen und Karyatiden an der Fassade und einer Lobby aus den 20er Jahren als überraschender Anachronismus aus seiner Umgebung heraussticht. Mit besonderem Stolz verweist man darauf, dass (verblüffenderweise in den Jahren der Volksrepublik) Chiang Kaishek einst zu Gast war. Das Gebäude wird heute nicht mehr als Hotel genutzt und beherbergte bis vor kurzem noch eine zweifelhafte Karaoke-Bar. Wiederum nur ein kurzes Stück entfernt liegt der verträumt verwilderte Boxian-Park, der vor allem von älteren Bewohnern Zhenjiangs aufgesucht wird. Mit etwas Glück erlebt man im Teehaus eine chinesische Opernaufführung ohne Mikrofon. Eintritt ¥2.

Jin-Shan-Park

Im Nordwesten der Stadt erstreckt sich in malerischer Flusslandschaft der Jin-Shan-Park mit dem **Jin Shan Si** (Goldhügeltempel), der einen mehrstündigen Besuch lohnt. Früher war der Jin Shan eine kleine Insel im Yangzi, doch die Verschlammung ließ im Lauf der Jahre daraus eine flache Halbinsel entstehen, um deren niedrige Hügelkuppe rechteckige Fischteiche liegen. Hinter dicken, gelblich-ockerfarbenen Mauern reihen sich die Tempelgebäude in eindrucksvoller Anordnung um den Hügel. Zickzack-Treppen führen an ihnen vorbei zur **Cishou Ta** (Pagode der Güte und des Langen Lebens), die vor über 1400 Jahren erbaut und im Jahre 1900 mit großem Aufwand zur Feier des 65. Geburtstags der Kaiserinwitwe Cixi renoviert wurde. Von der Spitze des siebenstöckigen achteckigen Bauwerks öffnet sich ein schöner Ausblick auf das Gewirr der Tempeldächer, die Teiche und den Fluss. ◷ tgl. 8.30–18 Uhr; Eintritt ¥4. Der Tempel, der auf eine 1500 Jahre alte Geschichte zurückblickt und einst 3000 Mönche beherbergte, wurde erst kürzlich zu früherem Glanz restauriert und lockt heute die übliche Mischung aus Touristen und Huldigenden an. Am Gipfel gibt es vier **Höhlen**, von denen zwei – Fohai Dong (Höhle des buddhistischen Meeres) und Bailong Dong (Höhle des weißen Drachen) – eine wichtige Rolle in dem klassischen chinesischen Märchen *Baishe* (Die weiße Schlange) spielen, das wohl jeder Chinese in seiner Kindheit gelesen hat. Von einem Kanal im Park fahren nachgebaute Drachenboote (¥10) zur nahen **Ersten Quelle unter dem Himmel**, die sich am Rand eines kleinen Sees befindet. Die Quelle selbst ist nicht besonders interessant, doch die Fahrt auf dem Wasser ist recht kurzweilig. Anfahrt zum Park mit dem Bus Nr. 2 bis zur Endhaltestelle. ◷ tgl. 8–20 Uhr, Eintritt ¥10.

Beigu Shan und Jiao Shan

An der Strecke der Buslinie Nr. 4 erhebt sich im Nordosten der Stadt der **Beigu Shan**, ein Berg, den ein Kaiser vor 1400 Jahren begeistert als „Schönsten Berg der Welt über einem Fluss" bezeichnete. Vom Eingang führen Stufen auf der rechten Seite bergauf, dann zweigt der Weg nach links ab und führt an einem Erdwall vorbei zu den Überresten der durch Blitzeinschlag beschädigten, 900 Jahre alten **Eisenpagode**, um dahinter auf dem Gipfel den erlesenen **Lingyun Ting** (An die Wolken ragender Pavillon) zu erreichen, wo man im Schatten sitzen und die herrlichen Ausblicke auf den Fluss genießen kann. ◷ tgl. 7–19 Uhr, Eintritt ¥8.

Unmittelbar südlich des Beigu Shan steht der moderne **Märtyrerschrein**, der an die Opfer erinnert, die der Kampf für den Kommunismus in China gefordert hat.

Weiter östlich erreicht der Bus Nr. 4 nach einigen Haltestellen die lohnendste Sehenswürdigkeit Zhenjiangs, den **Jiao Shan**, eine rund 5 km stromabwärts des Zentrums gelegene Insel. Ein kurzes Stück östlich der Endhaltestelle von Bus Nr. 4 befinden sich ein Ticketschalter und eine kleine Anlegestelle, von der die Touristen in halbstündigem Takt mit Booten zur Insel geschippert werden (die Bootsfahrt ist im Eintrittspreis inbegriffen). Alternativ dazu kann man nur wenig nördlich der Anle-

Zhenjiang

Zhenjiang	镇江	***zhènjiāng***
Beigu Shan	北固山	*běigù shān*
Jiao Shan	焦山	*jiāo shān*
Jin Shan	金山	*jīn shān*
Übernachtung und Essen		
Dantuxian	丹徒县招待所	*dāntúxiàn zhāodàisuǒ*
Guoji Fandian	国际饭店	*guójì fàndiàn*
Jingkou	京口饭店	*jīngkǒu fàndiàn*
Yanchun Jiulou	宴春酒楼	*yànchūn jiǔlóu*
Zhenjiang Binguan	镇江宾馆	*zhènjiāng bīnguǎn*
Zhenjiang Dajiudian	镇江大酒店	*zhènjiāng dàjiǔdiàn*

gestelle eine **Seilbahn** (¥15) nehmen, die großartige Ausblicke auf den Yangzi auf der einen und auf steil in die Höhe steigende schroffe Klippen auf der anderen Seite eröffnet. Die grüne, ländliche Insel mit üppigem Bambus- und Kiefernbestand ist ein herrlicher Ort, um einfach nur herumzustreifen. Die Besteigung des Aussichtsturms **Xijiang Lou** belohnt mit einem Rundblick auf den Fluss und die Stadt. Unten sind Reste der Geschützgruppen zu sehen, die 1842 gegen die Briten, im Zweiten Weltkrieg gegen die vordringenden Japaner und während der kommunistischen Machtübernahme 1949 erneut gegen die Briten eingesetzt wurden, als die *HMS Amethyst* auf dem Fluss festsaß. In der Nähe des Piers befinden sich zahlreiche Hallen und Pavillons, darunter der **Dinghui Si**, in dessen Vorhof sechshundert Bäume stehen und der durch seine kunstfertigen Schnitzereien, das bemalte Innere und einen prachtvoll vergoldeten Buddha besonders herausragt. Für die Besichtigungen des Jiao Shan reichen ein bis zwei Stunden Zeit aus. ⏲ tgl. 7.30–16.45 Uhr, Eintritt ¥7.

Übernachtung

Zhenjiangs Hotels sind nicht billig. An Wochentagen und in der Nebensaison zwischen September und Juni können bei zähem Verhandlungsgeschick 10–30% Nachlass auf die Zimmerpreise erzielt werden.

Dantuxian**, Shuilusi Xiang, ✆ 5011666. Freundliches, relativ preisgünstiges Haus in einer kleinen Gasse, etwas südlich des Dashi Kou. Englische Ausschilderung an der Hauptstraße. Günstige Lage zum Busbahnhof in der Jiefang Lu.

Guoji**** , 218 Jiefang Lu, Ecke Zhongshan Dong Lu im Stadtzentrum, ✆ 5021888, 📠 5021777. Einziges Vier-Sterne-Hotel der Stadt. Geräumige, saubere Zimmer, aufmerksamer Service.

Jingkou*, Binhe Lu, ✆ 5224866, 📠 523005. Ruhiger, schöner Komplex in zentraler Lage östlich des Kaiserkanals. Breites Spektrum an Kategorien, das von einigen der billigsten bis hin zu den teuersten Zimmern der Stadt reicht. Zu erreichen von der Zhongshan Lu über eine schmale, nach Süden abzweigende Gasse, vom Bahnhof mit dem Bus Nr. 15. Rezeption im hinteren Bereich.

Zhenjiang Binguan**** , 92 Zhongshan Xi Lu, ✆ 5233888–511, 📠 5231055. Zu Fuß 10 Minuten östlich des Bahnhofsplatzes. Eines der besten Häuser der Stadt. Viel Marmor, in der Lobby mehrere Reiseagenturen.

Zhenjiang Dajiudian**, Zhongshan Xi Lu, ✆ 523 6666, 📠 5230145. Nettes, modernes Haus direkt am Bahnhofsplatz, linker Hand vom Ausgang.

Essen

Yanchun Jiulou, in einer Gasse nördlich der Daxi Lu, wenig östlich des ehemaligen britischen Konsulats und gegenüber der *Bank of China*. Genießt unter Einheimischen den Ruf des besten Restaurants der Stadt. Zu den Spezialitäten gehören kleine kalte Vorspeisen – Salate, gefüllte süße Brötchen und gewürfeltes Schweinefleisch, das so zart ist, das es buch-

stäblich im Munde zerfließt. Im unteren Stockwerk befindet sich eine preiswerte Kantine.
In diesem Teil der Altstadt gibt es zahlreiche Nudelküchen und *jiaozi*-Restaurants.
Fast Food auf chinesische Art bieten zahlreiche **Essensstände** in einer schmalen Gasse, einen Häuserblock südlich der Zhongshan Dong Lu und parallel zu dieser verlaufend (westlich des *Guoji Hotels)*, wo tgl. von 17 Uhr bis ca. 2 Uhr Betrieb herrscht.

Sonstiges

Die meisten Einrichtungen befinden sich in der Umgebung des Dashi Kou.

GELD – ***Bank of China***, östlich der Zhongshan Lu. ⌚ Mo–Fr 8–11.30 Uhr und 13.30–16 Uhr.

POST UND TELEFON – ***Hauptpostamt*** unmittelbar nördlich der Jiefang Bei Lu.

REISEBÜROS – ***CITS***, 92 Zhongshan Xi Lu.

VORWAHL – 0511

Transport

BUSSE – Einige Busse halten nahe dem Bahnhof, andere am **Busbahnhof** in der Jiefang Nan Lu, 500 m südlich des Dashi Kou.
Vom Bahnhofsplatz verkehren zahlreiche Minibusse nach Nanjing, vom Busbahnhof fahren Busse u.a. nach Nanjing, Huai'an, Yangzhou und Lianyungang.

Busse nach:
HUAI'AN 3 Std.;
LIANYUNGANG 6 Std.;
NANJING 1 Std.;
YANGZHOU 1 1/2 Std.;
YIXING 3 Std.

EISENBAHN – Zhenjiangs **Bahnhof** befindet sich im Südwesten der Stadt an der Zhongshan Lu. Vom Bahnhof fahren die Busse Nr. 2 und Nr. 4 via Dashi Kou nach Norden, sowie die Busse Nr. 10 und Nr. 12 via Dashi Kou nach Süden.

Züge nach:
NANJING 17x tgl., 1 Std.;
SHANGHAI 13x tgl., 3–4 Std.;
SUZHOU 16x tgl., 2–3 Std.;
WUXI 16x tgl., 2 Std.

Yangzhou

Eine Busstunde nördlich von Zhenjiang und einige Stunden von Nanjing entfernt, erstreckt sich am Kaiserkanal nördlich des Yangzi die grüne und freundliche Stadt Yangzhou. In unseren Tagen ist die Stadt in erster Linie stolz darauf, die Heimat von Ministerpräsident Jiang Zemin zu sein, doch ihre Ursprünge gehen auf die Zeit um 500 v. Chr. zurück, als die Wu-Herrscher Kanäle ausheben ließen, die später in den Kaiserkanal eingegliedert wurden. Dank der Lage am Kaiserkanal und zwischen den Flussläufen des Yangzi und Huaihe entwickelte sich Yangzhou nicht zuletzt mit Hilfe des Monopols auf den lukrativen **Salzhandel** rasch zu einer wohlhabenden Stadt. Zur Zeit der Tang-Dynastie und auch später noch lebten zahlreiche ausländische Kaufleute in der Stadt, um Handel zu treiben, darunter eine Gemeinschaft aus Persien, die eine **Moschee** aus dem 12. Jahrhundert hinterließ. Eine oft zitierte (doch nirgendwo belegte) Geschichte erzählt, dass Marco Polo die Stadt drei Jahre lang regiert haben soll. Die Stadt war berühmt für ihre Kultur, ihre Geschichtenerzähler und ihre mündlichen Traditionen, die von einer Generation an die nächste weitergegeben wurden. Oft kam der **Kaiserhof** samt Gefolge zu Besuch, Künstler strömten in die Stadt und Beamte im Ruhestand ließen sich nieder, um Tempel zu stiften, eingefriedete Gärten anzulegen und die lokalen Künste zu fördern.

Trotz des industriellen Gürtels, der heute den Süden und Osten der Stadt umgibt, lassen vor allem die noch erhaltenen **Gärten**, die Zeugnisse islamischen Lebens sowie die Anlage der Straßen, Wasserwege und Brücken im Stadtzentrum die kosmopolitische und kultivierte Vergangenheit Yangzhous erahnen. In einem länglichen, sich durch den Nordwesten der Stadt windenen Grünstreifen befinden sich die beiden bedeutendsten Sehenswürdigkeiten: der **Shou-Xihu-Park** (Schmaler Westsee-Park) und der **Daming Si** (Tempel der Großen Klarheit). See und Tempel waren im 18. Jahrhundert fester Be-

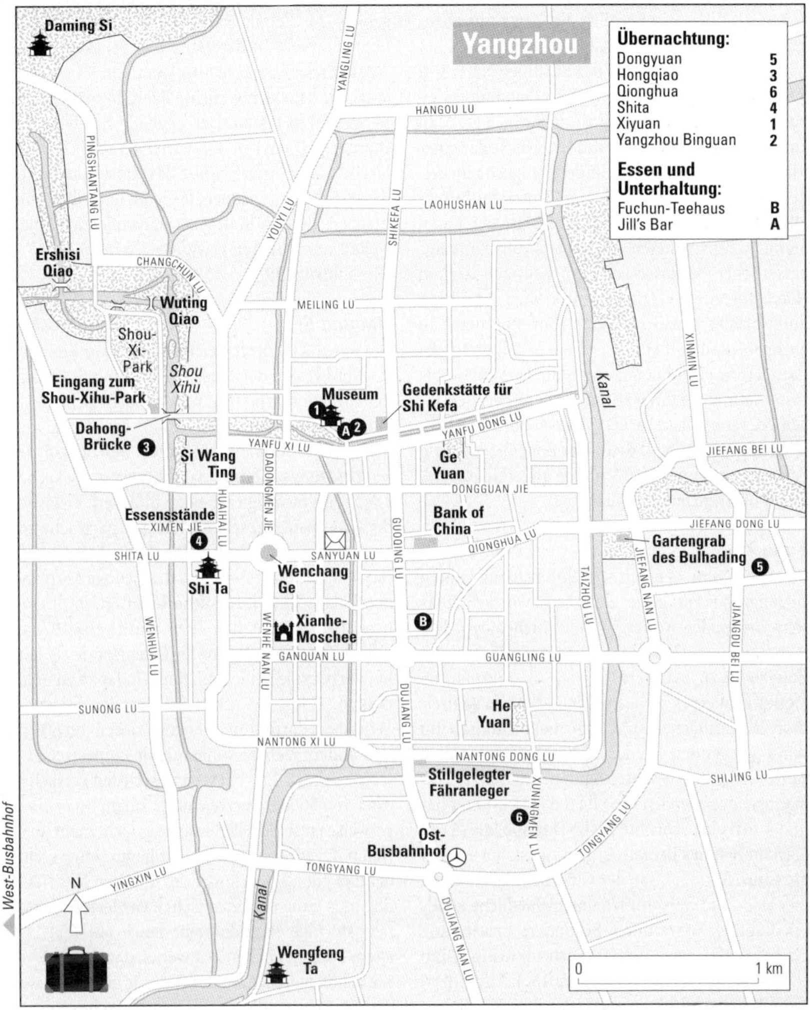

standteil von Kaiser Qianlongs regelmäßigen Rundreisen.

Gärten und Tempel sind über das gesamte Stadtgebiet verteilt, doch der Norden und Nordwesten weisen die größte Dichte an Sehenswürdigkeiten auf. Weite Teile der Stadt lassen sich zu Fuß erkunden, wer von einem Ende Yangzhous zum anderen gelangen möchte, wird jedoch auf Stadtbusse angewiesen sein. An Wochenenden und Feiertagen fallen Tagesausflügler aus Nanjing in Yangzhou ein; unter der Woche geht alles viel ruhiger zu.

Shou Xihu und Daming Si

Es ist sinnvoll, die beiden Hauptattraktionen Yangzhous in Kombination zu besuchen und auf dem Hin- oder Rückweg kleinere Sehenswürdigkeiten westlich oder nördlich des Zentrums abzuklappern. Wer den Shou-Xihu-Park im Süden betritt (Eingang in der Nähe der Buslinien Nr. 1, 3, 4, 5 und 15) und im Norden verlässt, hat bereits den halben Weg zum Daming Si zurückgelegt. Man kann die restliche Distanz mit Bus Nr. 5 oder einer Rikscha zurücklegen. Eine andere Möglichkeit, beide Stätten zu besuchen, bieten **Touristenboote**. Südlich des Shou-Xihu-Parks verläuft der Kanal ostwärts zum früheren Anlegeplatz von Qianlongs kaiserlicher Barkasse vor dem heutigen *Xiyuan Hotel*. Vor einigen Jahren wurde dort eine Landungsbrücke gebaut, von der Touristen heute in nachgebauten, mit edlem gelbem Mobiliar ausgestatteten Drachenbooten durch die Parkanlage bis zum Daming Si fahren können. Angesichts des hohen Preises ist diese Variante jodoch nur für größere Gruppen lohnend, denn ein Boot für zwanzig Personen, das für einige Stunden angemietet wird, kostet mehrere hundert Yuan.

Shou Xihu

Der Shou Xihu, der sich wie eine Schlange durch ein längliches Parkgebiet zieht, heißt wörtlich übersetzt „Schmaler Westsee" und erhielt diesen Namen, um an das Vorbild des „dicken" Westsees in Hangzhou zu erinnern. Neben den typischen Merkmalen eines chinesischen Parks wie zahlreichen Wasserflächen und sich melancholisch im Wind wiegenden Trauerweiden besitzt er eine ganze Reihe interessanter Bauten, die man als romantische Spielereien verstehen darf. Darunter befindet sich eine schlichte weiße **Dagoba**, die derjenigen in Beijings Beihai-Park nachgestaltet ist, und die **Chui Tai** (Terrasse der Glückseligkeit), deren drei Mondtore vollkommen unterschiedliche Landschaftsbilder umrahmen. Besondere Erwähnung verdient die gerne fotografierte **Wuting Qiao** (Fünf-Pavillon-Brücke) aus dem 18. Jahrhundert, die mit ihren gewölbten und mit gelben Ziegeln gedeckten Dächern beeindruckt. Ein fünfzehnminütiger Spaziergang von der Wuting Qiao nach Westen am Nordufer des Sees entlang führt zu einer weiteren Brücke, der imposanten **Ershisi Qiao** (Vierundzwanzig-Brücke), deren Brückenbogen so hoch ist, dass durch die praktisch kreisrunde Öffnung Boote hindurchfahren konnten. Nach dem Wunsch seines Erbauers, sollte das Meisterwerk 24 Stunden am Tag bewundert werden, und einst gab es 24 Steinbrücken, die Yangzhous Kanäle überspannten. In der Nähe der Brücke befindet sich der rekonstruierte Angelplatz von Kaiser Qianlong, vor dem sich verliebte Paare besonders gern fotografieren lassen. Der Legende zufolge sollen Qianlongs Diener in den Kanal getaucht sein, um Fische an die Angelschnur des Kaisers zu haken, damit dieser im Glauben, die Stadt habe ihm Glück beschert, den Stadtbürgern wohlwollendere finanzielle Unterstützung gewährte. ⏲ tgl. 6.45–17.30 Uhr, Eintritt ¥30.

Daming Si

Gut einen Kilometer nördlich des Shou Xihu liegt im Nordwesten der Stadt der Daming Si (Tempel der Großen Klarheit) in weitläufigem Gelände auf einem Hügel. Man sollte sich für die Anlage mindestens eine Stunde Zeit nehmen. Der Tempel, dessen Ursprünge auf das 5. Jahrhundert zurückgehen, erlebt gegenwärtig eine neue Blütezeit. Vieles von dem, was heute zu sehen ist, wurde nach schweren Verwüstungen während des Taiping-Aufstandes (s.S. 402) rekonstruiert, und das heutige Kernstück der Anlage, eine **Gedenkhalle** zu Ehren des chinesischen Mönchs Jian Zhen, wurde erst 1973 errichtet. Jian Zhen, ein weiser Gelehrter des 8. Jahrhunderts, erhielt eine Einladung, in Japan zu unterrichten, doch bei fünf aufeinander folgenden Versuchen, dorthin zu gelangen, trieben ihn Stürme und andere widrige Umstände in chinesische Gewässer zurück. Erst bei seinem sechsten Versuch im Alter von 66 Jahren erreichte er Japan, wo er sinnigerweise entschied, den Rückweg nicht mehr anzutreten. Er wird in Japan noch heute sehr verehrt, denn er gilt als Begründer des dortigen *Ritsu*-Buddhismus. Eine mit japanischen Geldern errichtete neunstöckige **Pagode** steht heute am Platz des alten, Song-zeitlichen Bauwerks, das durch Feuer vernichtet wurde. Auf dem Gelände gibt es ein ausgezeichnetes buddhistisches **vegetarisches Restaurant**, das auch auswärtige Gäste bewirtet, die jedoch zuvor die Mönche um Erlaubnis bitten sollten.

Ein Stück nördlich des Tempels liegen einige Parks und Gärten, die 1751 um eine natürliche Quelle herum angelegt wurden und den Namen **Fünfte Quelle unter dem Himmel** tragen. Im kühlen, von Windbrisen durchwehten Teehaus kann man frisches Quellwasser oder Tee aus der Region probieren und dabei auf Teiche schauen, in

Yangzhou

Yangzhou	扬州	***yángzhōu***
Daming Si	大明寺	*dàmíng sì*
Ershisi Qiao	二十四桥	*èrshísì qiáo*
Gartengrab des Bulhading	普哈丁墓	*pǔhādīng mù*
Ge Yuan	个园	*gèyuán*
Gedenkstätte für Shi Kefa	史可法纪念馆	*shǐkěfǎ jìniànguǎn*
He Yuan	何园	*héyuán*
Shi Ta	石塔	*shítǎ*
Shou Xihu	瘦西湖	*shòuxī hú*
Wenfeng Ta	文峰塔	*wénfēng tǎ*
Wuting Qiao	五亭桥	*wǔtíng qiáo*
Xianhe-Moschee	仙鹤寺	*xiānhè sì*
Übernachtung und Essen		
Dongyuan	东园饭店	*dōngyuán fàndiàn*
Fuchun-Teehaus	富春茶社	*fùchūn cháshè*
Hongqiao	红桥宾馆	*hóngqiáo bīnguǎn*
Qionghua	琼花大厦	*qiónghuā dàshà*
Shita	石塔宾馆	*shítǎ bīnguǎn*
Xiyuan	西园饭店	*xīyuán fàndiàn*
Yangzhou Binguan	扬州宾馆	*yángzhōu bīnguǎn*

denen mollige Goldfische und Karpfen vorbeigleiten. ⏲ tgl. 7.30–17 Uhr, Eintritt ¥18.

Das Zentrum

Durch Yangzhous Zentrum verläuft in Nord-Süd-Richtung die **Guoqing Lu**, die im Süden zur Dujiang Lu wird. Sie wird in Ost-West-Richtung von mehreren großen Einkaufsstraßen gekreuzt, die zur Verwirrung von Besuchern ihre Namen jenseits der Guoqing Lu jeweils ändern. Im Osten und Westen begrenzen die **Huaihai Lu** bzw. die **Taizhou Lu** das Zentrum.

Am nördlichen Rand des Zentrums ist eine klassische chinesische Gartenkomposition aus Stein und Wasser angesiedelt: der **Ge Yuan** (Garten des Ge), den man von der Yanfu Dong Lu im Norden oder von der Dongguan Jie im Süden betreten kann. Leider wirkt der Garten mit seinen kunstvollen Pavillons und landschaftlich gestalteten Felsformationen, die vermutlich auf die vier Jahreszeiten anspielen sollen, etwas vernachlässigt, doch dafür sind in der Regel nur wenige Besucher anzutreffen. ⏲ tgl. 8–16.45 Uhr, Eintritt ¥15. Lohnender ist ein Spaziergang vom Ge Yuan über den Kanal und dann nach Westen, über die Guoqing Lu hinaus, bis zum **Museum**, das zu den interessanteren seiner Art in China zählt. Verschiedene alte Pavillons bilden dort ein geschmackvolles Ensemble und zeigen u.a. ein 1000 Jahre altes, aus dem Kaiserkanal geborgenes Holzboot, ein außergewöhnliches, aus 500 Jadeplättchen bestehendes Leichengewand aus der Han-Dynastie sowie zwei hölzerne Grabmale aus der Han- und Song-Dynastie. ⏲ tgl. 8.30–17.30 Uhr, Eintritt ¥12. Gleich östlich des Museums befindet sich inmitten einer Vielzahl von Blumen und Pflaumenbäumen die **Gedenkstätte für Shi Kefa**, die an einen lokalen Helden erinnert, der in den letzten Tagen der Ming-Dynastie sein Leben im Widerstand gegen die vorrückenden Qing-Armeen hingab. Es waren die siegreichen Qing, die das Bauwerk zum Andenken an seinen Heldenmut errichten ließen. ⏲ tgl. 8.15–11.30 und 14–17.30 Uhr, Eintritt ¥10. Etwas westlich des Museums schließt sich am Kanalufer ein Bereich an, in dem mehr und mehr mit Souvenirständen und „traditioneller" Architektur Touristen angelockt werden sollen. Vom dortigen Landungssteg fahren Boote zum Shou Xihu und Daming Si.

Westlich des Zentrums

Das bedeutendste noch erhaltene Zeugnis persischer Händler, die im Mittelalter in der Stadt lebten, ist die **Xianhe-Moschee** (Kranich-Moschee) in der Wenhe Lu, unmittelbar nördlich der Ganquan Lu. Die Hauptsehenswürdigkeit des kleinen strengen Bauwerks ist eine Wand, die komplett mit arabischen Schriftzügen verziert ist. Besucher müssen sich mitunter in ein Buch eintragen, bevor ihnen der Zutritt gestattet wird.

An unerwarteten Ecken und scheinbar willkürlich verteilt gibt es in dieser Gegend noch weitere Relikte aus verschiedenen geschichtlichen Epochen zu entdecken. Dazu gehört u.a. die **Shi Ta**, eine kleine Steinpagode im Stil der Tang-Dynastie, die sich im Schatten eines 1000 Jahre alten Gingkobaums an der Shita Lu, direkt westlich der Huaihai Lu erhebt. Mitten auf der Kreuzung der Shita Lu und Wenhe Lu prunkt der runde **Wenchang Ge** (Pavillon der Erblühenden Kultur) aus der Ming-Dynastie, der wie eine Miniatur des Himmelstempels in Beijing aussieht. Eine Straße weiter nördlich steht der dreistöckige, achteckige **Si Wang Ting** (Pavillon des Schauens in vier Richtungen) aus dem 13. Jahrhundert.

Östlich und südlich des Zentrums

Spuren früherer moslemischer Präsenz in Yangzhou finden sich auch östlich des Zentrums, nicht weit jenseits des Kanals an der Jiefang Nan Lu. Vom westlichen Kanalufer und von der Jiefang-Brücke (Befreiungsbrücke) kann man Richtung Norden einen bewaldeten Hügel und dahinter ein Ansammlung moslemischer Architektur sehen. Dieses recht traurige und staubige Überbleibsel aus der weltoffensten Epoche in der chinesischen Geschichte ist das **Gartengrab des Bulhading** (auch: Puhaddin), eines Nachkommen des Propheten Mohammed, der im 13. Jahrhundert nach China kam, die Stadt zu seiner neuen Heimat machte und zehn Jahre hier lebte. Es war sein ausdrücklicher Wunsch, an diesem Ort beigesetzt zu werden. Leider nur auf Chinesisch ausgeschilderte Gemälde und Kunstwerke berichten in einer kleinen benachbarten Ausstellungshalle von seinem Leben. ⌚ tgl. 7.15–16 Uhr, Eintritt ¥7. Weitere über ein größeres Gebiet verstreute Sehenswürdigkeiten befinden sich im **Süden** der Stadt. Nur wenig nördlich des Kanals liegt in diesem alten und ruhigen Stadtteil der erlesene **He Yuan** (Garten des Meisters He). Mit Hilfe von Bäumen, Sträuchern und eines erhöhten Wandelgangs wurden in dem kleinen, wunderschönen Garten aus dem 19. Jahrhundert raffinierte Illusionen von Vielfältigkeit und Tiefe geschaffen, die sich an einem sonnigen Morgen besonders reizvoll präsentieren. Gemütliche Teehäuser laden zu erholsamer Rast ein. ⌚ tgl. 8–18 Uhr; Eintritt ¥15.

Im äußersten Süden der Stadt erhebt sich an einer Biegung des Kaiserkanals auf einem kleinen, von Stockrosen bestandenen Areal an der Wenfeng Lu die auffällige, siebenstöckige **Wenfeng Ta** (Pagode des kulturellen Gipfels). Das Bauwerk wurde 1582 errichtet, um hiesigen Kandidaten der kaiserlichen Prüfungen Glück zu bescheren, heute wird es in erster Linie als Aussichtspunkt auf den betriebsamen Kanal geschätzt. ⌚ tgl. 6.30–17.30 Uhr, Eintritt ¥2. Um das lebendige Treiben aus der Nähe zu betrachten, muss man nur ein Stück das Kanalufer zu den Kais entlanglaufen. Zahllose Familienboote warten dort in langen Schlangen, um mit allem Möglichen von Getreide über Flaschengetränke und Kies bis hin zu Lastwagenreifen beladen zu werden. Eine Busverbindung zur Pagode gibt es nicht, sodass man entweder einen ziemlich langweiligen, 30-minütigen Fußmarsch vom östlichen Busbahnhof in Kauf nehmen oder eine Rikscha mieten muss.

Übernachtung

Unterkünfte in Yangzhou sind relativ teuer. Einzige Ausnahmen sind das *Hongqiao*, das Gästehaus der *Yangzhou Normal University*, und das *Dongyuan* östlich des Zentrums.

Dongyuan*, 25 Lixin Lu, nahe Jiangdu Bei Lu, ✆ 7233003, ℻ 7221705. Recht weit abgelegen im Osten der Stadt, Bus Nr. 12 vom Zentrum hält jedoch direkt vor der Tür. Ruhig, ordentliche Zimmer zu vernünftigen Preisen.

Hongqiao*, auf dem Campus der *Yangzhou Normal University*, ✆ 7365275. Unmittelbar südlich des Eingangs zum Shou-Xihu-Park. Die spartanischen, aber sauberen Zimmer gehören zu den günstigsten der Stadt. Anfahrt vom westlichen Busbahnhof mit dem Bus Nr. 3 bis Yanfu Lu, Ecke Huaihai Lu; vom östlichen Busbahnhof mit dem Bus Nr. 1 bis zur Endhaltestelle, von dort zu Fuß rechts entlang Huaihai Lu nach Norden, in die

Dahongqiao Lu (erste Straße hinter der Yanfa Lu) nach links abbiegen, hinter der großen Steinbrücke die erste Straße nach links gehen und schließlich die erste Abzweigung nach rechts.
Qionghua**, 1 Pifang Lu, Ecke Xuningmen Lu, ✆ 7811321–8811, 📠 7812079. Einzige zu Fuß vom östlichen Busbahnhof bequem zu erreichende Unterkunft (ca. 20 Min.). Recht elegante, gute Zimmer, faires Preisgefüge.
Shita***, 18 Shita Lu, etwas westlich der Huaihai Lu, ✆ 7344467, 📠 7314125. Sehr schicke, behagliche Zimmer. Vom Busbahnhof mit den Bussen Nr. 7 und Nr. 13 zu erreichen.
Xiyuan**, 1 Fengle Shang Jie, in unmittelbarer Nachbarschaft des Museums an der Yanfu Xi Lu, ✆ 7344888, 📠 7233870. Hotel auf weitläufigem Gelände, günstige Lage zu den Sehenswürdigkeiten, Zimmer unterschiedlicher Kategorien. Mehrere Reisebüros im Haus.
Yangzhou Binguan***, 5 Fengle Shang Jie, ✆ 734 2611, 📠 7343599. Anspruchsvolles Hotel in einem Hochhaus im Norden neben dem Museum.

Essen

Essen in Yangzhou ist ein wahres Vergnügen – wenn man die richtigen Adressen kennt.
Fuchun-Teehaus, in einer schmalen Gasse namens Dexingqiao, östlich der Guoqing Lu (über der Gasseneinfahrt hängt ein großes Schild), ist das bekannteste Restaurant der Stadt. Eine Schale mit zehn verschiedenen *jiaozi*-Arten kostet ¥28; zu den anderen Spezialitäten gehören *doufu gansi* (getrocknete Tofu-Streifen) und *qingshao xiaren* (gebratene Garnelen). Filiale neben dem Ge Yuan.
Das Restaurant im *Qionghua Hotel* serviert ebenfalls schmackhafte Gerichte.
Zahlreiche Nudelküchen und *jiaozi*-Restaurants gibt es rund um die **Ganquan Lu**.
Jede Menge **Essensstände** bieten entlang der Ximen Jie, ab Huaihai Lu, tgl. ab Einbruch der Dunkelheit bis 2 Uhr nachts alle möglichen Leckereien von Feuertopf über gegrillte Fleischspieße bis hin zu Pudding.
Die hiesige Variante von gebratenem Reis ist inzwischen zu einer festen Größe auf den Speisekarten Chinas avanciert, schmeckt allerdings nicht viel anders als ganz gewöhnlicher gebratener Reis. Das Gericht wird in jedem Lokal der Stadt angeboten.

Unterhaltung

Erste Anzeichen aufkeimenden Nachtlebens machen sich am Kanal zwischen den Hotels *Xiyuan* und *Yangzhou Binguan* bemerkbar. Die beste und ausländerfreundlichste Bar ***Jills*** liegt ungefähr auf halbem Weg zwischen beiden Hotels. Die ***Banana Disco*** vor dem *Yangzhou* nimmt sich recht provinzell aus.

Sonstiges

GELD – ***Bank of China***, Qionghua Lu.

POST UND TELEFON – ***Hauptpostamt*** in der Sanyuan Lu.

REISEBÜROS – ***CITS*** plant, demnächst ein Büro zwischen dem *Xiyuan* und *Yangzhou Binguan* zu eröffnen.

VORWAHL – 0514

Transport

BUSSE – Die häufigen Busse von und nach Zhenjiang und Nanjing nutzen in der Regel den abgelegenen **westlichen Busbahnhof** im Südwesten der Stadt. Busse zu weiter entfernten Zielen (auch Schlafkojenbusse) verkehren vom **östlichen Busbahnhof** an der Dujiang Nan Lu im Süden der Stadt. Eine Verbindung zwischen den beiden Busbahnhöfen besteht mit dem Bus Nr. 8; vom Westbusbahnhof verkehrt außerdem der Bus Nr. 3 zur Huaihai Lu. Tagesausflüge von Nanjing oder Zhenjiang nach Yangzhou sind möglich, allerdings muss man, um nicht übernachten zu müssen, vor Sonnenuntergang die Rückfahrt antreten, da beide Busbahnhöfe abends den Betrieb einstellen.
Busse vom östlichen Busbahnhof nach:
HANGZHOU 7 Std.;
HUAI'AN 5 Std.;
SHANGHAI 6 Std.;
SUZHOU 5 Std.;
WUXI 2 1/2 Std.

Vom westlichen Busbahnhof nach:
NANJING 2 Std.;
ZHENJIANG 1 Std.

EISENBAHN – Der nächstgelegene Bahnhof befindet sich in Zhenjiang. **Zugfahrkarten** können am östlichen Busbahnhof und am stillgelegten Fähranleger am Nordufer des Kanals gebucht werden.

Nanjing

Nanjing, im Westen früher unter dem Namen Nanking bekannt, zählt zu den größten Städten Chinas. Die wörtliche Übersetzung „Südliche Hauptstadt" steht in direkter Abgrenzung zur „Nördlichen Hauptstadt" Beijing, und noch heute betrachten viele Überseechinesen – insbesondere aus Taiwan – Nanjing als die rechtmäßige Hauptstadt Chinas. Es ist eine reiche und blühende Stadt, die sowohl von ihrer Nähe zu Shanghai als auch von ihrer Schlüssellage am **Yangzi** profitiert, der nach Westen tief in das Landesinnere vordringt. Mit seinen breiten, baumbestandenen Boulevards und balkongeschmückten Häusern innerhalb alter Stadtmauern und Stadttoren aus der Ming-Dynastie gehört Nanjing zu den attraktivsten chinesischen Großstädten. Die Stadt hat sich zu einem recht teuren Aufenthaltsort entwickelt, bietet eine recht kosmopolitische Auswahl an touristischen Einrichtungen, und der Reichtum an historischen Stätten füllt leicht mehrere Besichtigungstage.

Geschichte

Strategisch am Südufer des Yangzi inmitten einer schönen Umgebung aus Seen, Flüssen, bewaldeten Hügeln und zerbröckelnden Befestigungsanlagen gelegen, hat Nanjing seit frühester chinesischer Geschichte eine bedeutende Rolle gespielt, doch erst um 600 v. Chr. entstanden die Anfänge einer ummauerten Stadt. Als im Jahre 220 n. Chr. die Han-Dynastie zusammenbrach, blickte Nanjing auf eine Epoche zurück, in der es einem halben Dutzend Dynastien als Hauptstadt gedient hatte, und nachdem die Sui-Dynastie China im Jahre 589 wieder vereinigt hatte, gewann die Stadt mit dem Bau des **Kaiserkanals** erheblich an wirtschaftlicher Bedeutung. Nanjing wurde berühmt durch seine Schmieden, Gießereien und Webereien – besonders gerühmt wurden die gemaserten Brokatstoffe, die in noblen Häusern und Klöstern gefertigt wurden. Während der Tang- und Song-Dynastie machte die Stadt dem nahen Hangzhou den Rang der wohlhabendsten Stadt des Reiches streitig, und 1368 erhob der erste Kaiser der Ming-Dynastie Nanjing zur **Hauptstadt** über ganz China.

In folgenden Jahrhunderten wurde Nanjings Anspruch, die einzig legitime Hauptstadt zu sein, von der fest im Norden verankerten Qing-Dynastie zwar belächelt, doch schlossen sich gegen die Staatsautorität gerichtete Kräfte immer wieder mit Organisationen zusammen, die den Rang der alten Hauptstadt restaurieren wollten. Mitte des 19. Jahrhunderts richteten die **Taiping-Rebellen** für elf Jahre ihre Hauptstadt des **Königreichs des Himmlischen Friedens** in Nanjing ein. Die Belagerung und letztendliche Niederwerfung der Stadt durch die von ausländischen Mächten unterstützten Qing-Armeen im Jahre 1864 gehört zu den traurigsten und tragischsten Ereignissen der gesamten chinesischen Geschichte. Nach dem Ersten Opiumkrieg wurde in der Stadt der **Vertrag von Nanjing** unterzeichnet, mit dem Hongkong an Großbritannien abgetreten und Nanjing selbst mit dem entwürdigenden Rang eines Vertragshandelshafens belegt wurde. Nach dem Sturz der Qing-Dynastie im Jahre 1911 erblühte die Stadt jedoch erneut und wurde zur provisorischen Hauptstadt der neuen Republik China unter deren erstem Präsident Sun Yatsen. Sein Mausoleum **Zhongshan Ling** am Stadtrand des modernen Nanjing gehört heute zu den bedeutendsten Wallfahrtsstätten der Chinesen.

1937 wurde der Name der Stadt Nanjing zum Synonym einer der scheußlichsten Greueltaten der Kriegsgeschichte, als im Vorfeld des Zweiten Weltkriegs in China vorrückende Japaner geschätzte 300 000 Zivilisten abschlachteten – das schreckliche Ereignis ging als **Massaker von Nanjing** in die Geschichte ein. Chiang Kaisheks Regierung konnte entkommen und richtete ihren provisorischen Sitz im westlichen Chongqing ein, doch nach Japans Kapitulation und Chiangs Rückkehr erhielt Nanjing für kurze Zeit seinen Status als offizielle Hauptstadt Chinas zurück. Nur vier Jahre später jedoch, 1949, beschlossen die im chinesischen Bürgerkrieg siegreichen Kommunisten, Nanjing endgültig als Hauptstadt aufzugeben; sie wählten statt-

Nanjing: Sehenswürdigkeiten

Nanjing	南京	***nánjīng***
Bailuzhou	白鹭洲	*báilù zhōu*
Chaotian Gong	朝天宫	*cháotiān gōng*
Dujiang Jinianbei	渡江纪念碑	*dùjiāng jìniànbēi*
Fuzi Miao	夫子庙	*fūzǐ miào*
Gugong-Park	故宫	*gùgōng*
Gulou	鼓楼	*gǔlóu*
Jinghai Si	静海寺	*jìnghǎi sì*
Linggu Si	灵谷寺	*línggǔ sì*
Meiyuan Xincun	梅园新村	*méiyuán xīncūn*
Denkmal für die Opfer des Massakers von Nanjing	南京大屠杀纪念馆	*nánjīngdàtúshā jìniànguǎn*
Ming Xiaoling	明孝陵	*míngxiào líng*
Mochou-Hu-Park	莫愁湖公园	*mòchóuhú gōngyuán*
Nanjing-Museum	南京博物馆	*nánjīng bówùguǎn*
Qinhuai	秦淮河	*qínhuái hé*
Qixia Si	栖霞寺	*qīxiá sì*
Shixiang Lu (Seelenweg)	石象路	*shíxiàng lù*
Museum zur Geschichte des Königreichs des Himmlischen Friedens	太平天国历史博物馆	*tàipíngtiānguólìshǐ bówùguǎn*
Stadtmauer	城市墙	*chéngshì qiáng*
Tianchao Gong	天朝宫	*tiāncháo gōng*
Xinjiekou	新街口	*xīnjiē kǒu*
Xuanwu-Hu-Park	玄武湖公园	*xuānwǔhú gōngyuán*
Yangzi-Brücke	长江大桥	*chángjiāng dàqiáo*
Yuhuatai-Park	雨花台公园	*yǔhuātái gōngyuán*
Zhonghua Men	中华门	*zhōnghuá mén*
Zhongshan Ling	中山陵	*zhōngshān líng*
Zhongshan Men	中山门	*zhōngshān mén*
Zhongyang Men	中央门	*zhōngyāng mén*
Zijin Shan	紫金山	*zǐjīn shān*

dessen das alte – und hochgradig konservative – Beijing zum Sitz der ersten „modernen" Regierung des Landes. Heute ist Nanjing die Hauptstadt der Provinz Jiangsu, ein bedeutender Eisenbahnknotenpunkt (eine gewaltige Brücke aus den 60er Jahren führt die Eisenbahntrasse Beijing–Shanghai über den Yangzi) und ein wichtiger Flusshafen für große Schiffe.

Orientierung

Eine gute Orientierungshilfe sind die Reste der alten, Ming-zeitlichen Stadtmauer, zwischen deren Toren die Hauptstraßen die Stadt durchqueren. Das mächtige Tor im Norden, das heute von einem großen Kreisverkehr mit Fußgängerüberführungen umgeben ist, heißt **Zhongyang Men**. Östlich von dort befindet sich außerhalb der Stadtmauer der **Hauptbahnhof**. Im inneren Mauerbereich beginnt am Zhongyang Men die Hauptstraße der Stadt, die mit ihren ineinander übergehenden Abschnitten Zhongyang Lu, Zhongshan Lu und Zhongshan Nan Lu 8 km weit nach Süden verläuft, bevor sie das südliche Stadttor **Zhonghua Men** erreicht. Auf ihrem Weg wird diese Hauptstraße von zwei weiteren wichtigen Straßen gekreuzt: im Gebiet von Gulou von der Beijing Lu und weiter südlich am Verkehrskreisel von Xinjiekou von der Hanzhong Lu/Zhongshan Dong Lu. Letztere führt von dort

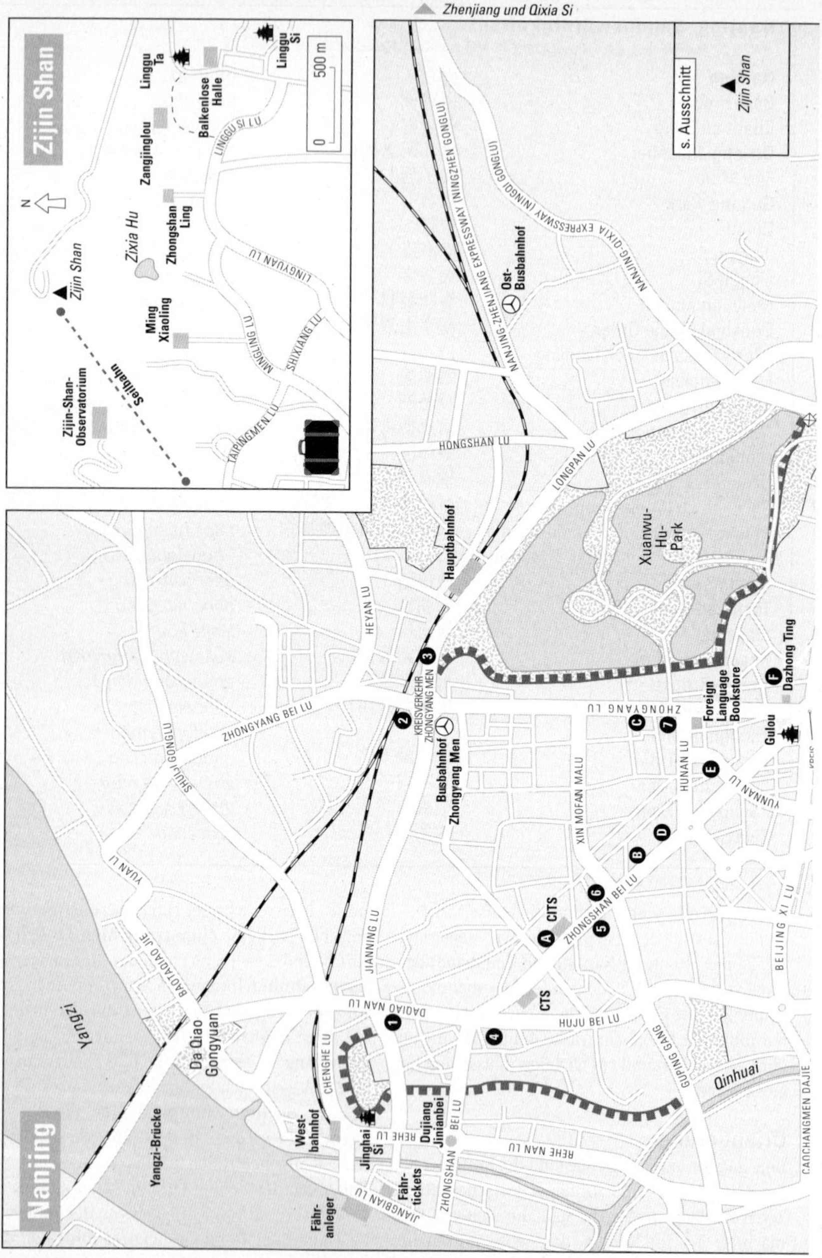
Nanjing
Beijing
Zhenjiang und Qixia Si
Yangzi
Yangzi-Brücke
Da Qiao Gongyuan
Fähr-anleger
Fähr-tickets
Jinghai Si
West-bahnhof
Dujiang Jinianbei
Hauptbahnhof
Busbahnhof Zhongyang Men
Kreisverkehr Zhongyang Men
Ost-Busbahnhof
Xuanwu-Hu-Park
Foreign Language Bookstore
Gulou
Dazhong Ting
CITS
CTS
Qinhuai
s. Ausschnitt
Zijin Shan
Baotaqiao Jie
Yuan Lu
Shuiji Gonglu
Zhongyang Bei Lu
Heyan Lu
Hongshan Lu
Longpan Lu
Jianning Lu
Daqiao Nan Lu
Chenghe Lu
Huju Bei Lu
Zhongshan Bei Lu
Xin Mofan Malu
Hunan Lu
Zhongyang Lu
Yunnan Lu
Beijing Xi Lu
Guping Gang
Rehe Lu
Rehe Nan Lu
Jiangbian Lu
Zhongshan Bei Lu
Caochangmen Dajie
Nanjing-Zhenjiang Expressway (Ningzhen Gonglu)
Nanjing-Qixia Expressway (Ningqi Gonglu)
Zijin Shan
N
Zijin-Shan-Observatorium
Seilbahn
Zijin Shan
Zixia Hu
Ming Xiaoling
Zhongshan Ling
Zangjinglou
Balkenlose Halle
Linggu Ta
Linggu Si
Linggu Si Lu
Lingyuan Lu
Mingling Lu
Shixiang Lu
Taipingmen Lu
0
500 m

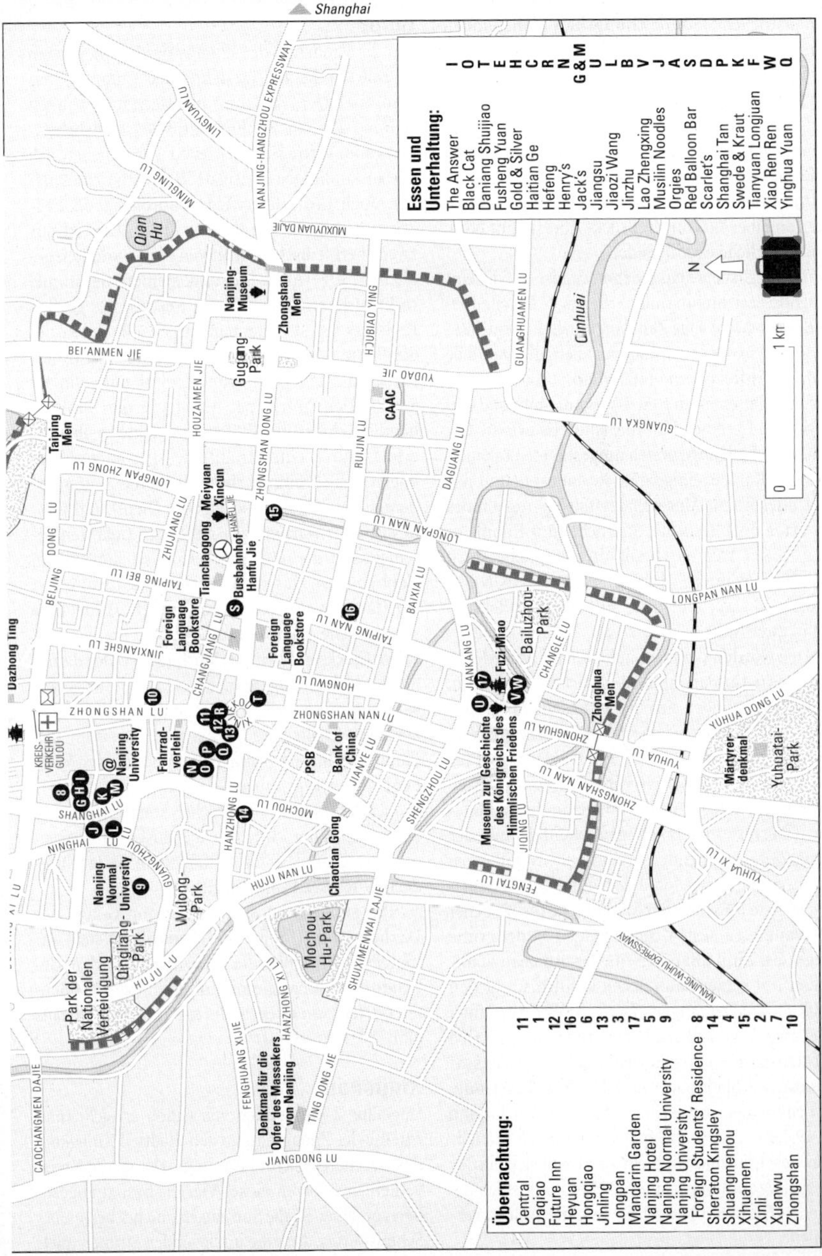
Shanghai
Flughafen
Essen und Unterhaltung:
The Answer I
Black Cat O
Daniang Shuijiao T
Fusheng Yuan E
Gold & Silver H
Haitian Ge C
Hefeng R
Henry's N
Jack's G & M
Jiangsu U
Jiaozi Wang L
Jinzhu B
Lao Zhengxing V
Musilin Noodles J
Orgies A
Red Balloon Bar S
Scarlet's D
Shanghai Tan P
Swede & Kraut K
Tianyuan Longjuan F
Xiao Ren Ren W
Yinghua Yuan Q
Übernachtung:
Central 11
Daqiao 1
Future Inn 12
Heyuan 16
Hongqiao 6
Jinling 13
Longpan 3
Mandarin Garden 17
Nanjing Hotel 5
Nanjing Normal University 9
Nanjing University Foreign Students' Residence 8
Sheraton Kingsley 14
Shuangmenlou 4
Xihuamen 15
Xinli 2
Xuanwu 7
Zhongshan 10
Qian Hu
Nanjing-Museum
Zhongshan Men
Gugong-Park
Taiping Men
Dazhong Ting
Kreisverkehr Gulou
Nanjing University
Nanjing Normal University
Fahrradverleih
Foreign Language Bookstore
Tianchaogong
Meiyuan Xincun
Busbahnhof Hanfu Jie
CAAC
PSB
Bank of China
Chaotian Gong
Museum zur Geschichte des Königreichs des Himmlischen Friedens
Fuzi Miao
Bailuzhou-Park
Zhonghua Men
Märtyrerdenkmal
Yuhuatai-Park
Wulong-Park
Qingliang-Park
Park der Nationalen Verteidigung
Mochou-Hu-Park
Denkmal für die Opfer des Massakers von Nanjing
Cinhuai
1 km
LINGYUAN LU
MINGLING LU
NANJING-HANGZHOU EXPRESSWAY
MUXUYUAN DAJIE
BEI'ANMEN JIE
HOUZAIMEN JIE
ZHONGSHAN DONG LU
HOUBIAO YING
YUDAO JIE
GUANGHUAMEN LU
GUANGXA LU
RUIJIN LU
DAGUANG LU
LONGPAN ZHONG LU
BEIJING DONG LU
ZHUJIANG LU
TAIPING BEI LU
LONGPAN NAN LU
JINXIANGHE LU
CHANGJIANG LU
HANFU JIE
TAIPING NAN LU
BAIXIA LU
ZHONGSHAN LU
HONGWU LU
ZHONGSHAN NAN LU
JIANKANG LU
CHANGLE LU
YUHUA DONG LU
ZHONGHUA LU
YUHUA LU
ZHONGSHAN NAN LU
SHANGHAI LU
NINGHAI LU
GUANGZHOU LU
HANZHONG LU
MOCHOU LU
JIANYE LU
SHENGZHOU LU
JIQING LU
FENGTAI LU
YUHUA XI LU
HUJU NAN LU
HUJU LU
SHUIXIMENWAI DAJIE
HANZHONG XI LU
FENGHUANG XIJIE
NANJING-WUHU EXPRESSWAY
CAOCHANGMEN DAJIE
TING DONG JIE
JIANGDONG LU

zum östlichen Stadttor **Zhongshan Men**. Südlich von Xinjiekou (1–2 km vor dem Zhonghua Men) ist das neue und moderne Wirtschafts- und Touristenzentrum Fuzi Miao entstanden, das in den vergangenen Jahren zunehmend an Bedeutung gewonnen hat. Viele historische Stätten befinden sich außerhalb der östlichen Stadtmauer am nahen **Zijin Shan**, während im Nordwesten der **Yangzi**, der von einer mächtigen Brücke überspannt wird, eine natürliche Grenze bildet.

Nanjing ist eine ausgedehnte Stadt, und die eingehende Besichtigung aller Sehenswürdigkeiten erfordert mehrere Tage Zeit. Von touristischem Interesse sind in der Innenstadt vor allem die Stadtteile **Gulou**, **Xinjiekou** und **Fuzi Miao**, von denen wiederum Xinjiekou und Fuzi Miao die lohnendsten Gegenden für einen Bummel sind. Historische Gebäude, zu Fußgängerzonen umgestaltete Einkaufsstraßen, Kanäle, einige gute Restaurants und das sehr interessante Museum des Taiping-Aufstandes erwarten dort Besucher. Stattliche fünf Kilometer lang ist der Weg durch alle drei Stadtteile, doch mehrere Buslinien – darunter Nr. 1, Nr. 16, Nr. 26 und Nr. 33 – verbinden sie miteinander oder halten in ihrer Nähe.

Den **Norden** der Stadt nehmen der ausgedehnte Xuanwu-Hu-Park und das Gebiet des Yangzi ein, im Westen befinden sich mehrere kleinere Parkanlagen, der Chaotian Gong (Palast der Himmelsverehrung) aus der Ming-Zeit und das Denkmal für die Opfer des Massakers von Nanjing. Im Osten und Süden wiederum sind einige der besterhaltenen Überreste der mächtigen, ebenfalls aus der Ming-Zeit stammenden Stadtmauer Nanjings zu sehen, einen Besuch lohnt dort außerdem das ausgezeichnete Museum von Nanjing. Die für Besucher wohl interessanteste Gegend jedoch ist der grüne Hügel des **Zijin Shan** jenseits der östlichen Stadtmauer mit seinen zahlreichen kulturhistorischen Relikten aus vergangenen Zeiten. Wer nur einen oder zwei Tage Zeit zur Verfügung hat, sollte sich auf den Zijin Shan, das Denkmal für die Massakeropfer, die Stadtmauer und den **Tianchao Gong**, den ehemaliger Regierungssitz unter den Taiping im 19. Jahrhundert und später unter den Nationalisten, beschränken. Mit mehr Zeit lohnt sich ein Tagesausflug zum imposanten, 22 km nordöstlich gelegenen **Qixia Si** (Tempel, an dem die Wolken verweilen).

Gulou

Um die Kreuzung der Zhongyang Lu/Zhongshan Lu mit der Beijing Lu dehnt sich Gulou als das administrative Zentrum im Herzen des alten Nanjing aus. Als Nanjing Mitte des 19. Jahrhunderts zum Vertragshandelshafen wurde, ließen sich alle ausländischen Konsulate in diesem Gebiet nieder, doch heute überwiegen Bürogebäude, zwischen denen zäh der Verkehr fließt. Es sind nur zwei Überbleibsel aus früheren Zeiten erhalten geblieben, die jedoch im allgemeinen Getümmel recht verloren wirken. Etwas westlich des großen Kreisverkehrs steht der namensgebende Gulou, der 600 Jahre alte kleine, jedoch massive **Trommelturm** auf einem grasbeckten Erdwall mitten in der Straße. Der Eintritt zur Anlage, in der Straßenhändler schillernde „Blütenregensteine" feilbieten, erfolgt durch einen traditionell gestalteten Torbogen. Eine Trommel rief in früheren Zeiten siebenmal am Tag die Wachen zum Dienst und wurde auch zur Warnung vor nahenden Gefahren geschlagen. Heute sind im Innern Ausstellungen von Hobbymalern zu sehen, während der Turm selbst zur Hälfte in ein Teehaus verwandelt wurde. Eine schauerliche Legende umrankt eine draußen gezeigte Glocke aus dem 14. Jahrhundert: Der damalige Kaiser soll angeordnet haben, die Glocke zusammen mit dem Blut einer Jungfrau zu gießen. Die zwei Töchter des Stadtschmieds warfen sich daraufhin in den Schmelzofen, damit der Vater dem Kaiser gegenüber Gehorsam üben und der drohenden Todesstrafe entgehen konnte. Die große Steinstele in der Mitte des Teehauses erinnert an die Herrschaft des Kaisers Kangxi im 17. Jahrhundert. 🕒 tgl. 8–24 Uhr, Eintritt ¥5.

Die zweite Sehenswürdigkeit von Gulou, der **Dazhong Ting** (Großer Glockenpavillon), steht unmittelbar nordöstlich der Kreuzung hinter dem Gebäude von China Telecom inmitten eines gepflegten Gartens, wo es ebenfalls ein hübsches Teehaus gibt.

Xinjiekou

Ungefähr 2 km südlich von Gulou erreicht man entlang der Zhongshan Lu den Stadtteil Xinjiekou, das Geschäftszentrum Nanjings. Der große Kreisverkehr im Herzen dieses Viertels besitzt abgesehen von einer Statue Sun Yatsens nichts besonders Sehenswertes, doch die umliegenden Straßen quellen über vor Banken, Hotels und Kaufhäusern, und zu Fuß ist es von dort nicht weit zu bedeutenden Sehenswürdigkeiten.

Läuft man ein Stück nach Osten und eine Straße nach Norden, gelangt man in der Changjiang Lu (die in die Hanfu Jie übergeht) zu einigen historisch bedeutsamen Gebäuden. Erstes davon ist der **Tianchao Gong** (Palast des Himmlischen Königreichs), 292 Changjiang Lu, ein unspektakulär wirkendes Regierungsgebäude auf dem Gelände des an Suzhouer Gärten erinnernden **Xu Yuan**. Tatsächlich jedoch gehört es unter historischen Gesichtspunkten zu den interessantesten Bauwerken Chinas. Der Tianchao Gong und Xu Yuan wurden vor über 600 Jahren als Privatresidenz und Privatgarten eines Ming-Prinzen erbaut und später unter der Qing-Dynastie zum Sitz des Provinzgouverneurs umgestaltet. 1853 eroberten die Armeen des Taiping-Reichs des Himmlischen Friedens die Residenz und machten es zum Hauptquartier des Taiping-Führers Hong Xiuquan. Nach dem Sturz der Qing-Dynastie nutzte die Guomindang-Regierung das Gebäude als Präsidentenpalast, und in den frühen Jahrzehnten des 20. Jahrhunderts regierten zunächst Sun Yatsen und später Chiang Kaishek von hier aus China. Heute sind im Palast Ausstellungen über den Taiping-Aufstand und das Leben und die Zeit Sun Yatsens untergebracht. Selbst der in der Volksrepublik verhasste Chiang Kaishek ist auf einigen Fotos zu sehen. Der umliegende Garten gehört zu den Lieblingszielen von Nanjinger Familien und kann an Wochenenden sehr voll sein. ⏲ tgl. 8–17 Uhr, Eintritt ¥10.

Etwas weiter östlich befindet sich das **Meiyuan Xincun**, das ehemalige Büro der Kommunistischen Partei Chinas, das von Zhou Enlai geleitet wurde, der während der Guomindang-Regierung von seiner Partei dorthin entsandt wurde. 1946 und 1947 trafen sich hier die Kommunisten und die Guomindang zu einer Reihe von Friedensgesprächen, die jedoch nach Ausbruch des Bürgerkriegs eingestellt wurden. Interessant ist das heutige Museum schon allein, um einen Eindruck von den bitteren anti-nationalistischen Kommentare zu bekommen, die auf den Ausstellungstafeln (die meisten davon auch in Englisch) zu lesen sind. Zu der Hand voll faszinierender Fotos gehört u.a. ein wenig bekannter Schnappschuss, auf dem Chiang Kaishek und Mao Zedong plaudernd nebeneinander stehen. ⏲ tgl. 8–17 Uhr, Eintritt ¥8.

In entgegengesetzter Richtung vom Kreisverkehr liegt ungefähr 1 km südwestlich an der Jianye Lu der ehemalige Ming-Palast **Chaotian Gong**, in dem heute das **Städtische Museum** untergebracht ist. Der große Platz mit dem Palast wird auf der einen Seite von einer hohen, zinnoberroten Mauer, auf der anderen von einem Torweg mit wachenden Tigerskulpturen begrenzt und ist vermutlich die Stätte der antiken Ye Cheng (Gießereistadt), die im 5. Jahrhundert v. Chr. errichtet wurde. Während der Han-Dynastie kamen auf dem Platz auch Bauern zusammen, um dem Himmel zu opfern oder um eine fruchtbare Ernte zu bitten. Der Palast wurde erst 1384 unter der Ming-Dynastie erbaut und von Adligen zum Zwecke der Ahnenverehrung, aber auch vom Kaiser für Audienzen genutzt – deshalb der Name Chaotian, „Verehrung des Himmels". In späteren Jahren erhielt der Palast eine neue Funktion als Lehrstätte und Konfuziustempel, bevor er schließlich zu einem kleinen Museum mit einigen herausragenden Bronzen umgestaltet wurde. Auf dem Palastplatz können Besucher einer Darbietung **Ming-zeitlichen Hofzeremoniells** (tgl. 11.15–12.15 Uhr) beiwohnen und dabei Höflinge, Eunuchen, Wachen und Tänzerinnen vor dem kaiserlichen Tor bestaunen. Anfahrt mit dem Bus Nr. 4 vom Fuzi Miao. ⏲ tgl. 8–17 Uhr, Eintritt ¥15 inkl. Hofzeremoniell.

Fuzi Miao

Weitere 2 km südlich von Xinjiekou erstreckt sich in der Nähe der Endhaltestelle der Buslinie Nr. 1 das Gebiet des Fuzi Miao (Tempel des Konfuzius), das südlich der Jiankang Lu am Ende der Taiping Lu beginnt und von lärmenden Straßenverkäufern, kleinen Geschäften, **Passagen** und Restaurants geprägt ist. An heißen Tagen gibt es kaum etwas Erfrischenderes, als an einem der Straßenstände ein Glas *lüdou shatou* zu trinken, ein Getränk aus grünen Bohnen mit geraspeltem Eis (¥3).

Der **Tempel des Konfuzius** selbst, der innen wie ein konfuzianischer Disney-Themenpark wirkt, verdient wenig Beachtung, schön ist hingegen der Uferbereich, wo der Tang-Dichter Liu Yuxi sein berühmtestes Gedicht „Die Wuyi-Gasse" verfasste und und man auf Booten (¥10) nach Süden bis zum Zhonghua Men fahren kann. Über-

Der Taiping-Aufstand Die Schwäche der Qing-Dynastie führte Mitte des 19. Jahrhunderts u.a. zum beispiellosen Taiping-Aufstand, durch den Millionen Menschen niedergemetzelt wurden und der als gewaltigster Bürgerkrieg der Weltgeschichte beschrieben wurde. Anführer der Taiping-Rebellen war **Hong Xiuquan**, ein gescheiterter Beamtenkandidat und evangelischer Christ, der sich als jüngerer Bruder von Jesus Christus ausgab. 1851 scharte er im Dorf **Jintian** bei Guiping in der Provinz Guangxi 20 000 bewaffnete Anhänger um sich und rief **Taiping Tianguo**, das Königreich des Himmlischen Friedens aus. Seine Milizen vertrieben die mandschurischen Streitkräfte, und schon im folgenden Jahr stürmten sie durch die Provinz Hunan nach Zentral-China. 1853 eroberten sie **Nanjing**, doch obwohl das „Königreich" noch weitere elf Jahre Bestand hatte, war dies der letzte große Erfolg dieser Bewegung. Expeditionen, die zur Eroberung Beijings und Niederwerfung Westchinas ausgesandt wurden, scheiterten aufgrund mangelhafter Planungen, und Hongs Führung, die ursprünglich auf die Verleihung der Bürgerrechte für die Bauernschaft und die Ausmerzung von Opium, Alkohol und sexueller Diskriminierung ausgerichtet war, schlug in Wahnsinn und Fanatismus um. Nach erbitterten Kämpfen konnten die **Streitkräfte der Qing-Dynastie** die Taiping-Rebellen schließlich besiegen, nicht zuletzt dank der Unterstützung westlicher Regierungen, vornehmlich in der Person von Queen Victorias persönlichem Günstling, Charles „Chinese" Gordon.

Trotz des letztendlich verheerenden Misserfolgs der Rebellion und ihrer offen christlichen Botschaft wird die gesamte Bewegung als Vorbote des aufkommenden Kommunismus in China gewertet, denn in ihrer fanatischen Ablehnung des Konfuzianismus und im unvorstellbaren Schaden, den sie Bauwerken und Stätten von historischem Wert zufügte, ähnelt sie in bemerkenswerter Weise Mao Zedongs Kulturrevolution.

quert man den Kanal vor dem Tempel und läuft ein Stück in südwestlicher Richtung, gelangt man zum kleinen Park **Bailuzhou** (Insel der Seidenreiher). Diese Gegend blieb auch nach der Ankunft der Mandschus im 17. Jahrhundert als chinesisches Viertel erhalten und birgt noch zahlreiche traditionelle Häuser.

Nur zehn Minuten Fußmarsch westlich des Konfuzius-Tempels steht direkt an der kleinen Zhanyuan Lu und nur wenig östlich der Zhonghua Lu das **Museum zur Geschichte des Königreichs des Himmlischen Friedens**, das in der ehemaligen Residenz des Ming-Prinzen Xu Da untergebracht ist und einen Besuch lohnt. An Hand von Bildern und Gegenständen dokumentiert das Museum die traurige und faszinierende Geschichte des Taiping-Aufstands (s.S. 101 und Kasten), der zur der Eroberung von Nanjing durch Rebellen führte, welche die Stadt von 1853 bis 1864 kontrollierten. Das Gebäude selbst war während des Aufstands die Residenz eines der Rebellengeneräle. ⏲ tgl. 7–17 Uhr, Eintritt ¥10.

Xuanwu-Hu-Park

Nördlich des Zentrums erstreckt sich östlich der Zhongyang Lu und südlich des Bahnhofs der ausgedehnte Xuanwu-Hu-Park. Um den riesigen Xuanwu Hu (Schwarzer-Drachen-See) erheben sich an drei Seiten niedrige Hügel, das westliche Seeufer wird von der alten Stadtmauer gesäumt. Früher diente er der kaiserlichen Familie als Ort der Erholung und war auch Schauplatz einer Flotteninspektion durch den Song-Kaiser Xiaowu, bevor er 1911 zu einem Park umgestaltet wurde. Heute lädt er zu schönen Spaziergängen ein und ist an Wochenenden ein gern besuchter Ort zum Ausspannen. Im 5 km langen See gibt es fünf kleine, durch Dämme und Brücken miteinander verbundene **Inseln** mit Restaurants, Teehäusern, Pavillons, Ruder- und Paddelbooten, Badeplätzen, einem Freilichttheater und einem Zoo. Die malerischste Insel ist **Yingzhou**, die von einem weiten Teppich aus Seerosenblättern und von bizarren Bäumen umgeben ist, deren Stämme wie Korkenzieher aussehen. Am südlichen Ende des Parks sind einige der am besten erhaltenen Abschnitte der Stadtmauer zu bewundern. Eintrittskarten hierfür gibt es an einem Schalter an der Jiwusi Lu (⏲ tgl. 6.30–19 Uhr, Eintritt ¥5), am östlichen Ende kann die Mauer jedoch ohne Eintrittsgebühren bestiegen werden. Am günstigsten gelegener Parkeingang ist das Xuanwu-Tor an der Zhongyang Lu, ca. 1 km nördlich des Gulou (Bus Nr. 1). ⏲ tgl. 5–21 Uhr, Eintritt ¥15.

Am Yangzi

Der Nordwesten der Stadt in der Nähe des Yangzi bietet einige kleinere Sehenswüdigkeiten. In Nachbarschaft des Westbahnhofs befindet sich im Jinghai Si das **Museum des Vertrags von Nanjing**; zu erreichen über eine schmale Gasse, die von der Rehe Lu direkt gegegenüber der Longjiang Lu abzweigt. In diesem Tempel handelten die Briten mit den Chinesen nach dem Ersten Opiumkrieg im Jahre 1843 den ersten von zahlreichen ungerechten Verträgen aus (der Vertrag wurde später auf einem britischen Marineschiff im Hafen von Nanjing unterzeichnet). Leider wird die detaillierte Ausstellung über die angespannten sino-britischen Beziehungen im 19. und 20. Jahrhundert nur auf Chinesisch erläutert, doch alleine schon das Tempelgelände lädt zu einem interessanten Rundgang ein. Der ursprüngliche Tempel wurde in der Ming-Dynastie im 14. Jahrhundert unter Kaiser Chengzu gebaut, um den heldenhaften Seefahrer Zhenghe zu ehren, der die chinesische Flotte auf Entdeckungsfahrten bis zum Persischen Golf und zur ostafrikanischen Küste führte. ⏲ tgl. 8–16 Uhr, Eintritt ¥4.

Die Umgebung des Jinghai Si, des **Westbahnhofs** (Bus Nr. 16 von Gulou und Xinjiekou) und des gleich hinter der Stadtmauer gelegenen Hafens lädt zu einem kurzweiligen Bummel durch alte, zunehmend verfallende Gassen und über streng riechende Fischmärkte ein. An der Kreuzung der Rehe Lu und Zhongshan Bei Lu steht der steinerne Koloss des **Dujiang Jinianbei** (Denkmal zur Erinnerung an die Flussüberquerung) und erinnert an die Überquerung des Yangzi von Norden und die anschließende Einnahme von Nanjing durch die Kommunisten im Jahre 1949.

Einmal hier, sollte man unbedingt einen Blick auf die 1,5 km lange, zweigeschossige **Yangzi-Brücke** werfen, die noch heute alle Chinesen mit Stolz erfüllt, denn sie entstand aus eigener Kraft, nachdem die Russen 1960 ihre Berater und Gerätschaften abgezogen hatten. Vor dem Bau der Brücke dauerte es anderthalb Stunden, um Züge und Straßenfahrzeuge mit Fähren über den Fluss zu bringen. Großartige Blicke auf das enorme Bauwerk eröffnen sich vom **Da Qiao Gongyuan** (Große-Brücke-Park) am Ostufer des Flusses. Ein Fahrstuhl (¥4) befördert Besucher zu einer erhöhten Plattform über die obere (Straßen-) Ebene der Brücke. Anfahrt vom Zhongyang Men oder Gulou mit dem Bus Nr. 15.

Westlich des Zentrums

Verschiedene kleinere Sehenswürdigkeiten sowie eine größere Attraktion befinden sich im Westen und Südwesten der Stadt. Zwischen der Caochangmen Dajie und der Hanzhong Lu erhebt sich eine mächtige Bastion aus Stadtmauertürmen hoch über den schmalen Fluss Qinhuai. Es handelt sich um Teile der ursprünglichen, rund 2000 Jahre alten Stadtmauer. Obwohl kontinuierlich verstärkt und schließlich in die Ming-Abwehranlagen integriert, ist die z.T. aus rotem Gestein bestehende Originalstruktur in einem 300 m langen Mauerabschnitt noch klar zu erkennen. Der Bus Nr. 18, der außerhalb der Mauer zwischen Xinjiekou und dem Westbahnhof verkehrt, fährt an diesem Abschnitt vorbei. Innerhalb der Mauern gibt es etliche kleine Parks, die besonders am Wochenende von Einheimischen bevölkert werden. Der vielleicht schönste davon ist der im Süden gelegene, winzige **Wulong-Park**, in dem sich oft ältere Musiker treffen, um Opern zu singen und auf traditionellen Instrumenten zu musizieren. ⏲ tgl. 7–17.30, Eintritt ¥2.

Weiter südlich liegt jenseits des Qinhuai der Eingang zum **Mochou-Hu-Park**, dessen recht hohe Eintrittspreise nur an den relativ besucherschwachen Wochentagen das Geld wert sind. An Wochenenden wird er von Horden lärmender Schulkinder heimgesucht. Eine Freilichtbühne ragt in den See, dahinter steht ein stattliches Teehaus. Zu den Pavillons und Wandelgängen gehört der **Rechteckige Pavillon** mit einer Statue der legendären Jungfrau Mochou, die dem See seinen Namen gab: *mochou* bedeutet „sorgenfrei". Sie erhielt diesen Namen, weil ihr süßer Gesang angeblich alle Unglückseligkeit lindern konnte. Im benachbarten **Turm der Gewonnenen Schachpartie** spielte der Ming-Kaiser Zhu Yuanzhang einst eine wichtige Partie Schach gegen seinen ersten General. ⏲ tgl. 6.30–24 Uhr, Eintritt ¥12.

Westlich des Parks befindet sich eine der bedeutendsten Sehenswürdigkeiten der Stadt: das

Denkmal für die Opfer des Massakers von Nanjing. Auf dem düsteren Kiesgelände gibt es eine bedrückende Zusammenstellung von Schädeln und Knochen der Opfer zu sehen, die halb begraben in der Erde liegen, daneben eine eingehende (auch in Englisch zu lesende) Schilderung der unvorstellbaren Leiden, die den Chinesen von der japanischen Armee im Zweiten Weltkrieg zugefügt wurden. Im letzten Ausstellungsraum sind Kondolenzbriefe von japanischen Schulkindern ausgestellt. ⌚ tgl. 8.30–16 Uhr, Eintritt ¥10.

Nanjings Stadtmauer Schon vor 2500 Jahren war Nanjing von einer Stadtmauer umgeben, und Reste der originalen Mauer aus rotem Gestein sind noch heute in der „Steinstadt" im Westen des Stadtgebietes zu sehen. Die gegenwärtige Stadtmauer aber geht in erster Linie auf den ersten Ming-Kaiser zurück, der ältere Mauerabschnitte zwischen 1369 und 1373 ausweiten und verstärken ließ.

Seine aus Backstein gebaute Mauer war über 32 km lang und folgte den landschaftlichen Gegebenheiten: Im Norden säumte sie den Xuanwu Hu, im Osten schmiegte sie sich an den Xijin Shan, und im Westen und Süden folgte sie dem Lauf des Flusses Qinhuai, der dadurch eine zweite Funktion als schützender Wassergraben erhielt. Die Kosten für die Mauer wurden vorwiegend von reichen Familien bestritten, die vom Kaiser nach Nanjing umgesiedelt wurden; ein einziger Einwohner aus Wuxiang in der Provinz Zhejiang „spendete" ein Drittel der Gesamtkosten. Für den Mauerbau wurden 200 000 Arbeiter zwangsweise verpflichtet, die dafür zu sorgen hatten, dass alle Backsteine dieselbe Größe und Ausführung hatten und dass jeder gelieferte Stein die Namen der verantwortlichen Handwerker und Aufseher trug.

Die Backsteine wurden zu einer durchschnittlichen Höhe von 12 m und einer Dicke von 7 m aufgeschichtet und durch eine Mischung aus Kalk und klebriger Reispaste verfestigt.

Südlich des Zentrums

Imposante Befestigungsanlagen lassen sich auch am **Zhonghua Men** im äußersten Süden bestaunen. Das mächtige, seiner einstigen Mauerverlängerungen beraubte Stadttor nimmt heute einen Platz auf einer Verkehrsinsel kurz hinter dem Flussgraben an der Route der Buslinie Nr. 16 zwischen Xinjiekou und Gulou ein. Tatsächlich besteht es aus vier sich umschließenden Torgebäuden, in denen im Falle eines Angriffs 3000 Soldaten zur Verteidigung zusammengezogen werden konnten, was dieses Bauwerk zu einem der größten seiner Art in ganz China macht. Jenseits des zentralen Torbogens können Besucher heute zwei Ebenen nach oben steigen und einen beeindruckenden Ausblick auf die Tore und die sich dahinter ausdehnende Stadt genießen.

Zwischen dem Zhonghua Men und dem südlich gelegenen Yuhuatai-Park erstreckt sich ein reizvoller Straßenabschnitt, der von zweigeschossigen, im Erdgeschoss mit Läden und Werkstätten eingerichteten Häusern mit Holzfassaden und Balkonen gesäumt wird. Die „Allzweck"-Bäume auf den Bürgersteigen spenden Schatten und bieten genügend Platz, um Vogelkäfige, Topfpflanzen und Wäsche aufzuhängen. Kurz hinter der Bahntrasse erreicht die Straße einen kleinen Hügel, den heute der als **Yuhuatai** (Blütenregenterrasse) bekannter Park einnimmt. Der Legende nach predigte ein buddhistischer Mönch dort im 5. Jahrhundert in so bewegender Weise, dass vom Himmel Blüten auf ihn herabregneten. Noch heute stöbern chinesische Touristen im Boden nach vielfarbigen Kieselsteinen, den so genannten „Blütenregensteinen" *(yuhuashi)*, die mit jener Legende verknüpft werden. Leider aber ruft der Hügel auch weniger romantische Erinnerungen wach: Nach 1927 diente er der Guomindang als Exekutionsstätte – zahllose Opfer sollen hier skrupellos ermordet worden sein. Heute steht an dieser Stätte das **Märtyrerdenkmal**, eine kolossale Komposition aus neun 30 m hohen Figuren, die durchaus als Paradebeispiel für die Gigantomanie des chinesischen sozialistischen Realismus betrachtet werden kann. Der hübsche Park selbst erstreckt sich an einem dicht von Kiefern bewachsenen Hang und ist ein beliebtes Ziel von Einheimischen, die ihren Käfigvögeln in der kühlen Frische des Morgens ein wenig Luft gönnen, während sie selbst unter den Bäumen sitzen

Die achteckige, neunstöckige Pagode Linggu Ta

und Karten spielen. Der Aufstieg zur vierstöckigen Pagode auf dem kleinen Hügel hinter dem Denkmal belohnt trotz der Dunstglocke, die stets über der Stadt hängt, mit beeindruckenden Ausblicken auf das sich im Norden ausdehnende Nanjing. ⏲ tgl. 6–18.45 Uhr, Eintritt ¥8.

Östlich des Zentrums

Rund 3 km östlich von Xinjiekou steht an der Zhongshan Dong Lu das herausragende **Nanjing-Museum**, das nicht zuletzt hinsichtlich der guten Erläuterungen (nahezu alle Exponate sind auch auf Englisch beschriftet) zu Chinas besten Provinzmuseen gehört. Zu den besonders sehenswerten Stücken der Sammlung gehören einige seidenbestickte Sänften und mehrere schwere Bronzen, die z.T. bis auf die Westliche Zhou-Dynastie (1100–771 v. Chr.) zurückgehen. Äußerst interessant sind außerdem die Abteilungen für Jade- und Lackwaren sowie Modelle von Handelsschiffen aus der Provinz Fujian. Anfahrt mit den Bussen Nr. 5 und Nr. 9 von Xinjiekou oder Bus Nr. 20 von Gulou. ⏲ tgl. 9–16.45 Uhr, Eintritt ¥20.

Ein kurzer Fußmarsch Richtung Osten führt zum **Zhongshan Men**, dem östlichsten Tor der alten Stadtmauer. Man kann die Mauer hier besteigen und begleitet von schönen Ausblicken in beide Richtungen ein Stück Richtung Norden bis zum kleinen See Qian Hu entlanggehen. Am frühen Morgen erklimmen zahlreiche ältere Bewohner Nanjings diesen Mauerabschnitt, um ihre täglichen gymnastischen Übungen zu verrichten.

Zijin Shan

Nicht weit außerhalb des Zhongshan Men erhebt sich der Zijin Shan (Purpurgoldberg), der nach den Farben seines Gesteins benannt ist. Seit jeher ist diese kühle und schattige Gegend der bevorzugte Ort, um der Backofenhitze des sommerlichen Nanjing zu entfliehen und den Duft wohlriechender Wälder sowie grasbestandene Grünflächen zu genießen. Heute befinden sich dort drei der meistbesuchten Sehenswürdigkeiten Nanjings. Herzstück des Gebiets ist das zentral in den Hügeln gelegene **Zhongshan Ling**, das prachtvolle Mausoleum der ersten Präsidenten Chinas, Sun Yatsen. Östlich des Zhongshan Ling befindet sich der Tempelkomplex des **Linggu Si**, und im Westen steht das antike **Ming Xiaoling**, das Grabmal des ersten Ming-Kaisers Hongwu, der China von Nanjing aus regierte. Der Besuch dieser drei Stätten füllt leicht einen ganzen Tag aus, lässt sich aber dank guter Transportverbindungen leicht bewältigen. Zahlreiche private **Minibusse** verkehren via Zhongshan Dong Lu zum Zijin Shan; Ziel der meisten ist das Zhongshan Ling (¥3), manche fahren jedoch auch bis zu den beiden anderen Stätten. Bus Nr. 9 fährt von Xinjiekou via Linggu Si zum Zhongshan Ling, Bus Nr. 20 von Gulou zum Ming Xiaoling. Etliche Minibusse und andere privat betriebene Fahrzeuge warten zudem am Bahnhofsplatz auf Fahrgäste. Um alle drei Anlagen zu besichtigen, ist es am sinnvollsten, am Morgen mit dem Bus entweder zum Ming Xiaoling oder zum Linggu Si zu fahren und von dort zu Fuß weiterzulaufen – so vermeidet man doppelte Wege. Reisebüros und die gehobenen Hotels der Stadt bieten auch halbtägige **Bustouren** an.

Wer einen Blick aus der Höhe auf den Berg werfen möchte, kann ca. 1 km östlich des Taiping Men (dem Tor im Südens Xuanwu-Hu-Parks) mit einer **Seilbahn** zum Gipfel fahren (einfach ¥25, hin und zurück ¥40).

Linggu Si

An der Ostflanke des Berges, und damit am weitesten von der Stadt entfernt, liegt der Linggu Si (Tempel des Tals der Geister), die vielleicht unspektakulärste Anlage am Zijin Shan. Die Busse fahren bis vor die Haupthalle, die den Namen **Wu Liang Dian** (Balkenlose Halle) trägt. Die 1381 vollendete und weitgehend restaurierte Halle ist ungewöhnlich groß und für das sich selbst tragende Bogengewölbe aus Ziegelwerk berühmt, das auf fünf Säulen ruht und ohne Stützbalken auskommt. Früher wurden in ihr die buddhistischen Sutren aufbewahrt, später funktionierten Taiping-Rebellen sie in eine Festungsanlage um, und heute dient sie als Ausstellungshalle.

Zu Fuß nur wenige Minuten östlich der Balkenlosen Halle erreicht man den ebenfalls umfassend restaurierten Linggu Si selbst, der ursprünglich wesentlich größer war, aber noch heute von Mönchen in gelben Gewändern aktiv betrieben wird. Nördlich der Halle steht ein kleiner Pavillon, der von schönen Zypressen und Kiefern umgeben ist, noch weiter nördlich ragt die achteckige, neunstöckige Pagode **Linggu Ta** 60 m in die Höhe. Merkwürdi-

Das Mausoleum Zhongshan Ling von Sun Yatsen gehört heute zu den bedeutendsten Wallfahrtsstätten der Chinesen

gerweise wurde sie in den 30er Jahren als Gedenkstätte für Guomindang-Mitglieder errichtet, die zwischen 1926 und 1927 im Kampf gegen die aufständischen Kommunisten ums Leben kamen. Ein Aufstieg belohnt mit herrlichen Ausblicken auf die umliegende Landschaft.

Zwischen dem Linggu Si und dem Zhongshan Ling pendelt ein Bus (¥1), die beiden Anlagen sind jedoch auch durch einen hübschen, relativ gut markierten Waldpfad miteinander verbunden (vom Linggu Si Richtung Nordwesten). Unterwegs gibt es das eine oder andere Gebäude zu entdecken, darunter die **Buddhistische Bibliothek** *(Zanjinglou)*, die heute das recht fade **Sun-Yatsen-Museum** beherbergt – eine Sammlung von Bildern mit ausschließlich chinesischen Erklärungen. 🕓 tgl. 8–17 Uhr, Eintritt ¥15 für die gesamte Anlage.

Zhongshan Ling

Dr. Sun Yatsen, erster Präsident des nachkaiserlichen Chinas und einziger Nationalheld, der auf beiden Seiten der Taiwan-Straße verehrt wird, erfährt im Zuge der Suche Chinas nach einer postkommunistischen Zukunft und der sich allmählich verbessernden Beziehungen zu Taiwan zunehmend politische Würdigung. Die unglaubliche Anziehungskraft des Zhongshan Ling, des Mausoleums des ehemaligen Staatsführers, belegt dies auf beeindruckende Weise. Die Anlage mit ihrer berühmten Treppenflucht aus Marmor, die eine grüne Anhöhe hinaufführt, rangiert unter den beliebtesten Pilgerzielen chinesischer Touristen, und der Gang die Stufen hinauf gehört zum Pflichtprogramm bei einem Besuch Nanjings (für ¥50 kann man sich auch in einer Sänfte nach oben tragen lassen, und sei es nur um den Blick zurück über die Steintreppe und die dunstverhangenen Hügel im Süden zu werfen.

Das Mausoleum, ein imposantes Bauwerk aus weißem Granit und dunkelblauen Keramikdachziegeln (die Farben der Nationalisten), das sich effektvoll vom Dunkelgrün der umgebenden Kiefern abhebt, wurde 1929, d.h. vier Jahre nach Sun Yatsens Tod fertig gestellt. Von einer großen Bronzestatue am Fuß der Treppe führen 392 Marmorstufen hinauf zur Gedenkhalle, die von einer 5 m hohen Marmorstatue des großen Politikers dominiert wird. Hinter der Statue befindet sich die Grabkammer mit einem weiteren Marmorbildnis auf dem steinernen Sarg, aus dem die sterblichen Überreste unbestätigten Gerüchten zufolge entnommen wurden, als die Guomindang-Führung 1949 nach Taiwan floh. Über dem Eingang zur Grabkammer sind die politischen Ideale der Guomindang in vergoldeten Schriftzeichen in schwarzen Marmor gemeißelt: Nationalismus, Demokratie und soziale Gerechtigkeit. 🕓 tgl. 6.30–18.30 Uhr, Eintritt ¥25, Taschen müssen deponiert werden.

Ming Xiaoling

Vom Zhongshan Ling ist es ein 35-minütiger Fußmarsch entlang der Straße Richtung Westen bis zum Ming Xiaoling, der Grabstätte von Zhu Yuanzhang, dem Gründer der Ming-Dynastie und einzigen der vierzehn Ming-Kaiser, der in Nanjing beigesetzt wurde (die Grabanlagen seiner dreizehn Nachfolger befinden sich ausnahmslos bei Beijing). Der notwendige Erdaushub und die Errichtung der Steinmauern waren so aufwendig, dass 100 000 Soldaten und Zwangsarbeiter das Grabmal erst im Jahre 1383 nach zweijähriger Arbeit fertig stellen konnten. Ursprünglich war die Anlage wesentlich größer als die Ming-Gräber bei Beijing, doch ihre Hallen und Pavillons sowie die 22 km lange, zinnoberrote Umfassungsmauer wurden von den Taiping-Rebellen zum großen Teil zerstört. Erhalten ist noch ein umfriedeter Bereich mit ein paar prachtvollen Bäumen, einigen Steinbrücken und halb verfallenen Toren, die zu einem einsamen bewaldeten Hügel im hinteren Teil der Anlage führen, unter dem sich die (noch ungeöffnete) Grabkammer des Kaisers und seiner Frau befindet. Mit ihnen sollen 50 Höflinge und Hofdamen lebendig begraben worden sein, um ihren Herrschaften Gesellschaft zu leisten. 🕓 tgl. 8–17.30 Uhr, Eintritt ¥15.

Das Ming Xiaoling umfasst zwei Bereiche: einmal das Grab selbst und daneben den **Seelenweg** (Shendao), der allgemein **Shixiang Lu** (Straße der Steinstatuen) genannt wird und schräg auf das Grab zuläuft, um böse Geister abzuwehren, die sich nur in direkter, gerader Linie bewegen können. Eine merkwürdige und magische Atmosphäre umgibt den Weg, der an zwölf steinernen Tierpaaren, darunter Löwen, Elefanten und Kamele, gefolgt von vier Beamtenpaaren vorbeiführt. Jede dieser Statuen ist aus einem einzigen Steinblock gemeißelt.

Die Tierskulpturen stehen auf einem zentralen, zu beiden Seiten vom Zugangsweg flankierten Grasstreifen, während die Beamten etwas weiter entfernt unter Bäumen gruppiert sind. Die meisten Besucher besichtigen zuerst die Grabanlage, da die Straße vom Zhongshan Ling direkt bis vor den Eingang der Grabstätte führt. Läuft man von dort (mit dem Grabmal im Rücken) die Straße nach rechts und folgt der Linkskurve, erreicht man nach 15 Min. den Seelenweg. ⌚ tgl. 8–18.30 Uhr, Eintritt ¥10.

Neben dem Ming Xiaoling befindet sich der Eingang zum **Zixia Hu**, einem kleinen See, dessen bewaldete Umgebung das ganze Jahr über zu schönen Spaziergängen einlädt. Im Sommer kann man im See baden, allerdings ist er an Wochenenden hoffnungslos mit Ausflüglern aus Nanjing überlaufen, die hier der Hitze der Stadt entkommen wollen. ⌚ tgl. 7–18 Uhr, Eintritt ¥10.

Eine weitere Sehenswürdigkeit ist das ca. 2 km nördlich des Ming Xiaoling angesiedelte **Zijin-Shan-Observatorium**, das 1929 hoch auf einem der drei Gipfel eingerichtet wurde, die den Taiping einst als Bastion dienten. Oben lassen sich frische Bergluft und schöne Ausblicke auf Nanjing genießen. Mitunter fahren Minibusse zum Gipfel hinauf. Eintritt ¥10.

Qixia Si

In der bewaldeten Hügellandschaft nordöstlich von Nanjing steht einsam der im 5. Jahrhundert von dem Mönch Shao Shezhai errichtete **Qixia Si** (Tempel, an dem die Wolken verweilen), der heute eines der größten buddhistischen Seminare Chinas ist. Die vordere der beiden Haupthallen beherbergt die Statue eines sitzenden Maitreya-Buddhas sowie, an zwei Wänden, fliegende Apsaras. Im Zentrum der zweiten Tempelhalle steht eine Statue des Buddhas Vairocana. Gleich hinter dem Tempel erstreckt sich der **Qian Fo Yan** (Tausend-Buddha-Felsen) mit 515 in den Fels gemeißelten Skulpturen. Viele Buddhaköpfe fielen der Kulturrevolution zum Opfer und sind daher nicht mehr erhalten, diejenigen jedoch, die den Verwüstungen entgingen, zeigen eine bunte Vielfalt unterschiedlicher Gesichtsausdrücke. Manche Reliefs gehen auf die Südliche Qi-Dynastie des 5. Jahrhunderts zurück, die meisten stammen jedoch aus der Tang- und Song-Dynastie. In dem reich mit Pavillons bestückten Wald dahinter lassen sich ausgedehnte Spaziergänge unternehmen. Anfahrt mit einem der Busse oder Minibusse vom Bahnhofsplatz (Qixia ist in chinesischen Schriftzeichen als Ziel vorne im Bus angegeben), 45 Min. ⌚ tgl. 7–17.30 Uhr, Eintritt ¥10.

Übernachtung

Nanjings Hotels sind fast ausnahmslos teuer und unterscheiden sich kaum in Ausstattung oder Preis. Außerhalb der Sommermonate lässt sich meist ein Nachlass von 10–20% auf die Zimmerpreise aushandeln. Die einzigen Optionen für preiswerte Unterkünfte sind die beiden Universitäten, die ausländische Studenten aufnehmen.

HOTELS – ***Central,*** Luxus, 75 Zhongshan Lu, westliche Seite, ✆ 4733888, 📠 4733999. Eine der luxuriösesten Adressen der Stadt. Erst kürzlich renoviert. Zu Fuß nur 5 Min. nördlich von Xinjiekou.

Daqiao**, 255 Jianning Lu, Ecke Daqiao Nan Lu, ✆ 8801544, 📠 8809255. Freundliches Haus, nur 1 km vom Fähranleger entfernt. Anfahrt vom Bahnhof oder vom Zhongyang Men mit dem Bus Nr. 10.

Future Inn,*** 34 Guanjia Qiao, eine Straße westlich der Zhongshan Lu, direkt neben dem *Central,* ✆ 4700999, 📠 4700123. Recht neu und exzellent gelegen, vorzüglicher Service, saubere Zimmer, mehrere ausgezeichnete Restaurants in der Nähe.

Heyuan**, 305 Taiping Nan Lu, auf halber Höhe zwischen Fuzi Miao und Xinjiekou, ✆ 4405561, 📠 4417848. Angenehm und ruhig.

Hongqiao,*** 202 Zhongshan Bei Lu, unmittelbar nördlich der Xinmofan Malu, ✆ 3400888, 📠 663 5756. Gemütliches Hotel mit sehr komfortablen, sauberen Zimmern. Anfahrt vom Bahnhof mit dem Bus Nr. 13.

Jinling, Luxus, Hanzhong Lu, ✆ 4711999, 📠 471 1666. Nur wenige Schritte westlich von Xinjiekou. Eines der besten Hotels der Stadt. Satelliten-TV, Fitnesszentrum, Swimmingpool, Geschäfte und mehrere Restaurants.

Longpan**, 250 Longpan Lu, neben dem Stadtbus-Bahnhof, zu Fuß 5 Min. westlich des Bahnhofs. Keine englische Ausschilderung. Man erwartet eigentlich nicht, dass dieses Haus

Ausländer aufnimmt, doch man irrt. Annehmbare, wenngleich etwas abgewohnte Zimmer zu akzeptablen Preisen. Zur Zeit der Recherche wurde renoviert.

Mandarin Garden**, 9 Zhuang Yuan Jing, ☎ 2202555, 📠 2201876. Stilvolle Unterkunft mit mehreren Hundert Zimmern und allen erdenklichen Luxuseinrichtungen. Ausgezeichnete Lage mitten im Herzen des lebendigen Fuzi Miao in einer schmalen Gasse am südlichen Ende der Taiping Lu.

Nanjing*, 259 Zhongshan Bei Lu, ☎ 3411888. Etwas altmodisches, jedoch würdevolles Haus mit großem abgetrenntem Garten direkt gegenüber vom *Hongqiao*.

Sheraton Kingsley, Luxus, 185 Hanzhong Lu, zwei Straßen westlich des Kreisverkehrs Xinjiekou, ☎ 6509478, 📠 6519990. So vornehm und luxuriös wie alle Schwesterhotels weltweit. DZ ab ¥1600.

Shuangmenlou, 185 Huju Bei Lu, nahe der Zhongshan Bei Lu, ☎ 8805961–280, 📠 8801421. Keine schlechte Adresse. Bietet einige der preiswertesten Zimmer von ganz Nanjing im bislang unrenovierten alten Flügel. Umgeben von einem großen Garten.

Xihuamen, Zhongshan Dong Lu, südliche Seite, ☎ 4596221–2888. Nur wenig westlich eines schmalen Kanals, ungefähr 2 km östlich vom Kreisverkehr Xinjiekou. Recht hübsch, inmitten von Gärten gelegen, sehr ordentliche und trotzdem relativ preiswerte Zimmer.

Xinli, Jianning Lu, ☎ 5504688–281. Unmittelbar nördlich des Busbahnhofs Zhongyang Men. Jüngst renovierte, saubere und luftige Zimmer.

Xuanwu**, 193 Zhongyang Lu, etwas nördlich der Hunan Lu, ☎ 3358888, 📠 3366777. Stattliches Haus mit schönen Ausblicken auf den Xuanwu-Hu-Park. Erhebt den Anspruch, ein Luxushotel zu sein, und ist gar nicht so weit davon entfernt.

Zhongshan*, 200 Zhongshan Lu, Ecke Zhujiang Lu, ☎ 3361888–0008, 📠 3377228. Sehr zentral zwischen Gulou und Xinjiekou gelegen. Geräumige, elegant eingerichtete Zimmer. Auf dem Gelände gibt es eine Disco und ein Fluglinienbüro.

UNIVERSITÄTSZIMMER – ***Nanjing Normal University (Nanshan Hotel)****, Ninghai Lu, abseits der Guangzhou Lu, ☎ 3716440, 📠 3738174. Von der Beijing Lu (zu erreichen mit Bus Nr. 13 vom Bahnhof) entlang der Shanghai Lu laufen, dann nach Westen in eine der schmalen Seitengassen zur Ninghai Lu abbiegen. Ein imposantes Tor markiert den Eingang zum Universitätscampus. Geradeaus erreicht man ein grasbewachsenes Oval, von dem der Weg nach links einen Hang hinaufführt – das *Nanshan* steht oben auf dem Hang. Sehr angenehme Unterkunft, doch vor allem in den Sommermonaten voll, eine Reservierung ist ratsam (man spricht Englisch).

Nanjing University Foreign Students' Residence*–, Shanghai Lu, ☎ 3593589, 📠 3594699. Vom Bahnhof mit dem Bus Nr. 13 zur Beijing Lu fahren, von dort noch ein Stück nach Süden laufen, bis man auf der linken Seite das hoch aufragende Gebäude sieht, das durch eine schmale Gasse zu erreichen ist. Ausgezeichnete DZ z.T. mit Bad.

Essen

Nanjing besitzt eine große Auswahl an **Restaurants**, die lokale und regionale sowie ausländische Gerichte anbieten, und das oftmals zu günstigeren Preisen als im nahen Shanghai. Insbesondere lohnend ist die **Jiangsu-Küche**, deren Spezialität *yanshui ya* (gesalzene Ente) längst landesweite Berühmtheit erlangt hat. Die ausgenommene, gesalzene Ente wird hierfür in in Salzlake getränkt und anschließend gebacken, wobei die Haut eine cremefarbene Kruste haben und das Fleisch rot und zart sein sollte. Andere durchaus probierenswerte Gerichte der einheimischen Küche sind *majiang yaopian* (Schweineinnereien), *jiwei xia* (ein Süßwassersee-Krustentier, das entfernt an einen Hummer erinnert, aber – die Einheimischen schwören darauf – wesentlich besser schmeckt) und *paxiang jiao* (eine Gemüseart, die Bananenblättern ähnelt). Die besten Gegenden für eine kulinarische Entdeckungsreise in die Küche Jiangsus liegen nördlich von Gulou an der Zhongyang Lu und nordwestlich an der Zhongshan Bei Lu.

Dank zahlreicher Auslandsstudenten und einer wachsenden Zahl ausländischer sowie weltoffener einheimischer Geschäftsleute besitzt

Nanjing: Übernachtung, Essen und Unterhaltung

Übernachtung		
Central	中心大酒店	*zhōngxīn dàjiǔdiàn*
Daqiao	大桥饭店	*dàqiáo fàndiàn*
Future Inn	明日大酒店	*míngrì dàjiǔdiàn*
Heyuan	和园饭店	*héyuán fàndiàn*
Hongqiao	虹桥饭店	*hóngqiáo fàndiàn*
Jinling	金陵饭店	*jīnlíng fàndiàn*
Longpan	龙蟠大厦	*lóngpán dàshà*
Mandarin Garden	状元大酒店	*zhuàngyuán dàjiǔdiàn*
Nanjing	南京饭店	*nánjīng fàndiàn*
Nanjing University Foreign Students' Residence	南京大学外国留学生宿舍	*nánjīng dàxué wàiguóliúxuéshēng sùshè*
Normal University (Nanshan Hotel)	师范大学南山宾馆	*shīfàn dàxué nánshān bīnguǎn*
Shuangmenlou	双门楼宾馆	*shuāngménlóu bīnguǎn*
Xihuamen	西华门饭店	*xīhuámén fàndiàn*
Xinli	信力酒店	*xìnlì jiǔdiàn*
Xuanwu	玄武饭店	*xuánwǔ fàndiàn*
Yuehua	悦华大酒店	*yuèhuá dàjiǔdiàn*
Zhongshan	中山大厦	*zhōngshān dàshà*
Essen und Unterhaltung		
The Answer	答案酒吧	*dáàn jiǔbā*
Black Cat	黑猫餐馆	*hēimāo cānguǎn*
Chaozhou	潮州饭店	*cháozhōu fàndiàn*
Daniang Dumplings	大娘水饺	*dàniáng shuǐjiǎo*
Fusheng Yuan	福盛缘酒店	*fúshèngyuán jiǔdiàn*
Gold & Silver	金银餐厅	*jīnyíng cāntīng*
Haitian Ge	海天阁	*hǎitiān gé*
Hefeng	和风日膳	*héfēng rìshàn*
Henry's	亨利之家	*hēnglìzhījiā*
Jack's	杰克餐厅	*jiékè cāntīng*
Jiangsu	江苏饭店	*jiāngsū fàndiàn*
Jiaozi Wang	饺子王	*jiǎozi wáng*
Jinzhu	金竹居	*jīnzhú jū*
Lao Zhengxing	老正兴菜馆	*lǎozhèngxīng càiguǎn*
Musilin Noodles	穆斯林餐厅	*mùsīlín cāntīng*
Orgies Bar	奥杰酒吧	*àojié jiǔbā*
Red Balloon Bar	红色气球酒吧	*hóngsè qìqiú jiǔbā*
Scarlet's	乱世佳人	*luànshì jiārén*
Shanghai Tan	上海滩	*shànghǎi tān*
Swede & Kraut	老外乐	*lǎowài lè*
Tianyuan Longjuan	天缘龙娟	*tiānyuán lóngjuān*
Xiao Ren Ren	小任任饭店	*xiǎorènrèn fàndiàn*
Yinghua Yuan	樱花园菜馆	*yīnghuāyuán càiguǎn*

Nanjing etliche **westliche Restaurants und Bars**, die nicht zu teuer sind. Besonders rings um die *Nanjing University Foreign Students' Residence* gibt es viele Lokale, die ihr Angebot auf den westlichen Gaumen ausgerichtet haben. Xinjiekou und Fuzi Miao sind ebenfalls gute Viertel, um fündig zu werden. Für **Chinesische Snacks** wie Nudeln, Sichuan-Feuertopf, *jiaozi* oder *wonton*-Suppen empfehlen sich die Ninghai Lu, etwas nördlich des Haupteingangs zur *Normal University*, die Gegend westlich des Fuzi Miao und das Gebiet unmittelbar südöstlich von Xinjiekou.

Black Cat, in einer Gasse nahe der Kreuzung der Hanzhong Lu und Mochou Lu (ein großer metallener Telefonleitungsmast markiert den Gasseneingang), ist bescheiden eingerichtet, bietet aber u.a. leckere Steaks mit Pommes frites und Salat für nur ¥40. Eine Filiale gleich um die Ecke im *Great Eagle Building*.

Chaozhou, Zhongshan Bei Lu, auf dem Gelände des *Nanjing Hotel*. Teures Buffet-Restaurant mit Gerichten der Chaozhou-Küche, darunter köstliches *chongcao* (eine Gemüsesorte, deren Form entfernt an ein Insekt erinnert) und *jiayu* (ein Mitglied der Familie der Schildkröten). Um 19 Uhr ist Showtime mit einer russischen Tanztruppe angesagt.

Daniang Shuijiao, im Untergeschoss des Kaufhauses *Xinjieko* , direkt am Kreisverkehr. Über 40 Variationen preiswerter und sättigender *jiaozi*, meist für weniger als ¥5.

Fusheng Yuan, Yunnan Lu, nahe Hunan Lu. Spezialitäten aus Nanjing und Yangzhou in angenehmem Ambiente. Einheimische schätzen hier insbesondere den ausgezeichneten Feuertopf.

Gold and Silver, Jinying Lu, nahe Shanghai Lu. Bestes von mehreren chinesischen Restaurants, die vor allem Studenten der *Nanjing University* anlocken. Als Dessert empfehlen sich die gebackenen und in Kondensmilch getränkten *mantou*.

Haitian Ge, 179 Zhongyang Lu, etwas nördlich der Hunan Lu und nahe dem Xuanwu Hu. Spezialiäten sind Speisen aus Jiangsu und Beijing, inbesondere Gesalzene Ente, daneben gibt es auch leckere Gerichte aus Macau. Preiswert und bei Einheimischen sehr beliebt, daher ab 17 Uhr oft voll.

Hefeng, 75 Zhongshan Lu, im *Central Hotel*. Preiswertes und fantasievoll arrangiertes japanisches Essen. Für eine sättigende Portion Sushi reichen weniger als ¥50.

Henry's, 33 Huaqiao Lu. Leckere Nudelgerichte, Salate, Steaks und Burger für weniger als ¥25.

Jack's, Jinying Lu, Ecke Shanghai Lu. Westliches und japanisches Essen in Traveller-freundlicher Atmosphäre. Guter Kaffee, zum Frühstück allerdings in der Regel noch nicht geöffnet. Edlere Filiale mit italienischen Speisen gegenüber dem Haupteingang der *Nanjing Normal University*; 35 Wangfu Lu.

Jiangsu, 26 Jiankang Lu, östlich der Zhonghua Lu in Fuzi Miao ubd nahe dem Taiping Museum. Eine der exklusivsten Adressen für die lokale Küche – zu den Spezialitäten gehört natürlich *yanshui ya*.

Jiaozi Wang, Ninghai Lu, nahe Guangzhou Lu und der *Normal University*. Ausgezeichnete Adresse für *jiaozi*, die es in allen erdenklichen Varianten gibt. Bei Studenten sehr beliebt.

Jinzhu, 204 Zhongshan Bei Lu, im Norden, zwischen Xin Mofan Malu und Hunan Lu. Preiswerter Familienbetrieb, der Spezialitäten aus Jiangsu serviert und von Einheimischen regelrecht überrannt wird. Die meisten Gerichte kosten weniger als ¥30. Unbedingt nach den wechselnden, köstlichen Fischgerichten fragen.

Lao Zhengxing, 119 Gongyuan Jie, nahe Fuzi Miao. Traditionelles, lebendiges Restaurant am Fluss mit verlockenden Speisen der einheimischen Küche. War in den 30er Jahren ein Lieblingslokal von Guomindang-Offiziellen.

Musilin Noodles, Ninghai Lu, nahe Hankou Xi Lu und dem Haupttor der *Normal University*. Preiswerte und sättigende *lamian* (gezogene Nudeln) nach Xinjiang-Art. Wird bevorzugt von Studenten besucht.

Shanghai Tan, in einer schmalen Gasse direkt hinter dem *Central Hotel*. Exzellente Shanghai-Küche, auch einige Gerichte aus Jiangsu (vor allem *yanshui ya)*. Besonders zu empfehlen sind die Fischgerichte. Bei Einheimischen sehr beliebt.

Swede and Kraut, 14 Nan Xiui Cun, in einer Seitengasse der Shanghai Lu. Bietet das mit Abstand beste westliche Essen der Stadt und ist dabei nicht zu teuer. Die Nudeln und das Brot sind aus eigener Herstellung. Die Lasagne und die Fettucini sind besonders lecker, das Ciabatta ist ein Muss. Geleitet wird das Lokal von einem europäischen Paar, das auch die Bäckerei *Skyways,* 3–6 Hankou Xi Lu, besitzt.

Tianyuan Longjuan, Gulou, eine Straße nördlich des Kreisverkehrs. Kleiner Familienbetrieb, der Beijing-Ente inkl. Suppe und Beilagen für unglaubliche ¥30 für zwei Personen anbietet.

Xiao Ren Ren, 97 Gongyuan Jie, Fuzi Miao. Freundliches, im Stil eines traditionellen Teehauses eingerichtetes Lokal, in dem Musiker den Gästen ein Ständchen bringen und für nur ¥38 aus einer Vielzahl einheimischer Spezialitäten gewählt werden kann

Yinghua Yuan, gemütliches Kellerlokal nahe der Hanzhong Lu, das unter Einheimischen zu den beliebtesten Restaurants zählt und schmackhafte, preiswerte Gerichte aus Jiangsu und Shanghai serviert. Besonders lecker ist das geschmorte Wildkaninchen.

Unterhaltung

Nanjings **Nachtleben** kann sich sicherlich nicht mit dem Shanghais messen, doch es gibt einige recht gute Bars und Diskotheken, die eine gemischte Klientel aus Ausländern (überwiegend Studenten) und Chinesen anziehen. Ein Abend ist preiswert, da Ausländern die Eintrittsgebühren meistens erlassen werden und eine Flasche Bier oft nur ¥10 kostet. Auch das kulturelle Leben ist längst nicht so vielfältig wie in Shanghai, wenngleich gelegentlich Akrobatikaufführungen oder traditionelle chinesische Opernvorstellungen geboten werden. Die Dozenten und Auslandsstudenten der *Nanjing University Foreign Student's Residence* können gute Veranstaltungstipps geben, und auch gehobenen Hotels sind gewöhnlich über das aktuelle Kulturangebot informiert.

The Answer, Jinying Lu, nahe der *Nanjing University Foreign Students' Residence*. Gemütliche Bar mit häufiger Live-Musik, beliebt unter Auslandsstudenten und kunstinteressierten Einheimischen. ◷ tgl. 20–2Uhr.

Casablanca, im 1. Stock des *Xuanwu Hotel,* 193 Zhongyang Lu. Hotel-Disco, mehr altbacken als hip. ◷ tgl. 20–2.30 Uhr.

Orgies, 202 Zhongshan Bei Lu. Auftritte von Tänzerinnen in Leopardenfell-Bikinis, denen eine Tombola folgt – gibt es definitiv so nur in China. Besonders beliebt unter jungen Chinesen, die ihre Köpfe zu monotonem Techno kreisen lassen. ◷ tgl. 21–2 Uhr.

Red Balloon Bar, 118 Chengxian Jie, an der Kreuzung der Taiping Bei Jie mit der Zhongshan Dong Lu, in einer Seitengasse hinter ei-nem ehemaligen Hotel. Künstlertreff, der anspruchsvolle Filme und Live-Musik bietet. ◷ tgl. 20–2 Uhr.

Scarlet's, 29 Chezhan Dong Xiang, in einer schmalen Gasse nahe der Zhongshan Bei Lu, einige Straßen westlich von Gulou. Zweistöckige Bar, in der ein westlicher DJ Tanz- und Rockmusik auflegt. Bevorzugter Treffpunkt der Nanjinger Ausländergemeinde, die gewöhnlich erst spät eintrifft. ◷ tgl. 18.30–2 Uhr.

Sonstiges

BÜCHER –***Foreign Language Bookstore,*** Zhongshan Dong Lu, einen Häuserblock östlich des Kreisverkehrs Xinjiekou, bietet die beste Auswahl englischsprachiger Bücher. Große Filiale in der Hunan Lu, unmittelbar südlich der Zhongyang Lu und nahe dem Xuanwu-Hu-Park.

GELD – ***Bank of China,*** Hauptfiliale in der Zhongshan Nan Lu, etwas südlich des Kreisverkehrs Xinjiekou; ◷ Mo–Fr 8–17, Sa 8–12.30 Uhr, der Bankautomat draußen ist 24 Std. in Betrieb. Reiseschecks werden auch in kleineren Zweigstellen gewechselt.
Gehobene Hotels bieten ihren Gästen den Umtausch von Geld und Schecks an.

INTERNET – Zahlreiche Internet-Cafés gibt es entlang der Shanghai Lu, nahe der Nanjing University und der Normal University.

Laiba, auf dem Gelände der *Nanjing University Foreign Students' Residence,* Jinying Lu, nahe Shanghai Lu, bietet etwas mehr Platz als andere kleinere Einrichtungen.

MEDIZINISCHE HILFE – ***Gulou Hospital,*** Zhongshan Lu, gleich südlich des Kreisverkehrs Gulou, ist das am zentralsten gelegene Krankenhaus.

POST UND TELEFON – ***Hauptpostamt,*** 2 Zhongyang Lu, am Kreisverkehr Gulou, bietet neben allen klassischen Postdiensten auch die Möglichkeit, internationale Telefongespräche zu führen und Faxe zu versenden; ⏲ tgl. 8–18.30 Uhr. Ein weiteres Postamt befindet sich etwas nördlich des Kreisverkehrs Xinjiekou, 19 Zhongshan Lu.

REISEBÜROS – Praktisch alle besseren Hotels unterhalten eigene Reiseagenturen.
CITS, 202 Zhongshan Bei Lu, ein paar km nordwestlich des Kreisverkehrs Gulou, ☎ 3421125, 📠 3421960. ⏲ tgl. 9–16 Uhr.
CTS, 309 Zhongshan Bei Lu, nahe *CITS,* ☎ 880 1502, 📠 8801533. Die Mitarbeiter sprechen Englisch. ⏲ tgl. 8–12 und 13.30–17.30 Uhr.
CYTS, 160 Hanzhong Lu, ☎ 6523344; ⏲ tgl. 8.30–17 Uhr. Filiale neben der *Nanjing University Foreign Students' Residence,* 20 Jinying Jie, ☎ 3594902, 📠 3594904; ⏲ tgl. 8.30–16 Uhr.
Alle besorgen Zug-, Fähr- und Flugtickets und organisieren Rundfahrten sowie Ausflüge in die Umgebung.

VORWAHL – 025

Nahverkehrsmittel

Das **Busnetz** ist gut ausgebaut, zu den Hauptverkehrszeiten sind die Fahrzeuge jedoch selbst für chinesische Verhältnisse hoffnungslos überfüllt. Unverzichtbar ist ein guter **Stadtplan**, auf dem die Busrouten eingetragen sind – englischsprachige Stadtpläne sind in den meisten großen Hotels und an manchen Sehenswürdigkeiten erhältlich. Eine preiswerte und zudem sehr bequeme Alternative sind **Taxis**.

Transport

BUSSE – Die Entscheidung ankommender Busfahrer, wo sie ihre Passagiere absetzen, ist höchst undurchsichtig und wechselhaft. Zahlreiche Verbindungen bestehen vom großen **Busbahnhof Zhongyang Men** am gleichnamigen Tor im Norden der Stadt. Als Faustregel gilt, dass Busse, die von Norden oder Osten her in Nanjing eintreffen oder dorthin fahren (z.B. nach Shanghai), diesen Busbahnhof nutzen. Andere Busse, beispielsweise von und nach Yixing, Dingshan und zu Zielen in der Provinz Zhejiang, verkehren vom wesentlich zentraler gelegenen **Busbahnhof Hanfu Jie**, in einer kleinen Straße nördlich der Zhongshan Dong Lu. Ein ganzes Stück östlich des Hauptbahnhofs befindet sich der **östliche Busbahnhof**, der vornehmlich von Bussen aus und nach Yangzhou und Yixing genutzt wird. Bei Abreise aus Nanjing gilt zu beachten, dass nur Fahrkarten für Abfahrten am selben oder nächsten Tag verkauft werden.
Vom Busbahnhof Zhongyang Men nach:
HEFEI 7 Std.;
LIANYUNGANG 4–5 Std.;
HUAI'AN 3–4 Std.;
QINGDAO 12 Std.;
SHANGHAI 4–5 Std.;
SUZHOU 3–4 Std.;
WUXI 2–3 Std.;
XUZHOU 5–6 Std.;
ZHENJIANG 1 Std.
Vom Busbahnhof Hanfu Jie nach:
HANGZHOU 5 Std.;
HUANG SHAN 5 Std.;
NINGBO 8 Std.;
WUHAN 19 Std.;
WENZHOU 12 Std.
Vom östlichen Busbahnhof nach:
YANGZHOU 2 Std.;
YIXING 4 Std.

EISENBAHN – Der **Hauptbahnhof** befindet sich östlich des Zhongyang Men außerhalb der Stadtmauer. Der Bus Nr. 1 fährt von dort in südliche Richtung via Gulou, Xinjiekou und Fuzi Miao durch die Stadt. Selten kommt es vor, dass ein Zug am **Westbahnhof** endet, der sich außerhalb der Stadtmauer nahe dem Yangzi befindet. Von dort verkehrt der Bus Nr. 16 nach Gulou und Xinjiekou.
Züge nach:
BEIJING 9x tgl., 11–17 Std.;
CHENGDU 2x tgl., 34–40 Std.;
FUZHOU 2x tgl., 19 Std.;
HANGZHOU 8x tgl., 7–9 Std.;
LIANYUNGANG tgl., 8 Std.;
QUFU 6x tgl., 13 Std.;
SUZHOU 15x tgl., 3–4 Std.;
SHANGHAI 20x tgl., 3–5 Std.;
WUHU 4x tgl., 3 Std.;
WUXI 15x tgl., 2–3 Std.;

XI'AN 2x tgl., 17 Std.;
XUZHOU 5x tgl., 5 Std.;
ZHENJIANG 17x tgl., 1 Std.

FÄHREN – Schiffsverbindungen bestehen nach Shanghai im Osten sowie Wuhan und Chongqing im Westen. Ankunft der Schiffe in Nanjing an einem der Anleger an der Jiangbian Lu. Von dort verkehrt der Bus Nr. 10 zum Zhongyang Men und weiter zum Hauptbahnhof. Alternativ dazu kann man eine Haltestelle bis zum Westbahnhof fahren (oder gehen) und dann den Bus Nr. 16 in die Stadt nehmen.
Tickets für die Fähren nach Shanghai, Wuhan, Chongqing oder zu Zielen entlang der Routen gibt es direkt am Fluss in dem großen gelben Terminal gegenüber von Dock 4 an der Jiangbian Lu. Gegen eine geringe Gebühr besorgen auch *CITS* und *CYTS* die Tickets.
Fähren nach:
CHONGQING 2x tgl., 5 Tage;
SHANGHAI 2x tgl., 14 Std.;
WUHAN 5x tgl., 2 Tage.

FLÜGE – Der **Flughafen Nanjing Lukou** liegt 42 km südöstlich der Stadt buchstäblich inmitten von Reisfeldern. Zwischen dem Flughafen und der Stadt verkehren häufige *CAAC*-Busse (¥25) entlang zweier Routen: Die eine endet am Xinghan Building in der Hanzhong Lu nahe Xinjiekou, die andere am Hauptbüro von *CAAC* an der Ruijin Lu im Südosten der Stadt.
Reservierungen und Ticketverkauf: ***CAAC***-Zentrale, 52 Ruijin Lu, im Südwesten der Stadt, ✆ 4408583; ⏲ tgl. 8–12 und 13.30–17.30 Uhr.
China Eastern Airlines, Hauptbüro in der Changbai Jie, Ecke Zhongshan Dong Lu, ✆ 4400102; ⏲ tgl. 8.30–18 Uhr. Kleinere Büros der beiden sind im gesamten Stadtgebiet zu finden.
Flüge nach:
BEIJING 7x tgl., 1 3/4 Std.;
CHENGDU 1–2x tgl., 2 1/2 Std.;
CHONGQING tgl., 2 1/4 Std.;
DALIAN tgl., 1 1/2 Std.;
FUZHOU 2x tgl., 1 3/4 Std.;
GUANGZHOU 6x tgl., 2 Std.;
GUILIN 6x wöchentl., 2 Std.;
HAIKOU 4x wöchentl., 3 1/4 Std.;
HONGKONG 5x tgl., 2 1/2 Std.;
KUNMING tgl., 2 3/4 Std.;
NINGBO 2x wöchentl., 1 Std.;
QINGDAO 2x tgl., 1 Std.;
SHENZHEN 2–4x tgl., 2 Std.;
ÜRÜMQI 2x wöchentl., 4 3/4 Std.;
WENZHOU tgl., 1 1/4 Std.;
XIAMEN 2–4x tgl., 1 3/4 Std.;
XI'AN tgl., 2 Std.

Der Norden Jiangsus

Hat man die historischen Kanalstädte im Süden der Provinz Jiangsu erst einmal hinter sich gelassen, ist Interessantes weit spärlicher gesät. Obwohl der Kanal nördlich des Yangzi je nach Jahreszeit bis hinauf zur Grenze nach Shandong, manchmal sogar bis zum Huanghe, schiffbar ist, scheinen die Menschen nur eines zu transportieren: Kohle. Entsprechend wenige Touristen besuchen die überwiegend flache und feuchte Region, die ideale Bedingungen für die **Salzgewinnung** in Verdunstungspfannen, jedoch für kaum etwas anderes bietet. Auf der Fahrt zwischen Nanjing und Qingdao lässt sich hier ein Zwischenstopp einlegen, besonders spektakuläre Orte darf man in dieser Region allerdings nicht erwarten. Das kleine ländliche **Huai'an**, Geburtsort von Zhou Enlai, ist ein hübsches altes Städtchen, und im stark industrialisierten **Xuzhou** befindet sich immerhin eine faszinierende Han-zeitliche Grabstätte.

Huai'an

Huai'an war bereits vor 5000 Jahren besiedelt und ist seit 1600 Jahren von einer Stadtmauer umgeben. Heute ist die Stadt in China vor allem als Geburtsort des beliebten Ministerpräsidenten Zhou Enlai bekannt. Sein früheres Wohnhaus wird als Nationaldenkmal gepflegt, außerdem hat die Stadt ihm zu Ehren eine große Gedenkstätte errichtet. Abgesehen von diesen Sehenswürdigkeiten präsentiert sich Huai'an als ruhige, beschauliche Stadt mit Parkanlagen, Seen und zahlreichen alten Gebäuden in einem fruchtbaren und ertragreichen Teil der Provinz Jiangsu. Den meisten Charme gewinnt Huai'an aber vielleicht dadurch, dass sich nur wenige Touristen hierher verirren.

Das Zentrum

Huai'an lässt sich bequem zu Fuß erkunden, und die Orientierung ist unproblematisch. Als Hauptstraße durchquert die Zhenhuailou Lu in Ost-West-Richtung die Stadt und führt am zentralen **Trommelturm-Platz** vorbei, von dem die zweite große Verkehrsstraße, die Nanmen Dajie, nach Süden verläuft. Der ältere Stadtteil nördlich und nordwestlich des Trommelturms ist voller kleiner Läden, Restaurants, Wahrsagern, *daixie* (Personen, die für Analphabeten Briefe schreiben) und interessanter Gebäude.

Von der Zhenhuailou Lu weist ein Schild den Weg durch eine Seitengasse zum **ehemaligen Wohnhaus von Zhou Enlai**, der Hauptattraktion im Zentrum. Das stattliche Gebäude aus schwarzem Backstein und schweren Dachziegeln, in dem Zhou 1898 geboren wurde, ist inzwischen liebevoll zu seiner originalen Pracht restauriert worden. Mehrere Höfe innerhalb der Umfassungsmauer und die separaten Zimmer von Zhous Stiefmutter und Amme weisen darauf hin, dass die Familie wohlhabend gewesen sein muss. Neben einigen interessanten alten Holzmöbeln beherbergt das Haus eine kleine Fotoausstellung, die sowohl das Leben Zhou Enlais als auch das seiner Frau Deng Yingchao dokumentiert, die in den Herzen der Chinesen einen ähnlich hohen Rang wie der ehemalige Ministerpräsident einnimmt. ⌚ tgl. 7–18 Uhr, Eintritt ¥10.

Nördlich davon steht zehn Minuten Fußmarsch entfernt an der Xichang Jie ein weiteres früheres Wohnhaus eines berühmten Chinesen: das des Intellektuellen **Liu E**. Der 1909 gestorbene und in China durch seine Leistungen als Wissenschaftler und Romancier berühmt gewordene Liu E mag Ausländern unverständlich bleiben, sein Haus jedoch wird jeden Besucher faszinieren. Zwischen Bambushainen und Goldfischteichen können hier Eindrücke der friedvollen, hochkultivierten Welt im alten China gewonnen werden.

An manchen Nachmittagen finden in den Höfen Darbietungen traditionellen Geschichtenerzählens statt, bei denen das gesprochene Wort von einer kleinen Trommel begleitet wird. ⌚ tgl. 7.45–17 Uhr, Eintritt ¥2.

Im nordöstlichen Zentrum befindet sich die **Zhou-Enlai-Gedenkstätte**, die zwei Eingänge hat: einen von der Huaijiang Gong Lu, nördlich des Busbahnhofs, den anderen östlich davon von der

Huai'an und Xuzhou

Huai'an	淮安	***huái'ān***
Früheres Wohnhaus von Liu E	刘鹗故居	*liúè gùjū*
Früheres Wohnhaus von Wu Cheng'en	吴承恩故居	*wúchéngēn gùjū*
Früheres Wohnhaus von Zhou Enlai	周恩来故居	*zhōuēnlái gùjū*
Xiao Hu	肖湖	*xiāohú*
Zhou-Enlai-Gedenkstätte	周恩来纪念馆	*zhōuēnlái jìniànguǎn*
Übernachtung		
Huai'an Binguan	淮安宾馆	*huái'ān bīnguǎn*
Jingdu	静都大酒店	*jìngdū dàjiǔdiàn*
Youdian	邮电宾馆	*yōudiàn bīnguǎn*
Xuzhou	徐洲	***xúzhōu***
Guishan Hanmu	龟山汉墓	*guīshān hànmù*
Hanhua-Museum der Steinmetzkunst	汉画像石馆	*hànhuàxiàng shíguǎn*
Heroes Hotel	茴圣楼宾馆	*huíshènglóu bīnguǎn*
Terrakotta-Armee-Museum	兵马俑博物馆	*bīngmǎyǒng bówùguǎn*

Früheres Wohnhaus von Wu Cheng'en

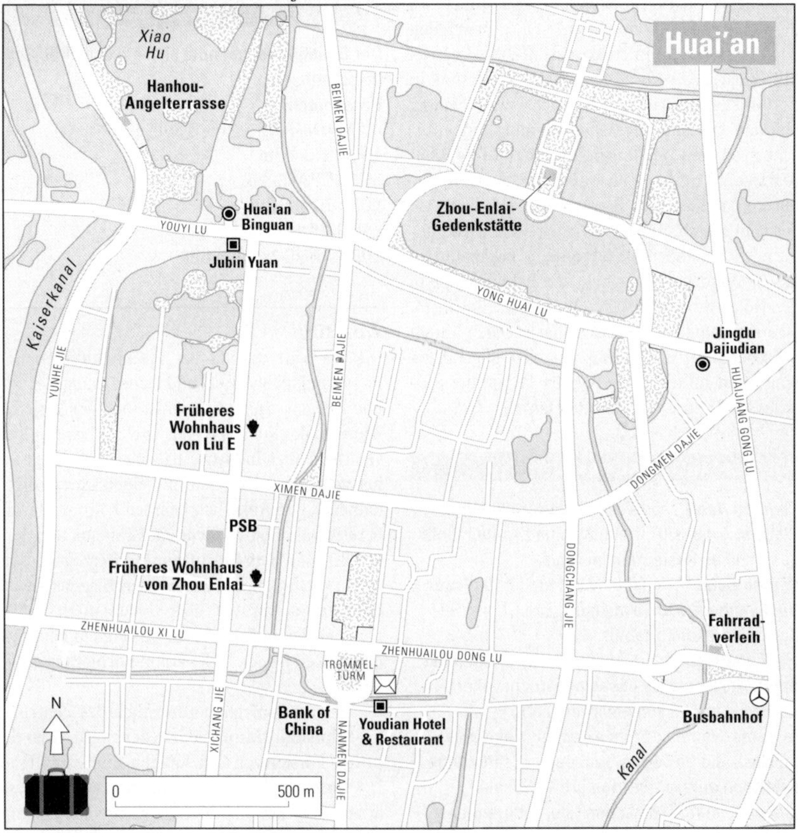

Beimen Jie, ca. 1 km nördlich des Trommelturms. Die Gedenkstätte selbst, die von einem kleinen See umgeben ist, scheint nach dem Vorbild eines vertrauten Präsidentendenkmals in Washington D. C. gestaltet worden zu sein – die sitzende Statue Zhou Enlais hat bemerkenswerte Ähnlichkeit mit dem Abbild Abraham Lincolns. Nur die handwerkliche Ausführung und die Qualität des Steins sind nicht ganz so perfekt.

Im unteren Geschoss informiert ein kleines Museum umfassend über das Leben dieses bemerkenswerten Staatsmannes (leider nur mit chinesischen Erläuterungen). ⏲ tgl. 7.30–18.30, Eintritt ¥15.

Nordwestlich des Zentrums

Huai'ans Westen wird auf seiner gesamten Länge vom **Kaiserkanal** gesäumt. Ein lohnender zweistündiger **Rundgang** führt dort in Gegenden, die vom modernen Leben noch fast völlig unberührt sind. Vom Ausgangspunkt westlich des *Huai'an Binguan* folgt man zunächst dem Kanal nach Norden. Geschäftiges Treiben herrscht auf dem Wasser, wo Lastkähne in Position manövriert werden, um von Hand be- oder entladen zu werden. Schon bald taucht auf der rechten Seite der **Xiao Hu** (Kleiner See) auf. Ein Steintor am See markiert den Beginn der **Angelterrasse Hanhou**, einer einladenden, von Bäumen und hohem Gras gesäumten Uferpromenade. Von der Straße führt weiter nördlich, wo der Kanal nach Westen schwenkt, eine Abzweigung nach rechts in ein interessantes altes Stadtviertel mit Häusern, die mit Steinplatten gedeckt sind. In nordwestlicher Richtung erreicht man entlang ländlich wirkender Gassen (man muss Einheimische nach dem Weg fragen) die **Ehemalige Residenz von Wu Cheng'en**, des Autors des berühmten Romanklassikers *Die Reise nach dem Westen* aus dem 16. Jahrhundert. Es ist ein weiteres bezauberndes Gebäude aus schwarzem Backstein, zu dessen Zierden Säulengänge und Bambushaine in den Höfen gehören. ◷ tgl. 7.30–16 Uhr, Eintritt ¥6. Den beschaulichen Gassen nach Osten durch Schrebergärten und Gemüseparzellen folgend, gelangt man auf die große Beimen Jie, auf der Rikschas für ¥3 zurück in die Stadt fahren.

Übernachtung und Essen

Youdian Hotel*, südwestlich des Trommelturm-Platzes, ✆ 5919501, freundlich und sauber. Sehr gemütliches Restaurant im Haus.

Jingdu Hotel**, Yonghuai Lu, 1 km nördlich des Busbahnhofs, südwestlich der Zhou-Enlai-Gedenkstätte. Komfortabel.

Huai'an Binguan**, Xichang Jie, im Norden der Stadt. Ähnlich, aber etwas anspruchsvoller.

Versteckt im Gassengewirr um Zhou Enlais früheres Wohnhaus gibt es einige kleine **Restaurants**, die für wenig Geld üppige, sättigende Portionen auftischen; eine große Schale *pingchao dofu* – köstlicher Tofu, zubereitet mit schwarzem Pfeffer und Koriander – kostet nur wenige Yuan.

Jubin Yuan, Xichang Jie, gegenüber dem *Huai'an Binguan*, gute Auswahl lokaler Gerichte und Sichuan-Feuertopf.

Sonstiges

GELD – ***Bank of China***, u.a. an der südwestlichen Ecke des Trommelturm-Platzes. ◷ Mo–Fr 8–11.30 und 13.30–17 Uhr.

POST – ***Postamt*** am Trommelturm-Platz, gegenüber der *Bank of China*.

VORWAHL – 0517

Transport

Der **Busbahnhof** befindet sich am östlichen Ende der Zhenhuailou Lu.

Busse nach:
LIANYUNGANG 2x tgl., 3 Std.;
NANJING 4 Std.;
SHANGHAI 8 Std.;
XUZHOU 4–5 Std.;
YANGZHOU 2x tgl., 3 Std.;
ZHENJIANG 2x tgl., 5 Std.

Xuzhou

Die am Schnittpunkt der Eisenbahnlinien Beijing–Nanjing–Shanghai und Lianyungang-Zhengzhou gelegene Stadt Xuzhou ist in erster Linie ein Zentrum des Kohlebergbaus und der Lebensmittel verarbeitenden Industrie, hält aber auch einige Sehenswürdigkeiten bereit, die einen kurzweiligen halben Tag in Anspruch nehmen können. Besondere Erwähnung verdient ein Grab aus der Han-Dynastie am Berg Gui, in dem ein Herzog aus dem ersten vorchristlichen Jahrhundert beigesetzt wurde. Xuzhou war vor über 2000 Jahren außerdem der Heimatort des Han-Kaisers Liu Bang, aus dessen Zeit jedoch leider kaum noch etwas erhalten ist.

Einige Kilometer nordwestlich des Zentrums liegt **Guishan Hanmu**, das sehenswerte Grab des dritten Fürsten von Chu, Liu Zhu, und seiner Frau. Das fürstliche Paar (sowie die Sklaven, die für sie arbeiteten) unternahm große Anstrengungen, um sicherzustellen, dass ihre Schätze nach ihrem Tode bei ihnen verblieben: Der Eingang zur Grabstätte, den Bauern bei Arbeiten in einem Steinbruch erst in den 80er Jahren entdeckten, wurde geschickt in die Landschaft der benachbarten schildkrötenförmigen Berge (*guishan* bedeutet „Schildkrötenberg") eingepasst. Gute englische Erläuterungen beschreiben den Zweck der über 20 dahinter liegenden Höhlenräume. Diese reichen von einem Stall, in dem die Pferde von den mit dem Leichnam des Fürsten eingeschlossenen Dienern gefüttert wurden, über die Hocktoilette, die eine frappierende Ähnlichkeit mit entsprechenden Örtlichkeiten im heutigen China besitzt, bis hin zur Schatzkammer, in der inzwischen nur Repliken zu sehen sind, und den Grabkammern selbst. Vom Zentrum Anfahrt mit dem Bus Nr. 37 von der Kreuzung Huaihai Dong Lu und Zhongshan Lu. ⌚ tgl. 8–17.30 Uhr, Eintritt ¥15.

Südlich der Stadt verdienen zwei weitere Sehenswürdigkeiten Beachtung. Im Südosten zeigt das **Terrakotta-Armee-Museum von Xuzhou** eine 3000 Mann starke tönerne Armee, eine größenwie zahlenmäßig kleinere Version des berühmteren Gegenstücks in Xi'an. Vermutlich erfüllte die Armee den Zweck, das Grab eines hiesigen Prinzen aus der Han-Dynastie oder einer noch früheren Zeit zu bewachen. Vier Gruben beherbergen zahlreiche Bogenschützen, Fußsoldaten, Pferde, Streitwagen und Diener aus Ton, die alle individuell gestaltet sind. Anfahrt vom Zentrum mit dem Bus Nr. 5. ⌚ tgl. 8.30–16 Uhr, Eintritt ¥14. Das auf der anderen Seite der Stadt am Ostufer des Yunlong Hu angesiedelte **Hanhua-Museum der Steinmetzkunst** besitzt eine umfangreiche Sammlung von Steingravuren aus der Han-Dynastie, viele davon stammen aus der Epoche von Liu Bang. Die kunstvollen Arbeiten bieten faszinierende Einblicke in das damalige Marktleben sowie in die frühen Strukturen des Transportwesens und der Unterhaltungskultur. Englische Erläuterungen gibt es leider nicht. Vom Sportgelände unmittelbar südlich des Zentrums verkehrt der Bus Nr. 22 zum Museum. ⌚ tgl. 8.30–17 Uhr, Eintritt ¥5.

Ausländische Besucher finden in Xuzhou ein nur begrenztes **Übernachtungsangebot**. Zu den besten Unterkünften gehört das zentral gelegene *Heroes Hotel****, Jiahe Jie, ✆ 0516/5730001, in einer Seitenstraße der Zhongshan Bei Lu, zwei Häuserblocks nördlich der Huaihai Lu.

Transport

BUSSE – **Busse nach:**
HUAI'AN 4–5 Std.;
LIANYUNGANG 4 Std.;
NANJING 5–6 Std.;
YANGZHOU 5 Std.

EISENBAHN – Der **Bahnhof** liegt im Osten der Stadt. Verbindungen bestehen zu so entfernten Zielen wie Guangzhou und Ürümqi.
Vom Bahnhof verkehrt Bus Nr. 1 ins Zentrum zur Kreuzung der Huaihai Dong Lu und Zhongshan Lu.

Züge nach:
BEIJING 7x tgl., 8–11 Std.;
SHANGHAI 13x tgl., 9 Std.;
QUFU 3x tgl., 5 Std.;
JI'NAN 4x tgl., 7 Std.;
KAIFENG 6x tgl., 5 Std.;
LIANYUNGANG 7x tgl., 5 Std.;
NANJING 6x tgl., 5 Std.;
ZHENGZHOU 12x tgl., 6 Std.

Die Provinz Zhejiang

Zhejiang, eine der kleinsten und zugleich reichsten Provinzen Chinas, besteht aus zwei recht unterschiedlichen Regionen. Der Norden teilt Klima, Geografie, Geschichte und den Kaiserkanal mit der Nachbarprovinz Jiangsu. In den fruchtbaren, von zahllosen Wasserwegen durchzogenen Ebenen wird extensive Landwirtschaft betrieben. Die Sommer sind heiß und die Winter kalt. Der im Landesinnern gebirgige und dünn besiedelte, an der Küste üppig grüne und subtropische Süden hingegen besitzt mehr Gemeinsamkeiten mit der Provinz Fujian. Sogar der im Gebiet von Wenzhou verbreitete Dialekt ähnelt in vielem der Sprache Fujians.

Jüngste Ausgrabungen erbrachten den Nachweis, dass es im Yangzi-Delta entgegen bisherigen Vermutungen steinzeitliche Siedlungen gab, die ebenso alt wie diejenigen im Huanghe-Becken sind. Bereits vor 7000 Jahren, als noch Nashörner und Elefanten das Land durchstreiften, gab es in der Shaoxing-Ningbo-Ebene bei Hemudu sesshafte Bauern, die Reis anbauten und in planvoll errichteten, zweigeschossigen Häusern lebten. Jahrtausendelang blieb die Region ebenso wohlhabend wie provinziell, denn politisch stand sie stets im Schatten des bevölkerungsreicheren Beckens des Huanghe im Norden Chinas. Mit der Verlagerung der wirtschaftlichen Interessen nach Süden jedoch setzte ein allmählicher Aufschwung ein. Der Kaiserkanal wurde gebaut, und im 12. Jahrhundert zog der Kaiserhof der Song-Dynastie nach Süden und richtete seine Hauptstadt in Hangzhou ein. Mehr als zwei Jahrhunderte ging von Zhejiangs Norden eine beispiellose Macht aus, die erst zu Ende ging, als die Hauptstadt wieder nach Beijing verlegt wurde.

Die Mehrzahl der Touristenziele liegt im Norden. Eine der grünsten und attraktivsten Städte Chinas ist **Hangzhou**, ehemals mächtige Hauptstadt am Endpunkt des Kaiserkanals und bis heute ein Zentrum für Seide, Tee und Papierherstellung. Besonders berühmt ist der Westsee, an dem einst schon Kaiser Erholung suchten. Das nahe **Shaoxing**, eine charmante, von Kanälen durchzogene Stadt, lädt zu ausgiebigen Erkundungstouren der schönen Umgebung mit dem Boot ein, während **Ningbo**, das als Industriehafen längst von Shanghai in den Hintergrund gedrängt worden ist, heute vornehmlich als Sprungbrett zur vorgelagerten buddhistischen Insel **Putuo Shan** dient. Die Insel, auf der es mehr Tempel als Autos gibt, ist so erholsam, grün und friedvoll wie kaum ein anderer Ort in Ostchina. Etwas abgeschieden im Süden der Provinz liegt **Wenzhou**, früher ein Vertragshandelshafen, heute eine sich rasant entwickelnde Stadt und das Tor zum **Yandangshan**, einem üppig grünen Naturschutzpark mit Wasserfällen, Pagoden und Wandermöglichkeiten.

Hangzhou

Oberhalb der Hangzhou-Bucht und am südlichen Ende des Kaiserkanals liegt in Zhejiangs Norden eines der beliebtesten Touristenziele Chinas: die Provinzhauptstadt Hangzhou. Der Kanal war der Schlüssel für das Aufblühen der Stadt und machte sie über ein Jahrtausend lang zu einem Hort von Reichtum und Kultur. Wie so oft in China ist die moderne Innenstadt nicht besonders interesssant, doch der **Westsee** *(Xi Hu)*, um den sich Hangzhou schmiegt, und dessen Ufer bieten noch immer eine chinesische Bilderbuchidylle aus Bäumen, Hügeln, Blumen, alten Deichen im See, Fischerbooten, Pavillons und Pagoden – und dies alles nur wenige Minuten vom Stadtzentrum entfernt. Der See, dessen natürliche Umgebung trotz kontinuierlich zunehmender Touristenscharen noch größtenteils intakt ist und dessen landschaftliche Schönheit immensen Einfluss auf Literatur und Kultur hatte, sollte fester Programmpunkt einer jeden Chinareise sein.

Besonders viel Betrieb herrscht an Wochenenden und im Sommer, wenn es Horden von Ausflüglern aus Shanghais Betondschungel an den See zieht. Dies treibt zwar die Hotelpreise in die Höhe, bringt jedoch auch einige Vorteile mit sich: Es gibt zahlreiche Restaurants, dem Umweltschutz wird erhöhtes Augenmerk gewidmet, und die Schäden aus der Taiping-Revolution sind inzwischen größtenteils behoben (Tempel wurden wieder aufgebaut und Gärten neu angelegt). Die meisten Sehenswürdigkeiten sind zu Fuß oder mit dem Fahrrad zu erreichen, zu entfernteren Zielen verkehren regelmäßig Stadtbusse.

Geschichte

Abgesehen davon, dass **Yu der Große**, der Bezwinger der Fluten, mit seinen Schiffen hier vor Anker gelegen haben soll, wissen legendenhafte Überlieferungen und die Geschichte nur wenig über Hangzhou zu berichten, und zwar aus dem einfachen Grund, weil das heutige Stadtgebiet am östlichen Seeufer ursprünglich unter Wasser stand. Der Westsee selbst war zunächst nur ein weiter, seichter Arm der nahen Meeresbucht, und angeblich soll Kaiser Qin Shihuang vom Meer in die Bucht gesegelt sein und seine Schiffe am jetzigen Nordwestufer des Sees vertäut haben. Erst im 4. Jahrhundert begannen Flussströmungen und Gezeiten eine Barriere aus Schlick und Sand anzuschwemmen, die schließlich den See entstehen ließ.

Ihren gemächlichen Start in die Geschichte machte die Stadt jedoch rasch wett. Den ersten großen Entwicklungsschub brachte der Bau des Kaiserkanals gegen Ende des 6. Jahrhunderts: Hangzhou wurde binnen kürzester Zeit zum Zentrum des Handels zwischen Nord und Süd, d.h. zwischen den Becken des Huanghe und des Yangzi. Unter der **Tang-Dynastie** erblühte Hangzhou zu einer reichen und prosperierenden Stadt, doch die eingekeilte Lage zwischen See und Fluss machte sie anfällig für die heftigen, im Frühjahr und Herbst hereinpeitschenden Stürme aus der Hangzhou-Bucht. Als Gouverneure der Tang-Dynastie Stauanlagen und Deiche bauen ließen, um die Gewässer rund um Hangzhou zu kontrollieren, schilderte ein zeitgenössischer Dichter das Entstehen eines Meeresdamms mit den Worten: „Bogenschützen wurden an den Gestaden positioniert, um gegen die Wellen anzuschießen, und Gedichte wurden rezitiert, um den Drachenkönig und die Herrscher über das Wasser zu besänftigen; die Wellen wichen sofort von den Wällen zurück und zerbrachen an den gegenüberliegenden Ufern, sodass die Arbei-

Hangzhou: Sehenswürdigkeiten

Hangzhou	杭州	***hángzhōu***
Bai Di	白堤	*báidī*
Baoshu Ta	保淑塔	*bǎoshū tǎ*
Daoistisches Kloster Baopu	包朴道院	*bāopǔ dàoyuàn*
Feilai Feng	飞来峰	*fēilái fēng*
Gu Shan	孤山	*gūshān*
Huanglong-Dong-Park	黄龙洞公园	*huánglóngdòng gōngyuán*
Hupaomeng Quan	虎跑梦泉	*hǔpǎomèng quán*
Huqingyu-Tang-Museum der Chinesischen Medizin	胡庆余堂中药博物馆	*húqìngyútáng zhōngyào bówùguǎn*
Jingci Si	净慈寺	*jìngcí sì*
Kunstinstitut	美术学院外事招待所	*měishùxuéyuàn wàishì zhāodàisuǒ*
Lingyin Si	灵隐寺	*língyǐn sì*
Liuhe-Pagoda	六和塔	*liùhé tǎ*
Longjing	龙井	*lóngjǐng*
Provinzmuseum von Zhejiang	浙江博物馆	*zhèjiāng bówùguǎn*
Santan Yinyue	三潭印月	*sāntán yìnyuè*
Straße der 9 Bäche und 18 Schluchten	九溪十八涧	*jiǔxī shíbājiàn*
Su Di	苏堤	*sūdī*
Xi Hu	西湖	*xīhú*
Xiling-Siegelschnitzer-Gesellschaft	西泠印社	*xīlíng yìnshè*
Yuefei Mu	岳飞墓	*yuèfēi mù*
Zhongshan-Park	中山公园	*zhōngshān gōngyuán*

ten fortgesetzt werden konnten." **Überschwemmungen** und die Suche nach Abhilfe sollten die Stadtgeschichte über die Jahrhunderte hinweg begleiten.

Unter der **Song-Dynastie** erlebte Hangzhou einen zweiten gewaltigen Aufschwung, als die im Norden einfallenden Dschurdschen die damalige Hauptstadt Kaifeng zerstörten und die Überlebenden der kaiserlichen Familie nach Süden flohen, um nach einem neuen Herrschersitz Ausschau zu halten. Während dieser Zeit der politischen Umwälzungen fungierte Hangzhou von 1138 bis 1279 als **kaiserliche Hauptstadt** Chinas. Explosionsartig stieg die Produktion von Seide und Brokat und wuchsen alle Handelszweige, die den Hofstaat und dessen reiches Umfeld belieferten. Als Marco Polo Ende des 13. Jahrhunderts von Hangzhou berichtete, sprach er von „der Stadt des Himmels, der schönsten und glanzvollsten Stadt der Welt. Sie hat mindestens zehn bedeutende Märkte, und da gibt es Wild aller Art: Rehböcke, Hirsche, Hasen, Kaninchen, Rebhühner, Fasane, Birkhühner, Wachteln, Haushühner, Kapaune und eine unbeschreiblich große Zahl von Enten und Gänsen. Zu allen Jahreszeiten gibt es eine Menge von Kräutern und Früchten aller Art, besonders Birnen von außerordentlicher Größe, die bis zu zehn Pfund wiegen, und von dem fündundzwanzig Meilen entfernten Meer wird täglich auf dem Flussweg eine gewaltige Menge von Fischen in die Stadt gebracht. Auch im See gibt es Fische im Überfluss." Hangzhou genoss einen so glanzvollen Ruf, dass die Menschen in Scharen herbeiströmten und die Stadt aus allen Nähten zu platzen drohte. Auf der Sandbank, auf der Hangzhou gebaut war, drängten sich alsbald über eine Million Menschen – eine Bevölkerungszahl wie in Chang'an (dem heutigen Xi'an) unter der Tang-Dynastie, doch auf einem Viertel der Fläche. In den schmalen Gassen wuchsen alsbald bis zu fünf Stockwerke hohe Holzhäuser in den Himmel, die ein gefährlicher Brandherd waren.

Als die Mongolen die Song-Dynastie im Jahre 1279 stürzten, war Hangzhous Zeit als Mittelpunkt des Reiches zwar vorbei, doch blieb die Stadt ein wichtiges Handelszentrum und ein Ort des Überflusses mit zahlreichen **Parkanlagen** und **Gärten** außerhalb der Schutzwälle sowie Hunderten von Booten auf dem See. In späteren Jahren ließen die Ming-Herrscher die Stadtmauern reparieren und den Kaiserkanal vertiefen, sodass auf der von Menschenhand geschaffenen Wasserstraße auch große Schiffe zwischen Hangzhou und Beijing verkehren konnten. Auch die beiden großen Qing-Kaiser Kangxi und Qianlong besuchten die Stadt häufig und ließen Villen, Tempel und Gartenanlagen am See errichten. Obwohl Hangzhou durch den **Taiping-Aufstand** (1861–63) weitgehend zerstört wurde, erholte sich die Stadt überraschend schnell. Die **ausländischen Konzessionen**, die gegen Ende des 19. Jahrhunderts eingerichtet wurden, gefolgt vom Bau der Eisenbahn von Shanghai und Ningbo ließen neben den traditionellen Seiden- und Brokatmanufakturen neue Wirtschaftszweige erblühen. Seit 1949 beherbergt die Stadt mit rund einer Million Einwohner wieder fast ebenso viele Menschen wie zu Zeiten der Song-Dynastie.

Orientierung

Hangzhou besteht aus zwei Hälften: Den Osten und Norden des Stadgebiets nimmt das Zentrum ein, westlich und südlich davon liegt der **See** in grüner Landschaft und befinden sich verschiedene Sehenswürdigkeiten. Die von Osten nach Westen führende Hauptstraße **Jiefang Lu** beginnt etwas nördlich des Bahnhofs und wird in ihrem Verlauf von verschiedenen großen Nord-Süd-Achsen gekreuzt, zu denen die Zhongshan Lu und, näher am See, die Yan'an Lu gehören. Das Gebiet um die Kreuzung von Jiefang Lu und Yan'an Lu (einschließlich Seeufer und der nördlich gelegenen kleinen Gassen) bildet das Geschäftszentrum und versammelt Läden, Restaurants und Unterkünfte. Dort beginnen auch die Busrundfahrten um den See. Den südlichen Stadtrand begrenzt der Fluss **Qiantang Jiang**, Hangzhous Tor zum Meer, in den im Norden der Kaiserkanal mündet – die meisten Besucher Hangzhous sehen aber weder das eine noch das andere Gewässer.

Hangzhou unterscheidet sich von anderen chinesischen Städten durch weitläufige Grünflächen, die fast schon ländlichen Charakter besitzen. Diese Idylle ist größtenteils dem Westsee zu verdanken, der in der Stadtgeschichte eine zentrale und beherrschende Rolle gespielt hat.

Im See, über den zwei lange Dammwege führen, gibt es verschiedene **Inseln**, und entlang der Ufer erstrecken sich schier endlose Parkanlagen, die auch die wichtigsten Sehenswürdigkeiten der Stadt beherbergen: den bemerkenswerten und historisch bedeutenden **Yue Fei Mu** (Tempel und Grab des Generals Yue Fei) sowie die jahrhundertealten buddhistischen Steinskulpturen am **Felai Feng** (Herbeigeflogener Gipfel) mit dem angegliederten **Lingyin Si** (Kloster der Seelenzuflucht), der zu Chinas größten und berühmtesten Tempelanlagen gehört. Nur wenig außerhalb der Stadt schmiegen sich herrliche Teeplantagen um das kleine Dorf **Longjing**, und nicht weit entfernt steht das merkwürdige ehemalige Wohnhaus des in Ungnade gefallenen ehemaligen KP-Führers **Lin Biao**. Im Süden bietet die Uferregion des **Qiantang Jiang** ausgezeichnete Wandermöglichkeiten.

Da die meisten Sehenswürdigkeiten Hangzhous am oder in der Nähe des Sees liegen, lassen sie sich am besten mit dem **Fahrrad** erkunden, natürlich kann man aber auch die Stadtbusse benutzen oder einfach zu Fuß gehen. Wer will, kann an einem einzigen Tag um den ganzen See wandern, wird dann jedoch kaum genügend Zeit haben, um den Sehenswürdigkeiten die ihnen gebührende Aufmerksamkeit zu schenken.

Der Westsee (Xi Hu)

Im Zusammenspiel von Wasser, Vegatation und Gebäuden an seinen Ufern bildet der Westsee eine Reihe reizvoller, sich auf seiner Oberfläche effektvoll widerspiegelnder und von üppig bewaldeten Hügeln umrahmter Miniaturlandschaften. Der See selbst misst in seiner Nord-Süd-Ausdehnung gut 3 km, von Osten nach Westen etwas weniger, doch die umliegenden Parkanlagen mit ihren Sehenswürdigkeiten reichen weit über die unmittelbaren Uferbereiche hinaus. An sonnigen Tagen entfaltet sich am See ein prachtvolles Farbenspiel, doch

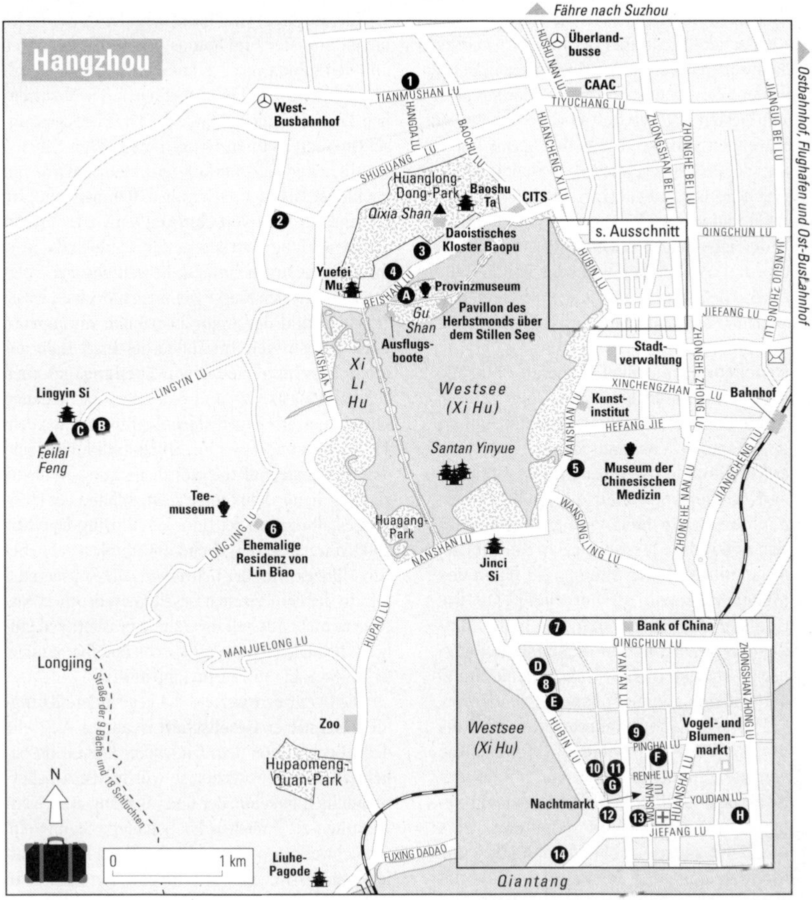

Übernachtung:

Dahua	14	Qingbo	5	Xinxin	3
Dongpo	11	Shangri-La	4	Zhejiang	6
Haihua Novotel	7	Taipingyang	9	Zhejiang University Guesthouse	2
Hangzhou University	1	Xi Hu	10	Zhonghua	12
Huaqiao	8	Xinqiao	13		

Essen und Unterhaltung:

Bafangyuan	F	Louwailou	A
Häagen-Dazs	D	Starbucks	E
Kuiyuan Guan	H	Tianwaitian	B
Vegetarisches Restaurant am Lingyin Si	C	Zhiweiguan	G

selbst unter grauem Himmel und bei aufgepeitschtem Wasser büßen die berühmten Ausblicke nichts von ihrer friedlichen und beschaulichen Idylle ein. Für Chinesen sind diese Seeblicke aufs Engste mit literarischen und historischen Assoziationen verknüpft. Obwohl die vielen Besucher und Straßenhändler zuweilen störend wirken, lassen sich in dem weitläufigen Gebiet auch stille Orte fernab des Trubels finden. Besonders schön präsentiert sich der See bei Sonnenaufgang, wenn die Massen noch nicht auf den Beinen sind und ältere Menschen bereits beflissen ihre Taijiquan-Übungen praktizieren, während sich der morgendliche Nebelschleier über dem See allmählich lichtet.

Schon in der Tang-Dynastie wurde versucht, das Wasser des Sees durch Deiche und Stauanlagen zu kontrollieren. Die beiden **Dammwege**, die heute Teile des Sees queren – *Bai Di* im Norden und *Su Di* im Westen – gehen auf jahrhundertealte Aufschüttungen zurück. Abseits des Lärms und des Smogs der im Osten gewachsenen Stadt laden diese vorwiegend von Fußgängern und Radfahrern genutzten und von Seerosen gesäumten Dammwege zu jeder Tageszeit zu einem erholsamen Spaziergang ein. Das westliche Ende des Bai Di soll der beste Aussichtspunkt am ganzen See sein, insbesondere in Vollmondnächten im Herbst.

Bootsfahrten auf dem Westsee Zu den schönsten Unternehmungen, die sich bei einem Besuch Hangzhous anbieten, gehört eine Bootsfahrt auf dem See verbunden mit der Erkundung der Inseln. An verschiedenen Stellen kann man die kleinen überdachten Boote besteigen und sich über den See rudern lassen, so zum Beispiel am Anlegeplatz am Gu Shan in der Nähe des Museums sowie an der Hubin Lu. Die Bootsbesitzer berechnen eine feste Stundengebühr, die an den Anlegestellen aushängt, Touristen sollten aber dennoch auf der Hut sein, um nicht geneppt zu werden. Preiswerter, aber unpersönlicher sind die größeren Ausflugsboote, die regelmäßig von der Anlegestelle am Nordufer in der Nähe des Yue-Fei-Grabs zu den Inseln ablegen; ¥35 inkl. Eintrittsgebühren. Eine Rundfahrt zu den Inseln und den „Drei den Mond spiegelnden Teichen" in einem der aufgemotzten Drachenboote dauert eine gute Stunde.

Eine Reise auf diesem See bietet mehr Zerstreuung und Vergnügen als jedes andere Erlebnis auf Erden …

Marco Polo

Bai Di und Gu Shan

Der nach dem berühmten Tang-Dichter Bai Juyi (772–846) benannte **Bai Di** im Norden ist mit 1,5 km Länge der kürzere und beliebtere der beiden Dammwege. Er beginnt im Nordwesten des Sees nahe dem *Shangri-La Hotel* und folgt dem Südufer der Insel **Gu Shan** (Berg der Einsamkeit), um dann weiter zum nordöstlichen Ufer zu führen und den schmalen, so genannten **Beili Hu** (Nördlicher Innerer See) vom restlichen See abzutrennen. Die am südlichen Ende des Bai Di gelegene Insel Gu Shan zählt zu Hangzhous großen Sehenswürdigkeiten und umfasst ein kleines Areal mit Pavillons, Pagoden, schattigen Bäumen und, im Früjahr, ein Meer von Chrysanthemen. Ursprünglich in der Tang-Dynastie gestaltet, erhielt die Insel ihr heutiges Erscheinungsbild während der Qing-Dynastie, als sich Kaiser Qianlong hier einen Palast errichten und den üppig begrünten **Zhongshan Park** anlegen ließ. Im Süden der Insel steht das große **Provinzmuseum von Zhejiang**, das einst Teil des Palasts war und heute in verschiedenen Flügeln u.a. erlesene historische Bronzen aus dem 11.–8. Jahrhundert v. Chr., Münzsammlungen und der Welt erste, auf die Nördliche Song-Dynastie zurückgehende Banknoten zeigt. Anhand der in ihrer Gestaltung von der Han- bis zur Qing-Dynastie 2000 Jahre lang weitgehend unverändert gebliebenen Münzen wird der tief verwurzelte Konservatismus in der chinesischen Gesellschaft deutlich. Neu eingerichtete Ausstellungsräume präsentieren chinesische Malereien und tibetische Buddha-Statuen. 🕓 Di–So 8.45–16.15 Uhr, Eintritt ¥10.

Die bemerkenswerte, 1904 gegründete **Xiling-Siegelschnitzer-Gesellschaft** ist an der Westseite des Hügels neben dem *Louwailou Restaurant* beheimatet. Der dazugehörige winzige Park beherbergt einen Pavillon, der über anmutig ansteigende Stufen zu erreichen ist, behauene Steintafeln, Strauchwerk und, etwas abseits, einen kleinen, alten buddhistischen Stupa. Im Sommer kann man nicht selten die Siegelschnitzer bei der Arbeit beobachten. 🕓 tgl. 9–16 Uhr, Eintritt ¥3. Im Südosten des Hügels steht am Wasser ein weiteres kaiserliches Bauwerk, der **Pavillon des Herbstmonds über dem Stillem See** – der ideale Ort, um den Vollmond zu betrachten und seine runde Gestalt über den Wasserspiegel wandern zu sehen. Heute ist darin ein Teehaus untergebracht, das besonders nach Sonnenuntergang gerne aufgesucht und von verzückten Hochzeitspaaren bevölkert wird.

Gleich östlich des Gu Shan gibt es am Ufer Boote zu mieten, die in der Kühle des Abends für eine kurzweilige Abwechslung sorgen (¥20 pro Std., ¥200 Pfand). Die niedrige steinerne **Duan Qiao**

(Zerbrochene Brücke) am östlichen Ende des Dammwegs erhielt ihren Namen, weil winterlicher Schnee zuerst auf dem Brückenbogen schmilzt, wodurch die Illusion einer Lücke entsteht.

Su Di und die Insel Santan Yinyue

Der zweite, längere Dammweg **Su Di** wurde nach dem Dichter-Beamten der Song-Dynastie Su Dongpo benannt, der Präfekt von Hangzhou war. Der Dammweg beginnt am südwestlichen Seeufer und quert ihn in seiner gesamten westlichen Länge bis zum Nordufer in der Nähe des Yue-Fei-Grabs. Die mit Trauerweiden und Pflaumenbäumen bepflanzten Eindeichungen, die durch sechs steinerne Bogenbrücken miteinander verbunden sind, riegeln eine weitere kleine Wasserfläche vom restlichen See ab, den **Xili Hu** (Westlichen Inneren See). Östlich des Dammwegs liegt im südlichen Seebereich die **Insel Xiaoying**, besser bekannt unter dem Namen **Santan Yinyue** (Drei den Mond spiegelnde Teiche) und nach den drei kleinen Steinpagoden im Wasser benannt, welche die bösen Geister im Zaum halten, die an diesen tiefsten Stellen des Sees lauern sollen. Die nahezu kreisrunde Insel ist die größte des Sees und wurde 1607 angelegt. Brücken verbinden den Norden mit dem Süden und den Osten mit dem Westen, sodass sie wie ein Rad mit vier Speichen und einer zentralen Nabe wirkt, die gerade groß genug für einen Pavillon ist, der heute zugleich als Geschäft und Restaurant dient. Eintritt auf die Insel ¥20.

Das Seeufer

Folgt man dem Seeufer von der Beishan Lu im Nordosten in entgegengesetztem Uhrzeigersinn, fällt zunächst die rechts auf dem Baoshi Shan (Edelsteinhügel) aufragende, siebenstöckige Pagode **Baochu Ta** (Beschützer-Chu-Pagode) ins Auge. Sie ist zwar nur die 1933 errichtete Rekonstruktion eines Turmes aus der Song-Zeit, doch steht sie in schöner Umgebung, die zu einem Spaziergang über hügelige Pfade einlädt. Von der Beishan Lu führt ein schmaler Weg an Wohnhäusern vorbei hinauf zur Pagode. Oben angekommen lässt sich der Weg u.a. auf den **Qixia Shan** (Berg, an dem die Wolken verweilen) fortsetzen, der schöne Ausblicke auf den See eröffnet. Auf halber Strecke rückt unten links ein verstecktes, gelb ummauertes Gebäude mit schwarzen Dächern ins Blickfeld: das **Daoistische Kloster Baopu**, das einen Besuch wert ist, um die zahlreichen traditionellen Aktivitäten zu verfolgen, die vornehmlich in den späten Nachmittagsstunden und nach Schließung der Anlage stattfinden. Mit etwas Glück erlebt man eine der häufigen Ahnenverehrungszeremonien, bei denen Priester in farbenprächtigem Ornat die Riten für Witwen vollziehen, die lange schwarze Ketten durch die Finger gleiten lassen, um ihre verstorbenen Ehemänner zu ehren. Am oberen Ende der Treppe stehen einige kleinere Hallen, in denen alte Männer sich in Kalligrafie üben und junge Frauen Pipa spielen. Wie an allen solchen Orten sollten Touristen Zurückhaltung üben und die Privatsphäre achten, in die sie eindringen. 🕓 tgl. 7–16 Uhr, Eintritt ¥4.

Ein Stück weiter erreicht der oberhalb des Klosters verlaufende Pfad **Chuyang** (Terrasse des Sonnenaufgangs), den traditionell bevorzugten Platz zum Betrachten des Sonnaufgangs im Frühjahr. Weiter westlich führen steile Stufen hinunter zur Straße, die man in der Nähe des Yue-Fei-Grabs im Nordwesten des Sees unweit des *Shangri-La*-Hotels erreicht.

Yue Fei Mu und Huanglong-Dong-Park

Die Anlage **Yue Fei Mu** (Tempel und Grab des Yue Fei) gehört zu Hangzhous Hauptattraktionen, da der Song-General Yue Fei aus dem 12. Jahrhundert im modernen China aufgrund seines bedingungslosen Patriotismus als Nationalheld betrachtet wird. Nachdem er siegreich von einem Krieg gegen barbarische Eindringlinge aus dem Norden zurückgekehrt war, wurde Yue Fei von einem eifersüchtigen Minister hinterhältig des Verrats bezichtigt, nach einer intriganten Verhandlung für schuldig befunden und im Alter von 39 Jahren hingerichtet. Zwanzig Jahre nach der Exekution aber hob der nächste Kaiser alle Schuldzuweisungen auf und ließ Yue Feis sterbliche Überreste mit allen Ehren an diese Stelle umbetten, um seinen Namen für alle Zeiten der Nachwelt zu erhalten. Nach dem Besuch der Tempelhallen führt der Weg zu zwei Grabhügeln (der zweite Grabhügel ist der von Yue Feis Sohn), die von alten Pinien umrahmt werden. Man erreicht sie jenseits einer kleinen Brücke über Wasser und hinter einer kurzen Seelenstraße, die zu beiden Seiten von Steinskulpturen gesäumt wird. Stelen künden von den damaligen Ereignissen, und vier kniende gusseiserne Statuen mit schamvoll hinter dem Rücken verschränkten Armen stellen die intriganten Schurken dar. Vor dem Grab fordert eine Kalligrafie: „Steht treu zu Eurem Land." ⏲ tgl. 7.30–17.30 Uhr, Eintritt ¥20.

Westlich von Yue Feis Grab führt eine Gasse weg vom See und hinauf in die im Norden hinter dem Tempel aufragenden Hügel. Nach einer halben Stunde Fußmarsch gelangt man zum nördlich des Qixia Shan gelegenen **Huanglong-Dong-Park** (Park der Höhle des Gelben Drachens), dessen Hauptbereich geheimnisvoll eingebettet zwischen jäh ansteigenden Felswänden liegt. Zu den Sehenswürdigkeiten gehören ein Teich, verschiedene Teehäuser, ein Schrein für Yue Lao (den chinesischen Gott der Heiratsplanung), Kirschblüten im Frühling und ein Pavillon, in dem Musiker traditionelle Weisen spielen – für ¥10 können Musikwünsche angemeldet werden. ⏲ tgl. 6.30–16 Uhr, Eintritt ¥5.

Huagang-Park, Jinci Si und das Museum der chinesischen Medizin

Auf einem Landvorsprung im Südwesten des Sees erstreckt sich der kleine **Huagang-Park** (Blumenbuchtpark) aus der Song-Dynastie mit einem Teich voller riesiger Fische und herrlichen, zum Verweilen einladenden Grünflächen mit exotischen Bäumen. Östlich davon befindet sich nicht weit vom südlichen Seeufer entfernt der Tempel **Jinci Si**, der einen eindrucksvollen, großen Buddha beherbergt. Obwohl diese Anlage bei weitem nicht so aktiv genutzt wird wie das Kloster der Seelenzuflucht, wurde sie vollständig restauriert. In der Nähe halten die Busse Nr. 308 und Nr. 315 auf ihrem Weg in die Stadt. ⏲ tgl. 6–16 Uhr, Eintritt ¥10.

Einen Kilometer östlich des Sees lädt in der schmalen, von der Hefang Jie abzweigenden Gasse Dajing Xiang das eindrucksvolle **Huqingyu-Tang-Museum der Chinesischen Medizin** zu einem Besuch ein. Es zeichnet die komplexe, jahrtausendealte Geschichte der chinesischen Medizin nach und ist in einer authentischen traditionellen Apotheke untergebracht – eine Kulisse, die im modernen China mehr und mehr zu verschwinden droht. ⏲ Mo–Mi und Fr–So 8–16 Uhr, Do 13–16 Uhr, Eintritt ¥5.

Feilai Feng und Lingyin Si

Drei Kilometer westlich des Sees befinden sich rund um den **Feilai Feng** (Herbeigeflogener Gipfel) Hangzhous berühmteste Sehenswürdigkeiten. Der merkwürdige Name des Felsens geht auf einen indischen Buddhisten mit dem chinesischen Namen Hui Li zurück, der bei seiner Ankunft in Hangzhou einen Hügel aus seiner indischen Heimat zu erkennen glaubte und daraufhin fragte, wann dieser dorthin geflogen sei. In der Nähe des Eingangs steht die für diesen Mönch errichtete **Ligong-Pagode**. Kurz dahinter führt ein Weg nach links zu einer eindrucksvollen Ansammlung in den Fels gemeißelter Repliken großer Buddhas aus ganz China. Rechts vom Eingang befindet sich eine Snack-Bar, die schöne Aussichten auf die benachbarten, sich über die Hänge ziehenden Teeplantagen bietet.

Die unbestritten größte und entsprechend gut besuchte Attraktion des Feilai Feng sind Hunderte aus dem Kalkgestein gehauene **Buddha-Skulpturen**, die zwischen dem 10. und 14. Jahrhundert entstanden und die bedeutendsten ihrer Art südlich des Yangzi sind. Überall gibt es moosbedeckte kleine Buddhas und andere Figuren zu entdecken, die dem Betrachter zwischen Laubwerk zulächeln. Wer will, kann auf schmalen Pfaden den Gipfel erklimmen und dem touristischen Gewimmel entkommen. ⏲ tgl. 7–16 Uhr, Eintritt ¥20.

Folgt man dem Hauptweg den Felai Feng weiter, erreicht man rechter Hand (und nur über das Gelände des Felai Feng) den Eingang zum **Lingyin Si** (Kloster der Seelenzuflucht), eine der größten Tempelanlagen Chinas. Der im Jahre 326 von Hui Li (dessen Grab sich in der Nähe befindet) gegründete Tempel war früher das größte und wichtigste Kloster Hangzhous mit einst 3000 Mönchen, neun Türmen, 18 Pavillons sowie 75 Hallen und anderen Räumen. Die reizvolle Anlage wurde mindestens sechzehnmal restauriert und gehörte offenbar zu den Kulturobjekten, über die Zhou Enlai während der Kulturrevolution seine schützende Hand hielt. Bis heute finden hier täglich Zeremonien statt, meist am frühen Morgen und nach 15 Uhr.

In den 40er Jahren war der Tempel so schlimm von Holzwürmern zerfressen, dass die mächtigen Querbalken der Haupthalle auf die Statuen stürzten. 1956 wurde aus Kampferholzstämmen eine Kopie der 18 m hohen Shakyamuni-Statue aus der Tang-Dynastie angefertigt. In anderen Bereichen des Tempels steht Altes und Neues oft dicht nebeneinander. So birgt die **Halle der Himmelskönige**

Seit einem Jahrtausend froh gelaunt - Mile Fo

Seit Jahrhunderten gepflegt - kunstvolle Durchblicke

beispielsweise vier große, grell bemalte „Wächterfiguren der Vier Himmelsrichtungen“ aus den 30er Jahren, gleichzeitig aber auch den Maitreya schützenden „Wächter der Buddhistischen Gesetze und Ordnung“, der vor 800 Jahren aus einem einzigen Stück Holz geschnitzt wurde. Anfahrt mit Bus Nr. 7 vom Tempel des Yue Fei bis zur Endhaltestelle. ⌚ tgl. 7.30–16.45 Uhr, Eintritt ¥15.

Südwestlich des Sees

Die südwestlich des Sees gelegene Gegend um das Dorf Longjing ist ganz dem **Teeanbau** gewidmet. Ein Meer von leuchtend grünen Teesträuchern zieht sich über die wogenden Hügel, und überall preisen alte Frauen Touristen frische Teeblätter zum Kauf an. Das relativ neue und sehr hübsch gestaltete **Teemuseum** zeichnet in einer sehenswerten und mit zahlreichen englischen Erläuterungen versehenen Ausstellung die Geschichte des Tees von der frühen Anwendung für medizinische Zwecke über die Etikette der Teezeremonie bis hin zur engen Beziehung zum Buddhismus nach. Besucher lernen verschiedene Teesorten, Anbautechniken sowie die Entwicklung speziellen Teegeschirrs kennen und können Nachbildungen regionaltypischer Teezimmer (u.a. aus Tibet und Yunnan) sehen. Anfahrt mit dem Bus Nr. 27 von der Pinghai Lu im Stadtzentrum bis zur Haltestelle schräg gegenüber dem Zhejiang Hotel; von dort der schmalen Gasse folgen, die etwas nördlich parallel zur Hauptstraße Longjing Lu nach Südwesten zum Museum führt. ⌚ tgl. 8–16.15 Uhr, Eintritt ¥10.

Das nahe **Zhejiang Hotel** birgt eine der merkwürdigsten Sehenswürdigkeiten Chinas. Diese ist mit dem berühmtesten ehemaligen Hotelgast verknüpft, dem in Ungnade gefallenen **Marschall Lin Biao** und bis dahin designierten Nachfolger Maos. Lin Bao kam 1971 zusammen mit seiner Familie bei einem angeblichen Flugzeugabsturz über der Mongolei ums Leben, als er versuchte, zur Sowjetunion überzulaufen. Irgendjemand mit seltsamem Sinn für Humor hatte die Idee, den Ruf des fortan gebrandmarkten Lin auszuschlachten und in den ehemals geheimen unterirdischen Räumen, zu denen er Zugang hatte, eine recht absurde **Schreckenskammer** (¥8) mit Monstern, Skeletten und anderen Schauergestalten einzurichten. Auch die überirdischen Zimmer, in denen Lin mit seiner Frau lebte und arbeitete, können besichtigt werden. Mit Nachdruck wird der örtliche Führer Lins Feigheit und Paranoia herausstellen und auf die gepolsterten Lampenschirme sowie die dreifach verstärkten, kugelsicheren und von außen verspiegelten Fenster hinweisen. Führungen (nur in Chinesisch) vermittelt die Rezeption neben der Hotelzufahrt; für gewöhnlich übernimmt ein Mann der gelangweilten Wachmannschaft die Aufgabe. Der Hotelkomplex selbst erstreckt sich über mehrere Hektar. Die skurrile Sehenswürdigkeit ist nicht ausgeschildert, und wer sie in eigener Regie erkunden möchte, muss Passanten nach dem Weg zum Gebäude Nr. 1 fragen.

Einige Kilometer weiter südwestlich liegt das Dorf **Longjing** (Drachenbrunnen), das von ansteigenden Teeterrassen umrahmt wird. Das Dorf ist berühmt als Heimat des **Longjing-Tees**, des vielleicht besten grünen Tees ganz Chinas. Je nach Jahreszeit eröffnet ein kurzer Streifzug Einblicke in die verschiedenen Anbau- und Verarbeitungsphasen der Teeproduktion – Pflücken der Blätter, Sortieren, Trocknen, usw. Unweigerlich finden sich Touristen alsbald in einem überteuerten Teehaus wieder oder werden bereits beim Aussteigen aus dem Bus bedrängt, Tee zu kaufen. Man sollte sich vor dem Kauf jedoch gut umschauen, denn es gibt ein komplexes Abstufungssystem und ein breites Spektrum unterschiedlicher Qualitäten und Preise. Die **Drachenbrunnenquelle** selbst liegt am Ende des Dorfes und ist von einer recht touristisch anmutenden Gebäudegruppe umgeben. Einmal pro Stunde fährt Bus Nr. 508 vom nordwestlichen Seeufer in der Nähe des Yue-Fei-Grabs nach Longjing. Wer gut zu Fuß ist, kann auch eine Wanderung vom Qiantang hierher unternehmen (siehe folgender Abschnitt).

Südlich des Sees

Bäume und sanfte Hänge prägen das Erscheinungsbild im Gebiet südlich und südwestlich des Westsees in der Umgebung des Qiantang. Zu den schönsten Parks der Gegend gehört die Anlage **Hupaomeng Quan** (Quelle des Laufenden Tigers). Die Quelle, die der Legende nach ein zen-buddhistischer Mönch im 9. Jahrhundert mit Hilfe von zwei Tigern entdeckt haben soll, liefert angeblich das reinste Wasser der gesamten Umgebung – das einzige Wasser, das wahre Teekenner für das Aufbrühen der besten Longjing-Teesorten benutzen.

Abendstimmung am Westsee

Jahrhundertelang zog es Einsiedler mit Vorliebe in dieses Gebiet, das sich heute über ein weites bewaldetes Areal mit Teehäusern, Schreinen, Wasserfällen und Pagoden ausdehnt. Anfahrt vom Zentrum mit den Bussen Nr. 308 und Nr. 315 am Ostufer des Sees entlang, von Longjing mit Bus Nr. 508. ⌚ tgl. 6.30–17.45 Uhr, Eintritt ¥10

Weiter südlich erreicht Bus Nr. 308 die 1000 Jahre alte **Liuhe Ta** (Pagode der Sechs Harmonien), die sich etwas westlich der Eisenbahnbrücke auf einem Hügel oberhalb des Qiantang erhebt. Der Sage nach gebot einst ein Drachenkönig über die Gezeiten des Flusses, der mit Springfluten regelmäßig die Ernten der Bauern vernichtete. Eines Tages spülte eine besonders hohe Welle die Mutter eines Jungen namens Liuhe fort und trug sie in das Versteck des Drachenkönigs. Als einfachsten Weg, seine Mutter zu befreien, ersann Liuhe die List, immer mehr Steine in den Fluss zu werfen, um auf diese Weise den Drachenpalast zu beschädigen und den Drachenkönig zu zwingen, ihm seine Mutter zurückzugeben und niemals wieder die Wellen zu manipulieren.

Aus Dankbarkeit bauten die Dorfbewohner die mächtige Pagode aus Holz und Backstein, an deren aufwärts geschwungenen Dachenden 104 große Eisenglocken hängen. Heute ist die Pagode ironischerweise der beste Aussichtspunkt auf die im Herbst auftretenden, mächtigen Springfluten. ⌚ tgl. 6.45–17.30 Uhr, Eintritt ¥10.

Von der 20 Minuten Fußmarsch flussaufwärts gen Westen gelegenen Endhaltestelle des Busses Nr. 2 führt eine schmale Straße, die unter dem Namen **Neun Bäche und Achtzehn Schluchten** bekannt ist, im rechten Winkel vom Fluss in Richtung Longjing.

Die Strecke, die zu einer herrlichen Tour mit dem Fahrrad oder zu Fuß einlädt, folgt dem Ufer eines Flusses und windet sich durch Nassreisfelder und Teeterrassen, die zu beiden Seiten stufenförmig zu Hügeln ansteigen. Auf halber Strecke ist ein Restaurant am Fluss angesiedelt, der sich hier zu einer friedlichen Lagune weitet. Idyllisch schmiegt sich ein kleiner Pavillon an den bewaldeten Hang, und das Restaurant serviert ausgezeichneten Tee sowie leckere Mahlzeiten. Über holprige Pfade und zahlreiche Wasserläufe mit bequem gesetzten Trittsteinen führt der Weg weiter nordwärts bis nach Longjing.

Übernachtung

Um den See gibt es einige exzellente Hotels, wirklich billige Unterkünfte bieten jedoch nur die beiden Universitäten. Da diese preiswerten Zimmer im Sommer rasch ausgebucht sind, empfiehlt sich eine frühzeitige Reservierung. Zur Zeit der Recherche wurde das Kunstinstitut, 218 Nanshan Lu, renoviert; nach der Wiedereröffnung soll dort auch ein Gästehaus zur Verfügung stehen.

Dahua****, 171 Nanshan Lu, ✆ 7011901, 📠 7061770. Einige Straßen südlich der Jiefang Lu am Seeufer. Weitläufiges Gelände, komfortable Zimmer, aufmerksamer Service. Teuer, doch dafür bessere Leistungen als in anderen Hotels dieser Kategorie. Mao Zedong und Zhou Enlai bezogen bei ihren Aufenthalten in Hangzhou stets in diesem Haus Quartier.

Dongpo**, 52 Renhe Lu, ✆ 7069769, 📠 7024266. Elegante neue Zimmer und der feundliche, aufmerksame Service machen dieses Hotel zu einer der attraktivsten Adressen der Stadt. Schönes sechsstöckiges Atrium in der Mitte des Gebäudes.

Haihua Novotel**-Luxus***, 298 Qingchun Lu, ✆ 7215888, 📠 7215108. Anspruchsvolles Haus der internationalen Hotelkette mit luxuriösen und geschmackvoll eingerichteten Zimmern, z.T. mit Blick auf den See, und einer imposanten Treppe in der großen Lobby.

Hangzhou University*, Tianmushan Lu, im Norden der Stadt, am Ende der Hangda Lu. Zur Auswahl stehen zwei Unterkünfte: das *Foreign Experts' Hotel* etwas östlich des Haupteingangs zur Universität bietet DZ mit Hotelstandard, der *Foreign Students' Dormitory* in Gebäude 3 (hinter dem Eingang nach rechts und ca. 5 Min. geradeaus gehen) ist wesentlich preiswerter und hat mitunter einige Betten oder gar DZ frei, verfügt allerdings nur über Gemeinschaftsduschen. Anfahrt mit den Bussen Nr. 11 oder 153 vom Hauptbahnhof, oder Nr. 28 vom Ostbahnhof.

Huaqiao (auch: Overseas Chinese Hotel)****, 15 Hubin Lu, ✆ 7074401, 📠 7074978. Am Seeufer in der Nähe des westlichen Endes der Changsheng Lu. Schönes Haus in perfekter Lage, Zimmer jedoch etwas überteuert.

Hangzhou: Übernachtung und Essen

Übernachtung		
Dahua	大华饭店	*dàhuá fàndiàn*
Dongpo	东坡宾馆	*dōngpō bīnguǎn*
Haihua Novotel	海华大酒店	*hǎihuá dàjiǔdiàn*
Hangzhou University	杭州大学	*hángzhōu dàxué*
Huaqiao	华侨饭店	*huáqiáo fàndiàn*
Qingbo	青波饭店	*qīngbō fàndiàn*
Shangri-la	香格里拉饭店	*xiānggélǐlā fàndiàn*
Taipingyang	太平洋大酒店	*tàipíngyáng dàjiǔdiàn*
Xi Hu	西湖饭店	*xīhú fàndiàn*
Xinqiao	新桥饭店	*xīnqiáo fàndiàn*
Xinxin	新新饭店	*xīnxīn fàndiàn*
Zhejiang	浙江宾馆	*zhèjiāng bīnguǎn*
Zhejiang University Guesthouse	浙江大学招待所	*zhèjiāng dàxué zhāodàisuǒ*
Zhonghua	中华饭店	*zhōnghuá fàndiàn*
Essen		
Bafangyuan	八方缘	*bāfāng yuán*
Kuiyuan Guan	奎元馆	*kuíyuán guǎn*
Louwailou	楼外楼	*lóuwài lóu*
Tianwaitian	天外天	*tiānwài tiān*
Zhiweiguan	知味观	*zhīwèi guān*

Qingbo**, 109 Qingbo Lu, am See, ✆ 7079988. Gut gelegenes Mittelklassehotel, komfortable Zimmer mit fairem Preisgefüge. Nach der Verfügbarkeit von Zimmern mit Seeblick fragen. Beträchtliche Preisnachlässe in der Nebensaison.

Shangri-La, Luxus, Beishan Lu, am Nordufer des Sees, in Nachbarschaft des Tempels des Yue Fei, ✆ 7077951, www.shangri-la.com. Rundum klimatisierter Komfort inmitten eines schönen, baumbestandenen Geländes. Teures, aber üppiges Frühstücksbufett.

Taipingyang (auch: Pacific Hotel)***, 52 Pinghai Lu, gleich östlich der Yan'an Lu, ✆ 7077666, Fax 7063638. Recht anonymes, aber sauberes und komfortables Haus.

Xi Hu**, 80 Hubin Lu, ✆ 7066933. Perfekte Lage am Seeufer. Etwas heruntergekommene, dafür jedoch preiswerte Zimmer, z.T. mit Bad. Anfahrt mit Bus Nr. 17 vom Bahnhof.

Xinqiao****, 176 Jiefang Lu, Ecke Yan'an Lu, ✆ 7076688, Fax 7022768. Sehr zentral gelegen und eine der vornehmsten Adressen der Stadt.

Xinxin**, 58 Beishan Lu, ✆ 7987101, Fax 7053263. Durchschnittliche, etwas abgewohnte Zimmer, aber angesichts des Preises und der vorzüglichen Lage mit Blick auf das nördliche Seeufer durchaus empfehlenswert.

Zhejiang****, 53 Longjing Lu, ✆ 7977988, Fax 797 1904. In friedlicher ländlicher Umgebung südwestlich des Sees inmitten von Teeplantagen. Manchen Zimmern ist der Zahn der Zeit anzusehen. Anfahrt mit Bus Nr. 27 von der Pinghai Lu.

Zhejiang University Guesthouse*, Zheda Lu, ✆ 7951207. Von der Yugu Lu um die Ecke, neben dem *Lingfeng Hotel*, Anfahrt mit Bus Nr. 16 vom Seeufer. Das Gebäude befindet sich ca. 100 m hinter dem Nordtor *(beimen)* auf der rechten Seite. Saubere, neue Zimmer, faire Preise, gute Kantine.

Zhonghua**, 55 Youdian Lu, ✆ 7027094, Fax 702 9574. Sehr zentral zwischen Seeufer und Yan'an Lu gelegen. Freundliche, neue Zimmer in hübscher Umgebung.

Essen

Da Hangzhou zu den beliebtesten Zielen einheimischer Touristen gehört, ist die Auswahl an Restaurants groß, allerdings fehlt die kosmopolitische Vielfalt, die beispielsweise Shanghai und Nanjing besitzen. Eine Straße östlich der Yan'an Lu gibt es in der parallel verlaufenden Wushan Lu zahlreiche Lokale, die Gerichte der Yangzi- und nördlichen Zhejiang-Küche anbieten. Gleiches gilt für die Huabin Lu und Pinghai Lu am Ostufer des Sees.

Für viele chinesische Touristen ist der Besuch eines der berühmten **historischen Restaurants** der Stadt fester Bestandteil eines Hangzhou-Aufenthalts. Das *Louwailou* (Turm hinter Turm) auf der Insel Gu Shan und das *Tianwaitian* (Himmel hinter Himmel) in der Nähe des Lingyin Si servieren lokale Spezialitäten zu angemessenen Preisen. Ein drittes Restaurant namens *Shanwaishan* (Berg hinter Berg) hat sich hingegen im Laufe der Jahre einen schlechten Ruf erworben. Die Namen der drei Restaurants spielen auf eine Zeile im berühmtesten Gedicht des Dichters Lin Hejin aus der Südlichen Song-Dynastie an: „Berg hinter Berg und Turm hinter Turm / Können Lieder und Tänze am Westsee jemals ein Ende finden?"

Eine Filiale von *Häagen-Dazs* an der Huibin Lu ist lächerlich teuer; wer Lust auf einen Snack und einen Kaffee hat, ist im nahen *Starbucks* an der Xueshi Lu besser aufgehoben.

Bafangyuan, Pinghai Lu. Zwei Straßen östlich der Yan'an Lu. Zentral gelegene Snackbar unter taiwanischer Führung. Gut besucht, sauber und effizient. Im Angebot sind zahlreiche Getränke, darunter der köstliche taiwanische *naizhu cha* – ein milchiger Tee mit kernigen Tapioka-Blüten, Desserts, Feuertöpfe (u.a. eine Version mit Hundefleisch) und die üblichen Hauptgerichte.

Kuiyuan Guan, Jiefang Lu, gleich westlich der Zhongshan Zhong Lu, im 1. Stock (hinter dem mit chinesischen Laternen geschmückten Eingang nach links gehen). Über 40 verschiedene Nudelgerichte für jeden Geschmack, von gewöhnlicher Nudelsuppe mit Rindfleisch bis hin zur gewöhnungsbedürftigen Variante mit Schweine-Innereien und Nierchen. Bietet auch diverse lokale Meeresfrüchte-Spezialitäten an.

Lingyin Si, vegetarisches Restaurant am Lingyin Si. Ausgezeichnete Küche, jedoch nur Mittagstisch. Sättigende Mahlzeiten für ca. ¥50 pro Person.

Louwailou, auf der Insel Gu Shan. Hangzhous berühmtestes Restaurant, gelegen am südlichen Ufer der Insel, nahe dem Museum. Zu den Spezialitäten gehören *dongpo*-Schweinefleisch, Fischstreifensuppe und Bettlerhuhn (ein ganzes Huhn, gegart in einem Tonmantel, der erst am Tisch aufgebrochen wird). Unter anderem speisten hier schon Lu Xun und Zhou Enlai. Standardgerichte ¥30–45.

Tianwaitian, Lingyin Si, über dem vegetarischen Restaurant. Chinesische Touristen strömen in Scharen herbei, um die frischen Meeresfrüchte zu kosten, die angeblich aus dem Westsee stammen und zu akzeptablen Preisen angeboten werden. Gerichte für ¥40–55. Hat nicht die Klasse des *Louwailou.*

Zhiweiguan, Renhe Lu, ein halber Häuserblock östlich des Sees. Eines der schönsten Lokale der Stadt für das Mittagessen. Sehr kultivierte Atmosphäre mit westlicher klassischer Musik aus der Konserve im Hintergrund. *Dian-xin*-Gerichte pro Teller rund ¥20, darunter zum Beispiel *xiao long bao* (kleine *jiaozi* mit delikater Füllung) und *mao erduo* (knusprig gebratene *jiaozi*). Empfehlenswert sind auch *huntun tang* (*wonton*-Suppe) und *jiu miao* (gebratener Schnittlauch).

Unterhaltung

Einen Hauch von Nachtleben bietet ***Phoenix Fire,*** 103 Nanshan Lu, gegenüber dem Gästehaus des Kunstinstituts, eine von mehreren Bars, die gerne von Auslandsstudenten der nahen Hangzhou-Universität und Touristen besucht wird.

Einkaufen

Auf einem **Nachtmarkt** an der Wushan Lu, die zwischen der Pinghai Lu und Youdian Lu parallel zur Yan'an Lu verläuft, bieten Straßenhändler das übliche Warensammelsurium an, von Yixing-Teekannen über Dolche bis hin zu chinesischen Namensstempeln.

Gegenüber dem Kunstinstitut gibt es an der Nanshan Lu einige **Kunstgalerien**, die zu durchstöbern sich lohnen kann.

Für Seide empfehlen sich der ***Hangzhou Silk and Brocade Shop*** und das Ladengeschäft der ***Wangxingji Fan Factory***, beide in der Hubin Lu, Hausnr. 1 bzw. 8, am nordöstlichen Seeufer, mit der besten Auswahl und den lukrativsten Preise der Stadt.

Sonstiges

AMT FÜR ÖFFENTLICHE SICHERHEIT (PSB) – Visa-Verlängerungen erteilt das Büro der Stadtverwaltung im Zentrum an der südwestlichen Ecke der Kreuzung der Jiefang Lu und Yan'an Lu.

FAHRRÄDER – Auch die meisten großen Hotels vermieten inzwischen Fahrräder – beispielsweise verlangt das *Huaqiao Hotel* ¥5 pro Std. plus Pfand ¥200, Tandems kosten ¥20 pro Std.

GELD – Hauptfiliale der ***Bank of China***, 140 Yan'an Bei Lu, wenig nördlich der Qingchun Lu, ⌚ Mo–Fr 8–16 und Sa 8–12.30 Uhr. Auch die kleineren Zweigstellen lösen Reiseschecks ein. Gäste gehobener Hotels können in ihrer Unterkunft Geld wechseln.

INFORMATIONEN – Hangzhou ist eine der wenigen chinesischen Städte, die mit einem Informationsbüro für Touristen gesegnet ist. Im ***Hangzhou Tourist Information Centre***, Jiefang Lu, Ecke Hubin Lu, ✆ 7012003, sind reichlich Stadtpläne, Broschüren und Tipps von englischsprachigen Mitarbeitern erhältlich. ⌚ tgl. 8–16 Uhr.

INTERNET – In der unmittelbaren Umgebung beider Universitäten gibt es inzwischen etliche kleine Internet-Läden.

MEDIZINISCHE HILFE – ***Shengzhong Hospital***, Youdian Lu, drei Straßen östlich des Sees, ✆ 70688001, ist das zentralste Krankenhaus. ***Hangda Hospital*** auf dem Campus der Hangzhou-Universität, ✆ 7072524, ist am schnellsten zu erreichen, wenn man im Norden der Stadt wohnt. ***Zhejiang Hospital***, ✆ 7987373, günstig für alle diejenigen gelegen, die westlich des Sees Quartier beziehen.

POST UND TELEFON – ***Hauptpostamt***, Huancheng Dong Lu, nur wenig nördlich des Bahnhofs.

REISEBÜROS – ***CITS***, ✆ 5152888, 📠 5156667, liegt am Nordufer des Sees auf einem Hügel oberhalb der Kreuzung der Beishan Lu und Baoshu Lu. Das Büro befindet sich 80 m links hinter dem Haupttor; ⌚ tgl. 8.30–17 Uhr. Nahezu alle Hotels verfügen über eigene Reiseagenturen.

VORWAHL – 0571

Nahverkehrsmittel

Im Stadtgebiet lässt sich problemlos eines der zahllosen roten **Taxis** heranwinken. Die meisten Ziele innerhalb Hangzhous sind für ¥10 zu erreichen. Das Netz der **Stadtbuslinien** ist gut organisiert. Relevante Linien sind unter den jeweiligen Sehenswürdigkeiten aufgeführt.

Transport

BUSSE – Vom Vorplatz des Hauptbahnhofs verkehren zahlreiche Privatbusse nach Ningbo und Shaoxing sowie in nahe Städte wie Suzhou oder Shanghai.

Der wichtigste **Überland-Busbahnhof** liegt im Norden der Stadt an der Hushu Nan Lu, wenig nördlich der Huancheng Lu. Bus Nr. 151 vom und zum Bahnhof hält dort. Die meisten Überlandbusse steuern diesen Bahnhof an. Ausnahmen sind die Busse aus Shaoxing, Ningbo und Fuzhou, die den **Ost-Busbahnhof** im Nordosten der Stadt nutzen, der durch Bus Nr. 502 mit dem Überland-Busbahnhof und Bus Nr. 503 mit dem Hauptbahnhof verbunden ist. Wer von dort in die Stadt gelangen möchte, fährt zuerst zum Überland-Busbahnhof, von dort weiter mit Bus Nr. 151 nach Süden ins Zentrum.

Busse nach Shanghai sowie mit Zielen in der Provinz Jiangsu nutzen den **Nord-Busbahnhof**, der weit außerhalb im Norden der Stadt an der Mogan Shan Lu liegt. Nach Huangshan verkehren Busse vom **West-Busbahnhof**, westlich der

Hangzhou-Universität an der Tianmu Shan Lu. Wenzhou und Orte in der Provinz Fujian werden vom **Süd-Busbahnhof** angesteuert, der zu Fuß nur 5 Minuten südlich des Hauptbahnhofs an der Dong Bao Lu, Ecke Qiushou Lu liegt.
Für alle Ziele – außer vielleicht Shaoxing und Ningbo – ist die Eisenbahn die bequemere und häufig preiswertere Alternative.

Busse nach:
HUANG SHAN 5 Std.;
LIANYUNGANG 9 Std.;
NANJING 6 Std.;
NINGBO 3 Std.;
SHANGHAI 2 Std.;
SHAOXING 1 Std.;
SUZHOU 4 Std.;
WENZHOU 10 Std.;
WUXI 4 Std.;
YANGZHOU 6 Std.

EISENBAHN – Der **Hauptbahnhof** liegt 2 km östlich des Stadtzentrums. Bis zum Seeufer benötigt man von dort zu Fuß ungefähr 40 Minuten (vom Ausgang geradeaus bis zur Jiefang Lu, dann nach links in westliche Richtung bis zum See). Bus Nr. 7 fährt vom Bahnhof direkt zum See, die Busse Nr. 151 und Nr. 152 bis zur Yan'an Lu. In Ausnahmefällen halten Züge nur am abgelegenen **Ostbahnhof**, von wo Bus Nr. 518 ins Zentrum verkehrt.
Links vom Eingang zum Hauptbahnhof gibt es einen für Ausländer reservierten Fahrkartenschalter für Karten in der Weichsitzklasse; ⏲ Mo–Sa 8–11.30 und 13–16 Uhr. Für Fahrkarten in der Hartsitz– oder Hartbettenklasse muss man sich in der Bahnhofshalle vor den Schaltern 1 oder 2 anstellen.

Züge nach:
BEIJING 4x tgl., 16 Std.;
GUANGZHOU 3x tgl., 22–24 Std.;
NANCHANG tgl., 12 Std.;
NANJING 8x tgl., 5–7 Std.;
NINGBO 8x tgl., 3–4 Std.;
SHANGHAI 22x tgl., 2–3 Std.;
SHAOXING 8x tgl., 1 1/2 Std.;
SUZHOU 9x tgl., 3–4 Std.;
WENZHOU 5x tgl., 8–11 Std.;
WUXI 8x tgl., 5 Std.

FÄHREN – Es bestehen tägliche Verbindungen auf dem Kaiserkanal von Hangzhou nach Suzhou und Wuxi. Die Schiffe kommen morgens an und legen am frühen Abend wieder ab.
Die Anlegestelle befindet sich im äußersten Nordosten der Stadt – Bus Nr. 305 hält in der Nähe. Unregelmäßige Verbindungen bestehen auf dem Fluss Xin'an und über den See der Tausend Inseln nach Huangshan in der Provinz Anhui; aktuelle Auskünfte können an der Landungsbrücke der Fähren eingeholt werden. Auskünfte sind auch über *CITS* und die Reiseagenturen in den Hotels (s.S. 433) erhältlich.

Fähren nach:
SUZHOU 2x tgl., 13 Std.;
WUXI tgl., 14 Std.

FLÜGE – Hangzhous **Flughafen** liegt 15 km nördlich der Stadt. CAAC-Busse (¥5) fahren vom Flughafen zum Hauptbüro der Gesellschaft an der Tiyuchang Lu, wenig östlich der Hushu Lu.
Fluggesellschaften: Hauptbüro von ***CAAC*** für Reservierungen und Ticketverkauf, 160 Tiyuchang Lu, im Norden der Stadt; ⏲ tgl. 8.15–18 Uhr; ✆ 5154259 für nationale Abflugzeiten, ✆ 5152575 für Reservierungen. *CAAC*-Flughafenbusse (¥10) fahren ca. 2 1/2 Std. vor der jeweiligen Abflugzeit vor dem Büro ab.

Flüge nach:
BEIJING tgl., 2 Std.;
CHENGDU 6x tgl., 2 1/2 Std.;
FUZHOU 3x tgl., 1 Std.;
GUANGZHOU 4–5x tgl., 2 Std.;
GUILIN tgl., 1 3/4 Std.;
HONGKONG 2x tgl., 2 1/2 Std.;
KUNMING 2x tgl., 2 1/2 Std.;
QINGDAO tgl., 1 1/2 Std.;
SHANGHAI tgl., 1/2 Std.;
SHENZHEN tgl., 2 Std.;
SINGAPORE 3x wöchentl., 6 Std.;
WENZHOU 2x tgl., 3/4 Std.;
XIAMEN 2x tgl., 1 1/4Std.;
XI'AN tgl., 2 1/4Std.

Shaoxing

Südlich der Bucht von Hangzhou, inmitten einer flachen Ebene, die von niedrigen Hügeln umgeben und kreuz und quer von Wasserwegen durchzogen ist, liegt eine der ältesten Städte Zhejiangs. Bereits im 5. Jahrhundert v.Chr. etablierte sich Shaoxing als regionales Zentrum und entwickelte sich in den darauffolgenden Jahrhunderten – besonders unter der Song-Dynastie, als der kaiserliche Hof im benachbarten Hangzhou residierte – zu einer blühenden Stadt, die jedoch mangels eines direkten Zugangs zum Meer nie von wirklich großer Bedeutung war. Umso überraschender ist es, dass die kleine Stadt eine wichtige Rolle in der chinesischen Legende und Kultur spielt, indem sie einige von Chinas schillernden Persönlichkeiten hervorgebracht hat, darunter Yu der Große, mythischer Bezwinger der Fluten, der Frauen mordende Ming-Maler Xin Wei, die ruhmreiche Revolutionsheldin Qiu Jin sowie Lu Xun, ein bedeutender Schriftsteller des 20. Jahrhunderts – sie alle haben ihre Spuren hinterlassen. Weitere Berühmtheit verdankt die Stadt dem nahe gelegenen **Jian Hu** und seinem ungewöhnlich klaren Wasser, ein wichtiger Bestandteil der Alkoholika, die nicht nur in China überaus begehrt sind. Das höchste Ansehen genießen der **gelbe Reiswein**, weltweit ein unverzichtbarer Bestandteil chinesischer Kochrezepte, und der rubinfarbene **Nü'er Hongjiu** (Mädchen-Rotwein), mit dem Bräute traditionell auf das Wohl ihres frisch angetrauten Ehemannes anstoßen – das alkoholische Gebräu wird bei der Geburt eines Mädchens gekauft und im Hinterhof vergraben, wo es bis zum Zeitpunkt der Eheschließung heranreift.

Besuchern präsentiert sich Shaoxing heute als ruhigere und gemütlichere Version von Suzhou und bietet neben einigen interessanten Sehenswürdigkeiten auch die Möglichkeit zu **Bootstouren** durch klassische chinesische Landschaften. Die Stadt kann im Rahmen eines Tagesausflugs von Hangzhou besucht werden, aber ein Tag reicht definitiv nicht aus, um den Sehenswürdigkeiten der Stadt und ihrer Umgebung gerecht zu werden. Einen weiteren Anreiz für längere Aufenthalte bieten die preiswerten Unterkünfte.

Shaoxings Zentrum wird von einer typisch chinesischen Einkaufsstraße beherrscht, doch nicht weit davon entfernt gurgeln Wasserläufe und säumen weiß getünchte Häuser die Kopfsteinpflastergassen der Altstadt. An vielen Gebäuderückseiten ragen baufällig wirkende Veranden – die meist die Küche beherbergen – über die Kanäle, an deren Ufer alte Frauen hocken und ihre Wäsche reinigen. Die Stadt lässt sich wunderbar mit dem Fahrrad erkunden, wobei der **Fushan-Park** im Westen des Zentrums als nützlicher Orientierungspunkt dient. Nahe dem Parkeingang steht ein großer Tempel, der Aufstieg zum Gipfel des Hügels führt an etlichen kleinen Pavillons vorbei, und von oben schweift der Blick über die Kanäle und Brücken der Stadt. Vor allem nach Sonnenuntergang treffen sich hier eine Menge verliebter Pärchen zum romantischen Stelldichein. Der Haupteingang zum Park befindet sich an der Fushanhen Jie, leicht an einem auffälligen Torbogen zu erkennen, der ihr östliches Ende von der Nord-Süd-Achse Jiefang Lu abgrenzt. Nachmittags und abends verwandelt sich die Fushanhen Jie zu einem lebendigen Marktplatz, auf dem von Gemüse bis hin zu raubkopierten CDs alles angeboten wird. 🕒 tgl. 7–22 Uhr, Eintritt ¥8.

An bzw. nahe der Jiefang Lu stehen einige ehemalige Wohnhäuser berühmter Persönlichkeiten. Der gepflegte und friedliche **Qingteng Shuwu** (Studienraum des Grünen Weinstocks) versteckt sich in einer schmalen Gasse namens Houguan Xiang 100 m südwestlich der Kreuzung von Jiefang Lu und Renmin Lu. Das kleine Haus aus dem 16. Jahrhundert ist nicht leicht zu finden, da es an der Jiefang Lu keine Ausschilderung gibt, doch die Passanten helfen üblicherweise gerne weiter. Die ruhige Ausstrahlung dieses Orts lässt nicht vermuten, dass hier einst der exzentrische Ming-Maler und Dramatiker Xu Wei (1521–93) lebte, der einige schlimme Gewalttaten beging und zu guter Letzt sogar seine Ehefrau ermordete. Xu führte ein schillerndes Leben: Er stand als Erster Kalligraf im Dienst des Kaisers, zog gegen japanische Piraten in die Schlacht und verbrachte seine letzten Lebensjahre als verarmter Vagabund, der seine Kalligrafien anonym verkaufte. Das Haus beherbergt einige seiner Pinsel, Malereien und Kalligrafien. 🕒 tgl. 8–16 Uhr, Eintritt ¥2.

500 m weiter südlich wird der niedrige Tu Shan von der **Yingtian-Pagode** gekrönt. Sie gehörte einst zu einem in der Song-Zeit errichteten Tempel, wurde von den Taiping-Rebellen niedergebrannt und später wieder aufgebaut. Der mühevolle Aufstieg wird mit schönen Ausblicken auf die Kanäle

der Stadt belohnt. ⌚ tgl. 8–17 Uhr, Eintritt ¥2.

Die schwarzen Dachziegel einen Block weiter südlich in der Hechang Tang gehören zum **Ehemaligen Wohnsitz von Qiu Jin**, eine radikale Aktivistin, die hier 1875 geboren wurde, zum Studium nach Japan ging, nach ihrer Rückkehr als Lehrerin arbeitete und sich dann Sun Yatsens geheimer Revolutionspartei anschloss. Nach Herausgabe mehrerer revolutionärer Schriften in Shanghai und Teilnahme an einigen misslungenen Handstreichen wurde sie festgenommen und 1907 von den Qing-Truppen in Hangzhou hingerichtet. Das Haus beherbergt umfangreiches Material über ihr Leben, und obwohl keine englischsprachigen Erläuterungen vorhanden sind, vermitteln die Fotografien und Malereien ein Gefühl für die Atmosphäre der damaligen Zeit. ⌚ tgl. 8–16 Uhr, Eintritt ¥2.

Östlich der Jiefang Lu befinden sich an der Luxun Lu einige Sehenswürdigkeiten, die in Beziehung zu dem berühmten Schriftsteller **Lu Xun** stehen (s.S. 179). Ein kombiniertes Ticket für alle drei Anlagen, die jeweils von 8–16 Uhr geöffnet haben, kostet ¥30. Da Lu Xun seine Kindheit und frühen Jugendjahre in Shaoxing verbrachte, tauchen in seinen Werken zahlreiche lokale Charaktere auf. Die Kurzgeschichte *Kong Yiji* beispielsweise erzählt von einem Dorfidioten, der die kaiserlichen Prüfungen nicht besteht und deshalb von der Gesellschaft ausgestoßen wird – den Stoff hierfür sammelte Lu Xun vermutlich in einem Schankraum, der sich einst in dieser Straße befand. Da die Stadt von gewaltsamen Veränderungen weitgehend verschont blieb, sind viele in seinen Schriften auftauchende Kulissen noch heute zu erkennen. Der Spaziergang führt zunächst zur **Lu-Xun-Gedenkhalle**, die jedoch nur chinesische Erklärungen enthält und für Ausländer daher eher von geringem Interesse ist. Wenige Fußminuten weiter östlich steht hinter der schlichten **Lu-Xun-Bibliothek** der **Ehemalige Wohnsitz von Lu Xun**, der in ein **Volksmuseum** umgewandelt wurde. Der Rundgang macht mit der ehemaligen Behausung des Schriftstellers bekannt und führt darüber hinaus in einen schönen Garten. Nach Betrachtung so vieler hoher und abweisender Mauern anderer Wohngebäude ist es ziemlich interessant, das Innenleben eines traditionellen Hauses einmal genauer unter die Lupe zu nehmen. Direkt gegenüber vom Museum befindet sich der **Sanwei Shuwu** (Studienraum der Drei Aromen), eine kleine Schule, die Lu Xun als Kind besuchte. Es gibt dort nur einen Raum zu besichtigen, in dem auf einer Schulbank ein glatter Tuschestein und eine Schale Wasser stehen – damals die einzigen Werkzeuge für arme Kalligrafie-Studenten, die sich Papier und Tinte nicht leisten konnten. Es soll übrigens Glück bewirken, seinen Namen mit Wasser auf den Stein zu schreiben.

Eine weitere Sehenswürdigkeit Shaoxings und fester Bestandteil einer jeden Stadtbesichtigung liegt nordöstlich der Gedenkstätten für Lu Xun mitten in einem der pittoreskesten und traditionellsten Viertel der Stadt. Die nach wie vor viel benutzte **Bazi Qiao** (Brücke in Form des Schriftzeichens Acht – so genannt nach ihrem Aussehen) stammt aus dem 13. Jahrhundert und ist das berühmteste Bauwerk seiner Art in Shaoxing. Um dorthin zu gelangen, zweigt man von der Zhongxing Zhong Lu gen Osten in die schmale Baziqiao Zhi Jie ab.

Übernachtung

Im Gegensatz zu vielen anderen Städten scheint es in Shaoxing keine Einschränkungen für die Unterbringung von Ausländern zu geben.

Jinyu*, 5 Fußmin. südlich des Busbahnhofs. Halbwegs luxuriöse EZ und DZ, beste Alternative unter mehreren ähnlichen Unterkünften im Norden der Jiefang Lu.

Jiaoyundasha Luguan*, unmittelbar südlich des Busbahnhofs. Alles andere als herausragend, doch sehr preiswerte DZ mit und ohne Bad.

Shaoxing Dasha*, Jiefang Lu, schräg gegenüber vom Busbahnhof. Passable DZ mit ac.

Shaoxing Fandian**, Shengli Lu, ✆ 5155888. Bestes Hotel der Stadt, erbaut im Stil der Ming-Architektur. Große charmante Anlage auf ebenso großem Gelände, das sogar zu einer Bootstour einlädt. Vom Bahnhof mit Bus Nr. 3 zu erreichen.

Essen

Im nördlichen Bereich der Jiefang Lu gibt es mehrere Möglichkeiten zum Einkehren, darunter eine richtiggehende **Essstraße**, die westwärts von der Jiefang Lu abgeht.

Das ordentliche ***Jinyu Restaurant*** im gleichnamigen Hotel serviert Gerichte, die nach hie-

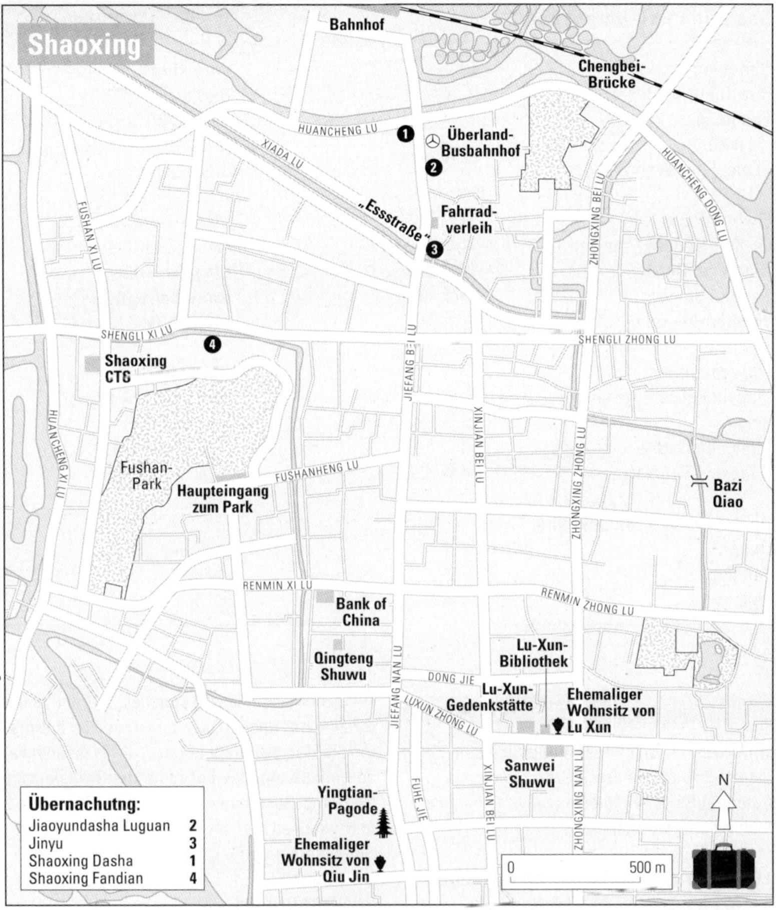

siger Art über Holzkohle gegrillt *(mei)* werden, aber leider gibt es nur eine chinesische Speisekarte. Zu Shaoxings weiteren Spezialitäten gehören Süßwasserfisch und natürlich der gelbe Reiswein, der angeblich schon seit über 2000 Jahren aus dem vor Ort angebauten Klebreis und dem klaren Wasser des Jian Hu produziert wird. Heutzutage verwendet man den Wein eher zum Kochen als zum Trin-ken – ein ganz typisches Gericht dieser Art ist Shaoxing-Huhn *(shaoxing ji)*.

Bei einem Bummel durch die Stadt fallen auch die vielen Stände ins Auge, die Stinkenden Tofu *(chou doufu)* anbieten. Das Rezept hierfür, das sich mittlerweile über ganz China verbreitet hat, wurde angeblich von einer Frau aus Shaoxing kreiert, die ihre Speisenvielfalt ein wenig erweitern wollte und versuchsweise diverse Gewürze zusammen mit Tofustücken in einen Wok warf – der Geschmack des *chou doufu* ist übrigens weit besser als sein Geruch.

Shaoxing und Umgebung

Shaoxing	绍兴	***shàoxīng***
Bazi Qiao	八子桥	*bāzǐ qiáo*
Ehemaliger Wohnsitz von Lu Xun	鲁迅故居	*lǔxùn gùjū*
Ehemaliger Wohnsitz von Qiu Jin	秋瑾故居	*qiūjǐn gùjū*
Fushan-Park	府山公园	*fǔshān gōngyuán*
Lu-Xun-Gedenkhalle	鲁迅纪念馆	*lǔxùn jìniànguǎn*
Qingteng Shuwu	青滕书屋	*qīngténg shūwū*
Sanwei Shuwu	三味书屋	*sānwèi shūwū*
Yingtian-Pagode	应天塔	*yìngtiān tǎ*
Übernachtung		
Jiaoyundasha Luguan	交运大厦旅馆	*jiāoyùn dàshà lǚguǎn*
Jinyu	金鱼宾馆	*jīnyú bīnguǎn*
Shaoxing Dasha	绍兴大厦	*shàoxīng dàshà*
Shaoxing Fandian	绍兴饭店	*shàoxīng fàndiàn*
Die Umgebung von Shaoxing		
Dong Hu	东湖	*dōnghú*
Lanting	兰亭	*lántíng*
Yu Ling	禹陵	*yǔlíng*

Sonstiges

FAHRRÄDER – Zwischen Bahnhof und dem *Jinyu* versammeln sich auf dem Bürgersteig entlang der Jiefang Bei Lu einige Fahrradverleiher, die jedoch ständig wechseln.

GELD – ***Bank of China,*** Renmin Dong Lu sowie mehrere Zweigstellen, ⏲ tgl. 8.30–17 Uhr.

REISEBÜROS – ***Shaoxing CTS,*** 360 Fushan Lu, ✆ 5155888. Die freundliche, Englisch sprechende Belegschaft organisiert Ausflüge in die Umgebung und bucht Transportmittel.

VORWAHL – 0575

Transport

BUSSE – Der **Überland-Busbahnhof** befindet sich südlich des Bahnhofs an der Kreuzung von Jiefang Lu und Huancheng Lu. Reisende, die aus Hangzhou oder Ningbo kommen, werden mitunter an einer namenlosen Endstation im äußersten Norden der Stadt abgesetzt – in diesem Fall sorgen private Kleinbusse für den Transfer zum Überland-Busbahnhof, wo die Stadtbusse Nr. 2 und 4 starten und durch das Zentrum bis ans Südende der Jiefang Lu fahren.
Busse nach:
HANGZHOU 1 Std.;
NINGBO 2 Std.

EISENBAHN – Shaoxings **Bahnhof** liegt nördlich des Überland-Busbahnhofs an der Trasse zwischen Hangzhou und Ningbo. Der Ticketkauf ist im Gegensatz zu anderen Städten eine relativ stressfreie Angelegenheit, und es gibt auch nicht die Scharen von Stadtplanverkäufern, die überall sonst an den Bahnhöfen herumlungern (Stadtpläne bekommt man eher in den Kaufhäusern der Stadt). Vom Bahnhof fahren die Busse Nr. 1, 2, 3 und 4 zum Busbahnhof.

Züge nach:
HANGZHOU 8x tgl., 1–1 1/2 Std.;
NINGBO 8x tgl., 2–4 Std.;
SHANGHAI 6x tgl., 3–4 Std.

Die Umgebung von Shaoxing

Ein Besuch in Shaoxing wäre nicht vollständig ohne die ein oder andere Erkundungstour in die Umgebung. Nicht weit entfernt liegt der **Dong Hu** (Ostsee), der mit Bus Nr. 1 innerhalb von 20 Minuten erreichbar ist – auf Nachfrage macht der Schaffner auf die richtige Ausstiegshaltestelle aufmerksam. Allem Anschein zum Trotz ist der Dong Hu kein natürlicher See. Im 7. Jahrhundert ließen die Sui-Herrscher das harte grünliche Gestein östlich von Shaoxing zu Bauzwecken abbauen, und als man später die Gebirgsflüsse eindämmte, entstand im Steinbruch ein See, der unter der Qing-Dynastie zu pittoresken Zwecken mit einem erhöhten Fußweg versehen wurde. Der äußerst fotogene See wird über seine gesamte Länge von der mächtigen Felswand des Steinbruchs begrenzt, deren Farben und Konturen sich im Wasser spiegeln. Rund um das Gewässer ziehen sich zahlreiche Wasserläufe und gewundene Pfade durch die Landschaft, natürlich gibt es jede Menge Pagoden, und im Parkinnern werden kleine Boote (maximal drei Personen, ¥30) zur Erkundung der Höhlen und Einbuchtungen in der Felswand vermietet. Man kann sich auch am gegenüberliegenden Ufer absetzen lassen, wo zunächst eine Treppe und anschließend ein Pfad auf die Klippe führt, die einen herrlichen Ausblick auf die umliegenden Reisfelder gestattet. Der letzte Bus fährt gegen 17.30 Uhr zurück nach Shaoxing. ⌚ tgl. 7–17.30 Uhr, Eintritt ¥15.

Da die Region ein ausgedehntes Wasserstraßennetz besitzt, bietet es sich an, per **Boot** nach Shaoxing zurückzukehren (45 Min., mit etwas Verhandlungsgeschick ¥45 pro Boot). Sehr schön ist auch die Bootstour zum Yu Ling (s.u.), bei der es vorbei an Reisfeldern durch eine beschauliche Landschaft geht und nur der gelegentliche Ruf einer Gans oder Ente die Stille zerreißt (1 Std. 20 Min., etwa ¥65 pro Boot). Während es sich die Passagiere unter dem Sonnensegel bequem machen, steht der Bootsmann am Heck des schlanken, flachen Kahns, bedient das Ruder mit den Händen und das Paddel mit seinen Füßen.

Yu Ling und Lanting

Bus Nr. 2 stellt die Verbindung von Shaoxing zum 6 km südöstlich gelegenen **Yu Ling** (Grab des Yu) her, eine unübersichtliche Ansammlung von Tempelgebäuden inmitten einer schönen Landschaft, die von Bäumen, bemoosten Felsen und Bergzügen geprägt ist. Yu, legendärer Begründer der Xia-Dynastie um 2000 v.Chr., erhielt seinen Beinamen „Bezwinger der Fluten", weil er große Felsbrocken zu bewegen vermochte und es mit den unter Wasser lebenden Drachen aufnahm, die immer wieder verheerendes Unheil stifteten. Er benötigte acht Jahre, um eine schlimme Überschwemmung am Unterlauf des Yangzi in den Griff zu bekommen und ließ sich danach an der Stelle seines Erfolgs nieder, wo er letztlich auch starb. Der älteste Tempel der Anlage geht vermutlich auf das 6. Jahrhundert zurück, während das Grab selbst aus einer früheren Zeit zu stammen scheint, wahrscheinlich aus der Han-Dynastie. Im heutigen Tempel, der in den 30er Jahren restauriert wurde, sind eine große bemalte Statue des Yu sowie zahlreiche Wandtafeln und Steine mit Inschriften zu sehen. Außerhalb davon befindet sich im Schutz eines eleganten offenen Pavillons der große, grob behauene Grabstein. Die große Zahl der Andächtigen im Tempel lässt auf die immense Verehrung schließen, die Yu auch im modernen China noch zuteil wird. ⌚ tgl. 8–16 Uhr, Eintritt ¥15.

Ein weiterer wundervoller Ausflug aufs Land führt von Shaoxing zum 11 km südwestlich gelegenen **Lanting** (Orchideenpavillon), benannt nach König Goujian aus dem Reiche Yue, der dort vor nahezu 3000 Jahren eine Orchidee pflanzte. Im 4. Jahrhundert soll hier der Poet und Kalligraf Wang Xizhi seine *Anthologie des Orchideenpavillons* zusammengestellt haben, die noch heute zu den Meisterwerken der chinesischen Dichtkunst zählt und auf eine schöne Geschichte zurückblickt: Wang gab ein Fest für 41 Freunde und alle miteinander saßen sie an einem Bach, auf dem sie mit Wein gefüllte Tassen treiben ließen – sobald eine Tasse am Ufer hängen blieb, musste derjenige, der ihr am nächsten saß, sie entweder austrinken oder ersatzweise ein Gedicht verfassen. Später stellte Wang daraus die Anthologie zusammen. Der Orchideenpavillon hat heute den Stellenwert eines Schreins, der all jenen Chinesen heilig ist, die eine enge Beziehung zu Kalligrafie und Dichtung besitzen. In Wangs Ahnenschrein, der auf einer kleinen Insel in einem See thront, kann man Künstlern und Kalligrafen bei der Arbeit zuschauen. Den weitläufigen, mit Bambus und Farnen bewachsenen Garten schmücken Teehäuser, Seen und eine kleine Ausstellungshalle, während die umliegende Landschaft mit ihren Reisfeldern und grünen Hügeln ein klassisch chinesisches Gepräge aufweist. Von der Jiefang Lu in Shaoxing fährt Bus Nr. 3 in 45 Minuten zum Orchideenpavillon. ⏲ tgl. 7.30–17 Uhr, Eintritt ¥10.

Ningbo

Die von Hangzhou durch Shaoxing führende Eisenbahntrasse endet in Ningbo (Ruhige Wellen), ein bedeutendes Wirtschaftszentrum im äußersten Nordosten der Provinz Zhejiang. Ningbo besitzt einen Hafen, liegt aber gut 20 km im Inland am Zusammenfluss des Yuyao und Yong, welche als Fenghua die Verbindung zum Meer herstellen. Ringsum die Stadt erstrecken sich feuchte Ebenen und Reisfelder, und entlang der zerklüfteten Küste finden sich Salzgewinnungsanlagen und Anzeichen einer Fischindustrie. Das allein würde einen Besuch von Ningbo kaum rechtfertigen, aber die Stadt besitzt auch diverse Sehenswürdigkeiten, allen voran die faszinierende Bibliothek Tianyige sowie mehrere Klöster in der unmittelbaren Umgebung. Vor allem aber dient Ningbo als Sprungbrett für Ausflüge auf die nahe Insel **Putuo Shan** (s.S. 445).

Ningbos Geschichte ist ebenso kurz wie turbulent. Unter der Tang-Dynastie entstand bereits im 7. Jahrhundert ein kompliziertes System aus Sperrvorrichtungen und Kanälen, um die seichten, gezeitenabhängigen Flüsse schiffbar zu machen, und Ende des 12. Jahrhunderts ließ man zum Schutz des Hafens Wellenbrecher installieren. Schon damals begann der Handel mit Japan und Korea, der im Laufe der Jahrhunderte eine fulminante Entwicklung erfuhr – unter der Ming-Dynastie avancierte Ningbo gar zu Chinas wichtigstem Hafen – und im Austausch gegen Seide viel Gold in die Stadt brachte. Schon früh geriet Ningbo unter europäischen Einfluss: Im 16. Jahrhundert bedienten sich die Portugiesen des Hafens, richteten stromabwärts ein Warenlager ein und unterstützten die Einheimischen im Kampf gegen Piraten; zwei Jahrhunderte später drängte die Britische Ostindienkompanie ins Geschäft; und nach dem Ersten Opiumkrieg ernannte man Ningbo 1843 zu einem **Vertragshafen** (mit britischem Konsulat). 1861 wurde die Stadt kurzzeitig in den Taiping-Aufstand verwickelt und verlor danach gegenüber Shanghai rasch an Boden. Erst ab 1949 nahm Ningbos Bedeutung wieder zu – die Wasserläufe wurden ausgebaggert, ein Passagier- und ein Frachthafen angelegt, Brücken fertig gestellt und die vorhandenen Einrichtungen vergrößert, um den wachsenden Export der vor Ort produzierten Chemikalien, Nahrungsmittel und Metallwaren abzuwickeln. Trotz der Tatsache, dass Ningbo heute zu den Boom-Regionen des Landes zählt, verströmt die Stadt ein eher provinzielles Flair.

Durch den Zusammenfluss von Yuyao und Yond wird die Innenstadt in drei Bereiche geteilt. Die **Xinjiang-Brücke** verbindet den Westen, die alte ummauerte Stadt, mit dem Norden, in dem sich einst die ausländische Konzession befand. Wer ein wenig von der ursprünglichen Atmosphäre schnuppern möchte, bummelt am besten durch die Viertel zu beiden Seiten des Yuyao (erreichbar mit Bus Nr. 1 vom Bahnhof). Wenig südwestlich der Brücke befindet sich ein interessanter **Markt**, auf dem alle Arten von Trockenfisch angeboten werden, während am Nordufer ein geschäftiger Fischerhafen das Bild bestimmt. Im Viertel östlich davon haben einige kunstvolle Säulengänge und Veranden aus der Zeit des alten **Vertragshafens** überlebt und sind umgeben von spontan organisierten Fischmärkten. Unmittelbar südlich des Fähranlegers steht eine **portugiesische Kirche** (⏲ tgl. 6–18.30 Uhr, Eintritt frei) aus dem 17. Jahrhundert, die noch heute von der hiesigen christlichen Gemeinde genutzt wird, aber außer ihren Buntglasfenstern mit Abbildungen von den zwölf Stationen des Kreuzweges keine interessanten Einzelheiten aufzuweisen hat. Die Aufseher erklären sich übrigens gerne zu einer kurzen Führung bereit. Betrachtet man die Kirchturmspitze und die mediterran wirkenden Häuser drumherum, so könnte man fast meinen, irgendwo in Südeuropa gelandet zu sein.

Das moderne Stadtzentrum, dessen Bild und Maßstab anderen chinesischen Städten ähneln, erstreckt sich südlich der Xinjiang-Brücke. Ningbos Hauptgeschäftsstraße, die **Zhongshan Lu**, verläuft von West nach Ost über die große Kreuzung **Dongmen Kou** und die **Jiangsha-Brücke** bis ans Ost-

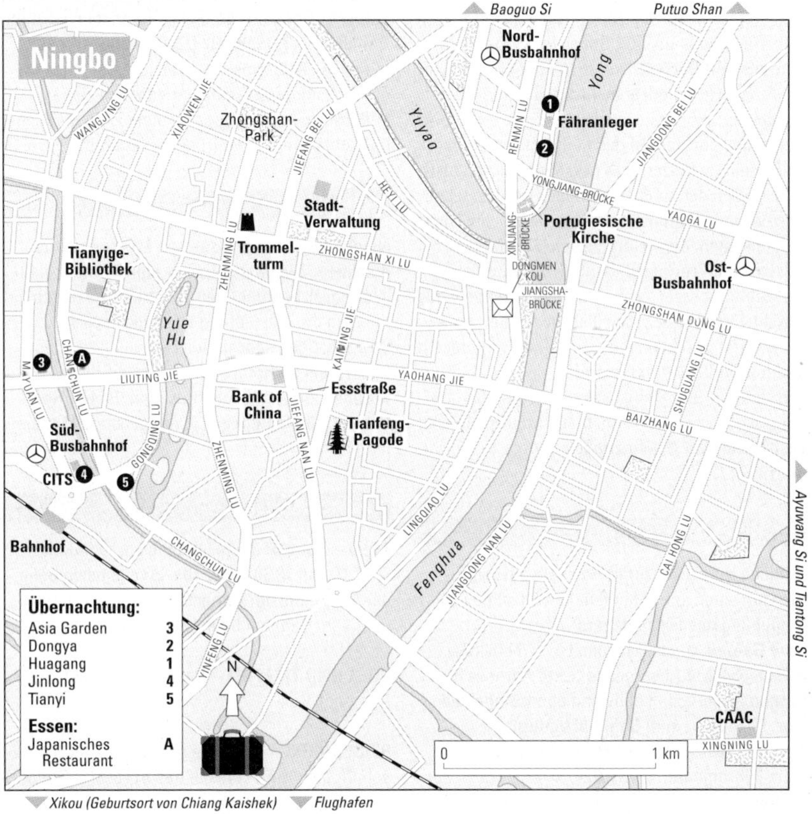

Übernachtung:	
Asia Garden	3
Dongya	2
Huagang	1
Jinlong	4
Tianyi	5
Essen:	
Japanisches Restaurant	A

ufer des Fenghua, wo in den letzten Jahren ein gehobenes Einkaufsviertel sowie mehrere amerikanische Fastfood Lokale entstanden sind. Das Herz der modernen Stadt jedoch pocht im westlichen Abschnitt der Zhongshan Lu, hier ein breiter Boulevard mit modernen Hochhäusern, die Ningbos große Kaufhäuser beherbergen. Rund 500 m westlich der Dongmen Kou lohnt ein Bummel über die Kaiming Jie, die von der Zhongshan Lu gen Süden abzweigt und neben zahlreichen kleinen Läden und Verkaufsständen auch einige der besseren Meeresfrüchte-Restaurants für sich verbucht. Nahe der Kreuzung mit der Jiefang Lu gewährt die **Tianfeng-Pagode** aus dem 14. Jahrhundert einen schönen Ausblick auf die Stadt. Die westliche Parallelstraße zur Jiefang Lu, die Zhenming Lu, wird von hübschen Fachwerkhäusern und Bäumen gesäumt und führt Richtung Norden am **Trommelturm** vorbei zum **Zhongshan-Park**, ein kleines Areal, auf dem sich morgens die Anhänger der asiatischen Kampfsportarten treffen.

Das älteste Stadtviertel erstreckt sich im Südwesten um den **Yue Hu** (Mondsee) und ist mit Bus Nr. 20 von der Xinjiang-Brücke zu erreichen. Bei dem Gewässer handelt es sich um die größere Version eines Dorfteichs, aber immerhin wurde eigens für Schwimmer ein Bereich abgesperrt. An anderer Stelle hocken Frauen auf den Steinstufen und waschen ihre Wäsche. Nachdem am Westufer des Sees ein großer neuer Park eröffnet wurde, hat der Ort viel von seinem Charme verloren, rühmt sich jedoch Ningbos größter Touristenattraktion, der **Tianyige-Bibliothek.** Das 1516 vom Ming-Beamten Fan Qin gegründete Institut soll Chinas ältestes erhaltenes Bibliotheksgebäude sein. Fan Qins Sammlung ging bis auf das 11. Jahrhundert zurück und umfasste hölzerne Druckstöcke, handschriftliche Kopien der konfuzianischen Klassiker, seltene Aufzeichnungen über die lokale Geschichte sowie Namenslisten der erfolgreichen Kandidaten bei kaiserlichen Prüfungen. Heutige Besucher können den Bibliotheksgarten und einige Nebengebäude besichtigen, in denen zum Teil alte Bücher und Gedenktafeln zu sehen sind. Mit seinen vergoldeten und holzverkleideten Gebäuden, den Bambushainen, Teichen und Steingärten verströmt der stimmungsvolle Ort noch immer eine Atmosphäre von Besinnung und Gelehrsamkeit. ⌚ tgl. 8–16 Uhr, Eintritt ¥12.

Übernachtung

Ningbos Hotels konzentrieren sich auf zwei Bezirke, einen in Bahnhofsnähe und einen in Umgebung des Fähranlegers.

Asia Garden, Luxus, Mayuan Lu, ✆ 7116888, 📠 7116554. Mit Abstand die beste Adresse in Ningbo – luxuriöse Lobby und ebensolche Zimmer. 10 Fußmin. vom Bahnhof entfernt.

Dongya (East Asia Hotel)**, 88 Zhongma Lu, nahe Fähranleger, ✆ 7356224, 📠 7353529. In der stimmungsvollen Altstadt gelegen und eine gute Alternative, wenn das nahe *Huagang* ausgebucht ist – daran ändert auch die Tatsache nichts, dass das Hotel zugleich als Bordell fungiert, denn die Zimmer sind komfortabel eingerichtet und die Wände schalldicht isoliert. Anfahrt mit Bus Nr. 1 vom Bahnhof, an der ersten Haltestelle *(lunchuan matou)* hinter der Xinjiang-Brücke aussteigen, Richtung Fähranleger laufen und in die erste Gasse rechts einbiegen.

Huagang**, 146 Zhongma Lu, unmittelbar neben dem Fähranleger, ✆ 7691888, 📠 7691001. Komfortable, aber schlichte Zimmer. Unterhaltung bietet eine Bowlingbahn nebenan.

Jinlong (Golden Dragon),*** Gongqing Lu, gegenüber vom Bahnhof, ✆ 7318888/7114, 📠 7312288. Ausgezeichnete Unterkunft mit komfortablen Zimmern.

Tianyi**, Gongqing Lu, Ecke Changchun Lu, nahe Bahnhof, ✆ 7316595/40. DZ, 3er-Zimmer und günstige 5er-Dorms – bei Letzteren hat man eigentlich nur eine Chance, wenn man sich mit anderen zu einer Gruppe zusammenschließt. In der Lobby werden Fährtickets verkauft.

Essen

Ningbos Speisen werden von Meeresfrüchten dominiert. Die besten Lokale hierfür findet man in der grell beleuchteten Essstraße zwischen Kaiming Jie und Jiefang Lu sowie in den Straßenzügen südlich des Fähranlegers. Das Restaurant im Hotel *Jinlong* serviert riesige Krabben, und ein schlichtes **japanisches Restaurant**, 70 Changchun Lu, hat günstige Mittagsmenüs im Angebot.

Sonstiges

GELD – ***Bank of China,*** Jiefang Lu, ⌚ Mo–Fr 8–11.15 und 13.30–16.15 Uhr. Zweigstellen befinden sich nahe der Dongmen Kou sowie gegenüber vom Bahnhof beim Hotel *Jinlong.*

POST UND TELEFON – *Hauptpostamt,* nahe Dongmen Kou.

REISEBÜROS – Als beste Anlaufstelle für die Beschaffung von Tickets gilt das Büro im 5. Stock des Hotels *Jinlong,* gegenüber vom Bahnhof, Zimmer 507, ✆ 7329381, ⌚ tgl. 8–17 Uhr.

VISAVERLÄNGERUNGEN – Anträge bearbeitet die Stadtverwaltung östlich der Jiefang Bei Lu.

VORWAHL – 0574

Transport

BUSSE – Ningbo besitzt drei Busbahnhöfe. Einige Busse aus Hangzhou, Shaoxing und Wenzhou treffen am **Busbahnhof-Nord** ein, doch die meisten Überland-Busse benutzen den **Busbahnhof-Süd**, der unmittelbar neben dem Bahnhof liegt. Am **Busbahnhof-Ost**, Shuguang Lu, Ecke Ningbo Lu (erreichbar mit den Bussen Nr. 514 und 604 vom Fähranleger oder von der Dong-

Ningbo und Umgebung

Ningbo	宁波	***níngbō***
Dongmen Kou	东门口	*dōngmén kǒu*
Jiangsha-Brücke	江厦桥	*jiāngshà qiáo*
Portugiesische Kirche	天主教堂	*tiānzhǔ jiàotáng*
Tianfeng-Pagode	天封塔	*tiānfēng tǎ*
Tianyige-Bibliothek	天一阁图书馆	*tiānyīgé túshūguǎn*
Xinjiang-Brücke	新江桥	*xīnjiāng qiáo*
Yue Hu	月湖	*yuè hú*
Zhongshan-Park	中山公园	*zhōngshān gōngyuán*
Übernachtung		
Asia Garden	亚洲华园宾馆	*yàzhōuhuáyuán bīnguǎn*
Dongya	东亚饭店	*dōngyà fàndiàn*
Huagang	华港宾馆	*huágǎng bīnguǎn*
Jinlong	金龙饭店	*jīnlóng fàndiàn*
Tianyi	天一大酒店	*tiānyī dàjiǔdiàn*
Die Umgebung von Ningbo		
Ayuwang Si	阿育王寺	*āyùwáng sì*
Baoguo Si	保国寺	*bǎoguó sì*
Tiantong Si	天童寺	*tiāntóng sì*
Xikou	溪口	*xīkǒu*

men Kou) starten die Nahverkehrsbusse zu den Tempeln und Pagoden außerhalb der Stadt.

Busse nach:
HANGZHOU 3 Std.;
NANJING 8 Std.;
SHAOXING 2 Std.;
WENZHOU 7 Std.

EISENBAHN – Der **Bahnhof** liegt im Südwesten der Stadt. Von hier fährt Bus Nr. 10 über das Stadtzentrum und die östlichen Viertel zum *CAAC*-Büro in der Xingning Lu. Minibusse und Bus Nr. 1 verkehren durch das Zentrum und über die Xinjiang-Brücke Richtung Norden und halten nahe des Busbahnhofs-Nord und des Fähranlegers.

Züge nach:
HANGZHOU 8x tgl., 3–4 Std.;
SHANGHAI 6x tgl., 5–7 Std.;
SHAOXING 8x tgl., 2 Std.

FÄHREN – Der **Fähranleger** für die Schiffe nach Putuo Shan und Shanghai befindet sich nördlich der Xinjiang-Brücke an der Waima Lu. Wer mit einem der Minibusse oder mit Bus Nr. 1 vom Bahnhof oder vom Zentrum ankommt, steigt nach einer Straßenüberführung unmittelbar nördlich der Xinjiang-Brücke aus und erreicht nach ein paar Fußminuten in nordöstlicher Richtung das Fährterminal. Am **Ticketschalter**, ◷ tgl. 5.45–18 Uhr, werden Fahrkarten für die täglichen Abfahrten nach PUTUO SHAN (9x tgl., 2–5 Std.) und SHANGHAI (3x tgl., 6–9 Std.) sowie für die unregelmäßigen Sommerverbindungen nach SUZHOU verkauft. Achtung: Nur die langsamen Schiffe – darunter das 9-Uhr-Boot nach Putuo Shan (5 Std.) – legen hinter dem Ticketschalter in Ningbo ab, alle schnelleren und bequemeren Schiffe nach Shanghai und Putuo Shan benutzen die Docks in **Zhenhai**, die mit einem Pendelbus vom Fähranleger in Ningbo erreichbar sind (1 Std., Preis im Fährticket enthalten). Der Schiffsfahrplan ändert sich von Saison zu Saison; näheres über die Verbindungen nach Putuo Shan unter dem dortigen Transportkapitel, s.S. 450.

FLÜGE – Ningbos **Flughafen** liegt 25 km südlich der Stadt und bietet Verbindungen zu zahlreichen chinesischen Städten inklusive Hongkong. Ein **Shuttlebus** (Nr. 10) fährt zum *CAAC*-Büro, Xingning Lu, im Südosten von Ningbo.

Flüge nach:
BEIJING 4x tgl., 2 Std.;
GUANGZHOU 2x tgl., 2 Std.;
HONGKONG 2x tgl., 2 1/4 Std.;
NANJING 2x wöchentl., 1 Std.;
SHANGHAI 4x tgl., 3/4 Std.;
SHENZHEN 2x tgl., 2 1/4 Std.;
WENZHOU tgl., 3/4 Std.;
XIAMEN tgl., 1 Std.

Die Umgebung von Ningbo

In den ländlichen Gebieten rund um Ningbo warten zahlreiche Tempel und Pagoden auf ihre Erkundung, doch Ausflüge dorthin lohnen sich eigentlich nur für Reisende mit enorm viel Zeit, da sich die Bauwerke nicht nennenswert von entsprechenden anderen Anlagen in China unterscheiden. Zu den interessantesten Zielen zählt der **Baoguo Si** (Tempel zum Schutz des Reiches) rund 15 km nordwestlich der Stadt, eines der ältesten Holzgebäude Chinas und mit Sicherheit die älteste Holzkonstruktion südlich des Yangzi. Nördlich der Xinjiang-Brücke starten alle 30 Minuten Busse der Nr. 331 oder 332, die für die Strecke zum Tempel rund 40 Minuten benötigen und durch eine endlose Aneinanderreihung von Reisfeldern fahren, deren Monotonie nur gelegentlich von einem Dorf mit dem obligatorischen Ententeich unterbrochen wird. Der auf einem Hügel thronende Tempel wurde 1013 erbaut und unter der Qing-Dynastie restauriert. Seine Baustruktur ist auch heute noch klar zu erkennen, da er unverkleidet blieb. Ursprünglich hatte man die gesamte Halle ohne einen einzigen Nagel zusammengefügt, doch der Zahn der Zeit hat deutliche Spuren hinterlassen, und in den vergangenen Jahren mussten immer mehr Nägel in das Holz getrieben werden, um dem weiteren Verfall des Baoguo Si Einhalt zu gebieten. Hinter dem Tempel führen Stufen zu einem Pavillon hinauf, von dem man den Baoguo Si zwar nur schemenhaft durch die Bäume erkennt, aber dafür eine wunderbare Aussicht auf die flache Reisfeld-Landschaft genießt, die von den silbernen Streifen der Kanäle durchzogen wird. ◷ tgl. 7–16 Uhr, Eintritt ¥5.

Südöstlich der Stadt lassen sich im Rahmen eines Tagesausflugs gleich mehrere Stätten erkunden. Ungefähr 20 km östlich von Ningbo erhebt sich an den Ausläufern des Tai Ba Shan der **Ayuwang Si**, ein Tempel von König Ashoka. Das Bauwerk aus dem 5. Jahrhundert ist weithin bekannt für seinen Miniatur-Stupa, der angeblich einen Schädelknochen von Shakyamuni, dem Begründer des Buddhismus, beherbergt haben soll, bis ihn die Roten Garden im Zuge der Kulturrevolution verschwinden ließen – einer der Mönche vermag einen herzzerreißenden Bericht von diesen tragischen Ereignissen zu erzählen. Ganz zu Recht wird auch die Architektur der Anlage gewürdigt, eine interessante Mischung aus nüchternen grauen Stufen, einem schattigen Innenbereich sowie orangenen Dachziegeln und dunkelrotem Holz, welche einen herrlichen Kontrast zu den sattgrünen Hügeln bieten. Von einer Haltestelle in Nähe des Fähranlegers fährt Bus Nr. 82 zum Tempel hinaus, doch bequemer und schneller sind die direkten Minibusse, die alle zehn Minuten am Busbahnhof-Ost abfahren (von der Xinjiang-Brücke und der Dongmen Kou fahren die Busse Nr. 514 und 604 zum Busbahnhof-Ost). Natürlich kann man über die Reisebüros auch ein Auto mit Fahrer mieten, was jedoch wesentlich teurer ist. ◷ tgl. 6.30–16.30 Uhr, Eintritt ¥3.

Wenige Kilometer vom Ayuwang Si entfernt steht zu Füßen einer Hügelgruppe tief im Wald versteckt der Komplex des **Tiantong Si** (Tempel der Kinder des Himmels). Die im 3. Jahrhundert gegründete Anlage umfasst 963 Hallen sowie viele bedeutende buddhistische Kunstwerke und gehört zu den größten Klöstern in ganz China – für die Zen-Buddhisten ist es sogar die zweitwichtigste Pilgerstätte im Land. Alles beherrschend erhebt sich im Zentrum des Komplexes eine sehr große und sehr dicke Buddhastatue, die ein enorm breites Lächeln zur Schau stellt. Die großen Scharen japanischer Besucher sind darauf zurückzuführen, dass 1223 der japanische Mönch Dogen zum Studieren hierher kam. Nach seiner Rückkehr in die Heimat gründete er die Sotoshu-Schule, die heute in Japan acht Millionen Anhänger hat. Vom Ayuwang Si fahren zahlreiche Minibusse auf direktem Wege zum Tiantong Si. ◷ tgl. 5–17.30, Eintritt ¥3.

Nicht allzu weit entfernt bzw. 35 km südlich von Ningbo liegt inmitten grüner Reisfelder die freundliche Kleinstadt **Xikou**, die als **Geburtsort von Chiang Kaishek** zu Berühmtheit gelangte und heute Heerscharen taiwanesischer Touristengruppen anzieht. Chiangs Geburtshaus existiert zwar nicht mehr, dafür sind einige Orte seiner Kindheit erhalten geblieben, darunter die Grundschule, aber auch der Friedhof, auf dem seine Ahnen bestattet sind. An Ningbos Busbahnhof-Ost starten Busse nach **Fenghua**, die unterwegs in Xikou halten.

Putuo Shan

Wenige Stunden benötigt die Fähre zur nordöstlich von Ningbo gelegenen Insel Putuo Shan, nurmehr 12 km² groß und durch einen schmalen Kanal von der wesentlich größeren Insel Zhoushan getrennt. Die Bedeutung von Putuo Shan gründet sich auf den gleichnamigen Gipfel, der sich am einen Ende des Eilands 300 m über das Meer erhebt und einer von Chinas vier heiligen buddhistischen Bergen ist. Unbestreitbar gehört die Insel, von den Chinesen auch „Märchenhaftes Land der Unsterblichen" genannt, zu den idyllischsten Orten in ganz Ostchina – es gibt hier weder hupende Autos noch Kaufhäuser, stattdessen schweift der Blick über das tiefblaue Meer, sandige Strände und grüne, mit antiken Klöstern überzogene Hügel. Putuo Shan ist ein idealer Ort, um der Hektik und dem Dreck der Großstädte zu entrinnen und anstatt durch Häuserschluchten durch eine herrliche Landschaft zu wandern. Obwohl an den Wochenenden und schönen Sommertagen Scharen einheimischer Besucher die Ruhe stören, und die staatlichen Tourismusbehörden jüngst verlauten ließen, durch Verbesserungen der Infrastruktur noch mehr Menschen anlocken zu wollen, kann man den Horden unter der Woche oder in der Nebensaison problemlos entkommen. Als beste Reisezeit gelten die Monate April, Mai, September und Oktober, wenn die Temperaturen warm sind und die Insel nicht so überlaufen ist.

Seit mindestens einem Jahrtausend zieht Putuo Shan buddhistische Pilger aus ganz Nordostasien an, und es gibt zahlreiche Legenden, die vom Status der Insel als Zentrum des **Kultes für Guanyin** berichten. Einer Überlieferung zufolge soll die Göttin der Barmherzigkeit auf Putuo Shan zur Erleuchtung gelangt sein; eine andere Geschichte erzählt von einem japanischen Mönch namens Hui'e, der sich mit einem Bildnis der Göttin auf der Heimreise befand, vor einem Sturm auf die Insel flüchtete und von deren Schönheit so entzückt war, dass er sich dort niederließ und einen Schrein für das Bildnis von Guanyin erbaute. Im Laufe der Zeit entstanden über 100 Klöster und Schreine, ergänzt von wundervollen Hallen und Gärten. Zur Blütezeit lebten rund 4000 Mönche auf dem Eiland, und selbst 1949 zählte die buddhistische Gemeinde noch rund 2000 Mitglieder. Bis zu jenem Jahr waren auf der Insel keinerlei säkulare Strukturen zugelassen, nur Mönche durften sich hier aufhalten.

Obwohl während der Kulturrevolution große Verwüstungen auf Putuo Shan angerichtet wurden, haben viele ihrer Kunstschätze überlebt – einige davon befinden sich heute im Provinzmuseum von Zhejiang in Hangzhou. Die Restaurationsarbeiten schreiten kontinuierlich fort, und lebten Ende der 60er Jahre nurmehr 29 Mönche auf dem Eiland, ist ihre Zahl inzwischen wieder auf mehrere Hundert gestiegen. Drei der wichtigsten Klöster haben alle Wirren überlebt: **Puji Si**, der älteste und zentralste Komplex, **Fayu Si** an den südlichen Hängen des Foding Shan und **Huiji Si** auf dem Gipfel. Abgesehen von diesen drei Anlagen existieren zahlreiche kleinere Tempel und Monumente. Wer die Insel erkundet, wird rasch bemerken, dass fast alle chinesischen Touristen eine identische gelbe Baumwolltasche dabeihaben, die an den verschiedenen Tempeln mit Symbolen der Guanyin verziert werden (teilweise im Austausch gegen eine kleine Spende). Im Zuge der Wiedergeburt alter Glaubensvorstellungen pilgern viele Chinesen nur deswegen nach Putuo Shan, um sich von der Göttin einen Gefallen zu erbitten – meist geht es um den ersehnten Nachwuchs.

Die lange und schmale Insel Putuo Shan hat ganz im Süden eine **Anlegestelle** für die Fähren, wo von allen Besuchern saftige ¥60 Eintritt verlangt werden. Rund 1 km nördlich davon liegt der Ort, eine kleine Ansammlung von Hotels, Geschäften und Restaurants rund um einen zentralen Platz mit drei rechteckigen Teichen, der gen Norden den Blick zum Haupttempel der Insel, dem Puji Si, freigibt. Auf den wenigen Straßen der Insel verkehren lediglich ein paar **Minibusse**, die den Hafen mit dem Puji Si und anderen Sehenswürdigkeiten weiter nördlich verbinden.

Nach der Ankunft kann man entweder zu Fuß (20 Min.) oder per Bus – Abfahrt am Parkplatz östlich des Eingangsbogens – in den Ort gelangen. Fußgänger haben zwei Möglichkeiten: entweder über die etwas kürzere Westroute, die an einigen modernen Gebäuden und an den meisten Dienstleistungs-Einrichtungen (s.S. 450, Sonstiges) vorbeiführt, oder über die Ostroute. Letztere zweigt kurz nach dem zeremoniellen Bogen, der den Eingang zum Berg symbolisiert, links in einen Pfad ab und bietet einen schönen Ausblick auf die Landzunge mit der Statue von Guanyin.

Sehenswürdigkeiten

Die drei Haupttempel der Insel wurden erst vor relativ kurzer Zeit renoviert und präsentieren sich daher in einem äußerst guten Zustand. Ihre ockerfarbenen Mauern stehen in harmonischem Kontrast zum satten Grün der alten Bäume in den Vorhöfen, was besonders auf den **Puji Si** nördlich des Dorfplatzes zutrifft. Der 1080 erbaute und unter späteren Dynastien erweiterte Tempel steht inmitten mächtiger Kampferbäume und umfasst eine von Statuen gesäumte Brücke sowie eine elegante Pagode, die mit einer wuchtigen Eisenglocke ausgestattet ist. ⌚ tgl. 6–21 Uhr, Eintritt ¥5.

Südöstlich davon erhebt sich die **Duobao-Pagode** aus dem Jahre 1334, deren fünf Stockwerke auf allen vier Seiten mit buddhistischen Inschriften versehen sind. Die Steine, die zu ihrem Bau verwendet wurden, stammen ausnahmslos vom Tai Hu in der Provinz Jiangsu. Ein 20-minütiger Fußmarsch in südöstliche Richtung führt zur **Chaoyin Dong**, eine Grotte am Meer, die sich durch das laute Getöse der brechenden Wellen auszeichnet. Das Geräusch soll an Buddhas Stimme erinnern, weswegen früher viele Mönche genau diese Stelle wählten, um Selbstmord zu begehen. In unmittelbarer Nachbarschaft liegt der **Zizhu Si** (Tempel des Purpurnen Bambus), einer der weniger touristischen Tempel der Insel und ein guter Ort, um die täglichen Rituale der Mönche zu verfolgen. ⌚ tgl. 6–18 Uhr, Eintritt für Tempel und Grotte ¥5.

Am Südzipfel der Insel befindet sich Putuos auffälligste Sehenswürdigkeit, der **Sprung der Guanyin**, eine Landzunge mit einer 33 m hohen, bronzefarbenen Statue der Göttin der Barmherzigkeit, die von fast überall auf der Insel zu sehen ist. In ihrer linken Hand hält Guanyin ein Steuerrad, das Fischern – und natürlich auch Wandermönchen wie Hui'e – symbolischen Schutz vor Meeresstürmen gewährt. Sowohl Fischer als auch Küstenbewohner betrachten Guanyin als Retterin und Erlöserin, die sie seit jeher vor den schlimmsten Gefahren des Meeres behütet. In einem Pavillon am Fuße der Statue zeigt eine Ausstellung hölzerner Wandpaneele wie Guanyin den Bewohnern und Fischern von Putuo immer wieder geholfen hat, während in einem kleinen Raum direkt unterhalb der Statue 400 Figuren stehen, welche die verschiedenen spirituellen Inkarnationen der Guanyin repräsentieren. Von der Basis der Statue bietet sich an klaren Tagen ein wunderbarer Ausblick auf die umliegenden Inseln, und auf einem Spaziergang entlang der Küste zur Chaoyin Dong passiert man eine Gedenktafel, die den Ort markiert, an dem Hui'e, der japanische Begründer der Putuo-Schule, vor dem Sturm an Land flüchtete. ⌚ tgl. 7–17 Uhr, Eintritt ¥6.

Im nördlichen Teil der Insel befinden sich zwei weitere Tempel, die sich problemlos im Rahmen eines Tagesausflugs vom Ort aus erkunden lassen. Von der Puji-Bushaltestelle am Dorfplatz starten in regelmäßigen Abständen Minibusse (¥6) zu beiden Stätten, aber es besteht natürlich auch die Möglichkeit, eine Wanderung dorthin zu unternehmen. Der **Huiji Si** steht nahe dem Gipfel des **Foding Shan**, der spektakuläre Ausblicke auf das Meer und die umliegenden Inseln gewährt. Eine **Seilbahn** (tgl. 7–17 Uhr, ¥22 bergauf, ¥12 bergab) befördert die Besucher von der Endhaltestelle der Minibusse auf den Gipfel, den man auch zu Fuß erklimmen kann. Der Tempel selbst, zwischen 1793 und 1851 erbaut und daher um einiges jünger als der Puji Si, thront an einer schönen Stelle nordwestlich des Gipfels und wird von Teeplantagen eingerahmt. Über einen eingeebneten Bereich verteilt liegen die Hallen, deren Grün, Rot, Blau und Gold glasierte Dachziegel zwischen dem Blätterdach der uralten Bäume und kleinen Bambushaine hervorschimmern. Für die Verköstigung der Besucher sorgt ein vegetarisches Restaurant. ⌚ tgl. 6.30–17 Uhr, Eintritt ¥7.

Vom Tempel kann man auf einem markierten Wanderweg binnen einer Stunde zum südlich gelegenen Fayu Si spazieren, der dritte bedeutende Tempel auf der Insel. Gleich zu Beginn zweigt links

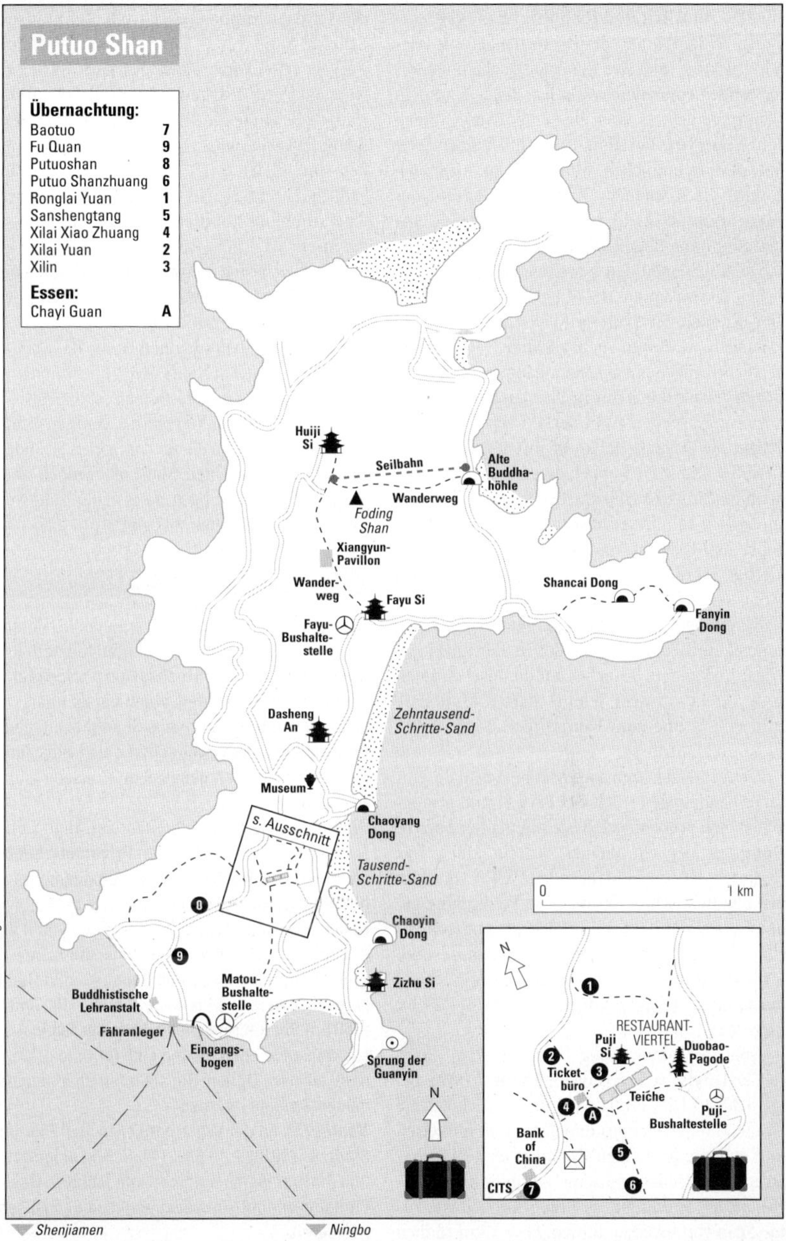
Putuo Shan
Übernachtung:
Baotuo 7
Fu Quan 9
Putuoshan 8
Putuo Shanzhuang 6
Ronglai Yuan 1
Sanshengtang 5
Xilai Xiao Zhuang 4
Xilai Yuan 2
Xilin 3
Essen:
Chayi Guan A
Huiji Si
Seilbahn
Alte Buddhahöhle
Wanderweg
Foding Shan
Xiangyun-Pavillon
Wanderweg
Fayu Si
Fayu-Bushaltestelle
Shancai Dong
Fanyin Dong
Dasheng An
Zehntausend-Schritte-Sand
Museum
Chaoyang Dong
s. Ausschnitt
Tausend-Schritte-Sand
0 1 km
Chaoyin Dong
Zizhu Si
Shanghai
Buddhistische Lehranstalt
Fähranleger
Matou-Bushaltestelle
Eingangsbogen
Sprung der Guanyin
N
Shenjiamen
Ningbo
N
RESTAURANT-VIERTEL
Puji Si
Duobao-Pagode
Ticketbüro
Teiche
Puji-Bushaltestelle
Bank of China
CITS

ein Pfad zur **Alten Buddhahöhle** ab, die versteckt an einem Sandstrand der Ostküste liegt; für Hin- und Rückweg inklusive Ruhepause sollten mehrere Stunden einkalkuliert werden. Zurück auf dem Hauptpfad geht es über eine steile Treppe hinab zum **Xiangyun-Pavillon**, wo man bei einer Tasse mit den freundlichen Mönchen ins Gespräch kommt. Nach weiteren 30 Minuten kommt der **Fayu Si** ins Blickfeld, eine beeindruckende Ansammlung von über 200 Hallen, die sich über verschiedene Ebenen den bewaldeten Hang hinaufziehen. Die Anlage aus der Ming-Dynastie bietet einen schönen Blick übers Meer und viele stille Plätzchen, an denen man gedankenverloren die herrliche Umgebung genießen kann. Während die Daxiong-Halle durch ihre brillant ausgeführten Renovierungsarbeiten zu bestechen vermag, beeindruckt die Dayuan-Halle mit ihrem balkenlosen Gewölbe und ihrer Kuppel, deren Innenseite von neun geschnitzten Holzdrachen verziert wird. Ursprünglich soll diese Halle in Nanjing gestanden haben und 1689 auf Anweisung von Kaiser Kangxi hierher gebracht worden sein. Ihre große, von Mönchen und Nonnen flankierte **Guanyin-Statue** steht Anfang April im Mittelpunkt der Feierlichkeiten zum Geburtstag der Göttin, der unzählige Pilger und andere Besucher auf die Insel strömen lässt. Direkt vor dem Tempel starten Minibusse zum Puji Si und zum Fähranleger. ⏲ tgl. 6.30–17.30 Uhr, Eintritt ¥6.

Gelegentlich fahren auch Minibusse auf die einsame Landzunge östlich des Fayu Si und ermöglichen eine problemlose Besichtigung der **Fanyin Dong**, in der ein kleiner Schrein steht. Das Geräusch der hereindonnernden Wellen wird hier mit buddhistischen Gesängen in Verbindung gebracht, und der Legende zufolge ist vom Höhleneingang zuweilen ein Bildnis der Guanyin zu sehen – allerdings nur, wenn man gerade einen Blick auf das richtige Wellental erhascht. ⏲ tgl. 8–16 Uhr, Eintritt ¥5.

Von der Fanyin Dong führt ein Pfad durch schöne Landschaft bergauf zur **Shancai Dong** (⏲ tgl. 8.30–16 Uhr, Eintritt ¥5) und zurück auf die Straße. Wanderfreunde können die Tour fortsetzen und entlang der beiden traumhaften Ostküsten-Strände gen Süden spazieren – es gibt kaum eine geeignetere Strecke, um sich die Schönheit von Putuo Shan vor Augen zu führen. Etwa 1 km südlich des Fayu Si empfiehlt sich vom **Zehntausend-Schritte-Sand** (bis 17 Uhr ¥15, danach gebührenfrei) ein erster kurzer Abstecher nach Westen zum Nonnenkloster **Dasheng An**, in dessen unterer Haupthalle ein liegender Buddha und im Obergeschoss Tausende winziger sitzender Buddhas zu sehen sind. ⏲ tgl. 8–17.30 Uhr, Eintritt ¥1. Wenig südlich davon zeigt ein selten besuchtes **Museum** eine Sammlung kultureller Objekte mit Bezug auf die Insel. ⏲ tgl. 8.30–16 Uhr, Eintritt ¥1. Ein kleiner Landvorsprung mit der versteckten **Chaoyang Dong** trennt den Zehntausend-Schritte-Sand vom **Tausend-Schritte-Sand** (bis 17 Uhr ¥10, danach gebührenfrei). In der kleinen Höhle befindet sich ein Teehaus mit Blick aufs Meer, und von der Anhöhe der Landzunge genießt man schöne Ausblicke auf die Umgebung. Wer gerne draußen schläft, kann im Sommer an einem der beiden Strände im Schlafsack übernachten. Man sollte jedoch ausreichend Vorräte mitbringen, da es in der Nähe weder Geschäfte noch Restaurants gibt.

Übernachtung

Auf Putuo Shan gibt es mehrere schöne Hotels, die teilweise sogar in umgebauten Klöstern untergebracht sind. Zur Hochsaison im Sommer sowie an Wochenenden, wenn ganze Heerscharen von Besuchern aus Shanghai einfallen, lässt sich allerdings nur schwer ein freies Zimmer finden, von den gesalzenen Preisen nicht zu reden.

Wer mit schmalem Geldbeutel reist, kann sich auch an eine der günstigeren **Privatunterkünfte** wenden, wo offiziell jedoch nur Chinesen beherbergt werden dürfen (Diskretion wahren). Üblicherweise trifft man bereits gleich nach der Ankunft am Pier auf Einheimische, die Privatzimmer anpreisen. Je nach Saison und Verhandlungsgeschick sind Preise zwischen ¥100 und ¥150 pro Person realistisch. Manche Rucksackreisende entscheiden sich für eine dritte, noch billigere Option: Sie schlafen an einem der beiden Strände der Insel.

Baotuo***, an der Westroute zwischen Pier und Stadt, ✆ 6092090, 📠 6091148. Schön eingerichtete Zimmer in angenehmer Atmosphäre. Das Personal spricht ein wenig englisch und ist sehr hilfsbereit.

Putuo Shan

Putuo Shan	普陀山	***pǔtuóshān***
Chaoyang Dong	潮音洞	*cháoyáng dòng*
Chaoyin Dong	潮阳洞	*cháoyīn dòng*
Dasheng An	大乘庵	*dàshèng ān*
Duobao-Pagode	多宝塔	*duōbǎo tǎ*
Fanyin Dong	梵音洞	*fányīn dòng*
Fayu Si	法雨寺	*fǎyǔ sì*
Foding Shan	佛顶山	*fódǐng shān*
Huiji Si	慧济寺	*huìjì sì*
Puji Si	普济寺	*pǔjì sì*
Sprung der Guanyin	观音跳	*guānyīn tiào*
Tausend-Schritte-Sand	千步沙	*qiānbù shā*
Zehntausend-Schritte-Sand	百步沙	*bǎibù shā*
Zizhu Si	紫竹寺	*zǐzhú sì*
Übernachtung		
Baotuo	宝陀饭店	*bǎotuó fàndiàn*
Fu Quan	福泉山庄	*fúquán shānzhuāng*
Putuoshan Hotel	普陀山大酒店	*pǔtuóshān dàjiǔdiàn*
Putuo Shanzhuang	普陀山庄宾馆	*pǔtuóshānzhuāng bīnguǎn*
Ronglai Yuan	融来院	*rónglái yuàn*
Sanshengtang	三圣堂饭店	*sānshèngtáng fàndiàn*
Xilai Xiao Zhuang	息来小庄宾馆	*xīlái xiǎozhuāng bīnguǎn*
Xilai Yuan	息来院饭店	*xīláiyuàn fàndiàn*
Xilin	锡麟饭店	*xīlín fàndiàn*

Fu Quan**, nahe Fähranleger, ✆ 6092069. Nur auf Chinesisch ausgeschildert und deshalb nicht leicht zu finden. Einfache, aber passable Zimmer; gehört zu den preiswerteren Unterkünften auf der Insel.

Putuoshan Hotel*,* Luxus, an der Westroute zwischen Pier und Stadt, ✆ 6092828, ℻ 6091818. Bestes und teuerstes Hotel der Insel unter Leitung von Investoren aus Hongkong. Sehr auffälliges Gebäude in riesiger Anlage.

Putuo Shanzhuang***, an der Ostroute zwischen Pier und Stadt, ✆ 6091666, ℻ 6091667. Schön und sehr komfortabel, aber relativ abgelegen.

Ronglai Yuan Guesthouse*, nördlich des Platzes hinter dem Puji Si (an der Ostseite des Tempels durch einen Torbogen und in die erste Gasse links einbiegen), ✆ 6091262. Im Hauptgebäude – ein umgebautes, von riesigen Bäumen umgebenes Kloster – werden keine Ausländer mehr aufgenommen, wohl aber im kleinen Nebengebäude gegenüber, das über komfortable, wenngleich beengte Zimmer verfügt. Der äußerst vornehm wirkende Eigentümer spricht zwar kein englisch, zeigt sich jedoch sehr hilfsbereit.

Sanshengtang**, wenig nördlich des *Putuo Shanzhuang,* ✆ 6091277. Attraktiv im Stil eines Tempels gestaltet, aber es besteht die Tendenz, Ausländern 50% mehr abzuknöpfen.

Xilai Xiao Zhuang*****, westlich des Platzes, ✆ 6091812/501, ℻ 6091023. Kein besonders schönes Haus, doch sehr komfortabel und besonders beliebt bei chinesischen Touristengruppen.

Xilai Yuan**, am Ende einer kurzen Gasse westlich des Puji Si, ✆ 6091119/3568. Eines von mehreren ehemaligen Klöstern, die zu Hotels umgebaut wurden. Ordentliche und preiswerte DZ sowie 4er-Zimmer.

Xilin***, direkt am zentralen Platz gelegen, ✆ 6091303. Tolle Unterkunft und gutes Restaurant – der Eingang ist im Stil eines Tempels aufgemacht. Leider werden auch hier Ausländer mitunter übervorteilt.

Essen

Essen und Trinken gehören sicherlich nicht zu den Highlights auf Putuo Shan – die meisten Lebensmittel müssen vom Festland herbeigeschafft werden und sind deshalb teuer und nicht besonders frisch. Zu den besten Optionen gehören die Hotel-Restaurants, aber man findet auch Alternativen, z.B. in der Gasse nordöstlich des Puji Si sowie in der Straße zwischen Fähranleger und Ort. Die meisten dieser Lokale machen einen etwas schmuddligen Eindruck und sind auf **Meeresfrüchte** spezialisiert (von Fisch über Weichtiere bis zu Aal), bieten aber auch eine Auswahl anderer Gerichte. Wesentlich schöner – und teurer – ist das ***Chayi Guan*** am zentralen Platz, wo man einen ausgezeichneten Tee, Dim Sum zum Frühstück und am Abend komplette Menüs bekommt.

Sonstiges

GELD – ***Bank of China***, gegenüber vom Hotel *Baotuo*, ◷ tgl. 8–11 und 13–16 Uhr.

POST UND TELEFON – In einer kleinen Gasse nordöstlich der *Bank of China*.

REISEBÜROS – ***CITS***, neben dem Hotel *Baotuo*. **Flugtickets** für Inlandsflüge ab Ningbo oder Shanghai kann man über das **Ticketbüro** buchen, das sich an der Nordwestecke des zentralen Platzes befindet.

VORWAHL – 0580

Transport

Nachdem die örtlichen Behörden das enorme touristische Potenzial von Putuo Shan erkannt haben, ist die Insel in den letzten Jahren wesentlich leichter erreichbar geworden (und vermeldet stetig steigende Besucherzahlen). Das einzig mögliche Transportmittel, um auf die Insel zu gelangen, ist das **Schiff**. Aus NINGBO kommen täglich mehrere schnelle Fähren (letzte Abfahrt in Ningbo um 15 Uhr, 2 Std., ¥55) sowie ein langsames Boot (Abfahrt 9 Uhr, 5 Std., ¥22) und aus SHANGHAI täglich drei bis vier schnelle Fähren (4 Std., ¥243) sowie ein oder zwei langsame Nachtfähren (14 Std., ¥72–350). Auf den Nachtfähren von/nach Shanghai gibt es in der 2. Klasse akzeptable 3er- und 4er-Kabinen (mit Waschbecken) für ¥96 p.P. Tickets für beide Shanghai-Fähren werden im 1. Stock des Ticketbüros in Shanghais Jinling Dong Lu verkauft.
Eine preiswertere und kurzweiligere Reiseroute führt über Shenjiamen auf der benachbarten Insel Zhoushan. Mindestens sieben Boote täglich pendeln zwischen den beiden Inseln (30 Min., ¥15), und Shenjiamen ist ausreichend interessant, um dort einige Stunden zu verbringen. Von Shenjiamen gibt es täglich zahlreiche Busver bindungen über die neue Brücke nach Ningbo.
Fährtickets für die Abreise von Putuo Shan sind in allen Hotels und am Fähranleger, ◷ tgl. 6–18 Uhr, erhältlich. Die Ablegestelle befindet sich übrigens 200 m östlich der Anlegestelle (nur auf Chinesisch ausgeschildert). Für die Fahrt nach Shanghai sollte man die langsame Nachtfähre in Betracht ziehen, welche die Millionenstadt kurz nach Sonnenaufgang erreicht und unvergessliche Eindrücke von der erwachenden Metropole vermittelt.
Fähren nach:
NINGBO 10–13x tgl., 2–4 Std.;
SHANGHAI 3–4x tgl., 4–12 Std.

Wenzhou

Das einsam an Zhejiangs Südostküste gelegene Wenzhou wirkt auf den ersten Blick wie ein düsteres Provinznest und ist auch historisch kaum in Erscheinung getreten. Eingezwängt zwischen Küste und gebirgigem Landesinnern haben nicht nur die Bewohner von Wenzhou, sondern von ganz Süd-Zhejiang und der benachbarten Provinz Fujian ihr Leben seit jeher auf das Meer ausgerichtet. Stets fungierten Seefahrt, Fischerei und Handel als Stützen der Wirtschaft, während das übrige China politisch mehr oder weniger ignoriert wurde – eine Neigung, die noch heute in dem verschrobenen lo-

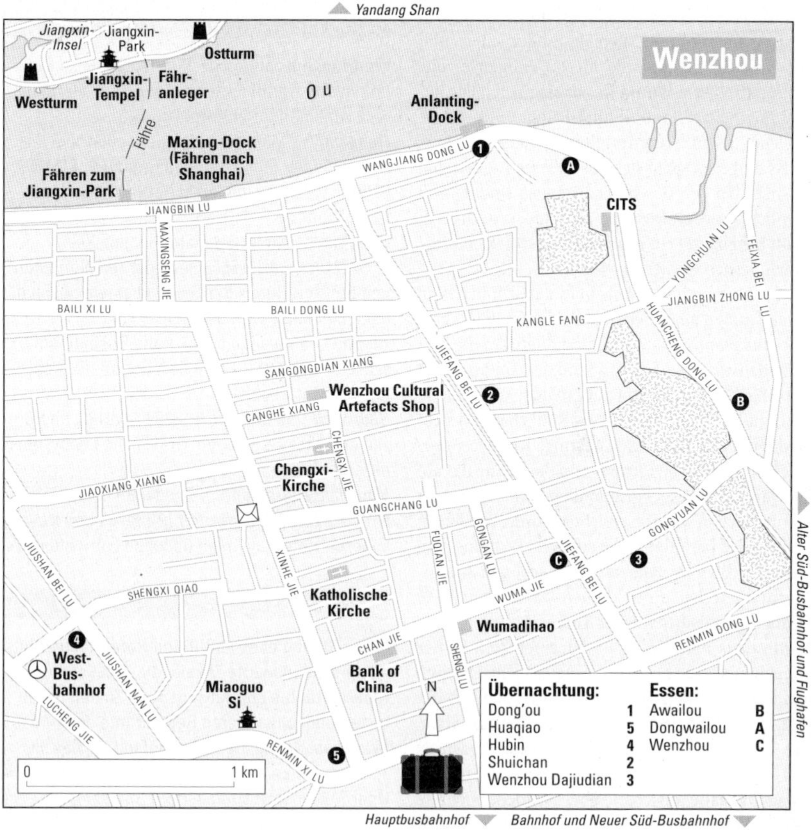

kalen Dialekt und der unkontrollierten freien Marktwirtschaft zum Ausdruck kommt. Überaus verbreitet in dieser Region sind auch Schmuggel und der Handel mit imitierten Markenprodukten. Und seitdem immer mehr Auslandsinvestitionen (vornehmlich aus Taiwan) in die Stadt fließen, haben die hiesigen Unternehmer einen Wirtschaftsboom in Gang gesetzt, der in ganz China seinesgleichen sucht – viele Einheimische führen ihr geschäftliches Geschick übrigens auf jüdische Vorfahren aus dem 11. Jahrhundert zurück.

Für Touristen bietet Wenzhou zahlreiche Hotels, aber nur wenige Sehenswürdigkeiten. Diese beschränken sich in erster Linie auf den **Jiangxin-Park** mitten im Fluss Ou sowie einen nur mäßig interessanten Uferbereich und eine überraschend gut erhaltene Altstadt aus der Zeit nach 1870, als Wenzhou ein ausländischer **Vertragshafen** war. Etwas außerhalb der Stadt lockt der Naturpark **Yandang Shan** mit einigen Pagoden und ausgezeichneten Wandermöglichkeiten in üppig grüner Landschaft.

Die **Altstadt** erstreckt sich über ein Gebiet, das im Norden von dem breiten **Fluss Ou**, im Westen von der Xinhe Lu und im Osten von einer zweiten großen Einkaufsstraße, der Jiefang Lu, begrenzt wird. Im Süden markiert die Renmin Lu eine ungefähre Grenze, doch die Planierraupen schleichen unaufhaltsam voran. Das Stadtbild wurde in den vergangenen Jahren erheblich modernisiert, und die Hauptgeschäftsstraße, die zur Fußgängerzone umfunktionierte **Wuma Jie**, versammelt heute anstatt heimeliger Tante-Emma-Läden nurmehr die übliche Ansammlung von Boutiquen. In Richtung Fluss hingegen spielt sich das Leben ab wie eh und je, und über den Geschäftseingängen sind teilweise noch alte Steinfassaden zu entdecken. Die Altstadt beheimatet ein paar Sehenswürdigkeiten, die einen Besuch verdienen.

Im Herzen des Viertels befindet sich in einem interessanten alten Gebäude an der Canghe Xiang der *Wenzhou Cultural Artefacts Shop*, der die verschiedensten Produkte rund um das Thema Kunst im Angebot hat, darunter Gemälde, Wandrollen, Antiquitäten und Pinsel. Etwas südlich davon steht in der Chengxi Jie die gleichnamige **Kirche**, ein gotisches Gebäude aus schwarzem Backstein, das auf das Jahr 1778 zurückgeht und einst im Auftrag einer britischen Mission errichtet wurde. Wiederum nur wenige Fußminuten in südliche Richtung sind es zur größeren, aber weniger schönen **katholischen Kirche** in der kleinen Gasse Zhouzhaisi Xiang, die ostwärts von der Xinhe Jie abzweigt. Das Gotteshaus entstand 1888 zu einer Zeit, in der Wenzhou als Vertragshafen fungierte. Eine typisch chinesische Sehenswürdigkeit findet man auf der Südseite des Songtai-Hügels in der Renmin Xi Lu, wo sich der **Miaoguo Si** erhebt. Erstmalig wurde der Tempel vor über 1000 Jahren während der Tang-Dynastie errichtet, aber seitdem mehrere Male ersetzt, zuletzt 1984. ⏲ tgl. 8–17 Uhr, Eintritt ¥3.

Wenzhous Hauptattraktion ist der autofreie **Jiangxin-Park**, der sich über eine Insel im Fluss Ou erstreckt. Auf dem Gelände verteilen sich diverse Pavillons, Türme und Gärten, und es lohnt sich durchaus, hier ein paar Stunden umherzuschlendern oder unter den hohen alten Bäumen ein Picknick zu veranstalten. Die auffälligsten Bauwerke der Insel sind die beiden **Türme** – derjenige im Osten ist alt und verfallen, aber derjenige im Westen wurde einer umfassenden Restaurierung unterzogen. Regelmäßig steuern Fähren die Insel an, die vom Kai am Nordende der Maxingseng Jie ablegen. ⏲ tgl. 6.30–16 Uhr, Eintritt ¥7 inkl. einfaches Fährticket – bei der Rückfahrt in die Stadt werden weitere ¥3 fällig.

Übernachtung

Wenzhou hat zahlreiche zum Teil überraschend preiswerte Unterkünfte zu bieten, die allerdings weit voneinander entfernt liegen.

Dong'ou**, 1 Wangjiang Lu, gegenüber der Anlegestelle der Fähren aus Shanghai, ✆ 8187901. Großes Gebäude mit leicht heruntergekommenen EZ und DZ.

Huaqiao***, Xinhe Jie, nahe Renmin Xi Lu, ✆ 8222406, 📠 8229656. Eines der etabliertesten und größten Hotels der Stadt, in einem geschäftigen Einkaufsbezirk gelegen.

Hubin***, Youyongqiao Lu, nahe Busbahnhof-West, ✆ 8227961, 📠 8210600. Gehobene, komfortable Unterkunft.

Shuichan*, Jiefang Lu, ✆ 8292929/3188. Im Herzen der Altstadt gelegen. Grässliche Lobby, aber akzeptable Zimmer.

Wenzhou Dajiudian***, Gongyuan Lu, ✆ 8235 991, 📠 82221333. Eines der größeren und freundlicheren Hotels mit allen üblichen Einrichtungen.

Essen

In der Stadt gibt es außer den Hotel-Restaurants einige lohnenswerte Lokale, die zumeist auf Meeresfrüchte spezialisiert sind. Zu den beliebtesten und lebhaftesten Restaurants gehört das ***Wenzhou***, Wuma Jie, Ecke Jiefang Lu, das im 1. Stock preiswerte Kantinengerichte und im Obergeschoss ausgefallenere Speisen (z.B. *dian xin* nach Wenzhou-Art oder Meeresfrüchte nach Shanghai-Art) und einen gehobeneren Service bietet.

Gute einheimische Meeresfrüchte-Spezialitäten bekommt man im ***Awailou***, Huaicheng Lu, sowie in dessen Schwesterrestaurant ***Dongwailou***, Huaicheng Lu – ein Besuch lohnt allein wegen des Anblicks der vielen bunten Fische in den Aquarien. Für einen Drink am Abend eignet sich das ***Wumadihao***, eine Mischung aus Kaffeebar und Diskothek an der Kreuzung von Wuma Jie und Shengli Jie.

Sonstiges

GELD – ***Bank of China***, 113 Chan Jie, ⏲ Mo–Fr 8–11.30 und 13.15–16.45 Uhr.

Wenzhou und Umgebung

Wenzhou	温洲	***wēnzhōu***
Fluss Ou	瓯江	*ōujiāng*
Jiangxin-Park	江心孤屿	*jiāngxīn gūyǔ*
Yandang Shan	雁荡山	*yàndàng shān*
Übernachtung und Essen		
Awailou	阿外楼餐馆	*āwàilóu cānguǎn*
Dong'ou	东瓯大厦	*dōngōu dàshà*
Dongwailou	东外楼餐馆	*dōngwàilóu cānguǎn*
Huaqiao	华侨饭店	*huáqiáo fàndiàn*
Hubin	湖宾饭店	*húbīn fàndiàn*
Shuichan	水产招待所	*shuǐchǎn zhāodàisuǒ*
Wenzhou Dajiudian	温洲大酒店	*wēnzhōu dàjiǔdiàn*
Wenzhou Restaurant	温州饭店	*wēnzhōu fàndiàn*

POST UND TELEFON – Xinhe Jie, ⏲ tgl. 8–17.30 Uhr.

VORWAHL – 0577

Transport

BUSSE – Wenzhou besitzt vier große Überland-Busbahnhöfe: **Busbahnhof-West**, nahe Lucheng Jie (Bus Nr. 105 fährt zum Fluss); **Hauptbusbahnhof**, 3 km südlich der Stadt an der Niushan Bei Lu (Bus Nr. 103 fährt in die Innenstadt); **Neuer Busbahnhof-Süd**, Shugang Gong Lu, zwei Blocks westlich des Bahnhofs (vom Bahnhof fahren Bus Nr. 27 und 33 ins Zentrum); und **Alter Busbahnhof-Süd**, 1 km südöstlich der Innenstadt an der Feilu Nan Lu (Bus Nr. 3 fährt durch das Zentrum zum Fluss). Mit Ausnahme des Hauptbusbahnhofs, der alle Destinationen abwickelt, ist jeder Busbahnhof für ein bestimmtes Ziel zuständig – der Busbahnhof-West für Shanghai, der Neue Busbahnhof-Süd für Fuzhou und der Alte Busbahnhof-Süd für Ningbo. **Tickets** hierfür sind jeweils an allen Busbahnhöfen zu bekommen, da zwischen den verschiedenen Anbietern ein extrem harter Wettbewerb herrscht, und die Verkaufsstellen überall verteilt sind (nicht zu reden von den Schleppern).

Busse nach:
FUZHOU 8 Std.;
GUANGZHOU 36 Std.;
HANGZHOU 9x tgl., 10 Std.;
NANJING 13 Std.;
NINGBO 7 Std.;
SHANGHAI 12 Std.;
SUZHOU 12 Std.;
WUXI 13 Std.;
XIAMEN 13 Std.

EISENBAHN – Wenzhous Transportverbindungen haben sich stark verbessert, seitdem es eine Eisenbahnlinie via Jinhua nach Hangzhou gibt. Der **Bahnhof** liegt im äußersten Süden der Stadt und gehört zu den angenehmsten des Landes. Bus Nr. 33 fährt ins Zentrum und Bus Nr. 27 durchs Zentrum zum Fluss.

Züge nach:
HANGZHOU 7x tgl., 8–11 Std.;
NANJING tgl., 16 Std.;
SHANGHAI 4x tgl., 10–12 Std.

FÄHREN – Eine weitere An- und Abreisemöglichkeit bieten die Fähren aus Shanghai, die am **Anlanting-Dock** eintreffen und am **Maxing-Dock** abfahren. Das **Ticketbüro**, ⏲ tgl. 8–11.30 und 13–16 Uhr, befindet sich in einer kleinen Gasse am Nordende der Maxingseng Jie. Mit Ausnahme der Fähren nach Shanghai (18 Std.) sind inzwischen alle anderen Verbindungen eingestellt worden, auch wenn der Fahrplan im Ticketbüro einen anderen Eindruck vermittelt. Die Fähren verkehren täglich und kosten zwischen ¥275

(Spezialklasse), ¥158 (1. Klasse) und ¥53 (Normalklasse) – selbst die 1. Klasse ist eher dürftig ausgestattet, und die Verhältnisse in der Normalklasse können höllisch sein. Vom Anlanting-Dock fährt Bus Nr. 4 via Wangjiang Dong Lu und Jiefang Lu in den Süden der Stadt.

FLÜGE – Der **Flughafen** liegt 25 km östlich der Stadt. Ein **Shuttlebus** pendelt zum *CAAC*-Büro im Südosten der Stadt, von wo Bus Nr. 5 über die Renmin Lu ins südliche Stadtgebiet fährt.
Fluggesellschaften:
CAAC, Minhang Lu, ✆ 8333197.
Flüge nach:
BEIJING 4x tgl., 2 1/2 Std.;
FUZHOU 5x wöchentl., 3/4 Std.;
GUANGZHOU 4x tgl., 2 Std.;
HANGZHOU 4x tgl., 1 Std.;
HONGKONG 4x wöchentl., 2 1/4 Std.;
NANJING 6x wöchentl., 1 1/4 Std.;
NINGBO tgl., 1/4 Std.;
SHANGHAI 5x tgl., 1 Std.;
SHENZHEN 2x tgl., 2 Std.;
XI'AN 6x wöchentl.; 2 1/2 Std.;
XIAMEN tgl., 1 Std.

Die Umgebung von Wenzhou

Die Umgebung von Wenzhou hat schöne Berglandschaften zu bieten, vor allem rund um den **Yandang Shan**, ein Gebiet mit schroffen Klippen und grünen Hängen etwa 80 km nordöstlich der Stadt im Bezirk Leqing.

Von Wenzhous Busbahnhof-West fahren Busse nach Baixi oder Leqing Yandangshan (den Fahrer darauf aufmerksam machen, dass man in Baixi aussteigen möchte). Außerhalb von Baixi bestehen schöne Wandermöglichkeiten zu Klöstern und landschaftlichen Höhepunkten, beispielsweise zum **Dalongqiu Pubu**, mit 190 m einer von Chinas größten Wasserfällen.

Bislang verirren sich nur wenige westliche Besucher in diese abgelegene Ecke des Landes, die dennoch eine recht gute touristische Infrastruktur besitzt, was auf die vielen chinesischen Reisegruppen zurückzuführen ist.

Ausländer können in einem einfachen **Gasthof** absteigen und essen, der 2 km außerhalb von Baixi neben dem **Lingfeng Si** liegt.

Fujian und Guangdong

Highlights

- **Insel Gulangyu, Xiamen**
Einzigartig entspannende Insel, die mit autofreien Straßen, europäischen Kolonialvillen und herrlichen Meerblicken lockt.

- **Wohnhäuser der Hakka**
Die runden Häuser aus Lehmziegeln, die bis zu 500 Menschen Raum bieten, gehören zu Chinas berühmtesten traditionellen Architekturformen.

- **Wuyi Shan**
Fahrt mit dem Bambusfloß durch spektakuläre Schluchten und Erkundung der Wanderwege im gebirgigen Park.

- **Kantonesisches Essen**
Hineinschmecken in Chinas erlesenste Küche in einem der zahlreichen Restaurants: leckere Gerichte von Dim Sum bis hin zu gerösteter Gans.

- **Chaozhou**
Alte Stadt mit Mauern aus der Ming-Dynastie, interessantem Straßenleben, dem berühmten Tempel Kaiyuan und einer ausgezeichneten eigenen Küche.

Die Provinzen Fujian und Guangdong, die mit einer Gesamtlänge von rund 1200 km Chinas bogenförmige südliche Küstenlinie bilden, haben einen recht eigenständigen Charakter, denn obwohl sie im Verlauf der Landesgeschichte gelegentlich im Blickpunkt der Ereignisse standen, waren sie zumeist durch die Bergketten, die Fujian und Guangdong umgeben und die Region vom Rest des Reiches trennen, von den Entwicklungen im chinesischen Herzland abgeschottet. Da sie sich zwangsläufig zum Meer hin orientieren mussten, blicken die Küstenregionen auf eine lange Geschichte der Kontakte mit der auswärtigen Welt zurück, was zur Folge hatte, dass sie beständig ausländische Einflüsse und Stilrichtungen importierten – oder diese ihnen auferlegt wurden. In dieser Region fasste der Islam in China Fuß, während Porzellan und Tee über die **Maritime Seidenstraße** in ferne Länder verschifft wurden.

Die Region wurde Mitte des 19. Jahrhunderts zur Hauptbühne der Opiumkriege, des Kolonialismus, des Taiping-Aufstandes und der Massenflucht von Südchinesen über das Meer, und genau hier befinden sich heute die am stärksten westlich geprägten Städte Chinas.

Andererseits warten in den Berggebieten des Landesinneren einige der ursprünglichsten und abgelegensten Ecken des gesamten Landes, die noch vor wenigen Jahrzehnten buchstäblich in der Steinzeit zu verharren schienen, auf ihre Erkundung.

Da eigentliche Touristenattraktionen spärlich gesät sind, bringen ausländische Besucher diesen Provinzen zumeist nur wenig Aufmerksamkeit entgegen.

Zahlreiche Touristen durchqueren die Provinz Guangdong zwar auf ihrem Weg zwischen den Provinzen des Inlands und Hongkong oder Macau, doch nur, weil sie keine andere Wahl haben. Lediglich ein kleiner Prozentsatz von ihnen nimmt sich die Zeit, die durchaus faszinierende Hauptstadt **Guangzhou** kennen zu lernen. Die andere Provinzhauptstadt – **Fuzhou** in Fujian – wirkt ebenso modern wie Guangzhou, doch auch hier verbergen sich Tempel und antike Architektur, die der mitunter allzu forschen Zukunftsgestaltung der Stadtplaner entgangen sind.

Andere Städte und Städtchen haben ihr altes charaktervolles Ambiente bewahrt, ganz besonders die Hafenstadt **Xiamen** in Fujian, in deren Straßenzügen die Zeit seit dem Beginn des 20. Jahrhunderts stehen geblieben zu sein scheint, sowie **Chaozhou** im Osten Guangdongs, das in standhaftem Konservatismus auch angesichts der modernen Welt eisern an seinen Traditionen festhält.

In der Tat durchdringt ein Bewusstsein für lokale Traditionen und Verschiedenartigkeit vom Rest des Landes die gesamte Region, doch dieses Empfinden wird selten in aufdringlicher Weise zum Ausdruck gebracht. Selbst wer kein einziges Wort Chinesisch spricht, wird die Unterschiede in der **Sprache** bemerken, denn die Hauptsprachen des Südens sind Kantonesisch und Minnan, deren Rhythmen sich erkennbar vom Mandarin unterscheiden.

Auch die Aussprache weist deutliche Unterschiede auf: Die Laute „h“ und „k“ ersetzen zum Beispiel „f“ und „j“, sodass „Fujian“ im örtlichen Sprachgebrauch zu „Hokkian“ wird. Weniger auffällig sind die **ethnischen Gruppen**, zu denen die **Hakka** gehören, eine weit verbreitete Untergruppe der Han-Chinesen, deren gebirgige Heimat in Guangdong und Fujian mit an Festungen erinnernden Wohnhäusern durchsetzt ist. Zu den nationalen Minderheiten gehören ferner die moslemischen **Hui**, die in Guangzhou, an Hainans Küstenstrichen sowie in **Quanzhou** (Provinz Fujian) große Gemeinden stellen.

Ein oberflächlicher Blick auf große Teile der Küstengebiete hinterlässt den trüben Eindruck von unkontrollierter Entwicklung samt allen üblichen Begleiterscheinungen (in manchen Städten ist die Zahl der Bettler und Baustellen bedrückend), doch weite Flächen dieser Regionen tragen den Status von **Wirtschaftssonderzonen**, die im Zuge einer veränderten Politik Mitte der 80er Jahre als Zentren für umfangreiche Investitionen und rasche Industrialisierung eingerichtet wurden.

Nicht weit entfernt von diesen Sonderzonen aber verbergen sich einige bemerkenswert ursprüngliche und zum Teil gut erschlossene Gebiete, die zum entspannten Genießen von Landschaft und Natur einladen.

Im Westen Guangdongs ist die Stadt **Zhaoqing** von hübschen Seen und Hügeln umgeben, und die Gebirgskette **Wuyi Shan** im Nordosten Fujians bietet die üppigsten und malerischsten Bergwälder der gesamten Region.

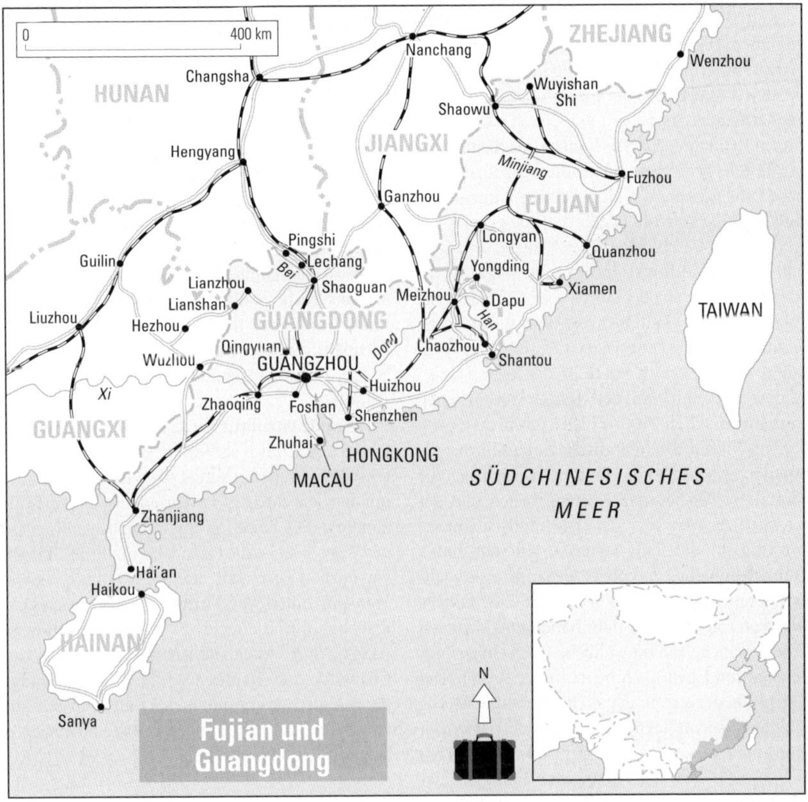

Wer die Region näher erkunden möchte, findet genügend örtliche und überregionale **Transportmittel** vor, doch die **Unterkünfte** können teuer sein und erhöhen in Guangzhou ihre Preise zur Hauptsaison noch einmal drastisch.

Frühling und Herbst bescheren das schönste **Wetter**, während die Wochen zwischen Juni und August an der Küste sehr feucht sind, da sommerliche Stürme und Gewitter nachmittags heftige Niederschläge bringen. In den höher gelegenen Gebieten an der Grenze zwischen Guangdong und Fujian kann es im Winter sehr kalt werden.

Die Provinz Fujian

Fujian an Chinas Südostküste liegt weit abseits der von den meisten westlichen Touristen bevorzugten Routen, was eigentlich bedauerlich ist, denn die Provinz besitzt nicht nur ein wildes gebirgiges Landesinnere, sondern auch eine Reihe alter Häfen, zu denen **Xiamen** gehört, Chinas attraktivste und interessanteste Küstenstadt. Die üblichen Touristenpfade führen von Hongkong direkt nach Westen Richtung Guilin oder ins nördliche Shanghai, doch ein Abstecher nach Xiamen vermittelt einen ausgezeichneten ersten Eindruck von China – von Hongkong aus gibt es Schiffsverbindungen dorthin, und auch mit der Eisenbahn ist die Stadt zu erreichen.

Kulturell und geografisch zeigt sich die Provinz gespalten: Die eine Hälfte besteht aus historischen Häfen und grünen subtropischen Küstenstrichen, deren weltoffene Bevölkerung sich selbst im Januar an wärmender Sonne und blühenden Bäumen erfreuen kann. Im scharfen Kontrast dazu steht das zerklüftete, gebirgige und größtenteils unzugängliche Landesinnere, das klirrend kalte Winter erlebt und in dem rund 140 lokale Dialekte gesprochen werden. Die Geschichte dieses Gebietes war stets von Armut und Rückständigkeit geprägt: Als die Rote Armee in den 60er Jahren einmarschierte, traf sie Dorfgemeinschaften an, die noch nichts davon wussten, dass die Qing-Dynastie (1644–1911) gestürzt war, und noch heute ist die Region unerschlossen genug, um den letzten verbliebenen **Südchinesischen Tigern** Lebensraum zu bieten. Doch während das inländische Fujian nur wenig von den Ereignissen in China erfuhr, gediehen die Kontakte zwischen den Küstengebieten und der auswärtigen Welt über viele Jahrhunderte hinweg prächtig. In der Tang-Dynastie galt der Hafen **Quanzhou** neben Ägyptens Alexandria als wichtigster internationaler Hafen der Welt. Es wimmelte dort von Händlern aus dem Nahen und Mittleren Osten; manche von ihnen blieben und einige ihrer Nachfahren leben noch heute in der Region. Der Reichtum, der sich in den Häfen ansammelte, zog eine Bevölkerungsexplosion nach sich, die wiederum eine Massenauswanderung bewirkte, in deren Folge große Teile der Malaiischen Halbinsel, der Philippinen und der Insel Taiwan von Fujianesen besiedelt wurden. Im 18. Jahrhundert nahm der Exodus von arbeitsfähigen Menschen einen solchen Umfang an, dass sich der kaiserliche Hof in Beijing genötigt sah, ein Auswanderungsverbot auszusprechen, das jedoch auf taube Ohren stieß.

Auch heute noch ist das Landesinnere von Fujian größtenteils unbesucht und unbekannt. Ausnahmen bilden das landschaftlich wunderschöne Gebirge **Wuyi Shan** im Nordwesten der Provinz und die **Hakka-Gebiete** rund um das südwestliche **Yongding**. Die Küste erlebt hingegen einen vehementen Aufschwung, denn aus Hongkong und vor allem aus dem benachbarten **Taiwan**, dessen Bürger in großer Zahl aus Fujian stammen und denselben Dialekt (Minnan Hua) sprechen, fließen kolossale Investitionen in dieses Gebiet. **Fuzhou** und **Xiamen** gehören zu den reichsten Städten des Landes. Auf Xiamen ruht die Hoffnung, dass es mit seinen sauberen Stränden, charmanten Straßen und lockenden Einkaufsarkaden das chinesische Stadtbild der Zukunft repräsentiert. Die Nähe der Stadt zu Taiwan hatte nicht nur eine rapide wirtschaftliche Entwicklung der Region und eine enorme Zunahme erstklassiger touristischer Einrichtungen zur Folge, sondern sie führte auch zu bedrohlichen Spannungssituationen, so zum Beispiel 1996 anlässlich der taiwanesischen Präsidentschaftswahlen, als die festländische Regierung unmittelbar vor Taiwans Küste spontan ein groß angelegtes Militärmanöver inszenierte, um die taiwanesische Bevölkerung nicht gerade diskret darauf hinzuweisen, besser nicht für separatistische Kandidaten zu stimmen.

Die **Infrastruktur** hat sich in den vergangenen Jahren beträchtlich verbessert. Eine sehr gute Küstenschnellstraße verbindet die wichtigsten Städte mit den benachbarten Provinzen Zhejiang und Guangdong. Für Reisen in die urwüchsigen Gebiete des Wuyi Shan ist die Eisenbahn mit ihren Trassen von Fuzhou, Quanzhou und Xiamen das geeignete Transportmittel. Von Fuzhou bestehen auch gute Eisenbahnverbindungen in die Nachbarprovinz Jiangxi, und weiter südlich führen Trassen von Quanzhou und Xiamen nach Meizhou in Guangdong. Andere Zugverbindungen innerhalb der Provinzgrenzen oder in Nachbargebiete sind hingegen langsam und zeitaufwändig.

Fuzhou

Fuzhou, die **Hauptstadt** der Provinz Fujian, ist eine moderne und saubere Stadt, in der sich die glitzernden Wolkenkratzer der Geschäftswelt himmelhoch über den Hauptstraßen auftürmen. Da die Metropole Besuchern recht wenig zu bieten hat, dient sie in erster Linie als Sprungbrett für Reisen in die Wildnis des Wuyi Shan.

Seit über 1000 Jahren ist Fuzhou ein wichtiges Handelszentrum. Schon Marco Polo besuchte die Stadt zur Zeit der Yuan-Dynastie. Im 15. Jahrhundert erwarben sich Fuzhous Schiffsbauer die ehrenhafte Auszeichnung, das größte hochseetaugliche Schiff der Welt gebaut zu haben, die *Baochuan*, die der berühmte chinesische Seefahrer Zheng He rund um Asien und Afrika steuerte. Marco Polo berichtete über die starke Präsenz mongoli-

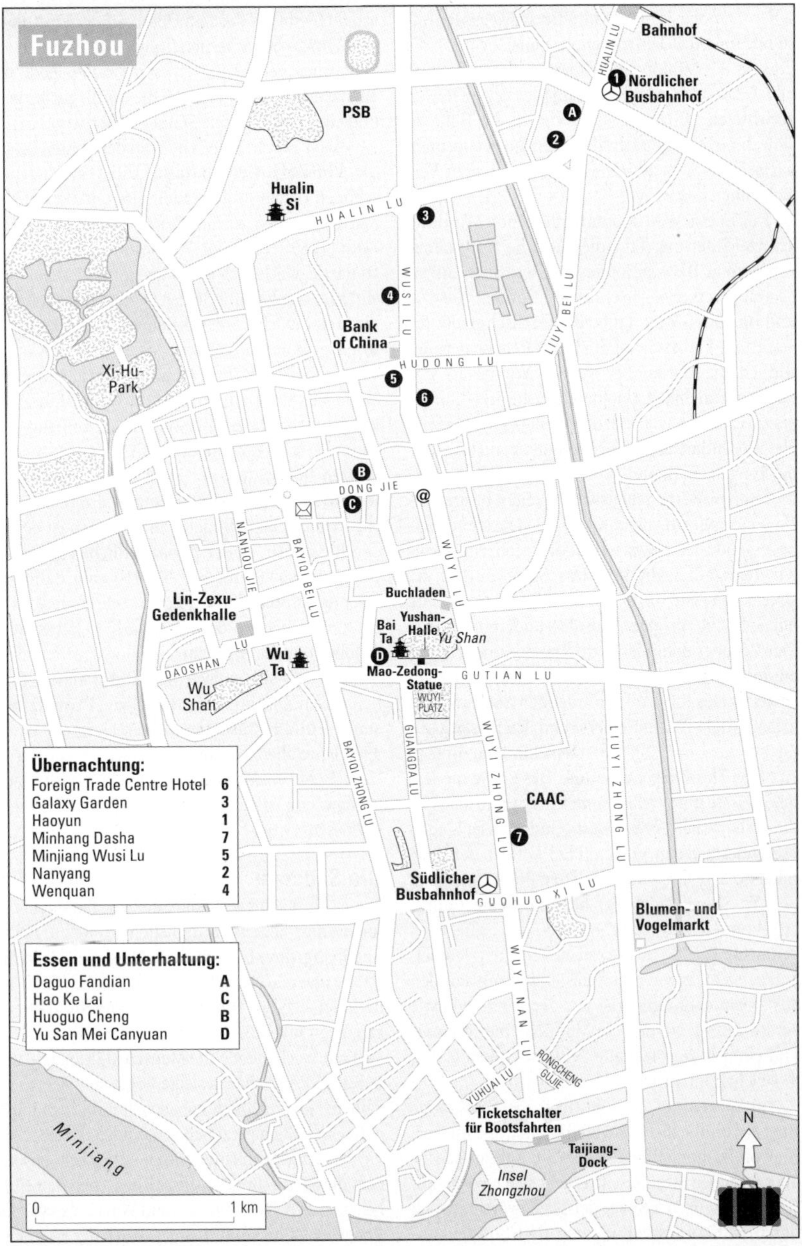
Fuzhou
Bahnhof
HUALIN LU
Nördlicher Busbahnhof
PSB
Hualin Si
HUALIN LU
WUSI LU
LIUYI BEI LU
Bank of China
HUDONG LU
Xi-Hu-Park
DONG JIE
NANHOU JIE
BAYIQI BEI LU
WUYI LU
Buchladen
Lin-Zexu-Gedenkhalle
Yushan-Halle
Bai Ta
Yu Shan
Wu Ta
DAOSHAN LU
Mao-Zedong-Statue
GUTIAN LU
Wu Shan
WUYI-PLATZ
GUANGDA LU
BAYIQI ZHONG LU
WUYI ZHONG LU
LIUYI ZHONG LU
CAAC
Übernachtung:
Foreign Trade Centre Hotel 6
Galaxy Garden 3
Haoyun 1
Minhang Dasha 7
Minjiang Wusi Lu 5
Nanyang 2
Wenquan 4
Südlicher Busbahnhof
GUOHUO XI LU
Blumen- und Vogelmarkt
Essen und Unterhaltung:
Daguo Fandian A
Hao Ke Lai C
Huoguo Cheng B
Yu San Mei Canyuan D
WUYI NAN LU
RONGCHENG GUJIE
YUHUAI LU
Ticketschalter für Bootsfahrten
Taijiang-Dock
Minjiang
Insel Zhongzhou
N
0
1 km

scher Truppen in der Stadt, die schwelende Aufstände unterdrücken sollten, und auch heute ist die Präsenz des Militärs unübersehbar, denn die Stadt bildet das strategische Zentrum der gegen Taiwan gerichteten Militärmacht – obwohl die Nähe zu Taiwan nicht unbeträchtlich zu Fuzhous enormem wirtschaftlichem Aufschwung der jüngeren Vergangenheit beigetragen hat.

Der in Ost-West-Richtung fließende **Minjiang** kennzeichnet ungefähr die südliche Stadtgrenze von Fuzhou. Die von Norden nach Süden verlaufende Hauptverkehrsachse, die im Norden Wusi Lu und im Süden Wuyi Lu heißt, durchschneidet die Stadt und kreuzt dabei die Dong Jie sowie weiter südlich die Gutian Lu, wo der Wuyi-Platz das Stadtzentrum bildet. Haupteinkaufsbezirke sind die parallel zur Wuyi Lu verlaufende Bayiqi Lu, das Gebiet um Gutian Lu und weiter südlich in Flussnähe die Rongcheng Gujie.

Nennenswerte Sehenswürdigkeiten besitzt Fuzhou eigentlich nicht, obwohl sich viele kleine, unbedeutende Tempel zwischen den modernen Bauten der Stadt verbergen. Das Stadtzentrum erstreckt sich rund um den **Wuyi-Platz**, dessen weite offene Fläche von einer südwärts blickenden Statue Mao Zedongs dominiert wird. Diese Statue erinnert an den Neunten Kongress der Kommunistischen Partei Chinas im Jahre 1969, der den Maoismus als „Staatsreligion" sanktionierte und den mysteriösen (später zur Unperson erklärten) Lin Biao offiziell zu Maos Thronfolger ernannte. Das große moderne Gebäude unmittelbar hinter der Statue Maos ist die Yushan-Halle, in der wechselnde Ausstellungen präsentiert werden, und ein Pfad westlich der Halle führt zu den Toren, hinter denen der Aufstieg auf den **Yu Shan** (Jadeberg) beginnt. Seine Hauptattraktionen sind die schon 1000 Jahre alte, weiß getünchte Pagode **Bai Ta**, die neben einer Tempelanlage steht, sowie eine Ausstellung mit Funden aus einem örtlichen Grab aus der Song-Dynastie sind – gezeigt werden die Mumien eines Mannes und einer Frau sowie alte Seidentextilien. ⏲ tgl. 8–16 Uhr, Eintritt ¥5.

Im Westen des Yu Shan liegt die geschäftige **Bayiqi Lu**, eine viel besuchte Hauptstraße im Herzen von Fuzhous Einkaufsdistrikt. Auf der gegenüberliegenden Straßenseite erhebt sich ein weiterer Hügel namens Wu Shan, der gegenwärtig jedoch durch Sanierungsmaßnahmen und Straßenbauarbeiten isoliert dasteht. Oben auf dem mit Banyanbäumen bewachsenen flachen Gipfel stehen ein kleiner Tempel und die schwarze Granitpagode **Wu Ta**, die auf dieselbe Zeit wie die Bai Ta zurückgeht und einige sehr schöne Statuen beherbergt.

Weiter nördlich stößt man an der Aomen Lu auf die **Lin-Zexu-Gedenkhalle**. Die verschiedenen schönen Hallen strahlen Ruhe aus, und im Hof stehen Tierstatuen, die auf das Grab hinweisen. Lin Zexu (1785–1850), ein Oberkommissar der Qing-Dynastie, wird noch heute als großer Patriot verehrt, denn er bekämpfte den Opium-Import durch die Fremdmächte – er schrieb sogar appellierende Briefe an Königin Victoria. Als er 1840 in Kanton Tausende Kisten mit Opium verbrennen ließ, brach der Erste Opiumkrieg aus, und Lin Zexu wurde ungerechtfertigterweise nach Xinjiang verbannt. ⏲ tgl. 8–17 Uhr, Eintritt ¥5.

Den Nordwesten der Stadt dominiert der **Xi-Hu-Park**, dessen Haupteingang sich an der südlichen Hu Bin Lu befindet – zu erreichen ist er mit den Bussen Nr. 1 oder 2 vom südlichen Ende der Bayiqi Lu sowie mit Bus Nr. 810 vom Bahnhof. Über den größten Teil der Parkanlage erstreckt sich ein künstlicher See, der vor rund 1700 Jahren ausgehoben wurde. Man kann eine Bootspartie unternehmen oder sich einfach nur mit den Massen treiben lassen. Das im Park befindliche **Provinzmuseum Fujian** präsentiert unter anderem einen 3500 Jahre alten Sarg in Form eines Bootes, der in einer Höhle am Wuyi Shan gefunden wurde, doch gegenwärtig ist das Haus wegen Renovierung geschlossen. ⏲ tgl. 7–21 Uhr, Eintritt ¥4.

Die Südstadt

Die in Flussnähe gelegene Südstadt hat ebenfalls nur wenige Sehenswürdigkeiten zu bieten. Recht ungünstig direkt östlich der Nord-Süd-Schnellstraße Liuyi Lu (östlich von Wusi Lu und Wuyi Lu) befindet sich der **Blumen- und Vogelmarkt** (zu erreichen mit Bus Nr. 8 von Gutian Lu), auf dem sich am Wochenende die Menschen drängeln, um in Käfigen zur Schau gestellte Vögel und Welpen zu kaufen. Weiter südlich haben sich direkt am Fluss einige in Fußgängerzonen verwandelte Straßen zu viel besuchten Einkaufszentren entwickelt, besonders die alten schmalen Gassen zwischen den südlichen Enden von Bayiqi Lu und Wuyi Lu sowie die Rongcheng Gujie unmittelbar östlich der Wuyi Lu.

Fuzhou	福州	*fúzhōu*
Bai Ta	白塔	*báitǎ*
Flughafen Changle	长乐机场	*chánglè jīchǎng*
Gu Shan	鼓山	*gǔshān*
Lin-Zexu-Gedenkhalle	林则徐纪念馆	*línzéxú jìniànguǎn*
Mao-Statue	毛塑像	*máo sùxiàng*
Minjiang (Fluss)	闽江	*mǐnjiāng*
Provinzmuseum Fujian	福建省博物馆	*fújiànshěng bówùguǎn*
Wu Ta	乌塔	*wūtǎ*
Wuyi-Platz	五一广场	*wǔyī guǎngchǎng*
Xi-Hu-Park	西湖公园	*xīhú gōngyuán*
Yu Shan	于山	*yúshān*
Übernachtung und Essen		
Foreign Trade Centre Hotel	外宾中心酒店	*wàibīnzhōngxīn jiǔdiàn*
Galaxy Garden	银河花园大饭店	*yínhéhuāyuán dàfàndiàn*
Hao Ke Lai	豪客来	*háokè lái*
Haoyun	好运宾馆	*hǎoyùn bīnguǎn*
Huoguo Cheng	火锅城	*huǒguō chéng*
Minhang Dasha	民航大厦	*mínháng dàshà*
Nanyang	南洋饭店	*nányáng fàndiàn*
Wenquan	温泉大饭店	*wēnquán dàfàndiàn*
Yu San Mei Canyuan	于三美餐园	*yúsānměi cānyuán*

Gegenüber vom südlichen Ende der Wuyi Lu verkauft direkt am Flussufer neben dem Taijing-Dock ein Kiosk Tickets für eine **Bootsfahrt** auf dem Fluss Minjiang, ◷ tgl. 8.30–16.30 Uhr. Dies ist eine schöne Unternehmung, denn die Boote fahren langsam bis zur Mündung des Flusses und zurück, wobei sich vielfältige Eindrücke durch vorbeiziehende Lastkähne, Frachter und den Alltag des Lebens am Fluss ergeben. Die Fahrt dauert von 7.30–17 Uhr und kostet ¥53, findet jedoch nur bei ausreichender Nachfrage statt – die besten Chancen bestehen im Sommer und an Wochenenden. Der Ticketschalter kann in der Regel nachmittags darüber Auskunft geben, ob am nächsten Tag eine Fahrt stattfindet.

Es lohnt sich – wenn man in der Nähe ist – das Gebiet südlich des Flusses und die kleine Flussinsel Zhongzhou (zu erreichen via Jiefang-Brücke) zu Fuß zu erkunden, denn dort befand sich früher die **Ausländische Konzession**. Einige alte Banken, Konsulate, Residenzen und Kirchen sind erhalten geblieben. Bei einem Streifzug entlang des Südufers und durch die benachbarten Straßen lassen sich viele Kolonialgebäude mit Veranden entdecken. Bus Nr. 1 folgt vom Xi-Hu-Park der Bayiqi Lu und wechselt dann hinüber zum Südufer.

Gu Shan

Fuzhous bekannteste Touristenattraktion ist der gut 10 km östlich der Stadt gelegene Gu Shan (Trommelberg). Von der Station Nanmen an der Guangda Lu westlich des Wuyi-Platzes fahren regelmäßig Minibusse (¥8) dorthin. Die abwechslungsreiche Fahrt durch bewaldetes Hügelland dauert rund 45 Minuten und bietet schöne Ausblicke, sobald die Straße bergauf führt. Im Gebiet des Gu Shan gibt es Waldwanderwege und vereinzelte Sehenswürdigkeiten, deren bekannteste der 1000 Jahre alte, sorgfältig renovierte Tempel **Yongquan Si** ist. Besonders an Wochenenden herrscht auf dem Gelände sehr viel Betrieb. Der Aufstieg auf den Gipfel über die hinter dem Tempel beginnende Treppe mit 2500 Stufen ist eine Möglichkeit, um zumindest dem Hauptstrom der Massen zu entkommen.

Übernachtung

Die meisten Unterkünfte Fuzhous sind Häuser der gehobenen Klasse, doch in der Nähe des Bahnhofs und des nördlichen Busbahnhofs gibt es einige Budget-Alternativen, die nach etwas Überzeugungsarbeit im Allgemeinen bereit sind, auch Ausländer aufzunehmen.

Foreign Trade Centre Hotel, Luxus, Wusi Lu, ✆ 7523388, 📠 7550358. Das zweifellos beste Hotel der Stadt ist so groß, dass sich seine Gäste einsam fühlen, denn meistens ist das Haus ziemlich leer.

Galaxy Garden,*** Ecke Hualin Lu und Wusi Lu, ✆ 7831888, 📠 7843662. Auf Geschäftsleute ausgerichtetes neues Hotel mit schöner Ausstattung und aufmerksamem Personal.

Haoyun*, direkt neben dem nördlichen Busbahnhof, ✆ 7578208. Eines von vielen gleichartigen Budget-Hotels in dieser Gegend. Betten ab ¥35.

Minhang Dasha,*** Wuyi Zhong Lu, ✆ 3343988, 📠 3341978. Brandneues Hotel direkt neben und unter Führung von *CAAC* mit geräumigen, sauberen Zimmern; gutes Preis-Leistungs-Verhältnis.

Minjiang,*** Wusi Lu, ✆ 7557895, 📠 7551489. Mittelklassehotel mit allmählich alternden, jedoch ordentlichen Zimmern. Günstig direkt südlich der Hu Dong Lu zwischen Zentrum und Bahnhof gelegen. Im Haus befindet sich die örtliche Zentrale von *CITS*.

Nanyang**, Hualin Lu, ✆ 7579699, 📠 7577085. Günstige Lage in der Nähe von Bahnhof und nördlichem Busbahnhof. Zimmer gemessen am Preis etwas zu abgewohnt. Sehr hilfsbereites Personal.

Wenquan (auch: Hot Spring), Luxus, Wusi Lu, ✆ 7851818, 💻 www.hshfz.com. Elegantes Hotel mit großzügiger Ausstattung und zahlreichen Geschäften der Kategorie Pierre Cardin. Exzellenter Service, der bei dem Preisgefüge jedoch vorauszusetzen ist.

Essen

Trotz der Größe der Stadt mangelt es in Fuzhou an Restaurants außerhalb der Hotels, obwohl westliche und chinesische Fast-Food-Ketten überall anzutreffen sind. Als Snacks bieten Straßenhändler Teigtaschen an, die mit Gemüse oder einem Stück würzigem gedämpftem Schweinefleisch gefüllt sind, und rund um die Verkehrsbahnhöfe gibt es zahlreiche kleine Garküchen. Die meisten Restaurants im Zentrum befinden sich an der Dong Jie:

Hao Ke Lai, gehört zu den besten Adressen für preiswerte, schmackhafte und abwechslungsreiche Sichuan-Küche. Gemütliche Einrichtung. Jeweils nur wenige Yuan kosten kalte gewürzte Fleischsorten mit Gemüse, Suppen, Nudeln, Frühlingsrollen und Teigtaschen. Ausschau halten nach dem gelb-grünen Schild mit der Aufschrift „Houcaller".

Huoguo Cheng, gleich gegenüber gelegen. Großes, lautes und stets gut besuchtes Feuertopf-Restaurant, Feuertopf für zwei Personen ab ¥38.

Yu San Mei Canyuan, nördlich des Wuyi-Platzes an der Gutian Lu. Preiswerte Snack-Kantine im Erdgeschoss und auf Fischgerichte spezialisiertes Restaurant im Obergeschoss – Essen für zwei schon ab ¥50.

Sonstiges

AMT FÜR ÖFFENTLICHE SICHERHEIT (PSB) – Gegenüber den Sportanlagen an der Beihuan Zhong Lu, ✆ 7821104.

INTERNET – Internet-Bar in einer Gasse südlich der Dong Jie, nahe Wuyi Lu.

POST UND TELEFON – ***Hauptpostamt*** an der südöstlichen Kreuzung von Dong Jie und Bayiqi Bei Lu.

REISEBÜROS – Ausflüge zum Wuyi Shan, Zug- und Flugtickets sowie Fahrkarten für Busse der Luxusklasse nach Xiamen, Guangzhou oder Shenzhen bieten ***CITS,*** ✆ 7552052, und ***CTS,*** ✆ 7536250, zu beiden Seiten des *Minjiang Hotel* an.

VORWAHL – 0591

Transport

BUSSE – Wer mit dem Bus anreist, wird in der Regel am **nördlichen Busbahnhof** (zu Fuß nur

wenige Minuten südlich vom Bahnhof) oder am **südlichen Busbahnhof** (an der Kreuzung von Guohuo Lu und Wuyi Lu) abgesetzt.
Von beiden Busbahnhöfen fahren Überlandbusse zu allen Zielen in Fujian sowie in die Nachbarprovinzen. Täglich treten mehrere Schlafkojenbusse die Fahrt zum Wuyi Shan an, und es gibt regelmäßige Abfahrten über die Küstenschnellstrasse nach Quanzhou, Xiamen und Guangdong. Die Preisunterschiede zwischen Standard- und Luxusbussen sind beträchtlich.

Busse nach:
GUANGZHOU 16 Std.;
LONGYAN 9 Std.;
NINGBO 20 Std.;
QUANZHOU 2 1/2 Std.;
SHANTOU 10 Std.;
SHENZHEN 16 Std.;
WENZHOU 11 Std.;
WUYI SHAN 7 Std.;
XIAMEN 4 Std.;
YONGDING 10 Std.

EISENBAHN – Fuzhou ist die Endstation mehrerer in abgelegenere Gebiete führenden Eisenbahntrassen. Der **Bahnhof** befindet sich im äußersten Nordosten der Stadt. Bus Nr. 51 fährt vom Bahnhof die Wusi Lu und Wuyi Lu hinab bis zum Minjiang, Bus Nr. 17 bringt Passagiere über die Bayiqi Lu in die Stadt.
Nach Nordwesten fahren Züge zum Wuyi Shan und weiter nach Jiangxi sowie zu ferneren Zielen. Auch die meisten Züge in die Provinz Guangdong fahren zunächst in diese Richtung, sodass die Fahrt dorthin wesentlich länger dauert, als man erwartet. Auf der neuen Trasse von Fuzhou westwärts via Longyan nach Meizhou werden gegenwärtig nur wenige Verbindungen angeboten – in der Regel erreichen Busse diese Ziele schneller. Der Fahrkartenschalter befindet sich westlich des Bahnhofs (bei Blickrichtung auf den Eingang links). Schlafwagenbetten müssen spätestens am Vortag der Weiterreise gebucht werden.

Züge nach:
BEIJING 1x tgl., 33 Std.;
GUANGZHOU 2x tgl., 36 Std.;
KUNMING 2x tgl., 38 Std.;
LONGYAN 1x tgl., 10 Std.;
MEIZHOU 1x tgl., 13 Std.;
NANCHANG 7x tgl., 14 Std.;
SHANGHAI 1x tgl., 29 Std.;
SHENZHEN 2x tgl., 21 1/2 Std.;
WUYI SHAN 4x tgl., 7 Std.;
YONGDING 1x tgl., 11 Std.

FLÜGE – Der **Flughafen Changle** liegt 50 km südlich der Stadt. Ein Flughafenbus (¥18) pendelt zum ***CAAC***-Büro an der Wuyi Lu, ⌚ tgl. 8–20 Uhr, ✆ 3340268, zu Fuß nur wenige Minuten nördlich der Guohuo Lu. Die Busse zum Flughafen fahren vom Innenhof des benachbarten *Fujian Civil Aviation Hotel* ab – die Fahrt dauert 1 Std., und es gilt zu beachten, dass sich Passagiere mindestens 1 Std. vor Abflug am Flughafenschalter einfinden müssen.

Flüge nach:
BEIJING 4x tgl., 3 Std.;
GUANGZHOU 4x tgl., 1 1/2 Std.;
HAIKOU 6x wöchentl., 2 Std.;
HONGKONG 5x tgl., 1 1/2 Std.;
MACAU 1x tgl., 1 1/4 Std.;
SHANGHAI 7x tgl., 1 1/4 Std.;
SHENZHEN 2x tgl., 1 Std.;
WUYI SHAN 4x wöchentl., 1/2 Std.;
XIAMEN 2x tgl., 1/2 Std.

Wuyi Shan

Abgeschieden im Nordosten der Provinz gelegen, 370 km von Fuzhou entfernt und nahe der Grenze zwischen Fujian und Jiangxi, bietet die Umgebung des Wuyi Shan einige der unberührtesten und malerischsten Landschaftsszenarien von ganz Südchina. Das einzige Gebiet in Fujians Landesinnerem, das größere Touristenströme anzieht, lässt sich in zwei Teile untergliedern: Zum einen in den Bereich des **Flusses Jiuqu**, der sich zu Füßen der Berge mäandernd seinen Weg sucht, zum anderen in die Welt der **Sechsunddreißig Gipfel**, die sich überwiegend nördlich des Flusses erheben.

Typisch für das Gebiet sind verschwommen hinter tief hängenden Nebelschwaden aufragende Gipfel, die ein klassisches Motiv der chinesischen Malerei darstellen. Das mit kleinen anmutigen Dörfern durchsetzte Schutzgebiet ist ein herrlicher Ort, um einige Tage auszuspannen, denn die Bergluft ist klar und rein, und schöne Wanderungen führen durch üppig grüne Vegetation zu dunkelroten Sandsteinbergen mit steil aufragenden Klippen sowie zu natürlichen Felsbecken, Wasserfällen und Höhlen. Da trotz der Abgeschiedenheit des Gebietes vor allem im Hochsommer erstaunlich viele Touristen den Weg nach Wuyi Shan finden – es sind hauptsächlich Taiwanesen –, empfiehlt sich ein Besuch in der Nebensaison, in der die Gipfel schneebedeckt sein können. Es gilt allerdings zu beachten, dass Touristen als Freiwild für überteuerte Angebote betrachtet werden.

Das 60 km^2 große Gebiet wird im Süden vom Fluss Jiuqu (Neun Schlingen) begrenzt, der sich auf einer Länge von 8 km zwischen dem Dorf Xingcun im Westen und dem größten Dorf der Region, **Wuyigong** im Osten, schlängelt. Dort mündet der Fluss in den südwärts fließenden Strom Chongyang, der das Gebiet im Osten begrenzt. Wuyigong, wo sich die Endhaltestelle der Busse und einige Hotels befinden, schmiegt sich in die von dem Zusammenfluss beider Wasserläufe gebildeten Landzunge.

Fahrten auf Bambusflößen Die herkömmliche und nach wie vor beste Art, das Gebiet von Wuyi Shan zu erkunden, ist eine gemütliche zweistündige Fahrt mit einem Bambusfloß auf dem Fluss Jiuqu. Die Flöße, die nahezu überall am Fluss auf Passagiere warten, legen während des gesamten Jahres täglich zwischen 7.30 und 14 Uhr ab. Von der ersten bis zur neunten Biegung des mäandernden Flusses eröffnen sich spektakuläre Schluchtenlandschaften. Die sonderbaren **Särge** in Gestalt von Booten, die oberhalb der vierten Biegung in Höhlen zu sehen sind, sollen bereits 4000 Jahre alt sein und ähneln denen in Guangxian und in den Drei Kleinen Schluchten in Sichuan. Die Kosten für ein sechs Personen fassendes Floß betragen ¥425 bei Fahrt durch alle neun Schlingen des Flusses – Alleinreisende sollten sich einer Reisegruppe anschließen und den zu zahlenden Anteil aushandeln.

Die Sechsunddreißig Gipfel

Hinter dem *Jiuqu Hotel,* das ungefähr auf halber Strecke zwischen Xingcun und Wuyigong liegt, beginnen mehrere Wanderpfade, die nordwärts in die Berge führen. Wer die Wege begehen will, muss je nach Etappenziel eine happige Gebühr von ¥62–91 entrichten, doch man kann diese Ausgabe vermeiden, indem man ein Stück flussabwärts geht und nach einem Pfad Ausschau hält, der in die Felsen gehauen ist. Die Berge wirken groß und eindrucksvoll, doch sie sind relativ leicht zu besteigen. Der Gipfel des **Tianyou Feng** (Himmelsreiseberg) ist schon nach einer halbstündigen Kraxelei vom *Jiuqu Hotel* aus erreicht. An den unteren Hängen gibt es mehrere Pavillons und Teegärten, in denen man neue Kräfte für den Aufstieg sammeln kann. **Tee** ist ein bedeutendes Produkt von Fujian, und Wuyi Shan ist berühmt als Heimat des **Oolong**, der als eine der wenigen fernöstlichen Teesorten auch im Westen einen Namen gewonnen hat. Die Blätter des Oolong werden gepflückt, sobald sie voll entwickelt sind. Im Verarbeitungsprozess werden sie geschrotet, fermentiert, luftgetrocknet und über Feuer nachgetrocknet. Zu den besten Sorten gehört der fast überall angebotene *tie guanyin cha* (Eiserner Guanyin-Tee).

Sehr lohnend ist auch der Aufstieg auf den **Dawang Feng** (König der Gipfel) am östlichen Flussverlauf nördlich von Wuyigong; der Ausflug stellt eher eine gemütliche Wanderung als eine Kletterpartie dar (2 Std.). Wenn die Zeit es gestattet, lohnt sich vor allem der Besuch der **Shuilian-Höhle**, die sich rund 6 km nördlich des Flusses befindet. Die Wanderung führt über leicht begehbare Pfade, doch vom *Jiuqu Hotel* und von Wuyigong fahren auch Minibusse hin. Die Höhle liegt auf halber Höhe in einer Klippe aus rotem Sandstein, und unter ihr ergießt sich in den Sommermonaten über Kaskaden ein mächtiger Wasserfall. Im benachbarten Teehaus, das aus dem Felsen gehauen wurde, lässt sich buchstäblich unmittelbar neben dem talwärts rauschenden Wasserschwall in aller Gemütlichkeit ein Tee genießen, doch am Höhleneingang wird ein saftiges Eintrittsgeld erhoben. Die Wanderung zwischen Höhle und Fluss führt durch Teeplantagen sowie an weiteren Teehäusern und kleineren Sehenswürdigkeiten vorbei, zu denen auch die **Yingzui Yan** (Adlerschnabelklippe) gehört, an der Treppen zu mehreren Höhlen führen, in denen sich während der Taiping-Revolution lokale Größen aus Angst vor Verfolgung verbargen.

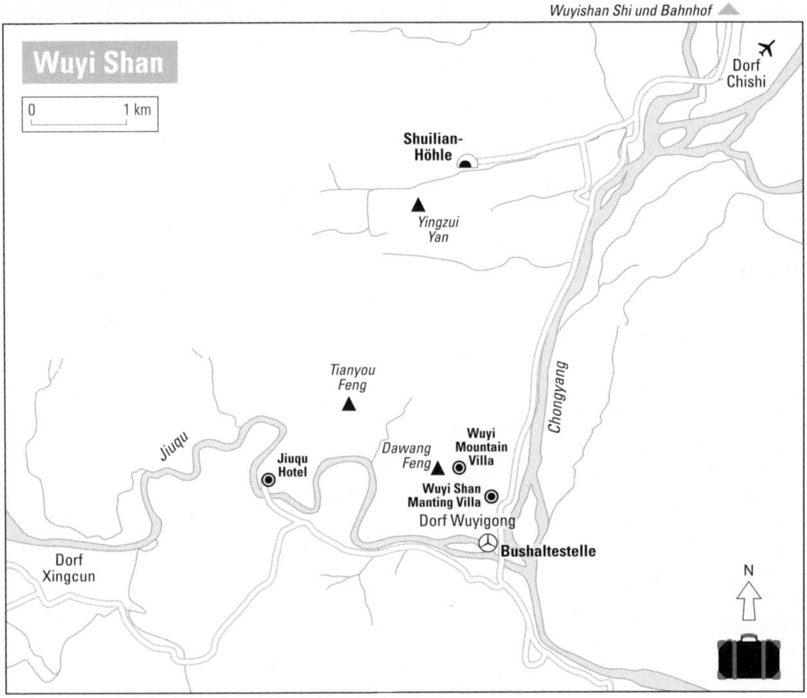

Wuyi Shan	武夷山	***wǔyíshān***
Landschaftsgebiet Wuyi Shan	武夷山风景区	***wǔyíshān fēngjǐng qū***
Chishi	赤石	*chìshí*
Chongyang (Fluss)	崇阳溪	*chóngyáng xī*
Dawang Feng	大王峰	*dàwáng fēng*
Jiuqu (Fluss)	九曲溪	*jiǔqū xī*
Shuilian-Höhle	水帘洞	*shuǐlián dòng*
Tianyou Feng	天游峰	*tiānyóu fēng*
Wuyigong	武夷宫	*wǔyí gōng*
Wuyishan Shi	武夷山市	*wǔyíshān shì*
Yingzui Yan	鹰嘴岩	*yīngzuǐ yán*
Übernachtung		
Jiuqu	酒曲宾馆	*jiǔqū bīnguǎn*
Wuyi Shan Manting Villa	武夷山 幔亭山房	*wǔyíshān màntíng shānfáng*
Wuyishan Shi Work Hotel	武夷山市劳动宾馆	*wǔyíshān shì láodòng bīnguǎn*

Übernachtung und Essen

Neben den folgenden Hotels gibt es in Wuyigong auch preiswertere Unterkünfte, die mitunter Ausländer aufnehmen.

Jiuqu Hotel**, ✆ 0599/5252528, 📠 5252863. Das am schönsten gelegene Hotel steht direkt am Nordufer des Flusses und befindet sich in der Nähe des Ausgangspunktes zahlreicher Bergwanderwege. Fahrradrikschas und Minibusse sorgen für den Transport zwischen Hotel und dem Dorf Wuyigong.

Wuyi Shan Manting Villa****, Hotel mit viel Luxus im Norden von Wuyigong. Westlich geprägter Nachtclub mit Bar, Tanzhalle und vornehmem Restaurant. Im Hotel befindet sich auch eine Zweigstelle von *CITS*.

Wuyi Mountain Villa***, ✆ 0599/5251888, 📠 5252567. Elegantes Haus in wunderbarer Lage direkt unter des Gipfels Dawang Feng mit Ziergarten im Suzhou-Stil.

Wuyishan Shi Work Hotel***, Unterkunft in Wuyishan Shi mit komfortablen DZ.

Die lokalen Shilin-Frösche verleihen der **Wuyi-Küche** ihre besondere Note. Nahezu überall sind sie im Angebot, einher mit Standardgerichten wie Bambussprossen mit Pilzen. Außerhalb der Hotelrestaurants kann man zusammen mit Einheimischen in den kleinen Garküchen der Dörfer essen.

Transport

Alle Landtransportmittel treffen in der 15 km nördlich des Gebietes gelegenen Stadt Wuyishan Shi ein.

BUSSE – Von Fuzhou fahren Schlafkojenbusse nach Wuyishan Shi (¥104). Von dort verkehren Minibusse in Richtung Flughafen und Wuyigong. Die Agenturen *CITS* und *CTS* (s.S. 462) in Fuzhou organisieren Busreisen direkt nach Wuyigong.

EISENBAHN – Alle Züge halten in Wuyishan Shi.
Züge nach:
FUZHOU 4x tgl., 7 Std.;
QUANZHOU 1x tgl., 13 Std.;
XIAMEN 1x tgl., 13 Std.

FLÜGE – Der **Flughafen Wuyi** befindet sich im Dorf Chishi, das nur wenige Kilometer nordöstlich des Landschaftsgebietes und südlich von Wuyishan Shi liegt.
Flüge nach:
FUZHOU 4x wöchentl., 1/2 Std., ¥380 (einfacher Flug);
SHANGHAI 3x wöchentl., 1 Std.;
XIAMEN 5x wöchentl., 3/4 Std.

Quanzhou und Umgebung

Die Pfeffermenge, die hier lagert, ist so groß, dass diejenige, welche für die westliche Welt nach Alexandria verladen wird, im Vergleich dazu ganz unbedeutend ist; denn sie macht nicht mehr als etwa den hundertsten Teil davon aus.

Dies schrieb Marco Polo im späten 13. Jahrhundert, als er Quanzhou besuchte, das damals Zaitum hieß (abgeleitet von dem arabischen Wort für Olive, dem Symbol für Frieden und Wohlstand). Damals war Quanzhou einer der beiden größten Handelsumschlagplätze der Welt und nutzte seinen tiefen Naturhafen sowie seine Lage an den Handelsrouten, die südostwärts bis zu den indonesischen Molukken und westwärts bis nach Afrika und Europa reichten, zur Mehrung seines eigenen Wohlstands. Die Stadt war in dieser Zeit ausgesprochen kosmopolitisch geprägt – zu Zehntausenden ließen sich Araber und Perser nieder, die zum Teil kolossale Vermögen anhäuften. Quanzhous Araber sollen chinesische Erfindungen wie den Kompass, das Schießpulver und den Buchdruck in der westlichen Welt eingeführt haben.

Die Zeit seiner höchsten Blüte erlebte Quanzhou während der Song- und Yuan-Dynastien, als die alte Seidenstraße, die durch Nordwestchina nach Zentralasien führte, dem Banditentum und kriegerischen Auseinandersetzungen anheimfiel, sodass sich der Handel aufs Meer verlagerte und die **Maritime Seidenstraße** entstand. Marco Polo war jedoch mitnichten der einzige Europäer, der damals den Weg nach Quanzhou fand – der Italiener **Andreas Perugia**, Quanzhous dritter katholischer Bischof, starb dort 1332 nach der Inspektion einer Kathedrale. Vierzehn Jahre später beschrieb der berühmte marokkanische Reisende **Ibn Battuta** den Hafen als „überaus geschäftig und prall

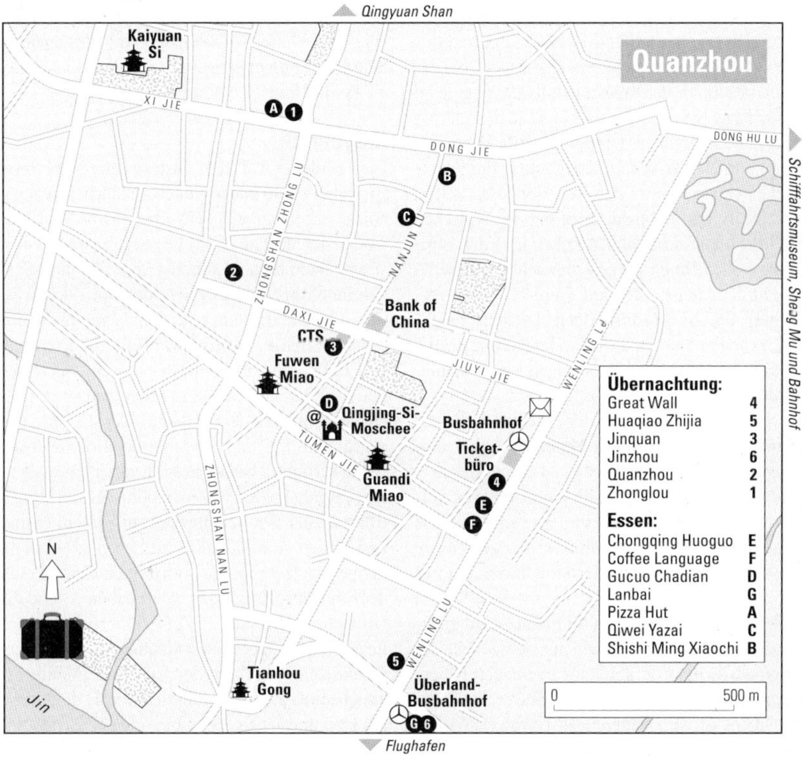

gefüllt mit großen Dschunken". Zur Zeit der Qing-Dynastie aber litt die Stadt unter Überbevölkerung und zunehmendem Bedeutungsverlust seines Hafens, und es setzte ein gewaltiger Exodus in Richtung Südostasien ein. Offiziellen chinesischen Statistiken zufolge leben heute über zwei Millionen Menschen, deren Wurzeln in Quanzhou liegen, im Ausland – im Vergleich zu einer halben Million Menschen im gesamten heutigen Stadtgebiet. Trotz seines historischen Verfalls zeugt auch heute noch vieles in Quanzhou von vergangener Größe, sodass sich ein kurzer Zwischenaufenthalt bei der Reise von Fuzhou nach Xiamen mit Sicherheit lohnt.

Gemessen an chinesischen Verhältnissen ist Quanzhou eine Kleinstadt, die ausschließlich am Nordufer des Flusses Jin liegt. Ein Großteil der Sehenswürdigkeiten lässt sich bequem zu Fuß erwandern. Die beiden wichtigsten Nord-Süd-Achsen sind die Straßenzüge der Zhongshan Lu und Wenling Lu, zwischen denen sich der größte Teil des Stadtzentrums erstreckt. Die ältesten Teile der Stadt befinden sich im Westen sowie im nördlichen Bereich der Zhongshan Lu, wo sich auf sorgsam restaurierten und mit Arkaden versehenen Straßen aus der Kolonialzeit, die von Bäumen gesäumt sind, dicht gedrängt die Fußgänger und Radfahrer tummeln. Wie in Fuzhou finden sich auch in dieser Stadt viele kleine verstreute Tempelanlagen, unter denen vor allem **Tianhou Gong** (¥4) am südlichen Ende der Zhongshan Lu Beachtung verdient. In seiner großen luftigen Halle wenden sich die Gläubigen mit ihren Hilfegesuchen an Südchinas populärste Gottheit, die Kaiserin des Himmels.

Einer der interessantesten Stadtbereiche liegt nördlich der **Tumen Jie**, der wichtigsten Ost-West-Verbindung Quanzhous, wo ein überraschend harmonisches Miteinander von authentischen antiken Gebäuden und modernen Geschäften mit traditionellen Verzierungen anzutreffen ist. Folgt man der Tumen Jie hinter der Kreuzung mit der Wenling Lu in Richtung Nordwesten, so gelangt man zunächst zum eindrucksvollen Tempel **Guandi Miao**, der dem gottgleich verehrten Kriegs- und Heilkunsthelden Guan Yu aus der Zeit der Drei Reiche geweiht ist. Das Tempeldach ist mit den typischen Figuren und Schnörkeln verziert, und die stimmungsvollen Innenräume – bewacht von lebensgroßen Soldatenstatuen auf Pferderücken – verbreiten durch ihre niedrigen Decken, rauchgeschwärzten Statuen und Wandgravierungen, die Szenen aus Guan Yus Leben zeigen, eine faszinierende Stimmung.

Nur wenige Schritte weiter erhebt sich die aus Granit erbaute **Qingjing-Si-Moschee**, die beredtes Zeugnis von der Präsenz der Araber im mittelalterlichen Quanzhou gibt. Die im Jahre 1009 von arabischen Siedlern gestiftete und drei Jahrhunderte später von persischen Muslims wieder aufgebaute Moschee gehört zu den ältesten Bauwerken ihrer Art in ganz China und weist eine für diese Region äußerst ungewöhnliche, im Mittleren Orient gründende Architektur auf, obwohl nur wenige Teile des Originalbauwerks die Zeitläufte überdauert haben. Der mächtige Eingangsturm soll eine exakte Kopie des Turms der Omaijadenmoschee von Damaskus sein. Die in Blattform gestalteten Bogengänge sind mit arabischen Kalligrafien und Mustern aus dem 14. Jahrhundert verziert, und auch Teile der Wände und Stützpfeiler der einstigen Gebetshalle sind erhalten geblieben. In einem Nebenraum liegt ein detaillierter Bericht über die arabische Präsenz in Quanzhou zur Einsicht aus; eine englische Übersetzung gibt es ebenfalls. Das kleine geflieste Gebäude nebenan ist die heutige Gebetshalle. ◷ tgl. 8–17 Uhr, Eintritt ¥3.

Wenige Minuten weiter westlich führt zwischen Qingjing Si und Zhongshan Lu ein dekoratives Tor nach Norden zu einem ausgedehnten gepflasterten Platz, an dessen gegenüberliegendem Ende der Konfuziustempel **Fuwen Miao** steht. Er hat heute keine besondere Bedeutung mehr, doch am Platz selbst sind zahlreiche jüngst renovierte Beispiele von Quanzhous traditioneller Architektur zu sehen – die Bauwerke aus Granit und markanten roten Backsteinen sind mit schwarzem Gebälk durchsetzt, und die Dachfirste münden in eine vorspringende Gabelung. Gegenwärtig wirkt alles noch relativ unzusammenhängend, doch offenbar soll hier ein Freilichtmuseum eingerichtet werden.

Kaiyuan Si

Die eindrucksvollsten historischen Überreste Quanzhous sind in der großen, friedlichen Tempelanlage des Kaiyuan Si (¥7) erhalten, die, im Nordwesten der Stadt an der Xi Jie gelegen, zudem einen stolzen Baumbestand aufweist. Vom Überland-Busbahnhof fährt Stadtbus Nr. 2 dorthin, doch es ist wesentlich interessanter, auf dem Weg zum Tempel durch die Seitenstraßen in der Nähe der Kreuzung von Tumen Jie und Zhongshan Lu zu schlendern und die schmalen Gassen zu erforschen, die mit alternden Häusern gesäumt sind. Der im Jahre 686 gegründete Kaiyuan Si wurde der Überlieferung zufolge errichtet, nachdem der Besitzer eines Maulbeerbaumhains von einem buddhistischen Mönch träumte, der ihn beauftragte, auf seinem Grund und Boden eine Kultstätte zu bauen. „Nur wenn meine Maulbeerbäume Lotusblüten treiben", soll der Besitzer spitzfindig erwidert haben … und die Lotusblüten erschienen. Zur Erinnerung an diese Begebenheit trägt ein alter Maulbeerbaum auf dem Gelände ein Schild mit der Aufschrift „Maulbeerlotusbaum". Im 13. Jahrhundert wurde die Anlage um zwei fünfstöckige **Steinpagoden** bereichert. Bis auf diese beiden Bauwerke wurde der gesamte Komplex in der Ming-Dynastie nach einem Brand neu aufgebaut.

Besondere Beachtung verdient die Tempelarchitektur nicht zuletzt wegen ihrer zahlreichen interessanten Details, zu denen die hundert Steinsäulen gehören, die das Dach der **Haupthalle** tragen – die meisten von ihnen sind mit Darstellungen von Musikern verziert, die Instrumente und Sakralobjekte in Händen halten. Die unglaublich widerstandsfähigen Pagoden, die von Erdbeben bis hin zu den Auswüchsen der Roten Garden alle nur denkbaren Angriffe überdauert haben, sind ebenfalls an jeder ihrer acht Seiten mit zwei Buddha-Bildnissen verziert. In die Innenwände einer der beiden Pagoden sind vierzig buddhistische Erzählungen eingraviert. Auf dem Tempelgelände befindet sich außerdem eine **Ausstellungshalle** (¥2), die den Rumpf eines **hölzernen Segelschiffs** aus dem 12. oder 13. Jahrhundert beherbergt, der 1974

Quanzhou und Umgebung

Quanzhou	泉州	***quánzhōu***
Fuwen Miao	府文庙	*fǔwén miào*
Guandi Miao	关帝庙	*guāndì miào*
Kaiyuan Si	开元寺	*kāiyuán sì*
Qingjing-Si-Moschee	清净寺	*qīngjìng sì*
Qingyuan Shan	清源山	*qīngyuán shān*
Schifffahrtsmuseum	海外交通史博物馆	*hǎiwàijiāotōngshǐ bówùguǎn*
Sheng Mu	圣母	*shèngmù*
Tianhou Gong	天后宫	*tiānhòu gōng*
Übernachtung und Essen		
Chongqing Huoguo	重庆火锅	*chóngqìng huǒguǒ*
Coffee Language	尚典啡茶语	*shàngdiǎnfēi cháyǔ*
Great Wall	长城宾馆	*chángchéng bīnguǎn*
Gucuo Chadian	古厝茶店	*gǔcuò chádiàn*
Huaqiao Zhijia	华侨之家	*huáqiáo zhī jiā*
Jinquan	金泉酒店	*jīnquán jiǔdiàn*
Jinzhou	金州大酒店	*jīnzhōu dàjiǔdiàn*
Lanbai	蓝白餐厅	*lánbái cāntīng*
Qiwei Yazai	奇味鸭仔	*qíwèi yāzǎi*
Quanzhou	泉州酒店	*quánzhōu jiǔdiàn*
Shishi Ming Xiaochi	石狮名小吃	*shíshīmíng xiǎochī*
Zhonglou	钟楼旅社	*zhōnglóu lǚshè*
Anping-Brücke	安平桥	***ānpíng qiáo***
Chongwu	崇武古城	***chóngwǔ gǔchéng***
Shishi	石狮	***shíshī***
Schwägerinnen-Turm	姑嫂塔	*gūsǎo tǎ*

entdeckt wurde. Eine Fotoserie gibt detaillierte Auskunft über die einzelnen Phasen der Ausgrabung. Im Laderaum war noch die gesamte Fracht aus Kräutern und Gewürzen erhalten.

Das Schifffahrtsmuseum

Im Nordosten der Stadt lädt an der Dong Hu Lu das Schifffahrtsmuseum zu einem Besuch ein. Das Museum erinnert an Quanzhous Handelsgeschichte und veranschaulicht, wie fortschrittlich die chinesischen Schiffsbauer zur damaligen Zeit im Vergleich zu ihren europäischen Berufskollegen waren. Auf zwei Stockwerken erläutern Exponate die Entwicklung des chinesischen Schiffsbaus seit der Zeit der Streitenden Reiche um 500 v. Chr. Eine Ecke, die der „Rückeroberung Taiwans aus den gierigen Klauen der holländischen Eindringlinge sowie der Entwicklung des Außenhandels" gewidmet ist, stellt **Koxingas** Heldentaten in ein modernes Licht, doch das Herzstück des Museums sind Hunderte liebevoll gefertigte **hölzerne Schiffsmodelle**, die alles zeigen von kleinen Küstendschunken über Zheng Hes mächtige *Baochuan* – das vielleicht größte Holzschiff, das jemals gebaut wurde – bis hin zu schmucken Vergnügungsschiffen, auf denen die Reichen Chinas berühmte Seen und Flüsse befuhren. Anfahrt vom Überland-Busbahnhof mit Stadtbus Nr. 19, 🕓 Di–So 8.30– 17.30 Uhr, Eintritt ¥10.

Sehenswert ist auch die im ersten Stock befindliche Sammlung von **Grabsteinen**, die auf Quanzhous Blütezeit zurückgehen. Die meisten von ihnen verweisen auf Muslims, doch auch Grabsteine von Italienern, Spaniern, nestorianischen Christen aus Syrien sowie derjenige des Bischofs aus dem 14. Jahrhundert, Andreas Perugia, sind zu sehen. Im hinteren Teil der Halle bezeugen Steinsäulen, Tür- und Fensterstürze sowie Statuen, dass auch Hindus und Manichäer (Anhänger einer persischen Religion mit Elementen aus Christentum, Jainismus und Buddhismus) ihre eigenen Kultstätten in Quanzhou besaßen – ein weiterer Beweis für die kosmopolitische Vergangenheit der Stadt.

Qingyuan Shan und Sheng Mu

Auch einige Stätten knapp außerhalb der Stadtgrenzen lohnen den Aufwand einer Anreise mit örtlichen Bussen. Das Landschaftsgebiet **Qingyuan Shan** 3 km nördlich der Stadt bietet von Felsvorsprüngen und Pavillons schöne Ausblicke über Quanzhou. Beliebtestes Ausflugsziel ist dort die riesige Steinskulptur **Laojun Yan** aus der Song-Dynastie, die Laozi darstellt und Langlebigkeit spenden soll, wenn man auf ihren Rücken klettert und die Nase an der seinen reibt. Bus Nr. 3 mit Haltestellen in der Tumen Jie und Zhongshan Zhong Lu bedient die Strecke.

Östlich des Stadtzentrums liegt an der Donghu Jie ein moslemischer Friedhof namens **Sheng Mu** mit den Gräbern zweier Schüler Mohammeds, die im 7. Jahrhundert zu Missionszwecken nach China gesandt wurden und vermutlich die ersten Muslime waren, die chinesischen Boden betraten. Es gibt wenig zu sehen, doch der Ort mit lichter Bewaldung strahlt Ruhe und Frieden aus. Von der Wenling Lu fährt Bus Nr. 7 zur Haltestelle Sheng Mu. Der Eingang befindet sich in einer schmalen Gasse südlich der Straße und ist an einem überwölbten Torweg aus Stein zu erkennen.

Die Umgebung von Quanzhou

Der lokale Busbahnhof in der Wenling Lu ist der Abfahrtsort zu einigen Sehenswürdigkeiten außerhalb der Stadt. Rund 60 km östlich von Quanzhou liegt die alte ummauerte Stadt **Chongwu**, die vollständig aus Stein errichtet wurde und heute in restauriertem Zustand ein riesiges Freilichtmuseum ist. Die benachbarte Neustadt besitzt eine der größten Fischereiflotten Südchinas, und die männliche Stadtbevölkerung ist nahezu ausnahmslos in dieser Industrie beschäftigt. Die Frauen hingegen arbeiten in den örtlichen Steinbrüchen, aus denen sie auf Handkarren gewaltige Steinblöcke nach draußen befördern – charakteristisch sind ihre blauen Jacken und breitkrempigen Strohhüte.

Etwas näher im Südosten Quanzhous liegt die Stadt Shishi (Steinlöwe), von der noch eine 5 km lange Fahrt bis zum schönen, das Meer überblickenden **Schwägerinnen-Turm** aus der Song-Dynastie zu bewältigen ist. 30 km südlich der Stadt verdient die außerhalb des Dorfes Anhai direkt neben der Schnellstraße nach Xiamen gelegene spektakuläre, 2 km lange **Anping-Brücke** Beachtung, die ebenfalls 800 Jahre alt ist und einen Meeresarm überspannt.

Übernachtung

Great Wall*, Wenling Lu, ✆ 2298081, 📠 2288965. Neues Hotel mit exzellentem Preisgefüge, guter Lage und freundlichem Personal.

Huaqiao Zhijia*, am südlichen Ende der Wenling Lu, ✆ 2283559, 📠 2283560. Hotel der Standardklasse, recht hübsche Zimmer.

Jinquan (auch: Golden Fountain)**, Baiyuan Lu, ✆ 2285078, 📠 2281676. Liegt in einer Nebenstraße, die von der Daxi Jie nach Süden abzweigt. Der preiswertere Flügel des benachbarten *Huaqiao Dasha*. Die Zimmer wurden vor kurzem renoviert.

Jinzhou*, eine Ecke vom Busbahnhof an der Quanxiu Lu entfernt, ✆ 2586788. Wirkt von außen baufällig, wogegen die Lobby ein wenig hochstapelt, doch die Zimmer sind ihr Geld wert. Wer handelt, erhält sofort einen Preisnachlass.

Quanzhou, Luxus, Zhuangfu Xiang, ✆ 2289958, 💻 www.quanzhouhotel.com. Mitten im Stadtzentrum wenig westlich der Zhongshan Lu gelegen. Alter Flügel ***, neuer Flügel Luxusklasse.

Zhonglou*, Xi Jie, ✆ 2373433. Einzige Budget-Unterkunft der Stadt. Zentral nahe dem Kaiyuan Si an der Kreuzung mit der Zhongshan Lu gelegen. Betten ab ¥20.

Essen

In der nördlichen Zhongshan Lu im Bereich um den Kaiyuan Si und in den Seitenstraßen der Tumen Jie gibt es zahlreiche preiswerte Nudel-

und Garküchen. Die preisgünstige Garküche ***Lanbai*** neben dem *Jinzhou Hotel* bietet leichte Mahlzeiten für rund ¥10 an. Ein gutes Feuertopf-Lokal ist ***Chongqing Huoguo*** in der Nähe des Hotels *Great Wall* in der Wenling Jie. Etwas eleganter sind die Restaurants nördlich der Bank of China an der Nanjun Lu, darunter das Bratenten-Restaurant ***Qiwei Yazai*** sowie das Lokal ***Shishi Ming Xiaochi,*** das lokale Snacks und süße Teigtaschen im Angebot führt. Das ***Jianfu Hotel*** bietet an Wochenenden im 5. Stock ein Dim-Sum-Frühstück mit beliebig viel Nachschlag für ¥15 pro Person an.
In der Tumen Jie servieren einige Cafés Sandwiches und Grillspeisen. Besonders populär sind eine Zweigstelle von ***Coffee Language*** an der Ecke zur Wenling Lu, das Restaurant des Hotels ***Quanzhou*** mit westlichen Gerichten und die Kaffeebar in der Lobby des Hotels ***Jinquan***. Traditionelles Ambiente bietet das Teehaus ***Gucuo Chadian*** in einem alten Backsteinbau in einer Gasse direkt hinter der Moschee Qingjing Si.

Sonstiges

INTERNET – Mehrere Internet-Cafés befinden sich in der Gasse nördlich der Moschee Qingjing Si.

VORWAHL – 0595

Transport

BUSSE – Fast alle Reisenden treffen in Quanzhou mit einem Bus via Küstenschnellstraße zwischen Xiamen und Fuzhou ein.
Der **Überland-Busbahnhof** liegt im neueren südöstlichen Stadtteil unmittelbar östlich der Wenling Lu. Von dort fahren zwischen 8.00 und 17.30 Uhr zahlreiche Minibusse nach Xiamen und Fuzhou. Der Bahnhof ist zugleich die Abfahrtsstelle von Überlandbussen zu nahezu allen Zielen in Südchina, von Ningbo und Hangzhou im Norden bis Guangzhou und Shenzhen im Süden.
Busse u.a. nach:
FUZHOU 2 1/2 Std., ¥35–70;
LONGYAN 5 Std.;
XIAMEN 1 1/2 Std, ¥15–40.

EISENBAHN – Quanzhous neuer **Bahnhof** liegt rund 5 km östlich der Stadt entlang der Dong Hu Jie. Stadtbus Nr. 23 fährt von dort zum Überland-Busbahnhof. Es gibt einen Nachtzug zum Wuyi Shan, und Bummelzüge bedienen Longyan, Yongding und Meizhou. Mehrere **Ticketbüros** in der Stadt – direkt nördlich des Hotels *Great Wall* an der Wenling Lu sowie gegenüber vom *Jinquan Hotel* – ersparen den Weg zum Bahnhof.
Züge nach:
LONGYAN 1x tgl., 10 Std.;
MEIZHOU 1 x tgl., 13 Std.;
WUYI SHAN 1x tgl., 13 Std.

FLÜGE – Der erst kürzlich eröffnete **Flughafen** liegt rund 20 km südöstlich der Stadt. Für Transporte stehen Taxis zur Verfügung. Buchungen treffen entweder die Hotels oder das ***CTS-Büro*** nahe dem Hotel *Jinquan* an der Daxi Jie.

Xiamen und Umgebung

Xiamen, ehemals im Westen bekannter unter dem Namen **Amoy**, ist kleiner und wesentlich charmanter als die Provinzhauptstadt Fuzhou. Es gibt viel zu sehen. Die Straßen und Gebäude, die attraktiven Einkaufsarkaden und die viel besuchte Seeseite der Stadt versprühen die Atmosphäre des Europas des 19. Jahrhunderts. Xiamen ist nicht nur eine der gastfreundlichsten, sondern auch eine der saubersten Städte des Landes – und zugleich die landesweit vielleicht am geschmackvollsten renovierte Stadtsiedlung, denn sie vermittelt das Ambiente eines Ferienresorts, ungeachtet der zum Teil etwas heruntergekommenen Seitenstraßen. Zur Resort-Atmosphäre trägt in nicht geringem Maße die wundervolle kleine Insel **Gulangyu** im Südwesten bei, die mit einer Fähre in nur zehn Minuten erreicht ist. Sie war einst die koloniale Heimat von Europäern und Japanern, deren Villen noch heute die verkehrsfreien Straßen säumen. Es ist sehr empfehlenswert, eine Unterkunft auf der Insel zu wählen.

Xiamen wurde Mitte des 14. Jahrhunderts gegründet, nahm unter der Ming-Dynastie an Größe zu und wurde im 17. Jahrhundert zu einem blühenden Hafen, der im Laufe der Zeit dem Einfluss einer beständigen und recht geheimnisvollen Abfolge von portugiesischen, spanischen und hol-

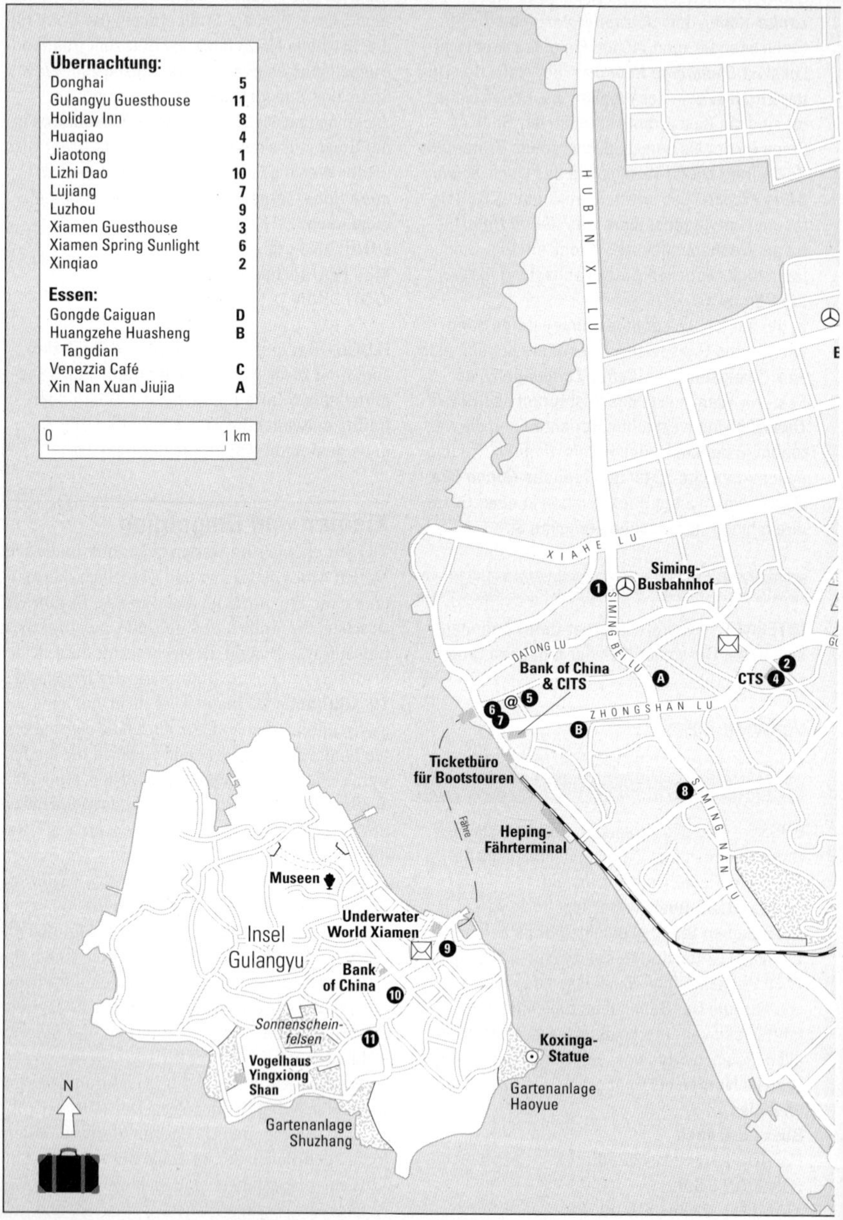
Übernachtung:
Donghai 5
Gulangyu Guesthouse 11
Holiday Inn 8
Huaqiao 4
Jiaotong 1
Lizhi Dao 10
Lujiang 7
Luzhou 9
Xiamen Guesthouse 3
Xiamen Spring Sunlight 6
Xinqiao 2
Essen:
Gongde Caiguan D
Huangzehe Huasheng Tangdian B
Venezzia Café C
Xin Nan Xuan Jiujia A
0 1 km
HUBIN XI LU
XIAHE LU
Siming-Busbahnhof
SIMING BEI LU
DATONG LU
Bank of China & CITS
CTS
ZHONGSHAN LU
Ticketbüro für Bootstouren
SIMING NAN LU
Fähre
Heping-Fährterminal
Museen
Underwater World Xiamen
Insel Gulangyu
Bank of China
Sonnenscheinfelsen
Vogelhaus Yingxiong Shan
Koxinga-Statue
Gartenanlage Haoyue
Gartenanlage Shuzhang
N

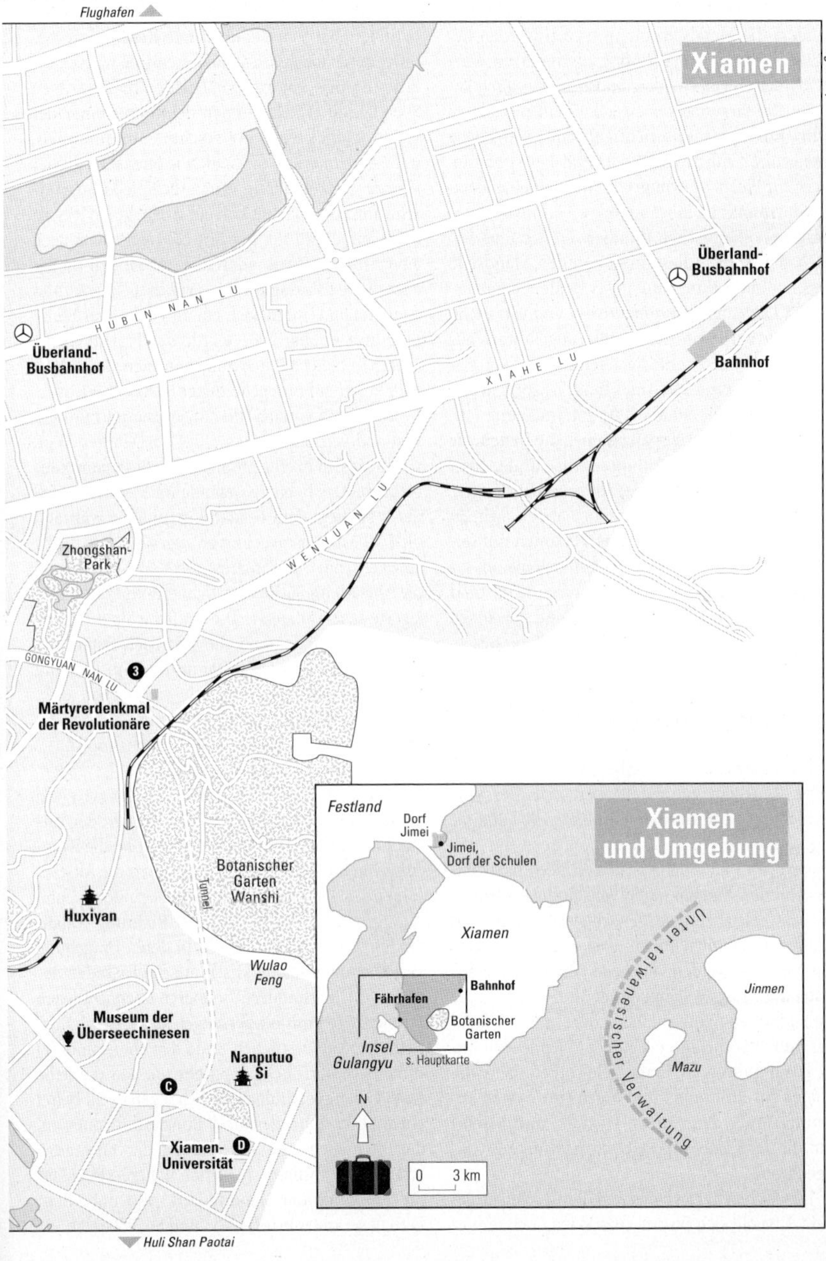
Flughafen
Xiamen
Flughafen, Festland
Flughafen, Festland
Überland-Busbahnhof
HUBIN NAN LU
Überland-Busbahnhof
XIAHE LU
Bahnhof
WENYUAN LU
Zhongshan-Park
GONGYUAN NAN LU
3
Märtyrerdenkmal der Revolutionäre
Botanischer Garten Wanshi
Tunnel
Huxiyan
Wulao Feng
Museum der Überseechinesen
Nanputuo Si
C
Xiamen-Universität
D
Huli Shan Paotai
Festland
Dorf Jimei
Jimei, Dorf der Schulen
Xiamen und Umgebung
Xiamen
Unter taiwanesischer Verwaltung
Bahnhof
Fährhafen
Botanischer Garten
Jinmen
Insel Gulangyu
s. Hauptkarte
Mazu
N
0 3 km

ländischen Glücksrittern unterlag. Als im 17. Jahrhundert die Mandschu-Armeen von Norden her vormarschierten, um die Ming auszumerzen, wurde Xiamen zu einer Widerstandsbasis des alten Regimes. Der Pirat und von eigenen Gnaden ernannte **Prinz Koxinga** – sein richtiger Name war Zheng Chenggong – führte die Widerstandsbewegung an, bis er zur Flucht gezwungen wurde und einen letzten Stützpunkt in Taiwan fand, wo er die dort ansässigen holländischen Händler vertrieb und verstarb, bevor auch diese Insel von den Mandschu eingenommen wurde. Koxingas Heldentaten wurden im Laufe der Zeit romantisiert und verfälscht, und heute wird seine Rückeroberung Taiwans aus dem Zugriff unfreundlicher Fremdmächte propagandistisch ausgenutzt, um Chinas Ansprüche auf die Nachbarinsel rhetorisch zu untermauern.

Zwei Jahrhunderte später kamen die **Briten**, die den Handel belebten und ihre Basis auf der Insel Gulangyu einrichteten. Ihre Präsenz wurde 1842 mit dem Vertrag von Nanjing formal besiegelt. Zu Beginn des 20. Jahrhunderts war Xiamen mit seiner vor der Küste lebenden Ausländergemeinde eine recht wohlhabende Stadt, die ihren Wohlstand aus einem stabilen Handelsumsatz und den steten Zuwendungen wohlhabender Auswanderer bezog, deren Zahl im Laufe der Jahrhunderte laufend zugenommen hatte. Diese glückliche Situation blieb bis zur **japanischen Invasion** zu Beginn des Zweiten Weltkriegs bestehen.

Das Kriegsende bescherte jedoch nicht die erhoffte Rückkehr zur guten alten Zeit. Der **Vormarsch der Kommunisten** im Jahre 1949 und die anschließende Flucht Chiang Kaisheks mit den Resten seiner nationalistischen Armeen nach Taiwan stürzten Xiamen in ein vollständiges Chaos – massenweise strömten Menschen herbei, um auf Schiffen und Booten über die Meeresstraße zu entkommen. Auch in den folgenden Jahrzehnten lagen beständig Kriegswolken über der Region, denn die festländischen Armeen hielten dort immer wieder Manöver in Vorbereitung eines entscheidenden Angriffs auf Taiwan ab. Erste Ziele sollten dabei die kleinen Inseln Jinmen und Mazu (im Westen bekannter unter den Namen Quemoy und Matsu) sein, die der Küste vorgelagert in Sichtweite zu Xiamen liegen.

Inzwischen hat sich das Rad der Geschichte gedreht. Obwohl sich Jinmen und Mazu noch immer in den Händen der (taiwanesischen) Nationalisten befinden, hat sich die drohende Konfliktlage bedingt durch die Aussicht auf erhebliche wirtschaftliche Gewinne ein wenig entspannt. In den frühen 80er Jahren erhielt Xiamen den Status einer der ersten chinesischen **Wirtschaftssonderzonen**, und seitdem erlebt die Stadt wie Shenzhen an der Grenze zu Hongkong einen beispiellosen Aufschwung. Alles scheint sich auf einem guten Weg zu befinden: Zum Frühlingsfest 2001 verkehrte nach einem halben Jahrhundert zum ersten Mal wieder eine direkte Passagierfähre zwischen Taiwan und dem Festland (wenn auch nur als einmaliges Ereignis), und Anfang 2002 wurde der Frachtverkehr zwischen beiden Seiten aufgenommen, der jedoch vorerst nur auf unregelmäßiger Basis erfolgt.

Die durch einen 5 km langen Damm mit dem Festland verbundene Insel, auf der Xiamen liegt, schmiegt sich in eine große Bucht vor Fujians Südostküste. Das bebaute Gelände im westlichen Teil der Insel liegt dem Festland gegenüber, während die Ostküste der Insel Jinmen zugewandt ist, die zu Taiwan gehört. Die interessantesten Gebiete sind die Altstadt im Südwesten Xiamens und die vorgelagerte Insel Gulangyu. Die restliche Stadt ist eine Wirtschaftssonderzone, die sich nach Osten und Norden sowie über den Damm bis zum Festland erstreckt. Dort gibt es nicht sehr viel von Interesse, abgesehen von der Kleinstadt **Jimei** jenseits des Damms, die als **Dorf der Schulen** bekannt ist.

Der schönste Zeitvertreib in Xiamen ist – abgesehen von einem Besuch der Insel Gulangyu – ein gemütlicher Bummel durch die Straßen der Altstadt. Ein geeigneter Ausgangspunkt ist die Kreuzung von Siming Lu, der mitten durch die Altstadt führenden wichtigsten Nord-Süd-Verbindung, und Zhongshan Lu, der in Ost-West-Richtung verlaufenden Haupteinkaufsstraße, in deren Umgebung sich eine interessante Mischung aus Fassaden des frühen 20. Jahrhunderts, sauberen übersichtlichen Straßenzügen mit Bürgersteigen sowie Geschäften befindet. Am westlichen Ende der Zhongshan Lu öffnet sich der Blick aufs **Meer** und auf die nahe Insel Gulangyu. Südlich der Zhongshan Lu bietet ein am Ufer stehender Kiosk Bootsexkursionen an, darunter auch eine Umrundung der taiwanesischen Insel Jinmen – für einen näheren Blick auf die Frontlinie der Guomindang sind unbedingt Ferngläser mitzubringen (Sa und So; ¥88 p.P.).

Xiamen und Umgebung

Xiamen	厦门	***xiàmén***
Bailu Dong	白鹿洞	*báilù dòng*
Botanischer Garten Wanshi	万石植物馆	*wànshí zhíwùguǎn*
Huli Shan Paotai	胡里山炮台	*húlǐ shān pàotái*
Huxiyan	虎溪岩	*hǔxī yán*
Jinmen	金门	*jīnmén*
Museum der Überseechinesen	华侨博物馆	*huáqiáo bówùguǎn*
Nanputuo Si	南普陀寺	*nánpǔtuó sì*
Xiamen-Universität	厦门大学	*xiàmén dàxué*
Übernachtung und Essen		
Donghai	东海大厦酒店	*dōnghǎi dàshà jiǔdiàn*
Gongde Caiguan	功德菜馆	*gōngdé càiguǎn*
Holiday Inn	假日皇冠海景大酒店	*jiàrì huángguān hǎijǐng dà jiǔdiàn*
Huangzehe Huasheng Tangdian	黄则和花生汤店	*huángzéhé huāshēng tāngdiàn*
Jiaotong	交通大厦酒店	*jiāotōng dàshà jiǔdiàn*
Lujiang	鹭江宾馆	*lùjiāng bīnguǎn*
Xiamen Guesthouse	厦门宾馆	*xiàmén bīnguǎn*
Xiamen Spring Sunlight	厦门春光酒店	*xiàmén chūnguāng jiǔdiàn*
Xin Nan Xuan Jiujia	新南轩酒家	*xīnnánxuān jiǔjiā*
Xinqiao	新桥酒店	*xīnqiáo jiǔdiàn*
Gulangyu	鼓浪屿	***gǔlàng yǔ***
Gartenanlage Haoyue	皓月园	*hàoyuè yuán*
Gartenanlage Shuzhuang	菽庄花园	*shūzhuāng huāyuán*
Gulangyu Guesthouse	鼓浪屿宾馆	*gǔlàngyǔ bīnguǎn*
Koxinga-Gedenkhalle	郑成功纪念馆	*zhèngchénggōng jìniànguǎn*
Koxinga-Statue	郑成功塑像	*zhèngchénggōng sùxiàng*
Lizhi Dao Hotel	丽之岛酒店	*lìzhīdǎo jiǔdiàn*
Luzhou Hotel	绿洲酒店	*lǜzhōu jiǔdiàn*
Sonnenscheinfelsen	日光岩	*rìguāng yán*
Underwater World	海底世界	*hǎidǐ shìjiè*
Yingxiong Shan	英雄山	*yīngxióng shān*
Jimei, Dorf der Schulen	集美学校村	***jíměi xuéxiàocūn***
Ao-Park	鳌园	*áoyuán*
Chen Jiageng (Tan Kahkee)	陈嘉庚	*chén jiāgēng*

Südöstlich und östlich des Stadtzentrums befinden sich nur wenige Sehenswürdigkeiten. In der Siming Nan Lu, etwa 2 km südlich der Zhongshan Lu, steht das **Museum der Überseechinesen**. Die Sammlung präsentiert Exponate, die von der großen Fujian-Diaspora rund um die Welt gespendet wurden. Dazu gehören Töpferwaren und sogar erlesene Bronzen aus der Zeit der Shang-Dynastie vor dreitausend Jahren. Im Erdgeschoss gibt eine Ausstellung mit Fotos, Gemälden und Reliquien

Aufschluss über das Leben, das Chinesen im Verlauf der vergangenen Jahrhunderte im Ausland führten. Anfahrt mit den Bussen Nr. 1 oder 2. ⌚ tgl. 9–16.30 Uhr, Eintritt ¥6.

1 km weiter südöstlich steht der Tempel **Nanputuo Si**, der vor über 1000 Jahren am Südhang des Wulao Feng errichtet wurde. Kaum ein anderer buddhistischer Tempel Chinas wirkt so modern und wird so sorgfältig geleitet wie dieser. Die Dächer sind mit einem grellen Durcheinander aus fliegenden Drachen, menschlichen Gestalten und vielfarbigen Blumen verziert. Zu den Kunstschätzen des Tempels gehört eine Inschriftensammlung von Widerstandskämpfern aus der frühen Qing-Dynastie, die über Gräueltaten der Mandschu berichtet. In der Haupthalle steht hinter dem Buddha Maitreya eine Statue des Wei Tuo, des Hüters der buddhistischen Lehre, der einen zum Boden gerichteten Stock in Händen hält – die symbolische Auskunft, dass das Kloster wohlhabend ist und Reisenden Kost und Unterkunft bieten kann. Das Tempelleben ist derzeit äußerst rege; angeschlossen ist auch ein **vegetarisches Restaurant** (s.S. 479). Man erreicht den Tempel mit Bus Nr. 1 in Richtung Xiada, der Xiamen-Universität. ⌚ tgl. 8–17 Uhr, Eintritt ¥3.

Unmittelbar südlich des Nanputuo Si beginnt das Gelände der **Xiamen-Universität**, über das man zur Küstenstraße Daxue Lu gelangt, die an attraktiven Sandstränden vorbeiführt. Gut 1 km südwestlich liegt in unmittelbarer Nähe der Endhaltestelle von Bus Nr. 2 die **Huli Shan Paotai** (Geschützstellung am Berg Huli). Die dortige schwere Artillerie deutscher Produktion hatte eine Reichweite von 10 km und diente unter der Qing-Dynastie der Abwehr imperialistischer Fremdmächte. Durch Leihferngläser kann man Blicke hinüber nach Jinmen werfen, das nur 20 km weiter östlich liegt. Bis 1984 war das Gebiet wegen der Nähe zu Taiwan nur beschränkt zugänglich, und an den Stränden galt von Sonnenuntergang bis Sonnenaufgang eine strikte Ausgangssperre.

Eine längere Wanderung (mindestens 2 Std.) führt vom Nanputuo Si hinauf auf den sich hinter dem Tempel erhebenden Hügel Wulao Shan – alternativ fährt Bus Nr. 17 ab der Straße vor dem Tempeleingang dorthin. Beide Varianten führen zum **Botanischen Garten Wanshi**, zu dessen viertausend Pflanzenarten auch ein Küsten-Mammutbaum *(Sequoia sempervirens)* gehört, den der amerikanische Präsident Nixon anlässlich eines offiziellen Chinabesuchs stiftete. ⌚ tgl. 6.30–18.30 Uhr, Eintritt ¥5.

Hinter dem nördlichen Haupteingang des Botanischen Gartens führt der Weg über ein Eisenbahngleis zum **Märtyrerdenkmal der Revolutionäre**, das rund 1500 m westlich des Stadtzentrums nahe der Strecke von Bus Nr. 4 steht. Südwestlich von hier kann man entlang der Gleisführung zum **Huxiyan** (Tigerstromfelsen) wandern, der sich rechter Hand an einem felsigen Abhang befindet. Dort oben schmiegt sich ein anmutiger kleiner Tempel schüchtern zwischen gewaltige Felsbrocken. Durch eine schmale Höhle gelangt man zu in den Fels gehauenen Stufen, die bis auf den größten Felsen hinaufführen. Auf dem Gipfel des Hügels steht ein zweiter kleiner Tempel namens **Bailu Dong**, von dem aus sich wunderschöne Ausblicke auf die Stadt und das Meer eröffnen.

Insel Gulangyu

Die Insel Gulangyu war bis zum Zweiten Weltkrieg Xiamens ausländische Konzession, und in architektonischer Hinsicht hat sich seit der damaligen Zeit nicht sehr viel verändert. Im Sommer und an Wochenenden sind die Unterkünfte größtenteils belegt, doch da außer batteriebetriebenen Golfwägen keine Fahrzeuge auf der Insel zugelassen sind, bleibt auch zu diesen Zeiten die Stimmung ruhig und friedlich. Bei der Erkundung der Insel scheint der Tag wie im Fluge zu vergehen. Gulangyus enges Labyrinth von Gassen kann verwirren, doch angesichts der Größe der Insel (weniger als 2 km^2) ist dies kein wirkliches Problem. Überall gibt es sehenswerte Dinge zu entdecken, denn ein Bummel durch die Straßenzüge – besonders entlang von Fuzhou Lu und Guxin Lu – führt zu einer Vielzahl an architektonischen Juwelen, die mit ganzjährig blühenden Blumen und Zierpflanzen bewachsen sind.

Die **Fähre** zur Insel pendelt von frühmorgens bis mitternachts vom Pier gegenüber dem Hotel *Lujiang* zwischen Stadt und Insel; die kurze Überfahrt lohnt auch wegen der schönen Ausblicke auf Land und Wasser. Bei der Fahrt zur Insel steht das Unterdeck kostenfrei zur Verfügung, während das Oberdeck ¥1 kostet; bei der Rückfahrt allerdings werden für das Unterdeck ¥3 und für das Oberdeck

¥4 fällig. Nach dem Aussteigen befindet man sich bereits im **Inselzentrum** mit seinen verschlungenen kleinen Einkaufsstraßen, einer Bank (die keine Travellers Cheques einlöst), einem Postamt und einer Handvoll Restaurants. Schräg zur Rechten steht die auffällige Bronzeskulptur eines gigantischen Kraken mit Saugnäpfen und Maul, die den Eingang zu **Underwater World Xiamen** kennzeichnet. Zu den dortigen Attraktionen gehören begehbare Aquarien, eine Siegelausstellung, Pinguine, Schildkröten und ein riesiges Walskelett. 🕓 tgl. 9–16.30 Uhr, Eintitt für Erwachsene ¥70, für Kinder ¥40.

Nordwestwärts führt von hier aus die Sanming Lu zum Eingang eines **Tunnels** aus den 50er Jahren, der angesichts der drohenden militärischen Eskalation in der Auseinandersetzung mit Taiwan angelegt wurde und durch den Berg hindurch zu Gulangyus nördlichem Ende an der Neicuo Ao Lu führt. Von dort bietet sich ein Bummel durch das Gewirr der Gassen zurück zur Anlegestelle der Fähre an, was eine unterhaltsame halbe Stunde füllt, sofern man sich nicht verläuft. Eine vollständige Inselumwanderung lohnt sich nicht, da der Nordwesten nichts Sehenswertes zu bieten hat.

Südöstlich der Landungsbrücke stehen mehrere stolze alte Gebäude, zu denen die ehemaligen britischen und deutschen Konsulate gehören. Die Straße führt weiter zur felsigen östlichen Landzunge, die heute von der **Gartenanlage Haoyue** (Eintritt ¥25) umschlossen wird, wo eine riesige Granitstatue Koxinga in vollem militärischem Prunk zeigt. Die Statue blickt bedeutungsschwer Richtung Taiwan, das dieser vom Piraten zum Helden avancierte Mann einst von den ausländischen Kolonialisten befreite. Nicht weit hinter der Gartenanlage wendet sich die Straße Richtung Inselmitte und führt zu einem Sportgelände, an dessen Rand das alte koloniale *Gulangyu Guesthouse* steht, in dem 1972 Präsident Nixon wohnte und das noch immer chinesischen VIPs als Treffpunkt dient. Zuweilen ist es auch auswärtigen Gästen gestattet, einen Blick hineinzuwerfen, doch aus Sicherheitsgründen werden Besucher, die dort nicht wohnen, oft abgewiesen. Im mittleren Gebäude dieser Anlage sind Ausstattung und Mobiliar aus den 20er Jahren erhalten geblieben, darunter dunkle Holzvertäfelungen, ein Billardsaal und eine Terrasse mit Rattansesseln.

Richtung Südküste schließt sich die blumenreiche **Gartenanlage Shuzhuang** an, deren schattige Bereiche zu einem Tee mit Blick aufs Meer einladen; auch ein Musiksalon ist dort vorhanden. 🕓 tgl. 7–20 Uhr, Eintritt ¥20. Der saubere Sandstrand westlich des Parks verlockt zum Schwimmen, sofern er nicht allzu überfüllt ist. Über dem Strand erhebt sich mit dem **Sonnenscheinfelsen** der höchste Gipfel von Gulangyu, der ein Magnet für die Touristenscharen ist, denn nach der Fahrt mit der Kabinenbahn eröffnen sich oben von der auf 93 m Höhe gelegenen Plattform Rundblicke über die gesamte Insel. 🕓 tgl 8.30–17 Uhr, Eintritt ¥50 inklusive Seilbahnfahrt. Am Fuß des Felsens befindet sich die mit demselben Ticket zugängliche **Koxinga-Gedenkhalle**, zu deren Ausstellungsstücken Koxingas Jadegürtel und Teile seiner „kaiserlichen" Robe gehören – leider fehlen englischsprachige Erläuterungen. Von dort führt der Weg an der Küste entlang zur Anhöhe **Yingxiong Shan**, auf der sich ein mit Netzen gesichertes Freiluft-Vogelhaus (Eintritt ¥15) befindet, in dem viele Tropentauben, Silberreiher und Papageien gehalten werden – besonders an klaren Tagen ein schöner Spaziergang.

Jimei, Dorf der Schulen

Rund 15 km nördlich von Xiamen liegt jenseits der Brücke auf festländischem Boden Jimei, das den Beinamen „Dorf der Schulen" trägt. Die Chinesen und besonders die Einwohner Fujians messen ihm besondere Bedeutung bei, denn es dient als Musterbeispiel für die Leistungsbereitschaft von Überseechinesen, die willens sind, ihr Geld für wohltätige Zwecke im Mutterland anzulegen. Stadtbus Nr. 18 fährt vom Tempel Nanputuo Si über den Bahnhof nach Jimei und benötigt für die Strecke je nach Verkehrsdichte zwischen einer halben und einer Stunde. An der Bushaltestelle in Jimei warten Fahrradrikschas, die Besucher für rund ¥40 durch den gesamten Bereich fahren. Zu Fuß lässt sich das Dorf auf einem gemütlichen zweistündigen Spaziergang erkunden. Vom Haupteingang ostwärts gehend erreicht man nach rund 20 Minuten die Sehenswürdigkeiten im Dorf.

Chen Jiageng (1874–1961) – oder Tan Kahkee, wie er im lokalen Dialekt heißt – verdiente seine Millionen in Malaysia und ist Fujians prominentester „Rückkehrer". Nach Gründung der Republik im

Jahre 1911 begann er Geldmittel für den Aufbau von Bildungsinstituten in der Region Xiamen zur Verfügung zu stellen … und tat dies fünfzig Jahre lang. Neben der Xiamen-Universität ist die **Jimei High School** Tan Kahkees beständigstes Erbe; das Lehrinstitut steht in einem schönen Park am Meer, und seine mächtigen Gebäude – ein grandioses chinesisch-gotisches Arrangement aus gemusterten Ziegeln und kunstvollen Fenstern – überblicken einen See. Hinter dem Eingang führt der Weg nach links durch einen kleinen Park zu einer Statue Tan Kahkees, und jenseits einer Straße steht an deren nördlichem Ende sein **ehemaliges Wohnhaus**. Im linken Flügel berichtet eine Fotosammlung, die zum Teil auch auf Englisch beschriftet ist, über sein Leben, seine geschäftlichen Leistungen und seinen Patriotismus. Über das ideologische Dilemma eines kommunistischen Staates, der Geldgeschenke von einem kapitalistischen Millionär annimmt, wird nichts berichtet. Nur wenig weiter östlich beginnt der **Ao-Park**, der sich bis ans Meeresufer erstreckt und dessen Eingangskorridor von Steininschriften gesäumt wird, die Geschichten aus Chinas mythischer Frühgeschichte erzählen.

Übernachtung

Xiamen verfügt über ein breites Angebot an Unterkünften der mittleren bis gehobenen Kategorie. Einige der schönsten Hotels (und das preiswerteste, das Ausländer aufnehmen darf) befinden sich auf der Insel Gulangyu, wo man sein Gepäck jedoch selbst befördern muss, da es dort weder Busse noch Taxis gibt. Die herrliche Ruhe und friedliche Stimmung der Insel entschädigen jedoch mühelos für diesen kleinen Umstand. In allen Hotels lohnt es sich zu handeln, denn vor allem in der Nebensaison werden Preisnachlässe bis zu 40% eingeräumt.

STADTZENTRUM VON XIAMEN – ***Donghai (auch: East Ocean)********, Zhongshan Lu, ✆ 202 1111, 📠 2033264. Ein Block östlich des *Lujiang*. Exzellente Lage und schöne Zimmer.

Holiday Inn, Luxus, Zhenhai Lu, an der Kreuzung mit Siming Nan Lu, ✆ 2023333, 💻 www.hi592.com. Alle üblichen Einrichtungen internationaler Hotels vorhanden.

Huaqiao, Luxus, Xinhua Lu, ✆ 2025602, 📠 203 8236. Sehr hübsches modernes Hotel mit ausgezeichnetem Service. Die Agenturen der Fluggesellschaften und *CTS* befinden sich bequemerweise unmittelbar vor der Tür.

Jiaotong**, Siming Bei Lu, ✆ 2024403, 📠 202 2928. Direkt gegenüber der kleinen Busstation wenig südlich der Xiahe Lu. Garagenähnlicher Eingang mit Rezeption an der rechten Seite. Wirkt von außen nicht wie ein Hotel, ist jedoch gemütlich und freundlich. Hat einige recht schöne DZ mit Bad.

Lujiang****, Zhongshan Lu, ✆ 2022922, ✉ lujihtl@public.xm.fj.cn. Gepflegtes Kolonialgebäude mit erstklassiger Lage am Meer und Blick auf die Insel Gulangyu. Die preiswerteren DZ sind recht klein. Insgesamt jedoch ein ausgezeichnetes Hotel.

Xiamen Guesthouse****, Huyuan Lu, ✆ 2022265, 📠 2021765. Steht auf einem Hügel mit großem Baumbestand, ohne jedoch abgelegen zu sein. Modernes, aber etwas dunkles Haus. Bus Nr. 4 vom Bahnhof hält in der Nähe.

Xiamen Spring Sunlight***, Haihou Lu, ✆ 202 1793, 📠 2071665. Direkt gegenüber der Fähre zur Insel Gulangyu. Gebäude mit kolonialem Äußeren und moderner Einrichtung. Äußerst sauberes Haus in guter Lage, angemessenes Preisgefüge.

Xinqiao***, Xinqiao Lu, ✆ 2038883, 📠 2038765. Schönes Hotel an der Kreuzung mit Zhongshan Lu, wird vorwiegend von Geschäftsleuten gebucht.

INSEL GULANGYU – ***Gulangyu Guesthouse******, Huangyan Lu, ✆ 2066050. Zu Fuß 15 Min. vom Pier entfernt; südwestwärts durch das Straßengewirr gehen. Die ehemalige Kolonialvilla ist eine Touristenattraktion für sich. Angemessene saubere Zimmer, doch angesichts des betagten Mobiliars ein wenig überteuert.

Lizhi Dao (auch: Beautiful Island)*, 133 Longtou Lu, ✆ 2063309, 📠 2063311. Sehr nettes Haus mit geringfügigen Feuchtigkeitsproblemen. Die billigsten Zimmer sind klein und stickig, doch diejenigen mit Fenster sind ihr Geld wert.

Luzhou**, Longtou Lu, ✆ 2065390, 📠 2065843. Von der Fähre ein kurzes Stück geradeaus und dann nach links gehen. Vor dem Hotel erstreckt sich ein grüner Rasen. Schöne Aussicht aus den teureren Zimmern mit Holzfußböden. Sauberes durchschnittliches Chinesenhotel.

Essen

Das Essen in Xiamen ist eine Lust. Es gibt frischen Fisch und viele Meeresfrüchte, insbesondere Austern, Krabben und Garnelen. Zu empfehlen sind vor allem die Restaurants rund um Gulangyus Marktbezirk. Meeresfrüchte werden gewöhnlich nach Gewicht verkauft, nicht nach Portionen. Auch im Stadtzentrum finden sich zahlreiche Restaurants.

Gongde Caiyuan, preiswertes vegetarisches Restaurant gegenüber vom Nanputuo Si und nahe der Universität.

Holiday Inn, Lobby-Café. Das Kännchen Kaffee kostet ¥32, Kuchen ab ¥6.

Huangzehe Huasheng Tangdian, bekannt für Erdnussbrötchen und Suppen (regionale Spezialitäten). Stets gut besuchte und deshalb laute Garküche an der Zhongshan Lu.

Lujiang Hotel, Insel Gulangyu. Sehr schönes Dachterrassen-Café/Restaurant, unten morgens ein exzellentes Dim-Sum-Frühstück.

Nanputuo Sis vegetarisches Restaurant ist recht teuer. Mahlzeiten je nach Anzahl der Gerichte ¥30–80.

Venezzia Café, schönes Lokal mit Außentischen nicht weit von der Universität entfernt. Preiswertes Bier und leicht überteuerte westliche Gerichte.

Xin Nan Xuan Jiujia, Siming Lu. Leckere lokale Snacks und eine breite Auswahl von Frühlingsrollen über Nudelsuppe und *jiaozi* bis hin zu gebackenen Krabben.

Sonstiges

AMT FÜR ÖFFENTLICHE SICHERHEIT (PSB) – Gegenüber vom Postamt in der Gongyuan Nan Lu, ✆ 2262203.

GELD – Niederlassungen der ***Bank of China*** befinden sich auf der Insel Gulangyu (dort werden jedoch keine Travellers Cheques eingelöst) und an der Zhongshan Lu in der Nähe der Küste. ◷ jeweils Mo–Fr 8.30–12 und 14.30–17, Sa 8–12.30 Uhr.

INTERNET – Mehrere Internet-Cafés befinden sich in der Gasse, die unmittelbar nördlich des Hotels *Donghai* parallel zur Datong Lu verläuft.

POST UND TELEFON – ***Hauptpostamt*** mit IDD-Telefon-Service an der Xinhua Lu, südlich der Kreuzung mit Siming Dong Lu.

REISEBÜROS – ***CITS***, im Obergeschoss des Gebäudes unmittelbar westlich der *Bank of China* in der Zhongshan Lu, ✆ 2103911; ***CTS***, *Huaqiao Hotel*, Xinhua Lu, ✆ 2025617.

VORWAHL – 0592

Nahverkehrsmittel

Die **Busse**, die das Stadtgebiet flächendeckend bedienen, verkehren nach festen Fahrplänen und sind schnell und preiswert – die Fahrten kosten ¥1–2. Es gibt zahlreiche **Taxis**, die eine Grundgebühr von ¥8 erheben. Fliegende Händler bieten in der Nähe der Fährstation nach Gulangyu Stadtpläne zum Preis von ¥5 an.

Transport

Xiamen ist bequem mit Bussen und auch auf dem Luftweg zu erreichen. Hingegen sind die Eisenbahnverbindungen – wie überall in Fujian – ein wenig unbefriedigend. Eine Fähre pendelt nach Hongkong.

BUSSE – Xiamen verfügt über mehrere **Überland-Busbahnhöfe**. Die meisten Reisenden treffen entweder 2 km nordöstlich des Zentrums an der Hubin Nan Lu (100 m rechts vom Ausgang befindet sich die Haltestelle von Bus Nr. 23, der zur Küste fährt) oder 200 m nördlich des Bahnhofs ein (von dort Bus Nr. 27 nehmen). Von beiden Busbahnhöfen fahren zwischen 6 und 22 Uhr zahlreiche Busse nach Fuzhou und Quanzhou. Täglich mehrere Verbindungen gibt es auch nach Longyan und Yongping. Weniger häufig, jedoch ebenfalls täglich werden Guangzhou und Shantou bedient. Womöglich fahren Busse nicht am selben Bahnhof ab, an dem das Ticket gekauft wurde – in diesem Fall wird der Fahrschein mit einem chinesischen Stempel versehen, der rund eine halbe Stunde vor der planmäßigen Abfahrtszeit zum kostenlosen Transfer mit einem Shuttle-Bus zur richtigen Abfahrtshaltestelle berechtigt.

Busse nach:
FUZHOU 4 Std.;
GUANGZHOU 20 Std.;
LONGYAN 5 Std.;
MEIZHOU 9 Std.;
QUANZHOU 1 1/2 Std.;
SHENZHEN 20 Std.;
WENZHOU 18 Std.

EISENBAHN – Xiamens **Bahnhof** befindet sich in der Xiahe Lu, etwa 4 km östlich der Küstenfront am Ende der Zhongshan Lu, mit der er durch die Buslinien Nr. 1, 3 und 4 verbunden ist. Eisenbahntrassen verlaufen von Xiamen gen Norden zum Wuyi Shan und in die Provinz Jiangxi sowie westwärts via Longyan in die Provinz Guangdong. Da die Fahrt nach Fuzhou sehr schleppend verläuft, sind für dieses Ziel die schnelleren Überlandbusse zu empfehlen. Der Ticketkauf ist nicht besonders problematisch, doch es bilden sich oft lange Schlangen vor dem Ticketbüro; ⌚ tgl. 8.10–12, 13.40–16.10 und 19.20–21.30 Uhr.

Züge nach:
GUANGZHOU 1x tgl., 15 Std.;
NANCHANG 4x tgl., 11 Std.;
NANJING 1x tgl., 18 Std.;
SHANGHAI 1x tgl., 25 Std.;
WUYI SHAN 1x tgl., 13 Std.;
XI'AN 1x tgl., 16 Std.

FÄHREN – Der am zentralsten gelegene Ankunftsort der Stadt ist das **Heping-Fährterminal**, wo einmal pro Woche ein Schiff aus HONGKONG anlegt (und dorthin zurückfährt). Der Fußmarsch an der Küste entlang nach Süden zum *Lujiang Hotel* dauert rund 15 Minuten.
Das Ticketbüro befindet sich in einem unbeschilderten, weiß gekachelten Gebäude am der Küste zugewandten Ende der Tongwen Lu; ✆ 2022517, ⌚ tgl. 8–11.15 und 14.30– 17.15 Uhr. Betten für die 18-stündige Fahrt kosten je nach Klasse (Schlafsaal, Mehrbett- oder Privatkabine) zwischen ¥385 und ¥2180. Einen Linienverkehr zur taiwanesischen Insel Jinmen gibt es bislang nicht. Mitunter können Gruppen ein Schiff dorthin chartern, doch westlichen Reisenden steht diese Option nicht offen.

FLÜGE – Xiamens **Flughafen** liegt 12 km nördlich der Stadt und ist durch Bus Nr. 27 mit dem Küstenbereich verbunden. Es gibt Flugverbindungen nach Wuyi Shan, Fuzhou, Guangzhou und verschiedenen anderen Städten in Ostchina sowie zu einigen Zielen in Südostasien.
CAAC, ✆ 2208866, ✆ 2139216, unterhält eine Agentur vor dem *Lujiang Hotel* (s.S. 479) in der Zhongshan Lu.

Fluggesellschaften:
Air China, Huguang Dasha Building, Hubin Dong Lu, ✆ 5084376;
China Eastern, 311 Siming Nan Lu, ✆ 2028936;
Dragon Air, 8 Jianye Lu, ✆ 5117702;
Philippine Airlines, 837 Xiahe Lu, ✆ 5094551;
Silk Air, *Holiday Inn*, ✆ 2053257.

Flüge nach:
BEIJING 3x tgl., 2 1/2 Std.;
FUZHOU 2x tgl., 1/2 Std.;
GUANGZHOU 3–5x tgl., 3/4 Std.;
HONGKONG 3x tgl., 3/4 Std.;
MACAU 3x tgl., 1 Std.;
SHANGHAI 7x tgl., 1 1/4 Std.;
SHENZHEN 2x tgl., 1 1/4 Std.;
WUYI SHAN 5x wöchentl., 3/4 Std.

Der Südwesten Fujians

Fujians hügeliges südwestliches Grenzgebiet zur Nachbarprovinz Guangdong ist die Heimat der Hakka, einer Untergruppe der Han-Chinesen, die im Lokaljargon *kejia* (wörtlich: Gastfamilie) heißen und von den Europäern des 19. Jahrhunderts „Chinas Zigeuner" genannt wurden. Ihr Ursprung liegt im Yangzibecken, doch seit dem 3. Jahrhundert wurden sie durch Kriege und Revolutionen immer weiter nach Süden abgedrängt. Heute stellen sie in dieser Region, ebenso wie in Hongkong und auf der Insel Hainan, einen großen Anteil an der Bevölkerung. Sie konnten sich ihre Sprache und Bräuche bewahren, indem sie sich in ihren Siedlungsgebieten von den Nachbarn fernhielten, was jedoch zwangsläufig zu Ressentiments führte. Aus diesem Grund entwickelten die Hakka eine eigen-

Der Südwesten Fujians

Yongding	永定	***yǒngdìng***
Dongfu	东府酒店	*dōngfǔ jiǔdiàn*
Jiari	假日旅馆	*jiàrì lǚguǎn*
Tianhe	天河旅馆	*tianhé lǚguǎn*
Chengqi	乘启	***chéngqǐ***
Gaotou Lou	高头楼	*gāotóu lóu*
Hukeng	湖坑	***húkēng***
Zhencheng Lou	振城楼	*zhènchéng lóu*
Longyan	龙岩	***lóngyán***

willige Bauweise, die ihre Häuser in kleine Festungen verwandelte. Die Städte im Südwesten Fujians sind eher uninteressant, die ländlichen Gebiete jedoch besonders im Frühling sehr reizvoll. In den Dörfern und Weilern rund um die zentral gelegene Stadt Yongding stehen zahlreiche **Hakka-Rundhäuser** aus Stein und Adobeziegeln; die größten von ihnen sind dreistöckig und rund und können ganze Großfamilien beherbergen.

Wer in Fujians Küstenorten kein direktes Transportmittel zum gewünschten Zielort findet, sollte zunächst die Kleinstadt **Longyan** 170 km nordwestlich von Xiamen ansteuern, wo Straßen und Eisenbahntrassen aus Fuzhou, Quanzhou und Xiamen zusammentreffen und vereint weiter westwärts nach Meizhou in Guangdong (s.S. 452) führen. Vom Bahnhof am östlichen Stadtrand fährt Bus Nr. 14 über drei Brücken zur Longzhou Xi Lu und dem dortigen Überland-Busbahnhof, der 2 km südlich von Longyans Zentrum liegt. Dort stürzen sich sofort Minibusfahrer auf eintreffende Reisende, um sie als Passagiere für die restlichen 60 km ins südwestliche Yongding (¥10) zu gewinnen. Die gut einstündige Fahrt führt durch mehrere Hakka-Städtchen mit großen Wohnhäusern aus Lehmziegeln, in deren Umgebung nahezu unvermeidlich eine Zementfabrik steht.

Yongding und Umgebung

Die am Rande eines Flussbeckens gelegene alte Ortschaft Yongding wurde in eine hastig errichtete gesichtslose Stadt mit allen dazugehörigen hässlichen Begleiterscheinungen verwandelt, doch die Einwohner sind nach wie vor äußerst freundlich zu Fremden, die den Weg dorthin finden. Die aus Longyan kommende Straße endet an einem Kreisverkehr, an dem sich der Busbahnhof und einige einfache, jedoch akzeptable **Unterkünfte** befinden: *Jiari Lüguan**, *Tianhe Lüguan** und *Dongfu Jiudian**. Von dort führt die Hauptstraße nordwärts über den Fluss und in die Stadt. Am gegenüberliegenden Flussufer zweigt sofort die Huangcheng Dong Lu nach links zum **Marktbereich** ab, während rechts Stufen auf eine Anhöhe mit einem **Park** führen, der Ausblicke auf die Stadt und die nähere Umgebung gewährt. Rund um den Busbahnhof und an den Hauptstraßen gibt es Restaurants und Garküchen, die unter anderem alle möglichen Sorten Reisnudeln, Snacks und *kourou* – ein Hakka-Gericht aus in Sojasauce geschmorten Schweinebauch-Streifen auf einer Unterlage aus Bitterkohl – anbieten. Es gibt tägliche Busverbindungen nach Meizhou in Guangdong, und Minibusse fahren tagsüber zurück nach Longyan sowie ostwärts mindestens bis zum Dorf Hukeng.

Hukeng und Zhencheng Lou

Eine einstündige Busfahrt führt ostwärts von Yongding durch die Stadt **Zhiling**, einem Straßenverkehrsknotenpunkt, zu einem **Hakka-Rundhaus** rund 5 km nördlich des Dorfes Hukeng, das als das perfekteste seiner Art gilt. Das jahrhundertealte Haus namens Zhencheng Lou ist heute eine gepflegte, wenngleich etwas sterile Touristenattraktion (¥20): Schmucklos und abweisend von außen, umschließen die gewaltigen Hausmauern drei

Stockwerke mit galerieartigen Räumen, die auf den zentralen Innenhof ausgerichtet sind, in dem traditionell Gäste unterhalten wurden und der Klanschrein untergebracht war. Die Galerien sind durch dicke brandfeste Mauern vertikal in acht Abschnitte untergliedert – ein Grundriss, der das Gebäude bewusst in ein riesiges *bagua* (das achtgliedrige Diagramm des Daoismus) verwandelt. Dieses machtvolle Motiv ist in der Region allgegenwärtig und tritt zusammen mit Dämonen abwehrenden Spiegeln und anderen daoistischen Symbolen in Erscheinung. Glaubt man den Berichten der Einheimischen, so hatte die Rundbauweise fast eine verhängnisvolle Folge: Da die Häuser von oben wie ein Ring aussehen, wurden sie nach den ersten amerikanischen Satellitenaufnahmen von dieser Region als unterirdische Raketenabschussrampen identifiziert.

Auch der Weiler um Zhencheng Lou herum wirkt sehr attraktiv, denn am schmalen Flusslauf gibt es noch andere authentischere Häuser, die ausnahmslos bewohnt sind. Zu den sehenswertesten Bauten gehören: ein Schulgebäude aus den 20er Jahren; **Fuyu Lou**, das alte Yamen-Gebäude; **Rushen**, eines der kleinsten mehrstöckigen Rundhäuser; und **Kuijiu**, ein prachtvolles, 160 Jahre altes rechteckiges Hakka-Wohnhaus, dessen Inneres wie ein in eine Schachtel gezwängter Tempel wirkt. Leicht zu erkennen ist in der Nähe des Zhencheng Lou ein kleines *Hotel** an seiner Rundform und weißen Verkachelung.

20 km weiter nördlich steht in **Chengqi** das größte aller Rundhäuser. Das Bauwerk **Gaotou Lou** stammt aus dem Jahre 1709, und in seinen 600 Räumen leben derzeit über 1000 Menschen.

Wer von Hukeng weiter nach Guangdong reisen will, muss zunächst zurück nach Zhiling, wo die Straßen aus Longyan und Yongding, die in Richtung Guangdong führen, zusammentreffen. Dort sollte es bis zum mittleren Vormittag ohne Schwierigkeiten möglich sein, einen Bus für die fünfstündige Fahrt nach Meizhou (s.S. 542) oder Dapu (s.S. 545) heranzuwinken.

Die Provinz Guangdong: Guangzhou und Perlflussdelta

Auf halbem Wege entlang der 800 km langen Küstenlinie Guangdongs führen Flüsse aus der gesamten Provinz und aus benachbarten Gebieten ihre Wassermassen durch das tropisch-fruchtbare Perlflussdelta, das zu den landwirtschaftlich am intensivsten bewirtschafteten Gebieten des Landes gehört, dem Südchinesischen Meer zu. Die direkt am nördlichen Scheitelpunkt des Deltas und unweit von Hongkong und Macau gelegene Provinzhauptstadt **Guangzhou** ist für viele Reisenden der erste Berührungspunkt mit Festlandchina. Nicht jeder findet Gefallen an der Stadt, doch sobald man eine erste Orientierung in den geschäftigen Straßen und überlaufenen Einkaufsbezirken erlangt hat, sollte man sich Guangzhous weltberühmter **Küche** zuwenden, und auch mehrere Museen, Parks und Monumente lohnen einen Besuch.

Das Perlflussdelta selbst scheint auf den ersten Blick ausschließlich ein Produkt des modernen Zeitalters zu sein, denn es überwiegen neben einigen grünen Landstrichen industrielle Konglomerationen und wie Pilze aus dem Boden gewachsene Städte, wie das an Hongkong angrenzende **Shenzhen** und weiter westlich **Zhuhai** an der Grenze zu Macau. In den 80er Jahren wurden diese Städte als **Wirtschaftssonderzonen**, in denen im Widerspruch zur kommunistischen Ideologie offiziell die Gesetze der freien Marktwirtschaft zugelassen waren, zu den Glanzlichtern von Deng Xiaopings Reformprogramm. Der unglaubliche Erfolg dieser Sonderzonen ermutigte zahlreiche ausländische und einheimische Investoren zu einem Engagement, das die bis zur Song-Dynastie zurückreichende Wirtschaftsgeschichte der Region – damals erschlossen Ingenieure die fünf Landbezirke Nanhai, Panyu, Shunde, Dongguan und Zhongshan durch Irrigationskanäle – weit in den Schatten stellt. Seit der Ming-Dynastie wurden einheimische Produkte und Lebensmittel via Guangdong exportiert, die Künste und Tempelbauarchitektur erblühten, und Lebemänner widmeten sich der Anlegung von Gärten, die zum Wandern und Dichten inspirierten.

Heute lässt sich das Delta in nur wenigen Stunden mit Hochgeschwindigkeits-Transportmitteln durchqueren, wobei man allerdings kaum mehr

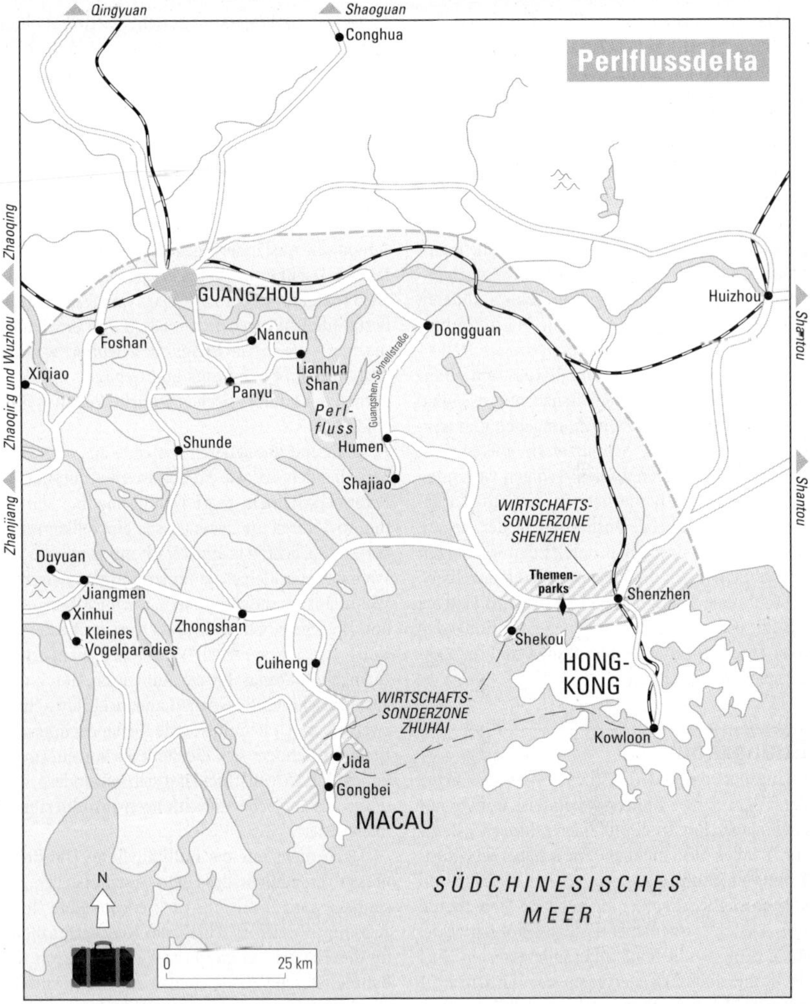

wahrnehmen wird als die unattraktiven städtischen Umgebungen der Schnellstraßen. Wer sich jedoch etwas Zeit nimmt und hinter die Kulissen schaut, wird sehr viel über China erfahren – nicht nur über die neuzeitliche Hast und die vielleicht etwas zu übereilte Entwicklung, die angepasste Maßnahmen nur bedingt zulässt, sondern auch über die ereignisreiche Vergangenheit: Besonders sehenswert sind **Foshans** wundervoller **Ahnentempel**, die landschaftlich gestalteten antiken Steinbrüche des **Lianhua Shan** sowie (für historisch Interessierte) **Humen**, wo die Vernichtung des britischen Opiums 1839 die Zündschnur zum Ersten Opiumkrieg legte, und schließlich **Cuiheng**, das Heimatdorf des revolutionären chinesischen Helden und Landesvaters **Sun Yatsen**.

Das Perlflussdelta weist Chinas größte Dichte an **Schnellstraßen** auf. Zu den am meisten genutzten Strecken gehört die 175 km lange Guangshen-Schnellstraße, die südostwärts von Guangzhou nach Shenzhen verläuft. Den Westen der Region erschließen zahlreiche Strecken, die problemlos zu allen Sehenswürdigkeiten bis nach Zhuhai (155 km von Guangzhou entfernt) führen. Busse von Guangzhous Busbahnhof Liuhua und anderen Abfahrtshaltestellen bedienen alle regionalen Ziele. Die **Eisenbahnlinie** Guangzhou–Shenzhen hält in der Regel an keinen anderen Bahnhöfen, und bis 2005 ist eine Metro-Verbindung nach Foshan geplant.

Ein weiteres Detail sollte im Bewusstsein verankert sein: Die Sonderzonen Shenzhen und Zhuhai sind von elektrischen Zäunen umgeben und werden überwacht, um Schmugglern entgegenzuwirken – sie gehören zu den wenigen Gegenden Chinas, in denen bewaffnete Polizeikräfte in Erscheinung treten (bei Busfahrten in der Region und Zugreisen nach Shenzhen ist damit jederzeit zu rechnen). Auch die **Pässe** werden kontrolliert. Obwohl keine Staatsgrenze überquert wird, sind bei der Einreise aus den Sonderzonen nach Hongkong oder Macau Formulare auszufüllen und die Ausweispapiere vorzulegen.

Guangzhou

Guangzhou, das in der westlichen Welt noch heute unter dem Namen **Kanton** bekannt ist, war vor nur einem Jahrzehnt dem Empfinden zahlreicher Besucher zufolge nicht mehr als eine schauerliche Karikatur von Hongkong – eine völlig überfüllte und von Umweltverschmutzung geplagte Stadt, deren Chaos jeden Erstbesucher des Landes abschreckte. Auch heute ist die Stadt alles andere als ein Hort der Ruhe, doch Erweiterungen der Infrastruktur haben in den vergangenen Jahren vieles zum Besseren verändert: Ein expandierendes **Metro-Netz** und mehrstufige Überführungen sorgen für eine entspanntere Verkehrssituation. Der Uferbereich wurde gepflastert, und wo immer möglich wurden Blumenbeete angelegt. Alte Gebäude wurden saniert und ansehnlich restauriert sowie hässliche Zementblöcke aus den 50er Jahren abgerissen, und das **Nachtleben** der Stadt erblüht mit rasender Geschwindigkeit.

Gewiss sind Guangzhous **Sehenswürdigkeiten** relativ unbedeutend, doch ein faszinierendes 2000 Jahre altes Grab und ein Palastgarten ergänzen das übliche Panoptikum an chinesischen Tempelanlagen, und die Stadt selbst bietet überall Gelegenheit zur Beobachtung des chinesischen Alltagslebens. Die Kantonesen sind im Allgemeinen sehr zugänglich und verhalten sich angesichts der seit 2000 Jahren bestehenden Kontakte der Stadt zur Außenwelt Ausländern gegenüber äußerst unbefangen. Darüber hinaus gelten sie als ausgesprochen redselig, mit der Folge, dass Guangzhous zwei berühmte Leidenschaften – Essen und Geschäftemachen – als soziale Ereignisse zelebriert werden und Straßen, Restaurants und Gebäude vom Widerhall der kantonesischen Sprache **Yueyu** erfüllt sind.

Während die neueren Distrikte aus dem vorbeigleitenden Taxi wie ein Gemisch aus Chrom und Beton erscheinen, zeigt Guangzhou bei einem Bummel durch die Seitengassen ein vollkommen anderes Gesicht: das einer Stadt mit gepflasterten Wohnvierteln, kleinen Sammlermärkten, zwischen Wohnhäusern aufgespannten, reichlich behangenen Wäscheleinen und hinter verbarrikadierten Holztoren abgesperrten Wohnungen. Lange war Guangzhou Chinas Tor zur Außenwelt, durch das ausländische Einflüsse ins Land sickerten – und zwar oft durch heimkehrende Auslandschinesen. Heute präsentiert sich die Stadt als Vorreiterin in puncto Modetrends; hier lässt sich bewundern, wie China ausländische Stilrichtungen absorbiert und interpretiert.

Doch nicht nur die **halbjährliche Handelsmesse** verdeutlicht, dass dem Geschäftsleben gegenüber dem Tourismus die bedeutendere Rolle zukommt. Zweifellos schlägt das Herz Guangzhous für den Handel – er gleicht hier einer Religion, die Bahnhofstaschendiebe ebenso an- und umtreibt wie die führenden Bosse großer Unternehmen. Unter praktischen Aspekten ist zu beachten, dass die Stadt im Vergleich zu anderen Teilen Chinas teuer, verglichen mit Hongkong in vielerlei Hinsicht jedoch wesentlich **preiswerter** ist, was besonders für die **Weiterreise** gilt. Inlandflüge kosten in Guangzhou wesentlich weniger als jenseits der Grenze, sodass sich ungeachtet der Anreise aus Hongkong und einer fälligen Übernachtung viel Geld einsparen lässt.

Geschichte

Der Überlieferung zufolge wurde Guangzhou von **fünf Unsterblichen** gegründet, die auf fünf Ziegenböcken dahergeritten kamen. Jeder von ihnen pflanzte eine Reisgarbe, die endlosen Wohlstand symbolisierte – daher Guangzhous Spitzname **Yang Cheng** (Stadt der Ziegen). Kein Mythos jedoch ist, das im 3. Jahrhundert v. Chr. am Ort der heutigen Stadt bereits eine Siedlung namens **Panyu** existierte, die ein abtrünniger Qin-Kommandeur zur Hauptstadt des von ihm gegründeten Königreichs **Nanyue** machte. Überreste einer Werft aus jener Zeit, die in den 70er Jahren in Zentral-Guangzhou freigelegt wurden, lassen vermuten, dass die Stadt schon in frühester Zeit Kontakte zu fernen Ländern pflegte. 165 n. Chr. wiesen sich reisende Kaufleute als Bürger Roms aus. Seit der Tang-Dynastie segelten Schiffe bis zu den Häfen des Nahen Ostens – sie exportierten Porzellan in arabische Kolonien im fernen Kenia sowie in Sansibar und brachten im Gegenzug den Islam nach China. Im Jahre 1405 war Guangzhous Gemeinde aus ausländischen Händlern und Überseechinesen so groß, dass der Ming-Kaiser Yongle ein spezielles Stadtviertel für sie einrichten ließ, und als der Rest Chinas später aus Misstrauen gegen alles Fremdländische für Ausländer geschlossen wurde, war Guangzhou das einzige Verbindungsglied des Landes mit der restlichen Welt.

Trotz aller Restriktionen stürzte der Kontakt mit anderen Nationen Guangzhou – und einher damit ganz China – letztendlich ins Verderben. Die **Britische Ostindienkompanie** nutzte die Stadt ab dem 18. Jahrhundert als Basis für den Ankauf von Seide, Keramik und Tee, und sie zeigte sich bitter enttäuscht über die Weigerung der Chinesen, als Gegenleistung Handelswaren statt bare Münze zu akzeptieren. Um die aus dieser Haltung erwachsenen negativen Bilanzen auszugleichen, begann die Kompanie **Opium** aus Indien nach China zu importieren. Damit fielen zahllose Chinesen in die Abhängigkeit, doch den Briten und ihren chinesischen Zwischenhändlern, den **Co Hong**, trug die steigende Nachfrage nach dem Rauschmittel gewaltige Profite ein – und in höchst bedrohlicher Weise flossen die nationalen Silbervorräte aus dem Land ab. 1839 entsandte die Qing-Regierung den unbestechlichen Kommissar **Lin Zexu** mit dem Mandat nach Guangzhou, den Drogenhandel zu unterbinden. Lin erfüllte diesen Auftrag, indem er die ufernahen Ausländerviertel abriegeln und alle Opiumladungen vernichten ließ. England erklärte China den Krieg, rückte mit einer zum Teil von Opiumhändlern finanzierten Flotte an und zwang die Chinesen 1842 mit dem **Vertrag von Nanjing**, fünf Häfen (darunter Guangzhou und Hongkong) der britischen Kontrolle zu unterstellen.

Im 19. Jahrhundert entwickelte sich Guangzhou zu einem revolutionären Kessel. In den späten 40er Jahren des 19. Jahrhunderts inszenierte Hong Xiuquan von dort aus den **Taiping-Aufstand** (s.S. 101), und 60 Jahre später war die Stadt Schauplatz eines übereilten Versuchs von **Sun Yatsen**, die Qing-Dynastie zu stürzen. Als in den 20er Jahren diverse Warlords über Nordchina herrschten, machte Sun Yatsen Guangzhou zu seiner nationalistischen Hauptstadt, während die damals noch jugendlichen Mao Zedong und Zhou Enlai umherzogen, um ländliche Bauerngruppen zu mobilisieren. Zeitgleich führte der Ärger über die fortlaufende koloniale Einmischung in China in den Städten zur Gründung einer bemerkenswert gut organisierten Arbeiterbewegung, die angesichts des schändlichen Auftretens der Westmächte zum Aufruhr neigte. Viele politisch nach links tendierende Jugendliche Guangzhous schlossen sich Milizen an und zogen enthusiastisch nach Norden, um im Rahmen des **Nordfeldzugs** die Warlords zu entmachten – und wurden deshalb 1927 Opfer des **Massakers von Shanghai**, das Chiang Kaishek an den Kommunisten verübte.

Als im Dezember desselben Jahres in Guangzhou ein kommunistischer Aufstand fehlschlug, zeigte sich die Stadtbevölkerung vollkommen demoralisiert. Nach jahrelanger Knechtung durch die Japaner im Krieg und die Guomindang in den Folgejahren waren die Einwohner zu apathisch, um 1949 ihre Befreiung selbst in die Hand zu nehmen – dies blieb der Volksbefreiungsarmee überlassen. Kaum jemand würde die heutigen Kantonesen apathisch nennen, zumindest was ihren **Geschäftssinn** anbelangt. Im Gegensatz zu vielen anderen großen, scheinbar modernen Städten Chinas genießt Guangzhou echten Wohlstand. Die Infrastruktur steht auf soliden Füßen, und die Lage am Fluss sowie der allgemeine Entwicklungsgrad machen die Stadt in vielerlei Hinsicht zu einer etwas ungeschliffenen und kantigen Version Shanghais.

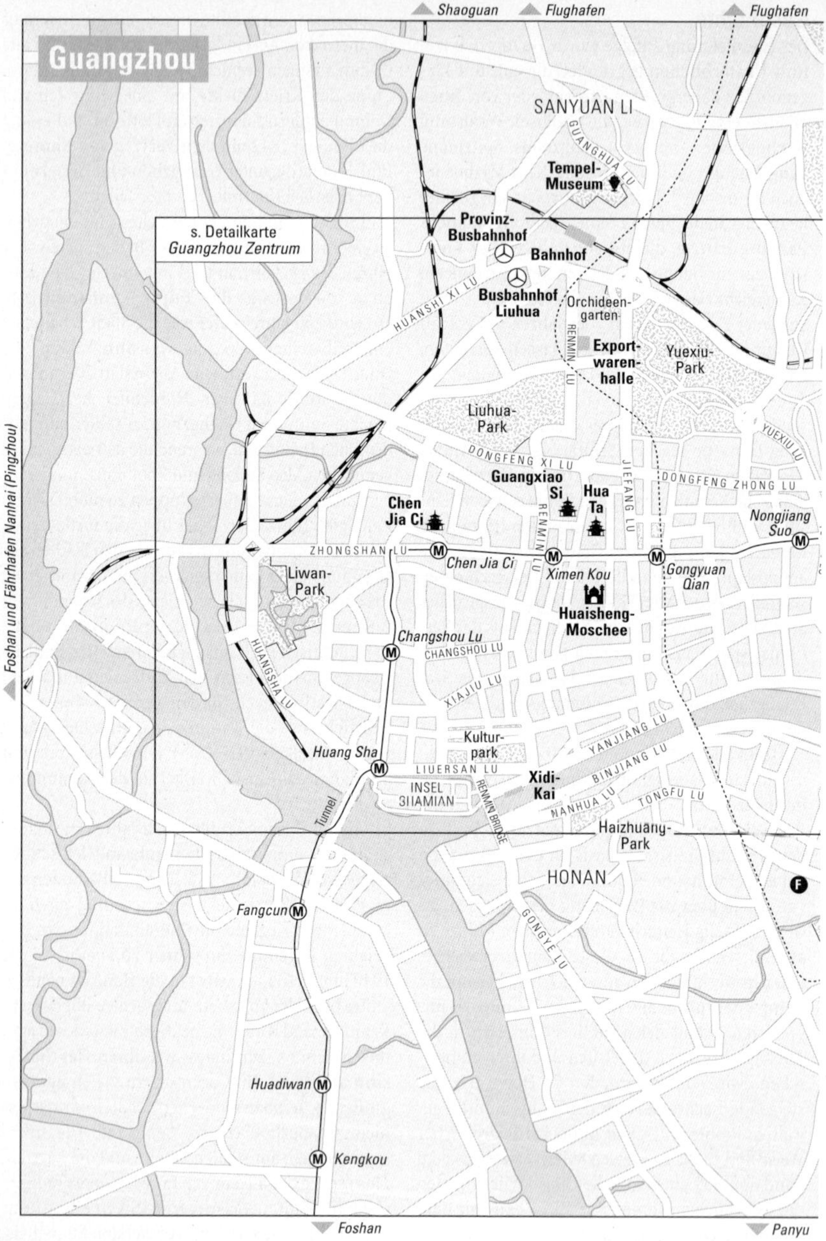
Shaoguan
Flughafen
Flughafen
Guangzhou
SANYUAN LI
GUANGHUA LU
Tempel-
Museum
s. Detailkarte
Guangzhou Zentrum
Provinz-
Busbahnhof
Bahnhof
Busbahnhof
Liuhua
Orchideen-
garten
HUANSHI XI LU
RENMIN LU
Export-
waren-
halle
Yuexiu-
Park
Liuhua-
Park
YUEXIU LU
DONGFENG XI LU
JIEFANG LU
DONGFENG ZHONG LU
Guangxiao
Si
Hua
Ta
Chen
Jia Ci
Nongjiang
Suo
ZHONGSHAN LU
Chen Jia Ci
Ximen Kou
Gongyuan
Qian
Liwan-
Park
Huaisheng-
Moschee
Changshou Lu
CHANGSHOU LU
HUANGSHA LU
XIAJIU LU
Foshan und Fährhafen Nanhai (Pingzhou)
YANJIANG LU
Kultur-
park
Huang Sha
LIUERSAN LU
BINJIANG LU
Xidi-
Kai
INSEL
SHAMIAN
RENMIN BRIDGE
NANHUA LU
TONGFU LU
Tunnel
Haizhuang-
Park
HONAN
GONGYE LU
Fangcun
Huadiwan
Kengkou
Foshan
Panyu

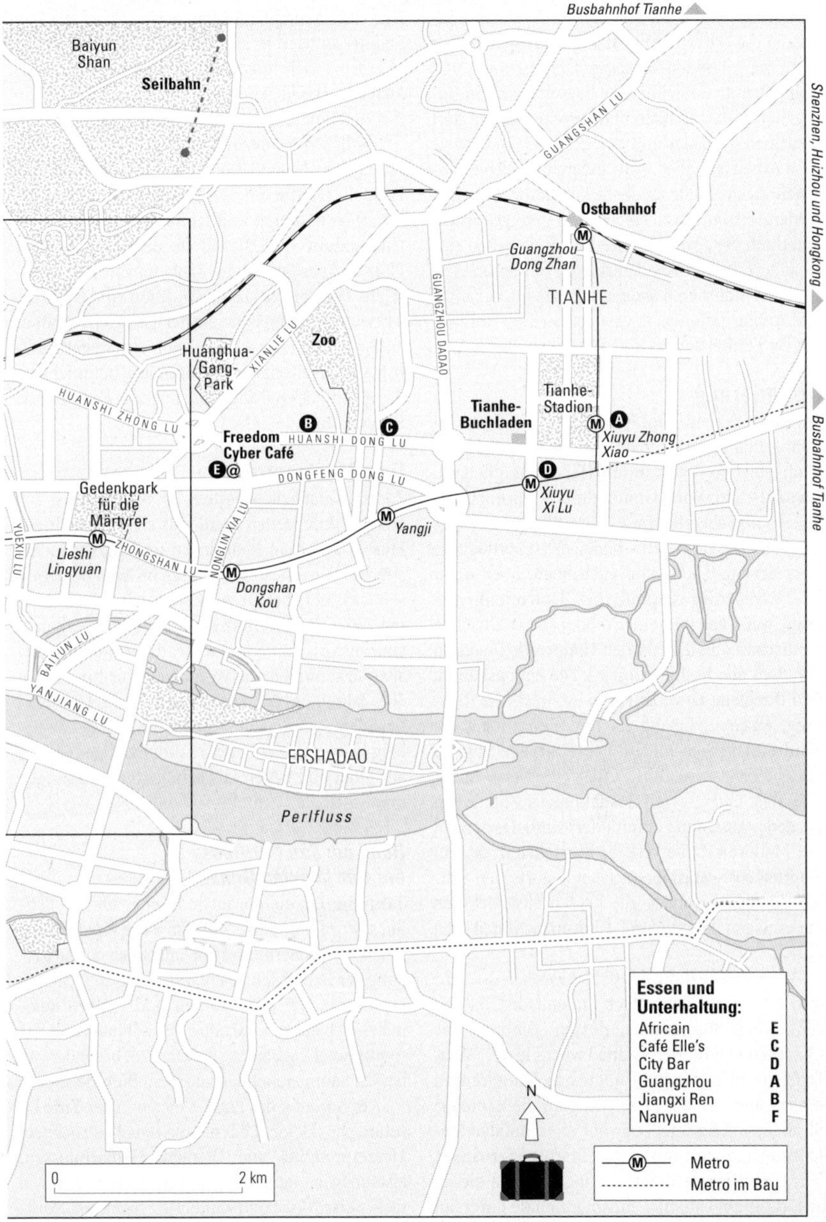
Busbahnhof Tianhe
Baiyun Shan
Seilbahn
Guangshan Lu
Ostbahnhof
Guangzhou Dong Zhan
Shenzhen, Huizhou und Hongkong
Tianhe
Guangzhou Dadao
Zoo
Xianlie Lu
Huanghua-Gang-Park
Tianhe-Stadion
Tianhe-Buchladen
Huanshi Zhong Lu
Freedom Cyber Café
Huanshi Dong Lu
Xiuyu Zhong Xiao
Busbahnhof Tianhe
Dongfeng Dong Lu
Xiuyu Xi Lu
Gedenkpark für die Märtyrer
Yangji
Yuexiu Lu
Lieshi Lingyuan
Zhongshan Lu
Nonglin Xia Lu
Dongshan Kou
Baiyun Lu
Yanjiang Lu
Ershadao
Perlfluss
Essen und Unterhaltung:
Africain E
Café Elle's C
City Bar D
Guangzhou A
Jiangxi Ren B
Nanyuan F
N
0
2 km
Metro
Metro im Bau

Hongkongs Rezession nach der Rückgabe an China und die asiatische Finanzkrise der späten 90er Jahre hat im Süden ansässige Unternehmen und wohlhabende Geschäftsleute bewogen, sich in Guangzhou niederzulassen und Vorteile aus den dort niedrigeren Kosten und der größeren Nachfrage nach Arbeit zu ziehen. Zum anderen hat sich in Guangzhou eine breite ländliche Wanderbevölkerung niedergelassen, die zu einem nicht geringen Anteil unterhalb der Armutsgrenze lebt. Stets halten sich rund eine Million Wanderarbeiter, von denen viele aus den ländlichen Regionen der Provinzen Jiangxi und Anhui stammen, in Guangzhou auf – immerhin ein Fünftel der gesamten Stadtbevölkerung.

Orientierung

Für eine Stadt mit fünf Millionen Einwohnern ist Guangzhou recht kompakt und übersichtlich. Das Stadtgebiet lässt sich in fünf Teile untergliedern. **Zentral-** und **Nord-Guangzhou** – nördlich des Flusses zwischen Renmin Lu im Westen und Yuexiu Lu im Osten gelegen – bilden das ursprüngliche Herz der Stadt und sind auch heute noch mehr oder weniger ihr geografisches Zentrum. Ihr Gepräge weist das Bild einer modernen städtischen Landschaft auf, die von den Hauptverkehrsadern der Stadt durchschnitten wird: Die Zhongshan Lu und Dongfeng Lu verlaufen in ost-westliche Richtung, während Jiefang Lu und Renmin Lu die Nord-Süd-Achsen bilden. Diese Straßen sind in verschiedene Abschnitte unterteilt: Nord, Mitte, Süd, West und Ost (mit Ausnahme der Zhongshan Lu, deren Abschnitte nummeriert sind). Doch nicht nur Modernität und Verkehr herrschen in diesem Stadtteil vor – auch die meisten historischen Stätten Guangzhous sowie die beiden ausgedehnten Parkanlagen **Yuexiu** und **Liuhua** befinden sich dort.

West-Guangzhou, das Gebiet westlich der Renmin Lu, ist ein lebendiger Einkaufsdistrikt mit zahlreichen Restaurants, dessen Zentrum die Changshou Lu ist. Der Stadtteil wuchs in der Ming-Dynastie über die ursprünglichen Stadtgrenzen hinaus und hält die Erinnerung an die damalige Straßenplanung wach, obwohl die schmalen Seitengassen, alten Häuser und Märkte inzwischen längst von Hauptstraßen umringt sind. Zu diesen gehört die am Flussufer entlangführende **Liuersan Lu**, die parallel zur **Insel Shamian** verläuft, auf der sich das ehemalige Ausländerviertel befand. Am Südufer entwickelte sich **Honan** in den 30er Jahren zu einem zwielichtigen Viertel, doch heute ist es ein kleineres Abbild der Gegend um die Changshou Lu, das zunehmend an Popularität gewinnt.

Östlich der Yuexiu Lu öffnet sich die Stadt. Zhongshan Lu und Dongfeng Lu treffen auf die Huanshi Lu, die mit verglasten Firmenbüros gesäumt ist und breit und schnurgerade durch **Ost-Guangzhou** verläuft, bis sie den ausgedehnten Platz und das Stadion im Zentrum von **Tianhe** erreicht. Die dortige Hauptattraktion ist das Nachtleben – der Stadtteil hat die höchste Konzentration an Bars –, und nur wenige Kilometer weiter nördlich, gleich jenseits der Stadtgrenze, befindet sich das geschmackvoll angelegte hügelige Parkgelände **Baiyun Shan**.

Das Stadtzentrum

Zentral-Guangzhou besteht im Wesentlichen aus einem 2 km breiten Band, das sich nördlich des Flusses zwischen Renmin Lu und Yuexiu Lu erstreckt. Überreste des **Königreichs Nanyue** beweisen, dass dort bereits zur Zeit der Stadtgründung um 220 v. Chr. das Herz der Stadt schlug. Erhalten sind historische Monumente, die aus einer Zeitspanne stammen, die von damals bis hin zu den 30er Jahren des 20. Jahrhunderts reicht. Die meisten Sehenswürdigkeiten stehen südlich der Dongfeng Lu, wo sich ein etwas schmuddeliges Gewirr aus alten und neuen Straßen, Verbindungswegen und Geschäften befindet.

Rund um den Perlfluss bis zum Wuxian Guan

Yanjiang Lu, die nördliche Promenade am Perlfluss, wurde im Jahre 2001 im Zuge einer städtischen Verschönerungsaktion anlässlich der Austragung der Nationalen Leichtathletikmeisterschaften gepflastert. Die mit Bäumen und einigen kolonialen Gebäuden – darunter das Zollhaus und das Aiqun Hotel – gesäumte Passage lädt besonders an heißen Sommerabenden zu einem Bummel ein.

Am Nordufer des Flusses bieten in der **Yide Lu** zahlreiche kleine Läden Spielzeug, getrocknete Meeresprodukte wie Quallen, Haifischflossen, Fischmägen und ganze gepökelte Makrelen sowie säckeweise Nüsse und kandierte Früchte an. Nördlich der Straße erhebt sich hinter einem Vorplatz

Guangzhou: Sehenwürdigkeiten

Baiyun Shan	白云山	*báiyún shān*
Chen Jia Ci	陈家祠	*chénjiā cì*
Dafo Si	大佛寺	*dàfó sì*
Exportwarenhalle	中国出口商品交易会	*zhōngguó chūkǒushāngpǐn jiāoyìhuì*
Gedenkpark für die Märtyrer	烈士陵园	*lièshì língyuán*
Guangxiao Si	光孝寺	*guāngxiào sì*
Haizhuang-Park	海幢公园	*hǎizhuàng gōngyuán*
Honan	河南	*hénán*
Hua Ta	花塔	*huātǎ*
Huaisheng-Moschee	怀圣清真寺	*huáishèng qīngzhēn sì*
Hualin Si	华林寺	*huálín sì*
Huanghua-Gang-Park	黄花岗公园	*huánghuā gǎng gōngyuán*
Insel Shamian	沙面岛	*shāmiàn dǎo*
Islamischer Friedhof	清真古墓	*qīngzhēn gǔmù*
Kathedrale des Heiligen Herzens	圣心大教堂	*shèngxīn dàjiàotáng*
Königsgrab von Nanyue	西汉南越王墓	*xīhàn nányuèwángmù*
Kulturpark	文化公园	*wénhuà gōngyuán*
Lehranstalt der Bauernbewegung	农民运动讲习所	*nóngmín yùndòng jiǎngxí suǒ*
Liuhua-Park	流花公园	*liúhuā gōngyuán*
Liurong Si	六榕寺	*liùróng sì*
Orchideengarten	兰圃	*lánpǔ*
Perlfluss	珠江	*zhūjiāng*
Provinzmuseum	省博物馆	*shěng bówùguǎn*
Qian Chu Si	千处寺	*qiānchù sì*
Qingping-Markt	清平市场	*qīngpíng shìchǎng*
Sanyuan Gong	三元宫	*sānyuán gōng*
Sanyuan Li	三元里	*sānyuán lǐ*
Shamian-Park	沙面公园	*shāmiàn gōngyuán*
Skulptur der Fünf Ziegenböcke	五羊石像	*wǔyáng shíxiàng*
Sun-Yatsen-Gedenkhalle	中山纪念堂	*zhōngshān jìniàntáng*
Wuxian Guan	五仙观	*wǔxiān guàn*
Xidi-Kai	西堤码头	*xīdī mǎtóu*
Yuexiu-Park	越秀公园	*yuèxiù gōngyuán*
Zhenhai Lou	镇海楼	*zhènhǎi lóu*
Zollhaus	广州海关	*guǎngzhōu hǎiguān*
Zoo	广州动物园	*guǎngzhōu dòngwùyuán*

die **Sheng Xin Dajiaotang** (Kathedrale des Heiligen Herzens), die auch „Haus aus Stein" genannt wird. Die 1888 vollendete gotische Kathedrale, die nicht nur durch ihre Größe, sondern auch durch ihre unvermutete Gegenwärtigkeit beeindruckt, ist im Allgemeinen nicht für Besucher geöffnet.

Drei Straßen weiter steht in der Huifu Xi Lu der **Wuxian Guan** (Tempel der Fünf Unsterblichen). Das staubige Holzgebäude aus dem Jahre 1377 dient heute keinen religiösen Zwecken mehr, doch es sind einige scheinbar antike Statuen erhalten: Verwitterte Wächterlöwen flankieren den Zugang, und einige stilisierte Ming-Skulpturen im hinteren Tempelbereich lassen an gigantische Schachfiguren denken. Auch die Fünf Unsterblichen – drei Männer und zwei Frauen – sind auf ihren Reitziegen

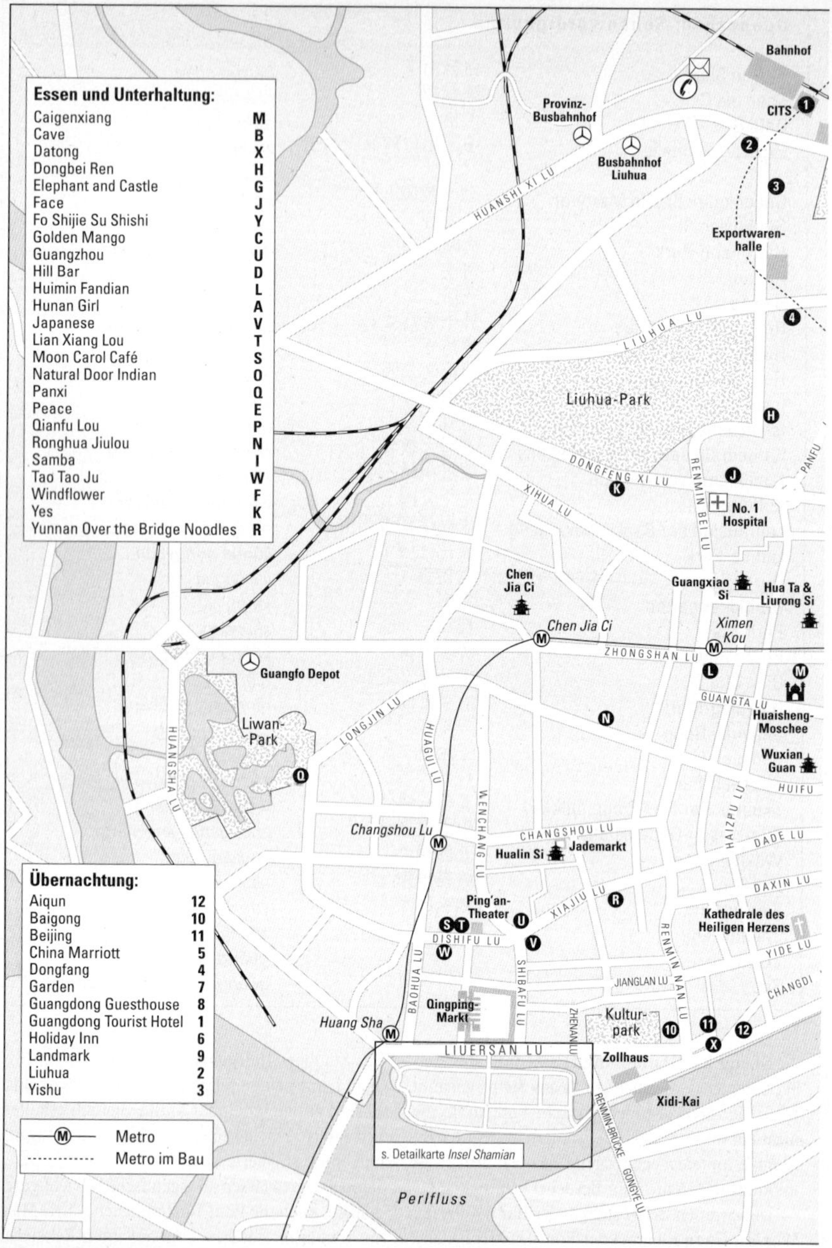
Essen und Unterhaltung:
Caigenxiang M
Cave B
Datong X
Dongbei Ren H
Elephant and Castle G
Face J
Fo Shijie Su Shishi Y
Golden Mango C
Guangzhou U
Hill Bar D
Huimin Fandian L
Hunan Girl A
Japanese V
Lian Xiang Lou T
Moon Carol Café S
Natural Door Indian O
Panxi Q
Peace E
Qianfu Lou P
Ronghua Jiulou N
Samba I
Tao Tao Ju W
Windflower F
Yes K
Yunnan Over the Bridge Noodles R
Übernachtung:
Aiqun 12
Baigong 10
Beijing 11
China Marriott 5
Dongfang 4
Garden 7
Guangdong Guesthouse 8
Guangdong Tourist Hotel 1
Holiday Inn 6
Landmark 9
Liuhua 2
Yishu 3
Metro
Metro im Bau
Bahnhof
CITS
Provinz-Busbahnhof
Busbahnhof Liuhua
Huanshi Xi Lu
Exportwarenhalle
Liuhua Lu
Liuhua-Park
Dongfeng Xi Lu
Xihua Lu
Renmin Bei Lu
No. 1 Hospital
Panfu
Chen Jia Ci
Guangxiao Si
Hua Ta & Liurong Si
Ximen Kou
Zhongshan Lu
Guangfo Depot
Guangta Lu
Huaisheng-Moschee
Liwan-Park
Longjin Lu
Huagui Lu
Huangsha Lu
Wuxian Guan
Huifu
Haizhu Lu
Changshou Lu
Wenchang Lu
Hualin Si
Jademarkt
Dade Lu
Daxin Lu
Ping'an-Theater
Xiajiu Lu
Dishifu Lu
Kathedrale des Heiligen Herzens
Yide Lu
Baohua Lu
Shibafu Lu
Jianglan Lu
Renmin Nan Lu
Changdi
Qingping-Markt
Zhenan Lu
Kulturpark
Huang Sha
Liuersan Lu
Zollhaus
Xidi-Kai
Renmin-Brücke
Gongye Lu
s. Detailkarte Insel Shamian
Perlfluss

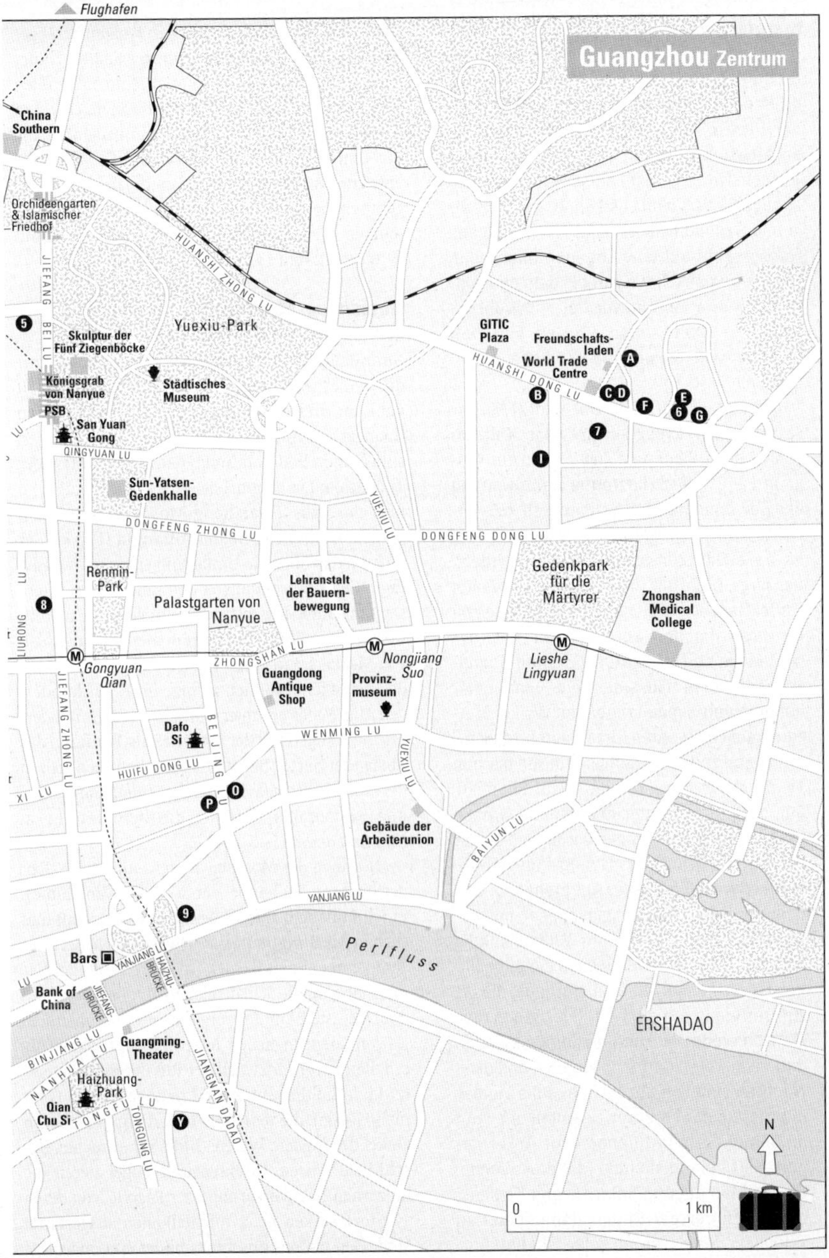
Flughafen
Guangzhou Zentrum
China Southern
Orchideengarten & Islamischer Friedhof
JIEFANG BEI LU
HUANSHI ZHONG LU
Yuexiu-Park
Skulptur der Fünf Ziegenböcke
Königsgrab von Nanyue
PSB
San Yuan Gong
Städtisches Museum
QINGYUAN LU
Sun-Yatsen-Gedenkhalle
DONGFENG ZHONG LU
YUEXIU LU
DONGFENG DONG LU
GITIC Plaza
Freundschafts-laden
World Trade Centre
HUANSHI DONG LU
Renmin-Park
Palastgarten von Nanyue
Lehranstalt der Bauern-bewegung
Gedenkpark für die Märtyrer
Zhongshan Medical College
LIURONG LU
ZHONGSHAN LU
Gongyuan Qian
Nongjiang Suo
Lieshe Lingyuan
Guangdong Antique Shop
Provinz-museum
JIEFANG ZHONG LU
Dafo Si
BEIJING LU
WENMING LU
HUIFU DONG LU
XI LU
Gebäude der Arbeiterunion
BAIYUN LU
YANJIANG LU
Perlfluss
Bars
HAIZHU-BRÜCKE
Bank of China
JIEFANG-BRÜCKE
Guangming-Theater
ERSHADAO
BINJIANG LU
NANHUA LU
Haizhuang-Park
Qian Chu Si
TONGFU LU
TONGQING LU
JIANGNAN DADAO
N
0
1 km

Kreuzfahrten auf dem Perlfluss Der öliggraue und an Bedeutung als Wasserstraße für die Industrie nur vom Yangzi übertroffene Perlfluss (Zhujiang) entspringt im Osten der Provinz Yunnan und ist einer der geschäftigsten Transportwege Chinas. Ständig pendeln Fähren zwischen seinen Ufern, und allgegenwärtig sind Lastkähne, die mit Kohle und Gestein beladen sind. Der Name des Flusses geht auf eine Legende über einen Mönch namens Jiahu zurück, dem eine glitzernde Perle ins Wasser fiel – obwohl sie Nacht für Nacht unten auf dem Flussbett funkelte, war niemand in der Lage, sie zu bergen.

Täglich zwischen 18.30 Uhr und 21.50 Uhr starten acht Kreuzfahrten vom **Xidi-Kai** schräg gegenüber dem Zollhaus an der Yanjiang Lu – Tickets kosten je nach Umfang der gewünschten Beköstigung ab ¥35 aufwärts. Die Passagiere sitzen unten in der Karaoke-Bar oder oben auf dem Oberdeck bei ihrer Mahlzeit, lehnen sich gemütlich zurück, lassen die Lichter der Stadt langsam an ihren Tischen vorbeigleiten und genießen die herrlichen Ausblicke auf Guangzhous belebte Flussufer, die von immer höher in den Himmel ragenden Wolkenkratzern gesäumt werden. Die Rundfahrten dauern knapp zwei Stunden und führen bis zum *White Swan Hotel* auf der Insel Shamian, von dort zurück unter der Renmin-Brücke her, an der Haizhu-Brücke vorbei und weiter bis zur großartigen Guangzhou-Hängebrücke hinter Ershadao. Auf Ershadao, den beiden größten Flussinseln, hausen in einer zweckbezogen errichteten Wohnsiedlung namens *New Riverside Village* die ehemaligen Flusszigeuner, eine Randgruppe, die bis zur Befreiung auf dem Perlfluss lebte, weil sie sich weder an Land niederlassen noch dort einheiraten durfte. In klaren mondlosen Nächten sind von der Insel aus die Lichter internationaler Frachter zu sehen, die weit unten am Fluss in Huangpu vor Anker liegen. Hier befand sich die Militärakademie, an der Mao Zedong unter Chiang Kaishek, der als Führer der Guomindang später zu seinem Erzfeind werden sollte, studierte.

dargestellt, auf denen sie aus den Wolken herabgeritten kommen, um Guangzhou zu gründen. Hinter dem Tempel hängt in einem eindrucksvollen **Glockenturm** aus dem 14. Jahrhundert eine 3 m hohe und fünf Tonnen schwere Bronzeglocke, die nicht mehr geschlagen wird, seit ihr die Schuld für eine kurz nach ihrer Installation im Jahre 1378 ausgebrochene Epidemie zugesprochen wurde – seit damals wird sie „Verbotene Glocke" genannt. ⌚ tgl. 9–12 und 13.30–17 Uhr, Eintritt ¥2.

Huaisheng-Moschee, Liurong Si und Guangxiao Si

Nur wenige Blöcke nördlich des Wuxian Guan führt die moderne Hauptverkehrsstraße Zhongshan Lu nahe an drei der wichtigsten religiösen Stätten Guangzhous vorbei – die nächsten Metrostationen sind Ximen Kou und Gongyuan Qian. Südlich der Zhongshan Liu Lu führt der Weg in die Guangta Lu und dort zur **Huaisheng-Moschee** mit ihrem grauen, konischen Minarett **Guangta** (Pagode des Lichts), das über die Umfassungsmauern hinausragt, die Andersgläubigen den Zutritt verwehren. Das an einen Leuchtturm erinnernde Minarett, weltweit das vielleicht älteste seiner Art außerhalb von Mekka, ist so etwas wie ein stilistisches Fossil, das manchen Stimmen zufolge im 7. Jahrhundert von Abu Waqas errichtet wurde. Im 15. Jahrhundert war die Umgebung der Moschee als **Fanfang**, das Ausländerviertel, bekannt. Heute befinden sich in der Nachbarschaft zahlreiche *Halal*-Garküchen und Restaurants, darunter das berühmte Lokal *Huimin Fandian* (s.S. 504).

Nördlich der Moschee an der Liurong Lu steht der **Liurong Si** (Tempel der Sechs Banyanbäume). Er wird mit dem abweichlerischen Gouverneur und Dichter **Su Dongpo** (s.S. 534) verbunden, der dem Tempel bei einem Besuch im Jahre 1100 den Namen gab und die Schriftzeichen für „Liu Rong" auf zwei Steinstelen hinter dem Eingangstor hinterließ. Da vom ursprünglichen Tempelbau nur sehr wenig erhalten ist, gründet sich der Ruf der Stätte in erster Linie auf die sehr alte, 57 m hohe **Hua Ta** (Blumenpagode), die Reliquien beherbergt, welche ein Onkel des Kaisers Wu aus Indien mitbrachte. Geschnitzte Löwen, Insekten und Vögel zieren die hölzernen Dachvorsprünge der Pagode, von deren 17 Stockwerken neun mit Balkonen ausgestattet sind. Den oberen Abschluss bildet eine mächtige

Bronzesäule, die in Reliefarbeit mit über 1000 meditierenden Gestalten verziert ist, durch das Dach aufragt und stabil genug ist, um die fünf Tonnen schwere Bettelschale mit Perle zu tragen, die man vom Boden aus sieht. ⌚ tgl. 8.30–17.15 Uhr, Eintritt ¥6.

Im Norden des Liurong Si verläuft eine schmale Gasse westwärts über einen Straßenmarkt zur Haizhu Bei Lu. Zunächst südwärts und dann wieder westwärts über die Jinghui Lu führt der Weg zum Eingang des weitläufigen Geländes des friedlichen **Guangxiao Si**. Dieser älteste buddhistische Tempels Guangzhous diente 113 v. Chr. dem letzten Nanyue-König **Zhao Jiande** als Residenz. Zur Kultstätte wurde er erst, als der 85 Jahre alte Mönch **Tanmo Yeshe** aus Kashmir im Jahre 401 n. Chr. die erste Halle errichtete. Zu den späteren Besuchern gehörten buddhistische Größen wie (im 6. und 7. Jahrhundert) der Mönch Zhiyao Sanzang, der einen bis heute erhaltenen Feigenbaum pflanzte, der indische Begründer des Chan-(Zen-)Buddhismus **Bodhidharma** sowie der Sechste Patriarch des Chan, **Huineng**. Auch in dieser Anlage sind die ursprünglichen Bauten nicht erhalten geblieben, doch auf dem gepflegten Gelände stehen Pavillons mit verborgenen

Chan-Buddhismus Der Chan-Buddhismus – aus Japan unter dem Namen Zen bekannt – glaubt daran, dass das Verstehen der wahren Natur des Seins durch plötzliche Erleuchtung erreicht wird, die sich durch alltägliche banale Gespräche und Ereignisse auslöst. In dieser Sichtweise unterscheidet sich diese Glaubensrichtung von anderen Schulen des Buddhismus, die den Schwerpunkt auf das jahrelange Studium ritueller und religiöser Texte legen. Obwohl auch der Chan-Buddhismus auf Meditation und kleine Parabeln setzt, lässt er Erleuchtung selbst für die denkbar säkularsten Individuen als erreichbar erscheinen.

Als Begründer des Chan-Buddhismus gilt **Bodhidharma**, der in China den Namen Damo trägt. Er traf um 520 n. Chr. aus Indien kommend in Guangzhou mit dem Vorhaben ein, Chinas recht formalistische und schwerfällige Annäherung an den Buddhismus mit seiner abweichenden Denkweise zu bereichern. Nachdem Bodhidharma den Kaiser mit seinen Lehren verwirrt hatte, ließ er sich im Tempel Shaolin Si in der Provinz Henan nieder, wo die Übungen, die er den Mönchen zum Ausgleich ihrer stundenlangen Meditationssitzungen beibrachte, angeblich zur Grundlage des chinesischen Kungfu wurden. Shaolin entwickelte sich zum Zentrum des Chan-Buddhismus, der sich über China nach Korea und Japan ausbreitete.

Zum berühmtesten Vertreter des Chan wurde der aus Guangzhou stammende Sechste Patriarch **Huineng** (638–713), der im jugendlichen Alter einen Wandermönch die Sutren rezitieren hörte und davon so beeindruckt war, dass er sich nach Huangmei in Zentralchina begab, um den Chan-Buddhismus unter dem Fünften Patriarchen Hong Ren zu studieren. Obwohl er von seinen Mitstudenten wegen seiner ungeschliffenen südlichen Manieren verspottet wurde, bewies er ein so tiefes Verständnis der Religion, dass er innerhalb von nur acht Monaten durch Anhören der Diamant-Sutra (die das Erkennen von Illusionen und die Loslösung von ihnen lehrt) zur Erleuchtung gelangte und von Hong Ren zum Nachfolger als Patriarch benannt wurde, was jedoch zu jenem Zeitpunkt noch geheim gehalten wurde. Im Jahre 676 kehrte Huineng ins südliche Guangzhou zurück und ließ sich inkognito im Tempel Guangxiao Si nieder, wo er eines Tages zwei Mönche belauschte, die eine Flagge betrachteten und darüber debattierten, ob sich der Wind oder die Flagge bewege. Als sie zu keiner Übereinkunft fanden, mischte sich Huineng ein und erklärte, dass keiner von beiden Recht habe, denn es sei der Verstand, der sich bewege. Diese Darlegung verblüffte alle Anwesenden so sehr, dass er eingeladen wurde zu lehren. Erst daraufhin gab er sich als Sechster Patriarch zu erkennen (Hong Ren war inzwischen verstorben). Offenbar verbrachte Huineng seine letzten Lebensjahre im Tempel Nanhua Si nahe Shaoguan im Norden der Provinz Guangdong (s.S. 530).

Brunnen und gemeißelten Gedenktafeln aus verschiedenen Epochen. Die drei Haupthallen im hinteren Bereich des Geländes beherbergen einige imposante Buddhastatuen. In der westlichen Halle befindet sich das eher ungewöhnliche Bildnis eines liegenden Buddhas, während im Zentrum der zentralen Halle die übliche Trinität der Buddhas der drei Weltzeitalter zu sehen ist. ⌚ tgl. 8–17 Uhr, Eintritt ¥2.

Provinzmuseum und Umgebung

An der Wenming Lu, rund 1500 m östlich des Wuxian Guan, befindet sich Guangdongs Provinzmuseum. Der Fußweg vom Wuxian Guan dorthin führt am kleinen, unauffälligen **Dafo Si** (Tempel des Großen Buddha) vorbei und von dort weiter durch den stets gut besuchten Einkaufsbezirk an der Beijing Lu. In der Yuexiu Lu verläuft der Weg zum Museum vom Fluss her zunächst am gelben **Gebäude der Arbeiterunion** aus den 20er Jahren vorbei, das später zynischerweise der Guomindang als Hauptquartier diente.

Die einander ähnelnden Gebäude auf dem Gelände des Provinzmuseums waren die Heimat der früheren Zhongshan-Universität – der berühmte Schriftsteller **Lu Xun** dozierte dort, und heute berichten Fotografien über sein Leben. Das Museum selbst befindet sich in einem moderneren Gebäude. Zu den interessantesten Abteilungen gehören eine **Ausstellung zur Naturgeschichte**, die einen innovativen begehbaren Dschungel umfasst, in dem sich im Unterholz angestrahlte Kreaturen verbergen, sowie mehrere Räume mit erlesenem Porzellan, Jadeschnitzereien und Haushaltsgegenständen aus der Ming-Dynastie. Der Mangel an Besuchern und erläuternden Beschriftungen lässt alles recht tot erscheinen, doch die Ausstellungsstücke weisen einen bemerkenswert hohen Standard auf. ⌚ tgl. 9.30–16.30 Uhr, Eintritt ¥8.

Dank der späteren politischen Karriere ihres Dekans Mao Zedong ist Guangzhous **Lehranstalt der Bauernbewegung** in der Zhongshan Lu die meistbesuchte Revolutionsstätte der Stadt. Sie wirkt noch immer wie die konfuzianische Akademie, die sie 600 Jahre lang war, bevor Peng Pai, ein „reicher Bauer" aus Guangdong, das Institut 1924 mit 38 Studenten und der offiziellen Genehmigung der Guomindang gründete. Die Lehranstalt konnte den Unterricht nur wenig mehr als zwei Jahre lang aufrechterhalten. Mao Zedong, Zhou Enlai und Peng Pai legten die Abschlussprüfung im August 1926 ab, nur acht Monate bevor die Allianz zwischen Kommunisten und Guomindang in Shanghai gewaltsam endete. Im Grunde gibt es wenig zu sehen; die nachhaltigsten Eindrücke vermitteln die Fotos ehemaliger Studenten, die das Massaker von Shanghai und den daraus resultierenden **Kommunistischen Aufstand von 1927** in Guangzhou nicht überlebten. ⌚ tgl. 8.15–11.30 und 14–17 Uhr, Eintritt ¥10.

An das zuletzt genannte Ereignis erinnert weiter östlich an der Zhongshan Lu der **Gedenkpark für die Märtyrer des Aufstands von Kanton**. Eine kleine kommunistische Gruppe unter Zhang Tailei besetzte am 11. Dezember 1927 in der Nähe des Parks Guangzhous Polizeihauptquartier und verkündete dort die Gründung der **Kommune von Kanton**, doch die von außen erwartete Unterstützung blieb aus, und am Nachmittag des zweiten Tages rückten Streitkräfte der Guomindang an. Insgesamt fanden über 5000 Menschen, die entweder im entstehenden Scharmützel umkamen oder später wegen Mittäterschaft hingerichtet wurden, den Tod. Das Parkgelände umfasst einen kleinen See, einen kargen Baumbestand, einen Rasen sowie ein gewehrförmiges Monument neben dem mit Gras bedeckten Erdhügel, unter dem die Aufständischen begraben liegen. ⌚ tgl. 8–19 Uhr, Eintritt ¥3.

Palastgarten von Nanyue

Rund 500 m westlich der Lehranstalt der Bauernbewegung in der Zhongshan Si Lu befindet sich mit dem Palastgarten von Nanyue eine äußerlich rätselhaft erscheinende Anlage, die jedoch zu den außergewöhnlichsten historischen Stätten Chinas zählt. Das **Königreich Nanyue** wurde von dem Qin-General Zhao Tuo aus der Provinz Hebei gegründet, der im Jahre 214 v. Chr. entsandt wurde, um Chinas aufsässige südliche Stämme zu unterwerfen. Nach dem Zusammenbruch der Qin-Dynastie rief sich Zhao mit dem Rückhalt seiner Armee selbst zum Herrscher eines unabhängigen Staates aus. Chinas neue Han-Dynastie erkannte seine Position zunächst an und verlieh ihm während seiner 67-jährigen Regentschaft sogar den Titel „Kaiser Wu", doch schon zu Lebzeiten seines Enkels geriet das Königreich Nanyue in Verfall, und 111 v. Chr. plünderten die Han dessen Hauptstadt und verleibten das Territorium Zentralchina ein.

Der Palastgarten umschließt die bisherigen Ausgrabungsstätten von **Zhao Tuos Palast**, der sich vermutlich noch um mehrere Blöcke nach Norden erstreckt. Die Anlage ist sehr kompakt: Zu sehen sind Teile des Gartens, der die Palastgebäude umgab, auf dem sich die Überreste einer noch älteren Schiffswerft befinden; Abwasserkanäle aus späteren Zeiten, Brunnenanlagen, ein Palast aus dem 10. Jahrhundert und eine Lehranstalt aus der Song-Dynastie tragen zum bunten Gemisch der Sehenswürdigkeiten bei. Zur Einführung wird ein englischsprachiges Video über die Ausgrabungen in den 90 Jahren gezeigt, bevor der Rundgang durch ein kleines **Museum** folgt, das zahlreiche Steinstelen und Säulen sowie Keramikdachziegel und die größten gebrannten Ziegelsteine präsentiert, die jemals in China gefunden wurden. Alle Steine sind mit Motiven oder Schriftzeichen verziert, darunter auch das Kürzel „Pan" für „Panyu", Guangzhous ursprünglichen Namen. Halb geschmolzene Bronzemünzen und verkohlte Balken untermauern die Berichte des berühmten Han-zeitlichen Historikers Sima Qian von der Zerstörung des Palastes durch die Han-Armeen.

Ein Wellblechdach schützt die **Ausgrabungsstätte**, die sich draußen über eine Fläche von 5000 m² erstreckt, vor Witterungseinflüssen, und ein erhöhter Plankenweg verbindet die bedeutendsten Fundstellen. Zu den interessantesten unter ihnen gehört die Ecke eines **mit Steinen ausgelegten Sees** im Nordwesten der Anlage, aus dem sich das Bett eines künstlichen Flusses nach Westen windet; hinter einem halbmondförmigen Teich ist dieses Flussbett mit Kieselsteinen und Rampen versehen, die dem Wasserfluss vermutlich kleine Wellen, Strudel und Geräusche entlocken sollten. Im matschigen Flussbett erhalten gebliebene Samen und Blätter beweisen, dass Lotus und Bäume den Garten zierten. Auch Schildkröten lebten hier, was Rückenpanzer beweisen, die im halbmondförmigen Teich gefunden wurden. In der südwestlichsten Ecke der Anlage wurden Teile einer **Schiffswerft aus der Qin-Dynastie** in dem Zustand belassen, in dem sie 1975 entdeckt wurden – sie liefern den ältesten Nachweis für den Bau hochseetauglicher Schiffe in China. Wie Zhao Tuos Palast, den Probegrabungen nordwestlich der Gartenanlage unter einem Kaufhaus und einem Park lokalisiert haben, wartet auch die Werft auf weitere Ausgrabungsarbeiten. 🕒 tgl. 9–12 und 14.30–17.30 Uhr; letzter Einlass 45 Minuten vor Schließung, Eintritt ¥15.

Nord-Guangzhou

Im Gebiet nördlich zwischen Dongfeng Lu und dem Bahnhof von Guangzhou erstrecken sich in erster Linie die beiden ausgedehnten Parks Liuhua und Yuexiu. Hinter dem Bahnhof in Sanyuan Li ergibt sich die Gelegenheit zu einer Begegnung mit der Kolonialzeit.

Yuexiu-Park

Mit einer Ausdehnung von über 9 ha ist der Yuexiu-Park Chinas größte städtische Grünfläche, 🕒 tgl. 7–19 Uhr, Eintritt ¥5. Auf dem Gelände befinden sich Sportplätze, historische Monumente, Teehäuser und schattige Haine. An der Dongfeng Zhong Lu führt der Weg zum Park an einem auffälligen großen Rundbau mit blauen Dachziegeln vorbei – die **Sun-Yatsen-Gedenkhalle** wurde an der Stelle errichtet, wo der Mann, den sowohl die Guomindang als auch die Kommunisten als Vater des modernen Chinas verehren, im Jahre 1912 den Eid für die Präsidentschaft ablegte. Innen bietet ein schlichtes Auditorium, das gelegentlich als Konzerthalle genutzt wird, Sitzplätze für 2000 Besucher. 🕒 tgl. 8–18 Uhr, Eintritt ¥5.

Bei weitem nicht so auffällig ist der nur wenig westlich stehende **Sanyuan Gong** (Tempel der Drei Reinheiten, Eintritt ¥1), dessen unbeschilderter Eingang unter einer breiten Steintreppe leicht zu übersehen ist. Er ist Guangzhous größter und ältester daoistischer Tempel (geweiht im Jahre 319 n. Chr.), doch der heutige Komplex aus dunklen, spartanischen Hallen mit Statuen daoistischer Gottheiten stammt aus der Qing-Dynastie. Trotz der düster wirkenden Einrichtung herrscht an den Huldigungsplätzen reger Betrieb. Die Wandmalereien – Fledermäuse, Kraniche und andere daoistische Motive – weisen wenige rote und goldene Stellen auf.

Zu allen Seiten führen Eingänge in den Park, doch der Haupteingang befindet sich an der Jiefang Bei Lu und ist mit einem zehnminütigen Spaziergang vom San Yuan Gong aus zu erreichen.

Nördlich der Porzellandrachen führt der Weg zum Teich **Beixiu Hu** und dem **Garten der chinesischen Redensarten**, in dessen Gebüschen sich eigenartige Stein- und Bronzeskulpturen verbergen, die populäre volkstümliche Sprichwörter veranschaulichen. Weiter südlich steht die viel fotografierte **Skulptur der Fünf Ziegenböcke**, die an den Mythos der Gründung Guangzhous erinnert – zumindest eine der Gestalten ist zweifelsfrei kein Bock.

Auf einer Anhöhe ungefähr in der Mitte des Parks laufen die Wege am **Zhenhai Lou**, dem Meeresblickturm, zusammen – einem Bauwerk aus Holz und ungebrannten Ziegeln, das einst Teil der Ming-zeitlichen Stadtmauer war. Heute beherbergt der Turm das **Städtische Museum**, das auf drei Stockwerken Funde aus dem Stadtgebiet präsentiert, die ein bewerkenswertes Spektrum abdecken: von Töpfereischerben aus der Steinzeit über Eisengegenstände aus Afrika, die in einem Grab aus der Han-Dynastie gefunden wurden, sowie persische Münzen aus dem 5. Jahrhundert bis hin zu einer Kopie der *Good Words for Exhorting the World* (dem christlichen Traktat, das den Führer der Taiping-Revolution, Hong Xiuquan, inspirierte) und im Hof stehende Kanonen aus dem 19. Jahrhundert, darunter zwei aus der Produktion des deutschen Unternehmens Krupp. Eine Statue des Lin Zexu und Briefe aus seiner Hand an den Qing-Kaiser, in denen er über seine Vernichtungsaktion der britischen Opiumvorräte berichtet, sorgen beständig für einen Auflauf mit der Zunge schnalzender Chinesen. Die Eintrittskarte berechtigt zum Teetrinken im Obergeschoss, das Ausblicke nach Süden über Guangzhous Stadtgebiet gewährt. ◷ Di–So 9–16 Uhr, Eintritt ¥8.

Königsgrab von Nanyue und Liuhua-Park

500 m nördlich des Haupteingangs zum Yuexiu-Park an der Jiefang Bei Lu erhebt sich die rote Sandsteinfassade des Königsgrabs von Nanyue. 1983 wurde bei Ausschachtungsarbeiten für eine Wohnsiedlung das 2000 Jahre alte Grab des **Zhao Mo** entdeckt, dem Enkel des Gründers des Königreichs Nanyue, der den Namen Zhao Tuo trug. Es lohnt sich, eine Stunde Zeit für die Besichtigung der Anlage mit ihren zahlreichen Exponaten zu opfern – ein englischsprachiges Video vermittelt Einzelheiten. ◷ tgl. 9.30–17.30 Uhr, letzter Einlass um 16.45 Uhr, Eintritt ¥12 plus ¥5 für den Besuch des Grabs selbst; zu erreichen mit Bus Nr. 5.

Zhao Mo widmete sich offenbar mehr dem Bau seines Grabes als der Führung seines Königreichs, das schon kurz nach seinem Tode unterging. Beim Öffnen des Grabes wurden haufenweise Gold und schier unbezahlbare Schmuckstücke gefunden, die im Museum ausgestellt sind. Zu den dortigen Exponaten gehören außerdem ein **Leichengewand** aus über 1000 kleinen Jadeplättchen – man glaubte, dass Jade die Verwesung verhindere – sowie sterbliche Überreste von Sklaven und Konkubinen, die zusammen mit dem Verstorbenen eingemauert wurden. Die Muster mancher Kunstwerke weisen deutliche zentralasiatische Einflüsse auf, was beweist, dass schon in der frühesten Phase von Guangzhous Geschichte Kontakte zu nicht-chinesischen Gesellschaften bestanden. Die faszinierende Ausstellung wird fachkundig präsentiert und lohnt besonders dann einen Besuch, wenn man zeitgleiche Grabanlagen im Yangzi-Becken und in Xi'an zu besichtigen plant. Das Grab des Zhao Tuo wartet noch auf seine Entdeckung, obwohl gierige Schatzsucher aufgrund der Gerüchte über seine legendären Reichtümer Guangzhou schon zur Zeit der Drei Reiche (220–280 n. Chr.) danach umgruben.

Westlich des Königsgrabes erstreckt sich zwischen Liuhua Lu und Renmin Bei Lu mit zahlreichen Seen und Teichen der **Liuhua-Park**, der 1958 angelegt wurde. Wochentags lohnt sich der Besuch für einen entspannenden Spaziergang, doch an Wochenenden herrscht ein höllisches Gedränge. *Liuhua* bedeutet „treibende Blumen" – ein Name, der auf die Han-Dynastie zurückgeht, in der die Palastmädchen Blumenblätter auf dem Fluss aussetzten, während sie ihre Haare richteten. ◷ tgl. 7–19 Uhr, Eintritt ¥2.

Richtung Bahnhof

Rund 1 km südlich des Bahnhofs findet jeden April und Oktober in der inmitten der Geschäftshotels an Liuhua Lu und Renmin Lu gelegenen **Exportwarenhalle** die **Handelsmesse** statt, die erstmals 1957 zur Förderung westlicher Investitionen stattfand. Es ist nicht gerade der schönste Stadtteil, doch als Oase des Friedens und der Ruhe erweist sich der entzückende, aber recht kleine **Orchideengarten** abseits der Jiefang Bei Lu. Abgesehen von zahlreichen Orchideen gibt es dort von tropischen Farnen und Lilien umgebene Teiche, gewundene Steinpfade, Palmen, gigantische Feigenbäume mit herabhängenden Luftwurzeln und rosarot blühenden Azaleen. Ohne den gedämpft eindringenden Verkehrslärm hätte man das Gefühl, der städtischen Umgebung völlig entronnen zu sein. ⏲ tgl. 8–17 Uhr, Eintritt ¥8; die Eintrittskarte berechtigt zum Tee trinken im zentralen Pavillon.

Am westlichen Ende des Gartens befindet sich auf Guangzhous **Islamischem Friedhof** das Grab des **Abu Waqas**, der im 7. Jahrhundert als Missionar den Islam nach China brachte. Die Einzelheiten sind jedoch ein wenig fragwürdig, denn Abu Waqas starb angeblich um 629, also drei Jahre vor Mohammed und zu einer Zeit, als der Koran noch gar nicht zusammengestellt war – dies geschah erst eine Generation später. Der Friedhof wurde vor kurzem für Nicht-Muslims gesperrt, doch durch einen Bambusvorhang kann man vom Garten aus hineinspähen.

Sanyuan Li

Nach dem Besuch des Orchideengartens führt ein Spaziergang über die Jiefang Bei Lu wieder ins wirkliche Leben zurück. Die Kreuzung mit der Huanshi Lu ist nach 1 km erreicht – als Alternative zum Fußmarsch bietet sich die Fahrt mit Bus Nr. 58 an, da stets viel Verkehr herrscht. Nördlich des Bahnhofs beginnt der Distrikt Sanyuan Li, der aufgrund von Sanierungs- und Entwicklungsmaßnahmen derzeit ungeordnet wirkt und ein Stadtviertel der Wanderarbeiter ist. Dort formierte sich 1841 als Reaktion auf den britischen Aufmarsch während des Ersten Opiumkriegs die **Anti-britische Sanyuan-Li-Bewegung**. Nach etlichen Monaten mit gewalttätigen Übergriffen von Seiten der Eindringlinge erhoben sich unter Führung des Bauern Wei Shaoguang hiesige Arbeiter und Bauern, die das britische Lager angriffen und in wüsten Kampfhandlungen 20 Soldaten töteten, bevor wolkenbruchartige Regenfälle die Ausschreitungen beendeten. Ein 1860 am Schlachtort (250 m entfernt, südlich der Guanghua Lu) errichteter Tempel dient heute als **Museum**, das die Ritualgegenstände und Ackerwerkzeuge zeigt, die den Bauern damals als Waffen dienten – die Beschreibungen sollten nicht allzu ernst genommen werden, da es sich um später hinzugefügte schwülstige Propaganda handelt. ⏲ tgl. 9–11.30 und 14–16 Uhr, Eintritt ¥2.

West-Guangzhou

West-Guangzhou, das Gebiet westlich der Renmin Lu und südlich der Dongfeng Xi Lu, besticht vor allem rund um die Changshou Lu durch ein charismatisches Gewirr aus Hinterstraßen und schmalen Gassen, die mit viel besuchten Märkten, Restaurants und Geschäften angefüllt sind. Ruhiger wird es erst in Richtung Flussufer und **Insel Shamian**, der stillen Oase mit kolonialer Atmosphäre und hohem Baumbewuchs. Nördlich des Flusses verläuft die Zhongshan Lu quer durch die Innenstadt nach Westen; mehrere nach Süden führende Verkehrsadern verbinden sie mit der unmittelbar am Flussufer verlaufenden Parallelstraße **Liuersan Lu** (die Hauptstraßen am südlichen Flussufer sind Nanhua Lu und Tongfu Lu). In dem beschriebenen Gebiet gibt es mehrere Metrostationen.

Ahnentempel der Familie Chen

Die westliche Zhongshan Lu führt durch einen neuen, relativ schmucken Bezirk, bevor sie nach Überquerung eines Nebenflusses des Perlflusses das Stadtgebiet verlässt und Richtung Foshan verläuft. Rund 2,5 km von der Kreuzung mit der Jiefang Lu entfernt führt eine Fußgängerüberführung über die Straße zu den Gartenanlagen außerhalb des Ahnentempels der Familie Chen (chinesisch: Chen Jia Ci; englisch: Chen Clan Academy). Der Tempel kann mit einer ungewöhnlichen Gründungsgeschichte aufwarten: Alle Chinesen, die den Namen Chen tragen (einen der gängigsten kantonesischen Familiennamen überhaupt), wurden zu Spenden aufgerufen. Das so beschaffte Kapital wurde zum Bau der Tempelanlage verwendet, die teils als Ahnentempel fungierte, in dem alle namens Chen huldigen konnten, und teils als Schule diente, die eine solide Ausbildung vermittelte. Heute gibt es auch Teestuben und Souvenirstände, doch die Gebäude wirken nach wie vor imposant. Die Räume umschließen offene Höfe, und die Dächer sind mit den grellfarbigsten Dachziegeln gedeckt, die der Markt in den 90er Jahren des 19. Jahrhunderts hergab; die Zwischenwände sind mit Holzschnitzereien verziert, und überall sieht man glasierte Tonfiguren. Beachtung verdienen die außergewöhnlichen Ziegelreliefarbeiten unter dem

Dachgesims (innen wie außen). Eine der ersten Darstellungen rechts hinter dem Eingang zeigt offenbar eine Opernszene mit einem sichtlich betrunkenen Pferd, das sich beschwingt am Boden wälzt. Andere Miniaturen schildern Episoden aus Chinas klassischer Robin-Hood-Saga *Die Räuber vom Liangshan-Moor* oder zeigen Sehenswürdigkeiten aus der Umgebung von Guangzhou. 🕓 tgl. 8.30–17.30 Uhr, Eintritt ¥10.

Changshou Lu und Umgebung

Südlich der Zhongshan Lu sind Teile der alten **Stadtmauer** in der Longjin Lu sowie etwas weiter südlich in der Dishifu Lu und einigen anderen Straßenzügen zu finden. Der Weg von der Zhongshan Ba Lu südwärts über die Huagui Lu führt über einen niedrigen Erdwall, der die Grundmauern markiert. Obwohl nun breite und moderne Straßen das Gebiet durchziehen, ist bis heute im größten Teil dieses Stadtbezirks, dessen Herzstück die in Ost-West-Richtung verlaufende Changshou Lu ist, das Ming-zeitliche Straßenraster erhalten geblieben. Bei einem ziellosen Bummel sind schöne Beispiele der Architektur des frühen 20. Jahrhunderts zu entdecken. In der Nachbarschaft einiger der größten Kaufhäuser Guangzhous und der zahlreichen, bis hinab zum Fluss ineinander übergehenden Märkte im Süden der Changshou Lu gibt es in diesem Stadtteil, in dem vor allem abends viel Betrieb herrscht, mehrere **berühmte Restaurants**.

Südwestlich der Kreuzung von Changshou Lu und Kangwang Lu verbergen die Warenangebote der Geschäfte fast die schmalen Gassen, die zu Guangzhous **Jademarkt** führen, der sich zwar nicht an demjenigen Hongkongs messen kann, einen Besuch zum Stöbern aber allemal lohnt. Der Markt zieht sich rund um ein Tor, das in Glück verheißendem Rot angestrichen ist und zum buddhistischen Tempel **Hualin Si** führt, den der Brahmane und Prinz Bodhidharma im Jahre 527 als schlichtes Nonnenkloster gründete. Als seine Chan-Lehre im 17. Jahrhundert einen Aufschwung erlebte, wurde die Haupthalle erweitert, um entlang von kreuzförmig angelegten Gängen Platz für 500 Arhat-Skulpturen zu schaffen. Hualin Si ist der meistbesuchte Chan-Tempel der Stadt – an Festtagen wird man zwischen einheimischen Besuchern, deren Feuerwerkskörper und Räucherstäbchen unbeteiligte Besucher taub und blind machen, schier erdrückt. 🕓 tgl. 8–17 Uhr, Eintritt frei.

Beim Weiterschlendern empfiehlt es sich, den Stadtplan einmal zusammenzufalten und sich ziellos Richtung Süden durch das von Qing-Häusern (die zum Teil unter Denkmalschutz stehen) gesäumte Straßengewirr treiben zu lassen – nahezu unausweichlich führt der Weg früher oder später in die Nähe des hiesigen *Guangzhou*-Restaurants. Zwei Straßen mit in den 20er Jahren restaurierten Fassaden, die an Wochenenden zu Fußgängerzonen werden – **Dishifu Lu** im Westen und **Xiajiu Lu** im Osten – locken mit zahlreichen Speiselokalen und Geschäften, sodass die Kapazität der Bürgersteige dem Ansturm der Besucher kaum gewachsen ist. Südlich der Xiajiu Lu trifft man auf die nördlichen Ausläufer des exotischen **Qingping-Marktes**, in dessen von Ost nach West verlaufenden Gassen hinter jeder Kreuzung eine andere Warenpalette im Angebot ist: getrocknete Heilpflanzen, Gewürze und Kräuter, frisches Gemüse, Schlachtvieh, Vögel, Fische und vieles mehr. Der einst gewöhnungsbedürftigste – um nicht zu sagen blutigste – Markt Chinas ist in den vergangenen Jahren beträchtlich geschrumpft, da die Stadtverwaltung den Verkauf seltener Tiere sowie umfangreiche Schlachttätigkeiten am Straßenrand unterbunden hat. Dennoch herrscht überall reger Betrieb, was die kantonesische Vorliebe für frische und ungewöhnliche Nahrungsmittel belegt.

Am Ende des Qingping-Marktes liegt die jüngst verbreiterte und mit diversen Straßenüberführungen versehene **Liuersan Lu**. Die Baumaßnahmen haben die chronische Verkehrsbelastung gemildert, und die Straße ist nun mit Palmen, Blumenbeeten und imitierten kolonialen Häuserfronten versehen, die wie ein Spiegelbild der echten Fassaden auf der gegenüberliegenden Insel Shamian wirken. „Liuersan“ bedeutet „6, 23“ – eine Erinnerung an den 23. Juni 1925, an dem 50 Personen bei einer Demonstration, die unter anderem die Rücküberstellung der Insel Shamian unter chinesische Oberherrschaft einforderte, von kolonialen Truppen erschossen wurden. Weiter östlich lädt an derselben Straße der **Kulturpark** zur Beobachtung des städtischen Freizeitlebens ein – auf dem gepflasterten Gelände mit vielen Bänken stehen die Kinder Schlange, um an Münzapparaten zu spielen oder Karussell zu fahren. An Wochenenden werden viel-

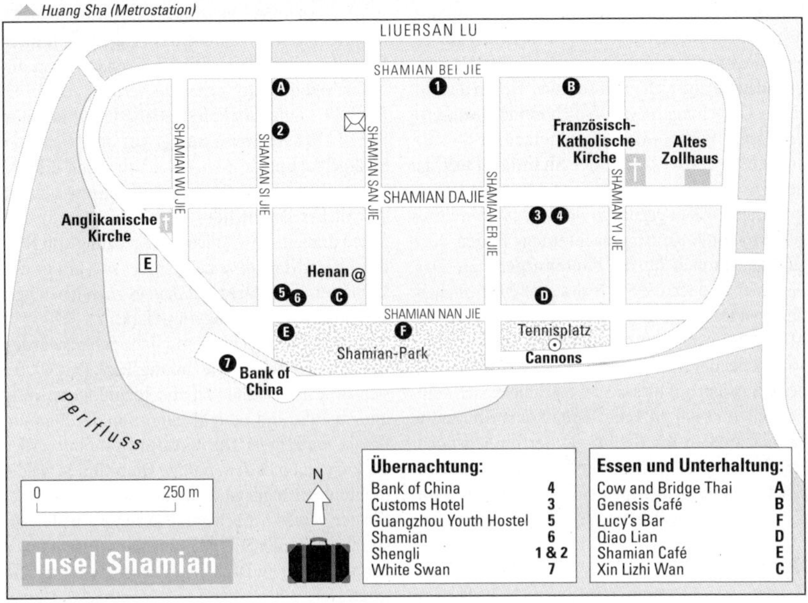

fältige Unterhaltungsprogramme geboten, von lokalen Rockveranstaltungen bis hin zu chinesischen Opernaufführungen. ◷ tgl. ab 6 Uhr morgens bis spät abends, Eintritt ¥3.

Insel Shamian

Der Weg von der Liuersan Lu über eine Brücke, die einen schlammigen Kanal überspannt, zur Insel Shamian (alternativ zur Metrostation Huang Sha gehen und die dortige Brücke überqueren) ist nur kurz, doch Stimmung und Umfeld verändern sich schlagartig, denn man gelangt von Guangzhous hektischstem Bezirk ins eleganteste Viertel der Stadt. Die 1 km lange und 500 m breite tränenförmige Sandbank wurde als Trophäe des Opiumkriegs von den europäischen Mächten gepachtet: Frankreich nahm sich die östliche Hälfte, England den Rest. Die Kolonialherren legten private Gärten an, pflanzten die heute imposanten **Bäume** und errichteten solide viktorianische **Villen**, Banken, Botschaften, Kirchen und Tennisplätze – und nahezu alles ist heute noch erhalten. Eisentore auf den Brücken hielten die Chinesen von Shamian fern (wie einst die Chinesen ihrerseits keine Ausländer innerhalb von Guangzhous Stadtmauern geduldet hatten), sodass die Europäer in selbst auferlegter Isolation abseits des Trubels jenseits des Kanals lebten. Bis heute ist auf Shamian die damalige Atmosphäre erhalten geblieben, und fast alle Ausländer, die längerfristig in der Stadt bleiben, bevorzugen Unterkünfte auf der ruhigen Insel. Der Verkehr ist eingeschränkt, und die gepflegte Architektur, die Grünflächen und die relative Ruhe sorgen für erfrischende Aufenthalte – auch ohne dort zu wohnen oder die dortigen Restaurants und Bars zu besuchen.

Hauptverkehrsstraße ist die in Ost-West-Richtung verlaufende **Shamian Dajie**, die von fünf Nord-Süd-Traversen durchschnitten wird. Ein Spaziergang zeigt, dass den Gebäuden im Zuge der Restaurierung nahezu durchweg ihr Originalaussehen wiedergegeben wurde. Die meisten Häuser entstanden zwischen den 60er Jahren des 19. Jahrhunderts und den frühen Jahren des 20. Jahrhunderts; Gedenktafeln schildern ihre Geschichte. Obwohl sich die Briten und Franzosen diese verhältnismäßig kleine Enklave teilten, scheinen sie Abstand zueinander gehalten zu haben, denn sie bauten jeweils eigene Brücken, Kirchen und Zollhäuser. Herausragende Sehenswürdigkeiten gibt es eigentlich nicht, doch es macht einfach Spaß, herumzulaufen und sich umzuschauen. Neben dem in seiner Umgebung ungewöhnlich modern wirkenden Hotels *White Swan* an der Promenade Shamian Nan Jie erstreckt sich der **Shamian-Park**, in dem zwei Kanonen, die während der Opiumkriege im nahen Foshan gegossen wurden, auf den Fluss gerichtet sind. Samstag nachmittags finden dort zuweilen Proben für die Kanton-Oper statt. Das Flussufer ist auch die Stätte des großen jährlichen **Feuerwerks** zum Frühlingsfest, das am ersten Abend des neuen Jahres nach dem chinesischen Mondkalender (um den 21. Januar) stattfindet; die beste Aussicht auf dieses Spektakel bietet sich vom Uferbufett (¥400 p.P.) des *White Swan*. Alternativ kann man sich ins Getümmel der umliegenden Straßen stürzen (nahezu die halbe Stadt scheint sich bei dieser Gelegenheit einzufinden) oder vom gebuchten Zimmer im *Youth Hostel* aus zuschauen.

Honan

Honan, das Gebiet unmittelbar südlich des Flusses zwischen der westlichen Straße Gongye Dadao und der 1500 m weiter östlich verlaufenden Jiangnan Dadao, ist über **drei Brücken** zu erreichen: über die Renmin-Brücke, welche die Liuersan Lu mit der Gongye Dadao verbindet, sowie über die dicht nebeneinander liegenden Jiefang- und Haizhu-Brücken, die zur Tongqing Lu und Jiangnan Dadao führen. Metrolinie Nr. 2 wird nach ihrer Fertigstellung mehrere Stationen an der Jiangnan Dadao unterhalten; bis zu ihrer Eröffnung aber empfiehlt es sich, einfach über die nächste Brücke zu gehen und das Viertel zu Fuß zu erforschen.

Vor 1949 war Honan Guangzhous Rotlichtbezirk mit zahllosen Opiumhöhlen, Bordellen und Spielhöllen, die allesamt mit der kommunistischen Machtübernahme verschwanden. 1984 wurde Honan sogar zum Mustermodell von Hu Yaobangs „Kampagne zur Steigerung des städtischen Bewusstseins", die Stadtbewohner dazu aufrief, Kindergärten und Seniorenclubs zu gründen sowie ihre Wohnviertel sauber und sicher zu halten. Heute ist Honan ein überraschend ruhiges Stadtviertel, dessen schmale gepflasterte Seitengassen der Hauptstraßen Nanhua Lu und Tongfu Lu von schlichten Wohnhäusern mit Holztoren gesäumt sind und sich frei von achtlos weggeworfenem Abfall präsentieren. Während des **Frühlingsblumenfestes** (eine südchinesische Tradition mit Ursprung in Guangzhou) aber locken die Verkaufsstände der Floristen an der am Fluss entlang führenden Binjiang Lu massenweise Bürger aus dem gesamten Stadtgebiet an, die dort Blumen in allen erdenklichen Farben und Formen kaufen, um sich ein glückliches kommendes Jahr zu sichern. In den Seitenstraßen südwestlich der Kreuzung von Nanhua Lu und Tongqing Lu befindet sich ein großer kantonesischer **Markt**, auf dem es noch lebendiger zugeht als auf dem Qingping-Markt.

Honans einzige herkömmliche Sehenswürdigkeit befindet sich im **Haizhuang-Park** (¥1,50), der sich zwischen Nanhua Lu und Tongfu Lu erstreckt und zu Fuß rund zehn Minuten von der Renmin-Brücke entfernt ist. Die dortigen Gebäude wurden vor kurzem unter dem Namen **Qian Chu Si** wieder in ihre ursprüngliche Funktion als buddhistisches Kloster versetzt. Nach Renovierungsarbeiten erstrahlt die große Südhalle mit ihren prachtvollen Statuen und dem Dach aus ineinander verschachtelten Holzbalken – typisches Merkmal südchinesischer Tempelgebäude der frühen Qing-Dynastie – in neuem Glanz. Die grellbunten „Heiligenscheine" einiger Statuen sind weniger traditionelle Hinzufügungen.

Ost-Guangzhou und Parkgelände Baiyun Shan

Das zu allen anderen Seiten von Flüssen und Hügeln begrenzte Stadtzentrum Guangzhous dehnt sich unweigerlich nach Osten aus, um die ständig wachsende Einwohnerzahl aufzufangen. Der Osten ist der modernste Stadtteil: Er wird von mehreren Schnellstraßen durchschnitten und liegt im Schatten von Wolkenkratzern, die Stammsitz mächtiger Unternehmen sind. Die Hauptverkehrsadern Huanshi Lu und Dongfeng Lu treffen in der nordöstlichen Vorstadt Tianhe zusammen, die ein Wohnzentrum der **Ausländergemeinde** Guangzhous darstellt. Aus diesem Grund lohnt sich ein Besuch des Stadtteils in erster Linie wegen der zahlreichen westlichen **Restaurants** und **Bars**. Die Sehenswürdigkeiten sind hingegen an einer Hand abzuzählen. Lohnend ist ein Besuch im nördlichen Parkgelände Baiyun Shan, das sich im Vergleich zur Hektik der Stadt als unerwartete Oase der Ruhe erweist.

Nordöstlich der Huanshi Dong Lu erinnert an der Xianlie Lu im **Huanghua-Gang-Park** das **Mausoleum der 72 Märtyrer** an Sun Yatsens misslungenen Kanton-Aufstand vom 29. März 1911. Das eigenwillige Monument spiegelt die Nationalitäten der verschiedenen Förderer wider, die zu seiner Errichtung beigetragen haben – buddhistische Ikonografie verschmilzt mit einer Freiheitsstatue und einem ägyptischen Obelisken. 🕓 tgl. 8–17 Uhr, Eintritt ¥2.

Nur 1 km weiter östlich liegt ebenfalls an der Xianlie Lu der **Zoo**, der landesweit der drittgrößte seiner Art ist. Die Tiere werden unter einigermaßen annehmbaren Bedingungen gehalten – was jedoch weit entfernt von „artgerecht" ist. Zu den seltenen Exemplaren gehören gefleckte Leoparden, mehrere Wildvogelarten und natürlich Pandabären. Anfahrt mit Bus Nr. 6 von der Dongfeng Lu im Block östlich der Sun-Yatsen-Gedenkhalle, 🕓 tgl. 9–16 Uhr, Eintritt ¥10.

2 km östlich des Zoos schließt sich das Viertel **Tianhe** an, in dem auch der Hauptbahnhof liegt. Das am Reißbrett entworfene Plangebiet mit seinen weiten gepflasterten Betonflächen, breiten Straßen und glitzernd verglasten Türmen lässt Fußgänger als unbedeutende Punkte erscheinen. Zu Tianhes Paradestücken gehört das 1987 anlässlich der Austragung der Nationalen Leichtathletikmeisterschaften errichtete riesige **Stadion**, das aufpoliert wurde, als Guangzhou im Jahre 2001 zum zweiten Mal Gastgeber der Spiele war – zu erreichen ist es über die Metrostation Xiuyu Zhong Xiao.

Parkgelände Baiyun Shan

Das nur 7 km nördlich des Stadtzentrums gelegene Parkgelände Baiyun Shan (Berg der weißen Wolken) ist bequem mit einem der Stadtbusse zu erreichen. Das Gelände ist der ideale Ort, um den Lärm und die Unruhe der Stadt hinter sich zu lassen.

Einst standen auf Baiyun Shans nun dicht aufgeforsteten Hängen zahlreiche Klöster, doch heute strömen die Besucher in erster Linie wegen der Panoramablicke auf Guangzhou und die Deltaregion hierher. Der Park erstreckt sich über ein Areal von fast 30 km^2. Vom Süden des Renmin-Parks (unmittelbar nordöstlich der Kreuzung von Jiefang Lu und Zhongshan Lu) benötigt Bus Nr. 24 rund 30 Minuten bis zum Parkeingang.

Vom Eingang neben der Luhu Lu führt eine gut dreistündige Wanderung vorbei an strategisch platzierten Teehäusern und Pavillons, die schöne Ausblicke und Erfrischungen bieten, zum **Moxing Ling** (Gipfel, der die Sterne berührt). Allerdings bringt auch eine vom Eingang verkehrende **Kabinenseilbahn** (¥20) die Ausflügler bis zur **Cheng-Klippe**, einem ungefähr auf halber Strecke zum Gipfel gelegenen Felsvorsprung, dessen Name auf den Qin-Minister **Cheng Ki** zurückgeht, den der Kaiser mit dem Auftrag dorthin schickte, ein Kraut der Unsterblichkeit zu finden. Als er die Pflanze gefunden hatte, naschte Cheng ein Blatt von ihr, woraufhin sich der gesamte Rest in Luft auflöste. Voller Gewissensbisse stürzte er sich vom Felsen in die Tiefe, doch ein Storch fing ihn auf und trug ihn zum Himmel. Der Felsvorsprung ist ein beliebter Treffpunkt, um spektakuläre Sonnenuntergänge anzuschauen.

Übernachtung

Guangzhous Wesen als Geschäftsstadt hat zur Folge, dass die Zahl der Budget-Unterkünfte begrenzt ist – selbst Hongkong bietet eine bessere Auswahl. Man muss sich damit abfinden und von vornherein mit etwas höheren Ausgaben rechnen. Die **Preise** können sich während der dreiwöchigen Handelsmessen im April und Oktober mehr als verdoppeln, da in dieser Zeit das Angebot an Hotelbetten knapp wird, doch im Winter, wenn die Zahl der Besucher zurückgeht, sinken auch die Preise. Die meisten Hotels besitzen einen Reiseschalter für Ticket-Buchungen, und die Häuser der gehobenen Kategorie haben Bank- und Postdienstleistungen im Angebot, verfügen über Restaurants und Geschäfte und akzeptieren internationale Kreditkarten.

Für alle Aufenthalte, die mehr als eine Übernachtung beinhalten, bieten sich die Unterkünfte auf der **Insel Shamian** an. Sie ist ein angenehmer Aufenthaltsort mit gepflegten Parkanlagen, ein wenig Ruhe und vielen guten Restaurants. Relativ preiswerte Hotels, die eigentlich nur auf Chinesen ausgerichtet sind, findet man überwiegend in Guangzhous Zentrum in Flussnähe. Zwei Budget-Alternativen befinden sich unweit des Bahnhofs. Die Hotels der oberen Kategorie liegen überwiegend im Norden und Osten der Stadt.

Guangzhou: Übernachtung

Aiqun	爱群大酒店	*àiqún dàjiǔdiàn*
Baigong	白宫酒店	*báigōng jiǔdiàn*
Beijing	北京大酒店	*běijīng dàjiǔdiàn*
China Marriott	中国大酒店	*zhōnggúo dàjiǔdiàn*
Customs	海关会议接待中心	*hǎiguānhuìyì jiēdàizhōngxīn*
Dongfang	东方宾馆	*dōngfāng bīnguǎn*
Garden	花园酒店	*huāyuán jiǔdiàn*
Guangdong Guesthouse	广东宾馆	*guǎngdōng bīnguǎn*
Guangdong Tourist Hotel	广东旅游	*guǎngdōng lǚyóu*
Guangzhou Youth Hostel	广州青年招待所	*guǎngzhōu qīngnián zhāodàisuǒ*
Holiday Inn	文化假日酒店	*wénhuà jiàrìjiǔdiàn*
Landmark	华厦大酒店	*huáxià dàjiǔdiàn*
Liuhua	流花宾馆	*liúhuā bīnguǎn*
Shamian	沙面宾馆	*shāmiàn bīnguǎn*
Shengli	胜利宾馆	*shènglì bīnguǎn*
White Swan	白天鹅宾馆	*báitiāné bīnguǎn*
Yishu	艺术宾馆	*yìshù bīnguǎn*

INSEL SHAMIAN – Die Lage der im Folgenden genannten Unterkünfte zeigt die Karte auf S. 703.

Bank of China**, Shamian Dajie, ✆ 81885913. Beflissen um die Ausweitung der Kundschaft bemüht. Einfache gediegene Einrichtung und faires Preisgefüge.

Customs Hotel****, Shamian Dajie, ✆ 8110 2388, 📠 81918552. Neues, auf chinesische Geschäftsleute ausgerichtetes Hotel in einem ehemaligen Zollhaus. Sehr moderne Innenausstattung.

Guangzhou Youth Hostel**, Shamian Si Jie, ✆ 81884298, 📠 8884979. Unmittelbar gegenüber dem prunkvollen Hotel *White Swan*. Eine der preisgünstigsten Unterkünfte Guangzhous – meistens liegt eine Warteliste für frei werdende Betten aus, die mittags vergeben werden. Etwas feuchte Schlafsäle, doch moderne und saubere Zimmer. Gepäck wird gegen eine recht hohe Gebühr gelagert, Fahrkartenbeschaffung möglich. Trotz des Namens keine offizielle IYHF-Unterkunft. Dorm-Betten ¥50.

Shamian**, Shamian Nan Jie, ✆ 81912288, 📠 81911628. Kleine, überwiegend fensterlose Zimmer, doch insgesamt ein sehr gemütliches und komfortables Haus, nur eine Ecke vom *Youth Hostel* entfernt.

Shengli**–*** **(auch: *Victory*)**, Shamian Si Jie und Shamian Bei Jie, ✆ 81862622, 💻 www.gd-victory-hotel.com. Das *Victoria* der Kolonialzeit, unterteilt in zwei Gebäude. Gutes Restaurant und Geschäft mit Kaffeebar vorhanden; Verkauf importierter westlicher Nahrungsmittel. Eine empfehlenswerte Adresse. Haus an der Bei Jie***, Haus an der Si Jie**.

White Swan, Luxus, Shamian Nan Jie, ✆ 8188 6968, 💻 www.whiteswanhotel.com. Guangzhous ehemals nobelstes Hotel wird mit staatlichen Zuschüssen unterhalten und gehört noch immer zu den renommiertesten Adressen der Stadt. Stammadresse von Amerikanern, die chinesische Waisenkinder adoptieren wollen. Lobby mit Wasserfall und Flusspanorama, eigene Bäckerei und zahllose andere Angebote, die zum Teil nur von Hausgästen genutzt werden dürfen.

ZENTRAL-GUANGZHOU – ***Aiqun******, Yanjiang Lu, ✆ 81866668, 📠 81883519. Monumentaler Block aus den 30er Jahren mit verblassender (oder je nach Sichtweise auch sentimentaler) Atmosphäre. Schöne Ausblicke auf den Fluss, hochnäsiges Personal. War vor der Unabhängigkeit Guangzhous höchstes Gebäude. Faires Preisgefüge für EZ und DZ.

Baigong**, Renmin Nan Lu, ✆ 81882313, 📠 8188 9161. Das klassische Stadthotel schlechthin. Mit-

unter laut, doch stets sauber, freundlich und angesichts der Lage preislich angemessen.
Beijing**, Xihao Er Lu, ☏ 81884988, 📠 81861818. Typisches städtisches Hotel mit hübscher Lobby, etwas abgewohnten Zimmern, einem großen Restaurant und – natürlich – einer Karaoke-Bar.
Guangdong Guesthouse****, Jiefang Bei Lu, ☏ 83332950, 💻 www.ggh.com.cn. Riesiger Bau mit rechteckigen Betonflügeln, sinisiert durch grüne Dachziegel und beleuchtete Traufen. Berühmt wegen seiner 20 verschiedenen Speisesäle. Hoher Komfort, doch es zeigen sich Spuren des Alterns.
Landmark****, Yanjiang Lu, ☏ 83355988, 📠 8333 6197, 💻 www.hotel-landmark.com.cn. Hotel für Geschäftsleute zwischen einem belebten Kreisverkehr und dem Fluss.

NORD- UND OST-GUANGZHOU – ***China Marriott***, Luxus, Liuhua Lu, ☏ 86666888, 📠 86677014, 💻 www.marriotthotels.com/CANMC. Fünf-Sterne-Labyrinth mit roten Marmorkorridoren, direkt gegenüber der Exportwarenhalle. Einkaufszeile der gehobenen Preisklasse, mehrere Restaurants. Zur Orientierung wäre ein Hotelplan nützlich. Bei der Begleichung von Rechnungen werden ausländische Devisen erwartet. Wunderschöne und entsprechend teure Zimmer. Im Untergeschoss befindet sich Guangzhous *Hard Rock Café*.
Dongfang, Luxus, Liuhua Lu, ☏ 86669900, 📠 8666 2775. In unmittelbarer Nachbarschaft zum *China Marriott* gelegenes Fünf-Sterne-Hotel mit übertrieben vielen Restaurants; elegant herausgeputzte Gebäude aus den 50er Jahren inmitten einer schönen Gartenanlage.
Garden, Luxus, Huanshi Dong Lu, ☏ 83338989, 📠 83350467, 💻 www.gardenhotel-guangzhou.com. Opulenteste Adresse der Stadt und (privat geführtes) Abbild des *White Swan* – sogar mit Wasserfall. In jeder Beziehung besser als das Vorbild, mit Ausnahme der Lage. Swimmingpool, Fitnesshalle und Sauna, für Hausgäste kostenlos.
Guangdong Tourist Hotel**, Huanshi Xi Lu, ☏ 86666889, 📠 86679787. Direkt am Bahnhof neben dem Büro von China Southern Airlines. Unter Führung von *CITS* und verbunden mit IYHF. Faires Preisgefüge, saubere Zimmer und ordentliches Restaurant. Oft ausgebucht. Dorm-Betten ¥50.
Holiday Inn, Luxus, Guangming Lu, ☏ 87766999, 💻 www.holiday-inn-guangzhou.com. Hotel mit allen Einrichtungen der internationalen Standardklasse. Kino vorhanden.
Liuhua***, Huanshi Xi Lu, ☏ 86668800, 💻 www.lh.com.cn. Vertrauenswürdiges, jedoch alterndes Hotel in Bahnhofsnähe mit Zimmern unterschiedlicher Kategorien – die billigeren sind ihr Geld nicht unbedingt wert.
Yishu** **(auch: *Art Hotel*)**, Renmin Bei Lu, ☏ 8667 0255, 📠 86670266. Versteckt in der Straße nördlich des durchschnittlichen *Friendship Hotel*; am Zufahrtsweg weist ein Schild mit dem englischen Namen auf dieses Haus. Nicht außergewöhnlich, abgenutzte Teppiche und einfache Badezimmer; angesichts der geschäftigen Lage in der Nähe der Exportwarenhalle preiswert.

Essen

Das Essen gehört zu Guangzhous herausragenden Freizeitbeschäftigungen. Zahlreiche Restaurants genießen einen Ruf, der weit über die Provinzgrenzen hinausreicht, und allein ihretwegen lohnt sich ein mehrtägiger Aufenthalt in der Stadt. Es wäre eine Sünde, nicht in einem ortstypischen Lokal gespeist zu haben, in dem sich Einheimische einer ihrer Lieblingsvergnügungen widmen. Kantonesen sind so stolz auf ihre Küche, dass in der Stadt vor nur wenigen Jahren keine Alternativen zu finden waren – heute allerdings bieten Lokale auch asiatische, europäische, sogar indische und natürlich chinesische Küche aus anderen Landesteilen an. Vereinzelt öffnen Garküchen schon um 5 Uhr morgens. Die Frühstückszeit – mit traditionellem Dim Sum – liegt zwischen 7 Uhr und 10 Uhr morgens (sonntags und in Szenelokalen ist auch länger geöffnet). Mittagessen wird i.d.R. zwischen 11 Uhr und 14 Uhr angeboten, Abendessen zwischen 17 Uhr und 22 Uhr – Kantonesen essen eher zu einer frühen Stunde.
Überall in der Stadt gibt es gute **Restaurants**, doch besonders in der westlich gelegenen Dishifu Lu und auf der Insel Shamian ist die Auswahl groß. Dort gestaltet sich auch die Bestellung einfacher, weil die meisten Restaurants über

englische Speisekarten verfügen (Gerichte, die Ausländer abschrecken, werden auf diesen gar nicht erst aufgeführt). Die **Preise** sind in den vergangenen Jahren eher gesunken als stabil geblieben, doch die kantonesische Gewohnheit, Familienmitglieder und wohlhabende Geschäftspartner mit einem Essen zu unterhalten, hält die Preise bei ¥40 pro Kopf für ein ordentliches chinesisches Mahl oder ¥60 für exotischere asiatische Genüsse oder westliches Essen.

Für einen Bruchteil dieser Beträge bieten die allgegenwärtigen **Garküchen** und **Essbuden** rund um die Uhr schmackhafte Verpflegung an (vor allem in den Seitenstraßen der Beijing Lu). Die Preise für die gängigen Gerichte – gebratene Enten- und Schweinefleischscheiben auf Reis, *jiaozi* mit Rindfleisch- und Hühnerfleischfüllung oder Nudelsuppen – bewegen sich zwischen ¥8 und ¥10. Keinesfalls übersehen sollte man die Auswahl an **Gebäck** und tropischen **Früchten** – die Lychees der Region wurden einst auf kaiserlichen Befehl direkt nach Beijing verfrachtet.

Wer der chinesischen Küche überdrüssig ist, findet überall im Stadtgebiet westliche Fast-Food-Ketten. Angewiesen ist man auf sie nicht, denn auch die unten aufgelisteten **Bars** und **Cafés** servieren Grillspeisen, Sandwiches und Hausmannskost. Auch die Restaurants der **Touristenhotels** sind auf westliche Gaumen eingestellt und bieten zum Teil besondere Anreize: Das *China Marriott* lockt mit einem erlesenen täglichen Kuchenbufett (15–17 Uhr, ¥40 p.P.), und das *White Swan* bietet einher mit Guangzhous schönsten Blicken auf den Fluss unbeschränkten Kaffee-Ausschank (¥36) sowie ein Buffet-Frühstück (¥96) bis 11 Uhr morgens.

ZENTRAL-GUANGZHOU – ***Caigenxiang,*** Zhongshan Lu. Vegetarisches Restaurant der Mittelklasse mit *jiaozi*-Haus im Erdgeschoss und Menüwahl im oberen Stockwerk. Wirkt ein wenig vernachlässigt und arbeitet mit unprofessionellem Personal, doch das Essen ist ausgezeichnet, wie immer mit täuschend echten Fleischimitaten. Tipps: geröstetes „Schweinefleisch" mit Honig, gebratener „Aal" mit Trockenpilzen, Nadelpilze oder *bok-choi*-Kasserole – jeweils rund ¥30 p.P.

Datong, 63 Yanjiang Xi Lu. Wer authentische lärmende Dim-Sum-Runden mit Blick auf den Fluss sucht, ist in den Stockwerken 2, 5 und 6 dieses Lokals zwischen 7 Uhr morgens und 12 Uhr mittags bestens aufgehoben. Zeitig kommen, denn die Fensterplätze sind früh vergeben.

Huimin Fandian, auch: ***Five Rams*** (Fünf Ziegenböcke), an der südöstlichen Seite der Kreuzung von Renmin Lu und Zhongshan Lu. Größtes und populärstes moslemisches Restaurant der Stadt. Zu den Spezialitäten gehören Lamm-Feuertopf, gebratene Ente, Huhn mit Zitrone und gewürzte Fleischspeisen. Preiswerte Garküche im Untergeschoss mit würzigen Nudelgerichten.

Natural Door Indian, in einer schmalen östlichen Seitengasse der Beijing Lu. Kleines Restaurant mit südindischer und malaiischer Küche; spezialisiert auf *roti, rendang, samosa, dhal, biryani* und Fischgerichte in Bananenblättern. Mahlzeiten zwischen ¥20 und ¥40.

Qianfu Lou, Beijing Lu. Serviert auf drei Etagen kantonesische Spezialitäten. Gebratene Fleischgerichte zum Mitnehmen, Garküche im Erdgeschoss, Räumlichkeiten für besondere Anlässe im Obergeschoss.

NORD- UND OST-GUANGZHOU – ***Banana Leaf Curry House,*** World Trade Centre, Huanshi Dong Lu. Gute Auswahl an authentisch gewürzten thailändischen, malaiischen und indonesischen Gerichten, jedoch nicht gerade preiswert (ab ¥70 p.P.).

Dongbei Ren, gegenüber vom Liuhua-Park an der Renmin Bei Lu. Zweigstelle einer landesweiten Kette, die mit gemütlichem Ambiente mandschurisches Essen anbietet. Tipps: sautierte Maiskörner mit Pinienkernen, gedämpftes Huhn mit Pilzen oder Eier mit dunklen Baumpilzen. Gerichte ab ¥20.

Hunan Girl, Taojin Lu. Hunan-Restaurant, das eher Guangzhous Ausländergemeinde als einheimische Chinesen anzieht. Die Innenausstattung erinnert an chinesische Restaurants im Ausland. Gute Küche und angemessenes Preisgefüge.

Jiangxi Ren, 475 Huanshi Dong Lu. Große Steingutgefäße machen draußen auf dieses Restaurant aufmerksam. Restaurant mit volkstümlicher chinesischer Einrichtung im 2. Stock. Besonders

Guangzhou: Essen

Banana Leaf Curry House	蕉叶饮食	*jiāoyè yǐnshí*
Caigenxiang	菜根香	*càigēn xiāng*
Cow and Bridge Thai	泰国牛桥	*tàiguó niúqiáo*
Datong	大同大酒家	*dàtóng dàjiǔjiā*
Dongbei Ren	东北人	*dōngběi rén*
Fo Shijie Su Shishe	佛世界素食社	*fóshìjiè sùshíshè*
Genesis Café	创世纪	*chuàngshì jì*
Guangzhou	广州酒家	*guǎngzhōu jiǔjiā*
Huimin Fandian	回民饭店	*huímín fàndiàn*
Hunan Girl	湘妹子	*xiāngmèi zi*
Japanese	大禾会日本饭店	*dàhéhuì rìběn fàndiàn*
Jiangxi Ren	江西人	*jiāngxī rén*
Lian Xiang Lou	莲香楼	*liánxiāng lóu*
Lucy's Bar	露丝吧	*lùsī bā*
Nanyuan	南园酒店	*nányuán jiǔdiàn*
Natural Door Indian	自然门印度餐厅	*zìránmén yìndù cāntīng*
Panxi	泮溪酒家	*pànxī jiǔjiā*
Qianfu Lou	千福楼	*qiānfú lóu*
Qiao Lian	侨联餐厅	*qiáolián cāntīng*
Ronghua Jiulou	荣华酒楼	*rónghuá jiǔlóu*
Samba	森巴西餐厅	*sēnbāxī cāntīng*
Shamian Café	沙面咖啡屋美食	*shāmiàn kāfēiwū měishí*
Tao Tao Ju	陶陶居	*táotáo jū*
Xin Lizhi Wan	新荔枝湾酒楼	*xīnlìzhīwān jiǔlóu*
Yunnan Over The Bridge Noodles	云南过桥米线坊	*yúnnán guòqiåo mǐxiàn fang*

zu empfehlen sind die riesigen Suppentöpfe nach Jiangxi-Art für 3–4 Pers. (¥35–60) sowie die exzellente Ente mit Birne.

Samba Restaurant Bar, Jianshe Lu. Bietet abends eine äußerst beschwingte Atmosphäre mit südamerikanischer Musik (teils von brasilianischen Angestellten live dargeboten). Kolossale Auswahl an importierten Spirituosen, Bufettmenüs mit beliebig viel Nachschlag für ¥50–70. Außerdem sind die vielleicht besten Rippchen der Stadt im Angebot. Nächste Metrostation: Lieshe Lingyuan.

WEST-GUANGZHOU – ***Guangzhou***, Ecke Wenchang Nan Lu und Xiajiu Lu, weitere Zweigstellen im Stadtgebiet. Ältestes, meistbesuchtes und berühmtestes Restaurant der Stadt mit einer Kalligrafie des Qing-Kaisers Kangxi im Eingangsbereich. Eine Neonleuchtreklame auf dem Dach wirbt mit dem Slogan „Eating in Guangzhou". Umfangreiche Auswahl – konkurrenzlos sind in Öl gebratenes duftendes Huhn und knusprig gebratenes Schweinefleisch. Einzuplanen ist ein Budget von rund ¥80 p.P. Die Bedienung ist mitunter sehr kurz angebunden.

Japanese, Shibafu Lu, beliebtes Restaurant nur wenig südlich des *Guangzhou*. Die Gäste sitzen an einer zentralen Theke und nehmen ihre Sushi-Gerichte vom vorbeirollenden Fließband. Die Teller sind farbig nach einem Preisschema von ¥8–22 gekennzeichnet und werden am Ende zusammengerechnet.

Lian Xiang Lou, Dishifu Lu, gegründet 1889 und bis heute berühmt für seine Mondkuchen und Teigkompositionen mit süßer Lotuspastenfüllung in Form von Kaninchen und Pfirsichen, die ein Laden im Erdgeschoss verkauft. Das Restaurant im Obergeschoss serviert leckere Gerichte wie

gebratenes Ferkelfleisch, Taube in brauner Sauce und Ente mit Lotusblüten für jeweils rund ¥30.
Moon Carol Café, Dishifu Lu. Westliche Grillgerichte, darunter riesige neuseeländische T-Bone-Steaks für ¥78 oder Menüs mit Kaffee ab ¥28.
Panxi, Longjin Xi Lu, Liwan-Park. Besondere Vorzüge dieses kantonesischen Restaurants, das in den 40er Jahren einen zwielichtigen Ruf als Rotlichtlokal genoß, sind die Lage am See und die interessante Dim-Sum-Auswahl. Die Auswahl der Hauptgerichte ist durchschnittlich, das englische Menü schon eher enttäuschend. Unverständlicherweise eine Stammadresse für Reisegruppen (deren Agenturen das weitaus bessere *Tao Tao Ju* noch nicht entdeckt zu haben scheinen).
Ronghua Jiulou, Longjin Dong Lu. Unterteilt in zwei Restaurants: ein preiswertes Lokal für einfache Reisgerichte und ein teureres neues Restaurant, das alle kantonesischen Standardgerichte sowie Bankette für ¥500 anbietet. Keine englische Speisekarte, doch das Personal zeigt sich sehr bemüht.
Tao Tao Ju, Dishifu Lu. Wirkt mit üppigen Kronleuchtern, hölzernen Fensterläden sowie leuchtend bunten Glasfenstern recht exklusiv, doch mittleres Preisgefüge für eine gediegene Küche. Zu den Spezialitäten gehören gebratene Gans, frische Meeresfrüchte (siedend gekochte Garnelen oder gebratene Krabben), knusprig gebratenes Huhn, Fleischgerichte mit Lilienknospen und andere kantonesische Gerichte. Umfangreiche englische Speisekarte; Hauptgerichte ¥20–80.
Yunnan Over the Bridge Noodles, Shangjiu Lu. Authentische Yunnan-Küche zu sehr günstigen Preisen in einem hellen, modernen Restaurant. Das Stammgericht *Over the Bridge Noodles* ist mehr als sättigend: eine große Schale kochendheißer Suppe mit Nudeln, Fleischstreifen, Gemüse und anderen Zutaten, die ganz nach Wunsch

Guangdong-Küche Die Guangdong-Küche gehört zu den vier bedeutendsten regionalen Küchen Chinas, auch wenn Kritiker aus dem Norden ihr den Rang einer Gourmetklasse absprechen. Gemessen an der Verwendung von Gewürzen und der Art der Präsentation der Gerichte ist sie einzigartig. Es gibt drei Kategorien: **Kantonesisch** mit Kerngebiet im Perlflussdelta, **Chaozhou** mit Ursprung in der Stadt desselben Namens im entlegenen Osten Guangdongs und **Hakka** im Siedlungsgebiet dieser Han-chinesischen Untergruppe an der Nordostgrenze zu Fujian.
Obwohl einige Chaozhou- und Hakka-Rezepte – etwa süß-saures Schweinefleisch mit Früchten oder salzig angebratenes Huhn – zu den Standardgerichten der Guangdong-Küche gehören, bilden kantonesische Gerichte ihre Grundlage. Viele chinesische Auswanderer haben ihr Heimatland via Guangzhou verlassen und kantonesische Kochrezepte mit ins Ausland genommen – doch wer die hiesigen Speisen genießt, wird sofort feststellen, dass im Ausland aufgetischte „kantonesische" Gerichte an den ausländischen Geschmack angepasst und deshalb nicht authentisch sind.
Verwöhnt durch den fruchtbaren Mutterboden der Region und ganzjährigen Anbau bevorzugen die Kantonesen bei der Zubereitung von Speisen absolut **frische Zutaten**. Vor den Restaurants stehen Käfige, Wasserbecken und Eimer mit lebenden Tieren, die nach der Auswahl geschlachtet und umgehend frisch zubereitet werden. Für das westliche Empfinden ist diese Praxis äußerst gewöhnungsbedürftig, und selbst Chinesen aus anderen Regionen sagen den Kantonesen nach, dass sie außer Möbeln alles essen, was vier Beine hat, und außer Flugzeugen alles verzehren, was fliegen kann.
Bei der Zubereitung wird darauf geachtet, die Beschaffenheit der Speise erkennbar zu belassen und den Geschmack tunlichst nicht zu verfälschen – folglich werden Gewürze nur in kleinsten Mengen verwendet. Die häufigste Zubereitungsweise ist schnelles Anbraten der klein geschnittenen Zutaten bei hoher Hitze im Wok, doch auch langsames Garen in Sojasauce und Wein oder Braten gehören zu den gängigen Kochtechniken.
Keine kantonesische Mahlzeit ist vollständig ohne einen Teller mit grünem bitterem ***choi sam*** (Mandarin: *caixin*), einer chinesischen

des Gastes kombinierbar sind. Weitere Spezialitäten sind im Bambusrohr gedämpftes Huhn und das wahrhaft köstliche *qiguo,* eine Hühnersuppe mit Heilkräutern. Hauptgerichte ¥10–20.

INSEL SHAMIAN – ***Cow and Bridge Thai,*** Shamian Dajie. Sehr formelle Adresse und zweifellos das beste Thai-Restaurant der Stadt, wenn nicht von ganz China. Äußerst appetitliche Präsentation der Speisen und tadelloser Service. Pro Person ist mit ¥120 zu rechnen.

Genesis Café, Shamian Dajie. Guangzhous erstes mediterranes Restaurant ist ein gemütliches Lokal, das eine authentische Auswahl an Gerichten aus Südfrankreich, Nordafrika und dem Nahen Osten anbietet. Leckere Spezialitäten sind Barsch mit Pinienkernen und gebratenes Huhn mit Honig und Minze. Hauptmahlzeiten kosten rund ¥50, ein Drei-Gänge-Menu ca. ¥100.

Lucy's Bar, Shamian Nan Jie. An Tischen unter freiem Himmel bietet dieses auf westliche Gäste ausgerichtete Lokal eine gediegene mexikanische, thailändische und indische Küche. Ferner im Angebot sind Burgers, Pizzas und Grillgerichte. Zu den nostalgischen Klassikern gehören *Fish and Chips.* Hauptgerichte ¥25–70; preiswertes Halbliter-Bier ¥22; Nachmittagstee ¥20 p.P.

Qiao Lian, Shamian Nan Jie, gegenüber der Tennisanlage. Weiß getünchte Wände und wacklige Möbel bilden das Umfeld für preiswertes, qualitativ gutes und reichliches kantonesisches Essen. Empfehlenswert sind „Tigerhaut" (gefüllte Chilischoten), Hühnerfleisch mit Schinken, Fisch in Weinsauce (wird flambiert am Tisch serviert), Taube in Zitrone und gebratene Fleischgerichte. Hauptgerichte ab ¥10, englische Speisekarte vorhanden.

Shamian Café, Shamian Nan Jie, vor dem Hotel *White Swan.* Preiswerte Garküche mit ordent-

Brokkoli-Art, die blanchiert und mit Austernsauce aufgetragen wird. Höchsten Ruhm genießen in Gourmetkreisen **Fisch** und **Meeresfrüchte** auf kantonesische Art, die oft nur mit Ingwer und Frühlingszwiebeln zubereitet werden. Haarige Krabben gehören zu den winterlichen Spezialitäten, und niemand bereitet **Geflügel** besser zu als die Kantonesen – saftig, dezent gewürzt und knusprig in der Kasserole geschmort.

Da Guangzhous Einwohner **Zwischenmahlzeiten** lieben, bieten allerorts kleine Garküchen gebratene Fleischspeisen an, zum Beispiel Gänsebraten oder in Streifen geschnittenes *cha-siu*-Schweinefleisch, das zusammen mit Reis zu einem leicht verdaulichen Imbiss wird. Zu den lokalen Spezialitäten gehört auch *sai bo* – gedämpfter Reis, der im Kochgefäß mit Gemüse und geschnittenen süßen *lap-cheung*-Würstchen serviert wird. Überall in der Region bieten Bäckereien chinesische Teigwaren und gefüllte süße Brötchen an. Exotische Angebote wie Vanilletörtchen gehen auf ausländische Einflüsse zurück, während süße Brötchen mit Schweinefleischfüllung und Blätterteig-Mondkuchen einen traditionellen Ursprung haben.

Möglicherweise führte die Vorliebe für kleine Leckereien zur Tradition des in Guangdong heimischen **Dim-Sum-Essens** (Mandarin: *dian xin*), das inzwischen zu einer verfeinerten sonntäglichen Frühstücksform geworden ist. Die im Kantonesischen *yum cha* genannte Menüwahl – wörtlich: Tee trinken – umfasst kleine gebratene, gekochte oder gedämpfte Snacks, die in Bambusdämpfern oder auf Tellern mittels Servierkarren zum Tisch gebracht werden. Nach der Tischzuweisung erhalten Gäste eine Kanne Tee, die ständig aufgefüllt wird, und die Auswahl aus den vorbeiflanierenden Karren wird auf einer Bestellkarte vermerkt, die abschließend an der Kasse vorzulegen ist. Zu den angebotenen Happen gehören *juk* (Reisbrei), Frühlingsrollen, süße Brötchen, Kuchen, dünne Fleischstreifen, Koteletts, gefüllte Paprikaschoten oder Tintenfisch mit Bohnen.

Genügend Platz bleiben sollte jedoch unbedingt für die vielfältigen kleinen gebratenen oder gedämpften ***jiaozi,*** die das Herzstück eines jeden Dim-Sum-Essens bilden: zum Beispiel für *har gau* (saftige gehackte Garnelen im transparenten Reismehlmantel) oder würzige *siu mai* mit unterschiedlichen Füllungen.

lichen Reisnudelsuppen, Schweinefleischgerichten, gebratenem Reis und *jiaozi* – sicher kein heißer Tipp, der eine längere Anreise wert ist, doch immerhin die preisgünstigste Adresse der Insel.

Shengli Hotel, Shamian Si Jie. Gute, jedoch relativ teure Adresse für Dim Sum. Tgl. 6.30–14.30 Uhr.

Xin Lizhi Wan, Shamian Nan Jie. Eines der anerkanntesten Meeresfrüchte-Restaurants der Stadt, stets gut besucht (überwiegend von Angehörigen der Oberschicht). Die Preise halten sich im Rahmen, doch mit ¥80 p.P. ist zu rechnen.

SÜDLICH DES FLUSSES – ***Fo Shijie Su Shishe,*** in einer Nebenstraße südlich der Tongfu Lu – Ausschau halten nach einem gelben Schild mit roten Schriftzeichen und grün geschnörkelten Dachziegeln, die an einen Tempel erinnern. Hervorragende vegetarische Kost und üppige Portionen. Weitere Spezialitäten: knusprig gebratene Hühnerschenkel in süß-saurer Sauce, salzig angebratene Garnelen und Hühnerfleisch-Kasserole. Viele Gerichte mit Sojabohnenkäse. Englische Speisekarte vorhanden. Die meisten Hauptgerichte kosten unter ¥30.

Nanyuan, 142 Qianjin Lu. Wird oft als das beste Restaurant von Guangzhou gehandelt. Preiswertes Dim-Sum-Frühstück bis 10 Uhr morgens, danach eine Adresse mit gehobenem Standard. Beliebte Spezialitäten sind die Gans nach Chaozhou-Art und das Maotai-Huhn (das in dem berühmten Hirseschnaps jenes Namens gekocht wird) sowie Fisch mit Pinienkernen. Zu erreichen mit Bus Nr. 35 vom Haizhu-Platz an der Yanjiang Zhong Lu, nach ihrer Fertigstellung auch mit Metrolinie Nr. 2.

Unterhaltung

Gemessen am Durchschnittsangebot chinesischer Städte verfügt Guangzhou über ein sehr lebhaftes Nachtleben. Die in den zentralen und östlichen Stadtteilen verstreuten **Clubs** präsentieren sich oft als kaufhausgroße Diskos, kommen gelegentlich aber auch als merkwürdige garagengroße Containern. Die meisten Clubs sind auf chinesische Studenten und Yuppies ausgerichtet. Manche erheben ein Eintrittsgeld, doch überwiegend finanzieren sie sich durch überdurchschnittlich hohe Getränkepreise.

Die Ausländergemeinde bevorzugt die Bars in Guangzhous Osten, die das Halbliter-Bier billiger verkaufen (im Schnitt ¥25) und auch kleine Mahlzeiten anbieten (¥20–40). Die Musik eignet sich dort allerdings eher zum Zuhören als zum Tanzen. Gewöhnlich sind Clubs von 20 Uhr bis 2 Uhr, Bars von 12 Uhr bis 2 Uhr geöffnet, doch nirgends ist vor 21 Uhr besonders viel los. Die Fluktuation ist groß: Läden eröffnen und schließen ohne besondere Vorankündigung. Zu den populärsten Ausgehmeilen gehört gegenwärtig der Flussuferbereich an der **Yanjiang Lu**, wo die derzeitigen Top-Adressen für Live-Musik und Unterhaltung zu finden sind: das klassische *1920 Café* und das so wundervoll benannte *Deep Anger Music Power House.* (Aktuelle Informationen findet man stets im Stadtmagazin *That's Guangzhou*).

Die **kantonesische Oper** ähnelt zwar oberflächlich betrachtet der Beijing-Oper, ist jedoch wesentlich rustikaler. Nachdem die Tradition in den 90er Jahren nahezu verblasst war, erlebt sie gegenwärtig einen neuen Aufschwung. Zwei Theater, die nebenbei als Kinos fungieren, wurden zu neuem Leben erweckt und bieten monatlich mehrere Aufführungen: das ***Ping'an*** an der Dishifu Lu im Westen Guangzhous, ✆ 81395329, und das ***Guangming*** südlich des Flusses an der Kreuzung von Baogang Dadao und Nanhua Lu in Honan, ✆ 84499721. Tickets kosten jeweils ¥10–50. In den Parks proben an Wochenenden Amateurtheatergruppen – vor allem im Shamian-Park auf der Insel Shamian bestehen gute Chancen, dies mitzuerleben.

BARS – ***City Bar,*** City Plaza, Tianhe Lu, Tianhe. Gemütlicher Ort für eine oder zwei Stunden bei einem *Heineken* vor Abfahrt des Zuges aus Guangzhou Ost. Nicht leicht zu finden (in einem Gebäude östlich des besser beschilderten Teem Plaza).

Elephant and Castle, Huanshi Dong Lu. Schummrige Ecken und volle Barbereiche bezeugen die Beliebtheit des Lokals in den Kreisen der nachtschwärmerischen Ausländer. Biergarten vorhanden, wird im Laufe des Abends immer voller und lauter. Variierende Happy Hour-Angebote. Öffnet am späten Nachmittag.

Guangzhou: Unterhaltung

Clubs und Bars		
Africain	非洲吧	*fēizhōu bā*
Café Elle's	木子吧	*mùzǐ bā*
Cave	墨西哥餐厅酒吧	*mòxīgē cāntīng jiǔbā*
Face	菲私俱乐部	*fēisī jùlèbù*
Peace	和平路西餐酒廊	*hépínglù xīcānjiǔláng*
City Bar	城市酒吧	*chéngshì jiǔbā*
Elephant and Castle	大象堡酒吧	*dàxiàngbǎo jiǔbā*
Golden Mango	金芒果酒吧	*jīnmángguǒ jiǔbā*
Hill Bar	小山吧	*xiǎoshān bā*
Opernhäuser		
Guangming	光明剧院	*guāngmíng jùyuàn*
Ping'an	平安大戏院	*píng'ān dàxìyuàn*

Golden Mango, Huanshi Dong Lu. Derzeitige In-Adresse der snobistischen kantonesischen Ausländergemeinde. Gemütliche und ruhige Adresse mit zuvorkommendem Personal und schönem Biergarten.
Hill Bar, Hanshi Dong Lu, gegenüber vom *Garden Hotel.* Dritte Wahl unter drei benachbarten Ausländerlokalen. Erweckt ein wenig den Eindruck eines Aufreißschuppens, doch Bier zum fairen Halbliterpreis von ¥23.

CLUBS – ***Africain,*** Zidong Hua Dasha, 707 Dongfeng Dong Lu, 2. Stock (etwas westlich der Nonglin Xia Lu). Populäres Tanzlokal – mehr Hip-Hop als Reggae oder afrikanische Musik – mit großer Bar und erstaunlich wenigen Ausländern.
Café Elle's, Huaxin Dasha, 2. Stock (nordöstlich der Ecke von Huanshi Lu und Shuiyin Lu). Stadtweit die beste Adresse für Jazz und Blues, regelmäßige Auftritte internationaler Bands und allabendliche Mischung aus Latin- und Tanzmusik. Der Eingang liegt ein wenig versteckt (kleine Tür im Osten des Gebäudes).
Cave, Huanshi Dong Lu, westlich des *Garden Hotel.* In einem Untergeschoss versteckte Tex-Mex-Garküche mit Bar, fast allabendlich Livemusik.
Face, Dongfeng Xi Lu. Unweit des konkurrierenden *Yes* und ständig fast ebenso überfüllt wie jenes, jedoch durchschnittlichere Tanzmusikkost als dort.
Hard Rock Café *(China Hotel),* Liuhua Lu. Diskothek mit teurem Eintritt und hohen Bierpreisen. Musik durch DJ oder Livegruppen, die vorwiegend an Wochenenden auftreten.
Peace, Heping Lu. Allabendliche Livemusik auf zwei Stockwerken – von Kanton-Pop über chinesischen Rock bis hin zu extravaganten Lokalgruppen. Zur Zeit der Drucklegung stand die Eröffnung eines *Peace 2* in 358 Huanshi Dong Lu mit ähnlicher Programmgestaltung bevor (in der Nähe des *Cave*).
Windflower, Huanshi Dong Lu. Pub mit Biergarten und Bühne, jeden Abend DJ-Auftritte und Tanz mit Schwerpunkt auf Jazzmusik.
Yes, Dongfeng Xi Lu (südlich des Liuhua-Park). Eine der populärsten und meistbesuchten Adressen der Stadt für Musik, Tanz und Rave.

Einkaufen

Guangzhous Einkaufskultur ist stark auf praktische Dinge ausgerichtet. Im Gebiet um die **Changshou Lu** befinden sich zahlreiche große Kaufhäuser, Designer-Modegeschäfte und Boutiquen, und der zentraler gelegene Stadtbereich um die **Beijing Lu** bietet ein ähnliches Bild. An Wochenenden verwandeln sich Teile beider Straßenzüge in Fußgängerzonen. Einen besseren Eindruck von dem Weg, auf dem sich Guangzhou – und China – befindet, vermittelt der schockierend moderne **Freundschaftsladen** *(Friend-*

ship Store), der auf fünf Stockwerken importierte internationale Designerwaren und erstklassige Güter chinesischer Produktion anbietet. Der Freundschaftsladen befindet sich in der östlichen Taojin Lu, unmittelbar hinter deren Abzweigung von der Huanshi Dong Lu.
Auch die Straßen östlich der südlichen Renmin Lu laden zum Einkaufsbummel ein: Die großen Kaufhäuser der Yide Lu bieten zum Beispiel **getrocknete Lebensmittel** und **Spielzeug** an – unter anderem Gestalten aus chinesischen Legenden, Raketen und alle möglichen Dinge, die rattern und brummen. Kleinere Geschäfte sind auf Haushaltsgegenstände spezialisiert und bieten auch unter Chinesen beliebten Zierat wie bunte Ziegel, hölzerne Drachen und Phönixe sowie (zum chinesischen Neujahr) rot-goldene Neujahrsbilder an, die in Geschäften und Privathäusern das Glück herbeibeschwören sollen.
Erste Adresse für qualitativ hochwertige **Tourissouvenirs** ist das Hotel *White Swan* auf der Insel Shamian. Die Batiken, Kleidungsstücke, geschnitzten Holztrennwände und Monstrositäten aus Jade sind einen näheren Blick wert – und wenn auch nur, um ein Gefühl für das Preisgefüge zu bekommen und dann in Geschäften der Umgebung des *Shamian Island Hostel* an der Shamian Si Jie einzukaufen. Der *Guangdong Antique Shop* in der südwärts von der Zhongshan Lu abzweigenden Wende Lu und kleine Läden in den Straßen zwischen Dishifu Lu und Liuersan Lu handeln mit authentischen **Antiquitäten** (Jade, Lackwaren, Rollbilder, Siegel, Cloisonné-Gegenstände usw.) von einer Qualität, die Hongkongs *Yue-Hua*-Läden zum doppelten Preis anbieten.
Westliche Lebensmittel führt der dem *Shengli Hotel* angeschlossene *Beatrice Supermarket* im Angebot – eine Schatztruhe für Importprodukte wie Käse, Oliven, Pasta und Biskuits. In der dortigen Kaffeebar kostet eine köstliche starke Tasse Kaffee ¥10.

Sonstiges

AKUPUNKTUR – Preiswerte Akupunkturbehandlungen mit vorangehender Massage durch blinde Masseusen bietet die Klinik des **Zhongshan Medical College** in der Zhongshan Lu, die auch Studenten ausbildet.

AMT FÜR ÖFFENTLICHE SICHERHEIT (PSB) – Das aus eigenen Gnaden ernannte „Kommunale Verwaltungsamt für öffentliche Sicherheit der Stadt Guangzhou in Ausländer betreffenden Angelegenheiten" befindet sich in der Jiefang Bei Lu, ✆ 83116688 oder 83331949; ◷ Mo–Fr 8–11.30 und 14.30–17, Sa 8–11.30 Uhr.

BÜCHER – ***Xinhua Shudian*** an der Beijing Lu hat ein unspektakuläres Angebot an englischer Literatur und übersetzten chinesischen Klassikern. Die größte Buchhandlung der Stadt ist das ***Guangzhou Bookbuying Centre*** im Südwesten des Tianhe-Platzes an der Tianhe Lu – technische Handbücher, Computeranleitungen und akademische Wälzer auf vier Stockwerken, doch kaum etwas in Englisch. Ansonsten bietet eigentlich nur noch die gut bestückte Buchhandlung des Hotels *White Swan* eine breite Palette an Lesematerialien – darunter auch internationale Zeitungen und Magazine.

DIPLOMATISCHE VERTRETUNGEN – **Deutschland**, 19. Stock, GITIC Plaza, ✆ 83306533, 📠 83317033.
Japan, *Garden Hotel,* Huanshi Dong Lu, ✆ 8333 8999, 📠 83878835;
Malaysia, 19. Stock, CITIC Plaza, Tianhe Bei Lu, ✆ 38770766, 📠 38770769;
Philippinen, Zimmer 427, *White Swan Hotel,* Shamian Island, ✆ 81886968, 📠 81862041;
Thailand, *Garden Hotel,* Huanshi Dong Lu, ✆ 83338989, 📠 83889567;
Vietnam, 2. Stock, *Landmark Hotel,* Yanjiang Lu, ✆ 83306801.
◷ der Konsulate: überwiegend 9–11.30 Uhr; i.d.R. ist viel Lauferei erforderlich.

DOLMETSCHER – Große Hotels vermitteln Dolmetscher und Übersetzer für rund ¥250 pro Tag – hinzu kommen jedoch alle Nebenkosten für Mahlzeiten, Transporte usw.

GELD – Die beiden größten Zweigstellen der ***Bank of China*** befinden sich an der Changdi Lu und vor dem Hotel *White Swan* auf der Insel

Shamian, ⏲ Mo–Fr 9–11.30 und 13.30–17 Uhr. Die Schalter in den Hotels *Liuhua, China, Landmark* und *Garden* wechseln auch auswärtigen Gästen Geld, nicht jedoch derjenige des *White Swan.*

GEPÄCKAUFBEWAHRUNG – ⏲ der Schalter des Bahnhofs und der Busbahnhöfe: i.d.R. tgl. 8–18 Uhr.

INTERNET – ***Henan Internet*** am südlichen Ende der Shamian San Lu auf der Insel Shamian berechnet stolze ¥20 pro Std., ⏲ tgl. 9–23 Uhr. Gute Dienste leisten ***Freedom Cyber Café*** an der Kreuzung von Dongfeng Dong Lu und Nonglin Xia Lu (nach 14 Uhr) sowie die ***Net Bar*** im 3. Stock des südlichsten *Xinhua*-Buchladens an der Beijing Lu (beide ca. ¥8 pro Std.). Einige Cafés und Bars westlich der Haizhu-Brücke an der Yanjiang Lu bieten mitunter preiswerteren Internet-Zugang an, während die Dienstleistungen der Hotels sehr teuer sind.

MEDIZINISCHE HILFE – Englisch sprechendes Personal im ***SOS, Guangdong Provincial Hospital of Traditional Chinese Medicine,*** 261 Datong Lu, Er Sha Dao, Guangzhou; ⏲ Mo–Fr 9–18 Uhr, ✆ 87351051. Alternativen: ***Guangdong Provincial People's Hospital,*** 96 Dongchuan Lu, ✆ 83827812; ***Red Cross Hospital,*** 396 Tongfu Zhong Lu, ✆ 84446411. Gute Empfehlungen erhielt der englisch sprechende Zahnarzt ***Dr. Xin Shaoqin,*** ✆ 84403983. Bei schweren Erkrankungen empfiehlt sich die sofortige Ausreise nach Hongkong.

POLIZEI – Alle polizeilichen Angelegenheiten (z.B. Diebstahlsmeldungen) sind über das Amt für öffentliche Sicherheit (s.o.) zu regeln.

POST UND TELEFON – Es gibt ***Hauptpostämter*** mit IDD-Telefonen, Paketschaltern und *Poste-Restante*-Service an der Westseite des Hauptbahnhofsvorplatzes und gegenüber dem Eingang zum Kulturpark an der Liuersan Lu, ⏲ tgl. 8–18 Uhr. Der Postschalter auf der Insel Shamian öffnet von 9–17 Uhr für den Verkauf von Briefmarken und Kuverts sowie die Annahme von Postsendungen. Alle großen Hotels bieten Postbeförderung und internationale Telefongespräche an.

REISEBÜROS – Gewöhnlich bieten die Hotels eigene Dienste an. Ansonsten wurden folgende Adressen empfohlen: ***CITS/STA Travel*** neben dem *Guangdong Tourist Hotel* östlich des Nordbahnhofsvorplatzes an der Huanshi Dong Lu, ✆ 86671455, 🖳 www.statravel.com.cn, ein Büro, das auch als Agentur für zahlreiche internationale Fluggesellschaften fungiert; ***CTS*** im *Landmark Hotel,* ✆ 83355988, 🖳 www.chinatravelone.com, und vor allem ***X-Pat Travel*** östlich des *Freundschaftsladens* im 20. Stock des *Regent House* (Lizhen Dasha) in 50 Taojin Lu, ✆ 83586961, 🖂 xpats@public.guangzhou.gd.cn, dessen englisch sprechendes Personal für freundliche und zuvorkommende Dienste bei der Ticketbeschaffung und der Organisation von Ausflügen gewürdigt wurde – es liegt jedoch ein wenig versteckt.

VORWAHL – 020

Nahverkehrsmittel

Es ist nicht schwierig, sich in Guangzhou fortzubewegen, doch die Stadt ist zu groß für Fußwege, und auch das Radfahren ist angesichts der dichten Verkehrslage nicht zu empfehlen. Die beste Alternative ist die Nutzung der billigen und langsamen **Oberleitungsbusse** und **Stadtbusse**, die nahezu alle Stadtbereiche für ¥1 bedienen. Wesentlich effektiver ist Guangzhous schnelle **Metro**. Zur Zeit der Drucklegung war nur Linie Nr. 1 in Betrieb, die von Guangzhous Ostbahnhof in Tianhe diagonal durch die Stadt zum Zentrum an der Zhongshan Lu verläuft und von der Station Chenjia Ci südwärts an der Insel Shamian vorbei zum anderen Flussufer führt. Nach der Eröffnung von Linie Nr. 2, die für 2003 geplant ist, soll jeder Ort im Zentrum in fußläufiger Entfernung zu einer Haltestelle liegen. Die neue Trasse verläuft südwärts via Sanyuanli und Hauptbahnhof und trifft am Knotenpunkt Gongyuan Qian auf Linie Nr. 1, bevor sie am anderen Flussufer nach Osten abzweigt. Linie Nr. 1 wird künftig bis zum Busbahnhof Tianhe weitergeführt.
Bis zum Jahre 2005 soll eine neue Linienführung mit Anbindung des Fährhafens Nanhai bis nach Foshan (s.S. 521) entstehen. Die Metrostationen sind oben auf der Straße nicht immer leicht zu erkennen – ein Logo in der ungefähren Form ei-

nes „Y" aus zwei roten Strichen vor gelbem Hintergrund macht auf sie aufmerksam. Die Fahrpreise betragen je nach Anzahl der Stationen zwischen ¥2 und ¥6. Da die Automaten nur Münzen im Wert von ¥1 schlucken, stehen an jeder Station Wechselschalter zur Verfügung. Die Waggons sind mit zweisprachigen Streckenplänen ausgestattet, und jede Haltestelle wird auf Mandarin und Englisch angekündigt. Aktuelle Informationen über das Metrosystem können unter 🖳 www.gzmtr.com abgerufen werden.

Überall im Stadtgebiet reagieren **Taxis** auf Handzeichen. Die Grundgebühr beträgt ¥7 (bei größeren Fahrzeugen auch mehr), und alle Taxis sind mit Taxametern ausgestattet. Nur in Ausnahmefällen versuchen Fahrer, durch Umwege zusätzliche Kilometer zu schinden, obwohl das städtische Verkehrssystem mitunter den Eindruck erweckt, dass man in die falsche Richtung fährt.

Für rund ¥5 bieten Straßenhändler an den Bahnhöfen **Stadtpläne** unterschiedlicher Qualität an, doch auch Buchläden, Hotels und Geschäfte halten Kartenmaterial bereit. Die derzeit beste Karte ist *The Tour Map of Guangzhou,* die Sehenswürdigkeiten auch in Englisch benennt und auf aktuellem Stand gehalten wird. Es gibt jedoch keinen Übersichtsplan für die über 200 Buslinien der Stadt. Brandaktuelle Nachrichten über Speiselokale, Veranstaltungen, Musik und Clubs liefert das informative und kostenlose **Magazin** *That's Guangzhou* (auch: 🖳 www.thatsguangzhou.com), dessen Zielgruppe Ausländer sind und das interessante Berichte über das zeitgenössische Alltagsleben der Stadt enthält. In manchen der oben aufgelisteten Hotels und vielen Bars liegen aktuelle Exemplare des Magazins aus.

Transport

Die Weiterreise aus Guangzhou erfordert sorgfältige Planung, da die Ticketbeschaffung mehrere Tage in Anspruch nehmen kann.

BUSSE – Die Weiterreise mit dem Bus ist die preisgünstigste Alternative und bietet zugleich – vor allem bei weiten Strecken – mehr Bequemlichkeit als die Hartsitze der Eisenbahn. Schnelle, jedoch relativ teure **Expressbusse** sind die beliebtesten Verkehrsmittel für längere Strecken, vor allem im Perlflussdelta und auf Guangdongs östlichen Schnellstraßen. Wer haushalten will, findet auch normale Busse *(putong che).*

Es gibt mehrere Überland-Busbahnhöfe. Auf dem **Provinz-Busbahnhof** westlich des Bahnhofs an der Huanshi Xi Lu, der Verbindungen zu nahezu allen relevanten Zielen im Land unterhält, herrscht immer viel Betrieb. Fahrkarten sind problemlos zu bekommen, sobald man unter rund 40 Möglichkeiten das richtige Schalterfenster entdeckt hat, und täglich gibt es Verbindungen zu allen Zielen in Guangdong sowie in die Provinzen Guizhou, Anhui, Hainan und Fujian.

Das Buszentrum für Ziele im Umkreis von etwa 100 km von Guangzhou – einschließlich aller Deltastädte, Qingyuan und Huizhou – ist der ebenfalls an der Huanshi Xi Lu gelegene **Busbahnhof Liuhua**, der aus einer 500 m langen Abfolge von Abfahrtshaltestellen besteht. Das zentrale Ticketbüro befindet sich im 2. Stock des östlichsten Gebäudes – man wird zum richtigen Abfahrtsort geführt. Minibusse nach Foshan fahren regelmäßig von der Station **Guangfo Depot** am westlichen Ende der Zhongshan Lu ab – die Metrostation Chenjia Ci ist etwa 1 km entfernt.

Die Busse von und nach Shantou, Meizhou und weiteren östlichen Zielen verkehren ab dem neuen, rund 7 km östlich der Stadt gelegenen **Busbahnhof Tianhe** bzw. kommen dort an. Fahrkarten für diese Verbindungen sind auch am Provinz-Busbahnhof erhältlich – ein Stempel auf der Rückseite berechtigt zur kostenlosen Nutzung eines Zubringerbusses, der ungefähr 30 Min. für die Strecke nach Tianhe benötigt. Alternativ bietet sich die Nutzung öffentlicher Verkehrsmittel vom Ostbahnhof an. In naher Zukunft wird auch der Busbahnhof Tianhe an die Metro angeschlossen sein.

Expressbusse von *CTS* und anderen Agenturen fahren zwischen 7.45 Uhr und 17 Uhr von verschiedenen Hotels nach Hongkong und Macau ab – Fahrkarten sind an den Abfahrtspunkten erhältlich. Abfahrten nach KOWLOON – entweder mit Ziel „Hongkong Airport" oder „Kowloon Tong MCR" (3 Std., ca. ¥115) – erfolgen von den Hotels *China* (11x tgl.), *Dongfang* (10x), *Landmark* (9x) und *White Swan* (2x). Vom *Landmark* fahren täglich fünf Busse Richtung MACAU (3 1/2 Std., ¥55)

Guangzhou: Metro-Stationen und Transport

Guangzhou	广州	*guǎngzhōu*
Innerstädtische Metro-Stationen		
Changshou Lu	长寿路	*chángshòu lù*
Chen Jia Ci	陈家祠	*chénjiā cí*
Dongshan Kou	东山口	*dōngshān kǒu*
Gongyuan Qian	公园前	*gōngyuán qián*
Guangzhou Dongzhan	广州东站	*guǎngzhōu dōngzhàn*
Huang Sha	黄沙	*huángshā*
Lieshi Lingyuan	烈士陵园	*lièshì língyuán*
Nongjiang Suo	农讲所	*nóngjiǎng suǒ*
Ximen Kou	西门口	*xīmén kǒu*
Tiyu Xilu	体育西路	*tīyù xīlù*
Tiyu Zhongxiao	体育中小	*tǐyù zhōngxiǎo*
Yangji	杨箕	*yángjī*
Transport		
Busbahnhof Liuhua	流花车客运站	*liúhuā chē kèyùnzhàn*
Busbahnhof Tianhe	天河客运站	*tiānhé kèyùnzhàn*
Fährhafen Nanhai (Pingzhou)	南海（平洲）码头	*nánhǎi (píngzhōu) mǎtóu*
Flughafen Baiyun	白云机场	*báiyún jīchǎng*
Guangfo Depot	广佛车站	*guǎngfó chēzhàn*
Hauptbahnhof Guangzhou	广州火车站	*guǎngzhōu huǒchēzhàn*
Ostbahnhof	东方火车站	*dōngfāng huǒchēzhàn*
Provinz-Busbahnhof	省汽车客运站	*shěngqìchē kèyùnzhàn*

via Grenzpunkt Zhuhai (s.S. 525); auch vom Busbahnhof Liuhua gibt es zahlreiche Verbindungen zur ehemaligen portugiesischen Kolonie.

Busse nach:
BEIHAI 24 Std.;
CHANGSHA 20 Std.;
CHAOZHOU 7 Std.;
DONGGUAN 1 Std.;
FOSHAN 1 Std.;
FUZHOU 16 Std.;
GANZHOU 11 Std.;
GUILIN 13 Std.;
HAIKOU 20 Std.;
HUIZHOU 3 Std.;
JIANGMEN 3 Std.;
KOWLOON 3 Std.;
MEIZHOU 12 Std.;
NANNING 30 Std.;
PANYU 1 Std.;
QINGYUAN 1 Std.;
SHANTOU 6 Std.;
SHAOGUAN 6 Std.;
SHENZHEN 3 Std.;
SHUNDE 1 1/2 Std.;
XIAMEN 9 Std.;
ZHANGJIANG 13 Std.;
ZHAOQING 3 Std.;
ZHUHAI 3 Std.

EISENBAHN – In Guangzhou herrscht eine rege Nachfrage nach Zugtickets in alle Richtungen. Fahrkarten werden ab drei Tage vor Abfahrt ausgestellt. Schlafwagenplätze sind schnell ausverkauft, ebenso wie die Hartsitze auf den Hauptstrecken. Im Stadtgebiet gibt es mehrere **Vorverkaufsstellen**, die keine Provision berechnen, und auch die Schlangen vor den Schaltern sind dort gewöhnlich kürzer als am Bahnhof – günstig gelegen sind die Ticketbüros in Flussnähe an der Nordostecke der Kreuzung von Guangzhou Qiyi

Lu und Yide Lu sowie diejenige westlich des *Garden Hotel* in der Huanshi Zhong Lu. Das Honorar für einen Agenten, der die Ticketbeschaffung übernimmt, ist gut angelegtes Geld, denn es erspart viel Mühe und Aufregung – mit mindestens ¥50 pro Ticket ist allerdings zu rechnen. Die meisten Agenturen bieten jedoch nur die wichtigsten Ziele wie etwa Shanghai, Beijing, Hongkong, Xi'an oder Guilin an.

Am nördlichen Ende der Renmin Lu liegt der **Hauptbahnhof**, dessen weiter Vorplatz stets mit Reisenden, fliegenden Händlern und Herumtreibern angefüllt ist. Die meisten Verbindungen mit zentral-, nord- und westchinesischen Zielen laufen dort zusammen. Der Ausgang für eintreffende Passagiere befindet sich an der westlichen Seite des Platzes, doch Taxis und die meisten Stadtbusse warten an der Ostseite. Bus Nr. 31 fährt zum Kulturpark in der Nähe der Insel Shamian. Ende 2003 soll am Bahnhof eine Metrostation eröffnet werden; Richtung Shamian wird man dann drei Haltestellen bis zum Knotenpunkt Gongyuan Qian fahren und dort in die südwärtige Linie Nr. 1 nach Huang Sha umsteigen.

Guangzhous Hauptbahnhof bedient sämtliche inländischen Ziele außer Kowloon und der Shantou-Trasse (für Ziele Richtung Osten ist der Ostbahnhof zuständig). Die **Ticketschalter** befinden sich im östlichen Bahnhofsbereich. Zu Stoßzeiten herrscht dort fürchterlicher Betrieb – man betritt die Halle durch bewachte Schleusen, die geschlossen werden, sobald es drinnen zu chaotisch wird. Nicht selten muss man mindestens eine Stunde Wartezeit in Kauf nehmen, und das gestresste Personal ist oft recht unfreundlich.

Der 5 km östlich des Zentrums in Tianhe gelegene **Ostbahnhof** (Bus Nr. 271 vom 1. Stock des Liuhua Busbahnhofs oder Metrolinie Nr. 1 nach Guangzhou Ost) ist der Abfahrtsort des *Kowloon Express* nach Hongkong (sieben Abfahrten zwischen 8.30 Uhr und 17.20 Uhr, ¥265) und der Verbindungen nach Shenzhen (39 Abfahrten zwischen 6 Uhr und 21 Uhr, ¥70; überwiegend schnelle Züge mit zweigeschossigen Waggons) sowie Ausgangspunkt der östlichen Trassen nach Shantou, Meizhou und Fujian. In zunehmender Zahl werden von dort nun auch nördliche Ziele in Zentralchina bedient. Das Ticketbüro für Shenzhen befindet sich im 1. Stock geradeaus hinter dem Eingang, während die Ticketschalter für den *Kowloon Express,* der Zoll und die Abfahrtshalle für Kowloon links liegen. Es gilt zu beachten, das „Kowloon" ein kantonesisches Wort ist und im Bahnhof die offizielle Mandarin-Schreibweise „Jiulong" verwendet wird. Das **zentrale Ticketbüro** ist im 2. Stock – vor dem Anstellen unbedingt die relevante Zugnummer ausfindig machen (chinesischer Fahrplan an der Wand) und mit den Nummern abstimmen, die über den Schalterfenstern stehen. Die meisten Wartesäle für Abfahrten befinden sich im 3. und 4. Stock. Im Untergeschoss fährt die Metrolinie Nr. 1 direkt zur Station Huangsha in der Nähe der Insel Shamian; die Anbindung zum Hauptbahnhof stellt Bus Nr. 271 her (nach Fertigstellung auch die Metro mit Umsteigen in Gongyuan Qian). Ein Taxi zum Zentrum kostet ¥30–40.

Zur Zeit der Drucklegung war eine neue **Hochgeschwindigkeitstrasse** von Guangzhou Ost nach Yichang, Chengdu, Nanyang und Guiyang im Bau, die nach der geplanten Fertigstellung im Jahre 2006 die gegenwärtige Reisezeit um 30–50% verkürzen soll.

Züge nach:
BEIJING 8x tgl., 23 Std.;
CHANGSHA 30 tgl., 7–10 Std.;
CHAOZHOU 5x tgl., 7–12 Std.;
CHENGDU 3x tgl., 30 Std.;
FOSHAN 8x tgl., 3/4 Std.;
FUZHOU 2x tgl., 36 Std.;
GUILIN 3x tgl., 18 Std.;
GUIYANG 5x tgl., 32 Std.;
HUIZHOU 7x tgl., 2–3 Std.;
KOWLOON 7x tgl., 2 Std.;
KUNMING 3x tgl., 30 Std.;
MEIZHOU 4x tgl., 9 Std.;
NANCHANG 5x tgl., 12–15 Std.;
NANNING 3x tgl., 18 Std.;
SHANGHAI 7x tgl., 24 Std.;
SHANTOU 5x tgl., 7–12 Std.;
SHAOGUAN tgl. viele Verbindungen, 3–5 Std.;
SHENZHEN halbstündl., 3/4–2 Std.;
WUHAN 20x tgl., 10–15 Std.;
XIAMEN 1x tgl., 15 Std.;
XI'AN 2x tgl., 27 Std.;
ZHAOQING 8x tgl., 2 Std.

FÄHREN – Guangzhous **Fährhafen** liegt südwestlich der Stadt in Nanhai (Pingzhou), ungefähr auf halber Strecke nach Foshan (s.S. 521). Täglich fahren zwei Schnellboote zum *China–Hongkong City Terminal* in HONGKONG (2 Std., ¥170). Zur Zeit der Drucklegung war der Fährhafen nur mit vielen Umständen ohne Taxi (20 Min.) zu erreichen. Es liegen jedoch Pläne in der Schublade, die Metrolinie Nr. 1 bis 2005 hierhin zu verlängern.

FLÜGE – Der **internationale Flughafen Baiyun** liegt 6 km nördlich des Stadtzentrums. Guangzhou ist durch Flüge mit allen größeren Städten Chinas und einigen Zielen in Südostasien verbunden. Die Flugpreise sind erheblich günstiger als in Hongkong. Die Zentrale der regionalen Fluggesellschaft *China Southern Airlines,* ✆ 8668 1818, befindet sich unmittelbar östlich des Bahnhofs; das gut organisierte Ticketbüro ist oben im ersten Stock, ⌚ tgl. 7–19 Uhr. Für Adressen von Reisebüros s.S. 511.
Zwischen dem Flughafen und der Zentrale von *China Southern Airlines* pendelt ein Flughafenbus (¥8). Ein Taxi kostet ¥30–40, und die Metro-Anbindung steht kurz vor der Fertigstellung. Die Terminals für nationale und internationale Flüge liegen direkt nebeneinander.
2004 soll 20 km nördlich der Stadt Guangzhous **neuer Flughafen** eröffnet werden. *China Southern Airlines* und die Reisebüros werden aktuelle Informationen über Bus- und eventuelle Metro-Verbindungen dorthin bereithalten.

Fluggesellschaften:
China Southern Airlines, ✆ 86681818, 181 Huanshi Dong Lu, nur zwei Türen vom Nordbahnhof entfernt.
Japan Airlines, ✆ 86696688, im *China Hotel;*
Malaysia Airlines, ✆ 83358828, 📠 83358898, im *Garden Hotel* an der Huanshi Dong Lu;
Thai Airways, ✆ 83824333, 📠 83823986, ebenfalls im *Garden Hotel;*
Vietnam Airlines, ✆ 83867093, 📠 83827187, dito;

Flüge nach:
BEIHAI 3x tgl., 3/4 Std.;
BEIJING 11x tgl., 2 3/4 Std.;
CHANGSHA 2x tgl., 1 Std.;
CHENGDU 5x tgl., 1 3/4 Std.;
CHONGQING 7x tgl., 1 1/2 Std.;
DALIAN 1–3x tgl., 3 Std.;
FUZHOU 4x tgl., 1 1/2 Std.;
GUILIN 6x tgl., 3/4 Std.;
GUIYANG 3x tgl., 1 1/4 Std.;
HAIKOU 7–10 tgl., 1 Std.;
HANGZHOU 3x tgl., 1 1/2 Std.;
HARBIN 2x tgl., 4 Std.;
HEFEI 1–2x tgl., 1 1/2 Std.;
HOHHOT 2x wöchentl., 5 Std.;
HONGKONG 12x tgl., 1/2 Std.;
KUNMING 3x tgl., 2 Std.;
LANZHOU 1x tgl., 3 Std.;
MEIZHOU 2x tgl., 1/2 Std.;
NANCHANG 3x tgl., 1 Std.;
NANJING 5x tgl., 2 Std.;
NANNING 4x tgl., 3/4 Std.;
QINGDAO 2x tgl., 2 1/2 Std.;
SANYA 2x tgl., 1 1/4 Std.;
SHANGHAI 11x tgl., 2 Std.;
SHANTOU 4x tgl., 3/4 Std.;
TIANJIN tgl., 2 1/2 Std.;
URUMQI 2x tgl., 5 Std.;
WUHAN 8x tgl., 1 1/4 Std.;
XIAMEN 2x tgl., 1 Std.;
XI'AN 3x tgl., 2 Std.;
ZHENGZHOU 4x tgl., 1 Std.

Südostwärts nach Shenzhen

Eine Stunde südöstlich von Guangzhou via Schnellstraße liegt **Dongguan**, das Verwaltungszentrum des produktivsten Gebietes im gesamten Perlflussdelta. Die dortigen Fabriken und Unternehmen produzieren Textilien, Einzelteile für die Elektroindustrie sowie Raubkopien von Videokassetten und Computersoftware – ohne dass amerikanische Drohungen mit Handelssanktionen jemals den von Chinas Militär kontrollierten Markt hätten beeinflussen können.

Reisende in Richtung von Dongguans Hafen **Humen**, der in den Opiumkriegen des 19. Jahrhunderts eine herausragende Rolle spielte, können in Dongguan in einen Bus nach **Keyuan** umsteigen, das einst zu den „Vier berühmten Gärten" Guangdongs gehörte. Man erreicht die jenseits des Flusses gelegene Anlage, indem man vom dortigen Busbahnhof 250 m weit über die Wantai Dadao

Das Perlflussdelta

Cuiheng	翠亨村	***cùihēng cūn***
Ehemaliges Wohnhaus von Sun Yatsen	孙中山故居	*sūnzhōngshān gùjù*
Dongguan	东莞	***dōngguǎn***
Keyuan	可园	*kěyuán*
Foshan	佛山	***fóshān***
Green Garden	健康素食馆	*jiànkāng sùshíguǎn*
Huaqiao Dasha	华侨大厦	*huáqiáo dàshà*
Liang Yuan	梁园	*liángyuán*
Pearl River Hotel	珠江大酒店	*zhūjiāng dàjiǔdiàn*
Renshou Si	仁受寺	*rénshòu sì*
Zu Miao	祖庙	*zǔmiào*
Humen	虎门	***hǔmén***
Jiangmen	江门	***jiāngmén***
Duyuan	杜院	*dùyuàn*
Kleines Vogelparadies	小鸟天堂	*xiǎo niǎotiāntáng*
Xinhui	薪会	*xīnhuì*
Nancun	南村	***náncūn***
Yuying Shanfang	余英山房	*yúyīng shānfáng*
Panyu	番禺	***pānyú***
Lianhua Shan	莲花山	*liánhuā shān*
Shajiao	沙角	***shājiǎo***
Shajiao Paotai	沙角炮台	*shājiǎo pàotái*
Lin-Zexu-Park	林则徐公园	*línzéxú gōngyuán*
Shenzhen	深圳	***shēnzhèn***
Folk Culture Village	民俗文化村	*mínsú wénhuàcūn*

nach Norden geht und dann westwärts für rund einen weiteren Kilometer der Keyuan Nan Lu folgt. Die für den Qing-Minister Zhang Jingxiu angelegte Gartenanlage mit zahllosen Korridoren, Zimmern, Pavillons und verschlungenen Treppen wurde auf einem relativ begrenzten Gelände mit auffälligen zartblauen Ziegeldächern gebaut. Die mit nur wenigen Blumenbeeten und Bäumen geschmückte Anlage überrascht vor allem dadurch, dass man von dem Gelände aus die Stadt kaum noch wahrnimmt – dennoch sind Dongguans Autostraßen aus dem Obergeschoss des zentralen **Yaoshi-Pavillons** nur allzu deutlich zu sehen. 🕓 tgl. 8–16 Uhr, Eintritt ¥8.

Humen und Shajiao

Minibusse aus Guangzhou und Dongguan bedienen Humen (örtliche Aussprache: Fumen), während andere Verkehrsmittel ihre Passagiere 5 km entfernt an der Guangshen-Schnellstraße absetzen, wo Pendelbusse warten. Nach einer sechswöchigen Belagerung der „Ausländischen Faktoreien" händigten die Briten 1839 insgesamt 1200 t **Opium** an den Qing-Beamten **Lin Zexu** aus, der

Lizhi-Park	荔枝公园	*lìzhī gōngyuán*
Lo Wu	罗湖	*luóhú*
Minsk World	明思克航空世界	*míngsīkè hángkōng shìjiè*
Shekou	蛇口	*shékǒu*
Splendid China	锦绣中华	*jǐnxiù zhōnghuá*
Übernachtung		
Airlines	航空大酒店	*hángkōng dàjiǔdiàn*
Dongnan	东南大酒店	*dōngnán dàjiǔdiàn*
Dragon	港龙大酒店	*gǎnglóng dàjiǔdiàn*
Far East	远东酒店	*yuǎndōng jiǔdiàn*
Landmark	深圳富苑酒店	*shēnzhèn fùyuán jiǔdiàn*
Nanyang	南洋大酒店	*nányáng dàjiǔdiàn*
Shunde	顺德	***shùndé***
Feng-Ling-Park	风岭公园	*fēnglǐng gōngyuán*
Qinghui-Garten	清晖园	*qīnghuī yuán*
Xishan Gumiao	西山古庙	*xīshān gǔmiào*
Xinhui	薪会	***xīnhuì***
Xiqiao	西樵	***xīqiáo***
Zhongshan	中山	***zhōngshān***
Zhuhai	珠海	***zhūhǎi***
Changan	昌安酒店	*chāngān jiǔdiàn*
Gongbei	拱北	*gǒngběi*
Hualigong	花丽宫酒店	*huálìgōng jiǔdiàn*
Huasha Shijie	华夏食街	*huáxià shíjiē*
Jida	吉大	*jídà*
Lianhua	莲花大厦	*liánhuā dàshà*
Minan	民安酒店	*mín'ān jiǔdiàn*
Xiangzhou	香州珠海度假村	*xiāngzhōu zhūhǎi dùjiàcūn*
Yuehai	粤海酒店	*yuèhǎi jiǔdiàn*

den kaiserlichen Auftrag hatte, den Opiumhandel zu unterbinden. Lin schaffte das Opium nach Humen, ließ es dort mit ungelöschtem Kalk vermengen und in zwei 45 m breiten Gruben am Strand Shajiao 4 km südlich von Humens Zentrum vergraben – drei Wochen später war alles ins Meer gespült. Die Briten übten Rache: Sie massakrierten die chinesischen Garnisonen in Humen und auf der nahen Insel **Weiyun** und griffen Guangzhou an. Lin Zexu wurde die Schuld an dieser Eskalation in die Schuhe geschoben, und man verbannte ihn nach altem Muster in die Grenzprovinz Xinjiang – sein Amtsnachfolger wurde der unfähige Yi Shan, ein Neffe des Kaisers, der später zu den Unterzeichnern des erniedrigenden Vertrags von Kanton gehörte.

An jene Geschehnisse erinnern chinesische Dokumente und Heldenskulpturen im **Lin-Zexu-Parkmuseum** an der Jiefang Lu, das von Humens Busbahnhof aus zu Fuß an Wolkenkratzern vorbei innerhalb von 20 Minuten in nordwestliche Richtung zu erreichen ist. ⌚ tgl. 9–16 Uhr, Eintritt ¥12. Alternativ fährt ein Minibus nach Shajiao, wo die Opiumgruben noch zu besichtigen sind, und zwar zusammen mit der Festungsanlage **Shajio Paotai**, an der sich ein kurzweiliger Strandnachmittag unter den von Schmetterlingen umflatterten Poinsettien und Banyanbäumen verbringen lässt. ⌚ tgl. 9–17 Uhr, Eintritt ¥10.

Shenzhen

Hätte es Shenzhen schon in den klassischen Zeitaltern gegeben, so hätten Dichter seine einander überragenden glitzernden Wolkenkratzer unzweifelhaft mit stolzen Berggipfeln verglichen. Man mag kaum glauben, dass die heutige Millionenstadt im Jahre 1979 noch ein einfacher ländlicher Weiler ohne Bürogebäude in der Schwemmlandebene an der Grenze zu Hongkong mit einer Eisenbahnstation namens **Baoan** war. Nur sechs Jahre später strömten bereits Delegationen aus ganz China herbei, begierig darauf, das ganz auf Leistungsanreize ausgerichtete Wirtschaftssystem Shenzens kennen zu lernen und ihre eigenen Unternehmen, Städte und Provinzen nach diesem Vorbild umzugestalten. 1990 besaß die Stadt vier Häfen, und allein ihre Fertigungsindustrien erwirtschafteten einen Jahresumsatz von über zwei Milliarden US$. Ein Atomkraftwerk musste errichtet werden, um die Nachfrage nach Energie befriedigen zu können. Elf Jahre später erreichte die Jahresproduktionsleistung einen Wert von 238 Milliarden US$, und ein weiteres Kraftwerk befand sich im Bau. Heute erwirtschaftet Shenzhen ein Drittel seines Einkommens aus dem Export von High-Tech-Produkten, und nahezu die Hälfte aller weltweit produzierten Armbanduhren stammen aus dieser Stadt.

Sicher hat Shenzhen nicht den Siegeszug des **Kapitalismus** in der Volksrepublik ausgelöst, doch es bot denjenigen ein großartiges Propagandainstrument, die für die Vorteile dieser Wirtschaftsform warben. Es war kein Zufall, dass Deng Xiaoping 1992 auf seiner bahnbrechenden Südchina-Reise Shenzhen als geeigneten Ort wählte, um seinem Land zu verkünden: „Armut ist nicht Sozialismus; reich zu werden ist ehrenhaft." Diese denkwürdigen Worte kennzeichneten die Abwendung der Partei vom kommunistischen Dogma sowie den Beginn einer pragmatischen, auf Leistung ausgerichteten Wirtschaftspolitik – und sie legten den Grundstein für Chinas wirtschaftlichen Aufschwung.

Und doch ist das heutige Shenzhen nicht besonders spektakulär oder attraktiv. Landesweit wachsen ähnliche Stadtsilhouetten in den Himmel, und das Grenzgebiet zur ehemaligen britischen Kolonie wirkt sogar ein wenig schmuddelig und hat weitaus mehr Bettler als andere Landesteile zu verzeichnen. Nach einer kurzen Umschau gibt es kaum einen Grund, länger zu verweilen, als zur Organisation der Ausreise nach Hongkong oder der Weiterreise ins Landesinnere notwendig ist.

Einen guten Einblick in die sehr unterschiedlichen Lebensbedingungen innerhalb der Stadt vermittelt ein nur einstündiger Spaziergang auf der Renmin Lu, die nordöstlich des Bahnhofs und des **Grenzübergangs Lo Wu** (manche Schilder tragen die Pinyin-Umschrift „Luo Hu") quer durchs Stadtzentrum verläuft.

Das **Internationale Handelszentrum** ist ein dreistöckiger Block an der Ecke der Jiabin Lu, in dem Menschenmassen Schmuck- und Parfümwaren der gehobenen Kategorie begutachten. Hinter der Jiefang Lu beginnt das Gewirr der schmalen Gassen, die einst Baoans Altstadt bildeten und heute ein preiswertes Einkaufsviertel für Kleidung, Schuhe und technischen Schnickschnack sind. Ein niedriges Gebäude mit blauem Dach in der Qingyuan Lu ist eine Art historisches Monument: Es war Chinas erstes *McDonald's*-Restaurant und beherbergt heute eine Zweigstelle von *Kentucky Fried Chicken.*

Als grüne Oase präsentiert sich der 1500 m westlich vom Zentrum gelegene und via Shennan Zhong Lu zu erreichende **Lizhi Park**, der wohltuend weitläufig wirkt und mit einem hübschen See und modernen **Opernhaus** (gelegentliche chinesische Theatervorstellungen) zum Besuch einlädt. Von der Jianshe Lu fährt Bus Nr. 204 innerhalb von 30 Minuten zu Shenzhens drei sehr professionell gestalteten **Themenparks**, die nebeneinander an der Guangshen-Schnellstraße liegen – Ausschau halten nach einer die Straße überspannenden Miniatur der Golden Gate Bridge. Inmitten zahlloser Souvenirläden bieten *Splendid China* und *Window on the World* jeweils eine Ansammlung verkleinerter Modelle von berühmten Monumenten (Chinesische Mauer, Eiffelturm usw.), während das **Folk Culture Village** touristische Einblicke in das Leben der nationalen ethnischen Minderheiten gewährt – mit Jurten, Pavillons, Hütten, Bogengängen, Fels-

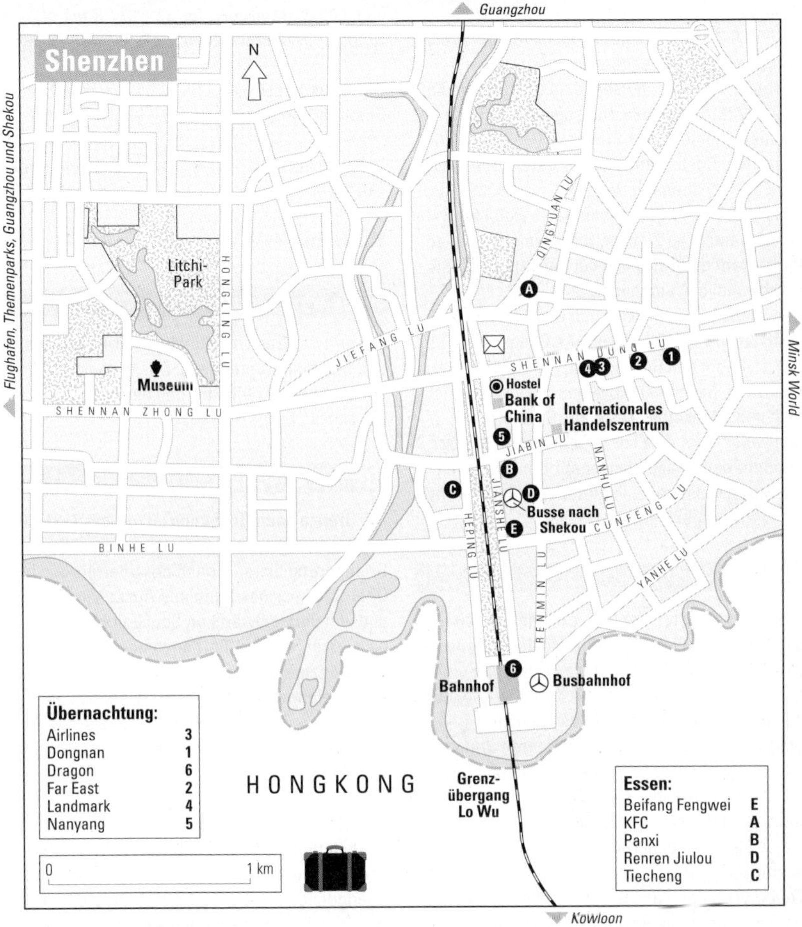

malereien, mechanischen Ziegen und farbenprächtig gekleideten Schauspieltruppen, die im halbstündigen Rhythmus nationale Volkstänze aufführen. ⌚ tgl. 8–17.30 Uhr, Eintritt ¥100–120 für jede Anlage; diverse gekoppelte Ermäßigungen.

Eine ungewöhnliche Sehenswürdigkeit befindet sich im Distrikt Shatoujiao: **Minsk World**, ein kompletter russischer Flugzeugträger (mit Flugzeugen), der in den Docks verankert liegt. Für eine ausführliche Besichtigung ist mindestens ein halber Tag zu veranschlagen, der Eintritt kostet ¥88.

Zu erreichen ist Minsk World mit Bus Nr. 220, der ab Jianshe Lu ungefähr 8 km ostwärts zur Luogong Lu fährt; hier umsteigen in Bus Nr. 202 und weitere 8 km geradeaus.

Übernachtung

Airlines**, Shennan Dong Lu, ✆ 2237999, 📠 2237866. Durchschnittliche Zimmer von gerade noch akzeptabler Größe. Sehr gutes Meeresfrüchte-Restaurant und teure Kaffeebar.

Dongnan**, Shennan Dong Lu, ✆ 2288688, ℻ 2291103. Unauffälliges Haus mit fairem Preisgefüge sowie einigen Restaurants und Bars.
Dragon***, in Bahnhofsnähe an der Jianshe Lu, ✆ 2329228, ℻ 2334585. Hübsch eingerichtete Zimmer, unmotiviertes Personal. Großes kantonesisches Restaurant mit sehr gutem Dim Sum.
Far East***, Shennan Dong Lu, ✆ 2205369, ℻ 2200239. Sehr gut organisiertes Hotel für Geschäftsleute, das Zimmer, Billardsalon, Sichuan-Restaurant und Tanzhalle mit dem Slogan „umweltfreundlich" verknüpft.
Landmark, Luxus, Ecke Nanhu Lu und Shennan Dong Lu, ✆ 2172288, ℻ 2290473. Beansprucht für sich zu Recht den Ruf des besten Hotels von Shenzhen. Geschmackvolle neo-koloniale Einrichtung und „Banketthallen" statt „Restaurants".
Nanyang**, Jianshe Lu, ✆ 2224968, ℻ 2238927. Saubere geräumige Zimmer mit Balkonblicken auf Shenzhens Stadtsilhouette. Allmählich schon ein wenig abgewohnt.

Essen

Die preiswertesten Restaurants befinden sich in den Straßen unmittelbar nördlich der Jiefang Lu, wo chinesische Garküchen *jiaozi*, Suppen und gebratene Fleischgerichte für rund ¥18 anbieten. Zahlreiche Alternativen gibt es auch im Stadtzentrum: Schmortöpfe im ***Renren Jiulou*** östlich des *Airlines Hotel* an der Shennan Dong Lu; Shrimps, Steinfische und andere Meeresfrüchte im ***Panxi*** an der Ecke von Jianshe Lu und Jiabin Lu; delikate nördliche Küche in schmuckem rot-goldenem Ambiente im ***Beifang Fengwei*** an der Jianshe Lu; oder exotische Spezialitäten wie Schlange, Katze und Wildvögel im ***Tiecheng*** weiter westlich an der Heping Lu. Auch die oben aufgelisteten Hotels verfügen über gute Restaurants.

Sonstiges

DOLMETSCHER – Vermittlung durch Hotelrezeptionen.

GELD – An der Grenze, am Flughafen, am Fährhafen und in einigen Hotels stehen Bankschalter zur Verfügung, und in der Jianshe Lu befindet sich eine große Niederlassung der ***Bank of China***, ⏲ Mo–Fr 9–17 Uhr.

POST UND TELEFON – Die großen Hotels bieten Post- und Telefondienste an.

UNTERHALTUNG – Viele Hotels besitzen Karaoke-Bars.

VORWAHL – 0755

Nahverkehrsmittel

Auf den Straßen sind ständig zahlreiche Taxis und Minibusse unterwegs. Das Linienbussystem funktioniert sehr effektiv, und eine Metro befindet sich im Bau.

Transport

Die **Grenze nach Hongkong** ist tgl. von 7–21 Uhr geöffnet. Es gibt nur wenige Hinweisschilder, die Orientierung bieten – nach der Überführung im Obergeschoss des Bahnhofs Ausschau halten und von dort südwärts an Souvenirständen, Imbissverkäufern und Tierhandlungen vorbeigehen. Die Grenzformalitäten sind auf beiden Seiten ausgezeichnet durchorganisiert, sodass gewöhnlich keine Stunde verstreicht, bis man am Gleis der **KCR** *(Kowloon– Canton Railway)* nach Hongkong steht.

BUSSE – Regelmäßig fahren Busse vom großen **Busbahnhof Lo Wu** zu Zielen ins Delta sowie nach Guangzhou und zu anderen Städten in Guangdong und Zentralchina ab. Nach der Ausreise aus Hongkong zunächst geradeaus und dann nach rechts gehen.
Busse nach:
CHAOZHOU 7 Std.;
DONGGUAN 2 Std.;
FUZHOU 16 Std.;
GUANGZHOU 3 Std.;
HONGKONG 2 Std.;
MEIZHOU 12 Std.;
SHANTOU 7 Std.

EISENBAHN – Die 5 km breite Innenstadt von Shenzhen dehnt sich nördlich der Grenze mit

Hongkong halbkreisförmig aus und wird von einer Eisenbahntrasse durchschnitten, die an der Jianshe Lu entlang zur Grenzstation Lo Wu verläuft. Nach der Ausreise aus Hongkong zunächst geradeaus und dann nach links gehen. Züge mit zweigeschossigen Waggons benötigen für die neue Hochgeschwindigkeitstrasse nach Guangzhou-Ost keine 90 Min. Abfahrten von 6–22 Uhr, einfache Strecke ¥70. Das auf Straßenniveau gelegene **Ticketbüro** verkauft auch Fahrkarten für Dutzende Ziele zwischen Shenzhen und Beijing.

Züge nach:
CHANGSHA 2x tgl., 15 Std.;
FUZHOU 2x tgl., 21 1/2 Std.;
GUANGZHOU 2x stündl.,3/4–2 Std.;
SHANGHAI 2x tgl., 36 Std.;
SHANTOU 2x tgl., 11 Std.;
SHAOGUAN 3x tgl., 6 Std.;
WUHAN 3x tgl., 15 Std.

FÄHREN – Bus Nr. 204 fährt dreimal stündlich von der Jianshe Lu zum 15 km westlich der Stadt gelegenen Hafen in **Shekou** (¥6).

Fähren nach:
HONGKONG 7x tgl., 3/4 Std.;
MACAU tgl., 2 Std.;
ZHUHAI 30x tgl., 1 Std.

FLÜGE – Tickets für Inlandflüge verkauft ***CAAC*** im *Airlines Hotel* an der Shennan Dong Lu. Von dort fährt ein Pendelbus (¥15) zum 20 km westlich der Stadt gelegenen **internationalen Flughafen**, von dem aus auch einige Verbindungen zu Zielen in Südostasien bestehen.

Flüge nach:
BEIHAI 2x tgl., 1 1/2 Std.;
BEIJING 7x tgl., 3 Std.;
CHANGSHA 6x wöchentl., 1 Std.;
CHENGDU 2x tgl., 2 1/4 Std.;
CHONGQING 5x tgl., 2 1/4 Std.;
FUZHOU 2x tgl., 1 Std.;
GUILIN 3x tgl., 3/4 Std.;
GUIYANG 1x tgl., 1 1/4 Std.;
HAIKOU 4x tgl., 3/4 Std.;
HANGZHOU 1x tgl., 1 3/4 Std.;
HARBIN 2x tgl., 5 Std.;
KUNMING 2x tgl., 2 3/4 Std.;
MEIZHOU 3x wöchentl., 3/4 Std.;
NANCHANG 2x tgl., 1 Std.;
NANJING 5x tgl., 1 3/4 Std.;
SANYA 4x wöchentl., 1 1/4 Std.;
SHANGHAI 5x tgl., 2 Std.;
SHANTOU 1x tgl., 3/4 Std.;
WUHAN 4x tgl., 1 1/2 Std.;
XIAMEN 2x tgl., 1 1/4 Std.;
XI'AN tgl., 2 Std.

Foshan

25 km südwestlich von Guangzhou liegt die heutige Satellitenstadt Foshan, deren eigene Stadtgeschichte bis auf das 7. Jahrhundert zurückgeht. Zusammen mit dem nahen Dorf **Shiwan** erwarb sich Foshan landesweit eine Reputation für Keramiken, Seide, Metallarbeiten und Holzschnitzereien. Bis heute ist dieser Ruf ungebrochen. Berühmtheit erlangten auch die Tempel, von denen zwei an der Zumiao Lu – einer kilometerlangen Straße mit Bürogebäuden im ehemaligen Altstadtzentrum – erhalten geblieben sind. Am südlichen Ende der Straße steht der **Ahnentempel Zu Miao**, der im Jahre 1080 als Gildentempel der Metallarbeiter errichtet wurde und als Meisterwerk der südchinesischen Architektur gilt. Im vorderen und linken Eingangsbereich des erhöht angelegten Gartens stehen einige vor Ort gegossene Kanonen aus den Opiumkriegen – rückständige Gusstechniken und anfällige Läufe sorgten für eine geringe Zielgenauigkeit und eine erhebliche Explosionsgefahr. Die wundervollen glasierten Dachziegel mit spielenden Löwen und Gestalten aus lokalen Erzählungen wurden in den 1830er Jahren in Shiwan zu Restaurierungszwecken gebrannt. Die Haupthalle der Tempelanlage steht nur wenig weiter links – der Innenraum ist mit sorgfältig geschnitzten Holzabtrennungen, sich bedrohlich aus den Wänden vorlehnenden überdimensionalen Wächtergottheiten und einer drei Tonnen schweren Statue des **Beidi** (Gott des Nordens) verziert, der volkstümlicher Überlieferung zufolge Guangdongs Niederungen vor Überschwemmungen schützt – der Tempel soll seine Wohltätigkeit herausfordern. Der Halle gegenüber erstreckt sich der kunstvolle Bogengang **Lingying**, der demjenigen in Shexian in der Provinz Anhui ähnelt. Foshan gilt außerdem als Geburtsort der Kanton-Oper – hinter dem Bogengang befindet sich die äußerst dekorativ gestaltete **Wanfu-Bühne**, die 1685 für herbstliche Aufführungen errich-

tet und dem Göttlichen Kaiser als Dank für großzügige Ernten geweiht wurde. ⌚ Tempel tgl. von 8.30–20 Uhr, Eintritt ¥20.

Nur wenige Blöcke weiter nördlich steht der **Renshou Si** (Tempel der Gütigen Langlebigkeit), ein ehemaliges Ming-Kloster, dessen mit einer kleinen siebenstöckigen Pagode geschmückter Südflügel noch immer religiösen Zwecken geweiht ist. Die übrigen Gebäudeteile wurden umgestaltet und beherbergen heute das *Foshan Folk Arts Studio*, das Souvenirs anbietet, zu denen exzellente Scherenschnitte mit eindeutig kulturrevolutionären Motiven gehören, die auf die Modernisierung der Landwirtschaft anspielen. Zur Zeit des Frühlingsfestes werden in den Nebenhallen zahlreiche Löwen, Fische und Phönixe aus Draht und Krepppapier angeboten.

Der Weg bis zum Ende der Zumiao Lu, von dort nach rechts und hinein in die erste Abzweigung nach links führt rund 1 km nördlich zum **Liang Yuan** an der Songfeng Lu, einem der historischen Gärten des Deltas, der zwischen 1796 und 1850 von einer damals berühmten Dichter- und Künstlerfamilie angelegt wurde. Die Anlage bezaubert durch kunstvoll angelegte Teiche, Bäume und Felskonstellationen, und auch die geschmackvoll eingerichteten Wohngebäude verdienen Beachtung. Das Prunkstück aber ist ein perfekt proportioniertes Gebäude namens **Risheng Study** an einem kleinen, von Weiden umgebenen Teich. Der Eintritt zum Garten kostet ¥10.

Übernachtung und Essen

Als Unterkunft empfehlen sich das schicke ***Huaqiao Dasha******, ✆ 0757/2223828, ✉ 2227702, gegenüber dem Renshou Si an der Zumiao Lu, und gleich nebenan das ***Pearl River Hotel*****, ✆ 0757/2221624, ✉ 22922639, das einen IYHF-betriebenen Flügel mit Dorm-Betten (¥53) betreibt. Beide Hotels haben eigene Restaurants und Bars.

Im Zentrum gibt es mehrere westliche Fast-Food-Lokale. Wer mehr als ¥30 für eine Mahlzeit aufwenden möchte, sollte das vegetarische Restaurant ***Green Garden*** neben dem *Huaqiao Dasha* ausprobieren – das „Juwelennest" (ein Taro-Korb mit gebratenen Gemüsesorten), die vegetarischen „Hühner"- und „Schinken"-Röllchen sowie die schwarzen Baumpilzgerichte sind ein Gedicht.

Transport

Die vom **Bahnhof** rund 2 km südwärts über einen Kanal und am **Überland-Busbahnhof** vorbeiführende Fenjiang Bei Lu bildet die westliche Grenze der Altstadt und führt zu den an einem großen Kreisverkehr gelegenen Hochhäusern, die Foshans Geschäftszentrum bilden.

Minibusse von Guangzhous Station *Guangfo Depot* (¥10) setzen Passagiere westlich des Kreisverkehrs an der Chengmentou Lu ab, nur 50 m vom Beginn der Zumiao Lu entfernt. Von den Bahnhöfen fahren Busse Nr. 1, 6 und 11 zur Zumiao Lu. Der Fußweg dorthin führt rund 700 m weit über die Fenjiang Bei Lu und dann noch einige Minuten ostwärts über die von Bäumen gesäumte Qinren Lu, welche die Zumiao Lu kreuzt. Zur Zeit der Drucklegung stand noch nicht fest, wo die für 2005 geplante **Metrolinie** aus Guangzhou enden soll.

Panyu und Umgebung

Rund 50 km östlich von Foshan lockt die Kleinstadt Panyu mit mehreren attraktiven Sehenswürdigkeiten in der näheren Umgebung. Auch Guangzhou ist rund 50 km entfernt. Busse nach Panyu fahren dort vom Busbahnhof Liuhua ab. Von Hongkong gibt es direkte Fährverbindungen.

15 km östlich von Panyu erhebt sich der **Lianhua Shan** über den Perlfluss – das rote Gestein des Berges wurde schon in der Han-Dynastie abgebaut und für das Grab des Nanyue-Königs Zhao Mo verwendet. In der Ming-Dynastie wurde das nach jahrhundertelanger Ausbeutung entstandene Gebiet aus Klippen, Felssäulen und Höhlen aufgeforstet und in einen Lustgarten mit Lotusteichen, Steinwegen und Pavillons umgestaltet. 1612 wurde eine 50 m hohe Pagode errichtet, und der Qing-Kaiser Kangxi ließ zum Schutz des Flussbereiches eine Festung errichten. Noch heute zählt Lianhua Shan zu den populärsten Ausflugszielen der Einwohner von Guangzhou – trotz der meist anwesenden Menschenmassen lassen sich dort leicht einige unterhaltsame Stunden verbringen. ⌚ tgl. 8–16 Uhr, Eintritt ¥35.

20 km nördlich von Panyu liegt das übersichtliche Dorf Nancun mit der ruhigen Anlage **Yuying Shanfang**, die der Qing-zeitliche Gelehrte Wu Yantian gründete. Er gab ein Vermögen für die Anstellung der berühmtesten zeitgenössischen Landschaftsgärtner aus, die ihm einen künstlichen Berg, einen See, Bambushaine, Kalligrafiewände und einen oktagonalen Pavillon errichteten. In der vollendeten Anlage verbrachte Wu seine Mußestunden und lauschte dem Gezwitscher von in Käfigen gehaltenen Ziervögeln sowie den gedämpften Klängen der Saiteninstrumente *zheng* und *pipa*, die in den Frauengemächern, die nun als Teehaus dienen, gezupft wurden. Die Musik ist längst verstummt, und der ehemalige Ahnentempel wird heute als Tanzhalle für Hochzeitsempfänge genutzt, doch die Gartenanlagen halten noch immer nostalgische Erinnerungen an vergangene kultivierte Zeiten wach. ◷ tgl. 8–17 Uhr, Eintritt ¥8.

Shunde

Ein weiterer antiker Garten verlockt zu einem Zwischenaufenthalt in der ländlichen Stadt Shunde, die auch als Daliang Zhen bekannt ist und 50 km südlich von Guangzhou an der geradlinigen Verbindung nach Zhuhai liegt – die Fahrt ab Guangzhous Liuhua-Busbahnhof kostet ¥15. Überregionale Berühmtheit genießt das dortige Restaurant *Qinghui Yuan,* dem der Ruf vorauseilt, es verkörpere die klassische kantonesische Küche. Das Restaurant befindet sich auf dem Gelände des **Qinghui-Gartens** in der Stadtmitte an der Qinghui Lu, wo Osmanthus-Ziergehölz, Maulbeergewächse und Bambus rechteckige Fischteiche umrahmen (Eintritt: ¥8). Das Restaurant ist relativ teuer – eine Mahlzeit schlägt mit mindestens ¥75 zu Buche –, doch die Küche ist ihr Geld wert: milde frische Würze, die sich langsam entfalten muss, und gebratenes Schweinefleisch oder gedämpfter Skorpionfisch mit Ingwer und Frühlingszwiebeln, die das Wasser im Munde zusammenfließen lassen. ◷ tgl. 7–9 Uhr, 11–14 Uhr und 17–19 Uhr. Nach dem Essen bietet sich ein Spaziergang durch die aufpolierten Seitenstraßen der Hua Lu an, die noch heute kolonial anmuten – ein miniaturhaftes Abbild von Guangzhous Altstadtgassen mit Steinplatten, hektischen Märkten und kolonialen Hausfassaden. Ein anderer Spaziergang führt 1 km nordwärts über einen offenen Stadtplatz und die Wenxiu Lu zum bewaldeten und hügeligen **Feng-Ling-Park**, an dessen Ostseite der alte Tempel **Xishan Gumiao** steht.

Shundes neuer **Überland-Busbahnhof** liegt etwa 3 km südlich des Zentrums an der Schnellstraße – von der Qinghui Lu und den Gartenanlagen fährt Bus Nr. 3 dorthin. Eine noble **Unterkunft** ist das *Marriott Courtyard Hotel* (Luxus) gegenüber den Gartenanlagen an der Qinghui Lu, ✆ 0765/ 2218333, 💻 www.courtyard.com. Budget-Reisende finden in der Nähe des Feng-Ling-Parks, der ebenfalls mit Bus Nr. 3 vom Busbahnhof zu erreichen ist, oben rechts hinter den Treppen von der Wenxiu Lu zum Tempel ein kleines *Hotel**. Sollte keine direkte **Weiterreise** zum gewünschten Zielort möglich sein, muss man den Umweg über Guangzhou oder Zhongshan in Kauf nehmen.

Jiangmen und Umgebung

Auf halber Strecke zwischen Guangzhou und Zhuhai liegt nur wenig westlich versetzt am belebten Fluss Jiangmen die einst liebenswerte Kleinstadt Jiangmen, Geburtsort des Ming-zeitlichen Poeten **Chen Baisha** und späteres Zentrum für Pflastersteingassen und europäische Villen im Stil des 19. Jahrhunderts. Leider ist nichts davon erhalten geblieben – die Stadt hat ihre Seele zum Preis der denkbar hässlichsten städtischen Entwicklung verkauft und besitzt heute nur noch eine Reputation als turnerisches Leistungszentrum. Die zwischen Foshan und Zhuhai verkehrenden Busse fahren 15 km weit an einem Gebiet vorbei, in dem sich ein Großhandels-Möbelhaus an das andere reiht – Stühle, Betten und Tische in allen denkbaren Formen, Stilen und Farben verleihen der Reise einen wahrhaft surrealistischen Anstrich.

Während Jiangmen selbst nicht viel zu bieten hat, verlockt die ländliche Umgebung durchaus zu einem kurzen Aufenthalt, denn in der Nähe gibt es noch einige verfallende Dörfer aus der Ming-Dynastie. Manche von ihnen wurden zu Beginn des vergangenen Jahrhunderts von Überseechinesen, die ihren Reichtum hervorkehren wollten, mit zweigeschossigen Türmen ausgestattet. Rund 15 km südwestlich von Jiangnan liegt hinter der Kleinstadt **Xinhui** das **Kleine Vogelparadies** (im lokalen Jargon: Xiao niaotiantang), wo im ausufernden Geäst eines 500 Jahre alten Feigenbaums inmitten des Flusses Tianma zahlreiche Kraniche und Wasservögel nisten. Rund um den Baum sind Plankenwege angelegt, und auch Paddelboote werden vermietet. 10 km westlich von Jiangmen liegt zu Füßen des landschaftlich gestalteten Berges **Guifeng Shan** das kleine Dorf **Duyuan**, das zu Tageswanderungen zwischen Tempeln, Bäumen und Wasserfällen im vom Wind gepeitschten Gebiet der **Chishi-Klippen** einlädt. Die Weiterfahrt aus Jiangmen erfolgt am besten mit einem Minibus von den Abfahrtshaltestellen neben dem Busbahnhof an der Jianshe Lu.

Zhongshan und Cuiheng

Nahezu jede chinesische Stadt besitzt einen Park oder eine Straße namens Zhongshan – und zwar zu Ehren des ersten republikanischen Präsidenten **Sun Yatsen** – „Yatsen" ist die kantonesische Aussprache des mandarin-chinesischen „Zhongshan". Abgesehen von einem eventuell notwendigen Buswechsel gibt es eigentlich keinen Grund für einen Besuch der gesichtslosen, rund 100 km von Guangzhou entfernten Kleinstadt Zhongshan, doch 30 km östlich von dort liegt an der Küstenstraße nach Zhuhai das Heimatdorf Cuiheng des gelernten Arztes,

Sun Yatsen Der im Jahre 1866 geborene Sun Yatsen wuchs zu einer Zeit auf, in der China unter dem demütigenden Joch der kolonialen Besatzungsmächte stand, dem die zunehmend schwächelnde Qing-Dynastie nichts entgegenzusetzen hatte. Nach drei Jahren Aufenthalt in Hawaii während der 80er Jahre des 19. Jahrhunderts studierte Sun in Guangzhou und Hongkong Medizin. Zu jener Zeit nahm er unter dem Einfluss des berühmten kantonesischen Revolutionärs Hong Xiuquan versteckte Aktivitäten gegen die Qing-Regierung auf. Bei einem erneuten Aufenthalt in Hawaii im Jahre 1894 gewann er Abstand von seinen früheren Konzepten zur Reform des kaiserlichen Systems und gründete stattdessen dio **Gesellschaft zur Wiederbelebung Chinas**, „um die Mandschus zu vertreiben, China im Sinne des Volkes neu zu gestalten und eine föderalistische Regierung aufzubauen". Im folgenden Jahr inszenierte er unter Lu Haodong einen Aufstand in Guangzhou, zu dem erstmals in der Geschichte die grüne nationalistische Flagge mit einem weißen zwölfzackigen Stern (der noch heute die taiwanesische Flagge ziert) wehte. Der Aufstand wurde niedergeschlagen, Lu Haodong wurde gefangen genommen und exekutiert, und Sun Yatsen floh nach Übersee.

Die nächsten 15 Jahre verbrachte Sun zwischen Hongkong, Japan, Europa und den USA, ständig bestrebt, neue Finanzquellen für die Revolution zu erschließen. 1907 verkündete seine neu gegründete Allianz die berühmten **Drei Grundlehren vom Volke** – Nationalismus, Demokratie und Wohlfahrt. Als die Mandschu-Dynastie im Oktober 1911 schließlich stürzte, hielt er sich gerade in Colorado auf. Nach seiner Rückkehr in die Heimat wurde er am 01. Januar 1912 zum provisorischen Präsidenten der Republik China gewählt, doch schon im Februar musste er zugunsten des mächtigen Warlords **Yuan Shikai** abdanken, der auf eine republikanische Partei setzte, während sich Suns Anhänger in der von Song Jiaoren angeführten nationalistischen Volkspartei **Guomindang** sammelten. Als Song nach unerwarteten Erfolgen der Guomindang bei den Parlamentswahlen von 1913 von Yuans Gefolgsleuten ermordet wurde, floh Sun Yatsen nach Japan. Yuan löste das Parlament auf und versuchte sich zum neuen Kaiser aufzuschwingen, doch er vermochte nicht einmal die militärischen Kräfte seiner eigenen Partei zu kontrollieren, die Chinas Norden nach seinem Tod im Jahre 1916 in einen Bürgerkrieg stürzten. Sun kehrte in seine Heimatstadt Guangdong zurück und baute mit dem Ziel, das Land endgültig zu vereinen, eine unabhängige Guomindang-Regierung auf. Obwohl ihm dies nicht gelang, wird er seit seinem Tode im Jahre 1925 sowohl von der Guomindang als auch von der damals gerade einmal vier Jahre alten Kommunistischen Partei Chinas in hohem Maße für seine Verdienste um das Volk als „Landesvater" verehrt.

indem heute ein **Gedenkpark** an sein Leben und seine Leistungen erinnert. Abgesehen von einem Banyanbaum, den Sun Yatsen angeblich aus Hawaii mitbrachte und persönlich im Park anpflanzte, bietet die Anlage ein umfassendes Museum mit Fotografien, Originalschaustücken (darunter auch die erste nationalistische Flagge) und biografischen Angaben in englischer Sprache, die über Suns Leistungen und Erfolge berichten. Auch das kompakte **Privathaus** in portugiesischem Stil, in dem er zwischen 1892 und 1895 „studierte, Patienten behandelte und mit nahe stehenden Freunden Angelegenheiten von nationaler Bedeutung diskutierte", ist zu sehen. Hinter Suns Haus stehen typischere Gebäude aus der damaligen Zeit, die Bauern oder Grundbesitzern gehörten und nach sorgfältiger Restaurierung mit authentischen Holztischen und Seidenteppichen ausgestattet wurden. ⌚ tgl. 8.30–17 Uhr, Eintritt ¥15. Öffentliche Verkehrsmittel aus Zhongshan und dem 35 km südlich gelegenen Zhuhai halten direkt vor dem Park, wo es auch einige **Restaurants** und Eisbuden gibt. Fahrzeuge zur Weiterfahrt sind dort in beide Richtungen bis mindestens 18 Uhr unterwegs.

Zhuhai

Zhuhai ist der neue Name einer Wirtschaftssonderzone aus drei Stadtgebieten, die nördlich von **Macau** (Aomen) liegen: **Gongbei** grenzt unmittelbar an die ehemalige portugiesische Kolonie, während die Hafen- und Wohnbezirke **Jida** und **Xiangzhou** 5–10 km entfernt an der Küste liegen. Die von neuen Bürogebäuden, immens breiten Straßen und verlockenden wirtschaftlichen Anreizen geprägte Stadt Zhuhai wartet noch auf den rapiden Aufschwung, den Shenzhen erlebte – wahrscheinlich, weil die Nachbarstadt Macau und nicht Hongkong heißt. Zu sehen gibt es wenig, doch an warmen Tagen lohnt ein Aufenthalt an der Küste, selbst wenn es dort an echten Stränden fehlt. Die meisten Besucher befinden sich auf der Durchreise von oder nach Macau oder wollen die Vorteile der **Duty-Free-Enklave** wahrnehmen, die Tagesausflügler aus Macau in Gongbeis Seitenstraßen lockt. Gongbeis Zentrum ist die **Lianhua Lu**, an der sich kilometerweit Hotels, Restaurants und Geschäfte aneinander reihen, die preiswerte Kleidung, Haushaltswaren und allen möglichen Tand, den eigentlich niemand benötigt, verkaufen. Südlich hinter einem gepflasterten Platz verbirgt sich der inländische **Grenzübergang** nach Macau in einem riesigen Kaufhaus (in goldenen Lettern steht „Gongbei Port" auf dem roten Dach), das dieselbe Warenpalette anbietet.

Übernachtung

In Gongbei gibt es Dutzende Mittelklasse-Unterkünfte mit nahezu identischen Angeboten und Preisen.

Changan Jiudian***, Lianhua Lu, ✆ 0756/8118828.

Hualigong Jiudian***, Lianhua Lu, ✆ 0756/8131828.

Lianhua Dasha*, Lianhua Lu, ✆ 0756/8885637. Einzige Budget-Alternative, doch Ausländer werden nur widerwillig aufgenommen.

Minan Jiudian***, Lianhua Lu, ✆ 0756/8131168.

Yuehai Jiudian* (auch: Guangdong Hotel)***, Yuehai Dong Lu, ✆ 0756/8888128, 📠 8885063. Hotel der gehobenen Kategorie, dessen außen angebrachter gläserner Aufzug prachtvolle Ausblicke auf Macau gestattet.

Essen

Es gibt zahlreiche Restaurants und Garküchen. Ein Lokal gegenüber dem *Lianhua Dasha* an der Lianhua Lu serviert exzellentes, salzig angebratenes Hakka-Huhn, das in Papier gewickelt auch außer Haus verkauft wird (¥35 für ein ganzes Huhn). An der Grenze bietet das ***Huasha Shijie*** neben zahlreichen chinesischen, macauischen, indischen und südostasiatischen Gerichten, die bei den Köchen durch Fingerzeig bestellt und in großen Portionen zu kleinen Preisen aufgetischt werden, Ausblicke hinüber in die ehemalige portugiesische Kolonie.

Transport

Die Grenze von Macau nach Zhuhai ist tgl. von 7–20 Uhr geöffnet. Der Weg führt über das Zollgebäude nach Gongbei und dort zur Lianhua Lu und den beiden benachbarten **Busbahnhöfen,** die rechter Hand nach 250 m erreicht sind. Von beiden Stationen fahren Busse u.a. nach CUI-

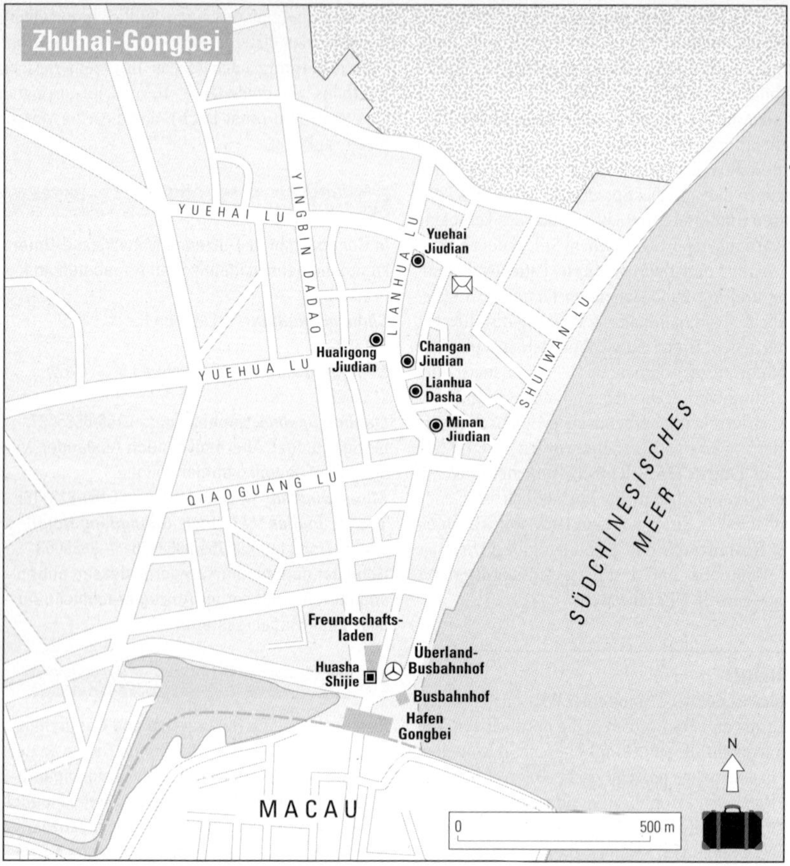

HENG (1 Std.), FOSHAN (4 Std.), GUANGZHOU (2 Std., ¥55, letzte Verbindung um 20.30 Uhr), JIANGMEN (2 Std.), SHUNDE (2 1/2 Std.) und ZHONGSHAN (1 Std.).

Vom 5 km entfernten **Fährhafen Jiuzhou** in Jida fahren zahlreiche Boote zwischen 8 und 21.30 Uhr nach HONGKONG (70 Min., ¥90) sowie in zweistündigem Abstand zwischen 8 und 18 Uhr nach SHENZHEN (1 Std., ¥70). Fünfmal täglich gibt es auch eine Verbindung nach MACAU (20 Min.). Bus Nr. 4 (tgl. 6.30–21.30 Uhr) fährt vom Hafen nach Gongbei, doch es stehen auch Taxis zur Verfügung.

Nord-Guangdong

Guangdongs hügeliges nördliches Binnenland bildet eine natürliche Grenze zwischen dem Perlflussdelta und dem Yangzibecken. Über die teils noch erhaltenen alten Straßen (breit und gepflastert bei Meiling an der Grenze zu Jiangxi) wanderten Menschen, marschierten Armeen und flossen Kulturströme zwischen Zentralchina und dem Süden des Landes. Die strategische Lage der Region führte bereits in der Steinzeit zu ihrer Besiedelung, und im 19. Jahrhundert fanden dort die Taiping-Rebellen eine Basis, während im Norden der Provinz zahl-

Nord-Guangdong

Lechang	乐昌	***lèchāng***
Liannan	连南	***liánnán***
Lianzhou	连州	***liánzhōu***
Pingshi	坪石	***píngshí***
Jinji Ling	金鸡岭	*jīnjī lǐng*
Neun Stromschnellen und achtzehn Untiefen	九泷十八滩漂流	*jiŭ lón g shíbā tānpiāoliú*
Qingyuan	清远	***qīngyuǎn***
Bei (Fluss)	北江	*běijiāng*
Docks	水陆客运站	*shuǐlù kèyùnzhàn*
Feilai	飞来古寺	*fēilái gǔsì*
Feixia	飞霞古寺	*feīxiá gǔsì*
Huaqiao Dasha	华侨大厦	*huáqiáo dàshà*
Nandamen Jiudian	南大门酒店	*nándàmén jiǔdiàn*
Qiaolian Dasha	侨联大厦	*qiáolián dàshà*
Tianhu Dajiudian	天湖大酒店	*tiānhú dàjiǔdiàn*
Zhiwei Guan	之味馆	*zhīwèi guǎn*
Sanpai	三排	***sānpái***
Shaoguan	韶关	***sháoguān***
Dajian Chan Si	大鉴禅寺	*dàjiànchán sì*
Danxia Shan	丹霞山	*dānxiá shān*
Fengcai Lou	风采楼	*fēngcǎi lóu*
Nanhua Si	南华寺	*nánhuá sì*
Qujiang (Maba)	曲江（马坝）	*qūjiāng (mǎbà)*
Renhua	仁化	*rénhuà*
Shizi Yan	狮子岩	*shīzi yán*
Wu (Fluss)	武江	*wǔjiāng*
Zhen (Fluss)	浈江	*zhēnjiāng*
Übernachtung und Essen		
Dongjiang Fandian	东江饭店	*dōngjiāng fàndiàn*
Guest's Hotel	迎宾馆	*yíngbīn guǎn*
Shaoguan Jiulou	韶关酒楼	*sháoguān jiǔlóu*
Shaohua Jiudian	韶华酒店	*sháohuá jiǔdiàn*
Xinxing Lüguan	新兴旅馆	*xīnxīng lǚguǎn*
Yuelai Jiudian	悦来酒店	*yuèlái jiǔdiàn*

reiche methodistische Missionen gegründet wurden. Heute ist **Qingyuan** mit seinen schönen Tempeln in Flussnähe von Guangzhou aus mit einer nur einstündigen Busfahrt zu erreichen. Weiter nördlich hat die Umgebung der Eisenbahnstation **Shaoguan** unbekanntere Sehenswürdigkeiten wie den buddhistischen Schrein **Nanhua Si** und den landschaftlich gestalteten Bergpark **Danxia Shan** zu bieten sowie als kurzweiliges Unterhaltungsangebot **Wildwasser-Rafting** auf dem Fluss Wu. Shaoguan ist nicht nur ein Sprungbrett für die Weiterreise nach Zentralchina, sondern auch ein geeigneter Ausgangspunkt für Reisen nach Westen in die Provinz Guangxi, die durch Siedlungsgebiete der ethnischen Minderheiten Yao und Zhuang führen.

Qingyuan und Umgebung

Der von ausgedehnten Landflächen mit Reisfeldern und Dörfern mit Lehmziegelbauten umgebene Marktflecken Qingyuan am Nordufer des Flusses Bei liegt rund 80 km nordwestlich von Guangzhou und ist von dort mit Bussen ab der Station Liuhua zu erreichen (¥35). Die schmalen Gassen des von rußigen Fertigungsbetrieben umgebenen Stadtzentrums sind stets mit Fußgängern überfüllt. Qingyuan ist der ideale Ausgangspunkt für Tagesausflüge zu den 20 km flussaufwärts in malerischer Abgeschiedenheit gelegenen alten Tempelkomplexen Feilai und Feixia, die nur mit dem Boot zu erreichen sind.

Feilai und Feixia

Fähren nach Feilai und Feixia fahren täglich um 8 Uhr von der Nanmen Jie ab, sofern genügend Passagiere zusammenkommen. An Wochenenden sind viele einheimische Ausflügler dorthin unterwegs. Die letzte Rückfahrt von Feixia wird um circa 15 Uhr angeboten. Die Fähre kostet ¥27 p.P., ein privates Charterboot für sechs Personen ist für ¥200 zu haben.

Da der Fluss im Winter einen sehr niedrigen Wasserstand hat, pendeln die Boote auf der Suche nach geeigneten Fahrrinnen von einem Ufer zum anderen. Die erste Fahrtstunde führt gemütlich vorbei an einigen Ziegelpagoden, Bambushainen mit dahinter verborgenen Dörfern und sich in Lehmlöchern suhlenden Wasserbüffeln, die von Kindern gehütet werden. Rechts ragen Anhöhen und kleine Hügel auf, bevor der Fluss mit einer scharfen Biegung nach Osten in eine Schlucht abzweigt und an den Treppenstufen vor den Toren des antiken, charmant gelegenen Tempels **Feilai Gusi** vorbeifließt, dessen Geschichte sich 1400 Jahre zurückverfolgen lässt (Eintritt ¥8). Die zwischen steilen Hängen eingekeilten Tempelhallen stammen aus der Ming-Dynastie und erwecken einen äußerst würdevollen Eindruck. Die Besichtigung der Gebäude mit den lebendigen Dachfiguren und der Aufstieg durch Pinienwald zu einem modernen Pavillon, der schöne Ausblicke auf die Schluchtlandschaft gestattet, nimmt etwa 40 Minuten in Anspruch. Überschüssige Zeit bis zur Abfahrt des Bootes lässt sich kurzweilig auf den Tempelstufen mit der Beobachtung der zahmen Kormorane verbringen, die auf den kleinen Sampans ihrer Besitzer ein Sonnenbad genießen. Händlerinnen bieten Süßwassermuscheln und Karpfen an, die man sich später in Feixia zubereiten lassen kann.

Gut 3 km flussaufwärts von Feilai liegt am Ende der Schlucht die wesentlich jüngere und größere Tempelanlage **Feixia Gusi** (Eintritt ¥15). Der Name bezeichnet zwei voneinander vollkommen unabhängige daoistische Klöster, die 1863 gegründet und ein halbes Jahrhundert später vergrößert wurden. Sie erstrecken sich über das hügelige Gebiet mit den Feixia- und Cangxia-Grotten, in dem ein mit Steinplatten ausgelegter 8 km langer Pfad zu Einsiedeleien, Pavillons und Akademien führt. Chinesische Besucher schenken diesen Anlagen zunächst wenig Beachtung, da es sie in erster Linie zu den Freiluft-Restaurants am Fluss zieht, wo sie in Absprache mit den zahlreichen eifrigen Wok-Köchen ein Menü zusammenstellen, das später im gemütlichen Rahmen verzehrt wird.

Die Besichtigung der Anlage erfordert nur wenige Stunden Zeit. Eine breite, leicht zu bewältigende Treppenflucht führt vom Flussufer durch lichten Baumbestand bergan. Nach rund 20 Minuten erreicht der Weg die kleinen Tempel Jinxia und Ligong, kurz darauf geht es über eine Brücke und alsbald ist **Feixia** erreicht. Die mächtigen Umfassungsmauern und die steinernen Passagen zwischen den Hallen und Höfen verleihen der Anlage die Atmosphäre einer mittelalterlichen europäischen Burg. Ein Zimmer wurde zu einem **Museum** mit geweihten Gegenständen umgestaltet, und an Wochenenden wird mit Glocken, Gongs und Zithern zuweilen **traditionelle Tempelmusik** gespielt. Dunkle Gänge mit niedrigen Decken und in alle Richtungen führende Treppen locken zur näheren Erkundung. Hinter dem Kloster führen Pfade bergauf innerhalb von zehn Minuten zur niedrigen **Changtian-Pagode** auf dem Berggrat, die mit pastellfarbenen Formen verziert ist und Ausblicke über Feixia und die Baumwipfel gestattet. Ein kleiner Tempel nebenan bietet Verpflegung und einfache *Unterkunft** (¥50) an.

Ein fünfminütiger Spaziergang ostwärts von Feixia über den Hauptweg führt zur ähnlichen, jedoch kleineren Anlage **Cangxia**. Trotz der 1994 begonnenen Restaurierungsarbeiten verharrt Cangxia bis heute in einem halb zerfallenen Zustand. Die in den 60er Jahren vertriebenen Mönche sind zurückgekehrt, und viele Statuen und Schreine sind vom Weihrauchruß geschwärzt. Sehenswert sind der Garten mit seinen duftenden weißen Magnolienbäumen, eine ungewöhnliche lebensgroße Statue des Affenkönigs Sun Wukong und einige wundervolle **Fresken**, die einen Unsterblichen bei der Überquerung des Meeres auf einem Fisch mit Sturmdrachen und zwei goldenen Fasanen zeigen.

Übernachtung und Essen

An den Docks am östlichen Ende der Nanmen Jie befinden sich auch zwei Unterkünfte: ***Huaqiao Dasha*****, 70, Nanmen Jie, ✆ 0763/3337118, ✆ 3334300 und ***Qiaolian Dasha****, direkt nebenan, ✆ 0763/3337783, Dorm-Betten ¥60. Neuer und teurer ist das ***Tianhu Dajiudian******, ✆ 0763/3820168, ✆ 3820333, an der Kreuzung von Shuguang Lu und Xianfeng Lu. Abgesehen von den Restaurants der Hotels befinden sich die besten Speiselokale in der Nanmen Jie und Beimen Jie – Erwähnung verdienen das Café und Restaurant ***Nandamen Jiudian*** in der Nähe der Docks und das kantonesische Lokal ***Zhiwei Guan*** an der Beimen Jie.

Transport

Qingyuans **Busbahnhof** liegt etwa 3 km südlich des Flusses in einem hässlichen Wohngebiet an der Schnellstraße. Täglich fahren zahlreiche Busse nach FOSHAN, GUANGZHOU (1 Std.), SHAOGUAN (4 Std.), SHENZHEN und ZHAOQING (5 Std.). Der orangefarbene Stadtbus Nr. 6 verkehrt über die Beijiang-Brücke ins Stadtzentrum, das sich um die Kreuzung der nord-südwärts verlaufenden Shuguang Lu mit der Ost-West-Achse Xianfeng Lu herum ausdehnt.

In Richtung Südwesten schließt sich dort das interessante alte Stadtviertel um die Beimen Jie und deren südliche Seitenstraße Nanmen Jie an, die sich bis hinab zum Fluss zieht. Die auf Englisch mit „Go to Feilai and Feixia" ausgeschilderten **Docks** befinden sich am östlichen Ende dieser Straße.

Shaoguan und Umgebung

Fast jeder Zug aus Guangzhou hält in der 200 km nördlich gelegenen Stadt Shaoguan, die Expresszüge nach nur dreistündiger Fahrzeit erreichen, was eine Reise in der Hartsitzklasse (¥40) erträglich macht. Leider wurde die antike Stadt in den 30er Jahren von den Japanern bombardiert, die so den größten Teil des historischen Erbes vernichteten. Seit den 50er Jahren sorgen Webereien und Stahlwerke für einen bescheidenen Wohlstand der Bevölkerung. Die Stadtsilhouette ist eher schäbig, doch in der unmittelbaren Umgebung gibt es zahlreiche Ausflugsziele.

Westwärts nach Guangxi Während die Hauptverkehrsstrecken von Shaoguan in nördliche und südliche Richtung verlaufen, führt eine relativ unbekannte Route westwärts durch die gebirgigen Siedlungsgebiete von Guangdongs ethnischen Minderheiten **Yao** und **Zhuang** in die Provinz Guangxi – durch eine Region, die vom Tourismus praktisch unberührt ist. Täglich fährt frühmorgens ein Bus von Shaoguans Überland-Busbahnhof innerhalb von rund fünf Stunden in die 185 km entfernte Stadt **Lianzhou**, die der Han-Kaiser Wudi 111 v. Chr. gründete und die stolz ist auf ihre antike **sechseckige Pagode**, die auf die Song-Zeit zurückgeht. 15 km südwestlich von Lianzhou liegt Liannan, die Umsteigestation für Minibusse ins 10 km entfernte **Sanpai**, in dem überwiegend Angehörige der Yao leben. Weitere 35 km entfernt ist **Lianshan** der Ausgangspunkt für Besuche der zahlreichen Yao- und Zhuang-Weiler in der näheren Umgebung. Von dort zieht sich die Straße noch 100 km weit durch gebirgiges Gelände bis zur Kleinstadt **Hezhou** in der Provinz Guangxi, wo Transportmittel nach Wuzhou oder Guilin bereitstehen.

Shaoguans Innenstadt erstreckt sich auf einer nach Süden gerichteten **Halbinsel**, die im Osten vom Fluss Zhen und im Westen vom Fluss Wu begrenzt wird; an der Südspitze der Halbinsel vereinen sich beide Wasserläufe zum Fluss Bei. Die Fußgängern vorbehaltene Hauptstraße Fengdu Lu zieht sich vertikal durch das gesamte Zentrum bis zum schmucklos gepflasterten Zhongshan-Park und wird am nördlichen Stadtrand von der Fengcai Lu und im Süden von der Jiefang Lu gekreuzt.

Viel Betrieb herrscht auf den **Märkten** in den Seitenstraßen der Fengdu Lu, wo allerlei Textilien und Krimskrams feilgeboten werden. Hier ist nur wenig koloniale Architektur erhalten – überwiegend präsentiert sich das Stadtbild funktionell und modern.

Zu den Sehenswürdigkeiten (wenn man sie so nennen will) gehören **Fengcai Lou**, eine in den 30er Jahren errichtete Rekonstruktion des alten östlichen Stadttorturms, und das eher unauffällige Kloster **Dajian Chan Si** am östlichen Ende der Fengdu Lu, das im Jahre 660 n. Chr. gegründet wurde und in dem Huineng lehrte.

Shizi Yan

Die esoterischste Attraktion der näheren Umgebung sind prähistorische menschliche Funde, die in Shizi Yan (Löwenklippe), gut 18 km südlich von Shaoguan in der Nähe der Stadt **Qujiang** (auch: Maba) entdeckt wurden. Es ist keinesfalls nötig, einen Ausflugsbus zu buchen, denn in der Nähe des Überland-Busbahnhofs fahren öffentliche Busse nach Qujiang ab. Am Zielort stehen Fahrradrikschas (¥20) bereit, doch man kann die letzten 3 km auch zu Fuß gehen – zunächst westwärts über die Fuqian Zhong Lu, dann südwärts via Jiangshe Nan Lu bis zu einer rostenden metallenen Fußgängerbrücke und auf der anderen Seite weiter über eine reparaturbedürftige Hauptstraße hinein in die ländliche Umgebung.

Sobald man die Stadt hinter sich gelassen hat, sieht man bereits den niedrigen Kalksteinhügel Shizi Yan, der wie ein Zahn aus dem Boden ragt – den Eingang markiert ein steinernes Bogentor am Straßenrand. Der Felsen erweist sich als hohl. Draußen weisen Statuen auf die ehemaligen Höhlenbewohner hin, und ein nur chinesisch sprechender Führer begleitet Besucher durch die kleinen Nebenhöhlen und Gänge und erklärt dabei, wie Mitglieder der Guomindang, die Silbervorräte versteckten, in den 30er Jahren auf menschliche Überreste aus alten Zeiten stießen. Bei gründlicheren Nachforschungen wurden 20 Jahre später zahlreiche menschliche und tierische Knochen entdeckt, was die Vermutung untermauerte, dass die Höhle von unseren unmittelbaren Vorfahren der Spezies *Homo erectus* (im lokalen Jargon: *Maba-Mann*) genutzt wurde. 🕓 Anlage tgl. 9–16 Uhr, Eintritt ¥15.

Ein kleines **Museum** (¥3) in der Nähe des Haupteingangs zeigt im zweiten Stock eine Ausstellung mit Steinäxten, Pfeilspitzen, Töpferwaren und neolithischen Gegenständen, die bei Ausgrabungsarbeiten im Jahre 1977 in der näheren Umgebung gefunden wurden. Leider sind die nur chinesischsprachigen Erläuterungen sehr oberflächlich gehalten.

Nanhua Si

Der Nanhua Si (Südlicher Blumentempel; Eintritt ¥10) liegt 25 km südöstlich von Qujiang und ist mit einer halbstündigen Busfahrt aus Shaoguan zu erreichen (¥5). Der im Jahre 502 n. Chr. vom indischen Mönch Zhiyao Sanzang gegründete Tempel wurde durch die Aktivitäten des Sechsten Patriarchen des Chan-Buddhismus, **Huineng** (s.S. 493) berühmt, der dort 36 Jahre lang meditierte. Die sieben Hallen wirken recht steif, doch nähere Beachtung verdient der **Glockenturm** im Atrium jenseits der ersten Halle, dessen mächtige Bronzeglocke 1167 gegossen wurde. Der angrenzende Raum beherbergt zahlreiche *Arhats* und *Bodhisattvas*, die in einem Meer aus Pappmaschee mit Seeungeheuern herumtollen. Zu den auffälligsten Skulpturen gehören der Bettelmönch **Ji Gong** aus der Song-Dynastie, der einen einfachen Pandanusblattfächer trägt und als eine Art Robin Hood für arme Chinesen zu betrachten ist, sowie ein nicht näher identifizierter fetter Priester mit unglaubwürdig langen Stelzen. Eine Sammlung schöner Holzskulpturen sowie eine gusseiserne Statue einer schwebenden Gestalt aus dem 7. Jahrhundert zieren einen der Göttin Guanyin geweihten Raum, während hinten in der letzten Halle eine Skulptur des Huineng zu bewundern ist, die mit hängenden Ohrläppchen und versunkenem Blick auf einen Bodhi-Baum starrt – manche Stimmen behaupten, sie stamme aus einer seinem Körper abgenommenen Form.

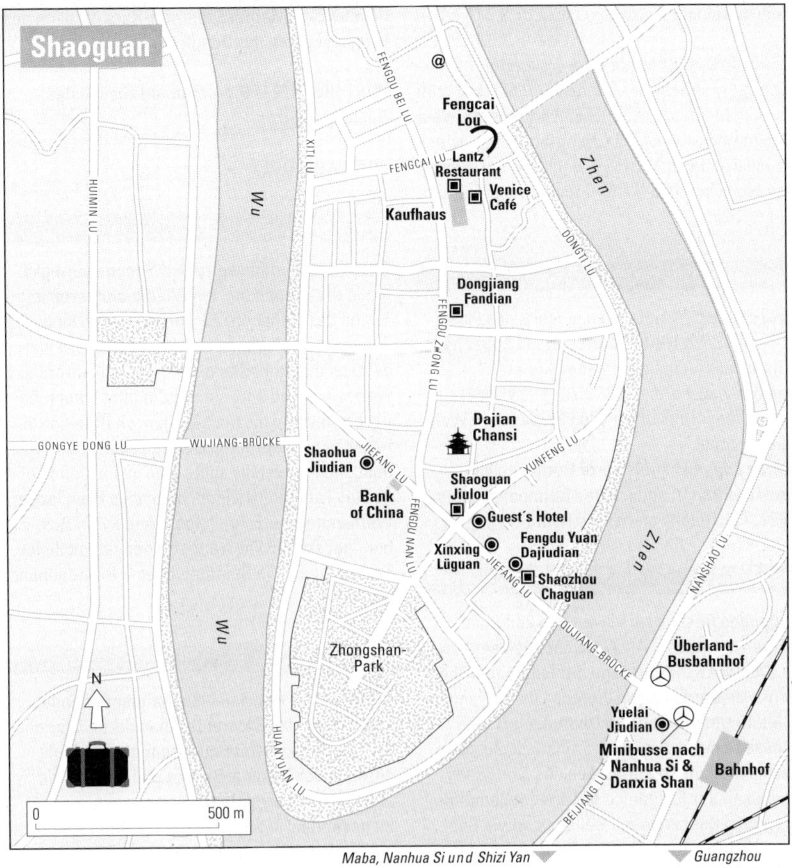

Danxia Shan

Danxia Shan, eine Formation aus lebendig roten Sandsteinklippen am Fluss **Jin** und 50 km nordöstlich von Shaoguan in der Nähe der Stadt **Renhua** gelegen, lädt zu einem unterhaltsamen Tagesausflug ein. Busse von Shaoguans Bahnhofsplatz (¥15) halten am Tor an der Hauptstraße, wo eine Eintrittsgebühr von ¥55 erhoben wird, die zur Benutzung aller Minibusse im Park und zur Besichtigung aller Sehenswürdigkeiten berechtigt. Es gilt zu beachten, dass die Parkbusse nur bis circa 17 Uhr verkehren und der letzte Bus zurück nach Shaoguan am späten Nachmittag vor dem Parkeingang abfährt.

Erstes Ziel ist das 2 km hinter dem Eingang und jenseits des Flusses gelegene **Yuan Shan Jing**, dessen berühmter Felsen **Yangyuan Shi** – eine Benennung auch für andere Formationen in China – tatsächlich wie ein männliches Glied aussieht. Eine mühselige Kletterpartie führt auf den Gipfel des benachbarten (weniger phallischen) Yuan Shan, zu dessen Füßen man ein **Boot** zum Preis von ¥10 p.P. chartern oder einen Bus zum Danxia Shan selbst nehmen kann.

Das Gebiet ist durch ein 12 km langes Wegenetz erschlossen, das steil durch Waldgebiete und vorbei an auf Klippen schwebenden Nonnenklöstern und

Felsformationen zu den verschiedenen Gipfeln führt.

Einheimische Touristen bevorzugen eine Übernachtung in einem der kleinen *Hotels**, um früh aufzustehen und den Sonnenaufgang vom Pavillon auf dem höchsten Gipfel **Changlao** zu betrachten (ein einstündiger Aufstieg), doch die Aussicht ist bei entsprechendem Wetter im gesamten Tagesablauf herrlich.

Übernachtung

Guest's Hotel**, Xunfeng Lu jenseits des Flusses, ✆ 8882282. Nette Unterkunft mit hübschem Gelände, allerdings etwas abgewohnt.
Shaohua Jiudian**, ✆ 8881870, 📠 8881988. Freundliches Haus und vielleicht die beste Wahl in dieser Stadt.
Xinxing Lüguan*, preiswerte Betten ab ¥50.
Yuelai Jiudian**, südlich des Bahnhofsplatzes, ✆ 8222333. Relativ modernes Haus.

Essen

Shaoguans Restaurants brauchen keine Vergleiche zu scheuen. An Wochenenden serviert das ***Shaoguan Jiulou*** (nahe der Fußgängerüberführung an der Ecke von Jiefang Lu und Xunfeng Lu) bis 10 Uhr morgens im Obergeschoss ein ausgezeichnetes Dim-Sum-Frühstück. Zu den Spezialitäten im zweiten Stock des ***Dongjiang Fandian*** an der Fengdu Lu gehören gedämpftes Huhn, Tofu-Kasserole mit Beilagen sowie Suppen und blanchierte Gemüse für rund ¥80. Eine breitere Auswahl bietet auf fünf Stockwerken das ***Lantz Restaurant*** an der Fengdu Lu, das auf kantonesische Art gebratene Fleischgerichte, Dim Sum und allerlei Snacks im Angebot führt (die oberen Stockwerke sind gemütlicher). Westliche Angebote sind in den Straßen hinter dem Supermarkt neben dem *Lantz* zu finden. Das ***Venice Café*** serviert warme Snacks mit Kaffee ab ¥20 und bietet abends mitunter **Live-Musik**.

Sonstiges

GELD – Eine Niederlassung der ***Bank of China*** befindet sich an der Jiefang Lu, ⏲ Mo–Fr 9–11.30 und 13–17 Uhr.

INTERNET – Mehrere Internet-Bars nördlich des Fengcai Lou an der Dongti Lu.

POST UND TELEFON – ***Postamt*** südlich des Bahnhofsplatzes.

VORWAHL – 0751

Nahverkehrsmittel

Busse und **Minibusse** zu den Sehenswürdigkeiten in der Umgebung von Shaoguan fahren im Süden des Bahnhofs ab, sobald sie voll sind. Zahlreiche Schlepper, die von Ausländern mindestens das Doppelte des korrekten Fahrpreises verlangen, sind dort auf Kundenfang – auch Chinesen sind von diesen Machenschaften betroffen; also niemals einen Betrag zahlen, ohne zu handeln. Keinesfalls sollte man in ein kaum besetztes Fahrzeug steigen, denn dies kann lange Wartezeiten zur Folge haben. Auch vom Busbahnhof starten Fahrzeuge zu den nahen Zielen. **Taxis** erheben im Stadtgebiet eine Grundgebühr von ¥5.

Transport

BUSSE – Der **Überland-Busbahnhof** befindet sich östlich des Zentrums am anderen Ufer des Flusses Zhen, er liegt an einem großen Platz nördlich der Qujiang-Brücke und ist über die Jiefang Lu zu erreichen.
Im gesamten Tagesablauf fahren Busse nordwärts nach HUNAN, JIANGXI und PINGSHI (4 Std.), nordostwärts nach GANZHOU in der Provinz Jiangxi (6 Std.), ostwärts nach MEIZHOU (12 Std.) und SHANTOU (12 Std.), südwärts nach GUANGZHOU (10 Std.) und QINGYUAN (8 Std.) sowie westwärts nach LIANSHAN.

EISENBAHN – Auch der **Bahnhof** liegt an dem besagten großen Platz. Fahrkarten für die Weiterreise sind trotz der zahlreichen Züge aus Guangzhou stets knapp.
Die Züge und auch der Bahnhof selbst sind ständig überfüllt. Es gibt tgl. mehrere Verbindungen nach CHANGSHA (5 Std.), GUANGZHOU (3–5 Std.) und HENGYANG (5 Std.).

Von Pingshi nach Lechang: Rafting über die Neun Stromschnellen

Nach vielen vergeblichen Versuchen und tragischen Verlusten an Menschenleben gelang es einer Expedition der Chinesischen Akademie der Wissenschaften 1986, die gesamte Länge des Yangzi mit Schlauchbooten zu befahren – ein Ereignis, das landesweit Interesse an diesem Sport weckte und in der Kleinstadt Pingshi, 100 km nordwestlich von Shaoguan am Fluss Wu gelegen, ein neues Touristenangebot entstehen ließ. Ein nicht zum Yangzi-System gehörender 103 km langer Wasserlauf zwischen Pingshi und dem südlichen Lechang, der den nicht sehr phantasievollen Beinamen „Neun Stromschnellen und achtzehn Untiefen" trägt, eignet sich zu einem unterhaltsamen Rafting. Alljährlich von Anfang bis Ende Juli veranstaltet Lechang ein **Rafting-Fest**, zu dem chinesische Gruppen aus dem gesamten Land anreisen, um den Fluss zu befahren. Im Angebot sind komplette Tourenpakete inklusive Unterkunft in Shaoguan, doch man kann durchaus alles auch vor Ort in Pingshi arrangieren. Täglich fährt mindestens ein Bus von Shaoguan nach Pingshi (5 Std., ¥35), und mehrere Züge bewältigen die Strecke in nur rund drei Stunden. Das **Büro für Raftingtickets**, die ¥210 p.P. kosten, befindet sich unmittelbar gegenüber von Pingshis Bahnhof. ◷ tgl. 9–11 und 13.30–17 Uhr. Sollten dort für den kommenden Tag keine Tickets mehr erhältlich sein, lohnt sich eine Nachfrage bei *CITS* im nahen *Jinji Ling Binguan***, das ordentliche DZ und wenig empfehlenswerte Dorm-Betten (¥35) anbietet.

Es empfiehlt sich, zunächst einen Tag in Pingshi zu verbringen und den nur 1 km nördlich gelegenen **Jinji Ling** (Goldener Hahnenkamm) zu besteigen. Der nur 350 m hohe Gipfel lockt mit ungewöhnlichen Felsformationen und interessanten Vegetationsformen. Blickfang ist der sich vertikal aufschwingende Gipfel **Yizi Ling**, wo sich aus Pavillons auf dessen leichter erreichbaren Buckeln erste Ausblicke auf die Stromschnellen eröffnen und eine Statue an eine Kommandantin der Taiping-Armee namens Hong Xuanjiao erinnert, die in diesem Gebiet ausgebildet wurde.

Stromabwärts nach Lechang

Täglich finden morgens und nachmittags jeweils zwei Rafting-Fahrten statt. Am Ticketbüro werden Rettungswesten ausgegeben, bevor es auf die motorisierten Schlauchboote aus reißfestem Gummi für neun oder zehn Personen geht. Bei der rasanten Fahrt flussabwärts sollte man ein Auge auf die seltsam verschlungenen Klippen richten, in deren Gestein zu beiden Seiten des Flusses tiefe Löcher zu entdecken sind, die früher den Trailern, die in weniger manövrierfähigen Holzbooten regelmäßig Frachten und Passagiere flussaufwärts zogen, als Verankerung für ihre Bambusseile dienten. Zur Zeit der Tang-Dynastie saß in einem solchen Boot auch der beim Premierminister des Kaisers Xuanzong in Ungnade gefallene Poet **Han Yu**, der ins Exil nach Chaozhou geschickt wurde – ein Tempel am rechten Flussufer erinnert an jene traurige Reise.

An den Ufern befinden sich mehrere natürliche und historische Sehenswürdigkeiten, an denen die Boote mitunter anlegen. Es ist vorgekommen, dass Boote kenterten, aber gewöhnlich treffen die Besatzungen nach sieben kurzweiligen Stunden wohlbehalten in Lechang ein. Dort stehen *Gästehäuser** zur Verfügung, doch es fahren auch zahlreiche **Minibusse** nach Shaoguan (¥10) oder zu Bahnhöfen an der Strecke von Guangzhou nach Hunan.

Ost-Guangdong

Die 600 km lange Reise von Guangzhou Richtung Osten nach Xiamen in der Provinz Fujian ist anstrengend, doch unterwegs gibt es interessante Stätten zu entdecken. Ein beliebtes Ausflugsziel der Bewohner Guangzhous sind die Wasserlandschaften von **Huizhou**, das nur drei Stunden von der Stadt entfernt liegt. In Grenznähe zu Fujian bezaubert der ehemalige Handelshafen **Shantou** mit seinem verblassenden Charme, und nur eine Stunde entfernt liegt die für eine eigenständige Küche und schöne Ming-Architektur bekannte Stadt **Chaozhou**. Wenn Zeit keine Rolle spielt, lassen sich einige interessante Tage im hügeligen Bergland um **Meizhou** verbringen, wo sich das Zentrum der **Hakka-Kultur** befindet. Das Reisen gestaltet sich einfach, denn aus Guangzhou und Shenzhen führen Schnellstraßen nach Huizhou sowie an der Küste entlang nach Shantou und weiter nach Fujian, während die von Guangzhous Ostbahnhof kommende Eisenbahntrasse nordöstlich von Huizhou nach Meizhou (wo eine neue Trasse die Verbindung nach Yongding in Fujian herstellt), Chaozhou und Shantou abzweigt.

Huizhou und Xi Hu

Das 160 km von Guangzhou entfernte Huizhou ist eine Wasserstadt, die sich zwischen fünf Seen und dem Zusammenfluss des Dong und des Xizhi ausbreitet. Schon vor über 2000 Jahren siedelten in dieser späteren Hauptstadt des südlichen Han-Hofes Menschen. Die charmante Landschaft rund um den 2 km^2 großen Xi Hu (Westsee) hebt Huizhou aus der Masse durchschnittlicher chinesischer Kleinstädte ab. Das bereits von Landschaftsgestaltern der Song-Dynastie als Park geplante **Seeufer** lohnt einen Tagesaufenthalt oder zumindest einen mehrstündigen Spaziergang durch die gepflegten Landschaften, die sich auch unter den Einheimischen großer Beliebtheit erfreuen.

Huizhou ist nicht groß – der Xi Hu erstreckt sich etwa über die gleiche Fläche wie das Stadtzentrum. Mehrere Eingänge gewähren von 6 Uhr morgens bis zum Einbruch der Dunkelheit Zugang zum Parkgelände, wobei eine Gebühr von ¥16 erhoben wird. Vom Haupteingang neben dem *Huizhou Binguan* an der Huangcheng Lu führt ein 500 m langer Damm, dessen beide Abschnitte durch eine kleine gewölbte Brücke aus weißem Marmor verbunden sind, über den See. Diese Brücke wurde 1096 von einem Mönch namens Xigu errichtet und vom sichuanischen Poeten und Beamten **Su Dongpo** finanziert, der damals Gouverneur von Huizhou war und berühmte Verse über die Schönheit des sich im See spiegelnden Vollmonds schrieb. Am anderen Ufer steht eine

Ost-Guangdong

Huizhou	惠州	***huìzhōu***
Dongjiang Jiudian	东江酒店	*dōngjiāng jiǔdiàn*
Huiyun Zhaodaisuo	惠运招待所	*huìyùn zhāodàisuǒ*
Huizhou Binguan	惠州宾馆	*huìzhōu bīnguǎn*
Xi Hu	西湖	*xīhú*
Xihu Dajiudian	西湖大酒店	*xīhú dàjiǔdiàn*
Yuan Miao	元庙	*yuánmiào*
Shantou	汕头	***shàntóu***
Chaolian Dasha	侨联大厦	*qiáolián dàshà*
Chaozhou Caiguan	潮洲菜馆	*cháozhōu càiguǎn*
Huaqiao Dasha	华侨大厦	*huáqiáo dàshà*
Piaoxiang Xiaocidian	飘香小吃店	*piāoxiāng xiǎochīdiàn*
Shipaotai Gongyuan	石炮台公园	*shípàotái gōngyuán*
Tianhou Gong	天后宫	*tiānhòu gōng*
Zhongshan-Park (Sun-Yatsen-Park)	中山公园	*zhōngshān gōngyuán*
Chaozhou	潮州	***cháozhōu***
Fenghuang-Pagode	凤凰塔	*fènghuáng tǎ*
Guangji-Tor	广济门	*guǎngjì mén*
Hanwen Gong	韩文公	*hánwén gōng*
Kaiyuan Si	开元寺	*kāiyuán sì*
Konfuzianische Akademie	海阳县儒学宫	*hǎiyángxiàn rúxuégōng*
Xiangzi Qiao (Xiangzi-Brücke)	湘子桥	*xiāngzǐ qiáo*
Xihu-Park	西湖公园	*xīhú gōngyuán*
Xufu Mafu	许驸马府	*xǔfù mǎ fǔ*

dreizehnstöckige Ziegelpagode aus dem Jahre 1618, deren wacklige Holztreppe zu einer Aussichtsplattform mit Blick auf die sich nord- und südwärts erstreckenden Wasserflächen führt. Nebenan steht eine stolze Statue des Su Dongpo vor einem Museum, das unter anderem einen beschädigten Tuschestein zeigt, der dem berühmten Literaten gehört haben soll. Der Hauptweg verläuft von dort erneut über den See, diesmal über eine Zickzackbrücke und mehrere strategisch angelegte Inseln mit dichten Bambushainen, und führt am Nordufer zum alten daoistischen Nonnenkloster **Yuan Miao**. Die Anlage besitzt zahlreiche winzige Räume und Atrien, die mit daoistischen Symbolen sowie Glück verheißenden geschnitzten Fledermäusen, Tigern und Kranichen verziert sind. Eine Halle im hinteren Bereich ist dem Helden der Drei Reiche und Kriegsgott Guan Yu geweiht, und in einem Seitenflügel gibt es eine Grube mit zahlreichen lebenden Schildkröten. Der Weg zurück über die Huangcheng Lu führt zu weiteren kleinen Inseln, auf denen Straßenkünstler die Wochenendausflügler mit Theateraufführungen und Übungen in den Kampfsportarten unterhalten. Huizhous Stadtzentrum beginnt unmittelbar hinter einem Knick des 500 m breiten Flusses Dong und dehnt sich auf einer relativ schmalen Landzunge aus, die im Osten an den schmaleren Fluss Xizhi und im Westen an den Xi Hu grenzt. Die schmalen Seitenstraßen der Huangcheng Lu führen zur parallel verlaufenden Shuimen Lu, Huizhous wichtigstem Einkaufsbezirk. Die Hotels der Stadt wechseln ebenso **Geld** wie die große Niederlassung der *Bank of China,* die zu Fuß fünf Minuten östlich des Busbahnhofs liegt und via Eling Dong Lu zu erreichen ist, 🕓 Mo–Fr 9–12 und 13.30–17 Uhr.

Übernachtung und Essen		
Chaozhou Binguan	潮州宾馆	*cháozhōu bīnguǎn*
Ciyuan Jiujia	瓷苑酒家	*cíyuàn jiǔjiā*
Hongyun Jiudian	鸿运酒家	*hóngyùn jiǔjiā*
Hu Rong Quan	胡荣泉	*húróng quán*
Taiwan Binguan	台湾宾馆	*táiwān bīnguǎn*
Xin Banhu Jiulou	新板湖酒楼	*xīnbǎnhú jiǔlóu*
Meizhou	梅州	***méizhōu***
Dongshan-Brücke	东山桥	*dōngshān qiáo*
Lingguang Si	灵光寺	*língguāng sì*
Meijiang-Brücke	梅江桥	*méijiāng qiáo*
Mei (Fluss)	梅江	*méijiāng*
Qianfo Si	千佛寺	*qiānfó sì*
Renjinglu	人境庐	*rénjìng lú*
Wenhua-Park	文化公园	*wénhuà gōngyuán*
Yinna Shan	阴那山	*yīnnà shān*
Übernachtung und Essen		
Huaqiao Dasha	华侨大厦	*huáqiáo dàshà*
Huayun Dajiudian	华运大酒店	*huáyùn dàjiǔdiàn*
Huihua Jiudian	晖华酒店	*huīhuá jiǔdiàn*
Kejia Fan	客家饭	*kèjiā fàn*
Meizhou Dasha	梅州大厦	*méizhōu dàshà*
Shang's Meatball Store	尚记肉丸店	*shàngjì ròuwándiàn*
Dapu	大埔	***dàpǔ***
Gongyuan Binguan	公园宾馆	*gōngyuán bīnguǎn*
Hushan	虎山	*hǔshān*

Übernachtung und Essen

Die preiswerten Unterkünfte in der Nähe des Busbahnhofs sind relativ laut. Angenehmer und schöner sind die Hotels in der Nähe des Sees, die vor allem nach einem Aufenthalt in Guangzhou willkommene Ruhe bieten.

Dongjiang Jiudian*, Huangcheng Lu, ✆ 0752/2233848. Eine ordentliche Adresse.

Fei'e Lou*, Eling Bei Lu, ✆ 0752/2288999. Saubere und ruhige Unterkunft.

Huiyun Zhaodaisuo*, einfaches Quartier in der Nähe des Busbahnhofs. Dorm-Betten ¥40.

Huizhou Binguan***, Huangcheng Lu, ✆ 0752/2232333, ℻ 2231439. Komfortables Hotel mit geräumigen DZ direkt am Ostufer des Xi Hu.

Xihu Dajiudian****, ✆ 0752/2226666, 🖳 www.hzwestlakehtl.com. Hotel der gehobenen Kategorie gleich gegenüber dem *Huizhou Binguan.*

Gutes **Essen** bieten die Garküchen in der Nähe des Busbahnhofs und preiswerte Restaurants an der Huangcheng Lu und Shuicheng Lu. Auch die Hotels führen Restaurants, die jedoch teurer sind – das *Huizhou Binguan* legt sogar eine englischsprachige Speisekarte vor.

Transport

BUSSE – Huizhous **Überland-Busbahnhof** liegt 1 km südlich des Sees an einem Kreisverkehr, von dem die Eling Bei Lu nordwärts zur Huangcheng Lu verläuft, die ihrerseits am Ostufer des Xi Hu entlangführt. Die Busse zurück nach Guangzhou und Shenzhen fahren von 6–18 Uhr ab.

Busse nach:
CHAOZHOU 5 Std.;
GUANGZHOU 3 Std.;
MEIZHOU 10 Std.;
SHANTOU 3 Std.;
SHENZHEN 4 Std.

EISENBAHN – Der **Bahnhof** befindet sich 3 km westlich der Stadt und ist durch Taxis und Bus Nr. 9 mit dem Überland-Busbahnhof verbunden. **Zugtickets** verkauft der Reiseschalter des *Huizhou Binguan,* ⏲ tgl. 8–20 Uhr.

Züge nach:
CHAOZHOU 5x tgl., 7–8 Std.;
GUANGZHOU 7x tgl., 2–3 Std.;
MEIZHOU 5x tgl., 5 1/2 Std.;
NANCHANG 2x tgl., 18 Std.;
SHANGHAI 1x tgl., 36 Std.;
SHANTOU 3x tgl., 9 Std.;
WUHAN 2x tgl., 23 Std.

Shantou

Shantou liegt an einem geschützten Seehafen an der Mündung des Flusses Rong, in dessen Nähe sich Guangdongs wichtigste Wasserstraße, der Fluss Han, durch eine tief eingeschnittene Bucht ins Südchinesische Meer ergießt. Der strategische Zugang zu den gebirgigen inländischen Gebieten des Südens, den Shantou gewährt, und seine vorzügliche Lage zwischen Guangzhou und Xiamen in Fujian blieben unbeachtet, bis die Stadt 1858 nach den Opiumkriegen durch den **Vertrag von Tianjin** für Ausländer geöffnet wurde. Vorwiegend trafen britische Unternehmer ein, welche die Stadt in Anlehnung an die lokale Aussprache **Swatow** nannten und den Fluss Han stromaufwärts erschlossen, um dort kirchliche Missionen zu errichten und eine Stadt mit stolzem kolonialem Profil aufzubauen. Schon 1900 war das Fischerdorf Shantou zu einem bedeutenden Handelshafen herangewachsen, und daran änderte sich 50 Jahre lang nichts, bis sich das wirtschaftliche Schwergewicht nach der kommunistischen Machtübernahme auf die Leichtindustrie verlagerte, die nach Shantous Erhebung zu einer von Guangdongs Wirtschaftssonderzonen im Jahre 1980 stark gefördert und ausgebaut wurde. Heute wirkt das alte Hafenviertel vernachlässigt, denn als neue moderne Geschäftsstadt mit über einer Million Einwohnern dehnt sich Shantou beständig nach Osten aus. Die überfüllte und lärmende Stadt ist dennoch ein geeigneter Ort für einen Zwischenaufenthalt bei der Reise ins östliche Fujian oder nördliche Chaozhou, denn ein verfallendes Altstadtviertel und etliche schöne traditionelle Gebäude verdienen nähere Beachtung.

Die interessanten Bereiche Shantous sind seine westlichen Viertel, die sich auf einem kompakten 3 km langen Landvorsprung nördlich des Hafens bündeln, der im Westen und Norden von schmalen Seitenarmen des Han begrenzt wird. Einer dieser Wasserläufe, der Mei-Kanal, umringt den **Zhongshan-Park** im Norden der Landzunge, dessen Ein-

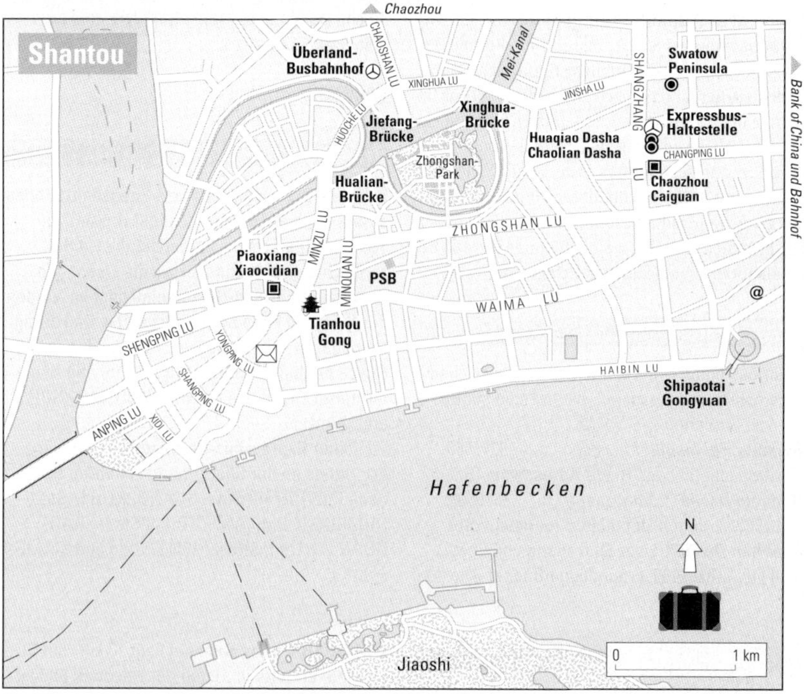

gang sich östlich der Dahua Lu befindet. Der Park ist der schönste Ort in Shantou, um den Tag in relativer Entspanntheit zwischen Menschen zu beginnen, die Gesellschaftstänze üben oder mit Schwertern die Anleitungen der klassischen chinesischen Kampfsportarten befolgen. Auch eine kleine **Freilichtbühne** für Theateraufführungen, auf der an Wochenenden oft lokale Chaozhou-Opern aufgeführt werden, ist im östlichen Parkbereich vorhanden. Ansonsten dominieren Wasserflächen und Bäume. Der Eintritt kostet ganze ¥2.

Ein Spaziergang Richtung Südwesten über die Minzu Lu führt nach nur fünf Minuten zu einem großen Kreisverkehr, in dessen Mitte ein Pavillon steht. Nur wenig weiter südlich zweigt westwärts die Shengping Lu ab, wo der 1879 errichtete und inzwischen vollständig renovierte **Tianhou Gong** steht, dessen zentraler Tempelhof kaum 20 Besucher fasst, doch die dortigen Statuen und das Zierwerk wirken außerordentlich opulent. Von Hand gemalte Wächtergottheiten zieren die Holztüren, das Gebälk ist mit Drachen und Tieren beschnitzt, und die Dachziegel zeigen Szenen aus den Lebensläufen der rotgesichtigen, heldenhaften örtlichen Kriegerin Guan Yu auf ihrem Tiger.

Vom Kreisverkehr führt die südwestwärts Richtung Uferfront verlaufende Anping Lu nach gut 1 km zu allmählich verblassenden Häusern mit **kolonialen Fassaden** und mehreren Blöcken mit dreistöckigen Wohn- und Warenhäusern, deren Fenster und Türen kunstvoll mit abbröckelndem Stuckdekor und gerillten Säulen gesäumt sind. Obwohl die Gegend hier und da abgewirtschaftet und beklemmend wirkt – manche Gebäude erwecken den Eindruck, als könnten sie im nächsten Augenblick einstürzen –, vergehen die Stunden bei einem Bummel durch die hiesigen Straßen und Gassen wie im Fluge. Nach der Erkundung dieser Gegend kann man bequem die Waima Lu ansteuern, wo Bus Nr. 3 zur rund 3 km östlich gelegenen Haibin

Lu mit dem **Shipaotai Gongyuan** (Park der Geschützstellung aus Stein) abfährt. Dieser große, von einem Graben umgebene Befestigungsring wurde in den 1870er Jahren angelegt, um die Stadt vor Invasionen auf dem Seeweg zu schützen – die Blöcke der 6 m hohen geneigten Wälle bestehen aus einem Gemisch aus gestampfter Erde, Granit, Klebreis, Zucker und Kalk. Im Innenbereich führt ein Spaziergang zwischen den Innen- und Außenwänden zur höchsten Anhöhe, wo noch einige der 18 Originalkanonen nach Süden gerichtet sind.

Übernachtung

Shantous beste Unterkünfte befinden sich rund 2 km östlich des Busbahnhofs und sind mit Bus Nr. 4 zu erreichen.
Swatow Peninsula***, Jinsha Lu, ✆ 8316668, 💻 www.pihotel.com. Beste Adresse am Ort.
Huaqiao Dasha**, Shanzhang Lu, ✆ 8629888, 📠 8252223. Sehr ordentliches Touristenhotel.
Chaolian Dasha*, Ecke Shanzhang und Changping Lu, ✆ 8259109. Freundliche Budget-Alternative.

Essen

Shantou und Chaozhou besitzen eine Küche mit eigener Ausprägung (s.S. 506/507). Shantou genießt einen ausgezeichneten Ruf für Meeresfrüchte und Reismehl-*jiaozi*. In den Seitengassen gibt es zahlreiche preiswerte Stände und Garküchen. Zu den beliebtesten Adressen der Stadt gehört ein einfaches *jiaozi*-Restaurant namens ***Piaoxiang Xiaocidian***, das in einem früheren Tempelgebäude 70 m nördlich des Kreisverkehrs an der Shengping Lu auch andere leichte Mahlzeiten serviert (Spezialität: Austern-Omelettes). Das ***Chaozhou Caiguan*** in der Nähe der Hotels an der Changping Lu bietet ähnliche Gerichte in gemütlicherem Rahmen an.

Sonstiges

AMT FÜR ÖFFENTLICHE SICHERHEIT (PSB) – Gongyuan Lu, ✆ 8423592.

GELD – Die große Niederlassung der ***Bank of China*** wechselt Devisen in der neustädtischen Jinsha Dong Lu, 🕒 Mo–Fr 9–17 Uhr. Bus Nr. 2 hält direkt vor der Tür.

VORWAHL – 0754

Transport

BUSSE – Die ausgezeichnete Shenshan-Schnellstraße nach Huizhou ermöglicht Bussen, die 300 km lange Strecke in respektablen 4 Std. zurückzulegen – schneller als die Eisenbahn. Shantous **Überland-Busbahnhof** liegt im Norden der Stadt am Ende der Chaoshan Lu. Das dortige Personal ist sehr hilfsbereit. Regelmäßig fahren Busse nach CHAOZHOU (1 Std., ¥15) und zu entfernteren Zielen wie GUANGZHOU, MEIZHOU und XIAMEN.
Von einer **Expressbus-Haltestelle** in der Nähe der Hotels an der Shangzhang Lu fahren Busse nach FUZHOU (10 Std.), GUANGZHOU (7 Std.), HUIZHOU (4 Std.), MEIZHOU (9 Std.), SHAOGUAN (12 Std.), SHENZHEN (7 Std.) und XIAMEN (5 Std.).

EISENBAHN – Der **Bahnhof** liegt 10 km vom Busbahnhof entfernt im Osten der Neustadt und ist mit diesem durch die Busse Nr. 4 und 11 verbunden. Wie an anderen Ankunftsorten warten auch hier zahlreiche Taxis, und im Gewühl des Bahnhofbereichs ist auf Taschendiebe zu achten.
Es gibt Verbindungen nach CHAOZHOU (5x tgl., 1/2 Std.), GUANGZHOU (5x tgl., 7–12 Std.), HUIZHOU (3x tgl., 9 Std.) oder MEIZHOU (4x tgl., 3–4 Std.). Zugtickets beschaffen auch die Unterkünfte, was viel Lauferei und Umständlichkeiten erspart. Auch am Busbahnhof gibt ein spezieller Schalter Zugtickets aus – ebenso wie eine Agentur neben der Expressbus-Haltestelle.

Chaozhou

Die 40 km nördlich von Shantou an den Ufern des Flusses Han gelegene Stadt Chaozhou ist eine der kulturell bedeutendsten Städte Guangdongs und wird dennoch von Touristen und Verwaltungsbeamten kaum beachtet, seit sie im 19. Jahrhundert von der lärmenden südlichen Schwesterstadt aus dem Rampenlicht verdrängt wurde. Als Reaktion

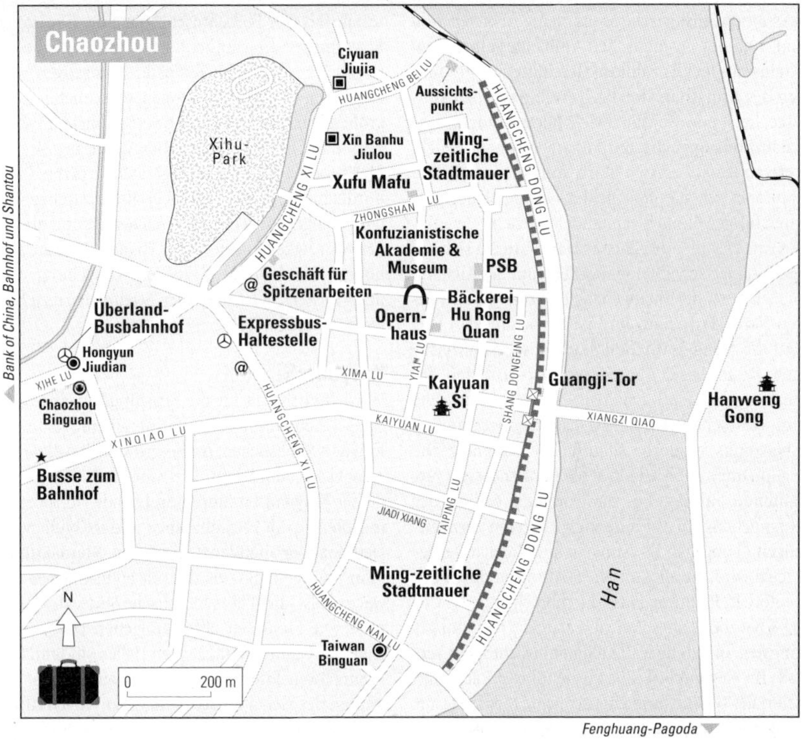

darauf verwandelte sich Chaozhou in eine beharrlich traditionelle Stadt, die stolz ihre Architektur, abergläubischen Vorstellungen und lokalen Ausprägungen bewahrt – im Vergleich zum erst in jüngster Zeit herangewachsenen Shantou bietet Chaozhou ein wesentlich schöneres Umfeld, um ein wenig Zeit zu verbringen.

Die **Stadtgeschichte** reicht in antike Epochen zurück. In der Ming-Dynastie erlebte Chaozhou eine kulturelle Blütezeit, und die meisten Monumente der Stadt gehen auf jene Periode zurück. Danach allerdings kam es zu einer Abfolge von Tragödien. Nach einem antimandschurischen Aufstand im Jahre 1656 entgingen nur Chaozhous Mönche und deren Tempelstätten dem rasenden kaiserlichen Zorn – noch heute kursiert die Legende, dass die Anhöhen der Stadt aus der Verbrennungsasche von Hunderttausenden getöteten Stadtbürgern entstanden sind. Chaozhou erholte sich kurzzeitig, doch im 19. Jahrhundert brachen Hungersnöte und die Opiumkriege über die Stadt herein – Entwicklungen, die gleichzeitig Shantous Wachstum bewirkten. Über eine halbe Million verarmte und verzweifelte Menschen flohen über den neuen Nachbarhafen aus Chaozhou und Ost Guangdong, und viele von ihnen fanden in den europäischen Kolonien in Südostasien eine neue Heimat; sie sind die Vorfahren der großen chinesischen Bevölkerungsgruppen in Thailand, Malaysia, Singapur und Indonesien. Shantous wachsende Bedeutung brachte Chaozhou unter die Verwaltung der Nachbarstadt, bis es 1983 als unabhängige Stadtgemeinde abgekoppelt wurde und seitdem in lebendiger Konkurrenz zu Shantou steht.

Auswärtigen Besuchern präsentiert sich Chaozhou als liebenswerter und einladender Ort. Neben dem lebhaftesten und offensichtlich geordnetsten Straßenalltag in ganz Südchina hat die Stadt mehrere schöne historische Monumente zu bieten, und inmitten des nostalgischen Ambientes einer alten Kleinstadt locken zahllose Geschäfte mit Produkten des **Kunsthandwerks**. Des Chinesischen kundige Reisende werden rasch herausfinden, dass Chaozhous **Sprache** mit Fujians Minnan-Dialekt verwandt ist, der sich stark vom Mandarin und Kantonesischen unterscheidet, obwohl beide Sprachen für gewöhnlich verstanden werden.

Am Westufer des Flusses Han erstreckt sich auf einer Länge von 1500 m das Zentrum der Altstadt. Sie wird von der Huangcheng Lu umschlossen, deren Nord-, Ost-, Süd- und Westabschnitt den Verlauf der **Ming-zeitlichen Stadtmauer** kennzeichnen. Reste dieser Mauer sind nur im Osten des Zentrums am Fluss erhalten, während sich jenseits des westlichen Abschnitts der Huangcheng Lu Chaozhous moderne Stadtteile ausdehnen. Die Hauptstraße der Altstadt ist die nord-südwärts verlaufende Taiping Lu, die von den östlich der Huangcheng Lu verlaufenden kürzeren Straßenzügen Zhongshan Lu, Xima Lu und Kaiyuan Lu gekreuzt wird, die allesamt die Stadtmauer durch Bogentore in Richtung Fluss durchbrechen.

Chaozhous altes Zentrum erinnert nicht im geringsten an den überall in Shantou sichtbaren Verfall. Im Gegenteil: Ein schier endloses Labyrinth schmaler Gassen birgt eine gepflegte Mischung aus kolonialen und traditionellen Gebäuden. In den ruhigeren, vom allgemeinen Trubel abgeschnittenen Wohngebieten gibt es alte Brunnen, steinerne Bogengänge aus der Ming-Dynastie und ehrwürdige Privatvillen zu entdecken – Letztere sind durch dicke Mauern und wuchtige Holztore von der Außenwelt abgeschottet sowie durch schön gestaltete Gottheiten und Glückssymbole vor bösen Einflüssen geschützt. Auf den Hauptstraßen müssen Motorrad- und Fahrradrikschafahrer auf Fußgänger achten, die wegen der vor so manchem Geschäft aufgehäuften Warenstapel gezwungen sind, vom Bürgersteig auf die Straße auszuweichen. Zu den bevorzugten Zielen gehört das von Steinlöwen bewachte alte Herrenhaus **Xufu Mafu** an der Zhongshan Lu, in dessen Nachbarblock zudem ein Ming-zeitlicher Gedenkbogen und eine ehemalige **konfuzianische Akademie** (heute ein **Museum** mit Stadtfotos aus der Vorkriegszeit) Interesse verdienen. Im Süden der Stadt wurde der westlich der Taiping Lu verlaufende Straßenzug **Jiadi Xiang** restauriert (für Einheimische, nicht für Touristen). Er vermittelt eine authentische Qing-zeitliche Atmosphäre mit Kopfsteinpflaster, dekorativen Säulengängen und Wandmalereien, einschließlich der großen Darstellung eines Löwen-ähnlichen Fabeltiers namens Qilin gegenüber von Haus Nr. 16. Mehr Raum haben Spaziergänger im **Xihu-Park** nördlich der Altstadt, der über einen „Graben" an der Huangcheng Xi Lu zu erreichen ist und als Sehenswürdigkeiten eine kleine Pagode, mehrere Anhöhen mit Ausblicken auf die Umgebung und überwucherte Reste der alten Stadtmauern zu bieten hat. Eintritt ¥5.

Kaiyuan Si

Wer lediglich Zeit für die Besichtigung einer einzigen Sehenswürdigkeit aufbringen kann, sollte den Kaiyuan Si besuchen. In diesem stets bevölkerten Tempel aus dem Jahre 738 n. Chr. am östlichen Ende der Kaiyuan Lu führen drei solide Holzportale in Höfe, die mit Feigenbäumen und rot blühenden Dattelpalmen bepflanzt sind. Ein **Steinsäulen-Paar** aus der Tang-Zeit, das mit Lotusknospen bewachsen ist, dient als symbolische Stütze des Himmels. Die Firste der geschwungenen Dächer der wohlproportioniert angelegten Hallen sind mit farbigen Löwen, Fischen und Drachen ausgestattet. Im Westen des Geländes steht ein **Guanyin-Pavillon** mit über einem Dutzend Statuen dieser hoch verehrten weiblichen Bodhisattva-Verkörperung. Ein östlicher Raum beherbergt hingegen zahlreiche bärtige daoistische Heilige, die das Yin-Yang-Symbol tragen, und das Innere der **Haupthalle** ist mit einer prachtvollen gewölbten Holzdecke und riesigen Brokatbannern ausgestattet, hinter denen die goldene buddhistische Trinität nahezu verschwindet. Zur Zeit der Drucklegung wurde der Tempelbereich um einen neuen östlichen Flügel erweitert. 🕓 tgl. 8–18 Uhr, Eintritt ¥5.

Die Stadtmauern und das Ostufer

Rund 250 m östlich des Tempels führt die Kaiyuan Lu zur alten Stadtmauer. Das 7 m hohe und fast ebenso breite Bollwerk wurde im Verlauf von Chaozhous Geschichte zweimal durchbrochen und ist heute auf einer Länge von nahezu 1500 m in gutem Zustand erhalten. Am **Haupttor Guangji** führt eine Treppenflucht zu einem baufälligen Wachtturm und zur begehbaren Mauer. Nicht weit hinter dem

Tor überspannt die 500 m lange Brücke **Xiangzi Qiao**, deren Brückenköpfe bereits im 12. Jahrhundert gebaut wurden, den Fluss. Bis in die 50er Jahre bestand ihr Mittelteil aus hölzernen Pontons, die inzwischen jedoch längst durch eine Zementkonstruktion ersetzt worden sind. Für den Durchgangsverkehr ist die Brücke, auf der viele Händler preiswerte Textilien anbieten, gesperrt. Am anderen Ufer rückt die mit Buschwerk überwucherte, jedoch einige Kilometer flussabwärts stehende antike **Fenghuang-Pagode** ins Blickfeld, bevor eine kurze Straße nach links zum Eingang des Tempels **Hanwen Gong** führt, der im Jahre 999 n. Chr. zum Gedenken an den konfuzianischen Gelehrten Han Yu errichtet wurde, der 100 Jahre zuvor Buddha als Barbaren kritisiert und den Fluss von gefährlichen Krokodilen befreit hatte. Eine breite und steile Treppenflucht aus Granitgestein führt dort zu drei Terrassen hinauf, die mit jeweils einer Halle ausgestattet sind. Die oberste Halle präsentiert zahlreiche antike Stelen mit Proklamationstexten und eine gemalte Darstellung des Han Yu. Der Eintritt zum Tempel kostet ¥5.

Übernachtung

Die meisten Unterkünfte befinden sich in Bahnhofsnähe.
Chaozhou Binguan***, unmittelbar gegenüber dem Hongyun Jiudian, ✆ 2261168, ℻ 2264298. Touristisch und überteuert, doch in jeder Hinsicht besser als die alternden Unterkünfte in der näheren Umgebung.
Hongyun Jiudian**, direkt am Bahnhof, ✆ 220 6052. Saubere und ordentliche DZ und gemessen am Preis-Leistungs-Verhältnis die wohl beste Wahl der Stadt.
Taiwan Binguan**, Huangcheng Nan Lu, ✆ 223 2050, ℻ 2233029). Rund 1500 m vom Bahnhof entferntes angenehmes Hotel, das bevorzugt von Geschäftsleuten gebucht wird.

Essen

Chaozhous Küche gewinnt in China erst jetzt zunehmend an Popularität, während sie durch die zahlreichen aus der Region stammenden Emigranten im Ausland schon länger – obgleich dort unbewusst – verbreitet ist und geschätzt wird. Vor allem die Meeresfrüchte lassen Gourmets das Wasser im Munde zusammenlaufen, und die gebratene Ente – angereichert mit saurer Pflaume, denn die Verwendung von Obst zum Kochen ist neben angebratenen Knoblauchscheiben, ein Einfluss aus Südostasien, das typischste Merkmal der örtlichen Küche – braucht die Konkurrenz einer guten Peking-Ente nicht zu scheuen.
Die besten Restaurants befinden sich in Blicknähe zum Xihu-Park an der Huangcheng Xi Lu: Zu den Spezialitäten des ***Xin Banhu Jiulou*** gehören kalte gehackte Ente und diverse grüne Gemüsesorten. Sehr empfehlenswert ist das ***Ciyuan Jiujia***, dessen Personal außerordentlich dienstfertig ist – ein Menü für vier Personen mit gebratener Gans, knusprigem Tintenfisch, gedämpften Krabben, angebratenem Spinat, verschiedenen Dim-Sum-Kleinigkeiten und einer Fischbällchen-Suppe kostet rund ¥200. Leckere **Snacks** führt die Bäckerei ***Hu Rong Quan*** an der Taiping Lu im Angebot, die vor allem Mondkuchen und die denkbar besten Frühlingsrollen (gefüllt mit Frühlingszwiebeln, gelben Bohnen, Pilzen und wenig Fleisch) verkauft.
Für China sehr ungewöhnlich ist der Verkauf frisch gemolkener **Ziegenmilch** durch einen Bauern, der seine Tiere nachmittags in die Nähe der Kreuzung von Xihe Lu und Huangcheng Xi Lu treibt – unbedingt einen eigenen Behälter mitbringen. Die örtliche **Tee-Zeremonie** heißt *gongfu cha* und wird von Chaozhous Einwohnern schon beim geringsten Anlass durchgeführt. Auch in den meisten Restaurants kommt Tee für nur wenige Yuan auf den Tisch. Zunächst werden eine kleine Kanne und auffällig winzige Tassen auf einem tiefen Keramiktablett (mit Gitterrost zum Abtropfen) aufgetragen. Die bis zum Rand mit groben Oolong-Teeblättern gefüllte Teekanne wird mit kochend heißem Wasser gefüllt und sofort wieder ausgegossen – nicht in die Tassen, sondern in das Serviertablett. Nach dem unverzüglichen Nachfüllen muss der Tee nur ganz kurz ziehen, bevor er mit raschem Ausschenken an die Anwesenden verteilt wird. Die nahezu fingerhutgroße Teemenge wird sofort hinuntergestürzt, bevor sie Gefahr läuft, kalt zu werden – die gesamte Zeremonie hat eher gesellschaftlichen Charakter als einen kulinarischen Sinn.

Sonstiges

EINKAUFEN – Die Bindung an die Vergangenheit machte Chaozhou zu einem Zentrum für **traditionelle Kunst** und **kunsthandwerkliche Gegenstände**, in dem sich Souvenirjäger wohl fühlen. Ein breites Angebot führt auch der Haushaltswarenmarkt hinter dem Guangji-Tor an der Shangdong Ping Lu, wo Hackmesser, Küchengeschirr und altbackene Türgriffe aus Messing erhältlich sind. Zahlreiche Geschäfte rund um den Kaiyuan Si verkaufen Tempelutensilien – von Bannern über Messingglocken und Keramikstatuen aus dem stadtnahen Weiler Fengxi bis hin zu riesigen schmiedeeisernen Weihrauchgefäßen, und sie halten auch geschmackvolle **Teegeschirre** und erlesene **Seidenstickereien** bereit. Beste Adresse für **filigrane Spitze** ist ein großer Laden an der Huangcheng Xi Lu gegenüber dem Xihu-Park. Spottbillig sind die Geschäfte nicht gerade, doch die Preise sind angesichts der Qualität in der Regel gerechtfertigt.

GELD – Die ***Bank of China***, ungefähr 2 km westlich des Busbahnhofs an der Chaofeng Lu gelegen, ist mit mehreren öffentlichen Buslinien zu erreichen.

UNTERHALTUNG – Zu den beliebtesten Unterhaltungsformen gehört die lokale **Opernvariante** *Chaoju*, die in ausländischen Ohren angenehmer klingt als die mit ihren Klängen und Falsetttönen mitunter kriegerisch wirkende Beijing-Oper. Die Aufführungen präsentieren oft witzige und zugleich mahnende Erzählungen über lasche Sexualmoral. Eine gute Adresse sind die unregelmäßig (meistens anlässlich von Festen) stattfindenden Aufführungen im Xihu-Park. Ein ehemaliges Opernhaus in der parallel zur Taiping Lu verlaufenden Yian Lu, das zu einem **Kino** umgestaltet wurde, zeigt gelegentlich Aufnahmen von Opernaufführungen auf der Leinwand.

VORWAHL – 0768

Transport

Nur die überall herumfahrenden **Motorrikschas** können Passagiere durch die schmalen Gassen der Altstadt befördern – allerdings ist die Stadt klein genug für fußläufige Erkundungen.

BUSSE – Chaozhous **Überland-Busbahnhof** liegt westlich des Zentrums an der Xihe Lu. Es verkehren von dort Pendelbusse nach SHANTOU (1 Std.).
Außerdem bestehen Verbindungen nach GUANGZHOU (7 Std.), HUIZHOU (5 Std.), MEIZHOU (8 Std.), SHENZHEN (7 Std.) und in die Provinz Fujian. Von einer privaten Abfahrtsstation an der Huangcheng Xi Lu bedienen **Expressbusse** Ziele entlang der Küstenstraße.

EISENBAHN – Der **Bahnhof** liegt rund 5 km nordwestlich des Stadtzentrums, ◷ des Ticketbüros tgl. 6–11.30 Uhr und 13.30–17.30 Uhr. Nur 100 m entfernt fährt Bus Nr. 2 zwischen 6.30 Uhr und 20.30 Uhr zur Xinqiao Lu, einer westlichen Nebenstraße der Kaiyuan Lu (¥2). Es gibt Zugverbindungen nach SHANTOU (5x tgl., 1/2 Std.) und zurück nach GUANGZHOU (4x tgl., 7–12 Std.) via MEIZHOU (4x tgl., 1–3 Std.) und HUIZHOU (5x tgl., 7–8 Std.).

Meizhou und Umgebung

In den Vorgebirgen an der Grenze zu Fujian laufen 200 km nördlich von Chaozhou die Eisenbahntrassen aus Guangzhou, Shantou und Fujian in Meizhou zusammen. Da diese Stadt die Heimat der Ahnenväter zahlreicher Auslandschinesen ist, flossen in der jüngeren Vergangenheit enorme Geldsummen in diese Region. Meizhou ist sicher keine schöne Stadt, doch als ethnisches Zentrum der **Hakka** verdient es durchaus nähere Beachtung, bevor man in deren Kernland in der Provinz Fujian weiterreist. Empfehlenswert sind Ausflüge nach Yongding (mit dem Zug, s.S. 481) und zu einem nahen Bergtempel.

Meizhou ist eine kleine Industriestadt, die insbesondere Handtaschen und Textilien produziert und die eingebettet zwischen Hügeln im fruchtbaren Becken eines prähistorischen Sees liegt, durch das sich der Fluss Mei windet. Die ein wenig vernachlässigt wirkende **Altstadt**, die sich rund 2 km weit am Nordufer des Flusses entlang ausdehnt, ist mit den neueren südlichen Vorstädten durch die 1 km voneinander entfernten Brücken Meijiang

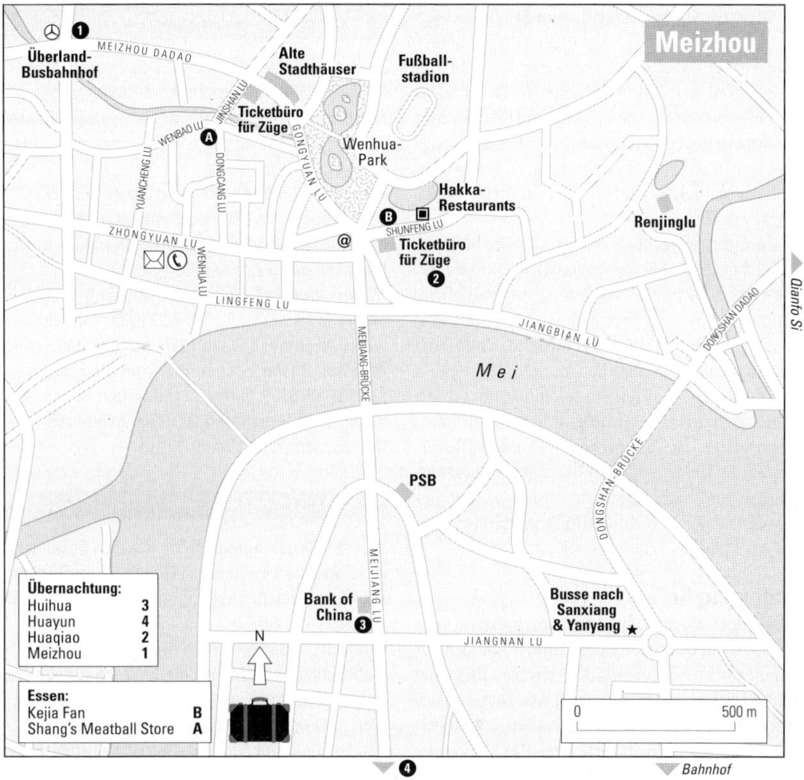

und Dongshan verbunden. Wie in Chaozhou sind auch in dieser Stadt alle touristisch interessanten Ziele bequem zu Fuß oder mit einer Fahrradrikscha zu erreichen.

Meizhous **Haupteinkaufsbezirke**, in denen sich ein Großteil des öffentlichen Lebens abspielt, bündeln sich rund um den weiten Platz an der Kreuzung der Hauptstraßen nördlich der Meijiang-Brücke. Sehenswert sind die kolonialen Ladenfronten an der Lingfeng Lu, die westwärts am Fluss entlangführt, doch im Mittelpunkt des städtischen Interesses steht eine Anzeigetafel am (an Beijings Tiananmen erinnernden) Eingangstor zum **Wenhua-Park** (¥1), die den Termin des nächsten **Fußballspiels** im dortigen Stadion verkündet. Es ist unmöglich, diesen Zeitpunkt zu versäumen, denn die gesamte Stadt ist auf den Beinen und stellt die Polizei vor das Problem, ein Chaos zu entwirren. Zu anderen Zeiten ist im Park nicht viel los, doch ältere Häuser in den umliegenden Straßen, die mit Wachskerzen und roten Papierlaternen beleuchtet sind, strahlen eine melancholische Atmosphäre aus.

Mehr lokale Kultur wird nordöstlich des Platzes geboten: Von der Shunfeng Lu zweigen Gassen ab, in denen chinesische Ausschilderungen auf nur fünf Minuten entfernte Teiche vor **Renjinglu** hinweisen, wo im 19. Jahrhundert der Poet und Diplomat Huang Zunxian zu Hause war. Das Haus sticht als dekorativstes Gebäude an den Teichen inmitten streng klassizistischer **Hakka-Stadthäuser** ins Auge und fällt vor allem durch hohe zentrale Torwege sowie durch rechteckige Wände und Fenster auf. ◷ ab circa 15 Uhr, Eintritt ¥2.

Attraktiver aber ist der **Qianfo Si** (Tempel der Tausend Buddhas), der 1 km östlich der Meijiang-Brücke über Meizhou thront – der Weg dorthin führt 700 m weit über die Jiangbian Lu ostwärts am Fluss entlang bis zur Dongshan-Brücke und von dort weitere 100 m nordwärts über die Dongshan Dadao zu einer Abzweigung nach rechts über die Eisenbahngleise und aufwärts in Richtung des Eingangstores.

Unmittelbar rechts vor dem Eingang befindet sich ein ausgezeichnetes vegetarisches Restaurant. Oben auf der Anhöhe wurden der ursprüngliche Tempel und die zugehörige Pagode 1995 abgerissen, um Raum für einen mit ausländischen Mitteln finanzierten Neuaufbau zu schaffen, dessen unglaublicher Detailreichtum kaum zu beschreiben ist. Besondere Beachtung verdienen die Steinmetzarbeiten: Die Tempelsäulen zeigen in Reliefdarstellung Heldengestalten der chinesischen Mythologie und sich windende Drachen, und der Pagodensockel ist mit feinfühlig gestalteten Szenen aus Buddhas Leben verziert.

Lingguang Si

Ein schöner Tagesausflug führt von Meizhou zum 50 km östlich gelegenen Berg **Yinna Shan**, den der im Jahre 861 n. Chr. gegründete Tempel Lingguang Si zu einer heiligen Stätte macht. Die heutigen Gebäude wurden in der Qing-Zeit restauriert. Zu beiden Seiten des Tores stehen zwei 1000 Jahre alte Bäume (ein dritter zu jener frühen Zeit angepflanzter Baum starb vor 300 Jahren), und die Haupthalle ist mit einer äußerst ungewöhnlichen spiralförmigen Holzdecke ausgestattet, die sich lediglich mit derjenigen eines einzigen anderen Tempels auf dem Wudang Shan in der Provinz Hubei vergleichen lässt.

Die Hotels bieten Jeeps mit Chauffeur für rund ¥300 an, während die Reise mit öffentlichen Verkehrsmitteln zeitaufwändig ist und so früh wie möglich angetreten werden muss. Minibusse fahren vom Kreisverkehr unmittelbar südlich der Dongshan-Brücke nach **Sanxiang** und **Yanyang** ab – wer die restlichen rund 7 km hinauf zum Tempel nicht zu Fuß gehen möchte, kann in beiden Dörfern, die inmitten weiter Reisfelder an der Ostseite des Yinna Shan liegen, einen Traktor chartern. Die letzten Minibusse fahren am mittleren Nachmittag zurück.

Übernachtung

Zu beiden Seiten des Flusses gibt es Unterkünfte, die Ausländer aufnehmen dürfen:
Huaqiao Dasha**, Jiangbian Lu, ✆ 0753/2232388, 📠 2210008. Gibt sich übertrieben mondän und ist wohl etwas überteuert.
Huayun Dajiudian*, Meijiang Lu, ✆ 0753/224 0338. Angesichts des recht ungepflegten äußeren Erscheinungsbildes überraschend saubere und geräumige Zimmer.
Huihua Jiudian*, südlich der Meijiang-Brücke an der Meijiang Lu, ✆ 0753/2256988. Eine preiswerte Alternative, doch recht abgewohnt.
Meizhou Dasha*, gegenüber vom Busbahnhof, ✆ 0753/2235705. Einfache Unterkunft mit großen, schlicht eingerichteten DZ, ideal gelegen für frühmorgendliche Weiterreisen.

Essen

Keinesfalls versäumen sollte man ein Essen im vegetarischen Restaurant ***Qianfo Si***, das täglich zur Mittagszeit höchst ungewöhnliche Gerichte auftischt, die zum Teil das imitierte Aussehen von Fleischspeisen haben (äußerlich mit kaum wahrnehmbaren Unterschieden): ¥48 für vier Gerichte, ¥78 für fünf usw. Unbedingt empfehlenswert sind auch die Hakka-Spezialitäten des kleinen Lokals ***Kejia Fan*** und zahlreicher anderer privater Garküchen im Osten des großen Platzes an der Shunfeng Lu; etwa saftiges salzgebackenes Huhn, serviert in tropffestem Papier (circa ¥30 für ein ganzes Huhn), angebackene Mini-Brisoletten mit geschnittenem Kohl sowie unter hoher Hitze kurz angebratene Sojabohnenkäsewürfel mit Schweinefleisch und dicker Sauce. Speisen zum Mitnehmen serviert ***Shang's Meatball Store*** an der in den westlichen Seitengassen gelegenen Wenbao Lu. Als ungewöhnliche Spezialität halten nahezu alle Restaurants **Hakka-Wein** bereit, der an einen süßen Sherry erinnert und meist warm mit Ingwer serviert wird.

Transport

BUSSE – Der **Überland-Busbahnhof** liegt 1500 m westlich des Zentrums an der Meizhou Dadao, die von Stadtbus Nr. 3 bedient wird.

Busse nach:
CHAOZHOU 8 Std.;
DAPU 4 Std.;
GUANGZHOU 12 Std.;
LONGYAN 7 Std.;
SHAOGUAN 12 Std.;
SHANTOU 9 Std.;
SHENZHEN 12 Std.;
XIAMEN 9 Std.;
YONGDING 5 Std.

EISENBAHN – Der **Bahnhof** befindet sich 5 km südlich des Flusses am Ende der Binfang Dadao – Taxis (¥7) und Stadtbus Nr. 4 fahren über die Dongshan Brücke zum Zentrum. Die Zugverbindungen sind in der Regel schneller als die Busverbindungen, doch Richtung Fujian gibt es erstaunlich wenige Züge. **Fahrkarten** sind an einem kleinen Schalter an der Shunfeng Lu und in der Nähe des Busbahnhofs an der Gongyuan Lu erhältlich.
Züge nach:
CHAOZHOU 3x tgl., 1–2 Std.;
FUZHOU 1x tgl., 13 Std.;
GUANGZHOU 3x tgl., 9 Std.;
HUIZHOU 3x tgl., 5 1/2 Std.;
LONGYAN 2x tgl., 3 Std.;
QUANZHOU 1x tgl., 13 Std.;
SHANTOU 4x tgl., 3–4 Std.

Dapu und Umgebung

Tiefere Einblicke in die Hakka-Kultur vermittelt ein Besuch der kleinen Siedlungen nördlich und östlich von Meizhou, deren ländliche Umgebung besonders im Sommer bezaubernd wirkt. Als Ausgangspunkt eignet sich die etwas ungeordnet wirkende, 100 km und damit rund zwei Stunden östlich gelegene Kleinstadt Dapu. Die gegenüber Meizhou ungleich kleinere Siedlung liegt im selben Flusstal und besitzt ein ebenso langweiliges Zentrum, doch unmittelbar vor der Stadt steht neben einem modernen Sportstadium – wiederum ein Geschenk eines Auslandschinesen, der Geldmittel in die Heimat fließen ließ – ein großes rechteckiges **Weiwu** (ein dreistöckiges Hakka-Haus mit den soliden Mauern einer Burgfestung), dessen Bewohner beim Anblick eines ausländischen Gesichts sofort neugierig werden und im Austausch für eine kleine Plauderei gerne eine Besichtigung ermöglichen. Interessant sind auch die niedrigen Privathäuser, deren Umfassungsmauern tempelähnliche Hallen mit dekorierten Dächern umschließen sowie zwei Gehöfte der traditionell runden Bauart. Die größten und als Musterbeispiele gewürdigten Hakka-Häuser aber stehen jenseits der Grenze zu Fujian in der Umgebung von **Yongding** (s.S. 481) – täglich fahren Busse von Dapu dorthin.

Der **Busbahnhof** befindet sich am nördlichen Ende der Kreuzung von Renmin Lu und Hushan Lu. Die Dapu südwärts durchschneidende Hushan Lu endet an den Stufen zur gepflegten Parkanlage **Hushan** (Tigerberg). **Unterkunft** bieten das übertrieben protzige *Gongyuan Binguan** in Parknähe an der Tongren Lu und ein einfaches *Gästehaus** 50 m westlich der Hushan Lu in der Seitenstraße Yanhua Lu.

West-Guangdong

Obwohl die Region eine angenehme Ausstrahlung besitzt, gibt es nur wenig, was eine Reiseunterbrechung zwischen Guangdong und Guangxi oder der Insel Hainan wirklich rechtfertigen könnte. Für Reisen nach Guangxi sind Busse besser geeignet, während die 450 km zwischen der Hauptstadt und **Zhanjiang**, wo die Schiffe nach Hainan abfahren, am schnellsten mit der Eisenbahn bewältigt werden. Empfehlenswert ist ein Aufenthalt in der freundlichen Stadt **Zhaoqing**, die durch einen direkten Fährbetrieb mit Hongkong verbunden ist und auf eine über 1000-jährige Tradition als Ausflugsziel zurückblickt.

Zhaoqing und Umgebung

Westlich von Guangzhou treffen sich die Straßen-, Eisenbahn- und Wasserwege in der ebenso gemütlichen wie modernen Kleinstadt Zhaoqing, die bereits in der Qin-Dynastie gegründet wurde, um eine unbesiedelte Lücke zwischen niedrigen Bergketten zu schließen. Die am Nordufer des Flusses Xi gelegene Stadt schmiegt sich zwischen den Flusslauf und nördlich angrenzende Seen am Qixing-Yan-Park. Die Jianshe Lu und Duanzhou Lu führen in Ost-West-Richtung durch die Stadt und werden von der Traversale **Tianning Lu** gequert, die nord-südwärts vom Park zum Fluss führt.

Erste Europäer trafen bereits im 16. Jahrhundert ein: Der Jesuitenpriester **Matteo Ricci**, der sechs Jahre in Zhaoqing verbrachte, nutzte daoistische und buddhistische Gleichnisse, um den Einheimischen die christliche Lehre schmackhaft zu machen. Ricci wurde von Kaiser Wanli nach Beijing eingeladen, wo er zahlreiche religiöse Traktate veröffentlichte und 1610 verstarb. Schon seit dem 10. Jahrhundert genießt Zhaoqing in China einen besonderen Ruf wegen der nahen Kalksteinhügel, die den „Sieben-Sterne-Felsen" **Qixing Yan** bilden. Die häufig in Nebelschwaden eingehüllte und von Seen umgebene Landschaft kann sich zwar nicht an Guilins Dimensionen messen, doch sie lädt zu erfrischenden Wanderungen ein, ebenso wie die stadtnahen, mit öffentlichen Bussen zu erreichenden und überraschend dichten Wälder am **Dinghu Shan**.

Auch die Innenstadt selbst hat Sehenswürdigkeiten zu bieten, die jedoch weit voneinander entfernt liegen und individuell betrachtet keine herausragende Bedeutung besitzen. Seit über 1000 Jahren gehören die **Tuschesteine** der Stadt zu den erlesensten Produkten ihrer Art in ganz China – eine Produktionsstätte an der Gongnong Lu stellt wundervolle Exemplare her, die in einem geschäftseigenen Laden sowie in Kunsthandwerkgeschäften am Anfang des Dammes in der Nähe der Kreuzung von Duanzhou Lu und Tianning Lu zum Verkauf angeboten werden.

Über dem Fluss thront am östlichen Ende der Jiangbin Lu die Ming-zeitliche Pagode **Chongxi Ta**. Sie ähnelt Guangzhous Liurong Ta und ist mit 57,5 m die höchste Pagode der Provinz. Von oben öffnen sich Ausblicke auf Sampans, Frachtboote und rote Klippen, deren Silhouette jenseits des Flusses von zwei weiteren Pagoden geprägt wird. ⏲ tgl. 8–17.30 Uhr, Eintritt ¥5.

In den Seitengassen westlich der Jiangbin Lu verbergen sich einige alternde Gebäude, und nördlich der Zhengdong Lu herrscht reges Treiben auf einem bunten **Markt** – zu Zhaoqings interessantestem Stadtviertel aber führt ein halbstündiger Spaziergang: Neben der Jianshe Lu sind wehrhafte Abschnitte der alten **Stadtmauer** erhalten, auf der man bis hinüber zur Chengzong Lu gehen kann. Von dort führt nordwärts die Kangle Zhong Lu zu einem dichten Gassengewirr aus dem frühen 20. Jahrhundert mit Privathäusern und belebten Geschäften, in dem es sogar eine auffällig gekachelte **Moschee** gibt. 1 km entfernt steht in der Mei'an Lu am westlichen Stadrand das buddhistische **Kloster Mei'an (Pflaumenkloster)** aus dem Jahre 996, das eng mit dem Begründer des Chan-Buddhismus Huineng (s.S. 493) verknüpft ist, an den dort Gemälde und Skulpturen erinnern. ⏲ tgl. 7–17.30 Uhr, Eintritt ¥5.

Die in der Form des Großen Bären angeordneten sieben Felsen des **Qixing-Yan-Parks** erheben sich 2 km nördlich der Stadt jenseits des Sees Xin Hu. Busse dorthin fahren vom oberen Ende der Tianning Lu ab – nach der Ankunft ist die viel befahrene Duanzhou Lu zu überqueren, und vom Seeufer führt ein gepflasterter Bereich zu einem Damm über den Xin Hu, der sich am anderen Ufer kurz vor dem Parkeingang gabelt. Die Felsen sind nicht besonders auffällig und nach Motiven benannt, denen sie angeblich ähneln: Chanchu (Kröte), Tianzhu (Himmelssäule) oder Shizhang (Steinhand). Ein Netzwerk aus Bogenbrücken, Pfaden, mit Graffiti verzierten Höhlen und zahlreichen Fensterformen lädt zu einem romantischen zweistündigen Spaziergang ein – die Eintrittsgebühr von ¥50 ist dennoch vollkommen überzogen. ⏲ tgl. 8–17 Uhr.

Dinghu Shan

20 km östlich von Zhaoqing liegen die dichten Bergwälder des Dinghu Shan, die bereits 1956 zu Chinas erstem **Nationalpark** erklärt wurden und zum Biosphärenprogramm der UNESCO gehören. Gute Wanderwege führen zu einem Wasserfall, einem Tempel und natürlich zu zahlreichen Bäumen. Der relativ kleine öffentlich zugängliche Bereich des Parks ist an Wochenenden überfüllt, doch wochentags lässt sich dort ein beschaulicher Vor- oder Nachmittag verbringen – besonders im Sommer, wenn am Berg kühlere Temperaturen als in Zhaoqing herrschen. Abschreckend ist einmal mehr eine übermäßig hohe Eintrittsgebühr von ¥50, die sich am effektivsten mit einer Übernachtung in einer der preiswerten Unterkünfte des Parks nutzen lässt.

Bus Nr. 21 fährt vom unteren Bereich des Xin Hu nach Dinghu Shan (¥3,60). Die Endhaltestelle befindet sich rund 1 km vom Schutzgebiet entfernt

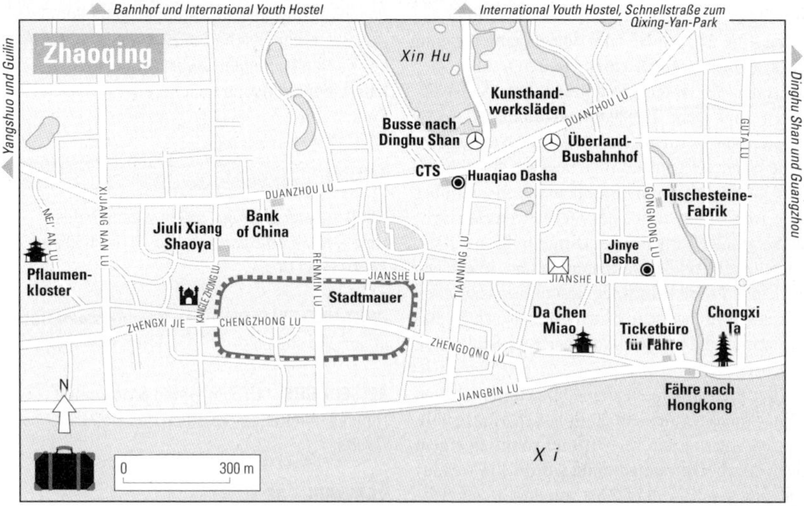

West-Guangdong

Zhaoqing	肇庆	***zhàoqìng***
Chongxi Ta	崇禧塔	*chóngxī tǎ*
Dinghu Shan	鼎湖山	*dǐnghú shān*
Kloster Mei'an (Pflaumenkloster)	梅庵	*méiān*
Moschee	清真寺	*qīngzhēn sì*
Qingyun Si	清云寺	*qīngyún sì*
Qixing-Yan-Park	七星岩公园	*qīxīngyán gōngyuán*
Übernachtung und Essen		
Dinghu Shan Int. Youth Hostel	鼎湖山国际青年旅馆	*dǐnghúshān guójì qīngnián lǚguǎn*
Huaqiao Dasha	华侨大厦	*huáqiáo dàshà*
Jinye Dasha	金叶大厦	*jīnyè dàshà*
Jiuli Xiang Shaoya	九里香烧鸭	*jiǔlǐxiāng shāoyā*
Seven Stars Crags International Youth Hostel	七星岩国际青年旅馆	*qīxīngyán guójì qīngnián lǚguǎn*
Zhanjiang	湛江	***zhànjiāng***
Canton Bay Hotel	华侨宾馆	*huáqiáo bīnguǎn*
Chikan	赤坎	*chìkǎn*
Cuiyuan Binguan	翠园宾馆	*cuìyuán bīnguǎn*
Hai'an	海安	*hǎi'ān*
Xiashan	霞山	*xiáshān*

im Gemeindegebiet, wo bereitstehende Motorrikschas eine Alternative zum Spaziergang bis zum Parktor bieten. Nach einem weiteren Kilometer führt der Weg zu mehreren Restaurants, Souvenirläden und dem *International Youth Hostel***, ✆ 2621688, Dorm-Betten ¥30, wo auch der eigentliche Wanderweg in den Wald beginnt, der sich alsbald gabelt, um dem Flusslauf zu folgen oder über eine Treppe bergan zu einer alternativen *Herberge** in der großen Tempelanlage **Qingyun Si** zu führen, dessen vegetarisches Restaurant mittags überzogen wirkende Preise berechnet. Restaurationsarbeiten haben der Anlage schrecklich grün gekachelte Badezimmer und schöne bildhauerische Skulpturen beschert.

Der Pfad am Fluss entlang führt innerhalb von zehn Minuten zu einem 30 m hohen **Wasserfall**, dessen Sturzbecken vertieft und somit zu einem Schwimmbecken umgestaltet wurde. Ein weitaus seltener genutzter Pfad führt von dort an der Seite des Wasserfalls hinauf zu einer befahrbaren Straße, die wiederum zum Tempel führt. Die Rundwanderung dauert etwa zwei Stunden, und der letzte Bus zurück nach Zhaoqing fährt um 17 Uhr ab.

Übernachtung

Es gibt genügend empfehlenswerte Unterkünfte in der Stadt und ordentliche Alternativen am Dinghu Shan.

Huaqiao Dasha***, Duanzhou Lu, ✆ 2232650, 📠 2231197. Eine gute Adresse.

Jinye Dasha**, Gongnong Lu, ✆ 2221338, 📠 2221368. Eine sehr freundliche und behagliche Unterkunft.

Seven Stars Crags International Youth Hostel**, ✆ 2226688, 📠 2224155. Unmittelbar nördlich des Qixing-Yan-Parks, am besten mit dem Taxi zu erreichen. Älteres Haus, dessen Manager gut Englisch spricht. Dorm-Betten ¥30.

Essen

Außerhalb der Hotels ist das Angebot an Restaurants eher gering. Sehr zu empfehlen ist das Dim Sum im 3. Stock des Hotels ***Jinye Dasha***. Zahlreiche kleine Küchen an der östlichen Jianshe Lu bieten örtliche Spezialitäten wie *zongzi* (konisch in Bambusblättern verpackter Klebreis) und leicht verdauliche kantonesische Snacks an. Das Bratentengeschäft ***Jiuli Xiang Shaoya*** an der Kangle Lu fungiert zwar nicht als Restaurant, liefert jedoch frische Kost für ein Picknick im Park.

Sonstiges

GELD – ***Bank of China***, 500 m westlich des Hotels *Huaqiao Dasha*, ⏲ Mo–Fr 9–11.30 und 14.30–17.30 Uhr.

POST UND TELEFON – Das ***Hauptpostamt*** steht in der Jianshe Lu.

REISEBÜROS – ***CTS*** im ersten Stock eines Hauses unmittelbar westlich des *Huaqiao Dasha*.

VORWAHL – 0758

Transport

Überall im Stadtgebiet lassen sich **Taxis** heranwinken, die Grundgebühr beträgt ¥5. Weitere Alternativen gibt es kaum, doch Zhaoqing ist leicht zu Fuß zu erkunden.

BUSSE – Der **Überland-Busbahnhof** liegt 100 m östlich des Nordendes der Tianning Lu an der Duanzhou Lu. Täglich fahren Busse nach QINGYUAN (5 Std.), SHAOGUAN, YANGSHUO (8 1/2 Std.), ZHANJIANG (10 Std.) und zu anderen Zielen zwischen GUANGZHOU (3 Std.) und GUILIN (10 Std.) ab. Beim Zielort Guangzhou sollte man vorsorglich erfragen, an welcher Station man dort ankommt.

EISENBAHN – Zhaoqings **Bahnhof** liegt 5 km nordwestlich des Zentrums und bietet Verbindungen nach GUANGZHOU (8x tgl., 2 Std.) NANNING, SHENZHEN und ZHANJIANG.

FÄHREN – Die täglichen Fähren nach HONGKONG (5 Std.) legen in der Nähe des Ticketschalters ab, der sich an der Kreuzung von Jiangbin Lu und Gongnong Lu etwas westlich der Pagode Chongxi Ta befindet, ⏲ tgl. 8–11.30 und 14–17 Uhr.

Zhanjiang

Es gibt nur einen einzigen Grund, die weite Anreise von Guangzhou ins 400 km entfernte, an der südwestlichen Provinzgrenze gelegene Zhanjiang in Kauf zu nehmen: die Weiterfahrt zur Insel Hainan, das auch das „Hawaii Chinas" genannt wird. Trotz des wichtigen Hafens hat die Stadt nichts Interessantes zu bieten.

Die Franzosen ließen sich im Jahre 1898 Pachtrechte ausstellen, und heute sind auch amerikanische und britische Ölsucher anzutreffen, die bereits seit 1975 unter Einsatz von Kapital und Arbeitskraft versuchen, neue **Erdölvorkommen** im Südchinesischen Meer zu orten. Überall bezeugen Bauten die Anwesenheit westlicher Investoren – ganz besonders die riesigen Dockanlagen für hochseetaugliche Tanker sowie der Hubschrauberlandeplatz, der speziell für Arbeiter auf den Meeresplattformen angelegt wurde. Die Stadt selbst aber ist langweilig und verharrt noch in Erwartung erster Protestaktionen.

Zhanjiang ist in seltsamer Weise in zwei gleich große, jedoch vollkommen voneinander getrennte Hälften unterteilt. Eigentlich nichts rechtfertigt einen Besuch im nördlichen **Chikan** – Unglückliche, die dort mit einem Überlandbus eintreffen, gelangen mit den Stadtbussen Nr. 10 oder 11 zum 10 km entfernten Hafengebiet in **Xiashan**, zu dem strikt geradlinig die meist leere Renmin Dadao führt. Xiashan hat die Form eines 2 km breiten Straßengitternetzes, dessen Hauptachsen die Renmin Dadao und die Jiefang Lu sind. Den größten Teil der Stadt errichteten die Franzosen – noch heute wirken einige große Blöcke mit baumgesäumten Hauptstraßen durchaus imposant, ohne jedoch besonderen Charme auszustrahlen.

Die *Bank of China* befindet sich an der Renmin Dadao, direkt nördlich der Kreuzung mit der Jiefang Lu, ⌚ Mo–Fr 9–11.30 und 13.30–17 Uhr.

Übernachtung und Essen

Zhanjiangs Unterkünfte sind äußerst durchschnittlich. Zu den besten Adressen gehören:
Canton Bay Hotel**, Minzhi Lu, ✆ 0759/2281966, 📠 2281347. Von beiden genannten Häusern die geringfügig besser ausgestattete Alternative.
Cuiyuan Binguan**, Minzhi Lu, ✆ 0759/2286633. Sehr freundliches Haus.
Die **Restaurants** der Hotels bieten tadellose Kost, und an der Jiefang Lu finden sich zwischen Renmin Dadao und dem Bahnhof viele Backwarengeschäfte, Garküchen und Lokale.

Transport

BUSSE – Der **Überland-Busbahnhof** liegt an der Südseite der Jianshe Lu. Es gibt Verbindungen nach GUANGZHOU (13 Std.), HAIKOU (5 Std.) und ZHAOQING (10 Std.).

EISENBAHN – Der große moderne **Bahnhof**, Endstation der Trasse aus GUANGZHOU via ZHAOQING, befindet sich am westlichen Ende der Jiefang Lu; draußen stehen zahlreiche Taxis bereit.

FÄHREN – Am Ende der Renmin Dadao befinden sich die **Hainan-Fähre** und das Ticketbüro, ⌚ tgl. 9–17 Uhr. Zweimal täglich legen Passagierfähren zu Hainans Hauptstadt HAIKOU (3 Std.) ab; Stehplätze kosten ¥43, Sitzplätze ¥122. Wenn man zu spät kommt oder die Verbindung wegen schlechten Wetters vorübergehend eingestellt wird, besteht die Alternative, einen Bus zum 120 km südlich gelegenen **Hafen Hai'an** (3 Std., ¥35) zu nehmen, wo tagsüber regelmäßig Schiffe zur 90-minütigen Überfahrt nach Haikou (¥34) ablegen – kombinierte Tickets für Bus und Fähre sind am Busbahnhof erhältlich.

Hongkong und Macau

Highlights

- **Straßenbahn auf Hong Kong Island**
Die beste Art der Fortbewegung ist die ratternde Doppeldeckerstraßenbahn. Besonders zu empfehlen ist eine Fahrt bei Dunkelheit im Oberdeck zwischen den Haltestellen North Point und Western.

- **Star Ferry**
Die Überfahrt mit der Fähre von Tsim Sha Tsui nach Hong Kong Island ist die billigste Hafenrundfahrt der Welt und ganz sicher eine der spektakulärsten.

- **Blick auf den Hafen vom Victoria Peak**
Mit Einbruch der Dunkelheit verwandeln sich Hong Kong Island, der Hafen und Kowloon nach und nach in ein gigantisches Lichtermeer.

- **Fischrestaurants in Shek O**
Nach einer Tageswanderung hat man sich den Tintenfisch mit Honigsauce in einem der Meeresfrüchte-Restaurants verdient.

- **Dim Sum**
Wer einen Tisch reserviert, genießt in der Gesellschaft geräuschvoll speisender Chinesen ein aus zahlreichen kleinen Leckerbissen bestehendes Mittagessen.

- **Macaus Altstadt**
Die kopfsteingepflasterten Straßen Macaus laden zur Schnäppchenjagd nach Rosenholzmöbeln und traditionellen Kleidungsstücken ein.

- **Taipa und Coloane**
Mit dem Leihfahrrad lassen sich grüne Ecken und koloniale Geheimnisse auf Macaus Inseln entdecken.

- **Kaffee**
Macaus Kaffeegeschäfte bieten echten, pechschwarzen portugiesischen Kaffee an – eine Rarität in China.

Die Rückgabe der letzten beiden europäischen Kolonien Asiens, des ehemals britischen Hongkong (1997) und des einst portugiesischen Macau (1999), läutete für beide Territorien ein neues Zeitalter ein. Dass die Spuren ihrer kolonialen Vergangenheit aber noch längst nicht verwischt sind, zeigt sich in der Architektur, in den Ortsnamen, beim Essen und in der Sprache. Diese historischen Zeugnisse machen einen Großteil des Reizes der beiden Gebiete aus, aber es vollziehen sich auch langsam Veränderungen, die durch die Suche der beiden chinesischen Sonderverwaltungsregionen nach einer neuen Rolle und einer eigenen Identität geprägt sind.

Unter der **Kolonialherrschaft** war eine derartige Identitätssuche kein Thema gewesen. Die Einwohner der beiden Kolonien hatten bei der Gestaltung ihrer Zukunft kein nennenswertes Mitspracherecht und konzentrierten sich daher auf das, was sie am besten konnten: Geld verdienen. Natürlich waren sie nicht die einzigen in Asien, die diesen Weg einschlugen, doch ihr wirtschaftlicher Erfolg – zumindest der Hongkongs – ließ ihren Status als abhängige Territorien umso anachronistischer erscheinen, als die meisten anderen asiatischen Kolonien bereits Jahrzehnte zuvor ihre Unabhängigkeit erlangt hatten.

Die **wirtschaftliche Leistungskraft** der beiden ehemaligen Kolonien war auch einer der Gründe, warum die Klärung der Frage über ihren zukünftigen Status verzögert wurde. Völlige Unabhängigkeit war von beiden niemals ein ernsthafter Anspruch, doch die Alternativen waren auch nicht unbedingt attraktiver. Die Lösung wurde schließlich durch zwei Umstände beschleunigt: Im Falle Hongkongs war es das herannahende Jahr 1997, in dem der britische Pachtvertrag für das Gebiet der New Territories auslief; im Falle Macaus wollte die portugiesische Regierung nach dem Ende der Diktatur im eigenen Land die ehemalige Kolonie einfach nur so schnell wie möglich loswerden. Heute befinden sich beide Gebiete in einer einzigartigen Position: Als halbdemokratische, kapitalistische Enklaven sind sie in letzter Konsequenz der Macht Beijings unterworfen und damit der Kontrolle eines kommunistischen Staates.

Das soll aber nicht heißen, dass die Bevölkerung Hongkongs und Macaus über das Ende der Kolonialherrschaft nicht erfreut gewesen wäre – im Gegenteil: Die überwältigende Mehrheit in beiden Territorien befürwortete den Machtwechsel, was auch daran abzulesen war, dass die Übergabe weder größere Emotionen noch Nostalgie unter der einheimischen Bevölkerung auslöste; schließlich besteht diese zu 97% aus Chinesen, von denen die große Mehrheit **kantonesische Wurzeln** hat (wobei aber durchaus Spannungen und gegenseitiges Misstrauen zwischen Kantonesen und Chinesen aus anderen Landesteilen zu beobachten sind). Die überwältigende Mehrheit der Einwohner Hongkongs und Macaus spricht ausschließlich den kantonesischen Dialekt, isst ausschließlich kantonesisches Essen, betet in chinesischen Tempeln und unterhält enge kulturelle und verwandtschaftliche Beziehungen zur kantonesischen Bevölkerung, die unmittelbar jenseits der Grenze in den südlichen Provinzen der Volksrepublik China beheimatet ist.

Die symbolische Bedeutung der Rückgabe der Kolonien für das gesamte chinesische Volk ist kaum hoch genug zu bewerten, besiegelte sie doch das Ende der ausländischen Herrschaft, nachdem auch das letzte Stück besetzten chinesischen Bodens an das Mutterland zurückgegeben worden war. Sie wirft jedoch auch einige beunruhigende Fragen auf, vor allem ob die von Deng Xiaoping erträumte Politik unter dem Leitbild „Ein Land, zwei Systeme" (d.h. die friedliche Koexistenz von Sozialismus und Kapitalismus) auch langfristig funktionieren wird, ganz besonders falls Chinas eigener wirtschaftlicher Fortschritt einmal ins Stocken geraten sollte.

Trotz derartiger Ungewissheiten geht das Leben in beiden ehemaligen Kolonien weiter seinen gewohnten Gang. Hongkong besticht nach wie vor durch eine Konzentration und Vielfalt an **Geschäften und Einkaufszentren**, die ihresgleichen auf dem Globus suchen. Der Blick auf den Hafen, die Inseln, die bewaldeten Berge und die futuristischen Straßenschluchten präsentiert sich so spektakulär wie eh und je, ebenso die Vielfalt der **internationalen Küche** – vom nepalesischen Imbiss bis zum britischen Pub. Eine ausgezeichnete **Infrastruktur** mit dem Flughafen Chek Lap Kok, ein effizientes U-Bahn-Netz, hilfsbereite Touristenbüros und alle erdenklichen Einrichtungen einer wahrhaft kosmopolitischen Stadt machen Hongkong zu einem extrem sanften Eingangstor in die fremde chinesische Welt.

Während man in Hongkong Geschäfte macht, gilt Macau in der Region als „Spielplatz" der Chinesen, als Hochburg des **Glücksspiels** und anderer Laster – ein fernöstliches Las Vegas im Miniformat. Die Spuren der kolonialen Vergangenheit sind hier offenkundiger als in Hongkong und zeigen sich in der **portugiesischen Architektur**, den alten Kirchen und der beinahe mediterran anmutenden Uferpromenade. Macau hat sogar seine eigene Urbevölkerung: Die Macanesen sind eine kleine gemischtrassige Minderheit, deren koloniale Wurzeln mehrere Jahrhunderte zurückreichen und die häufig neben Kantonesisch auch noch Portugiesisch spricht. Der preiswerte portugiesische Wein und die **macanesische Küche** bilden eine interessante Mixtur aus chinesischen und südeuropäischen Einflüssen und erinnern ebenso an das koloniale Erbe wie die mediterran angehauchte Lebensart, die sich insgesamt weniger hektisch und heiterer präsentiert als der Alltag in anderen Teilen Südchinas. Südlich der Stadt liegen die kleinen Inseln Taipa und Coloane mit Stränden und ruhigen Dörfern, wo man in relativer Abgeschiedenheit Fisch essen und Wein trinken kann.

Touristen lassen in Hongkong und Macau in der Regel mehr Geld als in anderen Regionen Chinas, doch das relativiert sich schnell, wenn man sich die oft riesigen Unterschiede in Qualität und Service im Vergleich mit dem Angebot in der Volksrepublik vor Augen hält. Öffentliche Verkehrsmittel sind sowohl in Hongkong als auch in Macau immer noch unglaublich billig. Wer sein Geld zusammenhält und sich ein Zimmer mit mehreren Personen teilt, kann durchaus mit 25 € am Tag über die Runden kommen. Am anderen Ende der Skala klettern die Preise der Hotels, Restaurants und Geschäfte dann allerdings schnell auf internationales Niveau.

Hongkong

Fundgrube traditioneller chinesischer Kultur, letztes Juwel in der Krone des britischen Empire und einer der wichtigsten Wirtschaftsstandorte des pazifischen Raums: Das ist Hongkong, mit seinen zahlreichen Facetten sicherlich die außergewöhnlichste Stadt Ostasiens. So haben die Hongkonger beispielsweise ihr Bruttoinlandsprodukt pro Kopf innerhalb eines einzigen Jahrzehnts verdoppelt und damit sogar ihre ehemalige Kolonialmacht überholt. Das Ungleichgewicht bei der Verteilung der Einkommen ist allerdings haarsträubend: Der rauschartige Konsum der wenigen Hundert Superreichen (zumeist Kantonesen), für die Hongkong berühmt ist, verschleiert die Tatsache, dass die meisten Menschen sehr lange und hart arbeiten und dicht gedrängt in winzigen Behausungen leben müssen (der Bezirk Kwun Tong besitzt mit 50 080 Einwohnern pro km² angeblich die größte Bevölkerungsdichte der Welt). Dennoch sind die fast sieben Millionen Einwohner im Vergleich zu den Festland-Chinesen im Allgemeinen anspruchsvoll und gut informiert, nicht zuletzt dank einer freien und dynamischen Presselandschaft, in der allerdings die Selbstzensur ein ständig wachsendes Problem darstellt. Die **Sonderverwaltungsregion** Hongkong ist derzeit der größte externe Investor in der Volksrepublik China, und wer von Kowloon aus den Blick über den Hafen auf die Wolkenkratzer von Hong Kong Island schweifen lässt, blickt auf eine der atemberaubendsten Skylines der Welt.

Das Territorium Hongkong bedeckt insgesamt eine Fläche von 1100 km², die sich aus einer ungleichmäßig geformten, im Westen vom Delta des Perlflusses (Zhujiang) begrenzten Halbinsel und mehreren vorgelagerten Inseln zusammensetzt. Ein Großteil dieses Gebiets – das Land im Norden an der Grenze zu China – wird als **New Territories** bezeichnet und ist wie die Inseln teilweise noch ländlich geprägt. Es handelt sich um das Gebiet, das 1898 für die Dauer von 99 Jahren an Großbritannien verpachtet wurde und bei der Rückgabe eine Schlüsselrolle spielen sollte. Der untere Teil der Halbinsel, **Kowloon**, und die unmittelbar südlich davon gelegene Hauptinsel **Hong Kong Island** bilden den urbanen Kern der Metropole. Dieses Gebiet wurde Großbritannien dauerhaft überlassen, doch die britische Regierung sah bei den Verhandlungen mit China 1984 keine andere Alternative, als der Rückgabe des gesamten Territoriums zuzustimmen. Somit ist Hongkong seit dem 1. Juli 1997 offiziell eine Sonderverwaltungsregion der Volksrepublik China.

Hong Kong Island bietet nicht nur Erinnerungen an die **Kolonialzeit** mit englischen Ortsnamen und uralten, die Küste entlangzockelnden Doppeldeckerstraßenbahnen, sondern auch eine großarti-

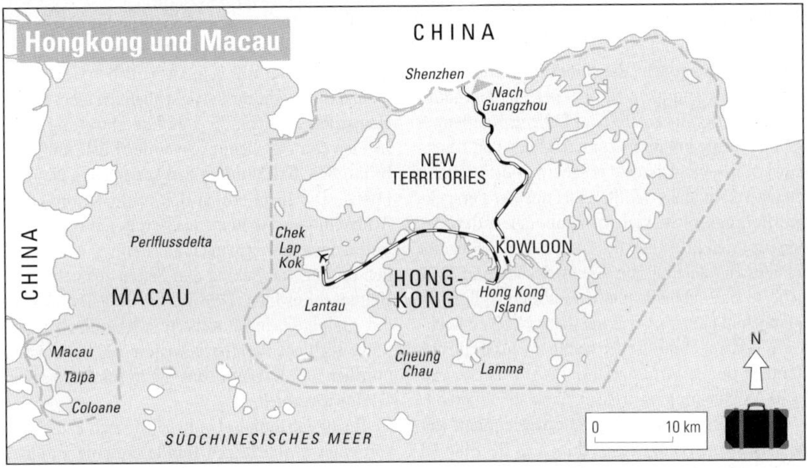

ge **moderne Architektur** mit bizarren Stadtlandschaften aus Wolkenkratzern, die sich in unmöglichen Winkeln in den Himmel schrauben. Doch daneben eröffnen sich auch ungeahnte Gelegenheiten zum **Wandern** und sogar zum Baden an den **Stränden** der Südküste. Die meisten Touristen suchen sich eine Unterkunft in Kowloon, besonders an dessen südlicher Spitze **Tsim Sha Tsui**, wo sich die meisten preiswerten Unterkünfte Hongkongs konzentrieren. Insgesamt präsentiert sich dieser Stadtteil so kosmopolitisch wie kein anderer in ganz China, wobei ein beträchtlicher Teil der Bevölkerung aus Einwanderern vom indischen Subkontinent besteht. Nirgendwo auf der Welt gibt es eine größere Dichte an Geschäften mit einer breiteren Vielfalt an Waren pro Quadratkilometer (allerdings nicht unbedingt zu vernünftigen Preisen) als in der bedeutendsten Touristenfalle Hongkongs. Nördlich von Tsim Sha Tsui geht Kowloon in die New Territories über, ein Gebiet aus Satellitenstädten, den so genannten **New Towns**, traditionellen Dörfern und abgeschiedenen Stränden mit friedlich-ländlicher Atmosphäre. Schließlich wären da noch die **vorgelagerten Inseln**, die mit ihrer schönen Landschaft und den guten Fischrestaurants locken und allein wegen der Überfahrt auf den zwischen den Inseln hin- und hertuckernden Fähren einen Abstecher lohnen. Besonders die Inseln **Lamma** und **Lantau** bilden einen relativ ländlichen und verkehrsarmen Kontrast zum brodelnden Treiben in Downtown Hongkong.

Einige Besucher stören sich an dem Tempo, dem zwanghaften Materialismus und der Sucht nach Konsum, Geld und Markennamen in Hongkong. Wie in vielen Städten der westlichen Welt sind die Einheimischen Fremden gegenüber reserviert, und angesichts der nicht abreißenden, massiven Bauvorhaben (an denen sich auch nach der Rückgabe nichts geändert hat) ist die Innenstadt von Hongkong sicherlich nicht der Ort, an dem man am besten seine Kopfschmerzen auskuriert. Andererseits ist es so gut wie unmöglich, sich nicht mitreißen zu lassen von der geballten Energie des Straßen- und Geschäftslebens, das sich trotz der unsicheren langfristigen Zukunft der Stadt nach wie vor mit ungebremster Kraft entfaltet.

Geschichte

Die Chinesen argumentieren von jeher zu Recht, dass Hongkong auf chinesischem Territorium liegt, doch die Entwicklung der Stadt begann erst im 18. Jahrhundert nach der Ankunft der **Briten** in Kanton, das heute als Guangzhou bezeichnet wird.

Die **Portugiesen** hatten sich bereits Mitte des 16. Jahrhunderts in Macau auf der anderen Seite des Perlfluss-Deltas niedergelassen, und im gleichen Maße, wie Großbritannien als Seemacht an Einfluss gewann, schielten die britischen Kaufleute neidisch auf den portugiesischen Handel mit Tee und Seide. Doch anfangs bestand das größte Problem der Briten darin, die chinesischen Behörden von der Notwendigkeit zu überzeugen, überhaupt mit ihnen Handel zu treiben. Einigen Kaufleuten gelang es, eine Erlaubnis zum Errichten von Lagerhäusern in Guangzhou zu erhalten, wobei es ihnen entgegenkam, dass der Standort aus der Perspektive Beijings nicht viel mehr als ein entlegener Außenposten im Süden des Landes war. So begann sich der Handel langsam zu entwickeln, und 1757 sicherte sich schließlich eine Kaufmannsgilde aus Guangzhou namens **Co Hong** die exklusiven Rechte am Verkauf chinesischer Waren an ausländische Händler, denen fortan gestattet wurde, sich rund sechs Monate im Jahr in Guangzhou aufzuhalten.

Unterdessen war es der Aufmerksamkeit der Ausländer nicht entgangen, dass sich der Handel nur in eine Richtung entwickelte, und man begann sich darüber Gedanken zu machen, an welchen Erzeugnissen die Chinesen im Gegenzug wohl Interesse haben könnten. Es dauerte nicht lange, bis ein geeignetes Produkt gefunden war: **Opium** aus Indien. 1773 kam die erste britische Schiffsladung mit Opium in China an, und schon bald explodierte die Nachfrage nach der Droge auf dem chinesischen Markt – trotz eines Erlasses aus Beijing, der den Handel 1796 verbot. Co Hong kassierte fleißig Provision auf alle ausländischen Käufe und Verkäufe und zeigte keinerlei Skrupel bei der Verteilung von Opium an seine Mitbürger. So dauerte es nicht lange, bis der Wind sich gedreht hatte und die Handelsbilanz eindeutig zugunsten der Briten ausfiel.

Damit war der Boden für die berühmten **Opiumkriege** bereitet. Alarmiert über das Abfließen riesiger Silbermengen und die drastische Zunahme von Drogenabhängigkeit innerhalb der chinesischen Bevölkerung, entsandte der Kaiser den Kommissar Lin Zexu nach Guangzhou, um den Opiumhandel zu zerschlagen. Lin, der später von den chinesischen Kommunisten als Patriot und Held gefeiert wurde, zwang die Briten in Guangzhou, ihr Opium herauszugeben, und verbrannte es in einer feierlichen Zeremonie. Einen derartigen Affront konnten die Briten nicht auf sich sitzen lassen, und so wurde 1840 ein Marine-Expeditionskorps aus London nach China entsandt, um die Angelegenheit ein für alle Mal zu regeln. Nach zwölfmonatiger „Kanonenbootdiplomatie" mit Blockaden chinesischer Häfen und Konfiszierungen chinesischer Waren in küstennahen Gewässern hatte das Expeditionskorps schließlich eines seiner Hauptziele erreicht: die ständige Abtretung einer kleinen chinesischen Insel vor der Küste an Großbritannien, fixiert durch den Vertrag von Nanjing (1842). Die Insel erhielt den Namen Hongkong. Achtzehn Jahre später – nach weiteren Blockaden und einem Gewaltmarsch auf Beijing – übertrug der Vertrag von Peking den Briten zusätzlich die Halbinsel Kowloon. 1898, als die Qing-Dynastie in ihre Endphase eintrat, sicherte sich Großbritannien schließlich auf Pachtbasis weitere 1000 km^2 Land nördlich von Kowloon, das die Bezeichnung New Territories erhielt.

Im 20. Jahrhundert entwickelte sich Hongkong von einer zwielichtigen Handelskolonie zu einer riesigen internationalen Metropole, wobei der Fortschritt nicht immer reibungslos vonstatten ging. Der Drogenhandel wurde 1907 freiwillig aufgegeben, als die Hongkonger Kaufleute sich vom reinen Handel allmählich auch auf die Güterproduktion verlegten. Bis zum Zweiten Weltkrieg blühten die Geschäfte in Hongkong, denn ein drohender Bürgerkrieg und die japanische Aggression auf dem chinesischen Festland spülten zunehmend Geld in die scheinbar sichere britische Kolonie. Dieses Vertrauen entpuppte sich als trügerisch, als **japanische Truppen** 1941 nicht nur den gesamten Osten Chinas, sondern auch Hongkong besetzten. Nach der japanischen Niederlage 1945 begann wieder Geld vom Festland nach Hongkong zu fließen, als absehbar war, dass China bald unter die Herrschaft der Kommunisten fallen würde. Viele der größten Hongkonger Industriekapitäne von heute gehörten zu den Menschen, die 1949 auf der Flucht vor den Kommunisten vom chinesischen Festland kamen, vor allem aus Shanghai.

Seit Beginn der **kommunistischen Herrschaft** führt Hongkong eine prekäre Existenz und scheffelt in aller Stille Geld, stets darauf bedacht, Beijing nicht zu verärgern. Hätte die chinesische Führung so entschieden, hätte sie Hongkong jederzeit lahm legen können – durch eine Seeblockade, durch Unterbrechung der Trinkwasserversorgung, durch militärischen Einmarsch oder einfach durch Öffnung der Grenze, um die Stadt mit Chinesen auf der Suche nach einem besseren Leben zu überfluten. Dass

Guanyin

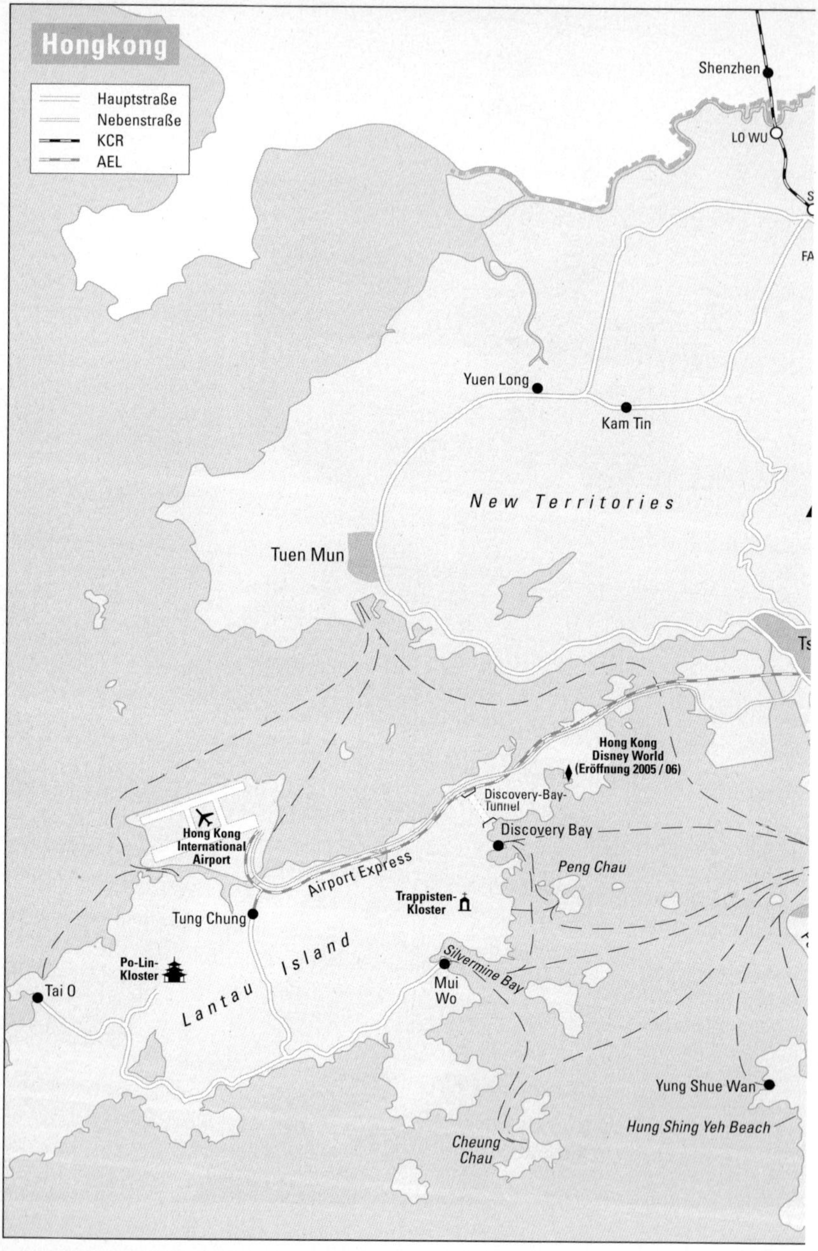

HONGKONG UND MACAU

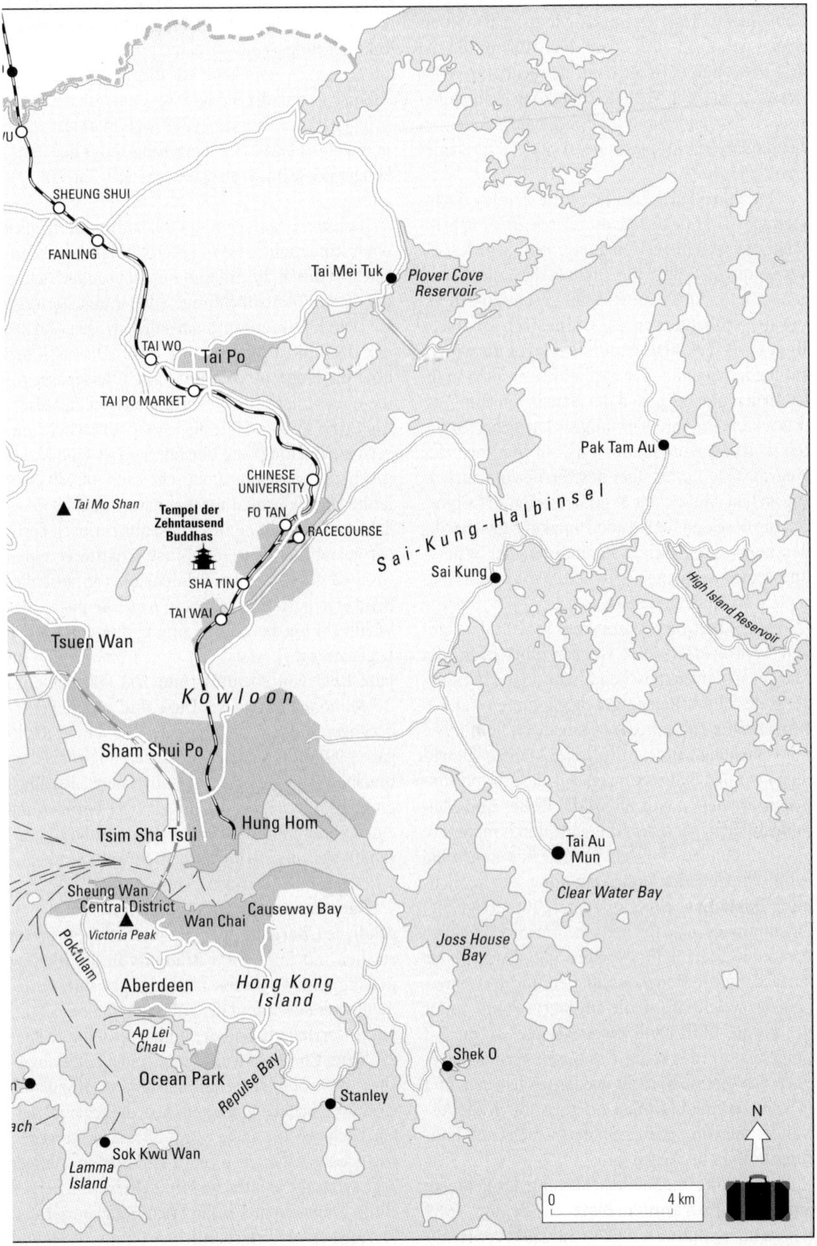

SHEUNG SHUI
FANLING
Tai Mei Tuk
Plover Cove Reservoir
TAI WO
Tai Po
TAI PO MARKET
Pak Tam Au
CHINESE UNIVERSITY
Tai Mo Shan
Tempel der Zehntausend Buddhas
FO TAN
RACECOURSE
Sai-Kung-Halbinsel
Sai Kung
SHA TIN
TAI WAI
High Island Reservoir
Tsuen Wan
Kowloon
Sham Shui Po
Hung Hom
Tsim Sha Tsui
Tai Au Mun
Sheung Wan
Central District
Causeway Bay
Wan Chai
Clear Water Bay
Victoria Peak
Joss House Bay
Pokfulam
Aberdeen
Hong Kong Island
Ap Lei Chau
Shek O
Ocean Park
Repulse Bay
Stanley
Sok Kwu Wan
Lamma Island
N
0
4 km

China keine dieser Optionen jemals ernsthaft erwogen hat, nicht einmal auf dem Höhepunkt der Kulturrevolution, ist auch ein Beweis dafür, welch riesige finanzielle Vorteile Hongkong dem chinesischen Festland durch internationale Handelsbeziehungen, Direktinvestitionen und Technologietransfers bringt.

Das Schreckgespenst des auslaufenden Pachtvertrages 1997 begleitete die letzten 20 Jahre britischer Herrschaft in Hongkong. 1982 wurden die Verhandlungen über die Zukunft der Kolonie aufgenommen, doch während des gesamten Prozesses, der schließlich in die **Chinesisch-Britische Hongkong-Erklärung** mündete, lagen die Nerven auf beiden Seiten teilweise blank, was auch in öffentlichen Muskelspielen der Beteiligten zum Ausdruck kam. Die Vereinbarung, die letztlich 1984 unterschrieben wurde, ebnete Großbritannien den Weg, die Oberhoheit über das Territorium zurückzugegeben (die es laut Argumentation der Chinesen nie besessen hatte) und Hongkong gleichzeitig den Fortbestand seines kapitalistischen Systems und seines westlichen Lebensstils für mindestens weitere 50 Jahre zu sichern.

Wegen der Übereinkunft kam es alsbald zu großen Kontroversen. Ihre Gegner führten an, der Mangel an demokratischen Institutionen in Hongkong, der den Briten entgegengekommen war, bedeute für die Zukunft, dass China nach Gutdünken mit Hongkong würde umspringen können. Zunehmend wurden Befürchtungen laut, dass die persönlichen Freiheiten, vor allem die Reise- und Meinungsfreiheit, nach der Übergabe durch repressive Maßnahmen beschnitten werden könnten. 1988 verabschiedete die Regierung unter der Bezeichnung **Basic Law** ein Grundgesetz für Hongkong, das zumindest eine theoretische Antwort auf einige der geäußerten Befürchtungen gab. Es sollte als Verfassung für Hongkong dienen und festschreiben, auf welche Weise die anvisierte Politik unter der Formel „Ein Land, zwei Systeme" in die Tat umgesetzt werden sollte. Das Gesetz vermochte jedoch das Vertrauen nicht wiederherzustellen, und es kam zu einem großen Aderlass durch die Abwanderung von gut ausgebildeten Fach- und Führungskräften ins Ausland.

Die gewaltsame Niederschlagung der **Proteste auf dem Tian'anmen-Platz** in Beijing 1989 schien die schlimmsten Befürchtungen der Hongkonger zu bestätigen. Bei der größten Demonstration der jüngeren Geschichte gingen eine Million Menschen in Hongkong auf die Straße, um ihren Protest gegen die Ereignisse zum Ausdruck zu bringen. Das Vertrauen in die Wirtschaft war ebenfalls angeschlagen, der Hang-Seng-Index der Hongkonger Börse brach an einem einzigen Tag um 22% ein.

Das letzte Jahrzehnt des 20. Jahrhunderts glich einer innenpolitischen Achterbahnfahrt, gekennzeichnet durch die Ankunft Zehntausender vietnamesischer Bootsflüchtlinge (die ironischerweise vor dem Kommunismus davonliefen), den Aufstieg der **Demokratiebewegung** und Diskussionen über die Frage, ob Großbritannien Reisepässe für die einheimische Bevölkerung ausstellen würde. Als **Chris Patten** 1992 als letzter britischer Gouverneur in Hongkong eintraf, fand er eine heikle und höchst gespannte politische Lage vor. Mit einer Reihe von Reformen machte Patten schnell deutlich, dass er nicht nur als Lückenbüßer nach Fernost gekommen war: Zunächst schaffte er einen Großteil des kolonialen Brimboriums ab, anschließend erweiterte er – sehr zum Ärger Beijings – das Wahlrecht für die Wahlen zum parlamentarischen Legislativrat (Legislative Council bzw. Legco) im Jahr 1995 von ehemals rund 200 000 auf etwa 2,7 Millionen Menschen. Diese und andere Veränderungen sorgten dafür, dass die Zeit vor der Rückgabe 1997 kein politischer Spaziergang wurde, sie brachten dem engagierten Gouverneur allerdings große Popularität bei der Hongkonger Bevölkerung ein, während die Industriemagnaten und die Geschäftswelt den Reformschritten weitaus skeptischer gegenüberstanden.

Nach der großen Ankündigung verlief die eigentliche **Übergabe** eher enttäuschend. Die Briten stachen mit ihrer *HMS Britannia* in See, Beijing machte seine Drohungen war, das gewählte Parlament aufzulösen und die Zahl der Wahlberechtigten zu verringern, und der milliardenschwere Reeder **Tung Che Hwa** wurde zum ersten Regierungschef der Sonderverwaltungsregion Hongkong ernannt. Doch die Einheimischen, die geglaubt hatten, nach der Rückgabe würde alles so weitergehen wie gehabt, sahen sich getäuscht. Binnen weniger Tage setzte die **asiatische Finanzkrise** ein. Bereits einige Monate später befand sich Hongkong erneut im Auge eines wirtschaftlichen Taifuns. Während die Verwaltung Versuche einer zwangsweisen Abwertung der Währung zunächst abwehren konnte, brachen die Aktien- und Immobilienmärkte dramatisch ein, der Tourismus kam praktisch zum Erliegen, die Arbeitslosigkeit kletterte auf den höchsten Stand seit 15 Jahren, und die Wirtschaft rutschte offiziell in die Rezession, während die Verwaltung jene Ereignisse als temporäre Rückschläge und Folgen eines globalen wirtschaftlichen Abschwungs zu erklären versuchte. Offizielle Kreise in Hongkong und Beijing reagierten mit Bestürzung auf die zunehmende – und in einem solchen Ausmaß nie gekannte – Kritik an den Funktionären und der staatlichen Politik durch Zeitungen, Radiosendungen und Bürger – ganz zu schweigen von der wachsenden Beliebtheit der demokratischen Parteien. Heute, wenige Jahre nach Anbruch des neuen Jahrtausends, verzeichnet die schleppende Wirtschaft immer noch eine Rekordarbeitslosigkeit von über 7% und einen Wertverlust auf dem Immobilienmarkt. Probleme gibt es auch wegen der umstrittenen Behandlung illegaler Einwanderer aus der Volksrepublik China sowie wegen der zunehmenden Verlagerung der Investitions- und Geschäftstätigkeit von Hongkong nach Guangzhou.

Orientierung

Selbst Neuankömmlingen fällt die Orientierung in den zentralen Bezirken Hongkongs meist nicht schwer: Wer sich an der Nordküste von Hong Kong Island befindet, ist **Hong Kong side**, mit dem berühmten Hafen Victoria Harbour im Norden und dem steil zum Peak hin aufsteigenden Land im Rücken. Das Herz dieses dicht bebauten Teils der Hauptinsel trägt die banale Bezeichnung Central.

Unmittelbar jenseits des Hafens ist man **Kowloon side**. Dort liegt das Viertel Tsim Sha Tsui mit der kolossalen Nord-Süd-Achse Nathan Road, einer Hauptverkehrsstraße voller Geschäfte und billiger Hotels, die bis hinunter zum Hafen führt, von wo sich ein phänomenaler Blick auf die Skyline von Hong Kong Island eröffnet. Zwei weitere nützliche Orientierungspunkte beiderseits des Victoria Harbour sind die Anlegestellen der beliebten Hafenfähren, die so genannten Star Ferry Terminals in Central und Tsim Sha Tsui (nur ein paar Gehminuten westlich vom südlichen Ende der Nathan Road).

Hongkong seit der Rückgabe Ebenso wie die Bürger Hongkongs ihr Recht auf **visumfreie Einreise** in die meisten Länder der Welt behalten haben, können sich auch die meisten Ausländer ohne vorherige Erlaubnis bis zu drei Monate in Hongkong aufhalten, darunter auch Bürger der Bundesrepublik Deutschland, Österreichs und der Schweiz. Detaillierte Informationen erteilen die *HKTB*-Büros (s.S. 605).

Hongkong hat seine eigene **Währung**, den Hongkong-Dollar, wobei 1 € derzeit ungefähr 8 HK$ wert ist. Zufällig ist der Hongkong-Dollar nur geringfügig mehr wert als ein chinesischer Yuan, doch (offiziell) sind die beiden Währungen weder in Hongkong noch in der Volksrepublik China frei konvertibel. In diesem Kapitel steht das Dollar-Symbol ($) für den Hongkong-Dollar, sofern nicht anders angegeben.

Eine Warnung sei noch angebracht: 2002 wurde ein **neues Gesetz** verabschiedet, das eine sofortige und mit Begeisterung vollstreckte Geldstrafe von $600 vorsieht für Spucken, Wegwerfen von Abfall, Liegenlassen von Hundekot und illegales Plakatekleben.

Hong Kong Island

Die Hauptinsel Hong Kong Island ist nicht nur der älteste Teil der ehemaligen Kronkolonie und damit das Herz Hongkongs, sondern auch das Verwaltungs- und Wirtschaftszentrum des Territoriums. Sie zählt zu den Orten mit den höchsten Grundstückspreisen der Welt. Trotz der geringen Größe mit 15 km Ost-West- und 11 km Nord-Süd-Ausdehnung und der unglaublichen Bebauungsdichte an der Nordküste bietet Hong Kong Island neben sämtlichen Attraktionen einer Weltstadt auch überraschend viele Möglichkeiten zum Bergwandern und sogar einige attraktive Strände.

An der Nordküste von Hong Kong Island liegen mit Blick auf **Victoria Harbour** und den Stadtteil Kowloon auf dem gegenüberliegenden Festland die beiden bedeutendsten Finanz- und Geschäftsviertel Hongkongs, **Central** und **Wan Chai**. Dort sind in den letzten beiden Jahrzehnten zahlreiche neue

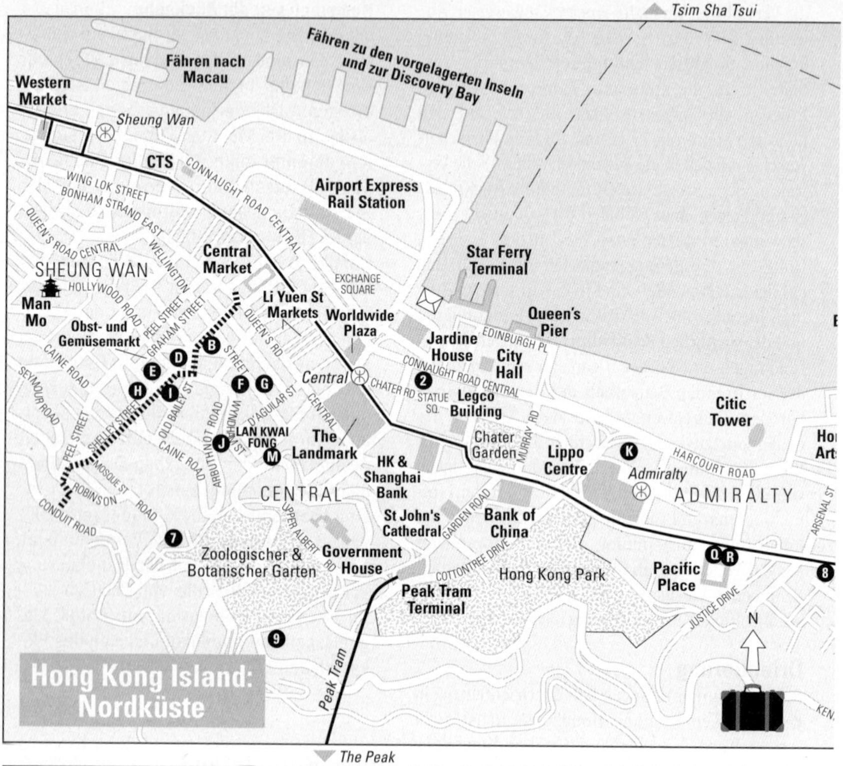

Übernachtung:				**Essen:**	
Bishop Lei International House	7	Harbour View International House	6	2 Sardines	H
Garden View International House	9	Mandarin Oriental	2	Aqua	D
Grand Hyatt	4	Noble Hostel	5	Banana Leaf Curry House	N
Harbour Plaza North Point	1	Park Lane	3	Chee Kee Wonton Noodle Shop	O
		The Wesley	8	The Chilli Club	S
				Dan Ryan's Chicago Grill	Q

Hochhäuser entstanden, die zu den höchsten und architektonisch interessantesten Wolkenkratzern Asiens zu zählen sind. Östlich davon erstreckt sich das Einkaufs- und Unterhaltungsviertel **Causeway Bay**, westlich des Zentrums liegt **Kennedy Town**, eines der traditionellen chinesischen Viertel, dessen Straßen von Geschäften mit Trockenfisch und chinesischen Heilkräutern gesäumt sind. Auch wenn es sicherlich ein Klischee ist: Die bebauten Bezirke Hongkongs spiegeln die faszinierende Mischung aus Ost und West wider, einerseits verräucherte Tempel, die zwischen der gen Himmel strebenden Architektur kauern, andererseits die in Chanel gekleideten kauflustigen Damen, die sich auf dem streng riechenden Fischmarkt durch die Menge zwängen.

Ganz anders präsentiert sich dagegen die grüne Südküste der Insel mit ihren Stränden und kleinen Städten. Eines der interessantesten Viertel ist **Aberdeen**, in dessen Hafen neben den traditionellen,

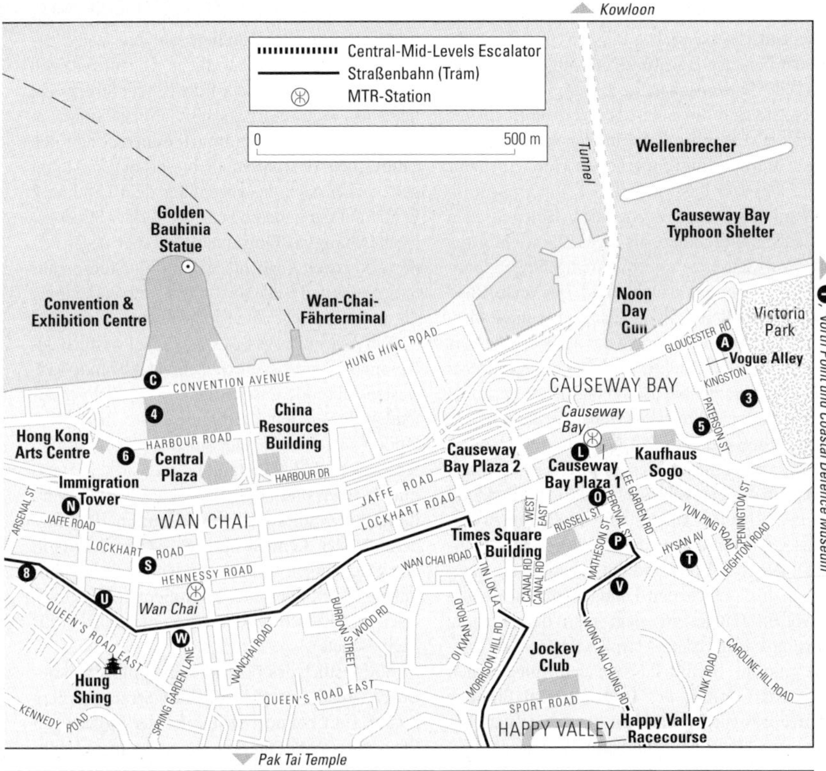

Fook Lam Moon	U	Luk Yu Tea House	F	Thai Basil	R
Genki Sushi	K	M at the Fringe	M	Veda	J
Golden Bauhinia	C	Next Generation Cuisine	L	Vegi-Food Kitchen	A
The Graces	P	Pasta e Pizza	B	Wo Lung Congee and Wonton Noodle Shop	W
Indonesian	V	Sherpa Himalayan Coffee Shop	E	Yung Kee	G
Ivy Chinoise	T	SoHo SoHo	I		

fassförmigen Fischerbooten *(junks)* und den kleinen chinesischen Hausbooten *(sampans)* auch die berühmten schwimmenden Restaurants zu bestaunen sind. Im Zentrum der Insel erhebt sich die Landschaft in Form mehrerer bewaldeter Gipfel. Der berühmteste, **Victoria Peak**, ragt unmittelbar südlich des Bezirks Central in die Höhe. Die 100 Jahre alte Standseilbahn Peak Tram führt auf den Berg, der hervorragende Ausblicke auf die Stadt und den Hafen bietet.

Central

Der Stadtbezirk Central ist die Keimzelle der ehemaligen Kolonie, die ursprünglich zu Ehren der britischen Königin „Victoria" hieß. Das Viertel erstreckt sich vom Star Ferry Terminal über einige Hundert Meter in alle Richtungen: nach Osten bis zur MTR-Station Admiralty (MTR = *Mass Transit Railway,* die Hongkonger U-Bahn), nach Westen bis zum Central Market und nach Süden den Hügel hinauf bis zum Zoologischen und Botanischen

Garten. Aus dem Star Ferry Terminal kommend fallen zunächst die uralten Rikschas und ihre nicht minder betagten Eigentümer ins Auge. Heute werden keine Konzessionen für Rikschas mehr ausgegeben, sie sind nur noch als Lokalkolorit für die Touristen vorhanden; wer ein Foto von einem der urigen Transportmittel machen möchte, wird dafür in der Regel zur Kasse gebeten.

Zum Spazierengehen sind die belebten Straßen in Central alles andere als ideal. Die wichtigsten Ost-West-Achsen – vom Hafen angefangen landeinwärts – sind Connaught Road, Des Voeux Road und Queen's Road. Als Fußgänger ist man allerdings besser beraten, sich an das ausgedehnte Netz überdachter und erhöhter **Fußgängerwege** *(elevated walkways)* zu halten. Vom Star Ferry Terminal sind die luftigen Bürgersteige über die nach Westen (also rechts) aus dem Fährhafen führende, etwas heruntergekommene Treppe zu erreichen. Nach Verlassen des Fährgebäudes blickt man direkt auf die neu erbauten Anleger für die Fähren zu den vorgelagerten Inseln (s.S. 581, Die vorgelagerten Inseln). Jenseits davon sind die Arbeiten an einem neuen, groß angelegten Landgewinnungsprojekt in vollem Gange, mit dem man dem ständig schrumpfenden Hafen wertvolles Bauland abzuringen versucht. Unmittelbar vor den Anlegestellen steht das Gebäude des **International Finance Centre**, das auch die Station für den Airport Express zum Flughafen beherbergt. Wer vor dem International Finance Centre auf dem erhöhten Fußgängerweg links Richtung Inselinneres abbiegt, kommt zwischen **Jardine House** (das Hochhaus mit den markanten Bullaugen) zur Linken und dem großen **Exchange Square** zur Rechten hindurch. Im Untergeschoss des Jardine House befindet sich eine Niederlassung des Fremdenverkehrsbüros *HKTB*. Der Exchange Square beherbergt drei prunkvolle Türme aus Marmor und getöntem Glas, in denen die Hongkonger Börse untergebracht ist. Ein weiterer erhöhter Fußgängerweg verläuft von hier parallel zum Ufer an der Nordseite der Connaught Road Richtung Nordwesten bis zum Anleger der Fähren nach Macau mit der MTR-Station Sheung Wan. Unterwegs bieten sich großartige Aussichten auf den Hafen. Alternativ dazu führt ein anderer Weg über die Connaught Road ins Zentrum eines sehr noblen Einkaufsviertels in der Umgebung der Des Voeux Road.

Die an den Straßenbahnschienen zu erkennende **Des Voeux Road** bildete vor den Tagen der Landgewinnung die nördliche Hafenfront von Hong Kong Island. An der Ecke Pedder Street steht heute das wohl eindrucksvollste Einkaufszentrum der Metropole, das **Landmark Centre**. Unter den zahlreichen Geschäften in dieser Gegend lohnt ganz sicher auch das gegenüber dem Landmark Centre auf der anderen Seite der Pedder Street gelegene **Shanghai Tang** einen Abstecher wegen seines exklusiven Angebots an Sammlerstücken aus Silber, Glas und Seide sowie der Designerkleidung, die an traditionelle chinesische Kostüme erinnert.

Der Abschnitt der Des Voeux Road westlich des Landmark Centre ist durch mehrere, Richtung Südwesten führende Gassen mit der parallel verlaufenden Queen's Road verbunden. Zwei dieser Verbindungsstraßen, Li Yuen Street East und Li Yuen Street West, sind **Märkte**, auf denen sich ein Stand mit Textilien und Stoffen an den nächsten reiht. Rund 300 m nordwestlich des Landmark Centre befindet sich **Central Market**, der besonders in den geschäftigen Morgenstunden herrliche Fotomotive bietet, wenn hier in großem Stil Geflügel, Fisch und Fleisch zerkleinert werden (nichts für Zartbesaitete).

Südwestlich des Central Market führt von der Queen's Road Central die **Graham Street** den Berg hinauf. Dort befindet sich einer der großartigen Obst- und Gemüsemärkte, die im Zentrum Hongkongs immer noch überlebt haben – und das gar nicht mal schlecht. Unmittelbar südlich des Central Market führt ebenfalls von der Queen's Road der fantastische **Central-Mid-Levels Escalator** den Berg hinauf. Es handelt sich dabei um eine gigantische Personenbeförderungsanlage aus 20 Rolltreppen, die 800 m in schnurgerader Linie den Berg bis zur Conduit Road erklimmen. Das einzigartige Transportmittel verbindet Central mit dem vornehmen Wohnviertel **Mid-Levels** und befördert täglich bis zu 40 000 Personen. In seiner Umgebung entstand eine eigene Rolltreppenkultur mit Restaurants, Bars und Cafés in dem angesagten Viertel **SoHo**. Während der morgendlichen Rushhour zwischen 6 und 10 Uhr fahren die Förderbänder ausschließlich abwärts, von 10.20 Uhr bis 24 Uhr bewegen sie sich bergauf. Es lohnt sich auf jeden Fall, einmal den Berg hinaufzufahren, um dieses außergewöhnliche öffentliche Verkehrsmittel zu erleben und die alten Straßen zu erkunden, die zu beiden Seiten der Rolltreppen in die Wohnviertel führen.

In der anderen Richtung vom Landmark Centre führt die Des Voeux Road nach Osten zum **Statue Square**, der sich linker Hand Richtung Hafen ausdehnt. Dieses auf seltsame Weise überflüssig wirkende, unbebaute Stück Land wird in der Mitte von der in Ost-West-Richtung verlaufenden Chater Road geteilt, die im ausgehenden 19. Jahrhundert das Herz der Kronkolonie bildete. Sonntags picknicken hier an ihrem freien Tag Zehntausende von Filipinas, die sich als Dienstmädchen in Hongkong verdingen. Das über 100 Jahre alte Granitgebäude mit der Kuppel an der Ostseite des Platzes – von den gigantischen Hochhäusern der unmittelbaren Umgebung zum Zwergentum degradiert – ist der Sitz des Legislative Council (Legco), Hongkongs Äquivalent eines Parlaments. Es trägt daher den Namen **Legco Building**. Richtung Hafen steht im nördlichen Abschnitt des Statue Square ein Kriegerdenkmal mit der Bezeichnung **Cenotaph**. Ein Fußgängertunnel verbindet den Platz mit der weiter nördlich gelegenen Haupthalle des Star Ferry Terminal.

Unmittelbar südlich des Statue Square ragt der grandiose, von dem Stararchitekten Sir Norman Foster entworfene Hightech-Wolkenkratzer der **Hong Kong and Shanghai Bank** in den fernöstlichen Himmel. Zur Zeit seines Baus 1985 zählte es mit Baukosten von über einer Milliarde US-Dollar zu den teuersten Gebäuden aller Zeiten. Vom Erdgeschoss aus ist zu erkennen, dass das gesamte Bauwerk von gigantischen Säulengruppen gestützt wird. Man kann unter dem Bankgebäude hindurchgehen und kommt auf der anderen Seite wieder heraus – eine Notwendigkeit, die durch die traditionellen Regeln des Fengshui vorgeschrieben war, denen zufolge das unmittelbar nördlich der Bank gelegene Machtzentrum der Insel, Government House, in gerader Linie zum Star Ferry Terminal, dem Hauptankunftspunkt der Insel, liegen sollte. Von unten gesehen ist das Innere des Bankgebäudes durchsichtig, durch das kolossale Glasatrium schweift der Blick nach oben in den Kern des Gebäudes.

200 m östlich der Hong Kong and Shanghai Bank ragt der 300 m hohe, 74 Stockwerke umfassende Turm der **Bank of China** in die Höhe. Der beeindruckende Wolkenkratzer aus blau getöntem Glas und Stahl wurde von einem Architektenteam unter Führung des berühmten Ieoh Ming Pei entworfen, der auch für die National Gallery of Art in Washington DC und die Pyramide im Vorhof des Pariser Louvre verantwortlich zeichnete. Trotz anders lautender Instruktionen aus Beijing zeigten die Baumeister keine Skrupel, sämtliche Prinzipien des Fengshui über Bord zu werfen. Entsprechend gefürchtet und unbeliebt ist das Bauwerk in Hongkong.

Attraktivere und weniger Anstoß erregende Wolkenkratzermagie ist im unweit östlich gelegenen Viertel **Admiralty** zu bewundern, und zwar am besten von den erhöhten Fußgängerwegen oder von der Straßenbahn am Queensway aus. Das eindrucksvollste Gebäude hier ist der stämmige Bürokomplex **Lippo Centre** kurz vor der MTR-Station Admiralty.

Südlich der Queen's Road

Ein Spaziergang südlich der Queen's Road kann sich besonders bei hohen Temperaturen als extrem mühsam erweisen, denn in dieser Gegend verlaufen die Straßen steil bergauf. Wer von der Queen's Road kommend unmittelbar westlich der Pedder Street in die D'Aguilar Street Richtung Süden einbiegt, betritt das Viertel **Lan Kwai Fong**, den Mittelpunkt der Restaurant- und vor allem Kneipenszene in Central. Lan Kwai Fong selbst ist eine L-förmige Gasse, die südöstlich von der D'Aguilar Street abzweigt und mit zum Bersten gefüllten Themenkneipen, Restaurants und Blumenständen bestückt ist. Auch in den benachbarten Sträßchen eröffnet sich eine beeindruckende Vielfalt an Snackbars und Lokalen. Für Touristen am interessantesten ist wahrscheinlich das *Luk Yu Tea House* in der Stanley Street (unmittelbar westlich der D'Aguilar Street), ein entzückend traditionelles chinesisches Teehaus (s.S. 593, Essen).

Südlich von Lan Kwai Fong führt ein kurzer, aber steiler Fußmarsch über die Glenealy Street und unter der Überführung hindurch zum **Zoologischen und Botanischen Garten**. Die bereits 1864 eröffnete Anlage ist noch immer ein angenehmer Rückzugsort von der hektischen Innenstadt, doch die in Käfigen gehaltenen Vögel und Tiere sind nicht besonders spektakulär. Das Gelände wird von der Albany Street in zwei durch einen Fußgängertunnel miteinander verbundene Hälften geteilt. Vom Star Ferry Terminal fahren die Busse Nr. 3B oder Nr. 12 Richtung Osten über die Connaught Road zum Zoo. ⏲ tgl. 6–19 Uhr, Eintritt frei.

Nördlich liegt auf der anderen Seite der Upper Albert Road das **Government House**, die ehemalige Residenz der 15 Hongkonger Gouverneure von 1855 bis 1997. Auch wenn der gegenwärtige Regierungschef nicht mehr hier wohnt und das Gebäude nur noch für offizielle Empfänge genutzt wird, ist das Haus nicht für die Öffentlichkeit zugänglich. Seine Gärten sind nur an einem einzigen Wochenende im Jahr geöffnet – in der Regel im März.

Ein paar Hundert Meter östlich erstreckt sich der im Vergleich zum Botanischen Garten eindrucksvollere **Hong Kong Park**. Vom Ostausgang des Botanischen Gartens führt ein zehnminütiger Fußweg über die Garden Road zum Park. Ein anderer Eingang befindet sich unmittelbar östlich der Station für die Standseilbahn Peak Tram. Im Nordosten der Anlage liegt an der Supreme Court Road der Haupteingang des Parks; er ist von der MTR-Station Admiralty ausgeschildert und durch das Einkaufszentrum Pacific Place zugänglich. Die Hauptattraktion im Hong Kong Park ist das Vogelhaus **Edward Youde Aviary**, ⏲ tgl. 9–17 Uhr, Eintritt frei, das auf jeden Fall einen Besuch lohnt, auch wenn man sich nur am Rande für Vögel interessiert. Im Park führen erhöhte Fußgängerwege durch eine vorzüglich gestaltete Naturlandschaft, in der seltene Vögel nisten und brüten. Im südlichen, dem höchstgelegenen Abschnitt des Parks befindet sich ein Taijiquan-Platz, im nördlichen Teil steht das **Museum of Tea Ware**, ⏲ tgl. außer Mi 10–17 Uhr, Eintritt frei. Das mit 3000 Ausstellungsstücken rund um das Thema Tee gefüllte Museum ist im ältesten noch erhaltenen Kolonialgebäude Hongkongs untergebracht, dem zwischen 1844 und 1846 erbauten Flagstaff House, das heute unpassenderweise im Schatten des gigantischen Glasturms der Bank of China beinahe untergeht. ⏲ Hong Kong Park tgl. 6.30–23 Uhr, Eintritt frei.

Ein weiteres Relikt aus den ersten Tagen der kolonialen Vergangenheit Hongkongs ist die anglikanische **St. John's Cathedral**, ein kleines Stück nördlich des Peak Tram Terminal, über die Garden Road zu erreichen. Die 1849 erbaute Kirche liegt heute von Wolkenkratzern umgeben inmitten eines kleinen Hains auf einem Hügel.

Wan Chai und Causeway Bay

Östlich von Central erstreckt sich die Stadt noch gut weitere 6 km entlang der Nordküste. Dort werden die Bezirke Wan Chai und Causeway Bay wegen ihrer vielfältigen Möglichkeiten zum Ausgehen, Essen und Einkaufen von Touristen besonders stark besucht. Das Straßenmuster der beiden Viertel ähnelt dem von Central insofern, als mehrere Ost-West-Achsen parallel zum Ufer verlaufen. Die beiden Bezirke werden auf ihrer gesamten Länge von der Straßenbahn erschlossen, die über die Hauptstraße **Hennessy Road** führt und nur vorübergehend nach Süden zur Johnston Road abzweigt. Unmittelbar nördlich der Hennessy Road verläuft parallel die **Lockhart Road**, und noch ein Stück weiter nördlich die wichtigste Ost-West-Verbindung, **Gloucester Road**, eine Verlängerung der Connaught Road. Südlich von Causeway Bay erstreckt sich das tief gelegene **Happy Valley** mit Hongkongs Pferderennbahn.

Sowohl Wan Chai als auch Causeway Bay sind durch MTR, Straßenbahn und zahlreiche Busse, darunter Nr. 2 und 11, mit Central verbunden. Außerdem verkehren Fähren zwischen Wan Chai und Tsim Sha Tsui.

Wan Chai

In den 50er und 60er Jahren des 20. Jahrhunderts war Wan Chai in ganz Ostasien als florierender **Rotlichtbezirk** berühmt, der sich insbesondere der Bedürfnisse der in Korea und Vietnam stationierten US-Soldaten annahm, die hier mit Vorliebe einen Kurzurlaub verbrachten. Hongkongs berühmteste Romanfigur, die Prostituierte Suzie Wong aus Richard Masons gleichnamigem Roman, lebte und arbeitete in Wan Chai. Inzwischen sind die GIs verschwunden und mit ihnen viel von der ehemals verruchten Atmosphäre. Wegen seiner **Restaurants**, **Kneipen**, **chinesischen Geschäfte** und **Märkte** lohnt das Viertel aber dennoch – vor allem am Abend – einen Besuch, auch wenn es keine ausgesprochenen Sehenswürdigkeiten zu besichtigen gibt.

Im äußersten Westen des Bezirks liegt unmittelbar nördlich der Gloucester Road an der Kreuzung Fenwick Street und Harbour Road (zehn Gehminuten von der MTR-Station Wan Chai) das Kunst- und Kulturzentrum **Hong Kong Arts Centre**, dessen Galerien, Filmvorführungen und kulturelle Veranstaltungen zahlreiche Besucher anziehen. Hier gibt es auch ein Gratisexemplar der monatlich erscheinenden Kunstzeitschrift *Artslink* mit einem detaillierten Veranstaltungskalender und Artikeln zur aktuellen Kunstszene in Hongkong. Zum Komplex gehören noch zwei gute Cafés mit Blick auf den Hafen.

Unmittelbar östlich des Arts Centre erhebt sich ein gigantischer neuer Komplex aus funkelnden, modernen Gebäuden, der Wan Chai ein völlig neues Gesicht verpasst hat: Das direkt am Ufer an der Adresse 1 Harbour Road errichtete **Hong Kong Convention and Exhibition Centre** zählt zu den größten und besten Konferenz- und Ausstellungszentren Asiens. Wenn keine Veranstaltungen laufen, kann das außergewöhnliche Innere des Zentrums besichtigt werden, darunter auch die Halle, in der die offiziellen Rückgabefeierlichkeiten stattfanden. Die Erweiterung des Komplexes (der Teil mit dem geschwungenen, an eine fliegende Möwe erinnernden Dach) sollte ursprünglich erst zur Jahreskonferenz der Weltbank und des Internationalen Währungsfonds im September 1997 eröffnet werden, doch dann entschied man sich, die Einweihung in den Juni vorzuverlegen, um einen passenden Rahmen für die Übergabezeremonie zu haben. Auf dem **Golden Bauhinia Square** gegenüber findet jeden Tag das feierliche Hissen und Einholen der Flagge (8 und 18 Uhr) statt. Zum selben Komplex gehören auch die beiden Nobelhotels *Grand Hyatt* und *Renaissance Harbour View*.

Ein kleines Stück vom Wasser weg, auf der gegenüberliegenden Seite der Harbour Road, reckt sich eines der höchsten Gebäude Hongkongs dem Himmel entgegen: das 78-stöckige **Central Plaza**, dessen goldschimmernde Verkleidung schon von jenseits der Wasserstraße aus Kowloon zu erkennen ist und zwischen 6 und 18 Uhr alle 15 Minuten die Farbe wechselt. Ein Fahrstuhl führt zum Aussichtsbereich im 46. Stock (Eintritt frei), von dem sich ein prächtiges 360-Grad-Panorama über die ganze Stadt entfaltet. Zu erreichen sind Central Plaza und Exhibition Centre über die erhöhten Fußgängerwege von der MTR-Station Wan Chai (Exit A) oder vom Fähranleger gleich daneben.

Im Gegensatz zu den Hightech-Wunderwerken an der Hafenfront präsentiert sich Wan Chai weiter landeinwärts als solides und zweckmäßiges Wohnviertel mit Apartmenthochhäusern und Einkaufsstraßen, aber nur wenigen Sehenswürdigkeiten. In der 129 Queen's Road East steht südlich der an den Straßenbahnschienen zu erkennenden Johnston Road der kleine **Hung Shing Temple** (auch bekannt unter dem Namen Tai Wong). Der alte Schrein, ein verrußter und mit uralten Stoffen behangener Ziegelbau, wurde in einen kleinen Berg gebaut und ist rund um die Uhr geöffnet. Er stand ehemals direkt am Meer, wurde aber traurigerweise durch den Prozess der Landgewinnung immer weiter landeinwärts getrieben.

Dem Tempel gegenüber gibt es in der Tai Wong Road West einen niedlichen Blumen- und Vogelmarkt. Rund 200 m östlich des Hung Shing steht das weiß getünchte und erstaunlich alte **Wan Chai Post Office**. Das historische Postamt wurde 1912 erbaut und war noch bis 1992 in Betrieb.

Nur wenige Gehminuten von hier über die von der Queen's Road East nach Süden abzweigende Stone Nullah Lane steht an der Adresse 2 Lung On Street der **Pak Tai Temple**. Dort stellen Kunsthandwerker fantastische kleine Grabopfergaben aus Bambus und farbigem Papier her, darunter Autos, Häuser und Flugzeuge. ◷ tgl. 8–18 Uhr.

Causeway Bay

Der Bezirk Causeway Bay leitet seinen Namen von der Tatsache ab, dass er ursprünglich an einer Bucht lag, die aber in den 50er Jahren des 20. Jahrhunderts einem großen Landgewinnungsprojekt zum Opfer fiel. Heute präsentiert sich das Viertel voll und ganz auf festem Boden, als farbenfroher, **exklusiver Geschäfts- und Restaurantbezirk**, dessen Kern zwischen dem östlichen Ende der Lockhart Road und dem westlichen Rand des Victoria Park angesiedelt ist. Die Straßenbahnlinie verläuft unmittelbar südlich davon über die Yee Wo Street, eine Verlängerung der aus Wan Chai kommenden Hennessy Road. Causeway Bay hat eine eigene MTR-Station und ist außerdem Endpunkt des **Hafentunnels**, an dem die aus Kowloon kommenden Fahrzeuge ausgespuckt werden.

In Causeway Bay dreht sich fast alles um Shopping und Konsum. In unmittelbarer Nähe der MTR-Station glitzern mehrere ultramoderne japanische Kaufhäuser, darunter auch *Sogo* und *Mitsukoshi*. Etwas weiter nördlich verläuft östlich der Nord-Süd-Achse Paterson Street parallel die **Vogue Alley**, wo sich – wie der Name bereits vermuten lässt – mehrere Modeboutiquen sowie einige Restaurants und Bars konzentrieren. Südlich der Yee Wo Street präsentiert sich das Viertel etwas weniger exklusiv, aber nicht minder lebendig, vor allem in der Umgebung von Jardine's Bazaar und Jardine's Crescent, zwei Einkaufssträßchen unmittelbar südlich der U-Bahn-Station.

Direkt an der MTR-Station Causeway Bay (Exit A) an der Matheson Street liegt der **Times Square**, zwei 1993 erbaute Türme mit einem bunt gemischten Einkaufsparadies von Computern bis Haute Couture auf 16 Stockwerken, einem Multiplex-Kino und reichhaltigem kulinarischen Angebot auf vier Etagen. Beachtenswert ist der kolossale Videobildschirm mit aktuellen Berichten und Wetternachrichten auf der Piazza, einem beliebten Treffpunkt unter freiem Himmel.

Spezifische touristische Sehenswürdigkeiten sind in Causeway Bay dünn gesät. Ein Bummel am Ufer entlang führt zur **Noon Day Gun**, die jeden Tag um 12 Uhr mittags mit lautem Knall abgefeuert wird und in Noël Coward's Song *Mad Dogs and Englishmen* verewigt wurde. Die Kanone steht oberhalb des stets gut ausgelasteten Causeway Bay Typhoon Shelter, der den dort liegenden Booten Schutz vor den gefürchteten Wirbelstürmen gewähren soll.

Der östliche Abschnitt von Causeway Bay wird vom **Victoria Park** beherrscht, einer für Hongkonger Verhältnisse überraschend großen Freifläche mit Schwimmbädern und Sportanlagen. In den letzten Jahren hat sich der Ort zum Versammlungspunkt entwickelt, wo sich jedes Jahr am 4. Juni zahlreiche Menschen einfinden, um eine Mahnwache mit Kerzen zum Gedenken an die Opfer der blutigen Protestniederschlagung auf dem Beijinger Tian'anmen-Platz abzuhalten. Daneben ist der Victoria Park auch Veranstaltungsort für eines der größten Volksfeste Hongkongs, das chinesische Neujahr, während jeden Morgen in aller Frühe mehrere Dutzend Menschen hier Taijiquan praktizieren.

An der südöstlichen Ecke des Parks steht direkt neben der MTR-Station Tin Hau (Exit A) der 200 Jahre alte **Tin Hau Temple**, ein eher düsterer Ort, der zu allem Unglück auch noch von zahlreichen Hochhäusern umgeben ist. Tin Hau ist der in Hongkong gebräuchliche Name für die daoistische Göttin des Meeres, der zu Ehren Tempel in der ganzen Stadt errichtet wurden, gewöhnlich in exponierter Lage am Wasser, wo sie von Fischern und Seeleuten aufgesucht wurden. Die Tatsache, dass Tempel wie dieser inzwischen inmitten der hoch aufragenden Bebauung versinken, sagt einiges darüber aus, wo die Prioritäten im modernen Hongkong liegen. Der Tin Hau ist mit allen Richtung North Point fahrenden Straßenbahnen zu erreichen; wenn man unmittelbar hinter dem Victoria Park aussteigt, liegt der Tempel zur Linken. ⌚ tgl. 7–19 Uhr.

Happy Valley

Mit dem sich südlich von Wan Chai und Causeway Bay ausdehnenden Happy Valley (Pau Ma Dei) assoziieren die Bewohner Hongkongs nur eines, nämlich Pferderennen, genauer gesagt: Pferdewetten. Der bereits 1846 eingeweihte **Happy Valley Racecourse** war lange Zeit die einzige Pferderennbahn Hongkongs, bis in Sha Tin in den New Territories eine zweite gebaut wurde. Während der Saison von September bis Juni, wenn in Happy Valley ein- bis zweimal wöchentlich Renntag ist, grassiert in Hongkong regelmäßig das Wettfieber. Fast jeden Mittwoch finden Rennen statt, und wer Hongkong von seiner ungeschminktesten und raffgierigsten Seite erleben möchte, kann sich für nur $10 Eintritt unter die Zuschauer mischen und mitwetten. Daneben bietet der *HKTB* für $490 eine so genannte „Come Horse-racing Tour“ an; sie beinhaltet den Transport zur Rennbahn und zurück, Zutritt zum Mitgliederbereich, ein Buffet im offiziellen Jockey Club und Favoritentipps (s.S. 603, Touren). Happy Valley ist von Central oder Causeway Bay mit der Straßenbahn zu erreichen, von Central aus auch mit dem Bus Nr. 1.

Western District

Westlich des Innenstadtbezirks Central liegt ein Viertel, das sich um einiges älter und exotischer präsentiert als andere Gegenden Hongkongs. Der beinahe ausschließlich von Chinesen bewohnte Bezirk mit seinen belebten Straßen und traditionellen Geschäften bildet einen stimmungsvollen Kontrast zu Central. Gelitten hat die Atmosphäre leider unter dem Bau des Zubringernetzes zur **Western Harbour Crossing**, dem insgesamt dritten Hafentunnel für den Autoverkehr von und nach Kowloon. Das größte lokale Zentrum innerhalb des Western

District nennt sich Sheung Wan und besteht wie Central aus geraden, in Ufernähe von Ost nach West verlaufenden Straßen, während sich die Straßen weiter landeinwärts kurvenreich die Berge hinaufschlängeln. Im äußersten Westen wird das Viertel Kennedy Town gegen die steil aufragenden Hügel gedrückt. Bis zur Endstation Kennedy Town Praya fahren die aus Central kommenden Straßenbahnen über Des Voeux Road, Connaught Road West und Des Voeux Road West.

Unmittelbar westlich an Central grenzt das Viertel **Sheung Wan**, das sich vom Hafen aus bis zu den Hügeln landeinwärts erstreckt. Direkt am Wasser liegt das moderne Shun Tak Centre mit dem Macau Ferry Terminal (Einzelheiten zur Weiterreise mit der Fähre nach Macau s.S. 612, Transport/Fähren) und der MTR-Station Sheung Wan, die zur Zeit die Endstation dieser U-Bahn-Linie bildet. Vom Exchange Square in Central aus ist das Shun Tak Centre in angenehmen 15 Minuten über die erhöhten Fußgängerwege zu erreichen, doch seine exotische Atmosphäre entfaltet der Bezirk besser, wenn man vom Central Market (s.S. 562) den Straßenbahnschienen auf der Des Voeux Road nach Westen folgt. Von diesem Abschnitt der Des Voeux Road zweigen mehrere interessante Gassen nach Süden ab, darunter die Wing Sing Street (Spezialität sind hier eingelegte Eier) und die in unmittelbarer Nähe der MTR-Station Sheung Wan gelegene Gasse Man Wa Lane, in der chinesische Namensstempel aus Stein oder Holz angefertigt werden.

Von hier führt ein kurzer Fußweg über die Des Voeux Road in westlicher Richtung zum Hintereingang des **Western Market**, einem entzückenden edwardianischen Backsteingebäude, das seit 1991 keinen streng riechenden Markt mehr beherbergt, sondern eine Ansammlung von Kitschläden, chinesischen Imbissen und kleinen Geschäften mit Kunsthandwerk und Stoffen. ⏲ tgl. 10–19 Uhr.

Vom Hafen aus führt ein kurzer Fußweg in südlicher Richtung den Hügel hinauf zur **Bonham Strand**, einer Geschäftsstraße, die auf allerlei chinesische Heilprodukte, Tee und Kräuter spezialisiert ist – eine faszinierende Gegend zum Bummeln. In den exotischen Läden wimmelt es von befremdlichen Dingen wie Schlangen (lebendige und tote), Vogelnester, Haifischflossen, Geweihe, zerstoßene Perlen, Schlangengallenwein und Großvorräte der wertvollen Ginsengwurzel. Geschäfte mit Heilmitteln finden sich auf dem gesamten Abschnitt zwischen Bonham Strand und der kleinen, weiter westlich gelegenen **Ko Shing Street**, die das Zentrum dieses Gewerbes darstellt und im Bogen unmittelbar südlich der Des Voeux Road West verläuft. Auch jener Abschnitt der Des Voeux Road besticht durch eine lange Aneinanderreihung sehr exotischer Geschäfte mit allen Arten von getrockneten Nahrungsmitteln, darunter Meeresschnecken, Seesterne, Haifischflossen, Schlangen und platt gehauene Enten, aber auch Schilfgräser, Sackleinen und gepökelter Fisch.

Ein kurzer, dennoch anstrengender Fußmarsch führt bergauf von Bonham Strand zur reizvoll gelegenen **Hollywood Road**, die sich von der Wyndham Street in Central (unmittelbar südlich der Lan Kwai Fong) bis zum kleinen Hollywood Park in Sheung Wan hinzieht, wo sie schließlich auf die Queen's Road West trifft. Bus Nr. 26 beschreibt eine Rundstrecke von der Des Voeux Road in Central zum westlichen Ende der Hollywood Road und anschließend wieder zurück Richtung Osten über die gesamte Länge der Hollywood Road. Interessant ist diese Gegend vor allem wegen der vielen Geschäfte mit **Antiquitäten, Kunsthandwerk und Kuriositäten**, vom winzigen bestickten Frauenschuh bis zum traditionellen Sarg.

Die Antiquitätengeschäfte setzen sich auch in der kleinen Gasse Upper Lascar Row fort, die allgemein als **Cat Street** bekannt ist. Sie verläuft weiter nördlich parallel zum westlichen Abschnitt der Hollywood Road und ist zu Fuß von der MTR-Station Sheung Wan nach einem schnurgeraden Fußmarsch Richtung Süden zu erreichen. Hier reiht sich ein Trödelstand an den nächsten – eine wahre Fundgrube für Münzen, Dekogegenstände, Schmuck, Mao-Anstecker und Namensstempel. Wer lieber in etwas weniger exotischer Umgebung stöbert, kann sich auch in die klimatisierten gediegeneren *Cat Street Galleries* begeben, wo ebenfalls Antiquitäten angeboten werden.

Eine weitere Attraktion in der Umgebung der Cat Street stellt die **Ladder Street** dar, die beinahe wirklich so steil ist wie eine Leiter (englisch: *ladder*) und die Hollywood Road in Nord-Süd-Richtung kreuzt. Dieses Relikt aus dem 19. Jahrhundert wurde als stufenförmige Straße angelegt, um den Sänftenträgern das Befördern ihrer Lasten auf steilen Strecken zu erleichtern.

An der Adresse 170 Hollywood Road steht an der Ecke Ladder Street der 150 Jahre alte **Man Mo Temple**, bemerkenswert wegen seiner kolossalen, von der Decke herabhängenden Weihrauchspiralen. Bei den beiden Figuren auf dem Hauptaltar handelt es sich um die daoistischen Götter der Literatur (Man bzw. Cheung) und der Kampfkunst (Mo bzw. Kwan Tai). Auch wegen seiner Lage in einem zutiefst traditionellen Viertel zählt dieser kleine Tempel zu den stimmungsvollsten in ganz Hongkong. ◷ tgl. 10–18 Uhr.

Mehrere kleinere Tempel stehen ein paar Minuten südwestlich der Hollywood Road in der **Tai Ping Shan Street**, die nach einem Stück Wegs Richtung Süden über die steile Ladder Street als zweite Gasse rechts abzweigt. Da es sich um eine der am frühesten besiedelten Gegenden Hongkongs handelt, fügen sich die Tempel nahtlos in ihre Umgebung ein und werden auch heute noch täglich von Gläubigen aufgesucht.

Das seltsamerweise nach einem früheren Gouverneur der Kolonie benannte Viertel **Kennedy Town** nimmt den äußersten Westen der bebauten Abschnitte an der Nordküste ein und war über viele Jahre ein geschäftiger Bezirk mit holprigen Straßen und einem alten Hafen, in dem ganze Schwärme rot-grün getünchter Boote umherschaukelten. Auch heute finden sich noch Spuren des ehemaligen Flairs, doch Landgewinnung und Bebauung haben die alten Fischmärkte und die *junks* aus dem Hafenbild verdrängt. Kennedy Town ist die Endstation der aus Central kommenden Straßenbahnlinie.

Victoria Peak

Die oberen Regionen des 552 m hohen, über Central und dem Hafen thronenden Victoria Peak werden seit jeher schlicht als **The Peak** bezeichnet. In der frühen Kolonialzeit wurde der obere Abschnitt des Berges von Angehörigen der Oberschicht aus Übersee bewohnt. Die meisten lebten in luxuriösen Villen, die von ihren Arbeitgebern oder (im Falle von Beamten) von der Regierung bereitgestellt wurden. Das gemeine Volk musste mit den tiefer liegenden Wohngebieten vorlieb nehmen, wo das Klima heißer, feuchter und insgesamt ungesünder war.

Die Geschichte der Erschließung dieses ehemals öden und baumlosen Felsens lohnt eine genauere Betrachtung: Vor 1859, als der erste Pfad aus dem Stein gehauen wurde, war es kaum möglich gewesen, den Berg zu besteigen, geschweige denn Häuser darauf zu bauen. Innerhalb von 20 Jahren entstanden einige Sommerhäuser für eine wohlhabende Minderheit britischer Kaufleute, die es vorzogen, weiter oben zu wohnen, anstatt sich der Schwüle und Malaria weiter unten am Wasser auszusetzen. Heute erscheint es kaum noch vorstellbar: Buchstäblich alles, vom Menschen bis zum Baumaterial, musste damals in mühsamer Plackerei von Lastenträgern auf den Berg geschleppt werden.

Die Idee, den Berg mit dem Bau einer Eisenbahn zu erschließen, wurde zunächst ohne Umschweife wieder verworfen, denn die Steigungen waren schlicht zu steil. 1888 jedoch änderte sich diese Situation mit der erfolgreichen Konstruktion der **Standseilbahn** Peak Tram, die fortan für regelmäßige und schnelle Verbindungen zum Hafen sorgte. Eine weitere Umwandlung des Berges vollzog sich mit dem Anpflanzen von Bäumen – es entstand eine echte Sommerfrische. Als 1924 die erste Straße auf den Peak gebaut wurde, gab es bereits einige ganzjährig bewohnte Häuser, wobei es Chinesen zu jener Zeit noch nicht gestattet war, hier oben zu leben. Inzwischen darf jeder auf dem Berg wohnen, der es sich leisten kann – und das sind heutzutage in der Regel chinesische Industriemagnaten. Abgesehen von dem Status als exklusive Wohngegend ist der Peak immer noch ein kühler und friedlicher Rückzugsort von der Innenstadt und ein hervorragender Aussichtspunkt. Von hier bietet sich ein außergewöhnlicher Panoramablick über die Stadt und den Hafen.

Wer sich ungern Seilbahnen anvertraut, kann auch mit dem Bus Nr. 15 oder 15B vom Exchange Square bzw. von der MTR-Station Tin Hua auf den Peak gelangen. Die Ausblicke sind ebenso spektakulär, aber die Fahrt dauert wesentlich länger. Fitnessfanatiker können den Gipfel auch zu Fuß erstürmen, doch für den Durchschnittstouristen dürfte der Abstieg eine weitaus realistischere Option sein.

Die Peak Tram hält unterhalb des optisch an einen Wok erinnernden **Peak Tower** mit dem Einkaufszentrum *Peak Galleria,* wo zahlreiche Souvenir-Shops, teure Bars mit tollen Ausblicken und Cafés mit gigantischen Panoramaterrassen um Kundschaft buhlen. Außerdem gibt es hier überdachte Freizeit- und Unterhaltungsangebote für den Fall, dass es regnen sollte. Dazu zählen neben der Hightech-Virtual-Reality-Show *Peak Explorer* auch ein Ableger von *Madame Tussaud's* mit rund 100 Wachsfiguren von Arnie Schwarzenegger bis Jackie Chan sowie eine Niederlassung des Kuriositätenkabinetts *Ripley's Believe-It-Or-Not.* Ein Selbstbedienungsrestaurant der Kette *Mövenpick Marché* bietet ordentliche Speisen mit sehr schönem Ausblick. Praktisch gegenüber befindet sich der historische *Peak Lookout,* ein traditionelles Restaurant mit Rattanstühlen und Ventilatoren, das trotz wechselnder Bewirtschaftung und einer gewissen Modernisierung noch immer über eine großartige Terrasse unter freiem Himmel verfügt, auf der man sich mindestens ein kühles Blondes genehmigen sollte (s.S. 593, Essen).

Nach Ankunft an der Bergstation der Peak Tram gibt es vier nach Westen und Norden abzweigende Straßen. Eine davon, die Mount Austin Road, führt auf den Gipfel des Berges mit der ehemaligen Gouverneursresidenz **Victoria Peak Garden**. Zwei der anderen Straßen eignen sich wesentlich besser für einen schönen Spaziergang, denn sie verlaufen in einer Schleife um den Berggipfel, wobei man nach etwa einstündiger **Wanderung** wieder zum Ausgangspunkt zurückkehrt. Die geradewegs nach Westen führende Harlech Road ermöglicht einen wundervollen Bummel durch eine schöne Landschaft mit Schatten spendenden Bäumen und einem Picknickplatz an der Strecke. Nach einer halben Stunde trifft die Straße auf die Lugard Road, die entlang dem nördlichen Bergrand zur Bahnstation zurückführt und dabei prächtige Ausblicke auf Central und Kowloon eröffnet. Die vierte Straße, Old Peak Road, führt bergab zur Straßenbahnhaltestelle May Road.

Ausgezeichnete Möglichkeiten für den **Abstieg** vom Peak bieten mehrere Wanderrouten. Die einfachste Strecke folgt von der gegenüberliegenden Seite des Picknickplatzes auf der Harlech Road zunächst der Beschilderung zur Hatton Road. Der Spaziergang führt über eine sehr gut begehbare, von Bäumen gesäumte Strecke, die nach rund 45 Minuten zur Kreuzung von Kotewall Road und Conduit Road im Wohngebiet Mid-Levels führt. Bus Nr. 13 fährt von der Kotewall Road nach Central, doch nur etwa 1 km weiter entlang der Conduit Road liegt bereits der obere Eingang zum Mid-Levels Escalator (s.S. 562), der ebenfalls nach Central hinabführt. Eine gute Alternative für den Abstieg vom Peak ist eine Straße, die unweit der Tram-Station von der Harlech Road abzweigt und der Beschilderung folgend zum **Pokfulam Reservoir** führt, einem sehr netten Ort in hügeliger Landschaft. Jenseits des Staubeckens geht es weiter bergab, bis die Straße schließlich auf die Pokfulam Road trifft, von der zahlreiche Busse nach Central oder Richtung Süden nach Aberdeen fahren.

Die Südküste

Die zergliederte Südküste von Hong Kong Island besteht aus einer Reihe langgezogener Halbinseln und Meeresarme. Hier geht es weitaus ruhiger zu als an der Nordküste, und auch das Klima gilt als wärmer und sonniger. Im Süden finden sich nicht nur kleine Städte wie **Aberdeen** und **Stanley** mit ihrem ganz eigenen Charakter, sondern auch Strände in der **Repulse Bay** und im Osten in dem abgelegenen kleinen Außenposten **Shek O**. Wer mit Kindern unterwegs ist, sollte einen Abstecher zum **Ocean Park** in Betracht ziehen, einem riesigen Erlebnis- und Freizeitpark mit einem wunderbaren Aquarium in unmittelbarer Nachbarschaft von Aberdeen. Alle Ziele an der Südküste sind bequem mit Bussen zu erreichen, Aberdeen ist sogar durch einen unter dem Peak hindurchführenden Tunnel mit Central verbunden, so dass kein Ort auf Hong Kong Island mehr als eine Autostunde von Central entfernt liegt.

Aberdeen

Aberdeen ist die größte eigenständige Stadt auf Hong Kong Island. Von den über 60 000 Einwohnern wohnt noch eine ständig schrumpfende Minderheit auf *sampans* und Dschunken in dem schmalen, taifungeschützten Hafen zwischen der Hauptinsel und dem kleinen Eiland Ap Lei Chau. Die hiesigen Bootsbewohner folgen einer Tradition, die auf Zeiten vor der Ankunft der Briten in Hongkong zurückgeht, doch traurigerweise hat es den Anschein, als wäre diese uralte Lebensweise inzwischen vom Aussterben bedroht. Ein althergebrachtes und unterhaltsames Erlebnis für Touristen ist eine Hafenrundfahrt auf einem der noch verbliebenen *sampans.*

Sich in Aberdeen zu verlaufen, ist so gut wie unmöglich. Von der Bushaltestelle geht man einfach

Richtung Wasser und überquert die über die Hauptstraße führende Fußgängerbrücke, wo einheimische Frauen Touristen für eine **Rundfahrt** auf *sampans* zu begeistern versuchen. Wer mit den privaten Kleinunternehmern nicht einig wird, geht an dem Ziergarten am Ufer entlang bis zu einem Schild mit der Aufschrift „Water Tours" ($50 pro Person für eine halbstündige Rundfahrt, unabhängig von der Teilnehmerzahl). Während der Tour bieten sich großartige Fotomotive: aneinander gereihte Hausboote mit Hunden, trocknende Wäsche und Kochstellen unter freiem Himmel, dazu Netze und Altreifen. Außerdem sieht man unterwegs einige Bootshandlungen und drei **schwimmende Restaurants**, die besonders fotogen wirken, wenn sie bei Dunkelheit hell erleuchtet sind. Das an Bord servierte Essen ist allerdings weniger bewundernswürdig (s.S. 592, Essen).

Nach Aberdeen fahren die Busse Nr. 70M und 970 vom Exchange Square in Central (15 Minuten) oder vom Busbahnhof Admiralty (20 Minuten). Eine **Fährverbindung** besteht zwischen Aberdeen und der nahe gelegenen Insel Lamma (s.S. 581).

Ocean Park

Die gesamte Halbinsel östlich von Aberdeen beansprucht die gigantische **Abenteuer- und Freizeitanlage** Ocean Park, ✆ 25520291, 🖳 www.oceanpark.com.hk. Hier lässt sich ohne weiteres ein ganzer Tag verbringen, doch an den Sommerwochenenden können sich lange Warteschlangen an den beliebten Attraktionen bilden, so dass man auf jeden Fall früh kommen sollte, um das Unterhaltungsangebot in Ruhe genießen zu können. Der Park ist in mehrere, durch verrückte Transportmittel miteinander verbundene Abschnitte unterteilt, und ständig kommen neue Anlagen hinzu. Zu den Highlights zählt das **Riesenpandapärchen** An-An und Jia-Jia, für die eigens ein $80-Millionen teurer und 2000 m² großer Komplex errichtet wurde – mit allen Schikanen wie Küche, Klinik, künstlichen Berghängen und Nebelmaschinen zur Simulation einer möglichst naturgetreuen Bergwelt.

Der erste Abschnitt (Lowland) ist den Wundern der Natur gewidmet und beinhaltet neben faszinierenden, beweglichen Dinosauriermodellen in voller Lebensgröße auch ein Schmetterlingshaus. Eine gemächliche, 1,5 km lange Seilbahnfahrt führt in den nächsten Abschnitt (Headland) an der Spitze der Halbinsel. Dort locken neben einer der schnellsten und längsten **Achterbahnen** der Welt noch weitere beängstigende Attraktionen, zum Beispiel der gigantische Freifallturm Abyss. Des Weiteren gibt es ein **Aquarium**, wo sich die Besucher nur durch eine Glasscheibe getrennt Nase an Nase mit Haien amüsieren, das so genannte Ocean Theatre, wo dressierte Delphine und Wale Kunststückchen vorführen, und das **Atoll Reef**, ein riesiges Korallenriffbecken, in dem sich über 5000 Fische tummeln. Eine enorme Rolltreppe führt in den dritten Parkabschnitt mit der Bezeichnung **Reich der Mitte**, der im Grunde eine separate Anlage darstellt, aber mit demselben Ticket zugänglich ist. Hier wird versucht, die 5000 Jahre alte chinesische Geschichte in Architektur, Kunsthandwerk, Theater und Oper darzustellen. Eine abendliche Veranstaltung im Ocean Park ist die dreimal wöchentlich stattfindende **Dinner-Show** „Glanz der Verbotenen Stadt", so dass der Besucher im Ocean Park für sein Geld alles in allem einen außergewöhnlich großen Unterhaltungswert geboten bekommt. ⏲ tgl. 10–18 Uhr, Eintritt $180, Kinder von 3–11 Jahren $90, Kinder unter 3 Jahren frei; der Eintrittspreis beinhaltet sämtliche Attraktionen und Shows.

Ein Sonderbus fährt täglich zwischen 9 und 18.30 Uhr etwa alle 15 Minuten vom Star Ferry Terminal in Central und von der MTR-Station Admiralty zum Ocean Park (das All-Inclusive-Ticket mit Bustransfer hin und zurück und Eintritt zum Ocean Park kostet $204 für Erwachsene und $102 für Kinder, wobei ein Kind in Begleitung eines Erwachsenen freien Eintritt hat). Wer lieber mit den Stadtbussen fährt, kann den Minibus Nr. 6 vom Star Ferry Terminal zum Ocean Park nehmen (⏲ Mo–Sa) oder die Busse Nr. 70 und 90 aus Central bzw. Nr. 72 aus Causeway Bay (direkt hinter dem Aberdeen-Tunnel aussteigen und der Beschilderung folgen). Sonntags halten die Busse Nr. 90 aus Central und Nr. 73 aus Stanley/Repulse Bay direkt am Ocean Park.

Repulse Bay und Umgebung

Östlich des Ocean Park wird die Südküste von zwei Buchten gesäumt, deren Namen nach Abenteuer auf hoher See klingen: **Deep Water Bay** und Repulse Bay. Auch wenn das Wasser an diesem Küstenabschnitt bisweilen leider arg verschmutzt ist, drängen sich an den Sommerwochenenden und

Feiertagen Zehntausende Erholungssuchende an den Stränden. Repulse Bay ist die beliebteste Bucht an der Südküste, was zum Teil an den Geschäften und Restaurants liegt, aber auch an dem Tin Hau Temple mit „Langlebigkeitsbrücke", die jedem, der sie überschreitet, angeblich drei zusätzliche Lebtage beschert. Die Kulisse der Repulse Bay mit einem riesigen Hochhaus vor den grünen Hügeln mutet etwas bizarr an. Davor stehen die Überreste des historischen *Repulse Bay Hotel*, das in den 80er Jahren leider der Abrissbirne zum Opfer fiel. Das heutige Objekt gleichen Namens ist in Wirklichkeit ein Restaurant- und Einkaufszentrum. 15 bzw. 30 Minuten weiter südlich entlang der Küste liegen die Buchten **Middle Bay** und **South Bay** mit ihren etwas abgeschiedeneren, aber auch schmaleren Stränden.

Repulse Bay ist mit den Bussen Nr. 6, 61 und 260 vom Exchange Square in Central aus zu erreichen. Zwischen Aberdeen (westlich von hier) und Stanley (östlich) verkehren häufig Busse, die alle oben genannten Buchten ansteuern. Wer einen Platz auf der rechten Seite im Oberdeck erwischt, kommt in den Genuss einer Fahrt über kurvenreiche Landstraßen mit spektakulären Ausblicken.

Stanley

An der Zufahrt zur südlichsten Halbinsel von Hong Kong Island liegt die mäßig interessante Ortschaft Stanley. Hauptanziehungspunkte sind die lebendige Markthalle, die vorwiegend von ortsansässigen Ausländern frequentierten Pubs und Restaurants sowie das Murray House aus der Kolonialzeit. Alljährlich am fünften Tag des fünften Mondmonats finden in Stanley die größten und unterhaltsamsten Drachenbootrennen Hongkongs statt.

Stanley ist ein kleines Nest, und schon nach einem kurzen Fußweg von der Bushaltestelle bergab ist man am **Stanley Market**, wo allerlei perlen- und paillettenbesetzte Kostüme, billige Textilien, Bettwäsche, bedruckte Stoffe und Souvenirs unter die Leute gebracht werden.

Etwas nördlich von hier liegt **Stanley Beach**, der sich zwar nicht zum Schwimmen eignet, aber großartige Restaurants am Meer zu bieten hat. Jenseits der Restaurants steht an der Westseite der Halbinsel ein weiterer alter **Tin Hau Temple**, der 1767 erbaut wurde. Im Inneren des Heiligtums befindet sich das Fell eines großen Tigers, der hier 1942 erlegt wurde – nichts könnte treffender aufzeigen, wie sehr sich diese Gegend verändert hat.

In der Umgebung des Tempels liegen die Stanley Plaza mit zahlreichen Geschäften, ein Dorfplatz und das **Murray House** an der Küste. Die zweistöckige Villa zählt zu den ältesten Kolonialgebäuden Hongkongs und wurde von ihrem ursprünglichen Standort in Central hierher verlegt, nachdem es der *Bank of China* weichen musste. Heute beherbergen seine Kolonnaden stilvolle Geschäfte, Bars und Restaurants sowie eine Ausstellung zur Geschichte des Gebäudes.

In entgegengesetzter Richtung führt ein rund zehnminütiger Spaziergang über die Wong Ma Kok Road nach Süden zum St. Stephen's Beach, der über eine unmittelbar hinter dem Sportplatz nach rechts hinunterführende Treppe zugänglich ist. Die Wong Ma Kok Road führt weiter zum **Stanley Military Cemetery** mit den Gräbern zahlreicher Widerstandskämpfer, die im Zweiten Weltkrieg im Kampf gegen die japanischen Besatzer fielen, und schließlich zum Hochsicherheitsgefängnis Stanley Prison. Der äußerste Süden der Halbinsel ist militärisches Sperrgebiet.

Stanley ist von Central aus mit den Bussen Nr. 6 und 260 sowie von Aberdeen bzw. Repulse Bay mit Bus Nr. 73 zu erreichen.

Shek O

Im äußersten Südosten der Insel liegt Shek O, die abgelegenste Siedlung Hongkongs, die unglaublicherweise noch immer das Gefühl von „Unberührtheit" vermittelt, falls so etwas in Hongkong überhaupt möglich ist. Eine starke Brandung klatscht an den breiten, weißen **Strand**, an dem mit Weinspalieren ein geschützter Grillbereich abgetrennt wurde. Unter der Woche präsentiert sich der Strand so gut wie menschenleer, er lädt zum Sonnenbaden und zum Mittagessen in einem der preiswerten Restaurants ein. Shek O ist auch ein beliebtes Wanderziel mit atemberaubenden Ausblicken. Der *HKTB* hält Informationen zum Hong Kong Trail bereit, der die D'Aguilar-Halbinsel durchquert.

Der Strand ist nicht zu verfehlen. Er beginnt nur wenige Gehminuten östlich der Bushaltestelle hinter dem Kreisverkehr. Wer sich zunächst den Ort anschauen möchte, sollte in dem ausgezeichneten Thai-Restaurant mit Tischen und Stühlen unter freiem Himmel einkehren, das unmittelbar vor dem Kreisverkehr zur Linken zu sehen ist. Eine kleine Gasse führt links ab mitten durch den Restaurantbereich zu einem Tempel und im weiteren Verlauf zu mehreren Läden und Verkaufsständen.

Einer der Hauptgründe für einen Besuch von Shek O ist die Fahrt dorthin. Sie beginnt im Viertel **Shau Kei Wan** an der Nordostküste von Hong Kong Island, das sowohl mit der Straßenbahn als auch mit der MTR zu erreichen ist. Am Busbahnhof neben der U-Bahn-Station nimmt eine großartige, halbstündige Fahrt mit dem Bus Nr. 9 durch eine bergige Landschaft nach Shek O ihren Anfang. Unterwegs sieht man das glitzernde Wasser des Tai Tam Reservoir, danach weit im Südwesten den Ort Stanley und schließlich Shek O selbst, das unten an der Küste wie ein mediterranes Dorf ins Blickfeld rückt.

Die MTR-Station Shau Kei Wan ist auch Ausgangspunkt für eine Besichtigung des ausgezeichneten **Coastal Defence Museum** in der 1887 errichteten Festung Lei Yue Mui (Exit B1, dann zehn Minuten zu Fuß über die Shau Kei Wan Street East und in die Tun Hei Road abbiegen). Das Museum bietet einen Überblick über Hongkongs Geschichte der Küstenverteidigung von der Ming-Dynastie bis zur Rückgabe an China. In der Umgebung eröffnen sich gute Wandermöglichkeiten durch die Felsen und zum Wasser. ⌚ tgl. außer Mi 10–17 Uhr.

Kowloon

Als 4 km langer Streifen Festland, den sich die Briten 1860 einverleibten und ihrem Inselbesitz vor der Küste hinzufügten, war Kowloon ein Teil des Territoriums, das Großbritannien „dauerhaft" überlassen und dementsprechend voller Enthusiasmus und Zuversicht bebaut wurde. Mit Landgewinnungsmaßnahmen und aufgrund der schwindenden Bedeutung der Grenze zu den New Territories hat es Kowloon über die Jahre mit Ach und Krach geschafft, die riesigen Menschenmassen aufzunehmen, die in immer größerer Zahl auf die Halbinsel am **Victoria Harbour** strömten. Heute zählen mit hoch aufragenden Mietskasernen eng bebaute Viertel wie Mongkok zu den am dichtesten besiedelten Ballungsgebieten der Welt.

Wird der Effekt urbaner Klaustrophobie auf Hong Kong Island noch durch Berge und Strände gemildert, gibt es in Kowloon immer nur noch mehr Geschäfte, noch mehr Restaurants und noch mehr Hotels. Es ist nicht leicht zu begreifen, warum ein derart ungebremst bebauter, überbevölkerter und gnadenlos kommerzieller Moloch wie dieser auch nur die geringste Anziehungskraft auf die internationale Traveller-Gemeinde ausüben sollte – und dennoch lockt Kowloon sie in Scharen an. Einer der Gründe ist darin zu suchen, dass die Halbinsel die beste Aussicht auf die Skyline von Hong Kong Island bietet. Besonders bei Dunkelheit zählt der Blick über den Hafen auf die Insel, wo sich ein Wolkenkratzer an den nächsten reiht, zu den herausragenden Stadtansichten auf dem Globus.

Neben diesem unvergesslichen Panorama sind es die neonglitzernden Straßen voller Hotels und Restaurants in **Tsim Sha Tsui**, von denen die Besucher nach Kowloon gelockt werden. Dieser rund

Übernachtung:

Anne Black Guesthouse (YWCA)	**1**
Booth Lodge	**4**
Chungking Mansions	**9**
Holiday Inn Golden Mile	**8**
Mirador Mansions	**7**
New King's Hotel	**3**
Peninsula	**11**
Salisbury YMCA	**10**
Star Guesthouse	**5**
STB Hostel (HK)	**2**
Victoria Hostel	**6**

Essen:

Au Trou Normand	**F**
Celestial Court Chinese Restaurant	**J**
Great Shanghai	**E**
Jade Garden	**K**
Macau Restaurant	**A**
Mint	**D**
Peking Restaurant	**B**
Ruth's Chris Steak House	**G**
Spring Deer	**H**
Tang Court	**I**
Tutto Bene	**C**

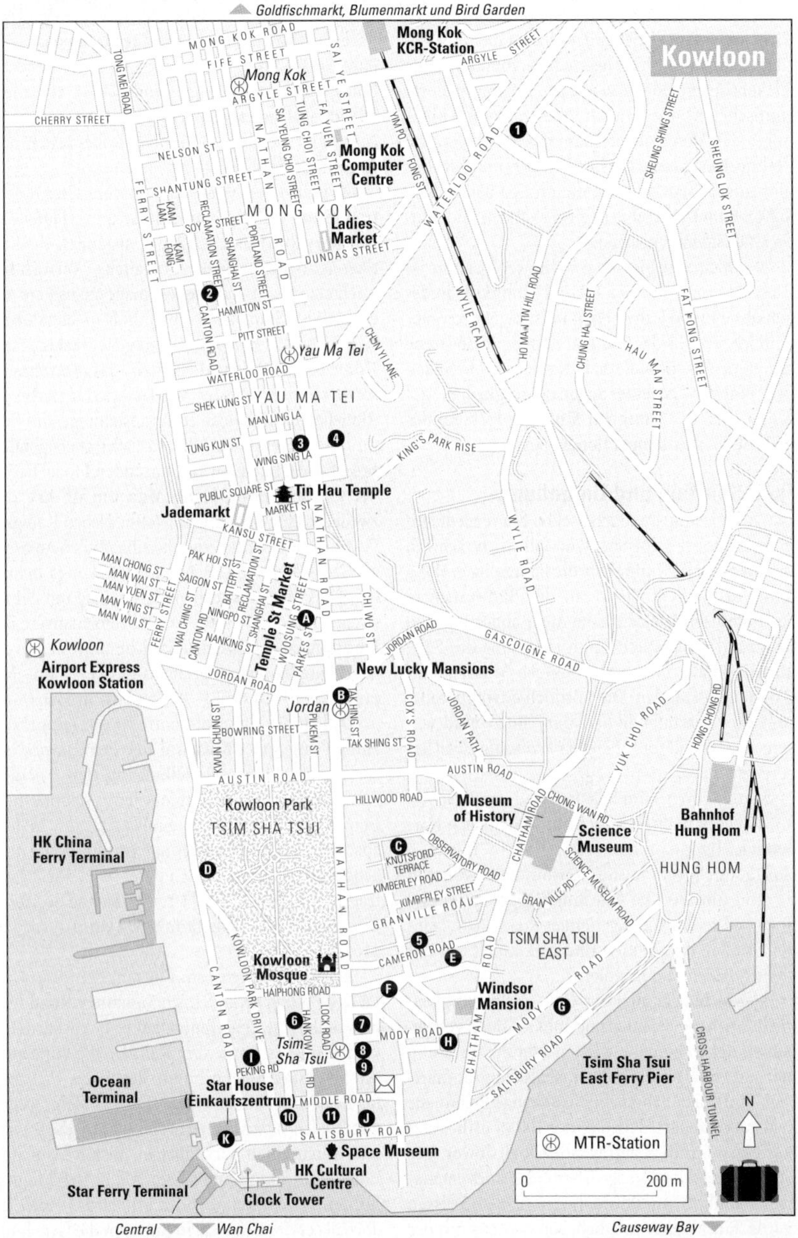
Goldfischmarkt, Blumenmarkt und Bird Garden
Kowloon
Mong Kok KCR-Station
Mong Kok
Mong Kok Computer Centre
MONG KOK
Ladies Market
Yau Ma Tei
YAU MA TEI
Tin Hau Temple
Jademarkt
Temple St Market
Kowloon
Airport Express Kowloon Station
New Lucky Mansions
Jordan
Kowloon Park
TSIM SHA TSUI
HK China Ferry Terminal
Museum of History
Science Museum
Bahnhof Hung Hom
HUNG HOM
TSIM SHA TSUI EAST
Kowloon Mosque
Windsor Mansion
Tsim Sha Tsui
Tsim Sha Tsui East Ferry Pier
Ocean Terminal
Star House (Einkaufszentrum)
Space Museum
HK Cultural Centre
Star Ferry Terminal
Clock Tower
MTR-Station
0
200 m
N
MONG KOK ROAD
FIFE STREET
ARGYLE STREET
TONG MEI ROAD
CHERRY STREET
SAI YE STREET
TUNG CHOI STREET
FA YUEN STREET
SAI YEUNG CHOI STREET
NATHAN ROAD
NELSON ST
SHANTUNG STREET
FERRY STREET
KAM LAM
KAM FONG
RECLAMATION STREET
SOY STREET
SHANGHAI ST
PORTLAND STREET
DUNDAS STREET
HAMILTON ST
CANTON ROAD
PITT STREET
WATERLOO ROAD
YIM PO FONG ST
WYLIE ROAD
HO MAN TIN HILL ROAD
CHUNG HAU STREET
HAU MAN STREET
FAT KWONG STREET
SHEUNG SHING STREET
SHEUNG LOK STREET
CHI WO ST
CHUN YI LANE
SHEK LUNG ST
MAN LING LA
TUNG KUN ST
WING SING LA
KING'S PARK RISE
PUBLIC SQUARE ST
MARKET ST
KANSU STREET
MAN CHONG ST
MAN WAI ST
MAN YUEN ST
MAN YING ST
MAN WUI ST
PAK HOI ST
SAIGON ST
BATTERY ST
WAI CHING ST
NINGPO ST
NANKING ST
WOOSUNG ST
PARKES ST
JORDAN ROAD
GASCOIGNE ROAD
TAK HING ST
KWUN CHUNG ST
BOWRING STREET
PILKEM ST
TAK SHING ST
COX'S ROAD
JORDAN PATH
YUK CHOI ROAD
HONG CHONG RD
AUSTIN ROAD
HILLWOOD ROAD
CHATHAM ROAD
CHONG WAN RD
KNUTSFORD TERRACE
OBSERVATORY ROAD
SCIENCE MUSEUM ROAD
KIMBERLEY ROAD
KIMBERLEY STREET
GRANVILLE ROAD
GRANVILLE RD
CAMERON ROAD
KOWLOON PARK DRIVE
HAIPHONG ROAD
HANKOW RD
LOCK ROAD
MODY ROAD
PEKING RD
SALISBURY ROAD
MIDDLE ROAD
CROSS HARBOUR TUNNEL
Central
Wan Chai
Causeway Bay

2 km² große Bezirk an der Spitze der Halbinsel wirkt außerdem anziehend, weil sich hier eine beträchtliche Immigrantengemeinde vom indischen Subkontinent niedergelassen hat. Hochburg dieser ethnischen Minderheit sind die Chungking Mansions, das Hongkonger Eldorado für preiswerte Übernachtung mit einer herrlich stimmungsvollen Einkaufspassage, wo sich die großen asiatischen Kulturen im Dunstschleier aus Gewürzen und Räucherstäbchen vermischen.

Nördlich von hier liegen die weniger touristischen Bezirke **Yau Ma Tei** und **Mongkok**, in denen das einheimische Leben pulsiert. Noch weiter nördlich, jenseits der Boundary Street – also streng genommen knapp außerhalb Kowloons –, befinden sich einige verstreute Sehenswürdigkeiten, darunter auch der **Wong Tai Sin Temple**, einer der meistbesuchten Tempel Hongkongs.

Tsim Sha Tsui und Umgebung

Die Orientierung im touristischen Nervenzentrum Hongkongs, in Tsim Sha Tsui, fällt nicht schwer. Der Star Ferry Terminal für die Fähren nach Hong Kong Island liegt direkt an der Südwestspitze der Halbinsel. Auf dem dem Meer abgerungenen Baugrund sind östlich von hier entlang des Südufers mehrere moderne Hightech-Museen und Galerien entstanden. Die nördlich davon parallel zum Ufer verlaufende Salisbury Road wird von dem entzückend traditionellen *Peninsula Hotel* beherrscht.

Mitten durch Tsim Sha Tsui und den Rest von Kowloon hindurch zieht sich von Süden nach Norden die Haupteinkaufsstraße Nathan Road. In Hongkongs berühmtester Konsummeile wimmelt es rund um die Uhr von Kauflustigen. Auch die links und rechts von der Nathan Road abzweigenden Straßen und Gassen sind gerammelt voll mit kleinen Läden und Händlern.

Angesichts der aberwitzigen Geschwindigkeit, mit der sich die Veränderungen in Kowloon vollziehen, mutet es beinahe wie ein Wunder an, wenn man auf etwas trifft, das älter ist als ein paar Jahre. Und tatsächlich haben ein paar wenige Relikte die Zeiten überdauert, darunter der 100 m östlich des Star Ferry Terminal aufragende **Clock Tower**. Der Uhrenturm ist das einzige Überbleibsel des ehemaligen Bahnhofs von Kowloon, der 1978 abgerissen wurde. Einst war es möglich, von hier aus mit der Eisenbahn über die Mongolei und Russland bis nach Europa zu fahren. Die Uferpromenade verläuft östlich davon – immer mit fantastischen Ausblicken auf Hong Kong Island. Sie ist vor allem abends als Flaniermeile sehr beliebt, wenn sich die Menschen hier zum Bummeln, Rollerskaten und Angeln versammeln.

Zwischen dem westlichen Abschnitt der Hafenpromenade und der nördlich davon verlaufenden Salisbury Road sind Gebäude entstanden, die Kritiker als Tsim Sha Tsuis verzweifelten Versuch betrachten, sich ein kulturelles Image zuzulegen. Am ehemaligen Standort des Bahnhofs nicht zu übersehen ist die auffällig geschwungene Dachlinie des **Hong Kong Cultural Centre**, das Konzertsäle sowie mehrere Theater und Galerien beherbergt. Aktuelle Informationen zu Veranstaltungen im Cultural Centre enthalten die im Foyer ausliegenden Broschüren. In einem angrenzenden Flügel befindet sich das **Hong Kong Museum of Art**, das zweifellos eine Besichtigung lohnt. Neben Kalligrafie, Schriftrollen und einer faszinierenden Auswahl an Gemälden zur Geschichte Hongkongs beherbergt das Museum auch eine Abteilung mit chinesischen Antiquitäten, die weitaus informativere Beschriftungen in englischer Sprache aufweist als vergleichbare Museen in Festland-China. ⏲ Mo– Mi, Fr und Sa 10–18, So 13–18 Uhr, Eintritt $20.

Östlich des Cultural Centre ist die Kuppel des **Hong Kong Space Museum** zu erkennen, eine besucherfreundliche Ausstellung zu den Themen Astronomie und Weltraumforschung. Hauptattraktion ist das Space Theatre, ein Planetarium, in dem spannende Vorführungen auf Großbildschirmen geboten werden (Uhrzeiten unter ✆ 27342722 erfragen). ⏲ Mo und Mi–Fr 13–21, Sa und So 10–21 Uhr, Eintritt $10, Planetarium $32 extra, ermäßigt $16.

Auf der nördlich vom Cultural Centre in Ost-West-Richtung verlaufenden **Salisbury Road** drehen zahlreiche chauffeurgelenkte Luxuskarossen vom Typ Rolls Royce ihre Runden, die zur Flotte des *Peninsula Hotel* gehören. Bevor das Ufer und folglich die Bebauung einige Hundert Meter weiter nach Süden verschoben wurden, glänzte das *Peninsula* durch einen vorzüglichen Ausblick auf den Hafen und Hong Kong Island. Als Entschädigung für den verlorenen Ausblick erhielt das Hotel jedoch als erstes Gebäude in Kowloon die Genehmigung, die bis dahin geltende Höchstgrenze von 20 Stockwerken zu überschreiten, sodass sich hinter dem alten Gebäude inzwischen ein neuer Turm in die Höhe schraubt. Es muss nicht betont werden, dass die Zimmer hier sehr teuer sind, doch lohnt es sich, für ein Mittagessen oder einen Nachmittagstee in der Lobby einzukehren, sofern man angemessen gekleidet ist.

Östlich des *Peninsula Hotel* zweigt von der Salisbury Road in nördlicher Richtung die **Nathan Road** ab. Auch wenn die Straße keineswegs schön ist, zieht sie Einheimische und Besucher immer wieder in ihren Bann, denn hier befindet sich Hongkongs größte Konzentration an Elektronikgeschäften, Schneidereien, Schmuckläden und Modeboutiquen. Die Warenvielfalt verschlägt einem schier den Atem. Der als „Goldene Meile" bezeichnete, südliche Abschnitt der Nathan Road ist heutzutage weiß Gott keine billige Einkaufsadresse mehr. Unzählige Touristen fielen hier schon dem Nepp zum Opfer (s.S. 599, Einkaufen).

Ein weniger fein herausgeputzter, dafür aber sehr exotischer Abschnitt der Nathan Road ist der gigantische, 200 m nördlich der Kreuzung Salisbury Road gelegene Komplex **Chungking Mansions** (s.S. 588, Übernachtung). Die Einkaufspassagen in den beiden untersten Stockwerken gleichen einem dampfenden Kessel aus internationalen Geschäften, indischen Restaurants und düsteren Ecken, die sich in dem unergründlichen Kern des Gebäudes verlaufen – ein interessanter Kontrast zu den sterilen und klimatisierten Shopping-Malls im übrigen Hongkong. Unweit nördlich der Chungking Mansions dehnt sich der **Kowloon Park** aus. 🕒 tgl. 6–24 Uhr.

An seiner südöstlichen Ecke steht das mit einer weißen Kuppel versehene **Kowloon Mosque and Islamic Centre**. Der Komplex dient der beträchtlichen Anzahl moslemischer Einwohner Kowloons als religiöses Zentrum und darf von Touristen nur mit einer Sondererlaubnis betreten werden, ✆ 27240095. Die Grünanlage selbst bietet eine willkommene Erholung von den erbarmungslosen Betonschluchten Tsim Sha Tsuis, ist aber seltsamerweise von der Straße aus gar nicht zu sehen, sondern nur über eine Treppe von der Nathan Road aus zugänglich. Im Park gibt es ein Hallenfreibad von olympischen Ausmaßen, 🕒 tgl. 8–12, 13.30–18 und 7.30–22 Uhr, Eintritt $19. Außerdem verfügt die Anlage über ein Vogelhaus, eine Skulpturenpromenade und eine Piazza.

Einige Blocks östlich der Nathan Road liegt an der Adresse 100 Chatham Road das **Hong Kong Museum of History** mit einer ständigen Ausstellung zur Geschichte der Sonderverwaltungsregion und zahlreichen wechselnden Ausstellungen. 🕒 Mo und Mi–Sa 10–18, So 10–19 Uhr, Eintritt $10.

Das Viertel jenseits der Chatham Road mit exklusiven Hotels und Einkaufspassagen nennt sich **Tsim Sha Tsui East**. Es verdankt seine Existenz einem weiteren riesigen Landgewinnungsprojekt. Vom Star Ferry Terminal führt ein empfehlenswerter Spaziergang an der Uferpromenade Richtung Osten durch dieses Viertel und anschließend in nordöstlicher Richtung bis nach **Hung Hom**, wo sich der imposante Bahnhof für die Züge nach Guangzhou befindet.

Das **Hong Kong Science Museum** liegt ebenfalls in diesem Bezirk an der Adresse 2 Science Museum Road. Zu den Hauptattraktionen des 1998 eröffneten Technikmuseums zählt neben der 20 m hohen „Energy Machine" auch ein schöner Bereich für Kinder. 🕒 Di–Fr 13–21, Sa, So und Feiertage 10–21 Uhr, Eintritt $25.

Yau Ma Tei und Mongkok

In mancher Hinsicht präsentiert sich Kowloon nördlich des Touristenghettos Tsim Sha Tsui lohnenswerter, weil es dort zum Beispiel authentischere chinesische Viertel und interessantere Märkte gibt. Das von Wohnsilos und belebten Straßen dominierte Viertel Yau Ma Tei, dessen Name „Ort der Sesampflanzen" bedeutet (was angesichts des heutigen Erscheinungsbildes etwas in die Irre führt), platzt fast aus allen Nähten. Es beginnt nördlich der Jordan Road, wobei die interessantesten Straßen westlich der Nathan Road liegen. Wem der etwa 20-minütige Fußweg von Tsim Sha Tsui zu lang erscheint, kann auch mit der MTR fahren. Eine Fährverbindung zwischen Yau Ma Tei und Central hat ihren Ausgangspunkt am Jordan Road Ferry Pier.

Die zwei Blocks westlich der Nathan Road von der Jordan Road nach Norden abzweigende Temple Street beherbergt jeden Abend ab 19 Uhr einen sehr lebendigen **Nachtmarkt**, dessen Stände trotz des Namens bereits am frühen Nachmittag öffnen. Zu kaufen gibt es billige Textilien, Uhren, CDs, Cassetten und Souvenirs, man kann sich auch die Zukunft vorhersagen lassen, großartige Meeresfrüchte an einem der Straßenstände probieren und mit etwas Glück sogar in den Genuss einer improvisierten chinesischen Oper kommen.

Ein bis zwei Minuten nördlich von hier steht nur ein kleines Stück abseits der Nathan Road der örtliche **Tin Hau Temple**, versteckt zwischen Public Square Street und Market Street ein paar Gehminuten südlich der MTR-Station Yau Ma Tei. Vom Höllenlärm des städtischen Treibens umgeben, kauert der alte Tempel zu Ehren der Meeresgöttin in einem kleinen Betonpark, in dem sich scharenweise Senioren beim *Mahjongg* unter den Banyan-Bäumen die Zeit vertreiben.

Östlich des Tin Hau Temple und jenseits der Unterführung der Gascoigne Road breitet sich an der Kreuzung von Kansu Street und Battery Street der **Jademarkt** aus. Rund 450 Stände bieten in zwei verschiedenen Bereichen eine erstaunliche Vielfalt an Gegenständen an: Souvenirschmuck, Familienerbstücke aus Jade, Kristall, Quarz und anderen Steinen – ein perfekter Ort zum Stöbern. ⏲ tgl. 9–18 Uhr.

In der Nähe befindet sich in der Tung Choi Street, zwischen Argyle Street und Dundas Street, der so genannte **Ladies' Market**, wo haufenweise billige Klamotten, Schmuck, Spielzeug und Taschen verscherbelt werden. ⏲ tgl. 12–22.30 Uhr.

Östlich der Nathan Road, an der Kreuzung Nelson Street und Fa Yuen Street, wird im **Mongkok Computer Centre** teilweise spottbillige Software auf CD angeboten, die aber zu einem Großteil aus Raubkopien besteht und daher streng genommen illegal ist; bei der Einfuhr in die Heimat ist bei derartigen Produkten auf jeden Fall Vorsicht geboten. Unweit von hier werden auf dem **Goldfischmarkt** an der Ecke Fa Yuen Street und Bute Street Aquarien, Korallen, exotische Zierfische sowie einige ambivalente Kaufobjekte wie Schlangen, Echsen und Schildkröten angeboten.

Einige Hundert Meter weiter in Richtung MTR-Station Mongkok breiten sich nördlich der Prince Edward Road zwei weitere entzückende Märkte aus: der **Blumenmarkt**, ⏲ tgl. ab 10 Uhr, in der Flower Market Street und der **Bird Garden**, ⏲ tgl. 7–20 Uhr, am östlichen Ende derselben Straße auf Höhe der Eisenbahnüberführung. Der Blumenmarkt ist besonders sonntags und in der Vorbereitungszeit auf das chinesische Neujahrsfest interessant, wenn viele Menschen hier Narzissen, Orangenbäume und Pflaumenblüten einkaufen, um damit ihre Wohnungen zu schmücken, weil das Glück bringt. Der Vogelmarkt wurde 1997 aus einigen übel riechenden Gassen an der Nathan Road an diesen eigens dafür errichteten Standort in Mongkok verlegt. Über 70 Stände mit Singvögeln stehen in einem chinesischen Garten mit Bäumen und Sitzgelegenheiten. Elegant gemeißelte Marmortafeln zeigen Abbildungen der Vögel in der freien Natur. Neben dem Federvieh, das mitsamt ausgefeilt konzipierter Bambuskäfige verkauft wird, gibt es auch lebendige Grillen als Vogelfutter zu kaufen. Viele Hongkonger bringen ihre eigenen Singvögel mit an die frische Luft. Der Markt bietet auf jeden Fall interessante Einblicke in einen traditionellen Bereich des chinesischen Lebens, der spirituell Lichtjahre von Tsim Sha Tsui entfernt liegt.

Die Randgebiete von Kowloon

Ein paar Hundert Meter nördlich von Mongkok markiert die in Ost-West-Richtung verlaufende **Boundary Street** die Grenze zwischen Kowloon und den New Territories. Diese Grenze besitzt heutzutage aber so gut wie keine Relevanz mehr. Ein gutes Stück nordöstlich liegt der mit Abstand größte Besuchermagnet dieser Gegend, der **Wong Tai Sin Temple**. Der florierende daoistisch-buddhistisch-konfuzianische Tempel zieht mehr Gläubige an als irgendein anderer Tempel Hongkongs. Sehr groß, sehr hell und sehr farbenfroh vermittelt das Gotteshaus einen Einblick in die Praktiken der modernen chinesischen Volksreligion: leidenschaftliches Hinknien, strenger Weihrauchgeruch, lautes Rasseln mit Bambusstäbchen und Darbringung von Speisen und Getränken als Opfer für die daoistischen Gottheiten. Zahlreiche Wahrsager, von denen einige auch Englisch sprechen, haben ihre Stände zur Rechten des Eingangs; für rund $200 lesen sie aus der Hand, für etwa die Hälfte aus dem Gesicht. Der Tempel ist direkt von der MTR-Station Wong Tai Sin (Exit B) zu erreichen. ⏲ tgl. 7–17.30 Uhr, kleine Spende wird erwartet.

Nordwestlich von Mongkok liegen in der entgegengesetzten Richtung des Wong Tai Sin Temple noch zwei weitere Sehenswürdigkeiten. Das **Lei Cheng Uk Branch Museum**, ein Ableger des Museum of History (s.S. 575), wurde auf einem über 2000 Jahre alten Grab aus der Zeit der Han-Dynas-

Repulse Bay; Hongkong

Aberdeen; Hongkong

Blick vom Victoria Peak, Hongkong

Statuen im Kloster Po Lin, Insel Lantau; Hongkong

Huldigende im Kloster Wong Tai Si; Hongkong

tie errichtet, das 1955 von Arbeitern freigelegt worden war. Die mit Abstand älteste in Hongkong entdeckte Kulturstätte ist einer der wenigen Beweise für die frühe Präsenz der Chinesen in dieser Gegend. Interessant ist es, die Fotos von der Stätte aus den 50er Jahren (Reisfelder und grüne Hügel) mit den Hochhäusern zu vergleichen, die heute an derselben Stelle stehen. Das Museum ist von der MTR-Station Chang Shan Wan (Exit A2) aus zu erreichen. Nach fünf Minuten Fußweg über die Tonkin Street erscheint es auf der linken Seite. ⌚ Mo–Mi, Fr und Sa 10–13 und 14–18, So 13–18 Uhr, Eintritt frei.

Noch etwas weiter außerhalb liegt die **Chi Lin Nunnery**, ein eleganter Holztempel, der nach traditioneller chinesischer Bauweise ohne einen einzigen Nagel im Stil der Tang-Dynastie errichtet wurde. Pavillons, Blumengärten und sieben Säle verteilen sich auf ein 3 ha großes Gelände. Das Kloster liegt fünf Gehminuten von der MTR-Station Diamond Hill (Exit 2) entfernt. ⌚ tgl. 9–15.30 Uhr, Eintritt frei, Gärten 6.30–19 Uhr, Eintritt frei, kleine Spende wird erwartet.

New Territories

Viele Menschen fliegen nach Hongkong und verlassen die Stadt wieder, ohne überhaupt gemerkt zu haben, dass das Gebiet aus mehr besteht als nur der Stadt – ein bedauerlicher Fehler, denn die so genannten New Territories zählen zu den landschaftlich schönsten und traditionellsten chinesischen Gegenden Hongkongs. Sie erstrecken sich auf 794 km² südlich der chinesischen Provinz Guangdong und weisen alte Landstraßen und Dörfer, Wasserbüffel, Berge und Täler auf – und dazwischen die boomenden New Towns, Satellitenstädte mit inzwischen insgesamt über drei Millionen Einwohnern.

Der größte Reiz dieses Landstriches geht von den ländlichen Gebieten aus, in denen mehrere so genannte Country Parks als Landschaftsschutzgebiete ausgewiesen sind, darunter die erstaunlich unberührte **Sai-Kung-Halbinsel** im Osten mit ausgezeichneten Wanderwegen und einsamen Stränden. Ambitionierte Wanderer können auf dem **MacLehose Trail** auf Schusters Rappen die gesamte Halbinsel erkunden. Einige der kleinen Städte lohnen ebenfalls einen Abstecher, zum Beispiel wegen ihrer Relikte aus vergangener Zeit wie die ummauerten Dörfer bei **Kam Tin** oder das Heritage Museum in **Sha Tin**.

Die Fortbewegung innerhalb der New Territories könnte bequemer nicht sein. Alle größeren Orte werden durch häufig verkehrende Busse miteinander verbunden, die Untergrundbahn MTR reicht bis nach Tsuen Wan, und die Eisenbahn KCR passiert auf ihrem Weg nach Norden Sha Tin, Chinese University und Tai Po. Außerdem bestehen Fährverbindungen nach Hong Kong Island, darunter auch die schnelle Hoverferry, die nur eine halbe Stunde für die Strecke von Central nach Tuen Mun benötigt. Tuen Mun ist auch Endstation der modernen Straßenbahn LRT *(Light Rail Transit)*, die nach Norden bis Yuen Long führt.

Einen Eindruck von den New Territories verschafft bereits ein **Tagesausflug** auf eigene Faust, doch lohnt es sich auch, das Angebot einer organisierten *HKTB*-Tour ($385, Kinder $335) in Betracht zu ziehen, die täglich stattfindet, sechs Stunden dauert und ein Mittagessen beinhaltet. Angesicht der dabei zurückgelegten Entfernungen handelt es sich wahrscheinlich um eine der günstigsten und preiswertesten Touren dieser Art. Die Website des Veranstalters (💻 www.discoverhongkong.com) enthält Einzelheiten zum ständigen Programm unter dem Slogan „City of Life: Hong Kong is it!", das alle 18 Hongkonger Bezirke umfasst und auch aktuelle Tipps zu Festivals, Restaurants und Touren bereithält.

Eine lohnenswerte, mehrstündige Rundfahrt mit öffentlichen Verkehrsmitteln in Eigenregie wäre beispielsweise folgende: Start an der Bushaltestelle Jordan Road Ferry Bus Terminus in Kowloon (erreichbar mit dem Bus Nr. 8 von Tsim Sha Tsui), dann Bus Nr. 60X zum Busbahnhof Tuen Mun, Fahrt mit der LRT Richtung Norden bis zur Endstation in Yuen Long, anschließend Bus Nr. 76K zum Busbahnhof Sheung Shui im Norden der New Territories und schließlich mit der Eisenbahn KCR zurück nach Kowloon.

Der Westen

Tsuen Wan im Westen der New Territories ist eine von Hongkongs New Towns – eine Satellitenstadt, die innerhalb der letzten 25 Jahre auf dem Reißbrett entstanden ist, um einen Teil der ständig wachsenden Bevölkerung aufzunehmen. Mit beinahe einer Million Einwohnern bietet Tsuen Wan inzwischen die Infrastruktur einer modernen Großstadt und ist folgerichtig von Downtown Hongkong aus problemlos mit der MTR oder den aus Central kommenden Schnellbooten zu erreichen. Wer sich für eine solche New Town interessiert (und für die Lebensart eines Großteils der Hongkonger Bevölkerung), findet in Tsuen Wan einen idealen Ausgangspunkt für Entdeckungen.

Eine äußerst empfehlenswerte Sehenswürdigkeit mitten in Tsuen Wan ist das **Sam Tung Uk Museum**, im Grunde genommen ein restauriertes, 200 Jahre altes ummauertes Dorf, wie es für diesen Teil Südchinas typisch ist. Es wurde ursprünglich 1786 von dem Hakka-Clan Chan gegründet, der hier – man glaubt es kaum – bis in die 70er Jahre des 20. Jahrhunderts ansässig war. Inzwischen wurden die Häuser mitsamt ihren ursprünglichen Einrichtungsgegenständen renoviert, und diverse Ausstellungen zeichnen Aspekte des Lebens der Hakka nach. Das Museum ist ab der MTR-Station Tsuen Wan ausgeschildert und liegt etwa zehn Gehminuten entfernt. 🕓 tgl. außer Di 9–17 Uhr, Eintritt frei.

Zwei Blocks südlich der MTR-Station in Richtung Küste liegt in der Shiu Wo Street (die Maxicab-Linie 81 fährt bis ins benachbarte Lo Wai Village) das **Yuen Yuen Institute**. Es handelt sich um einen großen Tempelkomplex, der den drei in Hongkong praktizierten Hauptreligionen – Buddhismus, Daoismus und Konfuzianismus – gewidmet ist und dessen größtes Bauwerk eine Kopie des Himmelstempels in Beijing darstellt. Hauptanziehungspunkte dieser Anlage sind jedoch ihre sehr schöne Lage am Berg sowie ein ausgezeichnetes vegetarisches Restaurant.

Für die Weiterfahrt von Tsuen Wan bieten sich die vom Busbahnhof gegenüber der MTR-Station abfahrenden Busse 60M und 68M nach **Tuen Mun** an, einer weiteren riesigen New Town. Deren Hauptattraktion trägt den wohlklingenden Namen *Gold Coast Development* und beherbergt Hongkongs größte Shopping-Mall, ein Resorthotel, einen Jachtclub und ein Konferenzzentrum.

Als Alternative von Tsuen Wan empfiehlt sich eine Fahrt mit dem an der Überführung unmittelbar nördlich der MTR-Station haltenden Bus Nr. 51 Richtung Norden nach Kam Tin. Die spektakuläre Fahrt führt direkt am höchsten Berg Hongkongs vorbei, dem **Tai Mo Shan**, der mit 957 m fast doppelt so hoch ist wie der Victoria Peak auf Hong Kong Island. Wer den Gipfel besteigen möchte, kann an der Haltestelle am Fuße des Berges aussteigen und dem ausgeschilderten Weg nach oben folgen. Die Haltestelle ist auch ein guter Anschlusspunkt für eine Wanderung über den direkt hier vorbeiführenden Langstreckenwanderweg MacLehose Trail.

Kam Tin

Das Städtchen Kam Tin ist in ganz Hongkong bekannt wegen **Kat Hing Wai**, einem der letzten noch bewohnten ummauerten Dörfer der ehemaligen Kronkolonie. Das Dorf ($1 Spende am Eingang) stammt aus dem späten 17. Jahrhundert, als sich ein Zweig des Tang-Clans hier niederließ. Es verfügt noch immer über seine dicken 6 m hohen Mauern und Wachtürme, während vom ehemaligen Wassergraben nicht mehr viel zu sehen ist. Innerhalb der Mauern verläuft eine breite Gasse mitten durch den Ort, von der wiederum winzige Gässchen abzweigen. Ein paar Souvenirverkäufer und betagte Hakka-Frauen in ihren traditionellen, breitkrempigen Hüten ersuchen Besucher nachdrücklich um weitere Spenden – im Vergleich zu Hongkong eröffnet sich hier eine völlig andere Welt. Die Anfahrt erfolgt mit dem Bus Nr. 51, Ausstieg in Kam Tin, einige Minuten Fußweg nach Westen (in Fahrtrichtung des Busses), und schließlich erscheint das Dorf von der Hauptstraße aus sichtbar zur Linken.

Mit der KCR durch den Norden

Eine ganze Reihe verschiedener Ausflugsmöglichkeiten eröffnet sich bei einer Fahrt mit der Kowloon-Canton Railway (KCR), die sich von Kowloon aus nach Norden durch die New Territories Richtung chinesisches Festland schlängelt. Zwischen den schnell wachsenden Satellitenstädten finden sich hier noch Spuren alteingesessener Hakka-Gemeinden, deren Frauen an den auffällig weiten, schwarzen Hosen und den schweren Hüten mit ausladender Krempe leicht zu erkennen sind. Wer nur für einen Tagesausflug Zeit hat, wird sich möglicherweise mit einem Besuch der New Towns Sha Tin und Sheung Shui begnügen müssen; wer dagegen etwas tiefer in diesen urtümlichen Landstrich eintauchen möchte, benötigt schon etwas mehr

Zeit. So lässt sich beispielsweise für eine unbedingt empfehlenswerte Wanderung im Plover Cove Country Park ohne Weiteres ein ganzer Tag veranschlagen.

Sha Tin

Die erste bedeutende Haltestation ist die boomende New Town Sha Tin, den Hongkongern am besten bekannt als Standort der zweiten **Pferderennbahn** des Territoriums, wo sich an den Renntagen der Saison die Wettbegeisterten die Kehle aus dem Hals schreien (Einzelheiten über die vom *HKTB* angebotene Pferderennentour s.S. 603, Touren „Come Horse-racing Tour").

Für Touristen ist die Hauptattraktion von Sha Tin jedoch das **Heritage Museum**, 1 Man Lam Road, ✆ 21808188, 💻 www.heritagemuseum.gov.hk. Es liegt nur 15 Gehminuten von der New Town Plaza am KCR-Bahnhof Sha Tin entfernt (ein guter Stadtplan und das Infoblatt des Museums mit Ortsangaben sind im Kundendienst-Center des Kaufhauses *Seiyu* auf der New Town Plaza erhältlich). Ein ausgeschilderter Weg führt durch den Sha Tin Park zum Museum, das eine Vielzahl ständiger und wechselnder Ausstellungen zeigt. Eine der besten beschäftigt sich mit dem Leben in den New Territories im Verlauf der Jahrhunderte und beinhaltet auch den Nachbau eines traditionellen Fischerdorfes. 🕓 Mo und Mi–Sa 10–18, So und Feiertage 10–19 Uhr, Eintritt $10, Mi Eintritt frei.

Andere beliebte Attraktionen sind der in den 60er Jahren des 20. Jahrhunderts erbaute **Tempel der Zehntausend Buddhas**, der zu den interessantesten Einzeltempeln Hongkongs zählt, und die benachbarten Ahnenhallen **Po Fook Ancestral Worship Halls**. Leider hat man bei der Errichtung des Tempels zum Teil die Bauvorschriften missachtet, so dass momentan an Touristen die Empfehlung ausgegeben wird, den Komplex besser nicht zu betreten. Möglicherweise werden die rund 13 000 Buddha-Figuren irgendwann an einem anderen Ort untergebracht. 🕓 tgl. 9–17 Uhr, Eintritt frei.

Vom Tempel aus führt ein Weg weiter den Berg hinauf bis zu einer Terrasse mit einigen kleineren Tempeln, die allerdings vor kurzem geschlossen werden mussten, weil der starke Monsunregen Erdrutsche ausgelöst hatte.

Tai Po und Plover Cove Country Park

Der ein paar KCR-Haltestellen nördlich von Sha Tin gelegene Ort Tai Po ist an sich nicht besonders aufregend, eignet sich aber gut als Ausgangspunkt für schöne Wanderungen durch die reizvolle Landschaft des Schutzgebietes Plover Cove Country Park. Die Anfahrt erfolgt mit dem vor dem KCR-Bahnhof Tai Po Market haltenden Bus Nr. 75K bis zur Endstation in dem kleinen Dorf **Tai Mei Tuk** am Plover-Cove-Stausee. Der ausgeschilderte Rundwanderweg durch den Park dauert ungefähr eine Stunde. Eine Alternative besteht in einem Bummel oder einer Fahrt mit dem Mietfahrrad ($35–60 pro Tag bei verschiedenen Fahrradverleihern in Tai Mei Tuk) über die Landstraße nach **Bride's Pool**, einem schönen Picknick- und Campingplatz mit mehreren natürlichen Wasserbecken und Katarakten in der Umgebung. Eine Wanderung über den 5 km langen **Pat Sin Leng Nature Trail** führt als landschaftlich schöne, wenngleich etwas umständliche Route von Tai Mei Tuk zum Bride's Pool. Der Pool wird an den Wochenenden zum beliebten und bisweilen überlaufenen Ausflugsziel, doch unter der Woche ist es oft ruhig. Auskünfte zu den zahlreichen Wanderwegen in dieser Gegend erteilt der *HKTB* (s.S. 605, Informationen).

Sheung Shui

Sheung Shui liegt nur 3 km südlich der Grenze zum chinesischen Festland und ist damit der letzte KCR-Bahnhof in den New Territories. Besondere touristische Sehenswürdigkeiten gibt es hier nicht, doch Sheung Shui ist insgesamt die Stadt, die in den New Territories am wenigsten von moderner Bebauung heimgesucht wurde. Ein kleiner Bummel durch das Viertel Shek Wu Hui in unmittelbarer Nähe des KCR-Bahnhofs führt zu einem traditionellen Markt mit feilschenden Hakka-Frauen. Sheung Shui ist außerdem durch den Bus Nr. 77K nach Yuen Long und Kam Tin mit dem Westen der Region verbunden.

Der Osten

Der östliche Teil der New Territories mit der Clear Water Bay und der Halbinsel Sai Kung bietet die abgeschiedensten Strände und Wanderwege Hongkongs, die sich jedoch am Wochenende ebenfalls zu füllen beginnen. Wer die Ruhe relativ ungestört genießen möchte, sollte daher in der Woche hinfahren und Verpflegung für ein Picknick mitbringen.

Für beide Ziele ist ein ganzer Tag zu veranschlagen, Ausgangspunkt für eine Anfahrt mit dem Bus ist die MTR-Station Diamond Hill.

Clear Water Bay

Die 40-minütige Busfahrt mit der Nr. 91 von der MTR-Station Choi Hung zur Clear Water Bay vermittelt bereits einen Vorgeschmack auf die zauberhafte Landschaft aus grünen Hügeln am Meer. In der Umgebung der Endhaltestelle **Tai Au Mun** liegen zwei ausgezeichnete, saubere **Strände** mit Blick auf die Clear Water Bay. Südlich der Haltestelle liegt der Ausgangspunkt für eine Wanderung von drei- bis vierstündiger Dauer um die Bucht. Dabei folgt man zunächst der Straße nach Süden über den höchsten Punkt der Klippen bis zum *Clear Water Bay Golf and Country Club*. Um die Tennis-, Schwimm- und Golfanlagen des Luxusclubs nutzen zu können, muss man sich als Besucher der vom *HKTB* angebotenen „Sports and Recreation Tour" anschließen, die $430 kostet zuzüglich der jeweiligen Gebühren für die Nutzung der Anlagen (s.S. 603, Touren).

Vom Parkplatz vor dem Eingang zum Club weisen Schilder den Weg zum wundervoll gelegenen **Tin Hau Temple** in der **Joss House Bay**. Es wird angenommen, dass an dieser Stelle bereits seit über 800 Jahren ein Tempel zu Ehren der daoistischen Meeresgöttin steht, und selbst wenn der heutige Tempel nur bis zu seiner letzten größeren Restaurierung 1962 zurückdatiert, verströmt der Ort eine ehrwürdige Atmosphäre. Als einer der wenigen Tin-Hau-Tempel Hongkongs, die tatsächlich noch einen freien Blick auf das Meer bieten, kommt ihm eine ernorme Bedeutung zu, und so findet jedes Jahr am 23. Tag des dritten Mondmonats (Tin Haus Geburtstag) ein gigantisches Wasserfest auf Fischerbooten in der Bucht statt.

Eine Alternativstrecke führt ebenfalls vom Parkplatz vor dem *Golf and Country Club* hinunter an **Sheung Lau Wan** vorbei, einem kleinen Dorf an der Westküste der Halbinsel. Der Weg führt um das Dorf herum und beschreibt in seinem weiteren Verlauf eine Schleife über die Landspitze zurück zum Busbahnhof Clear Water Bay.

Die Halbinsel Sai Kung

Ein Stück nördlich der Clear Water Bay dehnt sich die unregelmäßig geformte Sai-Kung-Halbinsel mit zerklüfteten Landspitzen, Felsvorsprüngen und kleinen Inselchen vor der Küste aus. Die Halbinsel ist von allen Flecken Hongkongs am wenigsten bebaut und daher ein beliebter Erholungsort zum Wandern oder Faulenzen am Strand.

Der einzige größere Ort der Gegend, **Sai Kung Town**, ist mit dem Bus Nr. 92 von der MTR-Station Diamond Hill zu erreichen. Die Stadt liegt etwas südlich der Halbinsel, ist aber dennoch Ausgangsbasis für Erkundungen der Gegend. Inzwischen schreitet auch hier die Bebauung recht zügig voran, es finden sich aber noch viele Merkmale eines kleinen Fischerdorfs. An der Hafenpromenade kann man in einem der Meeresfrüchte-Restaurants einkehren oder den einheimischen Fischern einen Besuch abstatten, die hier allerlei exotische Meeresfrüchte anbieten. Auf dem geschäftigen Sai Kung Hoi Pong Square gibt es noch mehr Fischrestaurants, Kunst- und Kunsthandwerksläden, Cafés und Bars.

Kleine Boote verkehren zwischen dem Pier und verschiedenen vorgelagerten Inseln. Die nächstgelegene und beliebteste ist **Kiu Tsui Chau** bzw. Sharp Island mit einem Strand und einem kurzen Wanderweg zum höchsten Punkt der Insel. Auch das Eiland **Tai Long Wan** ist sauber, ruhig und landschaftlich schön.

Die Hauptattraktion von Sai Kung sind die **Country Parks** mit praktisch unberührten Wäldern und Grasland, die am Meer in perfekte Sandstrände münden, wo man sogar schnorcheln kann. Einiges davon lässt sich im Rahmen eines Tagesausflugs besichtigen, doch wer hier wirklich auf seine Kosten kommen möchte, sollte ein Zelt mitbringen, für einen Tag mit ein paar Freunden eine Dschunke mieten, sich einer vom *HKTB* organisierten Dschunken-Tour anschließen ($350 pro Tag) oder vielleicht in der Jugendherberge von Sai Kung übernachten (s.S. 589, Übernachtung). Die Anfahrt zu den Country Parks erfolgt mit dem Bus Nr. 94 von Sai Kung Town oder mit dem Bus 96R (nur sonntags) von der MTR-Station Diamond Hill.

Auf ihrem Weg zum Anleger Wong Shek im Norden der Halbinsel kommen die Busse auch durch **Pak Tam Chung**. Solange es hell ist, fahren die Busse stündlich ab. Wer hier allerdings einen Ort erwartet, sieht sich getäuscht: Der Flecken besteht lediglich aus einem Besucherzentrum, ✆ 27927365, das Wanderer mit Landkarten (teilweise gratis) und unerlässlichen Informationen über die Wanderwege versorgt. ⌚ tgl. außer Di 9.30–16.30 Uhr.

Einer unter vielen möglichen Wanderwegen ist der großzügig mit Campingplätzen ausgestattete **MacLehose Trail**, der östlich von Pak Tam Chung beginnt und das **High Island Reservoir** umgeht, bevor er sich nach Westen verabschiedet, um den Rest der New Territories zu durchqueren. Wer diesem Langstreckenweg nur ein Stückchen folgen möchte, kann sich die **Strände** bei Long Ke (südlich des Stausees) und Tai Long (nordöstlich) zum Ziel nehmen. Sie zählen zu den schönsten Hongkongs, wobei die Strecke von Pak Tam Chung hin und zurück mehrere Stunden in Anspruch nimmt. Der letzte Bus von Pak Tam Chung fährt um 19.30 Uhr zurück.

Die vorgelagerten Inseln

Die über 260 vorgelagerten, offiziell zu den New Territories gehörenden Inseln, die so genannten **Outlying Islands** von Hongkong, bieten Besuchern die Gelegenheit, dem urbanen Tohuwabohu zu entfliehen, wenn der Moloch Hongkong wieder einmal Platzangst verursacht. Die Inseln nehmen 20% der Landmasse des Territoriums ein, beherbergen aber nur ganze 2% der Bevölkerung und bieten eine reizende Mischung aus Küstenlandschaft, alten Fischerdörfern und ländlicher Idylle. Mit Ausnahme der Taxis und Busse auf Lantau Island verkehren keine Kraftfahrzeuge auf den Inseln, die durch einen regen Boots- und Fährverkehr mit Hong Kong Island verbunden sind. Im Vergleich zu anderen Gebieten verlief die Bebauung bislang wesentlich gezügelter, doch mit der Eröffnung des internationalen Flughafens von Hongkong in **Chek Lap Kok** an der Nordküste der größten und am wenigsten besiedelten Insel Lantau wurde möglicherweise bereits die Wende eingeläutet.

Die meisten Touristen unternehmen zwar nur Tagesausflüge auf die Inseln, doch es gibt dort auch einige Übernachtungsmöglichkeiten (s.S. 589) sowie zahlreiche Fisch- und Meeresfrüchte-Restaurants.

Lamma

Nur ein kleines Stück vor der Küste südwestlich von Aberdeen liegt Lamma Island, die Hong Kong Island nächstgelegene und insgesamt drittgrößte Insel der Sonderverwaltungsregion. Auffällig aus der Ferne sind die gigantischen Schornsteine des Kraftwerks an der Westküste. Die geringe Bevölkerungszahl von rund 5000 Einwohnern beinhaltet auch einige Ausländer aus dem Westen, die sich hier auf der Suche nach einem ruhigeren Leben niedergelassen haben. Ihre Zahl ist jedoch nach der Einführung strengerer Visumsvorschriften 1997 und der Fertigstellung des Flughafens 1998 zurückgegangen. Trotz des Kraftwerks und der Steinbrucharbeiten auf der Insel ist die Luft hier sauberer als in den Ballungsgebieten Hongkongs. Gründe für einen Besuch sind vor allem die vielen billigen und abwechslungsreichen Restaurants, der fehlende Autoverkehr und die Möglichkeiten, über die grünen Hügel zu den Sandstränden zu wandern.

Es gibt zwei verschiedene Möglichkeiten der Anfahrt mit der Fähre nach Lamma: entweder von Central nach Yung Shue Wan oder von Central bzw. Aberdeen nach Sok Kwu Wan. Die mit Abstand schönste Art der Erkundung der Insel besteht darin, mit der Fähre entweder nach Yung Shue Wan oder Sok Kwu Wan zu fahren, dann durch das Inselinnere zu dem anderen Fähranleger zu wandern und von dort aus wieder überzusetzen.

Das hübsche Dorf **Yung Shue Wan** liegt im Schatten von Bäumen und ist die Heimat eines Großteils der Inselbevölkerung. Außerdem gibt es hier ein oder zwei Hotels und mehrere kleine Lebensmittelläden, Bars und Restaurants, die sowohl den chinesischen als auch den westlichen Gaumen ansprechen. Besonders abends, wenn die Menschen unter den Banyan-Bäumen sitzen, verströmt der Ort eine sehr entspannte Atmosphäre.

Der etwa anderthalbstündige Spaziergang nach Sok Kwu Wan beginnt an einem leicht aufzufindenden zementierten Weg, der bei der *Light House Bar* und kurz vor dem Tin Hau Temple ins Inselinnere führt. Wer die ziemlich grausigen Wohnblöcke am Ortsrand erst einmal hinter sich gelassen hat, findet sich schon bald in der Gesellschaft von Schmetterlingen, langen Gräsern und Bäumen wieder. Nach einer Viertelstunde ist **Hung Shing Yeh Beach** erreicht, ein schöner Strand, solange man sich an seinem nördlichen Abschnitt aufhält; gerät man etwas zu weit nach Süden, rückt schon bald das Kraftwerk mit seinen riesigen Schloten ins

Blickfeld. In Strandnähe gibt es zwei gastronomische Betriebe, darunter das Hotel *Concerto Inn* mit Restaurant (s.S. 589), wo auf einer Terrasse unter freiem Himmel relativ preiswerte Sandwiches, Nudeln und Reisgerichte angeboten werden. Auf einem Hügel unmittelbar hinter dem Strand steht das Restaurant *Han Lok Yuen,* eines der besten der Insel – Spezialität ist gebratene Taube. Vom Strand aus klettert der Weg steil bergan bis zu einer Anhöhe mit einem Pavillon und Ausblick auf die Insel.

Nach ungefähr einer weiteren Stunde ist schließlich **Sok Kwu Wan** erreicht, das im Wesentlichen aus einer Reihe Fischrestaurants besteht, die auf Stelzen über dem Wasser errichtet wurden. Essen und Atmosphäre sind ansprechend, und folglich sind die Restaurants häufig gut gefüllt mit Einheimischen, die sich hier auf geräuschvolle Art an üppigen Mahlzeiten erfreuen. Einige der größeren Restaurants unterhalten sogar einen eigenen Bootstransfer-Service für Gäste. Abends kommen viele Menschen eigens mit der Fähre zum Essen nach Sok Kwu Wan, und wer nicht mit einem der Restaurantboote übersetzt, sollte unbedingt darauf achten, die letzte fahrplanmäßige Fähre zurück nach Hong Kong Island um 22.50 Uhr nicht zu verpassen, denn in Sok Kwu Wan kann man nirgends übernachten. Die einzige Alternative bestünde dann darin, ein *sampan* zurück nach Aberdeen zu chartern.

Cheung Chau

Eine andere kleine Insel, auf der sich gut und gerne ein paar Stündchen mit anschließendem Abendessen verbringen lassen, ist das wie eine Sanduhr geformte Eiland Cheung Chau unmittelbar südlich von Lantau, eine Fährstunde von Hong Kong Island entfernt und angenehm autofrei. Trotz seiner winzigen Ausdehnung von lediglich 2,5 km^2 ist Cheung Chau mit ca. 23 000 Einwohnern die bevölkerungsreichste der vorgelagerten Inseln. Historisch gesehen handelt es sich um eine der ältesten Siedlungen Hongkongs; sie war im 18. Jahrhundert berüchtigt als Unterschlupf für Piraten, die die zwischen Guangzhou und der portugiesischen Enklave Macau verkehrenden Handelsschiffe überfielen. Auch heute noch vermittelt die Insel den Eindruck einer wirtschaftlich unabhängigen Zone; in der schmalen, zwischen den beiden Landspitzen verlaufenden Geschäftsstraße Pak She Praya Road reihen sich kleine Läden sowie Märkte und am Wasser stehende Meeresfrüchte-Restaurants aneinander.

Neben einem romantischen Abendessen und der nicht minder verträumten spätabendlichen Rückfahrt mit der Fähre bietet die klitzekleine Insel auch Gelegenheit für schöne Spaziergänge durch die alten Fischerhäfen und Einblicke in den traditionellen Bau von Dschunken. Der bedeutendste unter den interessanten Tempeln der Insel ist der 200 Jahre alte **Pak Tai Temple**. Er steht ein paar Hundert Meter nordwestlich des Fähranlegers in der lebendigen Pak She Street, deren Geschäfte allerlei traditionelle Heilkräuter und sakralen Schmuck feilbieten. Die einheimischen Fischer suchen den Tempel auf, um Schutz zu erbitten; neben der Statue des Meeresgottes Pak Tai ist ein uraltes Eisenschwert zu sehen, das von Fischern gefunden wurde und angeblich ein Glücksbringer ist. Ende April bzw. Anfang Mai steht der Tempel im Mittelpunkt des lebendigsten und spektakulärsten Hongkonger Festes, dem Tai Chiu oder Bun Festival (s.S. 604, Feste).

Hauptstrand der Insel ist der landschaftlich reizvolle, aber etwas überlaufene **Tung Wan Beach** westlich des Fähranlegers. Am südlichen Ende des Strandes werden Bretter zum Windsurfen vermietet; der Verleih gehört der Familie des Hongkonger Olympiasiegers Lee Lai Shan, der 1996 bei den Spielen in Atlanta Gold im Windsurfen gewann. Auf einer Terrasse mit schönem Blick aufs Meer werden Getränke und kleine Speisen serviert.

Auf der südlichen Landspitze von Cheung Chau eröffnen sich weitere Gelegenheiten für teilweise recht holprige Spaziergänge über Felsen und durch Buchten. Ein um die Insel führender Wanderweg beinhaltet ausgeschilderte Abstecher zum nahe gelegenen **Tin Hau Temple** und zur **Cheung Po Tsai Cave**, eine Höhle, die nach Cheung Chaus berühmtestem Piraten benannt ist, der sie Anfang des 19. Jahrhunderts als Versteck nutzte. Abgesehen von der Legende ist die Höhle allerdings nichts Besonderes; um überhaupt etwas zu erkennen, muss man schon eine Taschenlampe mitbringen. Ein sehr lohnenswerter Spaziergang von der Höhle zum Hauptfähranleger dauert etwa eine Stunde, ist aber nicht zu empfehlen, wenn man kleine Kinder im Schlepptau hat.

Lantau

Viele Fremde reagieren erstaunt auf die Tatsache, dass Lantau Island (auch als Big Fish Mountain bezeichnet) doppelt so groß ist wie Hong Kong Island – und trotz der neuen Städte Discovery Bay und Tung Chung gibt es hier immer noch reichlich Gelegenheit, dem Trubel zu entkommen, denn über die Hälfte der Insel ist als Country Park ausgewiesen. Mit der wilden Landschaft, den Klöstern, alten Fischerdörfern und wirklich einsamen Stränden bietet Lantau die besten Möglichkeiten für eine kurze Auszeit von der Hektik in Downtown Hongkong. Gleichwohl wird sich die Insel diese friedliche Atmosphäre wahrscheinlich nicht mehr lange bewahren können, denn zumindest an der Nordküste sorgen Hongkongs **Flughafen Chek Lap Kok** und die dazugehörigen Verkehrsverbindungen für die Entstehung ständig neuer Geschäftszentren und Wohnviertel – und jetzt kommt auch noch **Disney World**, dessen Eröffnung für 2005/2006 vorgesehen ist.

Alles in allem präsentieren sich aber die anderen Ecken der Insel nach wie vor recht ruhig. Ambitionierte Wanderer freuen sich über den 70 km langen **Lantau Trail**, der die landschaftlichen Attraktionen der Insel in zwölf Etappen miteinander verbindet und auf seiner gesamten Länge mit Campingplätzen und Jugendherbergen aufwartet.

Selbst wer nur eine kurze Wanderung oder eine Blitztour zu den Hauptsehenswürdigkeiten zu unternehmen beabsichtigt, sollte einen ganzen Tag für Lantau einplanen oder mehrere Besuche ins Auge fassen, denn die Attraktionen liegen weit verstreut. Für ganz Eilige bietet *New World Fast Ferry* die „Lantau Explorer Bus Tour" zu den bedeutendsten Sehenswürdigkeiten an ($130 p.P. einschließlich Hin- und Rückfahrt mit der Fähre, Busfahrt und Reiseleitung, Dauer fünf Stunden).

Hauptankunftspunkt für Besucher auf Lantau Island ist Mui Wo, das auch unter dem Namen Silvermine Bay bekannt ist und etwa ein Stunde Bootsfahrt von den Outlying Islands Ferry Piers entfernt liegt. Einige Fähren nach Mui Wo legen unterwegs noch auf der kleinen Insel Peng Chau an. Zusätzlich verkehren mehrere Fähren täglich zwischen Mui Wo und Cheung Chau. Der zweite wichtige Landungspunkt ist das Wohnviertel Discovery Bay, das rund um die Uhr mit häufig verkehrenden Hochgeschwindigkeitsfähren vom Outlying Islands Ferry Pier Nr. 3 in Central angesteuert wird.

Von Mui Wo nach Discovery Bay

Mui Wo selbst ist nicht weiter erwähnenswert, einmal abgesehen von einigen ordentlichen und unaufdringlichen Fischrestaurants in der Nähe des Fähranlegers. Die meisten Besucher begeben sich jedoch nach Verlassen der Fähre direkt zur Bushaltestelle vor dem Terminal. Mui Wo ist aber auch Ausgangspunkt für einige ausgezeichnete **Wanderungen**; eine davon führt in zwei Stunden bis nach Discovery Bay und ist recht unkompliziert. Vom Pier aus führt der Weg zunächst Richtung Nordwesten auf die schöne, geschwungene Sandbucht zu, die bereits bei der Annäherung an die Insel von der Fähre aus zu sehen ist. Der Weg folgt dem Verlauf der Bucht am gesamten Strand entlang und über das Ende des Ortes hinaus, bis ein steiler und beschilderter Pfad linker Hand in die Hügel abzweigt.

Der Weg führt zunächst durch offenes Gelände bis zu einem Aussichtspunkt mit herrlichem Blick auf die Berge und anschließend wieder bergab durch weiteres freies Gelände und einige Dschungelpassagen, bis rechter Hand ein **Trappisten-Kloster** erscheint. Der überwiegende Teil des Komplexes ist nicht für die Öffentlichkeit zugänglich, insgesamt handelt es sich um einen angenehm kühlen Ort, einmal abgesehen von den lästigen Moskitos. Der normale Weg zum Kloster führt ansonsten mit einem nicht häufig verkehrenden Boot (Kaito Service) vom nahe gelegenen Discovery Bay und der Insel Peng Chau zur rund 15 Gehminuten vom Kloster entfernten Anlegestelle am Ende der bergab zum Wasser führenden Straße. Wer vom Kloster aus zu Fuß nach Discovery Bay (von der Einheimischen kurz DB genannt) weiterlaufen möchte, folgt eben dieser Straße Richtung Anlegestelle, bis nach einem kurzen Stück ein ausgeschilderter Weg links nach Discovery Bay abzweigt. Nach etwa einer halben Stunde rücken mehrere Sandbuchten ins Blickfeld, gefolgt von einer Aneinanderreihung armseliger Behausungen und schließlich Discovery Bay selbst. Angesichts der Apartmentblöcke, der Shopping-Mall, der blonden Kids und der Golf-Buggys fragt man sich, ob man nicht versehentlich in eine andere Zeit versetzt wurde und in einer Orwell'schen Version von **Smalltown America** gelandet ist. Aber nein, es handelt sich wirklich um den Hauptort von Lantau, in dem neben der chinesischen Bevölkerung auch viele ausländische Familien aus dem Westen leben. Von Discovery Bay fahren Fähren zurück nach Mui Wo und Peng Chau oder direkt zu den Outlying Islands Ferry Piers in Central. Alternativ dazu fahren alle 15 Minuten Busse zum Flughafen und lokale Shuttle-Busse nach Tung Chung.

Der Westen Lantaus

Die Landstraße westlich von Mui Wo führt an der Südküste entlang, wo die besten Strände Lantaus liegen. Die schönsten sind **Cheung Sha Upper Beach** und **Cheung Sha Lower Beach** mit zwei Cafés und einem Hotel; für die Verbindung sorgen die Busse Nr. 1, 2, 4 und 5.

Jenseits der Strände warten noch zwei weitere Sehenswürdigkeiten im Westen der Insel, die ebenfalls direkt mit dem Bus aus Mui Wo angesteuert werden können. Die erste ist das **Kloster Po Lin** (kostbarer Lotus), der mit Abstand größte Tempel im gesamten Territorium Hongkong. Dabei ist das auf der Hochebene Ngong Ping gelegene Heiligtum noch gar nicht so alt, denn es wurde erst 1927 gegründet. Es handelt sich aber um einen sehr lebendigen Tempel, vor dem stündlich ganze Busladungen Einheimischer eintreffen. Die meisten kommen hierher, um dem **Tian-Tan-Buddha** ihren Respekt zu erweisen, denn der ist mit einem Gewicht von 200 t immerhin der größte unter freiem Himmel sitzende Bronze-Buddha der Welt. Ein weiterer Anziehungspunkt des Komplexes ist das riesige vegetarische Restaurant, ⌚ tgl. 11.30–17 Uhr, Eintrittskarte zum Tempel mit Essen Kategorie „Deluxe" $60, Kategorie „Snack" $25; Tickets im Büro am Fuß der zum Buddha führenden Treppe. Das in den Busfahrplänen oft auch als Ngong Ping bezeichnete Kloster ist mit dem Bus Nr. 2 von Mui Wo aus zu erreichen, eine spektakuläre 40-minütige Fahrt durch Berg und Tal; der letzte Bus zurück nach Mui Wo fährt um 19.30 Uhr ab. Eine Alternative sind die Busse Nr. 11 und 23 vom Zentrum Tung Chungs. ⌚ Kloster tgl. 10–18 Uhr, Eintritt frei.

An der entlegenen Nordwestküste Lantaus liegt das kleine Fischerdorf **Tai O**. Der abgeschiedene Ort wurde auf einer Salztonniederung und einer kleinen Insel vor der Küste errichtet und hat sich zu einem derart beliebten Reiseziel für Touristen gemausert, dass die Regierung bereits Pläne für einen weiteren Ausbau schmiedet. Vor allem am Wochenende kann es schon einmal voller werden, doch insgesamt hat sich der Ort noch viel von seinem ursprünglichen Charakter bewahrt. Zu den Attraktionen zählen einige Tempel, die teils auf Stelzen gebauten Holzhäuser, verschiedene Tiere in Käfigen und der schwunghafte Handel mit Trockenfisch. Die Anfahrt erfolgt mit dem Bus Nr. 41 aus Mui Wo (letzter Bus zurück um 1.30 Uhr) oder mit dem relativ selten verkehrenden Bus Nr. 21 vom Kloster Po Lin (letzter Bus um 15 Uhr).

Übernachtung

Hongkong rühmt sich einer gigantischen Auswahl an **Hotels und Guesthouses**, die sich vor allem im Viertel Tsim Sha Tsui des Bezirks Kowloon konzentrieren, und wer sich ein wenig umschaut, wird immer ein Zimmer finden, das seinen Vorstellungen entspricht. Einige der am oberen Ende der Preisskala angesiedelten Hotels zählen zu den besten der Welt, darunter auch das legendäre *Peninsula Hotel,* das bereits zu einer touristischen Sehenswürdigkeit geworden ist. Ein Großteil der Optionen am unteren Ende der Skala beschränkt sich auf die riesigen Blocks in der Nathan Rd, vor allem die so genannten Chungking Mansions und die etwas attraktiveren Mirador Mansions. Viele Guesthouses in diesen Gebäudekomplexen wurden erst kürzlich renoviert, und die meisten Zimmer sind absolut sauber (mit TV und ac); die entsetzlich schmutzigen Treppenhäuser und fragwürdigen Hygiene- und Sicherheitsbedingungen in den Chungking Mansions bilden eine Ausnahme. Man sollte das Zimmer vor dem Einchecken immer erst kurz in Augenschein nehmen (viele sind winzig) um zu prüfen, ob eine Dusche vorhanden ist, ob es ein Fenster hat oder ob Extra-Gebühren für die Benutzung der Klimaanlage anfallen. Allerdings sind in Hongkong selbst die preiswerteren Hotels nicht gerade billig – man kann schon von Glück sprechen, wenn man ein Zimmer für weniger als $200 findet. Nur wer bereit ist, in Gemeinschaftsunterkünften mit **Dorm-Betten** in einem der stets gut gefüllten Traveller-Hostels zu übernachten, kommt mit $70–80 pro Nacht für ein Bett aus. Zu den billigsten Übernachtungsmöglichkeiten Hongkongs zählen die

WING TAI DISPENSARY
MASSAGE
REPAIR
WENG LEE CO. LTD
TREE TOPS REST
INTERNATIONAL HOTEL
Canon
ASHA'S

Kowloon

sieben offiziellen **Jugendherbergen**, die allesamt ausgezeichnete Bedingungen und sehr vernünftige Dorm-Betten für ca. $30–55 pro Nacht anbieten, sofern eine IYHF-Mitgliedskarte vorgelegt werden kann (falls nicht, kostet es etwas mehr). Die beliebteste dieser Herbergen ist das *Mount Davis Youth Hostel* auf Hong Kong Island, vier weitere befinden sich in den New Territories und zwei auf der Insel Lantau. Der Reiz dieser Jugendherbergen liegt in ihrer ländlichen Lage, ein Nachteil ist die zum Teil langwierige Anfahrt – eine Vorausbuchung ist besonders am Wochenende ein Muss, um unnötige Fahrten zu vermeiden. Detaillierte Informationen zu allen Jugendherbergen sind dem kostenlosen *Member's Handbook* zu entnehmen, erhältlich im Hauptbüro des Jugendherbergsverbandes in Raum 225-7, Block 19, Shek Kip Mei Estate, Sham Shui Po, Kowloon, ✆ 27881638, 📠 2788 3105, 💻 www.yha.org.hk. Im gleichen Marktsegment informiert die *Hong Kong Hotels Association* unter 💻 www.hotels-in-hong-kong.com über Sonderangebote und Pauschalpakete für alle der *HKHA* angeschlossenen Häuser und lizenzierten Hostels.

Die anhand der Sterne-Anzahl unterschiedenen **Preiskategorien** in den folgenden Beschreibungen beziehen sich auf das billigste für Ausländer erhältliche DZ; nur wenn sich die Information speziell auf Dorm-Betten bezieht, ist der Preis p.P. aufgeführt. Die meisten Unterkünfte bieten Zimmer mit teils beträchtlichen Qualitätsunterschieden an, wobei in der Regel die teuersten zuerst unter die Leute gebracht werden – es lohnt sich daher immer, nach einem preisgünstigeren Zimmer zu fragen. Die exklusiveren Hotels schlagen eine Service-Gebühr von 10% auf die angegebenen Zimmerpreise auf. Die im Folgenden genannten Preise beinhalten diese Steuer nicht.

Preiskategorien der Unterkünfte für Hongkong:

*	**bis $80**
**	**$80 – $300**
***	**$300 – $500**
****	**$500 – $1200**
*****	**$1200 – $2000**
Luxus	**über $2000**

HONG KONG ISLAND – Die Übernachtungsmöglichkeiten auf der Hauptinsel beschränken sich fast ausschließlich auf die exklusivere Variante, die einzigen preiswerteren Optionen sind das entzückende *Mount Davis Youth Hostel* und mit Abstrichen das in Causeway Bay gelegene *Noble Hostel.*

Bishop Lei International House**, 4 Robinson Rd, Mid-Levels, 💻 www.bishopleihtl.com.hk, ✆ 28680828. Eines der wenigen zentralen Hotels in mittlerer Preislage. Kleine Zimmer, aber Swimming Pool auf dem Gelände, nur einen Katzensprung von der Rolltreppe entfernt.

Garden View International House**, 1 Macdonnell Rd, Central, ✆ 28773737, 💻 www.ywca.org.hk. Sehr saubere YWCA-Herberge und die billigste Unterkunft in dieser Gegend von Central. In unmittelbarer Nähe der Garden Rd, nördlich vom Zoologischen und Botanischen Garten, mit Nr. 12A vom Busbahnhof Admiralty aus erreichbar.

Grand Hyatt, Luxus, 1 Harbour Rd, Wan Chai, ✆ 25881234, 💻 www.hongkong.hyatt.com. Gehört zum Komplex des Hong Kong Convention and Exhibition Centre (ebenso wie das benachbarte und billigere *Renaissance Harbour View).* Die auffällige Lobby muss man gesehen haben – allerdings wurde mehr Wert auf Luxus als auf Geschmack gelegt. Gilt bei Kennern der Szene als eines der vornehmsten Häuser Hongkongs. DZ ab $2600.

Harbour Plaza North Point**, 665 King's Rd, North Point, 💻 www.harbour-plaza.com/hpnp, ✆ 21878888. Sehr freundliches 4-Sterne-Hotel gegenüber der MTR-Station Quarry Bay (Exit C), rund 20 Min. mit der U-Bahn von Central. Hervorragendes Preis-Leistungs-Verhältnis, Kochnischen in allen Zimmern, großer Pool und Fitnessraum – und ein Goldfisch auf jedem Zimmer, damit die Gäste nicht so einsam sind.

Harbour View International House**, 4 Harbour Rd, Wan Chai, ✆ 28020111, 💻 www.harbour.ymca.org.hk. Nur einen Steinwurf vom Wan Chai Ferry Terminal entfernt, neben dem Arts Centre. Ausgezeichnete Unterkunft mit gutem Preis-Leistungs-Verhältnis.

Mandarin Oriental, Luxus, 5 Connaught Rd, Central, ✆ 25220111, 💻 www.mandarinhotel.com.

Gilt als eines der besten Hotels der Welt mit unübertrefflichem Service. Die Lage ist ebenfalls ausgezeichnet, und die Lobby eignet sich hervorragend zum Leutebeobachten – jeder, der in Hongkong etwas auf sich hält, speist im *Mandarin.* Der offizielle Zimmerpreis beläuft sich auf $3200, kann jedoch aufgrund von saisonbedingten Rabatten durchaus um die Hälfte nachgeben.

Mount Davis Youth Hostel (Ma Wui Hall)*–**, Mt Davis Path, Mt Davis, ✆ 28175715. Der ideale Ort, um der Enge und Hektik von Hongkong zu entfliehen. Die Jugendherberge steht auf einem Berg, bietet einen vorzüglichen Blick auf den Hafen und verströmt eine unglaublich friedliche Atmosphäre. Der einzige Haken an der Sache ist die einer mittleren Expedition gleichende Anreise: zunächst mit dem Bus Nr. 47A von der MTR-Station Admiralty oder mit dem Minibus Nr. 54 vom Outlying Islands Ferry Terminal in Central bis zur Kreuzung Victoria Rd und Mt Davis Path, dann 100 m von der Bushaltestelle zurücklaufen, bis der Mt Davis Path abzweigt und auf den Berg führt; von dort bis zur Herberge ist es noch eine lange und heiße 3/4 Std. zu Fuß. Eine vernünftige Alternative für Reisende mit Gepäck besteht darin, in Kennedy Town aus dem Bus auszusteigen und von dort ein Taxi zu nehmen (ca. $50 plus $5 pro Gepäckstück). Ein Shuttle-Bus ($10) fährt mehrmals täglich vom Busbahnhof vor dem Shun Tak Centre am Macau Ferry Terminal nahe der MTR-Station Sheung Wan zur Jugendherberge, Abfahrt am Shun Tak Centre um 9.30, 19, 21 und 22.30 Uhr, Rückfahrt um 7.30, 9, 10.30 und 20.30 Uhr. Die Bedingungen im Hostel sind ausgezeichnet, wobei allerdings von jedem Gast erwartet wird, eine kleine Reinigungsaufgabe täglich zu verrichten. Dorm-Bett $95, aber auch DZ und Familienzimmer erhältlich, IYHA-Mitglieder bekommen Ermäßigung.

Noble Hostel**–,*** Floor 17, Great George Building, 27 Paterson St, Causeway Bay, ✆ 2576 6148, 🖳 www.noblehostel.com. Großartige Unterkunft direkt im Zentrum von Causeway Bay, einem der attraktivsten Restaurant- und Einkaufsviertel Hongkongs. Tadellos saubere und geräumige 1-, 2-, 3- oder 4-Bett-Zimmer mit ac und eigenem Bad.

Park Lane, Luxus, 310 Gloucester Rd, Causeway Bay, ✆ 22938888, 🖳 www.parklane.com.hk. Nobelherberge direkt am Victoria Park, in idealer Lage zum Einkaufen und Essen in Causeway Bay.

The Wesley*,*** 22 Hennessy Rd, ✆ 28666688, 🖳 www.grandhotel.com.hk. Ruhiges, komfortables und modernes Hotel, das angesichts seiner Lage sehr günstige Preise bietet. Das Restaurant reißt allerdings nicht zu Begeisterungsstürmen hin.

KOWLOON – Die meisten nachfolgend beschriebenen Unterkünfte liegen max. 15 Gehminuten vom Star Ferry Terminal in Tsim Sha Tsui entfernt – sehr zentral, aber eben auch sehr touristisch. Eine weniger klaustrophobische Atmosphäre bieten die etwas außerhalb gelegenen Häuser. Die aufgeführten Unterkünfte repräsentieren lediglich einen kleinen Teil der verfügbaren Optionen. Stets gilt die Devise, sich erst ein wenig umzuschauen und nicht die erstbeste Gelegenheit zu ergreifen.

Anne Black GuestHouse (YWCA)*,*** 5 Man Fuk Rd, ✆ 27139211, 📠 27611269, ✉ annblack@ywca.org.hk. Überraschend schicke, helle und luftige YWCA-Herberge unweit der MTR-Station Yau Ma Tei.

Booth Lodge*–**, 11 Wing Sing Lane, Yau Ma Tei, 🖳 www.boothlodge.salvation.org.hk, ✆ 27219266, 📠 23851140. Von der Heilsarmee geleitete, tadellos saubere und komfortable Unterkunft mit Preisvorteilen für Familien und ältere Gäste. Es herrscht generelles Alkoholverbot in den Räumlichkeiten

Holiday Inn Golden Mile**–*** Luxus, 50 Nathan Rd, Tsim Sha Tsui, ✆ 23693111, 📠 23698016, 🖳 www.goldenmile.com. Das 1997 komplett renovierte Hotel bietet ausgezeichnete Einrichtungen, wie man es von dieser internationalen Kette gewohnt ist, u.a. Swimming Pool auf dem Dach. DZ ab ca. $2000 ohne Anmeldung, doch wer im Voraus telefonisch reserviert, dürfte einen wesentlich günstigeren Preis erhalten. Nur wenige Meter von der MTR-Station Tsim Sha Tsui entfernt.

New King's Hotel,*** 473-473A Nathan Rd, Yau Ma Tei, ✆ 27801281, 📠 27821833, ✉ newkings@netvigator.com. Wahrscheinlich das billigste „richtige" Hotel der Stadt, großer Komplex mit EZ/DZ und Café. Unmittelbar südlich der MTR-Station Yau Ma Tei.

Peninsula, Luxus, Salisbury Rd, Tsim Sha Tsui, ✆ 29202888, 📠 27224170, 💻 www.peninsula.com. Eines der nobelsten Hotels der Welt, bietet seit fast 70 Jahren Blick auf den Hafen und Hong Kong Island. Wer es sich leisten möchte, mit einem grünen Rolls Royce vom Flughafen abgeholt zu werden, sollte hier ein Zimmer reservieren. Sparsamere Naturen können zumindest einmal zum Nachmittagstee vorbeischauen. Zimmerpreise ab $2500, doch wer ernsthaft vorhat, in diesem geschichtsträchtigen Nobelhotel einzukehren, sollte sich über exklusive Pauschalreisen informieren.

Salisbury YMCA**, 41 Salisbury Rd, Tsim Sha Tsui, ✆ 22687000, 💻 www.ymcahk.org.hk. Die Lage könnte besser nicht sein: direkt neben dem *Peninsula* und mit Blick auf den Hafen und Hong Kong Island. Sehr erbauliche Atmosphäre, im Vergleich mit den Chungking Mansions aber schon beinahe steril. Hallenbäder, Fitnessräume und Squash-Court. 4-Bett-Dorms mit Dusche sind ebenfalls verfügbar, können aber nicht im Voraus reserviert werden. Für Männer und Frauen geöffnet, 10% Service-Gebühr wird auf die Zimmerpreise aufgeschlagen. Dorm-Bett $210.

Star Guesthouse**, Flat B, Floor 6, 21 Cameron Rd, Tsim Sha Tsui, ✆ 27238951. Sehr sauberes und freundliches Guesthouse, die Betreiber sprechen gut Englisch. Die Zimmer mit Fenstern und eigenem Bad sind hell, aber etwas teuer für den gebotenen Standard; die billigeren Zimmer haben Gemeinschaftsbad.

STB Hostel (HK)**–,*** Floor 2, Great Eastern Mansion, 255-261 Reclamation St, Yau Ma Tei, ✆ 27109199, 💻 www.hkst.com.hk. Hostel in angenehmer Lage außerhalb von Tsim Sha Tsui, doch die Dorm-Betten in den sauberen 3- und 4-Bett-Zimmern mit Dusche sind mit $280 nicht gerade billig. An der Ecke Reclamation St und Dundas St, nur wenige Minuten nordwestlich der MTR-Station Yau Ma Tei.

Victoria Hostel**, Floor 2, 33 Hankow Rd, Tsim Sha Tsui, ✆ 23761182. Wer sich an den strengen und starren Regeln nicht stört, erlebt die aus Sri Lanka stammenden Besitzer als ehrliche und sehr hilfsbereite Menschen, die sich mit den Bedürfnissen des auf das Budget bedachten Travellers auskennen. Der Chef persönlich bereitet vorzügliche und preiswerte Mahlzeiten für Gäste. Je länger man bleibt, desto billiger werden die Dorm-Betten, die nominell $130 kosten. Unmittelbar westlich der Nathan Rd.

Chungking Mansions: Der Komplex steht auf einem der begehrtesten Grundstücke im südlichen Abschnitt der Nathan Rd (Hausnummer 40), ist aber ein selten hässlicher Klotz von einem Gebäude, dem man beinahe das Prädikat „abrissreif" erteilen möchte. Die Arkaden in den unteren beiden Stockwerken sind ein exotisches Labyrinth aus winzigen Läden und Restaurants, die größtenteils von indischen Immigranten betrieben werden, während sich in den übrigen 16 Stockwerken ein Guesthouse an das nächste reiht. Oberhalb der 2. Etage ist das Gebäude in 5 Blöcke mit den Buchstaben A bis E unterteilt, die jeweils von zwei engen Fahrstühlen bedient werden, die aber nur wenige Personen gleichzeitig befördern können. Besonders vor den Aufzügen für die Blöcke A und B mit der größten Dichte an Guesthouses bilden sich häufig lange Warteschlangen. Wer sich für die Treppen entscheidet, sei gewarnt: Die Treppenhäuser sind dunkel, klamm und schmutzig. Die Guesthouses selbst sind im Großen und Ganzen nett und billig, die Atmosphäre ist ein sehr eigenwilliges, chinesisch-indisches Gebräu. Dennoch – das Gebäude insgesamt löst mit seinen endlosen, schmuddeligen Treppenhäusern und seinem düsteren Innenleben nicht nur Platzangst aus, sondern stellt ohne Zweifel auch ein Brand- und Sicherheitsrisiko dar. Bei den aufgeführten Guesthouses handelt es sich nur um einen Bruchteil des Angebots.

Chungking House,*** Floors 4 and 5, Block A, ✆ 23665362, 📠 27213570. Die exklusivste Unterkunft im ganzen Gebäude erinnert mit seinen Teppichen, ac, TV und Badewannen an ein richtiges Hotel.

New Carlton Guesthouse**, Floor 15, Block B, ✆ 27210720. Freundlich und makellos sauber, auch frisch renovierte Zimmer erhältlich, Betreiber haben gute Englischkenntnisse.

Payless Guesthouse**, Flat 2, Floor 7, Block A, ✆ 27230148. Saubere, aber sehr kleine DZ mit Bad. Recht freundliche Betreiber, gute Englischkenntnisse.

Rhine Guest House**, Floors 11 and 13, Block A, ✆ 23671991 oder 27216863. Sehr freundlicher Familienbetrieb mit 2 EZ und einfachen DZ mit und ohne Bad.

Tom's Guesthouse**, Flat 5, Floor 8, Block A, ✆ 27224956. Sehr freundliche Leitung, die 2- und 3-Bett-Zimmer sind recht hell und bieten ein sehr gutes Preis-Leistungs-Verhältnis. Ein weiterer Ableger mit sehr angenehmen Zimmern (geringfügig teurer) befindet sich in Block C, Floor 16, Flat 1, ✆ 27226035, 📠 23666706.

Welcome Guest House**, Floor 7, Block A, ✆ 27217793. Definitiv erste Wahl, nette und saubere Zimmer, klimatisierte DZ mit und ohne Dusche, Gepäckaufbewahrung, Wäsche-Service und Visumausgabe für die VR China.

Yan Yan Guest House**, Floor 8, Block E, ✆ 2366 8930. Hilfsbereites Personal, DZ mit sämtlichen Einrichtungen; wer sich zu dritt in ein DZ zwängt, kommt auf ein gutes Preis-Leistungs-Verhältnis.

Mirador Mansions: Großer Gebäudekomplex an der Adresse 54-64 Nathan Rd, auf der östlichen Straßenseite zwischen Carnarvon Rd und Mody Rd direkt neben der MTR-Station Tsim Sha Tsui. Unter die Privatwohnungen mischen sich zahlreiche Guesthouses. Der Vorteil der Mirador gegenüber den Chungking Mansions liegt darin, dass die Treppenhäuser und Flure wesentlich sauberer, heller und ruhiger sind und sich an den Aufzügen keine Warteschlangen bilden.

Garden Hostel, Flat F4, Floor 3, ✆ 23111183. Etwas gammelige, aber nette Bude für Traveller, mit Waschmaschinen, Schließfächern und Garten im Innenhof. Dorms wahlweise gemischtgeschlechtlich oder nur für Frauen, Dorm-Betten ($70) werden billiger, wenn man für eine ganze Woche bezahlt.

Man Hing Lung**, Flat F2, Floor 14, ✆ 27220678 oder 2311 8807. Saubere und erst kürzlich renovierte Unterkunft mit EZ und DZ, die allerdings sehr klein sind. Betrieben von einem hilfsbereiten und freundlichen Herrn mit guten Englischkenntnissen.

Mei Lam Guest House**, Flat D1, Floor 5, ✆ 2721 5278. Der hilfsbereite, Englisch sprechende Besitzer bietet sehr respektable EZ und DZ an, tipptopp in Ordnung und mit allem Drum und Dran. Die etwas über dem Durchschnitt liegenden Preise sind gerechtfertigt.

NEW TERRITORIES UND VORGELAGERTE INSELN – Hauptgründe für einen Aufenthalt in diesen ländlicheren Gegenden sind zum einen das Bedürfnis, der Hektik der Stadt etwas Ruhe entgegenzusetzen, und zum anderen die günstigeren Preise. Hier ist allerdings zu beachten, dass die Unterkünfte auf dem Lande am Wochenende nicht selten ihre Preise verdoppeln oder völlig ausgebucht sind. Eine Planung ist daher stets notwendig, zudem lohnt eine Nachfrage beim *HKTB* nach Informationen über seriöse Ferienwohnungen auf den vorgelagerten Inseln. Sechs der sieben offiziellen **Jugendherbergen** Hongkongs liegen in dieser Region, davon zwei auf der Insel Lantau und vier in den New Territories. Man sollte sich jedoch nicht der Illusion hingeben, diese Unterkünfte könnten als Basis für eine ausgiebige Erkundung Hongkongs dienen – sie sind derart abgelegen, dass es sogar ratsam ist, eigene Verpflegung mitzubringen.

Bradbury Lodge*–**, Tai Mei Tuk, Tai Po, New Territories, ✆ 26625123. Von allen Hostels wohl am einfachsten zu erreichen: mit dem KCR-Zug nach Tai Po, dann mit Bus Nr. 75K zum Busbahnhof Tai Mei Tuk, schließlich noch ein paar Minuten Fußweg Richtung Süden mit dem Meer zur Rechten. Es besteht reichlich Gelegenheit zum Wandern, Radeln und Bootfahren am landschaftlich reizvollen Stausee Plover Cove Reservoir. Dorm-Bett $85.

Concerto Inn*****, 28 Hung Shing Ye Beach, Yung Shue Wan, Lamma Island, ✆ 29821668, 📠 28360022, 💻 www.concertoinn.com.hk. An einem relativ einsamen und ruhigen Strand; Restaurant mit entzückender Terrasse.

Lamma Vacation House***, 29 Main St, Yung Shue Wan, Lamma Island, ✆ 29820427. Die Zimmer haben die Dimension der Chungking Mansions und ermöglichen einen sehr preisgünstigen Aufenthalt auf der Insel. Nur ein paar Gehminuten vom Fähranleger entfernt.

Pak Sha O Hostel, Pak Sha O, Hoi Ha Rd, Sai Kung, New Territories, ✆ 23282327. Anfahrt mit Bus Nr. 94 aus Sai Kung, Ausstieg an der Haltestelle Ko Tong, 100 m Fußweg weiter in die gleiche Richtung, nach links abbiegen in die Hoi Ha Rd und weitere 40 Min. Fußmarsch. Idealer Zugang zu Hongkongs saubersten und abgeschiedensten Stränden. Dorm-Bett $90.

Regal Airport Hotel***– Luxus, 9 Cheong Tat Rd, Hong Kong International Airport, Chek Lap Kok, www.regalhotel.com, 22868688, 22868686. Verfügt über 1100 schalldichte Zimmer mit direkter Brückenverbindung zum Flughafen, Express-Check-in, Swimming Pools und Wellness-Club. Beachtenswert sind die Kombiangebote für Essen und Unterkunft, außerdem oft Gratistickets für den Flughafen-Express.

Regal Riverside****, 34-36 Tai Chung Kiu Rd, Sha Tin, 26497878, 26374748, www.regalhotel.com. Das beste Hotel in den New Territories – wo es allerdings auch nicht viel Konkurrenz gibt – liegt im Zentrum von Sha Tin und erscheint häufig in Pauschalreiseangeboten. Gutes asiatisches Mittagsbuffet und kostenloser Shuttle-Bus nach Tsim Sha Tsui.

S. G. Davis Hostel, Ngong Ping, Lantau Island, 29855610. Anfahrt mit Bus Nr. 2 aus Mui Wo bis zur Haltestelle Ngong Ping, dann 10 Min. zu Fuß den gut ausgeschilderten und asphaltierten Fußweg entlang nach Süden, in entgegengesetzter Richtung des Tian-Tan-Buddhas und an den öffentlichen Toiletten vorbei. Sehr gute Ausgangsbasis für Spaziergänge durch die hügelige Insellandschaft, ein Restaurant gibt es am nahe gelegenen Kloster Po Lin. In den Winternächten ist das Mitbringen eines Schlafsacks ratsam, denn es wird kalt. Dorm-Bett $85.

Silvermine Beach Hotel–****,*** 648 Silvermine Bay, Mui Wo, Lantau Island, 29848295, 2984 1907, www.asiatravel.com/hongkong/silvermine/reserve.html. Fantastische Lage direkt am Strand, nur wenige Minuten zu Fuß vom Fähranleger Mui Wo. Komfortable und ruhige Zimmer mit gutem Preis-Leistungs-Verhältnis, erst recht unter der Woche, wenn die Preise günstiger sind (ansonsten kostet ein DZ $800). Das Restaurant mit Terrasse serviert Herzhaftes vom Grill und thailändische Spezialitäten.

Warwick, Luxus, East Bay, Cheung Chau, 2981 0081, 29819174, www.workshop.com.hk/warwick. Die exklusivste und teuerste Unterkunft der Region. Blick auf den Strand Tung Wan Beach, mit einem Swimming Pool und bescheidenen Restaurant. EZ und DZ mit Balkon, Bad und Kabel-TV. 40% Rabatt an Werktagen und im Winter.

Essen

Als eine der ganz großen kulinarischen Hauptstädte der Welt rühmt sich Hongkong nicht nur einer der vorzüglichsten einheimischen Küchen – der **kantonesischen** –, sondern ist wahrscheinlich auch die Stadt mit der größten Vielfalt an **internationalen Restaurants** außerhalb Europas oder Nordamerikas. Ein Grund dafür ist sicher die kosmopolitische Zusammensetzung der Bevölkerung, doch entscheidender dürfte die Tatsache sein, dass besonders die Hongkong-Chinesen beim Thema Essengehen eine geradezu beispiellose Ernsthaftigkeit an den Tag legen. Neben den Genüssen von Dim Sum, einer weiteren Hongkonger Spezialität, bietet die Metropole die komplette Skala chinesischer Speisen, darunter die Küchen von Beijing, Shanghai, Sichuan und viele andere regionale Ausprägungen. Daneben existieren ausgezeichnete **indische Restaurants**, überraschend gute **japanische** Sushi-Bars, **englische** Speisen im Pub-Stil und eine schier endlose Zahl billiger Schnellrestaurants mit Schwerpunkt Nudelgerichte und Teigtaschen, wo der Gast häufig noch am meisten für sein Geld bekommt. Aber auch die großen Hotels bieten oft äußerst preiswerte und reichhaltige Mittagsbuffets mit speziellen Angeboten und thematisch gestalteten Festessen an. Ebenso präsent sind die chinesischen Fastfood-Ketten ***Café de Coral*** und ***Maxim's*** und natürlich die praktisch allgegenwärtigen ***McDonald's, Pizza Hut, Pret A Manger, Häagen Dazs*** und ***KFC***. Die Auswahl ist beinahe unbegrenzt und auf jeden Geldbeutel zugeschnitten. Wer nach einem längeren Aufenthalt in der Volksrepublik China nach Hongkong kommt, dürfte sich fühlen, als wäre er soeben ins gastronomische Nirwana eingekehrt. Die nachfolgend aufgeführten Speiselokale stellen nur einen Bruchteil des Gesamtangebots dar und sind schwerpunktmäßig auf das etwas preiswertere Marktsegment ausgerichtet. Passionierte Feinschmecker sollten sich den Gourmetführer *Best of the Best Culinary Guide* vom *HKTB,* die Website von *Hong Kong Tatler*, die Webadresse www.hkbestrestaurants.com und das unabhängige, wöchentlich erscheinende und kostenlose *HK Magazine* zu Gemüte führen.

FRÜHSTÜCK UND SNACKS – Alle größeren Hotels bieten ein teures Frühstücksbuffet mit riesigen Mengen chinesischer und europäischer Speisen an. Wer hier sparen möchte, bekommt in einem der unten aufgeführten Cafés (alle täglich tagsüber geöffnet) auch ein traditionelles westliches Frühstück. Authentischer beginnt man den Tag in Hongkong allerdings mit Dim Sum und Tee oder *congee* (Reispudding). Zu den vertretenen Ketten zählen ***DeliFrance, Pacific Coffee, Starbucks*** und ***Pret A Manger,*** die allesamt den ganzen Tag über Muffins, Frühstück und Sandwiches anbieten und in den Eingangshallen der meisten MTR-Stationen zu finden sind.

Ge Ming Café, 48 Staunton St, SoHo. Frühstück den ganzen Tag über in einem billigen, gemütlichen und freundlichen Café mit roten Wänden und Fliesen. Auch Fisch und vegetarische Speisen stehen auf der Karte.

Kiku Express, im Untergeschoss des Jardine House, Connaught Rd, Central. Große und abwechslungsreiche Frühstückskarte, von der großen englischen Brutzelpfanne bis zur Nudelschale.

MiX, Floor 1, Airport-Hong Kong Station. Gute und gesunde Wraps und Salate, enormes Angebot an vegetarischen Speisen, frischem Obst und Gemüse, dazu mehr Vitamin-Drinks und Mixgetränke als man jemals umrühren könnte. 30 Min. kostenloser Internet-Zugang für Gäste, preiswert. ◷ tgl. 7–19 Uhr.

Mövenpick Marché, Levels 6 and 7, The Peak Galleria. Gute und frische Speisen der schweizerischen Kette im 7. Stock mit Panoramablick von der Außenterrasse. Salate, Sandwiches, Suppen und täglich warme Gerichte, außerdem Schweizer Eiscreme. Eine weitere Filiale mit dem Namen *Delicious* befindet sich am Century Square in der D'Aguilar St in Central. Preiswert, ◷ tgl. 11–23 Uhr.

Ngan Ki Heung Tea Co Ltd, 290 Queens Rd, Central. Riesenauswahl an chinesischen Teesorten zum Trinken und Kaufen. Der Besitzer serviert mit Freuden Tees in traditioneller Manier und klärt über ihre individuellen Eigenschaften auf.

Oliver's Super Sandwiches, zahlreiche Filialen, z.B. Shop 104, Exchange Square II, 8 Connaught Place, Central; Shop 201-205, Prince's Building, 10 Chater Rd, Central; Tower One, Lippo Centre, Admiralty; Shop A, Fleet House, 38 Gloucester Rd, Wan Chai; Repulse Bay Hotel, 109 Repulse Bay Rd, Repulse Bay; Ocean Centre, Tsim Sha Tsui. Die beliebte Kette kredenzt ausgezeichnete Sandwiches, Salate, Backkartoffeln, warmes Frühstück und frische Säfte.

RESTAURANTS – Das Essen beansprucht einen außerordentlich großen Platz im Leben der Hongkonger, und besonders das Speisen im Restaurant ist eine gesellige Angelegenheit für die ganze Familie. Die authentischen chinesischen Restaurants sind große Lokale, in denen ein hoher Geräuschpegel und helle Beleuchtung vorherrschen – ganz im Gegensatz zur im Westen so beliebten Kerzenscheinatmosphäre. Dafür ist alles wesentlich lockerer. Von der Geschwindigkeit, mit der man an seinen Platz begleitet wird, sollte man sich nicht einschüchtern lassen, denn flinke Bedienung gehört zum guten Ton. Außer in den ganz billigen Restaurants ist die Speisekarte in englischer und chinesischer Sprache abgefasst, wobei nicht immer die gesamte Karte übersetzt wird und auch die Preise für beide Versionen schon mal unterschiedlich sein können. In den ganz billigen **Schnellrestaurants** für Nudeln und Teigtaschen *(Noodle and dumpling Shops)* kann man auch bestellen, indem man einfach auf die Speisen anderer Gäste zeigt.

Die bestbesuchten und hellsten Restaurants sind häufig diejenigen, wo Dim Sum zum Frühstück oder Mittagessen angeboten wird. Die „Häppchen, die das Herz berühren" sind kleine, pikante Leckerbissen in Form gefüllter Teigtaschen, Röllchen und Bällchen und werden in Bambuskörben oder auf kleinen Tellern vom Teewagen serviert, der im Restaurant von einem Tisch zum nächsten geschoben wird. Man wählt einfach etwas Leckeres aus, das Personal serviert es und trägt die Speise auf einer Karte am Tisch des Gastes ein. Man bestellt so lange, bis man satt ist. Selten wird die Rechnung über $100 p.P. liegen.

In Hongkong lohnt es sich, auf Speisen zu achten, die gerade Saison haben: Abalone-Muscheln, Garoupa-Barsch und getrocknete Meeresfrüchte (März–Mai), Melonen, Pilze und Tofu (Juni–Aug), Weichschalenkrebse und Borsten-

krabben (Sep–Nov) oder Schmortöpfe und *hotpots* (Dez–Feb).
Die größte Konzentration an Restaurants auf Hong Kong Island dürfte in den an Causeway Bay grenzenden Vierteln **Wan Chai** und **Happy Valley** anzutreffen sein. Die Straßen in der Umgebung der D'Aguilar Street in Central, nur wenige Gehminuten südlich der MTR-Station, sind vor allem bei jungen Leuten und ausländischen Yuppies beliebt. Die Gegend wird als **Lan Kwai Fong** bezeichnet, nach der kleinen, Richtung Osten von der D'Aguilar Street abzweigenden Gasse, in der es vor Bars und Restaurants wimmelt. Die neueste Restaurant-Gegend nennt sich **SoHo**, was in diesem Falle „South of Hollywood Road" bedeutet. Inzwischen hat sie sich aber derart ausgebreitet, dass sie schon in der Lyndhurst Terrace beginnt und sich in der Umgebung der Mid-Levels-Rolltreppe bis zur Mosque Street hinaufzieht. In dieser Gegend herrscht eine große Fluktuation an Restaurants, die sich generell weniger auffällig und etwas kultivierter präsentieren als diejenigen in Lan Kwai Fong und deren Klientel sich vorwiegend aus kosmopolitisch orientierten Einheimischen und in Hongkong lebenden Ausländern rekrutiert. An der Südküste von Hong Kong Island bilden **Stanley** und **Aberdeen** ebenfalls beliebte Touristenziele für Ausflüge zum Essen. Die Orte **Sai Kung**, **Cheung Chau** und **Lei Yue Mun** in den New Territories sind berühmt für ihre Fischrestaurants. **Kowloon** bietet eine beinahe ebenso große Auswahl an Lokalen wie Hong Kong Island, doch Vorsicht ist geboten angesichts möglicher Touristenabzocke in den chinesischen Restaurants von Tsim Sha Tsui, z.B. hohe Aufpreise für gar nicht bestellte Beilagen. Wer gern indisch essen geht, findet in den Chungking Mansions an der Adresse 36-44 Nathan Rd viele versteckte Restaurants mit einem manchmal spitzenmäßigen Preis-Leistungs-Verhältnis.
Wegen der langen Arbeitstage haben auch die Restaurants in Hongkong **lange Öffnungszeiten**. Viele der traditionellen chinesischen Restaurants fangen bereits gegen 21.30 Uhr an zu schließen, doch gibt es jede Menge Lokale, die auch zu späterer Stunde noch Speisen auftischen. Über **Trinkgeld** braucht man sich ebenfalls nicht den Kopf zu zerbrechen, denn die teuren Restaurants schlagen ohnehin ihre eigene Service-Gebühr von normalerweise 10% auf, während man in den billigeren Lokalen einfach die Münzen liegen lässt, die man als Wechselgeld zurückbekommen hat. Die **Preise** sind im Großen und Ganzen mit denen im Westen vergleichbar: Eine komplette Mahlzeit ohne Getränke kostet selten mehr als $100 p.P., wobei dieser Preis in den Nobelrestaurants auf $500 und mehr klettern kann. Eine Reservierung ist in vielen Restaurants ratsam.

Aberdeen: ***Jumbo Floating Restaurant***, Shun Wan Pier, Aberdeen Harbour, ✆ 25539111, 🖳 www.jumbo.com.hk. Das berühmte schwimmende Restaurant serviert ab dem Frühstück Dim Sum, ebenso wie das benachbarte Schwesterschiff *Jumbo Palace*. Abends bilden die vom Wasser reflektierten Lichter eines der Wahrzeichen Hongkongs. Shuttle-Boote befördern die Gäste zum Schiff und später wieder zurück zum Kai. Leider sind beide Restaurants fürchterlich touristisch, was sich auch in der Qualität der Speisen widerspiegelt – nur wenige Einheimische gehen hier essen. Anfahrt mit Bus Nr. 70 oder 75 vom Busbahnhof Admiralty. ◷ tgl. 7–17 Uhr.

Central und Umgebung: ***2 Sardines***, 43 Elgin St, SoHo, ✆ 29736618. Kleines Restaurant mit großer Reputation für gute französische Küche zu vernünftigen Preisen.
Aqua, 49 Hollywood Rd, Central, ✆ 25459889. Verschwenderisch elegantes, mit Lampions dekoriertes Restaurant im Kolonialstil, das raffinierte internationale Gerichte zu entsprechend happigen Preisen serviert. Reservierung empfohlen.
Café Deco, Level 1 and 2, 118 Peak Rd, The Peak, ✆ 28495111. Vorzüglich gelegenes Restaurant mit unvergleichlichem Ausblick und stilvollem Art-déco-Interieur, das selbst auf den Toiletten seine Fortsetzung findet. Die Speisekarte enthält u.a. Gourmet-Pizza, Currys, Thai-Nudeln, Fleisch vom Grill und Austern. Die Preise sind überraschend moderat, die Portionen enorm. Es lohnt sich auch, nur auf ein Getränk oder Kaffee und Kuchen hier einzukehren. Die Bar bleibt noch etwa eine Stunde nach Schließung der Küche (gegen 23.30 Uhr) geöffnet, und häufig wird Live-

Jazz geboten. Wer am Fenster sitzen möchte, sollte einen Tisch reservieren.

Dan Ryan's Chicago Grill, 114 Pacific Place, 88 Queensway, Admiralty; Shop 200 Ocean Terminal, Tsim Sha Tsui; L2-28 Festival Walk, Kowloon Tong. Das amerikanische Restaurant serviert ein klassisches Frühstück am Wochenende (🕒 Sa und So 7.30–11 Uhr), dazu gigantische Steaks, Salate und Pasta in amerikanischen, also riesigen Portionen.

Great, Basement, SEIBU, Pacific Place. Delikatessengeschäft, Supermarkt der Spitzenklasse, Fastfood-Lokal und Restaurant in einem. Auf der Karte stehen koreanische, thailändische, kantonesische, japanische und italienische Gerichte, frisch zubereitet und zu absolut vernünftigen Preisen.

Luk Yu Tea House, 24-26 Stanley St, unmittelbar westlich der D'Aguilar St, ✆ 25235464. Das lebendige Museum mit Spucknäpfen, 60 Jahre alten Einrichtungsgegenständen und betagten Kellnern dürfte zu den stimmungsvollsten Restaurants in ganz Hongkong zählen. Tee, Dim Sum und komplette Mahlzeiten sind erhältlich, die Preise allerdings durch die vielen Touristen etwas aufgeblasen. Der Service ist stilgerecht schroff, Reservierung ein Muss.

M at the Fringe, 2 Lower Albert Rd, Central, ✆ 28774000, 💻 www.m-atthefringe.com. Teures Nobelrestaurant, sehr beliebt bei der piekfeinen Gesellschaft wegen seiner geschmacklich verwegenen, gesundheitsbewussten Gerichte – Fleisch, Fisch und vegetarisch – mit Einflüssen aus aller Welt.

Man Wah, Floor 25, *Mandarin Oriental Hotel,* 5 Connaught Rd, Central, ✆ 25220111. Hervorragende kantonesische Küche zu Connaisseur-Preisen bei schönem Ausblick. Ebenfalls empfehlenswert sind die Clipper Lounge zum Nachmittagstee und der berühmte Mandarin Grill.

Pasta e Pizza, Basement, 11 Lyndhurst Terrace. Billiges und heiteres italienisches Restaurant, ideal für ein preiswertes Tagesgericht nach dem Durchstöbern der Geschäfte und Stände in der Umgebung der Hollywood Rd.

Peak Lookout, 121 Peak Rd, The Peak, ✆ 2849 1000. Das Restaurant im traditionellen Kolonialstil ist seit Jahren *die* Adresse zum Essen auf dem Peak. Der Ausblick von der Terrasse nach Süden ist großartig und das Essen mit asiatisch-indischem Einschlag immer noch gut genug, um auf einen Brunch oder ein Abendessen unter freiem Himmel hier einzukehren. Für eine komplette Mahlzeit muss mit $200 p.P. gerechnet werden.

Sherpa Himalayan Coffee Shop, 11 Staunton St, SoHo, ✆ 29736886. Freundliches Restaurant mit interessanter Auswahl an Gerichten und Biersorten. Das Essen ist gut und preiswert, sowohl Vegetarier als auch Chili-Süchtige kommen hier auf ihre Kosten. Keine Sorge, wenn man in das Restaurant auf der gegenüberliegenden Straßenseite verwiesen wird, denn es handelt sich um dieselbe Leitung und Küche.

SoHo SoHo, 9 Old Bailey St, Central, ✆ 21472618. Ausgezeichnete britische Küche, traditionelle Zutaten werden auf moderne Art und mit einer besonderen Note verarbeitet. Die Speisekarte wechselt regelmäßig, je nachdem was gerade frisch auf den Märkten erhältlich ist. Das Tagesgericht ist mit $95 für zwei Gänge auf keinen Fall zu teuer. Freundliches Personal, regelmäßig Comedy-Programm.

Thai Basil, Pacific Place, 88 Queensway, Admiralty, ✆ 25374682. Abgesehen von 23 asiatisch inspirierten Eiscremes werden flink zubereitete Speisen der modernen Thai-Küche in ungezwungen schicker Atmosphäre serviert. Die Gerichte kosten zwischen $50 und $75, eine Reservierung ist zu empfehlen, wenn man nicht 20 Min. Schlange stehen möchte.

Veda, 8 Arbuthnot Rd, Central, ✆ 28685885. Der erste zeitgenössische indische Gastronomiekomplex Hongkongs, mit Restaurant im Obergeschoss, Salon im Parterre und Weinstube im Keller. Die einfallsreichen und frischen Gerichte sind extrem beliebt.

Yung Kee, 32-40 Wellington St, Ecke D'Aguilar St. Das enorme Restaurant mit heller Beleuchtung, flinkem Personal und 1000 Sitzplätzen ist eine Hongkonger Institution. Eine Spezialität sind gebratene Fleischgerichte sowie Dim Sum. Besonders zu empfehlen sind die preisgekrönten Meeresfrüchte-Gerichte.

Chungking Mansions: ***African Food Palace,*** Floor 11, Block E. Freundliches Restaurant mit wohlschmeckenden afrikanischen Gerichten.

Delhi Club, Floor 3, Block C. Curry-House par excellence, einmal abgesehen von der spartanischen Umgebung und dem lieblosen Service. Mit dem haarsträubend billigen Tagesgericht würde man eine ganze Armee satt bekommen.
Khyber Pass, Floor 7, Block E. Verlässlich gutes Essen mit freundlich-effizientem Service. Eines der besten Lokale in den Chungking Mansions.
Sher-E-Punjab, Floor 3, Block B. Ausgezeichnetes Essen, freundliches Personal und saubere Umgebung, aber etwas teurer als einige Konkurrenten in der Nachbarschaft.
Taj Mahal Club, Floor 3, Block B. Ausgezeichnete indische Küche mit gutem Preis-Leistungs-Verhältnis, wenn man sich bei den relativ teuren Getränken zurückhält.

Shek O: ***Shek O Chinese Thai Seafood,*** auf dem Weg von der Hauptbushaltestelle zum Ufer. Entspannte Atmosphäre mit Tischen an der frischen Luft. Ausgezeichnetes Essen, die perfekte Adresse für eine Mittagsmahlzeit im Rahmen eines Tagesausflugs nach Shek O.

Stanley und Repulse Bay: ***The Boathouse,*** 86-88 Stanley Main St, ✆ 28134467. Sehr beliebtes und stilvolles Lokal in einem schicken Gebäude am Ufer; Reservierung zwingend erforderlich.
The Curry Pot, Floor 6, 90B Stanley Main St. Sehr freundliches kleines Restaurant mit Blick aufs Meer aus den Fenstern im 6. Stock und erlesenen Speisen aus allen Regionen des indischen Subkontinents. Das Tagesgericht ist bemerkenswert preiswert, doch auch wer à la carte bestellt, kann hier kaum etwas falsch machen.
El Cid Caramar, 102, Murray House, Stanley; 14 Knutsford Terrace, Tsim Sha Tsui, ✆ 23121898. Tapas, gute Weine, fantastische Paella und Meeresfrüchte in einem der besten spanischen Restaurants Hongkongs, zu dem auch der mit Säulen versehene Balkon des aus der Kolonialzeit stammenden Murray House gehört.
The Verandah, 101 Repulse Bay Rd, Repulse Bay, ✆ 28122722. Etwas happige Preise, aber der perfekte Ort für ein groß aufgemachtes, romantisches Abendessen oder einen faulen Sonntagsbrunch. Jazz, Kerzenlicht und Blick über die Bucht in einem auf Kolonialzeit gemachten Gebäude.

Thai Thai, Floor 5, 90B Stanley Main St. Freundliches Thai-Restaurant, das auch Speisen zum Mitnehmen zubereitet.

Tsim Sha Tsui: ***Au Trou Normand,*** 6 Carnarvon Rd, ✆ 23668754. Eine gute Adresse, um dem Gedränge von Hongkong zu entkommen und sich für einen Abend in das ländliche Frankreich zu versetzen. Für ein gutes Abendessen mit Wein sollten $200–300 p.P. veranschlagt werden.
Celestial Court Chinese Restaurant, Level 2, *Sheraton Hong Kong Hotel and Towers,* 20 Nathan Rd, ✆ 23691111, App. 3991 bzw. 3992. Gewinner der Goldmedaille des *HKTB* mit Auszeichnung für perfektes Dim Sum – besonders die mit Shrimps gefüllten Teigtaschen, die Eierpuddingtörtchen, die Frühlingsrollen und die Brötchen mit Grillfleisch lassen einem das Wasser im Mund zusammenlaufen. Auf jeden Fall lohnenswert, wenn man nicht davor zurückschreckt, sich mit weit über $100 p.P. in Unkosten zu stürzen.
Felix, Floor 28, *Peninsula Hotel,* ✆ 23153188. Eines der exklusivsten Restaurants Hongkongs, entworfen von Philippe Starck. Allein der unglaubliche Blick auf Hong Kong Island rechtfertigt einen Besuch. Die eurasische Küche ist begreiflicherweise teuer, aber man kann sich auch einfach nur einen Martini genehmigen. Auf der Early-Bird-Speisekarte (Bestellung zwischen 18 und 19 Uhr) werden 3-Gänge-Menüs für $350–380 p.P. angeboten.
Great Shanghai, 26 Prat Ave, ✆ 23668158. Eines der beständigsten Shanghai-Restaurants in Hongkong. Ansprechend präsentierte Speisen (gute Fisch- und Meeresfrüchte-Gerichte) in kleinen oder großen Portionen. Eine gute Wahl für Einsteiger in die Shanghai-Küche.
Jade Garden, Floor 4, Star House, 3 Salisbury Rd, am Star Ferry Pier, ✆ 27306888. Gehört zur *Maxim-Kette* und serviert Dim Sum mit Blick auf den Hafen. Ein weiterer Ableger mit ebenfalls leckerem Dim Sum befindet sich in der 25-31 Carnarvon Rd, ✆ 23698311.
Macau Restaurant, Ground Floor, 119-127 Parkes St, MTR-Station Jordan, ✆ 22709166. Authentische macanesische Speisen zum Spottpreis locken mittags scharenweise einheimische Arbeiter und Büroangestellte an.

Central Hongkong

Mint, 122-126 Canton Rd, ✆ 27355887. Australische Küche zu vernünftigen Preisen. Lamm und Meeresfrüchte sind die Spezialitäten, aber wirklich zu empfehlen ist das 14-Gänge-Menü bei Cocktails und Aussie-Wein.
Peking Restaurant, 227 Nathan Rd, MTR-Station Jordan, ✆ 27301316. Unmittelbar nördlich des Zentrums von Tsim Sha Tsui. Von der etwas bedrückenden Inneneinrichtung sollte man sich nicht täuschen lassen, denn das Lokal zählt zu den besten Beijing-Restaurants in Hongkong; vor allem die Peking-Ente ist sehr gut.
Peninsula Hotel Lobby, *Peninsula Hotel*, ✆ 2366 6251. Kaffee und Kuchen in der Lobby sind mit ca. $150 plus 10% Service-Gebühr nicht gerade billig, werden aber schließlich von einem Streicherquartett begleitet. Neben einem großen Angebot an Speisen bekommt man dazu die Gelegenheit, ein wenig in der schönsten Lobby Hongkongs zu verweilen, ein interessanter Blick auf ein eleganteres, kultivierteres und entspannteres Hongkong.
Ruth's Chris Steak House, Ground Floor, Empire Centre, 68 Mody Rd; Ground Floor, Lippo Centre, Admiralty. Sagenhafte Saucen als Beilage zu saftigen amerikanischen Steaks sorgen für herzhaften Genuss.
Spring Deer, First Floor, 42 Mody Rd, ✆ 7233673. Alteingesessenes Lokal mit besonders empfehlenswerter Peking-Ente vom Grill (wird am Tisch tranchiert), ferner ein Überangebot an authentischen Gerichten, z.B. Haifischflosse und Backfisch auf heißer Platte. Empfehlenswert sind geräuchertes Huhn und Tofu mit Schweinegehacktem.
Tang Court, First Floor, *Great Eagle Hotel*, 8 Peking Rd, ✆ 23751133, App. 2250. Meeresfrüchte-Restaurant mit Garnelen- und Krabbengerichten. Nicht die billigste Option, doch die Speisen sind außergewöhnlich gut, z.B. gebratene Garnelen mit Schweinefleisch und Krabbenfleisch in Blätterteig.
Tutto Bene, 7 Knutsford Terrace, ✆ 23162116. Befindet sich abseits des touristischen Kerngebiets in einer kleinen Gasse unmittelbar nördlich der Kimberly Rd, beliebt bei in Hongkong lebenden Ausländern. Gute italienische Küche in angenehmer Atmosphäre, auch Tische im Freien.

Wan Chai und Causeway Bay: ***Banana Leaf Curry House***, 440 Jaffe Rd, Wan Chai. Nur einer von mehreren Ablegern der populären malaysisch-singapurischen Restaurantkette. Großartige milde Currys mit viel Sahne und Kokos.
Chee Kee Wonton Noodle Shop, Ground Floor, 52 Russell St, Causeway Bay. Nudeln sind eine Hongkonger Spezialität, besonders die Wonton-Nudeln in diesem unaufdringlichen Stammlokal zählen zu den besten der Stadt.
The Chili Club, 88 Lockhart Rd, Wan Chai, ✆ 25272872. Inzwischen vielleicht schon eine Spur zu beliebt. Stets gut gefüllt mit affektierten „Langnasen", kredenzt aber noch nach wie vor ausgezeichnete Mahlzeiten aus der schärferen Ecke. Eine Reservierung ist anzuraten.
Fook Lam Moon, 35-45 Johnston Rd, Wan Chai, ✆ 28660663. Eines der besten Restaurants Hongkongs, wenn nicht sogar der Welt, für kantonesische Küche und entsprechend teuer.
Genki Sushi, 376 Lockhart Rd, Wan Chai; 22 Stanley St, Central; 733 Nathan Rd, Tsim Sha Tsui. Nur 3 von ca. 30 Filialen der gut laufenden Restaurantkette allein in Hongkong, allesamt gute Adressen für preiswerte japanische Speisen. Entweder zum Mitnehmen durch Ankreuzen auf einem Formular oder zum Sitzen und Aussuchen der Gerichte von einem Förderband. Eine Portion Sushi nach Wahl kostet ca. $15–20.
Golden Bauhinia, Hong Kong Convention and Exhibition Centre, Golden Bauhinia Square, ✆ 25827728. Preisgekrönte Dim Sum und Gerichte auf Geflügelbasis (besonders zu empfehlen gebratenes Hähnchen mit Knoblauchsauce) direkt neben dem Konferenzzentrum.
The Graces Restaurant, Floor 29, Lee Theatre Plaza, 99 Percival St, Causeway Bay, ✆ 2882 1889. Sehr großes und luftiges Esslokal, nur wenige Gehminuten vom Times Square und mit Ausblick auf den Hafen, stets rappelvoll mit chinesischen Familien, die in Dim Sum, Reis, Nudeln und Meeresfrüchte schwelgen. Am Wochenende ist ohne Reservierung nichts zu machen.
Indonesian, 28 Leighton Rd, Causeway Bay, ✆ 25779981. Empfehlenswertes Lokal im Kantinenstil und hilfsbereites Personal, das die Gäste bereitwillig bei der Auswahl aus der umfangreichen Speisekarte unterstützt. Die Currys und scharf gewürzten Auberginen sind großartig.

Ivy Chinoise, 4 Sun Wui Rd, ✆ 31623922. Kantonesische Küche mit westlichem Einschlag von einem Küchenchef mit dem Spitznamen „König der Kochkunst", serviert in einem ansprechenden und unaufdringlichen Speisesaal.
Next Generation Cuisine, Ground Floor, 478 Lockhart Rd, Causeway Bay, ✆ 29110119. Fantastische, moderne kantonesische Küche. Das in exzellenter Sojasauce gedünstete Hähnchen räumte den *HKTB*-Preis *Best of the Best* ab.
Vegi-Food Kitchen, 8 Cleveland St, Causeway Bay. Ein Schild mit der Aufschrift „Das Mitbringen von Fleischprodukten in dieses Restaurant ist nicht erwünscht" macht dem Gast bereits klar, worum es hier geht: streng vegetarische, chinesische Küche auf hohem Niveau. In einer kleinen Straße zwei Blocks östlich der Paterson St an deren nördlichem Ende.
Wo Lung Congee and Wonton Noodle Shop, 49-51 Lee Tung St, Wan Chai, ✆ 28937721. Nicht das eleganteste Haus am Platze, serviert aber dennoch perfekte Teigtaschen, Nudeln und *congee* (Reispudding). ◷ An Feiertagen geschlossen.

Unterhaltung und Kultur

Manchmal scheint es, als habe Hongkong mehr Nachtleben zu bieten als das restliche China zusammen. In den Kneipen und Bars wird bisweilen Live-Musik und Tanz geboten, doch das Herz der Hongkonger Partyszene ist und bleibt das Viertel Lan Kwai Fong, in dem es vor Restaurants, Bars und Pubs nur so wimmelt. Ungeachtet seines Rufes als kulturelles Ödland finden zunehmend Klassikkonzerte an unterschiedlichen Veranstaltungsorten statt. Das ganze Jahr über werden Festivals veranstaltet, u.a. in den Bereichen Kunst und Jazz (s.S. 606, Veranstaltungsmagazine).

BARS, KNEIPEN UND CLUBS – Die größte Konzentration an Kneipen bietet das Viertel Lan Kwai Fong auf Hong Kong Island. Bei einem Bummel durch die kleine Straße **Lan Kwai Fong Lane** und die Sträßchen in ihrer Umgebung eröffnen sich zahllose Möglichkeiten für eine Sause bis in den frühen Morgen, wobei ständig neue Lokale eröffnet werden und die Gäste teilweise vor der Tür stehen, weil drinnen kein Platz mehr ist. Von Lan Kwai Fong aus ein kleines Stück den Hügel hinauf, erfreuen sich die nicht ganz so lautstarken Bars von **SoHo** zunehmender Beliebtheit.
Eine weitere Hochburg des Nachtlebens ist **Wan Chai**, doch hier liegen die einzelnen Kneipen und Clubs weiter auseinander. **Tsim Sha Tsui** ist im Allgemeinen nicht für sein Nachtleben berühmt, tatsächlich existiert aber auch dort so etwas wie eine Szene für Traveller und in Hongkong lebende Ausländer. Hart Ave und Prat Ave, westlich der Chatham Rd South, empfehlen sich am ehesten für einen Streifzug, denn dort liegen mehrere interessante Kneipen sehr dicht beieinander.
Brandaktuelle Veranstaltungshinweise finden sich in der neuesten Ausgabe des *HK Magazine* und in anderen Veranstaltungsmagazinen (s.S. 606, Veranstaltungsmagazine).
Einige Clubs verlangen an bestimmten Abenden (im Allgemeinen freitags und samstags) ein Eintrittsgeld von $50 bis zu $200 in den schicksten Discos. Am frühen Abend bieten zahlreiche Lokale Happy Hour an (zwei Getränke zum Preis von einem), die sich teilweise auf mehrere Stunden ausdehnen. Die Öffnungszeiten der Kneipen und Clubs erstrecken sich oft bis in die frühen Morgenstunden. Wer lang genug sucht, stößt auch auf Live-Musik und sogar den einen oder anderen Rave, was sich jedoch meist nicht mit dem vergleichen lässt, was man von zu Hause gewohnt ist. Nützliche Informationen hierzu liefert das *HK Magazine.*
Die **Schwulen- und Lesbenszene** ist unauffällig, aber zumindest aktiver als in anderen chinesischen Städten, auch weil die Gesetze zur Homosexualität hier liberaler sind als im übrigen China.

Hong Kong Island: ***Alibi,*** 73 Wyndham St, Central. Sehr relaxtes Ambiente mit roten Plüschvorhängen, Vollwertkost und cooler Bar.
Blue Door, Floor 5, 37 Cochrane St, Central, 🖳 www.bluedoor.com.hk. Leider Hongkongs einzige richtige Jazz-Kneipe, nachdem der gleichnamige Club in der D'Aguilar St geschlossen wurde. Live-Musik der Spitzenklasse und Jazz am Wochenende.
Caledonia, Ground Floor, Hutchinson House, 10 Harcourt Rd, Admiralty. Englisches Bier, kleine Speisen und ausgestopfte Köpfe diverser haariger Kreaturen an den Wänden eines riesigen,

Richtung Club tendierenden Pubs – dazu eine „Wall of Whisky".

Carnegie's, 53-55 Lockhart Rd, Wan Chai. Wegen des Geräuschpegels ist man bei einer Unterhaltung auf Stift und Zettel angewiesen. Wenn der Laden erst einmal voll ist, kämpfen Horden von Gästen in Feierlaune um einen Tanzplatz auf dem Tresen. Regelmäßig Live-Musik.

C-Club, Basement, California Tower, 30-32 D'Aguilar St, Lan Kwai Fong. Sündhaft gemütliche Kellerbar mit VIP-Zonen, Samt- und Pelzdekor, Kissenbergen und einer Bar im Erdgeschoss für Short und Long Drinks.

The Fringe Club, 2 Lower Albert Rd, Central, 💻 www.hkfringeclub.com. Live-Acts, Drinks, Ausstellungen und Alternativkultur in einem ziemlich unkonventionellen Schuppen im rotweißen Fringe-Gebäude. Eine der billigeren Adressen mit regelmäßiger Happy Hour.

Mad Dogs, 1 D'Aguilar St, Lan Kwai Fong. Nur wenige Meter südlich der Stanley St (ein Ableger befindet sich in der 32 Nathan Rd). Stets gut gefüllt mit in Hongkong lebenden Ausländern, die sich die kleinen Speisen und das Bier schmecken lassen. Zu späterer Stunde geht es teilweise hoch her, gelegentlich spielen auch Live-Bands.

Music Room, Floor 2, California Entertainment Building, 34-36 D'Aguilar St, Lan Kwai Fong, 💻 www.lankwaifong.com. Rhythm & Blues, Percussion und Solisten live und jede Menge Schnaps in einem beliebten Club – cooler als cool.

Petticoat Lane, 1 Tung Wah Lane, Central. Stilvoller Weinkeller unter Mid-Levels Escalator, unmittelbar oberhalb von Lyndhurst Terrace. Barocke Vorhänge, Kerzen und gute Snacks sorgen für eine wunderbare Atmosphäre. Auch ein beliebter Treffpunkt der kleinen einheimischen Homosexuellengemeinde.

Post '97, 9 Lan Kwai Fong, Central. Disco im Erdgeschoss und leicht künstlerisch-alternativ angehauchte Atmosphäre in der Bar oben. Freitagsabends starke Schwulen- und Lesbenpräsenz. Zu Essen gibt es Pfannengerichte, Sandwiches und ganztägig Frühstück.

Staunton's Bar and Café, 10-12 Staunton St, SoHo. Große Kneipe und Restaurant mit internationaler Küche direkt an Mid-Levels Escalator. Ist abends rasch gefüllt und eignet sich gut als Treffpunkt, bevor man die Läden in der Nachbarschaft unsicher macht.

Stormy Weather, Ground and First Floor, 46-50 D'Aguilar St, Lan Kwai Fong. Balsam für den Gaumen in Form von Chicken Wings und Calamari, wenn man keine Schale Nudeln mehr sehen kann. Im Herzen des Ausgehviertels Lan Kwai Fong.

Kowloon: ***Bahama Mama's,*** 4-5 Knutsford Terrace, unmittelbar nördlich der Kimberly Rd. Nette Atmosphäre mit einem lebendigen Nationalitätenmix und jede Menge Sitzplätze unter freiem Himmel. Das Strandbar-Ambiente und die Außenterrasse sorgen für Partystimmung. An DJ-Abenden bekommt man einen guten Mix aus unterschiedlichen Musikstilen zu hören.

Delaney's, Basement, Mary Building, 71-77 Peking Rd. Freundlicher Irish Pub mit vielen Biersorten vom Fass, darunter natürlich auch *Guinness*. An den meisten Abenden läuft irische Folkmusik.

Ned Kelly's Last Stand, 11A Ashley Rd. Sehr beliebt bei Travellern und in Hongkong lebenden Ausländern. Allabendlich spielt eine ausgezeichnete Ragtime-Jazzband auf.

KINO – Die meisten wichtigen englischsprachigen Filme laufen mit nur wenig Verzögerung in den Hongkonger Kinos an und werden in der Regel im Original gezeigt, manchmal aber auch mit chinesischen Untertiteln (das einheimische Publikum bevorzugt allerdings die synchronisierten Fassungen, die meist bereits kurze Zeit später in die Kinos kommen). Außerdem werden auch Filme in chinesischer Sprache mit englischen Untertiteln gezeigt. Ein großer Kinokomplex ist ***UA Pacific Place,*** 88 Queensway, Admiralty, ein anderer befindet sich am Times Square in Causeway Bay. Alternative oder künstlerisch anspruchsvolle Filme (auch chinesische) werden in folgenden Kinos gezeigt:

Broadway Cinematheque, Prosperous Garden, 3 Public Square St, Yau Ma Tei, ✆ 23883188.

Cine-Art House, Sun Hung Kai Centre, 30 Harbour Rd, Wan Chai, ✆ 28274820.

Hong Kong Arts Centre, 2 Harbour Rd, Wan Chai, ✆ 25820200.

Einkaufen

Viele Besucher kommen immer noch zum Einkaufen nach Hongkong, obwohl die Lebenshaltungskosten hier inzwischen über denen der meisten Länder der Welt liegen. So sind beispielsweise die berühmten Elektronikartikel der Nathan Rd mittlerweile keineswegs mehr billiger als anderswo; hinzu kommt mögliche Abzocke, so dass man wahrscheinlich insgesamt am besten beraten ist, Kameras und andere Elektrogeräte lieber zu Hause zu kaufen. Nach wie vor herausragend ist Hongkong jedoch in Bezug auf die enorme Vielfalt angebotener Waren – noch dazu auf derart engem Raum. Einige Sachen, die zu einem großen Teil aus der Volksrepublik China stammen, sind tatsächlich billig, vor allem Bekleidung, Seide, Schmuck, chinesische Kunst- und Kunsthandwerksobjekte, Computerzubehör und Raubkopien. Als Faustregel für die Preise gilt: Je weiter man sich vom touristischen Tsim Sha Tsui entfernt, desto günstiger werden sie. Die Geschäfte sind täglich geöffnet und schließen erst spät: In Tsim Sha Tsui, Causeway Bay und Wan Chai gelten allgemeine Öffnungszeiten von 10–22 Uhr, in Central von 10–19 Uhr. Detaillierte Informationen zum Thema Einkaufen mit zahlreichen Tipps finden sich im *Shopping Guide* des *HKTB,* im Internet unter 💻 www.qtshk.com (Geschäfte und Läden unter *the HKTB Quality Tourism Services)* oder 💻 www.discoverhongkong.com.

ANTIQUITÄTEN, KUNST UND KUNSTHANDWERK – Hongkong bietet keine besonders günstigen Aussichten für Schnäppchen auf dem Antiquitätenmarkt, doch manch einer empfindet es als angenehmer, seine Einkäufe hier zu tätigen als auf dem aggressiveren chinesischen Festland. Außerdem bietet Hongkong eine größere Vielfalt und mehr Auswahl in punkto Qualität. Die beste Adresse zum Stöbern nach Antiquitäten ist die Hollywood Rd in Central, wo mehrere Dutzend Geschäfte alles Mögliche, von Stickereien bis Grabkeramik, verkaufen. Selbst wer nichts kaufen möchte, wird seinen Spaß haben, die Läden zu durchstöbern, wo man in wenigen Stunden eine Menge über die uralte chinesische Kultur lernen kann. Kaufinteressenten sollten sich vor Augen halten, dass „antik" nicht immer „älter als 100 Jahre" bedeutet – nachzufragen lohnt sich. Interessante Informationen zum Thema bietet der Einkaufsführer *Collecting Chinese Antiquities in Hong Kong* von Vincent Choi, erhältlich bei *Dragon Culture,* 184 und 231 Hollywood Rd, Sheung Wan, ✆ 25458098, 💻 www.dragonculture.com.hk.

Wer sich eher für modernere Kunst oder Kunsthandwerk interessiert, findet in Hongkong zahlreiche Spezialgeschäfte mit Artefakten aus China und anderen Ländern der Region. Zu den besten Adressen zählt ***Chinesische Arts and Crafts*** mit Filialen im China Resources Building, 26 Harbour Rd (Wan Chai), in 230 The Mall, Pacific Place, 88 Queensway, Admiralty, im Star House, 3 Salisbury Rd, Tsim Sha Tsui, und im *Nathan Hotel,* 378 Nathan Rd, Kowloon. Alle führen ein riesiges Sortiment an Stoffen, Porzellan, Kaschmir, Bekleidung und weiteren Waren „Made in China", wobei allerdings einige Produkte aus Seide sowie Tisch- und Bettwäsche auf dem Stanley Market (s.S. 571) billiger zu haben sind. Die genannten Geschäfte bieten auch Schmuck und Jade an (mehr Jadeprodukte gibt es auf dem Jademarkt in Mongkok, s.S. 576). Chinesische Einrichtungs- und Dekorationsgegenstände finden sich auch auf der Horizon Plaza auf der Insel Ap Lei Chau, einem fast 20 000 m^2 großen Areal mit Geschäften wie *Banyan Tree* und *Shambala.* Grundsätzlich gilt, dass sämtliche Angaben der Standbesitzer mit einer gehörigen Portion Vorsicht zu genießen sind.

Banyan Tree, 214-218 Prince's Building, Chater Rd, Central; 257 Ocean Terminal, Canton Rd, Tsim Sha Tsui; Horizon Plaza, Ap Lei Chau. Antike und auf alt gemachte Einrichtungsgegenstände und Kunstgewerbeartikel aus ganz Asien. Kein berauschendes Preis-Leistungs-Verhältnis.

Dynasty Antiques, Ground Floor, 48-50 Hollywood Rd, Central, ✆ 28511389, 💻 www.dynasty-antiques.com. Riesiger Laden mit schön restaurierten, klassischen Möbeln aus China und Antiquitäten aus Tibet.

Eu Yan Sang, Ground Floor, 152-156 Queens Rd, Central, ✆ 25443308, 💻 www.euyansang.com. Eines der bekanntesten Heilkräutergeschäfte Hongkongs, existiert angeblich seit über 90 Jah-

ren als Lieferant für Tees, Kräuter und chinesische Heilprodukte, die sorgfältig abgewogen und gemessen werden.
Friendship Trading Company, 105-107 Hollywood Rd, ✆ 25483830. Groß- und Einzelhandel mit Antiquitäten, Kunst und Kunsthandwerk. Das Unternehmen veranstaltet für besonders Ambitionierte auch Einkaufstouren aufs chinesische Festland. Die Waren können wahlweise gleich mitgenommen oder vor dem Export erst renoviert werden.
Karin Weber Gallery, 32A Staunton St, SoHo, ✆ 25445004. Große Auswahl in der mittleren Preisklasse. Organisiert ebenfalls Möbeleinkaufsfahrten in die Volksrepublik.
L&E, 188 Hollywood Rd, ✆ 25469886. Neuwertiges, dekoratives Porzellan und alte chinesische Einrichtungsgegenstände. Das Unternehmen hat ein mit alten Möbeln und Porzellan voll gestopftes Lager in Sheung Shui. Die Waren werden auf Wunsch transportfähig verpackt und verschifft.
Museum Shop, Hong Kong Arts Centre, Cultural Centre, Salisbury Rd, Tsim Sha Tsui. Kunstbücher, Mal- und Zeichenbedarf, Kalligrafiematerial, Drucke, Postkarten, Souvenirs und Bürobedarf. Das Personal ist leider nicht sehr hilfsbereit.
Palette Collections Gallery, Floor 5, 23 D'Aguilar St, Lan Kwai Fong, ✆ 25225928, 💻 www.palette-collections.com. Gemälde aus China und den USA, außerdem Porzellan und chinesische Antikmöbel.
Shanghai Tang, Pedder Building, Pedder St, Central. Neben Textilien wird auch eine kleine Auswahl exklusiver Kunsthandwerks- und Haushaltswaren angeboten, z.B. Bettwäsche, Notizbücher, Fotorahmen und die allseits beliebten Mao- und Deng-Uhren.
Teresa Coleman, 79 Wyndham St, ✆ 25262450, 💻 www.teresacoleman.com. Eines der bekanntesten Geschäfte Hongkongs, auch international anerkannt wegen seiner chinesischen Textilien. Dazu eine gute Auswahl an Bildern und Drucken.
The Tibetan Gallery, 55 Wyndham St, ✆ 2530 4863. Interessante, aber teure Auswahl tibetischer Möbel, Teppiche, Silberwaren und Sakralgemälde.
Wah Tung China Ltd, Floors 14-17, Grand Marine Ind. Buildings, 3 Yue Fung St, Aberdeen, ✆ 28732272. Antikes Porzellan und auf alt gemachte Gegenstände auf knapp 3000 m^2 Ausstellungsfläche.

BEKLEIDUNG – Für Textilien ist Hongkong kein schlechtes Pflaster. Vor allem die einheimischen Modemarken *Gordiano, U2, G2000, Jessica, Episode* und *Bossini* sind hier besonders preisgünstig und besitzen mehrere Filialen in der ganzen Stadt. Auch ausländische Designerkleidung ist bemerkenswert weit verbreitet, jedoch wegen des hohen Ansehens ausländischer Exklusivmarken deutlich teurer als zu Hause. Im Ausverkauf ist aber durchaus das eine oder andere Schnäppchen drin.
Eine andere interessante und oft sehr billige Quelle für den Kauf von Kleidung (einschließlich Designerware ohne entsprechendes Etikett) ist der Fabrikverkauf. Da derartige „Outlets" genauso schnell wieder schließen, wie sie aufgemacht haben, empfiehlt es sich, die *HKTB*-Broschüre *Factory Outlets* oder einen der Einkaufsführer wie *The Smart Shopper in Hong Kong* oder *The Complete Guide to Hong Kong Factory Bargains* nach Adressen zu durchforsten.
Es ist unbedingt anzuraten, die Kleidungsstücke vor dem Kauf anzuprobieren, denn auf die im Etikett angegebene Größe ist kein Verlass. Wer gleich losrennen möchte, findet für den Anfang einige gute Läden in der **Granville Rd** in Tsim Sha Tsui, im **Pedder Building** auf der Pedder St in Central und gleich um die Ecke in der **Wyndham St** und der **D'Aguilar St**. Für Anhänger von Haute Couture ist das ***Joyce Warehouse*** im Hing Wai Centre in Aberdeen ein Muss; dort landet – bis zu 80% herabgesetzt – die Ware aus den schicksten Boutiquen Hongkongs, die in der letzten Saison (oder im letzten Monat) in den Regalen liegen blieb.
Blanc De Chine, Floor 2, Pedder Building, 12 Pedder St, Central. Elegantes Design mit geschmacklichen Anleihen bei traditioneller chinesischer Kleidung, meist aus Seide oder Kaschmir.
Joyce Boutique, 16 Queen's Rd, Central; Shop 226 und 344, Pacific Place, 88 Queensway, Admiralty. Hongkongs angesagteste Boutique verkauft eigene Kollektionen und mehrere Top-Designer-Marken aus Übersee.

Shanghai Tang, Ground Floor, Pedder Building, 12 Pedder St, Central. Diesen wunderschön im Shanghai-Stil der 30er Jahre aufgemachten Laden muss man gesehen haben. Spezialität sind Neuauflagen traditioneller chinesischer Stile, z.B. Cheongsam-Kleider mit Seitenschlitz, häufig in leuchtenden Farben. Es werden auch Kleidungsstücke nach Wunsch angefertigt, doch das ist alles andere als billig. Regelmäßig interessanter Ausverkauf.
Walter Ma, Century Square, 1 D'Aguilar St, Central. Einer der bekanntesten einheimischen Designer, arbeitet sowohl für Hongkonger als auch für ausländische Kunden. Besonders geschätzt ist seine formelle Kleidung.

Maßgeschneiderte Kleidung: Kleidung nach Maß ist traditionell eine Spezialität der Hongkonger Tourismusindustrie. So wimmelt es beispielsweise in **Tsim Sha Tsui** von indischen Schneidern, die ihre Dienstleistung mit Nachdruck anpreisen. Bessere Qualität findet man aber andernorts, z.B. in Wohngegenden, Hotels oder Einkaufspassagen, wo die Schneider auf Stammkundschaft zählen können. Frauen aus dem Westen sollten sich nach jemandem umsehen, der sich nicht nur mit fernöstlichen Figuren auskennt, denn der Körperbau unterscheidet sich z.T. erheblich. Generell sind die Preise relativ günstig, aber nicht spottbillig. Bevor etwas in Auftrag gegeben wird, sollte ein ausführliches Gespräch mit dem Schneider geführt und exakt vereinbart werden, was genau im Preis enthalten ist. Außerdem sollte niemand ein fertiges Stück innerhalb von 24 Stunden erwarten, denn es wird entweder nicht passen oder auseinander fallen – oder beides. Statt dessen sollten mindestens zwei bis drei Anproben im Abstand von mehreren Tagen eingeplant werden, wenn unter dem Strich ein gutes Ergebnis herauskommen soll. Rund die Hälfte des Preises wird in der Regel als Anzahlung fällig. Die folgenden Geschäfte fertigen maßgerechte Kleidung an:
Johnson & Co, 44 Hankow Rd, Kowloon. Hat viele Kunden aus Militär- und Marinekreisen. Größtenteils männliche Klientel.
Linva Tailor, 38 Cochrane St, Central. Der alteingesessene Damenschneider ist besonders beliebt bei Einheimischen, die sich hier Cheongsams für Partys nähen lassen. Stickereien sind ein Schwerpunkt.
Margaret Court Tailoress, Floor 8, Winner Building, 27 D'Aguilar St, Central. Hat viele weibliche Kunden aus dem Westen und genießt einen guten Ruf. Die Sachen sind aber nicht billig: Ein Hemd kostet um die $300 plus Stoff.
Pacific Custom Tailors, Floor 3, 322 Pacific Place, 88 Queensway, Admiralty. Exklusive Anzüge zu entsprechenden Preisen in einer der schicksten Einkaufspassagen Hongkongs.
Sam's Tailors, 94 Nathan Rd, Tsim Sha Tsui. Sam zählt zu den bekanntesten Schneidern der Stadt. Ebenso berühmt wie seine Kreationen ist sein Talent zur Selbstdarstellung.
Shanghai Tang, Pedder Building, 12 Pedder St, Central, 💻 www.shanghaitang.com. Boutique mit angeschlossener Schneiderei für Herren- und Damenbekleidung im chinesischen Stil und einer sagenhaften Auswahl an Stoffen. Das Unternehmen ist auf Touristen eingestellt, zum Service gehören schnelle Anproben und das Verschicken fertiger Kleidungsstücke.

BÜCHER – Für eine derart kosmopolitische Stadt bietet Hongkong eine eher magere Auswahl an Buchhandlungen mit vernünftiger fremdsprachiger, in der Regel englischer Literatur. In einigen Einkaufspassagen gibt es ganz passable Buchläden, beispielsweise *Page One* in Festival Walk, *Kowloon Tong* am Times Square, die Mall *Taikoo Shing* in Quarry Bay (Causeway Bay) und *Bookazine,* 89 Queensway, Admiralty.
Dymock's, Star Ferry Terminal, Central. Gute Adresse für Taschenbücher und Reiseführer.
Government Publications Centre, Tower Block, Ground Floor, 66 Queensway, Admiralty. Stadtpläne von Hongkong und große Auswahl an Büchern zu lokalpolitischen und Umweltthemen.
Swindon Book Company, 13-15 Lock Rd, Tsim Sha Tsui; Star Ferry Terminal, Tsim Sha Tsui. Wahrscheinlich die größte zentral gelegene, englischsprachige Buchhandlung. Besonders gut für Bücher über Hongkong und Hochglanz-Kunstbände.

COMPUTER – Sowohl Hardware als auch Software ist in Hongkong teilweise sehr billig. Wer Hardware kauft, sollte sich zuvor vergewissern, dass die Geräte mit der Netzspannung daheim kompatibel sind und eine internationale Garantiekarte beiliegt, ansonsten besteht keine Möglichkeit, den Computer außerhalb Hongkongs kostenlos reparieren oder ersetzen zu lassen. Häufig empfiehlt es sich, bei lokalen Ketten wie ***Fortress*** einzukaufen, um das Risiko minderwertiger Waren möglichst gering zu halten. Eine gute Gelegenheit, aktuelle Preise und Sonderangebote zu sondieren, ist die Technikbeilage der dienstags erscheinenden *South China Morning Post*. **Raubkopierte Software** ist ebenfalls ein großes Geschäft, das inzwischen allerdings wesentlich diskreter abläuft als noch vor ein paar Jahren. Wie bei allen Raubkopien trägt der Käufer das Risiko; die Preise mögen unschlagbar sein, doch möglicherweise funktioniert die Software nicht oder es kommt zu Problemen mit dem Zoll bei der Einfuhr.

298 Computer Zone, 146 Fuk Wa St, Sham Shui Po, MTR-Station Sham Shui Po (Exit C2), Kowloon. Alles von zwielichtigen Raubkopien bis zu allerbester Ware.

Golden Shopping Centre, 156 Fuk Wah St, Sham Shui Po, MTR-Station Sham Shui Po (Exit D2), Kowloon. Jede Menge billiges Computerzubehör, darunter auch raubkopierte Software.

Mongkok Computer Centre, Nelson St, Ecke Fa Yuen St, Mongkok. Eine der besten Adressen für illegal gebrannte CDs.

Wan Chai Computer Centre, 298 Hennessy Rd, MTR-Station Wan Chai (Exit A4), Wan Chai. Ein Irrgarten aus Geschäften mit Computerzubehör – neu, aus zweiter Hand, offiziell oder raubkopiert.

KAUFHÄUSER – Wer in China unterwegs ist, wird nicht allzu viel Zeit in Kaufhäusern verbringen, doch in einem Einkaufsparadies wie Hongkong sieht das anders aus. Im Sommer üben v.a. die Klimaanlagen einen großen Reiz aus, und in den meisten Einkaufszentren gibt es nette Cafés ohne Ende. Einen Besuch wert sind auch die glitzernden Einkaufspassagen Hongkongs; zu den besten zählen Times Square (MTR-Station Causeway Bay), Pacific Place (MTR-Station Admiralty), Lee Gardens (MTR-Station Causeway Bay) und Festival Walk (MTR-Station Kowloon Tong).

CRC Department Store, Chiao Shang Building, 92 Queen's Rd, Central; Lok Sing Centre, 31 Yee Wo St, Causeway Bay. Am billigeren Ende der Preisskala angesiedelt, bietet aber eine gute Auswahl chinesischer Spezialitäten wie Heilkräuter, Lebensmittel, Porzellan und Kunstgewerbe.

Lane Crawford, 70 Queen's Rd, Central; One Pacific Place, 88 Queensway, Admiralty; Times Square, 1 Matheson St, Causeway Bay. Hongkongs ältestes Kaufhaus im westlichen Stil.

Mitsukoshi, Hennessy Centre, 500 Hennessy Rd, Causeway Bay. Wer noch nie in Japan war, bekommt hier einen echten Vorgeschmack. Eines der elegantesten Geschäfte in Causeway Bay.

SOGO, East Point Centre, 555 Hennessy Rd, Causeway Bay. Ein weiteres japanisches Kaufhaus mit makellos präsentierten Waren auf 10 Etagen, mit japanischem Supermarkt.

Wing On, 26 Des Voeux Rd, Central. Eine von mehreren Filialen des alteingesessenen Geschäftes mit Niederlassungen in der gesamten Sonderverwaltungsregion Hongkong. Eher Alltagsprodukte als Luxusartikel.

Yue Hwa Chinese Products Emporium, 54-64 (Hauptniederlassung) und 301-309 Nathan Rd, Yau Ma Tei, dazu weitere Filialen. Chinesisches Kaufhaus mit Schwerpunkt auf Textilien aus Seide, Arzneien und Lebensmitteln.

SCHMUCK – Hongkonger beiderlei Geschlechts lieben Schmuck – je glitzernder, desto besser. Da nimmt es nicht wunder, dass es buchstäblich Tausende Juweliere in der Stadt gibt. Einige bieten Stücke an, die eine bemerkenswerte Ähnlichkeit mit den Kreationen der berühmten internationalen Schmuckhäuser aufweisen. Die Preise sind günstig, sodass man hier endlich zuschlagen kann, wenn man bereits seit langem mit dem Gedanken spielt, sich ein schönes Schmuckstück zuzulegen. Es empfiehlt sich, die Angebote zu vergleichen, denn die Geschäfte verlangen bisweilen abenteuerlich unterschiedliche Preise für ein- und dasselbe Stück. Die meisten Juweliere lassen ein wenig mit sich handeln. Die kostenlose *HKTB*-Broschüre *Shopping Guide to Jewellery* hilft bei der Auswahl.

Gallery One, 31-33 Hollywood Rd, Central. Riesige Auswahl an Halbedelsteinen und Schmuck.

Arrangements nach Wunsch aus Bernstein, Amethyst, Tigerauge, Quarzkristall u.v.m.
Kai-Yin Lo Ltd, Floor 3, Pacific Place; Shop 11A, *Peninsula Hotel.* Hongkongs bekanntester Schmuckdesigner arbeitet mit alter Jade und Halbedelsteinen. Teuer, aber schön anzusehen.
Opus Collections, Ground Floor, Tak House, 5-11 Stanley St, Central, ✆ 28682801. Edler Schmuck, Uhren und Füllfederhalter.
Peter Choi Gems & Jewellery, Shop 224A, *Hong Kong Hotel,* 3 Canton Rd, Kowloon. Juwelier direkt am Haupteingang zum Ocean Terminal mit vielen schönen und schlichten Designs, etlichen Klassikern und breitem Preisspektrum. Peter Choi lässt ein wenig mit sich handeln.

Aktivitäten

GOLF – Die einfachste Art, an eine Runde Golf auf den stets gut gefüllten Anlagen Hongkongs zu kommen, bietet sich wahrscheinlich im Rahmen der von der *HKTB* (s.S. 605, Informationen) angebotenen Golftour, die inkl. Transport und Eintrittsgeld mit rund $500 zu Buche schlägt.
Clearwater Bay Golf and Country Club, ✆ 2719 1595.

KAMPFKUNST – Taijiquan wird in allen öffentlichen Parks praktiziert. Allgemeine Informationen zu asiatischen Kampfsportarten erteilt die ***HK Chinese Martial Arts Association,*** ✆ 2394 4803.

MARATHON – Wer sich für eine Teilnahme am Hongkong-Marathon interessiert, der jährlich im Januar stattfindet, wendet sich an die ***HK Amateur Athletic Association,*** ✆ 25048215.

SCHWIMMEN – Die öffentlichen Schwimmbäder sind oft überfüllt, und das Wasser ist nicht immer das sauberste. Wer dennoch das Bedürfnis hat:
Kowloon Park, Nathan Rd, Tsim Sha Tsui. Eines der zentralsten öffentlichen Bäder. ⌚ tgl. 6.30–21 Uhr, Eintritt Erwachsene $19, Kinder $8.
Victoria Park, Causeway Bay, ⌚ tgl. 6.30–22 Uhr, Eintritt Erwachsene $19, Kinder $8.

SEGELN – ***Hong Kong Yachting Association,*** ✆ 25048158.

TENNIS – Die Platzmiete beträgt in der Regel $40 pro Std., Privatunterricht (an den Plätzen nachfragen) kostet ca. $350 pro Std. Öffentliche Tennisplätze:
Hong Kong Tennis Centre, Wong Nai Chung Gap Rd, ✆ 25749122.
King's Park, Kowloon, ✆ 23888154.
Victoria Park, ✆ 25706186.

WANDERN – Eine unter vielen Möglichkeiten ist der MacLehose Trail, der insgesamt 100 km durch die New Territories führt, von Tuen Mun im Westen bis zur Halbinsel Sai Kung im Osten.
Informationen erteilen der ***HKTB*** (s.S. 605, Informationen) oder die ***Country and Marine Parks Branch,*** Floor 12, 393 Canton Rd, Tsim Sha Tsui, Kowloon, ✆ 27332132, ⌚ Mo–Fr 9–17, Sa 9–12 Uhr.

WINDSURFEN – ***Windsurf Centre,*** Kwun Yam Wan Beach, Cheung Chau, bietet Brettverleih und Unterricht.

Touren

Der *HKTB* veranstaltet eine Reihe interessanter Touren zu verschiedenen Themen, darunter die „Sports and Recreation Tour" (s.S. 580, Clear Water Bay) oder die „Come Horse-racing Tour". Solche Ausflüge machen eine Menge Spaß, richten sich aber vorwiegend an eine Klientel mit wenig Zeit und viel Geld. Über Einzelheiten informieren die *HKTB*-Broschüren.
Es gibt noch zahlreiche andere **Veranstalter**, die organisierte Touren anbieten. In den Broschüren, die in der Nähe der Star-Ferry-Ticketschalter ausliegen, wird für Hafenrundfahrten, Shopping-Touren nach Shenzhen, Fahrten in die New Territories, nach Kowloon, in das Feuchtgebiet Mai Po oder zur Delphinbeobachtung geworben. Hubschrauberrundflüge und Heli-Hiking-Touren in die New Territories werden ebenfalls angeboten: ✆ 28020200, 💻 www.heliservices.com.hk.
Eine nette Idee ist auch das Chartern einer Dschunke für ein paar Stunden, wenn man die Kosten auf eine Gruppe von 10 Pers. aufteilt: 💻 www.panaoceans.com.

Sonstiges

AUTOVERMIETUNGEN – Theoretisch kann man in Hongkong Autos mieten, was aber absolut unnötig und wirklich nicht ratsam ist. Taxis sind weitaus billiger und bequemer, wenn es nicht gerade eine Limousine mit Chauffeur sein muss.

BIBLIOTHEKEN – ***British Council,*** 1 Supreme Court Rd, Admiralty, ✆ 291355005. Zum Komplex gehört eine Bibliothek mit einer Auswahl an englischsprachigen Zeitungen, Videos und Hörbüchern. ⌚ Mo–Fr 12–20, Sa 10.30–17.30 Uhr.
City Hall High Block, Edinburgh Place, Central. Wichtigste englischsprachige Bibliothek Hongkongs. ⌚ Mo–Fr 10–21, Sa 10–17, So 10–13 Uhr.

DIPLOMATISCHE VERTRETUNGEN –
Australien, Floor 23, Harbour Centre, 25 Harbour Rd, Wan Chai, ✆ 28278881.
China, Floor 5, China Resources Bldg, Lower Block, 26 Harbour Rd, Wan Chai, ✆ 28271881.
Deutschland, Generalkonsulat, United Centre, 21st floor, 95 Queensway, Central, ✆ 21058777 und 21058788, 📠 28652033.
Indien, 504 Admiralty Centre, Tower One, 18 Harcourt Rd, Admiralty, ✆ 25284028.
Japan, Floor 46, One Exchange Square, Central, ✆ 25221184.
Korea, Floor 5, Far East Financial Centre, 16 Harcourt Rd, Central, ✆ 25294141.
Malaysia, Floor 23, Malaysia Building, 50 Gloucester Rd, Wan Chai, ✆ 25270921.
Neuseeland, Room 2705, Jardine House, Connaught Rd, Central, ✆ 28774488.
Österreich, Generalkonsulat, Room 21, Wang Kee Building, 34 Connaught Rd, Central, ✆ 2522 8086, 📠 25218773.
Philippinen, Floor 6, United Centre, 95 Queensway, Admiralty, ✆ 28238500.
Schweiz, Generalkonsulat, Room 3703, Gloucester Tower, The Landmark, 11 Pedder St, ✆ 2522 7147, 📠 28452619.
Taiwan, Floor 4, East Tower, Lippo Centre, 89 Queensway, Admiralty, ✆ 25258315.
Thailand, Floor 8, Fairmont House, 8 Cotton Tree Drive, Central, ✆ 25216481.
Vietnam, Floor 15, Great Smart Tower, 230 Wan Chai Rd, Wan Chai, ✆ 22914510.

FESTE – Allgemeine chinesische Feste wie Neujahr und Mittherbst werden in Hongkong mit ebenso viel, wenn nicht mit noch mehr Begeisterung gefeiert als auf dem Festland. Es gibt darüber hinaus auch einige Hongkong-spezifische Feste:
Ende April oder Mai: Tin-Hau-Fest zu Ehren der Göttin des Meeres mit zahlreichen Festivitäten auf dem Wasser, v.a. in der Joss House Bay auf der Halbinsel Sai Kung (s.S. 580).
Mai: Tai-Chiu-Fest (englisch Bun Festival) auf der Insel Cheung Chau.
Anfang Juni: Beim Drachenbootfest Tuen Ng liefern sich lange, schmale Boote spannende Rennen an diversen Schauplätzen im gesamten Territorium.

FUNDSACHEN – Wer etwas im Taxi vergessen hat, kann den Verlust unter der Rufnummer ✆ 2389 8288 melden. Vorab wird eine happige Gebühr für die Suche verlangt, deren Fundstatistik nicht gerade optimistisch stimmt. Alternativ dazu kann man sich auch an die allgemeine Auskunft der Polizei wenden (s.S. 605, Notfall).

GELD – Allgemeine Öffnungszeiten für Banken: ⌚ Mo–Fr 9–16.30, Sa 9–12.30 Uhr, doch Vorsicht: Viele Banken verlangen eine saftige Provision beim Einlösen von Reiseschecks. Zu den Kreditinstituten, die in der Regel keine Provision kassieren, zählen die Banken ***Hang Seng, Wing Lung*** und ***Wing On***. Die offiziellen Wechselstuben hingegen, die einschließlich sonntags rund um die Uhr ihre Dienste anbieten, verlangen bisweilen keine Provision, bieten dafür aber oft einen sehr schlechten Kurs, und die Schilder „No Commission" (keine Provision) beziehen sich in vielen Fällen nur auf den Verkauf von Hongkong-Dollar. Die Wechselstuben an der Nathan Rd sind auf jeden Fall zu meiden, vor dem Wechseln größerer Summen sollte man sich stets den genauen Gegenwert ausrechnen lassen, denn die Kurse variieren zum Teil beträchtlich. Geldautomaten gibt es in allen Ecken und Winkeln der Sonderverwaltungsregion.
American Express – Ground Floor, New World Tower, 16-18 Queen's Rd, Central, ✆ 28017300. Scheckverlust melden unter ✆ 28859331.
⌚ Mo–Fr 9–17.30, Sa 9–12 Uhr.

GEPÄCKAUFBEWAHRUNG – Schalter befinden sich in der Abflug-Lounge am **Flughafen**, ⏲ tgl. 6.30–1 Uhr, sowie an den Airport-Express-Stationen **Central** und **Kowloon**. Alternativ dazu kann das Gepäck auch im Guesthouse oder Hotel hinterlegt werden, sofern Betreiber und allgemeine Sicherheitsbedingungen vertrauenswürdig erscheinen. Münzschließfächer gibt es im **HK China Ferry Terminal** in Tsim Sha Tsui.

INFORMATIONEN – ***Hong Kong Tourism Board (HKTB)***, mehrere Schalter am Flughafen (Ankunftsbereich, Hallen vor der Zollabfertigung und Transferbereich, ⏲ tgl. 8–18 Uhr). Ein so genannter Cyberlink bietet täglich rund um die Uhr Internet-Zugang zur sehr nützlichen Website „City of Life" unter 💻 www.discoverhongkong.com. Am Flughafen ist *HKTB*-Personal ständig auf der Suche nach Neuankömmlingen, so dass man die Schalter gar nicht erst selbst suchen muss. In Downtown Hongkong gibt es noch 2 weitere *HKTB*-Büros ohne Telefonauskunft: im Star Ferry Terminal von Tsim Sha Tsui, ⏲ tgl. 8–18 Uhr, und im Erdgeschoss von The Centre, 99 Queen's Rd Central, Hong Kong Island, ⏲ tgl. 8–18 Uhr, plus Cyberlink.
Der *HKTB* veröffentlicht mehr Informationsschriften, Broschüren, Flugblätter und Landkarten als die ganze Volksrepublik China zusammen, und die meisten sind sogar gratis. Zudem beschäftigt die Institution hilfsbereite, gut Englisch sprechende Mitarbeiter und unterhält eine mehrsprachige **Besucher-Hotline**, ✆ 25081234, ⏲ tgl. 8–17 Uhr. Im Mittelpunkt des monatlich erscheinenden Programms steht nach dem Rotationsprinzip jeweils einer der 18 Bezirke der Sonderverwaltungsregion Hongkong. Im *HKTB*-Blatt *Meet the People* werden u.a. kostenlose Kurse in Fengshui und chinesischer Teekunst angeboten.
Die vom *HKTB* herausgegebenen und die in diesem Reiseführer abgedruckten **Stadtpläne und Landkarten** dürften für die meisten Zwecke ausreichen; detaillierte Karten (z.B. der *Hong Kong Guide* im Taschenbuchformat mit allen wichtigen Buslinien) sind in den englischsprachigen Buchhandlungen erhältlich (s.S. 601, Bücher).

INTERNET – Dank gebührenfreier Ortsgespräche innerhalb Hongkongs und starker Konkurrenz unter den Breitband-Providern überrascht es kaum, dass man im gesamten Territorium zu äußerst geringen Kosten ins Internet kommt. Cafés wie ***MiX*** und ***Pacific Coffee*** bieten sogar 15–30 Min. Gratiszugang für jeden Gast, der etwas bestellt.

MEDIEN – Neben den englischsprachigen **TV-Sendern** *Pearl* und *ATV* bieten viele Hotels auch Satelliten- und Kabel-TV an. Im **Radio** belegt der *BBC World Service* in Hongkong die Frequenz 675 kHz (AM). Zu den wichtigsten **Zeitungen** Hongkongs zählen die großformatige Boulevardzeitung *South China Morning Post* (plus *Sunday Morning Post*), *The Standard* (Boulevardblatt mit Schwerpunkt Wirtschaft) und die *China Daily*, die sich vorwiegend mit Themen der Volksrepublik China beschäftigt.

MEDIZINISCHE HILFE – Die folgenden staatlichen Krankenhäuser haben rund um die Uhr geöffnete Unfallstationen mit kostenloser Behandlung:
Princess Margaret Hospital, Lai King Hill Rd, Lai Chi Kok, Kowloon, ✆ 29901111.
Queen Mary Hospital, Pokfulam Rd, Hong Kong Island, ✆ 28553111.

NOTFALL – **Krankenwagen**, ✆ 999.
Polizeiv (allgemeine Auskünfte) ✆ 28602000.
Verbrechensbekämpfung und Beschwerden über Taxifahrer, ✆ 25277177.

POST – **Hauptpost Hong Kong Island**: 2 Connaught Place, Central, ✆ 29212222, unmittelbar westlich des Star Ferry Terminal und nördlich des Jardine House (der Turm mit den Bullaugenfenstern), ⏲ Mo–Fr 8–18, Sa und So 8–14 Uhr. Auch Poste Restante wird hier gelagert, ⏲ Abholung Mo–Sa 8–18 Uhr, sofern nicht spezifisch „Kowloon" in der Anschrift erscheint.
Hauptpost Kowloon: 10 Middle Rd, Tsim Sha Tsui, ✆ 23664111.
In beiden Postämtern gibt es Geschäfte, die Päckchen, Packband und Kleber verkaufen, damit alles vor Ort versandfertig gemacht werden kann.

REISEBÜROS – In Hongkong gibt es sehr viele preiswerte Reisebüros, doch auch die billigeren

Hostels bieten oft nützliche Kontakte und aktuelle Informationen über preiswerte Reisen. Interessant sind auch die Kleinanzeigen in der *South China Morning Post.*
CITS, Room 1213-15, Floor 13, Tower A, New Mandarin Plaza, 14 Science Museum Rd, Tsim Sha Tsui East, ✆ 27325888, 📠 27217204. Das staatliche chinesische Reisebüro ist eine der ersten Anlaufstellen für Zugfahrkarten, Touren, Flüge und Visa für Reisen in die Volksrepublik China.
CTS, Hauptniederlassung Floor 4, CTS House, 78-83 Connaught Rd, Central, ✆ 27895401. Bietet in etwa den gleichen Service wie *CITS,* ist aber insgesamt die freundlichere Alternative. *CTS* vermittelt auch Hotelzimmer und organisiert die Weiterreise von Hongkong nach Macau und in alle größeren chinesischen Städte.
Hong Kong Student Travel Ltd, Hang Lung Centre, Yee Wo St, Causeway Bay, ✆ 28339909. Sehr günstiger Reiseanbieter.
Shoestring Travel Ltd, Flat A, Floor 4, Alpha House, 27-33 Nathan Rd, ✆ 27232306, 📠 2721 2085. Ebenfalls Reisen zu besonders günstigen Tarifen.

SPORT – **Pferderennen**: s.S. 566, Happy Valley.
Rugby: ***Hong Kong Rugby Football Union,*** ✆ 2504 8300, bietet Informationen zu dem jährlich über Ostern stattfindenden, internationalen Turnier „Rugby Sevens".

TELEFON – Da alle Ortsgespräche gebührenfrei sind, kann man die Telefone in den Hotel-Lobbys und Restaurants in der Regel ohne weiteres benutzen. Bei Münzfernsprechern gilt ein Tarif von $1 für 5 Min.
Innerhalb Hongkongs gibt es keine unterschiedlichen Telefonvorwahlen.
Aus dem Ausland: internationale Vorwahl + 852 für Hongkong + Nummer des Teilnehmers.
Aus Macau: 01 + Nummer des Teilnehmers.
Vom chinesischen Festland: 00 + 852 + Nummer des Teilnehmers.
Auslandsgespräche im Direktwählverfahren: ✆ 10013 anrufen oder eines der folgenden *Hong Kong Telecom Offices* aufsuchen:
Hermes House, 10 Middle Rd, Tsim Sha Tsui, 🕓 24 Std.
Telecom House, 3 Gloucester Rd, Wan Chai, 🕓 Mo–Fr 8–21, Sa 8–15 Uhr.
Telefonauskunft: in englischer Sprache ✆ 1081.

VERANSTALTUNGSMAGAZINE – Die inoffiziellen Veranstaltungsmagazine *HK Magazine* und *BC Magazine* liegen kostenlos in Hotels, Cafés und Restaurants aus. Besonders das neue Trends aufgreifende *HK Magazine* enthält ausgezeichnete und aktuelle Informationen über Restaurants, Bars, Clubs, Konzerte und Ausstellungen und bietet unter ✉ hk-weekend@asia-city.com.hk auch einen kostenlosen, wöchentlich erscheinenden E-Mail-Newsletter an.
Der *HKTB* gibt nicht nur die nützlichen Veranstaltungsmagazine *Hong Kong Now!* und *Essential: The Official Hong Kong Guide* heraus, die beide über sämtliche Veranstaltungen im laufenden Monat informieren, sondern auch spezielle Broschüren zum Thema Wandern, Geschichte, Feinschmecker-Restaurants und Shopping. Weitere Infos unter 💻 www.hkclubbing.com (aktueller Veranstaltungskalender der Club-Szene) sowie 💻 www. discoverhongkong.com (monatlicher Veranstaltungskalender).

VISA – Für die Einreise nach China ist ein Visum erforderlich, das in Hongkong ohne Schwierigkeiten zu bekommen ist (s.S. 559, Kasten Hongkong seit der Rückgabe sowie s.S. 12).
Alle Reisebüros und die meisten Hotels, selbst die billigsten Hostels bieten diesen Service an. Etwas billiger ist es in der Konsulatsabteilung des chinesischen Außenministeriums in der Kennedy Rd in Central, 🕓 Mo–Fr 9–16 Uhr. Wer Pech hat, steht allerdings mehrere Stunden Schlange. Die Gebühr richtet sich nach unterschiedlichen Faktoren: ein- oder zweimalige Einreise, ein- oder dreimonatiges Visum, schnelle Ausstellung (am selben Tag) oder normale Wartezeit von 2 bis 3 Tagen. Die Kosten betragen um die $200, bei Ausstellung am selben Tag können es aber auch bis zu $500 sein, ein Passfoto ist vorzulegen. Je nach Nationalität und Reisepass ist es inzwischen sogar möglich, ohne Beantragung eines Visums kurze Abstecher nach Shenzhen zu unternehmen (an der Grenze wird ein befristetes Visum ausgestellt), doch ist es ratsam, sich diesbezüglich zuvor

beim Außenministerium nach den Voraussetzungen zu erkundigen. Die Vorschriften ändern sich häufig.

WÄSCHEREIEN – ***Golden Crown Court,*** Nathan Rd, einen Block nördlich der Mirador Mansions. Billiger Wäsche-Service im Erdgeschoss (den roten Eingang benutzen, Schild am Ende des Flurs). 3 kg Wäsche kosten bei Abholung am gleichen Tag $30.
Posh Wash, Floor 13, Mirador Mansions, bietet vergleichbaren Service.

Nahverkehrsmittel

Hongkongs öffentliche Verkehrsmittel sind so ausgelegt, dass sie praktisch das gesamte Territorium erschließen und daher äußerst effizient, schnell, komfortabel und relativ billig sind. So haben selbst völlige Hongkong-Neulinge nur selten Probleme, ein bestimmtes Ziel in der Stadt zu finden – einmal abgesehen von den Schwierigkeiten bei der Verständigung mit Taxifahrern oder dem Lesen der Fahrziele auf den Minibussen. Normalerweise sind alle Straßenschilder in Englisch und Chinesisch beschriftet (wobei die englischen manchmal so diskret angebracht sind, dass man sie kaum sieht). Die Fahrzeiten von den internationalen Hauptankunftspunkten ins Zentrum sind akzeptabel, häufig muss aber mit starkem Verkehrsaufkommen gerechnet werden.

BUSSE – Die in Hongkong verkehrenden Doppeldeckerbusse sind aufgrund des teilweise sehr hohen Verkehrsaufkommens nicht gerade schnell. Dafür sind sie aber recht bequem (die meisten inzwischen auch klimatisiert) und v.a. unerlässlich, um viele Fahrziele zu erreichen; das gilt besonders für die nicht an das Schienennetz angeschlossenen Gegenden an der Südküste von Hong Kong Island und in den New Territories. Bezahlt wird beim Einsteigen, wobei das Fahrgeld exakt abgezählt bereitzuhalten ist; der Betrag ist häufig auf den Fahrplänen an Bushaltestellen abgedruckt und beträgt zwischen $1,20 und $45. Der *HKTB* veröffentlicht regelmäßig aktuelle Informationen zu Busrouten mit voraussichtlicher Fahrtdauer und Preis.

Der Hauptbusbahnhof in Central befindet sich am Exchange Square, nur wenige Gehminuten westlich des Star Ferry Terminal. Einige Busse fahren aber auch schon direkt vom Star Ferry Terminal oder den westlich davon gelegenen Outlying Islands Ferry Piers ab. Der Hauptbusbahnhof in Tsim Sha Tsui (Kowloon) befindet sich direkt am Star Ferry Terminal.
Neben den großen Bussen verkehren auch die allgegenwärtigen cremeweißen **Minibusse** (rotes Dach) und **Maxicabs** (grünes Dach) die fast überall herangewunken werden können (Ausnahme: Straßen mit gelbem Doppelstreifen). Allerdings erscheinen die Fahrziele auf diesen Verkehrsmitteln nur in chinesischer Schrift. Sie sind etwas teurer als die regulären Busse, bezahlt wird in der Regel vor dem Aussteigen beim Fahrer; Wechselgeld (aber keine großen Beträge) wird nur in Minibussen herausgegeben. Die Fahrer sprechen in den seltensten Fällen Englisch.
Wichtige Busrouten:
Von Central: Nr. 6 und 6A nach Stanley über Repulse Bay, Nr. 15 zum Peak, Nr. 70 nach Aberdeen, Nr. 90 zum Ocean Park.
Von Tsim Sha Tsui (Star Ferry Terminal): Nr. 8A und 5C zum Bahnhof Hung Hom, Nr. 1 und 1A nach Mongkok , Nr. 6A zum Grabmuseum Lei Cheng Uk, Nr. 1, 1A, 2, 6, 7 und 9 zum Nachtmarkt in der Temple Street.

EISENBAHN – Die **KCR** (Kowloon-Canton Railway) ist die wichtigste oberirdische Schienenverbindung Hongkongs und dient auch als Haupttransportmittel für Pendler auf der Strecke vom Bahnhof Hung Hom in Kowloon Richtung Norden durch die New Territories bis zur Grenze nach China bei Lo Wu. Neben den Direktzügen nach Guangzhou verkehren auch zahlreiche regionale Züge zwischen Kowloon und Lo Wu; dabei ist allerdings zu beachten, dass man an der vorletzten Station Sheung Shui aussteigen muss, falls man keine gültigen Papiere für die Einreise nach China besitzt. Am Bahnhof Kowloon Tong kann man zwischen KCR und der U-Bahn MTR umsteigen.

FÄHREN – Zu den angenehmsten Aktivitäten in Hongkong zählt sicher eine Fahrt mit der **Star**

Ferry, die zwischen Kowloon und Hong Kong Island verkehrt. Vor allem bei Sonnenuntergang sind die Ausblicke auf die Hauptinsel einfach großartig, wenn sich nach und nach ein von der Gischt vernebeltes Lichtermeer entfaltet. Auf der Fähre bekommt man auch ein Gefühl für das frenetische Tempo auf Hongkongs Wasserwegen: Fähren, Dschunken, Luftkissenboote und große Schiffe tauchen kreuz und quer aus allen Richtungen auf.

Fahrgäste haben die Wahl zwischen Oberdeck ($2,20) und Unterdeck ($1,70) auf den im Abstand von wenigen Minuten zwischen Tsim Sha Tsui und Central bzw. Wan Chai verkehrenden Fähren, 🕓 tgl. 6.30–23.30 Uhr, Dauer 8 Min. Ähnlich billige und vergnügliche Überfahrten mit der Fähre sind zwischen Hung Hom und Central sowie zwischen Wan Chai und Hung Hom möglich (jeweils $5,30).

Darüber hinaus verkehren zahlreiche Fähren zwischen Hongkong und den vorgelagerten Inseln, die größtenteils von den Piers unmittelbar nördlich des Exchange Square ablegen. Samstags und sonntags weichen die im Folgenden skizzierten Fahrpläne leicht ab, und die Preise schnellen in die Höhe. Bezahlt werden kann auch mit der Octopus Card, während der so genannte Island-Hopping Pass zu einer unbegrenzten Anzahl Fahrten nach Mui Wo, Cheung Chau und Peng Chau berechtigt.

Weitere Informationen finden sich im Internet unter 💻 www.nwff.com.hk.

Fähren nach:

CHEUNG CHAU: Abfahrt erste Fähre von den Outlying Islands Ferry Piers: 6.25 Uhr, Ankunft letzte Fähre 00.30 Uhr (mind. stdl., 1 Std., Schnellboote 1/2 Std.). Zusätzlich sechs Hoverferries tgl. vom selben Anleger.

SOK KWU WAN, LAMMA ISLAND: Abfahrt erste Fähre von den Outlying Islands Ferry Piers: 7.20 Uhr, Ankunft letzte Fähre 23.40 Uhr (10x tgl., 50 Min., Schnellboote 35 Min.). Von Aberdeen: Abfahrt erste Fähre 6.45 Uhr, Ankunft letzte Fähre 22.40 Uhr (8x tgl., 1/2 Std.).

YUNG SHUE WAN, LAMMA ISLAND: Abfahrt erste Fähre von den Outlying Islands Ferry Piers: 6.45 Uhr, Ankunft letzte Fähre gegen 00.30 Uhr (mind. stdl., 40 Min., Schnellboot 25 Min.).

DISCOVERY BAY, LANTAU ISLAND: Abfahrt von den Outlying Islands Ferry Piers rund um die Uhr zwischen 6.50 Uhr und 00.30 Uhr (mind. alle 1/2 Std., Fahrzeit 25 Min.).

MUI WO (Silvermine Bay), LANTAU ISLAND: Abfahrt erste Fähre von den Outlying Islands Ferry Piers: 7 Uhr, Ankunft letzte Fähre 00.20 Uhr (mind. stdl., 1 Std.). Frühe und späte Fähren machen Zwischenstation in Peng Chau. Zusätzlich vier Hoverferries tgl., alle via Peng Chau. Von Peng Chau: Abfahrt erste Fähre 5.40 Uhr, Ankunft letzte Fähre 24 Uhr (ca. alle 2 Std., 25 Min.).

PENG CHAU: Abfahrt erste Fähre von den Outlying Islands Ferry Piers: 7 Uhr, Ankunft letzte Fähre 00.20 Uhr (etwa stdl., 50 Min.).

LIGHT RAIL TRANSIT (LRT) – Dieses separate Transportsystem ist eine Art **Straßenbahn** und verbindet die Städte Tuen Mun und Yuen Long in den New Territories miteinander, wird aber von Touristen nur selten genutzt.

MASS TRANSIT RAILWAY (MTR) – Hongkongs **U-Bahn** besteht aus vier Linien und ist tgl. von 6–1 Uhr in Betrieb. Die Island Line (auf Stadtplänen blau eingezeichnet) verläuft von Sheung Wan im Westen bis Chai Wan im Osten entlang der Nordküste von Hong Kong Island und fährt zentrale Stationen wie Central, Wan Chai und Causeway Bay an. Die Tsuen Wan Line (rot) verläuft von Central aus unter dem Hafen hindurch nach Tsim Sha Tsui und anschließend Richtung Nordwesten bis in die New Town Tsuen Wan. Die Kwun Tong Line (grün) trifft in Mongkok (Kowloon) auf die Tsuen Wan Line und beschreibt einen Bogen in östlicher Richtung, bevor sie nach Süden unter dem Hafen hindurchführt und in Quarry Bay (Hong Kong Island) auf die Island Line trifft. Schließlich verbindet die Tung Chung Line (gelb) Central mit Tung Chung und folgt dabei einer ähnlichen Route wie der Airport Express.

Einzelfahrscheine ($4–$11) können an den einfach zu bedienenden Automaten in den Bahnhöfen gekauft werden. Alternativ dazu gibt es die **Octopus Card**, Informationen unter 📞 29938880, eine aufladbare Karte, die für MTR, KCR, LRT, Airport Express sowie einige Fähren und Busse gilt. Bei Erhalt wird ein Guthaben von $50 auf die Plastikkarte eingezahlt, neues Guthaben an den

Shenzhen und Guangzhou
AEL, MTR und KCR
Airport Express (AEL)
Kowloon-Canton Railway (KCR)
MTR Island Line
MTR Tsuen Wan Line
MTR Kwun Tong Line
MTR Tung Chung Line
MTR Tseung Kwan O Line
MTR Interchange
MTR/KCR Interchange (Kowloon Tong)
MTR/AEL Interchange
AEL-Auskunft ☎ 2881 8888
KCR-Auskunft ☎ 2602 7799
MTR-Auskunft ☎ 2750 0170
Lo Wu
Sheung Shui
Fanling
Tai Wo
Tai Po Market
Tolo Harbour
NEW TERRITORIES
University
Fo Tan
Racecourse
Sha Tin
Tai Wai
Flughafen
Tung Chung
Tsuen Wan
Tai Wo Hau
Kwai Hing
Kwai Fong
Lai King
Lai Chi Kok
Mei Foo
Cheung Sha Wan
Sham Shui Po
Prince Edward
Olympic
Kowloon
Lok Fu
Wong Tai Sin
Diamond Hill
Choi Hung
Kowloon Bay
Ngau Tau Kok
Kwun Tong
Lam Tin
Kowloon Tong
Shek Kip Mei
Mong Kok
Mong Kok
Yau Ma Tei
Jordan
Hung Hom
Tsim Sha Tsui
Hong Kong
Po Lam
Hang Hau
Tseung Kwan O
Tiu Keng Leng
Yau Tong
North Point
Quarry Bay
Fortress Hill
Sheung Wan
Central
Admiralty
Wan Chai
Causeway Bay
Tin Hau
Tai Koo
Sai Wan Ho
Shau Kei Wan
Heng Fa Chuen
Chai Wan
N
HONG KONG ISLAND

Automaten der MTR-Stationen. Bei jeder Benutzung wird der Fahrpreis elektronisch von der Karte abgebucht, die lediglich über ein gelbes Sensor-Pad gehalten werden muss. (Die Octopus Card wird übrigens auch bei *McDonald's, Parkn'shop*-Supermärkten, *Maxim's Restaurants* und *Seven-Eleven*-Läden akzeptiert.) Weitere Alternativen für Touristen sind die Tageskarte ($50), die zu unbegrenzten Fahrten mit der MTR berechtigt, und die 3-Tage-Karte ($220) mit unbegrenzten MTR-Fahrten innerhalb dieses Zeitraums plus einer Fahrt mit dem Airport Express vom Flughafen ins Zentrum.

PEAK TRAM – Die Fahrt mit der historischen **Standseilbahn** auf den Victoria Peak ist bereits ein Abenteuer für sich und ein Muss für jeden Hongkong-Touristen. Die Strecke ist so unglaublich steil, dass sich bisweilen das Gefühl einstellt, man läge auf dem Rücken in seinem Sitz, während der Zug die 386 Höhenmeter bis zu seiner Endstation zurücklegt. Die Fahrt dauert rund 8 Min., und unterwegs gibt es sogar einige Zwischenstationen in den Mid-Levels, die für Touristen allerdings weniger interessant sind.
Die **Talstation** der Peak Tram in Central ist am einfachsten mit dem kostenlosen Shuttle-Bus, ⌚ Mo–Sa 10–20, So 10–21 Uhr, vom Star Ferry Terminal aus zu erreichen. Zu Fuß gestaltet es sich etwas schwieriger angesichts der Lage der Station an der Garden Rd etwas südlich der St John's Cathedral. Die Peak Tram selbst, ⌚ tgl. 7–24 Uhr, einfache Fahrt $20, hin und zurück $30, Bezahlung mit Octopus Card möglich, fährt alle 10–15 Min. ab; das Ticket berechtigt auch zur Rückfahrt zum Star Ferry Terminal mit dem Shuttle-Bus.

STRASSENBAHN (TRAM) – In einer ultramodernen Hightech-City wie Hongkong mag dieses uralte Verkehrsmittel wie ein Anachronismus anmuten, doch bereits seit 1904 rattern die Straßenbahnen über die gleichen Schienen und haben bislang nichts von ihrer Beliebtheit eingebüßt. Besuchern bietet die Tram eine hervorragende Gelegenheit für eine Besichtigungsfahrt entlang der Nordküste von Hong Kong Island, eine vor allem bei Dunkelheit überaus spannende Route.

Die Straßenbahnen verkehren zwischen Kennedy Town im Westen und Shau Kei Wan im Osten und passieren dabei die Bezirke Central, Wan Chai und Causeway Bay (einige fahren auch über Happy Valley, zu erkennen an der Frontbeschriftung des Zuges). Der Einstieg ist hinten, bezahlt wird vor dem Aussteigen, indem man Geld in den dafür vorgesehenen Behälter beim Fahrer wirft (Erwachsene $2, Senioren und Kinder $1; keine Herausgabe von Wechselgeld). Wer einen Platz im Oberdeck bekommt, wird mit herrlichen Impressionen des Straßenlebens in Downtown Hongkong belohnt.

TAXIS – Taxis sind in Hongkong nicht teuer, aber in den Hauptverkehrszeiten und bei schweren Regengüssen schwer zu bekommen. Der Mindesttarif beträgt $15, zusätzlich zum Fahrpreis wird eine Mautgebühr fällig, wenn einer der Hafentunnel zwischen Kowloon und Hongkong genutzt wird. Sie beträgt je nach Tunnel $5–15 und wird vom Fahrer häufig verdoppelt – durchaus legitim, denn er muss ja wieder zurück. Viele Taxifahrer sprechen kein Englisch, sodass man in der Lage sein sollte, das Fahrziel in chinesischer Sprache auf einem Stück Papier anzuzeigen. Wer sich verfahren hat, kann den Fahrer per Zeichensprache bitten, per Funk die Zentrale zu verständigen, wo sicher jemand Englisch spricht. Auf Hong Kong Island und in Kowloon ist das Anlegen des Sicherheitsgurtes Pflicht.

Transport

BUSSE – ***Citybus,*** Room 28, Lower Ground Floor, 33 Canton Rd, Tsim Sha Tsui, ✆ 28730818. Täglich fahren mehrere Busse von Hongkong über Shenzhen nach Guangzhou. Sie benötigen für die Strecke etwas länger als der Direktzug. Die einfache Fahrt kostet rund $150.
Auch ***CTS*** betreibt Busverbindungen zwischen Hongkong und dem chinesischen Festland.
Busse nach:
GUANGZHOU häufig, 3 1/2 Std.;
SHENZHEN häufig, 1 Std.

EISENBAHN – Die Eisenbahn ist die wichtigste Landverbindung zwischen China und Hongkong. Die Express-Züge aus Guangzhou kommen am östlich von Tsim Sha Tsui gelegenen **Bahnhof Hung Hom** an (Fahrplaninformationen unter ✆ 26027799), der auch als **Kowloon-Canton Railway Station** bzw. KCR bezeichnet wird. Von dort aus führen ausgeschilderte Fußgängerwege zum angrenzenden Busbahnhof, Taxistand und 10 Gehminuten entfernten Fähranleger Hung Hom Ferry Pier. Wer nach Tsim Sha Tsui möchte, nimmt Bus Nr. 5C zum Star Ferry Terminal; wer Hong Kong Island zum Ziel hat, begibt sich auf die Fähre über den Hafen nach Wan Chai bzw. Central.

Eine billigere Alternative führt zunächst mit dem **Regionalzug** von Guangzhou zur chinesischen Grenzstadt Shenzhen, geht dann zu Fuß über die Grenze nach Lo Wu auf der Hongkong-Seite und nimmt von dort aus einen der regulären KCR-Züge nach Kowloon. Dabei ist allerdings zu berücksichtigen, dass die Grenzabfertigung durch die Beamten der Volksrepublik China zwischen 10 Minuten und 2 1/2 Stunden dauern kann; mit besonders langen Wartezeiten muss freitags, am Wochenende und an Feiertagen gerechnet werden. Die Fahrt von der Grenze ins Zentrum von Hongkong dauert ca. 50 Minuten.

Der einfachste Weg von Hongkong nach China ist der **Direktzug nach Guangzhou**. Es fahren mehrere Züge täglich, die einfache Fahrt dauert knapp 3 Std. und kostet $230. Tickets können im Voraus gebucht werden bei *CTS*, ✆ 27895401, 💻 www.chinatravelone.com, man kann sie aber auch am Reisetag am Bahnhof Hung Hom kaufen. Auch hier gibt es eine billigere Alternative: mit dem KCR nach Lo Wu, zu Fuß über die Grenze nach Shenzhen und von dort mit einem der stündlich abfahrenden Züge nach Guangzhou. Die Tickets können problemlos in Hongkong-Dollar gekauft werden und kosten ca. $100.

Züge nach:
GUANGZHOU 4x tgl., 3 Std.;
LO WU (KCR-Linie nach Shenzhen) häufig, 1 Std.

FÄHREN – Die Anreise per Schiff ist ein großartiges Erlebnis, wenn man zum ersten Mal nach Hongkong kommt. Es gibt zwei große internationale Fähranleger, einen für Fähren von und nach Macau und einen für Verbindungen mit anderen chinesischen Häfen.

Der **Hong Kong Macau Ferry Terminal** befindet sich im Shun Tak Centre auf Hong Kong Island und bietet direkten Zugang zur MTR-Station Sheung Wan.

Der riesige, goldfarbene **Hong Kong China Ferry Terminal** liegt westlich von Tsim Sha Tsui, nur 10 Gehminuten von der Nathan Rd entfernt, und ist Knotenpunkt für Fährverbindungen mit zahlreichen chinesischen Städten, darunter Fernziele wie Shanghai, Guangzhou, Shekou, Guilin (via Wuzhou), Xiamen, Zhaoqing und Zhongshan sowie Regionalziele wie Shenzhen, Macau und Zhuhai. Die im Allgemeinen sauberen und bequemen Langstreckenfähren bieten die stressfreieste Art der Anreise für alle China-Neulinge. Die Ticketpreise unterscheiden sich je nach Klasse, sind aber absolut bezahlbar: Fahrkarten nach Shanghai gibt es ab $1000, nach Xiamen ab $500.

Eine Anlegestelle für internationale **Kreuzfahrtschiffe** ist der Ocean Terminal in Tsim Sha Tsui.

TurboJet, Informationen unter ✆ 28593333, bis zu 28 Tage Vorausbuchung unter ✆ 29216688, 💻 www.turbojet.com.hk.

Fähren nach:
GUANGZHOU 2x tgl., 2 Std.;
MACAU häufig, 1 Std.;
SHANGHAI wöchentl., 60 Std.;
SHEKOU 4x tgl., 3/4 Std.;
SHENZHEN FLUGHAFEN 6x tgl., 1 Std.;
WUZHOU tgl., 10 Std.;
XIAMEN 4x wöchentl., 20 Std.;
ZHUHAI tgl., 1 Std.

FLÜGE – Als Teil eines gigantischen Bauvorhabens mit einem Volumen von $155,3 Mrd. wurde 1998 der neue internationale **Flughafen** von Hongkong in **Chek Lap Kok** auf der Insel Lantau eröffnet. Er liegt zwar ein gutes Stück weiter außerhalb als der alte Flughafen **Kai Tak**, doch mit der ausgezeichneten, zeitgleich entstandenen Schienen- und Straßenanbindung sind die Fahrzeiten nur unwesentlich länger. Aber es gibt einen Punkt, in dem es der Hong Kong International Airport nicht mit seinem Vorgänger aufnehmen kann, nämlich mit dem haarsträubenden Anflug, der den alten Flughafen Kai Tak so einzigartig machte: Im Tiefflug ging es mitten durch eine Hochhausschlucht, bevor der Flieger nach einem dramatischen Wendemanöver in letzter

Minute auf einer Landebahn im Victoria Harbour aufsetzte.
Die schnellste Verbindung vom Flughafen in die Stadt bietet der Hochgeschwindigkeitszug **Airport Express (AEL)**, ✆ 28818888. Die Bahnsteige verfügen über eine direkte Anbindung an die Ankunfts- und Abflughalle, klimatisierte Züge transportieren die Fahrgäste in nur 23 Minuten nach Central (Fahrpreis $100), mit Zwischenstopps in Tsing Yi (12 Min., $60) und Kowloon (19 Min., $90). Die Züge verkehren täglich etwa alle 8 Minuten zwischen 5.50 und 1 Uhr. Vor den AEL-Bahnhöfen gibt es Haltestellen für Taxis, Busse und die Shuttle-Busse der großen Hotels (Abfahrt ca. alle 20 Min.). **Gepäckaufbewahrungsschalter** befinden sich in den AEL-Bahnhöfen Hong Kong und Kowloon, ✆ 28683190, ⌚ tgl. 6–1 Uhr.
Zu weiten Teilen parallel zum Airport Express verläuft die ebenfalls im Abstand von 8 Min. verkehrende **Tung Chung Line**. Sie ist als langsamere Pendlerlinie konzipiert und hält zusätzlich zu den AEL-Bahnhöfen an fünf weiteren Stationen. Praktisch ist diese Linie für gewisse Ziele in den New Territories oder als preisgünstiges Transportmittel ins Zentrum ($23), doch zunächst muss man mit Bus Nr. S51 oder S61 vom Flughafen nach Tung Chung fahren ($4).
Eine weitere Alternative für die Fahrt vom Flughafen in die Stadt und zu den meisten Hotels ist der Bus. Es existieren sechs so genannte **Airbus-Linien**, deren Abfahrtspunkte in der Abfertigungshalle deutlich ausgeschildert sind. Tickets gibt es bereits an den Service-Schaltern am Flughafen, wo man Wechselgeld herausbekommt, während im Bus selbst nur mit abgezähltem Geld bezahlt werden kann. Alle sechs Linien haben regelmäßige Abfahrtszeiten zwischen 6 und 24 Uhr und jede Menge Platz für Gepäck. Die durchschnittliche Fahrzeit beträgt rund 1 Std. Folgende **Routen** stehen zur Auswahl:
Nr. A11 und A12 nach Causeway Bay auf Hong Kong Island über Sheung Wan, Central, Admiralty und Wan Chai. Bus Nr. A12 fährt weiter nach Fortress Hill, North Point Quarry Bay und Tai Koo.
Nr. A21 zum KCR-Bahnhof in Kowloon über Tsim Sha Tsui, Jordan, Yau Ma Tei und Tai Kok Tsui (mit Zwischenstation Chungking Mansions).
Nr. A22 nach Kowloon und zur MTR-Station Lam Tin über Kwung Tong, Ngau Tau Kok, Kowloon Bay, Kowloon City, To Kwa Wan, Hung Hom und Jordan.
Nr. A31 und A41 in die New Territories, Bus Nr. A31 hält an der MTR-Station Tsuen Wan, Kwai Chung Rd, Kwai Fong, Tsing Yi Rd, Bus Nr. A41 fährt nach Sha Tin.
Darüber hinaus gibt es noch 21 billigere **Citybus-Linien**, die vorwiegend von Einheimischen genutzt werden und teilweise rund um die Uhr in Betrieb sind.
Taxis in die Stadt verfügen über Taxameter und sind zuverlässig (s.S. 610, Nahverkehrsmittel). Es kann nicht schaden, sich die Bezeichnung des Fahrziels am Service-Schalter in der Halle vor der Zollabfertigung am Flughafen in chinesischer Schrift aufschreiben zu lassen, um Kommunikationsproblemen mit dem Fahrer vorzubeugen; die englischen Namen der meisten Hotels dürften den Fahrern aber bekannt sein. Eine Taxifahrt kostet rund $290 nach Tsim Sha Tsui und ca. $350 nach Hong Kong Island, Zuschläge können für Gepäck und als Mautgebühr für den Tunnel erhoben werden. In der Rushhour muss mit erheblich längeren Fahrzeiten gerechnet werden, vor allem wenn ein Hafentunnel nach Hong Kong Island auf der Strecke liegt.
Im Gegensatz zu Kai Tak ist der neue Flughafen rund um die Uhr geöffnet, doch bei Abflug frühmorgens oder spät in der Nacht kann der **Transport zum Flughafen** ein Problem werden, denn zwischen Mitternacht und 5.50 Uhr verkehren keinerlei Schienenfahrzeuge. Die einzige Alternative neben den vier Nachtbuslinien ist dann ein Taxi.
Auf dem Luftweg ist Hongkong mit fast allen chinesischen Großstädten verbunden. Den Transport übernehmen regionale chinesische Fluggesellschaften wie ***China Southern*** und ***China Northwest***, in geringerem Umfang auch die teurere, in Hongkong beheimatete ***Dragonair***. Es ist ratsam, sich vor Reiseantritt gründlich zu informieren, denn die Preise können drastisch voneinander abweichen, selbst die großen Fluggesellschaften bieten häufig attraktive saisonal gültige Sonderangebote.
Wer Hongkong auf dem Luftweg verlässt, muss eine **Flughafensteuer** von derzeit $80 entrichten,

die fast immer im Preis enthalten ist, wenn das Ticket in Hongkong gekauft wurde. Ist die Steuer nicht inbegriffen, muss sie beim Einchecken bar bezahlt werden. Es ist auch möglich, bis zu 90 Minuten vor Abflug am Bahnhof Hong Kong Station einzuchecken, wenn man zuvor ein AEL-Ticket gekauft hat.

Fluggesellschaften: ***Air India,*** Room 3008/3009, The Centre, 99 Queen's Rd, Central, ✆ 25221176.
British Airways, Floor 24, Jardine House, Exchange Square, Central, ✆ 28229000.
Cathay Pacific, Floor 35, Two Pacific Place, 88 Queensway, Admiralty, ✆ 27471888.
Dragonair, Room 601-603, Wheelock House, 20 Pedder St, Central, ✆ 25901188.
JAL, Floor 20, Gloucester Tower, Pedder St, Central, ✆ 25230081.
KLM, Room 2201-2203, World Trade Centre, 280 Gloucester Rd, Causeway Bay, ✆ 28082111.
Korean Air, Floor 11, Tower Two, South Seas Centre, 75 Mody Rd, Tsim Sha Tsui East, ✆ 2368 6221.
Malaysia Airlines, Central Tower, Queens Rd, Central, ✆ 25218181.
Qantas, Room 3701, Jardine House, 1 Connaught Place, Central, ✆ 28421438.
Singapore Airlines, Floor 17, United Centre, 95 Queensway, Admiralty, ✆ 25202233.
Thai International, Floor 24, United Centre, 95 Queensway, Admiralty, ✆ 28766888.
United Airlines, Floor 29, Gloucester Tower, The Landmark, 11 Pedder St, Central, ✆ 28104888.

Flüge nach:
BEIJING mehrmals tgl., 4 Std.;
CHENGDU 1x tgl., 2 1/2 Std.;
FUZHOU 3–4x tgl., 1 Std.;
GUANGZHOU 4x tgl., 1/2 Std.;
GUILIN 2x tgl., 1 Std.;
HAIKOU 2x tgl., 1 Std.;
HANGZHOU 2x tgl., 2 Std.;
KUNMING 1x tgl., 2 Std.;
NANJING 2x tgl., 2 Std.;
NINGBO 1x tgl., 2 Std.;
SHANGHAI 10x tgl., 2 Std.;
SHENYANG 4x wöchentl., 3 1/2 Std.;
TIANJIN 1x tgl., 3 Std.;
WUHAN 1x tgl., 1 1/2 Std.;
XIAMEN 3x tgl., 1 Std.;
XI'AN 1x tgl., 2 1/2 Std.

Macau

60 km westlich von Hongkong liegt auf der anderen Seite der **Perfluss-Mündung** die winzige, ehemals portugiesische Enklave Macau. Ein dünnes Scheibchen Festland und zwei kleine Inseln bedecken insgesamt lediglich 26 km² Landfläche, von der auch noch ein beträchtlicher Teil dem Meer abgerungen wurde. Damit ist das Territorium geografisch und wirtschaftlich ein Knirps im Vergleich zu seinem boomenden Nachbarn auf der anderen Seite des Flusses. Folgerichtig ging auch die Rückgabe Macaus an China im Jahr 1999 mit wesentlich weniger Dramatik und Kontroversen vonstatten als im Falle Hongkongs zwei Jahre zuvor. Wie beim großen Bruder besteht die Mehrheit der Bevölkerung aus Kantonesisch sprechenden Chinesen, von denen einige noch jeden Tag zum Fischen aufs Meer hinausfahren. Die Atmosphäre in Macau unterscheidet sich aber nicht nur deutlich von Hongkong, sondern auch von anderen Teilen Südchinas. Cafés unter freiem Himmel, wohlklingende portugiesische Ortsnamen, mediterran anmutende Plätze, zahlreiche lusitanische Restaurants und nicht zuletzt die eine oder andere Palme lassen einen deutlich spürbaren südeuropäischen Wind durch Macaus Straßen wehen.

Dessen ungeachtet ist Macau in den Augen der meisten nicht mehr als ein riesiges **Spielkasino**. Dafür sorgt die liberale Gesetzgebung, die Millionen Zocker aus dem nahe gelegenen Hongkong (und zunehmend auch aus Shenzhen und Guangzhou) in das Territorium lockt. Derzeit hält noch Dr. Stanley Ho das Monopol, doch nach einer weiteren Lockerung der Glücksspielgesetze im Jahr 2002 sorgen zwei große US-Investoren aus Las Vegas erstmals für ernsthafte Konkurrenz aus dem Ausland. Infolge der kolossalen Glücksspielindustrie wird so viel Geld in die Stadt gepumpt, dass auch in Macau inzwischen Bauvorhaben im großen Stil angestrengt werden, darunter ein eigener (überdimensionierter) **internationaler Flughafen** auf der Insel Taipa, neue Hoteltürme, Schnellstraßen, Brücken und sogar große Landgewinnungsprojekte wie im benachbarten Hongkong.

Doch auch wer nichts mit Glücksspiel am Hut hat, findet in Macau viel Sehenswertes vor. Die koloniale Geschichte ist fast 300 Jahre älter als die Hongkongs, und auch heute noch zeugen davon zahlreiche **historische Gebäude**. Alte Festungen, barocke Kirchen, verblichene Herrschaftshäuser und vor allem die holprigen Seitenstraßen in der Umgebung des Hafens vermitteln eine Vorstellung davon, wie Hongkong vor 50 Jahren ausgesehen haben muss. Schließlich gibt es da noch die beiden **Inseln Taipa** und **Coloane**, die durch Brücken und Landgewinnung mehr und mehr an die Halbinsel angebunden werden, aber immer noch friedliche Ecken mit schönen Stränden und Restaurants zu bieten haben.

Angesichts der Tatsache, dass Macau wesentlich billiger ist als Hongkong und die Verkehrsverbindungen zwischen Guangzhou, Hongkong und Macau reibungslos funktionieren, wäre es sehr schade, die Region wieder zu verlassen, ohne dem Territorium einen kleinen Besuch abgestattet zu haben. Ein Tagesausflug von Hongkong liegt im Bereich des Möglichen (schließlich machen es Zehntausende jedes Wochenende vor), doch mindestens zwei Übernachtungen werden den Sehenswürdigkeiten Macaus eher gerecht.

Die macanesische **Währung** nennt sich Pataca (in diesem Buch mit ptca abgekürzt), wird andernorts aber auch als Macau-Dollar mit den Kürzeln M$ bzw. MPO$ bezeichnet. Der Pataca ist etwas weniger wert als der Hongkong-Dollar und in etwa pari mit dem chinesischen Yuan. HK-Dollars werden im Gegensatz zu Yuan überall in Macau als Zahlungsmittel akzeptiert, so dass sich viele Besucher aus Hongkong gar nicht erst die Mühe machen, Geld zu wechseln. Wie der HK-Dollar soll auch der Pataca seinen Status als eigene Währung für weitere 50 Jahre nach der Rückgabe Macaus an China behalten.

Geschichte

Über einen Zeitraum von mehr als 1000 Jahren wurde der gesamte **Handel** zwischen China und der westlichen Hemisphäre auf dem Landweg über die Zentralasien durchquerende Seidenstraße abgewickelt. Im 15. Jahrhundert sorgten aber die aufstrebenden europäischen Seemächte, angeführt von den **Portugiesen**, für den langsamen Niedergang der Landroute, denn fortan konzentrierten sich die Europäer beim Handel mit Asien ausschließlich auf den Seeweg und die Kontrolle der Häfen.

Nachdem die Portugiesen Anfang des 16. Jahrhunderts bereits in Indien (Goa) und auf der Malaiischen Halbinsel (Malakka) Fuß gefasst hatten, gelang es ihnen schließlich 1557, lokale chinesische Beamte zu überzeugen, ihnen auf Pachtbasis eine strategisch günstig gelegene Halbinsel an der Mündung des Perlfluss-Deltas zu überlassen, die mit guten natürlichen Häfen gesegnet und unter dem Namen Macau (Aomen) bekannt war. Dank ihrer wichtigen Handelsbeziehungen zu Japan, Indien und Malaya befanden sich die Portugiesen schon bald in der beneidenswerten Position des allein befugten Zwischenhändlers in einem riesigen Einflussbereich Ostasiens. Da es chinesischen Händlern untersagt war, ihr Land zu verlassen und im Ausland aktiv zu werden, neben den Portugiesen aber auch keine anderen Ausländer China betreten durften, blühte der Handel und verhalf Macau zu enormem Wohlstand. Mit den Händlern kam auch das **Christentum** nach Asien, und zwischen den luxuriösen Villen und Kirchen, die während der rund 50 Jahre dauernden Blütezeit gebaut wurden, befand sich auch die großartige Basilika, deren Fassade noch heute unter der Bezeichnung Ruinas de São Paulo zu bestaunen ist.

Zu Beginn des 17. Jahrhunderts war Macaus Reichtum bereits im Schwinden begriffen. Der **schleichende Niedergang** setzte sich seitdem beinahe ununterbrochen fort. Dafür sorgten auch mehrere harte Rückschläge bei den Portugiesen: Niederlagen im Krieg gegen Spanien, der Verlust der Handelsbeziehungen sowohl mit Japan als auch mit China sowie der Aufstieg der Holländer als internationale Handelsmacht waren mit dafür verantwortlich, dass Macau Mitte des 17. Jahrhunderts praktisch von der Landkarte verschwunden war.

Im 18. Jahrhundert wendete sich das Blatt ein wenig zum Guten, als immer mehr Händler aus anderen europäischen Ländern die verschlossene Handelstür nach China aufzustoßen versuchten. Jenen Kaufleuten erschien Macau als geeignete Basis für ihre Operationen, schließlich erhielten sie die Erlaubnis, sich dauerhaft in der Kolonie niederzulassen. Vor allem die **Briten** hatten aber höhere Ambitionen, als dauerhaft nur Gast in einer fremden Kolonie zu bleiben: Als sie sich schließlich 1841 ihr eigenes Territorium am Ostufer des Perlflusses sicherten, war Macaus Schicksal als dahindümpelnde Provinz endgültig besiegelt. Die Einführung des **lizenzierten Glücksspiels** in den 50er Jahren des 19. Jahrhunderts war nur noch der ver-

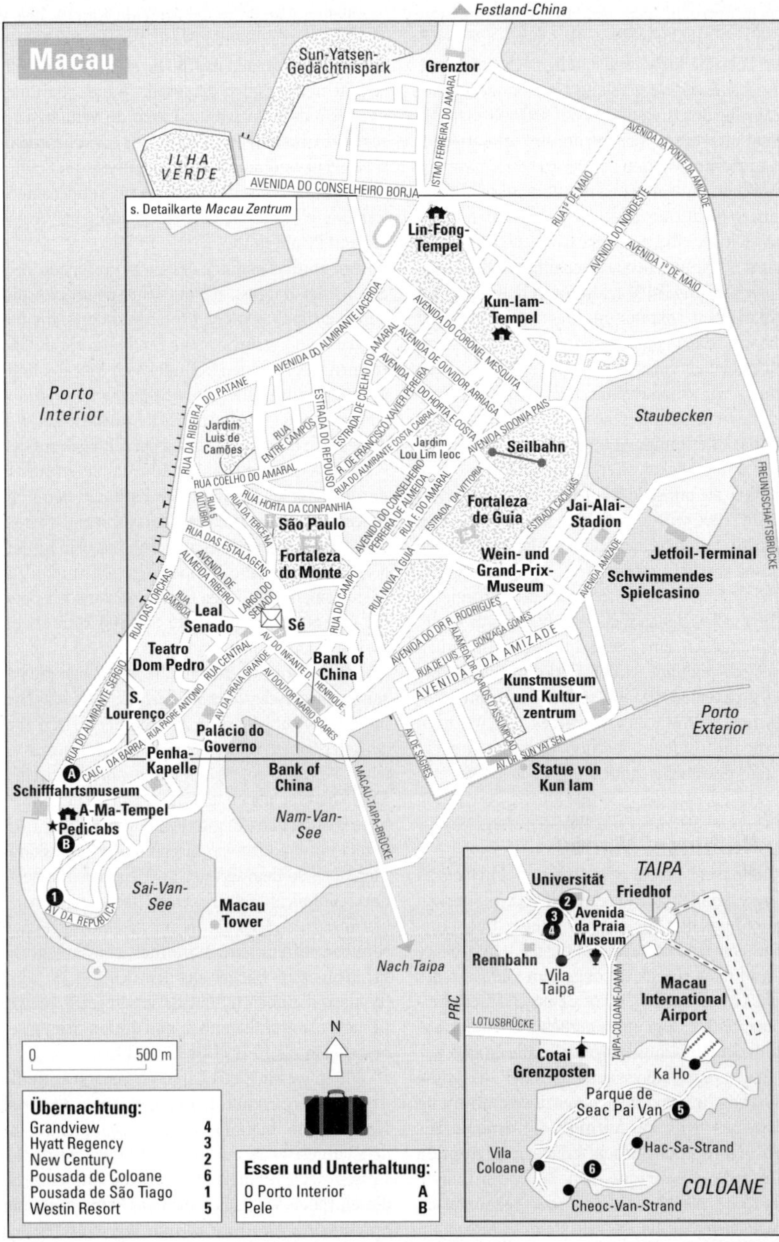
Festland-China
Macau
Sun-Yatsen-Gedächtnispark
Grenztor
ILHA VERDE
AVENIDA DO CONSELHEIRO BORJA
ISTMO FERREIRA DO AMARAL
AVENIDA DA PONTE DA AMIZADE
s. Detailkarte Macau Zentrum
Lin-Fong-Tempel
RUA 1º DE MAIO
AVENIDA DO NORDESTE
AVENIDA 1º DE MAIO
Kun-Iam-Tempel
AVENIDA DO ALMIRANTE LACERDA
AVENIDA DO CORONEL MESQUITA
AVENIDA DE OUVIDOR ARRIAGA
AVENIDA DO HORTA E COSTA
Porto Interior
Staubecken
RUA DA RIBEIRA DO PATANE
Jardim Luis de Camões
RUA ENTRE CAMPOS
ESTRADA DO REPOUSO
ESTRADA DE COELHO DO AMARAL
R. DE FRANCISCO XAVIER PEREIRA
RUA DO ALMIRANTE COSTA CABRAL
Jardim Lou Lim Ieoc
AVENIDA SIDONIA PAIS
Seilbahn
RUA COELHO DO AMARAL
FREUNDSCHAFTSBRÜCKE
RUA HORTA DA CONPANHIA
AVENIDO DO CONSELHEIRO FERREIRA DE ALMEIDA
RUA F. DO AMARAL
ESTRADA DA VITORIA
Fortaleza de Guia
ESTRADA CACILHAS
Jai-Alai-Stadion
RUA 5 OUTUBRO
RUA DA TERCENA
São Paulo
RUA DAS ESTALAGENS
Fortaleza do Monte
Wein- und Grand-Prix-Museum
Jetfoil-Terminal
Schwimmendes Spielcasino
AVENIDA AMIZADE
AVENIDA DE ALMEIDA RIBEIRO
RUA DAS LORCHAS
RUA GAMBOA
LARGO DO SENADO
RUA DO CAMPO
RUA NOVA A GUIA
Leal Senado
Sé
Flughafen und Taipa
Teatro Dom Pedro
RUA CENTRAL
AV DO INFANTE D. HENRIQUE
Bank of China
AVENIDA DO DR R. RODRIGUES
ALAMEDA DR CARLOS D'ASSUMPÇÃO
RUA DE LUIS GONZAGA GOMES
AVENIDA DA AMIZADE
Kunstmuseum und Kulturzentrum
RUA DO ALMIRANTE SERGIO
S. Lourenço
RUA PADRE ANTONIO
AV DA PRAIA GRANDE
AV DOUTOR MARIO SOARES
Palácio do Governo
Porto Exterior
CALC. DA BARRA
Penha-Kapelle
Bank of China
MACAU-TAIPA-BRÜCKE
AV DE SAGRES
AV DR. SUN YAT SEN
Statue von Kun Iam
A
Schifffahrtsmuseum
A-Ma-Tempel
Pedicabs
B
Nam-Van-See
Sai-Van-See
1
AV DA REPUBLICA
Macau Tower
Nach Taipa
TAIPA
Universität
Friedhof
2
3
4
Avenida da Praia Museum
Rennbahn
Vila Taipa
PRC
LOTUSBRÜCKE
TAIPA-COLOANE-DAMM
Macau International Airport
Cotai Grenzposten
Ka Ho
Parque de Seac Pai Van
5
Hac-Sa-Strand
Vila Coloane
6
COLOANE
Cheoc-Van-Strand
N
0 500 m
Übernachtung:
Grandview 4
Hyatt Regency 3
New Century 2
Pousada de Coloane 6
Pousada de São Tiago 1
Westin Resort 5
Essen und Unterhaltung:
O Porto Interior A
Pele B

zweifelte Versuch, etwas Geld in die leeren Kassen zu spülen, doch der wichtige Handel verlagerte sich in der Folge praktisch vollständig nach Hongkong.

Im Laufe des vergangenen Jahrhunderts stieg Macaus Bevölkerung massiv auf 450 000 an. Dafür sorgten mehrere in das Territorium schwappende **Einwanderungswellen** von Menschen, die vor den japanischen Invasoren und den chinesischen Kommunisten flüchteten. Doch im Gegensatz zu Hongkong zeitigte dieses Wachstum nicht einmal annähernd die gleichen wirtschaftlichen Erfolge, so dass sich Portugal 1974, also nach dem Ende der faschistischen Diktatur im eigenen Land, sogar unilateral dazu entschloss, Macau an China zurückzugeben. Das Angebot wurde dankend abgelehnt – wie schon einmal zuvor in den 60er Jahren zur Zeit der chinesischen Kulturrevolution. Erst 1984, nach der Einigung mit Großbritannien über die Zukunft Hongkongs, erklärte sich China bereit, auch über die offizielle **Rückgabe Macaus** zu verhandeln. 1999 wurde das letzte Stück asiatischen Bodens in europäischer Hand schließlich formell an China zurückgegeben.

Bei ihrem Abzug hinterließen die Portugiesen ein Vermächtnis, das nicht gleich ins Auge sticht: die **Macanesen**, eine gemischtrassige Minderheit chinesisch-portugiesischer Herkunft, die inzwischen größtenteils fest in der durch und durch chinesischen Welt Macaus verwurzelt ist, aber nach wie vor ihre südeuropäischen Traditionen pflegt und teilweise auch noch Portugiesisch spricht.

Die Halbinsel Macau

Die Halbinsel ist nicht sehr groß und durchaus zu Fuß zu erkunden, für die etwas längeren Strecken ist allerdings der Bus das bevorzugte Transportmittel. Anleger und Terminal für die Jetfoil-Fähre von und nach Hongkong liegen im Südosten der Halbinsel. Das Herzstück, von dem sich Macau weiter ausbreitete, lag ursprünglich im Süden der Halbinsel, in der Umgebung der Straße Praia Grande. Heutzutage interessanter ist aber die große Straße, von der die Praia gekreuzt wird: Richtung Nordwesten heißt sie **Avenida de Almeida Ribeiro**, in ihrer südöstlichen Verlängerung **Avenida do Infante d'Henrique**. Am Ende der Infante d'Henrique erhebt sich eines der bekanntesten Wahrzeichen Macaus, das schrille *Hotel Lisboa*. Im westlichen Abschnitt der Almeida Ribeiro liegen die meisten preiswerten Hotels. Die interessanteren Sehenswürdigkeiten befinden sich in dem Abschnitt nordwestlich der Praia Grande, darunter vor allem der sehr schöne **Largo do Senado**. Dieser eindrucksvolle Platz verströmt ein südeuropäisches Flair und markiert das Zentrum der Stadt – nicht nur wegen seiner Architektur, sondern auch weil dies ein zentraler Ort zum Bummeln, Verweilen und Plaudern ist.

Am nördlichen Ende des Largo do Senado steht abseits der Hauptstraße ein sehr schönes Bespiel barocker Baukunst des 17. Jahrhunderts: die honiggelbe und cremefarbene Kirche **Igreja de São Domingos**. Nebenan befindet sich Macaus **Religionsmuseum**, eine wahre Schatzkammer sakraler Kunst unter einem eindrucksvollen Holzdach.

Südlich der Hauptstraße steht mit Blick auf den Platz das Gebäude **Leal Senado**, das als schönstes portugiesisches Bauwerk der Stadt gilt. Beim Betreten des Innenhofs fallen sofort die wunderbaren, blau-weißen portugiesischen Wandkacheln ins Auge. Vom Hof aus die Treppe hoch betritt man zunächst einen förmlichen Garten und anschließend die großzügig ausgestattete **Senatskammer**. Im ausgehenden 16. Jahrhundert war dieser Saal regelmäßig bis zum Bersten gefüllt, wenn sich die gesamte Bürgerschaft der Kolonie hier versammelte, um über wichtige Fragen zu diskutieren. Den Titel „Loyaler Senat" verdienten sich die Macanesen zu einer Zeit, als die Spanier den portugiesischen Thron besetzt hielten und Macau die letzte verbliebene Bastion der königstreuen Loyalisten war. Heute tagt der Stadtrat von Macau in der Senatskammer, doch so demokratisch wie damals dürfte es dort wohl nicht mehr zugehen. Neben der Senatskammer befindet sich die mit Holzschnitzereien versehene **öffentliche Bibliothek**, eine Fundgrube für historische Bücher aus dem 15. und 16. Jahrhundert, die noch immer in den Regalen stehen. Besucher sind willkommen und dürfen sich umsehen. 🕓 Mo–Sa 13–19 Uhr, Eintritt frei.

200 m westlich des Largo do Senado trifft die Almeida Ribeiro auf den so genannten **Inneren Hafen** (Porto Interior), der vom gegenüber liegenden chinesischen Festland geschützt wird. Die Fähren nach Guangzhou benutzen immer noch diesen Hafen, wo früher auch das **Schwimmende Spielkasino** vor Anker lag, ein abgewracktes Un-

getüm aus Holz, in dem es rund um die Uhr von Spielern nur so wimmelte. Einige Monate vor der Übergabe Macaus wurde das Kasinoschiff aus nicht näher erläuterten „Sicherheitsgründen" an seinen neuen Standort in der Nähe des Jetfoil-Terminals verlegt.

Glücksspiel Die elf offiziellen Spielkasinos in Macau (zehn davon sind für die Öffentlichkeit zugänglich) sind zwar stets gut gefüllt, haben aber nicht einmal ansatzweise den Glamour von Las Vegas oder Monte Carlo. Jedes Spielkasino kann Tag und Nacht ohne formellen Kleiderzwang betreten werden. Als einzige Beschränkung gilt ein Mindestalter von 18 Jahren und das Verbot von Kameras, die am Eingang abgegeben werden müssen. Viele Spiele erfordern einen Mindesteinsatz zwischen 10 und 100 ptca. Das vierstöckige Glitzerkasino im *Hotel Lisboa* ist das größte und eines der interessantesten. Über die Spielregeln informiert eine Broschüre des *MGTO* (s.S. 627, Informationen). Eine Warnung sei jedoch angebracht: An den Eingängen zu den Spielkasinos weisen Schilder in winziger Druckschrift freundlich darauf hin, dass der geneigte Gast sich bitteschön nur zum Vergnügen dem Glücksspiel hingeben möge und nicht etwa, um sich zu bereichern: Die Einnahmen aus Macaus Glücksspielindustrie werden auf fast eine halbe Milliarde Euro jährlich geschätzt, was sich aber in Zukunft ändern könnte, weil das Glücksspielmonopol von Dr. Stanley Ho im Jahr 2002 aufgehoben wurde und die großen Haie aus Las Vegas bereits kräftig investieren, um ca. 2005 ihren Betrieb aufzunehmen.

Einige vom Inneren Hafen landeinwärts führende Straßen, ganz besonders diejenigen unmittelbar nördlich der Almeida Ribeiro, lohnt es näher zu inspizieren. Straßen wie beispielsweise die parallel zur Almeida Ribeiro verlaufende Rua da Felicidade sind nicht mehr die zwielichtigen Gassen von einst, sondern beherbergen inzwischen zahlreiche freundliche Restaurants und kleine Hotels. Südlich des Fähranlegers nach Guangzhou wird die Uferstraße Rua das Lorchas von alten Arkaden und stilvollen Geschäften gesäumt. Das **Einkaufen** ist in Macau rund 60% billiger als in Hongkong, sodass ein Blick in die chinesischen Antiquitäten- und Souvenirgeschäfte durchaus lohnenswert sein kann.

Ruinas de São Paulo und Umgebung

Über dem Herzen der Altstadt thront ein beeindruckendes Monument aus dem frühen 17. Jahrhundert, die 1618 errichtete Festung **Fortaleza do Monte**. Bei einem Spaziergang über die alten Schutzwälle bieten sich großartige Ausblicke auf die Stadt. Die imponierende Bastion kam allerdings nur zu einem einzigen militärischen Einsatz, nämlich als 1622 die Holländer erfolgreich zurückgeschlagen wurden, wobei den Portugiesen per Kanonenkugel ein Glückstreffer mitten ins Pulvermagazin der Holländer gelang. ⌚ Di–So 10–18 Uhr, Eintritt 15 ptca.

Hier befindet sich auch der Eingang zum **Museo de Macau**, das in den Ruinen der alten Festung untergebracht ist, aber noch einen anderen Eingang am Fuße des kleinen Berges gegenüber der Ruine von São Paulo hat. Das dreistöckige Museum, eine der neuesten Errungenschaften Macaus, widmet sich den Traditionen, der Kultur, den Sitten und Gebräuchen der Enklave. Zu den Höhepunkten zählen die Videovorführungen, einheimische Kunst- und Kunsthandwerksobjekte sowie eine nachgebaute Straße des alten Macau, die durch Soundeffekte wie Händlergeschrei eine authentische Atmosphäre von anno dazumal vermittelt. ⌚ Di–So 10–18 Uhr, Eintritt 15 ptca für Erwachsene, 8 ptca für Kinder unter 11 Jahren, Senioren über 60 Jahren und Schüler/Studenten.

Vom Erdgeschoss des Museums führt eine Rolltreppe zum Fuß der Festung. Es folgt ein kurzer Abstieg über eine Treppe. Dann ist Macaus berühmtestes Wahrzeichen erreicht, die **Ruinas de São Paulo**. Von der Kirche, die einst als großartigstes christliches Wahrzeichen Ostasiens galt, ist heute nur noch die Fassade übrig. Das Anfang des 17. Jahrhunderts errichtete Gebäude beherrschte das Stadtbild 200 Jahre lang, bis es 1835 durch ein Feuer zerstört wurde. Glücklicherweise blieb aber die über und über mit Steinmetzarbeiten und Ornamenten versehene Fassade stehen, die seit jeher als überragendes Merkmal des Bauwerks betrach-

Grenztor und Busse nach Guangzhou

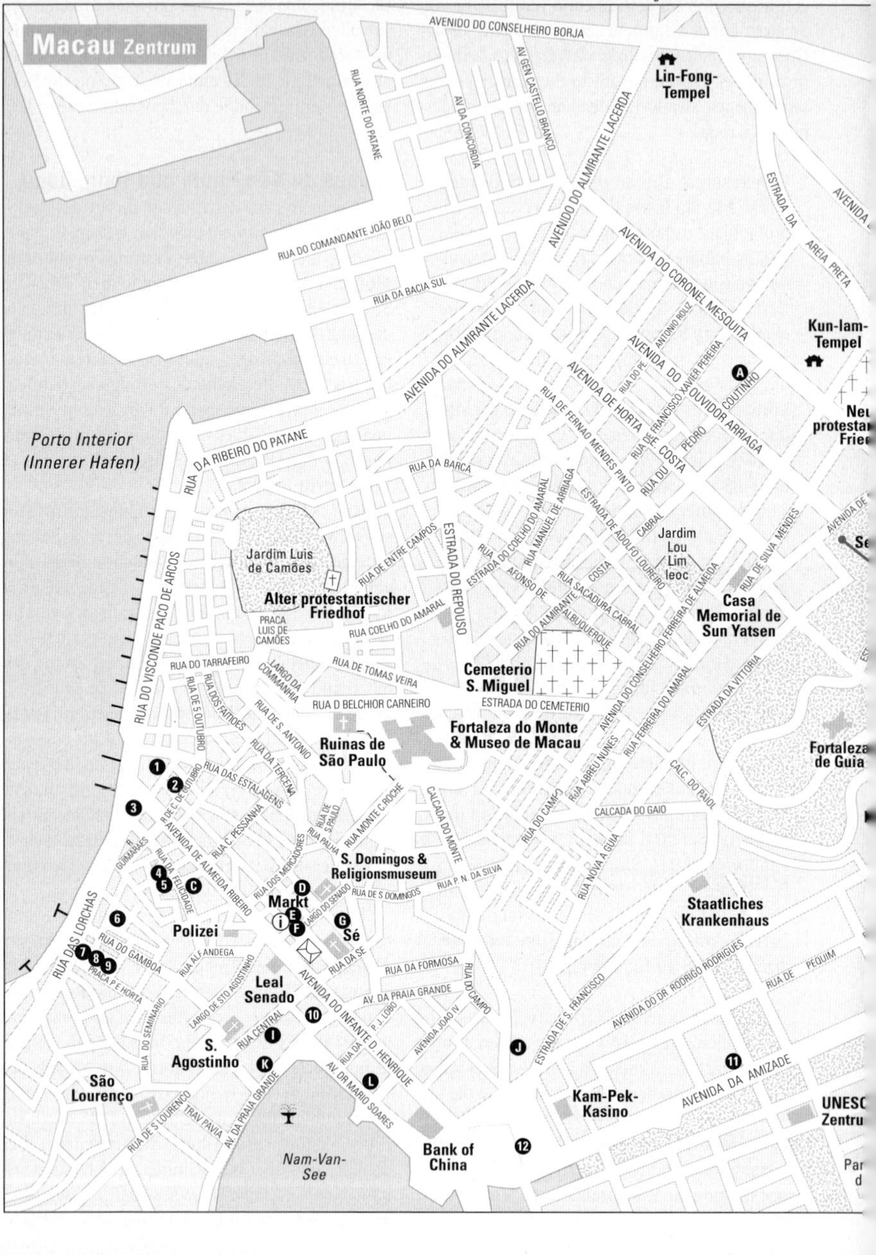

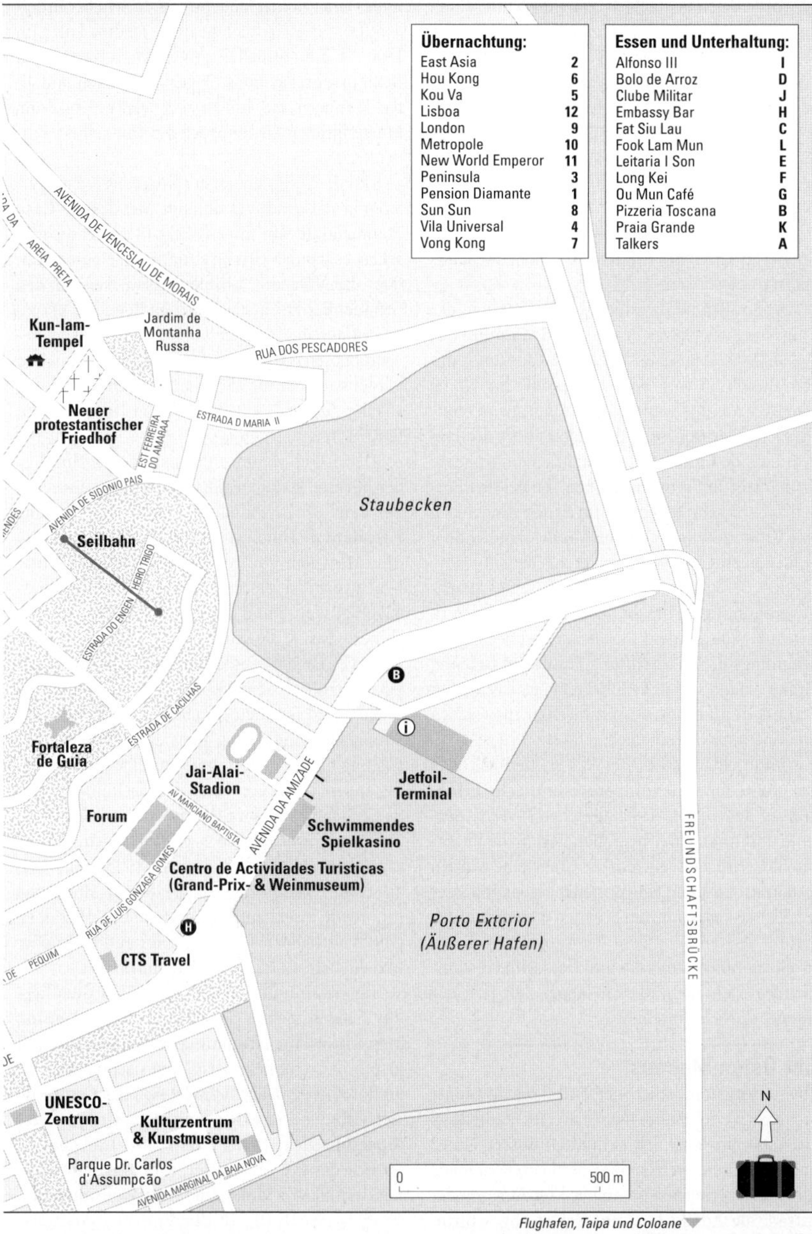
Übernachtung:
East Asia 2
Hou Kong 6
Kou Va 5
Lisboa 12
London 9
Metropole 10
New World Emperor 11
Peninsula 3
Pension Diamante 1
Sun Sun 8
Vila Universal 4
Vong Kong 7
Essen und Unterhaltung:
Alfonso III I
Bolo de Arroz D
Clube Militar J
Embassy Bar H
Fat Siu Lau C
Fook Lam Mun L
Leitaria I Son E
Long Kei F
Ou Mun Café G
Pizzeria Toscana B
Praia Grande K
Talkers A
AVENIDA DE VENCESLAU DE MORAIS
AREIA PRETA
Kun-Iam-Tempel
Jardim de Montanha Russa
RUA DOS PESCADORES
ESTRADA D MARIA II
Neuer protestantischer Friedhof
EST FERREIRA DO AMARAL
AVENIDA DE SIDONIO PAIS
Staubecken
Seilbahn
ESTRADA DO ENGENHEIRO TRIGO
ESTRADA DE CACILHAS
Fortaleza de Guia
Jai-Alai-Stadion
AVENIDA DA AMIZADE
Jetfoil-Terminal
Forum
AV MARCIANO BAPTISTA
Schwimmendes Spielkasino
Centro de Actividades Turisticas (Grand-Prix- & Weinmuseum)
RUA DE LUIS GONZAGA GOMES
CTS Travel
Porto Exterior (Äußerer Hafen)
FREUNDSCHAFTSBRÜCKE
UNESCO-Zentrum
Kulturzentrum & Kunstmuseum
Parque Dr. Carlos d'Assumpcão
AVENIDA MARGINAL DA BAIA NOVA
0 500 m
N
Flughafen, Taipa und Coloane

tet wurde. Auch heute noch bietet die Ruine einen imposanten Anblick, wenn man sich ihr über die Treppe von der Rua de São Paulo nähert. Die ehemalige Krypta und das Kirchenschiff wurden zu einem kleinen **Museum** umgestaltet, das sich mit dem Bau und der Gestaltung der Kirche beschäftigt und die sterblichen Überreste der Anhänger des heiligen Franz Xaver beherbergt. ⏲ tgl. außer Di 9–18 Uhr, Eintritt frei.

Neben der Ruine von São Paulo ist ein kleiner Tempel zu Ehren des Kindgottes Raja in die Stadtmauern eingelassen.

Die Straßen nordwestlich von São Paulo in der Umgebung des Platzes **Praça Luís de Camões** bilden vielleicht den schönsten Teil Macaus (auch mit dem Bus Nr. 17 vom *Hotel Lisboa* oder mit Nr. 18 vom Grenztor und vom Inneren Hafen aus zu erreichen). An der Nordseite des Platzes liegt der **Jardim Luís de Camões**, eine entzückende, schattige Grünanlage mit großen Bäumen, die bei den Einheimischen sehr beliebt ist. Im Park befindet sich eine Grotte zu Ehren von Luís Vaz de Camões, dem großen portugiesischen Dichter aus dem 16. Jahrhundert, der in Macau mehrere Jahre seines Lebens in Verbannung verbracht haben soll. Die im Park stehende Villa aus dem 18. Jahrhundert beherbergt neuerdings die Kulturstiftung **Fundação Oriente**. Früher befand sich in dem Herrenhaus das **Museu de Luís de Camões**, dessen Inventar inzwischen im Kunstmuseum untergebracht ist.

Unmittelbar östlich des Platzes befindet sich das größte Juwel, der **alte protestantische Friedhof**, auf dem alle nicht-katholischen Händler, Seeleute und Abenteurer begraben liegen, die in Macau das Zeitliche segneten. Die Grabsteine wurden restauriert und sind einigermaßen lesbar. In dieser friedlichen Umgebung im Schatten der Bäume wirken die letzten Zeugnisse der hauptsächlich aus Großbritannien, Amerika und Deutschland stammenden Menschen, die vor langer Zeit fern der Heimat starben, ergreifend.

Der Osten Macaus

Etwa 1 km nordöstlich der Fortaleza do Monte breitet sich ein weiteres lohnenswertes Stadtviertel aus, das vom *Hotel Lisboa* mit den Bussen Nr. 12 und 22 über die Avenida do Conselheiro Ferreira de Almeida zu erreichen ist. An der Kreuzung mit der Estrada de Adolfo Loureiro wartet abgeschirmt hinter einer hohen Mauer die erste Sehenswürdigkeit: Der landschaftlich reizvolle **Jardim Lou Lim Ieoc** ist ein formeller chinesischer Garten mit Bambusrohr, Pavillons, Vögeln in Käfigen und alten Männern, die *Mahjongg* spielen. ⏲ tgl. vom Morgengrauen bis Einbruch der Dunkelheit, Eintritt frei.

Um die Ecke steht an der Kreuzung Avenida de Sidonia Pais und Rua de Silva Mendes die **Casa Memorial de Sun Yatsen**. Viel gibt es hier nicht zu sehen, es handelt sich im Grunde um eine weitläufige alte Villa mit Erinnerungsstücken an den Gründer der ersten chinesischen Republik, der eine Zeitlang in Macau lebte, bevor er sich seinen revolutionären Aktivitäten zuwandte. Für sich schon lohnenswert ist die imposante Inneneinrichtung aus der Zeit um 1900. ⏲ tgl. außer Di 10–17 Uhr, Eintritt frei.

Der östlich von hier steil aufragende Hügel ist der höchste Macaus, und sein Gipfel wird von der aus dem 17. Jahrhundert stammenden Festung **Fortaleza de Guia** beherrscht, deren dominierendes Merkmal ein reizender, weiß getünchter Leuchtturm ist, der erst im 19. Jahrhundert hinzugefügt wurde und der älteste an der gesamten chinesischen Küste sein soll. Einen Besuch wert ist auch die erst 2001 entdeckte Guia-Kapelle, die original christliche Gemälde mit chinesischen Schriftzeichen und Drachen enthält. Eine nicht sehr anstrengende Wanderung über einen Fußweg zur Festung hinauf dauert ungefähr eine Stunde. Von der anderen Seite der Colina da Guia führt dann eine Seilbahn zum Flora-Garten wieder nach unten. Von der Hügelspitze aus eröffnen sich hervorragende Ausblicke über die ganze Halbinsel, wobei an einem klaren Tag sogar die zu Hongkong gehörende Insel Lantau zu erspähen ist. Hier oben gibt es auch einen Touristen-Informationsschalter und ein Café, ⏲ tgl. 9–16 Uhr, Eintritt frei.

Im Hafen unterhalb der Colina da Guia liegt das Schwimmende Spielkasino vor Anker, ein klappriger, aber stimmungsvoller Holzbau mit grimmig dreinblickenden chinesischen Spielern an Bord. In der Nähe befindet sich das **Centro de Actividades Turísticas** mit dem **Grand-Prix-Museum**, ⏲ tgl. außer Di 10–18 Uhr, Eintritt 10 ptca, das sich der Geschichte der Automobilrennen in Macau widmet, und dem **Weinmuseum**, ⏲ tgl. außer Di 10– 18 Uhr, Eintritt 15 ptca, das

Einblicke in die Geschichte der Weinherstellung gibt und auch ein kostenloses Probegläschen bereithält.

Nördlich von hier steht in der Nähe des Kulturzentrums auf einer kleinen künstlichen Insel, durch einen kurzen Fahrdamm mit dem Festland verbunden, ein weiteres Wahrzeichen des Äußeren Hafens (Porto Exterior): die 20 m hohe **Bronzestatue von Kun Iam**, der Göttin der Barmherzigkeit. Der in Form einer Lotusblume gestaltete Sockel dient Angehörigen jeglicher Glaubensrichtung als ökumenisches Zentrum.

Eines der neueren Wahrzeichen der Sonderverwaltungsregion ist das **Kunstmuseum** mit vier riesigen Ebenen für ständige und wechselnde Ausstellungen. Zum permanenten Inventar zählen chinesische Kalligrafie, Gemälde, die den Handel zwischen China und Übersee thematisieren, Shiwan-Keramik und historische Dokumente, die aus dem Museu Luís de Camões hierher verlegt wurden. ⌚ Di–So 9–19 Uhr, Eintritt 15 ptca für Erwachsene, 8 ptca für Kinder unter 11 Jahren, Senioren ab 60 und Schüler/Studenten.

An exponierter Stelle im Hafen an der Südwestspitze der Halbinsel ragt der funkelnagelneue und sehr elegante **Macau Tower**, 💻 www.macautower.com.mo, in den Himmel. Das Konferenz- und Freizeitzentrum misst stolze 338 m und verfügt über einen verglasten Aussichtsbereich auf 223 m Höhe. Für weitere Abwechslung sorgen ein nobles Drehrestaurant und zahlreiche exklusive Lokale und Boutiquen in den unteren Ebenen. Das neuseeländische Bungee-Jumping-Unternehmen *AJ Hackett* betreibt den „Skywalk" und zahlreiche weitere Attraktionen auf dem Turm sowie in der näheren Umgebung. ⌚ tgl. 10–21 Uhr, Eintritt Aussichtsbereich im 58. Stock 45 ptca, Aussichtsplattform unter freiem Himmel 35 ptca, beide zusammen 70 ptca.

Der Norden Macaus

Der nördliche Teil der Halbinsel bis zur chinesischen Grenze ist in erster Linie eine Wohngegend, die dennoch einige interessante Sehenswürdigkeiten bietet. Die 3 km von der Almeida Ribeiro zur Grenze sind durchaus zu Fuß zu schaffen, doch da die Straßen in diesem Teil der Stadt kein besonderes Flair haben, empfiehlt es sich, für diese Strecke auf den Stadtbus zurückzugreifen.

In der Avenida do Coronel Mesquita, die ca. 2 km nördlich der Almeida Ribeiro in Ost-West-Richtung über die Halbinsel verläuft, liegt der bezaubernde **Kun-Iam-Tempel**. Der Komplex ist der Göttin der Barmherzigkeit gewidmet und rund 400 Jahre alt. Hier unterzeichneten 1844 die Vereinigten Staaten und China ihr erstes Handels- und Kooperationsabkommen; der Granittisch, an dem die Unterschriften unter das Dokument gesetzt wurden, ist noch zu besichtigen. Im Innenhof der Anlage stehen im Schatten der Banyan-Bäume einige kleine Schreine, die Haupttempelhalle ist über eine Treppe zugänglich. Hinter der zentralen Statue der Göttin Kun Iam gruppieren sich die Statuen der 18 weisen Männer Chinas, unter denen sich bemerkenswerterweise auch der mit Kringelbärtchen und Schnauzer dargestellte Marco Polo befindet (ganz links). Die mit Bambusstäbchen rasselnden Gläubigen erhoffen sich hier vor allem Auskünfte über ihr Schicksal. ⌚ tgl. 7–18 Uhr, Bus Nr. 12 vom *Hotel Lisboa.*

Vom Kun-Iam-Tempel fährt der Bus Nr. 18 direkt zum ehemaligen **Grenztor Portas do Cerco**, einem mit Stuck verzierten Torbogen aus dem 19. Jahrhundert, der die Grenze zur Volksrepublik China markiert. Heutzutage wird das alte Tor leider nicht mehr gebraucht, denn die Grenzgänger nutzen entweder den Zoll- und Einwanderungskomplex oder das neue Grenztor auf der Lotusbrücke. Daraus resultiert gleichwohl der Vorteil, dass man das alte Tor jetzt aus der Nähe betrachten kann, da es nicht mehr im Sperrgebiet liegt. ⌚ 7–24 Uhr.

Einen kurzen Fußweg westlich des Grenztors liegt der **Sun-Yatsen-Gedächtnispark** mit schönem Ausblick auf die Stadt Zhuhai auf dem chinesischen Festland, das am anderen Kanalufer beginnt. Die Busse Nr. 3 und 10 fahren vom Grenztor zurück zur Almeida Ribeiro und zum *Hotel Lisboa.*

Der Süden Macaus

Die kleine, hügelige Landzunge südlich der Almeida Ribeiro ist eine hochinteressante Gegend für einen ausgedehnten Spaziergang. Praktisch hinter jeder Ecke taucht eine Villa aus der Kolonialzeit mit Gartenanlage auf. Der beste Ausgangspunkt für eine Erkundung der Gegend ist die steile Rua Central, die unmittelbar östlich des Largo do Senado von der Almeida Ribeiro Richtung Süden abzweigt. Nach fünf Gehminuten lohnt ein Abstecher in eine kleine Straße nach rechts, in der die pastellfarbene Kirche **Igreja Santo Agostinho** aus dem frühen 19. Jahrhundert steht. Wieder zurück auf der Rua Central trifft man ein kleines Stück südlich auf eine weitere Kirche aus der gleichen Zeit, die cremeweiße, von Palmen umgebene **Igreja São Lourenço**.

Ein paar Hundert Meter weiter ist das Ufer im Südwesten der Halbinsel erreicht. Blickt man Richtung Wasser, befindet sich unmittelbar zur Rechten der berühmte **A-Ma-Tempel**. Teile des am Fuße des Barra-Hügels mit Blick auf den Inneren Hafen stehenden Heiligtums werden auf ein Alter von bis zu 600 Jahren geschätzt, doch ganz sicher stand der Tempel schon hier, bevor der erste Portugiese seinen Fuß auf die Halbinsel setzte. Er ist der Göttin A Ma gewidmet, die irgendwo zwischen der Königin des Himmels und der Göttin des Meeres angesiedelt ist und eine ähnliche Funktion zu haben scheint wie die Göttin Tin Hau in Hongkong. Der Tempel besteht aus einer wirren Anordnung von Altären und Seitengebäuden zwischen den Felsen.

Auf der anderen Straßenseite steht mit dem **Schifffahrtsmuseum** direkt am Ufer eine aus dem 20. Jahrhundert stammende Opfergabe an das Meer. Es handelt sich um ein ausgezeichnet in Szene gesetztes, modernes Museum mit Ausstellungen über historische Entdeckungsfahrten und Schiffe, über Seefahrtstechnik und nautische Ausrüstung. Gegen eine zusätzliche Gebühr kann man an einer Bootsfahrt auf einer der unmittelbar vor dem Museum liegenden Dschunken teilnehmen, ⏲ tgl. 10.30, 11.30, 15.30 und 16.30 Uhr, Eintritt 10 ptca. Der Segeltörn führt durch den Inneren Hafen und gibt in englischer Sprache auch Einsichten in die Lebensweise der einheimischen Fischer. ⏲ Museum tgl. außer Di 10–17.30 Uhr, Eintritt 10 ptca, 5 ptca am Wochenende.

Vom Museum führt ein kurzer Fußweg Richtung Süden zur äußersten Spitze der Halbinsel, die heute von der *Pousada de São Tiago* eingenommen wird. Dieses unglaubliche Hotel wurde in die Überreste der portugiesischen Festung **Fortaleza de Barra** aus dem 17. Jahrhundert integriert. Betritt man das Gebäude durch den Vordereingang, läuft man zunächst durch einen Steintunnel mit plätscherndem Wasser. Es lohnt auch, die Treppen zum Terrassencafé zu erklimmen, das einen schönen Blick aufs Meer freigibt.

Im weiteren Verlauf des Spaziergangs um die südliche Landspitze, der schließlich wieder Richtung Norden führt, sieht man ein ausnehmend schönes, cremefarbenes Kolonialgebäude hoch oben auf der Landspitze thronen. Dies war einmal unter dem Namen *Bela Vista* das beste Hotel des Territoriums, wurde aber bei der Rückgabe an den offiziellen Vertreter Portugals in Macau als Residenz vergeben. Über die von hier aus nach Norden führende Straße dauert der Fußmarsch bis zur Praia Grande und zum *Hotel Lisboa* noch etwa eine Viertelstunde. Das wunderbare, rosafarbene Gebäude zur Linken kurz vor dem Restaurant *Praia Grande* ist der leider nicht für die Öffentlichkeit zugängliche Regierungspalast **Palácio do Governo** aus dem 19. Jahrhundert.

Die Inseln

Die beiden zu Macau gehörenden Inseln **Taipa** und **Coloane** sind relativ kleine Flecken, auf denen traditionell kleine Fischergemeinden beheimatet sind. Doch mit der Eröffnung des neuen Flughafens auf Taipa, der zweiten Brückenverbindung zum Festland und dem groß angelegten Landgewinnungsprojekt könnte es mit dem Frieden bald vorbei sein. Besonders Taipa nimmt bereits die Züge einer Vorstadt an. Vorläufig präsentiert sich das Leben auf den Inseln aber noch relativ gelassen. Es lohnt sich auf jeden Fall ein Besuch mit dem Bus oder einem gemieteten Fahrrad.

Die Busse Nr. 11, 32, 33 und 34 fahren von der Almeida Ribeiro zum Ort Taipa, die Busse Nr. 21, 21A, 26 und 26A halten vor dem Hotel *Hyatt Regency* auf Taipa und fahren weiter nach Coloane.

Taipa

Bis ins 18. Jahrhundert bestand die Ilha de Taipa eigentlich aus zwei durch einen kleinen Meeresarm getrennten Inseln, die jedoch durch Versandung zusammenwuchsen. Es ist eine interessante Wiederholung der Geschichte, dass das gleiche Schicksal jetzt Taipa und Coloane widerfährt – mit dem Unterschied, dass diesmal nicht Versandung die Ursache ist, sondern Landgewinnung; die beiden Inseln sollen miteinander verschmelzen, um Baugrund zu gewinnen.

An Taipas Nordküste lohnt es sich kaum noch zu verweilen, seit sie praktisch in den allgemeinen

Ballungsraum Macau übergegangen ist. Der Ort **Vila Taipa** an der Südküste bietet sich allerdings mit seiner alten Promenade aus der Kolonialzeit für ein ausgedehntes Mittagessen an, ganz besonders in der von zahlreichen Souvenirständen und guten Restaurants gesäumten Rua do Cunha, einer in Nord-Süd-Richtung verlaufenden Gasse. Das Schnellrestaurant *Tai Yao Lai* wird besonders wegen seiner leckeren Schweinefleisch-Sandwiches geschätzt. Ansonsten besteht der Ort im Prinzip nur noch aus ein paar Straßen, an denen die Busse halten, sowie aus zwei Tempeln, die westlich der Rua do Cunha – also rechts, wenn man auf die Küste zugeht – in der Nähe eines ruhigen alten Platzes stehen.

Wer die Insel auf eigene Faust erkunden möchte, findet am Kreisverkehr in der Largo Governador Tamagnini Barbosa drei oder vier Fahrradgeschäfte, die Räder in verschiedenen Größen für 8–18 ptca pro Stunde verleihen.

Die größte Sehenswürdigkeit liegt ein paar Gehminuten östlich des Ortes an einer Stelle, die ehemals direkt ans Wasser grenzte. Dort finden sich die wie in einer Zeitkapsel eingefrorenen Überbleibsel einer großartigen Hafenpromenade aus der Kolonialzeit, die **Avenida da Praia** mit ihren alten Villen, öffentlichen Sitzbänken und Straßenlaternen. Einige großartige, pfefferminzgrüne Herrenhäuser mit Veranden blicken aufs Wasser, das sich inzwischen mehrere Hundert Meter weiter weg befindet und durch ein Meer aus Lotusblumen ersetzt wurde.

Die alten Villen an der Promenade wurden zu dem Museum **Casa Museu da Taipa** zusammengefasst und eröffnen Einblicke in das häusliche Leben macanesischer Familien Anfang des 19. Jahrhunderts. Diese tiefreligiösen, gutsituierten und hochrangigen Beamten waren nicht übermäßig reich, und es überrascht kaum, dass die Einrichtung eine europäisch-asiatische Mischung darstellt, bei der beispielsweise christliche Heiligenfiguren mit chinesischen Drachenmotiven kombiniert wurden. Haus 1 kann für Empfänge gemietet werden, Haus 2 bietet eine Gemäldeausstellung und historische Fotografien, Haus 3 zeigt traditionelle portugiesische Kostüme, Haus 4 steckt voller Informationen über die Inseln Taipa und Coloane, dient aber auch als Räumlichkeit für vorübergehende Ausstellungen. Haus 5 schließlich wurde als typisches Wohnhaus des macanesischen Bürgertums wieder hergerichtet. 🕓 Di–So 10–18 Uhr, Eintritt 5 ptca, berechtigt zum Besuch aller fünf Gebäude.

Coloane

Die Ilha de Coloane ist mit 9 km² Fläche erheblich größer als Taipa, aber aufgrund fehlender herausragender Attraktionen ein geeigneter Ort für ein paar Stunden Entspannung. Nach dem Überqueren der Brücke von Taipa passiert man den **Parque de Seac Pai Van**, eine ausgedehnte Grünanlage, die sich für einen schönen Spaziergang anbietet. Auf dem Hügel thront eine weiße Marmorstatue der Göttin A Ma, mit knapp 20 m die höchste der Welt. 🕓 tgl. außer Mo 9–19 Uhr, Eintritt frei.

Kurz hinter dem Park halten alle Busse am Kreisverkehr in dem hübschen Hauptort **Vila Coloane** an der Westküste, Wahlheimat einer recht ansehnlichen Gemeinde von in Macau lebenden Ausländern, mit Blick auf die nur durch einen kleinen Meeresarm getrennte chinesische Seite. Einen Strand gibt es nicht, lediglich Schlamm, in dem alte Männer mit Fischernetzen ihr Glück versuchen. Nördlich des Dorfes liegen einige Schuppen, in denen Dschunken gebaut werden. In der Richtung Süden vom Kreisverkehr abzweigenden Straße finden sich einen Block vom Wasser entfernt interessante alte Geschäfte und unerwarteterweise auch die weißgelbe **Kapelle des heiligen Franz Xaver**, in dem ein Armknochen des spanischen Missionars als Relikt in Ehren gehalten wird.

200 m von der Kapelle entfernt befindet sich der **Tam-Kung-Tempel**, der das Modell eines aus einem meterlangen Walfischknochen geschnitzten Schiffs beherbergt.

Ein weiterer lohnenswerter Anlaufpunkt in Coloane ist die *Lord Stow's Bakery* an der Adresse Rua da Tassara 1, wo unwiderstehliche portugiesische Eierpuddingtörtchen *(natas)* gebacken werden.

Neben einem Fahrradverleih im Hotel *Westin Resort* gibt es nördlich des Kreisverkehrs ein kleines Geschäft, das für 12 ptca pro Stunde ebenfalls Räder vermietet. Das Fahrrad ist ein sehr empfehlenswertes Transportmittel für den 3 km langen Weg zum **Hac-Sa-Strand** an der Ostküste (eine Alternative sind die Busse Nr. 21A, 26 und 26A). Unterwegs kann man noch einen Zwischenstopp am **Cheoc-Van-Strand** an der Südküste einlegen, doch lohnenswerter ist der von Bäumen gesäumte und sich ein ganzes Stück um die Bucht erstreckende Strand Hac-Sa – trotz des schwarzen Sandes ohne Zweifel der beste Strand Macaus. Hier gibt es zahlreiche Cafés, Bars, Duschen, Toiletten, einige gute Restaurants in der Nähe sowie ein Sport- und Schwimmzentrum, ⌚ Mo–Fr 9–21, Sa und So bis 24 Uhr, Eintritt 15 ptca.

Am Wochenende ist am Hac-Sa-Strand meistens eine ganze Menge los, so dass man auch auf den nur einen Steinwurf entfernt liegenden **Parque Natural da Barragem de Hac-Sa** ausweichen kann. Dort locken Grillplätze, ein Kinderspielplatz mit Labyrinth, Bootsfahrten auf einem kleinen Stausee und diverse Kurzwanderwege durch die hügelige Landschaft. ⌚ Di–Fr 14–19, Sa, So und Feiertage 10–19 Uhr, Bootsverleih 10–40 ptca.

Übernachtung

Unterkünfte sind in Macau um einiges billiger als in Hongkong. Für denselben Preis, den man für einen Schuhkarton in den Chungking Mansions hinblättern müsste, bekommt man in Macau schon ein geräumiges Zimmer mit Fenster und eigener Dusche. In der unteren Preisklasse gibt es zudem noch zwei altertümliche **Herbergen**, die wahrscheinlich die letzten ihrer Art in der chinesischen Welt sind. Allerdings werden Ausländer in den billigeren Unterkünften nicht immer mit offenen Armen empfangen.

Ein Aufenthalt unter der Woche ist anzuraten, weil die **Preise** am Wochenende allerorten in die Höhe schnellen. Weitere Zeiten, die gemieden werden sollten, sind die chinesischen Feiertage, der Große Preis von Macau (3. Wochenende im November) und im Allgemeinen die Sommersaison, in der die Preise höher liegen als im Winter. Die dichteste Konzentration an Hotels herrscht am westlichen Ende der Almeida Ribeiro in der Umgebung des Inneren Hafens, doch einige Übernachtungsmöglichkeiten gibt es auch an abgelegeneren Orten wie auf der Insel Coloane.

Die anhand der Sterne-Anzahl unterschiedenen **Preiskategorien** in den folgenden Beschreibungen beziehen sich auf das billigste für Ausländer erhältliche DZ; nur wenn sich die Information speziell auf Dorm-Betten bezieht, ist der Preis p.P. aufgeführt.

Preiskategorien der Unterkünfte für Macau:

*	bis 75 ptca
**	75–150 ptca
***	150–300 ptca
****	300–500 ptca
*****	500–7000 ptca
Luxus	über 700 ptca

WEST-MACAU – ***East Asia*****, Rua da Madeira 1, ✆ 922433, 📠 922430, Reservierungen von Hongkong aus unter ✆ 25406333. Zwei Blocks nördlich des westlichen Endes der Almeida Ribeiro liegt eines der ältesten Hotels der Stadt. Sehr schick, sehr komfortabel und einige Zimmer im Obergeschoss mit großartigem Ausblick. Freundliches Personal und sehr gutes Preis-Leistungs-Verhältnis.

Hou Kong**, Travessa das Virtudes 1, ✆ 937 555, 📠 338884. Saubere Zimmer mit Balkon in einer Seitenstraße der Rua da Felicidade, über die Travessa do Auto Novo zu erreichen. Das Hotel ist einladender als seine Umgebung vermuten lässt.

Kou Va**–**, Rua da Felicidade 71, ✆ 375599. Recht angenehmes Hotel in einer der interessantesten Straßen Macaus. Etwas heruntergekommen, aber wegen der großen Zimmer eine der attraktivsten Optionen für den kleineren Geldbeutel.

London**–*, Praça de Ponte e Horta 4, ✆ 937 761. Nette Unterkunft mit 1-, 2- und 3-Bett-Zimmern.

New World Emperor–*****, Rua de Xangai, ✆ 781888, 🖳 www.nweh.ctm.net. Mittelklassehotel in zentraler Lage, Zimmer mit eigenem Bad, Live-Jazz am Abend und chinesisches Frühstück. 40% Preisnachlass an Werktagen, 10% am Wochenende.

Peninsula–*****, Rua das Lorchas, Ponte Cais 14, ✆ 318899, 📠 344933. Moderne und saubere ac-Zimmer sowie einige Suiten, die ihr Geld wert sind.

Pension Diamante*, Rua Nova do Comercio 11, ✆ 923118. Etwas schicker als die Guesthouses auf der anderen Straßenseite.

Sun Sun**, Praça de Ponte e Horta 14-16, ✆ 939393, 📠 938822, Reservierungen aus Hongkong unter ✆ 25174273. Tadellose Unterkunft mit

gutem Preis-Leistungs-Verhältnis, die Anonymität erinnert an die neuen Hotels auf dem chinesischen Festland. Vorteil: keine Preiserhöhung am Wochenende.
Vila Universal**-*, Rua da Felicidade 73, ✆ 573247. Recht große, sehr saubere und komfortable Unterkunft mit geräumigen Zimmern südlich der Almeida Ribeiro. Sehr zu empfehlen.
Vong Kong Hospedaria*-, Rua das Lorchas 45, ✆ 574016. Die Herberge an der Uferstraße gegenüber der *Gulf*-Tankstelle verschafft Einblick in die Welt der Seefahrer im Südchinesischen Meer. Düster und schmuddelig, mit uralten Möbeln und Trennwänden aus Holz, aber jede Menge Stil und Atmosphäre. EZ und DZ erhältlich.

SÜD- UND OST-MACAU – ***Hotel Lisboa,*** Luxus, Avenida de Lisboa 2-4, ✆ 377666, Reservierung aus Hongkong unter ✆ 25466944, 💻 www.hotelisboa.com. Das bizarre, orangefarbene, zylindrische Hotel, an dem man auf dem Weg von der Fähre in die Stadt vorbeikommt, ist nicht nur Macaus bedeutendstes architektonisches Wahrzeichen, sondern auch die beliebteste Spielbank der Stadt. Daneben beherbergt es eine Einkaufspassage, zahlreiche Restaurants und eine überkandidelte, von Glücksspielmogul Dr. Stanley Ho gestiftete Ausstellung mit Jade- und Porzellangegenständen. Ein DZ kostet an Werktagen ca. 900 ptca und bis zu 1400 ptca am Wochenende. In der Regel ist es billiger, im Rahmen einer Pauschalreise hier zu übernachten.
Metropole*-******, Avenida Praia Grande 493-501, ✆ 388166, 📠 330890. Elegant ausgestattetes Hotel in guter Lage, ein paar Hundert Meter westlich des *Hotel Lisboa.*
Pousada de São Tiago, Luxus, Avenida da República, ✆ 378111, 📠 552170, Reservierung aus Hongkong unter ✆ 27391216. Baulich in das alte Gemäuer einer ehemaligen Festung an der Südspitze der Halbinsel integriert. Von rauschenden Bächen gesäumte Treppen, riesige Steinbögen und 22 entzückend eingerichtete Zimmer. Bei den Einheimischen als Veranstaltungsort für Hochzeitsfeiern beliebt. Ein DZ kostet ca. 1650 ptca.

TAIPA – ***Grandview*****,** Estrada Governador Albano de Oliveira, ✆ 837788, 📠 837736. Schillerndes Etablissement in der Nähe der Pferderennbahn mit umfangreichen Einrichtungen und Shuttle-Bus zum Fähranleger.
Hyatt Regency, Luxus, 2 Estrada Almirante Marques Esparteiro, ✆ 831234, 📠 830195, 💻 www.macau.hyatt.com, Reservierung aus Hongkong unter ✆ 25590168. Unmittelbar vor der Brücke nach Macau (alle von Macau nach Taipa fahrenden Busse kommen am Hotel vorbei), bietet den gewohnt guten Standard der *Hyatt*-Kette einschließlich Spielkasino, Wellness-Bad und Badelandschaft. DZ ab 1580 ptca.
New Century, Luxus, Av. Padre Tomas Pereira 889, ✆ 831111, 📠 832222, ✉ nch@macau.ctm.net. 5-Sterne-Komplex mit eigener Spielbank, Bade- und Sportanlagen, Karaoke, *Mahjongg*-Zimmer und kostenlosem Shuttle-Transfer vom Macau Pier.

COLOANE – ***Pousada de Coloane*******– Luxus, Praia de Cheoc Van, ✆ 828143, 📠 882251. In etwas abgelegener, aber herrlicher Landschaft am Cheoc-Van-Strand an der Südküste der Insel. Alle Zimmer mit Balkon und Meerblick, außerdem Swimmingpool und italienisches Restaurant. Ideal für einen entspannten Urlaub.
Westin Resort, Luxus, Estrada de Hac-Sa, ✆ 871 111, 📠 871122, Reservierung aus Hongkong unter ✆ 28032015. Das Hotel am hinteren Ende des schönen Strands von Hac-Sa empfiehlt sich für ein oder zwei ruhige Tage unter der Woche, während am Wochenende massenhaft Familien aus Hongkong anreisen. 3 Restaurants und ausgezeichnete Sportanlagen, darunter ein 18-Loch-Golfplatz, 2 Schwimmbäder und ein Whirlpool. DZ ab 1625 ptca, aber immer wieder attraktive Sonderangebote am Wochenende.

Essen

Auch wenn Macau mit der überwältigenden kulinarischen Vielfalt Hongkongs nicht mithalten kann, gibt es immer noch reichlich Auswahl an guten Restaurants. Der Schwerpunkt liegt auf den einheimischen Spezialitäten des Territoriums, der **macanesischen Küche**, einer faszinierenden Mischung aus portugiesischen und asiatischen Elementen. Die Portugiesen steuerten neben frischem Brot, billigen Importweinen und Kaffee auch etliche Gerichte aus ihrer Heimat bei, z.B. *caldo verde* (Gemüsesuppe) und *bacalhau* (gesalzener und getrockneter Kabeljau). Macaus interessantestes Kolonialgericht dürfte *african chicken* sein, eine Kreation von Einflüssen aus Goa und Ostafrika, das als Grillhähnchen mit Sauce und scharfen Gewürzen auf den Tisch kommt.

Gewöhnliche **kantonesische Restaurants**, die häufig Dim Sum zum Frühstück und Mittagessen servieren, sind in großer Zahl vorhanden und haben ebenfalls Weine auf der Speisekarte. Neben Teigtaschen und Nudeln servieren die vielen **Snackbars** in Macau oft auch frische Milchprodukte wie Früchte-Milkshakes und Milchpudding, was in China ansonsten nicht üblich ist. Dank der rund um die Uhr geöffneten Spielkasinos findet sich zu jeder Tages- und Nachtzeit irgendwo noch etwas zu essen. Die Preise liegen generell niedriger als in Hongkong, selbst in den exklusiveren Lokalen übersteigt die Rechnung nur selten 150–250 ptca p.P.

MACAU – ***Alfonso III,*** Rua Central 11, ✆ 586272. Authentische und ausgezeichnete portugiesische Küche in lusitanischem Ambiente (bis auf die Englisch sprechende Bedienung). Zentrale Lage unweit des Largo do Senado.

Bolo de Arroz, Travessa de São Domingos 11. Hervorragende Adresse nahe Largo do Senado für portugiesische Backwaren und einen der besten Kaffees der Stadt.

Clube Militar, Avenida de Praia Grande 795, ✆ 71009. Der Speisesaal dieses Privatclubs ist für die Öffentlichkeit zugänglich – eine ausgezeichnete Gelegenheit, das Innere eines macanesischen Kolonialgebäudes zu bestaunen. Das Essen kann allerdings mit dem wunderschön restaurierten Ambiente nicht mithalten.

Fat Siu Lau, Rua da Felicidade 64, ✆ 573585. Sehr beliebtes, traditionelles Restaurant (Spezialität: Taube) in einem Viertel mit dichter Konzentration an Cafés und Restaurants.

Fook Lam Mun, Avenida Dr. Mario Soares 259. Ausgezeichnetes, aber teures kantonesisches Fischrestaurant.

Leitaria I Son, Largo do Senado 7. Die famose Milchbar serviert alles, was man mit Milch zubereiten kann, u.a. Obst, Kakao, Eiscreme, Pudding und Frühstück.

Long Kei, Largo do Senado 7B. 100 Jahre altes, preiswertes und ausgezeichnetes kantonesisches Traditionsrestaurant. Liegt linker Hand, wenn man von der Almeida Ribeiro auf den Platz blickt. Kaum überraschend gewann das Restaurant kürzlich einen Tourismuspreis.

O Porto Interior, Rua da Almirante Sergio 259-B, ✆ 967770. Das Restaurant direkt am A-Ma-Tempel mit antiken chinesischen Trennwänden bietet neben einem hervorragenden Weinkeller vorzügliche macanesische Traditionsküche, z.B. *african chicken* oder Sardinen vom Grill.

Ou Mun Café, nahe Sé. Kaffee mit hausgemachtem portugiesischem Kuchen, außerdem Suppen und Salate.

Pele, Rua de São Tiago da Barra 25, ✆ 969000. Ausgezeichnete macanesische Speisen in freundlicher Atmosphäre, nur ein paar Gehminuten südlich des Schifffahrtsmuseums.

Pizzeria Toscana, Avenida da Amizade. Die authentische italienische Küche bietet einiges mehr als Pizza – wenngleich diese genauso vorzüglich schmeckt wie der Kaffee.

Praia Grande, Praça Lobo D'Avila, Rua Praia Grande, ✆ 973022. Eines der besten Restaurants Macaus, unmittelbar außerhalb des Stadtzentrums. Freundliches Personal, ausgezeichnetes Essen, gutes Preis-Leistungs-Verhältnis.

Star East Club, Macau Tower. Besitzer des am Fuße des Turms gelegenen Restaurants ist ein Konsortium von Stars aus Hongkong, darunter Jackie Chan. Große Auswahl an internationalen Gerichten.

TAIPA – ***Galo,*** Rua da Cunha 45, ✆ 827423. Preiswerte, größtenteils internationale Speisekarte, unmittelbar landeinwärts hinter der Hauptbushaltestelle in der Rua Correa da Silva im Ort Taipa.

Mocambique, Rua dos Clerigos 28A, ✆ 827471. Eines der beliebtesten Restaurants am Ort serviert leckere portugiesische Kolonialspeisen und diverse Gerichte aus Goa und Afrika.

O-Manel, Rua Fernão Mendes Pinto 90, ✆ 827 571. Kleiner und gemütlicher Familienbetrieb mit karierten Tischdecken, portugiesischem Wein und vorzüglicher Küche. *Bacalhau* (Kabeljau) in Olivenöl und Knoblauch ist die Spezialität des Hauses.

Restaurante Panda, Rua Direita Carlos Eugenio 4-8, ✆ 827338. In einem kleinen Gässchen, das am südlichen Ende der Rua da Cunha im Ort Taipa nach Osten abzweigt. Portugiesisches Lokal mit vernünftigen Preisen und Tischen unter freiem Himmel bei gutem Wetter.
Pinocchio's, Rua do Sol 4, ✆ 827128. Ansprechende macanesische Küche, z.B. Fischfrikadellen, Krabben, Garnelen und knusprig gebratene Ente. Am Platz gegenüber der Feuerwehr im Ort Taipa.

COLOANE – ***Caçarola,*** Rua das Gaivotas 8, ✆ 882226. Ausgezeichnete Tageskarte und sehr günstige Preise in einem einladenden und zu Recht beliebten Restaurant in unmittelbarer Nähe des Hauptplatzes im Ort Coloane.
Café Nga Tim, im Ort Coloane. Kleines, sehr freundliches und billiges Restaurant gegenüber der Kapelle des heiligen Franz Xaver, ideal zum Mittagessen oder für ein Getränk am Abend.
Fernando, Hac-Sa-Strand, unweit der Bushaltestelle, ✆ 882531. Eine Institution unter den in Macau lebenden Ausländern, die der Hektik der Stadt im heiteren Ambiente eines südeuropäisch anmutenden Bistros entfliehen möchten. Zusammen mit dem hervorragenden portugiesischen Essen steht unter dem Strich eines der besten Restaurants Macaus. Für die Rückfahrt ist möglicherweise ein Taxi vonnöten – mit 50 ptca für die Fahrt zurück auf die Halbinsel muss gerechnet werden. Reservierung empfohlen, am Wochenende ein Muss.
Lord Stow's Bakery, am Hauptplatz in Coloane. Eine der besten Adressen für Macaus cremige portugiesische Eierpuddingtörtchen *(natas)*.

Unterhaltung und Kultur

Macaus Nachtleben konzentriert sich auf die allgegenwärtigen Karaoke-Bars sowie auf einige Nachtclubs, Diskotheken und Massagesalons. Wer nur etwas trinken möchte, bevorzugt meist die Restaurants oder eine der etwa 30 Kneipen im Viertel Macau Lan Kwai Fong, die zum Teil auch Live-Musik und Tische unter freiem Himmel mit Blick auf den Äußeren Hafen zu bieten haben.
Crazy Paris Show, Mona Lisa Hall, *Hotel Lisboa,* Avenida da Amizade, ✆ 577666. Inzwischen so etwas wie eine Institution in Macau: leicht frivole Show im Cabaret-Stil mit spärlich bekleideten Tänzerinnen. ⏲ tgl. 20 und 21.30, Sa auch 23 Uhr, Eintritt 250 ptca.
Embassy Bar, *Mandarin Hotel,* Avenida da Amizade, Äußerer Hafen, ✆ 567888. Reichlich schick mit Cocktails, Live-Bands und gutem Preis-Leistungs-Verhältnis bei 30 ptca Eintritt.
Talkers, Rua de Pedro Coutinho 104. Etwas südlich der Avenida do Coronel Mesquita, unmittelbar westlich des Kun-Iam-Tempel. In der Umgebung gibt es mehrere Kneipen und Bars, die einen Großteil von Macaus Nachtleben ausmachen. Zu später Stunde füllt sich die Bar immer mehr.

Sonstiges

FAHRRÄDER – Einzelheiten zum Fahrradverleih auf den Inseln Taipa und Coloane s.S. 622, Taipa, und s.S. 623, Coloane.

FESTE – Die normalen chinesischen Feiertage stehen auch in Macau auf dem Kalender; daneben gibt es noch einige katholische Feste, die von den Portugiesen eingeführt wurden, z.B. die Marienprozession Nuestra Señora de Fatima, die jedes Jahr am 13. Mai an der Kirche São Domingos beginnt.

GELD – Die Banken haben im Allgemeinen ⏲ Mo–Fr von 9–16 bzw. 16.30 Uhr geöffnet, Sa bis mittags. Es gibt offizielle Wechselstuben, die täglich geöffnet sind und auch Reiseschecks annehmen, darunter eine rund um die Uhr geöffnete im Untergeschoss des *Hotel Lisboa.* Eine weitere Wechselstube befindet sich an der zur Ruine São Paulo hinaufführenden Treppe.

INFORMATIONEN – ***Macau Government Tourist Office (MGTO),*** Largo do Senado 9, ✆ 3315566, ⏲ tgl. 9–18 Uhr.. Die hilfsbereite Organisation veröffentlicht diverse Broschüren zu Macaus Festungen, Museen, Parks, Kirchen und vorgelagerten Inseln, außerdem einen guten Stadtplan und die kostenlose, monatlich erscheinende Zeitung *Macau Travel Talk* mit allen kulturellen Veranstaltungen in der Sonderverwaltungsregion sowie Informationen zu Hotels und Restaurants.

Die Organisation betreibt auch ein freundliches Besucherinformationszentrum im **Jetfoil-Terminal** von Macau, ✆ 5726416, ⏲ tgl. 9–18 Uhr. *MGTO* ist auch in Hongkong im dortigen **Macau Ferry Terminal** zu finden: Room 1303, Shun Tak Centre, ✆ 25498884, ⏲ Mo–Fr 9–13 und 14–18, Sa 9–13 Uhr.

MEDIZINISCHE HILFE – ***Centro Hospitalar Conde São Januário,*** Calçada Visconde São Januário, ✆ 313731, rund um die Uhr geöffnete Notaufnahme mit Englisch sprechendem Personal.

NOTFALL – **Notruf** ✆ 999.

POLIZEI – **Hauptrevier**, Avenida Dr. Rodrigo Rodrigues, ✆ 573333.

POST – **Hauptpost**, Largo do Senado, an der Ostseite des Platzes mit Poste-Restante-Schalter, ⏲ Mo–Fr 9–18, Sa 9–13 Uhr.
Daneben verteilen sich auf das ganze Territorium die an der knallroten Farbe zu erkennenden Briefmarkenautomaten.

REISEBÜROS – ***CTS,*** Rua de Nagasaki, ✆ 700 888, besorgt (wie auch die meisten anderen Reiseveranstalter) Visa für die VR China und Fahrkarten.

TELEFON – Ortsgespräche von Privatanschlüssen sind gratis und kosten über Münzfernsprecher 1 ptca. Die Kartentelefone nehmen CTM-Karten, die von der staatlichen Telekommunikationsgesellschaft in Macau ausgegeben werden und in Hotels oder an der Rückseite der Hauptpost (24 Std. geöffnet, auch Direktgespräche möglich) erhältlich sind.
Innerhalb Macaus gibt es keine unterschiedlichen Vorwahlen.
Aus dem Ausland (einschließlich China): internationale Vorwahl + 853 für Macau + Nummer des Teilnehmers.
Von Macau nach Hongkong: 01 + Nummer des Teilnehmers.

VISA – Wie bei der Währung gibt es auch hier zunächst keine Änderung. Staatsbürger aus den meisten europäischen Ländern erhalten bei der Ankunft automatisch eine Aufenthaltserlaubnis von 20 Tagen. In Zweifelsfällen gibt die nächste chinesische Botschaft oder das Touristenbüro in Macau Auskunft. Das Pendant in Hongkong befindet sich im Shun Tak Centre.

Nahverkehrsmittel

Angesichts der geringen Ausdehnung gibt es in Macau kaum größere Distanzen zu überwinden. Die meisten Sehenswürdigkeiten sind **zu Fuß** erreichbar; eine Alternative ist das **Velotaxi** (eine Fahrt vom A-Ma-Tempel zum Largo do Senado kostet 60–80 ptca), während viele Einheimische auf Motorrollern umhersausen.
Auch **Radfahren** ist eine mögliche Art der Fortbewegung, besonders auf den Inseln. Es ist übrigens verboten, vom Festland aus über den Dammweg zur Insel Taipa zu fahren. Einzelheiten zum Fahrradverleih s.S. 627, Fahrräder, und s.S. 623, Taipa.

BUSSE – Zwei große Busunternehmen teilen sich in Macau ein dichtes Netz von Buslinien. Wichtige Halte- und Umsteigestellen sind der Jetfoil-Terminal (als „Nova Terminal“ bezeichnet), *Hotel Lisboa,* Almeida Ribeiro, Barra (beim A-Ma-Tempel), Praça Ponte e Horta (unweit des Guangzhou-Fähranlegers am Inneren Hafen), Barra (beim Schifffahrtsmuseum am Inneren Hafen), Porto do Cerco (Grenztor) sowie die Inseln Taipa und Coloane. Wie in Hongkong wird im Bus kein Wechselgeld herausgegeben, doch die Fahrpreise treiben niemanden in den Ruin.
Wichtige Routen sind die Nr. 3 und 3A vom Jetfoil-Terminal zum *Hotel Lisboa* und zur Almeida Ribeiro, Nr. 5 von Barra über Almeida Ribeiro zum Grenztor, Nr. 21, 21A, 26A und 28A von der Almeida Ribeiro nach Taipa und Coloane sowie Nr. 28B vom Jetfoil-Terminal über *Hotel Lisboa* zur Rua de Praia Grande.

TAXIS – Wer nicht mehr laufen möchte, kann auf eines der billigen Taxis zurückgreifen. Fahrten auf die Inseln Taipa oder Coloane werden mit einem Zuschlag von 5 ptca (Macau nach Taipa) bzw. 2 ptca (zwischen den Inseln) belegt.

Transport

Auf dem Landweg ist es möglich, die **Grenze zur Volksrepublik** zu Fuß am Grenztor zu überschreiten und so in die chinesische Wirtschaftssonderzone Zhuhai zu gelangen, ⌚ tgl. 7–24 Uhr. Zum Grenztor fährt Bus Nr. 5 von der Almeida Ribeiro und Rua da Praia Grande.

BUSSE – Täglich fahren mehrere Direktbusse von der Haltestelle am Inneren Hafen (in der Nähe des Guangzhou-Fähranlegers) nach Guangzhou. Fahrplanauskünfte erteilt das ***MGTO,*** Tickets gibt es beim ***China Travel Service (CTS),*** Avenida Dr. Joao IV 13, Centro Commercial. Eine zweite Busroute über die Lotusbrücke verbindet Macau zunächst mit der Stadt Zhuhai und schließlich mit Guangzhou (ca. 50 ptca).
Busse nach:
GUANGZHOU 2x tgl., 6 Std.

FÄHREN – Der Personenverkehr zwischen Hongkong und Macau wird größtenteils auf dem Seeweg abgewickelt. Eine große Zahl konkurrierender Fähren legt täglich die rund einstündige Strecke zwischen Macau und Hongkongs Shun Tak Centre zurück. Zu den Booten, die ca. alle 1/4 Std. abfahren, zählen die so genannten Jetfoils, die bei 55 Min. Fahrzeit mit knappem Vorsprung die schnellsten sind und auch am häufigsten verkehren (tags wie nachts).
Daneben gibt es noch die ebenfalls sehr schnellen Katamarane sowie die Hochgeschwindigkeitsfähren, die geräumig und billig sind, aber weniger häufig verkehren und trotz ihres Namens wesentlich langsamer sind als die anderen. Seltener fahren die Katamarane vom Hong Kong China Ferry Terminal in der Canton Rd in Tsim Sha Tsui.
Für die **Fahrkarten** gelten je nach Fährtyp, Abfahrtszeit und Reiseklasse leicht unterschiedliche Preise. Für eine einfache Fahrt sind zwischen HK$95–140 zu veranschlagen, mit der Hochgeschwindigkeitsfähre ungefähr die Hälfte. Alle Fahrkartenpreise beinhalten die staatliche Ausreisesteuer von HK$19. Wer nicht gerade zu Spitzenzeiten am Wochenende fährt, muss nicht unbedingt im Voraus buchen, doch empfiehlt sich eine Reservierung auf jeden Fall bei einem engen Terminplan. In Macau können Fahrkarten vorab am Jetfoil-Terminal im Äußeren Hafen gekauft werden.
Ansonsten findet man sich einfach eine halbe Stunde vor Abfahrt am Pier in Macau bzw. Hongkong ein, kauft eine Fahrkarte für die nächste Überfahrt, passiert die Passkontrolle und geht an Bord.
In Macau nutzen alle Boote aus Hongkong und Shenzhen denselben Fähranleger, der auf den Busfahrplänen und Landkarten normalerweise als **Jetfoil-Terminal** (Nova Terminal auf Portugiesisch) bezeichnet wird und südöstlich des Stadtzentrums in der Avenida da Amizada liegt. Von dort aus fahren zahlreiche Busse, darunter Nr. 3 und 3A, zum *Hotel Lisboa* und zu den preiswerten Unterkünften in der Almeida Ribeiro.
Wer mit der Fähre aus Guangzhou ankommt, geht im Inneren Hafen westlich des Stadtzentrums von Bord. Von dort aus lässt sich die Avenida Almeida Ribeiro bequem zu Fuß erreichen, aber auch der Bus Nr. 3A fährt ganz in der Nähe vorbei.
Fähren nach:
GUANGZHOU tgl., 9 Std.;
HONGKONG häufig, 1 Std.;
SHENZHEN 1x tgl., 1 Std.

FLÜGE – Auf dem Luftweg ist Macau mit Beijing, Shanghai, Guangzhou, Taiwan, Bangkok und Singapur sowie einer schnell wachsenden Zahl weiterer chinesischer Städte verbunden. Schon in naher Zukunft sollen auch Direktflüge von und nach Europa möglich sein.
Nach der Ankunft auf dem internationalen **Flughafen** auf der Insel Taipa fährt der Flughafenbus AP1 zum *Hotel Lisboa* und zum Jetfoil-Terminal.
Fluggesellschaften: Bislang ist nur ***Air Macau,*** Avenida da Praia Grande 639, ✆ 3966888, mit einer eigenen Vertretung ansässig, doch das wird sich sicherlich in Kürze ändern.
Telefonische Auskünfte bezüglich der anderen Fluggesellschaften mit Macau im Programm, darunter ***Silk Air, Singapore Airlines, China Air*** und die taiwanesische ***EVA Airways,*** werden am Flughafen unter ✆ 861111 und in den Reisebüros von Macau erteilt.

Flüge nach:
BANGKOK 4x wöchentl., 3 Std.;
BEIJING 1x tgl., 2 Std.;
SHANGHAI 1x tgl., 2 Std.;
SINGAPUR 2x wöchentl., 4 Std.;
TAIPEI tgl., 1 1/2 Std.;
XIAMEN 1x tgl., 1 Std.

Anhang

Bücher

Man darf nicht erwarten, in China (oder selbst in Hongkong) sehr viel englisch- oder gar deutschsprachige Literatur zu finden. Die großen klassischen Werke der chinesischen Literatur aber wurden ins Deutsche oder Englische übersetzt und können über den Buchhandel in Deutschland, Österreich und der Schweiz bezogen werden. In den ausländischen Abteilungen der Freundschaftsläden und chinesischen Buchhandlungen sind preiswerte Taschenbücher im Angebot, die in Übersetzung von Foreign Languages Press (FLP) und Panda Books in Beijing herausgegeben werden. Im Folgenden werden Verlage nur angegeben, sofern die Titel in China oder anderen Ländern des Fernen Ostens aufgelegt wurden. Aufgeführt sind auch Bücher, die nicht mehr verlegt werden, aber immer noch empfehlenswert und eventuell im Internet über 💻 www.amazon.de oder 💻 www.amazon.com zu beziehen sind. Titel mit * werden besonders empfohlen.

Geschichte

Kong Demao: *In The Mansion of Konfuzius' Descendants* (Beijing New World Press). Zwar schwülstig geschrieben, doch die Beschreibung des Lebens in Konfuzius Wohnstätte in Qufu durch einen seiner Nachfahren gibt einen Insider-Einblick in das Leben von Aristokraten im kaiserlichen China.

Patricia Ebrey: *Cambridge Illustrated History of China*. Aktueller und leicht lesbarer historischer Überblick, ausgezeichnet illustriert und prägnant geschrieben.

Peter Fleming: *Die Belagerung zu Peking. Zur Geschichte des Boxer-Aufstandes*. Bericht über die Ereignisse, die dem 20. Juni 1900 vorausgingen, als die ausländischen Vertretungen in Beijing von den Boxern und kaiserlichen chinesischen Truppen angegriffen wurden. Die 55-tägige Belagerung war ein Wendepunkt in Chinas Beziehungen zur restlichen Welt.

Jean Gernet: *Die chinesische Welt. Die Geschichte Chinas von den Anfängen bis zur Jetztzeit*. Eine wissenschaftliche Universalgeschichte Chinas von den Anfängen bis zum Tod Mao Zedongs, zum Teil recht trocken, aber ungemein informativ; dazu umfangreicher, überaus hilfreicher Index und umfassende Bibliografie.

Peter Hopkirk: *Great Game: The Struggle for Empire in Central Asia* ist eine überwiegend unterhaltsame Lektüre über den Kampf zwischen Briten und Russen im 19. Jahrhundert um die Vorherrschaft in Zentralasien. Das Werk ist außerdem beunruhigend aktuell, denn es sucht nach den Wurzeln der chinesischen Besetzung von Tibet und Xinjiang.

Jürgen Osterhammel: *Shanghai, 30. Mai 1925. Die chinesische Revolution*. Anhand der Massenproteste von 1925 wird die Geschichte Chinas von der Großen Revolution bis zur Gründung der Volksrepublik aufgerollt.

Sima Qian: *Historical Records* (auch: *Records of the Historian*; FLP). Geschrieben in der Han-Zeit. Ein Meisterwerk, in dem zeitgenössische Hofdokumente und mündlich überlieferte Traditionen Licht auf die Schlüsselpersonen werfen, die die chinesische Geschichte prägten – von Kaisern bis zu berühmten Persönlichkeiten. Die oft angezweifelten Überlieferungen des Sima Qian wurden in jüngerer Zeit durch neue archäologische Erkenntnisse zum Teil bestätigt.

Harrison E. Salisbury: *Der lange Marsch* und *Die neuen Kaiser*. Der erste Titel ist der umfassende Bericht des bekannten amerikanischen China-Experten, der 1983 die Route des Langen Marsches nachvollzog. Der Zugang zu bis dahin geheimen Archiven und Interviews mit Überlebenden wirft ein neues Licht auf das kommunistische Heldenepos. Der zweite Titel ist eine sehr lesenswerte Darstellung der Lebensläufe von Chinas beiden „Kaisern" des 20. Jahrhunderts: Mao Zedong und Deng Xiaoping. Das Buch versucht aufzuzeigen, dass die kommunistische Herrschaft über China nichts anderes als eine Fortsetzung des alten kaiserlichen „Mandat des Himmels" ist. Von Salisbury ist außerdem erschienen *Dreizehn Tage im Juni. Tiananmen-Tagebuch. Als Augenzeuge in China*.

Helwig Schmidt-Glinzer: *China. Vielvölkerreich und Einheitsstaat*. Kürzere, bis 1997 geführte Geschichtsbetrachtung, die relativ leicht verdaulich ist.

Konrad Seitz: *China*. Schwerpunkt dieser durch Tabellen und Statistiken angereicherten Darstellung ist die Entwicklung Chinas im 20. Jahrhundert, vor allem der jüngeren Wirtschaftspolitik und der damit verbundenen Rückkehr des Landes zu einer Weltmacht.

Edgar Snow: *Roter Stern über China*. Anschauliche Berichterstattung aus erster Hand über die Frühzeit des Maoismus und die „kommunistischen Banden", entstanden 1936, als sich der amerikanische Journalist Snow durch die Blockade der Guomindang schlängeln konnte und mehrere Monate in der Roten Basis in Shaanxi verbrachte.
Jonathan Spence: *Das Tor des Himmlischen Friedens. Die Chinesen und ihre Revolution 1895–1980* und *Chinas Weg in die Moderne*. Das erstgenannte Werk ist ein erzählerischer Gewaltakt, der Chinas Geschichte des 20. Jahrhunderts durch die Augen von Männern und Frauen betrachtet, die jene Zeit erlebten: Schriftsteller, Revolutionäre, Poeten und Politiker. Eines der besten Bücher, um sich Chinas komplexer moderner Geschichte anzunähern. *Chinas Weg in die Moderne* ist recht schwer zu lesen, aber kompakt und zweckdienlich und vielleicht das beste erhältliche Buch über Chinas Geschichte. Vom selben Autor sind noch weitere Bücher zu diesen Themen in Deutsch erschienen.
Oskar Weggel: *China*. Der Autor ist China-Referent des Hamburger Instituts für Ostasienkunde und Berater der Bundesregierung, außerdem Verfasser zahlreicher Veröffentlichungen zu China und zum Fernen Osten.
Justin Wintle: *Rough Guide Chronicle: China*. Sehr detaillierte Auflistung der Zeitläufte Chinas mit Schlüsselereignissen und Schlüsselpersonen im Taschenformat.
Frances Wood: *No Dogs and Not Many Chinese – Treaty Port Life in China*. Geschichte der ausländischen Enklaven, die China nach den Opiumkriegen aufgezwungen wurden, von den turbulenten Anfängen in den 1840er Jahren bis zur kommunistischen Machtübernahme nach dem Zweiten Weltkrieg. Besonders lebendig durch Berichte von Zeitzeugen und Woods trockenen Humor. Von der britischen Historikerin Frances Wood erschien auch *Marco Polo kam nicht bis China*, eine detektivische Analyse der Berichte des weitgereisten Europäers.

Kultur und Gesellschaft

* **David Bonavia**: *The Chinese: A Portrait*. Sehr empfehlenswerte Einführung in das Leben des zeitgenössischen China.
Jacques Gernet: *Daily Life in China on the Eve of the Mongol Invasion 1250–1276*. Ein faszinierender und detaillierter Blick auf Südchina unter der Song-Dynastie, in dessen Mittelpunkt Hangzhou steht (damals die größte und reichste Stadt der Welt). Basierend auf Ortsverzeichnissen, Briefen und Anekdoten, bietet Gernet in diesem Buch einen Querschnitt durch die Gesellschaft, von der Kleinbauernschaft bis hin zur müßigen Oberschicht, von der Lebensart rund ums Kochen bis hin zu Beerdigungen.
* **John Gittings**: *Real China*. Essays über das ländliche China vermitteln ein ganz anderes Bild als die Beschreibungen über das Wirtschaftswunder, auf das sich die meisten westlichen Berichterstatter konzentrieren. Das Buch mangelt jedoch an Tiefe.
Joe Studwell: *The China Dream*. Unverzichtbare Lektüre für Ausländer, die sich in China geschäftlich betätigen wollen. Die mahnende Darstellung, die auch für Laien verständlich ist, entlarvt den Mythos, dass auf Chinas großen Märkten Geld leicht zu verdienen sei. Großartige Lektüre für alle, die an Geschäften und der Wirtschaft interessiert sind.
Tiziano Terzani: *Fremder unter Chinesen. Reportagen aus China*. 1980 war Terzani einer der ersten westlichen Journalisten, die eine Aufenthaltserlaubnis für China erhielten. Vier Jahre später wurde er wegen seiner Offenheit des Landes verwiesen. Es gibt kaum eine bessere Schilderung der schlechten alten Tage vor den Reformjahren als diese Essaysammlung, die unter anderem von der Wiederbelebung des Kung-Fu, von Massenexekutionen und vom Kricket-Training berichtet.
* **Zhang Xinxin und Sang Ye**: *Pekingmenschen*. Diese Sammlung von Erzählungen aus erster Hand – entstanden in Interviews mit Chinesen aus allen Gesellschaftsschichten – ist höchst informativ und berichtet beispiellos faszinierend und detailliert über die Belange des Alltags und des Überlebenskampfes.

Reiseliteratur

Peter Fleming: *One's Company: a Journey to China* und *Tataren-Nachrichten. Ein Spaziergang von Peking nach Kaschmir*. Der erste Titel ist ein amüsanter Bericht über eine Reise durch Russland und die Mandschurei nach China in den 30er Jahren. Unterwegs traf Peter Fleming, Sonderkorrespondent der *Times*, zahlreiche chinesische und japanische Offizielle und auch den Marionettenkaiser Puyi persönlich. *Tataren-Nachrichten* erzählt von Flemings Reise im Jahre 1935 über 5500 km, über das Dach der Welt nach Kaschmir.

* **Peter Hessler**: *River Town – Two Years on the Yangtze*. Eines der jüngsten und besten Mini-Genre-Werke nach dem Motto „Wie ich einige Jahre in China Englisch unterrichtete und überlebte". Sehr nachdenklich geschrieben. Das Buch zeigt Chinas positive Seiten auf, ohne romantisch zu werden, und vermeidet jeglichen Zynismus über die tief verwurzelten sozialen Probleme und Widersprüche des Landes. Besonders empfehlenswert für alle, die eine längere Zeit in China verbringen wollen.

William Somerset Maugham: *On a Chinese Screen*. Kurze, zuweilen humorvolle und oft bissige Skizzen über europäische Missionare, Diplomaten und Geschäftsleute, denen Maugham zwischen 1919 und 1921 in China begegnete.

* **Marco Polo**: *Die Reisen des Marco Polo*. Die faszinierenden Berichte, die Marco Polo nach 26 Wanderjahren zwischen Venedig und dem Kaiserhof Kublai Khans mit zahlreichen wunderlichen Details hinterließ, sollen auch Kolumbus inspiriert haben. Das Buch ist allerdings nicht von Marco Polo selbst, sondern lediglich nach seinen (nicht zusammenhängenden) Notizen niedergeschrieben worden.

Judy Schultz: *Im Land des Himmelsdrachen*. Facettenreiche persönliche Betrachtungen der kanadischen Autorin und begeisterten Chinareisenden.

Michael Stets: *Mit dem Fahrrad durch China*. 1995 unternahm der Autor abseits der Touristenpfade eine 4300 km lange Fahrradtour durch China. Berichtet wird hier von den einzelnen Etappen, den Schwierigkeiten entlang der Strecke und den Abenteuern im Verlauf der Tour.

Colin Thubron: *Im Garten des Drachen. Chinesische Innenansichten*. Eine nachdenkliche und sehr poetische Beschreibung einer langen Reise durch China kurz nach der Öffnung des Landes in den frühen 80er Jahren.

Simon Winchester: *Der wilde Strom*. Den Rahmen dieses kulturgeschichtlichen Rundumschlags bildet eine mehrere Monate lange Fahrt auf dem Yangzi, die den Autor von Shanghai bis ins Quellgebiet des Flusses führte.

Kunst

Jessica Rawson: *Ancient China: Art and Archaeology*. Wissenschaftliche Einführung in die chinesische Kunst unter Einbeziehung des historischen Kontextes. Beginnend mit der neolithischen Zeit, schildert die Spezialistin des Britischen Museums vor allem die Entwicklung der Technologie und sozialen Organisation in der Zeit der Han-Dynastie.

Mary Tregear: *Chinesische Kunst*. Meisterhafte Zusammenfassung der Hauptstränge der chinesischen Kunst von der neolithischen Zeit über das Bronzezeitalter bis hin zum 20. Jahrhundert. Leicht verständlich und schön bebildert. Von derselben Autorin ist auch *Keramik der Song-Zeit* erschienen.

Lyrik

Jan Uhlenbrook (Hrsg.): *Pflaumenblüte und verschneiter Bambus*. Kleiner Gedichtband, in dem vor allem die Dichter der Tang-Dynastie, darunter Du Fu, Bo Juyi, Han Yu und Li Bo, vorgestellt werden.

Fauna und Flora

Jürgen Appel und Heidi Rüppel: *Landschafts-Studien-Reiseführer China*. Sehr spezielles Werk, das einen ausführlichen Überblick über die Landschaftsräume, Geologie und klimatischen Gegebenheiten Chinas bietet.

Rodolphe De Schauensee: *Birds of China*. Das vielleicht einzige Buch über Chinas Vogelwelt, das locker in die Tasche passt und beste Informationen gibt, obwohl es zu wenige Abbildungen von zumal oft schlechter Qualität gibt.

Zhao Ji: *The Natural History of China*. Wundervolle Aufnahmen von der seltenen Tierwelt – der Text ist allerdings enttäuschend, weil das obsessive Bestreben zum Ausdruck kommt, so viele Arten wie möglich aufzulisten.

Chinesische Küche

Kit Chow und Ione Kramer: *All the Tea in China*. Beschreibt alles, was man über Chinas Tee wissen möchte: Sorten, Anbaugebiete, Verarbeitungstechniken und Auflistung der fünfzig berühmtesten Marken. Unterhaltsame Lektüre und schön bebildert.

Deh-Ta Hsiung: *Die chinesische Küche*. Dieses Buch erzählt die Geschichte der Zutaten der chinesischen Küche: Woher die Gewürze kommen, wie sie aussehen und wie man sie am besten lagert. Dazu gibt es Rezepte.

* **Hsiang Ju Lin und Tsuifeng Lin**: *Chinese Gastronomy*. Klassisches Werk, das relativ wenig Rezepte aufführt, dafür jedoch ausführlich die Kochmethoden und die dahinter stehende Philosophie erläutert – unentbehrlich für jeden, der die Details der chinesischen Küche erkunden möchte. Manchmal erhältlich und dann wieder vergriffen, erschien unter verschiedenen Titeln; Ausschau halten nach den Autorennamen Lin.

* **Kenneth Lo**: *Das große Buch der chinesischen Kochkunst*. Gutes Kochbuch, das zahlreiche Methoden und Stile vorstellt, von westlich inspirierten Gerichten bis hin zu regionalen Spezialitäten.

Wang Wenqiao und Gang Wenbin: *Chinese Vegetarian Cuisine* (Beijing New World Press). Kompendium der vegetarischen Küche von einfachen Gerichten wie gekochte Bohnen mit Ingwer bis hin zu kunstvollen vegetarischen Gerichten wie süßsaure Rippchen. Die Rezepte stammen aus dem berühmten Restaurant *Gongdelin* in Beijing.

Wei Chuan Cultural Education Foundation: *Vegetarian Cooking* und *Chinese Dim Sum* (Chin Chin, Taiwan). Zwei von etlichen ausgezeichneten Kochbüchern der taiwanischen Wei Chuan-Kochschule; leicht nachzukochende vereinfachte Versionen der klassischen Gerichte garantieren beste Resultate. In der Volksrepublik China nicht erhältlich, doch über größere Buchhandlungen im Westen zu beziehen.

Liu Zihua und Uli Franz: *Die echte chinesische Küche*. Rezepte vom Beijinger Meisterkoch Liu Zihua, exzellent fotografiert und versehen mit Essays über Kultur, Landschaften und Menschen.

Kampfsport

Paul Brecher: *Der Weg des Spirituellen Kriegers. Sanfte Kampfkünste für Körper und Geist* und *Chinesische Heil- und Entspannungsübungen*. Zwei ausgezeichnete Werke von einem Spezialisten. Das erstgenannte Buch erläutert die Grundlagen der sanften Kampfsportarten, darunter des Taijiquan, das zweite zeigt Übungen auf, die vor allem dem Qigong angehören.

Kumar Frantzis: *Die Energie-Tore des Körpers öffnen. Der Weg zur Meisterschaft*. Überblick über Frantzis' vierzigjährige Erfahrung mit den internen Kampfsportarten in Japan, China, Taiwan und den USA, mit persönlichen Berichten über verschiedene Lehrmeister und ihre Stile. Leicht verständlich und interessant auch für diejenigen, die den Unterschied zwischen *li* und *jing* noch nicht kennen, mit vielen „Perlen" für geübte Anwender versehen.

Wang Xuanjie und J. Moffett: *Traditional Chinese Therapeutic Exercises – Standing Pole* (FLP). Geradlinige Einführung in eine der populärsten und effektivsten Formen des Qigong, die keine athletischen Fähigkeiten voraussetzt.

Religion und Philosophie

Asiapac-Serie (Asiapac Books, Singapur). Diese unterhaltsamen Titel, die in Hongkong und Beijing erhältlich sind, erhellen die antike chinesische Philosophie in Comic-Form und machen sie auf diese Weise zugänglich, ohne den Grundgehalt zu verwässern. Ausnahmslos sehr gut geschrieben und schön gezeichnet. Besonders gut sind *Book of Zen*, eine Sammlung von Geschichten und Parabeln, sowie *Sayings of Konfuzius*.

Wolfgang Bauer: *Geschichte der chinesischen Philosophie*. Gesamtdarstellung chinesischen philosophischen Denkens vom 6. vorchristlichen Jahrhundert bis zum frühen 20. Jahrhundert.

Kenneth Chen: *Buddhism in China*. Praktisch, um den Ursprung des buddhistischen Denkens in China, die Entwicklung der unterschiedlichen Schulen und den Austausch zwischen Indien, Tibet, Japan und China nachzuvollziehen.

Konfuzius: *Gespräche des Meisters Kung*. Moderne Übersetzung der klassischen Texte, Sammlung von Konfuzius' Lehren über Moral und Staatstheorie.

Qian Mu: *Der Westen versteht den Osten nicht*. Erstübersetzung des zentralen Werkes des wohl berühmtesten chinesischen Philosophen des 20. Jahrhunderts in eine Fremdsprache. Erfolgreicher Versuch, die chinesische Kultur aus sich selbst heraus zu erklären. Qian definiert Geschichte als Triebkraft einer Nation, die in jeder Epoche andere Aspekte entfaltet, der Nation jedoch zugleich die Richtung aller weiteren Entwicklungen vorgibt.

Arthur Waley: *Lebensweisheit im Alten China*. Übersetzte Auszüge aus den Schriften von drei frühen Philosophen: Zhuang Zi, Menzius und Han Feizi. Eine nützliche Einführung.

Lao Zi (Laotse): *Tao Te Ching*. Sammlung der mystischen Gedanken und philosophischen Hypothesen, welche die Basis der daoistischen Philosophie bilden.

Biografien und Autobiografien

Jung Chang: *Wilde Schwäne*. Eine Familiensaga, die drei Generationen umspannt und auch im Westen großen Erfolg hatte. Nicht überraschend geriet das Buch in China auf den Index, da es offen von den oft unmenschlichen Lebensumständen im China des 20. Jahrhunderts berichtet. Eine ausgezeichnete Einführung in die moderne chinesische Geschichte und zugleich eine unterhaltsame Lektüre.

Richard Evans: *Deng Xiaoping*. Grundlegendes Werk zum Verständnis der Gedanken eines der einflussreichsten Männer des modernen China.

* **Ma Jian**: *Red Dust*. Angesichts der drohenden Verhaftung wegen „geistiger Verunreinigung" verließ der Schriftsteller und Künstler Ma Jian in den 80er Jahren Beijing und reiste drei Jahre lang – zumeist in größter Armut – durch die entlegensten Winkel Chinas. Die Geschichte dieses Herumtreibers, der China in der frühesten Phase seiner Öffnung durchstreift, ist in lebendiger Prosa geschrieben und bietet Einsichten, die nur ein entfremdeter Insider sammeln kann.

Ba Jin: *Die Familie*. Ba Jin, 1904 als Kind einer wohlhabenden Familie in Chengdu geboren, greift das alte feudale Familiensystem an. Chronik seiner anarchistischen Phase zwischen 1919 und 1949. Erkennbar wird der starke Einfluss russischer Schriftsteller wie Turgenjew.

Anchee Min: *Rote Azalee*. Sehr schön geschriebenes Buch mit autobiografischen und romanhaften Zügen. Eine persönliche und sehr romantische Darstellung des Überlebens in der Kulturrevolution.

Naisingoro Pu Yi: *Ich war Kaiser von China*. Biografie des in eine Qing-kaiserliche Familie geborenen Mannes, der im Kindesalter zum chinesischen Kaiser und 1931 von den Japanern zum Kaiser ihres Marionettenstaates Mandschuguo ernannt wurde.

Philip Short: *Mao: A Life*. Trotz seiner Länge ein extrem lesenswertes Werk über Mao und seine Zeit – selbst wenn die Ideologie des Großen Steuermanns im zeitgenössischen China immer weniger relevant ist.

Jonathan Spence: *Ich, Kaiser von China. Ein Selbstporträt des Kangxi-Kaisers*. Herausragendes Porträt des am längsten regierenden und mächtigsten Kaisers des jüngeren China.

Ross Terrill: *Mao – Eine Biografie*. Übersichtliche Biografie des großen Führers aus der Feder eines amerikanischen Politikwissenschaftlers.

* **Hugh Trevor-Roper**: *Hermit of Peking: the Hidden Life of Sir Edmund Backhouse*. Angeregt durch Backhouses zotige Memoiren, nutzt *Hermit of Peking* externe Quellen im Versuch, die Tatsachen hinter dem außergewöhnlichen Leben des Edmund Backhouse aufzudecken – Berichte von chinesischen Gelehrten, exzentrischen Einsiedlern und phänomenalen Aufschneidern, die in Beijing zwischen dem Ende des 19. Jahrhunderts und Backhouses Tod im Jahre 1944 lebten.

Marina Warner: *Die Kaiserin auf dem Drachenthron*. Analyse des Lebens von Cixi, einer von zwei weiblichen Herrscherinnen der chinesischen Geschichte. Warner zeigt die komplexe Persönlichkeit einer skrupellosen Frau auf, deren Konservatismus, Machtgier, Eitelkeit und Habsucht großen Einfluss auf die Ereignisse hatten, die zum Sturz des kaiserlichen Herrschaftshauses und zur Gründung der Republik führten.

Literatur des 20. Jahrhunderts

Wang Anyi: *Zwischen Ufern*. Autobiografisch gefärbte Geschichte einer Frau, die im Alter von acht Jahren mit ihren Geschwistern bei ihrer Großmutter bleibt, während die Eltern nach Hongkong auswandern. Von der Kulturrevolution aufs Land verbannt, lernt sie auf ihrer Rückfahrt nach Shanghai A Kang kennen, der ins kriminelle Milieu abgleitet und die Protagonistin am Ende verrät. Wang Anyi zählt zu den herausragenden zeitgenössischen Autorinnen Chinas und sorgte mit diesem 1990 erstmals erschienen Roman für kontroverse Diskussionen in ihrem Heimatland.

* **Pearl S. Buck**: *Die gute Erde*. Bestes Werk einer Schriftstellerin, die im China des frühen 20. Jahrhunderts aufwuchs. Lebensbeschreibung des Bauern Wang Lung, der auf dem Hintergrund verschiedener politischer Umwälzungen um Grund und Boden seiner Familie kämpft. Wurde 1937 in den USA verfilmt.

Mao Dun und Fritz Grunder (Hrsg.): *Seidenraupen im Frühling*. Erzählungen und Kurzgeschichten.

Feng Jicai: *Der wundersame Zopf* (Beijing FLP). Einer der bekanntesten chinesischen Autoren schreibt sensibel, humorvoll und unkompliziert – seine längeren Geschichten sind allerdings recht moralisierend.

Chen Jo-hsi: *Heimkehr in die Fremde*. Der stark autobiografische und geschichtsbezogene Roman zeigt die auch heute noch wenig bekannten Auswüchse der Kulturrevolution aus dem Blickwinkel der Betroffenen und eröffnet darüber hinaus tiefe Einblicke in das zeitgenössische politische und gesellschaftliche Alltagsleben. Ein Roman der zerbrochenen Hoffnungen.

Mian Mian: *La la la*. Sex, Drugs & Rock'n'Roll – so beschreibt die exzentrische junge Autorin selbst ihr Buch, das in China auf dem Index landete und bei uns inzwischen Kultstatus besitzt. In kurzen Geschichten wird nüchtern die neue, wilde Seite Chinas, die Welt der Exzesse in jeder Lebenslage präsentiert.

Deng Ming-Dao: *Der Taoist von Huashan / Das heilige Buch der Sieben Bambustafeln / Aufbruch zu fernen Ufern*. Die als wahre Begebenheit verpackte Trilogie ist ein auf dem Thema Kampfsport beruhender Roman, der auf westliches Publikum ausgerichtet ist und das Leben eines daoistischen Mönches beschreibt, der in Chinas turbulenten Jahren vor der kommunistischen Machtübernahme aufwuchs.

Lao She: *Rikschakuli*. Das Werk eines der berühmtesten modernen chinesischen Schriftsteller, der durch die Kulturrevolution in den Selbstmord getrieben wurde. Die beklemmende Geschichte erzählt von einem jungen Rikschakuli im Beijing vor 1949.

Wang Shuo: *Oberchaoten*. Unterhaltsamer Roman des in China sehr populären, 1958 geborenen Schriftstellers. *Oberchaoten* wirft ein humorvoll geschriebenes Streiflicht auf drei „Jungunternehmer" und ihre unkonventionellen Geschäftsideen.

Amy Tan: *Himmelstöchter*. Bewegende Geschichten über vier chinesische Mütter und ihre Töchter, die in Amerika fern der Heimat aufwachsen; scharfsichtig und brillant erzählt.

Zhang Xianliang: *Gewohnt zu Sterben*. Bericht über die 22 Jahre, die der Autor in maoistischen Arbeitslagern verbrachte – entstanden auf der Grundlage von Tagebucheinträgen, die er heimlich aufzeichnete.

* **Lu Xun**: *Die wahre Geschichte des Ah Q*. Der in China viel gelesene Lu Xun gilt als Vater der modernen chinesischen Literatur. *Ah Q* gehört zu seinen besten Erzählungen – der knappe, allegorische und zynische Text erzählt von einem Einfaltspinsel, der in der Revolution von 1911 untergeht. Sein *Tagebuch eines Verrückten* entstand 1918 nach einer Vorlage Gogols. Diese Kurzgeschichte westlichen Stils war die erste ihrer Art, die in Chinesisch verfasst wurde. Sie prangert als beißende Satire die konfuzianische Gesellschaft an. Außerdem erschien in dem Beijinger FLP-Verlag *Auf der Suche* (darin die Erzählung *Das Neujahrsopfer*).

Mo Yan: *Die Knoblauchrevolte*. Eine in China verbotene, weil schonungslose Erzählung über das ländliche Leben, aus der Feder eines der bedeutendsten modernen chinesischen Schriftsteller.

Chen Yuanbin: *Die Geschichte der Qiuju*. Sammlung von vier Kurzgeschichten, deren Titelgeschichte von einer Bauersfrau handelt, die um Gerechtigkeit kämpft, nachdem ihr Mann beim Dorfoberhaupt in Ungnade gefallen ist. Verfilmung durch den preisgekrönten Meisterregisseur Zhang Yimou.

Klassische Werke

Asiapac-Serie (Asiapac Books, Singapur). Chinesische Klassiker und Volkserzählungen im Cartoon-Format. Zu den englischsprachigen Titeln gehören unter anderem *Journey to the West*, *Tales of Laozhai* und *Chinese Eunuchs*.

Cyril Birch (Hrsg.): *Anthology of Chinese Literature from Earliest Times to the Fourteenth Century*. Die Anthologie überspannt 3000 Jahre der Poesie, Philosophie, Dramenliteratur, Biografie und Romanliteratur und bietet zudem interessante Übersetzungsvergleiche an.

* **Wu Cheng'en**: *Die Reise nach dem Westen* (Kurzfassung *Der rebellische Affe*). Absurde und lebendige Erzählung über die Pilgerfahrt des berühmten Mönches Xuan Zang nach Indien, von wo er die heiligen buddhistischen Schriften mitbrachte; zu seinen Gehilfen zählen der unverwüstliche Affenkönig Sun Wukong und das Schwein Zhu Bajie.

* **Luo Guanzhong**: *Die drei Reiche*. Obwohl das Werk erst 1200 Jahre nach der Zeit entstand, die es schildert, erzählt es in mitreißender Weise von den Schlachten, politischen Intrigen und Mythen aus der Zeit der Drei Reiche. Eines der großen historischen Werke der Weltliteratur.

Shi Nai'an und Luo Guanzhong: *Die Räuber vom Liangshan-Moor.* Die Legende einer an Robin Hood erinnernden Bande von Verfemten, die sich in feudalen Zeiten gegen die Regierung auflehnt. Wer sich nicht durch das gesamte dreibändige Werk arbeiten will, findet eine kürzere (doch immer noch umfangreiche) Fassung in Pearl S. Bucks *Alle Menschen sind Brüder.*

Cao Xueqing und Gao E: *Der Traum der Roten Kammer.* Klassiker aus dem 18. Jahrhundert über den Verfall und Untergang einer großen chinesischen Adelsfamilie. Vielschichtig werden Liebe und Leidenschaft, aber auch Abgründe der damaligen Gesellschaft geschildert.

Sprache

Edith W. Lewald: *Nicht überall schreibt man ABC. Die Bedeutung chinesischer und japanischer Schriftzeichen.* Ein praktischer Überblick.

Kleiner Sprachführer

Über Chinesisch kann man unmöglich hinwegsehen, schließlich ist es die am **weitesten verbreitete Sprache** der Welt. Streng genommen ist Chinesisch ein Oberbegriff für die verschiedenen **Dialekte** der ethnischen Hauptgruppe der Han-Chinesen, und deshalb lautet auch die gängigste Bezeichnung, mit der die Chinesen selbst ihre Sprache benennen, **hanyu**: die Sprache der Han. Andere häufige Bezeichnungen für diese Sprache sind *zhongyu, zhongwen* und *zhongguohua*. Manche ethnische Gruppen innerhalb Chinas, beispielsweise die Uiguren und Tibeter, sprechen Sprachen, die wenig oder überhaupt nichts mit dem Chinesischen zu tun haben.

Schon für sich alleine genommen bieten die Dialekte des *hanyu* Stoff für eine komplizierte Sprachgeschichte. Da zahlreiche Dialekte im direkten Vergleich kaum größere Gemeinsamkeiten aufweisen als beispielsweise Englisch und Deutsch, können sich Chinesen aus unterschiedlichen Regionen des Landes untereinander oft kaum verstehen. Die bekanntesten und eigentümlichsten Dialekte sind in den Küstengebieten verbreitet: Die **Shanghai-Sprache** *(shanghai hua)*, die **Fujian-Sprache** *(minnan hua)* sowie **Kantonesisch** *(guangdong hua* oder *yueyu)* – doch selbst in ihren jeweiligen Verbreitungsgebieten haben diese Dialekte beträchtliche lokale Ausprägungen erfahren. Kantonesisch und die Fujian-Sprache sind weltweit verbreitet, denn sie werden weitgehend in Hongkong und von den Gemeinschaften der Überseechinesen – besonders in Südostasien – gesprochen.

Die gemeinsame Kommunikationssprache für Chinesen aus verschiedenen Landesteilen ist **Mandarin-Chinesisch**. Historisch auf der Han-Amtssprache der Region Beijing basierend (etwa in derselben Form, wie das moderne Französisch auf dem Dialekt von Paris), wurde das Mandarin im vergangenen Jahrhundert systematisch zur offiziellen Landessprache entwickelt, um zu einem einenden Band für das chinesische Volk zu werden. Auf dem chinesischen Festland heißt die Sprache *putonghua* (Allgemeinsprache), während sie in Taiwan und in abgelegenen Landesteilen *guoyu* (Nationalsprache) genannt wird. Die breite Mehrheit der Han-chinesischen Bevölkerung ist heute in größerem oder geringerem Maße des Mandarins mächtig, da es als Schul-, Amts- und Mediensprache fungiert. Auch viele Angehörige anderer chinesischer Ethnien verstehen Mandarin, doch diese Verallgemeinerung findet in zweierlei Hinsicht Einschränkungen: Erstens ist Mandarin vorwiegend unter den Jugendlichen, Gebildeten und Stadtbewohnern verbreitet, und zweitens haben viele, die Mandarin passiv verstehen, Schwierigkeiten mit seiner aktiven Anwendung. Zum Beispiel ist die Wahrscheinlichkeit, dass ein tibetischer Bauer Mandarin spricht, äußerst gering. Auch in Hongkong und Macau war Mandarin bis in die jüngste Vergangenheit kaum verbreitet, doch inzwischen hat die Sprache auch dort Fuß gefasst.

Zu den Bindegliedern der verschiedenen Dialekte gehört in erster Linie die chinesische **Schrift**. Gleichgültig wie verschiedenartig zwei Dialekte auch immer sein mögen – sobald die Sätze in chinesischen Schriftzeichen niedergeschrieben werden, wird ihr Inhalt klar, denn alle Dialekte verwenden dasselbe Schriftsystem. Beispielsweise wird ein kantonesischer Satz, der neben einen Mandarin-Satz desselben Inhalts geschrieben wird, abgesehen von manchen eigentümlichen Wörtern oder Satzstrukturen überwiegend so aussehen wie jener – werden beide Sätze jedoch vorgelesen, weichen die Ergebnisse stark voneinander ab, da dieselben Schriftzeichen in unterschiedlichen Dialekten verschiedenartig ausgesprochen werden. Einige ethnische Minderheiten verfügen über eigene Schriftsysteme, doch die Chinesen assoziieren das geschriebene chinesische Wort untrennbar mit dem Mandarin.

Ausländer haben mit einem anderen typischen Merkmal des Chinesischen Schwierigkeiten: Chinesisch ist eine **tonale Sprache** – ein Phänomen, das in westlichen Sprachen unbekannt ist. Um ein Wort richtig aussprechen zu können, muss man nicht nur seine phonetische Zusammensetzung, sondern auch seine korrekte Tonhöhe kennen. Auch wenn es auf den ersten Blick so scheint, ist es doch nicht allzu schwierig, einige einfache chinesische Wörter und Redewendungen zu erlernen, die Beherrschung nur weniger elementarer Ausdrucksweisen kann sogar den Unterschied zwischen einer erfolgreichen Reise und einem Albtraum ausmachen.

Da die Aussprache von Silben – jedes chinesische Schriftzeichen entspricht einer Silbe – in verschiedenen Tonhöhen zu unterschiedlichen Bedeutungen führt, ist die korrekte **Betonung** im Chinesischen außerordentlich wichtig, für Ausländer, die Chinesisch lernen wollen, ist die Beherrschung des phonetischen Pinyin-Systems sehr hilfreich. Dies ist ein nach Lauten geordnetes Transkriptionssystem für chinesische Schriftzeichen in lateinische Buchstaben mit zusätzlichen Zeichen für die Tonhöhe, s.S. 642.

Im Buchsortiment der *Freundschaftsläden* in größeren Städten oder in gut bestückten fremdsprachlichen Abteilungen der Buchhandlung *Xinhua Shudian* werden auch **Lernmittel** für Chinesisch in deutscher Sprache angeboten, zum Beispiel ein *Grundkurs der chinesischen Sprache* in vier Bänden, inklusive Lernkarten mit Schriftzeichen. Bequemes Taschenformat hat *Langenscheidts Sprachführer Chinesisch*, den man sich allerdings bereits zuhause besorgen sollte. Gut sortierte Buchhandlungen in Deutschland, Österreich und der Schweiz halten diverse Lehrbücher bereit. In China selbst werden zahlreiche englischsprachige Sprechhilfen und Lehrbücher für Chinesisch angeboten, die sich zur spontanen Anwendung oder zum weiterführenden Selbststudium eignen. Der englischsprachige Rough Guide *Mandarin Chinese Dictionary Phrasebook* listet Wörter und Sätze für unterwegs auf, sowohl in Pinyin als auch in Schriftzeichen. In chinesischen Buchläden steht eine breite Auswahl an preiswerten allgemein- und fachsprachlichen Wörterbüchern bereit.

Chinesische Schriftzeichen

Chinesische Schriftzeichen sind vereinfachte **Abbilder** ihrer Inhalte, und ihre Ursprünge als Piktogramme sind in vielen Fällen heute noch nachvollziehbar, selbst wenn sie im Laufe der Zeit stark abstrahiert wurden. Die frühesten bekannten Beispiele der chinesischen Schrift gehen auf rituelle Weissagungen zurück: Schriftzeichen wurden vor über 3000 Jahren in Orakelknochen geritzt, doch sie müssen schon lange vorher in Gebrauch gewesen sein, da diese Inschriften auf ein hochgradig komplexes Schriftsystem hinweisen. Da den Schriftzeichen inhaltliche Bedeutung und nicht phonetische Laute zu Grunde liegen, hilft das geschriebene Chinesisch innerhalb dieses Landes, das zahlreiche stark voneinander abweichende Sprachen und Dialekte aufweist, über das Problem der mündlichen Verständigung hinweg. Es ist jedoch sehr schwer, dieses Schriftsystem zu erlernen.

Die Zahl der chinesischen Schriftzeichen geht in die Zehntausende. In Gebrauch sind sie mindestens seit der Shang-Dynastie (1600–1100 v. Chr.), doch zum allergrößten Teil sind sie hinfällig – man muss etwa 2500 Schriftzeichen beherrschen, um eine einfache Tageszeitung lesen zu können, und selbst gebildete Chinesen beherrschen nur in Ausnahmefällen mehr als 10 000 Zeichen. In ihrem Ursprung kann man die Schriftzeichen mit **Piktogrammen** vergleichen. Jedes Zeichen ist auf eine bestimmte Bedeutung oder einen Inhalt ausgerichtet, nicht aber auf die jeweilige Aussprache. Dies ist in etwa mit unseren westlichen Ziffern zu vergleichen: Nichts im Zeichen „2" gibt eine bindende Richtlinie für die Aussprache; wer das Symbol kennt, weiß was es bedeutet, gleichgültig ob er es deutsch als „zwei", englisch als „two" oder französisch als „deux" liest. Im Chinesischen ist es in derselben Weise erforderlich, die individuellen Schriftzeichen zusammen mit der Aussprache und der entsprechenden Bedeutung zu erlernen. Die Aussprache der Schriftzeichen variiert von Region zu Region zum Teil beträchtlich, doch ihre Bedeutungen sind stets dieselben. Mit dem geschriebenen Wort lassen sich deshalb die Aussprachebarrieren überwinden.

Obwohl viele chinesische Schriftzeichen auf ungeübte Augen ungeheuer kompliziert wirken, besitzen sie eine logische Struktur. Jedes Schriftzeichen besteht aus einer exakten Anzahl von (Pinsel- oder Bleistift-) **Strichen**, die in einer vorgegebenen Reihenfolge gezogen werden. Zum Beispiel besteht das Schriftzeichen für „Mund", das wie ein Viereck aussieht, aus insgesamt drei Strichen: Zuerst wird die linke Seite von oben nach unten gezogen, dann die obere und rechte Seite in einem einzigen Zug von links oben nach rechts unten und zuletzt die untere Seite, das „Viereck" von links nach rechts schließend. Zweitens bestehen die meisten Schriftzeichen aus zwei Komponenten (die unter Umständen auch eigenständige Schriftzeichen ohne Beistriche sein können): Aus einem **bestimmenden Teil**, dem so genannten Klassenzeichen oder Radikal, sowie einem **regierten Teil**, der aus einer bestimmten Anzahl von Strichen besteht und mitunter bereits einen Hinweis auf die Aussprache gibt. Klassenzeichen weisen oft schon auf die Kategorie hin, der die jeweiligen Zeichen angehören. Zum Beispiel haben „wässrig", „Träne", „Alkohol" und „Meeresbucht" allesamt das Klassenzeichen für „Wasser" (Flüssigkeit), während der bestimmende Teil für „essen", „küssen", „pusten" und „spucken" der Mund ist. Klassenzeichen bilden häufig, jedoch bei weitem nicht immer, den linken Teil des Schriftzeichens. So besteht das Zeichen für „Mama" aus dem Schriftzeichen für „Pferd" (wegen der ähnlichen Aussprache beider Wörter), dem links das Schriftzeichen für „weiblich" vorangestellt wird. In einigen Fällen ist die Beziehung zwischen Piktogramm und Bedeutungsebene leicht nachzuvollziehen. Beispielsweise ähnelt das Klassenzeichen *mu* für „Holz" einem Baum. Andere Klassenzeichen erfordern größere Phantasie, während manche wiederum so abstrakt und komplex sind, dass ihre ursprüngliche Bedeutung im Verborgenen liegt.

Klassische und vereinfachte Schriftzeichen

Viel Zeit und Geduld sind erforderlich, um die chinesischen Schriftzeichen zu erlernen. Da sich die vielen Schwierigkeiten, die damit verbunden sind, negativ auf das allgemeine Schreib- und Leseverständnis in China ausgewirkt haben, verabschiedete die Regierung im Jahre 1954 eine **Reform zur Vereinfachung** von mehr als tausend der gebräuchlichsten Schriftzeichen. Weil die vereinfachten Zeichen eine geringere Strichzahl als die klassischen Zeichen aufweisen, ging man davon aus, dass sie leichter zu erlernen und schneller zu schreiben seien. Die drastische Maßnahme blieb nicht ohne Widerspruch. Die Reformgegner argumentierten, dass Eingriffe in die ursprüngliche Struktur der Schriftzeichen lebendige Hinweise auf ihre Bedeutung und Aussprache zerstören würden, sodass sie ganz im Gegenteil schwieriger zu erlernen und zu memorieren seien. Die vereinfachten Schriftzeichen wurden zunächst nicht nur in der Volksrepublik, sondern auch in Singapur angenommen, doch Hongkong, Taiwan und die meisten Gemeinschaften der Überseechinesen halten bis heute an den alten, traditionellen Zeichen fest.

Paradoxerweise erleben viele traditionelle Schriftzeichen gegenwärtig auch auf dem chinesischen Festland ein Comeback: Es ist modern, durch ihre Anwendung die eigene Bildung herauszukehren. Obwohl die Aussprache und Bedeutung identisch sind, unterscheiden sich zahlreiche traditionelle Schriftzeichen beträchtlich von den vereinfachten Zeichen, die in diesem Buch benutzt werden.

Grammatik

Die chinesische Grammatik ist relativ einfach. Es ist nicht nötig, Substantive zu deklinieren, Verben zu konjugieren oder Steigerungsformen für Adjektive auswendig zu lernen. Da chinesische Wörter an die unveränderlichen chinesischen Schriftzeichen gebunden sind, können sie keine unterschiedlichen „Endungen" haben. Stattdessen werden Numerus, Tempus und Genus, die in den indo-europäischen Sprachen an grammatische Regeln gebunden sind, durch den **Kontext** und die **Wortstellung** im Satz verdeutlicht. Statt umständlicher Tempora verwendet das Chinesische lediglich Wörter wie „gestern" oder „morgen", um die Zeitlichkeit zu verdeutlichen, und statt Wortendungen geben bestimmte oder unbestimmte Zahlwörter Aufschluss über Singular oder Plural.

Die **Wortbildung** wird von der Tatsache beeinflusst, dass sich die Bedeutungsspanne vieler chinesischer Schriftzeichen im Laufe der Zeit ausgeweitet hat. Beispielsweise kann ein einziges Schriftzeichen, das im Mandarin die Aussprache *ju* im dritten Ton hat, ein Verb mit den Bedeutungen „heben", „sich erheben", „anführen" oder „jemanden zu etwas wählen", ein Substantiv mit der Bedeutung „Tat, Aktion" oder ein Adjektiv mit der Bedeutung „vollständig" sein. Sehr blass mag die ursprünglich zugrunde liegende Bedeutung von *ju* noch durchschimmern, doch um in der praktischen Anwendung für Klarheit zu sorgen, werden die meisten Begriffe heute nicht mit einem einzigen, sondern überwiegend mit zwei (und mitunter mehr) Schriftzeichen ausgedrückt. Im Falle des oben genannten Beispiels *ju* schafft die Hinzufügung des Schriftzeichens *shi* für „Welt" die Kombination *jushi* mit der Bedeutung „weltweit, universell", die Hinzufügung des Schriftzeichens *mu* für „Auge" die Kombination *jumu* mit der Bedeutung „die Augen erheben, aufblicken".

Der chinesische **Satzbau** entspricht der auch im Deutschen vorgegebenen Folge Subjekt–Prädikat–Objekt. Wer sich etwas näher mit der Sprache befasst, wird merken, dass er durch einfache Aneinanderfügung von Wörtern recht zufriedenstellende Grammatikmuster bildet. Adjektive und nähere Bestimmungen stehen vor den Substantiven.

Aussprache und Pinyin

Nachdem die politische Führung in den 50er Jahren das Ziel formulierte, die chinesischen Schriftzeichen durch ein reguläres Alphabet aus lateinischen Buchstaben zu ersetzen, wurde das Transkriptionssystem Pinyin entwickelt, das die Aussprache des Mandarin auf der Grundlage des lateinischen Alphabets (ohne den Buchstaben „v") erfasst und die vier **Tonhöhen** über den jeweiligen Silben durch ein klar definiertes Zeichen kenntlich macht. Andere chinesische Sprachen oder Dialekte wie etwa das Kantonesische, das sogar neun Tonhöhen hat, können nicht in Pinyin umschrieben werden.

Das Ziel, die chinesischen Schriftzeichen durch die Pinyin-Umschrift zu ersetzen, ist längst aufgegeben worden, doch immerhin hat sich Pinyin als ein wichtiges Hilfsmittel für Ausländer, die Chinesisch lernen wollen, erwiesen. Da im Pinyin jedoch nicht alle Buchstaben dieselbe phonetische Aussprache wie im Westen haben, sind ein bis zwei Stunden zum Erlernen der korrekten Akzentuierung erforderlich. Inzwischen sieht man die Pinyin-Schreibweise überall in China – auf Straßenschildern, über Geschäften, in Hotels usw. –, doch nur gebildete Einheimische können sie lesen. Das bekannteste unter mehreren anderen Transkriptionssystemen, das Mandarin in lateinische Buchstaben zu übertragen versucht, heißt **Wade-Giles**. Dieses System schreibt zum Beispiel „Mao Zedong" als „Mao Tse-tung" und „Deng Xiaoping" als „Teng Hsiao-p'ing". Dieses ältere System findet in der Volksrepublik keine Anwendung mehr, doch liest man es noch in zahlreichen westlichen Büchern über China und in taiwanischen Publikationen.

Chinesische Begriffe sind in diesem Buch sowohl in vereinfachten Schriftzeichen als auch in Pinyin verzeichnet. Das Erlernen der folgenden Aussprachehinweise ist der erste Schritt, um sich in China verständlich zu machen. Es ist vor allem anfangs nicht leicht, die richtigen Tonhöhen zu treffen, doch da man seine ausländische Identität nicht verbergen kann, werden intelligente Zuhörer mit etwas gutem Willen auch bei falschen Tönen heraushören, was man sagen will. Wer jedoch nur ein einziges Wort ohne weiteren Kontext in den Raum stellt (zum Beispiel einen Ortsnamen), muss unbedingt die richtige Tonhöhe treffen, denn sonst wird niemand verstehen, was gemeint ist.

Die Tonhöhen

Das Mandarin-Chinesische hat vier verschiedene Tonhöhen. Jeder einzelnen Silbe eines Wortes ist eine dieser Tonhöhen zugeordnet, außerdem bleiben manche Silben tonlos. Dieser Schwerpunkt auf Tonhöhen macht das Chinesische jedoch keineswegs zu einer besonders musikalischen Sprache. Auch in der deutschen Sprache sind diese Töne enthalten (und darüber hinaus noch andere). Der Unterschied besteht darin, dass im Deutschen solche Töne gefühlsmäßig zum Ausdruck kommen, und zwar bei Ausrufen, Fragen, Aufzählungen, Rügen usw.; doch während die Tonhöhe im Deutschen die Stimmung oder den Nachdruck verdeutlicht, verändert sie im Chinesischen das Wort selbst.

Erster Ton

ā ē ī ō ū: Relativ hoher, fast ebener Tonhöhenverlauf, etwa wie in der langgezogenen Vokalfolge der Lautmalerei „**Pieee**p". – Mittlere Tondauer.

Zweiter Ton

á é í ó ú: Von der mittleren natürlichen Stimmlage her aufsteigender Tonhöhenverlauf, der im Deutschen etwa in folgender Situation erfolgt: Jemand steht suchend am Bücherregal und wird namentlich von jemandem gerufen; er dreht sich um und erwidert in ansteigendem Tonfall: „**Ja?**“ – Etwa 10% kürzere Tondauer als der erste Ton.

Dritter Ton
ă ĕ ĭ ŏ ŭ: Zunächst fallender und dann aufsteigender Tonfall, im Deutschen etwa in einer ungläubig-überraschten Erwiderung: „Stell dir vor, sie ist jetzt doch mit Peter zusammen!“ – „**Wa-as?**“ – Etwa 15–20% längere Tondauer als der erste Ton.

Vierter Ton
à è ì ò ù: Von der oberen natürlichen Stimmlage her schroff abfallend. In der Art eines Befehlstons oder einer brüsken Anrede: „**Eins! Zwei! Drei! Eins! Zwei! Drei!**“ oder „**Komm** jetzt!“ – Etwa 50% kürzer als der erste Ton.

Neutraler (stimmloser) Ton
Wenige Silben haben keine tonale Akzentuierung, etwa wie der Auslaut im Wort „Tomat**e**“. – Ein Ton mit äußerst geringer Intensität.

Hinweis: Haben zwei aufeinander folgende Silben den dritten Ton, so verschiebt sich die Aussprache der ersten dieser beiden Silben auf den zweiten Ton.

Konsonanten

Die meisten Konsonanten werden ähnlich ausgesprochen wie im Deutschen, doch es gibt einige Ausnahmen:

c Zischlaut wie in nach**ts**
g hart wie in **g**elb, bei voranstehendem „n“ wie in der Endung -u**ng**
h ch wie in Da**ch**
j wie in **J**azz
q wie ein aspiriertes **tj**a
r ähnlich wie im Englischen **r**iver
s stimmlos wie in da**ss**
x alveo-palater Reibelaut, ähnlich wie im leisen Zischlaut **hssst**!
y wie in **J**ahr
z wie **ds**, etwas stimmhafter als in Hun**ds**tage, ungefähr wie **Ds**ungarai
ch wie in **Tsch**echei
sh wie in **sch**ön
zh **dsch** wie in **Dsch**unke

Vokale und Diphthonge

Wie in den meisten Sprachen sind auch im Chinesischen die Vokale schwieriger zu definieren als die Konsonanten. Die folgenden Beispiele geben eine ungefähre Definition von Vokalen in Verbindung mit nachfolgenden Lauten:

a wie in d**a**
ai wie in K**ai**
ao wie in C**ow**boy
e zwischen L**e**ck und Sp**ö**tter
ei langes „e“ mit kurzem „i“-Nachklang
en wie in Zeich**en**
eng „e“ wie in bitt**e**, gefolgt vom Nasal **ng**
er „e“ wie in bitt**e**, gefolgt vom englischen „r“ wie in **r**iver
i gewöhnlich wie **I**gel, doch in den Verbindungen *zi, ci, si, ri, zhi, chi* und *shi* kurz und Richtung „e“ wie in bitt**e** gesprochen
ia wie in **Ya**k
ian zwischen Belg**ien** und **Jän**ner
ie wie im Englischen **ye**ah
o wie in **o**ffen, jedoch gedehnter
ong wie die Endung -**ung**
ou wie im Namen J**oe**
u wie in g**u**t, doch nach den Vokalen j, q, x und y wie in **ü**ber
ua wie in G**ua**temala
uai wie das Englische **why**
ue ähnlich wie **üe** mit betontem „ü“ und schwach ausklingendem „e“
ui wie in pf**ui**
uo wie im Englischen **wa**ll

Wörter und Phrasen

Im Gegensatz zur westlichen Reihenfolge steht im Chinesischen der **Familienname** vorne und der **Vorname** hinten. Mit nur wenigen Ausnahmen bestehen alle chinesischen Familiennamen aus einem einzigen Schriftzeichen, während die Vornamen entweder ein oder zwei Schriftzeichen lang sind. Ein Mann namens Zhang Dawei hat also den Familiennamen Zhang und den Vornamen Dawei.

Chinesen stellen sich entweder nur mit dem Familiennamen oder mit dem vollen Namen vor. In **formellen Situationen** werden die Anredeformen *xiansheng* (Herr), *taitai* (Frau) oder *xiaojie* (Fräulein) dem Familiennamen nachgestellt – *Zhang xiansheng* ist also Herr Zhang. Herr Zhang stellt Frau Zhang mit *wo de airen* (meine Ehefrau) vor. Im zwanglosen Umgang werden dem Familiennamen als vertrauliche Anredeformen die Begriffe *lao* (alt) oder *xiao* (jung) vorangestellt – es kann sich dabei ebenso sehr um eine altersbezogene wie um eine soziale Einstufung handeln. Herr Zhang wird von seinen Bekannten *Lao Zhang* oder *Xiao Zhang* genannt.

Nützliche Wörter und Redewendungen

Grundwortschatz

Ich	我	wǒ
Du	你	nǐ
Er	他	tā
Sie (Singular)	她	tā
Wir	我们	wǒmen
Ihr	你们	nǐmen
Sie (Plural)	他们	tāmen
Ich möchte ...	我要	wǒ yào...
Ich möchte ... nicht	我不要	wǒ bú yào...
Ist es möglich, zu ...	可不可以.....?	kěbùkěyǐ....?
Es ist (nicht) möglich	(不)可以	(bù) kěyǐ
Gibt es ...? / Haben Sie ...?	有没有.....?	yǒuméiyoǔ...?
Das gibt es. / Ich habe es.	有	yǒu
Das gibt es nicht. / Ich habe es nicht.	没有	méiyǒu
Bitte helfen Sie mir.	请帮我忙	qǐng bāng wǒ máng
Herr	.....先生	xiānsheng
Frau	.....太太	tàitai
Fräulein (im Restaurant auch: weibliche Bedienung)	.....小姐	xiǎojie

Kommunikation

Ich spreche kein Chinesisch.	我不会说中文	wǒ bú huì shuō zhōngwén
Mein Chinesisch ist sehr schlecht.	我的中文很差	wǒ de zhōngwén hěn chà
Sprechen Sie Englisch?	你会说英语吗?	nǐ huì shuō yīngyǔ ma?
Können Sie jmd. finden, der Englisch spricht?	请给我找一个会说英语的人	qǐng gěi wǒ zhǎo yí ge huì shuō yīngyǔ de rén
Bitte sprechen Sie langsam.	请说地慢一点	qǐng shuōde màn yīdiǎn
Bitte sagen Sie das noch einmal.	请再说一遍	qǐng zài shuō yí biàn
Ich verstehe.	我听得懂	wǒ tīngdedǒng
Ich verstehe nicht.	我听不懂	wǒ tīngbudǒng
Ich kann keine Schriftzeichen lesen.	我看不懂汉字	wǒ kànbudǒng hànzì

Was bedeutet das?	这是什么意思?	zhè shì shénme yìsi?
Wie spricht man dieses Schriftzeichen aus?	这个字怎么念?	zhè ge zì zěnme niàn?

Gruß und Höflichkeitsfloskeln

Hallo. / Wie geht es Ihnen?	你好	nǐ hǎo
Es geht mir gut.	我很好	wǒ hěn hǎo
Danke schön.	谢谢	xièxie
Gern geschehen. / Nicht der Rede wert.	不客气	bù kèqi
Entschuldigen Sie die Störung.	麻烦你	máfan nǐ
Verzeihung. / Pardon. / Sorry.	对不起	duìbùqǐ
Macht nichts. / Kein Problem.	没关系	méi guānxi
Auf Wiedersehen.	再见	zàijiàn

Redewendungen

Aus welchem Land kommen Sie?	你是哪个国家的?	nǐ shì nǎ ge guójiā de?
England	英国	yīngguó
Irland	爱尔兰	ài'érlán
Amerika	美国	měiguó
Kanada	加拿大	jiānádà
Australien	澳大利亚	àodàlìyà
Neuseeland	新西兰	xīnxīlán
China	中国	zhōngguó
Ausland	外国	wàiguó
Deutschland	德国	déguó
Österreich	奥地	aòdìlì
Schweiz	瑞士	ruìshì
Wie heißen Sie?	你叫什么名字?	nǐ jiào shénme míngzi?
Ich heiße ...	我叫....	wǒ jiào...
Sind Sie verheiratet?	你结婚了吗?	nǐ jiéhūn le ma?
Ich bin (nicht) verheiratet.	我(没有)结婚(了)	wǒ (méiyoǔ) jiéhūn (le)
Haben Sie Kinder?	你有没有孩子?	nǐ yǒu méiyǒu háizi?
Mögen Sie ...?	你喜不喜欢.....?	nǐ xǐ bù xǐhuan....?
Ich mag (nicht) ...	我(不)喜欢....	wǒ (bù) xǐhuan...
Welchen Beruf üben Sie aus?	你干什么工作?	nǐ gàn shénme gōngzuò?
Ich bin ein ausländischer Student.	我是留学生	wǒ shì liúxuéshēng
Ich bin Lehrer.	我是老师	wǒ shì lǎoshī
Ich arbeite für ein Unternehmen.	我在一个公司工作	wǒ zài yí ge gōngsī gōngzuò
Ich arbeite nicht.	我不工作	wǒ bù gōngzuò
Sauber / schmutzig	干净/脏	gānjìng/zāng
Heiß / kalt	热/冷	rè/lěng
Schnell / langsam	快/慢	kuài/màn
Schön	漂亮	piàoliang
Interessant	有意思	yǒu yìsi

ANHANG

Zahlen

Null	零	líng
Eins	一	yī
Zwei*	二/两	èr/liǎng*
Drei	三	sān
Vier	四	sì
Fünf	五	wǔ
Sechs	六	liù
Sieben	七	qī
Acht	八	bā
Neun	九	jiǔ
Zehn	十	shí
Elf	十一	shíyī
Zwölf	十二	shíèr
Zwanzig	二十	èrshí
Einundzwanzig	二十一	èrshíyī
Hundert	一百	yībǎi
Zweihundert	二百	èrbǎi
Tausend	一千	yīqiān
Zehntausend	一万	yīwàn
Hunderttausend	十万	shíwàn
Eine Million	一百万	yībǎiwàn
Hundert Millionen	一亿	yīyì
Eine Milliarde	十亿	shíyì

* „liǎng“ wird bei Aufzählungen verwendet (zum Beispiel: „zwei Menschen“ = liǎng ge rén); „èr“ wird beim Zählen verwendet.

Zeit

Jetzt	现在	xiànzài
Heute	今天	jīntiān
Vormittag, vormittags	早上	zǎoshang
Nachmittag, nachmittags	下午	xiàwǔ
Abend, abends	晚上	wǎnshang
Morgen	明天	míngtiān
Übermorgen	后天	hòutiān
Gestern	昨天	zuótiān
Woche / Monat / Jahr	星期/月/年	xīngqī/yuè/nián
Montag	星期一	xīngqī yī
Dienstag	星期二	xīngqī èr
Mittwoch	星期三	xīngqī sān
Donnerstag	星期四	xīngqī sì
Freitag	星期五	xīngqī wǔ
Samstag	星期六	xīngqī liù
Sonntag	星期天	xīngqī tiān
Wieviel Uhr ist es?	几点了?	jǐdiǎn le?
10 Uhr	十点钟	shídiǎn zhōng
10.20 Uhr	十点二十	shídiǎn èrshí
10.30 Uhr	十点半	shídiǎn bàn

Reisen und Orientierung

Norden	北	běi
Süden	南	nán
Osten	东	dōng
Westen	西	xī
Flughafen	机场	jīchǎng
Fähranlegestelle	船码头	chuán mǎtóu
Gepäckaufbewahrung	寄存处	jìcún chù
Ticketbüro	售票处	shòupiào chù
Ticket	票	piào
Können Sie mir ein Ticket nach ... kaufen?	可不可以给我买到.....的票?	kěbùkěyǐ gěi wǒ mǎi dào… de piào?
Ich möchte nach ...	我想到.....去	wǒ xiǎng dào … qù
Ich möchte (um 8 Uhr) abfahren.	我想(八点钟)离开	wǒ xiǎng (bā diǎn zhōng) líkāi
Wann ist die Abfahrtszeit?	什么时候出发?	shénme shíhou chūfā?
Wann ist die Ankunftszeit?	什么时候到?	shénme shíhou dào?
Wie lange dauert die Fahrt?	路上得多长时间?	lùshang děi duōcháng shíjiān?
CAAC, Chinesische Zivilluftfahrt-gesellschaft	中国民航	zhōngguó mínháng
CITS, Staatliches chinesisches Tourismusbüro	中国国际旅行社	zhōngguó guójì lǚxíngshè
Zug	火车	huǒchē
(Haupt-) Bahnhof	主要火车站	(zhǔyào) huǒchēzhàn
Bus	公共汽车	gōnggòng qìchē
Busbahnhof	汽车站	qìchēzhàn
Überland-Busbahnhof	长途汽车站	chángtú qìchēzhàn
Hartsitzklasse	硬座	yìngzuò
Weichsitzklasse	软座	ruǎnzuò
Hartbettenklasse	硬卧	yìngwò
Weichbettenklasse	软卧	ruǎnwò
Weichsitzklasse-Wartesaal	软卧候车室	ruánzuò hòuchēshì
(Höherklassige) Fahrkarte nachlösen	补票	bǔpiào
Bahnsteig	站台	zhàntái
Expresszug / -bus	特快车	tèkuài chē
Schnellzug / -bus	快车	kuài chē
Normalzug / -bus	普通车	pǔtōng chē
Minibus	小车	xiǎo chē

Orientierung in der Stadt

Landkarte, Stadtplan	地图	dìtú
Wo ist ...?	......在哪里?	…zài nǎlǐ?
Geradeaus gehen	往前走	wàng qián zǒu
Nach rechts abbiegen	往右拐	wàng yòu guǎi
Nach links abbiegen	往左拐	wàng zuǒ guǎi
Taxi	出租车	chūzū chē
Bitte schalten Sie das Taxameter ein.	请打开记价器	qǐng dǎkāi jìjiàqì
U-Bahn-Station	地铁站	dìtiě zhàn

Rikscha	三轮车	sānlúnchē
Fahrrad	自行车	zìxíngchē
Ich möchte ein Fahrrad mieten.	我想租自行车	wǒ xiǎng zū zìxíngchē
Was kostet es für eine Stunde?	一个小时得多少钱?	yí gè xiǎoshí děi duōshǎo qián?
Kann ich Ihr Fahrrad ausleihen?	能不能借你的自行车?	néng bùnéng jiè nǐ de zìxíngchē?
Bus	公共汽车	gōnggòng qìchē
Welche Buslinie fährt nach ...?	几路车到......去?	jǐ lù chē dào … qù?
Bus Nr. (10)	(十)路车	(shí) lù chē
Fährt dieser Bus nach ...?	这车到......去吗?	zhè chē dào … qù ma?
Wann fährt der nächste Bus?	下一班车几点开?	xià yì bān chē jǐ diǎn kāi?
Der erste Bus	头班车	tóubānchē
Der letzte Bus	末班车	mòbānchē
Bitte sagen Sie mir, wo ich aussteigen muss.	请告诉我在哪里下车	qǐng gàosu wǒ zài nǎlǐ xià chē
Museum	博物馆	bówùguǎn
Tempel	寺院	sìyuàn
Herrentoilette	男厕所	nán cèsuǒ
Damentoilette	女厕所	nǚ cèsuǒ

Unterkunft

Hotel (gehobene Kategorie)	宾馆	bīnguǎn
Gästehaus	招待所，旅馆	zhāodàisuǒ, lǚguǎn
Hostel / Herberge	旅社	lǚshè
Gästehaus für Ausländer (an Universitäten)	外国专家楼	wàiguó zhuānjiā loú
Bekomme ich bei Ihnen eine Unterkunft?	能不能住在这里?	néng bù néng zhù zài zhèlǐ?
Kann ich das Zimmer sehen?	能不能看一下房间 ?	néng bù néng kàn yíxià fángjiān?
Ich möchte das preiswerteste Bett haben.	我要你最便宜的床位	wǒ yào nǐ zuì piányi de chuángwèi
Einzelzimmer	单人间	dānrénjiān
Doppelzimmer	双人间	shuāngrénjiān
Drei-Bett-Zimmer	三人间	sānrénjiān
Schlafsaal, Dorm	多人间	duōrénjiān
Suite	套房间	tàofángjiān
Bett	床位	chuángwèi
Pass, Ausweis	护照	hùzhào
Kaution	押金	yājīn
Schlüssel	钥匙	yàoshi
Wann gibt es heißes Wasser?	什么时候有热水?	shénme shíhou yǒu rèshuǐ?
Ich möchte das Zimmer wechseln.	我想换一个房间	wǒ xiǎng huàn yí ge fángjiān

Einkaufen, Geld und Visaverlängerung

Wie viel kostet dies?	这是多少钱?	zhè shì duōshǎo qián?
Das ist zu teuer.	太贵了	tài guì le
Ich habe kein Bargeld.	我没有现金	wǒ méiyǒu xiànjīn

Haben Sie etwas Billigeres?	有没有便宜一点的?	yǒu méiyǒu píanyi yīdiǎn de?
Akzeptieren Sie Kreditkarten?	可不可以用信用卡?	kě bù kěyí yòng xìnyòngkǎ?
Kaufhaus	百货商店	bǎihuò shāngdiàn
Markt	市场	shìchǎng
1 Kuai / 1 Yuan (Renminbi)	一块(人民币)	yí kuài (rénmínbì)
1 US$ (US-Dollar)	一块美金	yí kuài měijīn
1 (britisches) Pfund	一个英磅	yí gè yīngbàng
1 HK$ (Hongkong-Dollar)	一块港币	yí kuài gǎngbì
1 Euro	一欧元	yī ōuyuán
Geld wechseln	换钱	huàn qián
Bank of China	中国银行	zhōngguó yínháng
Travellers Cheques	旅行支票	lǚxíng zhīpiào
Amt für öffentliche Sicherheit (PSB)	公安局	gōng'ān jú

Post und Telefon

Postamt	邮电局	yóudiànjú
Briefumschlag	信封	xìnfēng
Briefmarke	邮票	yóupiào
Luftpostbrief	航空信	hángkōngxìn
Normalbrief	平信	píngxìn
Poste-Restante-Schalter (postlagernd)	邮件侯领处	yóujiàn hòulǐngchù
Telefon	电话	diànhuà
Internationales Telefongespräch	国际电话	guójì diànhuà
R-Gespräch	对方付钱电话	duìfāng fùqián diànhuà
Fax	传真	chuánzhēn
Telefonkarte	电话卡	diànhuàkǎ
Ich möchte nach (Deutschland/Österreich/Schweiz) telefonieren.	我想给 (德国，奥地利，瑞士) 打电话。	wǒ xiǎng gěi (déguó/aòdìlì/ruìshì) dǎ diànhuà
Ich möchte ein Fax nach (Deutschland) schicken.	我想给(德国)发一个传真。	wǒ xiǎng gěi (déguó) fā yī gè chuánzhēn
Kann ich hier ein Fax empfangen?	能不能在这里收传真?	néng bù néng zài zhèlǐ shōu chuánzhēn

Gesundheit

Krankenhaus	医院	yīyuàn
Apotheke	药店	yàodiàn
Medizin	药	yào
Chinesische Medizin	中药	zhōngyào
Durchfallerkrankung	腹泻	fùxiè
Erbrechen, sich übergeben	呕吐	ǒutù
Fieber	发烧	fāshāo
Ich bin krank.	我生病了	wǒ shēngbìng le
Ich habe eine Erkältung.	我感冒了	wǒ gǎnmào le
Ich habe eine (keine) Allergie gegen ...	我对.....(不)过敏	wǒ duì ... (bù) guòmǐn
Antibiotikum	抗生素	kàngshēngsù
Chinin	奎宁	kuíníng
Kondom	避孕套	bìyùntào
Moskito-Coil (Räucherspirale zur Vertreibung von Mücken)	蚊香	wénxiāng
Moskitonetz (-gewebe)	蚊帐纱	wénzhàng (shā)

Glossar

Adobe – Luftgetrocknete Lehmziegel.
Amt für öffentliche Sicherheit (PSB, Public Security Bureau) – Zweig des chinesischen Polizeiapparates, der unter anderem für Ausländerangelegenheiten zuständig ist.
Arhat – Buddhistischer Asket, Schüler Buddhas.
Bagua – Die acht Diagramme (Kombinationen aus jeweils drei durchgehenden und gebrochenen Linien, die Himmel, Erde, Donner, Wind, Wasser, Feuer, Berge und Seen symbolisieren).
Baozi – Gedämpfte Teigtaschen mit Fleisch-, Gemüse- oder süßer Füllung.
Bodhisattva – Heiliger, der das hohe Niveau des möglichen Einzugs ins Nirvana erreicht hat, diesen Weggang in den Zustand des völligen Losgelöstseins vom Leiden jedoch verschiebt, um den Menschen, die noch nicht zur Erleuchtung gefunden haben, den Weg dorthin zu weisen; Anhänger des Buddhismus; buddhistischer Gott oder buddhistische Göttin.
Boxer – Eine ausländerfeindliche Organisation (eine Bewegung aus mehreren Geheimgesellschaften), die 1898 in der Provinz Shandong entstand; mit Billigung der Qing-dynastischen Kaiserinwitwe Cixi zogen ihre Anhänger durch China und griffen verwestlichte Chinesen sowie Ausländer an, was 1900–1901 zum so genannten Boxeraufstand führte.
Buddha – Der „Erleuchtete"; Buddha kann werden, wer durch eigene Erkenntnis zur Erlösung gelangt, den Kreislauf des Leidens und der Wiedergeburt durchbrochen hat und damit ins Nirvana eingeht. Anders als die Bodhisattvas können Buddhas zwar die Lehre darlegen, aber keine direkte Erlösungshilfe leisten.
CITS – China International Travel Service; touristische Agentur, die sich hauptsächlich um Organisation und Verkauf von Reisen kümmert, hilft mitunter auch bei der Beschaffung von Zugtickets.
CTS – China Travel Service; touristische Agentur mit ähnlichem Engagement wie CITS.
Dagoba – Spezielle Form eines Stupa; beherbergt Reliquien und heilige Texte.
Dim Sum – Frühstücksbuffet der Provinz Guangdong, bei dem Kellner Snacks auf kleinen Wagen von Tisch zu Tisch fahren, sodass man sich die Mahlzeit individuell zusammenstellen kann und die abschließende Rechnung nach der auf dem Tisch stehenden Tellerzahl begleicht.
Dougong – Kompaktes geschnitztes Holzgebälk (Gruppe hölzerner Kapitelle); traditionelles Merkmal der chinesischen Tempelarchitektur.
Drachenauge – Frucht des Longanbaums (*Euphoria longana*).
Fen – Kleinste Einheit der chinesischen Währung; ein Yuan hat hundert Fen.
Fengshui – System der Geomantik, um beispielsweise den richtigen Ort für Bauwerke zu bestimmen.
Geisterwand – Mauer hinter dem Haupttor eines Hauses zur Abwehr böser Geister; diese können sich nach dem Volksglauben nur in gerader Linie bewegen.
Ginseng – Efeugewächs *(Panax ginseng)*, dessen Wurzel in China als Universalheilmittel betrachtet wird.
Go – Japanisches Brettspiel.
Grasland – Steppengebiete, die zu hoch gelegen und zu kalt sind, um andere Vegetationsformen als Grasland zuzulassen und sich deshalb landwirtschaftlich nur als Weidegebiete für Schafe oder anderes Vieh nutzen lassen; vor allem anzutreffen in der Inneren Mongolei, in Qinghai und Xinjiang.
Guanxi – Wörtlich „Beziehungen"; einer der bedeutsamsten Faktoren im gesellschaftlichen Zusammenleben in China; wichtig für den gegenseitigen Nutzen im Rahmen offizieller Ernennungen und Transaktionen, für den Erfolg und den reibungslosen Verlauf des individuellen Alltagslebens.
Guanyin – Die allgegenwärtige Göttin der Barmherzigkeit; beliebteste Gottheit in China, hervorgegangen aus dem männlichen Bodhisattva Avalokiteshvara und wie dieser ikonografisch oft mit „tausend" (= vielen) Armen dargestellt.
Gulou – Trommelturm; traditionell im Stadtzentrum unweit des Zhonglou (Glockenturmes) stehendes Gebäude, in dem bei Einbruch der Nacht und in Notfällen eine Trommel geschlagen wurde.
Guomindang (GMD) – Die nationalistische Partei Chiang Kaisheks, die sich im Jahre 1949 nach 25jährigem Kampf gegen die Kommunisten nach Taiwan zurückzog, wo sie bis heute eine wichtige politische Kraft ist.

Han-Chinesen – Bezeichnung für die ethnischen Chinesen in Abgrenzung zu anderen ethnischen Gruppen wie Uiguren, Miao, Hui, Tibeter usw.
Hui – Muslimische ethnische Minderheit, die vor allem in Gansu und Ningxia anzutreffen ist.
Hutong – Schmale Gasse oder Verbindungsgang.
Jiao (oder Mao) – Mittlere Einheit der chinesischen Währung; ein Yuan hat zehn Jiao, ein Jiao hat zehn Fen.
Jiaozi – Eine Art kleine gefüllte Maultaschen als Spezialität in Xi'an oder auch halbmondförmige Nudelteigtaschen mit Fleisch- oder Gemüsefüllung, die gebraten zum Frühstück serviert werden.
Jurte – Rundes Filzzelt von Nomaden, auch unter der Bezeichnung „Ger" bekannt.
Kang – Aus Ziegeln gemauerte Schlafbank in Nordchina, die von unten her erhitzt und von den Hausbewohnern tagsüber als Sitzplatz genutzt wird.
Kasachen – Eine überwiegend nomadisch lebende Minderheit in der Provinz Xinjiang.
Konzession – Stadtteil, der im 19. Jahrhundert an ausländische Mächte abgetreten war.
Kotau – Kniefall mit dreimaliger Stirnberührung des Bodens (vor dem Kaiser); Zeichen der absoluten Unterwerfung.
Kulturrevolution – Zeitraum von 1966–1976 (Höhepunkt 1966–69), der von Zerstörung der alten Kultur, von politischer Verfolgung und fanatischem Personenkult um Mao Zedong geprägt war.
Lamian – Gezogene Nudeln; eine muslimische Spezialität, die gewöhnlich in einer würzigen Suppe serviert wird.
Langer Marsch – Der 11 000 km lange taktische Rückzug der Kommunisten vor den Truppen der Guomindang in den Jahren 1934–1935 von ihrer Basis in der Jinggan-Bergkette bis nach Yan'an in der Provinz Shaanxi; zur Legende gewordenes Heldenepos der KPCh.
Li – Chinesisches Längenmaß (1 Li = 500 m).
Luohan – Buddhistischer Asket, Schüler Buddhas; häufig dargestellt in Form der 500 Luohan.
Mahjongg – Chinesisches Gesellschaftsspiel.
Maitreya – Buddha des künftigen Weltzeitalters; in China meist „Mile Fo" genannt.
Mandala – Kosmisches Diagramm des Vajrayana-Buddhismus mit zahlreichen Symbolen; dient als Meditationshilfe.
Mantou – Dampfbrötchen.
Maofibel (Kleines Rotes Buch) – Sammlung der *Zitate des Vorsitzenden Mao Zedong*, die 1966 als politisch-philosophische Fibel für die Roten Garden während der Kulturrevolution herausgegeben wurde.
Maotai – Berühmter Sorghum-Hirse-Schnaps Chinas.
Mile Fo – Buddha des künftigen Weltzeitalters; wird in China oft sitzend und dickbäuchig dargestellt.
Oolong – Bekannte chinesische Teesorte.
Pagode – Turmbau mit sich nach oben verjüngender Struktur, der häufig mit der Pseudo-Wissenschaft des Fengshui in Verbindung gebracht wird; enthält oft Reliquien oder Votivtafeln und hat in der Regel eine ungerade Zahl an Stockwerken.
Pinyin (auch Hanyu Pinyin) – Offizielles Transkriptionssystem der chinesischen Schrift in lateinische Buchstaben; nur auf Mandarin anwendbar.
Pipa – Klassisches Musikinstrument; chinesische Laute mit vier Saiten.
Putonghua – Bezeichnung für das hochchinesische Mandarin; wörtlich übersetzt „Allgemeinsprache".
Qianfodong – Wörtlich „Höhle der tausend Buddhas"; übergeordneter Name für die buddhistischen Grottenanlagen am chinesischen Verlauf der Seidenstraße.
Reich der Mitte – Wörtliche Übersetzung der chinesischen Silben „Zhongguo" für „China".
Renmin – Chinesische Bezeichnung für „das Volk".
Renminbi (RMB) – Offizielle Bezeichnung der chinesischen Währung, wörtliche Übersetzung „Volkswährung"; im Text als ¥ (Yuan) gekennzeichnet.
Ritsu-Buddhismus (auch Risshu-Buddhismus) – Eine von sechs buddhistischen Schulen der japanischen Nara-Epoche (710–784). Die Lehre gelangte über China nach Japan und legte herausragenden Wert auf die Gültigkeit der Mönchsordination.
Rote Garden – Unlenksame Splittergruppen aus 15–20 Millionen jungen Chinesen, die Mao während der Kulturrevolution entfesselte, alles „Reaktionäre" im Volk aufzuspüren und rücksichtslos zu vernichten.
Sampan – Chinesisches Hausboot.
Seelenstraße – Die geradlinige Wegführung zu einem Kaisergrab, gesäumt von Wächterfiguren in Tier- und Menschengestalt.

Shakyamuni – Ehrentitel des Siddhartha Gautama (um 563–483 v. Chr.); der historische Buddha.

Shuijiao – Ähnlich wie Jiaozi, doch gekocht oder serviert in einer dünnen Suppe.

Stele – Aufrecht stehende Steintafel mit Inschriften oder Bildreliefs.

Stupa – Buddhistisches Bauwerk; ein halbkugelförmiger Reliquienbau, der auf frühe Grabtumuli zurückgeht und in China zur Pagode weiterentwickelt wurde.

Sun Wukong – Heldengestalt (ein aus einem steinernen Ei geborener Affe) der klassischen Erzählung *Die Reise nach dem Westen*. Als Affenkönig besteht er 81 ihm auferlegte Prüfungen und zahlreiche Abenteuer, erreicht am Ende mit seinem Meister Xuan Zang das Nirwana und wird zum Buddha.

Sutra – Sanskrit für „Faden, Richtschnur, Leitfaden"; bezieht sich auf Worte oder Predigten des Buddha.

Tuschestein – Dekorativ gestalteter Stein, den Maler und Kalligrafen traditionell als Palette zum Mischen von Tusche mit Wasser benutzen; die berühmtesten, da feinkörnigsten Arten stammen aus den Provinzen Anhui und Guangdong.

Uiguren – Bedeutende Minderheit; Turkvolk mit Verbreitungsgebiet überwiegend in der Provinz Xinjiang.

Vertragshafen – Ein Hafen, in dem sich Ausländer zu Handelszwecken niederlassen durften; Ergebnis von Verträgen, die China im 19. Jahrhundert von den militärisch überlegenen Fremdmächten aufgezwungen wurden.

Viererbande – Maos Witwe Jiang Qing und ihre drei engsten Mitarbeiter Zhang Chunqiao, Yao Wenyuan und Wang Hongwen, die als prominenteste Vertreter der Kulturrevolution galten, wurden nur wenige Wochen nach Maos Tod in der Nacht vom 6. auf den 7. Oktober 1976 verhaftet und vor Gericht gestellt.

Volksbefreiungsarmee – Offizieller Name der kommunistischen Militärstreitmacht seit 1949.

Waiguoren – Chinesische Bezeichnung für „Ausländer".

Warlords – Mächtige lokale Militärmachthaber in Nordchina zu Beginn des 20. Jahrhunderts.

Wei Tuo – Hüter der buddhistischen Lehre; steht in chinesischen Tempeln in der Eingangshalle der Himmelskönige im Rücken des Maitreya und blickt zur Haupthalle mit dem Bildnis des Shakyamuni.

Wirtschaftssonderzone – Gebiete, in denen die staatliche Kontrolle der Produktion gelockert wurde, um westliche Investoren anzulocken.

Yamen – Gerichts- und Amtssitz im feudalen China.

Yang – Das männliche Prinzip im Dasein des Dualismus, der den gesamten Kosmos bestimmt; Yang verkörpert das Licht, die Sonne und den Himmel und stellt den hellen, beweglichen, männlichen Geist dar. Siehe auch Yin.

Yangzi – Chinesisch: Changjiang, wörtlich „langer Fluss"; im Westen auch Yangtsekiang.

Yijing – *Das Buch der Wandlungen* ist eines der klassischen Werke Chinas; häufig anzutreffende alte Umschrift ist *I Ging*. Antikes Handbuch für Weissagungen, das einige der fundamentalen Konzepte des chinesischen Denkens enthält, beispielsweise die Dualität von Yin und Yang. Einziges erhaltenes Orakelbuch, das Aufschluss über Orakel und Divination der frühen Zhou-Zeit gibt.

Yin – Das weibliche Prinzip im Dasein des Dualismus, der den gesamten Kosmos bestimmt; Yin verkörpert den Schatten, den Mond und die Erde und stellt die dunkle, ruhende, weibliche Kraft dar. Siehe auch Yang.

Yuan – Währungseinheit Chinas; ein Yuan hat zehn Jiao und hundert Fen.

Zheng – Klassisches Musikinstrument; ähnelt einer Zither mit vielen Saiten.

Zhonglou – Glockenturm; traditionell im Stadtzentrum unweit des *Gulou* (Trommelturmes) stehendes Gebäude, in dem zur Zeit der Morgendämmerung oder in Notfällen eine Glocke geschlagen wurde.

Zhongnanhai – Sitz der Kommunistischen Partei Chinas (KPCh).

Zongzi – In Bambus-, Schilf- oder Lotusblätter eingewickeltes Klebreisklößchen (traditioneller Imbiss zum Drachenbootfest).

Herausragende Persönlichkeiten

Chiang Kaishek (1887–1975) – Schwager Sun Yatsens und als Parteiführer der Guomindang ab 1925 unbarmherziger Feind der Kommunistischen Partei Chinas (KPCh). In der Literatur auch in den Schreibweisen Chiang Kai-shek und Jiang Kaishek zu finden; die Pinyin-Umschrift seines Namens lautet Jiang Jieshi.

Cixi (1835–1908) – Auch Ci Xi; eine stolze und skrupellose Autokratin, die den Beinamen „Kaiserinwitwe" erhielt und am Ende der Qing-Dynastie 30 Jahre lang über China herrschte.

Deng Xiaoping (1904–1997) – Von 1977 bis in die 90er Jahre hinein mächtigster Politiker Chinas. Obwohl unter Mao und nach dessen Tod durch die Viererbande zweimal entmachtet, kehrte Deng auf die politische Bühne zurück und gewann durch seine pragmatische Politik, welche die kommunistische Ideologie dem wirtschaftlichen Nutzen unterordnete, die Sympathien des Volkes. Deng stellte die Weichen für die bis heute anhaltende ökonomische Entwicklung der VR China.

Han Yu (768–824) – Konfuzianischer Gelehrter, Beamter und einer der berühmtesten Dichter der mittleren Tang-Epoche. Wurde in der Prosa-Literatur zum bedeutendsten Reformator des damals größtenteils an vorgegebene klassische Regeln und Formen gebundenen schriftlichen Stils.

Hong Xiuquan (1814–1864) – Der einer Bauernfamilie entstammende Hong stieg früh zum Intellektuellen auf und wandte sich dem Christentum zu, dem er jedoch eigene Interpretationen verlieh. Fühlte sich alsbald von Gott zur Rettung der Menschheit gesandt, gründete die „Gesellschaft zur Verehrung Gottes", baute die Taiping-Armee auf und ernannte sich zum Himmelskönig über sein Himmlisches Reich des Friedens. Hong Xiuquan wurde zum Führer der Taiping-Revolution.

Hu Jintao (geb. 1942) – Schützling des Jiang Zemin, dessen Nachfolge er angetreten hat; seit November 2002 Generalsekretär der KPCh, seit März 2003 Staatspräsident und Vorsitzender der Zentralen Militärkommission.

Hu Yaobang (1915–1989) – Reformfreudiger Vertrauensmann Deng Xiaopings, politische Karriere bis hin zum Parteichef der KPCh, wurde im Januar 1987 vor dem Hintergrund des Konfliktes zwischen Reformern und Reformgegnern gestürzt.

Huang Zunxian (1848–1905) – Poet und Diplomat der Qing-Dynastie. Sein Name steht für den wichtigsten Versuch des 19. Jahrhunderts, die klassische Dichtung zu reformieren und für die Bedingungen zu öffnen, denen sich China in der modernen Welt zu stellen hatte.

Jiang Qing (1913–1991) – Maos dritte Ehefrau, eine ehemalige Schauspielerin, gilt als eine der treibenden Kräfte der Kulturrevolution und nahm als Mitglied der so genannten Viererbande entscheidenden Einfluss auf die chinesische Politik. Nur einen Monat nach Maos Tod wurde sie Anfang Oktober 1976 zusammen mit den drei anderen Hauptverantwortlichen für die Kulturrevolution verhaftet. 1980 wurde sie zum Tode verurteilt, zwei Jahre später zu lebenslanger Haft begnadigt, 1987 aus dem Gefängnis entlassen und bis zu ihrem Tod am 14.05.1991 unter Hausarrest gestellt.

Jiang Zemin (geb. 1926) – Schützling von Deng Xiaoping; Generalsekretär der KPCh von 1989–2002, ab November 1989 Vorsitzender der Militärkommission im Zentralkomitee und ab März 1983 Staatspräsident. Ebnete im November 2002 den Weg für Hu Jintao zur Übernahme seiner Ämter.

Kangxi (1661–1722) – Name der Regierungsperiode des zweiten Qing-Kaisers Xuanye (1654–1722), dessen posthumer Kaisername Sheng-tsu lautet. Er trat 1661 im Alter von nur acht Jahren die Nachfolge seines 29jährig verstorbenen Vaters an. Einer der berühmtesten Qing-Kaiser.

Konfuzius (551–479 v. Chr.) – Einer der bedeutendsten und einflussreichsten Philosophen der chinesischen Geschichte. Im Mittelpunkt seiner Lehre steht der Begriff der Menschlichkeit, welche die Triebfeder des gesellschaftlichen Zusammenlebens ist.

Lao She (1898–1966) – Zählt zu den bedeutendsten chinesischen Schriftstellern des 20. Jahrhunderts. Wurde während der Kulturrevolution verfolgt, doch posthum rehabilitiert. Sein bekanntester Roman *Rikschakuli* erzählt – wie der Großteil seines Werkes – vom Alltag der Armen. Er schrieb in volkstümlicher Sprache und mit feinsinnigem Humor.

Li Peng (geb. 1928) – Hardliner der chinesischen Politik. Nach Auslandsstudium in Moskau steile politische Karriere; 1983–1987 stellvertretender

Ministerpräsident; 1987–1998 Ministerpräsident. Soll die treibende Kraft für den Bau des Yangzi-Staudamms gewesen sein.

Lin Biao (1907–1971) – Ab 1959 Verteidigungsminister, wurde auf dem 9. Parteikongress 1969 von Mao Zedong zu dessen designiertem Nachfolger erklärt. Galt als Sympathisant des extremen linken Flügels. Versuchte offizieller Darstellung zufolge 1971 einen Staatsstreich, sein Flugzeug wurde angeblich auf der Flucht in die Sowjetunion abgeschossen.

Lin Zexu (1785–1850) – Erhielt von Kaiser Daoguang den Auftrag, den britischen Opiumhandel in China zu unterbinden. Seine Maßnahmen lösten den Ersten Opiumkrieg von 1839–1842 aus, der zum für China demütigenden Vertrag von Nanjing führte, mit dem neben der Zahlung von Reparationen die Abtretung Hongkongs sowie die Öffnung der Vertragshäfen Guangzhou, Xiamen, Fuzhou, Ningbo und Shanghai erzwungen wurde.

Lu Xun (1881–1936) – Gilt als Begründer der modernen chinesischen Literatur und zählt zu den bedeutendsten chinesischen Schriftstellern des 20. Jahrhunderts. Gab eine viel versprechende politische Karriere auf, um sich dem Schreiben zu widmen – mit dem Ziel, die Chinesen aus ihrer Apathie zu reißen. Zu seinen einflussreichsten Werken zählen *Die wahre Geschichte des Ah Q* und *Das Tagebuch des Verrückten* (in: *Hoffnung auf Frühling. Moderne chinesische Erzählungen.* Erster Band, 1919–1949).

Mao Zedong (1893–1976) – Der Große Steuermann, ein Poet, Genie und Despot, der in China die sozialistische Revolution zum Sieg führte und das Land von 1949 bis zu seinem Tode auf dessen steinigem Weg führte. Die aktuelle offizielle Bewertung seiner Leistungen lautet, dass er zu 70% Recht und zu 30% Unrecht hatte. Seine politische Hinterlassenschaft verliert an Bedeutung, da die nachfolgenden Generationen einen zunehmend materialistisch geprägten Weg gehen.

Puyi (1906–1967) – Richtiger Name: Aisin Giorro Puyi. Der letzte chinesische Kaiser wurde im Jahre 1908 im Alter von zwei Jahren von Cixi als Thronerbe eingesetzt und musste abdanken, als die Qing-Dynastie stürzte. 1934 setzten ihn die Japaner als Kaiser ihres Marionettenstaates Mandschuguo ein, um ihre Besetzung der Mandschurei zu legitimieren. Nach Japans Kapitulation verbrachte er viele Jahre in Haft und fristete seine letzten Lebensjahre als Gärtner.

Qianlong (1736–1796) – Name der Regierungsperiode des bedeutendsten Qing-Kaisers Hongli (1711–1799), unter dessen Herrschaft das chinesische Kaiserreich den Zenit seiner Ausdehnung und seines Wohlstands erreichte.

Qin Shi Huang (259–210 v. Chr.) – Bestieg nach dem Tode seines Vaters im Alter von 13 Jahren als König Zheng von Qin den Thron. Besiegte als solcher die anderen sechs damaligen Feudalstaaten, einte so das Reich und nahm 221 v. Chr. den Titel „Erster Kaiser" an. Er regierte bis zu seinem Tode 210 v. Chr. und war berüchtigt für seinen Größenwahn und seine Tyrannei, zugleich berühmt für zahlreiche Vereinheitlichungsmaßnahmen und unsterblich durch die gigantische Terrakotta-Armee, die in der Nähe von Xi'an seinen Grabhügel bewacht.

Qu Yuan (um 343–278 v. Chr.) – Einer der bedeutendsten Poeten Chinas, dem als wichtigstes Werk die *Elegien von Chu* zugeschrieben werden. Als Chus Hauptstadt Ying von Qin erobert wurde, stürzte er sich in einen Fluss und ertrank, bevor mit Drachenbooten ausfahrende Helfer ihn retten konnten. Bis heute erinnern an dieses Ereignis die alljährlichen Drachenbootrennen.

Sima Qian (um 145–85 v. Chr.) – Trat die Nachfolge seines Vaters als Hofastrologe an und widmete sein Leben der Zusammenstellung des Buches *Shiji* (Historische Aufzeichnungen), Chinas erstes Geschichtswerk, das zum Vorbild aller späteren Dynastiegeschichten wurde. Nachdem er am Hof in Ungnade gefallen und zur Strafe kastriert worden war, tröstete er sich mit dem Gedanken, dass er nun sein Lebenswerk ohne Ablenkungen fertig stellen könne.

Song Jiaoren (?–1913) – Als akivster Leiter der nationalistischen Volkspartei Guomindang, die 1913 die Parlamentswahlen gewonnen hatte, forderte er die Bildung einer von seiner Partei geführten Regierung. Der machtgierige Yuan Shikai ließ ihn daraufhin am 20.03.1913 ermorden.

Su Dongpo (1037–1101) – Aus Sichuan stammender Beamter der Song-Dynastie und berühmter Poet. Auch bekannt unter dem Namen Su Shi. Aufgrund seiner Politikführung wurde er vom Hof zunächst nach Hunan und später auf die Insel Hainan verbannt.

Sun Yatsen (1866–1925) – Führer der republikanischen Revolution in China und Gründer der Guomindang. Rief am 1. Januar 1912 die Republik China aus. Für wenige Wochen erster Präsident der Republik China, trat das Amt jedoch nach Abdankung des Kaisers am 12. Februar 1912 an Yuan Shikai ab. Wird sowohl von der Guomindang als auch von den Kommunisten wegen seiner lebenslangen Bemühungen um die Einigung Chinas und die Verleihung der Bürgerrechte verehrt und als „Landesvater" gewürdigt.

Wu Di (?–87 v. Chr.) – Bestieg als Kaiser 139 v. Chr. den Thron der Westlichen Han-Dynastie, die unter seiner Herrschaft die Zeit ihrer höchsten Blüte erlebte.

Xuan Zang (602–664) – Buddhistischer Mönch der Tang-Dynastie, der im Jahre 629 die lange Reise nach Indien bewältigte, um dort 16 Jahre lang bei den herausragendsten Lehrmeistern zu studieren und dann die buddhistischen Schriften nach China zu bringen, wo er den Rest seines Lebens der Übersetzung der buddhistischen Klassiker widmete (in Xi'ans Großer Wildganspagode). Seine Reisen bildeten die Grundlage für den Roman *Die Reise nach dem Westen* von Wu Cheng'en (um 1500–1582).

Xuanzong (712–756) – Name der Regierungsperiode des bedeutendsten Tang-Kaisers Minghuang, der dem Land durch politische Reformen zu Macht und Wohlstand verhalf.

Yuan Shikai (1859–1916) – Stieg als junger Mann in den Staatsdienst der Qing-Dynastie auf, wurde zum Günstling der Kaiserinwitwe Cixi und verdrängte aufgrund seiner Position als mächtiger Militärmachthaber Sun Yatsen als Präsident der Republik China. Versuchte sich 1915 vergeblich als Kaiser einer neuen Dynastie zu installieren.

Zhang Xueliang (1898–2001) – Mandschurischer Warlord, Sohn von Zhang Zuolin, dem mächtigsten Warlord Chinas nach dem Ersten Weltkrieg. Im Rahmen des Xi'an-Zwischenfalls nahm er im Dezember 1936 Chiang Kaishek gefangen und zwang ihm die Zusage ab, den Kampf gegen die Kommunisten zu beenden und mit ihnen gemeinsam gegen die Japaner vorzugehen. Wurde später aus Rache von Chiang festgenommen und als Gefangener sogar mit nach Taiwan genommen, wo ihm 1963 angeblich die „Freiheit" zugestanden wurde, sich in begrenztem Umfang außerhalb seines Hauses zu bewegen.

Zhou Enlai (1898–1976) – Nach Mao der prominenteste Führer der KPCh, als langjähriger Außenminister und Ministerpräsident von 1949–1976 einer der bislang bedeutendsten Politiker der VR China. Über 50 Jahre Mitglied des Politbüros. Er war und ist bis heute in China sehr beliebt.

Zhu Rongji (geb. 1928) – In der Kulturrevolution geschasst, später von Deng Xiaoping protegiert. 1987–1991 Bürgermeister von Shanghai, 1991–1998 stellvertretender Ministerpräsident und 1998–2003 Ministerpräsident der VR China. Sein Nachfolger ist Wen Jiabao.

Zhuge Liang (Lebensdaten unklar) – Legendärer Staatsmann und Stratege zur Zeit der Drei Reiche (220–265) im Staate Shu (Sichuan). Auch: Kongming.

Index

⁂ D ⁂

⁂ E ⁂

⁂ F ⁂

⁂ G ⁂

✻ R ✻

✻ S ✻

✻ T ✻

✳ U ✳

✳ V ✳

✳ W ✳

✳ X ✳

✳ Y ✳

✻ Z ✻

ANHANG

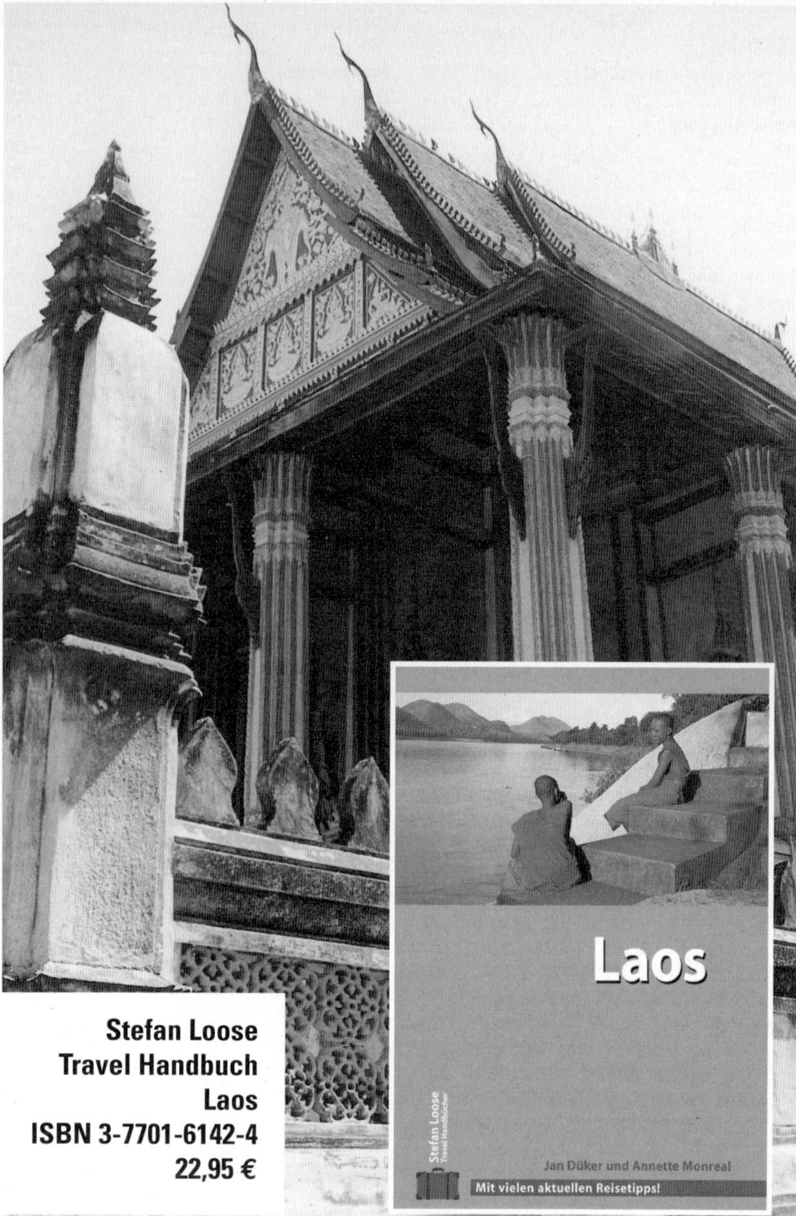
Laos
Stefan Loose
Travel Handbücher
Jan Düker und Annette Monreal
Mit vielen aktuellen Reisetipps!

Die orangen *Stefan Loose Travel Handbücher* für die spannendsten Fernreiseziele

Ägypten
Muriel Brunswig und Martin Schemel, 480 Seiten

Australien
Anne Dehne, 784 Seiten

Australien – Der Osten
Anne Dehne, 608 Seiten

Bali – Lombok
Stefan Loose u.a., 304 Seiten

China
Jeremy Atiyah u.a., 1296 Seiten

China - Der Osten
Jeremy Atiyah u.a., 664 Seiten

Florida
Jeffrey Kennedy u.a., 448 Seiten

Guatemala
Frank Herrmann, 440 Seiten

Indien
David Abram u.a., 1312 Seiten

Indien – Der Nordwesten
David Abram u.a., 704 Seiten

Indien – Der Süden
David Abram u.a., 736 Seiten

Indonesien
Stefan Loose u.a., 800 Seiten

Jamaika
Peter Lukowski, 276 Seiten

Japan
Chris Rowthorn u.a., 760 Seiten

Java – Bali – Lombok
Stefan Loose u.a., 524 Seiten

Kalifornien
Deborah Bosley u.a., 656 Seiten

Kambodscha
Beverley Palmer, 328 Seiten

Kanada – Der Osten
Tim Jepson u.a., 540 Seiten

Kanada – Der Westen
Tim Jepson u.a., 616 Seiten

Kenya
Richard Trillo, 684 Seiten

Kenya – Nationalparks/Strände
Richard Trillo, 376 Seiten

Kuba
Fiona McAuslan, Matthew Norman, 544 Seiten

Laos
J. Düker, A. Monreal, 400 Seiten

Malaysia – Singapore – Brunei
Stefan Loose u.a., 680 Seiten

Marokko
Mark Ellingham u.a., 632 Seiten

Mexiko
John Fisher u.a., 800 Seiten

Myanmar (Burma)
markand u.a., ca. 512 Seiten

Namibia
Livia und Peter Pack, 424 Seiten

Nepal
David Reed, 560 Seiten

Neuseeland
Laura Harper u.a., 832 Seiten

New York
Martin Dunford u.a., 488 Seiten

Peru
Frank Herrmann, ca. 600 Seiten

Südafrika
Barbara McCrea u.a., 800 Seiten

Südostasien - Die Mekong-Region
Hrsg. Jan Düker, ca. 800 Seiten

Thailand – Der Süden
Richard Doring u.a., 752 Seiten

Thailand
Richard Doring u.a., 848 Seiten

Trinidad – Tobago – Grenada
Christine De Vreese, 332 Seiten

USA (gesamt)
Samantha Cook u.a., 824 Seiten

Vietnam
Jan Dodd u.Mark Lewis, 640 Seiten

Zimbabwe – Botswana
Friedrich Köthe u.a., 512 Seiten

Stefan Loose Travel Handbücher – mit vielen aktuellen Reisetipps!

Kartenverzeichnis

ANHANG